교부 문헌 총서 21

삼위일체론

Avrelivs Avgvstinvs
DE TRINITATE

Translated with introduction and notes by
Seong Youm.

© Benedict Press, Waegwan, Korea 2015

교부 문헌 총서 21
삼위일체론

2015년 11월 6일 교회 인가
2015년 11월 26일 초판 1쇄
2024년 8월 29일 초판 4쇄

지은이 · 아우구스티누스
역주자 · 성염
펴낸이 · 박현동
펴낸곳 · 성 베네딕도회 왜관수도원 ⓒ 분도출판사
찍은곳 · 분도인쇄소

등록 · 1962년 5월 7일 라15호
04606 서울 중구 장충단로 188(분도출판사 편집부)
39889 경북 칠곡군 왜관읍 관문로 61(분도인쇄소)
분도출판사 · 전화 02-2266-3605 · 팩스 02-2271-3605
분도인쇄소 · 전화 054-970-2400 · 팩스 054-971-0179
www.bundobook.co.kr

ISBN 978-89-419-1520-1 94230
ISBN 978-89-419-9755-9 (세트)

교부 문헌 총서 21

아우구스티누스

삼위일체론

성염 역주

분도출판사

【일러두기】

1. 교부 문헌은 워낙 방대하므로, 번역 · 간행할 책은 한국 실정을 고려하여 선정하되, 연대순이나 그리스 교부 · 라틴 교부의 구별을 두지 않고 준비되는 대로 일련번호를 매겨 출간해 나간다.

2. 교부 문헌은 학문적 연구에 기초 자료가 되므로, 본문의 번역은 되도록 원문에 충실하게 하며, 중요한 문헌의 원문은 전부 또는 일부를 역문과 나란히 싣는다.

3. 독자의 이해를 돕기 위해, 본문에 앞서 '해제'를 실어 저자의 생애와 당시의 문화적 배경 그리고 각 저술의 특징과 신학 등을 설명하고, 본문 아래에 약간의 각주를 단다.

4. 독자의 편의를 위해, 원문에 없어도 우리말 본문에는 소제목과 일련번호를 단다.

5. 성경 본문 인용은 원칙적으로 『성경』(한국 천주교 주교회의 2005)을 따르되, 문맥에 맞추어 대폭 다듬었다. 필요에 따라서는 『공동번역 성서』와 『200주년 성서』(분도출판사 2001)도 인용했고, 그것으로도 저자의 의도가 반영되지 않을 경우에는 더러 역자가 직접 번역하기도 했다. 다른 판본을 인용하더라도 성경 인명 · 지명의 우리말 표기는 『성경』에 따랐다.

6. 본 총서에 포함되지 않은 아우구스티누스 저작의 우리말 역어는 본 총서 18권, 포시디우스 『아우구스티누스의 생애』(이연학 · 최원오 역주, 분도출판사 2008) 170-81과 줄리아노 비지니 『성 아우구스티누스』(이연학 · 최원오 역주, 분도출판사 2015) 185-200에 실린 '아우구스티누스 저술 목록'을 참조하라.

'교부 문헌 총서'를 내면서

제2차 바티칸 공의회 「계시 헌장」*Dei Verbum* 7-10항에서 밝히고 있듯이, 하느님의 계시는 신구약성경과 성전聖傳을 통해 우리에게 전달되는데, 이 둘은 하느님의 똑같은 원천에서 흘러나오므로 하나를 이룰 만큼 서로 밀접히 연결되어 있다. 바로 "교부들의 말씀은 믿고 기도하는 교회의 실생활 가운데 풍부히 흐르고 있는 이 성전의 생생한 현존을 입증한다"(8항). 즉, 교부들의 말씀은 성전의 주축을 이루고 있으므로 교부 문헌 연구는 하느님의 계시에 접근하는 데 중대하고 필요 불가결의 길이라 할 수 있다.

짧은 역사의 한국 교회는 그동안 성경 연구에 큰 관심을 가져 괄목할 만한 진전을 해 왔으나 교부 문헌 연구는 극히 미미하였다. 이에 우리는 분도출판사를 중심으로 '교부 문헌 총서 기획위원회'를 구성하여, 교부 문헌의 번역·간행을 계속해 나감으로써 교부 문헌 연구에 새로운 전기를 마련하기로 하였다.

우리는 이 '교부 문헌 총서'가 한국 교회의 신학 발전에 다음과 같은 도움이 되기를 바란다:

첫째, 성경 연구에 도움이 될 수 있다. 사도교부들(Patres apostolici)은 사도들의 직제자 혹은 그 직제자들의 제자들이었으므로 그들의 문헌은 신약성경(특히 사목서간들)에 나타나 있는 사도들의 가르침과 신학을 잘 반영하고 있을 뿐 아니라 신약성경에 표현되지 않은 초기 교회의 모습을 보여 주고 있기 때문이다. 또한 그 후의 교부들의 글에서도 성경은 그 기초가 되고 있으며, 때때로 성경 해설을 위한 강론(Homilia식 Tractatus)들과 본격적인 성경 주해서(Commentarium)들이 있다.

둘째, 이상하게 들릴지 모르지만, 한국 교회 신학의 토착화에 도움이 될 수 있다. 교부시대는 사도들로부터 전수받은 그리스도의 복음이 그리스 · 로마 문화에 정착되는 시기라 할 수 있다. 예수님과 사도들 그리고 복음서의 청중들은 모두 히브리인들이었으며, 그래서 복음은 먼저 히브리 문화권 안에서 선포되었다. 이 복음이 제자들의 선교 활동을 통해 히브리 문화와는 다른 그리스 문화권에 선포되면서 일종의 토착화 과정이 있었으며, 또 라틴 문화권에 선포될 때 또 다른 토착화 과정이 있어야 했다. 그리스도교의 신학은 이러한 토착화의 시도 과정에서 때로 많은 시행착오(이단과 열교)를 거치면서 발전되고 정착되어 왔다. 사실 교부들은 토착화 과정에서 그리스도의 복음이 변질되어서는 안 된다는 원칙 아래 해당 문화권에서 수용할 수 있는 것과 할 수 없는 것을 엄격히 구별하였던 것이다. 제2차 바티칸 공의회 이후 한국 교회 안에서도 토착화의 필요성이 자주 거론되고 있다. 우리는 교부들이 행했던 토착화의 시도 과정과 그 방법을 연구함으로써 우리의 토착화 작업에 도움을 받을 수 있을 것이다.

셋째, 한국 교회의 에큐메니즘 운동에 도움이 될 수 있다. 세계적으로 한국만큼 기독교의 종파가 많은 곳도 드물다. 가톨릭과 개신교 사이의 차이는 말할 것도 없지만 개신교 사이에서도 서로 극심한 차이가 있다. 사실 개신교의 종파는 성경의 자유 해석에서 기인하는 경우가 많은데, 자기의 해석을 고집하기에 앞서 성경시대와 가까웠던 교부시대에서 성경을 어떻게 이해하고 생활했는지 알아볼 필요가 있다. 또 잊어서는 안 될 점으로, 그 신도 수가 많지는 않지만 동방 정교회가 한국에도 있는데, 동방 교회는 교부시대의 전통을 잘 유지하고 있으므로 서방 교회(로마 가톨릭, 프로테스탄트, 성공회)는 동방 교회 전승에서 많은 것을 배우고 보완할 수 있다. 따라서 우리는 각 교회 모두가 공동으로 소유하고 있는 성경 그리고 서로 갈리기 전 초세기 교회의 모습, 즉 교부 문헌을 같이 연구함으로써 서로의 차이점을 함께 좁혀 나갈 수 있을 것이다.

일반적으로 교부 문헌을 어렵고 고루한 전문 서적으로 생각하는 경향이 있다. 이러한 생각은 교부 문헌을 직접 접할 기회가 적었던 데서 오는 막연한 선입관에 불과하다. 대부분의 교부들은 사목자들이었으며 그들의 글은 당시의 수사학에서 나온 연설체·강론체적인 성격을 가진 것들이 많다. 그래서 때로는 설득을 위한 지나친 강조나 지루한 반복이 있는 것도 사실이나, 글에 힘이 있어 이해하는 데 그다지 어렵지 않다.

아무쪼록 앞으로 이 총서가 많은 이의 관심과 협력과 채찍질에 의하여 속속 간행되면서 더욱 많은 이의 연구와 생활에 도움이 되기를 바라 마지 않는다.

1987년 6월 29일
이형우

D E   T R I N I T A T E

|차례|

해제

본문과 역주

제2권 _ 구약성경의 신현神顯과 신약성경에서 드러나는 삼위일체 위격들의 동등함

제3권 _ 구약성경의 신현에서 천사들의 역할

제5권 _ 관계 개념으로 아리우스파를 반박하다

제6권 _ 삼위의 동등을 설명하는 성경 말씀

제13권 _ 믿음은 지혜에 이르는 길

제14권 _ 인간의 지성, 하느님의 모상

제15권 _ 창조주의 모상대로 만들어진, 위대한 영혼

D E   T R I N I T A T E

해제[1]

서론: '하느님을 만나는 인간의 길'

학자들이 아우구스티누스의 수많은 저작 가운데 "하느님을 만나는 인간의 길"[2]로 간주하는 삼부작이 있다. 교부가 자기 인생의 여정에서 하느님을 만나던 길을 묘사한 『고백록』*Confessiones*,[3] 인류가 구세사救世史의 여정에서 하느님을 만나는 길을 정리한 『신국론』*De civitate Dei*,[4] 그리고 하느님이 계시啓示로 인간을 만나러 오시고 인간이 자기 내면의 성찰省察에서 삼위일체 하느님의 모상을 발견하는 길을 분석한 이 책 『삼위일체론』*De Trinitate*이다. 이 저서의 신학적 사색은 『고백록』이나 『신국론』보다 훨씬 원숙하여

---

[1] 이 책의 해제는 역주자가 고(故) Studer 교수가 로마 아우구스티니아눔(Augustinianum)에서 행한 마지막 강의(2006)를 청강하면서 다음 학자들(특히 A.Trapè)의 연구와 해제를 간추려 독자들을 위해 정리한 것이므로 편역에 가까운 글임을 독자들에게 알린다: A. Trapè / M.F. Sciacca, "Introduzione", in *La Trinità* (Roma 1973 in Nuova Biblioteca Agostiniana IV); E. Hill, "Introduction", in *Saint Augustine, The Trinity* (Hyde Park - New York 1991); E. Hendrickx, "Introduction", in *La Trinitè* (Institute d'Etudes Augustiniennes 1997 in Bibliothèque Augustinienne, Oeuvres de Saint Augustin 15); B. Studer, *Augustinus De Trinitate. Eine Einführung* (Paderborn 2005); P. Sguazzardo, *Sant'Agostino e la teologia trinitaria del XX secolo* (Roma 2006).

[2] E. Hill, *Saint Augustine, The Trinity*, Hyde Park - New York 1991, Introduction, 18.

[3] 성 아우구스티누스 『고백록』 최민순 역주, 바오로딸 1965/1992²/2010³. 본문 인용은 성염 역주본 『고백록』 경세원(근간)에 따름.

[4] 성염 역주 『신국론』 분도출판사 2004.

성 아우구스티누스의 모든 신학서 가운데 단연 최고 걸작으로 꼽힌다. 아울러 이『삼위일체론』, 특히 후반부는 인간의 영혼에 관한 철학 일변도의 깊은 성찰과 분석을 담고 있어서 아우구스티누스의 '철학적 인간학'이라 불러도 손색이 없다.

이 책은 위대한 철학자가 하느님의 계시에서 명기된, '삼위일체 하느님' trinitas deus이라는 용어와 개념을 만나고서 그것을 종교 신앙으로 받아들인 다음, 그 믿음을 토대로 '인간은 하느님의 모상'homo imago dei이라는 그리스도교 인간 개념을 이용해서 인간 영혼을 분석하여 거기에 새겨진 삼위일체의 자취를 발굴해 내는 과정으로 엮여 있다. 방법론상으로는 현재의 인간 조건으로는 먼저 믿음을 갖고 이성을 정화시킨 다음이라야 계시 진리에 제대로 접근하고 사변적으로 이해한다는 인간관을 따르고 있다.[5]

아우구스티누스는 진리에 대한 크나큰 애정을 품었던 지성이었다. 그리스도교 신앙개조에서도 가장 난해한 삼위일체를 탐구하는 이유를 묻는 사람들에게 "우리가 진리를 탐구하는 사랑에 사로잡혀 있는 까닭"(1.5.8)이라고 고백한다.[6] 이 책에서는 삼위일체를 서술하는 "내 언어와 문장이라는 이륜마차를 몰라고 충동질하는 것은 내 속에 있는 사랑"(3.1.1)이며, 또 인간에게서 삼위일체의 모상을 극력 탐색하는 노력이 "창조주의 은총이 불붙이는 것"(5.1.2)이라는 신념으로 연구에 임한다.

성경을 인용하면서까지[7] "인간이란 하느님을 깨달을수록 찾게 되어 있는 존재"ad hoc debet esse homo intellegens ut quaerat deum(15.2.2)라는 교부의 인간

---

[5] 이러한 변화를 교부는 "신앙은 찾고 지성은 발견한다(fides quaerit, intellectus invenit). 또 이미 깨달은 지성은 [그 대상을] 여전히 더 찾는다(et rursus intellectus eum quem invenit adhuc quaerit)"(15.2.2)라는 명제로 서술한다.

[6] "우리가 진리를 탐구하는 사랑에 사로잡혀 있는(rapimur amore indagandae veritatis) 까닭이라고 고백한다면, 그들은 사랑의 권리에 입각하여(iure caritatis) 우리한테 [대답을] 재촉할 것이고 우리로서는 이에 관해 생각해 낼 만한 무엇인가를 그들에게 제시해야 마땅할 것이다"(1.5.8).

[7] 시편 105,3-5: "주님을 찾는 이들의 마음은 기뻐하리라. 주님을 찾고 확인하여라(quaerite dominum et confirmamini). 언제나 그 얼굴을 찾아라(quaerite faciem eius semper)."

정의定義는, 인간은 탐구하면서 정신적으로 부요해지고, 찾는 바를 발견하면 할수록 더욱 기갈이 드는 실존의 심저를 지적한다.[8] 아우구스티누스는 분명히 진리가 존재함을 발견하면 그 진리가 인간을 변모시키고 승화시킨다는 신념, 진리를 탐구하는 중에 탐구하는 사람이 선해진다는 신념을 갖고 있었다.[9]

이 책에서 개진되는 철학적 성찰을 이해하려면, 삼위일체 신학에 아우구스티누스가 바탕으로 삼는 몇 가지 철학적 논지를 염두에 둘 만하다. 먼저, '지혜에 대한 사랑'으로서의 철학이 아우구스티누스에게서는 '하느님에 대한 사랑'으로 전환한다.[10] 아우구스티누스는 카르타고 연학 시절 키케로의 『호르텐시우스』*Hortensius*를 읽고 진리를 찾아낼 수 있다는 희망과[11] 진리 발견에서 궁극적 행복을 향유하겠다는 열정을 품었고, 그 열정은 일평생 지속되었다.[12] 자기가 추구하는 그 추상적 진리가 예수 그리스도의 아버지 하느님이라는 인격체임을 발견하면서 이 위대한 지성은, 참된 행복은 삼위일체 하느님의 관상에 있다는 신념으로 독자들을 인도하고자 혼신의 노력을 기울이게 된다.

---

[8] "무릇 지성은 이미 깨달은 [그 대상을] 더욱더 탐구한다. '주님께서는 그 누가 하느님을 깨닫거나 찾는 사람이 있는지 보시려고(ut videret si est intellegens, aut requirens) 굽어보신다'라고 노래하는 구절 그대로다. 인간이란 하느님을 깨달을수록 찾게 되어 있는 존재다"(15.2.2).

[9] 삼위일체의 진리는 "위대한 선이어서 찾는 사람이 오히려 갈수록 선해지고 … 찾게 만드는 것은 발견하고서 흐뭇해지기 위함이고 발견되는 것은 더욱 열성껏 찾게 만들기 위함이다"(15.2.2).

[10] 『신국론』 8.1: "철학자라는 이름을 라틴어로 푼다면 지혜에 대한 사랑을 담고 있다. 그런데 만일 지혜가 곧 하느님이라면, 그분을 통해서 만유가 창조된 그 하느님이라면, 진정한 철학자는 하느님을 사랑하는 사람이다(verus philosophus est amator dei)."

[11] 『고백록』 7.10.16: "'유한한 공간에도 무한한 공간에도 진리가 펴져 있지 않으니 진리는 전혀 존재하지 않는다는 말입니까? 그러자 당신께서는 멀리서 외치셨습니다. '그럴 리 없다. 나는 있는 자니라.' 진리가 존재하지 않는다고 의심하기보다는 차라리 내가 살아 있음을 의심하는 편이 쉬웠습니다."

[12] 『신국론』 8.4: 진정한 철학도들은 "신 안에서 존재의 원인(causa subsistendi), 인식의 명분(ratio intellegendi)과 삶의 질서(ordo vivendi)를 발견할 수 있다고 이해하고 있었다".

둘째로, 이 책에는 '영원한 하느님'이라는 신 개념이 자주 등장한다. '삼위일체이신 하느님'을 주제로 책을 집필하면서도 절대자를 언급할 때는 '영원'과 '불변'을 유난히 부각시킨다. "영원한 하느님, 불사불멸하는 하느님, 불후의 하느님, 불변하는 하느님이라는 말은 한 가지요 똑같다"(15.5.7). 신성神性이라는, 삼위에 공통된 명칭을 다루면서도 하느님은 "항상 존재하는 분"이니 '존재 자체'ipsum esse이기 때문이라는 설명이다.[13] 공간을 떠나 있으므로 "어디나 전체로 존재하는"ubique totus 분이고, 하느님에게서 일체의 시간을 배제함으로써 이 책 후반부에서 지성, 특히 기억이 공간과 시간을 초월하는 작용을 관찰하면서 삼위일체 하느님을 이해해 보려는 논거로 활용된다. 그런 분을 지성이 기억한다는 사실은 존재론적 기반인 하느님에게 인간 지성이 그만큼 깊숙이 결속되어 있다는 표지다.[14]

끝으로, 인간의 내면('내적 인간'homo interior이라는 표현을 쓴다)에 관한 아우구스티누스의 깊은 통찰은 인간 영혼에서 초월자의 모습을 찾아내려는 그리스-로마 지성계의 전통을 반영하면서도 그 조우遭遇가 이뤄지는 지점을 인간 내면에 두었다. 이 책에서는 인간의 자기의식 혹은 자기 기억에 초점이 모아진다. 무릇 철학자라면 거의 자기의식을 토대로 신 인식神認識을 포함한 다른 모든 인식을 이끌어 낸다.

'삼위일체이신 하느님'trinitas quae est deus이라는 칭호로 시작하는 이 저서의 논지를 보면, 전반부에는 인류사에 활동하고 계시되는 삼위일체를 성경을 중심으로 살피고, 후반부에는 인생의 궁극 목적이 삼위일체 하느님을 관상하는 데 있다면서 그 목적에 도달하도록 독자에게 '지성의 훈련'을 거듭하게 하되, 가능하면 현세에서 철학적·신학적 사변으로 삼위일체를

---

[13] 성경적 근거는, 탈출 3,14("'나는 있는 나다.' 너는 이스라엘 자손들에게 '있는 나'께서 나를 너희에게 보내셨다고 하여라"), 1티모 6,16("그분은 홀로 불사불멸하시며 다가갈 수 없는 빛 속에 사시는 분, 어떠한 인간도 뵌 일이 없고 뵐 수도 없는 분이십니다")이다.

[14] "[지성이] 자기 주님은 기억해 낸다. 그분은 항상 존재하는 분이니, 그분은 어디나 전체로 존재하므로(ubique totus) 지성 역시 그분 안에서 살고 움직이고 존재하며, 따라서 그분을 기억해 낼 수 있는 것이다"(14.15.21).

직관하는 경지로 인도하려고 한다. 그의 삼위일체 연구 명분은 "아버지께서 하시는 것을 보지 않고서 아들이 스스로 할 수 있는 것은 하나도 없다. 그분께서 하시는 것을 아들도 그대로 할 따름이다"[15]라는 요한 복음의 인용에서 뚜렷이 드러난다(1.6.11). 인류를 위하여 '아버지께서 하시는 것을' 그대로 본뜬 것이 그리스도의 생애였고, 따라서 교부의 생각에는 그리스도의 언행을 따라가는 걸음이야말로 인간이 삼위일체의 신비에 도달하는 유일한 길이었다.

그의 탐구 자세는 다음 기도에 잘 나타나 있다. "당신이 당신을 찾아내게 만드셨으니, 당신을 갈수록 더욱더 찾아내리라는 희망을 주셨으니, 탐구할 힘 또한 당신이 주소서. 당신을 기억하게 하소서. 당신을 이해하게 하소서. 당신을 사랑하게 하소서"(15.28.51). 인간은 삼위일체이신 하느님의 모상으로 창조받았기 때문에 인생의 충만한 기쁨은 삼위일체 하느님을 향유享有하는 데에 있다. "삼위일체를 상기하고 관조하고 사랑하려면 살아 있는 존재가 삼위일체를 상기해 내고 삼위일체를 관상하고 삼위일체를 사랑하는 데 전 존재를 연관시키지 않으면 안 된다"(15.20.39).

I. 『삼위일체론』의 집필 계기와 배경

1. 작품의 동기

아우구스티누스가 평소에 책을 집필하는 동기는 사목적 필요, 논쟁적 상황, 지인들의 요청이었는데, 『삼위일체론』은 예외다. 이 책은 일반 신자들을 대상으로 하지 않았으며[16] ▶ 좁은 의미의 논쟁서도 아니다. 저자는 첫머리에 교회가 채택한 신경信經에 따라 자기가 믿는 삼위일체 신앙을 고백하

---

[15] 요한 5,19.

고 곧이어 삼위일체에 관한 세 가지 질문을 제기한다(1.5.8). "성부는 하느님, 성자는 하느님, 성령은 하느님이라고 하면서, 세 하느님이라고 말 못하는 이유는 무엇인가?" "성삼위의 대외적 활동이 세 위격의 불가분한 활동이라면 육화는 성자의 것이라는 말을 어떻게 알아들어야 하는가?" "성자의 출생generatio과 성령의 발출processio에는 어떤 차이가 있는가?"

이런 질문을 계기로 이 책에서 삼위일체를 논구하는 의도는, 그리스도 예수와 그분의 영靈이 그리스도인들의 지성과 삶에 일으키는 변화가 오직 한 분 하느님의 활동임을 가르치면서, 그리스도가 생애 마지막에 내린 명령, "너희는 가서 모든 민족들을 제자로 삼아, 아버지와 아들과 성령의 이름으로 세례를 주라"[17]는 말씀의 의미를 사변적으로 이해시키려는 신학적 의도였다. 니케아 공의회(325년) 이후 그리스도교는 아리우스의 주장을 배척하면서 성자와 성령의 신성神性을 신앙개조로 규정했으나 나머지는 교계와 학계의 논의에 맡겼다. 그래서 교부는 삼위일체에 관한 책을 따로 쓰느니 차라리 다른 사람들의 저서를 읽고 싶지만, 삼위일체에 관한 라틴어 저서가 드물어[18] 어쩔 수 없이 자기가 나섰다고 변명한다(3.1.1). 그리스 교부들의 작품은 많으나 라틴어를 하는 사람들이 알아들을 만큼 평이하지도 않고 체계적이지 못하다는 것이 아우구스티누스의 견해였다.[19]

◀[16] 사목상의 필요에서 신자들에게 삼위일체 교리를 해설한 일은 이미 여러 차례 있었다: *Sermo* 1.5(consubstantia 개념); 52(이 책의 입문에 해당); 61(성령론 입문); 92(심리적 해설); 112-115(신경의 전수); 117-118과 139-140(아리우스파 논박); 213[주교로서 수행하던 '신경의 전수'(traditio symboli)의 형식]; *De vera religione*(마니교도와 로마 지성인들에게 삼위일체 사상 소개); *De fide et symbolo*(세례 신앙의 고백을 해설); *Tractatus in Ioannis Evangelium* 1.8-11; 18.3-6; 20.3-11; 99; *Epistola* 11; 120; 143; 162; 169; 170; 238.

[17] 마태 28,19.

[18] 아우구스티누스 이전에 삼위일체를 다룬 라틴 교부들의 저작: Tertullianus, *Adversus Praxean*; Novatianus, *De Trinitate*; Hilarius, *De Trinitate*; Ambrosius, *De Spiritu Sancto, De fide ad Gratianum*; Eusebius da Vercelli, *De Trinitate*; Marius Victorinus, *De generatione divini Verbi*; *Adversus Arium*; *De homusio recipiendo*; *Hymni ad Trinitatem*.

2. 신앙과 이해

이 저서는 삼위일체에 관한 신앙고백, "이것이 가톨릭 신앙이므로 바로 이
것이 나의 신앙이다"(1.4.7)라는 선언으로 시작한다. 신앙의 규범이 자기 사
색의 바탕임을 천명하고, 설령 "우리 오성에 밝혀지는 바가 아직 미진하더
라도, 그 일로 강건한 신앙으로부터 멀어져서는 안 된다"(8.1.1)는 원칙을
미리 설정한다. "이해하려면 믿어라!"crede ut intellegas라는 유명한 표어대
로, 삼위일체 교리의 이해에는 신앙이 필요하며 신앙 없이는 그런 사유 자
체가 무의미하고 불가능하다. 신앙에 의거한 이해는 인간에게 사랑으로
상승하는 기회를 제공한다는 신념에서다.

그다음, 신앙을 지성으로 이해하려는 열성fides quaerens intellectum을 지니
고 성경에 관한 사변적 성찰에 착수하며 삼위일체 교의의 중요한 철학적
의문들을 소개한 다음, 논리적·인식론적 논지를 설정해 간다. 유일신 하
느님을 두고 여러 위격의 존재를 암시하는, "성경의 증언들에 비추어 보
고, 모든 성경 구절을 통틀어 이 문제를 해결하는 규범"(1.7.14)을 존중하면
세 위격의 동등과 구분, 각 위의 고유한 명칭, 발출發出과 파견이 합리적으
로 이해되리라는 소신이 드러난다.[20] 그런데 세 위격의 단일과 동등을 주
장하는 구절 외에도 성경에는 성자가 성부보다 낮은 분이라고 시사하는
듯한 글귀들이 있어, 초대교회부터 갖가지 해석과 이단 논쟁이 생겨났다.

그래서 이 책은 전후반을 막론하고 철학적 사유와 성경 표현이 병존하
여, 철학에 경도된 독자들을 당혹하게 하기도 한다. 철학적 설명에 거룩한

---

[19] "그리스어는 우리에게 숙달되지 않아서 저런 사안을 다루는 책자를 [그리스어로] 읽고
알아듣기는 우리가 어느 면에서도 적격하지 못하고 소수나마 우리에게 번역된 작품으로 미
루어 우리가 아주 유익하게 연구할 만한 것들을 포함하고 있음을 나도 의심치는 않는다"(3.
1.1).

[20] "성경의 이런 증언이나 다른 증언들에 비추어 보건대, 내 말대로, 선인(先人)들은 저 증
언들을 풍부하게 사용하여 이단자들의 저런 농간과 오류를 반박했고, 저 증언들에 의해서 우
리 신앙에 삼위의 단일성과 동등성을 일깨워 준다"(1.7.14).

성경을 인용하는 명분이 무엇이냐고 묻는다면, 유일신 사상에 도달하기도 어려운 인간 정신 수준으로 미루어 신적 계시가 아니면 삼위일체라는 개념이나 교의는 인간이 착상하기 불가능하므로, 그것을 이해하는 데도 계시 외에 다른 접근법이 없다고 대답할 것이다.[21] 후반부에서는 인간이 하느님의 모상이라는, '창조계의 유비'를 갖고 유일신의 삼위적 존재를 이해하려고 당대의 철학과 인식론을 총동원한다. 모상론模像論은 아우구스티누스의 신학서『삼위일체론』의 기조다. 저서 마지막 권에서 아우구스티누스는 "우리는 독자로 하여금 피조물로부터 출발해서 그것을 만든 분을 인식하는 데 이르도록 훈련하고 싶었는데 적어도 지금 그분의 모상에까지는 당도했다"(15.1.1)고 술회할 정도다.

이 대작을 통해서 제아무리 독자를 지적으로 단련시키더라도 삼위일체는 끝까지 신비로 남는다. "신성神性의 탁월함은 일상 언어의 능력을 까마득하게 초월하기 때문이다. 무릇 하느님에 관해서는 언표하는 것보다 생각하는 대로가 더 진실에 가깝고 생각하는 것보다 존재하시는 대로가 더 진실에 가깝다"(7.4.7). 모상이란 원래 원형原型과 비슷하면서도 비슷하지 못하기 마련이며, 따라서 인간 지성의 모든 노력은 인식과 신비의 경계에서 걸음을 멈춘다. 아우구스티누스는 이 책에서 삼위일체를 이해하려는 자기의 모든 사변적 노력을 가리켜 "거울을 통해 수수께끼로"per speculum in aenigmate 보는 짓에 불과하다는 말을 무수히 반복한다. 그렇다면 이 책의 모든 학구적 노력이 결국은 "우리가 당신에게 미칠 때 '우리가 이야기해도 미치지 못하는' 그 많은 말은 멈출 것이고 '모든 것 안에 모든 것이 되시어' 당신 한 분만 남으시리니, 그때는 우리도 끝없이 삼위일체 하나만을 이야기하는"(15.28.51) 경지를 내다 보는 희망으로 그친다. 피조물이자 모상인 인간과, 창조주이자 원형인 하느님 사이에 존재하는 이 긴장이 "하느님에 대한 완전한 관상觀想에 이르면 바로 이 모상 속에 깃든 하느님과의 비슷함

---

[21] "신앙은 찾고 오성은 발견한다"(fides quaerit, intellectus invenit)(15.2.2).

이 완전한 경지"(14.17.23)에 이르는 것이야말로 저자의 꿈이었다. 그런 경지는 이미 신비학神秘學에 해당한다.

3. 집필 계획

방법론에 철저한 이 교부는 저서 초두에 집필 계획과 목표를 "삼위일체께서 유일하고 단일하고 참된 하느님이시라고, 또 지당하게도 성부도 성자도 성령도 유일하고 동일한 실체 혹은 존재의 하느님이시라고 말하고 믿고 이해하게 만들겠다"(1.2.4)고 분명히 밝힌다. 삼위의 동등과 일체가 이 책의 주제라는 말이다.

이어서 이 책의 방법론도 확실하게 밝힌다. "먼저 성경의 권위에 의거하여 과연 신앙이라는 것이 그런 것인지 입증해 내야 한다. 그리하여 그들로 하여금 더 이상 의심할 수 없는 무엇을 발견케 할 것이다"(1.2.4). 이 책은, 삼위일체 신조에 관해 성경에 의거한 해설, 그 신앙의 합리성에 관한 논증, 부단히 제기되는 의문의 해소라는 3단계로 작업이 진척된다.

이에 따라서 아우구스티누스 연구가들은 『삼위일체론』을 두 부분, 곧 제1-7권의 전반부와 제8-15권의 후반부로 나눈다.[22] 전반부는 성경에 근거한 삼위일체 신앙의 해설, 그리고 후반부는 인간 지성을 철저하게 분석하여 그 지성을 당신의 모상으로 창조하신 하느님의 신비를 사변적으로 추정하는 철학적 논증으로 되어 있다. 전반이 삼위일체 신앙의 내용res verae을 다룬다면, 후반은 인간에게서 발견되는 삼위일체의 유비similia veri를 다룬다. 후반부의 철학적 성격으로 인해서 근자에는 후반부만 번역한 작품들이 나오기도 한다.[23] 그러나 교부는 일평생 철학과 신학을 분리한 일이 없으므로 단지 전반부는 성경을 전거로 삼위일체를 논하고, 후반부는 성

---

[22] 제8권은 전반부의 정리와 후반부의 안내서이므로 1-8권, 9-15권이라는 분류도 가능하다.

[23] E.g., Johann Kreuzer tr., *De Trinitate: Bucher VIII-XI, XIV-XV, Anhang: Buch V* (Hamburg 2001); Stephen McKenna tr., *On the Trinity. Books 8-15* (Cambridge 2002).

경을 주된 전거로 들지 않고 인간 지성의 분석을 매개로 삼위일체를 해설
할 따름이다. 이처럼 이 책에서도 아우구스티누스의 고유한 도식, 곧 사실
과 유비, 신앙과 이해의 상호 보완이 바탕을 이룬다. 이 전략은 책의 말미
에 "믿는 이들에게 신성한 경전의 권위를 가지고 증명하는 일뿐 아니고 지
성으로 이해하려는 사람들에게도 할 수만 있다면, 또한 일종의 이성을 써
서 증명해 보여야 한다"(15.1.1)라는 문장으로 다시 간추려진다.[24]

4. 저술 대상

저자는 "저 말 많고 따지기 좋아하는 사람들"[25]이나 "신앙이 출발점임을
무시하면서 이성理性에 대한 미숙하고 비뚤어진 사랑에 속는 사람들"[26]을
지적하기도 하고, 삼위일체 신앙에 접근하는 데 우를 범하는 세 종류의 고
질을 꼽기도 한다. "물체적인 것들을 가지고 저 영적인 것들을 재고 설명
하고 싶어 하거나, 하느님에 관하여 자기 나름의 언어로 논할 때도 왜곡되
고 기만적인 규칙들을 꾸며 내거나, 알지도 못하는 바를 아는 것처럼 보이
려고 자기 의견에서 오는 추정적 지식을 너무 무모하게 주장함"(1.1.1)이다.
교부는 신앙의 첫걸음인 학문적 겸손을 무시하다가 지식에 대한 미숙한
사랑에 속기 쉬운 사람들에게 성경의 증언을 들려주어 삼위일체 신앙이
무엇인지 보여 주고 나서, 이성으로 확연히 알지는 못하지만 우리 지성에
새겨진 삼위일체의 모상을 발견·분석하고, 덕스러운 삶으로 그 모상을
완성하라고 유도하면서 독자들을 삼위일체의 신비 속으로 끌어들인다.

---

[24] "이러한 신앙의 규범으로 나의 의향을 이끌어 나가면서, 내가 할 수 있는 데까지 당신을
탐구했고, 내가 믿는 바를 오성으로 뵙고자 열망했으며, 그러느라 많은 토론을 하고 많은 수
고를 기울였나이다"(15.28.51).

[25] 이 책 1.2.4: istis garrulis ratiocinatoribus.

[26] "이 글을 읽을 사람들은 무엇보다도 먼저 우리의 붓이, 신앙의 출발점을 무시하면서 이
성에 대한 미숙하고 비뚤어진 사랑에 속는 사람들의 모략중상을 겨냥하여 경계하는 데 있음
을 알아둘 것이다"(1.1.1).

사실 이 책은 유일신 사상도 알아듣기 어려운 터에 삼위일체 신비까지 접하면서 아리우스파의 토론에 말려들어 곤경에 처한 그리스도교 지성인들을 대상으로 하며, 아우구스티누스 주교의 책을 읽을 만한 신학 지식을 갖추었으나 신플라톤 사상에 경도되어 있을 로마제국의 지성인들이 니케아 공의회의 신경信經을 이해하는 데 도움을 주려는 의도에서 나왔다. '주제 이탈'excursus처럼 보이는 긴 논변들이 나타나거나 지식과 지혜를 대조하는 논지도 이런 독자층을 설득하려는 전략의 일환으로 보인다. 삼위일체라는 그리스도교의 가장 난해한 교리를 두고 독자들이 이성의 한계를 무릅쓰고 끝까지 사변적 탐구를 지속할 활력소를 제공하려는 의도에서다.

5. 집필 연대

"젊어서 착수했는데 늙어서야 끝냈다"는 저자의 말대로[27] 이 책의 집필에는 오랜 세월이 걸렸다. 학자들은 아우구스티누스가 399년에 『삼위일체론』 집필에 착수했고, 부분 편집은 412년에 이루어졌으나 최종 편집은 420~421년에 있었던 것으로 추정한다. 책의 간행이 이루어지기까지의 사정은 아우구스티누스가 쓴 몇 편의 서간에서 파악할 수 있다.[28] 삼위일체를 다루면서 이 책의 집필을 언급하는 문헌들이다.

워낙 과중한 작품이라 집필도 늦고 저자도 초고에 만족하지 못하여 간행할 엄두를 못 내고 있던 참에, 작품을 하루 빨리 완성해 달라고 독촉하던 지인들은 저자 몰래 작품을 입수하여 복사하여 돌려 읽고 있었다.[29] 그

---

[27] 이 책의 서문(*Epistola* 174) 참조: "지존하시고 참되신 하느님 삼위일체에 관하여 제가 젊었을 때 책을 쓰기 시작했는데 늙어서야 출판하게 되었습니다."

[28] Cf., *Epistola* 174 ad Aurelium; *Retractationes* 2.15; *Epistola* 120 ad Consensium; 143 ad Marcellinum; 169 ad Evodium.

[29] "내가 너무 오랫동안 그 책들을 붙들고 있었던 까닭인지, 내가 책들을 출간하려고 할 때 응당 해야 하고 또 할 수 있을 만큼 손질을 못한 마당에 책들이 [내 손에서] 빠져나갔다"(『재론고』*Retractationes* 2.15.1).

런데 저자는 그것을 알고 화가 나서 오히려 탈고를 뒤로 미루고 말았다. 그러자 지인들, 특히 카르타고의 아우렐리우스 주교가 앞장서서 교부를 달래는 등[30] 우여곡절이 있어서 집필 연대 추정이 쉽지 않고 학자들의 의견도 다양하다. 아우구스티누스의 『재론고』*Retractationes*는 시대순으로 작품을 열거하면서 수정을 가하지만, 간행 연대가 아닌 집필 착수 연대를 기준으로 한다. 그런데 『삼위일체론』은 399년의 작품으로 추정되는 『입문자 교리교육』*De catechizandis rudibus* 바로 다음에 배치되어 있다. 그러므로 『삼위일체론』의 집필 착수는 399년, 즉 『고백록』 제13권[31]의 집필 연대와 비슷하다고 여겨진다. 그가 마르켈리누스에게 보낸 서한은 412년의 것으로 보이는데, 자기가 『삼위일체론』 처음 열두 권을 탈고했다면서 지인들이 그것을 입수하려고 시도했지만 자기 수중에 잘 간수하고 있노라는 말이 거기에 나온다.[32] 즉, 412년까지는 적어도 책 전체가 간행되지는 않았다. 또 415년의 편지에도 "집필하기에도 매우 힘들고 알아들을 사람도 소수여서 오래전부터 손에 두고서 완성을 하지 않고 있다"는 구절이 있어 그때도 책은 탈고되지 않았음을 밝힌다.[33]

이 책의 최종 편집은 최종 보충(제12권의 일부와 제13-15권)을 한 다음, 전에 없던 서언praefatio을 처음 몇 권에 첨가하고 전반적으로 손질한 것으로 보이는데, 연대 추정이 더 쉽다.[34] 그 시기는 이 책 제15권에서 인용하는 『요

---

[30] "그러나 많은 형제들의 간곡한 요청이 있었고 무엇보다도 당신의 명령에 못 이겨 이 작품을 끝내기로 마음먹었습니다"(*Epistola* 174: 이 책 서문).

[31] 실제로 『고백록』 13.11.12에 삼위일체에 관한 '심리학적 설명'이 처음으로 나온다.

[32] "창세기와 삼위일체라는 아주 위험한 문제들을 다루는 책들을 여러분이 손에 넣으려고 하지만 여러분의 손에서 멀리 내가 간수하고 있소. 거기에 당연히 비난할 만한 것들이 포함되어 있을 여지가 있다면 심사숙고를 하지 않은 채 황급히 서둘러 펴냈다가 괜한 일을 당하지나 않을까 해서요"(*Epistola* 143 ad Marcellinum 4).

[33] *Epistola* 169 ad Evodium 1.1.

[34] *Epistola* 147: "처음 네 권 혹은 다섯 권을 서문이 실리지 않은 채 소장하고 있는 사람들이 있습니다. 또 제12권을 가지고 있더라도 맨 마지막 부분이 빠진 경우도 있을 텐데 그 부분 역시 적지 않은 분량입니다."

한 복음 강해』*Tractatus in Ioannis Evangelium* '강해 99' 이후에 해당한다.[35] 그리고 이 책에서 언급하는『신국론』제12권을 집필한 다음이기도 하다.[36]『요한 복음 강해』99를 설교한 날짜도,『신국론』제12권의 집필 시기도 정확하게 밝힐 수는 없다.[37] 다만『재론고』를 쓴 것이 426년에서 427년이므로『삼위일체론』의 최종 편집은 넓게 잡아 420년에서 426년 사이가 된다.

6. 필사본과 번역 대본

① 이 역주본이 따르는 라틴어 비판본textus criticus은 W.J. Mountain ed., *Aureli Augustini, De Trinitate libri XV* (Corpus Christianorum Series Latina L/LA) (Brepols, Turnholti 1968)이다.

② 이 비판본은 현존하는 307개의 필사본 가운데[38] 도표 다음에 열거된 5개 필사본(괄호 안은 해당 필사본을 보완한 참고 자료)을 참조하여 편집된 것이며 그 전승 과정은 도표와 같다.[39]

---

[35] 이 책 15.27.48에 "이 글은 내가 저 강연에서 한 말인데 이 책에다 옮겨 적었으며 [그때는] 믿지 않는 사람들이 아니라 믿는 사람들에게 한 발언이었다"면서『요한 복음 강해』99를 길게 인용한다.

[36] "이 점을 논증하는 데는 긴 시간이 필요하겠는데 우리로서는『신국론』제12권에서 이미 충분히 논할 만큼 논했다고 여기는 바다"(13.9.12).

[37] 당대의 증언에 따르면(Orosius, *Historiae adversum paganos*, 7 praefatio) 아우구스티누스는 417년에『신국론』제11권을 집필하고 있었다.

[38] 5세기부터 12세기까지 시대의 폭이 크며 학계는 그중에서 특히 52개 필사본을 중시한다.

[39] 도표에 나오는 인명은 아우구스티누스의『삼위일체론』에서 따로 뽑은 명구들을 당대에 편찬한 인물들로, 해당 필사본의 간행 시기를 확인하는 데 중요하다.

Eug.   Eugippius (fl. 509), *Excerpta ex operibus s.Augustini*

Prosp.   Prosper Aquitanus, *Sententiae ex operibus s.Augustini* (circa 450)

Ben.   Benedictus Anianensis, *Munimenta fidei* (circa 800)

Florus Florus diaconus, *Expositio epistularum beati Pauli* (circa 840~850)

Beda   Beda venerabilis, *Collectio ex opusculis sancti Augustini* (ante 731)

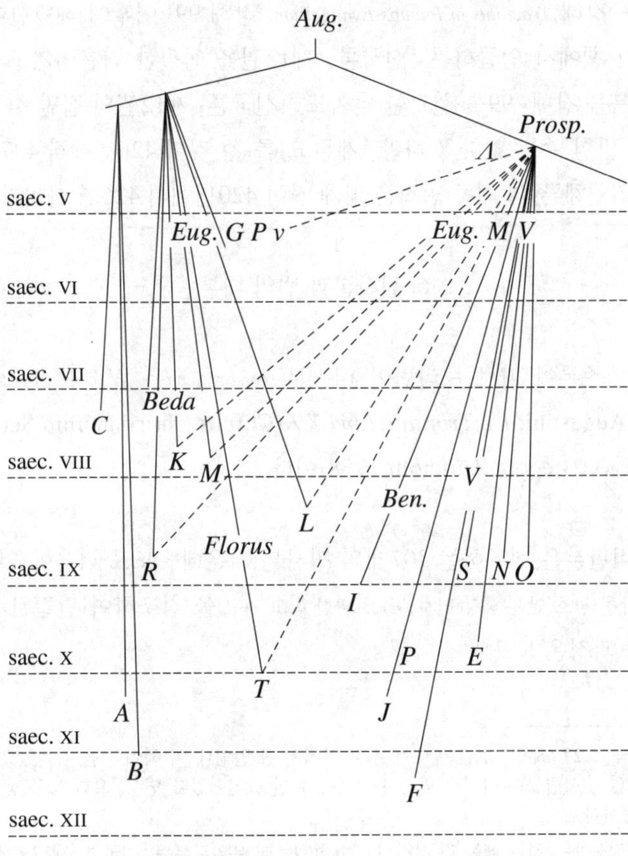

O codex Parisinus bibl. nat., nouv. acq. lat. 1445

  (*N* Namurcensis 33; *S* Sangalensis 175; *V* Vaticanus Palatinus lat. 202;

  E Einsidlensis 145)

B cod. Bigotianus, Parisinus bibl. nat. lat. 2088

  [*A* Atrebatensis 589; *C* Cameracensis 300(282); *R* Remensis 390(E. 270)]

F cod. Parisinus bibl. armamentarii 303 (419 T.L.)

J cod. Vindocinensis 37

T   cod. Parisinus bibl. nat., nouv. acq. lat. 1446

(*M* Casinensis 19)

(*I* Eporediensis 34; *K* Oxoniensis Bodleianus Laud. misc.126;

L Laudunensis 130; *P* Berolinensis Phillipps 1681)

③ 아우구스티누스의 『삼위일체론』은 현대에도 계속 번역 · 출판되고 있다.[40] 이 책의 역주 작업에 참조한 번역본은 아래와 같다.

Saint Augustin, La Trinitè, M. Mellet / T. Camelot / E. Hendrix / P. Agaesse / J. Moingt tr. et comm. (Paris, Institut d'Etudes Augustiniennes 1997²) [Bibliothèque Augustinienne, Œuvres de Saint Augustin 15-16].

Sant'Agostino, La Trinità, A. Trapè / M.F. Sciacca introd., Giuseppe Beschin tr. (Roma, Città Nuova Editrice 1987²) [Nuova Biblioteca Agostiniana IV].

S. Agustin, La Trinidad, Luis Arias Alvarez ed. tr. (Madrid, La Editorial Catolica 1985²) [Biblioteca de Autores Cristianos, Obras completas de San Agustin V].

Saint Augustine, The Trinity, John E. Rotelle ed., Edmund Hill tr. (New York, New City Press 1991).

Aurelius Augustinus, De Trinitate. Bücher VIII-XI, XIV-XV, Anhang: Buch V, Johann Kreuzer ed. tr. (Hamburg, Felix Meiner Verlag 2001).

Augustine, On the Trinity. Books 8-15, Gareth B. Matthews ed., Stephen McKenna tr. (Cambridge, Univ. Press 2002).

---

[40] 이 책(*Sancti Augustini De Trinitate libri quindecim*)의 최초 인쇄본(editio princeps Henrici Arimenensis: ed. *a*)은 1474년경(Argentorati)에 나왔다. 학계에서 가장 널리 인정받기로는 1688년 파리의 마우루스회 판(editio Maurinorum vel editio monachorum Benedictinorum e Congregatione sancti Mauri: ed. *μ*)인데, 이 판본은 '라틴 교부 총서'(Migne, *Patrologia Latina*)에도 채택되었을뿐더러 여러 현대 번역본들이 따르고 있다.

④ 이 책의 번역을 보충하는 뜻으로, 여러 필사본에 이 책 전체의 서문으로 편집되어 온 *Epistola* 174(ad Aurelium)는 맨 앞에 실어 이 책의 전체 서문으로 삼고, 아우구스티누스가 생전에 자기 저서『삼위일체론』을 재검토하여 부언한『재론고』 2.15, 7세기 이래 모든 수사본에 수록되어 온 *Brevuculus*(각 장의 '요약문'. 일명 capitula)를 번역하여 부록으로 싣는다.

II. 삼위일체에 관한 성경 계시와 사변적 고찰

1. '삼위일체이신 한 분 하느님'

『삼위일체론』에서 아우구스티누스가 쓰는 하느님 명칭은 '삼위일체이신 한 분 하느님'trinitas quae est unus deus[41]인데, 라틴어 문법상 '삼위일체'trinitas 가 주어主語이고, '하느님'deus은 보어補語다.[42] 아우구스티누스의 저술은 '성삼위의 동등'에서 이야기를 시작하여 '하느님의 유일성'으로 나아간다. 성부, 성자, 성령이 유일한 하느님으로 불린다.[43]

이 책의 취지는 성삼위의 동등함aequalitas personarum과 신적 존재의 단일함unitas essentiae을 함께 살리는 일이며, 삼위일체의 신비를 두고도 가능한 대로 그 합리성과 정당성을 보장하는 신앙의 이해intellectus fidei다. "한 분 하느님 안에 저 삼위일체가 존재한다기보다는 삼위일체가 곧 한 분 하느

---

[41] prologus 첫 문장: de trinitate quae deus summus et verus; 15.5.7: universae trinitati qui[quae] est unus deus; 15.28.51: domine deus une, deus trinitas; 8.2.3: trinitas, deus unus; 7.4.8: haec tria simul unus deus; 6.10.12: unus est deus sed tamen trinitas; 5.8.9: qui trinitas unus deus; 2.18.35: deus unus et solus, id est ipsa trinitas; 2.13.23: trinitatis qui est unus et solus deus; 1.4.7: de trinitate quae deus est.

[42] 따라서 '성부와 성자와 성령'이 주어다. 관계문 quae deus summus et verus, qui est unus deus는 서술 관계문으로, '삼위일체가 곧 하느님이시다'라는 어감을 띤다. 물론 deus trinitas 라는 표기도 나온다(1.6.10; 1.16.11; 2.10.17; 2.15.26).

[43] '삼위일체'와 '하느님' 칭호 문제를 직접 다루는 텍스트: 1.2.4; 1.4.7; 4.21.30; 9.12.17.

님이다"nec in uno deo est illa trinitas, sed unus deus(15.23.43)라는 교부의 단언에 드러나듯, 이 책에서 이야기하는 주제는 '삼위일체' 하느님trinitas deus이다.[44] 교부가 이 책의 처음 네 책(제1-4권)에서 보듯이, 순서는 성경에 계시된 삼위三位를 소개하면서 그 삼위의 일체—體를 증빙하는 방향으로 나아간다. 곧, 이 책 전체에서 그의 학문은 삼위로 계시된 하느님이 어떻게 유일신으로 표방되는지를 논증하려는 것이지 유일신이 어떻게 삼위로 존재하는지를 논하는 것이 아니다.

그리스도의 단일한 위격도 교부가 회심 초부터 확립한 개념이었다. "하느님의 형상으로서 종의 형상을 취하셨으므로 둘 다 하느님이시고 둘 다 사람이시다quia forma dei accepit formam servi, utrumque deus et utrumque homo. 취하시는 하느님 때문에 둘 다 하느님이시고 취해진 사람 때문에 둘 다 사람이시다propter accipientem deum, propter acceptum hominem. 그렇게 취함으로써 둘 중의 하나가 다른 하나로 전이되거나 변화되어 신성神性이기를 중단하거나 피조물이 선성으로 변하여 피조물이기를 중단한 것이 아니다"(1.7.14).[45] 또 "그분의 수용受容은 하도 철저하여 하느님을 사람으로 만들었고 사람을 하느님으로 만들었다"[46]고 할 정도로 그분의 육화natus deus ex femina와 십자

---

[44] 하느님의 유일성에서 삼위일체로 건너가는 경우, 단일한 신성을 삼위가 공유한다는 관념을 가지게 되어 삼위 외에 신성(神性)이라는 제4위를 연상할 우려가 있다. "성부, 성자, 성령이 삼위일체이시며 또한 한 분 하느님이시다. 그분들에게 제4의 신성이 공통으로 있는 것이 아니고, 형언할 수 없이 불가분한 삼위일체가 있을 따름이다"(non quod sit eorum communis quasi quarta divinitas, sed quod sit ipsa ineffabiliter inseparabilis trinitas) (*Epistola* 120.3.13).

[45] "사람이 또한 하느님이고 하느님이 또한 사람이다. 혼합된 본성으로 그렇게 된 것이 아니고 단일한 위격으로(non confusione naturae, sed unitate personae) 그렇게 된 것이다" (*Sermo* 186.1). "그래야 인간이 보태짐으로써 삼위일체가 사위일체가 되지 않는다"(*Epistola* 120.3.13).

[46] "그분은 종의 형상으로 십자가에 처형되셨지만 또한 영광스러운 주님으로서 십자가에 처형되셨다. 그분의 수용(受容)은 하도 철저하여 하느님을 사람으로 만들었고 사람을 하느님으로 만들었다. 하느님이 십자가에 처형되셨다고 하는 말도 옳은 말이다"(recte dicitur et deus crucifixus) (1.13.28).

가의 죽음deus crucifixus을 그리스도인의 삶에 가장 위대한 범형으로 제시하
는 것도 교부의 일관된 해석이다.

2. 성자와 성령의 파견

이 책에서 맨 처음(제1-4권) 다루는 주제는 (성경에 계시된) 성자와 성령의
파견missiones, 세 위격의 고유한 속성proprietates이다. 그런데 성경 말씀[47]을
근거로 "파견하는 이는 파견받는 이보다 높다"는 명제를 누가 제시하면 논
란이 초래된다.[48] 신구약에 기록된 하느님의 발현, 성자 홀로 육화했다는
교리, 성자의 영원한 출생과 성령의 발출發出을 서로 구분하는 일도 토론
을 야기한다. 그래서 교부는 '파견'派遣이라는 개념을 깊이 연구하여(2.5.8),
파견이 신성한 위격들 가운데 한 분이 다른 한 분에 비해 반드시 열등이나
종속을 초래하는 것은 아니고 삼위일체에서 한 위격이 다른 위격으로부터
유래하는 기원의 문제를 초래할 따름이라고 답한다. "성자가 성부로부터
보냄을 받았다는 말을 하는 경우에 한 분은 성부이고 한 분은 성자이기 때
문이고 … 한 분은 보냄 받은 분이 유래한 원천이고ille a quo est qui mittitur 한
분은 보내는 그분에게서 유래한 분ille qui est ab eo qui mittit이기 때문에 하는
말이다"(4.20.27).[49]

---

[47] 갈라 4,4[교부 인용]: "때가 차자 하느님께서 여인에게서 만들어진 당신 아드님을, 율법
아래 만들어진 아드님을 보내셨습니다"(misit deus filium suum factum ex muliere, factum
sub lege). 아우구스티누스는 성경을 '재래 라틴어본'(vetus latina)에서 인용한다. 우리말 성경
본문 인용은 원칙적으로『성경』(한국 천주교 주교회의 2005)을 따르되, 문맥에 맞추어 대폭 다듬
었다. 필요에 따라서는『공동번역 성서』와『200주년 성서』(분도출판사 2001)도 인용했고, 그것
으로도 저자의 의도가 반영되지 않을 경우에는 더러 역자가 직접 번역하기도 했다.

[48] "'파견하는 이가 파견받는 이보다 크다'고 말하는 사람들이 있다. 성자는 당신이 성부께
로부터 파견받았음을 극구 강조한 이상, 성부께서 성자보다 크시다는 것이다"(2.5.7).

[49] "태어난 분은 낳은 분한테서 보냄 받아야 했다. 그러나 이것은 실체의 불평등이 아니고
자연 본성의 질서다(verum haec non est inaequalitas substantiae, sed ordo naturae). 하나가
다른 분보다 먼저라는 것이 아니고 하나가 다른 분으로부터 존재한다는 것이다(non quod al-
ter prior esset altero, sed quod alter esset ex altero)" (*Contra Maximianum* 2.14.18).

심지어 영원의 차원에서도 성자를 '보냄 받은 분'missus이라고 일컬을 수 있는 까닭은, 말씀은 누구의 입에선가 발설發說된다는 자연스러운 사실, 말씀이 장차 때가 차면 살이 될 분이었다는 사실, 또 성자는 '전능하신 하느님의 신실한 영광의 발산'이기 때문에 영광이 자연스럽게 발산發散하는 법을 들어 설명한다(4.20.27).[50]

(1) 성자의 파견

파견에 관한 아우구스티누스의 논리가 현대인에게도 설득력을 갖는 것은 성자의 파견을 시종일관 인류 구속救贖의 각도에서 해설하는 까닭이다. 특히 4권에서 말씀의 육화를 파견으로, 시간 속의 현존으로, 구세를 위한 발현으로 묘사한다. 하느님의 아들이 파견받아 사람이 된 목적은 인간들이 당신의 육화, 죽음, 부활에 신앙을 가짐으로써 궁극에 가서 '삼위일체에 대한 관상'contemplatio in trinitatem에 이르도록 돕기 위함이다. 삼위일체를 직관하는 "관상觀想은 모든 활동의 '목적'으로서 우리에게 언약되어 있으며 모든 기쁨의 영원한 완결처럼 약속되어 있다"(1.8.16-17).[51] 그렇다면 신구약에 나타난 하느님의 모든 발현은 "하느님 아들의 파견을 가리키는 증언이었거나 하느님 아들의 파견 자체였거나 둘 중의 하나다"(4.19.25).[52]

육화肉化는 성자가 시간 속에서 새로운 존재양상을 지닌다는 사실을 가리키며, 의화義化에서는 보이지 않게 나타나므로, 성자는 우리 구원을 위하여 육화와 의화 두 양상으로 파견받은 셈이다.[53]▶ 성부는 파견받지 않았

---

[50] "성부의 말씀이 곧 성자이시고, 심지어 그분의 지혜라고도 일컫는다. 그러니 성부와 동등하지 못하여 보냄 받는 것이 아니고 '전능하신 하느님의 신실한 영광의 발산'이시기 때문에 보냄 받는다고 해서 무엇이 이상하다는 말인가? 거기서는 발산하는 분이나 발산의 원천이 되는 분이나 똑같은 한 실체를 이루고 계시다"(4.20.27).

[51] "'하느님과 인간 사이의 중개자 인간 그리스도 예수'께서 지금 '신앙으로' 살아가는 사람들을 다스리고 계시는데 그 모든 의인들을 '형상으로', '얼굴과 얼굴을 마주 보는' 직관(直觀)으로 인도하시리라는 말이다"(1.8.16).

[52] 성자의 발출 또는 파견에 관해 중점적으로 다룬 대목은 15.10.19-11.20; 15.14.23; 15.21.40; 15.15.25; 15.16.25를 참조할 것.

고 기원이 없으며a nullo est 구원의 원천이시다. 따라서 성자(진리)의 기원이시고 성자(진리)와 더불어 성령(사랑)의 원천이시다. 성부는 당신이 영원으로부터 갖고 계시는 바를 모조리 아들에게 보여 주신다.[54] 구원 계획 단계에서만 아니고 구속 사업을 실현하시는 내내 당신의 아량을 과시하시고 성자는 성부께 본 대로 그것을 구현한다. 그렇다면 성자의 파견은 성부에게서 보고 들은 대로 이루어진 일이고, 성부를 보여 주고 성부의 말씀을 들려주는 데에 의의가 있다.[55]

둘째, 하느님의 아들이 살이 되어 나타난 것은 순종과 겸손의 모범을 보이기 위함이었다고 설명한다. 성자는 '태어났고 보냄 받은 분'natus et missus이라고 불린다. "하느님에게서 태어나심으로써 이 세상에 계셨다면, 마리아에게서 태어나심으로써 이 세상에 파견받아 오신 것이다"(2.5.8). 그분의 시간적 탄생은 영원한 출생을 가리켜 보인다. 성자가 성부의 명을 받아 사람이 되신 것은 자기를 희생하여 죄인들을 악마의 손아귀에서 구속하기 위함이었다.

(2) 성령의 파견

성령의 파견도 구속론救贖論의 맥락에서 설명된다. 성령은 우리에게 '선사'善事[56]되었는데, 삼위일체 안에서 그분이 성부와 성자 사이의 '선사'이기 때문이요, 우리 마음에 성령이 부어지신 것은 그분이 '사랑'이기 때문이며, 또 당신이 '거룩한 영'이기 때문에 우리를 '의화'한다. 성령은 성부와 성자

---

[53] "하느님의 말씀이 보냄 받는데 누군가의 말씀이 되는 바로 그분으로부터 보냄 받는다. 그리고 말씀이 살이 되어 이 세상에 나타났다는 사실로 인해서 보냄 받았다고 하거나, 일정한 시간에 어떤 일정한 인간한테서 파악된다는 뜻에서 보냄 받았다고 한다"(4.20.28).

[54] 요한 5,20 참조.

[55] "성자가 파견을 받은 것으로 이해되는 두 사건은 성부와 성자의 단일하고 동일한 활동에 의해서 불가분하게 이루어졌다. 그러므로 성부께서 말씀으로 그분을 파견하셨다고 한다면, 성부와 그분의 말씀에 의해서 파견이 이루어진 것이다. 따라서 동일 인물인 성자가 성부와 성자에 의해서 파견받은 것이다. 성자가 곧 성부의 말씀인 까닭이다"(2.5.9).

[56] donum을 '선물'(膳物) 외에 '선사'(善事)로도 번역했다.

사이의 '친교'親交이기 때문에 우리를 삼위일체께 일치시키고, 나아가서는 교회 안에서 우리를 한데 일치시킨다. 이처럼 성령은 인간 구원을 위하여 성부와 성자 두 분에게서 파견받는, 두 분의 선사로 묘사된다.[57] 성령이 일정한 시점에 피조물의 형상形象으로 눈에 보이게 모습을 드러낸 것은, "바깥 시선에 의해서 인간의 마음이 감동하여 내림하시는 분의 시간적 발현에서부터 항상 현존하시는 분의 감추어진 영원으로 시선을 돌리게" 만들려는 의도였다(2.5.10).[58]

성령은 사랑의 선사로 우리를 '의화'하는데, 아우구스티누스는 이 의화를 삼위일체 모상의 복원 내지 완성처럼 해설한다. 우리에게 있는 하느님의 모상은 소멸될 수 없다. 설령 죄악이 그 모상을 퇴색시킨다 해도, 성령의 활동이 그 모상을 쇄신하고 재생시킨다. 성령의 활동으로 "우리가 모습에서 모습으로 바뀔 터인데 어두운 모습에서 환한 모습으로 바뀔 것이다. 자기의 창조주에 의해서, 불경죄로부터 벗어나 의화되고 일그러진 형상에서 아리따운 형상으로 변모된다"(15.8.14). 성자와 성령의 활동으로 인간에게 있는 하느님의 모상이 "기형畸形에서 벗어나 재형성"ex deformitate reformatio된다고 표현된다.[59]

(3) 삼위일체는 불가분하게 활동하신다

태초의 창조와 발현, 성자 및 성령의 파견과 구원 등 삼위일체의 모든 활동은 불가분不可分하다. 하느님에게 있는 '존재(실체)의 단일성'은 '활동의

---

[57] "영원으로부터 선물임과 동시에 시간 속에 선사되었고 … 선물이고 선사되었으므로 그분은 파견받는다고 한다"(5.16.17).

[58] 성령의 발출 또는 파견에 관하여 특별히 다루는 대목은 이 책 2.3.5; 4.20.29; 5.11.12; 5. 14.15; 5.15.16; 15.11.27-27.50 참조.

[59] "일깨움을 받고서 주님께 회심하는 사람들은 저 기형(畸形)으로부터 벗어나 재형성된다. 당초에 이 모상을 형성하신 분에 의해서 이 모상이 재형성되기(illa imago ab illo reformari a quo formata est) 시작한다. 죄를 지음으로써 이 모상이 기형적이 되고 변색되고 말았다. 그러다 재형성되고 새로워지면 이 모상을 되받게 된다"(14.16.22).

단일성'을 내포하기 때문이다. 창조, 구약의 발현, 동정 마리아 잉태, 타볼
산의 성부 음성, 예수 세례 때 비둘기 모습의 성령 강림, 오순절 불꽃 같은
혀들이 나타난 성령 강림은 모두 '삼위일체의 대외 활동'이다. 이에 관해
아우구스티누스는 "내가 확실히 자신 있게 말하고자 하는 바는 성부와 성
자와 성령이, 하나이자 똑같은 실체를 가지고unius eiusdemque substantiae, 창
조주 하느님이요 전능한 삼위일체로서 불가분하게 일하신다inseparabiliter
operari는 것이다"(4.21.30)라고 단언한다.

우선 천지창조에 대해서 "성부와 성자와 성령이 한 분 하느님이시며 만
물의 조성자요 통치자이심을 믿기로 하자"(9.1.1)고 제의한다. 당연히 먼저
"성부와 성자께서 한 분 하느님이시고, 피조물에 연관해서는 한 분 창조주
이시고 한 분 주님이시다"(5.14.15)라는 명제를 확립해야 했다.[60] 이 명제는
종속설을 피하고, 창조 교리와 발현의 원리를 따로 분리하는 오류를 벗어
나려는 의도를 담고 있다.

신구약의 발현들도 "그 자체로 불가분한 삼위일체가 가시적인 피조물의
형상을 통해서 분리되어 발현한다"는 명제와 "고유하게 성부나 성자나 성
령을 발현시키면서 성부나 성자나 성령께 해당하는 것처럼 보이는 각각의
사물들에서도 삼위일체의 불가분한 역사하심이 존재한다"는 명제가 동시
에 성립한다(4.21.30).[61] "성자만 육화하셨는데 그것을 삼위일체 전부의 활
동이라고 말할 수 있는가?"라는 질문에는, "동정 마리아에게서 이루어진
저 인간 형상은, 삼위일체께서 작업하신 것이지만, 오직 성자의 위격이다.
즉, 보이지 않는 삼위일체께서 성자만의 보이는 위격을 작업해 내신 것이

---

[60] "성부와 성자께서 한 분 하느님이시고, 피조물에 연관해서는 한 분 창조주이시고 한 분
주님이시듯이, 성령께 연관해서는 한 원리이시다. 단지 피조물에 대해서는 성부와 성자와 성
령께서 한 분 창조주요 한 분 주님이시듯 한 원리이시다"(5.14.15).

[61] "삼위일체는 동시에 일하셨으며, 아울러 성부의 음성이든 성자의 살이든 성령의 비둘기
든 각각의 위격(位格)에 해당하기도 한다. 이런 보기를 들면 성부나 성자나 성령께 해당하는
것처럼 보이는 각각의 사물들에서도 삼위일체의 불가분한 역사하심이 존재한다는 것을 알
수 있다"(4.21.30).

다"visibilem namque filii solius personam invisibilis trinitas operata est(2.10.18)라고 대답한다. 단, 성부의 음성과 성령의 불꽃은 경우가 다르다. 성자가 말씀의 위격에 인성을 영구히 취한 데 반해, 음성이나 비둘기나 불꽃은 성부와 성령의 위격에 결합된 것이 아니고 그 위격에 이용되었을 뿐이다.

3. 관계신학關係神學의 수립

(1) '신적 관계'라는 범주

삼위일체의 실체적 단일성과, 활동의 불가분성이 초점이었다면 그다음(제5-7권)은 세 위격의 구분에 초점을 둔다. "성부가 하느님이고 성자가 하느님이고 성령이 하느님이라면 왜 세 하느님이 아니고 유일한 하느님이신가?"라는 물음에 깔린 양식설樣式說과 삼신론三神論을 둘 다 극복해야 하는 까닭이다.

교부가 아리스토텔레스의 범주론을 차용한 이유는, 철학적 질문에는 철학적 논변으로 답변하기 위함이다. 빅토리누스Marius Victorinus가 번역한 아리스토텔레스의 이 저작은 교부가 읽어서 알고 있었다.[62] "신에게는 우유적 속성이 없다"는 논지에는 교부도 찬성한다. '우유'의 범주는 동일한 사물에서 일어나는 생성·변화·운동을 설명하는 개념들이므로 "하느님께는 아무것도 변하지 않고 아무것도 잃는 일이 없으므로 하느님께는 아무런 우유도 없다"nihil accidens in deo, quia nihil mutabile(5.4.5).

그런데 "하느님께는 실체實體(substantia)만 있고 우유偶有(accidentia)의 범주는 없다"는 명제가 등장하면, 그렇다면 "하느님에 관해 서술하는 모든 언표는 그분의 실체에 의거한다"라는 명제를 거쳐서 "성자에게 '태어난 분'

---

[62] 『고백록』 4.16.28: "내 나이 스무 살이 되었을 무렵 아리스토텔레스의 『십범주』(十範疇)라고 일컫는 어떤 작품이 내 손에 들어왔는데 그것을 나 혼자서 읽고 터득했습니다. 그 책은, 실체에 대해서와 그 실체 속에 존재하는 것들을 나한테는 퍽 분명히 설명해 주는 것으로 보였습니다."

genitus, 성부께 '태어나지 않은 분'ingenitus이라는 언표를 드릴 경우, 성부와 성자의 실체가 다르다는 말 아니고 무엇인가?"라는 반문으로 발전한다. '실체'라는 용어를 사용하면서도 하느님에게서 '우유'를 일체 배제하는 아리우스파의 입장을 문자 그대로 받아들일 수는 없어서, 교부는 성부와 성자 사이에 부자父子의 '관계'relatio라는 범주를 채택한다. 성령이라는 명칭 자체가 관계를 나타내지 않으므로 '선사'donum라는 성경 명칭에 착안하여 그 위격에도 관계 개념을 살려 낸다. '사랑'amans(amatus, amor)의 경우는 관계 개념이 더 용이하다.[63]

하느님의 존재·인식·의지에서 변하는 것은 아무것도 없지만 그렇다고 하느님께 '실체'의 범주만 있는 것이 아니다. 하느님께는 실체의 범주에 들지 않지만 또한 우유라고도 할 수 없는 범주가 하나 있으니, '관계'relatio가 그것이다. "성부이심과 성자이심이 다르기는 하지만 다른 실체는 아니니, 저것이 실체에 따라서 하는 언표가 아니고 관계에 따라서 하는 언표이기 때문이며, 또 저 관계는 우유가 아니니 변하는 것이 아닌 까닭이다"quod tamen relativum non est accidens, quia non est mutabile (5.5.6).[64] 교부의 이 착안은 상관자相關者 양편에 아무런 변화를 초래하지 않고서도 관계가 발생할 수 있다는 데서 온다.[65]

하느님은 존재 자체ipsum esse이기 때문에 하느님에게는 모든 속성이 곧 존재다. "하느님은 실체 혹은 더 정확하게 불러서 존재이며, 그리스인들은

---

[63] 하느님에게 '실체' 개념을 적용하면서 '우유'가 따라 나올 위험이 발생할 적마다 아우구스티누스는 '존재'(essentia), 모세에게 계시된 하느님의 이름이기도 한 '존재'를 병용하거나 우선시킨다(5.2.3). '위격'(persona)이라는 용어를 구사하면서 종(species)과 유(genus)를 구분하여 위격은 유개념이라고 지적하는 점도 유의할 만하다.

[64] "'성부라는 명칭'은 신적 존재를 가리키거나 행위를 가리킨다. 전자의 경우라면, 성자는 성부와 실체를 함께하는 분(consubstantialis)이 못 된다. 후자의 경우, 성자는 성부의 행위의 작품, 곧 피조물이 되고 만다"는 '에우노미우스의 딜레마'에 나지안주스의 그레고리우스는 "'성부라는 명칭'은 존재나 행위를 가리키지 않고 성부께서 성자와 가지는 관계, 성자가 성부와 가지는 관계를 가리킬 따름이다"라고 대답했다(Gregorius Naz., *Orationes* 29.16).

[65] 동전은 그 자체에 변화를 일으키지 않고서도 값도 되고 보증도 된다는 예를 든다.

이것을 *οὐσία*라고 부른다. 그 대신 존재 혹은 실체라고 하는 다른 것들은 우유偶有들을 내포하고 그것들에 의해서 크고 작은 변화가 그것들 안에 생긴다. 그러니 불변하는 실체 혹은 존재는 오직 하나뿐이니 곧 하느님이다. 그분에게야말로 존재함 그 자체가 최고로 또 참으로 해당한다"(5.2.3). 달리 말하면, 하느님 안의 모든 속성perfectiones은 그분의 존재와 동일하다. 하느님의 어떤 성질qualitates을 두고 언표하는 것처럼 보이는 모든 것이 사실은 그분의 실체를 두고 하는 언급이다. 예를 들어 "하느님께는 존재함과 위대함이 동일하다"(5.10.11).[66] 따라서 하느님께는 모든 속성이 서로 동일하기도 하다. 하느님의 '의로움'과 '선함'과 '행복'은 서로 동일하고, 하느님이 곧 그 '의로움'이고 '선함'이고 '행복'이다.[67]

그렇지만 각 위位가 다른 위에 대해 갖는 관계를 두고 언표하는 경우는 예외여서 하느님에게서 '절대 속성'과 '상호 관계'는 구분되어야 한다. 교부는 어느 위격을 가리키면서도 하느님께 해당하는 언표dici ad se와 위격들 간의 관계를 지칭하는 언표dici ad alium를 구분하여(5.8.9), 전자는 실체적으로 언표하면서substantialiter dici 삼위에 공통되지만 후자는 상관적으로 언표하면서relative dici 위격들의 구분을 지시한다고 설명한다. "하느님께 언표하는 모든 것이 실체에 따라 언표하지는 않는다. 성부께서 성자에게, 성자가 성부께 하듯이 상대적으로 언표하는 것이 있는데, 저분은 항상 성부이시고 이분은 항상 성자이므로 이것은 우유적인 무엇이 아니다. 성부께서도 그분에게 아들이 있다는 점에서가 아니면 아버지라 언표하지 않고 성자도 그분에게 아버지가 있다는 점에서가 아니면 아들이라고 언표하지 않

---

[66] "도대체 하느님께 진술될 수 있는 범주들이 있다면, 하느님 자신과 연관해서 언표되는 것이고 또 전의적(轉義的)으로, 유비적으로 언표되지 않고 본래적으로 언표되는(non translate ac per similitudinem sed proprie) 범주들이 있다면, 그 모든 범주에 해당하는 이야기다"(5. 10.11).

[67] "하느님은 지혜를 습득하여 그것으로 지혜로워지는 것이 아니라 하느님이 지혜 자체다. 그분의 업적에서 선함과 의로움이 서로 다르듯이 그분의 본성에서도 서로 다르기라도 할까? 물론 그렇지 않다. 그분의 의로움은 선함 그 자체이며 그분의 선함은 행복 자체다"(15.5.7).

는다는 사실은 실체에 따라서 언표하는 것이 아님을 보여 준다. 두 경우다 당신을 두고 언표하는 말이 아니고 서로 간에 또 상대를 두고 그런 언표를 하는 까닭이다. 그렇다고 우유에 따라서 언표하는 말도 아니다. 아버지라고 언표하는 것과 아들이라고 언표하는 것은 두 분에게 영원하고 불변하기 때문이다. 그러므로 성부이심과 성자이심이 다르기는 하지만 다른실체는 아니니, 저것이 실체에 따라서 하는 언표가 아니고 관계에 따라서하는 언표이기 때문이며, 또 저 관계는 우유가 아니니 변하는 것이 아닌까닭이다"(5.14.15).

교부의 말에 따르면, 첫째, "성자는 항상 태어나며 아들로서 존재하기를시작한 일이 결코 없다"는 문장처럼, 삼위 간의 이 관계는 항존하는 관계 relationes subsistentes에 해당한다.[68] 둘째로, 삼위 간의 관계는 동시적 관계 relativa sunt simul다. 아버지라고 언표하는 것과 아들이라고 언표하는 것은두 분에게 불변하고, 두 신적 위격들은 동등하게 영원하다. 즉, 성자가 성자이기를 시작한 것은 결코 아니고 semper natus est filius 중단하지도 않는다.그러면서도 창조계에 대해서는 세 위격이 모두 단일한 원리가 된다. 교부는 성령의 발출을 설명하면서 "성부와 성자께서 한 분 하느님이고, 피조물에 연관해서는 한 분 창조주이고 한 분 주님이시듯, 성령께 연관해서는 한원리다. 단지 피조물에 대해서는 성부와 성자와 성령께서 한 분 창조주요한 분 주님이시듯 한 원리이시다"라고 단언한다(5.14.15).[69] 아우구스티누스이후 관계 개념 없이는 아무도 삼위일체를 설명할 수 없게 되었다.

---

[68] 교부는 이것을 '위격들의 항존'이라고 명명한다. 하느님의 본성이 단순하다고 말하는 이유는 하느님께는 "속성이 곧 존재이기 때문이지 사벨리우스를 따르는 이단자들이 생각했던것처럼, 위격들의 항존(恒存, subsistentia personarum) 없이 삼위가 오로지 명칭만의 무엇이기(sola nominis trinitas) 때문이 아니다"(『신국론』 11.10.1).

[69] 여기서도 하느님이 창조계와 가지는 관계 역시 하느님께는 아무 변화도 초래하지 않으므로 아무런 우유(偶有)를 발생시키지 않는다. 그 대신 피조물들에게는 변화를 초래하므로 우유성을 초래한다. "어떤 변화가 생긴다면 우리한테서 생긴다. 그런데 정작 하느님께는 아무일도 일어나지 않는다"(5.16.17). 피조물이 하느님을 부르는 칭호도 마찬가지다.

(2) 성자와 성령의 발출

성경을 보면 성자가 성부께 '파견' 받은 일만 언급하는 것이 아니고 출생
出生을 통해서 성부께로부터 '기원'한 사실도 언명되어 있다. 그래서 신적
위격들 간에 '관계'를 발생시키는 것은 '발출'發出(processio)이라고 표현한다.
인간 언어의 한계로 인해, '출생'出生이라는 개념이 아니고서는 한 위격으
로부터 다른 위격의 발출을 형언하기 어려운 까닭이다. '성자의 출생'은 성
경에 계시된 진리이고, 선대 교부들이 규명했으므로 아우구스티누스가 새
로 정립한 이론이 별로 없고 히포의 주교가 이 책에서 수행한 새로운 신학
적 업적은 '성령의 발출'에 대한 고찰이다. 교부의 명제에 따르면 "성경에
따르면 성령은 성부의 영靈만도 아니고 성자의 영만도 아니며 두 분의 영
이다nec Patris solius est, nec Filii solius, sed amborum(15.17.27).[70] 달리 말하면, "성
부와 성자가 성령의 원리이며 그러나 두 원리라고 하면 안 된다. 성부와
성자께서 한 분 하느님이시고 성령께 연관해서는 한 원리이시다"(5.14.15).
그러면서도 성령은 성부께로부터 '주로'principaliter 발한다는 말도 첨가한
다. 모든 것이 성부로부터 유래하므로, 성자로부터 성령이 발하는 이것 역
시 성부께서 주신 것이기 때문이다(15.17.29).[71]

그리고 성자의 발출 또는 출생과 성령의 발출이 어떻게 다르냐는 질문
은 이 작품 첫머리에 이미 제기되었다(1.5.8). 그리고 제2권에서 해결책을
시사하고(2.3.5), 제9권에서 논의하며(9.12.17-18), 제15권에서 결론을 내린다
(15.27.49-50). 따라서 그가 이 책에서 지성을 분석한 사변적 노력을 보면[72]▶
이 두 개념을 구분하는 데 필요한 주요 논거가 드러난다. 우선, 우리 지성
에서 말verbum interius(내적 언어 = 개념)과 사랑이 발출하는 양상이 다름을 지

---

[70] 성령의 발출에 관해서 아우구스티누스는 spiritus sanctus *simul de utroque* procedit
(15.27.48)라고 쓰지만 Filioque라는 표현도 알고 있었다(『신국론』 13.24: spiritum sanctum
patri esse *filioque* communem; *Sermo* 71.29: eum spiritum qui est patri *filioque* communis).

[71] "성령이 성부께로부터 발한다는 그 말은 또한 성자로부터도 발하는 그것이 성부로부터
유래하여 성자에게 존재한다(quod etiam procedit de filio, de patre esse filio)는 뜻으로 알아
들어야 한다. 성자가 무엇이든 가지고 있다면 성부께 받아서 가지고 있다"(15.26.47).

적한다. 사랑은 말을 전제하는바, "전혀 모르는 사물은 결코 사랑할 수 없는 법"(10.1.1-2.4)이므로 인식을 전제하는 것이 사랑이기 때문이다. 따라서 말이 지성에서 발한다면, 사랑은 지성과 말 양자에서 발하면서, 지성과 말을 잇는 역할도 한다. 사랑amor은 사랑하는 자amans와 사랑받는 자amatum를 잇는 생명이다(8.10.14).

그다음, 말과 사랑의 본성이 다름을 연구한다. 말은 지성의 표현 혹은 모상으로서 발출했으므로 말은 지성에서 출생했다고, 지성의 자식이라고 불러도 이상할 것 없다.[73] 그런데 사랑은 인식된 사물의 모상처럼 발출하는 것이 아니고 인식된 사물을 향하는 지성의 운동이나 탐구하려는 욕구로서 발출한다. 탐구하여 인식해 내려는 욕구의 특유한 성격을 관찰하면, "모종의 욕구가 지성의 산출물에 선행하며partum mentis antecedit appetitus, 저 욕구에 의해서, 즉 우리가 탐구하고 발견하여 알고 싶은 노력에 의해서 마치 자식이 태어나듯이 저 인식이 태어나므로 인식을 배태하고 출산하는 욕구 자체를 해산解産 혹은 자식이라고 부를 수는 없다"(9.12.18).

그런데 출생과 발출을 설명하는 일에서 아우구스티누스도 그 이상으로는 나가지 못하고 "이것을 명료하고 확연하게 파악하려고 거기에 지성의 예봉을 집중하는 일은 불가능하다"(15.27.50)는 말로 결론을 대신하면서[74] 성령이 발출했으나 태어나지 않았다는 명제는 지복직관의 경지에서만 제대로 알아들으리라고 고백한다.[75]

---

[72] "지성이 자기를 사랑할 때는 왜 자기에 대한 사랑을 낳은 것처럼 보이지 않는 것일까? 지성이 자기를 인식함으로써 자기에 대한 인식을 낳는다고 하듯이, 지성이 자기를 사랑함으로써 자기 사랑을 낳는다는 말은 왜 하지 않을까?"(9.12.18).

[73] "지성이 자기를 인식할 때는 혼자서 자기 인식의 모체가 된다. 따라서 인식 대상과 인식 주체가 같다. 지성이 자기를 인식하기 전에 지성은 자기에게 알려질 수 있는 가지적 존재였다. 그렇지만 지성이 자기를 알게 되기 전에는 자기에 대한 인식이 아직 지성 안에 존재하지 않았다. 따라서 자기를 안다는 것은 자기와 동등한 자기 인식을 출산하는 일이다"(9.12.18).

[74] "외아들이신 성자께서 성령은 성부께로부터 나신 분이 아니고 발하신다는 말씀을 했으며, 그렇지 않으면 성령이 성자의 형제가 되고 말았으리라. 성령은 성부와 성자 사이와 실체를 함께하는 어떤 친교이므로 두 분의 영이시지만 두 분의 아들은 아니다"(15.27.50).

(3) 한 존재, 세 위격

그러면 성자와 성령의 파견과 발출을 해명하면서도 '삼위의 일체'를 가리키는 적절한 어휘가 있을까? 단일한 신성 안에(in una natura 존속하는 '셋' tria aliquae을 표현하는 명칭이 따로 있을까? 복수로 쓸 수 있는 '명칭'이 과연 있느냐는 것이다. 신적 본성의 단일성을 표현하는 단수 명칭은 없지 않다.[76] "하느님을 '실체'라고 일컫는 것은 적절하지 못하지만 하는 수 없이 그렇게 일컫는 것이고deum abusive substantiam vocari, 일상적으로 쓰이는 이 명사를 가지고 '존재'essentia라는 것을 알아들으려는 노력일 뿐이다. '존재'야말로 참으로 또 고유하게 하느님을 언표하므로 하느님 홀로 '존재'라고 언표되어 마땅할 것이다"(7.5.10).[77] 즉, 아우구스티누스는 '실체'substantia보다는 '존재'essentia[78]를 선호하며 하느님의 명칭으로는 그중 완벽한 명칭이라고 여긴다.[79]

그러면 세 위격을 구분하는 용어는 무엇인가? 아우구스티누스는 동방에서 쓰인 μία οὐσία τρεῖς ὑποστάσεις를 라틴어로 번역한 una essentia tres personae를 탐탁하게 생각하지 않았다.[80]▶ 아우구스티누스는 라틴어

---

[75] "거기서 우리는 아무런 어려움 없이 진리를 보게 될 것이며 지극히 밝고 지극히 확고한 진리를 향유하기에 이를 것이다. 그때는 성령이 성부에게서 발하면서도 왜 아들이 아닌지 깨달을 것이다"(15.25.45).

[76] 교부가 이 책에서 사용하기로도 natura, essentia, substantia, res가 있다.

[77] "우리 어법으로는 essentia라고 언표할 경우에는 우리가 substantia라고 언표할 때 이해하는 바를 이해하도록 습관이 되었다. 그러므로 우리로서는 una essentia tres substantiae라는 말을 감히 못하겠고 그냥 una essentia 혹은 substantia라고 해야겠다"(5.9.10).

[78] 역자는 아우구스티누스가 구사하는 essentia를 더러 '존재자'로 번역하기도 했다. "어느 존재자도 그것이 존재자인 한에서 자기에게 맞서는 상반자를 가지지 않는다. 그러니 존재자라는 점에서 진리라고 일컬어지는 저 제일 존재자에게는 더욱 상반자가 있을 수 없다. 첫째 명제는 맞다. 모든 존재자는 존재한다는 그 점 아닌 다른 이유로 존재자가 되는 것이 아니기 때문이다"(*De immortalitate animae* 12.19).

[79] "하느님께는 존재하는 것과 존립하는 것이 동일하고(hoc est deo esse quod subsistere), 삼위일체가 단일한 '존재'이시라면 또한 단일한 '실체'이시다(si una essentia trinitas, una etiam substantia)"(7.5.10).

una essentia tres personae가 동방에서 의혹의 눈길을 받는다는 사실을 알고 있었다. persona가 그리스어로는 *πρόσωπον*이므로, *τρία πρόσωπα*는 당연히 사벨리우스설이나 양식설처럼 들렸던 것이다.[81] 그러므로 교부는 이 양식을 사용하면서도, persona, *ὑπόστασεις, πρόσωπον* 등을 "형언할 수 없는 사물들에 관해서 무엇인가 말을 하려고, 무슨 방도로도 이야기할 수 없는 내용을 어떻게든지 이야기할 수 있을까 해서, 삼위일체를 두고 과연 그것이 '세 무엇이냐?'라는 질문이 나올 때 무엇인가 말을 하려면 이렇게라도 언표하는 게 좋겠다고 생각해서"(7.4.7) 나온 임시방편, 인간의 언어적 빈곤에서 유래한 잠정적 표현으로 간주한다.[82]

하여튼 유일신 하느님, 절대 단일하고 순일한 신적 본성 안에 성부 · 성자 · 성령으로 구분되는 위격들이 존재함은 신앙의 가르침이다. 그럼 과연 무슨 셋인가? 세 위격tres personae이다! "굳이 그렇게 불러야 한다면 하는 말이지만, 이 세 실체들 혹은 위격들tres simul illae substantiae sive personae이 함께라도 개별 실체 혹은 위격과 동등하다aequales sunt singulis"(7.6.11)는 문장으로 미루어 그는 용어상으로 '실체'와 '위격'이 왜 구분되어야 하는지 확신을 갖고 있지 않았던 것 같다. personae라는 복수형이 "고유한 의미로 쓰이는가?"라고 물을 경우, '편의상의 용법'이라는 것이 교부의 답변이다.

◀80 "혹자들 또는 저 사람들은 *ὑπόστασις*라는 말을 쓰는데, 저 사람들이 *οὐσία*와 *ὑπό-'στασις* 사이에 도대체 어떤 관계를 설정하고 싶어 하는지를 나로서는 모르겠다. 우리 중의 상당수는 그리스 말로 *μία οὐσία τρεῖς ὑποστάσεις*라는 표현을 써 왔는데 라틴어로는 una essentia tres substantiae다"(5.8.10).

[81] 그리스어 *ὑπό-στασις*는 라틴어 sub-stantia(基體, 實體)와 정확하게 상응함에도 불구하고, *ὑπόστασις*가 라틴어로는 persona라고 번역되면서 라틴 교부들에게는 심각한 혼동이 왔다. 사실 una essentia tres personae라는 양식이 동방 교부들의 눈에는 양식설(樣式說)로 보였고 *τρεῖς ὑποστάσεις*라는 동방교회 형식이 서방인들에게는 영락없이 tres substantiae, 곧 삼신론(三神論)으로 비쳤던 것이다.

[82] "아마도 더 편해서(commodius) '세 실체'라기보다는 '세 위격'이라고 언표하는지도 모른다"(7.6.11).

(4) 위격 개념

우선 persona는 삼위일체에 종種 개념이나 유類 개념이나 개체個體 개념
을 해당시키는 것이 아니다(7.4.7-6.11). "'세 무엇이냐?' 혹은 '세 누구냐?'라
는 질문이 나올 때는 어떤 종이나 유를 가리키는 명칭을 찾아내야 하고 그
것으로 이 셋을 내포해야 하는데 그런 명칭이 도무지 머리에 떠오르지 않
는다"(7.4.7). 교부가 하려는 말은, persona가 '고유한 의미로'proprie 삼위일
체에 해당하려면, 먼저 세 위가 서로 구분되는 상호성을 나타냄으로써 관
계를 표현해야 하고, 둘째로 그 관계가 삼위를 별도로 구성하는 어떤 개별
성, 각자에게 고유한 무엇을 지시해야 한다는 것이다. 하지만 그런 조건을
채워 주는 개념이나 용어는 그리스어에도 라틴어에도 없을뿐더러, per-
sona마저도 '상관적' 속성 못지않게 '절대적' 속성도 가리키는 듯하다.[83]

일단 persona는 '상관적' 호칭이다. "'존재함'이 당신 자신과 연관한 언표
라면 '위격'은 상관적으로 하는 언표이다si esse ad se dicitur, persona vero relative.
그래서 우리가 성부와 성자와 성령을 세 위격이라고 언표할 때는 어느 세
친구, 세 친척, 세 이웃을 언표하는 것과 마찬가지로 '서로서로 연관하여'
부르는 것이지 각자가 자기 자신과 연관하여 부르는 말이 아니다"(7.6.11).
그럼에도 상관적인 어떤 위격이라는 사실personam esse이 그분이 존재한다
는 사실esse과 온전히 같아서 순일성純─性은 훼손되지 않는다. "하느님께
는 '존재함'이 다르고 '위격임'이 다르고 하지 않고 온전히 같다. 그분에게
존재함과 하느님이심이 똑같고 위대함과 선함과 의로움이 똑같은 것과 마
찬가지로 그분에게는 존재함과 위격임이 똑같다hoc illi esse quod personam
esse"(7.6.11).

그럼 세 위격을 왜 '세 신神'이라고 불러서는 안 되는가? 또 아예 '한 위
격'이라는 말은 왜 안 되는가? 이에 대해서는 신학도 철학도 답을 주지 못

---

[83] 예컨대 "삼위일체에서도 우리가 '성부의 위격'이라는 언표를 할 때는 성부의 실체 외에
다른 것을 언표하지 않는다"(neque cum dicimus personam patris, aliud dicimus quam sub-
stantiam patris)(7.6.11).

하는 것으로 보인다(7.4.8). 유일한 답변은, "'성부 하느님'deus pater, '성자 하느님'deus filius, '성령 하느님'deus spiritus sanctus이라고 부르지만 '하느님'은 종적種的 명칭이 아니고 (Deus라는) 고유명사다"라는 것이다. 교부는, 삼위tres personae라는 말에서 적어도 같은 재료로 된 세 실체subsistentes나 같은 금덩이로 만든 세 개의 황금상이나 같은 인성人性을 지닌 세 인간을 떠올리지 말라고 타이른다.[84] 삼위일체에서는 '같은 존재의 세 위격'tres personae eiudem essentiae이라고 해도 되고, '세 위격이면서 한 존재'tres personae una essentia라고 해도 되지만, 마치 '존재' 다르고 '위격' 다르기라도 하듯이 '같은 존재에서 나온 세 위격'tres personae ex eadem essentia이라고 해서는 안 된다고 일깨운다(7.6.11).

III. 인간 지성에서 드러나는 삼위일체

1. 삼위일체 신비를 향한 철학적 착안

이 책 전반부에서 아우구스티누스는 계시의 역사가 삼위일체를 그려 낸다는 신념으로 '구원의 역사에 대해 성찰'했다. 후반부(제9-15권)는 그야말로 '인간 지성이 삼위일체이신 하느님께 다가가는 훈련'exercitatio mentis ad trinitatem에 해당한다. 그것도 형이상학적 존재론이 아니라 '삼위일체의 모상인 인간 지성을 관찰하는 심리학적, 인식론적 분석'으로 이루어지는 작업이다. 우리 인간에게 가장 가깝고 익숙한 실재, 곧 자기 지성을 분석하는

---

[84] "우리가 삼위일체를 언표하여 '세 위격' 혹은 '세 실체'에 '한 존재'요 '한 하느님'이라 할 때도 한 질료에서 세 개의 무엇이 존립하는 것처럼 하는 말이 아니다. 그 질료가 무슨 질료이더라도, 이 셋 다에 그 질료가 쓰였더라도 마찬가지다. 삼위일체의 경우 그분의 '존재'에는 저 '삼위' 외에는 다른 무엇이 따로 없다(non enim aliquid aliud eius essentiae est praeter istam trinitatem). 그럼에도 우리는 동일한 '존재'의 '세 위격'이라는 언표를 쓰거나 '세 위격'이 '한 존재'라는 언표를 쓴다"(7.6.11).

가운데 '거울을 통해 수수께끼로' 어렴풋이나마 삼위일체 양상을 띤 기능을 발견하고, 자기 지성에서 작용하는 '하느님 기억'memoria dei, '하느님 인식'intellegentia dei, '하느님 사랑'amor dei을 파악하기에 이른다. 이 과정에서 그것이 인간 내면에 깃든 신적 삼위일체의 모상임을 간파하면 인간은 누구나 자기 지성에서 그 모상을 완성하려는 사명감을 고취받는다.

이 책 마지막권인 제15권 첫 장 첫 절에서 교부는 후반부에서 채택한 방법론을 이렇게 공개한다. "우리는 독자가 피조물로부터 출발해서 그것을 만든 분을 인식하는 데 이르도록 훈련하고 싶었는데 적어도 지금 그분의 모상에까지는 당도했다. […] 믿는 이들에게 신성한 경전의 권위를 가지고 credentibus divinae scripturae auctoritate 증명하는 일뿐 아니고 [지성으로] 이해하려는 사람들에게도 할 수만 있다면, 일종의 이성을 사용하여 증명해in-tellegentibus ratione demonstrare 보여야 한다. 토론을 하면서 논증을quaeri disputando 시작하다 보면, 사안 자체가 잘 설명해 줄 것이다"(15.1.1). 삼위일체를 두고 개진하는 '지적 훈련'을 교부는 '성경 연구', '합리적 논증' 그리고 '철학적 토론'이라는 삼단계 과정으로 제시하는 셈이다.

후반부의 성경 인용과 해설은 전반부에 비해서 현저하게 줄어든다. 특히 삼위일체 교리에 정통 신앙과 다른 이해를 내세운 사람들(소위 '이단자')은 성경 구절을 해석하는 합리적 논거를 내세워서 정통 교리의 명제들에 이의를 제기하므로, 교부는 그런 논지에 변증법적 논리학으로 응수하는 토론을 평생 동안 수행했다. "먼저 할 일은 이단자들의 주장을 토론하고 반박하는 것인데, 성경에서 끄집어내지 않고 그들이 자기 이성에서 내놓는 논거를 갖고 반박할 것이다. 그 사람들 생각으로는 이런 논거들이야말로 성경의 증언들, 성부와 성자와 성령에 관한 증언들을 그런 식으로, 즉 자기들이 좋아하는 식으로 이해하지 않을 수 없게 강력하게 촉구한다는 것이다"(4.21.31).

2. '인간, 삼위일체이신 하느님의 모상'

다시 말하지만『삼위일체론』후반부는 사실상 논증의 전환점을 이루는 긴 서문(8권)에 이어 인간 지성의 기능과 작용을 관찰하고 분석하면서 '하느님의 얼굴을 찾는'quaerere faciem dei 여정이다. "인간, 하느님의 모상"homo, imago dei이라는 문구는 아우구스티누스 신학과 철학 전체의 근간根幹이자 종합이기도 하다. 물론 이 착상은 성경에 입각한[85] 신앙의 신념이었고 '새 인간'homo novus이라는 인간학적 이상을 목표로 모상模像과 원형原型의 관계를 거듭 모색하던 그리스도교 신학의 요체였다.[86] 한 사물이 어떤 원형을 표현할 때 '모상'이라고 정의된다.[87] 그리고 하느님의 모상은 인간의 내면, 곧 이성혼理性魂에 새겨져 있다.[88] "그 모상은 영혼의 불멸성에 불멸하게 새겨져 있어"(14.4.6), 비록 때로는 어두워지고 기형화할 수는 있어도 상실하거나 박탈될 수 없다.[89]

그리고 "지성은 자기를 기억하고, 자기를 인식하며, 자기를 사랑한다"는 사실에서 삼위일체라는 존재론적 구조를 감지하고, 더 나아가 "지성이 하느님을 기억하고, 하느님을 인식하며, 하느님을 사랑한다"는 사실을 깨

---

[85] 창세 1,26: "하느님께서 말씀하셨다. '우리와 비슷하게 우리 모습으로 사람을 만들자. 그래서 그가 바다의 물고기와 하늘의 새와 길짐승과 온갖 들짐승과 땅을 기어 다니는 온갖 것을 다스리게 하자.'"

[86] 에페 4,23-24: "여러분의 영과 마음이 새로워져, 진리의 의로움과 거룩함 속에서 하느님의 모습에 따라 창조된 새 인간을 입어야 합니다."; 콜로 3,9-10: "여러분은 옛 인간을 그 행실과 함께 벗어 버리고, 새 인간을 입은 사람입니다. 새 인간은 자기를 창조하신 분의 모상에 따라 끊임없이 새로워지면서 참지식에 이르게 됩니다."

[87] *De Genesi liber imperfectus* 16.57: "모든 모상은 그 모상의 원형과 유사하다. 그렇다고 무엇과 비슷하다고 해서 다 그것의 모상은 아니다. 타자에 관하여 표현할 때 모상이다(imago enim tunc est, cum de aliquo exprimitur)."

[88] "'사람이 하느님의 모습으로 만들어졌다'는 것은 육체의 형상이 아니라 이성적 지성에 따라서(secundum rationalem mentem) 만들어졌다는 말이다"(12.7.12).

[89] "그 모상이 하느님에 대한 참여를 상실한 다음에도, 비록 실추되고 변형된 양상이기는 하지만, 여전히 하느님의 모상으로 존속하고 있다"(14.8.11).

달으면서 하느님의 모상임을 각성하기에 이른다. 이것은 인간이 오성적 인식과 사랑하는 의지로 하느님에 대한 지복직관至福直觀(visio beatifica)에 이를 능력이 있음(homo capax dei: 14.8.11)을 전제한다.[90]

그런데 인간이 하느님의 모상으로 창조되었다는 말은 '삼위일체이신 하느님'의 모상으로 창조되었다는 뜻이기도 하다. "성부만의 모상도 아니고 성자만의 모상도 아니며 성령만의 모상도 아닌 삼위일체의 모상으로 인간은 창조되었다"ad ipsius trinitatis imaginem factus est homo.[91] 인간을 "성부와 성자와 성령께서 만드시고, 성부와 성자와 성령의 모상으로 만드신"(7.6.12) 까닭이다.[92] 아우구스티누스는 인간의 위대함을 하느님이라는 "최고의 자연 본성을 받아들일 역량이 있고 최고의 자연 본성에 참여할 수 있음"summae naturae capax est et esse particeps(14.4.6)에서 보면서, "그러므로 우리는 우리를 당신 모상대로 만든 분의 도움에 힘입어 하느님의 이 모상에서 그 나름대로 삼위일체를 찾아보기로 하자. 실상 우리로서는 이 탐구를 달리는 건전하게 개진할 도리가 없을뿐더러, 그분으로부터 오는 지혜에 입각해 무엇을 발견할 재간도 없다"(14.4.6)는 연구 노선을 제시한다.[93] 그래서 아우구스티누스는 "결국 사람에게 삼위일체의 모상이 생기고, 삼위일체가 바로 참된 한 분 하느님이시므로, 그로써 사람이 한 분이신 참된 하느님의 모상이 된다는 말씀이 아니었겠는가?"(12.6.7)라면서 탐구에 임한다.

---

[90] "물론 하느님을 수용할 만하다는 점에서(quo eius capax est), 또 하느님께 참여할 수 있다는 점에서(quo eiusque esse particeps potest) 하느님의 모상이기는 하다. 그렇지만 하느님의 모상이라는 점이 아니면 이처럼 위대한 선익이 가능할 수 없다. 자, 그러니 분명히 지성은 자기를 기억하고 자기를 이해하며 자기를 사랑한다. 이것을 우리가 감지한다면 우리는 삼위일체를 감지하는 것이고 그 삼위일체는 아직 하느님은 아니더라도 벌써 하느님의 모상이다"(14.8.11).

[91] *De Genesi liber imperfectus* 16.61.

[92] "성부와 성자와 성령께서 만드시고, 성부와 성자와 성령의 모상으로 만드시어 인간이 '하느님의 모상'으로 존속하게 된다. 곧, 하느님은 삼위일체이시다"(7.6.12).

[93] 아우구스티누스는 창세기의 "우리와 비슷하게 우리 모습으로"(ad imaginem et similitudinem nostram)라는 구절(1,26)이 삼위이신 하느님의 모상을, 그다음 나오는 "하느님의 모습으로"(ad imaginem dei)라는 구절(1,27)이 일체이신 하느님의 모상을 가리키는 것으로 암시하면서 해설에 착수한다.

간단히 말해서, 인간은 자기의 "지성으로 영원하고 불변하는 자연 본성이 감지되고 관조되고 희구된다는 사실 — 기억을 통해서 상기되고, 이해를 통해서 관조되며, 사랑으로 포용하게 된다 — 이 얼마나 위대한 것인지 깨닫게 되며, 저 지존한 삼위일체의 모상을 다름 아닌 지성에서 발견한다. 저 삼위일체를 상기하고 관조하고 사랑하려면 살아 있는 존재가 삼위일체를 상기해 내고 삼위일체를 관조하고 삼위일체를 사랑하는 데 자기 전체를 연관시키지 않으면 안 된다"(15.20.39). 이는 사람이 자신의 감관('외적 인간')과 지성('내적 인간')을 관찰하여 자기가 지존한 삼위일체의 모상임을 인지하게 만들기 위함이다. "저 빛이 그대에게서 저 세 가지 능력을 보여 주고 그 능력에서 그대는 그대를 저 지존한 삼위일체 자체의 모상으로서 인지할 것이다te imaginem trinitatis agnosceres. 지금은 삼위일체에 시선을 집중한 채 관상할 능력이 그대에게 없겠지만 적어도 그 모상은 인지할 수 있다"(15.27.50).

그래서 삼위일체 하느님의 모상이 각인刻印된 인간 영혼(지성)의 본질, 외적 인간에게서 일별되는 삼위일체, 내적 인간에게서 발견되는 삼위일체를 차례로 인식론적 관점에서 살펴본다.

(1) 영혼의 본질

생명체의 생명 원리인 영혼anima은 인간이라는 생명체에서 단지 식물적·동물적 생명의 원리일뿐더러 정신적 원리이기도 하여, 한 인간의 식물적·동물적·이성적 생명을 실체적으로 통합한다. 특히 인간 영혼의 주된 능력인 지성mens은 진리를 인식할뿐더러 그 진리를 '완전히' 인식하려고 모색한다. 인간은 육체로도 물질 세계의 완전을 한 몸에 구현하고 있을뿐더러, 그 지성으로 현실 세계의 모든 대상을 인식의 지평에 받아들일 수 있어서 사실상 현실 세계의 모든 가능성을 자체에 수렴하고 있다.

그런데 영혼은 모든 대상 인식에서 동시적으로 또 본성상 자기를 인식하며, 자기를 인식함과 동시에 자기가 존재함을 반성적으로 의식한다. 모든 생명체에게 '살아 있음' 또는 '존재함'은 행복이다. 누구든지 존재하지 않는 한 행복하지 못하다.[94] 지성이 자기를 인식하는 순간, 존재하는 그것을 의욕하며 자기가 인식하는 그대로의 존재를 의욕한다. "지성은 자기를 부재하는 존재처럼 발견하려고 탐구할 것이 아니고 자기를 현전하는 존재로서 구별해 내려고 노력해야 마땅하다. 자기를 전혀 모르는 대상처럼 인식해 내려고 하지 말고, 타자를 인식함에서 자기를 식별하도록 할 것이다. 지성에게 '너 자신을 알라!'고 할 때는 '너 자신'이라는 말을 인식하는 바로 그 순간, 지성이 지성 자체를 인식하는 것이다. 또 지성이 자기에게 현전한다는 이유 아닌 다른 이유로 인식하는 것도 결코 아니다"(10.9.12). 이 텍스트는 아우구스티누스가 『삼위일체론』에서 간파한 인간 사유의 본질을 서술하고 있는데, '자기 인식'은 지성의 본성이며 일체의 인식 행위, 따라서 일체의 인식 작용은 이 본성을 전제하므로 지성에서 발생하는 모든 인식 행위들이 사실상 '자기 인식의 한 특화'라는 말이 된다.

이렇게 지성은 인식 능력으로서 단순한 가능태可能態가 아니고 이미 현실태現實態이며, 온갖 대상적 인식 활동을 통해서 특정화할 따름이다. 오성 (intellectus: 교부가 말하는 '인간 영혼의 상위 능력')이란 기실 지성이 진리의 빛 속에서 스스로 생성하는 자기 인식이며, 지성은 자기를 향하는 순간 "지성이 자기에게 현전한다는 이유"만으로 자기를 인식한다conoscit se ipsam(10.9.12). "지성이 자기를 사랑하지 않은 적이 없었고 자기를 인식하지 않은 적도 없었음"(10.8.11)을 명시적으로 언명하는 구절도 있다.[95]

---

94 『신국론』11.26: "행복해지지 않기를 바라는 사람이 아무도 없듯이, 존재함을 싫어하는 사람은 아무도 없다(nemo est qui esse nolit quam nemo est qui non beatus esse velit). 더할 나위 없이 불행한 사람도 죽기를 원하지 않으며, 선택이 가능하다면, 사후에 영구히 소멸되기보다는 불행하더라도 불멸하기를(불행한 불멸) 더 선호할 것이다."

95 "지성이 자기를 알아내야 한다. 다만 그 자리에 부재하는 것처럼 자기를 찾아 나갈 것이 아니다. 의지의 지향을 — 지성은 이 지향을 가지고 다른 여러 사물들을 섭렵하며 헤매게 된다 — 을 자기에게 고정시키고 자기를 사유해야 한다(intentionem statuat in se ipsa et se cogitet). 그러면 지성이 자기를 사랑하지 않은 적이 결코 없었고 지성이 자기를 인식하지 않았던 적이 결코 없었음을 알 것이다"(10.8.11).

따라서 지성은 직관적으로 자기가 존재함을 앎과 동시에 자기가 무엇인
지도 인식한다. 자기 존재와 더불어 자기 본성 — 물체가 아니라는 사실을
포함 — 도 인식한다. "지성이 지성 자체를 사유할 때는 공간의 거리를 통
해서 하듯이 하지 않고 비물체적 전회轉回(conversio incorporea)로 지성에 회귀
하는"(14.6.8)[96] 까닭이다. 또 지성의 '자기 귀환'이 가능하다는 것은 지성이
물리적인 존재가 아니고 영靈임을 말해 준다. 아울러 이 특유한 인식에서
지성은 내면에서 자기를 비추는 어떤 빛이 지성이 도달하는 모든 진리 인
식의 토대라는 사실, 그리고 지성이 자기는 유한자이자 피조물임을 의식
하면서 존재와 인식의 궁극적 근거를 의식하기에 이른다.

이처럼 지성은 자기가 본능적으로 자기 존재를 사랑하고 자기에게 인식
된 모든 존재를 사랑하는 가운데 결국 그 모든 존재의 근원을 사랑하지 않
을 수 없으며, 자기에게 그 같은 희구를 심어 주고 자기가 희구하는 바를
달성할 능력을 준 존재를 지향하지 않을 수 없다는 사실까지 의식한다. 인
간은 본성적으로 하느님을 찾는 존재이고 거기서 자기 존재의 충만을 기
대하고 그 욕구가 충족되어야 궁극적 평화를 얻으리라는 것을 예감한다.

인간에게 새겨진 삼위일체는 아무래도 "지성의 자연 본성 전체에서 발
견해 내야 하는데" 이 책 후반부를 차례로 읽어 가면, 먼저 "시간적 사물들
에 관한 지성의 활동", 곧 감각적 지각과 이성적 인식이 있고, 다른 한편으
로는 "지성이 영원한 사물들을 관조하는 부분", 곧 오성적 인식이 있다.[97]
이렇게 삼위일체를 발견하는 단계들을 거꾸로 간추리는 부분에서는 영원
한 사물을 관조하는 지혜, 그 이전에 현세적 사물을 이성으로 파악하는 지

---

[96] "지성이 지성 자체를 사유할 때는 공간의 거리를 통해서 하듯이 하지 않고 비물체적 전
회(轉回)로 지성에 회귀(回歸)하는 것이다. 그렇지만 지성이 지성 자체를 사유하고 있지 않을
때는 물론 지성이 자기 목전에 있지 않으며, 지성에 의해서 지성의 시선이 형상화되는 것도
아니다"(14.6.8).

[97] "그러므로 지성의 자연 본성 전체에서 삼위일체를 발견해 내야 하는데 삼위일체만 아니
고 '하느님의 모상'까지도 발견되는 곳이 어디냐 하면 지성이 영원한 사물들을 관조하는 부분
뿐이다. 시간적 사물들을 관장하고자 파생된 부분에서도 삼위일체는 발견될 수 있지만 '하느
님의 모상'이 거기서 발견되지는 못한다"(12.4.4).

식, 그 앞에 감각적 기억, 그리고 가장 초보적이고 순수한 감각적 지각으로 거슬러 내려간다.[98] 지성의 분석을 통한 아우구스티누스의 삼위일체 연구를 간추려 본다.

(2) 감각적 지각에 드러나는 삼위일체의 흔적

『삼위일체론』 제11권 전반부에 아우구스티누스의 감각론이 나온다. 그리고 인간의 감각 활동에서도 삼위일체의 어떤 흔적qualecumque vestigium trinitatis을 발견하고자 노력한다.[99] 아우구스티누스의 감각론에 따르면 감각이란 어떤 대상이 밖으로부터 특정한 감관에 작용해서 생기는 수용, 신체의 피동被動(passio corporis)이면서 신체가 '겪는'patitur 바를 지성이 '놓치지 않은'non latet 결과이기도 하다. 교부의 글에는 "신체가 감각하는 것이 아니고 영혼이 신체를 통해서 감각한다"는 말까지 나온다.[100] 지성이 감각적 사물을 감관에 받아들이면 감각적 표상表象(species) 또는 형상形相(forma)[101]을 갖게 된다. 인간은 감각하지 않고서는 물체에 대해서 아무런 형상을 갖지

---

[98] "가지적이고 지고한 사물들 — 이것들은 영원하다 — 에 관한 인식에 도달하기 전에 우리로서는 일단 현세적 사물들에 관한 이성적 인식을 만나게 된다. 그리고 현세적 사물에 관한 이 인식에서도 우리는 모종의 삼위일체를 발견하는데, 이 삼위일체는 우리가 신체의 감관에서도 발견했던 것이다"(12.15.25).

[99] 감각적 지각에서 삼위일체의 흔적을 주로 다음과 같이 도식화한다.

	보이는 사물	보는 행위(외부)	정신의 지향
11.2.2-5	res visa	visio externa	animi intentio
	기억	보는 행위(내면)	의지의 원의(願意)
11.3.6-4.7	memoria	visio interna	volitio[voluntas]
	(성부)	(성자)	(성령)

[100] *De Genesi ad litteram* 12.24.51: "신체가 감각하는 것이 아니고 영혼이 신체를 통해서 감각한다(neque enim corpus sentit, sed anima per corpus). 영혼은 신체를 사신(使臣)으로 사용하여 외부에서 알려진 것이 자체 안에서 형상화되게 허용하는 것이다(ad formandum in se ipsa quod extrinsecus nuntiatur)."

[101] 아우구스티누스는 인식론에서 '형상'(forma)을 넷으로 구분하여 사용한다. 곧, 대상이 존재론적으로 갖추고 있는 형상, 그것이 감각하는 자의 감관에 남기는 형상, 기억에 각인되는 형상, 그리고 사유(思惟)에 생성되는 형상이다(11.9.16).

못하며, 기억에 떠올리지도 못한다(예컨대 선천적 시각장애인은 색깔과 명암의 표상을 얻지 못한다).[102]

우선 저자는 감각적 지각에서 관찰되는 삼위일체를 다음과 같이 간추린다. "감각의 경우 삼위를 꼽자면 먼저, 외부에 놓여 있어서 우리가 신체 감관으로 포착하는 물리적 사물들이 있고, 그다음, 그 사물들을 대신해서 우리가 내면에 간직하게 되는 유사상類似象, 기억에 새겨진 물체의 유사상이 있고 — 사유는 그렇게 새겨진 유사상에 의해서 형상화된다 —, 셋째로는, 양자를 한데 결합시키는 의지가 있다"(12.15.25). 신체 감각들 가운데 가장 분명한 시각(visio)이 그의 통찰의 표본이 되는데, "시각은 가장 출중하고 나름대로 다르면서도 지성의 시상視相(visio mentis)에 가장 가까운"(11.1.1) 까닭이다.

사물에 대한 시각에서 세 가지 현상이 분석·관찰된다. 우선 보이는 대상(시각 발생 이전에 존재한다), 그리고 보는 시각(보는 순간부터 존재하기 시작한다), 끝으로 시각이 발생하고 있는 내내 지성이 그 대상에 의도적으로 시선을 집중하는 '정신의 지향'animi intentio이 그것이다(11.2.2). 이 셋이 서로 구분되고 존재가 다르면서도[103] "보이는 물체의 형상形象, 그리고 감관에 각인된 그 사물의 모상(또는 시각, 곧 형상화된 감관), 그리고 감각적 사물에다 감관을 정향定向시키고 감관에 시각 자체를 견지시키는 의지, 이 셋이 단일성을 이루어 결속된다"(11.2.5)는 데 요점이 있다.

감각으로 지각하는 인간에게서 거룩한 삼위일체의 흔적을 찾는다면, 아마도 지각되는 사물res visa에서 '성부'를 보고, 감관에 발생하는 형상visio

---

[102] "감관으로 지각한 것이 아니고서는 사람이 물체적 사물을 아무것도 생각하지 못하고, 감각으로 지각한 것이 아니면 아무도 물체적 사물을 기억하지 못한다. 그렇다면 같은 이유로, 감각의 한계가 물체에 있듯이 사유의 경계는 기억에 있다(in memoria est cogitandi modus)"(11.8.14).

[103] "정신의 지향, 우리가 보는 사물에다 감각을 견지시키는 지향, 그리고 [사물과 감관] 양자를 결부시키는 지향이라는 것은, 그 본성에 있어서 저 가시적 사물로부터도 다를 뿐만 아니고 감관 그 자체와도 다르고 시각 그 자체와도 다르다. 이 지향이라는 것은 오로지 정신의 것이기 때문이다"(11.2.2).

externa에서 '성자'를 보며, 지성이 그 시각을 대상에 견지하는 지향animi intentio에서 '성령'을 보려고 노력할 것이다. 첫째에서는 인간의 지각과는 상관없이 그 존재를 지속하는 까닭이고, 둘째에서는 대상과의 합치 여부에서 진리를 발생시키기 때문이며, 셋째에서는 대상물을 향해 나아가는 감각 주체의 움직임이 관심 있는 사랑에서 기인한다고 여기기 때문이다.

(3) 인간 내면에 깃든 삼위일체의 모상

이 책 전반부에서 수립된 삼위일체론의 명제들은 "세 위격이 한 분 하느님이시다", "성부는 성자, 곧 말씀을 낳으신다", "성부와 성자로부터 성령이 발發한다", "성자는 진리이고 오성 활동과 연관된다", "성령은 사랑이고 의지와 연관된다"는 요지였으며, 이것들은 계시된 진리라는 주장이었다. 그러면 인간에게 이와 유사한 현상이 있는가? 만일 있다면 삼위일체의 진리를 합리적으로 이해하여 수긍하는 일이 가능하리라고 추정된다.[104] 이 책 후반부에서 아우구스티누스는 지성의 삼위일체를 삼중 도식으로 살핀다. 그렇게 해서 그는 '내적 인간' 곧 '오성으로 사유하는 인간 지성'에서 삼위일체의 가장 근사한 모상을 발견해 내려고 한다. 먼저, 지성mens · 인식notitia 그리고 사랑amor, 더 분명하게는 기억memoria · 오성intellegentia · 의지 voluntas의 삼위성(9권)을 궁구한다. 그리고 지성의 이 차원에서는 자기 인식memoria sui, intellegentia sui, voluntas sui(9권)과 하느님 인식memoria dei,

---

[104] 인간 내면(내적 인간)에게서 발견되는 삼위일체는 다음과 같이 도식화된다.

6.10.11.	esse	intellegere	vivere
9.2.2-5.8.	mens	notitia	amor
9.3.3.	mens	notitia sui	amor sui
10.11.17.	memoria	intellegentia	voluntas
10.11.17.	ingenium	doctrina	usus
14.8.11-12.16.	memoria dei	intellegentia dei	amor dei
15.3.5.	amans	quod amatur	amor
	↓	↓	↓
신적 위격에서	(성부)	(성자)	(성령)

intellegentia dei, voluntas dei(14-15권)이 동시에 발생한다. '지성'이라는 주체가 행하는 '자기 인식'과 '자기 사랑'의 삼위를 관찰하면, 그것들이 셋이면서 한 사물·한 실체·한 생명을 이룬다는 점이 파악되고, 그것들이 완전할 경우는 셋이 동등하다는 결론에 이를 것이다.[105] 세 기능이 제각기 '전체를 인식하고 전체를 사랑하는' 현상에서 단일성을 발견한다. "신비로운 어떤 양상으로 이 셋은 자기들로부터 분리되지 않은 채 존재하며, 그러면서도 그 각체 역시 실체實體이고, 그러면서도 서로 상관적으로 언표할 경우에는 그 셋 전부가 함께 단일한 실체 혹은 존재이다"simul omnia una substantia vel essentia (9.5.8)라는 결론을 이끌어 내는 것이다.

지성知性[106]의 본래 기능으로는 오성intellegentia과 의지voluntas를 들 수 있다. 정신의 모든 작용은 지성으로부터 발생하고, 진리를 파악하는 오성을 통해서, 그리고 선에 애착하는 의지를 통해서 일어나는 것으로 묘사된다. 오성 혹은 이성은 인식의 기초요 원천이며, 의지는 지성에서 파악되는 내적 운동, 인식과 가치(선)를 추동하는 원리다. 인간 자체가 '크나큰 심연' magnum profundum homo이므로 그 심리 세계를 우리가 다 인식할 수는 없다. 아우구스티누스에 따르면, "내적 인간에게서 삼위일체에 입각한 하느님의 모상을 발견해 내기 바라면서"invenire nos posse secundum trinitatem imaginem dei (11.11.18) "지성이 사유를 통해서 자기에게로 회귀하는 순간cum ad se ipsam cogitatione convertitur 삼위일체가 발생하는데 사유 자체로부터 '말'이 형상화되며, 의지가 양자를 결합시킨다. 따라서 거기서는 우리가 찾고 있는 신적 삼위일체의 모상이 보다 선명하게 인식되어 마땅하다"(14.10.13)는 요지다.

---

[105] "그러니까 저 셋, 즉 지성이 자기를 인식하고 자기를 사랑할 때는, 삼일성(三一性)이 존재하니 지성·사랑·인식이 그것이다. 이것들은 어떤 혼합으로 섞이는 것이 결코 아니고, 자체들 안에는 각체(各體)로서 존재하면서도, 서로 간에는 전체(全體) 안에 전체로서(tota in totis) 존재한다"(9.5.8).

[106] 교부는 상위 영혼(anima superior)의 성격을 분석하면서(9.4-8장) 그것을 '지성'(mens)이라고 칭한다.

(4) 지성의 삼위일체

더 구체적으로 말해서, 지성이 자기를 인식할 때[107] 먼저 지성과 지성의
자기 인식mens et notitia sui, 이 둘을 구분하여 의식한다. 그리고 지성이 자기
를 인식하면 의당 자기를 사랑하게 된다. 이렇게 지성, 인식 그리고 사랑
mens et notitia sui et amor sui 세 요소가 한꺼번에 의식된다.[108] 지성은 본질적
으로 또 직접적으로 자기를 인식하게 구성되어 있고, 인간이 뭔가를 인식
하고 싶은 본성은 지성의 '자기' 사랑이 호기심을 작동시키기 때문이다. 그
런데 지성이 곧 자기 인식은 아니듯이, 지성의 자기 사랑 자체가 지성은
아니고 또 자기 인식도 아니다. 그리하여 단일한 지성에서 지성, 지성의
자기 인식, 지성의 자기 의욕이라는 세 요소를 구분해 내는 것이 인간의
지성이기도 하다. 이 구분은 실제적 구분이면서 각각이 서로 상관관계를
갖는 구분이다.

지성의 자기 인식은 아우구스티누스에게 일평생 관찰과 탐구의 대상이
었으며 특히 이 저서의 연구 대상이 되었다. "지성이 스스로 자기를 인식
할 때 자기의 인식이 자기를 능가하는 것은 아니니 인식하는 주체가 지성
자체이고 인식하는 대상도 지성 자체인 까닭이다. 만약 지성이 자기를 전
체로 인식한다면, 그리고 자기와 더불어 다른 무엇을 인식하는 것이 아니
라면 '지성'과 [지성의] '자기 인식'이 동등한 셈이다"(9.4.4). 자기 인식이 완
전할수록, 더구나 인식 대상이 제3자가 아니라 지성 자체라는 점에서, 지
성의 자기 인식은 지성과 동일하다. 그런데 지성이 어떤 대상을 파악하는
순간 지성에는 소위 '내적 언어'verbum interius 혹은 '개념'conceptus이 발생한

---

[107] 교부가 이 책에서 '인식'(notitia)이라고 쓰는 용어는 일차적으로 '자기 인식' 곧 지성이
자기를 인식하는 '오성의 행위'를 가리킨다. 그에게 오성의 일차적 행위는 자기 인식이고 이
자기 인식은 늘 현행적(現行的)이다.

[108] "지성이 자기를 사랑할 경우에 '지성'과 '지성에 대한 사랑'이 어떻게 보면 둘인데, 마찬
가지로 지성이 자체를 인식할 경우에는 '지성'과 '지성에 대한 인식'이 둘이다. 그처럼 지성과
사랑과 그에 대한 인식은 어떻게 보면 셋인데, 이 셋이 하나이고 또 그것들이 완전할 경우에
는 동등하다"(9.4.4).

다. 지성이 자기를 인식하는 순간 발생하는 내적 언어(개념)는 지성으로부터 '회임懷妊되는'conceptus(개념) 것이면서 지성을 고스란히 반영하므로 '지성의 모상模像'이기도 하다. 다시 말해서, 일체 사물의 존재론적 구조에서 핵심은 질료質料(materia) 아닌 형상形相(forma)이고, 일체의 인식은 대상물의 형상을 포착하는 활동이므로, "형상에 입각한 모든 인식은 인식되는 사물과 유사하다omnis notitia secundum speciem notitia similis est ei rei quam novit. 그러므로 그 인식은 지성의 모상이기도 하고 언어이기도 하니et imago et verbum est 인식은 지성으로부터 표출되는 까닭이다quia de illa exprimitur"(9.11.16)라는 주장이 가능하다.

교부가 하려는 말은, 지성이 인식을 발생시키므로 그 인식을 출생시킨다는 표현도 가능하고, 인식 대상이 지성 자체라면 지성의 인식은 지성과 동일하다는 점이다. 엄연히 구분되고 대당對當되는 두 상관자相關者가 아니면 동일하다느니 동등하다느니 하는 말이 아예 나오지 않는다. 지성과 지성으로부터 자식처럼 출생하는 자기 인식 혹은 내적 언어(개념)는 서로 구분되는 둘이면서 단일한 실체다. 자기 인식은 지성으로부터 출생을 통하여 존재하고, 자기 인식의 이 출생은 지성의 품에서 발생하는 본질적 인식 행위다.[109] 이것은 "태초에 말씀이 계셨다"in principio erat verbum라는 성경 계시와 자연스럽게 결부되면서, '하느님의 말씀'이자 '하느님의 모상'인 성자를 인간 지성에서 희미한 유사상으로 발견하는 첫걸음이기도 하다.

아우구스티누스가 설정하는 도식을 본다면 지성mens은 '성부'pater의 (불완전한) 모상이며, 창조된 영혼 혹은 지성이 자기 의식 내지 내적 언어, 곧 개념을 발생시키는 현상은 '성부가 성자를 낳는' 출산出産을 상기시킨다. 즉, "지성이 자기를 인식할 때는 혼자서 자기 인식의 모체母體가 된다sola parens est notitiae suae. 따라서 자기를 안다는 것은 자기와 동등한 자기 인식

---

[109] "지성은 우선 자기 안에 존재하니 지성은 자기와 연관시켜 지성이라고 언표되는 까닭이다. 다만 지성이 자기를 인식하더라도 인식 주체, 인식 대상 혹은 인식 가능한 대상으로서 언표될 경우에는, 지성이 자기의 인식과 연관시켜 상대적으로 언표되는 말이다"(9.5.8).

을 출산하는 일이다parem sibi notitiam sui gignit"(9.12.18). 이렇게 성부는 단독으로 만유의 원리가 되고, 성자는 성부와 동등한 아들이라는 교의에 대한 유비를 지성과 지성의 자기 인식에서 발견한다.

그리고 지성의 자기 사랑은, 지성이 일단 자기 인식을 낳은 다음에, 자기에게 인식된 지성 자체에 대한 사랑으로서 발생한다. 이 사랑은 지성과 자기 인식 양자로부터 발한다. 또 지성의 자기 인식에는 인식 주체의 어떤 의지意志가 선행했다. 이 의지는 자기를 인식하는 지성을 사랑하기 때문에 지성과 자기 인식을 결합시키지 않을 수 없다. 요컨대, 지성이 자기를 사랑하기 전에 이미 사랑받을 만한 존재이고, 지성은 자기한테서 사랑받기 때문에 자기에게 인식될 수 있다. 즉, 지성에는 자기를 인식하려는 의지와 열망, 즉 자기 언어와 자기 인식을 출생시키려는 열망이 내재하고, 자기 인식이 출생하면서 자기 인식으로부터 자기를 인식하는 지성에 대한 사랑이 발출發出하는데, 이 사랑은 다른 둘을 단일하게 결합시키면서 삼위일체를 이룬다. 그럴 경우, 자기를 의식하는 지성의 자기 의욕은 열망, 곧 의지 행위이자 나아가 자기 인식을 탄생시키는 데 협력한 주체이므로 지성으로부터 발출했다고 말한다.

"여기에는 삼위일체의 어떤 모상이 존재한다. 지성 자체, 지성의 인식(어떻게 보면 지성의 자식이고 지성 자체로부터 나온 지성의 언어다), 제삼자인 사랑, 이 셋은 하나이고 단일한 실체다.[110] 지성이 자기를 있는 그대로 인식하는 이상 [인식이라는] 자식이 [지성보다] 더 작을 리 없다. 또 [지성이] 아는 만큼 자기를 사랑하고 있는 그대로 자기를 사랑하는 이상 사랑이 [지성보다] 작을 리 없다"(9.12.18).[111] 간추려 말하면, 지성이라는 단일한 존재자에는 존

---

[110] est quaedam imago trinitatis, ipsa mens et notitia eius, quod est proles eius ac de se ipsa verbum eius, et amor tertius, et haec tria unum atque una substantia.

[111] "인식하고 싶은 사물을 동경하는 욕구는, 그것을 일단 알고 나면 알려진 사물에 대한 사랑이 되고, 사랑스러운 자식을 안듯이 인식을 포옹하고 간수하며, 나아가 인식을 출산하는 주체에 그 인식을 결합시킨다"(9.12.18).

재함, 자기를 인식함, 자기를 사랑함이 있다. 지성 · 자기 인식 · 자기 사랑 이 셋 사이에는 실체적 단일성una substantia이 있는데,[112] 교부는 이런 관찰을 통해 인간 지성에서 삼위일체 하느님의 모상을 발견한다.

『삼위일체론』후반부에서 세 위격의 구분과 일체를 설명하는 핵심적인 텍스트는 이렇다: "여기서 [저 셋은] 어느 면에서 전체들 안에 전체들로서 존재해야 할 것이니, … 저 셋이 자기 자체에 연관해서 완전한 채 존재하는 이상, 지성은 자기 전체를 사랑하고 또 자기 전체를 인식하며, 자기 사랑 전체를 인식하고 자기 인식 전체를 사랑하는 까닭이다. 그러니까 신비로운 어떤 양상으로 이 셋은 자기들로부터 분리되지 않은 채 존재하며, 그러면서도 그 각체 역시 실체이고, 그러면서도 서로 상관적으로 언표할 경우에는 그 셋 전부가 함께 단일한 실체 혹은 존재이다"(9.5.8).

3. '더 분명한 삼위일체'

다음 단계로 교부는 인간 지성의 구조를 '기억'memoria · '오성'intellegentia · '의지'voluntas로 도식화하고, 이 도식을 통해 삼위일체를 파악하는 작업에 들어간다. 앞에 나온 '지성 · 자기 인식 · 자기 사랑'의 삼위일체와 차이가 있다면, 두 번째 삼위일체에서는 지성을 '기억'이라고 칭하면서 그것의 두 기능인 '오성'과 '의지'를 관찰한다는 점이다.

(1) 기억

인간은 자기가 알지 못하는 것은 사랑하지 못한다. 그러나 무엇을 알기 위해 탐구하고 있다면 그것을 '전혀 모르는' 바도 아니다. "자기가 모른다는 사실을 알고 있는 이상, 당연히 자기를 알고 있다. 자기가 모른다는 사

---

[112] 아우구스티누스는 substantia를 단일한 의미로 사용하고 있지 않으며 essentia, natura, res와 병용하고 심지어 ($\dot{\upsilon}\pi\acute{o}\sigma\tau\alpha\sigma\iota\varsigma$ 번역어로서는) persona와 호환된다고까지 여긴다.

실을 모른다면 자기를 알려고 모색하지도 않을 것이다"(10.3.5).[113] 이런 지식을 교부는 '개괄적 지식'이라고 일컫는다.[114] "모름지기 지성이 자기에 관해서 뭔가를 알 때는 지성 전체로서가 아니면 알지 못하므로, [지성이 자기를 인식한다면] 결국 지성이 자기 전체를 아는 셈이다"(10.3.6).

지성이 본성상 자기를 인식하기 때문에, 지성이 자기를 모른다면, 실제로 자기를 모르는 것이 아니라 그 순간 자기를 사유하고 있지 않을 따름이다. 그렇다면 지성의 무지는 지식의 결여가 아니라 일종의 망각이다. 따라서 지성이 사유한다는 것은 자기를 기억한다는 것이다. 그것은 과거가 현재가 되는 현상에 비길 만하다. 아우구스티누스가 지성을 '기억'이라 부르는 이유가 여기에 있다.[115] 한마디로, 항상 자기를 의식하고 있다는 점에서 모든 인식 활동은 기억이다meminisse est scire. 본질적이면서도 모호하고 암묵적인 인식을 현재에 대한 기억이라고 부른다.[116] 아우구스티누스의 논지에서 '기억'은 지성의 내용이자 지성으로부터 분리가 안 되면서 인식, 그리고 인식하려는 의욕이 발생하는 '장소'처럼 소개된다.

---

[113] "자기를 [알려고] 모색한다는 바로 그 점에서 자기가 자기에게 미지(未知)의 존재이기보다는 기지(旣知)의 존재임이 확인된다(eo ipso quo se quaerit magis se notam quam ignotam esse convincitur). 자기를 인식하려고 모색하는 이상, 자기가 모색하는 사람이면서도 또한 모르는 사람임을 알고 있다"(10.3.5).

[114] "그렇지만 지성이 자기를 일부는 알고 일부는 모른다는 이론은 성립하지 않는다. 또 무엇을 인식하면서 그것을 총체로 인식하지 못한다는 것(non eam totam scire quod scit)은 모순이다. 인간은 무엇을 알든지 그것에 관해서 전부를(totum) 아는 것은 아니지만 그것을 총체로(totam) 아는 것만은 사실이다"(10.3.6 참조). 이는 '의식의 지평'이라 부를 만하다.

[115] "지성은 항상 자체를 기억하고 있고, 항상 자기 자체를 이해하고 사랑하고 있다(mentem semper sui meminisse, semperque se ipsam intellegere et amare). […] 무슨 사물이든 지성 안에 내재하는 사물이면, 그것에 관해서 사유를 하고 있지 않을 때는 그것이 기억에만 속한다고 하는 터에 말이다"(14.6.9).

[116] "자기에게 현전하는 이상, 기억이라는 것이 현전하는 사물 가운데 하나로 해당하지 않는다면, 자기를 기억하는 일은 도저히 불가능하리라. 과거 사물을 두고 그것을 회상하고 상기하는 능력을 기억이라고 말하듯이, 지성이 자기에게 현전한다는 점에 비추어, 현전하는 사물을 두고도(in re praesenti quod sibi est mens) 기억이라고 부른다고 해서 모순은 아니다"(14.11.14).

(2) 기억의 삼위일체

"전혀 모르는 것에는 의지가 발동하지 않는다"voluntas non fertur in incogni-tis고 가정할 경우, 삼위일체를 이렇게 상정할 수 있다. "물체적 형상形象들로서 무엇이든 기억에 숨겨져 있다면 그것을 통틀어 어떤 하나로 간주하고, 또 저런 대상들을 상기해 내고 사유하는 지성의 시각 전반을 통틀어 어떤 하나로hoc totum unum aliquid 간주하고, 그리고 이 양자의 결속에 덧붙여 [이 양자를] 결합시키는 의지를 제삼의 요소로 간주하고서, 그러니까 셋으로부터 이 전체 하나가 된다고 말해야 하는 것일까?"(11.7.12).

설명을 보태자면, 지성이 자기를 인식하기 전에도 자기를 인식함이 얼마나 좋은지 예감하는 것, 자기 인식을 열망함은 어떤 숨은 기억으로 인해서 발생하는 것이 아닐까? 모르기에 탐구하지만 기실 이미 아는 것으로서 열망하고 사랑하고 있는 상태가 아닐까? 과거의 행복에 대한 잠재적 기억이 보존되어 있으므로 지성은 자기를 알려고 하리라. 특히 인류 타락 이전의 행복에 대한 아련한 기억, 인류사의 온갖 우여곡절에도 완전히 지워지지는 않은 기억이 있으므로 타락한 지금의 자기 처지에 자포자기하지 않고 잃어버린 그 선善을 향하는 동경과 열망이 남아 있으리라.[117]

기억·오성·의지가 셋이지만 한 생명이고, "이 셋은 존재로는 하나이고 관계로는 셋이다"unum sunt essentialiter, tria relative(10.11.18)라는 사실을 보여 주려는 것이 그의 의도다.[118] 기억이 생명이자 지성이자 실체라는 점에서는 자체를 가리켜 언표하고, 자체와 연관하여 언표하는 것이다ad seipsam dicitur. 그런데 자기에 '대한' 기억이라고 하면 마치 다른 사물에 관해서 서

---

[117] "우리가 상기해 내고 싶은 사물의 전체 혹은 어떤 [부분]을 우리가 기억의 저 은밀한 처소에(in penetralibus memoriae) 간직하고 있지 않는 한, 무엇을 상기해 내려는 의지(voluntas reminiscendi)라는 것은 아예 존재할 수 없다. 그러므로 상기해 내려는 의지는 기억으로 간직하고 있는 사물들로부터 발함을 알 수 있고, 동시에 상기를 통해서 그곳으로부터 지각되면서 표출되는 사물들이 덧붙여짐을 알 수 있다"(11.7.12).

[118] "이 셋, 곧 기억·이해·의지는 세 개의 생명이 아니고 하나의 생명이며, 세 개의 지성이 아니고 하나의 지성이며, 따라서 의당 세 개의 실체가 아니고 하나의 실체다"(10.11.18).

술하듯이 상대적으로ad aliquid relative 언표하는 셈이다. 오성과 의지에 대해
서도 제각기 같은 설명이 들어맞는다.[119] 이 셋이 제각기 다른 둘에 대해서
'상관적'이면서 제각기 자기 전체로 기억하고 이해하고 사랑한다. 이와 같
이 "셋 전체도 전부도 각개에 의해서 서로 내포된다면, 각개 전체가 각개
전체와 동등하고, 그와 동시에 각개 전체는 전체로 본 전부와 동등하며,
'이 셋은 하나요' 한 생명, 한 지성, 한 존재다"(10.11.18).

인간은 기억에 의하지 않고는 지성에 대해서 아무것도 기억하지 못하
고, 오성으로가 아니면 아무것도 깨닫지 못하며, 의지로가 아니면 아무것
도 의욕하지 못한다. 기억력으로 기억하는 것은 내가 하는 일이고 오성으
로 이해하는 것도 내가 하는 일이다. 하지만 인간 자체가 곧 기억력이 아
니고 오성[이해력]도 아니며 의지도 아니다. 인간이라는 한 인격체가 이 세
기능을 가지고 있다. 이처럼 이 셋은 상관자로서 서로 구분되며 그렇다고
결코 실체의 숫자가 셋으로 증가되지는 않는다. 그리고 거룩한 삼위일체
에서는 각 위격으로 상호 내재하면서도 세 위격의 완전한 동등성이 성립
한다. 그래서 인간의 정신과 하느님 사이에 모종의 유사성, 모상과 원형
사이의 유사성이 성립한다.

(3) 하느님 기억

지성에서는 자기를 기억하고 자기에게 시선을 돌리고 자기를 사랑하는
삼위일체가 관찰되는 반면, 지성을 만든 분을 기억하고 그분에게 시선을
돌리고 사랑하지 않는 한 지성의 본유적 삼위일체는 발생하지 않는다. 자
기 기억memoria sui에서 하느님 기억memoria dei으로 건너갈 때, 달리 말해 자
기를 기억하는 지성이 하느님을 기억하는 지성과 구분되지 않을 때, 그 지

---

[119] "나는 기억한다, 내가 기억을 가지고 있고 이해를 가지고 있고 의지를 가지고 있음을.
또 나는 이해한다, 내가 이해하고 원하고 또 기억한다는 사실을. 그리고 나는 원한다, 내가
원하고 기억하고 이해하기를. 내 기억 전체와 내 이해 전체와 내 의지 전체를 나는 동시에 기
억한다. […] 나는 나의 기억 전체를 기억한다(totam igitur memini)"(10.11.18).

성은 지혜로워진다. 이 책 14권에서 아우구스티누스는 감각적 기억, 자기에 대한 기억, 그리고 하느님에 대한 기억으로 한 단계씩 올라가면서 '삼중의 기억' 혹은 '기억의 삼위일체'를 재구성해 본다.

과연 하느님의 기억은 내적 인간에게 모종의 삼위일체를 구성한다. 자기가 모상을 받은 하느님을 기억하고, 하느님에게 지성을 집중하고, 하느님을 사랑하는 까닭이다. (아직 내세의 지복직관에 이르지 못한 그 경지에서) 인간은 드디어 제일 훌륭한 삼위일체 모상을 발견한다. "[지성이] 자기를 창조하신 분을 기억하고 인식하고 사랑하는 … 일을 하는 경우에는 [지성] 자체가 지혜롭다. […] 지성이 하느님을 기억한다면 '그분의 모상대로' 자기가 만들어졌다는 면에서 기억하는 것이고 그런 면에서 그분을 또한 인식하고 사랑한다"(14.12.15).[120]

결국 인간 영혼은 심오한 기억이다. 그 기억을 더듬어 가면 인간은 일종의 무한자, 신적 삼위일체에 닿는다. 하느님에 대한 기억 역시 삼위일체의 모상을 상기시킨다. "우리는 [여기서 다음 세 가지로] 삼위일체를 규정해 왔다. 우리가 기억에 간직하고 있는 것으로서 그것에 의해서 사유하는 자의 시선이 형상화되는 것이 [하나요], 마치 [그 결과로] 각인되는 형상처럼, 형상화 그 자체가 [다른 하나이며], [셋째는] 양자를 한데 결합시키는 것, 곧 사랑 내지 의지라는 무엇이다.[121] 그래서 지성이 사유를 통해서 자체를 목격할 때는 지성 자체를 이해하고 지성 자체를 인식한다"(14.6.8).

---

[120] "무릇 그분 없이는 아예 존재하지 못하는 것이 인간이므로, 그분과 함께 존재하지 않음 (cum illo non esse sine quo non potest esse)은 인간에게 정말 커다란 불행이다. 그분을 기억하지 못하고 그분을 인식하지 못하고 그분을 사랑하지 못한다면 그분과 함께 존재하는 것이 못된다"(14.12.16).

[121] illud unde formatur cogitantis obtutus in memoria poneremus, ipsam uero conformationem tamquam imaginem quae inde imprimitur, at illud quo utrumque coniungitur amorem seu uoluntatem.

IV. 그리스도, 삼위일체 신비에 접근하는 길

(1) 그리스도 본위의 삼위일체론

『삼위일체론』을 완독하면 철학은 신학을 위해 있고 신학은 신비학을 위해 있다는 느낌을 받는다. 그러면서도 지성이 삼위일체의 가장 고귀한 모상, 즉 초자연적 지혜로 나아가게 유도해서, 비록 거울을 통해서 보듯이 어렴풋하지만, 현세에서도 삼위일체 하느님을 관상하는 일이 가능함을 지적한다.[122] 그것을 가능케 하는 존재는 그리스도다. 교부는 전반부에서 소위 '구세경륜에서 발현하신 삼위일체'trinitas oeconomica에서 출발하여 후반부의 '인간 내면에서 직관되는 삼위일체'trinitas immanens로 신앙인들을 안내하는 방향을 잡았다. 이 책 제4권 전부와 제13권 상당 부분에서 상론되는 그리스도론은 성자의 육화와 죽음과 부활이 인간에게서 삼위일체 하느님의 모상을 복원하여 삼위일체의 관상觀想이라는 지복직관으로 인간을 구제하는 데 목적이 있는 것으로 설정되어 있다. 성령의 '의화 사업' 역시 우리에게 있는 그리스도의 모상을 완성하고 삼위일체 하느님께 인간을 일치시키는 데 의의가 있는 것으로 구성한다. 그리스도 중심의 삼위일체론은 사실상 성경에 근거하는 조류다.[123]

육화肉化는 성삼위의 다른 모든 파견들과 구분되고 모든 신적 발현의 최고 절정이며 가장 위대한 파견이다. 따라서 그리스도는 "하느님 때문에 그 전부가 하느님이라고 해야 하고 사람 때문에 그 전부가 사람이라고 해야 한다"hoc totum et deus dicatur … et homo(4.21.31).[124]▶ 과연 지성의 정화를 실제로 이루어 주는 분이 그리스도이며, 그것을 우리가 믿을 만한 명분이 있다

---

[122] "관상은 신앙에 대한 상급이다. '믿음으로 그들의 마음을 깨끗하게 하신다'(사도 15,9)는 성경 말씀처럼, 그 상급을 받게끔 신앙으로 마음이 정화되는 것이다. 저러한 관상에 알맞게 마음이 정화된다면 당신 얼굴로 우리를 기쁨으로 채워 주실(시편 16,11 참조) 것이다"(1.8.17).

[123] 신약은 당초부터 "하느님의 아들 예수 그리스도께 관한 기쁜 소식"(마르 1,1)이고, 구약에서 유일신 사상을 계승하지만 '당신의 아버지'요 '우리 아버지'를 계시하는 그리스도의 말씀에 처음부터 흥미를 가진다(특히 필리피서, 요한 복음 서문, 히브리서).

면, "영원한 분이 우리에게서 생겨난 분으로서 우리와 결합"했다는 역사적 사실, 곧 바로 이 육화에 있다.[125] 성자로서는 단일한 신성神性에 근거하여 성부와 동등하고, 인성人性을 취함으로써 우리와 동등한 분이므로 창조주와 피조물 사이의 엄청난 존재론적 간격에도 불구하고 하느님과 인간 사이에서 일치와 자유와 생명의 중개자가 된다.

이 생명의 중개는 "당신의 죽음으로, 그러니까 우리를 위하여 바치신 단한 번의 정말 참다운 희생제사로"(4.13.17) 이루어졌다. 그리스도는 인류의 지성을 정화시키기 위하여 진리의 가르침만 내린 것이 아니고 십자가의 비하를 모범으로exemplum humilitatis 보였다(1.1.3; 13.17.22). 그리스도 역시 지상 생애에서 신앙으로 해법을 찾았던 인물이며 철저한 자기 복속自己復屬으로 인류를 삼위일체의 관상으로 인도한다. 그의 죽음 자체가 최고의 사랑의 의탁이었으므로 그 사랑에 귀의하여 "하느님을 보다 뜨겁게 사랑하면할수록, [저 형상을] 보다 확연하고 보다 평온하게 바라보게 된다"(8.9.13). 사실상 육화에 대한 신앙이 우리를 정화하는데, 육화는 그리스도의 부활에서 절정을 이룬다. 영생과 하느님 관상에 대한 희망도 부활이 그 신빙성을 제공해 주었다(13.8.11-9.12).

(2) '사랑을 본다면 삼위일체를 뵙는 것이다'

과연 그리스도는 은총과 불멸을 우리에게 제공한다. 제14권은 하느님을 기억하고 인식하고 사랑할 때(14.12.15) 우리 자신에게 '하느님의 완전한 모상'imago perfecta dei을 실현할 가능성이 생긴다고 피력한다. 인생 여정에서

◀124 "그러므로 때가 차서 하느님의 아들이 여인에게서 만들어져 이 세상에 보냄 받았을 때, 즉 사람들의 아들들 때문에 사람의 아들이 되었을 때는, 사람이 하느님의 말씀에 단일한 위격(位格)으로 결합했고 어느 면에서 말하자면 합성되었다(verbo dei *ad unitatem personae copulatus* et quodam modo commixtus est homo)"(4.21.30).

125 "그래야만 우리가 생겨난 존재이면서도 영원한 사물로 건너갈 수 있다는 사실이 설명된다. 영원한 분이 우리에게서 생겨난 분으로서 우리와 결합하심으로써 당신의 영원으로 우리가 옮겨지기 때문이다"(4.18.24).

"하느님의 모상이 인간 속에서 어떻게 쇄신되는가?"라는 물음에, 인간이 본래 갖추었던 하느님 모상의 본모습forma이 타락하여 기형이 되었는데 deformata, 인생 여정을 통한 신앙과 은총에 힘입어 재형성되고reformata 쇄신되는forma renovata 것으로 설명한다.[126] 물론 이 쇄신은 한순간의 회심回心으로 다 이루어지지 않는다. 하느님의 모상이 상처 난 원인을 제거하는 일, 상처 자체를 낫게 하는 일에 제8권 전체를 할당한다.

철학적 성찰만으로도 하느님이 불변하는 분이요 모든 피조물이 가변적임은 깨달을 수 있다. 단 우리의 이 가변성, 이 사멸성에서 벗어나려면 불멸하시는 하느님께 귀의하는 수밖에 없다. 이성적 존재인 인간이 사멸에서 영원으로 건너가는 길, 하느님께 귀의하는 길은 요한의 말대로,[127] 인식과 사랑이다. 천국에서는 직관으로 하느님을 뵙고 피조물이면서도 존재와 인식과 의지에 있어서 하느님처럼 불변하는 존재가 되겠지만, 지금 지상에서는 관상觀想을 통해서 하느님을 뵈올 수 있으며 그 관상이란 '사랑에 찬 인식', "우리로 하여금 진리에 귀의하여 의롭게 살게 하는"(8.7.10) 참사랑이다. "무엇을 사랑해야 하느냐?"라는 질문에는 이렇게 답변한다. "형제를 사랑하고 사랑 자체를 사랑하라! 사랑하는 대상인 형제를 아는 것보다도 사랑하는 능력인 사랑 자체를 더 잘 아는 까닭이다. […] 사랑이신 하느님을 포옹하고 사랑으로 하느님을 포옹하라"(8.8.12).[128]

---

[126] "일깨움을 받고서 주님께 회심하는 사람들은 저 기형(畸形)으로부터 벗어나 재형성된다(a deformitate reformantur ex illo). 당초에 이 모상을 형성하신 분에 의해서 이 모상이 재형성되기(illa imago *ab illo reformari a quo formata est*) 시작한다는 말이다. 다만 스스로 자기를 기형화할 수 있었던 것처럼 스스로 자기를 재형성할 수 있는 것은 아니다. '하느님의 모상대로' 창조되었으나 죄를 지음으로써 '진리의 의로움과 거룩함'을 상실했고 그 일로 말미암아 이 모상이 기형적이고 변색되고 말았다. 그러다 재형성되고 새로워지면 이 모상을 되받게 된다(hanc recipit cum reformatur atque renovatur)"(14.16.22).

[127] 요한 17,3: "영원한 생명이란 이것입니다. 그들이 오직 한 분, 참된 하느님이신 당신을 알고 또한 당신께서 파견하신 예수 그리스도를 아는 것입니다."

[128] amplectere dilectionem deum, et dilectione amplectere deum: "하느님은 사랑이십니다. 사랑 안에 머무는 사람은 하느님 안에 머물러 있습니다'(1요한 4,8.16). 그러므로 주로 하느님을 사랑해야 한다(praecipue deum diligat)는 결론이 나온다"(8.7.10).

끝으로, 이런 사랑, 하느님이라는 관념이나 체험에서 과연 삼위일체를 볼 수 있느냐는 물음에 "그대가 사랑을 본다면 그대는 바로 삼위일체를 뵙는 것이다"vides trinitatem, si caritatem vides(8.8.12)라는 교부의 유명한 답변이 나온다.[129] 그리고 제8권 마지막에서 교부는 인간이 체험하는 온갖 사랑에서 사랑하는 이, 사랑받는 이, 그리고 사랑이라는 삼위일체를 보여 준다.[130] "성경에서 사랑이 곧 하느님이라고 하므로, 어느 정도 삼위일체가 밝히 드러났다. 곧, 사랑하는 이, 사랑받는 대상, 그리고 사랑 자체가 드러났다"(15.6.10).

V. 『삼위일체론』 각 권 개요

『삼위일체론』은 그리스도교 사상사에서 바오로 사도 다음으로 위대한 아우구스티누스의 걸작 가운데서도 대표적인 신학서다. 각 권을 개괄하면 이렇다.[131] 책 전체는 제1-7권의 전반부, 제8-15권의 후반부로 나뉘는데, 전반부는 성경에 근거한 삼위일체 신앙의 이론적 해설, 후반부는 인간 지성을 분석하여 당신 모상으로 그 지성을 창조하신 하느님의 삼위일체 구조를 추정해 가는 철학적 논변임은 앞에서 언급한 바 있다.[132]

---

[129] "'내가 사랑을 보기는 본다. 내가 할 수 있는 능력껏 지성으로 사랑을 관상한다. […] 하지만 내가 사랑을 본다고 해서 그 안에서 삼위일체를 보는 것은 아니다.' 그대가 사랑을 본다면 그대는 바로 삼위일체를 뵙는 것이다. 그대가 사랑을 볼 때 다름 아닌 삼위일체를 뵙는다는 사실을 알아보도록 …"(8.8.12).

[130] "사랑은 사랑하는 어떤 이의 것이고 사랑으로 어떤 것이 사랑받는다. 여기 셋이 있다, 사랑하는 이, 그리고 사랑받는 것, 그리고 사랑. 사랑이란 무엇인가? 두 가지 사물을 결합시키는, 아니 결합시키려고 애쓰는, 사랑하는 이와 사랑받는 것을 결합시키려는 모종의 생명이 아니고 무엇인가?"(8.10.14).

[131] 각 권 내용을 몇 개의 부(部)로 나누는 현대어판 작업(BAC, BA, E. Hill) 가운데 E. Hill 의 분류(본문에는 싣지 않는다)가 독자의 이해에 도움이 된다고 여겨, 그의 분류에 따라서 각 권의 내용을 소개한다.

[132] 앞의 35쪽 참조.

① "이 책 **제1권**에서는 성경에 준거하여 저 위대한 삼위일체의 단일함과 동등함이 증명된다"(15.3.5).[133] **제1부**(1.1-3.6)에서 저자는 '신앙에 대한 합리적 이해'fides quaerens intellectum를 추구하고[134] 그리스도교 교리의 정상에 해당하는 삼위일체의 신비를 두고 지성인 독자들과 대화하겠다는 의도를 밝힌다. 초월자 하느님의 실체를 이해하려면 우리 지성을 정화淨化해야 하고, 그러려면 일단 신앙에 귀의할 일이다.[135] **제2부**(4.7-6.13)에서는 성부 · 성자 · 성령의 단일성과 삼위성이 성경에 근거함을 간추리고서 아우구스티누스 본인이 믿는 삼위일체 신앙을 고백한다(4.7).[136] 그럴 경우에 논리적 사고에 익숙한 지성인들로부터 나옴 직한 몇 가지 의문, "매사에서 삼위일체께서 불가분하게 함께 활동하신다고 하면서, 어떻게 이처럼 다른 활동을 하실 수 있는가? 삼위일체 안에 성부로부터도, 성자로부터도, 두 분으로부터도 '출생'하지 않은 성령이 어떻게 성부와 성자의 영이라고 하는가?"라는 질문을 제기하고 답변을 모색한다.[137] **제3부**(7.14-10.21)에서는 성자가 참하느님이고 성부와 같다지만 그리스도 본인의 입에서 "성부께서 나보다 크시다"라는 말이 나오지 않았느냐는 반문에 "성자가 성부와 동등하다"는 성경 구절은 '하느님의 형상'으로 하는 말이고 "성부보다 작다"는

---

[133] 아우구스티누스가 『신국론』에 장 제목(breviculus: 요약문)을 실은 사실(cf., *Epistola* 212/A ad Firmum)에 근거하여, 아우구스티누스 저서 대부분의 필사본은 장 제목(capitula)을 싣고 있다. 이 책의 주요 필사본(*N O L V S F I J K P*)에 실린 '요약문'을 부록으로 싣는다. 다른 형태의 요약문을 실은 필사본(*A B C R*)도 있다.

[134] "성경을 아주 진실한 증언으로 굳건하게 믿는다면 … 그렇게 함으로써 이해하기에 이르러 신앙으로 견지하는 바를 지성으로 볼 수 있는 지경(videatur mente quod tenetur in fide)에 이를 것이다"(15.27.49).

[135] 아우구스티누스가 이 책 전반부(특히 제1-4권)에서 시종일관 성경을 전거로 삼위일체를 해설하는 명분도 된다.

[136] 아우구스티누스의 삼위일체 신앙고백이 교부와 시대적으로 가까운 키프리아누스 혹은 암브로시우스의 것으로 알려진 Symbolum quicumque라는 문서에 근거한다고 주장하는 연구자들도 있다.

[137] "성자는 성부와 실체를 함께하므로(consubstantialis) 참하느님이고, 우리가 그리스도의 지체요 성령의 성전이라고 하는데, 그리스도의 지체들이 어느 피조물의 성전일 수는 없으므로, 성령도 하느님이다"(6.9-13)라는 것이 교부의 임시 답변이다.

표현은 '종의 형상'으로 하는 말이다(7.14)라는 명제로 답변한다. 또 성경이 "어떤 속성 내지 활동을 삼위일체의 어느 한 위격에 개별적으로 서술하고 있지만 실상 '실체의 단일성'에 입각해서 세 위격 전부에게 서술하는 것이다"(8.18-10.21). 제4부(11.22-13.31)에서는 표면상 성자종속설聖子從屬說을 시사하는 듯한 성경 구절들은, 성자가 성부와 동등하지만 "성부로부터 존재한다"deum de deo는 '기원의 문제'로 해석해야 한다는 원칙을 소개한다.

② 교부가 "제2권, 제3권 그리고 제4권에서는 같은 삼위일체를 논하되, 성자의 파견과 성령의 파견에 관하여 진지하게 다루면서 세 권의 책을 이루었다"고 설명한 바 있다(15.3.5). 제1부(1.1-4.6)에서는 삼위일체를 언급하는 어떤 성경 구절은 성부와 성자의 동등성에 해당하지도 않고 종의 형상으로 성부보다 작다는 사상에도 해당하지 않으며, 성자가 영원한 동등성을 가지고 "성부로부터 존재한다"는 사실만 표현한다는 점을 새삼 지적하고, 이 원칙에 입각하여 성령에 관해서도 일부 논한다. 제2부(5.7-6.11)에서는 성자와 성령의 파견missiones이 무슨 의미를 지니는지 본격적으로 논의한다. 첫째, 성자와 성령이 '파견받는다'는 사실이 파견하는 성부보다 못하다는 의미가 아니다. 둘째, '파견'이란 시간에서 이루어지는 두 위격의 가시적 현현顯現이라고 잠정 정의된다. 셋째, 성자가 육肉으로 나타나는 항속적 현현과 성령이 비둘기·바람·불의 혀로 나타나는 임시적 현현은 다르다. 성자는 성부로부터 기원하고 성령은 성부와 성자로부터 기원한다. 제3부(9.12-9.16)는 파견에서 초래되는 이론적 문제점들을 토론한다. 그리스도의 인성人性이 삼위일체 전체의 활동이라지만, 인성은 성자와만 결합했으므로 성자만 세상에 왔다고 해야 하지 않을까? 구약에 어느 위격이 각별하게 나타났는가? 신적 위격의 발현에 피조물인 천사가 이용되었는가? 신약에서 일어난 결정적인 발현(육화와 강림) 이전에도 실체적 발현이 있었는가? 성부 홀로 불멸하고 가까이할 수 없는 빛 속에 머무는 분이라면 성부만 하느님이 아닌가?[138] 제4부(10.17-18.35)는 하느님이 아담과 아브라함에게 나타나신 일화(10.17-12.22), 이집트 탈출과 시나이 산의 발현(13.23-17.32)을 분석

한다. 그 사건들은 은유隱喻나 예형豫型인가? 하느님이 얼굴이나 등을 지니셨다는 성경 묘사는 어떻게 설명되는지도 다룬다. 끝으로(18.33-35) 다니엘의 현시, 마지막 날, '사람의 아들'에 대한 해설도 뒤따른다.

③ **제3권**은 구약성경에 묘사된, 여러 위격들의 파견을 상론하면서 피조물인 천사의 역할이 있었는지 따져 본다. **제1부**(1.3-5.11)는 구약의 현현에서 천사들의 역할을 자세히 논한다. 우주에 대한 하느님의 보편 통치, 제일원인第一原因과 제이원인第二原因의 구분, 세상에서 이루시는 하느님 활동의 상징적 성격도 이론적으로 다뤄진다. 기적으로 인간의 감관에 영향을 끼치고자 영적 조물들을 사용하려는 하느님의 의지를 제시하고, 자연 질서에 따라 일어나는 일은 인간의 경이감을 자아내는 경우가 드물다며 자연현상에 숨은 제반 원인과 숨은 동력을 말한다. **제2부**(6.12-9.18)에서는 악마가 이루는 기적(예: 파라오의 마술사들)에서도 제일원인은 하느님이시고, 악한 천사들은 하느님의 묵인하에서만, 또 제이원인으로 작용할 따름이라고 한다. **제3부**(9.19-10.21)에서 천사의 봉사로 이루어지는 기적들을 다시 검토하고 구약 백성의 예언적 언행이 담은 의미와 비교하면서 천사들의 신체와 감관에 대한 토론도 곁들인다. **제4부**(11.22-27)는 구약의 발현들은 천사의 개입으로 이루어진 것인바, 거기서도 천사들은 이차적 행위자이며 하느님이 일차적 행위자임을 강조한다. 성경에서 "야훼께서 말씀하셨다"면서 "천사들이 말하였다"라고 하지 않는 이유에 대해서는, "천사들을 통해서 하느님이 말씀하셨다"고 답한다. 신약에도 같은 사건이 나온다.

④ **제4권**은 '그리스도론'에 해당하며, 삼위일체의 구세경륜에서 그리스도의 중개 역할을 강조하는 데 핵심이 있다. 서언(1.1)에 따르면, 인간은 자기 비참을 알아야 하느님이 베푸는 구원을 받아들이는 자세를 갖추고 구속주요 중개자 그리스도에게 귀의할 수 있다. **제1부**(1.1-3.6)에서 하느님의 모상이 손상된 인간 처지와 그에 대한 하느님의 대응으로 육화와 구속救贖

---

138 대답은 제3권과 4권에 나온다.

의 의미를 설명한다. 말씀은 인간의 빛인데 인간이 죄로 그 빛을 보지 못하고 그 빛을 받기에 합당하지 못하였으므로 말씀이 육화해야 했다. 그래서 그리스도는 삼위일체 하느님과 그 모상인 인간을 중재하여 당신의 죽음과 부활에서 우리의 육체적 죽음과 부활의 표본을 보여 줌으로써 우리의 영적 죽음과 부활을 이뤄내는 성사聖事가 된다. **제2부**(4.7-9.12)는 구속사업에 나타난 숫자의 상징성을 논하고, 다多 속에 일一의 신비를 고찰한다. 파견받는 자가 파견하는 자에게 종속하지만 신적 위격에서는 파견이 그들의 기원, 즉 발출發出의 문제이고 피조물과 발생하는 특별한 결과와 연관된다. **제3부**(10.13-14.19)에서 생명의 중개자 그리스도가 이루는 업적과 죽음의 중개자 악마가 이루는 업적이 대조된다. 악마가 죗값으로 온당하게 차지하고 있던 인간을 그리스도가 어떻게 해방시켰는지 설명하여 유명한 '대속론'代贖論을 정립한다. **제4부**(15.20-18.24)는, 플라톤 학파의 철학자들이, 인간은 자신의 지적·도덕적 능력으로 스스로 정화하고 하느님 직관을 성취할 수 있다고 믿어 온 신념을 지적 오만이라고 비판한다. 그리스도교 지성인들은 말씀의 육화, 그리스도의 생애와 죽음과 부활을 '역사적 사건'으로 신앙함으로써 지적 정화를 얻고, 그 덕분에 그리스도의 은총을 분배받는다고 믿는 까닭이다. 죽은 이의 부활도 철학적 논거보다 성경 계시가 더 믿을 만하다고 주장한다. **제5부**(19.25-21.32)는 성자와 성령의 파견을 재론하여 두 위位가 시간의 차원으로 파견받음은 영원에서 이루어지는 성부로부터의 발출을 드러낸다고 부연한다. 육화 이전에도 성자는 천사들의 활동을 통해서 발현했으나 육화한 다음에만 '파견받았다'고 하며, 성령도 그리스도의 내림來臨 이전에 발현했지만 성자의 육화 후 '파견받았다'고 말한다. 파견이 신적 위격들의 기원을 가리키고 또 어느 위격도 자기를 파견할 수는 없으므로 성부에게는 파견이라는 개념이 해당하지 않는다.

⑤ **제5권**은 '관계'의 범주를 차용하여 아리우스파를 논박하는 토론에 해당한다.[139] 서언에서 하느님은 인간 지성의 사유를 초월하므로 그분에 관하여 무엇을 언어로 서술하려고 하면 적절치 못한 언표가 되기 쉽다고 인

정하지만, 제5·6·7권은 사실 언어학을 이용하여 성삼위에 관한 성경 내용을 사변적으로 상론한다. **제1부**(1.1-7.8)는 하느님에 관한 서술은 신적 존재에 어떤 양상을 규정하는, 즉 우유偶有를 부가하는 방식이어서는 안 된다고 선언한다. 성경에 유비적으로 그런 표현이 많기는 하지만 불변하는 하느님에게는 생성 변화가 없는 까닭이다. 다만 하느님에 관하여는 우유가 서술되지 않는다고 해서 신에 관한 모든 언어가 실체로서 언표되는 것은 아니다. 성삼위의 경우에는 관계적 서술이 가능한데, 이는 신성神性에 내재하는 범주다. **제2부**(8.9-10.11)는 하느님에 관한 '실체적 서술'을 본격적으로 논하면서, 신경信經에까지 도입된 *οὐσία, ὑπόσταις*, substantia, persona 같은 용어를 해설한다.[140] 삼위일체에서 상대적 또는 '관계적 성격'을 띤 명칭은 어느 한 위격을 가리키며 삼위일체 전체에 고유한 의미로는 서술되지 않는다. 그 대신 '절대적 속성'은 각 위격에 제각기 해당하면서도 삼위일체 전체에도 해당한다(그러나 복수가 아니고 단수로 서술한다). **제3부**(11.12-15.16)는 하느님에 관한 '관계적 서술'을 개진하는 중요한 부분이다. 하느님에게서는 '관계'는 실체적 관계이지 우유적 관계가 아니다. 변화에 종속되지 않는 관계인 까닭이다. 성부/성자의 구분은 관계를 넘지 않고 실체를 지시하지도 않는다. 영spiritus은 성부와 성자에게도 해당되는데 그 명칭으로 성부와 성자 사이의 위격적 친교를 지칭한다는 점에서 성령께 귀속된다. 그래서 '하느님의 선사'donum dei라는 명칭이 더 낫다. **제4부**(16.17)에서는 창조계와 연관시켜 부르는 하느님의 이름들 — '원리'·'주님'·'피난처'·'아버지' — 은 시간적 차원에서 하느님께 적용시키고, 하느님 안에 일어나는 변화보다는 창조계 안에 발생한 변화에 주목한다.

　⑥ **제6권**은 삼위의 완전한 동등에 관해 아리우스파가 제기한 문제를 다루는데,[141]▶ 언어학적 관점에서 어떤 속성을 어느 위격에 귀속appropriatio시

---

[139] 교부는 "제5권에서는 성부의 실체와 성자의 실체가 동일하다고 여기지 않는 사람들 때문에 [글을 썼다]"(15.3.5)고 간추린다.

[140] 이 용어들은 7권 말미에 다시 상론한다.

키느냐 하는 문제에 집중한다. **제1부**(1.1-5.7)는 '그리스도, 하느님의 능력이
요 지혜'Christus potentia et sapientia dei 같은 문구가 성부께서 당신이 낳은 지
혜에 의해서 지혜로운 분이라는 뜻으로 풀이되면 문제가 생긴다고 엄격히
따진다.[142] '아버지'·'아들' 같은 관계 명칭은 각 위격에 고유하게 귀속하
고, 실체를 지시하는 명칭은 성부·성자 모두에게 서술된다. '선'·'위대
함'·'영원'은 삼위일체 전부에 해당하는 실체적 서술이므로 다른 위격을
배제한 채 어느 한 위격에 해당하는 것이 아니다. "나와 아버지는 하나다"
라는 구절을 근거로, 말씀이 성부와 구분되는 위격이면서 동일한 신적 존
재를 지녔다고 주장한다. **제2부**(6.8-10.12)에서는 하느님의 단순성 문제를
상세히 고찰하여 신적 단순성과 삼위성을 어떻게 공존시킬 것인지 논구한
다. 하느님에게서는 실체의 동일성과 위격의 삼위성이 모순되지 않는다는
것이 교부의 논지다. 삼중신三重神은 아예 배제된다deus trinus non triplex. 그
리고 후대에 논의될 세 위격의 '상호 내재'相互內在(circuminsessio) 개념에도
접근한다. 성부 '홀로 하느님'solus deus이라는 표현에 이르러 "영원은 성부
께, 형상은 성자에게, 향유는 성령에게"라는 구절로 해결을 도모한다.[143]

⑦ 성삼위의 절대 속성의 단일성과 명칭을 다루는 **제7권**에서는 '그리스
도가 하느님의 능력이요 지혜'라는 제6권의 주제를 언어학과 논리학으로
해결하려고 시도한다.[144] 하느님의 절대적·본질적 속성attributum essentiale
은 성삼위 모두에 해당하며 어느 한 위격의 '배타적 고유성'proprium exclusi-

---

[142] 성부께서 당신에게서 출생한 지혜에 의해서 지혜롭다면, 성부를 지혜롭게 만드는 것은
성자라는 말이 된다. 더구나 그리고 하느님의 단순성으로 미루어 지혜가 그분의 존재와 동일
하다면, 성부를 존재하게 만드는 것은 성자라는 말이 된다. 결국 기원 문제에서마저 성자가
성부를 낳는다는 말이 된다.

[143] patri aeternitas, filio forma, spiritui sancto fruitio: 힐라리우스의 표현이다.

[144] "제7권에서는 앞에서 미루었던 문제를 다루는데 성자를 낳은 하느님이 성자의 능력과
지혜의 아버지만 되는 것이 아니고 당신도 곧 능력이요 지혜이며, 성령도 마찬가지라는 설명
이다"(15.3.5).

vum일 수는 없으나, 성경의 어법에 따라 어느 한 위격에 귀속하는 일은 가능하다. **제1부**(1.1-3.6)에 따르면, 성부는 스스로 지혜이고 성자는 '지혜로부터 나온 지혜'이고 '출생한 능력'이다. 성부 스스로 지혜요 능력이듯이 성자도 스스로 능력이고 지혜이다. 존재의 동일성으로 인해서 두 분은 단일한 지혜요 능력이다. 그렇지 않으면 성자는 성부의 지혜이므로, 그 존재의 단순성으로 미루어 성부와의 관계 속에서만 존재한다는 말이 된다. 즉, 하느님에게서는 존재가 관계일 따름이라는 어처구니없는 결론마저 나오기 쉽다. 또 성부는 당신의 속성 가운데 하나로서 지혜를 낳아 준다는 해석도 조심해야 한다. 그렇게 되면 신적 존재의 단순성으로 미루어 성자는 더 이상 위격이 아니고 성부의 한 속성에 불과할 것이다. **제2부**(4.7-6.12)에서는 '위격'과 '실체'의 논리적 위상을 연구하여 '지혜'는 실체이자 관계적 명칭이 아님을 확인하고, 성경에서 유독 성자에게 지혜라는 속성을 부여한다면 이것은 귀속의 이치라고 답한다. 삼위일체에서 보는 존재의 단일성과 위격의 다수성을 전통적인 유類와 종種, 또는 종과 개체의 범주로 해석해서는 안 된다는 주의를 환기시킨다. 또 교부는 삼위일체론을 두고 신학자들이 구상하는 온갖 명칭과 용어들은, 삼위일체가 "셋이라니 도대체 무슨 셋이냐"tres quid라는 물음에 대한 옹색한 답변의 방편에 불과한 것이라고 한다. 하느님은 존재상으로 삼위deus trinus인데 그 점을 인간들은 세 위격 tres divinae personae이라고, 위격 개념이 그 셋에 공통된다고 말한다는 것이다. 그 신비에 접하려면 인간은 자기 안에 있는 삼위일체의 모상을 작동시켜야 하는데 이 모상은 성부의 영원한 모상인 성자만 닮은 모상이 아니고 삼위 모두를 닮은 모상이다. 끝으로(6.12) 아우구스티누스는 『삼위일체론』 전반부(1-7권)를 간추리면서, "우리 모습으로, 우리와 비슷하게 사람을 만들자"라는 성경을 인용하여 후반부(8-15권)의 서두로 삼는다.

⑧ '신앙의 이해'intellectus fidei에 해당하는 **제8권**에서는,[145▶] '힘든 공부' opus laboriosum로 지성을 활용하여 삼위일체를 이해하는 작업에 들어간다. 하느님의 모상대로 만들어진 인간 영혼, 곧 지성mens에서 삼위일체의 모상

을 찾아내면서, 삼위일체이신 유일한 하느님에서는 아무 차등 없이 삼위가 구분되고distinctio personarum sine disaequalitate, 아무 혼동 없이 삼위가 일체를 이룬다unitas personarum sine confusione는 신앙의 규범을 방증傍證하는 작업이다. **제1부**(1.1-3.5)에 따르면 하느님은 진리이시다. 우리가 진리를 보면 하느님을 뵙는다. 그러나 진리 자체를 관상하기에 우리 내면의 눈은 너무 허약하다. 또 하느님은 선善 자체이시고, 그 선에 입각하여 우리는 선한 모든 것을 사랑하게 된다. 우리로 하여금 선한 사물을 사랑하게 만드는 선 자체를 보는 날, 우리는 하느님을 뵙는다. **제2부**(4.6-6.9)에서 밝히듯이, 알지 못하는 것을 사랑할 수 없으므로 하느님을 사랑하기 전에 하느님을 뵙고 하느님을 알아야 한다. 그런데 우리가 모든 인식에서 '궁극적인 무엇'을 탐색한다는 사실은 그 궁극자를 이미 알고 있다는 뜻이 아닐까? 교부는 바오로 사도의 말을 들어, 우리 지성이 내면에서 정의正義의 이념을 보고 사랑하기 때문에, 우리가 의인이 되지는 못하더라도, 의로움을 갖춘 인간, 즉 의인을 사랑할 수 있다는 말로 답을 암시한다. 그러나 삼위일체이신 하느님에 대해서는 그런 경험이 없으므로 보다 진지한 탐구가 필요하다. **제3부**(7.10-10.14)는 사랑과 애덕의 개념을 논한다. 하느님 사랑과 이웃 사랑의 상호 결부를 논하면서, 사랑의 개념으로 거룩한 삼위일체를 이해할 수 있으리라고 암시한다. 아우구스티누스는 온갖 사랑에서 '사랑하는 이'amans, '사랑받는 이'amatum, 그리고 '사랑'amor이라는 삼위일체를 본다.

⑨ **제9권**은 지성mens · 인식notitia · 사랑amor에서 삼위일체의 모상을 발견하려는 노력이다.[146] 서언(1.1)은 제9-14권에 대한 서론으로 후반부의 구

◀145 "제8권에서는 … 진리의 실체에 있어서 성부가 성자보다 더 크지 않을뿐더러, [성부와 성자] 양자가 성령 하나보다 더 큰 무엇도 아니고, 삼위일체 속에서 어느 둘이 다른 하나보다 더 큰 무엇이 아니요 심지어 셋 전부가 그중 하나보다 더 큰 무엇이 아님이 분명하다는 점이었다"(15.3.5).

146 "제9권에서는 토론이 하느님의 모상, 즉 지성으로 보는 인간에 도달했다. 그리고 거기서 일종의 삼위일체가 발견되는데 지성, (지성이 자체를 아는) 인식 그리고 (지성이 자체와 자체에 대한 지식을 사랑하는) 사랑이 그것이다. 이 셋이 자기들끼리 동등할뿐더러 한 본질에 속함이 입증된다"(15.3.5).

조를 상당히 길게 설명한다. **제1부**(2.2-5.8)는 지성에 맞추어 사랑의 삼위일체를 계속 분석해 나간다. 지성이 자체를 사랑할 때 지성과 사랑이라는 두 요소가 전제된다. 이 둘은 상관적이고 따라서 서로 구분되지만 잘 분석해 보면 둘이 곧 한 지성이요 한 실체다. 그런데 자기를 알지 못하면 자기를 사랑하지 못한다. 지성이 자기를 사랑하려면 자기를 알아야 한다. 그러면 지성 · 인식 · 사랑이라는 삼위가 발생한다. 이 세 요소는 상관적이고 따라서 구분되지만 그 자체로 분석해 보면 셋이 곧 단일한 지성이자 단일한 실체다. 그것들이 완벽하다면 동등하기도 하다. **제2부**(6.9-12.18)에서는 지성이 사물에 대해서 갖는 인식을 상세하게 분석하여 지성, 지성의 인식과 사랑(mens, notitia, amor) 셋이 실체를 함께하고 함께 동등하며 함께 내포하면서 동시에 서로 구분되고 상관적임을 설명한다. 지식이라는 것은 지성이 영원한 이념에 입각하여 사물에 관해서 판단을 내릴 때 발생하는데, 바로 그 순간 지성의 내적 언어라고 부르는 개념이 탄생한다. 지성이 자기를 인식할 경우 자기와 동등하고 자기에게 내재하며 실체를 함께하는consubstantialis 언어를 탄생시킨다. 이때 지성은 자기의 언어를 두고 흡족해하므로 지성을 자기 언어와 결합시키는 연대, 곧 사랑이 발생한다. 지성은 산출하고 언어는 출생하며 그 양자에서 사랑이 발출하므로 거룩한 삼위일체를 연상시킨다.

⑩ **제10권**은 기억 · 이해 · 의지(memoria, intellegentia, voluntas)라는 삼위일체에 대한 심리학적 접근을 계속한다.[147] **제1부**(1.1-2.4)에 따르면, 무엇을 "알고 싶다"appetitus inveniendi는 것은 그 대상을 사랑한다는 말이며 사랑하지 않으면 알고 싶어 하지 않는다. 또 "알지 못하는 것은 사랑하지 못한다"는 공리에 따르면 지성의 자기 사랑은 모르는 것에 대한 사랑이라기보다는 이미 알지만 '더 알고 싶어' 추구하는 사랑이요 앎 자체에 대한 사랑이

---

[147] "제10권에서는 똑같은 주제를 더 철저하고 치밀하게 다루었으며 그러면서도 지성에 그 삼위일체가 더욱 명료하게 발견된다는 결론에 이르렀다. 즉, [지성에서 발견되는] 기억과 이해와 의지에서다"(15.3.5).

라고 설명한다. 무엇에 대해서 명시적 인식을 추구함은 그것에 관한 일반적 지식을 전제한다. **제2부**(3.5-7.10)는 지성이 자기를 알고 싶어 한다는 명제에 해명을 요구한다. 적어도 앎에 대한 사랑이 상존한다. 지성이 자체를 알고자 한다. 다만 이 자체에 대한 암묵적 지식이 명시적이고 대상적인 인식으로 변해야 한다. 지성은 자기를 지성으로서 인식해야 하지만 어떤 취약성 탓에 지성이 진리 자체인 하느님을 등지고 지상 사물에 애착하는 현상을 빚고 있어 이런 과정이 쉽지 않다. 그리고 지성의 기억과 표상에 물질들의 모상이 흡수되어 지성 자체와 거기 각인되는 물체의 모상들을 혼동하면서 인식의 제반 오류가 발생하고, 그만큼 지성의 정화가 필요하다. **제3부**(8.11-10.16)는 지성에서 발생하는 오류를 검토한다. 오류는 지성이 감각을 통해서 받아들인 표상과 지성 자체를 혼동하는 데서 기인하므로, 지성 자체와 저 표상들을 구분하는 데 처방이 있다. 지성은 자기가 존재하고 살아 있고 이해하고 의지하고 판단하고 기억한다는 사실을 알고 있다. 그리고 이것들이 지성의 실체적 구성소라는 것도 인식한다. 그것을 의심하지 않는다. 의심한다면 의심 자체에 이 모든 활동이 함축되어 있다. **제4부**(11.17-12.19)에서는 지성이 확실히 아는 지성의 주요 능력, 즉 기억 · 이해 · 의지 셋으로 교부는 지성 속에 있는 신적 삼위일체의 모상을 초안해 낸다. 이 셋은 단일한 정신적 실체를 이루고 각자가 다른 둘에 내포되며 각자에 셋 모두가 내포되어 있음도 지각된다. 그러면서도 상관관계에 의거해서 서로 구분된다.

⑪ **제11권**은 외적 인간의 삼위일체trinitates hominis exterioris, 곧 감관의 유비를 다룬다.[148] 지성의 삼위일체를 연구하려면 시간성과 외향성을 갖춘 인간적 측면도 분석할 필요가 있는데, 거기서 삼위일체의 본 모상은 발견

---

[148] "제11권에서는 눈의 감각을 선정했다. […] 그리하여 외부에서 감지되는 사물들에 의해서 외적 인간의 삼위일체가 먼저 드러났는데, 그것은 물체 곧 눈에 보이는 것에 의해서, 그다음 그 물체로부터 지각하는 [감관의] 예봉에 각인되는 형상에 의해서, 마지막으로 양자를 결부시키는, 의지의 지향에 의해서 이루어지는 [삼위일체다]"(15.3.5).

되지 않으나 하느님의 피조물인 인간의 감각이므로 그 모상의 흔적은 있다고 한다(1.1 서언). **제1부**(2.2-5.8)는 지성이 외적 사물을 바라보는 시각에서 삼위일체를 추적한다. 세 요소는 대상물의 형상forma, 시각이라는 감관에 각인된 그 사물의 유사상similitudo, 그리고 시각을 대상물에 집중시키는 의지의 지향성intentio이다. 더 진지한 것은 인간이 무엇을 상기하면서 드러나는 삼위일체이다. 그것은 기억력에 각인된 형상, 지성의 내면적 시선, 지성의 시선을 기억력에 각인된 일정한 형상에 집중시키는 의지다. **제2부**(5.9-9.16)에서는 외적 인간의 감각 활동에서 두 가지를 관찰한다. 시각에서도 감각적 대상의 본래 형상과 시각 사이에 출생 관계가 있고, 기억력에 각인된 형상과 기억의 시선 사이에도 출생 관계가 있어 성부와 성자의 관계를 연상시킨다. 그리고 세 요소 가운데 의지는 비물질성이 가장 높아서 영(성령)의 유비를 함의한다. 의지가 시각에서 발출하는 것이 아니니 의지가 시각을 대상에 고정시키지 않는다면 시각 자체가 발생하지 않는 까닭이다. 이렇게 외적 감관도 내면적 기억도 역동적인 결속이 있어 삼위일체를 연상시킨다. **제3부**(10.17-11.18)에서 아우구스티누스는 기억이 사유에 설정하는 한계modus, 의지가 발휘하는 추동력을 보면서 성경 구절 하나를 풀이한다.[149] 실상 모든 사유 활동에는 척도misura · 수numerus · 무게pondus로 된 특유한 삼위일체가 관찰된다. 기억력은 표상을 규제하고 판단하는 척도, 시각은 표상들을 무한히 많이 만들어 내는 수, 의지는 우리 시각을 형성하는 대상에 주의력을 집중하게 만드는 무게의 역할을 한다는 유비다.

⑫ **제12권**은 '지식과 지혜'scientia et sapientia를 구분하면서 인류사의 한 도정(원죄와 타락)을 '지성'에 연관시켜 해설한다.[150] 신적 삼위일체의 논의에

---

[149] 지혜 11,21: "당신은 모든 것을 크기와 숫자와 무게로 안배하셨나이다."

[150] "제12권에서는 지혜를 지식으로부터 구분해야 할 것으로 보았다. 그야말로 지식이라고 일컫는 것은 [지혜보다] 하위이기는 하지만 그 안에서도 나름대로 삼위일체를 찾아내야 한다고 보았다. 그 삼위일체가 아직은 하느님의 모상이라고 불릴 것도 아니고 그렇게 간주될 것도 아니기는 하지만 이미 내적 인간에 속한다"(15.3.5).

서는 단일성과 동등성을 둘 다 확보하는 일이 관건이다. '외적 인간'에서도
삼위일체가 나타나지만 하느님의 모상까지는 이르지 못한다. 지성의 내면
혹은 '내적 인간'homo interior에서 그 모상이 발견된다. **제1부**(1.1-4.4)에서 내
적 인간 혹은 지성은 영원한 진리를 관조하는 부분(오성)과, 그 진리에 조명
받아 경험적 사실에 판단을 내리는 기능(이성)으로 구분된다. 전자에서 지
성은 가장 본연의 활동을 하는 것이며 하느님의 모상이라 할 삼위일체가
더 확연하게 발견된다. 시간적이고 물질적인 것들을 조정하는 이성의 역
할은 상위의 기능에서 유래한다. **제2부**(5.5-7.9)도 최초의 남녀 인간에 관한
설화로 돌아와서 남녀와 자식을 신적 삼위일체의 모상으로 보는 해석을
배척한다. 또 성경 구절 하나[151]를 인용하여 지성의 상위 활동(오성)을 보조
하는 하위 지성(이성)에서 신의 모상을 찾지 말고 상위 지성에서 신의 모상
을 찾으라는 은유로 삼기도 한다. 윤리적인 죄는 인간에게 있는 신의 모상
을 퇴락시키고 그 뿌리인 오만은 하느님으로부터 멀어지고 감각적 사물에
애착하여 모상을 어둡게 만든다. **제3부**(7.10-8.21)에 나오는 바오로의 말대
로라면, 여자는 하느님의 모상이 아니라는 말인가? 그렇지는 않다.[152] 창세
기의 인간 첫 쌍은 지성의 이중 기능을 설명하는 유비일 따름이고, 타락의
설화 역시 모든 인간의 무질서한 심리 상태 속에서 구현되고 있음을 지적
한다. **제4부**(14.21-15.25)는 '지혜'와 '지식'의 구분을 상세히 규명하면서 상
위 지성의 본디 속성이 지혜이고 후자는 하위 지성의 대상임을 강조한다.
하위에서도 신의 모상이 발견되기는 하지만 상위 지성에 참된 모상이 있
다. 중간에 플라톤의 상기설이 거론되고 배격되기도 한다.

⑬ **제13권**은 삼위일체라는 주제와 거리가 먼 그리스도론처럼 보이지만
아우구스티누스의 이론에는 크게 기여한다. 지식이자 지혜인 그리스도와
합일하면 지식이 지혜가 될뿐더러,[153] 그의 구속 사업에 힘입어 지성이 변

---

[151] 1코린 11,7: "남자는 하느님의 모상이며 영광이기 때문에 머리를 가려서는 안 됩니다.
여자는 남자의 영광입니다."

[152] 창세 1,27: "하느님의 모습으로 사람을 창조하시되 남자와 여자로 그들을 창조하셨다."

화하고 원초의 품위, 곧 삼위일체 하느님의 모상을 회복한다는 논지를 다루는 까닭이다. **제1부**(1.1-2.5)에서 요한 복음 서언의 분석에서 앞 권의 상위 지성의 대상인 지혜, 하위 지성의 대상인 지식의 구분을 활용한다. 신앙의 출발점에 해당하는 역사적 사건과 관련된 것은 지식에 속하지만 그 사건의 의미를 파악하는 신앙은 내적 인간의 영역에 속한다. **제2부**(3.6-6.9)는 행복을 추구하는 만인의 보편적 의지를 연역하는데, 교부는 '행복'(至福, bea-titudo)을 분석하면서 신앙만이 행복의 문제에 해답을 준다는 신념을 피력한다. 인간은 누구나 행복해지고 싶어 하면서도, 행복이 어디에 있느냐고 물으면 난처해한다. 갖고 싶은 것을 영구히 소유하는 데 행복이 있다면, 행복해지고 싶다는 것은 곧 영원과 불사불멸을 동경함이다. 하지만 철학은 이 염원을 설명하지 못하고 실현은 더더욱 하지 못하므로 신앙에 의존해야 답이 나온다. 그리스도는 바로 그 불사불멸에 이르는 길이다. **제3부**(7.10-9.12)도 완전하고 참다운 행복은 불사불멸을 전제한다. 행복한 불멸은 현세에서는 달성되지 않는다. 그것은 신앙만이 보증하고 사람이 되신 말씀에 동참해서만 달성되며, 인간을 그 나약함에서 치유하려고 육화한 그리스도에게 귀의함으로써 가능하다. **제4부**(10.13-18.21)에서는 신앙이 제시하는 역사적 사건, 성자의 육화, 생애, 죽음과 부활을 논한다. 이 사건에서 성자의 고유한 역할proprium과 성삼위의 합동 역할congruitas을 검토하면서, 악마의 권세에서 인간이 구속救贖되어 인간 본성이 다시 의롭고 하느님께서 용납해 주시는 상태가 되었다. **제5부**(15.19-18.23)는, 그리스도의 죽음은 구속을 이루어 내는 죽음인데 거기서 하느님의 정의가 발휘되었음을 설명한다. 그 죽음이 정의를 만족시키는 행위였다. 사회정치적 도덕의 원리가 정의正義이므로 정의가 권력 위에 자리 잡아야지 그 역이 성립하면 안 된다. 그리스도는 우리를 구하려고 권능보다 정의를 앞세웠고, 그렇게 당신의 죽음으로 우리를 의화義化했다. **마지막** 부분(19.24-20.26)은 '지혜'와 '지

---

[153] "지혜가 지식으로부터 구분되어야 할 것으로 … 이 문제는 제13권에서도 다뤄야 했는데 그리스도교 신앙을 천명하면서 논의를 했다"(15.3.5).

식'의 도식을 통해 구속의 문제를 관찰하면서 이 책 전체의 내용을 간추린다. 신앙에서 관찰되는 지성의 삼위일체는 내적 인간의 하위 기능에 속하는 것이지만 신적 삼위일체를 드러내는 지적 모상이기도 하다.

⑭ **제14권**은 '하느님의 모상인 지성'mens imago Dei에서 보이는 완성이 인간 역사의 완성처럼 소개된다.[154] **제1부**(1.1-3.5)의 구분에서 지혜는 영원하며 하느님 경배와 하느님 인식에 있다면, 지식은 신앙을 낳고 기르고 지키고 강화하지만 임시적이다. 지혜가 진리를 관조하는 본래의 기능이므로 바로 거기서 하느님의 모상을 찾아야 한다. 신앙에도 모종의 삼위일체가 있다. **제2부**(3.6-7.10)부터는 내적 인간에서 삼위일체의 자취를 본격적으로 찾는다. 지성은 늘 자체를 기억하고 이해하고 사랑한다는 점에서, 의식意識에는 기억이 있고 기억은 언어를 낳으며, 이 둘에서 발출하면서 이 둘을 결합시키는 사랑이 있다. 하지만 지성은 항상 명시적으로 자기를 의식하는 것은 아니어서 지성이 자체를 사유할 때만 이 삼위일체가 구현된다. 사유思惟의 위상은 이런 관점에서 궁구된다. 사유 없이는 지적 언어가 발생하지 않고, 따라서 하느님의 실제 모상이라 할 삼위일체가 발생하지도 않는다. **제3부**(8.11-11.14)는 지성의 자체에 대한 기억·이해·의지의 삼위일체를 계속 연구한다. 지성의 이 활동은 지성만큼 영원하며, 지성에 우발적으로 생기는 무엇이 아니다. **제4부**(12.15-15.21)에서는 하느님의 완벽한 모상은 지성이 자체를 기억함·이해함·사랑함에서만 찾지 말고 한 걸음 더 나아가 하느님을 기억하고 이해하고 사랑함에서도 찾아야 한다고 역설한다. 이것은 지성의 자기 의식만큼이나 원천적이어서, 하느님의 모상이 정말 빛을 발하는 것은 지성이 하느님을 기억하고 이해하고 사랑할 경우다. 지성은 하느님을 인식할 능력capax dei을 갖고 창조되었으며, 하느님과 합일함으로써만 자기를 발견하게 되어 있다. 지성은 하느님을 기억하고 이해하고 사랑하는 가운데서만 자기를 기억하고 이해하고 사랑한다. **제5부**

---

[154] "또 이 주제는 제14권에서도 다루면서 인간의 참된 지혜에 관해서 다시 말해서 하느님께 참여하는 데서 하느님의 선물로 주어지는 지혜에 관해서 토론했다"(15.3.5).

(16.22-19.26)는 인간에게 있는 모상의 변전變轉을 고찰하면서 지성 안에 있는 하느님의 모상을 재음미한다. 죄인의 지성에도 모상은 남아 있다. 그 상태에서도 지성은 나름대로 하느님을 기억하고 이해하고 사랑할 수 있는 까닭이다. 하느님의 보우로 지성이 정의로 돌아오면, 죄로 왜곡된 모상이 재생되고 원래의 광휘를 되찾아 천상의 지복직관에서 완성을 보리라고 기대할 수 있다. 과연 삼위일체 모상의 회복 혹은 혁신은 평생이 걸리는 과정이며, 마지막에 하느님의 얼굴을 마주 뵈올 때만 완결을 이룬다.

⑮ 지금까지는 피조물에서 창조주에게 소급하는 방법이었는데, 적어도 마지막 **제15권**은, 이제 삼위일체 자체를 논할 차례다.[155] 아우구스티누스는 그런 작업을 하면서도 완전한 모상조차 삼위일체 하느님을 그대로 반영하기에 절대 부적절함을 강조한다. 제15권 후반부는 아우구스티누스 고유의 '성령론'에 해당한다. **서론**(1.1-3.5)은 앞의 열네 권에서 저자가 도달한 결론들을 간추리고 그 내용을 간추려 소개한다. **제1부**(4.6-7.13)는 창조계에 대한 이해를 바탕으로 신적 삼위일체를 묘사한다.[156] 그러나 창조계에서 연역하여 창조주께 돌리는 완전성들을 하느님의 완전성 자체나 실체와 그대로 동일시할 수 없음을 명백히 한다.[157] 신적 실체는 삼위 모두에게 공통되고 세 위는 실체적으로 상관적이다. **제2부**(8.14-11.20)에서는 삼위일체에 관한 직접 인식은 불가능하다고 고백한다. 성경 말씀대로[158] 이 신비의 간

---

[155] "우리는 독자가 피조물로부터 출발해서 그것을 만든 분을 인식하는 데 이르도록 훈련하고 싶었는데 적어도 지금 그분의 모상에까지는 당도했다. [⋯] 그러므로 우리가 [정신이라는] 이 자연 사물 위에 있는 무엇을 찾는다면, ⋯ [그 위에는] 하느님이 있으며 그분은 창조된 자연 사물이 아니고 창조하는 자연 사물이다. 그 자연 사물이 삼위일체인지를 이제 우리가 증명해 내야 할 참이다"(15.1.1).

[156] "당신의 보이지 않는 것들이 당신이 만드신 것들을 통해서 알아듣게 되었다"(로마 1, 20)는 말로 토론을 시작한다.

[157] "그러므로 영원하고 비물체적이고 불변하는 사물들에서 하느님이신 삼위일체를 궁구하기로 하자. 그런 사물들을 관상하는 데서 행복한 삶이 오기로 언약되어 있고 그 삶은 영원한 삶이 아닐 수 없다"(15.4.6).

[158] 1코린 13,12: "우리는 거울을 통해 수수께끼로 본다. 그러나 그때는 하느님과 얼굴을 마주 볼 것이다."

접적 관조는 가능하다. 하느님의 속성들은 원칙적으로 신적 존재와 동일하다. 인간 지혜의 삼위일체와 다른 것이, 우리에게서는 그 삼위일체가 우리 존재의 한 부분이고 우리에게서는 구성 요소들로 꼽히는 것이 하느님에게서는 존재의 단순성에서 동일하다는 점이다. **제3부**(11.21-16.26)도 '거울에서 수수께끼로 보는' 모상을 상론한다. 우리 지성의 삼위일체는 우리에게마저 모호하다. 인간의 언어야말로 지성의 삼위일체의 가장 모호한 수수께끼다. 이 언어는 신적 말씀의 애매한 모상에 불과하며, 신적 말씀과 유사한 만큼 차이도 크다. **제4부**(17.27-20.39)에서는 아우구스티누스의 본격적인 성령론이 나온다. 하느님 안에 있는 사랑은 실체와 동일하고 세 위격에 공통된다. 그러나 성령에게 귀속한다. 우리가 성령을 통해 하느님을 사랑한다는 점에서 성령은 '하느님의 선사'이기도 하다. 성령은 다른 두 위격과 동등하면서도 두 위격의 거룩한 영이다. 두 위격의 공통된 사랑이다. **제5부**(21.40-27.49)는 성령이 성부에게서 발함에도 불구하고 '성부에게서 태어났다'고 표현하지 않는 이유를 설명하는데, 성령은 성부만 아니고 성자에게서도filioque 발출했기 때문이라는 것이다. 그리스도의 경우, 인간으로서는 성령을 받고 하느님으로서는 성령을 수여한다. 성령의 발출이 성자의 출생보다 시간적으로 후차적인 것이 아니다. 두 분 다 영원하시다. 인간 지성의 삼위일체는 위격들의 내재성과 발출 문제를 이해하는 단서이지만 위격들의 단일성과 삼위성을 동시에 이해하는 데는 도움이 안 된다. **에필로그**(27.50)는, 신앙을 통해 거울에서 상이 맺히는 모상을 정화해 나가야 하는 처지에서, 지금은 거울을 통해 어렴풋이 뵙는 하느님이지만, 아우구스티누스가 이 책에서 탐구해 온 삼위일체 하느님께 진솔하게 드리는 기도문이다.

AVRELIVS AVGVSTINVS

DE TRINITATE

❦

아우구스티누스

삼위일체론

본문

PROLOGVS

Domino beatissimo et sincerissima caritate venerando sancto fratri et consacerdoti papae Avrelio Avgvstinvs in domino salvtem.

De trinitate quae deus summus et uerus est libros iuuenis inchoaui, senex edidi. Omiseram quippe hoc opus posteaquam comperi praereptos mihi esse siue subreptos antequam eos absoluerem et retractatos ut mea dispositio fuerat expolirem. Non enim singillatim sed omnes simul edere ea ratione decreueram quoniam praecedentibus consequentes inquisitione proficiente nectuntur. Cum ergo per eos homines (qui priusquam uellem ad quosdam illorum peruenire potuerunt) dispositio mea nequiuisset impleri, interruptam dictationem reliqueram cogitans hoc ipsum in aliquibus scriptis meis conqueri ut scirent qui possent non a me fuisse eosdem libros editos sed ablatos priusquam mihi editione mea digni uiderentur.

---

[1] "책을 완성하여 발간하면서 내가 카르타고 교회의 주교 존경하는 아우렐리우스에게 써 보낸 서간을 서두에 첨가했고 그것으로 머리말을 삼았다"(*Retractationes* 2.15.1).

[2] 아우구스티누스는 특히 서간에서 사제를 consacerdos, 부제를 condiaconus라고 불러 그들이 주교직을 함께 나눔을 강조한다.

[3] 416년, 아우렐리우스 주교의 요청에 따라 완성된 『삼위일체론』을 보내면서 쓴 서간(*Epistola* 174 ad Aurelium)이다.

[4] Trinitats, quae Deus summus et verus est: 아우구스티누스는 '삼위일체'를 주어로, '하느님'을 문법상의 보어로 사용한다.

서문[1]

지극히 복된 주공이요 신실한 사랑으로 경애하는 거룩한 형제이며
사제직을 함께하는[2] 아우렐리우스 주교에게
아우구스티누스가 주님 안에서 인사를 드립니다.[3]

삼위일체이시며 지존하시고 참되신 하느님[4]에 관하여 제가 젊었을 때 책을 쓰기 시작했는데 늙어서야 출판하게 되었습니다.[5] 내가 저서를 완성하고, 나의 복안대로 추고하여 매듭을 짓기 전에 사람들이 이 책들을 내게서 미리 앗아 갔거나 아니면 아예 훔쳐 갔다는 사실을 확인하고, 나는 이 저작을 중단했습니다. 뒤에 나온 책들은 점진적인 연구를 거치면서 앞서 나온 책들과 연이어진다는 이유에서 나는 낱권씩 따로 간행할 것이 아니라 전권을 한꺼번에 출간할 작정이었던 것입니다. (내가 원하기 전에 먼저 그 중 어떤 책을 입수할 수 있었던) 저런 사람들 탓으로 내 복안을 그대로 달성할 수 없었으므로, 나는 일단 내 구술口述을 중단한 채 버려두었습니다. 그리고 내 저술 어딘가에서 [뭔가가 미비하다고] 투덜댈 사람들이 있다면 저 책들이 내 손으로 출간된 것이 아니고,[6] 내가 출간해서 내 위신에 걸맞은 모양새를 하고 나오기 전에 사람들이 내게서 탈취해 간 책들임을, 알 만한 사람들은 알아보리라 생각했던 것입니다.

---

[5] 해제에 언급한 대로 이 책의 착수는 399~400년경, 탈고는 416~420년경으로 추정된다.

[6] 교부는 히포 수도원에 나름대로 필사실(scriptorium)을 두고 자기 저서들을 간행했다. 그래서 교부의 저서들을 "필사하기 위해서는 가장 정확한 수정본이 있는 히포 교회의 도서관에 청할 수도 있다"(포시디우스 『아우구스티누스의 생애』 16.10. 이연학 · 최원오 역주, 분도출판사 2008)라는 말도 있다.

Verum multorum fratrum uehementissima postulatione et maxime tua iussione compulsus opus tam laboriosum adiuuante domino terminare curaui, eosque emendatos non ut uolui sed ut potui, ne ab illis qui subrepti iam in manus hominum exierant plurimum discreparent, uenerationi tuae per filium nostrum condiaconum carissimum misi et cuicumque audiendos, describendos legendosque permisi. In quibus si seruari mea dispositio potuisset, essent profecto etsi easdem sententias habentes, multo tamen enodatiores atque planiores quantum rerum tantarum explicandarum difficultas et facultas nostra pateretur. Sunt autem qui primos quattuor uel potius quinque etiam sine prooemiis habent et duodecimum sine extrema parte non parua, sed si eis haec editio potuerit innotescere, omnia si uoluerint et ualuerint emendabunt. Peto sane ut hanc epistulam seorsum quidem sed tamen ad caput eorundem librorum iubeas anteponi. Ora pro me.

---

[7] opus tam laboriosum: 본인도 이 책을 자기의 모든 저술 가운데 가장 난해하고 수고로웠던 작품으로 꼽는다.

그러나 많은 형제의 간곡한 요청이 있었고 무엇보다도 당신의 명령에 못 이겨, 나로서도 주님의 도우심에 힘입어 무척이나 힘든 이 작품[7]을 끝내기로 마음먹었고, 내가 바라던 만큼은 못 되지만 내가 할 수 있는 한도에서 수정을 가했습니다. 그리고 [이 수정은] 내 손에서 떠나 기왕 여러 사람들의 손에 들어간 사본들과 너무 차이가 나지 않는 범위에서 했습니다. 우리 아들이자 부제직을 수행하는 지극히 사랑하는[8] 동료를 통해서 존경하는 주교님께 수정된 이 책들을 보냈습니다. 또 [원한다면] 누구든지 낭독을 듣고 복사하고 읽도록 허락해 주었습니다. 내 원래 복안이 지켜질 수만 있었더라면 이 책들이 같은 사상을 담고 있으면서도 훨씬 더 매끈하고 훨씬 더 분명했을 것입니다. 물론 여기서 해설하는 주제의 난해함과 우리 재능이 감당하는 한도에서 하는 말입니다. 처음 네 권 혹은 다섯 권을 서문이 실리지 않은 채 소장하고 있는 사람들이 있습니다. 또 제12권을 갖고 있더라도 맨 마지막 부분이 빠진 경우도 있을 텐데, 그 부분 역시 적지 않은 분량입니다. 그 사람들에게도 이 간행본이 알려질 경우, 당사자들이 원한다면, 그리고 그럴 능력이 있다면 전부를 수정하리라 봅니다. 또한 부탁하건대 이 서한을 따로 취급하더라도 그 서책들의 첫머리에 달도록 주선해 주기 바랍니다. 나를 위해 기도해 주십시오.

---

[8] 필사본을 carissimum 대신에 Cresconium으로 읽자는 주장도 있으므로, '우리 아들이자 부제인 크레스코니우스를 시켜서'라는 번역도 가능하다.

LIBER I

I 1. Lecturus haec quae de trinitate disserimus prius oportet ut nouerit stilum nostrum aduersus eorum uigilare calumnias qui *fidei* contemnentes *initium* immaturo et peruerso rationis amore falluntur. Quorum nonnulli ea quae de corporalibus rebus siue per sensus corporeos experta notauerunt, siue quae natura humani ingenii et diligentiae uiuacitate uel artis adiutorio perceperunt, ad res incorporeas et spiritales transferre conantur ut ex his illas metiri atque opinari uelint. Sunt item alii qui secundum animi humani naturam uel affectum *de deo sentiunt*, si quid sentiunt, et ex hoc errore cum de deo disputant sermoni suo distortas et fallaces regulas figunt. Est item aliud hominum genus, eorum qui uniuersam quidem creaturam, quae profecto mutabilis est, nituntur transcendere ut ad incommutabilem substantiam quae deus est erigant intentionem; sed mortalitatis onere praegrauati cum et uideri uolunt scire quod nesciunt et quod uolunt scire non possunt, praesumptiones opinionum suarum audacius affirmando intercludunt sibimet intellegentiae uias, magis eligentes sententiam suam non corrigere peruersam quam mutare defensam.

---

[1] 이것은 교부 본인의 체험이기도 하다. "호노라투스, 바로 우리가 [신앙의] 경외할 권위를 멀리하고 그저 단순히 이성만으로 하느님께 자기를 인도하고 모든 오류에서 해방되리라고 여기던 사람들 가운데 들어 있었소"(*De utilitate credendi* 1.2).

[2] incommutabilis substantia quae Deus est: 교부가 즐겨 쓰는 하느님의 정의(定義)다.

이성을 남용하여 신앙을 훼손하는 사람들을 거슬러 집필하다. 하느님에 대한 세 가지 오류

1.1. 삼위일체三位一體에 관하여 논하는 이 글을 읽을 사람들은 무엇보다도 먼저 우리의 붓이, 신앙의 출발점을 무시하면서 이성理性에 대한 미숙하고 비뚤어진 사랑에 속는 사람들의 모략중상을 겨냥하여 경계하는 데 있음을 알아둘 것이다.[1] 그중 어떤 사람들은 물체적 사물에 관해서나 신체적 감관을 통해서 경험하여 알아낸 것, 혹은 인간 재능의 자연 본성으로나 활달한 근면으로나 갖가지 기술의 도움을 받아 파악한 것을 비물체적이고 영적인 사물에다 전이轉移시키려고 애쓴다. 그래서 이 물체적인 것들을 가지고 저 영적인 것들을 재어 보고 설명하고 싶어 한다. 그런가 하면 하느님에 관해서 생각한다면서 인간 정신의 본성 혹은 성정性情에 따라서 생각하려는 사람들이 있다. 이 잘못으로 인해서 그들은 하느님에 관하여 논할 때도 자기네 언어에 왜곡되고 기만적인 규범들을 조작해 낸다. 그런가 하면 가변적임에 틀림없는 창조계 전체를 초월하여 하느님이라는 불변하는 실체에로[2] 지향指向을 들어 올리려고 힘쓰는 종류의 인간들도 있다. 단지 사멸할 본성에 너무 짓눌려서인지는 모르지만, 알지도 못하는 바를 아는 것처럼 보이려 하고, 알고는 싶지만 알 수 없는 바를 두고 자기 견해에서 오는 추정적 지식을 너무 무모하게 주장하다 보니, 인식의 길을 스스로 차단하고, 자기가 옹호하던 그릇된 사상을 바꾸려 하기보다는 비뚤어진 그대로 바로잡지 않은 채 자기 것으로 [고집하는 편을] 택하기도 한다.[3]

---

[3] 방금 열거한 대로, 이 책은 삼위일체라는 위대한 신비를 두고 합리주의의 근시안으로 접하는 세 부류의 인간들을 상대로 한다.

Et hic quidem omnium morbus est trium generum quae proposui: et eorum scilicet qui secundum corpus *de deo sapiunt*; et eorum qui secundum spiritalem creaturam, sicuti est anima; et eorum qui neque secundum corpus neque secundum spiritalem creaturam, et tamen *de deo falsa existimant*, eo remotiores a uero quo id quod sapiunt nec in corpore reperitur nec in facto et condito spiritu nec in ipso creatore. Qui enim opinatur deum, uerbi gratia, candidum uel rutilum, fallitur; sed tamen haec inueniuntur in corpore. Rursus qui opinatur deum nunc obliuiscentem, nunc recordantem uel si quid huiusmodi est, nihilominus in errore est; sed tamen haec inueniuntur in animo. Qui autem putant eius esse potentiae deum ut seipsum ipse genuerit, eo plus errant quod non solum deus ita non est sed nec spiritalis nec corporalis creatura. Nulla enim omnino res est quae se ipsam gignat ut sit.

2. Vt ergo ab huiusmodi falsitatibus humanus animus purgaretur, sancta scriptura paruulis congruens nullius generis rerum uerba uitauit ex quibus quasi gradatim ad diuina atque sublimia noster intellectus uelut nutritus assurgeret. Nam et uerbis ex rebus corporalibus sumptis usa est cum de deo loqueretur, uelut cum ait: *Sub umbraculo alarum tuarum protege me*. Et de spiritali creatura multa transtulit quibus significaret illud quod ita non esset sed ita dici

---

⁴ 지혜 14,30 참조: 그들은 "우상들에게 정신을 빼앗겨 하느님을 잘못 생각하였다".

⁵ nulla omnino res est quae se ipsam gignat ut sit: 고대 철학의 전통대로 "어떤 사물도 자기를 생성하지 못한다. 그렇지 않으면 그것이 존재하기 전에 존재했다는 모순이 된다"(nulla res se facit aut gignit, aliuoquin erat antequam esset) (*De immortalitate animae* 8.14).

⁶ 시편 17,8.

그리고 이 고질痼疾은 내가 열거한 세 종류 인간 모두의 고질이기도 하다. 물체에 의거해서 하느님을 생각하는 사람들의 고질이자, 영혼 같은 영적 피조물을 두고 하느님을 생각하는 사람들의 고질이기도 하고, 물체에 의거해서 생각하는 것도 아니고 영적 피조물에 의거해서 생각하는 것도 아니지만 하느님에 관해서 그릇된 생각을 하는 사람들의⁴ 고질이기도 하다. 특히 [이 마지막 부류는] 진리로부터 훨씬 먼 사람들이니, 그들이 생각해 내는 것은 물체에서도 발견되지 않고, 창조되고 조성된 영靈에서도 발견되지 않으며, 창조주에게서도 발견되지 않는 까닭에서다. 예를 들어, 하느님이 [눈부시게] 하얀 존재라거나 [불꽃처럼] 붉은 존재라고 주장하는 사람은 틀렸지만 이런 [색깔이] 물체에서 발견되는 것만은 사실이다. 그런가 하면, 하느님이 이때는 잊어버렸다가 저때는 기억해 내거나 하는 그런 존재라고 여기는 사람도 물론 오류에 빠져 있다. 하지만 적어도 정신에서 그런 현상이 발견됨은 사실이다. 그러나 하느님은 당신 스스로를 낳는 능력을 갖고 있다고 생각하는 사람들이 있다면 [사태를] 훨씬 크게 그르치는 것이니, 우선 하느님이 그런 존재가 아닐뿐더러 어떤 영적 피조물도 물체적 피조물도 그런 존재가 아니기 때문이다. 자기를 낳아서 존재하게 할 만한 사물은 아무것도 없는 까닭이다.⁵

성경은 우리 지성으로 하여금 신적 사물로 상승하게 할 만한 종류의 언어를 일체 기피하지 않았다

1.2. 인간 정신이 이런 종류의 허위로부터 정화되게 하려는 뜻에서, 성경은 어린이들의 수준에 맞추어, 여하한 종류의 언어라도 따로 기피하지는 않았으며, 그런 언어에서 나름대로 자양분을 얻어 서서히 가듯이 우리 지성으로 하여금 신적이고 숭고한 사물을 향해 상승하게 만들었다. 성경은 하느님에 관해서 진술하면서 물체적 사물로부터 도출한 언어도 활용했으니, 예를 들어 "당신의 날개 그늘에 저를 숨겨 주소서"⁶라는 문구가 그렇다. 영적인 피조물에 통용되는 언어들도 다수 전용轉用했으니 [하느님이]

opus esset, sicuti est: *Ego sum deus zelans*, et: *Poenitet me hominem fecisse*. De rebus autem quae omnino non sunt non traxit aliqua uocabula quibus uel figuraret locutiones uel sirparet aenigmata. Vnde perniciosius et inanius euanescunt qui tertio illo genere erroris a ueritate secluduntur hoc suspicando de deo quod neque in ipso neque in ulla creatura inueniri potest. Rebus enim quae in creatura reperiuntur solet scriptura diuina uelut infantilia oblectamenta formare quibus infirmorum ad quaerenda superiora et inferiora deserenda pro suo modulo tamquam passibus moueretur aspectus. Quae uero proprie de deo dicuntur, quae in nulla creatura reperiuntur, raro ponit scriptura diuina, sicut illud quod dictum est ad Moysen: *Ego sum qui sum*, et: *Qui est misit me ad uos*. Cum enim esse aliquo modo dicatur et corpus et animus, nisi proprio quodam modo uellet intellegi, non id utique diceret. Et illud quod ait apostolus: *Qui solus habet immortalitatem*. Cum et anima modo quodam immortalis esse dicatur et sit, non diceret, *solus habet*, nisi quia uera immortalitas incommutabilitas est, quam nulla potest habere creatura quoniam solius creatoris est. Hoc et Iacobus dicit: *Omne datum optimum et omne donum perfectum desursum est descendens a*

---

[7] 탈출 20,5.

[8] 창세 6,7("내가 그것들을 만든 것이 후회스럽구나!") 참조.

[9] figurare locutiones vel sirpare[spissare] aenigmata: '비유'나 '은유'를 로마인답게 구상어로 표기했다.

[10] 탈출 3,14. 『성경』: "나는 있는 나다. '있는 나'께서 나를 너희에게 보내셨다."

[11] esse aliquo modo et corpus et anima … proprio quodam modo [Deus] vellet intellegi: 존재의 의미를 불변성에 둔다면 하느님만 고유한 의미로 존재하고 피조물은 유비적 의미로만 존재한다. 이 책 5.2.3 참조: "불변하는 실체 혹은 존재는 오직 하나뿐이니 곧 하느님이시다. 그분에게야말로 존재함 ― 거기서 존재라는 명사가 나온다 ― 그 자체가 최고로 또 참으로 해당한다."

실제로 그런 분이 아니더라도 그렇게 언표言表할 필요가 있다는 뜻에서였다. 예컨대 "나는 질투하는 하느님이다"[7]라는 말씀이나 "내가 사람을 만든 것이 후회스럽구나!"[8]라는 말씀이 그렇다. 그 대신 전혀 존재하지 않는 사물로부터는 언어를 도출하여 그것으로 비유를 꾸미거나 은유를 엮어 내지 않았다.[9] 저 셋째 종류의 오류로 말미암아 진리로부터 멀어진 사람들, 하느님 안에서도 어느 피조물 안에서도 발견하지 못하는 것을 추정적으로 하느님께 언표하는 사람들은 그만큼 더 위태하고 더 허황한 짓으로 결말을 보게 된다. 그 대신 성경은 창조계에서 발견되는 사물들을 가지고 마치 유치한 장남감 비슷한 것들을 빚어내어 그것으로 나약한 인간들의 성정性情이 상위의 것을 좇고 하위의 것을 저버리면서 그 나름대로 한 발자국씩 움직여 나가게 만든다. 그 대신 어느 피조물에게서도 발견되지 않는 바를 하느님께 해당시켜 고유한 표현으로 삼을 경우로는 가령, [하느님이] 모세에게 하신 저 유명한 말씀이 있다. "나는 존재하는 자이다. 존재하는 자가 나를 너희에게 보내셨다."[10] 물체도 정신도 어느 면으로 존재한다고 이해할 만하지만, [하느님만] 고유한 양상으로 존재하신다고 이해시키려는[11] 의도가 아니었더라면 [성경이] 이런 단어를 구사하지 않았을 것이다. 또 "그분 홀로 불사불멸[성]을 지니셨다"[12]라는 사도의 저 말씀도 마찬가지다. 영혼도 어느 면에서 불사불멸한다고 말하고 실제로 그러하므로 참다운 불사불멸이 불변을 의미하지 않았더라면 "그분 홀로"라는 말을 쓰지 않았을 것이다. 불변은 그 어느 피조물도 지닐 수 없으니, 그것은 오직 창조주의 것이기 때문이다. 이 점은 야고보도 언급한다. "훌륭한 모든 것과 완전한 모든 선물은 위에서 내려오는 것입니다. 달라지는 법도 없고 운행에 따라

---

[12] 1티모 6,16. 『200주년』: "그분만이 불사불멸하시고."

*patre luminum, apud quem non est commutatio nec momenti obum-
bratio.* Hoc et Dauid: *Mutabis ea et mutabuntur; tu autem idem
ipse es.*

3. Proinde substantiam dei sine ulla sui commutatione mutabilia
facientem, et sine ullo suo temporali motu temporalia creantem,
intueri et plene nosse difficile est. Et ideo est necessaria purgatio
mentis nostrae qua illud ineffabile ineffabiliter uideri possit; qua
nondum praediti fide nutrimur, et per quaedam tolerabiliora ut ad
illud capiendum apti et habiles efficiamur itinera ducimur. Vnde
apostolus in Christo quidem dicit esse omnes thesauros *sapientiae
et scientiae* absconditos. Eum tamen, quamuis iam gratia eius rena-
tis sed *adhuc carnalibus* et animalibus, *tamquam paruulis in Chris-
to*, non *ex* diuina *uirtute* in qua *aequalis* est *patri* sed *ex* humana *in-
firmitate* ex qua *crucifixus est*, commendauit. Ait namque: *Neque
enim iudicaui me scire aliquid in uobis nisi Iesum Christum et hunc
crucifixum.* Deinde secutus ait: *Et ego in infirmitate et in timore et
tremore multo fui apud uos.* Et paulo post eis dicit: *Et ego, fratres,
non potui loqui uobis quasi spiritalibus sed quasi carnalibus.*

---

[13] 야고 1,17.

[14] 시편 102,27-28. 『성경』: "당신께서 그것들을 옷가지처럼 바꾸시니 그것들은 지나가 버
립니다. 그러나 당신은 언제나 같으신 분."

[15] '하느님' 대신 나오는 '하느님의 실체'(substantia Dei)는 하느님은 영원하고 불변하면서
가변적이고 시간적인 피조물을 창조하신다는 창조와 구원의 신학(oeconomia)을 전제하는 표
현이다.

[16] 콜로 2,3 참조.

어두워지는 일도 없으신 광채들의 아버지로부터 내려오는 것입니다."[13] 다
윗도 그런 말을 한다. "당신께서 그들을 바꾸시니 그들은 변해 버리나이
다. 그러나 당신께서는 같은 분으로 존재하시나이다."[14]

우리는 신앙으로 양육됨으로써 신적인 사물들을 받아들이기에 유능해진다

1.3. 하느님의 실체[15]는 관조하거나 온전히 알기가 어렵다. [그 실체가]
자체로서는 아무 변화를 겪지 않으면서도 가변적 사물들을 만들며, 자체
로서는 시간적 운동을 전혀 않고도 시간적 사물들을 창조하는 까닭이다.
그래서 저 형언할 수 없는 것을 형언할 수 없는 방식으로 볼 수 있으려면
우리 지성의 정화가 필요하다. 그리고 아직 그런 지성을 갖추지 못한 우리
로서는 신앙으로 양육을 받는다. 또 저런 것을 수용하기에 적합하고 수용
할 능력이 있는 인간이 되기까지 [현재의 지성으로] 감당할 만한 것들을
거쳐서 그리로 인도받는다. 그래서 사도는 그리스도 안에 '지혜와 지식의'
모든 보화가 감추어져 있다는 말을 한다.[16] 그러면서도 사도는 그분을 우
리에게 소개하되 그분의 은총으로 다시 태어났으면서도 "아직 육적이고"
동물적이며 "그리스도 안에서는 어린아이 같은" 사람들에게 하듯이 했고,
하느님의 "권능에 의거해서(이 권능에 있어서 성부와 동등하시다)" 소개하는 것이
아니라 "인간적 약점에 의거하여", 그 약점으로 "십자가에 처형되신 분으
로" 소개했다.[17] 사도 자신의 입으로 "나는 여러분 가운데서 예수 그리스
도, 그것도 이분을 십자가에 처형되신 분으로밖에는 알지 않기로 작정했
습니다"라는 말을 했다.[18] 그다음에는 "나는 약함과 두려움과 많은 떨림 속
에서 여러분에게 갔습니다"[19]라고 했다. 그런가 하면 조금 뒤에는 이런 말
까지 한다. "나 역시, 형제들이여, 여러분에게 영적 인간들에게처럼 말할
수 없었고 육적 인간들에게처럼, 그리스도 안에서는 어린아이들에게처럼

---

[17] 참조: 1코린 3,1-3; 2코린 13,4.　　　　　　[18] 1코린 2,2.

[19] 1코린 2,3.

Quasi paruulis in Christo lac uobis potum dedi, non escam; nondum enim poteratis, sed nec adhuc potestis.

Hoc cum dicitur quibusdam irascuntur et sibi contumeliose dici putant, et plerumque malunt credere eos potius a quibus haec audiunt non habere quod dicant quam se capere non posse quod dixerint. Et aliquando afferimus eis rationem, non quam petunt cum de deo quaerunt quia nec ipsi eam ualent sumere nec nos fortasse uel apprehendere uel proferre, sed qua demonstretur eis quam sint inhabiles minimeque idonei percipiendo quod exigunt. Sed quia non audiunt quod uolunt, aut callide nos agere putant ut nostram occultemus imperitiam aut malitiose quod eis inuideamus peritiam, atque ita indignantes perturbatique discedunt.

II 4. Quapropter adiuuante domino deo nostro suscipiemus et eam ipsam quam flagitant, quantum possumus, reddere rationem, quod trinitas sit *unus* et *solus* et *uerus deus*, et quam recte pater et filius et spiritus sanctus *unius eiusdem*que *substantiae* uel *essentiae*

---

[20] 1코린 3,1-2.

[21] 신앙의 이치를 설명하는 부정의 길(via negativa)이나 '먼저 믿어 이성을 정화함으로써 이해에 도달한다'(nisi credideritis non intellegetis)는 방법론은 쉽게 받아들여지지 않는다.

[22] Trinitas sit unus et solus et verus Deus: '하나이고 유일하고 참된 하느님이 삼위일체이시다'라는 번역도 가능하다. 앞의 서문 각주 3 참조. Trinitas는 어원(trini: '셋씩, 셋을 한 단위로 한')에 따라 이하에서 간혹 '삼위' 혹은 '삼위성'이라고도 번역한다.

말할 수밖에 없었습니다. 나는 여러분에게 젖을 먹여 주었지 단단한 음식을 먹여 주지 않았습니다. 여러분은 아직 그럴 능력이 없었기 때문입니다. 그러나 여러분은 지금도 아직 할 수 없습니다.”[20]

누구에게 이런 말을 할라치면 화를 내고 자기를 멸시해서 하는 말이라고 여긴다. 또 흔히는 자기가 그들이 하는 말을 알아들을 능력이 없다고 [자백하기보다는] 자기에게 그 말을 하는 사람들이 따로 할 말이 없어서 그러려니 믿고 싶어 한다. 그래서 설령 우리가 때때로 그들에게 이치를 설명하는 일이 있더라도 그들이 하느님께 관해서 질의하는 이치를 우리가 [직접] 설명하지는 않는다. 그들이 [궁구하는 바를] 포착할 능력이 없기 때문이기도 하고, 우리마저도 그것을 습득하거나 제시할 능력이 없기 때문이기도 하다. 그래서 자기들이 요구하는 바를 파악하기에 얼마나 무력하고 조금도 적합하지 못하다는 것을 입증하는 식으로 이치를 설명한다. 그래서인지 몰라도 자기들이 원하는 이야기를 [우리한테서] 못 들으면 우리가 우리 무식함을 숨긴다고 여기거나, 우리가 악의로 자기들의 유식함을 질시하는 것이려니 생각하고는 불쾌해하고 격한 심경이 되어 떠나간다.[21]

저작의 계획과 목표

2.4. 그러므로 주 우리 하느님의 보우하심으로 우리로서는 능력이 미치는 대로 그들이 집요하게 졸라 대는 이치를 찾아내서 제시할 것이니, 그럼으로써 삼위일체가 하나이고 유일하고 참된 하느님이시라고,[22] 또 지당하게도 성부도 성자도 성령도 유일하고 동일한 실체 혹은 존재의[23] [하느님

---

[23] unius eiusdemque substantiae vel essentiae: 이 책에서 아우구스티누스가 사용하는 essentia는 연구자들의 견해에 따라 ('본질' 대신에) '존재'로 번역한다. 이 책 5.2.3 참조: "[하느님은] 의심 없이 실체 혹은 더 정확하게 불러서 존재이시며, 그리스인들은 이것을 *ousía*라고 부른다(substantia vel si hoc melius appellatur essentia, quam graeci ousian vocant). '맛보다'라는 말이 있어 '맛봄'이라고 했고 '알다'라는 말이 있어 '앎'이라고 했듯이 '있다'라는 말이 있어 '있음'이라고 했다"(ab eo quod est sapere dicta est sapientia et ab eo quod est scire dicta est scientia, ita ab eo quod est esse dicta est essentia).

dicatur, credatur, intellegatur; ut non quasi nostris excusationibus inludantur sed reipsa experiantur et esse *illud summum bonum* quod purgatissimis mentibus cernitur, et a se propterea cerni comprehendique non posse quia mentis humanae acies inualida in tam excellenti luce non figitur nisi *per iustitiam fidei* nutrita uegetetur. Sed primum secundum auctoritatem scripturarum sanctarum utrum ita se fides habeat demonstrandum est. Deinde si uoluerit et adiuuerit deus, istis garrulis ratiocinatoribus, elatioribus quam capacioribus atque ideo morbo periculosiore laborantibus, sic fortasse seruiemus ut inueniant aliquid unde dubitare non possint, et ob hoc in eo quod inuenire nequiuerint, de suis mentibus potius quam de ipsa ueritate uel de nostris disputationibus conquerantur. Atque ita si quid eis erga deum uel amoris est uel timoris, ad *initium fidei* et ordinem redeant, iam sentientes quam salubriter in sancta ecclesia medicina fidelium constituta sit ut ad perceptionem incommutabilis ueritatis inbecillam mentem obseruata pietas sanet ne in opinionem noxiae falsitatis temeritas inordinata praecipitet. Nec pigebit autem me, sicubi haesito, quaerere; nec pudebit, sicubi erro, discere.

---

[24] 로마 4,13.

[25] 1티모 6,16 참조: "그분만이 불사불멸하시고 가까이할 수 없는 빛 속에 사시는도다. 어느 인간도 그분을 보지 못했고 볼 수도 없도다."

[26] 이 책 제1권부터 제4권까지가 이 작업이 될 것이다.

[27] istis garrulis ratiocinatoribus: 극단적 합리주의자들을 가리키는 경멸조의 호칭이다.

[28] 이 책 제9권부터 제15권까지의 내용이 된다.

이시라고] 말하고 믿고 이해하게 만들고자 한다. 그렇다고 해서 그 사람들은 우리의 변명 비슷한 말에 괜히 환멸을 느낄 것이 아니라, 저 최고선最高善이 존재함을 실제로 체득해야 할 것이며, [최고선은] 극진하게 정화된 지성들에게만 지각되지, 스스로의 힘으로는 지각될 수도 인식될 수도 없음을 체득해야 할 것이다. 그 이유는 인간 지성의 예봉銳鋒은 저토록 탁월한 빛 속에서는 힘을 잃어 사물을 주시하지 못하는 까닭이니, 지성이 "신앙의 의로움을 통해서"[24] 보양保養되어 힘을 얻지 못하는 한 그렇게 된다.[25] 그러나 먼저 성경의 권위에 입각해서 신앙이라는 것이 과연 그러한 것인지 입증해 내야 한다.[26] 그다음에야 하느님이 원하시고 도우신다면 저 말 많고 따지기 좋아하는 사람들,[27] 그러니까 재간이 있다기보다는 차라리 허풍으로 우쭐대는 작자들, 그 짓으로 인해서 더욱 심한 고질을 앓고 있는 자들에게 그래도 나름대로 도움이 되도록 해야 하겠다. 그리하여 그들로 하여금 더 이상 의심할 수 없는 무엇을 발견하게 하고, 설령 발견할 능력이 없는 경우에도 진리 자체를 두고 시비하거나 우리의 설명을 두고 시비할 것이 아니라 자기들의 [부족한] 지성을 두고 시비하게 만들어야 할 것이다.[28] 따라서 그들에게 사랑이든 두려움이든 하느님을 향하는 무언가가 있다면, "믿음이라는 시작"[29] 내지 질서로 돌아오게 될 것이다. 그러면 그들은 신앙인들의 구원에 얼마나 유익한 치유약이 거룩한 교회 안에 마련되어 있는지 깨달을 것이고, 경건敬虔의 실천이야말로 나약한 우리 지성을 치유하여 불변하는 진리를 파악하게 한다는 사실을 깨닫기에 이를 것이다. 또 무질서한 방만放漫이 인간으로 하여금 극히 해로운 허위의 사상에 떨어지게 만드는 일을 막아 줄 것이다. 나 같으면, 만일 확신이 서지 않는다면 탐구하기를 게을리하지 않을 테고, 만일 오류에 떨어진다면 배우기를 부끄러워하지 않으리라.

---

[29] initium fidei: 집회 25,12("주님을 경외함은 그분에 대한 사랑의 시작이요 믿음은 그분에 대한 의탁의 시작이다") 참조.

III 5. Proinde quisquis haec legit ubi pariter certus est, pergat mecum; ubi pariter haesitat, quaerat mecum; ubi errorem suum cognoscit, redeat ad me; ubi meum, reuocet me. Ita ingrediamur simul caritatis uiam tendentes ad eum de quo dictum est: *Quaerite faciem eius semper*. Et hoc *placitum* pium atque tutum *coram* domino *deo* nostro cum omnibus inierim qui ea quae scribo legunt et in omnibus scriptis meis maximeque in his ubi quaeritur *unitas* trinitatis, patris et filii et spiritus sancti, quia neque periculosius alicubi erratur, nec laboriosius aliquid quaeritur, nec fructuosius aliquid inuenitur. Quisquis ergo cum legit dicit: 'Non bene hoc dictum est quoniam non intellego,' locutionem meam reprehendit, non fidem; et forte uere potuit dici planius. Verumtamen nullus hominum ita locutus est ut in omnibus ab omnibus intellegeretur. Videat ergo cui hoc in sermone meo displicet utrum alios in talibus rebus quaestionibusque uersatos cum intellegat, me non intellegit; et si ita est ponat librum meum uel etiam, si hoc uidetur, abiciat, et eis potius quos intellegit operam et tempus impendat. Non tamen propterea putet me tacere debuisse quia non tam expedite ac dilucide quam illi quos intellegit eloqui potui. Neque enim omnia quae ab omnibus conscribuntur in omnium manus ueniunt, et fieri potest ut nonnulli qui etiam haec nostra intellegere ualent illos planiores non

---

³⁰ 시편 105,4.

³¹ unitas trinitatis: 중언법처럼 들리지만 '성부와 성자와 성령의 단일성'이라는 문구로 보완된다.

3.5. 그러므로 누구든지 이 글을 읽는 사람은 [이 글을 읽다가] 나와 같은 확신이 선다면 나와 함께 책을 따라 읽도록 할 것이다. 나 같은 확신이 서지 않는다면 나와 함께 탐구를 계속할 것이다. 또 자기 나름의 오류가 있음을 인지하거든 나한테 찾아오도록 할 것이고, 나의 오류를 발견하거든 나에게 환기시켜 주도록 할 것이다. 그렇게 하면 우리 모두 함께 사랑의 길로 들어서서 "언제나 그 얼굴을 찾아라!"[30]라는 말씀에 나오는 그분을 향하여 나아갈 것이다. 이것이 주 우리 하느님 앞에서 흡족하고 경건하고 안전한 일이니 내가 집필하는 것을 읽는 사람들 모두와 함께 나누려는 바가 바로 이것이다. 나의 모든 저술 특히 삼위의 단일성[31] 곧 성부와 성자와 성령의 단일함을 탐구하는 저작에서 [함께 나누고 싶은 것이 이것이다]. 왜냐하면 [삼위일체에 관하여 오류에 빠짐은] 다른 어느 대목에서 오류에 빠지는 일보다 더욱 위험스럽고, [삼위일체에 관한 탐구는] 다른 무엇을 탐구하는 일보다 힘들며, [삼위일체에 관한 진리를 발견함은] 다른 무엇을 발견하는 일보다 결실이 크기 때문이다. 그러니 누구든지 이 책을 읽으면서 "내가 알아듣지 못하는 걸 보니 이야기를 제대로 전하지 못하는구나"라는 생각이 들더라도 나의 문장을 꾸짖을 것이지 [나의] 신앙을 시비하지는 말 것이다. 물론 설명을 훨씬 평이하게 할 수도 있었을 것이다. 하지만 [자기가 쓴] 내용 모두가 모두에게 이해되리라는 말을 한 사람은 여태까지 아무도 없었다. 따라서 나의 글에서 이 점이 마음에 들지 않는 사람은 그것이 같은 내용, 같은 문제를 다룬 다른 사람들의 글은 이해하겠는데 내 글은 이해하지 못하겠다는 말인지 살펴 주기 바란다. 그렇다면 내 책은 내려놓거나 마음 내키는 대로 그냥 내던져 버리고, 이해가 가는 사람들의 저서에 노력과 시간을 바칠 일이다. 그러나 자기가 알아듣는 사람들만큼 내가 능란하고 명석하게 언술하지 못했다고 해서 내가 아예 입을 다물었어야 한다고 생각하지는 말 것이다. 무릇 모든 저자들이 쓰는 모든 저서가 모든 사람의 손에 들어가는 법도 없고, 우리의 이 저작을 이해할 역량이 있는

inueniant libros et in istos saltem incidant. Ideoque utile est plures a pluribus fieri diuerso stilo, non diuersa fide, etiam de quaestionibus eisdem ut ad plurimos res ipsa perueniat, ad alios sic, ad alios autem sic. At si ille qui se ista non intellexisse conqueritur nulla umquam de talibus rebus diligenter et acute disputate intellegere potuit, secum agat uotis et studiis ut proficiat, non mecum querelis et conuiciis ut taceam.

Qui uero haec legens dicit: 'Intellego quidem quid dictum sit, sed non uere dictum est,' asserat, ut placet, sententiam suam et redarguat meam si potest. Quod si cum caritate et ueritate fecerit, mihique etiam (si in hac uita maneo) cognoscendum facere curauerit, uberrimum fructum laboris huius mei cepero. Quod si mihi non potuerit, quibus id potuerit me uolente ac libente praestiterit. Ego tamen *in lege domini meditabor*, si non *die ac nocte*, saltem quibus temporum particulis possum, et meditationes meas ne obliuione fugiant stilo alligo sperans de misericordia dei quod in omnibus ueris quae certa mihi sunt perseuerantem me faciet; *si quid autem aliter sapio, id quoque mihi ipse reuelabit* siue per occultas inspirationes atque admonitiones siue per manifesta eloquia sua siue per fraternas sermocinationes. Hoc oro et hoc depositum desideriumque meum penes ipsum habeo, qui mihi satis *idoneus est* et custodire quae dedit et *reddere quae promisit.*

---

32 시편 1,2 참조: "나는 주님의 가르침을 좋아하고 그분의 가르침을 밤낮으로 되새기리라."

33 필리 3,15-16 참조: "만일 무엇인가 달리 생각한다면 하느님께서 이것도 여러분에게 계시하실 것입니다. 좌우간 우리가 이미 도달한 그것에 따라 걸어 나갑시다."

34 로마 4,21 참조: "그는 그분이 약속하신 것을 실현하실 수도 있다는 것을 굳게 확신했습니다."

사람들 중에서도 더 평이한 작품들을 입수하지 못하고 그냥 이 책을 만나는 것으로 그치는 사람들도 있다. 그래서 신앙만 다르지 않다면 같은 문제를 두고 보다 많은 사람에 의해서 보다 많은 저서가 다양한 문체로 집필됨이 바람직하다. 그래야만 같은 사안이 더 많은 사람에게 미치고, 이런 사람은 이런 대로 저런 사람은 저런 대로 주제에 도달하는 법이다. 그러나 이 책을 못 알아들었다고 불평하는 사람으로서 저런 사안을 두고 진지하고 예리하게 연구·토론한 내용을 전혀 이해 못한 경우, 성과 열을 다해서 소득을 얻도록 정진할 것이지 [글을 쓴] 나에게 시비를 걸면서 나더러 아예 입을 다물라고 조롱하고 욕할 필요는 없겠다.

다만 이 책을 읽으면서 "그가 무슨 말을 했는지는 알아듣겠는데 진실을 말한 것은 아니다"라고 단언하는 사람은 마음 내키는 대로 자기 의견을 개진할 것이며, 그럴 수 있다면 내 견해에 반박하기 바란다. 만일 애덕과 진리에 입각해서 그 일을 한다면 (또 내가 아직 이 땅에 살아 있다면) 나에게도 알려 내가 알게 배려해 주리라고 본다. 그럴 경우 이 저작으로부터 아주 풍성한 결실을 내가 얻어 내는 셈이다. 나에게 [직접 알리지] 못한다면 알릴 만한 사람들을 대상으로 알릴 것이니 나로서는 그 점을 기꺼이 수긍하리라. "나는 주님의 법을 묵상하리라", "밤낮으로" 못한다면야 적어도 내 힘이 미치는 특정한 시간에라도 하리라.[32] 그리고 나는 내가 묵상한 것을 잊어버리지 않으려고 붓으로 옮기고 있으며, 나에게 확실하다고 보이는 저 모든 진리를 두고 하느님의 자비가 나를 항구하게 지켜 주시리라는 희망을 품고 있을 따름이다. 내가 "무엇인가 달리 생각한다면" 그분이 나에게 "이것도 계시하실 것이다".[33] 숨은 영감이나 훈계를 통해서나 당신의 드러난 말씀을 통해서나 그렇지 않으면 형제들과의 대화를 통해서 그렇게 해 주실 것이다. 내가 기도하는 것이 이것이요, 나는 나의 각오와 소망을 그분에게 걸고 있다. 그분이 내게 주신 것을 또한 간직해 주실 만한 분이요, "약속하신 것을 실현하실" 만한 분이기 때문이다.[34]

6. Arbitror sane nonnullos tardiores in quibusdam locis librorum meorum opinaturos me sensisse quod non sensi aut non sensisse quod sensi. Quorum errorem mihi tribui non debere quis nesciat, si uelut me sequentes neque apprehendentes deuiauerint in aliquam falsitatem dum per quaedam densa et opaca cogor uiam carpere, quandoquidem nec ipsis sanctis diuinorum librorum auctoritatibus ullo modo quisquam recte tribuerit tam multos et uarios errores haereticorum, cum omnes ex eisdem scripturis falsas atque fallaces opiniones suas conentur defendere? Admonet me plane ac mihi iubet suauissimo imperio lex Christi, hoc est caritas, ut cum aliquid falsi in libris meis me sensisse homines putant quod ego non sensi atque idipsum falsum alteri displicet, alteri placet, malim me reprehendi a reprehensore falsitatis quam ab eius laudatore laudari. Ab illo enim, quamuis ego non recte qui hoc non senserim, error tamen ipse recte uituperatur; ab hoc autem nec ego recte laudor a quo existimor id sensisse quod uituperat ueritas, nec ipsa sententia quam uituperat ueritas. Ergo in nomine domini susceptum opus aggrediamur.

---

[35] falsas atque fallaces opiniones suas: 교부의 생각에, 오류는 그 자체가 진리와 멀뿐더러 (falsae) 반드시 인간을 기만하는(fallaces) 결과를 빚는다.

[36] 이 대목의 자기 변호는 역사상으로 무수한 신학적 오류, 특히 은총론 · 예정론 · 원죄론 이 아우구스티누스를 전거로 삼게 되리라는 사실을 예감하고 있다.

[37] 저자는 이 서론으로 이 책이 삼위일체라는 신비를 성경적 · 합리적 · 신비적으로 궁구하는 저작이지, 특정 부류를 상대로 하는 호교론적 논쟁서가 아님을 밝힌다.

3.6. 이해가 더딘 사람들 가운데서는 내 책의 이런저런 대목에서 내가 생각하지 않았던 것을 생각했다고 우기거나 내가 생각한 것을 생각하지 않았다고 우기는 사람들이 있으리라고 본다. 그 사람들의 잘못을 내게 돌려서는 안 된다는 것쯤이야 누가 모를까마는, 나로서는 칙칙하고 어두운 데를 더듬어 길을 찾아가지 않으면 안 되는 처지인데 누가 내 생각을 알아듣지도 못한 채 무작정 나를 따른다면서 모종의 허위로 빠져든다고 하자. 그렇다고 해서 누구라도 이단자들의 그 다채롭고도 많은 오류를 두고 성경들의 거룩한 권위에 탓을 돌린다면 그런 일은 도대체 온당치 못하지 않던가? 모든 이단자가 그릇되고 사람을 기만하는 자기네 견해를[35] 다름 아닌 성경에 입각해서 변호하려고 노력하는 터에 말이다.[36] 여기서 나에게 분명히 경고를 내리면서 지극히 유순한 권력으로 명을 내리는 대상이 있으니 다름 아닌 그리스도의 법, 곧 사랑이다. 만에 하나라도 나의 책에서 어떤 허위를 [발견하고 그것을] (내가 생각해 내지 않았음에도 불구하고) 내가 생각해 냈다고 여기는 사람들이 있다고 가정하자. 그리고 똑같은 그 허위가 어떤 사람 마음에는 들지 않고 어떤 사람 마음에는 든다고 가정하자. 그럴 경우 [저 법에 입각해서] 나로서는 그 허위를 예찬하는 사람한테서 칭송을 받기보다는 그 허위를 질책하는 사람한테서 비판을 받는 편이 낫다고 여긴다. 후자의 경우, 내가 그런 생각을 해내지 못했으므로 내가 비난당하는 것은 부당하지만, 오류 자체를 비난하는 것은 온당하다. 그런데 전자의 경우, 진리가 질책하는 그런 대상을 내가 생각해 냈다고 여기는 터이므로 내가 칭송받는 것도 온당치 못하고, 진리가 질책하는 그 사상이 칭송받는 것도 온당치 못하다. 자, 그러면 우리가 주님의 이름으로 착수한 작업에 들어가기로 하자.[37]

IV 7. Omnes quos legere potui qui ante me scripserunt de trinitate quae deus est, diuinorum librorum ueterum et nouorum catholici tractatores, hoc intenderunt secundum scripturas docere, quod pater et filius et spiritus sanctus *unius substantiae* inseparabili aequalitate diuinam insinuent unitatem, ideoque *non* sint *tres dii sed unus deus* – quamuis pater filium genuerit, et ideo filius non sit qui pater est; filiusque a *patre* sit *genitus*, et ideo *pater non sit* qui *filius* est; *spiritus*que *sanctus nec pater sit nec filius*, sed tantum *patris et filii spiritus*, patri et filio etiam ipse coaequalis et ad trinitatis pertinens unitatem. Non tamen eandem trinitatem natam *de uirgine Maria* et *sub Pontio Pilato* crucifixam et sepultam *tertio die resurrexisse* et *in caelum ascendisse*, sed tantummodo filium. Nec eandem trinitatem descendisse *in specie columbae* super Iesum baptizatum aut *die pentecostes post ascensionem domini* sonitu facto *de caelo quasi ferretur flatus uehemens* et linguis diuisis *uelut ignis*, sed tantummodo spiritum sanctum. Nec eandem trinitatem dixisse de caelo: *Tu es filius meus*, siue cum baptizatus est a Iohanne siue in monte quando cum illo erant tres discipuli, aut quando sonuit uox dicens:

---

[38] 교부는 자기 전집에서 당시 아리우스파, 도나투스파, 펠라기우스파 같은 이단을 배척하는 교회를 일단 '가톨릭교회'(ecclesia catholica)라고 통칭한다.

[39] 이 절에서 교부는 하느님의 유일성, 위격의 구분, 삼위일체의 대외적 활동의 불가분성, 대외 활동의 일부는 특정 위격에만 속한다는 삼위일체론 진리 넷을 제시한다.

[40] de trinitate quae deus est: 앞의 각주 3 및 30 참조.

[41] 아우구스티누스 이전에 삼위일체를 다룬 라틴어 저서들: Tertullianus, *Adversus Praxean*; Novatianus, *De Trinitate*; Hilarius, *De Trinitate*; Ambrosius, *De Spiritu Sancto, De fide ad Gratianum*; Eusebius da Vercelli, *De Trinitate*; Marius Victorinus, *De generatione divini Verbi, Adversus Arium, De homousio recipiendo, Hymni ad Trinitatem*.

삼위일체에 관한 가톨릭[38] 신앙의 교리[39]

4.7. 삼위일체이신 하느님에 관하여[40] 나보다 앞서 글을 쓴 사람들 가운데 내가 그 저서를 읽을 수 있었던 사람들,[41] 구약과 신약을 다룬 가톨릭 저술가들 전부가 성경을 근거로 [삼위일체에 관하여] 다음과 같이 가르치고자 했다.[42] 성부와 성자와 성령은 단일한 실체의 불가분한 동등성으로 신적 단일성을 보여 주신다.[43] 그러므로 세 신들이 아니고 한 하느님이시다. 성부께서 성자를 낳으셨고, 따라서 성부이신 분은 성자가 아니시며, 또한 성자는 성부께 낳음을 받으셨고, 따라서 성자이신 분은 성부가 아니시며, 성령은 성부도 아니고 성자도 아니고 오직 성부와 성자의 영이시므로 그분도 성부와 성자와 함께 영원하고 삼위의 일체에 속하신다.[44] 그러나 같은 삼위일체께서 동정녀 마리아께 나시고 본시오 빌라도 치하에서 십자가에 달리시고 묻히셔서 사흗날에 부활하시고 하늘에 오르신 것이 아니고 오로지 성자께서만 그렇게 하셨다. 또한 같은 삼위일체께서 세례 받은 예수님 위에 비둘기 모양으로 내려오신 것이 아니고,[45] 주님 승천 후 오순절 날에 하늘에서 세찬 바람 부는 듯한 소리가 나더니 불 같은 혀들이 갈라지면서 내려오신 것도 아니며,[46] 오로지 성령께서만 그렇게 하셨다. 또 [예수께서] 요한에게 세례를 받으셨을 때나 산 위에서 세 제자들이 그분과 함께 있을 때 하늘에서 "너는 나의 아들이다"라고 말씀하시거나,[47] 하

---

[42] 이하와 이 책 전체에서 교부는 소위 Symbolum quicumque(DS 75-76)라고 알려진 전례용 신경을 인용한다.

[43] unius substantiae inseparabili aequalitate divinam unitatem insinuent: 동사 insinuo(구부리다)는 '넌지시 일러 주다'라는 의미로 이 교리의 신비로움을 함의한다.

[44] ad trinitatis pertinens unitatem: cf., Symbolum quicumque 25. "삼위 안에서 일체가 경배 받고 일체 안에서 삼위가 경배 받아야 한다."

[45] 마태 3,16; 요한 1,32 참조.

[46] 사도 2,2-4 참조.

[47] 마태 3,13.17 및 마태 17,1-5 참조.

Et clarificaui et iterum clarificabo, sed tantummodo patris uocem fuisse ad filium factam – quamuis pater et filius et spiritus sanctus sicut inseparabiles sunt, ita inseparabiliter operentur.

Haec et mea fides est quando *haec est catholica fides*.

V 8. Sed in ea nonnulli perturbantur cum audiunt *deum patrem* et *deum filium* et *deum spiritum sanctum, et tamen* hanc trinitatem *non tres deos sed unum deum*; et quemadmodum id intellegant quaerunt, praesertim cum dicitur inseparabiliter operari trinitatem in omni re quam deus operatur, et tamen quandam uocem patris sonuisse, quae uox filii non sit; *in carne* autem *natum* et *passum* et *resurrexisse* et *ascendisse* non nisi filium; *in columbae* autem *specie* uenisse non nisi spiritum sanctum. Intellegere uolunt quomodo et illam uocem quae non nisi patris fuit trinitas fecerit, et illam carnem in qua non nisi filius *de uirgine natus est* eadem trinitas creauerit, et illam columbae speciem in qua non nisi spiritus sanctus apparuit illa ipsa trinitas operata sit. Alioquin non inseparabiliter tri-

---

[48] 요한 12,28 참조.

[49] sicut inseparabiles sunt, ita inseparabiliter operentur: 아우구스티누스는 삼위의 대외 활동(operatio ad extra)은 단일하다고 주장하고 실체의 단일성이 곧 작용의 단일성의 원리라고 한다. "성부와 성자의 활동은 불가분"하고(inseparabilis operatio est patris et Filii: 1.6.12) "하나요 동일한 실체의 불가분한 활동"(inseparabilis operatio unius eiusdemque substantiae: 1.12.25)이며 "피조계에 대해서 성부와 성자와 성령은 한 창조주, 한 주님으로서 한 원리이시다"(ad creaturam pater et filius et spiritus sanctus unum principium, sicut unus creator et unus dominus: 5.14.15 참조). 그리스 교부들은 성부가 만유의 원천으로서 성자를 통해서, 성령 안에서 만유를 창조하고 섭리하신다는 표현을 선호했다.

늘에서 음성이 들려 "나는 영광스럽게 했고 또다시 영광스럽게 하리라"고
말씀하셨을 때도[48] 바로 삼위일체께서 말씀을 하신 것이 아니라 오로지 성
자에게만 내리신 성부의 음성이었다. — 성부와 성자와 성령은 불가분한
분들이므로 또한 불가분하게 활동하시지만 말이다.[49]

이것이 가톨릭 신앙이므로 바로 이것이 나의 신앙이다.[50]

일부 인사들을 당혹스럽게 하는 세 가지 의문

5.8. 그렇지만 혹자는, '하느님 아버지'와 '하느님 아들'과 '하느님 성령'
이라는 말을 들은 다음, 바로 이 삼위일체가 "하느님이 셋이 아니고 한 분
하느님이시다"[51]라는 말을 들으면 당황한다. 그들은 [이 말을] 어떻게 알아
들어야 하느냐고 묻는다. 특히 하느님이 활동하시는 매사에 삼위일체께서
불가분하게 함께 활동하신다고 하면서, 성부의 음성이 들렸고 그것은 성
자의 음성이 아니라고 말할 때, 또 "육으로 나시고 수난하시고 부활하시고
하늘에 오르신" 것은 성자일 뿐이라고 말할 때, "비둘기 모양으로" 오신
것은 성령뿐이라고 말할 때 그런 말을 어떻게 알아들어야 하느냐고 물어
온다.[52] 또 성부의 음성일 따름인 저 음성을 어떻게 삼위일체께서 내셨을
것인지, 오직 성자께서 "동정녀 마리아께 나신" 저 살을 어떻게 같은 삼위
일체께서 창조하셨을 것인지, 오직 성령이 나타나신 저 "비둘기 모습"을
어떻게 저 삼위일체 친히 만드셨을 것인가 하는 [질문이다]. 그렇지 않다
면 삼위일체께서 불가분하게 함께 활동하시는 것이 아니라 성부께서 하시

---

[50] 니케아 공의회(325년) 이전의 작품이므로 그 용어나 표현에서 니케아 신경은 아직 이 책
에 반영되어 있지 않다.

[51] Cf., Symbolum quicumque 16.

[52] 교부는 이 책 제5-7권에서 '관계'(relationes)라는 범주 — 실체가 아니지만 하느님에게는
이 범주가 우유(偶有)도 아니다 — 를 이용하여 이 문제에 답변을 시도한다.

nitas operatur, sed alia pater facit, alia filius, alia spiritus sanctus; aut si quaedam simul faciunt, quaedam sine inuicem, iam non inseparabilis trinitas. Mouet etiam quomodo spiritus sanctus in trinitate sit, quem nec pater nec filius nec ambo genuerint, cum sit *spiritus patris et filii*. Quia ergo quaerunt ista homines, et taedio nobis sunt ut si quid hinc ex dono dei sapit infirmitas nostra, edisseramus eis ut possumus, *neque cum inuidia tabescente iter* habeamus.

Si dicimus nos nihil de talibus rebus cogitare solere, mentimur; si autem fatemur habitare ista in cogitationibus nostris quoniam rapimur amore indagandae ueritatis, flagitant iure caritatis ut eis indicemus quid hinc excogitare potuerimus. *Non quia iam acceperim aut iam perfectus sim* (nam si Paulus apostolus, quanto magis ego longe infra illius pedes iacens, *non me arbitror apprehendisse?*), sed pro modulo meo si ea *quae retro sunt obliuiscor* et *in anteriora me extendo et secundum intentionem sequor ad palmam supernae uocationis*, quantum eiusdem uiae peregerim et quo peruenerim unde mihi in fine reliquus cursus est ut aperiam desideratur a me illis desiderantibus quibus me seruire cogit libera caritas. Oportet

---

⁵³ 이 책 2.10.18; 4.21.30-31에서 이 둘째 질문에 해답을 시도한다. Cf., *Sermo* 52.7.19-9.22; *Epistola* 169.2.7-9.

⁵⁴ 이 책 9.12.17-18과 15.17.50에서 성자의 출생(generatio)과 성령의 발출(processio)의 차이를 설명해 보려고 노력한다.

⁵⁵ 지혜 6,23 참조: "사람을 좀먹는 시기를 결코 길벗으로 삼지 않겠다." 진리를 알고 있으면서도 시기심으로 남에게 알려 주지 않는 태도를 지양하겠다는 자세다.

⁵⁶ iure caritatis: '의당'이라는 의미의 관용어로 그가 자주 사용하는 표현이다(e.g., *Epistola* 20.3; 36.1; 82.17).

⁵⁷ 이 문구가 secundum intentionem(전력투구하여)으로 인용되지만 불가타역에는 ad destinatum(목표를 바라보고)으로 나온다.

는 것 다르고 성자께서 하시는 것 다르고 성령께서 하시는 것 다르다는 말이 된다. 혹은 어떤 일은 한꺼번에 하시고 어떤 일은 따로따로 하신다는 말인데 그렇다면 이미 불가분한 삼위일체가 아니다.[53] 그런가 하면 [또 다른 의문이] 제기된다. 성령은 성부와 성자의 영이시지만 성부께로부터 낳지 않았고 성자께로부터도 낳지 않았고 두 분에게서도 낳지 않았는데 어떻게 삼위일체에 들어가느냐는 것이다.[54] 사람들이 이런 것을 물어 오니, 우리로서는 싫증 나는 일이지만, 우리 연약한 [지성이] 하느님의 선물에 힘입어 무엇인가 알아낸다면 힘닿는 대로 그들에게 제시할 작정인데, 이것은 "사람을 좀먹는 시기猜忌를 벗으로 삼아 길을 가는"[55] 일이 없도록 하려는 것이다.

우리가 그런 일을 두고 생각하는 일이 결코 없다고 말한다면 거짓말을 하는 셈이다. 하지만 우리 생각 속에 늘 그런 의문이 자리 잡고 있지만 진리를 탐구하는 사랑에 사로잡혀 있는 까닭이라고 우리가 공언한다면, 저 사람들은 사랑의 권리에 입각하여[56] 우리한테 [대답을] 재촉할 터이므로 우리로서는 이에 관해 생각해 낼 만한 것을 뭣이든지 그들에게 제시해야 마땅할 것이다. "그렇다고 해서 내가 다 얻은 것도 아니고 이미 완성된 것도 아니며" ― 바오로 사도마저도 그렇다면 나야말로 그분의 발밑에 얼마나 멀찌감치 엎드려 "나는 이미 잡고 있다고는 생각하지 않습니다"라고 자백해야겠는가? ― 단지 내 역량에 따라서 "뒤에 있는 것을 잊어버리고 앞에 있는 것을 향해 내달으며 위로부터 부르면서 내거신 상을 얻기 위해 전력투구하여[57] 달려갈 따름이다."[58] 그렇게 함으로써 그래서 사람들은 내가 그 길을 얼마나 달렸는지, 내가 어느 지점까지 도달했는지, 마지막으로 내게 얼마만큼 도정道程이 남아 있는지 공언해 주기를 나에게 기대하고 있다. 그 사람들을 섬기는 일은 자유로운 사랑이 나에게 강요하는 바이기도

---

[58] 필리 3,12-14에 나오는 사도의 신앙의 자세를 교부는 진리를 탐구하는 자기의 자세로 원용하고 있다.

autem et donabit deus ut eis ministrando quae legant ipse quoque proficiam, et eis cupiens respondere quaerentibus ipse quoque inueniam quod quaerebam. Ergo suscepi haec iubente atque adiuuante domino deo nostro non tam cognita cum auctoritate disserere quam ea cum pietate disserendo cognoscere.

VI 9. Qui dixerunt *dominum nostrum Iesum Christum* non esse *deum*, aut non esse *uerum deum*, aut non *cum patre unum* et *solum deum*, aut non uere *immortalem* quia *mutabilem*, manifestissima diuinorum testimoniorum et consona uoce conuicti sunt. Vnde sunt illa: *In principio erat uerbum, et uerbum erat apud deum, et deus erat uerbum*. Manifestum enim quod *uerbum dei filium dei unicum* accipimus, de quo post dicit: *Et uerbum caro factum est*, propter natiuitatem incarnationis eius quae facta est in tempore *ex uirgine*. In eo autem declarat non tantum *deum* esse sed etiam *eiusdem cum patre substantiae* quia cum dixisset: *Et deus erat uerbum, Hoc erat*, inquit, *in principio apud deum; omnia per ipsum facta sunt, et sine ipso factum est nihil*. Neque enim dicit *omnia* 'nisi quae *facta*

---

⁵⁹ quibus me servire cogit libera caritas: ‘강요’(cogit)와 ‘자유’(libera caritas)를 반어적으로 교차시킨 수사법(chiasmus)이다.

⁶⁰ non esse **deum**, aut non esse *verum deum*, aut non cum patre unum et verum deum: 그리스도를 ὁ θεός(Deus)로 표기하느냐, θεός(deus), θεῖος(divinus)로 표기하느냐에 따라서 그리스도론의 방향이 사뭇 달라지므로, 교부는, 관사(冠詞)가 없는 라틴어에서는 ‘성부와 같은 실체(eiusdem cum patre substantiae)의 [존재자]’라는 규정만이 그리스도의 신성을 보장한다고 설명한다.

하다.[59] 하느님은 내가 저 사람들이 읽을 만한 것들을 마련하다 보면 나에게도 이득이 되게 하시고, 질문을 제기하는 사람들에게 답변을 내놓으려고 애쓰다 보면 나도 자문하던 것에 대한 해답을 발견하게 해 주시리라고 본다. 그러므로 주 우리 하느님께서 이 일을 나에게 명령하시고 보우하시는 것으로 여기고 받아들였으며, 그것도 무엇을 이미 인식해서 권위 있게 설파하겠다기보다는 경건한 마음으로 토론하는 가운데 무엇인가 알아내겠다는 것이다.

성자는 참하느님이시고 성부와 같은 실체이시다

6.9. 우리 주 예수 그리스도께서 하느님이 아니시라고 하거나, 참하느님은 아니시라고 하거나, 성부와 하나며 유일한 하느님이 아니시라고 하거나,[60] 가변적인 분이므로 참으로 불사불멸하는 분이 아니시라고 말한 사람들은 [성경이라는] 신성한 증언의 명명백백하고 일관된 목소리에 의해서 유죄판결을 받았다.[61] 그래서 "한처음에 말씀이 계셨다. 그 말씀은 하느님과 함께 계셨다. 그 말씀은 또한 하느님이셨다"[62]라는 저 유명한 구절이 있는 것이다. 우리는 하느님의 말씀이 곧 하느님의 외아들이시라는 믿음을 받아들임이 분명하고, 조금 뒤에는 그분을 두고 시간 속에서 동정녀에게서 이루어진 그분 육화의 탄생 때문에 "그 말씀은 육신이 되셨다"는 구절이 나온다.[63] 저 구절에서는 그분이 하느님이시라고만 선언하지 않고 성부와 같은 실체라는 말도 하고 있으니, "그 말씀은 또한 하느님이셨다. 이분이 한처음에 하느님과 함께 계셨다. 모든 것은 그분으로 말미암아 생겨났다. 생겨난 것치고 그분 없이 생겨난 것은 하나도 없다"는 말씀이 나오기

---

[61] 그가 알던 그리스도론의 이단적 오류는 *De haeresibus* 7-11; 23; 44-45; 49에서 열거되어 있다.

[62] 요한 1,1.

[63] 요한 1,14: "정녕 그 말씀은 육신이 되시어 우리 가운데서 거처하셨다. 우리는 그분의 영광을 보았다. 그 영광은 아버지께로부터 오신 외아들다운 영광이다."

sunt,' id est omnem creaturam. Vnde liquido apparet ipsum factum non esse *per quem facta sunt omnia*. Et si factus non est, creatura non est; si autem creatura non est, *eiusdem cum patre substantiae* est. Omnis enim substantia quae deus non est creatura est, et quae creatura non est deus est. Et si non est filius *eiusdem substantiae cuius pater*, ergo facta substantia est; si facta substantia est, non *omnia per ipsum facta sunt*; at si *omnia per ipsum facta sunt, unius* igitur *eiusdem*que *cum patre substantiae* est. Et ideo non tantum *deus* sed et *uerus deus*. Quod idem Iohannes apertissime in epistula sua dicit: *Scimus quod filius dei uenerit et dederit nobis intellectum ut cognoscamus uerum et simus in uero, filio eius Iesu Christo. Hic est uerus deus et uita aeterna.*

10. Hinc etiam consequenter intellegitur non tantummodo de patre dixisse apostolum Paulum: *Qui solus habet immortalitatem*, sed de uno et solo deo, quod est ipsa trinitas. Neque enim ipsa *uita aeterna* mortalis est secundum aliquam mutabilitatem; ac per hoc *filius dei*, quia *uita aeterna est*, cum patre etiam ipse intellegitur ubi dictum est: *Solus habet immortalitatem*. Eius enim uitae aeternae et nos *participes facti* pro modulo nostro immortales efficimur. Sed aliud est ipsa cuius *participes* efficimur *uita aeterna*, aliud nos

---

[64] 요한 1,1-3.

[65] 1요한 5,20.『200주년』은 중간 부분(et simus in vero, filio eius Iesu Christo)을 "우리는 그 참되신 분 안에 있고 그분의 아들 예수 그리스도 안에 있습니다"로 번역한다.

[66] 1티모 6,16.

때문이다.[64] ‘모든 것’이란 ‘생겨난 것 모든 것’을 가리키므로 모든 피조물 외에 딴것이 아니다. 그렇다면 "모든 것이 그분으로 말미암아 생겨난" 그분 자신은 생겨난 것이 아님이 분명히 드러난다. 생겨나지 않았다면 피조물이 아니다. 피조물이 아니라면 ‘성부와 같은 실체’이시다. 하느님이 아닌 모든 실체는 피조물이다. 또 피조물이 아닌 것은 하느님이다. 그리고 만약 성자가 ‘성부와 같은 실체’가 아니라면 생겨난 실체이다. 만일 생겨난 실체라면 "모든 것이 그분으로 말미암아 생겨난" 바로 그분은 아니다. 그러나 "모든 것이 그분으로 말미암아 생겨났다"면 ‘성부와 하나요 같은 실체’이시다. 그리고 그냥 ‘하느님’으로 그치지 않고 ‘참하느님’이시다. 이 점은 같은 인물 요한이 자기 서간에서 아주 분명하게 하는 말이다. "하느님의 아들이 오셔서 우리에게 이해력을 주시어 그 참되신 분을 알아보도록 하셨다는 것도 우리는 압니다. 우리는 참되신, 그분의 아들 예수 그리스도 안에 있습니다. 이분은 참되신 하느님이시며 영원한 생명이십니다."[65]

유일하신 한 분 하느님은 삼위일체로서 불사불멸하신다

6.10. 그러므로 바오로 사도가 "그분만이 불사불멸하시고"[66]라고 한 말은 성부께만 해당하는 말이 아니다. 하나이고 유일한 하느님, 곧 삼위일체이신 분에게 해당한다.[67] 또 ‘영원한 생명’이라는 것 자체가 어떤 가변성에 따른 사멸하는 무엇일 수 없다. 그런데 ‘하느님의 아들’ 역시 ‘영원한 생명’이시기 때문에 "그분만이 불사불멸하신다"는 말씀이 성부와 더불어 그분에게도 해당하는 것으로 여겨진다. 단지 우리도 그분의 영원한 생명에 우리 나름대로 ‘참여하여’ 불사불멸하는 존재가 된다. 따라서 우리가 ‘참여하는’ ‘영원한 생명’ 그 자체와, 그 생명에 참여하여 우리가 ‘영원히’ 사는 것

---

[67] deo, quod est ipsa trinitas: 그 밖에 deus trinitas 혹은 deus, ipsa trinitas 혹은 trinitas quae est deus 등 교부가 deus와 trinitas를 동격의 보어로 표기하는 경우가 이 책에만 40여 회 나온다.

qui eius participatione uiuemus *in aeternum*. Si enim dixisset: '*Quem temporibus propriis ostendit* pater *beatus et solus potens, rex regum et dominus dominantium, qui solus habet immortalitatem*,' nec sic inde separatum filium oporteret intellegi. Neque enim quia ipse filius alibi loquens uoce sapientiae (ipse est enim *sapientia dei*) ait: *Gyrum caeli circuiui sola*, separauit a se patrem. Quanto magis ergo non est necesse ut tantummodo de patre praeter filium intellegatur quod dictum est: *Qui solus habet immortalitatem*, cum ita dictum sit: *Vt serues*, inquit, *mandatum sine macula, inreprehensibile, usque in aduentum domini nostri Iesu Christi, quem temporibus propriis ostendit beatus et solus potens, rex regum et dominus dominantium, qui solus habet immortalitatem et lucem habitat inaccessibilem; quem nemo hominum uidit nec uidere potest; cui est honor et gloria in saecula saeculorum*. In quibus uerbis nec pater proprie nominatus est nec filius nec spiritus sanctus, sed *beatus et solus potens, rex regum et dominus dominantium*, quod est *unus et solus* et *uerus deus*, ipsa trinitas.

11. Nisi forte quae sequuntur perturbabunt hunc intellectum, quia dixit: *Quem nemo hominum uidit nec uidere potest*, cum hoc etiam ad Christum pertinere secundum eius diuinitatem accipiatur quam non uiderunt iudaei, qui tamen carnem uiderunt et crucifixerunt.

---

[68] quem temporibus propriis ostendit: 동사(ostendit)를 과거 시제로 인용함으로써 교부는 말씀의 강생을 가리킨다. 1티모 6,15 참조: 『200주년』("정해진 때에 이것을 보여 주시는 분") 과 『성경』("제때에 그 일을 이루실 분").

[69] 1티모 6,15-16.

은 사뭇 다르다. "정해진 때에 이분을 보여 주신"[68] 성부께서 "복되신 오직 한 분의 주권자, 왕들의 왕, 주인들의 주인이로다. 그분만이 불사불멸하시도다"[69]라는 말을 사도가 하더라도 그것 때문에 성자를 빼놓고 하는 말로 알아들을 필요는 없다. 또 성자 친히 다른 곳에서 지혜의 음성 ─ 그분은 '하느님의 지혜'이시다 ─ 으로 하시는 말씀, "나 홀로 하늘의 궁창을 돌아다녔노라"[70]는 말씀이 있다고 해서 당신에게서 성부를 떼어 놓고 하시는 말씀이 아니다. 더군다나 "그분만이 불사불멸하신다"는 말씀이 있더라도, 성자를 제외하고 성부께 대해서만 하는 말로 알아들을 필요는 없다. 이 말씀은 다음과 같이 나온다. "우리 주 예수 그리스도께서 나타나실 때까지 이 계명을 흠 없고 나무랄 데 없이 잘 지키십시오. 정해진 때에 이분을 보여 주신 분은 복되신 오직 한 분의 주권자, 왕들의 왕, 주인들의 주인이로다. 그분만이 불사불멸하시고 가까이할 수 없는 빛 속에 사시는도다. 어느 인간도 그분을 보지 못했고 볼 수도 없도다. 영예와 영광이 영원히 그분께."[71] 이 구절에서는 성부도 직접 언명되지 않고 성자도 성령도 직접 언급되지 않았다. 하지만 "복되신 오직 한 분의 주권자, 왕들의 왕, 주인들의 주인"은 다름 아닌 하나요 유일하고 참된 하느님, 곧 삼위일체이시다.[72]

볼 수 없는 성자와 삼위일체

6.11. 그런데 뒤따라오는 구절이 이런 이해에 혼란을 줄지도 모른다. "어느 인간도 그분을 보지 못했고 볼 수도 없도다"라는 말씀이 있기 때문이다. 그렇지만 이것도 그분의 신성神性에 입각해서 그리스도께 해당하는 구절로 받아들일 것이니, 유다인들이 그 신성을 보지 못했고 육신만 보고

---

[70] 집회 24,5.

[71] 1티모 6,14-16.

[72] 교부가 인용하는 성경 본문에 따르면 '정해진 때에 이분을 보여 주신 분'은 '성부'이시다.

Videri autem diuinitas humano uisu nullo modo potest, sed eo uisu uidetur quo iam qui uident non homines sed ultra homines sunt. Recte ergo ipse deus trinitas intellegitur *beatus et solus potens*, ostendens *aduentum domini nostri Iesu Christi temporibus propriis*. Sic enim dictum est: *Solus habet immortalitatem*, quomodo dictum est: *Qui facit mirabilia solus*. Quod uelim scire de quo dictum accipiant. Si de patre tantum, quomodo ergo uerum est quod ipse filius dicit: *Quaecumque enim pater facit, haec eadem et filius facit similiter?* An quidquam est inter mirabilia mirabilius quam resuscitare et uiuificare mortuos? Dicit autem idem filius: *Sicut pater suscitat mortuos et uiuificat, sic et filius quos uult uiuificat*. Quomodo ergo *solus* pater *facit mirabilia*, cum haec uerba nec patrem tantum nec filium tantum permittant intellegi, sed utique *deum unum uerum solum*, id est patrem et filium et spiritum sanctum?

12. Item dicit idem apostolus: *Nobis unus deus pater ex quo omnia, et nos in ipso; et unus dominus Iesus Christus per quem omnia, et nos per ipsum*. Quis dubitet eum *omnia* 'quae *creata sunt*'

---

[73] iam non homines sed ultra homines: 육신을 벗어난 인간과 천사를 지칭하는 듯하다.

[74] 1티모 6장 14절("우리 주 예수 그리스도께서 나타나실 때까지")과 15절("정해진 때에")을 바로 이으면 이런 문장이 되고 주님의 재림을 가리킨다.

[75] 시편 72,18.

서 그분을 십자가에 못 박았던 까닭이다. 신성은 인간의 시야에는 어떤 식으로도 들어오지 않으며 보는 이가 이미 인간이 아니거나 인간 이상의 존재일 때,[73] 그런 존재의 시야에만 들어온다. 그러니 삼위일체 하느님 친히 "복되신 오직 한 분의 주권자"라고 알아들어야 마땅하고, 그분이 "정해진 때에 우리 주 예수 그리스도께서 나타나심"을 보여 주실 것이다.[74] 그래서 "그분 홀로 불사불멸하신다"는 [사도의 말은] "그분 홀로 기적들을 행하신다"[75]라는 말과 같은 맥락이다. 내가 알고 싶은 것은 [나에게 시비를 거는] 사람들이 뒤에 나오는 구절이 누구에 관하여 하는 말로 받아들이고 있느냐는 점이다. 만일 성부께 관해서만 하는 말로 받아들인다면 성자께서 친히 하신, "아버지께서 하시는 것은 무엇이든지 아들도 똑같이 합니다"[76]라는 말씀이 어찌 참이 되겠는가? 그리고 기적들 중에서도 죽은 자들을 일으켜 살리는 것보다 더 놀라운 기적이 무엇이겠는가? 성자께서 똑같이 하시는 말씀이 있다. "아버지께서 죽은 이들을 일으키어 살게 하시는 것처럼 그렇게 아들도 자기가 원하는 이들을 살게 합니다."[77] 이런 구절들이 성부만 언급하거나 성자만 언급하는 것으로 알아듣도록 용납하지 않고 하나요 유일하고 참된 하느님, 다시 말해서 성부와 성자와 성령을 가리키는 터에, 어떻게 성부 "홀로 기적들을 행하신다"고 하겠는가?

모든 것은 성자로 말미암아 생겨났다

6.12. 같은 사도가 이런 말을 한다. "우리에게는 오직 한 분의 하느님이 계실 뿐이니 곧 아버지이십니다. 모든 것은 그분에게서 나오며 우리도 그분 안에[78] 있습니다. 그리고 오직 한 분의 주님이 계실 뿐이니 곧 예수 그리스도이십니다. 모든 것은 그분으로 말미암아 있고 우리도 그분으로 말

---

[76] 요한 5,19.

[77] 요한 5,21.

[78] in ipso: 『200주년』은 '그분을 향하여'(in illum)로 번역한다.

dicere, sicut Iohannes: *Omnia per ipsum facta sunt?* Quaero itaque de quo dicit alio loco: *Quoniam ex ipso et per ipsum et in ipso sunt omnia; ipsi gloria in saecula saeculorum.* Si enim de patre et filio et spiritu sancto ut singulis personis singula tribuantur, *ex ipso*, ex patre; *per ipsum*, per filium; *in ipso*, in spiritu sancto; manifestum quod *pater et filius et spiritus sanctus unus deus est* quando singulariter intulit: *Ipsi gloria in saecula saeculorum.* Vnde enim coepit hunc sensum; non ait: *O altitudo diuitiarum* 'sapientiae et scientiae patris aut filii aut spiritus sancti,' sed *sapientiae et scientiae dei! Quam inscrutabilia sunt iudicia eius et inuestigabiles uiae eius! Quis enim cognouit sensum domini? Aut quis consiliarius eius fuit? Aut quis prior dedit, et retribuetur ei? Quoniam ex ipso et per ipsum et in ipso sunt omnia; ipsi gloria in saecula saeculorum. Amen.* Si autem hoc de patre tantummodo intellegi uolunt, quomodo ergo omnia per patrem sunt sicut hic dicitur, et omnia per filium sicut ad corinthios ubi ait: *Et unus dominus Iesus Christus per quem omnia,* et sicut in euangelio Iohannis: *Omnia per ipsum facta sunt?* Si enim alia per patrem, alia per filium, iam non omnia per patrem nec omnia per filium. Si autem omnia per patrem et omnia per filium, eadem per patrem quae per filium. *Aequalis* ergo est *patri* filius, et inseparabilis operatio est patris et filii. Quia si uel filium

---

[79] 1코린 8,6.

[80] 로마 11,36.

[81] 로마 11,33-36.

[82] 1코린 8,6.

[83] 요한 1,3.

미암아 있습니다.”[79] 여기서 사도가 말하는 ‘모든 것’은 ‘창조된 모든 것’임을, 요한이 말하는 “모든 것이 그분으로 말미암아 생겨났다”는 말과 같은 의미임을 의심할 사람이 누구겠는가? 나는 [사도가] 다른 대목에서 “그분으로부터 그분을 통해 그분 안에 모든 것이 있기 때문이다. 그분께 영광이 영원히. 아멘”[80]이라고 한 말은 누구를 두고 한 말인지 묻고 싶다. 그가 성부와 성자와 성령에 관하여 말한다고 하자. 각 말마디가 각 위位에 해당한다고, 즉 “그분으로부터”는 성부께로부터, “그분을 통해”는 성자를 통해, “그분 안에”는 성령 안에라고 하자. 그렇더라도 “성부와 성자와 성령은 한 분의 하느님이시다”. [사도는] 그냥 단수로 “그분께 영광이 영원히”라고 끝맺기 때문이다. 바로 그래서 저 [유명한 대목의] 첫머리도 그렇게 시작한다. 거기서는 “오, 성부 혹은 성자 혹은 성령의 부요와 지혜와 지식의 깊음!”이라고 하지 않는다. “오, 하느님의 부요와 지혜와 지식의 깊음! 그분의 판단은 얼마나 헤아릴 길 없는가! 그분의 길들은 얼마나 좇아가기 어려운가! 실상 ‘누가 주님의 생각을 알았는가? 혹은 누가 그분의 조언자가 되었는가?’ 혹은 누가 보답받기 위해 그분께 예물을 드렸는가? 그분으로부터 그분을 통해 그분 안에서 모든 것이 있기 때문이다. 그분께 영광이 영원히. 아멘.”[81] 이 대목을 성부께 관해서만 하는 말로 알아듣고 싶어 한다면, 여기서는 모든 것이 성부로 말미암아 생겼다고 하는 것 같은데, 그러면 다른 대목에서는 모든 것이 성자로 말미암아 생겼다고 하는 말일까? [앞서 인용한 대로] 코린토서에서는 “오직 한 분의 주님이 계실 뿐이니 곧 예수 그리스도이십니다. 모든 것은 그분으로 말미암아 있습니다”[82]라고 했고 요한 복음서에도 “모든 것은 그분으로 말미암아 생겨났다”[83]고 한다. 그래서 어떤 것은 성부로 말미암아 생겨났고 어떤 것은 성자로 말미암아 생겨났다고 한다면, 결국 모든 것이 성부로 말미암아 생겨났다는 것도 말이 안 되고, 모든 것이 성자로 말미암아 생겨났다는 것도 말이 안 된다. [성경 말씀대로] 모든 것이 성부로 말미암아 생겨났고 또한 모든 것이 성자로 말미암아 생겨났다면, 같은 것이 성자로 말미암아 생겨나듯, 성부로 말미암

fecit pater quem non fecit ipse filius, non *omnia* per filium *facta sunt.* At *omnia* per filium *facta sunt.* Ipse igitur factus non est ut cum patre faceret *omnia* quae *facta sunt.* Quamquam nec ab ipso uerbo tacuerit apostolus et apertissime omnino dixerit: *Qui cum in forma dei esset, non rapinam arbitratus est esse aequalis deo,* hic deum proprie patrem appellans, sicut alibi: *Caput autem Christi deus.*

13. Similiter et *de spiritu sancto* collecta sunt testimonia quibus ante nos qui haec disputauerunt abundantius usi sunt, quia et ipse *deus* et non creatura. Quod si non creatura, non tantum *deus* (nam et homines dicti sunt *dii*), sed etiam *uerus deus.* Ergo patri et filio prorsus aequalis et in trinitatis unitate consubstantialis et coaeternus. Maxime uero illo loco satis claret quod spiritus sanctus non sit creatura ubi iubemur non seruire *creaturae* sed *creatori*, non eo modo quo iubemur *per caritatem* seruire *inuicem*, quod est graece δουλεύειν, sed eo modo quo tantum deo seruitur, quod est graece

---

[84] 요한 1,3 참조: "생겨난 것치고 그분 없이 생겨난 것은 하나도 없다."

[85] 필리 2,6. 이 책에서 수차 인용하며 이 구절이 이단의 전거(6.3.5: quivis adversarius veritatis)가 됨도 의식하고 있다.

[86] 1코린 11,3.

[87] Ambrosius, *De Spiritu Sancto*를 염두에 둔 듯하다(『그리스도교 교양』 4.21.46).

[88] 참조: 지혜 12,27("자기들이 신으로 여겼던 바로 그것들") 및 시편 82,6("내 이르노니 너희는 신들이며 모두 지존의 아들들이로다").

아서도 생겨난다. 그렇다면 성자는 성부와 '동등하시고' 성부와 성자의 활동은 불가분하다. 혹시 성부께서 성자도 만드셨다면 성자는 성부를 만드신 것이 아니므로, 성자로 말미암아 "모든 것이 생겨났다"는 말이 성립되지 않는다. 하지만 분명히 '모든 것이' 성자로 말미암아 '생겨났다'. '생겨난 모든 것을' 성부와 함께 만드셨으므로[84] 그분은 생겨난 분이 아니다. 실상 사도 역시 바로 그 말을 삼키지 않았고 아주 분명하게 언명했다. "그분은 하느님의 모습을 지니셨으나 하느님과 같음을 마치 노획물처럼 여기지 않으셨다"[85]고 하는데 여기서 하느님은 성부를 일컫는다. 다른 구절에서도 "그리스도의 머리는 하느님"[86]이라고 한다.

성령은 참하느님이시며 성부와 성자와 전적으로 동등하시다

6.13. 이와 비슷하게 '성령에 관해서도' 증언들이 가다듬어져 있고 우리보다 앞서 이 문제를 토론한 사람들은[87] 그분도 '하느님'이시고 피조물이 아니라는 데에 그런 증언들을 풍부하게 이용했다. [성령이] 피조물이 아니라고 하더라도 그냥 '신'이 아니고 — 인간도 '신들'이라고 불렸으니까[88] — '참하느님'이시다. 그래서 성부와 성자와 전적으로 동등하시고 삼위의 일체 속에서[89] 실체를 함께하시며 함께 영원하시다.[90] 성령이 피조물이 아님은 특히 우리더러 '피조물'을 섬기지 말고 '창조주'를 섬기라고 명하는 저 구절에서[91] 넉넉히 드러난다. 그것도 "사랑으로 서로 섬기라"[92]는 뜻에서 하는 말, 즉 그리스어로 $\delta o \upsilon \lambda \epsilon \acute{\upsilon} \epsilon \iota \nu$을 가리키는 말이 아니고, $\lambda a \tau \rho \epsilon \acute{\upsilon} \epsilon \iota \nu$ 즉

---

[89] in trinitatis unitate: 두 용어가 동시에 나오면 '삼위'의 '일체'(unite 'de la Trinitè'보다는 onenesse of the three)라고 번역했다.

[90] [spiritus sanctus] patri et filio prorsus aequalis et in trinitatis unitate consubstantialis et coaeternus: 한 문구에 성령론의 주요 용어들이 거의 다 나왔다.

[91] 로마 1,25("그들은 하느님의 진리를 거짓과 바꾸고 창조주 대신 피조물을 흠숭하고 섬겼습니다")를 가리키는 듯하다.

[92] 갈라 5,13.

λατρεύειν. Vnde idolatrae dicuntur qui simulacris eam seruitutem exhibent quae debetur deo. Secundum hanc enim seruitutem dictum est: *Dominum deum tuum adorabis et illi soli seruies*. Nam hoc distinctius in graeca scriptura inuenitur, λατρεύσεις enim habet. Porro si tali seruitute *creaturae* seruire prohibemur quandoquidem dictum est: *Dominum deum tuum adorabis et illi soli seruies –* unde et apostolus detestatur eos qui *coluerunt et seruierunt creaturae quam creatori –, non est utique creatura* spiritus sanctus cui ab omnibus sanctis talis seruitus exhibetur dicente apostolo: *Nos enim sumus circumcisio, spiritui dei seruientes*, quod est in graeco λατρεύοντες. Plures enim codices etiam latini sic habent, *qui spiritui dei seruimus*; graeci autem omnes aut paene omnes. In nonnullis autem exemplaribus latinis inuenimus non *spiritui dei seruimus*, sed *spiritu deo seruimus*.

Sed qui in hoc errant et auctoritati grauiori cedere detractant, numquid et illud uarium in codicibus reperiunt: *Nescitis quia corpora uestra templum in uobis est spiritus sancti quem habetis a deo?* Quid autem insanius magisque sacrilegum est quam ut quisquam dicere audeat *membra Christi templum* esse creaturae minoris secundum ipsos quam Christus est? Alio enim loco dicit: *Cor-*

---

[93] 원래 δουλεύειν(종이 되어 일하다)과 λατρεύειν(품삯을 받고 일하다)은 노동(또는 '섬김')의 품위를 구분하는 어휘였다.

[94] idololatra: εἰδωλο(우상)-λατρεία(섬김)에서 유래.

[95] 신명 6,13.

[96] λατρεύσεις: λάτρις, λατρεύω.

[97] 로마 1,25.

[98] 필리 3,3.

하느님만을 섬기라는 뜻에서 하는 말이다.[93] 그래서 하느님께 드려야 할 섬김을 우상에게 바치는 사람들을 우상숭배자[94]라고 부른다. 바로 이 섬김을 두고, "너는 주 너의 하느님을 경외하여 그분만을 섬겨야 한다"[95]는 말씀이 있다. 그리스어 성경에서는 뜻이 더 분명하여 *λατρεύσεις*[96]라고 나온다. "너는 주 너의 하느님을 경외하여 그분만을 섬겨야 한다"라고 말씀하심으로써 저런 섬김으로 '피조물'을 섬기지 말라고 우리에게 금하고 있다면, 또 그래서 사도가 "창조주 대신 피조물을 흠숭하고 섬겼다"[97]면서 어떤 사람들을 혐오하고 있다면, 성령은 분명히 '피조물'이 아니니 모든 성도들이 성령께 저런 섬김을 바쳤기 때문이고, 사도도 "우리야말로 할례입니다. 우리는 하느님의 영을 섬기는 사람들입니다"[98]라는 말을 하기 때문이다. 그리스어로는 *λατρεύοντες*이다. 다수의 라틴어 사본은 "우리는 하느님의 영을 섬깁니다"라고 되어 있고 그리스어 사본들은 전부, 아니 거의 전부가 그렇게 되어 있다. 하지만 몇몇 라틴어 사본들에는 "우리는 하느님의 영을 섬깁니다"라고 나오지 않고 "우리는 영으로 하느님을 섬깁니다"라고 나온다.[99]

그렇지만 이처럼 [성경 본문 읽기에서] 그르치고, 나아가서 더 무게 있는 권위에마저 승복하기를 거부하는 사람들은 [다음 구절이 나오는] 사본들에서도 상이한 해독을 찾아낼 작정일까?[100] "여러분의 몸은, 여러분이 하느님께로부터 받아 여러분 안에 모시고 있는 성령의 성전이라는 것을 여러분은 알지 못합니까?"[101] 저 사람들은 [성령을] 그리스도보다 못한 피

---

[99] spiritui dei servimus("하느님의 영을 섬깁니다"), spiritu deo servimus("영으로 하느님을 섬깁니다")로 달리 읽혀 왔다. 『200주년』("우리는 하느님의 영으로 예배하는 사람들입니다")에 따르면 라틴어본이 spiritu dei servimus라야 한다.

[100] 성경 본문의 상이한 해독(*Contra duas epistolas Pelagianorum* 3.7.22)이 이단 논쟁에서는 고의적 오독이라는 시비로까지 발전했다(Ambrosius, *De Spiritu Sancto* 2.5.46: aliquos perfidia falsaverunt).

[101] 1코린 6,19.

pora uestra membra sunt Christi. Si autem quae *membra sunt Christi templum est spiritus sancti, non est creatura* spiritus sanctus, quia cui corpus nostrum *templum* exhibemus necesse est ut huic eam seruitutem debeamus qua non nisi deo seruiendum est, quae graece appellatur λατρεία. Vnde consequenter dicit: *Glorificate ergo deum in corpore uestro.*

VII 14. His et talibus diuinarum scripturarum testimoniis quibus, ut dixi, priores copiosius usi expugnauerunt haereticorum tales calumnias uel errores, insinuatur fidei nostrae unitas et aequalitas trinitatis. Sed quia multa in sanctis libris propter *incarnationem* uerbi dei, quae pro salute nostra reparanda facta est ut *mediator dei et hominum* esset *homo Christus Iesus*, ita dicuntur ut maiorem filio patrem significent uel etiam apertissime ostendant, errauerunt homines minus diligenter scrutantes uel intuentes uniuersam seriem scripturarum, et ea quae de Christo Iesu secundum hominem dicta sunt ad eius substantiam quae ante *incarnationem* sempiterna

---

102 교부는 Macedonius의 주장으로 소개한다(*De haeresibus* 1.52). 381년 콘스탄티노플 공의회의 단죄를 받았다(DS 151, 156).

103 1코린 6,15. 뒤이어 "그런데 내가 그리스도의 지체를 가져다가 창녀의 지체로 만들 수 있겠습니까?"라는 구절이 따른다.

조물로 여기는 터이므로[102] '그리스도의 지체'가 그리스도보다 못한 피조물의 '성전'이라고 하는 셈이다. 그러니 이런 말보다 정신 나가고 독성적瀆聖的인 짓이 있을까? 다른 구절에서는 "여러분의 몸은 그리스도의 지체입니다"[103]라고 한다. [우리의 몸이] '그리스도의 지체'로서 '성령의 성전'이라면, 그리고 성령께 우리 몸을 '성전'으로 내드린다는 점에서 성령은 '피조물'이 아니라면, 성령께는 응당 하느님이 아니면 드리지 않는 섬김을, 그리스어로 λατρεία라고 하는 섬김을 바쳐야 마땅하다.[104] 뒤이어 "여러분의 몸으로 하느님을 영광스럽게 하십시오"[105]라는 구절이 따르는 것도 그 때문이다.

종의 형상을 한 성자는 성부보다 낮고 성자 자신보다도 작다

7.14. 성경의 이런 증언이나 다른 증언들에 비추어 보건대, 내 말대로, 선인先人들은 저 증언들을 풍부하게 사용하여 이단자들의 저런 농간과 오류를 반박했고, 저 증언들에 의해서 우리 신앙에 삼위의 단일성과 동등성을 일깨워 준다. 하느님 말씀의 '육화'는 우리 구원을 회복하는 보상을 시행하려고 이루어진 것으로, '인간 그리스도 예수'께서는 하느님과 인간들의 중개자仲介者가 되셨다. 그런데 성경 여러 곳을 보면, 하느님 말씀의 육화 때문에 성부께서 성자보다 크신 것처럼 암시하는 구절들이 많고 아주 노골적으로 그렇게 주장하기도 하므로, 성경들의 전반적 연결을 진지하게 연구하지 못하거나 통찰하지 못하는 사람들은 오류에 빠지곤 했다.[106] 그래서 그들은 인간으로서의 그리스도 예수에 관하여 진술된 내용을 '육화'

---

[104] 라틴어 servitus[← servus('노예')]는 그리스어 δουλεύειν[← δοῦλος('노예')]에 가까우므로 λατρεύειν에서 유래하는 latreia를 다시 천명한다.

[105] 1코린 6,20.

[106] 아리우스 논쟁의 핵심이 되는 전거인데 가톨릭 교부들은 육화를 '비움'(κένωσις)에 토대를 두고 이 구절을 해설한다. 아우구스티누스는 성부와 동등한 영원한 출생(sacramentum nativitatis)과 육화(mysterium assumpti hominis, dispensatio corporationis)라는 두 신비에 의거하여 이 문제의 해답을 모색한다.

erat et sempiterna est transferre conati sunt. Et illi quidem dicunt minorem filium esse quam pater est quia scriptum est ipso domino dicente: *Pater maior me est*. Veritas autem ostendit secundum istum modum etiam se ipso minorem filium. Quomodo enim non etiam se ipso minor factus est qui *semetipsum exinaniuit formam serui accipiens*? Neque enim sic accepit *formam serui* ut amitteret *formam dei* in qua erat *aequalis patri*. Si ergo ita accepta est *forma serui* ut non amitteretur *forma dei*, cum et in *forma serui* et *in forma dei* idem ipse sit *filius unigenitus dei* patris, *in forma dei aequalis patri*, in *forma serui mediator dei et hominum homo Christus Iesus*, quis non intellegat quod *in forma dei* etiam ipse se ipso maior est, in *forma* autem *serui* etiam se ipso minor est? Non itaque immerito scriptura utrumque dicit, et *aequalem patri* filium, et patrem maiorem filio. Illud enim propter *formam dei*, hoc autem propter *formam serui* sine ulla confusione intellegitur.

Et haec nobis regula per omnes sanctas scripturas dissoluendae huius quaestionis ex uno capite epistulae Pauli apostoli promitur ubi manifestius ista distinctio commendatur. Ait enim: *Qui cum in forma dei esset, non rapinam arbitratus est esse aequalis deo, sed semetipsum exinaniuit formam serui accipiens, in similitudine hominum factus et habitu inuentus ut homo*. Est ergo *dei filius deo patri*

---

[107] 요한 14,28.

[108] 라틴 교부 가운데서도 이 구절을 그리스도의 인성과 연관시키거나(Hilarius, *De Trinitate* 9.53-56), 영원하더라도 성자의 출생 사실과 연관시키는(Tertullianus, *Adversus Praxean* 9) 사람들이 있어 아우구스티누스의 긴 설명이 필요했다.

[109] 필리 2,7: 이 책에 80여 회 재인용되면서 삼위의 동등과 '사람의 아들'로서의 차등을 해설하는 모티브로 삼는다.

[110] 1티모 2,5.

이전에도 영원했고 지금도 영원한 그분의 실체에 전이시키려고 애썼다. 또 그들은 성자께서 성부보다 작으신데, 그 까닭은 주님 친히 "아버지께서는 나보다 크십니다"[107]라고 말씀하신 것으로 기록되어 있기 때문이라고 한다.[108] 하지만 진리가 보여 주듯이 저 방식에 의거하면 성자는 당신 자신보다도 작으시다. "자신을 비우시어 종의 형상을 취하신"[109] 분이 어찌 자기 자신보다 작지 않으시겠는가? 다만 '종의 형상'을 취한 것은 하느님의 형상, 당신이 '성부와 같으신' 형상을 잃어버리기 위함은 아니었다. 만일 종의 형상을 취한 것이 하느님의 형상을 잃어버리기 위함이 아니었다면, 종의 형상에서도 하느님의 형상에서도 그분은 똑같이 하느님 아버지의 '외아들'이시며, "하느님의 형상으로 성부와 같으시고" "종의 형상으로는 하느님과 인간 사이의 중개자 인간 그리스도 예수"이시다.[110] 그러니 '하느님의 형상으로는' 당신 자신보다 크시고 '종의 형상으로는' 당신 자신보다 작으시다는 말을 누가 못 알아듣겠는가? 그러니 성경이 성자가 "성부와 같으시다"고도 하고 성부께서 성자보다 크시다고도 하여 두 표현을 다 쓰는 것도 무리는 아니다. 전자는 하느님의 형상 때문에 그렇고 후자는 종의 형상 때문에 그렇다는 것을 혼동하지 말고 알아들을 것이다.

모든 성경 구절을 통틀어 이 문제를 해결하는 규범[111]을 우리에게 제공하는, 바오로 사도 [서간의] 한 장章이 있다. 거기서는 [두 형상 간의] 구분이 훨씬 명료하게 제시되어 있다. "그분은 하느님의 형상을 지니셨으나 하느님과 같음을 마치 노획물처럼 여기지 않으시고 도리어 자신을 비우시어 종의 형상을 취하셨으니 사람들과 비슷하게 되시어 여느 사람 모양으로 드러나셨도다."[112] 그러므로 그분은 '하느님의 아들'로서 본성으로는 성부

---

[111] 2.1.2(그리스도에 관한 성경의 어법을 이해하는 준칙) 참조: "그분이 하느님의 아들이요, 그분이 당초에 존재하는 하느님의 형상에 따르면 성부와 동등하시고 그분이 취하신 종의 형상에 따르면 성부보다 작은 분이 되신다."

[112] 필리 2,6-7.

natura aequalis, habitu minor. In *forma* enim *serui* quam accepit *minor* est *patre; in forma* autem *dei* in qua erat etiam antequam hanc accepisset *aequalis* est *patri. In forma dei uerbum per quod facta sunt omnia*; in *forma* autem *serui factus ex muliere, factus sub lege ut eos qui sub lege erant redimeret*. Proinde *in forma dei fecit hominem*; in forma serui *factus est homo*. Nam si pater tantum sine filio fecisset hominem, non scriptum esset: *Faciamus hominem ad imaginem et similitudinem nostram*. Ergo quia *forma dei* accepit *formam serui*, utrumque *deus et* utrumque *homo*; sed utrumque *deus* propter accipientem deum, utrumque autem *homo* propter acceptum hominem. Neque enim illa susceptione alterum eorum in alterum conuersum atque mutatum est; nec diuinitas quippe in creaturam mutata est ut desisteret esse diuinitas, nec creatura in diuinitatem ut desisteret esse creatura.

VIII 15. Illud autem quod ait idem apostolus: *Cum autem ei omnia subiecta fuerint, tunc et ipse filius subiectus erit ei qui illi subiecit omnia*, aut ideo dictum est ne quisquam putaret habitum Christi, qui ex humana creatura susceptus est, conuersum iri postea in ipsam diuinitatem uel, ut certius expresserim, deitatem, quae non est

---

[113] natura aequalis, habitu minor; 바오로의 용어(필리 2,7: in similitudinem hominum factus, et habitu inventus homo)를 그대로 따르고 있다. 달리는 보통의 우유적 범주(habitus et loca et tempora: 3.1.1)일 따름이다.

[114] 요한 1,1 참조.   [115] 갈라 4,4-5.

[116] 창세 1,27. 『성경』: "우리와 비슷하게 우리 모습으로 사람을 만들자."

[117] utrumque *deus et* utrumque *homo*: '둘 다'(utrumque)라는 대명사로 deus et homo(하느님이고 사람이다)라는 신앙고백을 절묘하게 살린다.

와 '같으시고' 처지處地로서는 '작으시다'.[113] 당신이 취하신 종의 형상으로
는 "성부보다 작으시다". 그리고 이 형상을 취하기 전에도 있었던 '하느님
의 형상'으로는 "성부와 같으시다". 하느님의 형상에는 "그분으로 말미암
아 모든 것이 생겨난 말씀"[114]이 계시고 종의 형상에는 "한 여인에게서 태
어나 율법 아래 놓이셔서 율법 아래 있는 이들이 속량되도록 하신"[115] 분이
계시다. 그러므로 하느님의 형상으로는 "사람을 만드셨고" 종의 형상으로
는 "사람이 되셨다". 성자 없이 성부께서만 사람을 만드셨다면 "우리 모습
으로, 우리와 비슷하게 사람을 만들자"[116]라고 기록되어 있지 않을 것이다.
그러므로 하느님의 형상으로서 종의 형상을 취하셨으므로 둘 다 하느님이
시고 둘 다 사람이시다.[117] 취하는 분이 하느님이기 때문에 둘 다 하느님이
시고 취해진 것이 사람이기 때문에 둘 다 사람이시다.[118] 그렇게 취함으로
써 둘 중의 하나가 다른 하나로 전이되거나 변화되지 않았다. 신성神性이
피조물로 변하여 신성이기를 중단하거나, 피조물이 신성으로 변하여 피조
물이기를 중단한 것이 아니다.

성자는 인성을 취함으로써 성부께 굴복하셨다

8.15. 그런데 같은 사도는 이렇게 말했다. "모든 것이 그분께 굴복당하
게 되면 그때는 아드님도 자기에게 모든 것을 굴복시키신 분께 몸소 굴복
하실 것입니다."[119] 행여나 누구라도 그리스도의 처지, 인간 피조물에서 취
해진 처지가 훗날 신성神性으로, 보다 정확하게 표현하면 신격神格[120]▶으로
전환되었다는 생각을 지니지 않도록 하신 말씀이다. 후자는 피조물이 아

---

[118] propter accipientem deum, propter acceptum hominem: 직역하면 "취하는 하느님 때문
에 둘 다 하느님이시고 취해진 사람 때문에 둘 다 사람이시다." acceptus homo는 동방에서는
조심했던 표현이다(cf., Cyrillus Alex., *Epistola* 45: "그분은 사람이 되셨다. 네스토리우스가
생각하는 것처럼 사람을 취한 것이 아니다"). 아우구스티누스는 그런 표현(acceptus, suscep-
tus, assumptus homo 심지어 verbum habens hominem)을 쓰면서도 육화한 말씀의 단일성을
의심치 않는다.

[119] 1코린 15,28.

creatura sed est unitas trinitatis incorporea et incommutabilis, et
sibimet consubstantialis et coaeterna natura. Aut si quisquam con-
tendit, ut aliqui senserunt, ita dictum: *Et ipse filius subiectus erit ei
qui illi subiecit omnia*, ut ipsam subiectionem, commutationem et
conuersionem credat futuram creaturae in ipsam substantiam uel
essentiam creatoris, id est ut quae fuerat substantia creaturae fiat
substantia creatoris, certe uel hoc concedit quod non habet ullam
dubitationem nondum hoc fuisse factum cum dominus diceret: *Pa-
ter maior me est*. Dixit enim hoc non solum antequam ascendisset
in caelum, uerum etiam antequam *passus* resurrexisset *a mortuis*.
Illi autem qui putant humanam in eo naturam in deitatis substan-
tiam mutari atque conuerti, et ita dictum: *Tunc et ipse filius subiec-
tus erit ei qui illi subiecit omnia*, ac si diceretur: '*Tunc et ipse filius
hominis et a uerbo dei suscepta humana natura commutabitur in
eius naturam qui ei subiecit omnia*,' tunc futurum putant *cum* post
diem iudicii *tradiderit regnum deo et patri*. Ac per hoc etiam se-
cundum istam opinionem adhuc *pater maior est* quam *serui forma*
quae *de uirgine* accepta est. Quod si et aliqui hoc affirmant, quod
iam fuerit in dei substantiam mutatus *homo Christus Iesus*, illud
certe negare non possunt quod adhuc natura hominis manebat quan-

---

◀[120] divinitas, ut certius expresserim, deitatem: divinitas(신성)는 humanitas(인간성)와 반
대되는 일반 용어였다. deitas(역자는 '신격'이라고 번역했다)는 그리스도교에서 사용하기 시
작한 용어로서 교부의 저서에서는 신적 실체(divina substantia)와 함께 나오는 일이 많다.
divinitas와 deitas가 병치되는 일도 흔하다. deitas(신격)는 그리스어 θεότης에 해당한다고 설
명한다(『신국론』 7.1).

[121] unitas trinitatis incorporea et incommutabilis, et sibimet consubstantialis et coaeterna
natura: 다른 번역도 가능하다: "[삼위의] 비물체적이고 불변하는 일체이며, 스스로와 실체를
함께하고 함께 영원한 본성[= 사물]이다."

니고 삼위의 일체, [삼위의] 비물체적이고 불변하며 본성상 스스로와 실체를 함께하고 함께 영원한 일체이다.[121] 더러는 그렇게들 생각했지만, "아드님도 자기에게 모든 것을 굴복시키신 분께 몸소 굴복하실 것입니다"라는 구절을 두고 그 굴복이 피조물이 장차 창조주의 실체 혹은 존재 자체로 변화 혹은 전환되는 것으로 믿으라는 말씀이라고 주장할 사람이 있을지도 모른다.[122] 달리 말하면, 피조물의 실체였던 것이 창조주의 실체가 된다는 것이다. 그렇게 생각하는 사람은 적어도, 주님이 "아버지께서는 나보다 크십니다"[123]라는 말씀을 하실 즈음에는 그러한 변화가 아직 일어나지 않았다는 것만은 의심의 여지가 없음을 인정해야 할 것이다. 이 말씀을 하신 것은 '하늘로' 올라가시기 전일 뿐만 아니라 '수난하시고' '죽은 이들 가운데서' 부활하시기도 전이었다. 그분에게 있는 인성人性이 신격神格의 실체로 변하고 전환된다고 생각하는 사람들은 "아드님도 자기에게 모든 것을 굴복시키신 분께 몸소 굴복하실 것입니다"라는 구절이 사람의 아들, 하느님의 말씀이 취하신 인성이 "자기에게 모든 것을 굴복시키신 분"의 본성으로 변하리라는 뜻이라고 여길 것이며, 그 일은 심판의 날 다음에, 곧 "그 나라를 하느님 아버지께 넘겨드릴" 때[124] 일어나리라고 생각할 것이다. 설령 이런 해석을 따르더라도 성부께서는 여전히 동정녀에게서 취하신 '종의 형상'보다는 크시다는 말이 된다. 또 설령 어떤 사람들이 '인간 그리스도 예수'께서 이미 하느님의 실체로 변했으리라고 주장하더라도, 수난 전에 "아버지께서는 나보다 크시다"는 말씀을 하실 즈음에는 아직 인간의 본성이 남아 있었다는 사실은 부정하지 못할 것이다. 그러니 이 말씀이 "종의

---

[122] 그리스 교부 아폴리나리스(Apollinaris, 315~392)의 주장으로 전해 온다(Gregorius Nyssae, *Adversus Apollinarem* 53).

[123] 요한 14,28.

[124] 1코린 15,24.

do ante passionem dicebat: *Quoniam pater maior me est.* Vnde nulla cunctatio est secundum hoc esse dictum quod *forma serui maior est pater,* cui *in forma dei aequalis* est filius.

Nec quisquam cum audierit quod ait apostolus: *Cum autem dixerit quia omnia subiecta sunt, manifestum quia praeter eum qui subiecit illi omnia,* ita existimet de patre intellegendum quod subiecerit omnia filio ut ipsum filium sibi omnia subiecisse non putet. {Quod apostolus ad philippenses ostendit dicens: *Nostra autem conuersatio in caelis est; unde et saluatorem exspectamus dominum Iesum Christum, qui transfigurauit corpus humilitatis nostrae conforme ut fiat corpori gloriae suae, secundum operationem suam qua possit etiam sibi subicere omnia.*} Inseparabilis enim est operatio patris et filii. Alioquin nec ipse pater sibi subiecit omnia, sed filius ei subiecit qui ei regnum tradidit et euacuat *omnem principatum et omnem potestatem et uirtutem.* De filio quippe ista dicta sunt: *Cum tradiderit,* inquit, *regnum deo et patri, cum euacuauerit omnem principatum et omnem potestatem et uirtutem.* Ipse enim subiecit qui euacuat.

16. Nec sic arbitremur Christum traditurum *regnum deo et patri* ut adimat sibi. Nam et hoc quidam uaniloqui crediderunt. Cum enim dicitur: *Tradiderit regnum deo et patri,* non separatur ipse quia simul cum patre *unus deus est.* Sed diuinarum scripturarum

---

[125] 1코린 15,27.

[126] transfiguravit: 대부분의 비판본은 미래 시제 transfigurabit(변화시킬 것이니)를 택하여 번역상의 애로(이 과거 시제는 바로 뒤 문장의 미래 시제와 상충한다는 점)를 피한다.

형상으로는 아버지께서 더 크시다"는 뜻이고 "하느님의 형상으로는 아들이 아버지와 같다"는 뜻이라고 받아들이는 일을 주저할 이유가 전혀 없다.

그런데 사도가 "그러나 모든 것이 굴복당했다고 말할 때 그이에게 모든 것을 굴복시키신 분이 제외된다는 것은 명백합니다"[125]라고 하는 말을 듣고 성부께서 모든 것을 성자에게 굴복시키신 것이므로 성자 친히 모든 것을 당신에게 굴복시키신 것은 아니라고 생각하는 사람이 없기 바란다. (이 점은 사도가 필리피서에서 다음과 같은 말로 입증했다. "우리의 시민권은 하늘에 있습니다. 우리는 주 예수 그리스도께서 거기서 구원자로 오실 것을 고대합니다. 그분은 우리의 비천한 몸을 당신의 영광스러운 몸과 같은 형태로 변화시키셨으니[126] 만물을 당신께 굴복시킬 수 있는 권능으로 하실 것입니다."[127]) 그러니 성부와 성자의 활동은 불가분하다. 그렇지 못하면 성부 친히 모든 것을 당신에게 굴복시키시는 것이 아니고, "모든 지배와 모든 권력과 모든 권세를 없애고 나서" 그 나라를 성부께 넘겨드리시는 성자께서 모든 것을 그분에게 굴복시키시는 셈이 된다. 성자께 대해서는 이런 말씀이 있다. "모든 지배와 모든 권력과 모든 권세를 없애고 나서 그 나라를 하느님 아버지께 넘겨드릴 것입니다."[128] [모든 권세를] 없애시는 바로 그분이 [모든 것을] 굴복시키신다.

성자께서 성부께 나라를 넘겨드린다고 해서 당신 나라를 잃는 것은 아니다

8.16. 여기서도 우리는, 그리스도께서 성부께 나라를 넘겨드리면 그리스도 자신은 나라를 잃게 되는 것으로 여기지 말아야 한다. 이것도 이런저런 허풍쟁이들이 믿던 것이다. "그 나라를 하느님 아버지께 넘겨드릴 것입니다"라는 말씀에서 당신이 제외되는 것은 아니니 당신은 성부와 '한 분의

---

[127] 필리 3,20-21.

[128] 1코린 15,24.

incuriosos et contentionum studiosos fallit uerbum quod positum est, *donec*. Ita namque sequitur: *Oportet enim illum regnare donec ponat omnes inimicos sub pedibus suis*, tamquam cum posuerit non sit regnaturus. Nec intellegunt ita dictum sicut est illud: *Confirmatum est cor eius; non commouebitur donec uideat super inimicos suos*. Non enim cum uiderit, iam *commouebitur*.

Quid ergo est: *Cum tradiderit regnum deo et patri*, quasi modo non habeat regnum deus et pater? Sed quia omnes iustos quibus nunc regnat *ex fide* uiuentibus *mediator dei et hominum homo Christus Iesus* perducturus est ad *speciem* quam uisionem dicit idem apostolus *facie ad faciem*, ita dictum est: *Cum tradiderit regnum deo et patri*, ac si diceretur: 'Cum perduxerit credentes ad contemplationem dei et patris.' Sicut enim dicit: *Omnia mihi tradita sunt a patre meo; et nemo nouit filium nisi pater, neque patrem quis nouit nisi filius et cui uoluerit filius reuelare*; tunc reuelabitur a filio pater *cum euacuauerit omnem principatum et omnem potestatem et uirtutem*, id est ut necessaria non sit dispensatio similitudinum per angelicos principatus et potestates et uirtutes. Ex quarum

---

129 1코린 15,25.

130 시편 112,8. 『성경』: "그의 마음 굳세어 두려워하지 않으리라."

131 ad speciem: species['보이는 것, 형상(形象) ← specio 바라보다]는 이 책에서 '직관'(直觀, species quam visionem dicit) 혹은 '관상'(觀想, contemplatio)과 동의어로 쓰인다. '믿음'과 대당된다. per fidem ambulamus non per speciem: "우리는 믿음으로 살아가지, 보면서 살아가는 것이 아닙니다"(2코린 5,7: 『200주년』); "보이는 것이 아니라 믿음으로 살아갑니다"(『성경』).

132 다음 절(17) 끝까지 교부는 삼위일체의 신비가 인생의 최종에 도달할 신비적 관상의 대상이지, 신앙의 눈에 보이는 교리가 아님을 미리 강조한다.

하느님'이시기 때문이다. 그렇지만 성경을 등한시하는 사람들이나 언쟁을 일삼는 사람들을 속여 넘기는 것은 "… 때까지"라는 단어이다. 뒤이어 나오는 구절에 "실상 그분께서 모든 원수들을 그의 발아래 놓으실 때까지 그는 다스리셔야 합니다"[129]라는 말씀이 있기 때문이다. [저 사람들은 성부께서] 원수들을 그의 발아래 놓으시고 나면 그이는 더 이상 다스리지 못하실 것처럼 [생각한다]. 다음 구절도 그렇지만 이 구절은 그런 식으로 알아들으면 안 된다. "그의 마음 굳세어 흔들리지 않으리라, 자기 적들을 내려다볼 때까지."[130] 자기 적들을 내려다보고 나면 [그의 마음이] 흔들리리라는 그런 뜻이 아니다.

그러면 "그 나라를 하느님 아버지께 넘겨드릴 것입니다"라는 말은 무슨 뜻인가? 하느님 아버지께서 아직 그 나라를 갖고 계시지 못하다는 뜻인가? '하느님과 인간 사이의 중개자 인간 그리스도 예수'께서 지금 '신앙으로' 살아가는 사람들을 다스리고 계시는데 그 모든 의인들을 '형상으로',[131] 사도가 말하는 대로 '얼굴과 얼굴을 마주 보는' 직관으로 인도하시리라는 것이다. 그러니까 "그 나라를 하느님 아버지께 넘겨드릴 것입니다"라는 말은 "믿는 이들을 하느님 아버지를 뵙는 관상으로 인도할 것입니다"라는 말이다.[132] 이것은 이런 말씀과도 같다. "나의 아버지께서는 모든 것을 내게 넘겨주셨습니다. 그래서 아버지가 아니면 아무도 아들을 알아보지 못합니다. 또한 아들과 그리고 아들이 계시해 주려는 사람이 아니면 아무도 아버지를 알아보지 못합니다."[133] 그러므로 "모든 지배와 모든 권력과 모든 권세를 없애고 나서"[134] 성자에 의해서 성부께서 계시되실 것이고 그때는 지배와 권력과 권세의 천사들을 통하는 상징象徵들의 배려가 필요 없다.[135]

---

[133] 마태 11,27: "나의 아버지께서는 모든 것을 내게 전해 주셨습니다"(『200주년』).

[134] 1코린 15,24.

[135] per angelicos principatus et potestates et virtutes: 천사들을 9품으로 나누어, 이 경우 '주품(主品) 천사 · 권품(權品) 천사 · 능품(能品) 천사'라고 칭하는 그리스도교 전통이 있다. 구약의 하느님 현현(顯現)이 천사들을 통해서 이루어졌다는 것이 이 책의 해설이다.

persona non inconuenienter intellegitur dici in cantico canticorum ad sponsam: *Similitudines auri faciemus tibi cum distinctionibus argenti quoadusque rex in recubitu suo est*; id est quoadusque Christus in secreto suo est, quia *uita nostra abscondita est cum Christo in deo. Cum Christus*, inquit, *apparuerit uita uestra, tunc et uos cum ipso apparebitis in gloria.* Quod antequam fiat, *uidemus nunc per speculum in aenigmate*, hoc est in similitudinibus; *tunc autem facie ad faciem.*

17. Haec enim nobis contemplatio promittitur actionum omnium *finis* atque aeterna perfectio gaudiorum. *Filii* enim *dei sumus, et nondum apparuit quod erimus. Scimus quia cum apparuerit, similes ei erimus quoniam uidebimus eum sicuti est.* Quod enim dixit famulo suo Moysi: *Ego sum qui sum. Et dices itaque filiis Israhel: Qui est misit me ad uos*; hoc contemplabimur cum uiuemus in aeternum. Ita quippe ait: *Haec est autem uita aeterna ut cognoscant te unum uerum deum et quem misisti Iesum Christum.* Hoc fiet cum

---

136 아가 1,10-12. 『성경』: "귀걸이 드리워진 그대의 뺨과 목걸이로 꾸며진 그대의 목이 어여쁘구려. 우리가 은구슬 박힌 금줄을 그대에게 만들어 주리. 임금님이 잔칫상에 계시는 동안."

137 라틴어본 성경 아가 1,10-12에 similitudines라는 단어가 나오는 만큼, 성자(임금)께서 계시되지 않고 성부의 품(침상)에 계시는 동안은 천사들이 그분의 상징 역할을 하겠다는 뜻으로 풀이할 수 있겠다는 해설이다.

138 콜로 3,3-4.

139 nunc per speculum in aenigmate … tunc facie ad faciem(1코린 13,12): 이 책에서 교부는 이 구절을 수십 회 인용하면서 삼위일체 신비에 관한 사변적 탐구와 사후의 직관을 대비시킨다.

아가雅歌에서 신부新婦를 두고 하는 말에서 이 상징들을 인격화시켜 알아듣는 것도 부적절한 일은 아니다. "그대에게 우리가 금의 상징물을 만들어 주리라, 은의 세공을 곁들여. 임금님이 당신 침상에 계시는 동안."[136] 다시 말해서 그리스도께서 당신의 비밀 속에 감추어 계시는 동안에는 그렇다는 뜻이다.[137] "우리의 생명은 그리스도와 함께 하느님 안에 숨겨져 있습니다. 여러분의 생명인 그리스도께서 나타나실 그때 여러분도 그분과 함께 영광 속에 나타날 것입니다"[138]라는 말씀이 있기 때문이다. 그 일이 이루어지기 전에 "지금은 우리가 거울을 통해 수수께끼로 보고 있지만", 곧 상징을 통해서 보고 있지만, "그때에는 얼굴과 얼굴을 마주 볼 것입니다."[139]

하느님에 대한 직관은 모든 활동의 궁극 목적으로서 우리에게 언약되어 있다

8.17. [하느님과 얼굴과 얼굴을 마주 보는] 이러한 관상觀想은 모든 활동의 '목적'으로서 우리에게 언약되어 있으며 모든 기쁨의 영원한 완결처럼 약속되어 있다. "이제 우리는 하느님의 자녀들입니다. 그러나 우리가 어떻게 되는지 아직은 드러나지 않았습니다. 그렇지만 드러나게 되면 우리가 그분을 닮게 되리라는 것은 알고 있습니다. 사실 우리는 그분을 있는 그대로 뵈올 것이기 때문입니다."[140] 이것은 당신의 종 모세에게 말씀하신 대로다. "나는 있는 나다. 그러니 너는 이스라엘의 자손들에게 '있는 나께서 나를 너희에게 보내셨다' 하여라."[141] 우리가 영원히 살게 될 때 관상할 것이 이것이다. 바로 그래서 이런 말씀이 있다. "영원한 생명이란 이것입니다. 그들이 오직 한 분, 참된 하느님이신 당신을 알고 또한 당신께서 파견하신 예수 그리스도를 아는 것입니다."[142] 이 일은 주님이 오셔서 "어둠 속에 숨

---

[140] 1요한 3,2.

[141] 탈출 3,14.

[142] 요한 17,3.

uenerit dominus et inluminauerit *occulta tenebrarum*, cum tenebrae mortalitatis huius *corruptionis*que transierint. Tunc erit mane nostrum de quo in psalmo dicitur: *Mane adstabo tibi et contemplabor*. De hac contemplatione intellego dictum: *Cum tradiderit regnum deo et patri*, id est cum perduxerit iustos quibus nunc *ex fide* uiuentibus regnat *mediator dei et hominum homo Christus Iesus* ad contemplationem dei et patris.

Si desipio hic, corrigat me qui melius sapit; mihi aliud non uidetur. Neque enim quaeremus aliud cum ad illius contemplationem peruenerimus, quae nunc non est quamdiu gaudium nostrum *in spe* est. *Spes autem quae uidetur non est spes. Quod enim uidet quis, quid et sperat? Si autem quod non uidemus speramus, per patientiam exspectamus quoadusque rex in recubitu suo est*. Tunc erit quod scriptum est: *Adimplebis me laetitia cum uultu tuo*. Illa laetitia nihil *amplius* requiretur quia nec erit quod *amplius* requiratur. Ostendetur enim nobis pater et sufficiet nobis. Quod bene intellexerat Philippus ut diceret: *Domine, ostende nobis patrem et sufficit nobis*. Sed nondum intellexerat eo quoque modo idipsum se potuisse dicere: '*Domine, ostende nobis* te *et sufficit nobis*.' Vt enim hoc intellegeret, responsum est ei a domino: *Tanto tempore uobiscum sum et non cognouistis me? Philippe, qui me uidit, uidit et pa-*

---

[143] 1코린 4,5.

[144] 시편 5,4. 『성경』: "아침부터 당신께 청을 올리고 애틋이 기다리나이다."

[145] gaudium nostrum in spe. 로마 15,13 참조: "희망의 하느님께서 여러분이 희망에 충만하도록 믿는 일에 여러분을 기쁨과 평화로 가득 채워 주시기를!"

[146] 로마 8,24-25.

[147] 시편 16,11. 『성경』: "당신 면전에서 넘치는 기쁨을, 당신 오른편에서 길이 평안을 누리리이다."

겨진 것"[143]을 밝히실 때 일어나며, 죽음과 '부패의' 그늘이 걷힐 때 일어날 것이다. 그때가 시편에서 노래하는 '우리의 아침'일 것이다. "아침에 당신 앞에 서서 관상하오리이다."[144] 그러므로 나는 "그 나라를 하느님 아버지께 넘겨드릴 것입니다"라는 말은 이 관상을 두고 하는 말로 이해한다. 달리 말하면, '하느님과 인간 사이의 중개자 인간 그리스도 예수'께서 지금 '신앙으로' 살아가는 사람들을 다스리고 계시는데 그 의인들을 하느님 아버지를 뵙는 관상으로 인도하실 때를 가리킨다.

내가 여기서 뭔가 틀렸다면 더 잘 아는 사람이 바로잡아 주기 바란다. 내게는 달리 생각되지 않는다. 그분을 뵙는 관상에 도달하고 나면 우리는 더 이상 무엇을 추구하지 않을 것이다. 지금은 그 관상이 이루어지지 않고 있으니 우리 기쁨이 '희망으로' 그치는 까닭이다.[145] "보이는 희망은 희망이 아닙니다. 보이는 것을 왜 희망합니까? 그러나 우리가 보지 못하는 것을 희망한다면 우리는 참을성 있게 그것을 기다립니다."[146] "임금님이 당신 침상에 계시는 동안", "당신 얼굴로 나를 기쁨으로 채워 주시리이다"[147]라는 말씀이 그때 이루어질 것이다. 저 기쁨은 더 이상 아무것도 찾지 않을 것이니 더 이상 찾을 것이 없는 까닭이다. 성부께서 우리에게 모습을 보이실 것이고 우리로서는 그것이 흡족하리라. 필립보는 이 사실을 잘 알았고, 그래서 "주님, 저희에게 아버지를 보여 주십시오. 그러면 저희가 흡족하겠습니다"[148]라고 했다. 그런데 똑같은 말을 "주님, 저희에게 당신을 보여 주십시오. 그러면 저희가 흡족하겠습니다"라고 말씀드릴 수도 있었다는 점에서 볼 때, 그는 이 점을 제대로 알아듣지 못했던 것 같다. 그것을 알아들으라는 뜻에서 주님은 그에게 이런 말씀을 하셨다. "필립보, 이렇게 오랫동안 내가 여러분과 함께 있었는데 당신은 나를 알지 못합니까? 나를 본 사람은 이미 아버지를 보았습니다."[149] 하지만 그것을 볼 수 있기 전에도

---

[148] 요한 14,8.

[149] 요한 14,9.

trem. Sed quia uolebat eum *ex fide* uiuere antequam illud posset uidere, secutus est et ait: *Non credis quia ego in patre et pater in me? Quamdiu* enim *sumus in corpore, peregrinamur a Domino. Per fidem enim ambulamus, non per speciem.* Contemplatio quippe merces est fidei, cui mercedi per fidem corda mundantur, sicut scriptum est: *Mundans fide corda eorum.* Probatur autem quod illi contemplationi corda mundentur illa maxime sententia: *Beati mundicordes quoniam ipsi deum uidebunt.* Et quia *haec est uita aeterna,* dicit deus in psalmis: *Longitudinem dierum replebo eum, et ostendam illi salutare meum.* Siue ergo audiamus: '*Ostende nobis* filium,' siue audiamus: *Ostende nobis patrem,* tantumdem ualet quia neuter sine altero potest ostendi. *Vnum* quippe sunt, sicut ait: *Ego et pater unum sumus.* Denique propter ipsam inseparabilitatem sufficienter aliquando nominatur uel pater solus uel filius solus adimpleturus nos *laetitia cum uultu* suo.

18. Nec inde separatur utriusque spiritus, id est *patris* et *filii spiritus,* qui spiritus sanctus proprie dicitur, *spiritus ueritatis quem hic mundum accipere non potest.* Hoc est enim *plenum gaudium* nostrum quo *amplius non est,* frui trinitate deo *ad* cuius *imaginem facti*

---

[150] 요한 14,10.

[151] 2코린 5,6-7. per fidem non per speciem: 앞의 각주 131 참조.

[152] 사도 15,9.

[153] 성경도, 아우구스티누스도 '마음'(cor)은 지성이 자리 잡는 곳으로 여긴다.

[154] 마태 5,8.

그가 신앙으로 살아가기 바라셨으므로 이어서 이런 말씀을 하셨다. "내가 아버지 안에 있고 아버지께서 내 안에 계시다는 것을 당신은 믿지 않습니까?"[150] "이 몸 안에 눌러 사는 동안에는 우리가 주님으로부터 떠나 살고 있다는 것입니다. 우리는 믿음으로 살아가지, 형상으로 살아가는 것이 아닙니다."[151] 그러니까 관상은 신앙에 대한 상급이다. "믿음으로 그들의 마음을 깨끗하게 하신다"[152]는 성경 말씀처럼, 그 상급을 받게끔 신앙으로 마음이 정화되는 것이다.[153] 저러한 관상에 알맞게 마음이 정화된다는 사실은 특히, "복되어라, 마음이 깨끗한 사람들! 그들은 하느님을 뵙게 되리니"[154]라는 유명한 성경 구절에서 입증된다. 또 바로 "이것이 영원한 생명이니"[155] 시편에 "내가 그를 오래 살게 하여 흡족게 하고 내 구원을 그에게 보여 주리라"[156]는 말씀대로다. 우리가 "저희에게 아드님을 보여 주십시오"라는 말을 듣든 "저희에게 아버지를 보여 주십시오"라는 말을 듣든 상관없으니 두 분 중 누구도 다른 분 없이는 보여 줄 수 없는 까닭이다. 하나이시기 때문이니 "나와 아버지는 하나입니다"[157]라는 말씀대로다. 바로 이 불가분不可分 때문에 때로는 성부만 언명되고 때로는 성자만 언급되어도 [어느 분이든] "당신 얼굴로 우리를 기쁨으로 채워 주실"[158] 것이다.

성부와 성자로부터 분리될 수 없으니 성령만으로도 우리 행복에 흡족하다

8.18. 성령 또한 두 분으로부터 분리되지 않으신다. 다시 말해서 그분은 '성부와 성자의 영'이시고 그래서 고유하게 성령이라 일컬으시며, "진리의 영이시므로 세상은 그분을 받아들일 수가 없다".[159] 바로 이것이 우리의 '충만한 기쁨'이고 그보다 '더한 기쁨은 없다'. 우리가 모상을 타고난 삼위일체 하느님을 향유하는 그 일 말이다. 바로 그런 이유로 어떤 때는 성령

---

155 요한 17,3.

156 시편 91,16.

157 요한 10,30.

158 시편 16,11 참조.

159 요한 14,17.

sumus. Propter hoc aliquando ita loquitur de spiritu sancto tamquam solus ipse sufficiat ad beatitudinem nostram; et ideo solus sufficit quia separari a patre et filio non potest, sicut pater solus *sufficit* quia separari a filio et spiritu sancto non potest, et filius ideo sufficit solus quia separari a patre et spiritu sancto non potest. Quid enim sibi uult quod ait: *Si diligitis me, mandata mea seruate, et ego rogabo patrem, et alium aduocatum dabit uobis ut uobiscum sit in aeternum, spiritum ueritatis quem hic mundus accipere non potest*, id est dilectores mundi? *Animalis enim homo non percipit quae sunt spiritus dei.*

Sed adhuc uideri potest ideo dictum: *Et ego rogabo patrem, et alium aduocatum dabit uobis*, quasi non sufficiat solus filius. Illo autem loco ita de illo dictum est tamquam solus omnino sufficiat: *Cum uenerit ille spiritus ueritatis, docebit uos omnem ueritatem.* Numquid ergo separatur hinc filius tamquam ipse non doceat *omnem ueritatem*, aut quasi hoc impleat spiritus sanctus quod minus potuit docere filius? Dicant ergo, si placet, maiorem esse filio spiritum sanctum quem minorem illo solent dicere. An quia non dictum est: 'Ipse solus,' aut: 'Nemo nisi ipse' *uos docebit omnem ueritatem*, ideo permittunt ut cum illo docere credatur et filius? Apostolus ergo separauit filium ab sciendis his *quae dei sunt* ubi ait: *Sic et*

---

¹⁶⁰ 요한 14,15-17.

¹⁶¹ 1코린 2,14(『200주년』: '자연적 인간'). 교부는 이 성경 구절을 전집에서 수십 회 인용하는데 ψυχικὸς ἄνθρωπος의 번역어인 이 용어는 '육적인 인간'과 동의어이고(carnalis homo vel animalis: *De diversis quaestionibus 83*, 67.5) '영적인 인간'의 반대말이다(maior dicitur homo carnalis et minor dicitur homo spiritalis: *Enarrationes in Psalmos* 136.18).

만으로 우리 행복에 흡족한 것처럼 말하기도 한다. 그분 혼자서 [우리 행복에] 흡족한 까닭이 그분이 성부와 성자로부터 분리될 수 없는 분이기 때문이다. 성부 혼자서 흡족한 것도 그분이 성자와 성령으로부터 분리되지 못하시는 까닭이고, 또 성자 혼자서 흡족한 이유도 그분이 성부와 성령으로부터 분리되지 못하시는 까닭이다. 그러니 다음 말씀이 무엇을 이야기하고자 하겠는가? "여러분이 나를 사랑하면 내 계명을 지킬 것입니다. 그리고 나는 아버지께 청하겠습니다. 그러면 아버지께서는 다른 협조자를 여러분에게 보내 주실 것입니다. 그리하여 그분은 영원히 여러분과 함께 계실 것입니다. 그분은 진리의 영이십니다. 세상은 그분을 받아들일 수가 없습니다."[160] '세상'이란 세상을 향락하는 사람들 아니겠는가? "동물적 인간은 하느님 영의 것들을 받아들이지 않습니다."[161]

그러나 아직도 "나는 아버지께 청하겠습니다. 그러면 아버지께서는 다른 협조자를 여러분에게 보내 주실 것입니다"라는 말씀이 있어서 성자 혼자로서는 [우리의 행복에] 흡족하지 못한 것처럼 보이기도 한다. 그렇지만 성령에 관하여 말씀하시는 다른 구절을 보면 "그분 곧 진리의 영이 오시면 여러분에게 모든 진리를 가르치실 것입니다"[162]라고 되어 있어 [성령] 혼자로도 넉넉한 것처럼 들린다. 그렇다면 성자께서 여기서 따로 분리되시고 성자 친히 '모든 진리를' 가르치실 수는 없다는 말일까? 아니면 성자께서 더 못 가르치시고 그것을 성령이 보충하셔야 한다는 뜻인가? 그렇다면 저 사람들은 평소에 성령이 성자보다 작다고 말해 온 터였는데, 그럴 마음이 내킨다면, 이제는 성령께서 성자보다 더 크다고 말해 보시라! 그렇지 않고 '그분 혼자서' '여러분에게 모든 진리를 가르치실 것입니다'라는 말씀이 없다는 점에서나 '그분 외에는 아무도' ["여러분에게 모든 진리를 가르치지 않으실 것입니다"]라는 말씀이 없는 이상, 그분과 더불어 성자께서도 [진

---

[162] 요한 16,13. 『200주년』: "그분 곧 진리의 영이 오시면 여러분을 모든 진리 안에 인도하실 것입니다."

quae dei sunt nemo scit nisi spiritus dei! ut iam isti peruersi possint ex hoc dicere quod et filium non doceat *quae dei sunt nisi spiritus sanctus,* tamquam maior minorem; cui filius ipse tantum tribuit ut diceret: *Quia haec locutus sum uobis, tristitia cor uestrum impleuit. Sed ego ueritatem dico: expedit uobis ut ego eam; nam si non abiero, aduocatus non ueniet ad uos.*

IX 18. Hoc autem dixit non propter inaequalitatem uerbi dei et spiritus sancti, sed tamquam impedimento esset praesentia filii hominis apud eos quominus ueniret ille qui minor non esset quia non *semetipsum exinaniuit* sicut filius *formam serui accipiens.*

Oportebat ergo ut auferretur *ab oculis eorum forma serui* quam intuentes hoc solum esse Christum putabant quod uidebant. Inde est et illud quod ait: *Si diligeretis me, gauderetis quoniam eo ad patrem, quia pater maior me est,* id est propterea me oportet ire *ad patrem* quia dum me ita uidetis, et ex hoc quod uidetis aestimatis

---

[163] 1코린 2,10-11: "하느님의 것들도 하느님이 영이 아니고서는 아무도 알지 못합니다."

[164] 요한 16,6-7.

[165] propter inaequalitatem: 우리말로 aequalitas는 '동등'(同等)으로 표기되는데 부정어 '부동'(不同)이든 '부등'(不等)이든 '서로 같지 않음'을 뜻한다.

리를] 가르치신다고 믿어야 한다고 수긍할 것인가? 또 "하느님의 것들은 하느님이 영이 아니고서는 아무도 알지 못합니다"[163]라는 말을 사도가 했으니 사도가 '하느님의 것을 아는 일'에서 성자를 제외시키기라도 했다는 말인가? 그래서 아마 저 비뚤어진 사람들이 이 말씀에 근거해서, 하느님의 성령이 아니고서는 알 수 없는 '하느님의 것'을 마치 큰이가 작은이를 가르치듯이 성령께서 성자도 가르치시는 것이 아니냐고 우기는 것인지도 모르겠다. 성자 친히 다음과 같은 말씀으로 그분에게 대단한 몫을 돌리셨기 때문이다. "내가 이것을 여러분에게 말했기 때문에 여러분의 마음이 슬픔으로 가득 찼습니다. 그러나 나는 여러분에게 진리를 말합니다. 내가 떠나가는 것이 여러분에게 이롭습니다. 내가 떠나가지 않으면 협조자가 여러분에게 오시지 않겠기 때문입니다."[164]

한 위격에 관해서 말하는 내용은 때때로 모든 위격들에 해당한다

9.18. 이 말씀을 하신 것은 하느님의 말씀과 성령 사이의 부동不同[165] 때문이 아니다. 다만 사람의 아들의 [지상] 현존이 성령 강림에 방해가 된다는 투였을 뿐이다. 성령은 결코 더 작은 분이 아니니 성령은 성자처럼 "자신을 비우시고 종이 형상을 취하신"[166] 일이 없기 때문이다.

그러므로[167] '그들의 눈에서 종의 형상을' 걷어 없앨 필요가 있었다. 그 형상을 바라보면서 자기들이 뵙는 분이 그리스도일 뿐이라고 여기고 있었기 때문이다. 그래서 이런 유명한 말씀이 있다. "여러분이 나를 사랑하고 있다면 오히려 내가 아버지께로 가는 것을 기뻐했을 것입니다. 그것은 아버지께서 나보다 크시기 때문입니다."[168] 다시 말해서 "내가 아버지께 갈 필요가 있다. 지금은 너희가 나를 보듯이, 그리고 너희가 보는 것으로 미

---

[166] 필리 2,7. 성령이 자신보다 작아진 일도 없고 다른 두 위보다 작아진 일도 없다.

[167] 마우루스 회본(editio Maurinorum = PL)에 따르면 여기서 9장(IX)이 시작한다.

[168] 요한 14,28.

minor sum *patre*, atque ita circa creaturam susceptumque habitum occupati aequalitatem quam cum patre habeo non intellegitis. Inde est et illud: *Noli me tangere; nondum enim ascendi ad patrem meum.* Tactus enim tamquam finem facit notionis. Ideoque nolebat in eo esse finem intenti cordis in se ut hoc quod uidebatur tantummodo putaretur. Ascensio autem *ad patrem* erat ita uideri sicut *aequalis* est *patri* ut ibi esset finis uisionis quae *sufficit nobis*. Aliquando item de filio solo dicitur quod ipse sufficiat et in eius uisione *mer-ces tota* promittitur dilectionis et desiderii nostri. Sic enim ait: *Qui habet mandata mea et custodit ea, ille est qui me diligit. Qui autem me diligit, diligetur a patre meo; et ego diligam eum et ostendam me ipsum illi.*

Numquid hic quia non dixit: 'Ostendam illi et patrem' ideo separauit patrem? Sed quia uerum est: *Ego et pater unum sumus*, cum pater ostenditur, et filius ostenditur qui in illo est; et cum filius ostenditur, etiam pater ostenditur qui in illo est. Sicut ergo cum ait: *Et ostendam illi me ipsum*, intellegitur quia ostendit et patrem, ita et in eo quod dicitur: *Cum tradiderit regnum deo et patri*, intellegitur quia non adimit sibi. Quoniam cum perducet credentes ad contemplationem dei et patris, profecto perducet ad contemplationem

---

169 circa susceptumque habitum: 말씀이 인성을 취하신 신비를 설명하는 범주. 필리 2,7 (similitudinem hominum factus)에 대해서는, "옷을 입었다고 몸이 변하지 않듯 인성을 취함으로써 말씀이 변한 것이 아니고 취함이 취해진 것을 취한 분에게 결합시켰다"(non mutatum esse uerbum susceptione hominis ⋯ illa susceptio ineffabiliter susceptum suscipienti copu-lauerit)라고 해석한다(*De diversis quaestionibus 83*, 73.2).

170 요한 20,17.

171 tactus finem facit notionis: "탐색은 그 대상을 직접 만져 보는 것으로 종결된다"(Hill, Mellet, Arias). 다른 번역: "만짐은 어느 면에서 우리 인식의 한계를 나타낸다"(Beschin).

루어서는 너희는 내가 '아버지보다 작다'고 생각한다. 피조물과 내가 취한 처지에[169] [너희가] 사로잡혀 내가 아버지와 갖는 동등을 너희가 깨닫지 못한다"는 뜻이다. "나를 만지지 마시오. 내가 내 아버지께로 올라가지 않았기 때문입니다"[170]라는 구절도 그렇다. 만짐은 알아 가는 [과정을] 마무리 짓는다.[171] 따라서 당신에게 열중하던 마음이 그 만짐에서 끝나 [눈에] 보이는 것이 전부라고 여겨짐을 바라지 않으셨다. 그 대신 '아버지께' 올라가심은 아버지와 동등하심을 보여 주고 우리를 흡족하게 하는 직관의 끝마침이 거기 있음을 보여 준다.[172] 때로 [성경은] 성자께 대해서만 말하면서도 그분으로 흡족하고 우리 사랑과 동경의 '모든 상급'이 그분을 뵙는 데에 언약되어 있는 것처럼 말한다. 그래서 이런 말씀이 있다. "내 계명들을 받아서 그것들을 지키는 그 사람은 나를 사랑하는 사람입니다. 나를 사랑하는 사람은 내 아버지로부터 사랑을 받게 될 것이고 나도 그를 사랑할 것이며 내 자신을 그에게 드러내 보이겠습니다."[173]

그러면 이 구절에서 "아버지를 그에게 드러내 보이겠습니다"라는 말씀을 안 하셨으니까 성부를 배제했다는 말인가? "나와 아버지는 하나입니다"[174]라는 말씀이 참이므로 성부께서 드러나시면 그분 안에 계시는 성자도 드러나신다. 또 성자께서 드러나시면 그분 안에 계시는 성부께서도 드러나신다. 따라서 "내 자신을 그에게 드러내 보이겠습니다"라는 말씀은 성부도 드러내 보이시겠다는 말씀으로 알아들으며, "그 나라를 하느님 아버지께 넘겨드릴 것입니다"라는 말씀도 그것 때문에 당신의 나라를 잃는다는 뜻은 아니라고 알아든는다. 왜냐하면 믿는 이들을 하느님 아버지를 뵙는 관상으로 인도할 때는 또한 당신을 뵙는 관상으로 인도하실 것이기 때

---

[172] 요한 14,8 참조: "주님, 저희에게 아버지를 보여 주십시오. 그러면 저희가 흡족하겠습니다."

[173] 요한 14,21.

[174] 요한 10,30.

suam qui dixit: *Et ostendam illi me ipsum.* Et ideo consequenter cum dixisset illi Iudas: *Domine, quid factum est quia ostensurus es te nobis et non huic mundo? respondit Iesus et dixit illi: Si quis me diligit, sermonem meum seruabit; et pater meus diliget illum, et ad illum ueniemus et mansionem apud illum faciemus.* Ecce quia non solum se ipsum ostendit ei a quo diligitur, quia simul cum patre uenit ad eum *et mansionem* facit *apud eum.*

19. An forte putabitur mansionem in dilectore suo facientibus patre et filio exclusus esse ab hac mansione spiritus sanctus? Quid est ergo quod superius ait de spiritu sancto: *Quem hic mundus accipere non potest quoniam non uidet illum; nostis illum uos quia uobiscum manet et in uobis est?* Non itaque ab hac mansione separatus est de quo dictum est, *uobiscum manet et in uobis est.* Nisi forte quisquam sic absurdus est ut arbitretur cum pater et filius uenerint ut mansionem faciat apud dilectorem suum, discessurum inde spiritum sanctum et tamquam locum daturum esse maioribus. Sed et huic carnali cogitationi occurrit scriptura; paulo quippe superius ait: *Et ego rogabo patrem, et alium aduocatum dabit uobis ut uobiscum sit in aeternum.* Non ergo discedet patre et filio uenientibus, sed in

---

[175] 요한 14,22-23.

[176] mansionem facit apud eum: 직역하면 '그 사람에게 거처를 정하다'가 된다.

[177] 요한 14,17.

[178] carnalis cogitatio: '물체적 사고방식' 또는 '자구적 해석 방식'을 가리켜 교부가 자주 쓰는 어법이다.

문이니, 이는 "내 자신을 그에게 드러내 보이겠습니다"라고 [분명히] 말씀하신 까닭이다. 그래서 유다가 그분께 "주님, 저희에게는 당신 자신을 드러내 보이시고 세상에는 그렇게 하지 않으시겠다니 어떻게 된 일입니까?"라고 여쭈었을 때, 예수께서 대답하여 그에게 하신 말씀이 있다. "만일 누가 나를 사랑한다면 내 말을 지킬 것입니다. 그러면 내 아버지께서도 그를 사랑하시겠고 우리는 그에게로 가서 그와 함께 살 것입니다."[175] 보시라. 당신을 사랑하는 사람에게 당신만 드러내 보이시는 것이 아니니 아버지와 함께 그에게 가서 "그와 함께 사실 것"[176]이기 때문이다.

삼위일체 전부가 우리 안에 머무신다

9.19. 혹시 성부와 성자께서 당신을 사랑하는 사람에게 거처를 정한다고 했으니 성령은 이 거처에서 배제된 것일까? 그러면 앞에서 성령을 두고 한 이런 말씀은 어찌 되는가? "세상은 그분을 본 적도 없고 알지도 못하기 때문에 받아들일 수가 없습니다. 그러나 여러분은 그분을 알고 있습니다. 그것은 그분이 여러분과 함께 머무시고 또 여러분 안에서 계시기 때문입니다."[177] 성령을 두고 "그분이 여러분과 함께 머무시고 또 여러분 안에서 계십니다"라고 말씀하시는 한, 그분은 이 거처에서 배제되지 않으신다. 혹시 성부와 성자께서 당신을 사랑하는 사람에게로 와서 함께 머무실 때 성령께서는 떠나실 텐데, 그때 마치 더 훌륭한 분들에게 하듯이 자리를 내어 드릴지 모른다는 생각을 할 만큼 우스운 사람이 있을지도 모르겠다. 하지만 이런 육적인 생각[178]에 맞서는 성경 말씀이 또 있다. "나는 아버지께 청하겠습니다. 그러면 아버지께서는 다른 협조자를 여러분에게 보내 주실 것입니다. 그리하여 그분은 영원히 여러분과 함께 계실 것입니다"[179]라는 말씀이 바로 앞에 나온다. 그러므로 성부와 성자께서 오신다고 해서 성령

---

[179] 요한 14,16.

eadem mansione cum ipsis erit *in aeternum* quia nec ille sine ipsis uenit nec illi sine illo. Sed propter insinuationem trinitatis personis etiam singulis nominatis dicuntur quaedam; non tamen aliis separatis intelleguntur propter eiusdem trinitatis unitatem unamque substantiam atque deitatem patris et filii et spiritus sancti.

X 20. Tradet itaque *regnum deo et patri* dominus noster Iesus Christus, non se inde separato nec spiritu sancto, quoniam perducet credentes ad contemplationem dei ubi est *finis* omnium bonarum actionum et requies sempiterna et *gaudium* quod *non auferetur* a nobis. Hoc enim significat in eo quod ait: *Iterum uidebo uos, et gaudebit cor uestrum, et gaudium uestrum nemo auferet a uobis.* Huius gaudii similitudinem praesignabat Maria *sedens ad pedes domini* et *intenta in uerbum eius*, quieta scilicet ab omni actione et intenta in ueritatem secundum quendam modum cuius capax est ista uita, quo tamen praefiguraret illud quod futurum est in aeternum. Martha quippe sorore sua in necessitatis actione conuersante quamuis bona et utili, tamen cum requies successerit transitura, ipsa requiescebat in uerbo domini. Et ideo dominus conquerenti Marthae quod eam soror non adiuuaret respondit: *Maria optimam partem elegit quae non auferetur ab ea.* Non partem malam dixit quod agebat Martha,

---

180 propter eiusdem trinitatis unitatem unamque substantiam atque deitatem patris et filiii et spiritus sancti: 바로 앞의 문장과 함께(propter … propter …) 이 책의 핵심 논제다.

181 이 책의 목적이 삼위일체에 대한 사변적 탐구에만 있지 않고 독자들을 하느님 관상의 신비경으로 인도하는 데에도 있음을 밝힌다(이 책 12권과 13권에서 재론함).

이 물러가시는 것은 아니고 그분들과 같이 함께 '영원히' 머무실 것이니, 성령이 그분들 없이 오시지도 않고 그분들이 성령 없이 오시지도 않는 까닭이다. 하지만 삼위일체를 지칭하는 사유로 어떤 것들은 각각의 위位께 별다른 명칭을 드려 일컫는다. 그렇더라도 동일한 삼위의 일체로 말미암아, 성부와 성자와 성령의 단일한 실체와 신격神格으로 말미암아,[180] 다른 위격들을 배제하는 것으로 알아들을 일은 아니다.

하느님에 대한 관상

10.20. 여하튼 우리 주 예수 그리스도께서는 "하느님 아버지께 나라를 넘겨드릴" 것이나, 그렇다고 해서 당신이나 성령이 거기서 배제되는 것은 아니니 "믿는 이들을 하느님 아버지를 뵙는 관상으로 인도할 것이다". 거기에 모든 선한 행동의 목적이 있고 영원한 안식이 있으며 "아무도 우리에게서 빼앗지 못할 기쁨"이 있다.[181] "내가 다시 여러분을 보게 되면 여러분의 마음이 기뻐하게 될 것입니다. 그리고 여러분의 그 기쁨을 아무도 여러분에게서 빼앗지 못합니다"[182]라는 말씀이 바로 그런 뜻이다. 이 기쁨의 상징을 예표豫表한 이가 "주님의 발치에 앉아 그 말씀을 듣고 있던" 마리아였다. 그 여자는 모든 활동에서 고요히 놓여나서, 현세 생활이 받아들일 만한 범위 내에서 진리에 정신을 쏟았고, 그것으로 장차 영원히 이루어질 처지를 예표했다. 자매 마르타가 [마땅히 해야] 할 일 — 물론 선하고 유익하다 — 에 종사하고 있지만 [언젠가는] 안식을 취해야 할 터인데, 마리아는 아예 주님의 말씀에서 안식을 취하고 있었던 것이다. 그래서 동생이 자기를 돕지 않는다고 불평하는 마르타한테 주님이 "마리아는 제일 좋은 몫을 택했고 그것을 빼앗기지 않을 것입니다"라고 대답하신 것이다.[183] 마르타

---

[182] 요한 16,22.

[183] 루카 10,38-42 참조.

sed istam *optimam quae non auferetur*. Illa enim quae in ministerio indigentiae est, cum indigentia ipsa transierit, auferetur. Boni quippe operis transituri merces est requies permansura. In illa igitur contemplatione *deus* erit *omnia in omnibus* quia nihil ab illo aliud requiretur, sed solo ipso inlustrari perfruique sufficiet.

Ideoque ille in quo *spiritus interpellat gemitibus inenarrabilibus: Vnam*, inquit, *petii a domino, hanc requiram, ut inhabitem in domo domini per omnes dies uitae meae, ut contempler delectationem domini.* Contemplabimur enim deum patrem et filium et spiritum sanctum *cum mediator dei et hominum homo Christus Iesus tradiderit regnum deo et patri* ut iam non *interpellet pro nobis mediator* et *sacerdos* noster, *filius dei* et *filius hominis*; sed et ipse in quantum *sacerdos* est, assumpta propter nos *forma serui, subiectus* sit *ei qui illi subiecit omnia* et cui *subiecit omnia*; ut in quantum *deus* est cum illo nos subiectos habeat, in quantum *sacerdos* nobiscum *illi subiectus* sit. Quapropter cum filius sit et *deus* et *homo*, alia substantia *deus*, alia *homo*, homo potius in filio quam filius in patre; sicut caro animae meae alia substantia est ad animam meam quamuis in uno homine quam anima alterius hominis ad animam meam.

---

[184] 1코린 15,28.   [185] 로마 8,26.

[186] 시편 27,4. 『성경』: "주님의 아름다움을 우러러보고 그분 궁전을 눈여겨보는 것이라네."

[187] contemplabimur deum patrem et filium et spiritum sanctum: '하느님 아버지'와 '하느님 아들'과 '하느님 성령'(1.5.8 각주 60 참조)이라는 표현에 의거하여 "'하느님 아버지'와 '아들'과 '성령'을 관상하리라"라고 읽어야 할 듯하다.

[188] alia substantia deus, alia homo, homo potius in filio quam filius in patre: Mountain이 채택한 이 독해는 substantia vel essentia라는 등식을 전제하더라도, 오해의 소지가 많다("다른 실체로 하느님이시고 다른 실체로 사람이시다"라는 번역도 가능하지만). 다른 독해(alia substantia homo potius in filio quam filius in patre: Mellet/Arias/Hill)에 따르면 "실체[존재]가 다른 것은 성자가 성부 안에서라기보다는 사람[인성]이 성자[말씀] 안에서라고 [해야 한다]."

가 하고 있던 몫을 나쁘다고 하신 것이 아니라, [마리아가] "제일 좋은 몫을 택했고 그것을 빼앗기지 않을 것이다"라고 하셨을 따름이다. 마르타가 하고 있던 저 몫은 아쉬울 경우에 섬기는 일이고 그 아쉬움이 지나가면 빼앗길 일이다. 그러나 지나가 버리는 선행의 상급은 길이 남는 안식이다. 그러니까 저 관상에서는 "하느님께서 모든 것 안에서 모든 것이 되어"[184] 더는 무엇을 바라는 일도 없이 하느님께 비추임 받고 하느님을 향유하는 일로 넉넉할 것이다.

어떤 사람 속에서 "영 자신이 말로 표현할 수 없는 탄식으로 중개해 주시면"[185] 그는 이렇게 말하리라. "주님께 청하는 것이 하나 있어 나 그것을 얻고자 하니 나 한평생 주님의 집에 살며 주님의 기쁨을 관상하는 것이로다."[186] 그러므로 "하느님과 인간 사이의 중개자 인간 그리스도 예수께서" "그 나라를 하느님 아버지께 넘겨드릴" 때는 우리가 하느님 성부와 성자와 성령을 관상할 것이며,[187] '하느님의 아들'이시고 '사람의 아들'이신 분, 우리 중개자요 사제이신 분이 "우리를 위하여 중개하시는" 일이 더는 없을 것이다. 그분은 사제로서는 '종의 형상을 취한' 점에서, "모든 것을 그의 발 아래 굴복시키신 분에게 몸소 굴복하실 것이다". 하느님으로서는 당신에게 굴복시켜 주신 우리를 그분과 더불어 차지하실 것이고, 사제로서는 우리와 더불어 당신이 그분께 굴복하실 것이다. 성자께서 하느님이자 사람이시므로 하느님이라는 실체 다르고 사람이라는 실체 다르다.[188] 다만 [이 차이는] 성자가 성부 안에서 지니는 차이라기보다는 사람이 성자 안에서 지니는 차이라 하겠다. 이것은 다른 사람의 영혼이 내 영혼에 대해서 [다른 실체라고 하는] 차이보다는, 비록 한 인간 안에 있다고 할지라도, 내 영혼의 육신이 내 영혼에 대해서 다른 실체라는 [차이에 견줄 수 있겠다].[189]

---

[189] 이 후속문으로 미루어 보더라도, 각주 188의 후반부 alia substantia homo potius … 독해가 더 맞다.

21. *Cum* ergo *tradiderit regnum deo et patri*, id est cum credentes et uiuentes *ex fide* pro quibus *nunc mediator interpellat* perduxerit ad contemplationem cui percipiendae suspiramus et *gemimus, et transierit labor et gemitus*, iam non interpellabit *pro nobis* tradito regno *deo et patri*. Hoc significans ait: *Haec uobis locutus sum in similitudinibus; ueniet hora quando iam non in similitudinibus loquar uobis, sed manifeste de patre nuntiabo uobis*; id est iam non erunt similitudines cum uisio fuerit *facie ad faciem*. Hoc est enim quod ait, *sed manifeste de patre nuntiabo uobis*, ac si diceret, 'manifeste patrem ostendam uobis.' *Nuntiabo* quippe ait quia uerbum eius est. Sequitur enim et dicit: *Illa die in nomine meo petetis, et non dico uobis quia ego rogabo patrem; ipse enim pater amat uos quia uos me amatis et credidistis quia ego a deo exiui. Exiui a patre et ueni in hunc mundum: iterum relinquo mundum et uado ad patrem.*

Quid est, *a patre exii*, nisi 'non in ea forma qua *aequalis* sum *patri* sed aliter, id est in assumpta creatura *minor* apparui'? Et quid est, *ueni in hunc mundum*, nisi *'formam serui* quam me exinaniens accepi etiam peccatorum qui mundum istum diligunt oculis demonstraui'? Et quid est, *iterum relinquo mundum*, nisi 'ab aspectu dilectorum mundi aufero quod uiderunt'? Et quid est, *uado ad pat-*

---

¹⁹⁰ 이사 35,10 참조.

¹⁹¹ 요한 16,25.

¹⁹² 요한 16,26-28.

10.21. [성자께서는] "그 나라를 하느님 아버지께 넘겨드리신 다음", 그러니까 '신앙으로' 믿고 사는 사람들, 지금 당신이 '그들을 위하여 중개하시는' 사람들을 관상으로 인도하고 나면, 우리가 그것을 얻으려고 그토록 신음하며 열망하던 바가 이루어지고 "슬픔과 탄식이 사라질"[190] 테니까, "그 나라를 하느님 아버지께 넘겨드리신" 이상 더는 우리를 위하여 중개하지 않으실 것이다. [다음 인용은] 바로 그런 뜻으로 하신 말씀이다. "나는 여러분에게 이것들을 수수께끼 같은 비유들로 말했습니다. 그러나 내가 더 이상 여러분에게 수수께끼 같은 비유들로 말하지 않고 아버지에 대해서 분명하게 알려 줄 시간이 오고 있습니다."[191] 다시 말해서 '얼굴과 얼굴을 맞대고' 보는 직관이 오면 '수수께끼'는 더 이상 없을 것이다. "아버지에 대해서 여러분에게 분명하게 알려 주겠다"고 하신 말씀은 "여러분에게 아버지를 보여 주겠다"는 말씀 그대로다. '알려 주겠다'고 하신 까닭은 당신이 그분의 말씀이기 때문이다. 그래서 이런 구절이 따라 나온다. "그날에 여러분은 내 이름으로 청할 것입니다. 내가 여러분에 관해서 아버지께 청하겠노라고 여러분에게 말하는 것은 아닙니다. 아버지께서 친히 여러분을 사랑하시기 때문입니다. 그것은 여러분이 나를 사랑했고 내가 하느님으로부터 떠나왔다는 것을 믿었기 때문입니다. 나는 아버지께로부터 떠나와서 이 세상에 왔다가 다시 세상을 떠나 아버지께로 갑니다."[192]

"아버지께로부터 떠나왔다"는 말씀은 '내가 성부와 동등한' 그 형상으로 오지 않고 다른 모습으로 왔다는 뜻이 아니고 무엇이겠는가? 내가 피조물을 취하여 더 작은 모습으로 나타났다는 말씀 아니고 무엇이겠는가? "이 세상에 왔다"는 말씀은 나를 비우고 종의 형상을 취했고, 이 세상을 사랑하는 죄인들의 눈에도 그것을 보여 주었다는 뜻이 아니고 무엇이겠는가? "다시 세상을 떠난다"는 말씀은 "세상을 사랑하는 사람들의 면전에서 그들이 보던 모습을 치워 없앤다"는 것이 아니고 무엇이겠는가? "내가 아버

rem, nisi 'doceo me sic intellegendum a fidelibus meis quomodo *aequalis* sum *patri*'? Hoc qui credunt digni habebuntur perduci a fide ad *speciem*, id est ad ipsam uisionem, quo perducens dictus est tradere *regnum deo et patri*. Fideles quippe eius quos redemit *sanguine suo* dicti sunt regnum eius pro quibus *nunc interpellat*; tunc autem illic eos sibi faciens inhaerere ubi *aequalis* est *patri*, non iam rogabit patrem pro eis. *Ipse enim*, inquit, *pater amat uos*. Ex hoc enim rogat quo *minor* est *patre*; quo uero *aequalis* exaudit cum patre. Vnde se ab eo quod dixit: *Ipse enim pater amat uos*, utique ipse non separat; sed secundum ea facit intellegi quae supra commemoraui satisque insinuaui, plerumque ita nominari unamquamque in trinitate personam ut et aliae illic intellegantur. Sic itaque dictum est: *Ipse enim pater amat uos*, ut consequenter intellegatur et filius et spiritus sanctus; non quia modo nos non amat *qui proprio filio non pepercit sed pro nobis omnibus tradidit eum*; sed tales nos amat deus quales futuri sumus, non quales sumus. Quales enim amat, tales *in aeternum* conseruat, quod tunc erit *cum tradiderit regnum deo et patri qui nunc interpellat pro nobis*, ut iam non roget patrem quia *ipse pater amat* nos. Quo autem merito nisi fidei qua credimus antequam illud quod promittitur uideamus? Per hanc

---

[193] 이 책 1.9.19 끝 부분 참조.

[194] 로마 8,32.

[195] tales nos amat deus quales futuri sumus, non quales sumus: 하느님이 인간을 사랑하심은 현재의 인간 모습보다도 그리스도께서 하느님 아버지께 나라["그분이 당신 피로 구속하신 신자들을 그분의 '나라'라고도 부르며"]를 넘겨드릴 그 시점의 인간 모습이다.

[196] quales enim amat, tales in aeternum conservat: 앞의 문장을 보충하여, "우리 스스로 완성한 모습을 하느님이 사랑하시기보다는, 당신이 은총으로 사랑하시는 그대로의 우리 모습을 영원히 보전하신다"(문단 끝 문장 참조).

지께로 간다”는 말씀은 나를 믿는 사람들한테 내가 어떻게 아버지와 동등한지를 알아듣게 가르치겠다는 뜻이 아니고 무엇이겠는가? 이것을 믿는 사람들은 믿음에서 형상으로, 즉 “하느님 아버지께 나라를 넘겨드린다”고 하신 분이 데려가 주실 그 직관으로 인도될 자격이 있다. 그분이 당신 피로 구속救贖하신 신자들을 그분의 ‘나라’라고도 부르며 지금은 그들을 위하여 중개하고 계시다. 그러나 아버지와 동등하신 그곳에서는 그들을 당신에게 귀의歸依시키실 터이므로 더는 그들을 위하여 아버지께 무엇을 청하지 않으실 것이다. 당신의 말씀처럼 “아버지께서 친히 여러분을 사랑하시기 때문이다”. ‘아버지보다 작은’ 처지에서 아버지께 청하시고, 아버지와 ‘동등한’ 처지에서는 아버지와 함께 청을 들어주신다. “아버지께서 친히 여러분을 사랑하신다”는 말씀에서 당신을 빼놓으시는 것도 아니다. 이 말씀은 내가 앞에서 언급한 것으로 충분히 암시했지만[193] 삼위일체에서 한 위격이 언명될 적마다 다른 위격들이 내포된다는 뜻으로 알아들어야 한다. 그래서 “아버지께서 친히 여러분을 사랑하신다”는 말씀은 성자도 성령도 사랑하신다는 의미로 이해되어야 한다. “당신의 친아드님을 아끼지 않으시고 오히려 우리 모두를 위해 그분을 넘겨주신 분”[194]이 지금 우리를 사랑하지 않을 수 없다는 뜻만이 아니다. 그분이 우리를 사랑하시는 것은 현재의 우리로서가 아니라 미래의 우리로서다.[195] 당신이 사랑하시는 모습으로 우리를 ‘영원히’ 보존하신다.[196] “우리를 위해 중개까지 하시는 분이 하느님 아버지께 나라를 넘겨드릴” 그 시점에 이런 일이 이루어질 것이다. 그때는 “아버지께서 친히 우리를 사랑하시므로” 당신이 우리를 위하여 더는 중개할 필요가 없다. 믿음이 있어 우리는 약속된 바를 보기 전에도 믿는데, 이 믿음이 공덕이 아니면 무엇이 공덕이겠는가? 이 믿음 덕분에 우리는 ‘형상’에 도달할 것이다.[197] 그분은 우리에게서 우리가 그렇게 되어 당

---

[197] 삼위일체 신비에 대한 깨달음이 형상 아닌 믿음을 통해(per fidem non per speciem: 각주 131) 믿음에서 형상으로(a fide ad speciem) 혹은 믿음을 통해 형상으로(per fidem ad speciem) 발전한다.

enim peruenimus ad *speciem* ut tales amet quales amat ut simus, non quales odit quia sumus, et hortatur ac praestat ne tales esse semper uelimus.

XI 22. Quapropter cognita ista regula intellegendarum scripturarum de filio dei ut distinguamus quid in eis sonet secundum *formam dei* in qua est et *aequalis* est *patri*, et quid secundum *formam serui* quam accepit et *minor* est *patre*, non conturbabimur tamquam contrariis ac repugnantibus inter se sanctorum librorum sententiis. Nam secundum *formam dei aequalis* est *patri* et filius et spiritus sanctus quia neuter eorum creatura est sicut iam ostendimus; secundum *formam* autem *serui minor* est *patre* quia ipse dixit: *Pater maior me est*; minor est se ipso quia de illo dictum est: *Semetipsum exinaniuit*; minor est spiritu sancto quia ipse ait: *Qui dixerit blasphemiam in filium hominis, remittetur ei; qui autem dixerit in spiritum sanctum, non dimittetur ei*. Et in ipso uirtutes operatus est dicens: *Si ego in spiritu dei eicio daemonia, certe superuenit super uos regnum dei*. Et apud Esaiam dicit, quam lectionem ipse in synagoga recitauit et de se completam sine scrupulo dubitationis os-

---

¹⁹⁸ ut tales amet quales amat ut simus: 의역하면 '우리를 사랑하심은 우리가 장차 그런 모습, 당신이 사랑하실 만한 모습이 되게 만드시기 위함이다'.

¹⁹⁹ non quales odit quia sumus … ne tales esse semper velimus: 앞 문장과 더불어 인간을 의화하는 하느님의 은총(ut amet, amat, non odit, praestat)과 인간의 존재 양상(ut simus, quia sumus, ne esse velimus)을 관계 형용사(tales … quales)로 절묘하게 엮은 명문장이다.

²⁰⁰ 이 책 1.6.9와 1.6.13 참조.

²⁰¹ 필리 2,7.

신이 사랑할 만한 모습이 될 수 있도록 지금 우리를 사랑하고 계시다.[198] 우리가 지금 이러저러한 인간이라고 해서 그 모습을 미워하시는 일이 없고, 단지 우리가 늘 그런 모습으로 남아 있으려고 해서는 안 된다고 충고하시고 보우하실 따름이다.[199]

성자가 성부와 같다거나 성부보다 더 작다는 성경 말씀을 알아듣는 준거

11.22. 그러므로 하느님의 아들에 관한 성경 구절들을 이해하는 준거準據를 이해하고 나면, 그 가운데 성부와 동등하게 되는 '하느님의 형상'에 의거해서 말하는 구절이 어느 구절이고, 그분이 취하여 그분이 성부보다 작은 '종의 형상'에 의거해서 말하는 구절이 어느 구절인지 구분하기에 이른다. 그래야만 성경의 구절들이 상호 모순되고 대립하는 것처럼 당황하는 일이 없을 것이다. 왜냐하면 성자도 하느님의 형상에 따라서는 '성부와 동등하시고' 성령도 마찬가지이니, 두 분 가운데 누구도 피조물이 아니시기 때문이다. 이 점은 이미 논증했다.[200] 그 대신 종의 형상에 따라서는 성부보다 작으시니 당신 친히 "아버지께서 나보다 크십니다"라고 하신 말씀이 있고, 당신이 자기 자신보다도 작다는 말도 하겠으니 그분을 두고 "자신을 비우셨다"[201]는 말씀도 있다. 성령보다도 작으시니 친히 "인자人子를 거역하여 말을 하는 사람은 용서받을 것입니다. 그러나 성령을 거역하여 말하는 사람은 용서받지 못할 것입니다"[202] 하고 말씀하신 까닭이다. 또 그분이 성령에 힘입어 능력을 행사하셨고, "내가 하느님의 영으로 귀신들을 쫓아내고 있으니 실로 하느님의 나라는 여러분에게 왔습니다"[203]라고 말씀하셨다. 또 회당에서는 몸소 이사야서를 낭독하시고 나서, 이사야에 의거해서, 그것이 당신에게서 이루어졌다고 조금도 주저하는 기색 없이 단언하셨다.

---

[202] 마태 12,32.

[203] 루카 11,20. '하느님의 영으로'(in spiritu dei: vetus Itala)는 주로 '하느님의 손가락으로'(in digito dei: Vulgata)라고 읽힌다.

tendit: *Spiritus*, inquit, *domini super me; propter quod unxit me, euangelizare pauperibus misit me, praedicare captiuis remissionem*, et cetera; ad quae facienda ideo se dicit missum quia *spiritus domini* est super eum. Secundum *formam dei omnia per ipsum facta sunt*; secundum *formam serui* ipse factus est *ex muliere*, factus *sub lege*. Secundum *formam dei* ipse *et pater unum* sunt; secundum *formam serui* non uenit facere uoluntatem suam *sed uoluntatem eius qui misit* eum. Secundum *formam dei sicut habet pater uitam in semetipso, sic dedit et filio uitam habere in semetipso*; secundum *formam serui tristis est anima* eius *usque ad mortem*, et: *Pater*, inquit, *si fieri potest, transeat hic calix*. Secundum formam dei *ipse est uerum deus et uita aeterna*; secundum *formam serui factus est obediens usque ad mortem, mortem autem crucis.*

23. Secundum *formam dei, omnia quae habet pater* ipsius sunt: *Et omnia tua mea sunt*, inquit, *et mea tua*; secundum *formam serui* non est doctrina ipsius *sed illius qui* eum *misit*.

XII. Et: *De die et hora nemo scit neque angeli in caelo neque filius nisi pater*. Hoc enim nescit quod nescientes facit, id est quod

---

[204] 루카 4,18(이사 61,1).

[205] 갈라 4,4.

[206] 요한 5,26.

[207] 마태 26,38-39.

[208] 필리 2,8.

[209] 요한 16,15.

[210] 요한 17,10.

[211] 요한 7,16 참조.

"주님의 영이 내게 내리셨으니, 주께서 내게 기름을 부으셨기 때문이로다. 주께서 나를 보내셨으니, 가난한 이들에게 복음을 전하고 포로들에게는 사함을 알리기 위함이로다."[204] '주님의 영'이 당신 위에 내리셨기 때문에 당신이 보냄을 받으셨다는 말씀이다. 하느님의 형상에 따라서는 "모든 것이 그분으로 말미암아 생겨났고", 종의 형상에 따라서는 친히 "한 여인에게서 태어나 율법 아래 놓이셨다".[205] 하느님의 형상에 따르면, "당신과 아버지는 하나"이시고, 종의 형상에 따르면, 당신의 뜻을 행하러 오신 것이 아니고 "당신을 보내신 분의 뜻을 이루려고" 오신 분이다. 하느님의 형상에 따르면, "아버지께서 자기 자신 안에 생명을 가지고 계신 것처럼 그렇게 아들에게도 생명을 주셔서 그 안에 생명을 가지게 하셨다".[206] 그리고 종의 형상에 따르면, 당신의 "영혼이 죽도록 근심에 싸여 있다"고 하시고, "아버지, 가능하다면 이 잔을 내게서 비켜 주소서"라고 말씀드렸다.[207] 하느님의 형상에 따라서는 당신이 곧 "참되신 하느님이시며 영원한 생명이시고", 종의 형상에 따라서는 "죽음, 곧 십자가의 죽음에 이르기까지 순종하셨다".[208]

11.23. '하느님의 형상'에 따라서는 "아버지께서 가지고 계신 것은 모두" 그분의 것이며,[209] "제 것은 모두 당신 것이요 당신 것은 제 것입니다"[210]라고 말씀하신다. 그리고 '종의 형상'에 따라서는 당신의 가르침이 따로 없고 오로지 "당신을 보내신 분의 것"이 있을 따름이다.[211]

성자는 심판의 날을 모른다. 그 시점에 제자들에게 알리기로 작정하실 만큼 당신이 알지 못하신다는 뜻이다

12. 그리고 "그날과 그 시간에 대해서는 아무도 모릅니다. 아버지가 아니고서는 하늘에 있는 천사들이나 아들까지도 모릅니다"[212]라는 말씀이 있

---

[212] 마르 13,32.

non ita sciebat ut tunc discipulis indicaret, sicut dictum est ad Abraham: *Nunc cognoui quia times deum*, id est nunc feci ut cognosceres, quia et ipse sibi in illa temptatione probatus innotuit. Nam et illud utique dicturus erat discipulis tempore opportuno, de quo futuro tamquam praeterito loquens ait: *Iam non dicam uos seruos sed amicos. Seruus enim nescit uoluntatem domini sui; uos autem dixi amicos quia omnia quae audiui a patre meo nota uobis feci*; quod nondum fecerat, sed quia certo facturus erat quasi iam fecisset locutus est. Ipsis enim ait: *Multa habeo uobis dicere, sed non potestis illa portare modo*. Inter quae intellegitur et: *De die et hora*. Nam et apostolus: *Neque enim iudicaui me*, inquit, *scire aliquid in uobis nisi Christum Iesum et hunc crucifixum*. Eis enim loquebatur qui capere altiora de Christi deitate non poterant. Quibus etiam paulo post dicit: *Non potui loqui uobis quasi spiritalibus sed quasi carnalibus*. Hoc ergo inter illos nesciebat quod per illum scire non poterant. Et hoc solum se scire dicebat quod eos per illum scire oportebat. Denique sciebat *inter perfectos* quod inter paruulos nesciebat; ibi quippe ait: *Sapientiam loquimur inter perfectos*. Eo namque genere locutionis nescire quisque dicitur quod occultat quo dicitur fossa caeca quae occulta est. Neque enim aliquo genere loquuntur

---

213 '하느님의 형상'으로서 다 알고 계시지만 차마 말해 줄 수 없다는 어감을 준다.

214 창세 22,12.

215 요한 15,15.

216 요한 16,12.

217 1코린 2,2.

218 1코린 3,1. hominibus spiritalibus ⋯ carnalibus는 앞의 각주 161 참조.

219 1코린 2,6.

다. 당신이 모르신다는 것은 [남들이] 알지 못하게 하신다는 뜻이고, 말하자면 그 시점에 제자들에게 알려야 할지를 알지 못하신다는 뜻이다.[213] 아브라함에게 하신 말씀과 비슷하다. "네가 하느님을 경외하는 줄을 이제 내가 알았다."[214] 다시 말해서, 이제 너로 하여금 알게 내가 만들었다. 저 시련 중에 시험을 받고 나서 그 사람도 자기를 알게 되었다. 적당한 때가 오면 그 말씀도 제자들에게 하실 작정이었다. 다가올 일에 대해서, 마치 지나간 일을 이야기하듯 하시는 말씀이 있다. "나는 여러분을 더 이상 종들이라고 부르지 않겠습니다. 종은 자기 주인이 무엇을 하는지 모르기 때문입니다. 오히려 나는 여러분을 친구들이라고 불렀습니다. 내가 아버지에게 들은 것을 모두 여러분에게 알려 주었기 때문입니다."[215] 아직은 하시지 않았지만 당신이 분명히 하실 일이어서 벌써 하신 것처럼 말씀하셨다. 같은 제자들에게 "내가 여러분에게 말할 것이 아직도 많지만 여러분이 지금은 감당할 수가 없습니다"[216]라는 말씀은 그 때문에 나왔다. "그날과 시간에 대한" 것도 [아직도 할 말이 많은] 그중에 들어 있다고 알아듣는다. 사도도 "나는 여러분 가운데서 예수 그리스도, 그것도 이분을 십자가에 처형되신 분으로밖에는 알지 않기로 작정했기 때문입니다"[217]라는 말을 한다. 사도는 그리스도의 신격神格에 관한 심오한 것들을 받아들일 능력이 없는 사람들에게 말을 걸고 있었다. 실상 조금 뒤를 보면 그들에게 이렇게 말한다. "여러분에게 영적 인간들에게처럼 말할 수 없었고 오히려 육적 인간들에게처럼 말할 수밖에 없었습니다."[218] 자기 입을 통해서는 그들이 알아들을 능력이 없는 사안이어서 그들 사이에 있으면서는 자기도 몰랐다는 셈 친다. 자기 입으로 그들이 알아야 마땅한 것만 자기도 안다고 말한 셈이다. 그래서 어린아이들 가운데 있으면서는 자기가 모르던 바를, 완전한 사람들 가운데 있으면서는 자기가 안다고 한 것이다. "그러나 우리는 완전한 사람들 가운데서는 물론 지혜를 말합니다"[219]라는 말씀이 바로 그런 뜻이다. 숨기려는 것이면 아예 모른다고 말하는 어법이 있고, 못 보게 해 놓은 도랑을 아예 '눈먼 도랑'이라고 부르는 일과 흡사하다.[220] 성경 역시 어디까

scripturae quod in consuetudine humana non inueniatur quia utique *hominibus* loquuntur.

24. Secundum *formam dei* dictum est: *Ante omnes colles genuit me*, id est *ante omnes* altitudines creaturarum, et: *Ante luciferum genui te*, id est ante omnia tempora et temporalia; secundum *formam* autem *serui* dictum est: *Dominus creauit me in principio uiarum suarum*. Quia secundum *formam dei* dixit: *Ego sum ueritas*, et secundum *formam serui: Ego sum uia*. Quia enim ipse *est primogenitus a mortuis*, iter fecit ecclesiae suae ad regnum dei ad uitam aeternam, cui *caput est* ad immortalitatem etiam corporis, ideo creatus est *in principio uiarum* dei *in opera* eius. Secundum *formam* enim *dei principium* est *quod et* loquitur nobis, *in* quo *principio fecit deus caelum et terram*; secundum *formam* autem *serui: Sponsus procedens de thalamo suo*. Secundum *formam dei: Primogenitus omnis creaturae, et ipse est ante omnes et omnia in illo constant*; secundum *formam serui: Ipse est caput corporis ecclesiae*. Secun-

---

[220] fossa caeca: 암거(暗渠)란 집터나 정원에 나 있는 도랑이 눈에 띄지 않게 하려고 관목으로 덮이게 만든 것이다.

[221] 잠언 8,25. 『성경』: "산들이 자리 잡히기 전에, 언덕들이 생기기 전에 나는 태어났노라."

[222] 시편 110,3. 『성경』: "거룩한 치장 속에 새벽의 품에서부터 젊음의 이슬이 당신의 것."

[223] 잠언 8,22. 히브리본은 "주님께서 당신 길의 맞이로 나를 차지하셨도다, 그 옛날 당신의 행업 이전에". 원래 영원하신 말씀을 일컫는 것으로 해석되는 구절이므로 '종의 형상'에는 적절한 인용이 아니다.

[224] 요한 14,6 참조: "나는 길이요 진리요 생명입니다."

지나 인간들을 상대로 말을 하기 때문에 인간 관습에서 발견되는 어법 아닌 다른 어법은 사용하지 않는다.

성경에서 그리스도에 관하여 말하면서 하느님의 형상으로는 다른 어법을, 종의 형상으로는 다른 어법을 쓴다

12.24. '하느님의 형상'에 따라서는 이런 말씀이 있다. "모든 언덕이 생기기 전에 나를 낳으셨다."[221] 즉 창조계의 모든 높낮이가 생기기 전이라는 말이다. 그리고 "새벽이 오기 전에 내가 너를 낳았노라"[222]는 말씀도 있다. 즉, 모든 시간과 시간적 사물에 앞선다는 말이다. 그 대신 '종의 형상'에 따라서는 "주님께서 당신 길의 한처음에 나를 지으셨도다".[223] '하느님의 형상'으로는 "나는 진리다"라고 하시고 '종의 형상'으로는 "나는 길이다"라고 하신다.[224] 당신은 "죽은 이들 가운데서 맏이시니" 당신의 교회를 위하여 하느님의 나라에 이르고 영원한 생명에 이르는 길을 만들어 주셨고, 육신의 불사불멸에 이르는 길에서도 "당신 교회의 머리이시니"[225] 하느님의 "길의 한처음에, 당신 행업으로" 창조되셨다. '하느님의 형상'으로는 "한처음에 하느님께서 하늘과 땅을 창조하셨다"[226]라고 우리에게 말씀을 건네시는 바로 그 '한처음'이시다.[227] 그런데 '종의 형상'으로는 "자기 신방에서 나오는 신랑 같다".[228] '하느님의 형상'으로는 "모든 피조물의 맏이"시고 "또한 그분은 만물에 앞서 계시고 만물은 그분 안에서 존속한다". 그리고 '종의 형상'으로는 "그분은 몸의 머리, 교회의 머리이시다."[229]▶ '하느님의 형

---

[225] 콜로 1,18: "그분은 몸의 머리, 교회의 머리시로다. 또한 그분은 시작이시며 죽은 이들 가운데서 맏이시니 이로써 그분이 만물 가운데 첫째가 되시기 위함이로다."

[226] 창세 1,1.

[227] 요한 8,25의 불가타역(principium qui et loquor vobis)은 "당신은 누구요?"라는 물음에 "지금 너희에게 말을 건네고 있는 한처음이다"라고 옮겨진다. 교부는 『요한 복음 강해』(*Tractatus in Ioannis Evangelium*)에서 상론한다(tr. 38).

[228] 시편 19,6. 교부는 『시편 상해』(*Enarrationes in Psalmos*)에서 동정 수태와 성자의 육화를 시사하는 구절로 수차 주석한다(e.g., *op.cit.* 18.1.6; 44.3; 90.2.5; 126.6).

dum *formam dei dominus gloriae*. Vnde manifestum est quod ipse glorificet sanctos suos. *Quos* enim *praedestinauit, ipsos et uocauit; et quos uocauit, ipsos et iustificauit; quos autem iustificauit, ipsos et glorificauit*. De illo quippe dictum est quod *iustificet impium*; de illo dictum est quod *sit iustus et iustificans*. Si ergo *quos iustificauit, ipsos et glorificauit*, qui iustificat ipse et glorificat, qui est, ut dixi, *dominus gloriae*. Secundum *formam* tamen *serui* satagentibus discipulis de glorificatione sua respondit: *Sedere ad dexteram meam aut ad sinistram non est meum dare uobis, sed quibus paratum est a patre meo*.

25. Quod autem *paratum est a patre* eius et ab ipso filio paratum est quia ipse *et pater unum* sunt. Iam enim ostendimus in hac trinitate per multos locutionum diuinarum modos etiam de singulis dici quod omnium est propter inseparabilem operationem *unius eiusdemque substantiae*. Sicut et de spiritu sancto dicit: *Cum ego iero, mittam illum ad uos*. Non dixit, 'mittemus,' sed ita quasi tantum filius eum missurus esset, non et pater; cum alio loco dicat: *Haec locutus sum uobis apud uos manens; aduocatus autem ille spiritus sanctus quem mittet pater in nomine meo, ille uobis declarabit om-*

◄229 콜로 1,15-18 참조.　　230 1코린 2,8.　　231 로마 8,30.

232 로마 4,5.　　233 로마 3,26.

234 마태 20,23. 『200주년』: "내 아버지에 의해서 정해진 사람들에게 돌아갈 것입니다."

235 이 책 1.4.7-5.8 참조. 실체(實體)로부터 우유적 범주들이 발생하므로 삼위일체가 한 '실체'(una eademque substantia)이면 삼위의 활동(operatio)도 불가분하다.

상'으로는 "영광의 주님"이시다.[230] 그러니 당신의 성도들을 영광스럽게 하실 것임이 분명하다. "그분은 예정하신 이들을 또한 부르셨고, 부르신 이들을 또한 의롭게 하셨으며, 의롭게 하신 이들을 또한 영광스럽게 하셨습니다."[231] "불경한 자를 의롭게 하시는 분"[232]이라는 말도 그분을 두고 한 것이고, "당신 자신이 의로우시면서 또한 의롭게 하신다"[233]는 말도 그분을 두고 하는 것이다. 의롭게 하신 이들과 영광스럽게 하신 이들이 동일하다면, 의롭게 하시는 이와 영광스럽게 하신 이도 동일하며, 내가 말한 대로 그분이 곧 "영광의 주님"이시다. 그러나 '종의 형상'으로는 자기들이 입을 영광을 두고 고심하는 제자들에게 "내 오른편과 왼편에 앉는 그 일은 내가 해 줄 수 있는 게 아니고 내 아버지에 의해서 마련된 사람들에게 돌아갈 것입니다"[234]라고 대답하셨다.

선택된 이들에게 성자 친히 영광을 마련하신다

12.25. 당신의 아버지께서 마련하신 것은 또한 성자 친히 마련하신 것이기도 하니, 당신과 아버지는 하나이시기 때문이다. 우리는 이 삼위일체를 통해, '하나요 동일한 실체의' 불가분한 활동이라는 점에서 모두에게 해당하는 바를 개별자에 대해서도 서술하고 있다는 사실을 성경의 다양한 어법을 통해서 이미 보여 주었다.[235] 성령에 관해서 "내가 가면 여러분에게 그분을 보내겠습니다"[236]라는 말씀이 나올 때도 그렇다. "우리가 보내겠습니다"라고 하시지 않았고, 마치 성부께서는 보내시지 않고 성자께서만 보내실 듯 말씀을 하셨다. 그러나 다른 데서는 "여러분과 함께 있는 동안 나는 이것들을 여러분에게 말했습니다. 협조자, 곧 아버지께서 내 이름으로 보내 주실 성령께서 모든 것을 여러분에게 가르쳐 주실 것이고 내가 여러분에게 말한 모든 것을 상기시켜 주실 것입니다"[237]라고 하신다. 이 구절을

---

[236] 요한 16,7.

[237] 요한 14,25-26.

nia. Hic rursus ita dictum est quasi non eum missurus esset et filius sed tantum pater. Sicut ergo ista ita et illud quod ait, *sed quibus paratum est a patre meo*; cum patre se intellegi uoluit parare sedes gloriae quibus uellet. Sed dicit aliquis: 'Illic cum de spiritu sancto loqueretur, ita se missurum ait ut non negaret patrem missurum, et alio loco ita patrem ut non negaret se missurum; hic uero aperte ait: *Non est meum dare*, atque ita secutus a patre dixit ista praeparata.' Sed hoc est quod praestruximus secundum *formam serui* dictum, ut ita intellegeremus: *Non est meum dare uobis*, ac si diceretur: 'Non est humanae potestatis hoc dare,' ut per illud intellegatur hoc dare per quod *deus* et *aequalis* est *patri*. *Non est meum*, inquit, *dare*, id est non humana potestate ista do, *sed quibus paratum est a patre meo*; sed iam tu intellege quia si *omnia quae habet pater mea sunt*, et hoc utique meum est, et cum patre ista paraui.

26. Nam et illud quaero quomodo dictum sit: *Si quis non audit uerba mea, ego non iudicabo illum*. Fortassis enim ita hoc dixit, *ego non iudicabo illum*, quemadmodum ibi, *non est meum dare*. Sed quid hic sequitur? *Non enim ueni*, inquit, *ut iudicem mundum*,

---

보면 성자도 그분을 보내시지 않고 성부께서만 보내시는 것처럼 이야기한다. 여기서 하는 말은 "내 아버지에 의해서 마련된"이라는 구절에서도 같은 뜻으로 [알아들을 만하다]. 당신이 원하는 사람들에게 자리를 마련하시는데, 당신이 아버지와 함께 마련하신다는 뜻으로 알아듣기 바라신 것이다. 하지만 혹자는 이렇게도 말할 것이다. "저기서는 성령에 관해서 하는 말이며 당신이 성령을 보내시겠다고 하지만 성부께서 보내시리라는 것을 부인하지는 않는다. 다른 대목에서는 아버지께서 [성령을] 보내시리라는 말씀인데 당신도 보내시리라는 것을 부인하지 않는다. 그렇지만 여기서는 '내가 해 줄 수 있는 게 아니다'라고 분명하게 말씀하시고 뒤이어 그것이 아버지에 의해서 마련된다고 하셨다." 하지만 이 주장은 그동안 우리가 줄곧 배제해 온 입장이기도 하다. 이 [구절은] '종의 형상'에 따라서 하신 말씀이고, "내가 해 줄 수 있는 게 아니다"라는 구절은 "이것을 해 주는 것은 인간 권한이 아니다"라는 말씀으로 알아들을 만하다. 이것을 해 주는 일은 하느님이시고 '성부와 같은 분'이라는 관점에서 하신 말씀으로 알아들어야 한다. "내가 해 줄 수 있는 게 아니다"라는 말씀은 내가 인간 권한으로 주는 것이 아니라고, "내 아버지에 의해서 마련된" 것이라고 하시는 셈이다. 하지만 "아버지께서 가지고 계신 것은 모두 내 것입니다"[238]라고 하신 이상, 이것도 내 것이며 내가 아버지와 함께 마련한 것이라는 말씀으로 알아듣도록 하라!

어떻게 성자께서는 심판하지 않으시면서도 심판하신다는 말인가

12.26. 그런데 "누가 내 말을 듣고 지키지 않는다 해도 내가 그를 심판하지는 않습니다"[239]라는 저 말씀은 어떻게 나왔는지 묻고 싶다. 혹시 "내가 그를 심판하지는 않습니다"라는 말씀은 "이것은 내가 해 줄 수 있는 게 아니다"라는 뜻이 아닌지 모르겠다. 하지만 뒤따라 나오는 구절은 웬 말인

---

[239] 이하 요한 12,47-50 참조.

sed ut saluum faciam mundum. Deinde adiungit et dicit: *Qui me spernit et non accipit uerba mea, habet qui se iudicet.* Hic iam intellegeremus patrem nisi adiungeret et diceret: *Verbum quod locutus sum, ipsum iudicabit illum in nouissima die.* Quid igitur iam nec filius iudicabit quia dixit: *Ego non iudicabo illum*, nec pater, sed *uerbum quod locutus* est filius? Immo audi adhuc quod sequitur: *Quia ego*, inquit, *non ex me locutus sum, sed ille qui me misit pater, ille mandatum mihi dedit quid dicam et quid loquar; et scio quia mandatum eius uita aeterna est. Quae ego loquor, ita ut dixit mihi pater, sic loquor.* Si ergo non iudicat filius sed *uerbum quod locutus* est filius, ideo autem iudicat *uerbum quod locutus* est filius quia non ex se locutus est filius, *sed qui misit* eum *pater mandatum ei dedit* quid dicat et quid loquatur. Pater utique iudicat cuius *uerbum* est *quod locutus* est filius, atque *ipsum* uerbum patris idem ipse est filius. Non enim aliud est mandatum patris, aliud uerbum patris; nam et uerbum hoc appellauit et mandatum.

Videamus ergo ne forte quod ait, *Ego non ex me locutus sum*, hoc intellegi uoluerit, '*Ego non ex me* natus *sum.*' Si enim uerbum patris loquitur, se ipsum loquitur quia ipse est uerbum patris. Plerumque enim dicit: *Dedit mihi pater*, in quo uult intellegi quod eum genuerit pater, ut non tamquam iam exsistenti et non habenti dede-

---

가? "나는 세상을 심판하러 온 것이 아니라 세상을 구원하러 왔기 때문입니다." 그다음 이렇게 덧붙여 말씀하신다. "나를 물리치고 내 말들을 받아들이지 않는 사람에게는 그를 심판할 분이 따로 있습니다." 곧이어 "내가 말한 그 말이 마지막 날에 그를 심판할 것입니다"라는 구절이 따라붙지 않았더라면 우리는 아마 ['심판하실 분'은] 성부를 가리키는 말씀으로 이해했을 것이다. "내가 그를 심판하지는 않습니다"라고 했으니 성자도 심판하시지 않고 성부도 심판하시지 않는데, 성자가 "말한 그 말이 그를 심판할 것입니다"라고 했으니 [대체] 어찌 된 일인가? 뒤이어 나오는 구절을 더 들어보시라! "그것은 내가 스스로 말한 것이 아니라, 나를 보내신 아버지께서 친히 내가 무엇을 말하고 무엇을 이야기할 것인지 나에게 명령하셨기 때문입니다. 그리고 나는 그분의 명령이 영원한 생명이라는 것도 알고 있습니다. 그러므로 내가 말하는 것은 아버지께서 내게 말씀하신 그대로 말하는 것입니다." 성자가 심판하지 않고 성자가 "말한 그 말이 심판한다면", 그리고 성자가 "말한 그 말이 심판한다면", 그것은 성자가 스스로 말한 것이 아니라 그를 보내신 아버지께서 무엇을 말하고 무엇을 이야기할 것인지 그에게 명령하셨기 때문이다. 그렇다면 성자가 한 말씀이 성부의 말씀이므로 성부께서 심판하시는데, 성부의 말씀도 심판하니 동일한 그 말씀이 곧 성자이기 때문이다. 성부의 명령 다르고 성부의 말씀 다르고 하지 않다. 같은 대상을 '말씀'이라고도 일컬으시고 '명령'이라고도 일컬으신 까닭이다.

그러므로 "내가 스스로 말한 것이 아니다"라는 말씀이 혹시 여기서 "나는 스스로 태어난 것이 아니다"라는 뜻으로 알아듣기 바라셨는지 살펴보기로 하자.[240] 그분이 아버지의 말씀을 이야기한다면 당신 스스로를 이야기하는 셈이니, 당신이 곧 성부의 말씀이기 때문이다. 그분은 "아버지께서 나에게 주셨다"는 말씀을 자주 하시는데, 그 말씀을 성부께서 당신을 낳으셨다는 것으로 알아듣기 바란다. ['아버지께서 주셨다'는 말씀은] 당신은 이미 존재하면서도 무엇을 갖지 못하여 가지라고 주셨다는 뜻으로 알아들

rit aliquid, sed ipsum dedisse ut haberet, genuisse est ut esset. Non enim sicut creatura ita *dei filius* ante *incarnationem* et ante assumptam creaturam, *unigenitus per quem facta sunt omnia*, aliud est et aliud habet, sed hoc ipsum est quod est id quod habet. Quod illo loco manifestius dicitur si quis ad capiendum sit idoneus ubi ait: *Sicut habet pater uitam in semetipso, ita dedit filio habere uitam in semetipso.* Neque enim iam exsistenti et uitam non habenti dedit ut haberet *uitam in semetipso*, cum eo ipso quod est uita sit. Hoc est ergo, *dedit filio habere uitam in semetipso*, genuit filium esse incommutabilem uitam, quod est *uita aeterna.* Cum ergo *uerbum dei* sit *filius dei,* et *filius dei* sit *uerus deus et uita aeterna* sicut in epistula sua dicit Iohannes, etiam hic quid aliud agnoscimus cum dicit dominus: *Verbum quod locutus sum, ipsum iudicabit eum in nouissima die?* Et ipsum uerbum patris uerbum esse dicit et mandatum patris ipsumque mandatum uitam aeternam. *Et scio,* inquit, *quia mandatum eius uita aeterna est.*

27. Quaero itaque quomodo intellegamus: *Ego non iudicabo,* sed *uerbum quod locutus sum iudicabit,* quod ex consequentibus appa-

---

[241] ipsum dedisse ut haberet, genuisse est ut esset: 또는 '존재하게 낳으셨다는 것 자체가 무엇을 가지도록 주셨다는 것이다'. 창조가 존재 및 작용과 가지는 관계를 규정한다.

[242] aliud est et aliud habet, sed hoc ipsum est quod est id quod habet: 절대자에게는 존재와 소유가 동일하다.

[243] 요한 5,26.

[244] cum eo ipso quod est vita sit: 신성에게는 존재와 생명이 동일하다(15.5.7: vita in deo ipsa est essentia).

[245] '아들이 불변하는 생명으로 존재하게, 즉 영원한 생명으로 존재하게 낳으셨다'는 번역이 더 정확할 것이다.

을 것이 아니다. 무엇을 갖도록 주셨다는 것 자체가 존재하게 낳으셨다는 것이다.[241] 하느님의 아들은 육화 이전에, 그리고 피조물을 취하기 전에 [하느님의] '외아들'이요 "그분으로 말미암아 모든 것이 생겨났다". 그리고 [하느님 아들은] 피조물과 같지 않아서 존재 다르고 소유 다르고 하는 분이 아니다. 그분이 존재하는 것이 그분이 소유하는 바로 그것이다.[242] 제대로 알아들을 만한 처지에 있다면 하는 말이지만, "아버지께서 자기 자신 안에 생명을 가지고 계신 것처럼 그렇게 아들에게도 생명을 주셔서 그 안에 생명을 가지게 하셨습니다"[243]라는 저 구절에서 더욱 분명하게 말씀을 하신 것이다. 이미 존재는 하지만 아직 생명을 갖지 못한 터에 생명을 주셔서 "그 안에 생명을 가지게 하신" 것이 아니다. [아들은] 존재하는 그 사실로 곧 생명이시기 때문이다.[244] 그러므로 "아들에게 생명을 주셔서 그 안에 생명을 가지게 하셨습니다"라는 이 말씀은 [아버지께서] 아들이 불변하는 생명이 되게, 즉 영원한 생명이 되게 낳으셨다는 뜻이다.[245] 하느님의 말씀이 하느님의 아들이고, 하느님의 아들이, 요한이 자기 서간에 기록한 글처럼, "참되신 하느님이며 영원한 생명"[246]이라면, 주님께서 "내가 말한 그 말이 마지막 날에 그를 심판할 것입니다"라는 말씀을 왜 굳이 다른 의미로 알아들어야 하겠는가? 또 당신 스스로 그 말씀이 아버지의 말씀이자 아버지의 명령이라고 하시고 그 명령 자체가 영원한 생명이라고 하시는 터에 말이다. 그리고 "나는 그분의 명령이 영원한 생명이라는 것도 알고 있습니다"[247]라는 말씀도 있다.

"내 가르침은 내 것이 아니다"라는 말씀의 뜻

12.27. 그러면 "내가 심판하지는 않습니다. 오히려 내가 말한 그 말이 그를 심판할 것입니다"라는 말씀을 우리가 어떻게 이해해야 할 것인가 묻게 된다. 뒤이어 나오는 문장에 따르면 이렇게 말씀하신 것으로 보인다.

---

[246] 1요한 5,20.　　　　　　　　　　[247] 요한 12,50.

ret ita dictum ac si diceret: '*Ego non iudicabo*, sed uerbum patris iudicabit.' Verbum autem patris est ipse *filius dei*. Siccine intellegendum est: '*Ego non iudicabo*, sed ego iudicabo?' Quomodo istud potest esse uerum nisi ita: '*Ego*' scilicet '*non iudicabo* ex potestate humana *quia filius hominis* sum, sed ego iudicabo ex potestate uerbi *quoniam filius dei* sum.' Aut si contraria et repugnantia uidentur '*Ego non iudicabo*, sed ego iudicabo,' quid illic dicemus ubi ait: *Mea doctrina non est mea?* Quomodo *mea*, quomodo *non mea*? Non enim dixit: 'Ista *doctrina non est mea*,' sed: *Mea doctrina non est mea*; quam dixit suam, eandem dixit non suam. Quomodo istud uerum est nisi secundum aliud suam dixerit, secundum aliud non suam; secundum *formam dei*, suam; secundum *formam serui*, non suam? Cum enim dicit: *Non est mea sed eius qui me misit*, ad ipsum uerbum nos facit recurrere. Doctrina enim patris est uerbum patris, qui est *unicus filius*.

Quid sibi et illud uult: *Qui in me credit, non in me credit?* Quomodo in ipsum, quomodo non in ipsum? Quomodo tam contrarium sibique aduersum potest intellegi – *Qui in me credit*, inquit, *non in me credit sed in eum qui me misit* – nisi ita intellegas: '*Qui in me*

---

[248] 요한 7,16.

[249] mea doctrina non est mea: 이 문장(mea non est mea)은 동일률을 거스르는 모순처럼 보인다. 『요한 복음 강해』(*Tractatus in Ioannis Evangelium*)(tr. 29)에서 자세히 논한다. 성부의 가르침은 성부의 말씀 아니고 무엇인가? 성부의 말씀이라는 점에서 그리스도께서 곧 성부의 가르침이다.

[250] 다른 글(*Tractatus in Ioannis Evangelium* 29.3)에서는 "당신 자신보다 철저한 당신의 것이 무엇이겠으며, 당신의 존재가 다른 이[성부]의 것이라면 당신 자신보다 당신의 것 아닌 것이 또 무엇이겠는가?"(quid enim tam tuum quam tu, et quod tam non tuum quam tu, si alicuius est quod es)라는 역설적 질문을 제기한다.

"내가 심판하지는 않습니다. 오히려 아버지의 말씀이 심판할 것입니다." 그런데 아버지의 말씀은 다름 아닌 하느님의 아들이시다. 그렇다면 "내가 심판하지는 않습니다. 그러나 내가 심판합니다"라는 뜻으로 알아들어야 하는가? 만약 "나는 사람의 아들이기 때문에 인간적 권한으로 심판하지는 않습니다. 그러나 나는 하느님의 아들이기 때문에 말씀의 권한으로 심판을 합니다"라는 의미가 아니라면, 어떻게 저 말씀이 참이겠는가? "내가 심판하지는 않습니다. 그러나 내가 심판합니다"라는 구절이 서로 모순되고 상호 대립하는 것으로 보인다면, "내 가르침은 내 것이 아닙니다"[248]라는 말씀을 두고는 우리가 무슨 말을 할 것인가? 어떻게 하면 '내 가르침'이고 어떻게 하면 '내 가르침이 아닌가? "그것은 내 가르침이 아닙니다"라고 하신 것이 아니라 "내 가르침은 내 것이 아닙니다"라고 하셨다. 당신의 것이라고 하고서는 당신의 것이 아니라고 하셨다.[249] 어떤 면에서는 당신의 것이고 다른 면에서는 당신의 것이 아니라는 말씀이 아니라면, 어떻게 저 말씀이 참이 되겠는가? '하느님의 형상'으로는 당신의 것이고 '종의 형상'으로는 당신의 것이 아니라는 뜻 말이다. "내 것이 아니라 나를 보내신 분의 것입니다"라고 할 때는 우리를 저 [영원하신] 말씀으로 소급하게 만든다. 아버지의 가르침은 아버지의 말씀이고, 그 말씀은 곧 '외아들'이시다.[250]

그러면 "나를 믿는 사람은 나를 믿는 것이 아니다"[251]라는 저 말씀은 무슨 뜻인가? 어떻게 하면 '나를 믿는' 것이고 어떻게 하면 '나를 안 믿는' 것인가?[252] "나를 믿는 사람은 나를 믿는 것이 아니라 나를 보내신 분을 믿는 것입니다"라는 말씀이 "나를 믿는 사람은 보는 것을 믿는 것이 아니다"라는 뜻이 아니라면, 이토록 모순되고 서로 상반되는 말을 어떻게 이해하겠는가? 이것은 우리가 우리 희망을 피조물에 두지 않고 피조물을 취하신 분

---

[251] 요한 12,44.

[252] 형식상으로는 in me와 non in me가 대당관계처럼 보인다.

credit, non in hoc quod uidet credit,' ne sit spes nostra in creatura, sed in illo qui suscepit creaturam in qua humanis oculis appareret ac sic ad se *aequalem patri* contemplandum per fidem corda mundaret? Ideoque ad patrem referens intentionem credentium et dicens: *Non in me credit sed in eum qui me misit*, non utique se a patre, id est ab illo *qui* eum *misit*, uoluit separari, sed ut sic in eum crederetur quomodo in patrem cui aequalis est. Quod aperte alio loco dicit: *Credite in deum et in me credite*; id est sicut *creditis in deum*, sic *et in me* quia *ego et pater unus deus*. Sicuti ergo hic tamquam abstulit a se fidem hominum et in patrem transtulit dicendo: *Non in me credit sed in eum qui me misit*, a quo tamen se non utique separauit; sic etiam quod ait: *Non est meum dare, sed quibus paratum est a patre meo*, puto clarere secundum quid utrumque accipiendum sit. Tale est enim et illud: *Ego non iudicabo*, cum ipse *iudicaturus* sit *uiuos et mortuos*; sed quia non ex potestate humana, propterea recurrens ad deitatem *sursum* erigit *corda* hominum propter quae subleuanda *descendit*.

XIII 28. Nisi tamen idem ipse esset *filius hominis* propter *formam serui* quam accepit qui est *filius dei* propter *dei formam* in qua est, non diceret apostolus Paulus de principibus huius saeculi: *Si enim cognouissent, numquam dominum gloriae crucifixissent*. Ex *forma*

---

[253] 요한 14,1.

[254] sursum erigit corda hominum: '사람의 마음'은 본래 지성이 자리 잡은 곳이다. 감정은 '내장'(viscera)에 위치한다.

에게 두기 위함이고, 그래서 피조물의 모습을 하고 우리 눈에 나타나셔서 신앙을 통하여 마음을 정화시키어 당신이 성부와 같은 분임을 관상하게 만들기 위함이 아니고 무엇이겠는가? 물론 믿는 이들의 시선을 성부께 돌리면서 "나를 믿는 것이 아니라 나를 보내신 분을 믿는 것입니다"라고 말씀하실지라도, 이것은 당신을 성부로부터, 곧 '나를 보내신 분'으로부터 분리시키려는 생각은 아니다. 차라리 성부를 믿는 것과 똑같이 또한 당신을 믿기 바라신 것이다. 당신이 성부와 같은 분임을 [믿기 바라신 것이다]. 이 점은 다른 대목에서 분명하게 말씀하신다. "하느님을 믿고 또 나를 믿으시오."[253] 달리 말하면, "여러분이 하느님을 믿듯이 그렇게 나를 믿으시오. 나와 아버지는 한 하느님입니다"라는 뜻이다. 여기서 그분은 "나를 믿는 사람은 나를 믿는 것이 아니다"라는 말씀으로, 사람들의 믿음을 당신에게서 빼앗아 성부께 돌리도록 옮겨 놓았다. 그렇다고 당신을 성부로부터 분리시킨 것은 아니었다. "그 일은 내가 해 줄 수 있는 게 아니고 내 아버지에 의해서 마련된 사람들에게 돌아갈 것입니다"라는 말씀으로 미루어 양편을 무슨 의미로 받아들일지 분명해진다는 것이 내 생각이다. "산 이와 죽은 이들을 심판하실" 분이면서도 "내가 심판하지는 않습니다"라고 하신 저 말씀이 그런 뜻이다. 그 일이 인간적 권한으로 하실 일이 아니었으므로 [당신의] 신격神格을 향하여 사람들의 마음을 들어 올리는 것이니, 바로 그렇게 들어 올리려고 당신이 [세상에] 내려오셨던 것이다.[254]

하느님이 십자가에 처형되셨다는 표현은 옳다

13.28. 그러나 당신이 취한 '종의 형상'으로 인한 '사람의 아들'과, 본래부터 존재하던 '하느님의 형상'으로 인한 '하느님의 아들'이 같은 분이 아니었다면,[255] 바오로 사도가 이 세상의 통치자들에 관해서 이야기하면서 "만약 그들이 깨달았더라면 영광스러운 주님을 십자가에 처형하지 않았을 것

---

[255] 여기서부터는 그리스도 위격의 단일성을 논한다.

enim *serui crucifixus est*, et tamen *dominus gloriae crucifixus est*. Talis enim erat illa susceptio quae deum hominem faceret et hominem deum. Quid tamen propter quid et quid secundum quid dicatur, adiuuante domino prudens et diligens et pius lector intellegit. Nam ecce diximus quia secundum id quod *deus* est glorificat suos, secundum hoc utique quod *dominus gloriae* est; et tamen *dominus gloriae crucifixus est*, quia recte dicitur et deus *crucifixus*, non *ex uirtute* diuinitatis sed *ex infirmitate* carnis; sicut dicimus quia secundum id quod *deus* est iudicat, hoc est ex potestate diuina non ex humana, et tamen ipse *homo iudicaturus est* sicut *dominus gloriae crucifixus est*. Ita enim aperte dicit: *Cum uenerit filius hominis in gloria sua et omnes angeli cum eo, tunc congregabuntur ante eum omnes gentes*, et cetera quae de futuro iudicio usque ad ultimam sententiam in eo loco praedicantur. Et iudaei quippe, qui in malitia perseuerantes in illo iudicio puniendi sunt, sicut alibi scriptum est: *Videbunt in quem pupugerunt*.

Cum enim et boni et mali uisuri sint *iudicem uiuorum et mortuorum*, procul dubio eum uidere mali non poterunt nisi secundum formam qua *filius hominis* est, sed tamen *in claritate* in qua *iudicabit*,

---

[256] 1코린 2,8.

[257] talis erat illa susceptio quae deum hominem faceret et hominem deum: "영광스러운 주님이 십자가에 처형되셨다"라는 표현이 나올 만큼 그리스도에게서 인성과 신성이 단일하게 결합되어 있음을 강조한다.

[258] deus crucifixus: cf., recte dicitur deus crucifixus(*Epistola* 169.8); et filius dei est crucifixus(*Contra Maximinum Arrianum* 2.20.3).

[259] 2코린 13,4 참조: "그분은 약하셔서 십자가에 처형되셨지만, 지금은 하느님의 능력으로 살아 계십니다."

입니다"[256]라는 말을 하지 않았을 것이다. 그분은 '종의 형상'으로 십자가에 처형되셨지만 또한 '영광스러운 주님'으로서 십자가에 처형되셨다. 그분의 수용受容은 하도 철저하여, 하느님을 사람으로 만들고 사람을 하느님으로 만들었다.[257] 현명하고 열심하고 경건한 독자라면, 그리고 하느님의 보우하심이 있다면, 알아들을 것이다. [성경이] 그분을 두고 과연 무엇 때문에, 무엇에 근거해서 그런 말을 하고 하고 있는지를! 보시라, 우리가 앞서 그분이 당신 제자들을 영광스럽게 하신다고 말한 것은 그분이 하느님이라는 사실에 의거해서이며, 그 사실에 의거한다면 그분은 또한 '영광스러운 주님'이시다. 어쨌든 "영광스러운 주님이 십자가에 처형되셨다". 왜냐하면 하느님이 십자가에 처형되셨다고 하는 말도 옳은 말이니[258] 신성의 위력으로 그렇게 되신 것이 아니고 육신의 약함으로 그렇게 되셨기 때문이다.[259] 그리고 지금 우리는 그분이 하느님이라는 사실에 의거해서 그분이 심판하신다고 말하며, 곧 인간적 권능에 의해서가 아니라 신적 권능에 의거해서 [심판하신다는 것인데,] 그렇더라도 그분은 "영광스러운 주님으로서 십자가에 처형되셨듯이" 또한 "사람으로서 심판을 행하실 것이다".[260] 이것은 당신이 분명히 말씀하고 계시다. "사람의 아들이 자기 영광에 싸여 오고 모든 천사들이 그와 함께 오면 그 앞에 모든 민족들이 모일 것입니다."[261] 장차 올 심판에 관해서, 그 자리에서 이루어질 최후의 선고까지 모두 말씀하고 계시다. 유다인도 악의를 고집하는 경우 그 심판에서 벌을 받게 되어 있으니 다른 대목에서는 "그들은 자기들이 찌른 이를 바라보리라"[262]고 기록되어 있다.

선인들도 악인들도 "산 이와 죽은 이들의 심판"을 보게 될 때, 의심 없이 악인들은 그분을 뵙더라도 '사람의 아들'로서의 형상으로밖에 뵙지 못

---

[260] 십자가 처형과 인류의 심판은 각기 인성과 신성에 해당하지만 그리스도의 위격 안에 양성(兩性)이 합일해 있으므로(unio hypostatica) 이러한 역설적 언표가 가능하다. 후대에 속성교환(屬性交換, Communicatio idiomatum)이라는 신학 용어로 정착된다.

[261] 마태 25,31.　　　　　　　　[262] 요한 19,37; 즈카 12,10 참조.

non *in humilitate* in qua iudicatus est. Ceterum illam *dei formam* in qua *aequalis* est *patri* procul dubio impii non uidebunt. Non enim sunt *mundicordes*: *Beati* enim *mundicordes quoniam ipsi deum uidebunt*. Et ipsa uisio est *facie ad faciem*, quae summum praemium promittitur iustis; et ipsa fiet *cum* tradet *regnum deo et patri*, in quo et suae formae uisionem uult intellegi, subiecta deo uniuersa creatura et ipsa in qua *filius dei filius hominis* factus est, quia secundum hanc *et ipse filius tunc subiectus illi erit qui ei subiecit omnia ut sit deus omnia in omnibus*. Alioquin si *filius dei iudex* in forma in qua *aequalis* est *patri* etiam impiis cum *iudicaturus est apparebit*, quid est quod pro magno dilectori suo pollicetur dicens: *Et ego diligam eum et ostendam me ipsum illi*? Quapropter *filius hominis iudicaturus est*, nec tamen ex humana potestate sed ex ea qua *filius dei* est; et rursus *filius dei iudicaturus est*, nec tamen in ea forma apparens in qua *deus* est *aequalis patri*, sed in ea qua *filius hominis* est.

29. Itaque utrumque dici potest, et: 'Filius hominis iudicabit,' et: 'Non filius hominis iudicabit,' quia filius hominis iudicabit ut uerum sit quod ait: *Cum uenerit filius hominis, tunc congregabuntur*

---

[263] 마태 5,8.

[264] ipsa *in qua* filius dei filus hominis factus est: 교부가 1코린 15,28의 그리스도론 문제에 내리는 해답이다. ipsa in qua …는 모든 역자들이 creatura(피조물)로 추정한다.

[265] secundum hanc: '피조물' 혹은 '사람의 형상'(dans cette humanité) [Mellet]; in this created form [Hill])으로 번역된다.

하겠지만, 그분이 심판하는 '영광을 입으신' 모습으로 뵙지, 그분이 심판을 받으면서 '비하당하신' 모습으로 뵙지는 않을 것이다. 그 밖에 그분이 성부와 같으신 저 '하느님의 형상'은 불경한 자들이 볼 수 없을 것임에 틀림없다. 그들은 마음이 깨끗하지 못하기 때문이다. "복되어라, 마음이 깨끗한 사람들! 그들은 하느님을 뵙게 되리니"[263]라는 말씀이 있다. 그때의 봄은 "얼굴과 얼굴을 마주 보는" 것이고 의인들에게 약속된 최고의 상급이기도 하다. 그리고 그 봄은 "그 나라를 하느님 아버지께 넘겨드릴" 때 이루어지며 그때는 당신의 형상을 뵙는다는 뜻으로도 알아들으라는 것이다. 모든 피조물이 하느님께 굴복하고 하느님의 아들이 사람의 아들이 된 그 피조물까지도 굴복하는 그때 말이다.[264] 이것에 의거하여[265] '아드님도 그때는 자기에게 모든 것을 굴복시키신 하느님께 몸소 굴복하실 것이다. 그리하여 하느님께서는 모든 것 안에서 모든 것이 될 것이다'. 그렇지 않고 심판자이신 하느님의 아들이 아버지와 같으신 형상을 하신 채 심판하러 나타나셔서 불경스러운 자들에게도 [모습을 드러내 보이신다고 하자]. 그러면 당신을 사랑하는 사람들에게 언약하신 대로 "나도 그를 사랑할 것이며 내가 자신을 그에게 드러내 보이겠습니다"[266]라는 말씀은 어떻게 되겠는가? 그러므로 "사람의 아들이 심판하되" 인간적 권한으로 하는 것이 아니고 '하느님의 아들' 되시는 그 권한으로 할 것이다. 또 "하느님의 아들이 심판하되" 하느님으로서 아버지와 같으신 그 형상으로 나타나서 하는 것이 아니고 사람의 아들로서의 형상으로 나타나서 할 것이다.

사람의 아들이 심판한다면서도 심판하지 않는다는 말은 어찌 된 것인가

13.29. 그러니까 "사람의 아들이 심판하겠다"는 말도, "사람의 아들은 심판하지 않겠다"는 말도 다 맞다. 사람의 아들이 심판하는 것은 "사람의 아들이 자기 영광에 싸여 오고 모든 천사들이 그와 함께 오면 그 앞에 모

---

[266] 요한 14,21.

ante eum omnes gentes; et non filius hominis iudicabit ut uerum sit quod ait: *Ego non iudicabo*, et: *Ego non quaero gloriam meam; est qui quaerat et iudicet*. Nam secundum id quod *in iudicio* non *forma dei* sed forma filii hominis *apparebit*, nec ipse pater iudicabit. Secundum hoc enim dictum est: *Pater non iudicat quemquam sed omne iudicium dedit filio*. Quod utrum ex illa locutione dictum sit quam supra commemorauimus ubi ait: *Sic dedit filio habere uitam in semetipso*, ut significaret quia sic genuit filium, an ex illa qua loquitur apostolus dicens: *Propter quod eum suscitauit et donauit ei nomen quod est super omne nomen*. – Hoc enim de filio hominis dictum est secundum quem *dei filius* suscitatus est *a mortuis*. Ille quippe *in forma dei aequalis* est *patri*, ex quo *se exinaniuit formam serui accipiens*; in ipsa forma serui et agit et patitur et accipit, quae consequenter contexit apostolus: *Humiliauit se factus obediens usque ad mortem, mortem autem crucis; propter quod eum exaltauit et donauit ei nomen quod est super omne nomen, ut in nomine Iesu omne genu flectatur caelestium et terrestrium et infernorum, et omnis lingua confiteatur quia dominus Iesus in gloria est dei patris*. – Vtrum ergo secundum illam an secundum istam locutionem dictum sit: *Omne iudicium dedit filio*, satis hinc apparet quia si secundum illud diceretur secundum quod dictum est: *Dedit filio habere uitam*

---

267 마태 25,31-32. 268 요한 8,50. 269 요한 5,22.

270 요한 5,26. 이 책 1.11.26 참조. 271 필리 2,9.

272 태초부터 하느님의 아들로서의 위치에서 하시는 심판인지, 사람의 아들이 영광을 입어 (필리 2,6-11) 하시는 심판인지 가려 본다.

273 아우구스티누스는 이 구절을 때로는 dominus Iesus로, 때로는 dominus Iesus Christus 로 인용한다.

든 민족들이 모일 것입니다"[267]라는 말씀이 참이 되기 위함이고, 사람의 아들이 심판하지 않는다는 것은 "나는 심판하지 않습니다"라는 말씀과 "나는 나의 영광을 찾지 않습니다. 그것을 찾아 주시고 심판하시는 분이 계십니다"[268]라는 말씀이 참이 되기 위함이다. 심판 때 하느님의 형상이 아니고 사람의 아들의 형상이 나타나리라는 그 말씀을 따르면, 아버지도 심판하지 않으실 것이다. 바로 이것 때문에 "아버지께서는 아무도 심판하지 않으시고, 심판하는 것을 모두 아들에게 넘겨주셨습니다"[269]라는 말씀이 있다. 그렇다면 이 말씀을 위에서 우리가 인용한, "아버지께서 아들에게도 생명을 주셔서 그 안에 생명을 가지게 하셨다"는 뜻으로 알아들을 것인가?[270] 그렇게 아들을 낳으셨다는 의미니까 하는 말이다. 그렇지 않으면 사도가, "그러므로 하느님께서는 그분을 지극히 높이시고 어느 이름보다도 빼어난 이름을 그분에게 내리셨도다"[271]라고 하는 구절에서 이야기하는 그런 의미로 알아들을 것인가?[272] 후자는 사람의 아들에 관해서 하는 말씀이고 사람의 아들에 의거하여 하느님의 아들이 죽은 이들 가운데서 일으켜지셨다는 뜻이 된다. 그분은 하느님의 형상으로는 성부와 같은 분이지만 "자신을 비우시어 종의 형상을 취하심으로써" 종의 형상으로 행동하고 수난했고, 사도가 뒤이어 열거하는 모든 것을 받아들였다. "자신을 낮추시어 죽음, 곧 십자가의 죽음에 이르기까지 순종하셨도다. 그러므로 하느님께서는 그분을 지극히 높이시고 어느 이름보다도 빼어난 이름을 그분에게 내리셨도다. 그래서 예수의 이름 앞에 천상, 지상, 지하에서 모두가 무릎을 꿇고 모두 입을 모아 예수가 주님이시라고[273] 고백하여 하느님 아버지께 영광을 드리게 하셨도다."[274] 그러므로 "심판하는 것을 모두 아들에게 넘겨주셨습니다"라고 하신 말씀이 전자의 어법으로 한 것인지, 후자의 어법으로 한 것인지는 어지간히 잘 드러난다. "아들에게도 생명을 주셔서 그 안에 생명을 가지게 하셨다"는 말씀이 나오는 맥락에서 하신 것이라면 "아버지께서

---

[274] 필리 2,8-11.

in semetipso, non utique diceretur: *Pater non iudicat quemquam.* Secundum hoc enim quod aequalem pater genuit filium iudicat cum illo. Secundum hoc ergo dictum est quod *in iudicio* non *forma dei* sed forma filii hominis *apparebit.* Non quia non iudicabit qui *dedit omne iudicium filio*, cum de illo dicat filius: *Est qui quaerat et iudicet*; sed ita dictum est: *Pater non iudicat quemquam sed omne iudicium dedit filio* ac si diceretur: 'Patrem nemo uidebit in iudicio *uiuorum et mortuorum*, sed omnes filium,' *quia* et *filius hominis est* ut possit et ab impiis uideri cum et illi *uidebunt in quem pupugerunt.*

30. Quod ne conicere potius quam aperte demonstrare uideamur, proferimus eiusdem domini certam manifestamque sententiam qua ostendamus ipsam fuisse causam ut diceret: *Pater non iudicat quemquam sed omne iudicium dedit filio*, quia *iudex* forma filii hominis apparebit, quae forma non est patris sed filii, nec ea filii in qua *aequalis* est *patri* sed in qua *minor* est *patre*, ut sit in iudicio conspicuus et bonis et malis. Paulo post enim dicit: *Amen dico uobis quia qui uerbum meum audit et credit ei qui me misit, habet uitam aeternam, et in iudicium non ueniet sed transiet de morte in uitam.* Haec *uita aeterna* est illa uisio quae non pertinet ad malos. Deinde

---

[275] 요한 8,50 참조: "나의 영광을 찾아 주시고 심판하시는 분."

[276] 요한 5,24 끝 구절(『200주년』): "죽음에서부터 생명으로 이미 옮겨 갔습니다."

[277] haec vita aeterna est illa visio: 하느님(삼위일체)에 대한 직관을 인생의 궁극 목표로 설정한다.

는 아무도 심판하지 않으십니다"라는 말씀이 나오지 않았을 것이다. 성부 께서 [당신과] 동등한 아들을 낳으셨다는 점에서는 그분과 더불어 [성부께 서도] 심판하신다. 그렇다면 심판 때 나타나는 것은 하느님의 형상으로서 가 아니고 사람의 아들의 형상으로서임을 지적한 것이다. 그것도 "심판하 는 것을 모두 아들에게 넘겨주신" 분이 심판하지 않으시기 때문이 아니니, [아버지에] 관해서 성자가 "심문하시고 심판하시는 분"이라고 말씀하시는 까닭이다.[275] 그러니 "아버지께서는 아무도 심판하지 않으시고, 심판하는 것을 모두 아들에게 넘겨주셨습니다"라는 말씀은, "산 이와 죽은 이들을 심판하는 자리에서는 아무도 아버지를 뵙지 못하며 모두가 아들을 뵈오리 라"는 뜻이다. 그 이유는 불경스러운 사람들의 눈에도 사람의 아들이 보일 수 있기 위함이니 불경스러운 자들도 "자기들이 찌른 이를 바라보리라"는 말이 있기 때문이다.

사람의 아들을 뵙는 일은 악인들에게도 허용되지만 하느님의 형상을 뵙는 일은 마음 이 깨끗한 사람들에게만 허용된다

13.30. 우리가 확실하게 증명하지도 못하면서 그저 추측이나 하는 사람 들로 보이지 않으려는 뜻에서, 주님의 아주 명백한 말씀 하나를 제시하겠 다. 이 구절로 우리는 "아버지께서는 아무도 심판하지 않으시고, 심판하는 것을 모두 아들에게 넘겨주셨습니다"라고 말씀하신 데는 이유가 있었음을 보여 주게 된다. 재판관은 사람의 아들의 형상으로 나타날 것이고, 그것도 아버지의 형상이 아니라 아들의 형상이며, 그마저 아버지와 동등한 아들 의 형상으로가 아니라 아버지보다 작은 아들의 형상으로다. 그리고 그분 은 재판정에서 선인들에게도 악인들에게도 눈에 보이실 것이다. 여하튼 위의 성경 구절 조금 뒤에 이런 말씀이 나온다. "진실히 당신들에게 말합 니다. 내 말을 듣고 나를 보내신 분을 믿는 이는 영원한 생명을 얻습니다. 그리고 그는 심판으로 들어가지 않겠고 오히려 죽음에서부터 생명으로 옮 겨 갈 것입니다."[276] 여기서 말하는 '영원한 생명'은 곧 직관直觀[277]이니 악인

sequitur: *Amen, amen dico uobis quia ueniet hora et nunc est cum mortui audient uocem filii dei, et qui audierint uiuent.* Et hoc proprium est piorum qui sic audiunt de incarnatione eius ut credant *quia filius dei est,* id est sic eum propter se factum accipiunt *minorem patre* in *forma serui* ut credant quia *aequalis* est *patri in forma dei.* Et ideo sequitur et hoc ipsum commendans dicit: *Sicut enim habet pater uitam in semetipso, ita dedit et filio uitam habere in semetipso.* Deinde uenit ad uisionem suae claritatis in qua *uenturus est* ad iudicium, quae uisio communis erit et impiis et iustis. Sequitur enim et dicit: *Et potestatem dedit ei et iudicium facere quoniam filius hominis est.*

Puto nihil esse manifestius. Nam *quia filius dei est* et *aequalis* est *patri,* non accipit hanc potestatem iudicii faciendi sed habet illam cum patre in occulto; accipit autem illam ut boni et mali eum uideant iudicantem *quia filius hominis est.* Visio quippe filii hominis exhibebitur et malis; nam uisio *formae dei* non nisi mundis corde, *quia ipsi deum uidebunt*; id est solis piis quorum dilectioni hoc ipsum promittit quia ostendet se ipsum illis. Et ideo uide quid sequitur: *Nolite mirari hoc,* inquit. Quid nos prohibet mirari nisi illud quod reuera miratur omnis qui non intellegit ut ideo diceret patrem dedisse *ei potestatem et iudicium facere quoniam filius hominis est,* cum magis quasi hoc exspectaretur ut diceret, 'quoniam filius dei

---

[278] 요한 5,25.

[279] 요한 5,27.

[280] 요한 5,28.

들에게는 해당하지 않는 직관이다. 그리고 이런 구절이 이어진다. "진실히 진실히 당신들에게 말합니다. 죽은 이들이 하느님 아들의 목소리를 들을 때가 오고 있으니 바로 지금입니다. 그리고 듣는 이들은 살 것입니다."[278] 이것은 다름 아닌 경건한 사람들이 보이는 행동이다. 그분의 육화에 관해서 듣고서 그분이 하느님의 아들이심을 믿고, 바로 그분이 자기 때문에 종의 형상을 취하여 아버지보다 작은 분이 되신 것으로 받아들이고, 그럼으로써 그분이 하느님의 형상으로는 아버지와 같은 분임을 또한 믿기에 이른다. 그리고 바로 이 사실을 강조하는 이 말씀이 따라 나온다. "아버지께서 자기 자신 안에 생명을 가지고 계신 것처럼 그렇게 아들에게도 생명을 주시어 그 안에 생명을 가지게 하셨다." 드디어 당신의 영광을 뵙기에 이르고 그 영광 중에 심판하러 오실 터인데, 그분을 뵙는 것은 죄인들에게나 의인들에게나 같을 것이다. 곧이어 "또한 그분은 심판을 할 권한도 아들에게 주셨습니다. 그것은 그가 사람의 아들이기 때문입니다"라는 말씀이 따라 나온다.[279]

나는 이보다 분명한 말이 없다고 생각한다. 하느님의 아들이고 아버지와 같기 때문에 심판을 행할 권한을 '받는' 것이 아니라 눈에 안 보이게 아버지와 함께 그 권한을 '가지고' 있다. 그 권한을 받는다면 그것은 선인과 악인을 막론하고 그분이 사람의 아들이기 때문에 심판하는 것을 뵙기 위함이다. 사람의 아들을 봄은 악인들에게도 허용된다. 단, 하느님의 형상을 뵙는 것은 마음이 깨끗한 사람들이 아니면 안 되는데, "그들이 하느님을 뵙게 되리라"고 나와 있[기 때문이]다. 그것은 경건한 사람들에게만 해당하고 그들을 사랑하셔서 당신 자신을 그들에게 보여 주시겠다고 약속하시는 까닭이다. 그러니 "이 말에 놀라지 마시오"[280]라는 말씀을 유념하여 보라. 우리더러 놀라지 말라고 하시는 이유가 어디 있겠는가? 아버지께서 그에게 "심판을 할 권리도 주신 것은 그가 하느님의 아들이기 때문입니다"라고 말씀하리라고 기대했는데, 정작 "그것은 그가 사람의 아들이기 때문입니다"라고 말씀하신 이유를 알아듣지 못하니 과연 다들 놀랄 만하기 때문

est'? Sed quia filium dei secundum id quod *in forma dei aequalis* est *patri* uidere iniqui non possunt, oportet autem ut iudicem *uiuo-rum et mortuorum* cum coram iudicabuntur et iusti uideant et iniqui. *Nolite*, inquit, *hoc mirari, quoniam ueniet hora in qua omnes qui in monumentis sunt audient uocem eius; et prodient qui bona gesserunt in resurrectionem uitae; qui mala gesserunt in resurrectionem iudicii.* Ad hoc ergo oportebat ut ideo acciperet illam potestatem *quia filius hominis est* ut resurgentes omnes uiderent eum in forma in qua uideri ab omnibus potest, sed *alii ad damnationem, alii ad uitam aeternam.* Quae *est autem uita aeterna* nisi illa uisio quae non conceditur impiis? *Vt cognoscant te*, inquit, *unum uerum deum et quem misisti Iesum Christum.* Quomodo et ipsum *Iesum Christum* nisi quemadmodum *unum uerum deum* qui ostendet se ipsum illis, non quomodo se ostendet etiam puniendis in forma filii hominis?

31. Secundum illam uisionem bonus est secundum quam uisionem deus apparet mundis corde, quoniam: *Quam bonus deus Israhel rectis corde!* Quando autem iudicem uidebunt mali, non eis uidebitur bonus quia non ad eum gaudebunt corde, sed tunc *se plangent omnes tribus terrae* in numero utique malorum omnium et

---

[281] 요한 5,28-29.

[282] 요한 17,3. 이 단락에서 인생의 궁극을 하느님과 그리스도를 앎 혹은 봄으로 규정함으로써 교부는 신학상으로 신 중심론과 그리스도 중심론을 한데 통합하고 있다.

[283] 시편 73,1. 『성경』: "정녕 하느님께서는 좋으시도다, 올바른 이에게! 하느님께서는 좋으시도다, 마음이 깨끗한 이들에게!"

이 아니겠는가? 그러나 하느님의 형상으로는 아버지와 같은 분이라는 사실 때문에, 정작 하느님의 아들을 뵙는 일은 악인들에게는 불가능하다. 단지 그분 앞에 심판을 받을 터이므로 의인도 악인도 산 이와 죽은 이의 심판자를 뵙기에 이른다. "이 말에 놀라지 마시오. 무덤 속에 있는 모든 이가 그의 목소리를 듣게 될 때가 옵니다. 그리고 선을 행한 이들은 부활하여 생명을 얻게 될 것이나, 악을 저지른 이들은 부활하여 심판을 받게 될 것입니다."[281] 바로 이래서 그분이 사람의 아들이기 때문에 그 권한을 받을 필요가 있었고, 모두가 뵈올 수 있는 형상이어야 정작 부활하는 사람들 모두가 그분을 뵈올 것이다. 다만 [그분을 뵙더라도] 어떤 이들은 심판을 받으러 뵙고 어떤 이들은 영원한 생명을 얻으러 뵙는다. 영원한 생명이란 악인들에게는 허용되지 않는 저 관상觀想이 아니고 무엇이겠는가? 그래서 [영원한 생명이란] "그들이 오직 한 분, 참된 하느님이신 당신을 알고 또한 당신께서 파견하신 예수 그리스도를 아는 것입니다"[282]라고 하신다. 사람의 아들의 형상으로 나타나서 벌 받을 사람들에게도 당신을 보여 주는 방식과는 달리, 당신을 유일한 참된 하느님으로 그들에게 보여 주지 않는다면 어떻게 그분이 예수 그리스도라는 것을 또한 알겠는가?

하느님 외에는 아무도 선하지 않다

13.31. 하느님께서 마음이 깨끗한 사람들에게 나타나시는 관상에 따르면 과연 하느님은 선한 분이시다. "정녕 이스라엘의 하느님께서는 선하시도다, 마음이 올바른 이에게"[283]라는 말씀이 있기 때문이다. 그런데 악인들이 심판자를 볼 때는 그들에게 선한 분으로 보이지 않을 것이다. 그들이 그분을 두고 기뻐하지는 않을 것이니 그때 모든 악인들과 불신자들의 무리에 들어간 "땅의 모든 족속이 통곡할 것이다".[284] 그분을 선한 스승이라

---

[284] 묵시 1,7.

infidelium. Propter hoc etiam illi, qui eum dixerat magistrum bonum quaerens ab eo consilium consequendae uitae aeternae, respondit: *Quid me interrogas de bono? Nemo bonus nisi unus deus*; cum et hominem alio loco dicat bonum ipse dominus: *Bonus homo*, inquit, *de bono thesauro cordis sui profert bona, et malus homo de malo thesauro cordis sui profert mala*. Sed quia ille *uitam aeternam* quaerebat, *uita autem aeterna est* in illa contemplatione qua non ad poenam uidetur deus sed ad gaudium sempiternum, et non intellegebat cum quo loquebatur quia tantummodo eum *filium hominis* arbitrabatur: *Quid me interrogas*, inquit, *de bono?* Id est: 'Istam formam quam uides, *quid interrogas de bono*, et uocas me secundum quod uides magistrum bonum? Haec forma filii hominis est; haec forma accepta est; haec forma *apparebit* in iudicio non tantum iustis sed et impiis, et huius formae uisio non erit in bonum eis qui male agunt. Est autem uisio formae meae in qua cum essem *non rapinam arbitratus* sum *esse aequalis deo*, sed ut hanc acciperem me ipsum exinaniui.' Ille ergo *unus deus pater et filius et spiritus sanctus* qui non apparebit nisi ad gaudium quod *non auferetur* a iustis, cui gaudio futuro suspirat qui dicit: *Vnam petii a domino, hanc requiram, ut inhabitem in domo domini per omnes dies uitae meae, ut contempler delectationem domini; unus* ergo *deus* ipse est *solus bonus* ad hoc, quia nemo eum uidet ad luctum et planctum sed tantum *ad salutem* et laetitiam ueram. 'Secundum illam for-

---

285 마태 19,17.

286 마태 12,35.

287 마태 19,17.

고 부르면서 영원한 생명을 얻기 위한 고견을 구하는 사람에게 "왜 나에게 선에 대하여 묻습니까? 선하신 분은 한 분뿐입니다"[285]라고 대구하신 것도 그런 이유였다. 다른 대목에서는 주님 친히 사람을 두고도 선한 사람이라고 부르신 일이 있다. "선한 사람은 자기 마음의 선한 곳간에서 선한 것들을 꺼내 주고 악한 사람은 자기 마음의 악한 곳간에서 악한 것들을 꺼내 줍니다."[286] 그러나 [질문을 한] 저 사람은 영원한 생명을 찾고 있었고 영원한 생명은 저 관상에 있다. 그 관상에서는 하느님을 형벌과 연관 지어서 보지 않고 영원한 즐거움과 연관 지어서 보는 법인데, [그 젊은이는] 그분을 사람의 아들로만 여기고 있었으므로 자기가 누구와 이야기를 나누고 있는지를 깨닫지 못했다. 그래서 "왜 나에게 선에 대하여 묻습니까?"[287][라는 반문이 나온다]. 달리 말하면 이런 뜻이다. "당신은 왜 그 형상을 두고 나에게 선에 대하여 묻는가? 또 왜 당신이 보는 바를 토대로 나를 선한 선생이라고 부르는가? 이 형상은 사람의 아들의 형상이다. 이 형상은 내가 취한 것이다. 이 형상이 심판 때 나타날 텐데 의인들에게만 아니고 악인들에게도 나타날 것이다. 악을 일삼는 사람들에게는 이 형상을 보는 것이 좋은 일이 아닐 것이다. 내 본디 형상을 보는 직관이 따로 있다. 다만 그 형상을 지니고 있을 때도 나는 하느님과 같음을 마치 노획물처럼 여기지 않았다. 오히려 나는 이 형상을 취하려고 내 자신을 비웠다." 그러므로 저 유일하신 하느님, 성부와 성자와 성령은 오로지 기쁨을 주려고 나타나실 것이고 그 기쁨을 의인들에게서 앗아 가지 못할 것이다. 다음과 같이 말하는 사람이 동경하는 것도 이런 기쁨이다. "주님께 청하는 것이 하나 있어 나 그것을 얻고자 하니 내 한평생 주님의 집에 살며 주님의 아름다움을 우러러보고 주님의 기쁨을 눈여겨보는 것이로다."[288] 그러므로 한 분 하느님, 그분 홀로 선하시다. 그분을 뵙고서 통곡이나 슬픔과 만날 사람은 아무도 없고 오히려 구원과 참된 기쁨을 만난다. "당신이 저 [하느님의] 형상에 의

---

[288] 시편 27,4 끝 구절(『성경』): "그분 궁전을 눈여겨보는 것이로다."

mam si me intellegis, bonus sum; si autem secundum hanc solam, *quid me interrogas de bono* si inter illos eris qui *uidebunt in quem pupugerunt*, et ipsa uisio malum eis erit quia poenalis erit?'

Ex ista sententia dixisse dominum: *Quid me interrogas de bono? Nemo bonus nisi unus deus*, his documentis quae commemoraui probabile est, quia uisio illa dei qua contemplabimur incommutabilem atque humanis oculis inuisibilem dei substantiam quae solis sanctis promittitur – quam dicit apostolus Paulus *facie ad faciem*; et de qua dicit apostolus Iohannes: *Similes ei erimus quoniam uidebimus eum sicuti est*; et de qua dicitur: *Vnam petii a domino, ut contempler delectationem domini*; et de qua dicit ipse dominus: *Et ego diligam eum et ostendam me ipsum illi*; et propter quam solam fide corda mundamus ut simus *beati mundicordes quoniam ipsi deum uidebunt*; et si qua alia de ista uisione dicta sunt quae copiosissime sparsa per omnes scripturas inuenit quisquis ad eam quaerendam oculum amoris intendit – sola est summum bonum nostrum cuius adipiscendi causa praecipimur agere quidquid recte agimus. Visio uero illa filii hominis quae praenuntiata est cum *congregabuntur ante eum omnes gentes* et *dicenti ei: Domine, quando te uidimus esurientem et sitientem?* et cetera, nec bonum erit impiis qui mittentur *in ignem aeternum*, nec summum bonum erit iustis. Ad-

---

[289] 1요한 3,2.

[290] 요한 14,21.

[291] 마태 5,8.

[292] 마태 25,32.

[293] 마태 25,44.

거하여 나를 이해하고 있다면 나는 선하다. 그런데 이 [사람의] 형상에 의거해서만 나를 이해하고 있다면, '그들은 자기들이 찌른 이를 바라보리라'고 하는 그런 사람들 틈에 당신이 끼여 있을 것이라면, 왜 나에게 선에 대하여 묻는가? [그때] 저 사람들에게는 나를 보는 일 자체가 해악이 될 것이 아닌가? 형벌을 주는 봄이 될 테니까 말이다."

그렇다면 주님이 "왜 나에게 선에 대하여 묻습니까? 선하신 분은 한 분 하느님뿐이십니다"라고 하신 말씀은, 내가 언급한 증언들로 미루어, 이런 뜻으로 하셨으리라는 것이 개연성 있다. 그러니까 하느님을 뵙는 저 봄, 우리가 하느님의 불변하고 인간의 눈에 보이지 않는 저 실체를 우러러 뵙는 일은 오로지 성인들에게만 언약되어 있다. 바오로 사도는 이 봄을 "얼굴과 얼굴을 마주 봄"이라고 했다. 또 그 봄에 관하여 사도 요한이 하는 말도 있다. "우리가 그분을 닮게 될 것입니다. 사실 우리는 그분을 있는 그대로 뵈올 것이기 때문입니다."[289] 또 그 봄에 관해서 "주님께 청하는 것이 하나 있어 나 그것을 얻고자 하니 주님의 기쁨을 눈여겨보는 것이로다"라는 말씀도 있다. 또 그 봄에 관해서 주님 친히 하시는 말씀이 있다. "나도 그를 사랑할 것이며 내 자신을 그에게 드러내 보이겠습니다."[290] 그리고 바로 그 봄을 겨냥하여 우리는 지금 신앙으로 마음을 정화시키고 있으니 "복되어라, 마음이 깨끗한 사람들! 그들은 하느님을 뵙게 되리니"[291]라는 말씀대로 참으로 복된 사람이 되기 위함이다. 누구든지 그 봄을 얻어 내려고, 그 봄에 관한 또 다른 말씀들이 있는지 찾으려고 사랑의 시선을 돌린다면, 모든 성경에 그런 구절들이 참으로 풍부하게 흩어져 있음을 발견할 것이다. 그 봄만이 우리의 최고선最高善이요, 우리가 무엇을 하든지 올바로 하라는 계명을 받는 것도 다름 아닌 그것을 획득하겠다는 이유에서다. 그 대신 사람의 아들을 뵙는 이 봄이 예고된 것은, "그 앞에 모든 민족들이 모이고"[292] 그들이 반문하여 "주님, 저희가 언제 당신이 굶주리거나 목마르거나 하는 것을 보았다는 말입니까?"[293]라고 묻는 장면을 생각해서다. '영원한 불 속으로' 보내질 악인들에게는 이 봄이 결코 선일 수 없고 의인들에게도 결코

huc enim uocat eos ad *regnum* quod eis *paratum* est *ab initio mun-di*. Sicut enim illis dicet: *Ite in ignem aeternum*, sic istis: *Venite, be-nedicti patris mei, possidete paratum uobis regnum. Et* sicut *ibunt illi in ambustionem aeternam*, sic *iusti in uitam aeternam.* Quid *est autem uita aeterna* nisi *ut cognoscant te*, inquit, *unum uerum deum et quem misisti Iesum Christum?* Sed iam in ea *claritate* de qua di-cit patri: *quam habui apud te priusquam mundus fieret.* Tunc enim tradet *regnum deo et patri* ut intret *seruus bonus in gaudium domini sui*, et *abscondat eos* quos possidet deus *in abscondito uultus sui a conturbatione hominum*, eorum scilicet qui tunc conturbabuntur audientes illam sententiam. *A quo auditu malo iustus non timebit* si modo protegatur *in tabernaculo*, id est in fide recta catholicae eccle-siae, *a contradictione linguarum*, id est a calumniis haereticorum.

Si uero est alius intellectus uerborum domini quibus ait: *Quid me interrogas de bono? Nemo bonus nisi unus deus*, dum tamen non ideo credatur maioris bonitatis esse patris quam filii substantia secundum quam uerbum est *per quod facta sunt omnia* nihilque ab-horret a sana doctrina, securi utamur non uno tantum sed quotquot

---

294 마태 25,34.

295 마태 25,46.

296 요한 17,3: "영원한 생명이란 이것입니다. 그들이 오직 한 분, 참된 하느님이신 당신을 알고 또한 당신께서 파견하신 예수 그리스도를 아는 것입니다."

297 요한 17,5.

298 마태 25,21.

299 시편 31,21 참조: "당신 앞의 피신처에 그들을 감추시어 사람들의 음모에서 구해 내시고 당신 장막 안에 숨기시어 사나운 입술들의 공격에서 구해 내시나이다."

최고선일 수가 없다. 그래도 의인들은 '창세 때부터' 그들을 위하여 '마련한 나라'로 불러 주실 것이다. 저 사람들에게는 "영원한 불 속으로 가라!"고 하시고, 이 사람들에게는 "내 아버지의 축복을 받은 사람들아, 와서 창세 때부터 너희를 위하여 마련한 나라를 상속받아라!"²⁹⁴ 하실 것이다. 그래서 "저자들은 영원한 벌을 받으러 갈 것이고 의인들은 영원한 삶을 누리러 갈 것이다".²⁹⁵ 그러면 '영원한 생명'이란 과연 무엇인가? "참된 하느님이신 당신을 알고 또한 당신께서 파견하신 예수 그리스도를 아는 것" 말고 [달리] 무엇인가?²⁹⁶ 그러나 [예수 그리스도를 아는 일이] 저때는 이미 저 영광 속에서, 당신 말씀대로 "세상이 있기 전에 제가 당신 곁에서 누리던 그 영광"²⁹⁷ 속에서 이루어질 것이다. 그때에는 "그 나라를 하느님 아버지께 넘겨드릴 것이고" "착한 종으로서 자기 주인의 기쁨을 누릴 것이다".²⁹⁸ 하느님은 당신이 차지한 그들을 "당신 얼굴의 피신처에 감추시어 사람들의 혼잡함에서 구해 내실 것이다".²⁹⁹ 그 자리에서 저 선고를 듣고 혼잡할 사람들에게서 구해 내신다는 말이다. "의인은 그런 나쁜 소식을 들어도 두려워하지 않으리니"³⁰⁰ 장막 안에서, 곧 가톨릭교회의 바른 신앙 안에서³⁰¹ 보호를 받아 사나운 입술들에게서, 즉 이단자들의 중상모략에서 구원을 받는다.

"왜 나에게 선에 대하여 묻습니까? 선하신 분은 한 분뿐입니다"³⁰²라는 주님의 말씀을 달리 알아들을 수도 있겠다. 그렇더라도 성부의 [실체가] 성자의 실체보다 더 큰 선이라고 믿어서는 안 된다. 그 실체로 인해서 말씀이 "그분으로 말미암아 모든 것이 생겨난 말씀"³⁰³이 되신다. 건전한 교리로부터 멀어지지만 않는다면 하나의 해석뿐만 아니고 얼마든지 많은 해

---

³⁰⁰ 시편 112,7 참조.

³⁰¹ in tabernaculo, id est in fide recta catholicae ecclesiae: 교부는 즐겨 '장막'을 '교회'로 표현한다(e.g., *Enarrationes in Psalmos* 146.19: tabernaculum domini, ipsa sancta ecclesia).

³⁰² 마태 19,17.

³⁰³ 요한 1,1.

reperiri potuerint. Tanto enim fortius conuincuntur haeretici quanto plures exitus patent ad eorum laqueos euitandos. Sed ea quae adhuc consideranda sunt ab alio iam petamus exordio.

석이 나올 수 있겠다. 이단자들의 덫을 피하는 데 보다 많은 탈출구가 열
린다면 그만큼 이단자들을 강력하게 설득할 수 있다. 아직도 고찰해야 할
내용들은 다른 서두에서 상대해야 할 것 같다.

LIBER II

1. Cum homines deum quaerunt et ad intellegentiam trinitatis pro captu infirmitatis humanae animum intendunt, experti difficultates laboriosas siue in ipsa acie mentis conantis intueri *inaccessibilem lucem* siue in ipsa multiplici et multimoda locutione litterarum sacrarum, ubi mihi non uidetur nisi atteri Adam ut Christi gratia glorificata dilucescat, cum ad aliquid certum discussa omni ambiguitate peruenerint facillime debent ignoscere errantibus in tanti peruestigatione secreti. Sed duo sunt quae in errore hominum difficillime tolerantur: praesumptio priusquam ueritas pateat, et cum iam patuerit praesumptae defensio falsitatis. A quibus duobus uitiis nimis inimicis inuentioni ueritatis et tractationi diuinorum sanctorumque librorum si me, ut precor et spero, deus defenderit atque muniuerit *scuto bonae uoluntatis* suae et gratia misericordiae suae, non ero segnis ad inquirendam substantiam dei siue per scripturam eius siue per creaturam. Quae utraque nobis ad hoc proponitur intuenda ut ipse quaeratur, ipse diligatur qui et illam inspirauit et istam creauit. Nec trepidus ero ad proferendam sententiam meam in qua ma-

---

[1] praesumptio priusquam veritas pateat ··· praesumptae defensio falsitatis: 진리 탐구에 정신력을 모조리 집중했던 교부는 진리에 대한 '억측'을 극도로 혐오하여 갖가지 수식어를 붙인다(superba, vana, caeca, sacrilega, temeraria, perniciosa).

[2] 시편 5,13 참조.

서언: 인간들의 오류 가운데 도저히 묵과하기 어려운 두 가지 오류

1.1. 인간들이 하느님을 탐구하고 삼위일체를 이해하려고, 인간의 나약함에도 그 나름대로 지성을 기울일 때, 으레 힘겨운 곤란을 겪게 된다. 그 까닭은 지성이 "가까이할 수 없는 빛"을 들여다보려고 애쓴다는 점에도 있고 성경의 무수하고 다양한 어법에도 있다. 내가 보기에 이 점은 아담[의 후예라는 점을] 낮추어 보이는 것 외에 다른 것이 아니고 그럴수록 그리스도의 은총이 영광스럽게 빛을 발한다. 그렇더라도 온갖 애매모호한 점들이 토론을 거쳐서 모종의 결론에 도달하고 나면, 그처럼 엄청난 비의秘義를 탐색하는 도중에 길을 잘못 든 사람들을 관대하게 용인하기도 아주 쉬워질 것임에 틀림없다. 하지만 인간들의 오류 가운데 도저히 묵과하기 어려운 것이 둘 있다. 진리가 드러나기 전에 [무엇을 진리라고] 억측함이 그 하나이고, 진리가 이미 드러난 다음에도 억측하던 허위를 옹호함이 다른 하나이다.[1] 내가 간절히 빌고 바라거니와, 하느님께서 진리를 발견하는 데나 거룩한 성경을 논하는 데 너무 상반되는 이 두 가지 악덕에서 제발 나를 지켜 주시고, "큰 방패 같은 호의와" 당신 자비의 은총으로 나를 덮어 주셨으면 한다.[2] 여하튼 나로서는 성경을 통해서든 창조계를 통해서든 하느님의 실체를 탐구하는 일을 게을리하지 않을 생각이다.[3] 이 둘이 우리에게 제공된 것은 바로 이 점을 깨닫게 할 요량이었으니 전자에 영감을 주시고 후자를 창조하신 분을 탐구하고 사랑하게 하기 위함이다. 하지만 내 의

---

[3] 이 책은 "성경에 준거하여 저 위대한 삼위일체의 단일성과 동등성을 증명하는" 일(1-4권)과 인간 지성의 분석을 통한 논증[5-15권: "우리의 토론이 하느님의 모상 속에 삼위일체가 나타난다는 결론에 도달했다. 하느님의 모상이란, 지성이라는 점에서 보는 인간을 말한다"(15. 3.5)] 두 방법론을 따르고 있다.

gis amabo inspici a rectis quam timebo morderi a peruersis. Gra-
tanter enim suscipit oculum columbinum pulcherrima et modestis-
sima caritas; dentem autem caninum uel euitat cautissima humilitas
uel retundit solidissima ueritas. Magisque optabo a quolibet repre-
hendi quam siue ab errante siue ab adulante laudari; nullus enim
reprehensor formidandus est amatori ueritatis. Etenim aut inimicus
reprehensurus est aut amicus. Si ergo inimicus insultat, ferendus
est; amicus autem si errat, docendus; si docet, audiendus. Laudator
uero et errans confirmat errorem, et adulans inlicit in errorem.
Emendabit ergo *me iustus in misericordia et arguet me; oleum au-*
tem peccatoris non impinguabit caput meum.

I 2. Quamobrem quamquam firmissime teneamus de domino nos-
tro Iesu Christo et per scripturas disseminatam et a doctis catholicis
earundem scripturarum tractatoribus demonstratam tamquam cano-
nicam regulam quomodo intellegatur *dei filius* et *aequalis patri*
secundum *dei formam* in qua est et *minor patre* secundum *serui*

---

⁴ nullius enim reprehensor formidandus est amatori veritatis: '진리의 연인'(e.g., *Enarra-tiones in Psalmos* 36.2.20; 118.12.4)은 교부가 즐겨 쓰는 표현이다(verus philosophus est amator dei: 『신국론』 8.1).

⁵ 시편 141,5. 『성경』: "의인이 자애로써 저를 때려도 마다하지 않으리이다. 그것은 머릿기름, 제 머리가 마다하지 않으리이다."

견을 개진하는 일도 미온적으로 하지 않겠다. 그런 일을 했다가 생각이 비뚤어진 사람들에게 씹힐까 두려워하기보다는 생각이 올바른 사람들에게 읽히는 일이 더 좋다고 여길 작정이다. 참으로 미려하고 참으로 공손한 애덕이야말로 기꺼이 비둘기 같은 눈을 간직하는 법이고, 개들의 이빨이야말로 아주 조심스러운 겸손으로 피하거나 아주 확고한 진리로 다듬어 주겠다. 나 같으면 오류에 빠져 있는 사람에게서나 아첨을 일삼는 사람에게서 칭송을 받느니 차라리 누구한테든 비평을 듣는 편을 바라겠다. 무릇 진리의 연인이라면 누구의 비판도 무서워해서는 안 된다.[4] 비판을 가할 사람이라면 적이거나 벗, 둘 중 하나이리라. 적이 욕설을 한다면 의당 참아 받아야 하고, 벗이 만일 틀렸다면 가르쳐야 마땅하고 나를 가르친다면 귀 기울여야 마땅하리라. 그 대신 찬사를 보내는 사람은 스스로 오류에 빠진 채 내 오류를 확고히 만들거나, 아첨을 하면서 나를 오류에 빠지게 만들기 십상이다. "의인은 자비로 나를 바로잡아 주고 나를 질책하리이다. 그 대신 죄인의 머릿기름은 제 머리를 기름칠하지 못하리이다."[5]

그리스도에 관한 성경의 어법을 이해하는 준칙

1.2. 그러므로 우리 주 예수 그리스도에 관하여 성경을 통해서 여기저기 산재하는 준칙, 그 성경을 다루는 박식한 가톨릭 인사들이 규범이라고 정립한 준칙[6]이 있다. 어떻게 하면 [성경 구절에서] 그분이 본래 존재하는 '하느님의 형상'에 따라서 그분이 '하느님의 아들'이요 '성부와 같은 분'으로 알아들을 것인지, 또 어떻게 하면 그분이 취하신 '종의 형상'에 따라서 '성부보다 작은 분'으로 알아들을 것인지 [그 준칙을] 아주 굳건하게 견지하기

---

[6] canonica regula: 보통은 신경(信經) 같은 신앙 규범(regula fidei)을 뜻하지만 성경을 해석하는 규범적 전통도 가리킨다["가톨릭 신앙의 준칙(regula autem catholicae fidei)이라고 하면, 성경 구절이 성자가 성부보다 낮다고 할 때는 그분의 육화에 준해서 하는 말이고, 성부와 동등하다고 말할 때는 그분이 하느님이라는 데에 준해서 하는 말이라는 뜻이다": *De diversis quaestionibus 83*, 69.1].

formam quam accepit, in qua forma non solum *patre* sed etiam spiritu sancto, neque hoc tantum sed etiam se ipso *minor inuentus* est, non se ipso qui fuit sed se ipso qui est quia *forma serui* accepta *formam dei* non amisit, sicut scripturarum quae in superiore libro commemorauimus testimonia docuerunt; sunt tamen quaedam in diuinis eloquiis ita posita ut ambiguum sit ad quam potius regulam referantur, utrum ad eam qua intellegimus minorem filium in assumpta creatura, an ad eam qua intellegimus non quidem minorem esse filium sed *aequalem patri*, tamen ab illo hunc esse *deum de deo, lumen de lumine*. *Filium* quippe dicimus *deum de deo*; *patrem* autem *deum* tantum, non 'de deo.' Vnde manifestum est quod filius habeat alium de quo sit et cui filius sit; pater autem non filium de quo sit habeat sed tantum cui pater sit. Omnis enim filius *de patre* est quod est et patri filius est; nullus autem pater de filio est quod est sed filio pater est.

3. Quaedam itaque ita ponuntur in scripturis de patre et filio ut indicent unitatem aequalitatemque substantiae, sicuti est: *Ego et pater unum sumus*, et: *Cum in forma dei esset, non rapinam arbi-*

---

[7] non se ipso qui fuit sed se ipso qui est: 육화하기 이전의 성자와 육화한 이후의 그리스도.

[8] 이 책 1.7.14-8.15 참조.

[9] deum de deo, lumen de lumine: *Symbolum Nicaeanum* 8.

로 하자. 또 그 [종의] 형상에 따르면 성부보다 작은 것만이 아니고 성령보다도 작으며 나아가서는 당신 자신보다 작은 분으로 드러났다. 그것도 단지 원래 존재하던 자신보다 작다는 말이 아니고 지금 존재하는 자신보다 작다는 말이니,[7] 앞의 권에서[8] 우리가 인용한 성경 증언들이 가르친 바와 같이 종의 형상을 취함으로써 하느님의 형상을 잃은 것은 아니기 때문이다. 그렇지만 성경을 보면 [어떤 구절은] 과연 어떤 준칙에 해당하는지 모호하게 배치되어 있다. 즉, [그 준칙이] 성자가 취한 피조물로 인해서 더 작다는 뜻으로 알아들으라는 준칙인지, 성자가 더 작은 것이 아니고 '성부와 같다'는 뜻으로, 그러면서도 '하느님으로부터 오신 하느님이시요 빛으로부터 오신 빛'[9]이므로 당신의 존재는 성부께로부터 유래한다는 뜻으로 알아들으라는 준거인지 애매하다. 우리는 성자를 '하느님으로부터 오신 하느님'이라고 부르고 성부는 그냥 '하느님'이라고 부르지, '하느님으로부터 오신 하느님'이라고 부르지 않는다. 그러니까 성자께는 당신의 존재가 유래한 타자他者가 계시고 바로 그분에게 아들이 되심이 분명하다. 그 대신 성부께서는 아들을 두셨지만 존재가 그에게서 유래하는 것이 아니고 그에게 아버지가 되실 따름이다. 무릇 모든 아들은 자기가 존재하는 그것이 아버지에게서 비롯하여 존재하며 아버지에게 아들이 된다.[10] 그 대신 자기가 존재하는 그것이 아들에게서 비롯하는 아버지는 아무도 없고 그냥 아들에게 아버지가 될 따름이다.

삼중의 어법이 존재한다

1.3. 성경에서 어떤 구절은 성부와 성자에 관하여 서술하면서 실체의 단일單一 내지 동등同等을 지시하고 있으니 예를 들어 "나와 아버지는 하나입니다"[11]라는 말씀이나 "그분은 하느님의 모습을 지니셨으나 하느님과 같음

---

[10] de patre est quod est et patri filius est: esse 동사는 '있다'라는 절대 용법과 '이다'라는 계사(繫辭)로 함께 쓰이므로 끝 구절은 '아버지에게 아들로서 존재하신다'는 의미도 함축한다.

[11] 요한 10,30.

tratus est esse aequalis deo, et quaecumque talia sunt. Quaedam uero ita ut minorem ostendant filium propter *formam serui*, id est propter assumptam creaturam mutabilis humanaeque substantiae, sicuti est quod ait: *Quoniam pater maior me est*, et: *Pater non iudicat quemquam sed omne iudicium dedit filio*. Nam paulo post consequenter ait: *Et potestatem dedit ei et iudicium facere, quoniam filius hominis est*. Quaedam porro ita ut nec *minor* nec *aequalis* tunc ostendatur sed tantum quod *de patre* sit intimetur, ut est illud: *Sicut habet pater uitam in semetipso, sic dedit filio uitam habere in semetipso*, et illud: *Neque enim potest filius a se facere quidquam nisi quod uiderit patrem facientem*. Quod si propterea dictum acceperimus quia in forma accepta ex creatura minor est filius, consequens erit ut prior pater super aquas ambulauerit aut alicuius alterius caeci nati de sputo et luto oculos aperuerit, et cetera quae filius in carne apparens inter homines fecit, ut possit ea facere qui dixit *non posse filium a se facere quidquam nisi quod uiderit patrem facientem*. Quis autem uel delirus ita sentiat? Restat ergo ut haec ideo dicta sint quia incommutabilis est uita filii sicut patris, et tamen *de patre* est; et inseparabilis est operatio patris et filii, sed tamen ita operari filio de illo est de quo ipse est, id est *de patre*; et ita uidet filius patrem ut quo eum uidet hoc ipso sit filius. Non enim aliud

---

[12] 필리 2,6.   [13] 요한 14,28.   [14] 요한 5,22.

[15] 요한 5,27.   [16] 요한 5,26.   [17] 요한 5,19.

[18] viderit patrem facientem: 라틴어 문장으로는 '아버지께서 그렇게 하고 계시는 것을 보지 않고서는'이라는 현재진행형 번역도 가능하므로 성부께서도 신체적 행동을 하셔야만 성자가 따라서 할 것이 아니냐는 무리한 생각도 떠오를 만하다.

[19] '종의 형상'이라는 명분 외에, 성자의 기원이 성부께 있다는 사실에서 '아버지께서 나보다 크시다'는 말씀을 이해하려는 시도다.

을 마치 노획물처럼 여기지 않으셨다"[12]는 말씀이나 그 밖에 이와 비슷한 말씀들이 그렇다. 그런가 하면 어떤 구절들은 '종의 형상' 때문에, 다시 말해서 가변적 인간 실체를 띤 피조물을 취함으로써 성자가 성부보다 작은 분임을 보여 준다. "아버지께서는 나보다 크십니다"[13]라거나, "아버지께서는 아무도 심판하지 않으시고, 심판하는 것을 모두 아들에게 넘겨주셨습니다"[14]라는 말씀이 그렇다. 또 조금 뒤에는 이렇게 말씀을 이으셨다. "또한 그분은 심판을 할 권한도 아들에게 주셨습니다. 그것은 그가 사람의 아들이기 때문입니다."[15] 하지만 어떤 말씀은 [성자가] 작다거나 같다거나 그 자리에서 적시하지 않고 그냥 [성자의 존재가] 성부에게서 비롯한다는 점만 적시한다. "아버지께서 자기 자신 안에 생명을 가지고 계신 것처럼 그렇게 아들에게도 생명을 주셔서 그 안에 생명을 가지게 하셨습니다"[16]라는 구절이 그렇고, "아들은 아버지께서 하시는 것을 보지 않고서는 아무것도 스스로 할 수 없습니다"[17]라는 구절이 그렇다. 이 구절을 해석하여, 피조물에서 취하신 형상이라는 점에서 [성부보다] 성자가 더 작다는 뜻으로 우리가 받아들인다고 하자.[18] 그러면 결과적으로 먼저 성부께서 물 위를 걸으셔야 하고, 성부께서 소경으로 태어난 사람의 눈에 침과 진흙을 발라 눈뜨게 하셔야 하고, 그 밖에도 성자께서 육신으로 나타나셔서 사람들 가운데서 행하신 모든 일을 그렇게 하셔야 한다는 결론이 나올 법하다. 그래야만 "아들은 아버지께서 하시는 것을 보지 않고서는 아무것도 스스로 할 수 없습니다"라고 말씀하신 분이 저 모든 일을 해낼 수 있을 테니까 말이다. 하지만 누가 이런 생각을 할 만큼 정신이 나갔겠는가? 그러면 남은 결론은, 성자의 생명이 성부의 생명처럼 변하지 않기 때문에, 그렇지만 성부께로부터 비롯하여 존재하는 분이기 때문에 이런 말씀이 나왔다는 것이다.[19] 또 성부의 활동과 성자의 활동은 불가분하다. 그렇지만 성자에게는 일하는 것도 자기 존재가 비롯하는 그분에게서, 즉 성부에게서 기원한다.[20]▶ 마찬가지로 성자가 성부를 뵙지만 성부를 뵙는 그것 자체로 성자로서 존재하는 것이다.[21]▶ 그분에게는 성부께로부터 비롯하여 존재하는 것, 즉 성부

illi est esse *de patre*, id est nasci *de patre*, quam uidere *patrem*, aut aliud uidere *operantem* quam pariter operari; sed ideo *non a se* quia non est a se, et ideo *quod uiderit patrem* quia *de patre* est. Neque enim alia similiter, sicut pictor alias tabulas pingit quemadmodum alias ab alio pictas uidit; nec eadem dissimiliter, sicut corpus easdem litteras exprimit quas animus cogitauit; sed: *Quaecumque*, inquit, *pater facit, haec eadem et filius facit similiter.* Et *haec eadem* dixit et *similiter*, ac per hoc inseparabilis et par operatio est patri et filio, sed a patre est filio. Ideo *non potest filius a se facere quidquam nisi quod uiderit patrem facientem.* Ex hac ergo regula qua ita loquuntur scripturae ut non alium alio minorem sed tantum uelint ostendere quis de quo sit, nonnulli eum sensum conceperunt tamquam minor filius diceretur. Quidam autem nostri indoctiores et in his minime eruditi, dum haec secundum *formam serui* conantur accipere et eos rectus intellectus non sequitur, perturbantur. Quod ne accidat, tenenda est et haec regula qua non minor filius sed quod *de patre* sit intimatur, quibus uerbis non inaequalitas sed natiuitas eius ostenditur.

◀20 operari filio de illo est de quo ipse est: 성자는 존재론적 기원(de patre est quod est: 앞의 각주 10 참조) 외에도 활동 역시 성부에게서 기원한다.

◀21 ita videt filius patrem ut quo eum videt hoc ipso sit filius: 우선 성자의 대내적 활동(operatio ad intra)과 성자의 존재(본질) 사이에 구분이 없음을 밝혀 "아들은 아버지께서 하시는 것을 보지 않고서는 아무것도 스스로 할 수 없습니다"라는 구절을 설명한다.

22 non a se operari, quia non est a se [aseitas]: 동방 교부들이 주장하던 성부의 '군주 신론'(君主神論, monarchianismus)을 아우구스티누스도 알고 있었다.

23 sicut corpus exprimit: 문장을 보충하여 역자마다 '솜씨가 다르듯이'(Arias), '입마다 달리 표현하듯이'(Beschin)라고 첨가한다.

께로부터 태어나는 것이 성부를 뵙는 것과 별개의 무엇이 아니다. 또 "아
버지께서 일하시는 것을 보는 것"과 [아버지와] 동등하게 일하는 것이 별
개의 무엇이 아니다. 다만 스스로 존재하지 않기 때문에 스스로 일하지 않
으며,[22] 아버지께로부터 존재하기 때문에 아버지께서 하시는 것을 보고서
[일한다]. 이 말은 화가가 다른 화가에 의해서 그려진 다른 화폭을 보고서
다른 화폭에다 그리는 것처럼, 다른 것을 비슷하게 한다는 뜻이 아니다.
또 정신이 생각해 낸 것을 육체가 같은 문자를 써서 표현하더라도 [달리하
듯이],[23] 같은 것을 다르게 한다는 뜻도 아니다. 그분은 "아버지께서 하시
는 이 똑같은 것을 무엇이든지 아들도 비슷하게 합니다"[24]라고 한다. 또
'이 똑같은 것을'이라고 했고, 이어서 '비슷하게'라고 했는데 아버지와 아
들에게는 일이 불가분하고 동등하지만 아들에게는 그 일이 아버지에게서
비롯한다는 뜻이다. 그래서 "아들은 아버지께서 하시는 것을 보지 않고서
는 아무것도 스스로 할 수 없습니다"라는 말씀이 나왔다. 따라서 이 준거
에 따르면 성경 구절들은 누가 누구보다 작다는 사실을 보여 주려는 것이
아니라 누가 누구에게서 비롯하는가를 보여 주려는 것인데, 혹자는[25] 이
구절들이 성자가 더 작다는 말을 하는 것처럼 그 뜻을 받아들였다. 우리
중에 지식이 뒤떨어지고 이런 사안에 조금도 식견이 없는 사람들은 이런
구절들을 굳이 '종의 형상'에 따라서 말하는 의미로 받아들이려 애쓰고 그
러다 보니 올바른 이해가 따르지 않아서 적지 않게 당황하곤 했다. 이런
일이 생기지 않으려면 이 준거를, 성자께서 [성부보다] 작다는 뜻이 아니
고 '성부로부터' 비롯함을 의미하는 것으로 받아들여야 한다. 그 말로 성자
의 비동등非同等이 아니고 성자의 출생[26]을 보여 주고 있다.

---

[24] 『200주년』("아버지께서 하시는 것은 무엇이든지 아들도 똑같이 합니다")과는 달리 교부
가 인용한 라틴어본에는 '이 똑같은 것을'(haec eadem) 아들도 '비슷하게'(similiter) 한다고 되
어 있어서 뒤따르는 부연 설명이 필요하다.

[25] 아리우스파나 서방의 테르툴리아누스, 노바티아누스를 지칭하는 듯하다.

[26] nativitas: 그리스도의 '탄생'(4.4.7: sextam [aetatem] inchoavit nativitas domini) 외에 말씀
의 영원한 '출생'(15.27.50: quid distet nativitas verbi dei a processione doni dei)도 지칭한다.

II 4. Sunt ergo quaedam in sanctis libris, ut dicere coeperam, ita posita ut ambiguum sit quonam referenda sint, utrum ad illud quod propter assumptam creaturam *minor* est filius, an ad illud quod quamuis *aequalis* tamen quia *de patre* sit indicatur. Et mihi quidem uidetur si eo modo ambiguum est ut explicari discernique non possit, ex utralibet regula sine periculo posse intellegi, sicut est quod ait: *Mea doctrina non est mea sed eius qui me misit.* Nam et ex *forma serui* potest accipi sicut iam in libro superiore tractauimus, et ex *forma dei* in qua sic *aequalis* est *patri* ut tamen *de patre* sit. *In dei* quippe *forma* sicut non est aliud filius, aliud uita eius, sed ipsa uita filius est; ita non est aliud filius, aliud doctrina eius, sed ipsa doctrina filius est. Ac per hoc sicut id quod dictum est: *Dedit filio uitam*, non aliud intellegitur quam: 'Genuit filium qui est uita,' sic etiam cum dicitur: '*Dedit filio* doctrinam,' bene intellegitur: 'Genuit filium qui est doctrina'; ut quod dictum est: *Mea doctrina non est mea sed eius qui me misit*, sic intellegatur ac si dictum sit: 'Ego non sum a me ipso sed ab illo *qui me misit.*'

III 5. Nam et de spiritu sancto de quo non dictum est: *Semetipsum exinaniuit formam serui accipiens*, ait tamen ipse dominus:

---

27 피조물을 취했기 때문에 성자가 성부보다 작다는 뜻인지, 아니면 성자가 성부와 같지만 성부에게서 비롯하여 존재함을 가르치려고 한 것인지 의심스러운 성경 구절들을 가리킨다.

28 요한 7,16.

29 이 책 1.12.26-13.30 참조.

30 요한 5,26.

2.4. 내가 말을 꺼냈듯이, 성경에는 [이 둘 중의] 어느 [준칙을] 적용해야 할지 모호하게 제시되는 구절들이 있다.[27] 성자가 피조물을 취했기 때문에 성부보다 작다는 그 사실과 연관되는지, 그렇지 않으면 성자가 비록 성부와 같지만 성부에게서 비롯하여 존재함을 지적하는 것인지 애매하다. 또 내가 보기에는, 설명을 하거나 구분을 하기가 불가능할 만큼 애매모호하다면 두 준거를 다 이용하여 해석해도 위험이 없을 것 같다. 예컨대 "내 가르침은 내 것이 아니라 나를 보내신 분의 것입니다"[28]라는 구절이 그렇다. 앞의 권에서 우리가 벌써 다루었듯이[29] 이 구절은 '종의 형상'에 의거하여 하는 말씀으로 알아들을 수도 있고, '하느님의 형상'에 의거하여 아버지와 동등하되 아버지께로부터 비롯함을 가리키는 말씀으로 알아들을 수도 있다. 하느님의 형상으로는 아들 다르고 그분의 생명 다르고 하지 않고, 아들이 곧 생명 자체이듯이, 아들 다르고 그분의 가르침 다르고 하지 않고, 아들이 곧 가르침 그 자체이다. 바로 그래서 "아들에게 생명을 주셨다"[30]는 말씀 역시 "생명이신 아들을 낳으셨다"는 뜻 말고 달리 알아들을 것이 아니다. 마찬가지로 "아들에게 가르침을 주셨다"는 구절 또한 "가르침이신 아들을 낳으셨다"는 뜻으로 알아들으면 잘 알아듣는 것이다. 따라서 "내 가르침은 내 것이 아니라 나를 보내신 분의 것입니다"라는 말씀은 "나는 스스로 존재하는 것이 아니고 나를 보내신 분에게서 비롯하여 존재합니다"라는 말씀으로 알아듣도록 할 것이다.

3.5. 성령에 관해서도 마찬가지인데[31] 그분을 두고 "자신을 비우시어 종의 형상을 취하셨다"고는 하지 않으며 단지 주님 친히 "그분, 곧 진리의 영

---

[31] 성령이 성부보다 작지 않다고 하면서도 성부께로부터 발한다고 가르치는 구절들을 다룬다.

Cum autem uenerit ille spiritus ueritatis, docebit uos omnem ueritatem. Non enim loquetur a semetipso, sed quaecumque audiet loquetur, et quae uentura sunt annuntiabit uobis. Ille me clarificabit quia de meo accipiet et annuntiabit uobis. Post haec uerba nisi continuo secutus dixisset: *Omnia quaecumque habet pater mea sunt; propterea dixi: Quia de meo accipiet et annuntiabit uobis,* crederetur fortasse ita *natus* de Christo spiritus sanctus quemadmodum ille *de patre.* De se quippe dixerat: *Mea doctrina non est mea sed eius qui me misit*; de spiritu autem sancto: *Non enim loquetur a semetipso, sed quaecumque audiet loquetur,* et: *Quia de meo accipiet et annuntiabit uobis.* Sed quia reddidit causam cur dixerit *de meo accipiet* (ait enim: *Omnia quaecumque habet pater mea sunt; propterea dixi: Quia de meo accipiet*), restat ut intellegatur etiam spiritus sanctus de patris habere sicut et filius. Quomodo nisi secundum id quod supra diximus: *Cum autem uenerit paracletus quem ego mittam uobis a patre, spiritum ueritatis qui a patre procedit, ille testimonium perhibebit de me?* Procedendo itaque *a patre* dicitur *non* loqui *a semetipso*; et sicut non ex eo fit ut minor sit filius quia dixit: *Non potest filius a se facere quidquam nisi quod uiderit patrem facientem* (non enim hoc ex *forma serui* dixit, sed ex *forma dei,* sicut iam ostendimus; haec autem uerba non indicant quod minor sit sed quod *de patre* sit); ita non hinc efficitur ut minor sit spiritus sanctus quia dictum est de illo: *Non enim loquetur a semetipso, sed*

---

[32] 요한 16,13-14. [33] 요한 16,15.

[34] 이 책 1.8.18-9.19 및 1.12.25 참조. [35] 요한 15,26.

[36] 이 책 2.1.3 참조.

이 오시면 여러분을 모든 진리 안에 인도하실 것입니다. 그분은 자기 나름대로 말씀하시지 않고 자기가 들은 것만을 말씀하실 것이며 또한 앞으로 올 것들도 여러분에게 알려 주실 것이기 때문입니다. 그분은 나를 영광스럽게 하실 것입니다. 그것은 그분이 내 것을 받아서 여러분에게 알려 주실 것이기 때문입니다"[32]라고 하신 말씀이 있다. 이 말씀에 곧이어 "아버지께서 가지고 계신 것은 모두 내 것입니다. 그래서 나는 그분이 내 것을 받아서 여러분에게 알려 주실 것이라고 말했던 것입니다"[33]라는 말씀이 나오지 않았더라면 아마도 성령이 그리스도께로부터 나시고 그리스도는 아버지께로부터 나셨다고 믿을지도 모르겠다. 당신을 두고는 "내 가르침은 내 것이 아니라 나를 보내신 분의 것입니다"라고 하시지만, 성령을 두고는 "그분은 자기 나름대로 말씀하시지 않고 자기가 들은 것만을 말씀하실 것입니다"라고 하시고 또 "그것은 그분이 내 것을 받아서 여러분에게 알려 주실 것이기 때문입니다"라고 하신다. '내 것을 받아서'라고 말씀하신 이유를 제시했기 때문에 — "아버지께서 가지고 계신 것은 모두 내 것입니다. 그래서 나는 그분이 내 것을 받아서 여러분에게 알려 주실 것이라고 말했던 것입니다"라는 말씀이 있다 — 아들이 아버지께로부터 받듯이 성령도 아버지께로부터 받는다고 알아들을 수밖에 없다. 그런데 우리가 앞서 인용한 대로,[34] "내가 아버지로부터 여러분에게 보낼 협조자, 곧 아버지로부터 나오시는 진리의 영이 오시면 그분은 나에 관해 증언할 것입니다"[35]라는 말씀에 의하지 않으면 어떻게 이 말씀이 성립하겠는가? 아버지께로부터 발하시므로 자기 나름대로 말씀하지 않는다고 한다. "아들은 아버지께서 하시는 것을 보지 않고서는 아무것도 스스로 할 수 없습니다"라고 말씀하셨다고 해서 아들이 아버지보다 작아지는 것이 아니듯이 — 왜냐하면 이것은 종의 형상에 입각하여 하는 말이 아니고 우리가 이미 입증한 대로,[36] 하느님의 형상에 입각해서 하는 말이다. 그러니까 이 말씀은 [성부보다 성자가] 더 작다는 뜻이 아니고 성부께로부터 비롯하여 계신다는 뜻이다 — 성령을 두고 "그분은 자기 나름대로 말씀하시지 않고 자기가 들은 것만을

quaecumque audiet loquetur; secundum hoc enim dictum est quod *de patre procedit*. Cum uero et filius *de patre* sit et spiritus sanctus *a patre* procedat, cur non ambo filii dicantur nec ambo geniti, sed ille *unus filius unigenitus*, hic autem spiritus sanctus nec filius *nec genitus*, quia si genitus utique filius, alio loco, si deus donauerit et quantum donauerit disseremus.

IV 6. Verumtamen hic euigilent si possunt qui hoc etiam sibi suffragari putauerunt quasi ad demonstrandum patrem filio maiorem, quia dixit filius: *Pater, clarifica me*. Ecce et spiritus sanctus clarificat eum; numquidnam et ipse maior est illo? Porro autem si propterea spiritus sanctus glorificat filium quia de filii accipiet et ideo de eius accipiet quia *omnia quae habet pater* ipsius sunt, manifestum est quia cum spiritus sanctus glorificat filium, pater glorificat filium. Vnde cognoscitur quod *omnia quae habet pater* non tantum filii sed etiam spiritus sancti sunt quia potens est spiritus sanctus glorificare filium quem glorificat pater. Quod si ille qui glorificat eo quem glorificat maior est, sinant ut aequales sint qui se inuicem glorificant. Scriptum est autem quod et filius glorificet patrem: *Ego te*, inquit, *glorificaui super terram*. Sane caueant ne putetur spiritus

---

[37] filius de patre sit et spiritus sanctus a patre procedat: 성부로부터 기원하는 한, '비롯하여 존재하다'를 굳이 출생이라 하고 '…로부터 발하다'를 발출이라고 구분하는 진지한 이유가 제시되어야 한다.

[38] 이 책 5.14.15, 특히 15.25.45에서 상론한다.

[39] 요한 17,1.

[40] 요한 16,14 참조: "진리의 영이 오시면 … 그분은 나를 영광스럽게 하실 것입니다."

말씀하실 것입니다”라는 말씀이 있다고 해서 성령이 성부보다 더 작아지
는 결과를 내지는 않는다. 성령이 성부께로부터 발한다는 뜻에서 한 말이
다. 그런데 아들이 아버지께로부터 비롯하여 계시고 성령이 아버지께로부
터 발하시는 이상, 왜 두 분 다 아들이라고, 두 분 다 태어난 분이라고 부
르지 않고 전자는 한 분 외아들이라 부르고 후자는 아들이라고도 태어난
분이라고도 하지 않고 그냥 성령이라고 하느냐는 물음이 나올 법하다.[37]
태어난 분이라면 또한 아들이다. 이 물음은 하느님이 허락하시면 또 허락
하시는 범위 내에서 다른 데서 논하기로 하자.[38]

아들이 아버지께 영광을 받으셨다고 해서 아버지보다 작은 것이 아니다

   4.6. 하지만 성자께서 “아버지, 나를 영광스럽게 하소서”[39]라고 말씀하
신 이상, 성부께서 성자보다 크시다는 점을 입증하는데, [이 구절이] 자기
주장을 지지한다고 여기는 사람이 있다면, 되도록이면 제발 여기서 조심
하시라. 보시라, 성령도 그분을 영광스럽게 하신다![40] 그렇다면 성령도 성
자보다 크다는 말인가? 성자의 것을 받기 때문에 성령이 성자를 영광스럽
게 한다면, 따라서 '아버지께서 가지고 계신 것 모두' 성자의 것이기 때문
에 성령이 성자의 것을 받는 것이라면, [결론적으로] 성령이 성자를 영광
스럽게 할 때는 곧 성부께서 성자를 영광스럽게 하시는 것임이 분명하다.
'아버지께서 가지고 계신 것 모두'는 성자의 것만이 아니고 성령의 것이기
도 하니, 성부께서 영광스럽게 하시는 성자를 성령 또한 영광스럽게 할 만
큼 힘 있는 분이기 때문이다. 만일 영광스럽게 하는 분이 영광을 받는 이
보다 크다면, 서로 영광스럽게 하는 이들은 서로 동등하다는 말을 그만둬
야 할 것이다. 그런데 성자도 성부를 영광스럽게 한다고 적혀 있다. “저는
땅에서 당신을 영광스럽게 했습니다.”[41] 그러니 행여 성부께서 영광스럽게

---

[41] 요한 17,4.

sanctus maior ambobus quia glorificat filium quem glorificat pater, ipsum autem nec a patre nec a filio glorificari scriptum est.

V 7. Sed in his conuicti ad illud se conuertunt ut dicant: 'Maior est qui mittit quam qui mittitur.' Proinde maior est pater filio quia filius *a patre* se missum assidue commemorat; maior est et spiritu sancto quia de illo dixit Iesus: *Quem mittet pater in nomine meo*; et spiritus sanctus utroque minor est quia et pater eum mittit, sicut commemorauimus, et filius cum dicit: *Si autem abiero, mittam eum ad uos.*

Qua in quaestione primum quaero unde et quo missus sit filius. *Ego*, inquit, *a patre exii et ueni in hunc mundum*; ergo *a patre* exire *et* uenire *in hunc mundum*, hoc est mitti. Quid igitur est quod de illo idem ipse euangelista dicit: *In hoc mundo erat, et mundus per ipsum factus est, et mundus eum non cognouit?*, deinde coniungit: *In sua propria uenit*; illuc utique missus est quo *uenit*. At si *in hunc mundum* missus est quia exiit *a patre et uenit in hunc mundum*, et *in hoc mundo erat*, illuc ergo missus est ubi *erat*. Nam et illud quod

---

⁴² "영광스럽게 하는 분이 영광을 받는 이보다 크다면" 성자께서 성부를 영광스럽게 하시고 그 성자를 성령이 영광스럽게 하니까, 성령은 당신이 영광스럽게 하는 성자보다, 또 성자가 영광스럽게 하는 성부보다 크다는 결론이 된다. 그래서 "성부께서 영광스럽게 하는 성자를"(quem glorificat pater)이라는 문구를 '성부를 영광스럽게 하는 성자를'(qui glorificat patrem)로 읽어야 한다는 주장도 있다(cf., Hill, *Op.cit.*, p.122, notum 12).

⁴³ glorificare(영광스럽게 하다)를 '영광을 부여하다'라는 뜻으로만 이해하고 '영광을 바친다'(clarificare)는 본뜻을 무시할 경우에만 이런 수사학적 기교가 가능하다.

⁴⁴ 요한 14,26.

하는 성자를[42] 성령이 영광스럽게 한다고 해서, 성령은 성부로부터도 성자로부터도 영광을 받는다는 기록이 없다고 해서, 성령이 두 분보다 크다고 생각하는 일이 없도록 조심할 것이다.[43]

성자와 성령이 파견을 받으셨다고 해서 더 작은 분들이 아니다

5.7. 여기서 논박을 당했으면서도 다음 사실에 눈을 돌리고는 '파견하는 이가 파견받는 이보다 크다'고 하는 사람들이 있다. 성자는 당신이 성부께로부터 파견받았음을 극구 강조한 이상, 성부께서 성자보다 크시다는 것이다. 성령에 관해서도 예수께서 "아버지께서 내 이름으로 보내 주실 성령"[44]이라고 말씀하신 적이 있으니 그렇다면 성부께서는 성령보다도 크시다. 그리고 성령은 [성부와 성자] 두 분보다 작은 셈이니 위에서 우리가 언급한 대로[45] 성부께서도 그분을 파견하셨고, 성자도 "내가 가면 여러분에게 그분을 보내겠습니다"[46]라는 말씀으로 그분을 파견했기 때문이다.

나는 이 문제에서 성자가 어디서 어디로 파견을 받았는지 먼저 연구할 것이다. 그분은 "나는 아버지로부터 떠나와서 이 세상에 왔습니다",[47] 그러니까 아버지로부터 나와서 이 세상에 왔다. 즉, 파견을 받은 것이다. 그러면 바로 그분을 두고 똑같은 복음사가가 "그분은 세상에 계셨다. 세상은 그분으로 말미암아 생겨났다. 하지만 세상이 그분을 알아보지 못했다"[48]라고 한 구절은 어떻게 되는가? 바로 이어서 그는 이렇게 덧붙이기도 한다. "그분은 당신 땅에 오셨다."[49] 그러니까 당신이 온 곳으로 파견을 받았다. 그렇지만 이 세상에 파견받았다면 아버지로부터 떠나와서 이 세상에 왔기 때문이고, 또 그분이 세상에 계셨다면 당신이 계시던 곳으로 파견을 받았

---

[45] 이 책 1.12.25 참조. [46] 요한 16,7.

[47] 요한 16,28. 『200주년』: "나는 아버지로부터 떠나와서 세상에 왔다가 다시 세상을 떠나 아버지께로 갑니다."

[48] 요한 1,10. [49] 요한 1,11.

scriptum est in propheta deum dicere: *Caelum et terram ego impleo*, si de filio dictum est (ipsum enim nonnulli uolunt intellegi uel prophetis uel in prophetis locutum), quo missus est nisi illuc ubi *erat*?; ubique enim erat qui ait: *Caelum et terram ego impleo*. Si autem de patre dictum est, ubi esse potuit sine uerbo suo et sine sapientia sua quae *pertendit a fine usque ad finem fortiter et disponit omnia suauiter*? Sed neque sine spiritu suo usquam esse potuit. Itaque si ubique est deus, ubique est etiam spiritus eius. Illuc ergo et spiritus sanctus missus est ubi erat. Nam et ille qui non inuenit locum quo eat a facie dei et dicit: *Si ascendero in caelum, tu ibi es; si descendero in infernum, ades*; ubique uolens intellegi praesentem deum, prius nominauit spiritum eius. Nam sic ait: *Quo abibo ab spiritu tuo? Et quo a facie tua fugiam?*

8. Quocirca si et filius et spiritus sanctus illuc mittitur ubi *erat*, quaerendum est quomodo intellegatur ista missio siue filii siue spiritus sancti. Pater enim solus nusquam legitur missus. Et de filio quidem ita scribit apostolus: *Cum autem uenit plenitudo temporis, misit deus filium suum factum ex muliere, factum sub lege, ut eos*

---

⁵⁰ 예레 23,24 참조.

⁵¹ 유스티누스 이래의 해석법으로 알려져 있다.

⁵² 지혜 8,1.

⁵³ 시편 139,8: "제가 하늘로 올라가도 거기에 당신 계시고 저승에 잠자리를 펴도 거기에 또한 계시나이다."

⁵⁴ 시편 139,7: "당신의 얼을 피해 …."

다는 말이 된다. 하느님이 예언서에서 하시는 말씀이 또 있다. "나는 하늘과 땅을 가득 채우고 있다."[50] 이것이 성자에 관한 말씀이라면 — 혹자는[51] 예언자들에게 말씀하시거나 예언자들 안에서 말씀하신 분이 성자였다고 알아듣고 싶어 한다 — 그분이 계시던 곳 아니고 어디로 파견받았겠는가? 만약 성부께 관한 말씀이라면 그분이 당신의 말씀 없이, 당신의 지혜 — "지혜는 세상 끝까지 힘차게 퍼져 가며 만물을 훌륭히 통솔한다"[52] — 없이 어디에 계실 수 있겠는가? 하지만 [성부께서는] 당신의 영 없이는 어디에도 계실 수 없었다. 그러므로 어디든지 하느님이 계시다면 어디든지 그분의 영도 계시다. 그러니 성령도 당신이 계시던 곳으로 파견을 받으신 셈이다. 그래서 하느님의 얼굴을 피해 달아날 곳이 없다고 한 저 위인은 "제가 하늘로 올라가도 거기에 당신 계시고 저승에 내려가도 거기에 또한 계시나이다"[53]라고 한다. 그 위인은 어디든지 하느님이 현존하신 것으로 알아들으라고 먼저 그분의 영을 언명했다. 그래서 "당신의 영을 피해 어디로 가리이까? 당신 얼굴 피해 어디로 달아나리이까?"[54]라고 했다.

성자는 마리아에게 나심으로써 이 세상에 파견받아 오신 것이다

5.8. 만약 성자도 성령도 당신이 계시던 곳으로 파견받는다고 한다면 성자의 파견도 성령의 파견도 과연 어떻게 이해할 것인지 묻지 않을 수 없다. 성부만 파견받으셨다는 구절은 찾아볼 수 없다. 성자에 관해서는 사도가 이렇게 쓴다. "때가 차자 하느님께서 여인에게서 만들어진 당신 아드님을, 율법 아래 만들어진 아드님을 보내셨습니다.[55] 그것은 율법 아래 놓인 이들이 속량되도록 하시려는 것이었습니다."[56]▶ '여인에게서 만들어진 당

---

[55] misit deus filium suum factum ex muliere, factum sub lege: '하느님께서 당신 아드님을 보내셨고, 한 여인에게서 태어나고 율법 아래 놓이게 하셨습니다'라는 의미이지만 라틴어 문법상, 더구나 suum과 factum 사이에 쉼표가 없는 이상, '여인에게서 만들어진 당신 아드님을, 율법 아래 만들어진 아드님을 보내셨습니다'로 해석될 수 있어 이후의 설명을 가능케 한다.

qui sub lege erant redimeret. Misit, inquit, filium suum factum ex muliere. Quo nomine quis catholicus nesciat non eum priuationem uirginitatis sed differentiam sexus hebraeo loquendi more significare uoluisse? Cum itaque ait: *Misit deus filium suum factum ex muliere*, satis ostendit eo ipso missum *filium* quo factus est *ex muliere. Quod* ergo *de deo natus est, in hoc mundo erat; quod* autem *de Maria natus est, in hunc mundum* missus *aduenit.* Proinde mitti *a patre* sine spiritu sancto non potuit, non solum quia intellegitur pater cum eum misit, id est fecit ex femina, non utique sine spiritu suo fecisse; uerum etiam quod manifestissime atque apertissime in euangelio dicitur uirgini Mariae quaerenti ab angelo: *Quomodo fiet istud?, Spiritus sanctus superuenit in te, et uirtus altissimi obumbrabit tibi*; et Matthaeus dicit: *Inuenta est in utero habens de spiritu sancto*; quamquam et apud Esaiam prophetam ipse Christus intellegitur de aduentu suo futuro dicere: *Et nunc dominus misit me, et spiritus eius.*

9. Fortasse aliquis cogat ut dicamus etiam a se ipso missum esse filium quia ille Mariae conceptus et partus operatio trinitatis est

---

◀56 갈라 4,4-5. 『200주년』: "때가 차자 하느님께서 당신 아드님을 보내셨고, 그분은 한 여인에게서 태어나 율법 아래 놓이셨습니다. 그것은 율법 아래 놓인 이들이 속량되도록 하시려는 것이었습니다."

57 '여인'(mulier)이 라틴어의 어법상 '혼인한 여자, 아내'를 가리키므로 교부는 가톨릭교회에서 성모를 지칭하는 '처녀'(virgo)와 대비시키는 설명을 끄집어낸다.

신 아드님을 보내셨다'고 했다. 물론 가톨릭 신자치고 이 ['여인'이라는] 명사가 동정童貞의 상실을 의미하는 것이 아니라 그저 히브리 어법상 성차性差만 의미하는 것임을 모를 사람이 누구겠는가?[57] 그러므로 '여인에게서 만들어진 당신 아드님을 보내셨다'고 함으로써, 여인에게서 만들어졌다는 것으로 그분이 파견받은 아들이심을 보여 주기에 충분하다. 하느님에게서 태어나심으로써 이 세상에 계셨다면 마리아에게서 태어나심으로써 이 세상에 파견받아 오신 것이다. 그리고 성령 없이 성부에게서 파견받음도 불가능했다. 이 말은 성부께서 그를 파견하셨을 때, 곧 여자에게서 그를 만드셨을 때[58] 당신의 영 없이 그 일을 하지 않으셨다는 뜻만이 아니다. 그 점이야 복음서에서 "어떻게 그런 일이 이루어질 수 있겠습니까?"라고 묻는 동정 마리아에게 천사가 "성령이 당신에게 내려오실 것이니, 곧 지극히 높으신 분의 힘이 당신을 감싸 주실 것입니다"[59]라고 하는 말에서 극히 분명하고 극히 확실하게 알려 주는 뜻이기도 하다. 마태오도 "성령으로 잉태한 사실이 드러났다"[60]고 한다. 그것보다도 이사야서를 보면 그리스도 친히 장차 이루어질 당신의 내림을 두고 "이제 주님께서 나를 보내셨고 당신의 영이 또한 [나를 보내셨다]"[61]고 나와 있다.

성자는 당신 자신에게서도 파견을 받았다

5.9. 어떤 사람은, 성자는 당신 자신에게서도 파견을 받았다는 말을 우리가 하고 싶어 한다고 생각한다. 그 이유는 [우리가] 마리아의 잉태와 출생이 삼위일체의 활동이라고 하는 까닭이다. 삼위일체의 창조 활동으로

---

[58] factum ex muliere라는 문구를 더 분명하게 fecit ex femina로 바꾸었다. facere 동사는 '만들다', '낳다'라는 의미를 가지고 있다.

[59] 루카 1,34-35.

[60] 마태 1,18 참조.

[61] 이사 48,16. 『성경』: "이제 주 하느님께서는 나와 함께 당신의 영을 보내셨다."

qua creante omnia creantur. 'Et quomodo iam,' inquit, 'pater eum misit si ipse se misit?'

Cui primum respondeo quaerens ut dicat, si potest: quomodo eum *pater sanctificauit* si se ipse sanctificauit? Vtrumque enim idem dominus ait: *Quem pater*, inquit, *sanctificauit et misit in hunc mundum, uos dicitis quia blasphemat quoniam dixi: Filius dei sum*; alio autem loco ait: *Et pro eis sanctifico me ipsum*. Item quaero quomodo *eum* pater *tradidit* si ipse *se tradidit*. Vtrumque enim dicit apostolus Paulus: *Qui filio*, inquit, *proprio non pepercit, sed pro nobis omnibus tradidit eum*. Alibi autem de ipso saluatore ait: *Qui me dilexit et tradidit se ipsum pro me*. Credo respondebit si haec probe sapit quia una uoluntas est patris et filii et inseparabilis operatio. Sic ergo intellegat illam *incarnationem* et *ex uirgine* natiuitatem in qua filius intellegitur missus una eademque operatione patris et filii inseparabiliter esse factam, non utique inde separato spiritu sancto de quo aperte dicitur: *Inuenta est in utero habens de spiritu sancto*.

Nam etiam si ita quaeramus, enodatius fortassis quod dicimus apparebit. Quomodo *misit deus filium suum*? Iussit ut ueniret, atque ille iubenti obtemperans uenit? An rogauit? An tantummodo admonuit? Sed quodlibet horum sit, uerbo utique factum est; *dei* autem *uerbum* ipse est *dei filius*. Quapropter cum eum pater uerbo *misit*, a

---

⁶² 파견은 의존을 전제하는 개념이지만 우열이나 종속을 나타내는 바 없으며 피조물과 연관하여 위격에 새로운 관계가 발생하는 것뿐이라는 것이 교부의 설명이다.

⁶³ 요한 10,36. '너는 신성모독을 한다'(blasphemas)는 문장을 아우구스티누스는 '그는 신성모독을 한다'(blasphemat)고 인용한다.

⁶⁴ 요한 17,19.　　　　⁶⁵ 로마 8,32.

⁶⁶ 갈라 2,20.　　　　⁶⁷ 마태 1,18.

모든 것이 창조된다고 [말하는] 까닭이다. 저런 사람은 "[당신들 말대로] 성자 친히 당신을 파견했다면 성부께서 성자를 파견하신다는 말은 어떻게 되는가?"라고 반문한다.[62]

나는 먼저 저런 사람에게 "그분이 당신 자신을 거룩하게 하는데 어떻게 성부께서 그분을 거룩하게 하신다는 말이 되는가?"라는 물음으로 답변을 대신하겠다. 다음 말씀은 둘 다 주님 친히 한 말씀이다. "당신들은 아버지께서 거룩하게 하시고 세상에 파견하신 자에게 '나는 하느님의 아들이다' 하고 내가 말했다고 하여 신성모독을 한다고 말합니까?"[63] 그리고 다른 대목에서는 "그들을 위해서 저는 제 자신을 거룩하게 합니다"[64]라고 한다. 또 그분이 당신 자신을 넘겨준 터에 어떻게 성부께서 그를 넘기셨다는 말이 나오느냐고 묻고 싶다. 다음 두 마디는 다 바오로 사도가 한 말이다. "당신의 친아드님을 아끼지 않으시고 오히려 우리 모두를 위해 그분을 넘겨주셨습니다."[65] 그리고 다른 대목에서는 자기의 구세주를 가리켜 "나를 사랑하고 나를 위해 당신 자신을 넘겨주신"[66] 분이라고 부른다. 이런 문제를 제대로 알고 있는 사람이라면 성부와 성자의 의지意志가 하나요 [두 분의] 활동이 불가분하기 때문이라고 답변하리라는 것을 나는 알고 있다. 따라서 저 육화肉化와 동정녀로부터의 탄생, 곧 성자가 파견을 받은 것으로 이해되는 [두 사건은] 성부와 성자의 단일하고 동일한 활동에 의해서 불가분하게 이루어졌다는 사실을 깨닫기 바란다. 그렇다고 성령이 그 일에서 제외된 것은 아니니 그분에 관해서는 "성령으로 잉태한 사실이 드러났다"[67]고 분명하게 말하는 까닭이다.

우리가 이런 식으로 탐구해 나간다면 우리가 하는 말이 아마 더욱 명료하게 드러날 것이다. 아버지께서 어떻게 아들을 파견하셨을까? 가라고 명령하셨고 그분은 명령하시는 분에게 복종하여 온 것인가? 그렇지 않으면 [성부께서] 요청을 하신 것일까? 그것도 아니면 단순히 권유만 하신 것일까? 이 중 어느 것이 맞든 말씀으로 하셨을 것이고, 하느님의 말씀은 곧 하느님의 아들이시다. 그러므로 성부께서 말씀으로 그분을 파견하셨다고 한

patre et uerbo eius factum est ut mitteretur. Ergo a patre et filio missus est idem filius quia uerbum patris est ipse filius. Quis enim se tam sacrilega induat opinione ut putet temporale uerbum a patre factum esse ut aeternus filius mitteretur et *in carne* appareret ex tempore? Sed utique in ipso dei uerbo quod *erat in principio apud deum et deus erat*, in ipsa scilicet *sapientia dei* sine tempore erat quo tempore illam *in carne* apparere oporteret. Itaque cum sine ullo initio temporis *in principio* esset *uerbum, et uerbum* esset *apud deum, et deus* esset *uerbum*; sine ullo tempore in ipso uerbo erat quo tempore *uerbum caro* fieret *et* habitaret *in nobis*. Quae *plenitudo temporis cum uenisset, misit deus filium suum factum ex muliere*, id est factum in tempore ut incarnatum uerbum hominibus appareret; quod in ipso uerbo sine tempore erat in quo tempore fieret. Ordo quippe temporum *in* aeterna *dei sapientia* sine tempore est. Cum itaque hoc a patre et filio factum esset ut *in carne* filius appareret, congruenter dictus est missus ille qui *in* ea *carne* apparuit, misisse autem ille qui in ea non apparuit. Quoniam illa quae coram corporeis oculis foris geruntur ab interiore apparatu naturae spiritalis exsistunt, propterea conuenienter missa dicuntur. Forma porro illa suscepti hominis filii persona est, non etiam patris. Quapropter

---

[68] 요한 1,1 참조.

[69] sapientia dei *sine tempore* erat *quo tempore* ⋯ *sine ullo initio temporis* in principio esset verbum ⋯ *sine ullo tempore* in ipso verbo erat *quo tempore* ⋯: 하느님의 영원성(sine tempore)과 육화의 시간성(quo tempore)은 깊은 신비 속에 이루어지는 합치다.

[70] factum ex muliere, id est factum in tempore: 갈라 4,4-5를 절묘하게 각색하여 "여인에게서 만들어진, 시간 속에 만들어진"(앞의 각주 55 참조) 말씀을 제시하여 이하의 설명을 개진한다.

다면, 성부와 그분의 말씀에 의해서 파견이 이루어진 것이다. 따라서 동일한 분인 성자가 성부와 성자에 의해서 파견받은 것이다. 성자가 곧 성부의 말씀인 까닭이다. 성부께서 시간적 말씀을 내리셨고, 그래서 영원한 성자가 육신으로 시간 속에 나타나신 것이라는 생각을 할 만큼 신성모독의 견해를 끄집어낼 사람이 누구겠는가? 하지만 하느님의 말씀 안에, "한처음에 하느님과 함께 계셨고 또한 하느님이셨던"[68] 그 말씀 안에, 다시 말해서 시간이 없는 하느님의 지혜 안에서는, 어느 일정한 시간에 그 지혜가 육신으로 나타나게끔 되어 있었다. 그러니까 시간의 시작이 전혀 없이 한처음에 말씀이 계셨고, 그 말씀이 하느님과 함께 계셨고, 그 말씀은 또한 하느님이셨다. 그리고 시간이 전혀 없이 그 말씀 안에서는 어느 일정한 시간에 말씀이 살이 되시고 우리 가운데 거처하시기로 작정되어 있었다.[69] 과연 "때가 차자 하느님께서 여인에게서 만들어진 당신 아드님", 곧 시간 속에서 만들어진 분을 보내셔서 육화한 말씀으로서 사람들에게 나타나게 하셨다.[70] 장차 어느 일정한 시간 속에 이루어질 것이 말씀 안에 시간 없이 존재하고 있었다. 시간의 질서가 하느님의 영원한 지혜 속에 시간 없이 존재하고 있다.[71] 성자가 육신으로 나타남이 성부와 성자에 의해서 이루어진 일이라고 하더라도, 육신으로 나타난 분이야말로 파견을 받았다고 함이 옳고, 육신으로 나타나지 않은 분은 파견을 했다고 함이 옳다. 육안으로 보이게 밖에서 이루어지는 일은 실상 영적인 자연 본성의 내면적 장치에 의해서 존립하므로 [안에 있는 것으로부터 밖으로] '보냄 받았다'고 말해도 된다.[72] 저렇게 취한 사람의 저 형상은 어디까지나 성자의 인물人物이지 또한 성부의 인물이기도 한 것은 아니다.[73]▶ 그러므로 보이지 않는 성부께서

---

[71] ordo quippe temporis in aeterna dei sapientia sine tempore est: 영원은 시간 밖에 있지만 시간은 영원 속에 내포된다는 이론에서 교부는 영원으로부터 성부께로부터 출생하는 성자께서 시간 속에 파견받아 육화함을 설명한다. '시간의 질서'(ordo temporum)는 구원의 역사성과 말씀의 육화를 살리는 토대다.

[72] convenienter missa dicuntur: 영원한 존재의 시간적 출현을 내면적 지향에 의해서 외부 행동으로 '보냄 받은'(missa = 파견) 무엇처럼 비유했다.

pater inuisibilis una cum filio secum inuisibili eundem filium uisibilem faciendo misisse eum dictus est; qui si eo modo uisibilis fieret ut cum patre inuisibilis esse desisteret, id est si substantia inuisibilis uerbi in creaturam uisibilem mutata et transiens uerteretur, ita missus *a patre* intellegeretur filius ut tantum missus non etiam cum patre mittens inueniretur. Cum uero sic accepta est *forma serui* ut maneret incommutabilis *forma dei*, manifestum est quod a patre et filio non apparentibus factum sit quod appareret in filio, id est ab inuisibili patre cum inuisibili filio idem ipse filius uisibilis mitteretur. Cur ergo ait: *Et a me ipso non ueni?* Iam hoc secundum *formam serui* dictum est, secundum quam dictum est: *Ego non iudico quemquam.*

10. Si ergo missus dicitur in quantum apparuit foris in creatura corporali qui intus in natura spiritali oculis mortalium semper occultus est, iam in promptu est intellegere etiam de spiritu sancto cur missus et ipse dicatur. Facta est enim quaedam creaturae species ex tempore in qua uisibiliter ostenderetur spiritus sanctus, siue cum *super ipsum* dominum *corporali specie uelut columba descendit,* siue *cum decem diebus peractis post* eius *ascensionem die pentecostes factus est subito de caelo sonus quasi ferretur flatus uehe-*

◄73 forma illa suscepti hominis filii *persona* est: "인간 형상은 성자의 위격에 속한다"는 일반 번역과 달리 Hill은 persona를 라틴어 일반 용법에 따라 '탈, 외관'(person or guise)으로 번역했다.

당신처럼 보이지 않는 성자와 함께 [일하시어], 성자를 눈에 보이는 분으로 만들어서 그분을 파견했다고 말한다. 만일 [성자가] 눈에 보이는 분이 되면서, 성부와 더불어 보이지 않는 분이기를 그만두셨다고, 말을 달리하여 보이지 않는 말씀의 실체가 보이는 피조물로 변하고 바뀌어 버렸다고 하자. 그럴 경우에 성자가 성부께로부터 파견받았다고는 알아들을 만하지만, 성자는 단지 파견을 받았을 따름이지 성부와 함께 당신도 [당신을] 파견을 한 분으로는 간주되지 않을 것이다. 그러나 종의 형상을 취했으면서도 하느님의 형상이 불변하게 남아 있다면, 성자 안에서 [눈에 보이게] 나타나는 그것은, [눈에 보이게] 나타나지 않는 성부와 성자에 의해서 만들어졌음이 분명하다. 다시 말해서 보이지 않는 성자와 더불어 보이지 않는 성부에 의해서 똑같은 바로 그 성자가 보냄을 받는 것임이 분명하다. 그러면 "나는 내 스스로 온 것이 아닙니다"[74]라는 말씀은 왜 했을까? 이 말씀은 어디까지나 종의 형상에 따라서 한 것이고, "나는 아무도 심판하지 않습니다"[75]라고 하신 말씀과 취지가 같다.

성령의 파견은 보이게 드러난 활동이다

5.10. [성자가] 안으로 영적인 자연 본성에서는 사멸할 인간들의 눈에 언제나 감추어져 있던 분인데 밖으로 육체적 피조물에서 나타난 사실로 '파견받았다'는 말을 한 이상, 성령을 두고도 왜 그분마저 파견받은 분이라고 하는지 당장 납득이 간다. 성령이 일정한 시점에 피조물의 형상形象이 되고 그 형상으로 눈에 보이게 모습을 나타냈기 때문이다. [세례받는] 주님 위로 비둘기라는 물체적 형상으로 내려온 일이나,[76] [주님의] 승천이 있은 뒤 열흘 만에 "오순절이 되어 하늘에서 세찬 바람이 부는 듯한 소리

---

[74] 요한 8,42.

[75] 요한 8,15.

[76] 요한 1,32-33 참조.

mens, et uisae sunt illis linguae diuisae sicut ignis qui et insedit super unumquemque eorum. Haec operatio uisibiliter expressa et oculis oblata mortalibus missio spiritus sancti dicta est; non ut appareret eius ipsa substantia qua et ipse inuisibilis et incommutabilis est sicut pater et filius, sed ut exterioribus uisis hominum corda commota a temporali manifestatione uenientis ad occultam aeternitatem semper praesentis conuerterentur.

VI 11. Ideo autem nusquam scriptum est quod deus pater maior sit spiritu sancto, uel spiritus sanctus minor deo patre, quia non sic est assumpta creatura in qua appareret spiritus sanctus sicut assumptus est *filius hominis* in qua forma ipsius uerbi dei persona praesentaretur; non ut haberet uerbum dei sicut alii sancti sapientes, sed *prae participibus* suis; non utique quod amplius habebat uerbum ut esset quam ceteri excellentiore sapientia, sed quod ipsum uerbum erat. Aliud est enim uerbum in carne, aliud *uerbum caro*; id est aliud est uerbum in homine, aliud uerbum homo. *Caro* enim pro homine posita est in eo quod ait: *Verbum caro factum est*, sicut et

---

[77] 사도 2,1-3.

[78] a temporali manifestatione *venientis* ad occultam aeternitatem *semper praesentis* converterentur: 신적 현시(顯示)가 가지는 의미(a … ad …, venientis, semper praesentis)를 한 문장으로 간추렸다.

[79] 이하에서 교부는 피조물을 이용한 성령의 발현(in qua appareret)과 육화에 의한 성자의 자기 현시(in qua praesentaretur)를 구분한다.

가 나더니 불길 같은 혀들이 갈라지면서 그들에게 나타나 그들 각자 위에 내려앉았다"[77]는 일이 그렇다. 눈에 보이게 표현되었고 사멸할 인간들의 눈앞에서 제시된 이 활동은 성령의 파견이라고 일컬어졌다. 물론 그분의 실체 자체가 나타난 것은 아니다. 그 실체로는 그분도 성부나 성자처럼 비가시적이고 불변하시다. 다만 바깥 시선에 의해서 인간의 마음이 감동하여, 내림하시는 분의 시간적 발현에서부터 항상 현존하시는 분의 감추어진 영원으로 시선을 돌리게 만들 따름이다.[78]

성자가 종의 형상을 취함과는 달리 성령이 발현하는 피조물은 성령이 취한 대상이 아니다

6.11. 그런데 하느님 아버지께서 성령보다 크시다거나 성령이 하느님 아버지보다 작다는 글이 어디에도 쓰여 있지 않다. 그 까닭은 성령이 발현發顯하는 데 [사용한] 피조물은 성령이 취하지 않았기 때문이다. 하느님의 말씀이 사람의 아들을 취하여 그 형상으로 당신의 위격을 [세상에] 현시顯示한 것과는 다르다.[79] 이것은 거룩하고 현명한 사람들이 자기 "동료들에 앞서"[80] 하느님의 말씀을 간직하는 것과 같지 않다. 지혜에 있어서 남들보다 탁월해지려고 그 말씀을 더 간직하는 것과도 같지 않다. 단지 말씀 자체가 되는 것이다.[81] 그러니까 살 속에 있는 말씀 다르고 살이 된 말씀 다르다.[82] 다시 말해서 사람 속에 계시는 말씀과 사람인 말씀이 다르다. 실제로 살은 사람이라는 말 대신에 쓰였다. "말씀이 살이 되셨다"거나 "모든

---

[80] prae participibus(시편 45,8 참조): '말씀'에 한몫 끼는(particeps: '간직하는' ut haberet) 것과 '말씀이 되는'(ipsum verbum erat) 것은 사뭇 다름을 드러내려고 교부는 이 분사형용사를 선택했다.

[81] 사본에 따라서는 장절의 구분이 따로 없는 이 대목에 "사람 속에 계시는 말씀과 사람이 되신 말씀은 다르다"라는 절 제목을 붙인다.

[82] aliud est verbum in carne, aliud verbum caro: 의인들의 영혼에 계시는 말씀의 현존(inhabitatio)과 위격적 합일에 의한 말씀의 육화(incarnatio)는 질적으로 다르다는 것이 교부들의 일관된 주장이다.

illud: *Et uidebit omnis caro salutare dei*. Non enim sine anima uel
sine mente, sed ita *omnis caro* ac si diceretur 'omnis homo.' Non
ergo sic est assumpta creatura in qua appareret spiritus sanctus si-
cut assumpta est caro illa et humana illa forma *ex uirgine Maria*.

Neque enim columbam beatificauit spiritus, uel illum flatum uel
illum ignem sibique et personae suae in unitatem habitumque con-
iunxit in aeternum; aut uero mutabilis et conuertibilis est natura
spiritus sancti ut non haec ex creatura fierent, sed ipse in illud at-
que illud mutabiliter uerteretur sicut aqua in glaciem. Sed apparue-
runt ista sicut opportune apparere debuerunt *creatura seruiente cre-
atori* et *ad nutum eius* incommutabiliter in se ipso permanentis ad
eum significandum et demonstrandum, sicut significari et demon-
strari mortalibus oportebat, *mutata atque conuersa*. Proinde quam-
quam illa columba spiritus dicta sit, et de illo igne cum diceretur:
Visae sunt illis, inquit, *linguae diuisae uelut ignis qui et insedit su-
per unumquemque eorum, et coeperunt linguis loqui quemadmo-
dum spiritus dabat eis pronuntiare*, ut ostenderet per illum ignem
spiritum demonstratum sicut per columbam; non tamen ita possu-
mus dicere spiritum sanctum et deum et columbam aut et deum et
ignem, sicut dicimus filium et deum et hominem nec sicut dicimus

---

[83] 요한 1,14와 루카 3,6("모든 사람이 하느님의 구원을 보리라"). 이사 40,5 참조.

[84] sibique et personae suae *in unitatem habitumque* coniunxit in aeternum: habitus(앞의 1
권 각주 113 참조) 바오로의 용어(필리 2,7: habitu inventus homo: "여느 사람 모양으로 드러
나셨다")를 해설하면서 말씀이 인성을 취함으로써 신성이 인성으로 변질되지 않았음을 강조
하여 이 무리한 표현('의복처럼')을 구사한다. 말씀이 "인간으로 변해 버린 것이 아니고 인간
모양이 되셨다(non transfiguratione in hominem sed habitu factus est). 인간을 입으셨고 인간
을 당신에게 일치시키고 당신의 불멸과 영원에 동화시키셨다"(*De diversis quaestionibus 83*,
73.1-2).

살이 하느님의 구원을 보리라"[83]는 구절이 그렇다. 영혼을 빼놓거나 지성을 빼놓고 일컫는 말이 아니며 '모든 살'은 '모든 사람'을 가리켜 하는 말이다. 그러므로 성령이 발현하는 데 취한 피조물은 [성자가] 취한 저 살, 동정녀 마리아에게서 취한 저 인간 형상처럼 그렇게 취한 것이 아니다.

성령은 비둘기나 저 바람이나 저 불길을 성별하지도 않았고, 그것들을 당신에게, 곧 당신의 위격에 단일체로, 성상性狀으로 영원히 결합시키지도 않았다.[84] 그렇지 않다면 성령의 자연 본성이 무상하고 가변적인 것이어서, 피조물로부터 [비둘기나 바람이나 불길 같은 것이] 생기는 것이 아니고,[85] 물이 얼음으로 변하듯이, 성령 자신이 가변적으로 이런 사물 저런 사물로 변한다는 말이 된다. 하지만 저것들이 나타난 것은, "피조물은 창조주에게 시중들고"[86] 그분의 허락, 당신 안에서 불변하게 항속하시는 분의 허락이 있는 범위 내에서 그분을 상징하고 보여 주기 위해서 나타나야 했다. 그것도 사멸할 인간들에게 상징하고 보여 주어야 할 만큼 변했고 바뀌었다. 저 비둘기가 성령이라고 일컬어지기는 했다. 그리고 저 불길에 대해서는 "불길 같은 혀들이 갈라지면서 그들에게 나타나 그들 각자 위에 내려앉았다. 그러자 모두 성령으로 가득 차서 영이 그들에게 일러 주는 대로 여러 가지 언어로 말하기 시작했다"[87]라고 하여 성령이 비둘기를 통해서 보였듯이 저 불길을 통해서 성령이 보인 것으로 이야기한다. 하지만 그렇다고 해서 우리가 성자가 하느님이자 사람이라고 하거나 성자를 하느님의 어린양이라고 하는 것과 똑같은 투로 성령이 하느님이자 비둘기라고 하거나 하느님이자 불길이라 할 수는 없다. [하느님의 어린양이라는 표현으로

---

[85] haec ex creatura fierent: 성령이 비둘기·바람·불길 모양으로 나타나는 현시는 피조물을 이용한 것임을 이 책 전체에서 논증한다.

[86] 지혜 16,24 참조(『성경』: "피조물은 자기를 만드신 당신을 시중들며"). "그분을 상징하고 보여 주기 위한"(ad eum significandum et demonstrandum) 목적에서다.

[87] 사도 2,3-4.

filium agnum dei, non solum Iohanne baptista dicente: *Ecce agnus dei*, sed etiam Iohanne euangelista uidente *agnum occisum* in apocalypsi. Illa quippe uisio prophetica non est exhibita oculis corporeis per formas corporeas sed *in spiritu* per spiritales imagines corporum.

Columbam uero illam et ignem oculis uiderunt quicumque uiderunt, quamquam de igne disceptari potest utrum oculis an *spiritu* uisus sit propter uerba sic posita; non enim ait: 'Viderunt linguas diuisas uelut ignem,' sed: *Visae sunt eis*. Non autem sub eadem significatione solemus dicere: 'Visum est mihi,' qua dicimus: 'Vidi.' Et in illis quidem spiritalibus uisis imaginum corporalium solet dici et '*Visum est* mihi' et *Vidi*, in istis uero quae per expressam corporalem speciem oculis demonstrantur non solet dici 'Visum est mihi' sed *Vidi*. De illo ergo igne potest esse quaestio quomodo uisus sit, utrum intus *in spiritu* tamquam foris, an uere foris coram oculis carnis; de illa uero columba quae dicta est *corporali specie* descendisse nullus umquam debitauit quod oculis uisa sit. Nec sicut dicimus filium petram (scriptum est enim: *Petra autem erat Christus*), ita possumus dicere spiritum columbam uel ignem. Illa enim petra iam erat in creatura et per actionis modum connuncupata est nomine Christi quem significabat, sicut lapis ille quem Iacob positum ad caput etiam unctione ad significandum dominum

---

[88] 요한 1,29.　　　　　　　　　　　　　　　　[89] 묵시 5,6.

[90] 사도 2,3. 『200주년』: "불 같은 혀들이 갈라지며 그들에게 나타나."

[91] '보다'(videre) 동사의 수동태는 '… 라고 여겨진다'(mihi videtur)는 의미도 있어서 이런 설명이 나올 만하다.

[92] 루카 3,22: "하늘이 열리고 성령이 형체를 취하여 비둘기처럼 당신 위에 내려왔다."

말하자면] 세례자 요한이 "보라, 하느님의 어린양이시다!"[88]라고 하는 데서 그치지 않고 복음사가 요한마저도 묵시록에서 "살육당한 어린양"[89]을 뵙는 것으로 나와 있다. 단지 [복음사가 요한이 본] 저 예언적 현시는 물체적 형상으로 육안에 나타난 것은 아니고 물체들에 관한 영적인 모상으로 영에 나타난 것이었다.

그 대신 저 비둘기와 불길은 그것을 본 사람들은 누구나 눈으로 보았다. 다만 불길을 두고는 거기 쓰인 단어들 때문에 [성령이] 육안에 보였느냐 영에 보였느냐는 토론의 여지가 있을 만하다. "불길 같은 혀들이 갈라지는 것을 보았다"라고 하지 않고 "그들에게 보였다"[90]고 말하는 까닭이다. 관습상 "내게 보였다"고 말할 때는 "내가 보았다"고 하는 것과 똑같은 의미로 하는 말은 아니다. 물체적 모상들이 영적으로 보인 경우에는 "내게 보였다"고도 하고 "내가 보았다"고도 하지만 명백한 물체적 형상을 통해서 눈앞에 드러나는 경우에는 "내게 보였다"고 하지 않고 "내가 보았다"고 하는 법이다.[91] 그러니 저 불길을 두고는 어떻게 보였느냐는 의문이 나올 수 있다. 바깥으로 보이듯이 내면으로 영에 보였느냐, 그렇지 않고 정말 밖으로 육안에 보였느냐는 의문 말이다. 그 대신 저 비둘기에 관해서는 "형체를 취하여" 내려왔다는 말이 있는 만큼[92] 눈에 보였다는 점을 아무도 의심하지 않았다. 하지만 성자를 '바위'라고 부르는 — "그런데 그 바위는 그리스도였습니다"[93]라는 기록이 있다 — 것과 똑같은 방식으로 영을 비둘기니 불길이니 하고 부를 수 있는 것도 아니다. 저 바위로 말할 것 같으면 이미 피조물 가운데 있었고 단지 그 역할 때문에 그것이 상징하는 그리스도의 이름으로 함께 일컬어졌다.[94] 이것은 저 돌기둥, 야곱이 머리에 벤 저 돌에 기름을 부음으로써 주님을 상징하는 의미를 띠게 된 일과 흡사하다.[95]▶ 또

---

[93] 1코린 10,4.

[94] per actionis modum connuncupata est nomine Christi: connuncupatio, connotatio는 '바위'라는 사물이 이미 존재하고 은총을 베푸는 그리스도의 역할이 물이 솟는 '바위'에 비견되는 '함의'(含意)를 예거한다.

assumpsit; sicut Isaac Christus erat cum ad se immolandum ligna portabat. Accessit istis actio quaedam significatiua iam exsistentibus; non autem sicut illa columba et ignis ad haec tantummodo significanda *repente* exstiterunt. Magis ista similia mihi uidentur flammae illi quae *in rubo apparuit* Moysi, et illi columnae quam populus in heremo sequebatur, et fulguribus ac tonitribus quae fiebat cum lex daretur in monte. Ad hoc enim rerum illarum corporalis exstitit species ut aliquid significaret atque praeteriret.

VII 12. Propter has ergo corporales formas quae ad eum significandum et sicut humanis sensibus oportebat demonstrandum temporaliter exstiterunt missus dicitur etiam spiritus sanctus; non tamen *minor patre* dictus est sicut filius propter *formam serui*, quia illa *forma serui* inhaesit ad *unitatem personae*, illae uero species corporales ad demonstrandum quod opus fuit ad tempus apparuerunt et esse postea destiterunt.

Cur ergo non et pater dicitur missus per illas species corporales, ignem rubi et columnas nubis uel ignis et fulgura in monte et si qua talia tunc apparuerunt, cum eum coram locutum patribus teste scriptura didicimus, si per illos creaturae modos et formas corporaliter expressas et humanis aspectibus praesentatas ipse demonstrabatur?

---

⁹⁵ 창세 28,18-19 참조: "머리에 베었던 돌을 가져다 기념 기둥으로 세우고 그 꼭대기에 기름을 부었다. 그리고는 그곳의 이름을 베텔(하느님의 집)이라 하였다."

⁹⁶ 창세 22,6("아브라함은 번제물을 사를 장작을 가져다 아들 이사악에게 지우고")과 요한 19,17("그분께서는 친히 십자가를 지고 …") 참조.

⁹⁷ 탈출 3,2.

이사악이 자기를 불사를 장작을 지고 가던 모습이 그리스도였던 것과도 비슷하다.[96] 이런 것들은 나름대로 이미 존재하고 있던 터에 그 역할로 인해서 어떤 의미가 덧붙여진 것이다. 다만 저 비둘기나 불길이 저런 것들을 상징하기 위해서 '갑자기' 존재하게 되었다는 사실과는 다르다. 이 후자는 차라리 모세 앞에서 "떨기 한가운데로부터 솟아오르던 불꽃"[97]이나, 광야에서 백성이 뒤따라가던 기둥들이나,[98] 산 위에서 율법이 내릴 때 나던 번개와 우렛소리[99] 등에 더 가깝다고 하겠다. 저것들의 물체적 형태가 [일시] 존재하게 된 것은 다른 것을 상징하고 나서 사라지기 위함이었다.

성부께서 파견받으셨다는 말은 없다[100]

7.12. 그러므로 성령도 파견받았다고 말하는 것은 이런 물체적 형상들 때문이다. 이 형상들은 성령을 상징하기 위해, 또 인간 감관에 모습을 보여야 했기 때문에 일시적으로나마 존재할 필요가 있었다. 하지만 그 일로, 성자가 종의 형상 때문에 성부보다 작다고 했듯이, 성령이 성부보다 작다는 말은 없다. 그 이유는 저 종의 형상은 위격의 단일성에 결합되었음에[101] 반해서, [성령을 상징하는] 저 물체적 형상들은 보여 줄 필요가 있을 때는 일시적으로 나타났다가 그다음에는 존재하기를 멈추었기 때문이다.

그러면 저 물체적 형상들, 즉 떨기나무 불꽃이나 구름과 불의 기둥, 산 위의 번개, 그 밖에 그 당시 나타났던 형상들 때문에 성부 역시 파견받았다는 말은 왜 하지 않는 것일까? 성경이 증언하여 우리가 배우기로는 [성

---

[98] 탈출 13,22 참조: "낮에는 구름기둥이, 밤에는 불기둥이 백성 앞을 떠나지 않았다."

[99] 탈출 19,16-19 참조.

[100] "하느님의 다양한 발현에 관한 문제 제기. 그중 어느 것은 파견이라고 일컫는데 성부께서 파견받으셨다고는 절대 말할 수 없고 성자나 성령이 파견받으셨다고 하는데 이것도 어디까지나 매사에 삼위일체께서 한데 협력하시는 가운데 일어나는 일이다"[BA].

[101] inhaesit ad unitatem personae: 그리스도에게서 이루어진 신성과 인성의 위격적 결합 (unio hypostatica: inhaesit, copulatus, coniunctus)을 표현하는 아우구스티누스의 문구이며 이 책에도 수차(2.6.11; 2.7.12; 4.20.30; 4.21.31; 13.6.24) 나온다.

Si autem filius per ea demonstrabatur, cur tanto post dicitur missus cum ex femina factus est, sicut dicit apostolus: *Cum autem uenit plenitudo temporis, misit deus filium suum factum ex muliere*, quandoquidem et antea mittebatur cum per illas creaturae mutabiles formas patribus apparebat? Aut si non recte posset dici missus nisi cum *uerbum caro factum est*, cur missus dicitur spiritus sanctus cuius nulla talis incorporatio facta est? Si uero per illa uisibilia quae in lege et prophetis commendantur nec pater nec filius sed spiritus sanctus ostendebatur, cur etiam ipse nunc dicitur missus cum illis modis et antea mitteretur?

13. In huius perplexitate quaestionis primum domino adiuuante quaerendum est utrum pater an filius an spiritus sanctus; an aliquando pater, aliquando filius, aliquando spiritus sanctus; an sine ulla distinctione personarum sicut dicitur *deus unus* et *solus*, id est ipsa trinitas, per illas creaturae formas patribus apparuerit. Deinde quodlibet horum inuentum uisumue fuerit, utrum ad hoc opus tantummodo creatura formata sit in qua deus sicut tunc oportuisse iudicauit humanis ostenderetur aspectibus, an angeli qui iam erant ita mit-

---

[102] 갈라 4,4. *factum* ex muliere의 번역은 앞의 각주 55.56.70 참조.

부께서] 성조들을 마주하여 말씀하셨으며, 그때 저 피조계의 모습을 통해서, 즉 물체적으로 표현되고 인간 면모로 나타난 형상을 통해서 [성부] 친히 드러나시지 않았던가? 성자도 저런 것들을 통해서 드러났는데 왜 한참 후에 여인에게서 만들어졌을 때야 비로소 파견을 받았다는 말을 했을까? 사도도 "때가 차자 하느님께서 여인에게서 만들어진 당신 아드님을 보내셨습니다"[102]라고 했다. 전에도 피조물의 가변적 형상들을 통해서 성조들에게 나타나실 때도 파견을 받으셨을 텐데 말이다. 만약 "말씀이 살이 되시지" 않는 한 파견을 받으셨다는 말이 정확하지 않았다고 한다면, 성령은 그처럼 육체화[103]가 이루어진 일이 한 번도 없는데 왜 성령 또한 파견을 받으셨다는 말을 하는가? 그리고 율법과 예언서에 실려 있듯이 저 가시적 형상들을 통해서 성부께서 드러나신 것도 아니고 성자가 드러난 것도 아니고 오직 성령이 드러났을 뿐이라고 말할라치면, 저런 모습으로 전에도 보냄을 받으셨을 텐데 어째서 그분이 지금 파견을 받은 것처럼 말하는가?

세 가지 의문

7.13. 이런 곤란한 의문점을 두고, 주님의 도움으로 우선 해결해야 할 바는 이것이다. 피조물의 저 형상들을 통해서 성조들에게 나타나신 분이 성부이셨는가, 성자이셨는가, 아니면 성령이셨는가? 그렇지 않고 때로는 성부, 때로는 성자, 때로는 성령이 나타나신 것인가? 아니면 "하느님은 오직 한 분이시다"라는 말대로 위격의 구분은 전혀 없이 삼위일체 자체가 나타나셨는가? 그다음, 이 중 어느 해답에 도달하고 어느 견해를 취하든 상관없이, [다음과 같은 물음이 나온다]. 이 일을 두고 하느님께서 그때그때 인간적 면모로 드러나심이 적절하다고 판단하심에 따라서 피조물이 형상화된 것뿐인가? 그렇지 않으면 이미 존재하던 천사들이 파견을 받아서 하

---

[103] incarnatio 대신 쓴 명사 incorporatio는 여기 한 번만 나온다. 동사 incorporari는 그리스도 신비체와의 결합(incorporari ecclesiae, christi corpori, Christo)을 지칭할 뿐이다.

tebantur ut ex persona dei loquerentur assumentes corporalem speciem de creatura corporea in usum ministrii sui sicut cuique opus esset, aut ipsum corpus suum cui non subduntur sed subditum regunt in species quas uellent adcommodatas atque aptas actionibus suis mutantes atque uertentes secundum attributam sibi a creatore potentiam. Postremo uidebimus id quod quaerere institueramus, utrum filius an spiritus sanctus et antea mittebantur, et si mittebantur, quid inter illam missionem et eam quam in euangelio legimus distet; an missus non sit aliquis eorum nisi cum uel filius factus esset *ex Maria uirgine* uel cum spiritus sanctus uisibili specie siue in columba siue in igneis linguis apparuit.

VIII 14. Omittamus igitur *eos qui* nimis carnaliter naturam uerbi dei atque sapientiam quae *in se ipsa manens innouat omnia*, quem *unicum filium dei* dicimus, non solum *mutabilem* uerum etiam uisibilem *esse* putauerunt. Hi enim multum *crassum cor* diuinis rebus inquirendis audacius quam religiosius attulerunt. Anima quippe cum sit substantia spiritalis, cumque etiam ipsa facta sit nec per alium fieri potuerit nisi *per quem facta sunt omnia et sine quo factum est*

---

[104] 아우구스티누스는 영혼의 물체성은 부인했지만, 당대의 다른 교부들처럼, 천사 같은 영적 존재들이 '영체'(靈體, corpus aerium, spiritale)를 가지고 있다고 가정했다(cf., *Epistola* 190.14; *De Genesi ad litteram* 3.10.14; 10.25.41; 이 책 3.1.4-5).

[105] cum filius *factus esset* ex Maria virgine: 앞의 각주 102 참조.

[106] 지혜 7,27. 『성경』: "혼자이면서 모든 것을 새롭게 하며."

느님의 위격을 대신하여 발언했는데, 다만 그 직무 수행에 필요하여 각자에게 소용되는 대로 물체적 피조물로부터 어떤 물체적 형태를 취한 것인가? 그것도 아니라면 [천사가 갖고 있을] 자기 신체를 — 그렇더라도 천사들이 그 신체에 지배를 받는 것은 아니고 천사들이 신체를 지배하여 다스릴 따름이다[104] —, 창조주께로부터 자기에게 부여된 능력에 따라서, 자기가 이용하고 싶은 형상, 자기 역할에 적당한 형상으로 변모시키고 전환시킨 것일까? 마지막으로 우리가 연구하기로 이미 작정하여 살펴보기로 한 문제는 이것이다. 성자나 성령이 전에도 파견을 받았으며, 만일 파견을 받은 적이 있다면 그때의 파견과 복음서에서 우리가 읽은 그 파견 사이에는 얼마나 간격이 있는가? 그렇지 않으면 성자가 동정 마리아에게서 만들어지기 전이나[105] 성령이 비둘기 형상이나 불길 같은 혀로 나타나기 전에는 두 분 중 누구도 파견을 받지 않은 것일까?

첫째 의문: 구약에 나타나신 것은 한 위격인가, 아니면 눈에 보이지 않는 삼위일체 전체이신가

8.14. 하느님의 말씀의 본성과 지혜 — 이 지혜는 "자기 안에 머물면서 모든 것을 새롭게 하며"[106] 그분을 우리는 "하느님의 외아들"이라고 일컫는다 — 를 너무 육적으로 알아들어 그 본성이 단지 변하는 데서 그치지 않고 또한 눈에 보인다고까지 생각하는 사람들은 제외하기로 하자.[107] 그런 사람들은 마음이 아주 우둔하여 신적인 사물을 탐구하면서도 경건하게 임하기보다는 무모하게 임했다. 영혼은 영적인 실체이지만 그것 자체는 창조된 것이고, 더구나 "모든 것은 그분으로 말미암아 생겨났고 생겨난 것치고 그분 없이 생겨난 것은 하나도 없다"[108]고 하는 그분으로 말미암지 않

---

[107] 이하(2.9.15)에서도 재론하지만 아리우스파의 논지라면서 비판한다(cf., *Epistola* 239. 23; *Tractatus in Ioannis Evangelium* 3.18).

[108] 요한 1,3.

nihil, quamuis sit mutabilis, non est tamen uisibilis. Quod illi de uerbo ipso atque ipsa *dei sapientia* per quam facta est anima crediderunt, cum sit illa non inuisibilis tantum, quod et anima est, sed etiam incommutabilis, quod anima non est. Eadem quippe incommutabilitas eius commemorata est ut diceretur: *In se ipsa manens innouat omnia*. Et isti quidem ruinam erroris sui diuinarum scripturarum testimoniis quasi fulcire conantes adhibent Pauli apostoli sententiam, et quod dictum est de uno solo deo in quo ipsa trinitas intellegitur, tantum de patre, non et de filio et de spiritu sancto dictum accipiunt: *Regi autem saeculorum immortali, inuisibili, soli deo honor et gloria in saecula saeculorum*; et illud alterum: *Beatus et solus potens, rex regum et dominus dominantium, qui solus habet immortalitatem et lucem habitat inaccessibilem; quem nemo hominum uidit nec uidere potest*.

Haec quemadmodum intellegenda sint iam satis nos disseruisse arbitror.

IX 15. Verum illi qui ista non de filio nec de spiritu sancto sed tantum de patre accipi uolunt, dicunt uisibilem filium non *per carnem de uirgine* assumptam sed etiam antea per se ipsum. 'Nam ipse,' inquiunt, 'apparuit oculis patrum.' Quibus si dixeris: 'Quomo-

---

[109] 아우구스티누스는 manere(머물다)를 '불변'을 나타내는 동사로 간주하고 자기 저서에서 수시로 표현한다.

[110] 1티모 1,17.   [111] 1티모 6,15-16.

고 다른 누구를 통해서 창조된 것도 아니며, 영혼 자체가 변하기는 하지만 그렇다고 보이지는 않는다. 그런데 이런 사람들은 [하느님의] 말씀에 관해서도, 그리고 그로 말미암아 영혼이 창조된, 하느님의 지혜에 관해서도 같은 생각을 했다. 실상 [이 말씀은] 영혼이 그렇듯이 단지 눈에 보이지 않을 뿐만 아니고, 영혼과는 달리 불변하기도 하는데 말이다. 말씀의 불변성은 "자기 안에 머물면서 모든 것을 새롭게 한다"는 말씀에 지적되어 있다.[109] 또 이 사람들은 자기 오류의 실패를 성경 증언을 가지고 뒷받침하려고 애쓰면서 바오로 사도의 구절을 인용하곤 한다. 그 구절은 유일하신 하느님께 관해 언급하면서 실은 그 말로 삼위일체를 이해하고 있다. 그럼에도 이 사람들은 그 구절이 성부께 관해서만 하는 말이고 성자나 성령에 관해서는 언급을 않는 것처럼 받아들인다. "모든 세기의 왕이시며 불사불멸하시고 눈에 보이지 않는 유일하신 하느님께 영예와 영광이 영원무궁히. 아멘."[110] 그리고 저 유명한 구절이 또 하나 있다. "복되신 오직 한 분의 주권자, 왕들의 왕, 주인들의 주인이로다. 그분만이 불사불멸하시고 가까이할 수 없는 빛 속에 사시는도다. 어느 인간도 그분을 보지 못했고 볼 수도 없도다."[111]

이[112] 구절들을 어떻게 알아들어야 할 것인지는 우리가 충분히 논의했다고 여긴다.[113]

성부 홀로 불사불멸하시고 눈에 보이지 않는다고 믿는 사람들을 반박함

9.15. 그런데 이 구절들을 성자에 관해서나 성령에 관한 말씀으로 받아들이지 않고 성부께 관한 말씀으로만 받아들이고 싶어 하는 사람들은, 성자는 눈에 보였고 그것도 동정녀에게서 취한 육신 때문이 아니라, 그 전에도 그 자체로 눈에 보이는 분이었다는 말을 한다. 그들은 "성조들의 눈에

---

[112] 사본에 따라서는 이 문장부터 9장으로 편집한다.

[113] 이 책 1.1.2; 1.6.10-11 참조.

do ergo uisibilis per se ipsum filius, ita et mortalis per se ipsum, ut constet uobis quod tantummodo de patre uultis intellegi quod dictum est: *Qui solus habet immortalitatem?* Nam si propter carnem susceptam mortalis est filius, propter hanc sinite ut sit et uisibilis.' Respondent nec propter hanc se mortalem filium dicere, sed sicut et ante uisibilem ita et ante mortalem. Nam si propter carnem filium dicunt esse mortalem, iam non pater sine filio *solus habet immortalitatem* quia et *uerbum* eius *per quod omnia facta sunt habet immortalitatem.* Neque enim quia carnem assumpsit mortalem ideo amisit immortalitatem suam quandoquidem nec animae humanae hoc accidere potuit ut cum corpore moreretur dicente ipso domino: *Nolite timere eos qui corpus occidunt, animam autem non possunt occidere.* Aut uero etiam spiritus sanctus carnem assumpsit (de quo utique sine dubio turbabuntur). Si propter carnem mortalis est filius, quomodo accipiant patrem tantummodo sine filio et sine spiritu sancto habere immortalitatem quandoquidem spiritus sanctus non assumpsit carnem? Qui si non *habet immortalitatem*, non ergo propter carnem mortalis est filius; si autem *habet* spiritus sanctus *immortalitatem*, non de patre tantummodo dictum est quia *solus habet immortalitatem.*

Quocirca ita se arbitrantur et ante *incarnationem* per se ipsum mortalem filium posse conuincere quia ipsa mutabilitas non incon-

---

[114] quomodo ⋯ immortalitatem?: 의문표 구두점이 해석을 복잡하게 만든다. 다른 사본들은 의문부호를 넣지 않는다.

[115] 교부는 그리스도의 신성을 부인하는 각종 이단 — 에비온, 케린투스, 영지주의, 아리우스 — 을 염두에 두고 있다.

[116] 마태 10,28. 『200주년』: "몸은 죽여도 목숨은 죽일 수 없는 자들을 두려워하지 마시오."

나타난 분이 그분이기 때문이다"라고 한다. 만일 그대가 이 사람들에게 다음과 같은 말을 한다고 치자. "성자가 그 자체로 눈에 보이는 분이라는 점에서 또한 그 자체로 사멸할 분이라는 말인가?[114] 여러분은 '그분만이 불사불멸하시다'라는 구절을 성부께만 해당시켜 이해하려고 하므로 이렇게 보아야만 일관성이 있다. 만약 성자가 취한 육신 때문에 사멸하는 존재가 되었다면 바로 그 육신 때문에 또한 눈에 보이는 분이 되었다고 인정하시라!" 그러면 이 사람들은 자기들은 그 점 때문에 성자가 사멸할 존재가 된 것이라고 말하지 않으며, 전에도 보이는 존재였듯이 또한 전에도 사멸하는 존재였다고 말하노라고 대꾸한다.[115] 육신 때문에 사멸하는 존재가 되었다고 그들이 말할라치면 성부께서 성자 없이 홀로 불사불멸하신 것이 아니고 "모든 것은 그분으로 말미암아 생겨난", 그분의 말씀 또한 불사불멸하다는 것이 [우리의 답변이 된다]. 그러니까 사멸하는 육신을 취했기 때문에 당신의 불사불멸을 상실한 것이 아니니, 인간 영혼의 경우도 육체로 죽는다고 해서 그런 일이 닥치지는 않는 까닭이다. 주님 친히 "몸은 죽여도 영혼은 죽일 수 없는 자들을 두려워하지 마시오"[116]라고 하셨다. 그렇지 않으면 성령도 육신을 취한 것이 되고 만다(저 사람들은 성령에 관해서도 혼란에 빠졌음은 의심의 여지가 없다).[117] 성자가 육신 때문에 사멸하는 존재가 된다면, 성령이 육신을 취한 일이 결코 없는데, 성부께서 성자와 성령 없이 혼자만 불사불멸하시다는 말을 저 사람들은 어떻게 받아들인다는 말인가? 그러니 설혹 성자가 불사불멸하지 않더라도 육신 때문에 사멸하는 존재가 되는 것은 아니며, 그리고 만일 성령이 불사불멸하다면 홀로 불사불멸하시다는 말은 성부께만 해당하는 말이 아니다.

이런저런 근거에서 저 사람들은 성자는 육화 이전에도 자체로 사멸하는 존재라는 점을 설득시킬 수 있다고 여긴다. [성자에게 있다고 보는] 가변

---

[117] 성령이 성부처럼 불사불멸하지 못하면 사멸하는 분이 되고, 더구나 사람들 눈에 보이게 나타났으니 육신을 취한 셈이 되고 만다.

uenienter mortalitas dicitur, secundum quam et anima dicitur mori, non quia in corpus uel in aliquam alteram substantiam *mutatur et uertitur*, sed in ipsa sua substantia quidquid alio modo nunc est ac fuit, secundum id quod destitit esse quod erat mortale deprehenditur. 'Quia itaque,' inquiunt, 'antequam *natus* esset *filius dei de uirgine Maria*, ipse apparuit patribus nostris non in una eademque specie sed multiformiter, aliter atque aliter, et uisibilis est per se ipsum quia nondum carne assumpta substantia eius conspicua mortalibus oculis fuit, et mortalis in quantum mutabilis. Ita et spiritus sanctus qui alias columba, alias ignis apparuit. Vnde non trinitati,' aiunt, 'sed singulariter et proprie patri tantummodo conuenit quod dictum est: *Immortali, inuisibili, soli deo*, et: *Qui solus habet immortalitatem et lucem habitat inaccessibilem; quem nemo hominum uidit nec uidere potest'*.

16. Omissis ergo istis qui nec animae substantiam inuisibilem nosse potuerunt, unde longe remotum ab eis erat ut nossent unius et solius dei, id est patris et filii et spiritus sancti, non solum *inuisibilem* uerum et incommutabilem permanere substantiam ac per hoc in uera et sincera immortalitate consistere; nos qui numquam apparuisse corporeis oculis deum nec patrem nec filium nec spiritum sanctum dicimus nisi per subiectam suae potestati corpoream crea-

---

[118] 있던 것이 없고 없던 것이 생기는 가변성은 일종의 사멸성이므로, 발현하고 육화한 성자나 성령이 '그분만이 불사불멸하시다'는 범주에 들지 못한다는 상대방의 논지였다.

성 자체를 사멸성이라고 일컫는 것이 꼭 부적절하지는 않다는 이유에서다.[118] 가변성에 따르면 영혼도 죽는다고 하는데 [영혼이] 물체나 어떤 다른 실체로 변하거나 바뀌기 때문에 하는 말이 아니다. 자체의 실체에서 전에 있던 것과 다른 무엇이 지금은 존재하기 때문이니, 전에 존재하던 무엇이 지금은 존재하기를 중단했기 때문에 사멸하는 존재임이 드러난다는 것이다. 저 사람들이 하는 말은 이렇다. "하느님의 아들이 동정 마리아에게서 나기 전에도 친히 우리 성조들에게 나타나셨다. 그것도 한 가지 형상으로가 아니라 여러 형상으로, 그때마다 다르게 나타나셨으며 그 자체로 눈에 보이는 분이 되셨다. 육신을 아직 취하지 않았음에도 그분의 실체가 사멸할 인간들의 눈에 똑똑히 보였다. 그러니 변한다는 점에서 또한 사멸하는 분이었다. 성령도 마찬가지다. 그분은 때로는 비둘기로, 때로는 불길로 나타났다. 그러니 "불사불멸하시고 눈에 보이지 않는 유일하신 하느님께"라는 말씀이나 "그분만이 불사불멸하시고 가까이할 수 없는 빛 속에 사시는도다. 어느 인간도 그분을 보지 못했고 볼 수도 없도다"[119]라는 말씀은 삼위일체께 해당하는 것이 아니고 개별적으로 해당하며 따라서 성부께만 고유하게 해당한다는 것이 그들의 말이다.

진리는 평온한 연구로 탐구해야 한다

9.16. 영혼의 실체가 보이지 않는 것임을 깨달을 능력마저 없어 유일하신 하느님의 실체, 곧 성부와 성자와 성령의 실체가 단지 눈에 보이지 않는 데서 그치지 않고 불변하는 실체로서 존속하고, 바로 이 점 때문에 참답고 진실한 불사불멸 속에서 항속한다는 사실을 깨닫기에도 거리가 먼 사람들은 우선 한편에 제쳐 두기로 하자. 우리는 하느님이 성부로서든 성자로서든 성령으로서든 육안에 한 번도 나타나신 적이 없다고 말하며, 만일 나타나신 경우는 물체적 피조물을 당신 권능에 종속시켜서 그것을 통

---

[119] 1티모 1,17과 6,15-16 참조.

turam, in pace catholica pacifico studio requiramus parati corrigi si fraterne ac recte reprehendimur, parati etiamsi ab inimico uera tamen dicente mordemur, utrum indiscrete deus apparuerit patribus nostris antequam Christus ueniret *in carne*, an aliqua ex trinitate persona, an singillatim quasi per uices.

X 17. Ac primum in eo quod in genesi scriptum est locutum deum cum homine quem *de limo* finxerat, si excepta figurata significatione ut rei gestae fides etiam ad litteram teneatur ista tractamus, in specie hominis uidetur deus cum homine tunc locutus. Non quidem expresse hoc in libro positum est, sed circumstantia lectionis id resonat maxime illo quod scriptum est *uocem dei* audisse Adam *deambulantis in paradiso ad uesperam* et abscondisse *se in medio ligni quod erat in paradiso*, deoque dicenti: *Adam, ubi es?* respondisse: *Audiui uocem tuam et abscondi me a facie tua quoniam nudus sum.* Quomodo enim possit ad litteram intellegi talis dei deambulatio et conlocutio nisi in specie humana non uideo. Neque enim dici potest uocem solam factam ubi deambulasse dictus est deus, aut

---

[120] *in pace catholica* pacifico studio quaerenda [veritas]: 이단을 상대로 하는 그의 논쟁은 한사코 '교회의 평화를 위한'(in pace catholica) 것임을 교부는 여러 저서에서 강조한다.

[121] figurata significatio(전의), rei gestae fides(역사적 사실), ad litteram(자구적 의미): 해석학의 용어들이다(『그리스도교 교양』 제3권에서 다루어진다).

해서였다고 말한다. 그러니 우리는 공번된 평화 중에 평온한 연구로 [진리의] 탐구에 임하자.[120] 만일 형제답게 또 올바로 꾸지람을 듣는 경우, 우리는 바로잡을 각오가 되어 있고 또한 적이지만 진실을 말하는 사람한테 물릴 때도 물어뜯길 각오도 되어 있다. 우리가 묻고자 하는 것은 그리스도께서 육신으로 오시기 전에 하느님이 우리 조상들에게 나타나신 것이 [위격의] 구분 없이 이루어진 일이었느냐, 그렇지 않으면 삼위일체 가운데 어느 한 위격이 나타나시거나 한 분씩 마치 번갈아 하시듯이 나타나신 것이냐 하는 점이다.

아담과 말씀하실 때 삼위일체에서 어느 한 위격이 말씀하신 것인가, 아니면 구분 없이 삼위일체께서 말씀하신 것인가

10.17. 그러면 먼저 창세기에 하느님이 진흙을 개어 빚으신 사람과 말씀을 나눈 것으로 기록한 이야기를 두고, 일단 전의적 의미는 한쪽으로 제쳐 두고 역사적 사건으로 믿고서 자구적으로 받아들이는 식으로 저 일화를 다루어 보자.[121] 거기서는 하느님이 인간의 형상을 하고 사람과 말씀을 나누신 것처럼 보인다. 성경에는 그렇게 명시적으로 제시되어 있지 않으나 설화의 배경이 그런 분위기를 전해 주며 특히나 다음과 같이 적힌 대목이 그렇다. 아담이 "저녁에 동산을 거니시는 하느님의 목소리를 들었다"[122]거나, "동산에 있는 나무 사이에 숨었다"거나 "아담아, 너 어디 있느냐?"라고 부르시는 하느님께 "동산에서 당신의 목소리를 듣고 제가 알몸이기 때문에 당신의 얼굴에서 제 몸을 숨겼습니다"라고 대답하는 구절이 그렇다.[123] 인간 형상으로 하신 것이 아니면 하느님께서 거니시고 말씀을 건네시는 이야기를 어떻게 자구적으로 이해할 수 있을지 나는 알지 못하겠다. 하느님이 거니셨다고 하는 이상, 목소리만 내셨다고 할 수도 없고, 아담이

---

[122] 창세 3,8. 『성경』: "그들은 주 하느님께서 저녁 산들바람 속에 동산을 거니시는 소리를 들었다."

[123] 창세 3,8-10 참조.

eum qui deambulabat in loco non fuisse uisibilem cum et Adam dicat quod se absconderit a facie dei. Quis erat ergo ille? Vtrum pater an filius an spiritus sanctus? An omnino deus indiscrete ipsa trinitas in forma hominis homini loquebatur? Contextio quidem ipsa scripturae nusquam transire sentitur a persona ad personam; sed ille uidetur loqui ad primum hominem qui dicebat: *Fiat lux*, et: *Fiat firmamentum*, et cetera per illos singulos dies, quem *deum patrem* solemus accipere dicentem ut *fiat* quidquid facere uoluit. Omnia enim per uerbum suum fecit, quod *uerbum* eius *unicum filium eius* secundum rectam fidei regulam nouimus. Si ergo deus pater locutus est ad primum hominem et ipse deambulabat *in paradiso ad uesperam et ab eius facie se in medio ligni paradisi* peccator absconderat, cur non iam ipse intellegatur apparuisse Abrahae et Moysi et quibus uoluit quemadmodum uoluit per subiectam sibi commutabilem atque uisibilem creaturam, cum ipse in se ipso atque in substantia sua qua est incommutabilis atque inuisibilis maneat? Sed fieri potuit ut a persona ad personam occulte scriptura transiret, et cum patrem dixisse narrasset: *Fiat lux*, et cetera quae per uerbum fecisse commemoratur, iam filium indicaret loqui ad primum homi-

---

[124] fidei (catholicae) regula(공번된 신앙의 규범)는 교부가 즐겨 쓰는 신앙 기준으로 '성경과 교회 권위로 받아들이는' 무엇(quam de scripturarum planioribus locis et ecclesiae auctoritate percepit: 『그리스도교 교양』 3.2)이고 '그리스도와 사도들의 가르침'과 동등하며(a regula fidei catholicae et doctrina Christi et apostolorum prorsus alienus: *Epistola* 265.6) 그것을 받아들여야 그리스도인이 된다(qua christiani sumus: *De gratia et peccato originali* 2.34).

[125] *per subiectam sibi* commutabilem atque visibilem *creaturam*: cf., per aliquid quod sibi subiectum est(『신국론』 16.29). 하느님 외의 다른 무엇이 되는 것이 아니라 창조주 하느님의 권하에 있는 사물(subiecta creatura)을 이용할 따름임을 강조한다.

하느님의 얼굴에서 제 몸을 숨겼다고 말하는 이상, 그 자리에서 하느님이 거니시던 모습은 보이지 않았으리라는 말도 성립이 안 된다. 그렇다면 그분은 누구신가? 성부이신가, 성자이신가, 그렇지 않으면 성령이신가? 아니면 아무 구분을 하지 않고서 하느님 곧 삼위일체가 사람의 모습을 하고서 사람에게 말을 건네신 것인가? 성경 구절의 짜임새로 보아서는 조금도 한 위격에서 다른 위격으로 바뀌는 것처럼 보이지는 않는다. 다만 [저 창조의 날] 하루하루 "빛이 생겨라!" 하시고 "궁창이 생겨라!" 하시던 바로 그분이 첫 인간에게 말을 건네시는 것처럼 보인다. 무엇이든지 당신이 만들고자 하시면 "생겨라!" 하고 발설하시던 그분을 우리는 하느님 아버지라고 생각하게 마련이다. 그분은 모든 것을 당신의 말씀으로 만드셨고, 바른 신앙의 규범에 따르면[124] 그분의 말씀은 다름 아닌 그분의 외아들이라는 사실도 우리는 알고 있다. 만약 하느님 아버지께서 첫 사람에게 말을 건네셨다면, 그래서 "저녁에 동산을 거니시던" 분이 그분이었고 죄인이 "동산에서 목소리를 듣고 그 얼굴에서 몸을 숨긴" 대상이 그분이었다면, 아브라함에게 나타나셨고 모세에게 나타나신 분이 그분이라고 알아듣지 말라는 법이 어디 있는가? [하느님 아버지께서는] 당신에게 귀속하는 피조물, 변하고 눈에 보이는 피조물로 모습을 바꾸어[125] 그들에게도 나타나기 원하셨고, 그러면서도 당신은 스스로 또 당신이 존재하시는 당신의 실체로서는[126] 불변하시고 눈에 보이지 않는 분으로 남아 계신다고 [알아듣지 말라는 법이 어디 있는가?] 그렇지만 성경이 은연중에 한 위격에서 다른 위격으로 화제를 옮겨 가는 일도 있을 법하다. 성경이 "빛이 생겨라!" 하시면서 말씀으로 모든 것을 만드신 것으로 이야기할 때는 성부께서 말씀하신 것으로 하고, 첫 사람에게 말을 건넨 것은 성자가 한 것으로 가리켜 보이며, 단지

---

[126] in se ipso atque in substantia sua *qua est*: 하느님의 자존성을 가리키는 대표적 문구. substantia qua는 아우구스티누스의 저작에서 신적 본질(substantia, qua Deus est: e.g., *De Gnenesi ad litteram* 8.19)과 자존적 존재(substantiam tuam qua es: e.g., *Confessiones* 7.3; substantia qua ipse est quod est: e.g., *De quaestionibus diversis 83*, 2.101)를 가리킨다.

nem non aperte hoc explicans sed eis qui possent intellegendum intimans.

18. Qui ergo habet uires quibus hoc secretum possit mentis acie penetrare ut ei liquido appareat uel posse etiam patrem uel non posse nisi filium et spiritum sanctum per creaturam uisibilem humanis oculis apparere pergat in haec scrutanda, si potest, etiam uerbis enuntianda atque tractanda; res tamen quantum ad hoc scripturae testimonium attinet ubi deus cum homine locutus est, quantum existimo, occulta est quia etiam utrum soleret Adam corporeis oculis deum uidere non euidenter apparet, cum praesertim magna sit quaestio cuiusmodi *oculi* eis *aperti* fuerint quando uetitum cibum gustauerunt; hi enim antequam gustassent clausi erant. Illud tantum non temere dixerim si paradisum corporalem quendam locum illa scriptura insinuat, deambulare ibi deum nisi in aliqua corporea forma nullo modo potuisse. Nam et solas uoces factas quas audiret homo nec aliquam formam uideret dici potest; nec quia scriptum est: *Abscondit se Adam a facie dei*, continuo sequitur ut soleret eius faciem uidere. Quid si enim non quidem uidere ipse poterat sed uideri ipse metuebat ab eo cuius *uocem* audierat et *deambulantis* praesentiam senserat? Nam et Cain dixit deo: *A facie tua abscondam me*, nec ideo fateri cogimur eum solere cernere faciem dei corporeis oculis in qualibet forma uisibili, quamuis de facinore suo uocem interrogantis secumque loquentis audisset.

---

[127] 창세 4,14. 『성경』: "저는 당신 앞에서 몸을 숨겨야 할 것입니다."

노골적으로 그 점을 언급하지는 않고 단지 알아들을 만한 사람들에게 넌지시 일러 준다는 말이다.

깊이 감추어진 사안이다

10.18. 그럴 힘이 있는 사람이라면 지성의 예봉으로 이 비밀을 꿰뚫고 들어갈 수 있을 것이며, 보이는 피조물을 통해서 성부께서도 인간의 눈에 나타나실 수 있다고 뚜렷이 드러나거나, 그렇지 않고 성자 혹은 성령이 아니면 그렇게 할 수 없다고 분명히 드러날 터인데 [어느 경우든 그는] 할 수 있는 데까지 그 점을 속속들이 파헤칠 것이요, 가능하다면 말로 그것을 설명하고 [학문적으로] 다뤄야 할 것이다. 하지만 하느님이 사람과 말씀을 나누셨다는 성경의 증언에 관한 한 사안이 깊이 감추어져 있다는 것이 내 생각이다. 과연 아담이 평소에 육안으로 하느님을 뵙고 있었던가도 분명히 드러나지 않을뿐더러, 그가 금지된 음식을 맛보자마자 열렸다는 눈이 대체 어떤 눈이었느냐도 대단한 논쟁거리이기 때문이다. 이 눈은 그것을 맛보기 전에는 감겨 있었을 것이기 때문이다. 저 성경이 낙원을 마치 어떤 물리적 장소처럼 일러 주는 한 하느님께서도 모종의 육체적 형상으로가 아니면 절대로 그곳을 거니실 수 없었으리라는 말을 내가 할지라도 지나치지는 않을 것이다. 또는 사람이 들었다는 음성이 울렸을 뿐이고 아무 형상도 못 보았으리라는 말도 가능하다. "아담이 하느님의 얼굴에서 몸을 숨겼다"고 쓰여 있다고 해서 아담이 늘 하느님의 얼굴을 뵙고 있었다는 결론이 당장 나오는 것도 아니다. [아담이 몸소 하느님의 얼굴을] 뵙지는 못했고, 단지 목소리를 듣고 동산을 거니는 분의 현존을 느꼈으므로 자기가 하느님의 눈에 띌까 두려워했을 따름이라고 하면 어떨까? 카인도 "저는 당신의 얼굴에서 몸을 숨겨야 하리이다"[127]라는 말씀을 하느님께 드린 까닭이다. 그러니 자기 악행을 두고 자기에게 질책을 하시면서 자기와 말씀을 나누시는 분의 음성을 들었다고 하더라도 그가 늘 눈에 보이는 형상으로 하느님의 얼굴을 육안으로 뵈었으리라고 우리가 인정하도록 강요하는 것은 아니다.

Cuiusmodi autem loquela tunc deus exterioribus hominum auribus insonaret maxime ad primum hominem loquens, et inuenire difficile est et non hoc isto sermone suscepimus. Verumtamen si solae uoces et sonitus fiebant quibus quaedam sensibilis praesentia dei primis illis hominibus praeberetur, cur ibi personam dei patris non intellegam nescio quandoquidem persona eius ostenditur et in ea uoce cum *Iesus in monte coram tribus discipulis praefulgens* apparuit et in illa ubi *super baptizatum columba descendit* et in illa ubi ad patrem de sua glorificatione clamauit eique responsum est: *Et clarificaui et iterum clarificabo*; non quia fieri potuit uox sine opere filii et spiritus sancti (trinitas quippe inseparabiliter operatur), sed quia ea *uox facta est* quae solius personam patris ostenderet, sicut humanam illam formam *ex uirgine Maria* trinitas operata est sed solius filii persona est, uisibilem namque filii solius personam inuisibilis trinitas operata est. Nec nos aliquid prohibet illas uoces factas *ad Adam* non solum a trinitate factas intellegere sed etiam personam demonstrantes eiusdem trinitatis accipere. Ibi enim cogimur non nisi patris accipere ubi dictum est: *Hic est filius meus dilectus*; neque enim Iesus etiam spiritus sancti filius aut etiam suus filius credi aut intellegi potest. Et ubi sonuit: *Et clarificaui et iterum clarificabo*, non nisi patris personam fatemur; responsio quippe est ad illam domini

---

¹²⁸ 마르 9,7 참조.

¹²⁹ 루카 3,22 참조.

¹³⁰ 요한 12,28.

¹³¹ trinitas inseparabiliter operatur: 이 책에서 하느님의 대내적 · 대외적 활동을 규정하는 기본명제다.

하느님이 인간들의 귓바퀴에 어떤 말씨로 말씀을 건네셨는지, 더구나 첫 인간에게 말씀을 거실 때 어떻게 하셨는지는 알아내기 힘들뿐더러 이 저서에서는 [그런 논란은] 채택하지 말기로 하자. 다만 음성과 소리만 나왔고 그것을 통해 감각으로 지각할 만한 하느님의 현존이 저 첫 사람들에게 느껴졌다면 왜 그것을 하느님 성부의 위격이라고 알아들어서는 안 되는지 모르겠다. 그 이유는 예수께서 산 위에서 세 제자들 앞에서 빛나는 모습으로 변하셨을 때 들려온 음성이라든지,[128] 세례 받으신 분 머리 위로 비둘기가 내려올 때 들려온 음성이라든지,[129] 당신을 영광스럽게 해 달라고 아버지께 큰 소리로 말씀드렸을 때 "나는 영광스럽게 했고 또다시 영광스럽게 하리라"[130]고 말씀하신 음성이라든지, 그때마다 드러난 것은 성부의 위격이기 때문이다. 성자와 성령의 활동 없이도 그런 음성이 만들어질 수 있었기 때문이 아니고 — 삼위일체는 나뉨이 없이 활동하신다[131] —, 오히려 보통 성부만의 위격을 보여 주는 뜻에서 그 음성이 나왔기 때문이다. 마치 "동정 마리아에게서" 이루어진 저 인간 형상이 비록 삼위일체께서 작업하신 것이지만 오직 성자의 위격임과 흡사하다. 즉, 보이지 않는 삼위일체께서 성자만의 보이는 위격을[132] 작업해 내신 것이다. 물론 아담에게 들려온 음성이 삼위일체에 의해서 작업된 음성으로만 알아들을 것이 아니라 같은 삼위일체의 [어느 한] 위격을 나타내는 것으로 알아듣지 말라는 법은 전혀 없다. "이는 내 사랑하는 아들이다"[133]라는 음성은 성부의 음성이라고 밖에 받아들일 수가 없으니, 그 까닭은 예수께서 또한 성령의 아들이라거나 당신 자신의 아들이라고 믿을 수도 없고 그렇게 이해할 수도 없기 때문이다. "나는 영광스럽게 했고 또다시 영광스럽게 하리라"는 소리 역시 성부의 위격을 나타낸다는 것이 우리의 고백이니 이 음성은 주님 친히 "아버

---

[132] visibilem namque filii solius *personam*: 교부는 persona를 삼위일체론에서 사용하는 엄격한 의미로 구사하고 있지 않으므로 '인물'이라고 번역해도 될 것 같다.

[133] 마태 3,17.

uocem qua dixerat: *Pater, clarifica filium tuum*, quod non potuit dicere nisi deo patri tantum non et spiritui sancto cuius non est filius. Hic autem ubi scriptum est: *Et dixit dominus deus ad Adam*, cur non ipsa trinitas intellegatur, nihil dici potest.

19. Similiter etiam quod scriptum est: *Et dixit dominus ad Abraham: Exi de terra tua et de cognatione tua et de domo patris tui*, non est apertum utrum sola uox facta sit ad aures Abrahae an et oculis eius aliquid apparuerit. Paulo post autem aliquanto apertius dictum est: *Et uisus est dominus Abrahae et dixit illi: Semini tuo dabo terram hanc.* Sed nec ibi expressum est in qua specie *uisus ei* sit *dominus*, aut utrum pater an filius an spiritus sanctus *ei uisus* sit. Nisi forte ideo putant filium uisum esse Abrahae quia non scriptum est: '*Visus est ei* deus,' sed: *Visus est ei dominus*; tamquam enim proprie uidetur filius dominus uocari dicente apostolo: *Nam et si sunt qui dicuntur dii siue in caelo siue in terra sicuti sunt dii multi et domini multi, sed nobis unus deum pater ex quo omnia et nos in ipso, et unus dominus Iesus Christus per quem omnia et nos per ipsum.* Sed cum et deus pater multis locis inueniatur dominus dictus

---

[134] 요한 12,28(『200주년』: "아버지, 당신의 이름을 영광스럽게 하소서"). 어떤 곳(*Tractatus in Ioannis Evangelium* 105.1)에서는 clarifica nomen tuum으로 바로잡는다.

[135] 창세 3,9.　　　　　　[136] 창세 12,1.　　　　　　[137] 창세 12,7.

[138] 구약에서는 하느님(Yahweh)을 경외하여 '주님'(Kyrios, Dominus)으로 표기하므로 '주님'이 보통 '성부 하느님'을 지칭하지만 신약에서는 '주님'(Dominus Iesus Christus)은 성자 하느님의 본성과 품위를 가리키는 것으로 풀이된다.

지, 당신의 아들을 영광스럽게 하소서"[134]라고 말씀드린 그 음성에 대한 화답이었기 때문이다. 이 말씀은 하느님 성부께만 돌릴 수 있고 성령께는 돌릴 수 없으니 주님이 성령의 아들은 아닌 까닭이다. 그 대신에 "주 하느님께서 아담에게 말씀하셨다"[135]고 기록된 말씀은 삼위일체께서 친히 하신 것으로 알아듣지 말라는 근거가 전혀 없다.

아브라함에게 보이신 현시

10.19. 마찬가지로 "주님께서 아브라함에게 말씀하셨다. '네 고향과 친족과 아버지의 집을 떠나라'"[136]고 기록된 대목에서는 순전히 아브라함의 귀에 소리만 난 것인지, 그의 눈에도 무엇이 나타난 것인지 뚜렷하지 않다. 조금 뒤에는 더 뚜렷한 말씀이 나온다. "주님께서 아브라함에게 나타나셔서 말씀하셨다. '내가 이 땅을 너의 후손에게 주겠다.'"[137] 다만 거기서도 주님께서 어떤 모양으로 보이셨는지, 그리고 성부, 성자 혹은 성령 누가 보이셨는지는 표명되어 있지 않다. 아마도 성자가 아브라함에게 보인 것으로 생각할 사람들이 있을지 모른다. 왜 그런가 하면 "하느님께서 그에게 나타나셨다"라고 쓰여 있지 않고 "주님께서 그에게 나타나셨다"고 기록된 까닭이다.[138] 마치 성자께서 고유하게 주님이라고 불리는 것으로 보이며 더구나 사도가 하는 다음 말 때문에 더욱 그렇다. "실상 하늘에든 땅 위에든 소위 신이라는 것들이 있다 치면, 과연 많은 신들과 많은 주들이 있을 것이겠습니다. 그러나 우리에게는 오직 한 분 하느님이 계실 뿐이니 곧 아버지이십니다. 모든 것은 그분에게서 나오며 우리도 그분을 향하고 있습니다. 그리고 오직 한 분의 주님이 계실 뿐이니 곧 예수 그리스도이십니다. 모든 것은 그분으로 말미암아 있고 우리도 그분으로 말미암아 있습니다."[139] 하지만 성부 하느님도 여러 군데서 주님이라고 불리셨으니 예를

---

[139] 1코린 8,5-6.

sicut est illud: *Dominus dixit ad me: Filius meus es tu; ego hodie genui te*, et illud: *Dixit dominus domino meo: Sede ad dexteram meam*; cum etiam spiritus sanctus dominus dictus inueniatur ubi apostolus ait: *Dominus autem spiritus est*, et ne quisquam arbitraretur filium significatum et ideo dictum spiritum propter incorpoream substantiam, secutus contexuit: *Vbi autem spiritus domini, ibi libertas*; spiritum autem domini spiritum sanctum esse nemo dubitauerit. Neque hic ergo euidenter apparet utrum aliqua ex trinitate persona an deus ipse trinitas, de quo uno deo dictum est: *Dominum deum tuum adorabis et illi soli seruies, uisus* fuerit *Abrahae. Sub ilice* autem *Mambre* tres uiros uidit quibus et inuitatis hospitioque susceptis et epulantibus ministrauit. Sic tamen scriptura illam rem gestam narrare coepit ut non dicat: 'Visi sunt ei tres uiri,' sed: *Visus est ei dominus*. Atque inde consequenter exponens quomodo *ei* sit *uisus dominus* attexit narrationem de tribus uiris quos Abraham per pluralem numerum inuitat ut hospitio suscipiat; et postea singulariter sicut unum alloquitur, et sicut unus ei de Sara filium pollicetur, quem dominum dicit scriptura sicut in eiusdem narrationis exordio: *Visus est*, inquit, *dominus Abrahae*. Inuitat ergo et pedes lauat et

---

[140] 시편 2,7.

[141] 시편 110,1.

[142] 2코린 3,17. Dominus autem spiritus est: '주님은 영이십니다'라고 번역되지만 라틴어 문법상 주어와 술어의 위치 변환이 가능하므로 '영께서는 주님이십니다'라는 해석도 나온다.

[143] 1코린 15,45("마지막 아담은 생명을 주는 영이 되었습니다")에 비추어, 전후 문맥으로 보아 이 구절은 실상 그리스도를 가리키는 것으로 주석된다.

[144] 신명 6,13.

[145] 창세 12,7.

[146] 창세 18,1-15 참조.

들어 "주님이 나에게 말씀하셨도다. '너는 내 아들, 내가 오늘 너를 낳았노라'"[140]는 말씀이 있고 또 "주님께서 내 주공에게 하신 말씀, '내 오른쪽에 앉아라'"[141]는 말씀도 있다. 그런가 하면 성령도 주님이라고 불린 적이 있으니 사도가 하는 말 그대로다. "영은 주님이십니다. 그리고 주님의 영이 계신 곳에는 자유가 있습니다."[142] 이 말이 성자를 가리키는 것으로 여기는 사람이 아무도 없을 테고, [성자의] 비물체적 실체 때문에 그를 영이라고 부른다고 여기지 말아야 할 것이다. 뒤이어 "주님의 영이 계신 곳에는 자유가 있습니다"라는 구절을 덧붙이기 때문이다. 주님의 영이 성령임은 아무도 의심치 않을 것이다.[143] 한 분이신 하느님에 관해서는 "너는 주 너의 하느님을 경외하고 그분만을 섬기라!"[144]는 말씀이 있으나, "주님께서 아브라함에게 나타나셔서"[145]라는 구절을 두고는 그것이 삼위일체 가운데 어느 한 위격이 나타나신 것인지 삼위일체이신 하느님이 나타나신 것인지 분명히 드러나지 않는다. 왜 그런가 하면 "마므레의 참나무들 곁에서"[146] 아브라함이 본 것은 세 사람이었고 그분들을 초대하여 손님으로 모셨으며 걸게 차려 대접한 일이 있었기 때문이다. 성경이 그 사건을 이야기하는 마당에서는 "그에게 세 사람이 보이셨다"라고 첫머리를 떼지 않고 "주님께서 아브라함에게 보이셨다"는 구절로 시작한다.[147] 그리고서는 뒤이어 주님이 어떻게 그에게 나타나셨는지를 설명하는 마당에서는 세 사람에 대한 이야기를 꾸몄다. 아브라함은 그분들을 복수로 부르며 초대하여 손님으로 맞는다. 그렇게 하고서는 다음에는 단수로 마치 한 사람과 하듯이 말을 나눈다.[148] 또 [상대방도] 사라를 두고 아들을 점지해 주는 말씀을 하실 때는 한 분처럼 행동하고, 성경은 설화의 첫머리에 "주님께서 아브라함에게 보이셨다"고 하던 말 그대로 그분을 주님이라고 일컫는다. 아브라함은 사람들

---

[147] 교부가 다루는 라틴어역은 '나타나셨다'(apparuit)보다는 '보이셨다'(visus est ei Dominus)라고 되어 있다.

[148] 다른 데서는 이 내용을, 아브라함은 "세 분을 뵙고 한 분으로 경배하였다"(tres vidit et unum adoravit: *Contra Maximianum Arrianum* 2.26.7)는 간결한 문장으로 간추린다.

deducit abeuntes tamquam homines; loquitur autem tamquam cum
domino deo siue cum ei promittitur filius siue cum ei Sodomae im-
minens interitus indicatur.

XI 20. Non paruam neque transitoriam considerationem postulat
iste scripturae locus. Si enim uir unus uisus fuisset, iam illi qui di-
cunt et priusquam *de uirgine* nasceretur per suam substantiam uisi-
bilem filium, quid aliud quam ipsum esse clamarent? Quoniam 'De
patre,' inquiunt, 'dictum est: *Inuisibili soli deo.*' Et tamen possem
adhuc quaerere quomodo ante susceptam carnem *habitu* est *inuen-
tus ut homo,* quandoquidem pedes ei loti sunt et humanis epulis
epulatus est. Quomodo istud fieri poterat *cum* adhuc *in forma dei
esset, non rapinam arbitratus esse aequalis deo*? Numquid enim
iam *semetipsum exinanierat formam serui accipiens, in similitu-
dine hominum factus et habitu inuentus ut homo,* cum hoc quando
fecerit per partum uirginis nouerimus? Quomodo igitur antequam
hoc fecisset ut uir unus *apparuit Abrahae*? An illa forma uera non
erat? Possem ista quaerere si unus uir apparuisset Abrahae idem-
que *dei filius* crederetur. Cum uero tres uisi sunt nec quisquam in

---

[149] 『신국론』(16.29)에서도 창세기의 이 대목을 다룬다.

[150] 1티모 1,17.

[151] 앞의 2.9.15 말미 참조.

[152] 필리 2,7. habitu inventus ut homo는 앞의 2.6.11(각주 84) 참조.

[153] 필리 2,6-7 참조.

에게 하듯이 그들을 초대하고 발을 씻겨 드리고 다시 길을 나서는 이들을 전송한다. 그러면서도 자기에게 아들을 약속해 주실 때도, 소돔의 임박한 멸망에 관해서 말씀해 주실 때도 주 하느님 [한 분께] 말씀드리듯이 여쭙는다.[149]

세 분이 나타나신 이상, 이것을 삼위일체의 동등성을 상징하는 것으로 받아들여서는 왜 안 되는가

11.20. 성경의 이 대목은 간단하게 지나치는 방식 이상의 고찰을 요한다. 만약 한 사람만 나타났다고 하자. 성자가 동정녀에게 태어나기 전에도 당신의 실체 때문에 눈에 보이는 분이었다고 말하는 사람들이라면, [여기 나타난 분이] 바로 그분이었다는 말 말고 무슨 이야기를 했겠는가? 그들이 하는 말로는 "눈에 보이지 않는 유일하신 하느님"[150]이라는 말은 성부께 해당한다.[151] 그렇다면 나는 그분이 발을 씻기시고 인간이 먹는 음식으로 잔치를 드신 이상, 어떻게 해서 육신을 취하기도 전에 "여느 사람 모양으로 드러나셨다"는 말이냐고 [그들에게] 반문할 수 있겠다.[152] [그들의 주장이 사실이라면] 그분이 아직 "하느님의 모습을 지니고 계시면서도 하느님과 같음을 마치 노획물처럼 여기지 않으셨다"는 일이 어떻게 일어날 수 있었겠는가? 그분이 [육화 이전에] 벌써 "자신을 비우시어 종의 모습을 취하셨으며, 사람들과 비슷하게 되시어 여느 사람 모양으로 드러나시기라도" 했다는 말인가?[153] 동정녀의 출산을 통해서 그분이 이런 일을 이루셨음을 우리가 알게 된 터에 말이다. 이런 일을 이루시기 전에 도대체 어떻게 해서 마치 한 사람처럼 아브라함에게 나타났다는 말인가? 저 형상이 진짜가 아니기라도 했다는 말인가?[154] 한 사람이 아브라함에게 나타났고 굳이 그분이 하느님의 아들이라고 믿기로 한다면 나는 다음과 같은 질문을 제기할

---

[154] an illa forma vera non erat?: 아브라함에게 보이신 사람의 형상인지, 성자가 취한 종의 형상인지 모호하다.

eis uel forma uel aetate uel potestate maior ceteris dictus est, cur non hic accipiamus uisibiliter insinuatam per creaturam uisibilem trinitatis aequalitatem atque in tribus personis unam eandemque substantiam?

21. Nam ne quisquam putaret sic intimatum unum in tribus fuisse maiorem et eum dominum dei filium intellegendum, duos autem illos angelos eius quia cum tres uisi sint, uni domino illic loquitur Abraham, sancta scriptura futuris talibus cogitationibus atque opinionibus contradicendo non praetermisit occurrere quando paulo post duos angelos dicit uenisse ad Loth in quibus et ille uir iustus qui de Sodomorum incendio meruit liberati ad unum dominum loquitur. Sic enim sequitur scriptura dicens: *Abiit autem dominus postquam cessauit loquens ad Abraham, et Abraham reuersus est ad locum suum.*

XII. *Venerunt autem duo angeli in Sodomis uespere.*

Hic attentius considerandum est quod ostendere institui. Cum tribus certe loquebatur Abraham et eum dominum singulariter appellauit. 'Forte,' inquit aliquis, 'unum ex tribus agnoscebat dominum, alios autem duos angelos eius.' Quid sibi ergo uult quod conse-

---

[155] in quibus[angelis] ⋯ ad unum dominum loquitur: 직역하면 '그들 안에서 한 분 주님께 말씀을 드리다'.

[156] 창세 18,33.

수 있겠다. 세 분이 나타났고, 그중 누구도 모습이나 나이나 능력으로 보아 다른 분들보다 훌륭했다는 말이 나오지 않은 이상, 왜 이것을 차라리 삼위일체의 동등을, 또 세 위격 안에 있는 단일하고 동일한 실체를 눈에 보이는 피조물을 통해서 눈에 보이게 상징하는 것으로 받아들여서는 안 되는가?

11.21. 혹자는, 성경이 말씀하려는 바는 셋 중에서 한 분이 더 훌륭했고 그분이 주님이신 하느님의 아들이었다고 생각하고 싶어 할지도 모르겠다. [나머지] 둘은 그분의 천사들이었고, 그래서 셋이 나타났음에도 불구하고 아브라함은 주님이신 저 한 분에게만 말씀을 여쭈었으리라는 것이다. 그런데 성경은 장차 이런 생각과 의견이 나올 줄 알고서 이에 대항하여 대책을 마련하는 일을 빼놓지 않았다. 그래서 조금 뒤에 두 천사가 롯을 찾아왔다고 말하고, 그 의인은, 소돔인들의 화난火難에서 구제받을 만한 공적이 있는 사람으로서, 그 천사들을 두고서 한 분 주님께 하듯이 말씀을 나누는 것으로 되어 있다.[155] 그리고 성경은 이렇게 말을 잇는다. "주님께서는 아브라함과 말씀을 마치시고 자리를 뜨셨다. 아브라함도 자기가 사는 곳으로 돌아갔다."[156]

롯에게 현시됨[157]

12.[21]. "저녁때에 두 천사가 소돔에 이르렀다."[158]

이 대목에서 내가 입증하려는 바를 주의 깊게 살펴야 한다. 아브라함이 정작 세 사람과 이야기를 나누면서 주님이라는 말은 단수로 호칭했기 때문이다. 혹자는 이런 말을 할지 모르겠다. "아마도 그는 셋 중 한 분이 주님이심을 알아보았고 다른 둘은 그분의 천사라고 여겼을 것이다." 그럴 경

---

[157] "인간 형상으로 롯에게 나타난 두 천사들 속에서 단수로 주님이라고 불리신다"[BA].

[158] 창세 19,1. 『성경』: "저녁때에 그 두 천사가 소돔에 이르렀다."

quenter dicit scriptura: *Abiit autem dominus postquam cessauit loquens ad Abraham, et Abraham reuersus est ad locum suum. Venerunt autem duo angeli in Sodomis uespere?* An forte ille unus abscesserat qui dominus cognoscebatur in tribus, et duos angelos qui cum illo erant ad consumendam Sodoma miserat? Ergo sequentia uideamus. *Venerunt,* inquit, *duo angeli in Sodomis uespere. Loth autem sedebat ad portam Sodomorum. Et cum uidisset eos Loth, surrexit in obuiam illis et adorauit in faciem super terram et dixit: Ecce, domini, diuertite in domum pueri uestri.* Hic manifestum est et duos angelos fuisse et in hospitium pluraliter inuitatos et honorifice appellatos dominos cum fortasse homines putarentur.

22. Sed rursus mouet quia nisi angeli dei cognoscerentur, non adoraret Loth *in faciem super terram.* Cur ergo tamquam tali humanitate indigentibus et hospitium praebetur et uictus? Sed quodlibet hic lateat, illud nunc quod suscepimus exsequamur. *Duo* apparent; *angeli* ambo dicuntur; pluraliter inuitantur tamquam cum duobus pluraliter loquitur donec exeatur a Sodomis. Deinde sequitur scriptura et dicit: *Et factum est postquam eduxerunt eos foras et dixerunt: Saluans salua animam tuam; ne respexeris retro neque stes in hac uniuersa regione; in montem uade et ibi saluaberis ne forte comprehendaris. Dixit autem Loth ad eos: Rogo, domine, quoniam inuenit puer tuus ante te misericordiam,* et cetera. Quid est hoc: *Dixit ad eos: Rogo, domine,* si iam ille discesserat qui dominus erat et angelos miserat? Cur dicitur, *Rogo, domine,* et non, 'Rogo, do-

---

¹⁵⁹ 창세 19,1-2: 마지막 구절: "나리들, 부디 제 집으로 드시어 밤을 지내십시오."

우 성경이 곧이어 말하는 다음 구절은 무슨 뜻이 되는가? "주님께서는 아
브라함과 말씀을 마치시고 자리를 뜨셨다. 아브라함도 자기가 사는 곳으
로 돌아갔다. 저녁때에 두 천사가 소돔에 이르렀다." 셋 중에서 주님으로
알아본 그분 혼자서 떠나가셨고 그분과 함께 있던 두 천사를 소돔을 멸망
시키라고 파견하셨다는 말인가? 그러면 뒤에 나오는 구절을 살펴보기로
하자. "저녁때에 두 천사가 소돔에 이르렀는데 그때 롯은 소돔 성문에 앉
아있었다. 롯이 그들을 보자 일어나 맞으면서 얼굴을 땅에 대고 엎드려 말
했다. '주님들, 당신 종의 집으로 드십시오'."[159] 이 대목을 보면 분명히 두
천사가 있고 그들은 복수로 불리어 묵어 가시라 초대받았으며 마치 사람
으로 여기고 하듯이 '주님들'이라는 경칭으로 불렸다.

12.22. 하지만 즉시 어려움이 따른다. 하느님의 천사임을 알아보지 못했
다면 롯이 굳이 "땅에 얼굴을 대고" 엎드리지 않았을 것이다. 그렇다면 [천
사여서] 인성도 갖추어지지 않은 그들에게 어째서 묵을 곳도 식사도 대접
한 것일까? 여기 감추어진 바가 무엇이든 방금 채택한 그 물음을 [계속] 따
져 나가기로 하자. 둘이 나타났다. 둘 다 천사라고 불린다. 복수로 둘 다
초대를 받으며, 소돔에서 [롯이] 나갈 때까지 둘을 상대로 복수로 말씀을
드린다. 그리고 성경은 이렇게 잇는다. "그들은 롯의 가족을 밖으로 데리
고 나와 말했다. '달아나 목숨을 구하시오. 뒤를 돌아다보아서는 안 되오.
이 들판 어디에서도 멈추어 서지 마시오. 휩쓸려 가지 않으려거든 산으로
달아나시오.' 그러나 롯은 그들에게 말했다. '주님, 제발 당신의 이 종이 당
신 앞에 자비를 얻었으니 청이 있습니다 …'."[160] [저 사람들 말마따나 앞
서] 주님이라고 하던 분, 천사들을 보내신 분이 떠나가셨다면, 여기서 "그
들에게 말했다. '주님, 제발 청이 있습니다'"라는 말은 어찌 되는가? 또 어

---

¹⁶⁰ 창세 19,17-19.『성경』: "주님, 제발 그러지 마십시오. 이 종이 나리 눈에 들어 … 큰 은
혜를 베푸시어 …."

mini'? Aut si unum ex eis uoluit appellare, cur ait scriptura: *Dixit autem Loth ad eos: Rogo, domine quoniam inuenit puer tuus ante te misericordiam*? An et hic intellegimus in plurali numero personas duas, cum autem idem duo tamquam unus conpellantur, *unius substantiae unum dominum deum*? Sed quas duas personas hic intellegimus? Patris et filii, an patris et spiritus sancti, an filii et spiritus sancti? Hoc forte congruentibus quod ultimum dixi. Missos enim se dixerunt, quod de filio et de spiritu sancto dicimus. Nam patrem missum nusquam scripturarum nobis occurrit.

XIII 23. Moyses autem quando *ad populum Israhel ex Aegypto educendum* missus est, sic ei dominum apparuisse scriptum est: *Pascebat*, inquit, *oues Iethro soceri sui sacerdotis Madian, et egit oues in desertum et uenit in montem dei Choreb. Apparuit autem illi angelus domini in flamma ignis de rubo. Et uidit quia in rubo arderet ignis, rubus uero non comburebatur. Et ait Moyses: Ibo et uidebo uisum istud quod tam magnum uidi. quoniam non comburitur rubus. Cum ergo uidit dominus quia uenit uidere, clamauit eum dominus de rubo dicens: Ego sum deus patris tui, deus Abraham et deus Isaac et deus Iacob.* Et hic primo *angelus domini* dictus est deinde *deus*.

---

[161] 창세 19,13 참조: "주님께서 소돔을 파멸시키시려고 우리를 보내셨소."

[162] 교부로서는 구약의 하느님 발현을 구태여 성자에게 귀속시키고 더구나 그것을 이유로 성자는 눈에 보이는 존재였다는 주장을 반박하는 데 요점이 있다.

[163] 탈출 3,15.

[164] 하느님의 초월성을 강조하여 그분은 인간에게 나타날 수 있는 분이 아니고 당신의 사자 (使者)를 통해서 나타나실 따름이므로 구약의 모든 발현에서 나타난 것은 야훼가 아니고 야훼 의 천사였다는 해석이 교부들 사이에 주류를 이루었다.

째서 "제발, 주님들"이라고 하지 않고 "제발, 주님"이라고 하는가? 만일 [롯이] 그들 중의 한 분을 그렇게 부르려고 했다면 왜 성경은 "롯은 그들에게 말했다. '주님, 제발 당신의 이 종이 당신 앞에 자비를 얻었으니 청이 있습니다'"라고 하는가? 여기서도 우리는 복수를 써서 [삼위일체의] 두 위격을 의미하는 것으로 알아듣는 것인가? 그리고는 단일한 실체의 한 분 주 하느님이라는 [뜻으로] 바로 그 둘이 한 분처럼 호칭된다는 말인가? 그렇다면 여기서 우리는 과연 어느 위격들을 [가리킨다고] 알아들어야 하는가? 성자와 성부인가, 성부와 성령인가, 그것도 아니면 성자와 성령인가? 아마 내가 마지막으로 꼽은 것이 보다 적절할지도 모르겠다. 둘이 자기들은 보냄을 받았노라고 했고[161] 우리가 성자와 성령을 두고 [보냄 받았다는] 말을 하는 까닭이다. 우리는 성경 어디에서도 성부께서 파견받으셨다는 말을 발견할 수 없다.[162]

불타는 떨기나무의 현시

13.23. 모세가 "이스라엘 백성을 이집트에서 이끌어 내라"라는 사명을 받을 때였다. 그때 그에게 주님이 이렇게 나타나셨다고 쓰여 있다. "모세는 미디안의 사제인 장인 이드로의 양 떼를 치고 있었다. 그는 양 떼를 몰고 광야를 지나 하느님의 산 호렙으로 갔다. 주님의 천사가 떨기 한가운데로부터 솟아오르는 불꽃 속에서 그에게 나타났다. 그가 보니 떨기가 불에 타는데도, 그 떨기는 타서 없어지지 않았다. 모세는 '내가 가서 이 놀라운 광경을 보아야겠다. 저 떨기가 왜 타 버리지 않을까?' 하고 생각했다. 모세가 보러 오는 것을 주님께서 보시고 떨기 한가운데에서 그를 부르시며 말씀하셨다. '나는 네 아버지의 하느님, 곧 아브라함의 하느님, 이사악의 하느님, 야곱의 하느님이다.'"[163] 여기서도 처음에는 '주님의 천사'라고 했다가 뒤에는 '하느님'이라고 했다.[164]

Numquid ergo *angelus* est *deus Abraham et deus Isaac et deus Iacob*? Potest ergo recte intellegi ipse saluator de quo dicit apostolus: *Quorum patres et ex quibus Christus secundum carnem, qui est super omnia deus benedictus in saecula. Qui* ergo *super omnia est deus benedictus in saecula* non absurde etiam hic ipse intellegitur *deus Abraham et deus Isaac et deus Iacob*. Sed cur prius *angelus domini* dictus est cum *de rubo in flamma ignis apparuit*? Vtrum quia unus ex multis angelis erat sed per dispensationem personam domini sui gerebat, an assumptum erat aliquid creaturae quod ad praesens negotium uisibiliter appareret et unde uoces sensibiliter ederentur quibus praesentia domini per subiectam creaturam corporeis etiam sensibus hominis sicut oportebat exhiberetur? Si enim unus ex angelis erat, quis facile affirmare possit utrum ei filii persona nuntianda imposita fuerit an spiritus sancti an dei patris an ipsius omnino trinitatis qui est *unus* et *solus deus*, ut diceret: *Ego sum deus Abraham et deus Isaac et deus Iacob*? Neque enim possumus dicere deum Abraham et deum Isaac et deum Iacob filium dei esse et patrem non esse. Aut spiritum sanctum aut ipsam trinitatem quam *credimus* et intellegimus *unum deum* audebit aliquis negare deum Abraham et deum Isaac et deum Iacob? Ille enim non est illorum patrum deus qui non est deus. Porro si non solum *pater deus* est sicut omnes etiam haeretici concedunt, sed etiam *filius* quod uelint nolint coguntur fateri dicente apostolo: *Qui est super omnia deus*

---

165 로마 9,5.

166 per dispensationem personam gerere: '직무상 …의 역할(persona)을 하다'라는 로마 법률 용어. 다양한 번역(chargè de representer, by a special arrangement)이 있다.

167 per subiectam creaturam: 앞의 각주 125 참조.

그렇다면 천사가 "아브라함의 하느님, 이사악의 하느님, 야곱의 하느님"이라는 말인가? [아니라면] 그분은 구원자라고 이해함이 옳은데, 그분을 두고 사도는 이런 말을 한다. "그들에게 성조들이 속하고 그들에게서 인간적 출신에 따라 그리스도께서 태어나셨습니다. 그분은 만물 위에 계시는 하느님으로서 영원히 찬양받으십니다."[165] 그러니까 "만물 위에 계시는 하느님으로서 영원히 찬양받으시는 분"이라면 바로 그분이 "아브라함의 하느님, 이사악의 하느님, 야곱의 하느님"이라고 알아듣더라도 모순이 아니다. 그렇지만 "떨기 한가운데로부터 솟아오르는 불꽃 속에서 그에게 나타났다"고 하면서는 왜 '주님의 천사'라고 했을까? 그가 원래 많은 천사들 가운데 하나였는데 직무상 자기네 주님의 역할을 행사한 것일까?[166] 그렇지 않으면 피조물로부터 취해진 무엇이 현안 문제 때문에 눈에 보이게 나타나고 귀에 들리게 목소리를 내며, 그것으로 주님의 현존이 [주님께] 귀속된 피조물을 통해서[167] 인간의 신체적인 감관에도 드러나야만 했던 것일까? 만일 천사들 가운데 하나였다면 그 일을 선포하기 위해서 그에게 부여된 것이 성자의 역할인지 성령의 역할인지 성부 하느님의 역할인지, 그것도 아니면 전적으로 "오직 한 분 하느님"[168]이신 삼위일체의 역할이 부여된 것인지 누가 쉽사리 단언할 수 있겠는가? [누구의 위격이기에] "나는 네 아버지의 하느님, 곧 아브라함의 하느님, 이사악의 하느님, 야곱의 하느님이다"라고 말씀하실 만했을까? 또 아브라함의 하느님, 이사악의 하느님, 야곱의 하느님은 하느님의 아들이지 성부는 아니라고 단언할 수도 없다. 또 성령이나 우리가 유일한 하느님으로 믿고 이해하는 삼위일체가 아브라함의 하느님, 이사악의 하느님, 야곱의 하느님임을 누가 감히 부정하겠는가? 하느님이 아니라면 그런 존재가 저 조상들의 저 하느님도 아니다. 성부만 하느님이 아니시고(모든 이단자들도 이 점은 수긍한다) "만물 위에 계시는 하느님으로서 영원히 찬양받으십니다"라고 한 사도의 말처럼 성자도 하느

---

[168] 요한 17,3 참조.

benedictus in saecula, et spiritus sanctus dicente ipso apostolo: *Clarificate ergo deum in corpore uestro* cum supra diceret: *Nescitis quia corpora uestra templum in uobis spiritus sancti est quem habetis a deo?, et hi tres unus deus* sicut catholica sanitas credit, non satis elucet quam in trinitate personam, et utrum aliquam an ipsius trinitatis gerebat ille *angelus*, si unus ex ceteris angelis erat.

Si autem in usum rei praesentis assumpta creatura est quae humanis et oculis appareret et auribus insonaret et appellaretur et *angelus domini* et *dominus* et *deus*, non potest hic deus pater intellegi, sed aut filius aut spiritus sanctus, quamquam spiritum sanctum alicubi angelum dictum non recolam. Sed ex opere possit intellegi; dictum enim de illo est: *Quae uentura sunt annuntiabit uobis*, et utique angelus graece, latine nuntius interpretatur. De domino autem Iesu Christo euidentissime legimus apud prophetam quod *magni consilii angelus* dictus sit, cum *et spiritus sanctus et dei filius* sit *deus* et dominus angelorum.

XIV 24. Item *in exitu de Aegypto* filiorum *Israhel* scriptum est: *Deus autem praeibat illos, die quidem in columna nubis et ostende-*

---

[169] 1코린 6,19-20 참조.

[170] catholica sanitas, sanitas catholicae fidei(*De Genesi ad litteram* 1.21). 교부는 '건전한 가톨릭 신앙' 등의 표현을 썼다.

[171] utrum aliquam [personam] an ipsius trinitatis [personam] gerere: 여기서도 persona라는 용어가 삼위일체론의 '위격'을 정확하게 지적하지는 않았다(앞의 각주 132.166 참조).

[172] 요한 16,13.

[173] 방금 인용한 성경 구절 quae ventura sunt *annuntiabit* vobis에서 ad-nuntiare는 그리스어 ἄγγελος의 라틴어 번역어인 nuntius 곧 '사자'(使者)와 어원이 같다.

[174] 칠십인역 이사 9,5. magni consilii angelus (Vulgata: admirabilis consiliarius, '탁월한 경륜가').

님이실뿐더러 — 싫든 좋든 이것은 고백하지 않을 수 없다 —, 같은 사도가 "여러분의 몸으로 하느님을 영광스럽게 하십시오. 여러분의 몸은, 여러분이 하느님께로부터 받아 여러분 안에 모시고 있는 성령의 성전이라는 사실을 여러분은 알지 못합니까?"[169]라고 하는 말대로 성령도 하느님이시며, 건전한 가톨릭의 믿음대로[170] 이 셋이 한 분 하느님이시다. 그러므로 나타난 이가 다른 여러 천사들 가운데 하나였을 경우, 삼위일체 가운데 어떤 위격을 행사한 것인지 제대로 드러나지 않고, 또 삼위일체의 어느 한 위격을 행사한 것인지, 다름 아닌 삼위일체의 역할을 행사한 것인지[171] 충분히 밝혀지지 않는다.

현안의 필요상 피조물을 취하여 인간 눈에 나타나고 귀에 소리가 들리게 했으며, '주님의 천사'라고도 불리고 '주님'이요 '하느님'이라고도 불렸으니 하느님 아버지이실 수는 없고 성자이거나 성령인데, 다만 다른 대목에서 성령이 천사라고 불린 적이 있다고는 내가 기억하지 못한다. 하지만 [성령의] 활동에서 그렇게 알아들을 만한 근거는 있다. "그분은 앞으로 올 것들도 여러분에게 알려 주실 것입니다"[172]라는 구절은 그분을 두고 한 말이기 때문이다. 또 $\check{\alpha}\gamma\gamma\epsilon\lambda o\varsigma$라는 그리스어는 라틴어로 nuntius로 번역되기도 한다.[173] 주 예수 그리스도를 두고 [천사라는 말을 쓰는 것은] "큰 의견의 사자"[174]라고 부르는 예언자의 글에 아주 분명하게 나온다.[175] 그 대신 성령도 하느님의 아들도 '하느님'이거나 '천사들의 주님'이시다.

구름기둥과 불기둥의 현시

14.24. 마찬가지로 이스라엘 자손들의 이집트 탈출에 관해서 이렇게 적혀 있다. "주님께서는 그들이 밤낮으로 행진할 수 있도록, 그들을 앞장서

---

[175] 위에 열거한 창세기를 들어 '하느님의 천사'와 '하느님' 두 어휘가 곧잘 변환되는 구약의 용례로 보아 하느님의 '말씀' 혹은 하느님께 '보냄 받은 분'이라는 뜻에서 '사자'(使者) 곧 '천사'(天使)라는 명칭이 성자에게 적용해도 무리하지 않다는 결론에 이른다.

*bat illis uiam, nocte autem in columna ignis; et non deficiebat co-
lumna nubis die et columna ignis nocte ante populum.* Quis et hic
dubitet per subiectam creaturam eandemque corpoream non per su-
am substantiam deum oculis apparuisse mortalium? Sed utrum pat-
rem an filium an spiritum sanctum an ipsam trinitatem *unum deum*
similiter non apparet. Nec ibi hoc distinguitur, quantum existimo,
ubi scriptum est: *Et maiestas domini apparuit in nube, et locutus
est dominus ad Moysen dicens: Exaudiui murmur filiorum Israhel,*
et cetera.

XV 25. Iam uero de nubibus et uocibus et fulguribus et tuba et fu-
mo in monte Sina cum diceretur: *Sina autem mons fumabat totus
propterea quod descendisset deus in eum in igne, et ascendebat fu-
mus tamquam fumus fornacis. Et mente confusus est omnis populus
uehementer; fiebant autem uoces tubae prodeuntes fortiter ualde.
Moyses loquebatur et deus respondebat ei uoce.* Et paulo post data
lege in decem praeceptis consequenter dicitur: *Et omnis populus
uidebat uoces et lampadas et uoces tubae et montem fumantem.* Et
paulo post: *Et stabat,* inquit, *omnis populus a longe. Moyses autem
intrauit in nebulam ubi erat deus, et dixit dominus ad Moysen,* et
cetera.

Quid hinc dicam nisi quod nemo tam uecors est qui credat fu-
mum, ignem, nubes et nebulam et si qua huiusmodi uerbi et sapien-

---

[176] 탈출 13,21-22.

[177] 탈출 16,10-12.

가시며 낮에는 구름기둥 속에서 길을 인도하시고 밤에는 불기둥 속에서 그들을 비추어 주셨다."[176] 여기서도 하느님이 당신의 실체를 통해서 사멸할 인간들의 눈에 나타나신 것이 아니고 [당신에게] 귀속된 피조물을 통해서, 그것도 같은 물체적 사물을 통해서 [사람들의 눈에] 나타나셨음을 누가 의심하겠는가? 그렇지만 성부이신지 성자이신지 성령이신지, 그것도 아니면 한 분 하느님이신 삼위일체 친히 그렇게 하셨는지는 여전히 드러나지 않는다. 또 내가 생각하기에는 "주님의 영광이 구름 속에 나타났다. 주님께서 모세에게 이렇게 이르셨다. '나는 이스라엘 자손들이 불평하는 소리를 들었다'"[177]고 기록된 글에서도 이 점은 구분이 되지 않는다.

시나이 산의 현시

15.25. 시나이 산에서 나타난 구름과 음성, 우렛소리와 나팔소리와 연기에 관해서도 이렇게 적혀 있다. "그때 시나이 산은 온통 연기가 자욱하였다. 주님께서 불 속에서 그 위로 내려오셨기 때문이다. 마치 가마에서 나오는 것처럼 연기가 솟아오르며 산 전체가 심하게 뒤흔들렸다. 뿔 나팔 소리가 점점 크게 울려 퍼지는 가운데, 모세가 말씀을 아뢰고 하느님께서 그에게 목소리로 대답하셨다."[178] 또 조금 뒤에는 율법이 십계명으로 내리고 뒤이어 이런 말이 나온다. "온 백성은 우렛소리와 불길과 뿔 나팔 소리와 연기에 싸인 산을 보고 있었다." 그리고 조금 뒤에는 이렇게 말한다. "백성은 멀찍이 서 있었고, 모세는 하느님께서 계시는 먹구름 속으로 들어갔다. 주님께서 모세에게 말씀하셨다" 등등.[179]

여기서 누가 만일 연기며 불길이며 구름이며 먹구름이며 그 밖에 이와 비슷한 것들이 그리스도이신 하느님의 말씀이자 지혜의 실체라고 믿거나 성령의 실체라고 믿는다면, 나로서는 이보다 정신 나간 사람이 또 없으리

---

[178] 탈출 19,18-19 끝 구절(『성경』): "모세가 말씀을 아뢰자 하느님께서는 우렛소리로 대답하셨다."

[179] 탈출 20,18.21-22 참조.

tiae dei quod est Christus uel spiritus sancti esse substantiam? Nam de patre deo nec arriani hoc umquam ausi sunt dicere. Ergo *creatura seruiente creatori* facta sunt illa omnia et humanis sensibus pro dispensatione congrua praesentata, nisi forte quia dictum est: *Moyses autem intrauit in nebulam ubi erat deus*, hoc arbitrabitur carnalis cogitatio, a populo quidem nebulam uisam, intra nebulam uero Moysen oculis carneis uidisse filium dei quem delirantes haeretici in sua substantia uisum uolunt. Sane uiderit eum Moyses oculis carneis si oculis carneis potest uideri non modo *spaientia dei* quod est Christus, sed uel ipsa cuiuslibet hominis et qualiscumque sapientis. Aut quia scriptum est *de senioribus Israhel* quia *uiderunt locum ubi steterat deus Israhel* et quia *sub pedibus eius tamquam opus lapidis sapphiri et tamquam aspectus firmamenti caeli*, propterea credendum est *uerbum* et *sapientiam dei* per suam substantiam in spatio loci terreni stetisse, quae *pertendit a fine usque in finem fortiter et disponit omnia suauiter*, et ita esse mutabile *uerbum dei per quod facta sunt omnia* ut modo se contrahat modo distendat? *Mundet* dominus a talibus cogitationibus *corda fidelium suorum*. Sed per subiectam, ut saepe diximus, creaturam exhibentur haec omnia uisibilia et sensibilia ad significandum *inuisibilem* atque intelligibilem *deum*, non solum patrem sed et filium et spiritum sanctum,

---

[180] pro dispensatione congrua: 앞의 각주 166(per dispensationem '직무상') 참조.

[181] 지혜 16,24-25 참조. 『성경』: "피조물은 자기를 만드신 당신을 시중들며 … 피조물은 그 때에도 온갖 형태로 바뀌면서 … 당신의 선물로 쓰였습니다."

[182] 지혜도 육안으로 보이지 않는데 하느님의 아들을 육안으로 볼 수 있느냐는 반문이다.

[183] 탈출 24,10. 『성경』: "그들은 그곳에서 이스라엘의 하느님을 뵈었다. 그분의 발밑에는 청옥으로 된 바다 같은 것이 있었는데, 맑기가 꼭 하늘 같았다."

라는 말 외에는 무슨 소리를 하겠는가? 심지어 아리우스파까지도 이것들이 하느님 아버지에 관해서 하는 이야기라는 소리는 감히 못했으니까 말이다. 그러니까 "피조물이 창조주께 시중을 들어" 저 모든 사물이 되었고 적절한 배려에 따라서[180] 인간 감관에 제시되었던 것이다.[181] "모세는 하느님께서 계시는 먹구름 속으로 들어갔다"고 말했다니까 육적인 사고방식[을 가진 사람은] 백성에게는 먹구름이 보였고 먹구름 속으로 들어간 모세는 육안으로 하느님의 아들을 뵈었다고 생각할지도 모른다. 더구나 정신 나간 이단자들은 거기서 하느님의 아들이 실체 그대로 보인 것처럼 믿고 싶어 한다. 그것이 육안에 보일 수만 있다면야 모세가 육안으로 보았을지도 모른다. 내가 하는 말은 그리스도이신, 하느님의 지혜만 아니고 아무 인간이나 갖고 있을지혜, 어느 현자나 갖고 있을지혜도 가리켜 하는 말이다.[182] 더구나 이스라엘 원로들을 두고 이런 글이 적혀 있다. "그들은 이스라엘의 하느님이 서 계시는 곳을 보았다. 그분의 발밑에는 청옥의 작품 같은 것이 있었는데 마치 창궁과 같았다."[183] 그렇다면 하느님의 말씀이요 지혜이신 분이 당신의 실체로 지상의 한 공간에 서 계셨다고 믿어야 하는가? "세상 끝에서 끝까지 힘차게 퍼져 가며 만물을 훌륭히 통솔하는"[184] 그 지혜가 말이다. 그러니까 "모든 것은 그분으로 말미암아 생겨났다"[185]고 하는 [그 말씀이] 변하는 존재가 되어 자기를 줄이고 늘이고 한다는 말인가? 제발 주님께서 당신 신도들의 마음을 이 따위 생각에서 정화시켜 주시기를! 하지만 우리가 종종 한 말대로, [당신에게] 귀속된 피조물을 통해서 눈에 보이고 감각적인 이 모든 것들이 나타나면서, 보이지 않으나 가지적可知的인 하느님을 상징하기는 한다.[186] 그것도 성부만 아니고 성자도 성령도 상징한다. "그분으로부터 그분을 통해 그분을 위하여 모든 것이 있다."[187]▶

---

[184] 지혜 8,1.　　　　　　　　　　　　　　　　　[185] 요한 1,3.

[186] ad significandum invisibilem atque intelligibilem deum: 감관에 보이는 현상이 상징하는 사물이 지성에 의해서 파악된다.

ex quo omnia, per quem omnia, in quo omnia; quamuis *inuisibilia dei a creatura mundi per ea quae facta sunt intellecta conspician- tur, sempiterna quoque uirtus eius ac diuinitas*.

26. Sed quod attinet ad id quod nunc suscepimus nec in monte Si- na uideo quemadmodum appareat per illa omnia quae mortalium sensibus terribiliter ostendebantur utrum deus trinitas an pater an filius an spiritus sanctus proprie loquebatur. Verumtamen si quid hinc sine affirmandi temeritate modeste atque cunctanter coniectare conceditur, si una ex trinitate persona potest intellegi, cur non spiri- tum sanctum potius intellegimus quando et tabulis lapideis lex ipsa quae ibi data est *digito dei* scripta dicitur, quo nomine spiritum sanc- tum in euangelio significari nouimus.

Et quinquaginta dies numerantur ab occisione agni et celebratione paschae usque ad diem quo haec fieri coepta sunt in monte Sina, sicut *post* domini *passionem* ab eius resurrectione quinquaginta dies numerantur et uenit promissus a filio dei spiritus sanctus. Et in ipso eius aduentu, quem in apostolorum actibus legimus, per diui- sionem linguarum ignis apparuit qui *et insedit super unumquemque eorum*, quod exodo congruit ubi scriptum est: *Sina autem mons*

---

¹⁸⁷ 로마 11,36.

¹⁸⁸ 로마 1,20. 『200주년』: "실상 하느님의 보이지 않는 것들, 그분의 영원한 권능과 신성이 세상이 창조된 이래 피조물 안에서 이성적 성찰로써 인식되었습니다." 여기서 divinitas가 '신성'으로 번역되어 있으므로 deitas는 '신격'으로 번역될 수 있다(이 책 1.8.15 각주 120 참조).

¹⁸⁹ 탈출 31,18 참조. "하느님께서는 시나이 산에서 … 당신 손가락으로 친히 쓰신, 돌로 된 두 증언판을 그에게 주셨다."

비록 "실상 하느님의 보이지 않는 것들, 그분의 영원한 권능과 신성이 만들어진 것들을 통해 세상의 피조물에 의해서 인식되어 관조되듯이"[188] 말이다.

그 역할을 삼위일체 가운데 한 위격으로 알아들을 수 있다면, 굳이 성령으로 알아듣지 말라는 법이 있는가

15.26. 그렇지만 기왕 우리가 채택한 문제에 해당시켜 말하자면, 시나이 산에서도 사멸할 인간들의 감관에 무시무시하게 나타난 저 모든 것들을 통해서 도대체 누가 나타났는지는 나로서도 알아낼 도리가 없다. 제대로 말해서 삼위일체 하느님이신지 아니면 성부이신지 성자인지 성령인지 알 길이 없다. 다만 무모한 주장은 못하더라도 겸허하고 조심스럽게 추측하는 것은 허용된다면, 그리고 삼위일체 가운데 한 위격이라고 알아들어도 된다면, 왜 우리가 그분이 성령이라고 알아들어서는 굳이 안 되는지 모르겠다. 돌판으로 율법이 내렸을 때도 그것이 "하느님의 손가락"으로 쓰였다고 하는데[189] [하느님의 손가락이라는] 이 명사는 복음서에서 성령을 가리킨다는 사실을 우리가 알고 있다.[190]

다른 한편, [이집트에서 거행한] 어린양의 도살과 파스카 경축 사건으로부터 시나이 산에서 이 일이 일어나기 시작하기까지는 50일간이라는 숫자가 나오듯이, 주님의 수난이 있고 나서 그분의 부활로부터 하느님의 아들이 약속한 성령이 오기까지도 50일간이라는 숫자가 나온다. 또 그분의 강림 시에, 사도행전에서 우리가 읽는 것처럼, "불길 같은 혀들이 갈라지면서 그들에게 나타나 그들 각자 위에 내려앉았다"[191]고 하는데 이것은 이집트 탈출 [장면에] 상응한다고 하겠으니, "그때 시나이 산은 온통 연기가 자

---

[190] 루카 11,20 참조: "내가 하느님의 손가락으로 귀신들을 쫓아내고 있으니 …."

[191] 사도 2,3.

fumabat totus propterea quod descendisset in eum deus in igne, et aliquanto post: *Aspectus*, inquit, *maiestatis domini tamquam ignis ardens super uerticem montis coram filiis Israhel.* Aut si haec ideo facta sunt quia nec pater nec filius illic eo modo praesentari poterant sine spiritu sancto quo ipsam legem scribi oportebat, deum quidem non per substantiam suam quae inuisibilis et incommutabilis manet sed per illam speciem creaturae illic apparuisse cognoscimus. Sed aliquam ex trinitate personam signo quodam proprio, quantum ad mei sensus capacitatem pertinet, non uidemus.

XVI 27. Est etiam quo plerique moueri solent quia scriptum est: *Et locutus est dominus ad Moysen facie ad faciem sicut quis loquitur ad amicum suum*, cum paulo post dicat idem Moyses: *Si ergo inueni gratiam ante te, ostende mihi temetipsum manifeste ut uideam te, ut sim inueniens gratiam ante te et ut sciam quia populus tuus est gens haec*, et paulo post iterum: *Dixitque Moyses ad dominum: Ostende mihi maiestatem tuam.* Quid est hoc quod in omnibus quae supra fiebant deus uideri per suam substantiam putabatur, unde a miseris creditus est non per creaturam sed per se ipsum uisibilis *filius dei*, et quod intrauerat *in nebulam Moyses* ad hoc in-

---

[192] 탈출 19,18.   [193] 탈출 24,17.   [194] 탈출 33,11.

[195] 탈출 33,13. 『성경』: "이제 제가 당신 눈에 든다면, 저에게 당신의 길을 가르쳐 주십시오. 그러면 제가 당신을 알고, 더욱 당신 눈에 들 수 있을 것입니다. 이 민족이 당신 백성임도 생각하소서."

욱하였다. 주님께서 불 속에서 그 위로 내려오셨기 때문이다"[192]라고 적혀 있기 때문이다. 조금 뒤에는 이런 글도 나온다. "주님의 영광이 나타난 모습이 이스라엘 자손들의 눈에는 산봉우리에서 타오르는 불과 같았다."[193] 율법은 성령에 의해서 기록됨이 마땅했으므로, 성령 없이는 성부도 성자도 그런 모양으로 임재하실 수 없었을 터이므로, 정작 이런 일들이 일어났다면, 거기 나타나신 분은 하느님이셨음을 알 수 있다. 물론 하느님은 보이지 않고 불변하게 존속하는 당신 실체를 통해서 나타나신 것이 아니고, 피조물의 저 형상을 통해서 그 자리에 나타나셨음을 알게 된다. 하지만 나의 지각 능력이 미치는 한에서 말하자면, [거기서 드러나는] 어떤 고유한 표지를 가지고 삼위일체 가운에 어느 위격을 이야기하는지는 우리가 알아내지 못한다.

모세가 하느님을 친히 뵌 것은 아니다

16.27. 많은 사람이 당황하는 대목이 있다. 이렇게 쓰여 있다. "주님께서는 마치 사람이 자기 친구에게 말하듯, 모세와 얼굴을 마주하여 말씀하셨다."[194] 그리고 조금 뒤에는 모세 본인이 이렇게 말씀드린다. "제가 당신 눈에 든다면, 저에게 당신을 분명하게 보여 주십시오. 그러면 제가 당신을 뵙고, 더욱 당신 눈에 들 수 있을 것입니다. 그리고 이 민족이 당신 백성임도 알 것입니다."[195] 또 뒤에는 이렇게 나온다. "모세가 주님께 아뢰었다. '저에게 당신의 위엄을 보여 주십시오.'"[196] 그렇다면 앞에서 이루어지던 모든 사건에서 하느님께서 당신의 실체를 통하여 눈에 보이셨으리라고 여기던 일들은 어찌 되는가? 저 가련한 사람들은 심지어 하느님의 아들까지도 피조물을 통해서 눈에 보이게 되는 것이 아니라 친히 눈에 보이는 분이라고까지 믿었는데 이것은 어찌 되는가? 모세가 먹구름 속으로 들어갔다

---

[196] 탈출 33,18. 『성경』: "당신의 영광을 보여 주십시오."

trasse uidebatur ut oculis quidem populi ostenderetur caligo nebulosa, ille autem intus uerba dei tamquam eius faciem contemplatus audiret? Et quomodo dictum est: *Locutus est dominus ad Moysen facie ad faciem sicut quis loquitur ad amicum suum*? Ecce idem dicit: *Si inueni gratiam in conspectu tuo, ostende mihi temetipsum manifeste.*

Nouerat uitque quod corporaliter uidebat, et ueram uisionem dei spiritaliter requirebat. Locutio quippe illa quae fiebat in uocibus sic modificabatur tamquam esset amici loquentis *ad amicum*. Sed *deum patrem* quis corporeis oculis uidet? Et quod *in principio erat uerbum et uerbum erat apud deum et deus erat uerbum per quod facta sunt omnia*, quis corporeis oculis uidet? Et *spiritum sapientiae* quis corporeis oculis uidet? Quid est autem: *Ostende mihi temetipsum manifeste ut uideam te*, nisi ostende mihi substantiam tuam? Hoc autem si non dixisset Moyses, utcumque ferendi essent stulti qui putant per ea quae supra gesta uel dicta sunt substantiam dei oculis eius fuisse conspicuam; cum uero hic apertissime demonstretur nec desideranti hoc fuisse concessum, quis audeat dicere per similes formas quae huic quoque uisibiliter apparuerant non creaturam deo seruientem sed hoc ipsum quod deus est cuiusquam oculis apparuisse mortalium?

28. Et hic quidem quod postea dominus dicit ad Moysen: *Non poteris uidere faciem meam et uiuere; non enim uidebit homo fa-*

---

198 다른 곳(*De Genesi ad litteram* 12.27.55)에서는 탈출 33,13을 다시 주석하면서 사도 바오로의 탈혼(2코린 12,2-5)을 예거하여 예외가 가능함을 암시한다.

고 하니까 백성의 눈에는 짙은 먹구름이 보였지만 모세는 그 속에서 하느님의 얼굴을 바라보면서 하느님의 말씀을 들었을 것이라고 믿던 사람들은 어떻게 되는가? 더욱이 "주님께서는 마치 사람이 자기 친구에게 말하듯, 모세와 얼굴을 마주하여 말씀하셨다"는 말씀은 어찌 되는가? 더구나 동일 인물 모세가 이런 말씀까지 드리고 있다. "제가 당신 눈에 든다면, 저에게 당신을 분명하게 보여 주십시오."

[모세는] 자기가 보던 것이 신체적으로 보던 것임을 알고 있었다. 그래서 영적으로 하느님을 뵙게 해 달라고 부탁드리던 참이었다. 저 대화는 음성으로 이루어지고, 친구가 친구에게 말하는 모양새로 이루어졌다. 그렇지만 하느님 아버지를 누가 육안으로 뵙겠는가? 또 "한처음에 말씀이 계셨다. 그 말씀은 하느님과 함께 계셨다. 그 말씀은 또한 하느님이셨다. 모든 것은 그분으로 말미암아 생겨났다"[197]고 하는 그분을 누가 육안으로 뵙겠는가? 그리고 지혜의 영이신 분을 누가 육안으로 뵙겠는가? 그럴 경우 "저에게 당신을 분명하게 보여 주십시오. 그러면 제가 당신을 뵙겠습니다"는 말은 당신의 실체를 보여 달라는 말 아니고 무엇이겠는가? 모세가 이런 말만 안 했더라도 위에서 일어났거나 언급된 사건들을 통해서 그의 눈에 하느님의 실체가 똑똑히 보였을 것이라고 여기는 어리석은 사람들을 참아 줄 만하리라. 그런데 그토록 간절히 열망하는 사람에게도 [하느님의 실체를 뵙는 일이] 허용되지 않았음이 아주 분명하게 입증되는 마당에,[198] 눈에 보이게 그에게 나타난 이런저런 형상形象들은 실상 하느님을 섬기는 피조물[199]이 나타난 것이 아니고 하느님이 몸소 어느 사멸할 인간의 눈에 나타나셨다고 누가 감히 주장하겠는가?

16.28. 또 그다음에 주님이 모세에게 하신 말씀이 있다. "그러나 내 얼굴을 보고 살아남지는 못한다. 나를 본 사람은 아무도 살 수 없기 때문이

---

[199] creaturam deo servientem: per subiectam creaturam과 같은 맥락을 가지는 문구다. 앞의 각주 125와 167 참조.

ciem meam et uiuet. Et ait dominus: Ecce locus penes me, et stabis super petram statim ut transiet mea maiestas, et ponam te in spelunca petrae. Et tegam manu mea super te donec transeam, et auferam manum, et tunc uidebis posteriora mea; nam facies mea non apparebit tibi.

XVII. Non incongruenter ex persona *domini nostri Iesu Christi* praefiguratum solet intellegi ut *posteriora* eius accipiantur caro eius in qua *de uirgine natus est* et *mortuus* et *resurrexit*, siue propter postremitatem mortalitatis *posteriora* dicta sint, siue quod eam prope in fine saeculi, hoc est posterius, suscipere dignatus est. *Facies* autem eius illa *dei forma* in qua *non rapinam arbitratus esse aequalis deo patri*, quod *nemo* utique *potest uidere et uiuere*; siue quia post hanc uitam in qua *peregrinamur a domino* et ubi *corpus quod corrumpitur aggrauat animam*, uidebimus facie ad faciem sicut dicit apostolus. De hac enim uita in psalmis dicitur: *Verumta-*

---

[200] 탈출 33,20-23. 장차 오실 주 예수 그리스도의 인성에 비추어서 알아들어야 한다는 풀이가 뒤이어 나온다.

[201] ex persona domini ⋯ praefiguratum: 이하(이 책 2.17.28-33)에서 '하느님의 등'을 '그리스도의 육신'이라는 예형적 의미로 길게 논의한다.

[202] propter postremitatem mortalitatis: 역자마다 의역을 시도하는 난해한 문구다. (que son humanitè est revers de sa divinitè / because it is mortal and so comes after / perchè la mortalità è molto inferiore alla divinità / a causa de la posterioridad de su condicion mortal)

[203] posteriora: 라틴어 어원(post)으로는 신체의 후위에 있는 '등'도 연상시키고 서열상으로나 시간적으로나 '뒤에 오는 것'(postremitas) 혹은 '후손'(posteri)을 가리키기도 한다.

[204] 히브 9,26 참조: "그분은 시대의 종말인 지금 자신의 희생을 통해 죄를 없애기 위하여 한 번 나타나셨습니다."

다.' 주님께서 말씀을 계속하셨다. '여기 내 곁에 자리가 있으니, 너는 이 바위 위에 서 있어라. 내 영광이 지나가는 동안 내가 너를 이 바위굴에 넣고, 내가 다 지나갈 때까지 너를 내 손바닥으로 덮어 주겠다. 그런 다음 내 손바닥을 거두면, 네가 내 등을 볼 수 있을 것이다. 그러나 내 얼굴은 너에게 보이지 않을 것이다.'"[200]

하느님의 등과 그리스도의 육신

17.[28]. [여기서 말하는 하느님의 등은] 우리 주 예수 그리스도의 위격에 의거하는 예형豫型된 무엇[201]이라고 알아듣는 것이 예사인데 그것도 부적절하지는 않다. 그래서 그분의 등은 그분의 육신, 그분이 동정녀에게 나시고 죽으시고 부활하신 그 육신이라고 사람들이 받아들인다. 그 까닭은 [육신이] 사멸성이라는 최후의 위상 때문에[202] '뒤끝'이라고 부르기도 하고,[203] [그리스도께서] 마지막 시대에, 다시 말해서 뒤에 가서 육신을 취하기로 되어 있었기 때문이기도 하다.[204] 그 대신 그분의 얼굴은 하느님의 형상이지만[205] 그것을 두고 "그분은 하느님 아버지와 같음을 마치 노획물처럼 여기지 않으셨다".[206] 그 얼굴을 "보고서는 아무도 살 수 없다". 그렇지만 현세 생명, 곧 "우리가 주님으로부터 떠나 살고 있고"[207] "썩어 없어질 육신이 영혼을 무겁게 하는"[208] 생애가 지나고 나면 사도의 말대로 "얼굴과 얼굴을 마주 볼 것이다".[209] 현세 생명에 관해서는 시편이 이렇게 말한다.

---

[205] dei forma: forma는 사물의 본질도 가리키고 ('질료'와 대비되어) '얼굴' 또는 '모습'으로서의 형상(species)도 가리키는 양의성(兩義性)을 띤다.

[206] 필리 2,6 참조.

[207] 2코린 5,6. "이 몸 안에 눌러 사는 동안에는 우리가 주님으로부터 떠나 살고 있다는 것입니다."

[208] 지혜 9,15 참조: "썩어 없어질 육신이 영혼을 무겁게 하고 흙으로 된 이 천막이 시름겨운 정신을 짓누릅니다."

[209] 1코린 13,12. videbimus facie ad faciem: 이 책에서 이 구절을 70여 회 인용하면서 교부는 이 저서가 하느님의 얼굴을 뵙는 경지에 이르는 신비학적 여정임을 암시한다.

men uniuersa uanitas omnis homo uiuens, et iterum: *Quoniam non iustificabitur in conspectu tuo omnis uiuens*. In qua uita etiam secundum Iohannem *nondum apparuit quod erimus. Scimus*, inquit, *quia cum apparuerit, similes ei erimus quoniam uidebimus eum sicuti est*; quod utique post hanc uitam intellegi uoluit cum mortis debitum soluerimus et resurrectionis promissum receperimus – siue quod etiam nunc in quantum *dei sapientiam per quam facta sunt omnia* spiritaliter intellegimus, in tantum carnalibus affectibus morimur ut mortuum nobis hunc mundum deputantes nos quoque ipsi huic mundo moriamur et dicamus quod ait apostolus: *Mundus mihi crucifixus est et ego mundo*. De hac enim morte item dicit: *Si autem mortui estis cum Christo, quid adhuc uelut uiuentes de hoc mundo decernitis? –* Non ergo immerito nemo poterit *faciem*, id est ipsam manifestationem sapientiae dei, *uidere et uiuere*.

Ipsa est enim species cui contemplandae suspirat omnis qui affectat *diligere deum ex toto corde et ex tota anima et ex tota mente*; ad quam contemplandam etiam proximum quantum potest aedificat qui *diligit et proximum sicut se ipsum, in quibus duobus praeceptis tota lex pendet et prophetae*. Quod significatur etiam in ipso Moyse. Nam cum dixisset propter dilectionem dei qua praecipue flagrabat: *Si inueni gratiam in conspectu tuo, ostende mihi temetipsum*

---

210 시편 39,5-7 참조: "제 자신이 얼마나 덧없는지 알게 되리이다. 제 수명 당신 앞에서는 없는 것과 같나이다."

211 시편 143,2. 『성경』: "산 이는 누구도 당신 앞에서 의로울 수 없나이다."

212 1요한 3,2.

213 1코린 1,21과 집회 1,3-4 참조.

"산 사람 모두가 오로지 헛됨 자체로다."[210] 그리고 또다시 "살아 있는 누구도 당신 앞에서 의로워지지 않으리이다"[211]라는 말씀도 있다. 이 생애에서는, 요한의 말마따나 "우리가 어떻게 될는지 아직 드러나지 않았습니다. 그렇지만 드러나게 되면 우리가 그분을 닮게 되리라는 것은 알고 있습니다. 사실 우리는 그분을 있는 그대로 뵈올 것이기 때문입니다".[212] 물론 그는 이 일이 이승의 삶 다음에, 즉 죽음의 빚을 갚고 부활의 약속을 성취할 때 일어날 것으로 알아듣기 바랐다. "모든 것을 만드신 하느님의 지혜"[213]를 우리가 영적으로 깨닫는 한 지금도 이 일이 일어난다고 하겠다. [그럴 경우에] 우리는 육체의 욕망에는 죽어서 마치 우리에게는 이 세상이 죽은 것으로 간주되고 우리 또한 이 세상에는 죽어 사도가 "나는 세상에 대해 못 박혔고 세상도 나에 대해 못 박혔습니다"[214]라고 하는 말씀을 우리도 하게 된다. 이 죽음에 대해서 사도는 이런 말씀도 한다. "여러분이 그리스도와 함께 죽었다면 왜 아직도 이 세상에 의지해[215] 사는 사람처럼 작정합니까?"[216] 그러니 하느님의 얼굴을 보고, 즉 하느님의 지혜의 발현 자체를 보고서는 "아무도 살아남을 수 없다"는 말씀은 괜한 소리가 아니다.

[그 얼굴이야말로] "마음을 다하고 정신을 다하고 생각을 다하여 하느님을 사랑하려고" 정을 쏟는 사람이라면 누구나 우러러 뵙고자 애타는 모습이다. 또 "이웃을 자신처럼 사랑하는" 사람이라면 그 모습을 우러러 뵙게 만들고자 힘닿는 대로 남을 교화한다. "율법과 예언자들이 다 이 두 계명에 달려 있는"[217] 까닭이다. 같은 생각이 모세에게서도 표명된다. "그러니 이제 제가 당신 눈에 든다면, 저에게 당신을 분명하게 보여 주십시오. 그

---

[214] 갈라 6,14.

[215] de hoc mundo(불가타역: in mundo): '세상을 밑천으로'라는 뜻까지 띤다.

[216] 콜로 2,20. 『200주년』: "여러분이 그리스도와 함께 죽어 세상의 원소들을 떠났다면 왜 세속에 따라 사는 사람처럼 규정에 매입니까?"

[217] 마태 22,37-40 참조.

manifeste ut sim inueniens gratiam ante te, continuo propter dilec-
tionem etiam proximi subiecit atque ait: *Et ut sciam quia populus
tuus est gens haec*. Illa est ergo species quae rapit omnem animam
rationalem desiderio sui tanto ardentiorem quanto mundiorem et
tanto mundiorem quanto ad spiritalia resurgentem, tanto autem ad
spiritalia resurgentem quanto a carnalibus morientem. Sed *dum
peregrinamur a domino et per fidem ambulamus non per speciem*,
posteriora Christi, hoc est carnem, per ipsam fidem uidere debe-
mus, id est in solido fidei fundamento stantes quod significat petra,
et eam de tali tutissima specula intuentes, in catholica scilicet ec-
clesia de qua dictum est: *Et super hanc petram aedificabo ecclesiam
meam*. Tanto enim certius diligimus quam uidere desideramus fa-
ciem Christi quanto in posterioribus eius agnoscimus quantum *nos
prior dilexerit* Christus.

29. Sed in ipsa carne fides resurrectionis eius saluos facit atque
iustificat. *Si enim credideris*, inquit, *in corde tuo quia deus illum
suscitauit a mortuis, saluus eris*; et iterum: *Qui traditus est*, inquit,
propter delicta nostra et resurrexit propter iustificationem nostram.
Ideoque meritum fidei nostrae resurrectio corporis domini est. Nam

---

[218] 탈출 33,13. 『성경』: "그러니 이제 제가 당신 눈에 든다면, 저에게 당신의 길을 가르쳐
주십시오."

[219] 탈출 33,13. 『성경』: "그러면 제가 당신을 알고 … 이 민족이 당신 백성임도 생각하소서."

[220] 2코린 5,6-7: per fidem ambulamus non per speciem: 이 책에서 주요한 전거가 되는 구
절이다(25회가량 인용).

러면 제가 더욱 당신 눈에 들 수 있을 것입니다."[218] 곧이어 이웃 사랑 때문에 그는 이런 말을 덧붙인다. "또한 제가 이 민족이 당신 백성임을 알게 하소서."[219] 모든 이성혼을 사로잡는 저 형상이 바로 이것이다. 깨끗한 영혼일수록 그 모습을 그리워하는 열정에 더욱 타오르게 마련이고, 영적 사물들로 부활한 영혼일수록 더욱 깨끗하게 마련이며, 육적 사물에 죽을수록 영적 사물을 향하여 부활하게 마련이다. 그러나 "우리가 주님으로부터 떠나 살고 있는 동안에는 믿음으로 살아가지, 모습을 보면서 살아가는 것이 아닙니다".[220] [이곳에서 우리가 보는 것은] 그리스도의 등, 즉 육신이며, 우리는 그것을 믿음으로 보아야 한다. 신앙의 든든한 기초에 서서 보아야 하는데 '바위 위'는 바로 이런 기초를 상징한다. 우리로서는 지극히 안전한 거울에 의지해서, 다시 말해서 가톨릭교회에 의지해서 저 육신을 들여다본다. 가톨릭교회를 두고는 "나는 이 바위 위에 내 교회를 세우겠다"[221]는 말씀이 있는 까닭이다. 그리스도께서 우리를 먼저 얼마나 사랑하셨는지 인정하면 할수록, 우리가 그토록 보고 싶어 열망하는 그리스도의 얼굴을 그만큼 더 확고히 사랑하기에 이른다.

그 육신에서 그리스도의 부활을 보는 신앙이 우리를 구원한다

17.29. 그렇지만 그 육신을 두고 [이야기할 때도] 그 육신의 부활에 대한 신앙이 구원을 하고 의화를 시킨다. "하느님께서 그분을 죽은 자들 가운데서 일으키셨다는 것을 당신의 마음속으로 믿으면 구원받을 것입니다"[222]라는 말씀이 있다. 그리고 또 "그분은 우리의 잘못 때문에 죽음에 넘겨지셨지만, 우리의 의화를 위해 일으켜지셨습니다"[223]라는 말씀도 있다. 그러므로 우리 신앙에 공덕을 주는 대상은 주님의 몸의 부활이다. 왜 그런가 하

---

[221] 마태 16,18. 삼위일체 교리에서 이단이나 열교로 배척된 사람들을 제외한 교회를 '가톨릭교회'로 지칭하고 있다.

[222] 로마 10,9.

[223] 로마 4,25.

mortuam esse illam carnem in cruce passionis etiam inimici eius credunt, sed *resurrexisse* non credunt. Quod firmissime nos credentes tamquam de petrae soliditate contuemur, unde certa spe *adoptionem exspectamus redemptionem corporis nostri* quia hoc in membris Christi speramus quae nos ipsi sumus quod perfectum esse in ipso tamquam in capite nostro fidei sanitate cognoscimus. Inde non uult nisi cum transierit uideri posteriora sua ut in eius resurrectionem credatur. *Pascha* enim hebraeum uerbum dicitur quod *transitum* interpretamur. Vnde et Iohannes euangelista dicit: *Ante diem autem festum paschae sciens Iesus quia uenit eius hora ut transeat de hoc mundo ad patrem.*

30. Hoc autem qui credunt nec tamen in catholica sed in schismate aliquo aut in haeresi credunt non de loco qui est penes eum uident posteriora domini. Quid enim sibi uult quod ait dominus: *Ecce locus est penes me, et stabit super petram?* Quis locus terrenus est penes dominum nisi hoc est penes eum quod eum spiritaliter *attingit*? Nam quis locus non est penes dominum qui *attingit a fine usque in finem fortiter et disponit omnia suauiter*, et cuius dictum est *caelum sedes et terra scabellum pedum* eius, et qui dixit: *Quam domum aedificabitis mihi? Aut quis locus quietis meae? Nonne manus mea fecit haec omnia?* Sed uidelicet intellegitur locus penes eum in

---

[224] tamquam de petrae soliditate: 앞 절에 나온, 모세가 바위에서 본 현시와 그리스도 육신의 상징(intuentes … contuemur) 및 "신앙의 든든한 기초에 서서 보아야 하는데 바위는 바로 이런 기초를 상징한다"는 구절 참조.

면 그분의 육신이 수난의 십자가에서 죽음을 당했다는 사실은 그분의 원수들도 믿지만 그 육신이 부활했다는 점은 믿지 않는 까닭이다. 그렇지만 우리는 그 사실을 단단한 바위에 의지하듯이[224] 아주 굳건하게 믿음으로써 [그 육신을] 관상하게 이를 것이며, 지금은 확고한 희망으로 "양자養子의 신분, 우리 몸의 속량을 기다리고 있다".[225] 이 일이 그리스도의 지체에서 [이루어지리라는 것이] 우리의 희망인데, 우리가 그리스도의 몸이고, 우리 머리인 그분에게서 그 일이 완성되었음을 건전한 신앙으로 알고 있는 까닭이다. [하느님은] 당신이 지나가시고 나서가 아니면 당신의 등을 보이고 싶어 하지 않으신다. 다시 말해서 그분의 부활을 믿으라는 것이다. '파스카'라는 히브리어는 '건너감'이라고 번역된다. 그래서 복음사가 요한은 "파스카 축제 전날 예수께서는 이 세상에서 아버지께로 건너가야 할 당신의 시간이 온 것을 아셨다"[226]라는 말을 한다.

가톨릭교회에서 그리스도의 부활을 믿는 이들은 하느님의 등을 볼 따름이다

17.30. 이것을 믿으면서도 가톨릭교회 안에서 믿지 않고 어떤 열교裂敎나 이단異端에서 믿는 사람들은 그분 곁에서 주님의 등을 보지는 못한다. 주님께서 "여기 내 곁에 자리가 있으니, 너는 이 바위 위에 서 있거라"고 하시는 말씀이 무슨 뜻이겠는가? 주님 곁에 있는 지상의 자리라면 영적으로 주님께로 닿는 주님께 가까운 자리가 아니고 무엇이겠는가? 그렇지 않으면, "세상 끝에서 끝까지 힘차게 닿으며 만물을 훌륭히 통솔하시는데"[227] 주님 곁이 아닌 장소가 어디 있는가? "하늘이 당신 어좌요 땅이 당신의 발판"이라고 하는 말씀도 주님의 말씀이다. 그분은 "너희가 나에게 지어 바칠 수 있는 집이 어디 있느냐? 나의 안식처가 어디 있느냐? 이 모든 것을 내 손이 만들지 않았느냐?"는 말씀도 하시었다.[228] 그렇지만 그분 곁이면

---

[225] 로마 8,23.

[226] 요한 13,1.

[227] 지혜 8,1.

[228] 이사 66,1-2 참조.

quo statur super petram ipsa ecclesia catholica ubi salubriter uidet *pascha* domini, *id est transitum domini*, et posteriora eius, id est corpus eius, qui credit in resurrectionem eius. *Et stabit*, inquit, *super petram statim ut transiet mea maiestas*. Re uera enim *statim ut transiit maiestas* domini in clarificatione domini qua resurgens *ascendit ad patrem* solidati summus *super petram*. Et ipse Petrus tunc solidatus est ut *cum fiducia* praedicaret quem priusquam esset solidatus ter timore negauerat, iam quidem praedestinatione positus in specula petrae sed adhuc manu domini sibi superposita ne uideret. Posteriora enim eius uisurus erat et nondum ille transierat utique *a morte ad uitam*; nondum resurrectione clarificatus erat.

31. Nam et quo sequitur in exodo et dicit: *Tegam manu mea super te donec transeam, et auferam manum et tunc uidebis posteriora mea. Multi* israhelitae quorum tunc erat figura Moyses post resurrectionem domini *crediderunt* in eum tamquam iam uidentes posteriora eius remota manu eius ab oculis suis. Vnde et Esaiae talem prophetiam euangelista commemorat: *Incrassa cor populi huius et aures eorum oppila et oculos eorum graua*. Denique in psalmo non absurde intellegitur ex eorum persona dici: *Quoniam die ac nocte grauata est super me manus tua*; *die* fortasse cum manifesta miracula faceret nec ab eis agnosceretur; *nocte* autem cum in passione

---

[229] praedestinatione positus in specula petrae: "나는 이 바위 위에 내 교회를 세우겠다"(마태 16,19)라는 구절에 따라, 모세의 '바위굴'(spelunca petrae: 앞의 각주 200 참조)과 음운을 맞추면서 '베드로의 바위 위에 세워진 망대'(specula petrae)라고 부르는 듯하다.

서 바위 위라 할 만한 장소는 가톨릭교회라고 알아들어야 한다. 그분의 부활을 믿는 사람은 그곳에서 구원에 유익하게도 주님의 파스카 곧 주님의 '건너감'을 보며, 주님의 등, 다시 말해서 그분의 몸을 본다. 또 "너는 이 바위 위에 서 있어라. 내 영광이 지나가는 내내"라고 말씀하셨다. 주님의 '영광이 지나가는 내내', 즉 부활하신 분이 아버지께로 올라가는 주님의 현양顯揚 중에 우리는 정말 바위 위에서 굳건해졌다. 베드로도 그동안에 굳건해졌고 그래서 자신 있게 설교를 했다. 굳건해지기 전에는 그는 세 번이나 [주님을] 모른다고 부정한 사람이다. 아마도 베드로는 예정豫定에 의해서 바위 위에 서 있었지만[229] 주님의 손이 그를 덮고 있어서 보지 못했는지 모른다. 주님의 등은 볼 수 있었으나 그분이 아직 다 지나가신 것이 아니었다. 죽음에서 생명으로 건너가신 것은 아니었다. 즉, 아직 부활로 영광을 입으신 것은 아니었다.

많은 이스라엘 사람들이 주님의 부활 이후에 주님을 믿었다

17.31. 「탈출기」에 뒤따라 나오는 말씀은 이렇다. "내가 다 지나갈 때까지 너를 내 손바닥으로 덮어 주겠다. 그런 다음 내 손바닥을 거두면, 네가 내 등을 볼 수 있을 것이다." 그리고 당시에 모세라는 인물이 표상했던 이스라엘인들 상당수가 주님의 부활 후에 그분을 믿었다. 자기들 눈에서 손이 거두어져서 그분의 등을 보게 된 것과 흡사했다. 그래서인지 복음사가는 이사야의 저 예언을 인용하기도 한다. "이 백성의 마음은 무디어졌고 그들의 귀로는 둔하게 들었으며 그 눈은 감았도다."[230] 끝으로 시편에 나오는 다음 구절도 그들의 성정을 두고 한 말로 알아들어도 모순은 아닐 성싶다. "낮이고 밤이고 당신 손이 저를 짓누르신 까닭입니다."[231] '낮'이라고 한 것은 아마도 분명한 기적을 행했는데도 그들에게서 인정을 받지 못했기 때문이고, '밤'이라고 한 것은 고난을 겪고 죽는데도 그들은 그분이 여

---

[230] 마태 13,15; 이사 6,9.　　　　　　　　[231] 시편 32,4.

moreretur quando certius putauerunt sicut quemlibet hominem pe-
remptum et exstinctum. Sed quoniam cum transisset ut eius poste-
riora uiderentur praedicante sibi apostolo Petro *quia oportebat Chris-
tum pati et resurgere*, compuncti sunt dolore poenitentiae ut fieret
in baptizatis quo in capite psalmi eius dicitur: *Beati quorum remis-
sae sunt iniquitates et quorum tecta sunt peccata*. Propterea cum dic-
tum esset: *Grauata est super me manus tua*, tamquam domino tran-
seunte ut iam remoueret manum et uiderentur posteriora eius, se-
quitur uox dolentis et confitentis et ex fide resurrectionis domini
peccatorum remissionem accipientis: *Conuersus sum*, inquit, *in
aerumna dum confringeretur spina. Peccatum meum cognoui et in-
iustitiam meam non operui. Dixi: Pronuntiabo aduersum me inius-
titiam meam domino, et tu dimisisti impietatem cordis mei*. Neque
enim tanto carnis nubilo debemus inuolui ut putemus faciem qui-
dem esse domini inuisibilem, dorsum uero uisibile, quandoquidem
in *forma serui* utrumque uisibiliter apparuit; *in forma* autem *dei* ab-
sit ut tale aliquid cogitetur. Absit ut *uerbum dei* et *sapientia dei* ex
una parte habeat faciem, ex alia dorsum sicut corpus humanum, aut
omnino ulla specie uel motione siue loco siue tempore commutetur.

---

[232] 사도 17,3과 2,37-41 참조.

[233] 시편 32,1.

[234] 시편 32,4-5. 『성경』: "저의 기운은 여름날 한더위에 다 빠져 버렸나이다. 제 잘못을 당
신께 자백하며 제 허물을 감추지 않고 말씀드렸나이다. '주님께 저의 죄를 고백하나이다.' 그
러자 제 허물과 잘못을 당신께서 사하여 주셨나이다."

느 사람과 똑같이 제거되고 사라지는 것으로 간주했기 때문이리라. 하지만 그분이 지나가고 등을 보이실 즈음에는, 베드로 사도가 자기들에게 "그리스도가 마땅히 고난을 겪고 다시 살아나야 했다"고 하는 설교를 듣고서 뉘우치는 아픔으로 마음이 찔렸다.[232] 그래서 그들이 세례를 받자 저 시편의 첫머리에 나오는, "행복하여라, 죄가 사하여지고 잘못이 덮여진 이!"[233]라는 구절이 실현을 보았던 것이다. 그래서 시편이 "당신 손이 저를 짓누르셨습니다"라고 할 때는 주님이 지나가시면 미구에 손을 거두시고 그래서 그들이 그분의 등을 보게 될 것임을 의미했고, 그에 뒤이어 마음 아파하고 고백하고 주님의 부활을 믿는 믿음으로 죄 사함을 받는 사람의 목소리가 뒤따른다. "등뼈가 부서지는 동안 나는 탄식 중에 돌이켰나이다. 제죄를 자백하며 제 불의를 감추지 않았나이다. '나를 거슬러 주님께 내 불의를 소리 높이 외치리이다'라고 말씀드렸고 그러자 내 마음의 사악을 당신께서 사하여 주셨나이다."[234] 우리가[235] 육신의 먹구름에 너무 휩싸이다 보면, 주님의 얼굴은 눈에 보이지 않고 주님의 등만 보인다고 여길 정도가 되는데 그래서는 안 된다. 그분이 종의 형상으로 양편 다 볼 수 있게 나타나신 적이 있기 때문이다. 물론 하느님의 형상으로 [그렇게 보이는] 일이 가능하다고 생각함은 절대 불가하다. 하느님의 말씀이자 하느님의 지혜인 분이 마치 사람의 몸처럼 일부에는 얼굴을 갖고 일부에는 등을 갖고 있을 리 만무하다. 더구나 그분에게 공간상으로나 시간상으로 형태나 동작에 있어서 변화가 있을 리도 만무하다.[236]

---

[235] Hill은 교부의 이 기다란 '주제 이탈'(digressus)을 변명하는 뜻에서 영어판 번역에 "여하튼 모세 이야기에 관한 이 기다란 설명이 필요했는데 그 이유는 …"이라는 구절을 본문에 삽입하고 있다.

[236] 신앙으로 그리스도를 믿음이 삼위일체 하느님을 직관하는 첫걸음이고 이 저서의 집필 의도가 독자를 하느님을 직접 뵈려는 열망으로 인도함에 있음을 교부는 이 책 제4권과 제13권에서 적극 개진할 것이다.

32. Quapropter si in illis uocibus quae fiebant in exodo et illis omnibus corporalibus demonstrationibus dominus Iesus Christus ostendebatur, aut alias Christus sicut loci huius consideratio persuadet, alias spiritus sanctus sicut ea quae supra diximus admonent, non hoc efficitur ut deus pater numquam tali aliqua specie patribus uisus sit. Multa enim talia uisa facta sunt illis temporibus non euidenter nominato et designato in eis uel patre uel filio uel spiritu sancto, sed tamen per quasdam ualde probabiles significationes nonnullis indiciis exsistentibus ut nimis temerarium sit dicere deum patrem numquam patribus aut prophetis per aliquas uisibiles formas apparuisse. Hanc enim opinionem illi pepererunt qui non potuerunt in unitate trinitatis intellegere quod dictum est: *Regi autem saeculorum immortali, inuisibili soli deo*, et: *Quem nemo hominum uidit nec uidere potest* – quod de ipsa substantia summa summeque diuina et incommutabili ubi et pater et filius et spiritus sanctus *unus* et *solus deus* per sanam fidem intellegitur. Visiones autem illae per creaturam commutabilem deo incommutabili subditam factae sunt, non proprie sicuti est, sed significatiue sicut pro rerum causis et temporibus oportuit ostendentes deum.

---

[237] unitas (et aequalitas) trinitatis(때로는 trinitas et unitas patrs et filii ⋯: *Tractatus in Ioannis Evangelium* 29.7; 95.1 혹은 vel trinitas unitatis: 『고백록』 13.32)는 이 책과 교부의 전집에서 빈번히 애용되는 형식이다.

하느님 아버지께서는 어떤 가시적 형상으로도 성조들에게 나타나신 일이 결코 없었다고 말함은 지나친 경솔이다

17.32. 그러므로 탈출기에서 생겨난 저런 음성이라든지 그 밖의 모든 신체적 발현에서 드러난 분은 주 예수 그리스도이다. 그렇지 않으면 일부는 이 대목에 대한 성찰이 일깨워 주듯이 그리스도이거나, 일부는 우리가 앞서 언급한 일화들이 일깨워 주듯이 성령이다. 그렇다고 하느님 아버지께서는 어떤 형태로도 성조들에게 보이신 적이 없다는 결론이 나오는 것은 아니다. 저 시기에는 저런 발현이 많았는데 단지 성부에 의한 것인지 성자에 의한 것인지 성령에 의한 것인지 분명히 지적되지 않았을 뿐이다. 그렇더라도 거기 존재하는 적잖은 징후로 보아서 하느님 아버지께서는 보이는 형상을 통해서 성조들이나 예언자들에게 결코 나타나신 적이 없다고 단언하기는 지나치게 경솔하다는 것이며, 이 점은 상당히 개연성 있으면서도 이런저런 상징들을 통해서 드러난다. 저런 주장은 삼위의 일체성을[237] 이해할 능력이 없던 사람들이 제기했던 것이다. "모든 세기의 왕이시며 불사불멸하시고 눈에 보이지 않는 유일하신 하느님"이라는 말씀이나 "어느 인간도 그분을 보지 못했고 볼 수도 없도다"라는 말씀을 제대로 이해 못한 것인데 이런 구절은 지존하고 지극히 신성하며 불변하는 실체에 관한 말씀이고, 건실한 신앙으로 알아듣기로는 그 실체에서는 성부도 성자도 성령도 하나요 유일한 하느님이시다. 그런데 저 환시들은 불변하는 하느님께 귀속된 가변적 피조물을 통해서 발생한 것이고, 하느님을 존재하는 그대로 보여 주는 것이 아니라 사안의 경우와 시점에 맞추어 상징적으로 보여 줄 따름이다.[238]

---

[238] per creaturam commutabili deo immutabili subditam ··· non proprie ··· sed significative ostendentes deum: 이 책 2, 3, 4권에서 다루는 신적 발현과 환시의 의미를 신학적으로 간추린 구절이다.

XVIII 33. Quamquam nescio quemadmodum isti intellegant quod Danieli apparuerit *antiquus dierum* a quo *filius hominis* quod propter nos esse dignatus est accepisse intellegitur regnum, ab illo scilicet qui ei dicit in psalmis: *Filius meus es tu; ego hodie genui te; postula a me, et dabo tibi gentes haereditatem tuam*, et qui *omnia subiecit sub pedibus eius*. Si ergo Danieli et pater dans regnum et filius accipiens apparuerunt in specie corporali, quomodo isti dicunt *patrem* numquam uisum esse prophetis et ideo solum debere intellegi *inuisibilem, quem nemo hominum uidit nec uidere potest?*

Ita enim narrauit Daniel: *Aspiciebam*, inquit, *donec throni positi sunt, et uetustus dierum sedebat. Et indumentum eius quasi nix album, et capillus capitis eius quasi lana munda; thronus eius flamma ignis, rotae eius ignis flagrans, et flumen ignis trahebat in conspectu eius. Et mille milia deseruiebant ei, et dena milia denum milium assistebant ei. Et iudicium conlocauit, et libri aperti sunt*, et cetera. Et paulo post: *Aspiciebam*, inquit, *in uisu noctis; et ecce cum caeli nubibus quasi filius hominis ueniens erat, et usque ad ueterem dierum peruenit et oblatus est ei. Et ipsi datus est principatus et honor et regnum; et omnes populi, tribus, linguae ipsi seruient. Potestas eius potestas aeterna quae non praeteribit, et regnum eius non corrumpetur.* Ecce pater dans et filius accipiens regnum sem-

---

[239] 이 현시는 성부의 위격도 성자의 위격도 성령의 위격도 신체적 형상으로 나타나신 것처럼 되어 있어서 별도의 해설을 요한다.

[240] 다니 7,9.

[241] 다니 7,13-14 참조(이하에 본문 인용).

[242] 시편 2,7-8.　　　　　　　　　　[243] 시편 8,7.

18.33. 이럴 경우 나는 "연세 많으신 분께서"[240] 다니엘에게 나타나신 일을 저 사람들이 어떻게 이해할 것인지 모르겠다. '사람의 아들'이 그분에게서 왕권을 받았으며[241] 사람의 아들은 우리 때문에 그렇게 되신 것이다. 더구나 시편에서 그분에게 "너는 내 아들, 내가 오늘 너를 낳았노라. 나에게 청하여라. 내가 민족들을 너의 재산으로 주리라"[242]고 말씀하시는 분, "모든 것을 그의 발아래 두신"[243] 분에게서 왕권을 받았다. 그러므로 다니엘에게는 성부께서 왕권을 주시는 분으로서, 성자는 받는 분으로서 육체적 형상을 하고 나타나셨다면, 저 사람들은 성부께서는 예언자들에게 결코 보이신 적이 없다고, 따라서 성부께서는 오로지 눈에 보이지 않는 분으로서 "어느 인간도 그분을 보지 못했고 볼 수도 없다"고 알아들어야 한다는 말을 도대체 어떻게 하는 것일까?[244]

다니엘은 이렇게 말한다. "내가 보고 있는데 마침내 옥좌들이 놓이고 연세 많으신 분께서 자리에 앉으셨다. 그분의 옷은 눈처럼 희고 머리카락은 깨끗한 양털 같았다. 그분의 옥좌는 불꽃 같고 옥좌의 바퀴들은 타오르는 불 같았다. 불길이 그분 앞에서 강물처럼 뿜어 나왔다. 그분을 시중드는 이가 백만이요 그분을 모시고 선 이가 억만이었다. 법정이 열리고 책들이 펴졌다" 등등.[245] 조금 뒤에는 이렇게 나온다. "내가 이렇게 밤의 환시 속에서 앞을 보고 있는데 사람의 아들 같은 이가 하늘의 구름과 함께 나타나 연세 많으신 분께 가자 그분 앞으로 인도되었다. 그에게 통치권과 영광과 나라가 주어져 모든 민족과 나라, 말이 다른 종족이 그를 섬기게 되었다. 그의 통치는 영원한 통치로서 사라지지 않고 그의 나라는 멸망하지 않는다."[246] 보시라, 성부께서는 영원한 나라를 주시는 분으로, 성자는 받는 분

---

[244] 성부는 눈에 보이지 않고 성자와 성령은 보이는 분이라는 명제는 자칫하면 성자와 성령의 신성을 부인하는 이단으로 가기 때문에 교부가 이 점을 거듭 강조하고 있다.

[245] 다니 7,9-10.

[246] 다니 7,13-14.

piternum, et sunt ambo in conspectu prophetantis uisibili specie. Non ergo inconuenienter creditur etiam deus pater eo modo solere apparere mortalibus.

34. Nisi forte aliquid dicet ideo non esse uisibilem patrem quia in conspectu somniantis apparuit, ideo autem filium uisibilem et spiritum sanctum quia Moyses illa omnia uigilans uiderit. Quasi uero *uerbum* et *sapientiam dei* uiderit Moyses carnalibus oculis, aut uideri *spiritus* uel *humanus* potest *qui* carnem istam *uiuificat* uel ipse corporeus qui *uentus* dicitur, quanto minus ille *spiritus dei* qui omnium hominum et angelorum mentes ineffabilii excellentia diuinae substantiae supergreditur; aut quisquam tali praecipitetur errore ut audeat dicere filium et spiritum sanctum etiam uigilantibus hominibus esse uisibilem, patrem autem non nisi somniantibus. Quomodo ergo de patre solo accipiunt: *Quem nemo hominum uidit nec uidere potest*? An cum dormiunt homines, tunc non sunt homines? Aut qui formare similitudinem corporis potest ad se significandum per uisa somniantium non potest formare ipsam corpoream creaturam ad se significandum oculis uigilantium, cum eius ipsa substantia qua est ipse quod est nulla corporis similitudine dormienti, nulla

---

[247] *quasi videri* spiritus humanus *potest* qui carnem istam vivificat: 문장 첫머리의 quasi로 인해서 가언 문장이 되므로 오해의 여지가 없다. 그리고 spiritu는 라틴어로 원래 '입김' 혹은 '기운'을 뜻한다.

[248] formare similitudinem corporis potest ad se significandum: 하느님이 어떤 사물의 모습을 띠고(per speciem) 나타나시는 경우 그것이 물체 자체이기 보다는 '물체의 유사상을 꾸미는'(formare similitudinem corporis) 것으로 규정한다. 그렇지 않으면 그런 사물을 새로 창조하셔서 존속게 하는 난제가 발생한다.

으로 등장하시며, 또 두 분 다 예언하는 사람 앞에서 눈에 보이는 형태를 하고 계시다. 그러니까 성부께서도 사멸하는 인간들에게 그런 식으로 나타나시는 것이 예사라고 믿어도 부적절하지는 않다.

이에 대한 반론

18.34. 그렇더라도 성부께서는 꿈꾸는 사람 앞에 나타나신 것이므로 눈에 보이는 분이 아니라고 말할 사람이 혹시 있을지 모르겠다. 그 대신 성자와 성령은 보이는 분인데 모세가 깨어 있으면서 저것들을 보았기 때문이라고 한다. 혹시 모세가 육안으로 말씀과 하느님의 지혜를 뵈었을지도 모르겠고, 이 육신을 살리는 인간의 기운이나 바람이라 부르는 물체적 기운이 혹시 눈에 보일 수 있을지도 모르겠다.[247] 설령 그렇더라도 하느님의 영은 모든 인간들의 지성과 천사들의 지성을 형언할 수 없는 탁월함으로, 신적 실체의 탁월함으로 초월한다. 그런 하느님의 영은 결코 눈에 보일 수 없다. 혹시 누가 성자나 성령은 깨어 있는 사람에게도 보이고 성부께서는 꿈꾸는 사람들에게만 보이신다는 어처구니없는 말을 할라치면 그는 엄청난 오류에 빠지는 것이다. "어느 인간도 그분을 보지 못했고 볼 수도 없도다"라는 말씀을 성부께 대해서만 받아들인다는 말이 어찌 가당한가? 그러면 사람이 잠자고 있을 때는 사람이 아니란 말인가? [성부께서] 꿈꾸는 사람들의 환시를 통해서는 당신을 표상하는 물체의 유사상을 꾸며 내실 능력이 있지만[248] 깨어 있는 사람들의 눈에는 당신을 표상하는 물체적 피조물을 꾸며 내실 능력이 없다는 말인가? 당신이 존재하시는 그대로의 실체는[249] 잠든 사람에게도 어떠한 물체의 유사상을 띠고도 보이지 않을뿐더러, 깨어 있는 사람에게도 어떤 물체적 형상을 띠고도 보이지 않는다. 또

---

[249] ipsa substantia qua est: 앞의 각주 126 참조.

corporea specie uigilanti possit ostendi, sed non solum patris uerum etiam filii et spiritus sancti? Et certe qui uigilantium uisis mouentur ut non patrem sed tantum filium uel spiritum sanctum credant corporalibus hominum apparuisse conspectibus, ut omittam tantam latitudinem sanctarum paginarum et tam multiplicem earum intellegentiam unde nemo sani capitis affirmare debet nusquam personam patris per aliquam speciem corporalem uigilantium oculis demonstratam; sed ut hoc, ut dixi, omittam, quid dicunt de patre nostro Abraham cui certe uigilanti et ministranti, cum scriptura praemisisset dicens: *Visus est dominus Abrahae*, non unus aut duo sed *tres apparuerunt uiri* quorum nullus excelsius aliis eminuisse dictus est, nullus honoratius effulsisse, nullus imperiosius egisse?

35. Quapropter quoniam in illa tripertita nostra distributione primum quaerere instituimus utrum pater an filius an spiritus sanctus; an aliquando pater, aliquando filius, aliquando spiritus sanctus; an sine ulla distinctione personarum sicut dicitur *deus unus* et *solus*, id est ipsa trinitas, per illas creaturae formas patribus apparuerit; interrogatis quae potuimus quantum sufficere uisum est sanctarum scripturarum locis, nihil aliud, quantum existimo, diuinorum sacramen-

---

성부의 실체만 그런 것이 아니고 성자의 실체와 성령의 실체도 그렇다. 그리고 깨어 있는 사람들이 본 것에는 감동하면서도, 성부는 아니고 성자와 성령만 사람들의 물리적 시야에 나타난 것이라고 믿는 사람들이 있다면, 그들을 상대로 나로서도 엄청난 분량의 성경 구절들을 인용하고 또 그 구절들을 이해하는 다양한 해석을 열거할 [수 있겠지만] 그만두겠다. 다만 머리가 온전한 사람이라면 성부의 위격이 어떤 물체적 형태를 띠고 깨어 있는 사람들의 눈에 드러난 적이 어디서도 없었다는 주장을 내놓아서는 안 된다. 그것은 그만두더라도, 내가 말한 바 있거니와,[250] 아브라함이 깨어 있었고 시중을 들고 있던 마당에, 성경이 첫머리를 떼면서 "주님께서 아브라함에게 나타나셨다"고 하는데 우리 조상인 아브라함을 두고 저 사람들은 과연 무슨 말을 할까? 더구나 한 분이나 두 분이 나타난 것이 아니고 "세 사람이 나타났다"고 하는데 말이다. 그중 누구도 다른 이들보다 월등하다거나 다른 이들보다 영예롭다거나 다른 이들보다 더 세도 있는 것처럼 행동하지 않았는데 말이다.

하느님의 본성은 보이지 않지만 신체적 형태로 나타난 세 위격은 나름대로 의미할 바가 있었다고 믿어야 한다

18.35. 그러니까 우리 연구를[251] 세 부분으로 나누어서 그 첫 번째로 저 피조물의 형상을 빌려 성조들에게 나타나신 분이 성부냐 성자냐 성령이냐, 그렇지 않으면 때로는 성부께서, 때로는 성자가, 때로는 성령이 발현하신 것이냐, 그것도 아니면 위격의 구분이 없이 "유일한 한 분 하느님"이라는 말 그대로 삼위일체 자체가 나타난 것이냐를 탐구했다.[252] 우리 힘이 닿는 대로 성경 구절들을 충분하리만큼 연구한 바에 따르면, 내 생각에 결론은 이렇다고 본다. 즉, [성경에 입각하여] 신성한 비의들을[253] 절도 있고

---

[252] 이 책 2.7.13에서 제기한 세 의문 가운데 여기까지 하나만 다룬 셈이다.

[253] divinorum sacramentorum consideratio: sacramenta를 광의로 사용하여 성경과 그 상징 및 예형, 그것을 해석하는 교회의 성전(聖傳)까지 지칭하므로 '비의'(秘義)라고 표기해 본다.

torum modesta et cauta consideratio persuadet nisi ut temere non dicamus quaenam ex trinitate persona cuilibet patrum uel prophetarum in aliquo corpore uel similitudine corporis apparuerit nisi cum continentia lectionis aliqua probabilia circumponit indicia. Ipsa enim natura uel substantia uel essentia uel quolibet alio nomine appelandum est idipsum quod deus est, quidquid illud est, corporaliter uideri non potest. Per subiectam uero creaturam non solum filium uel spiritum sanctum sed etiam patrem corporali specie siue similitudine mortalibus sensibus significationem sui dare potuisse credendum est. *Quae cum ita sint*, ne immoderatius progrediatur secundi huius uoluminis longitudo, ea quae restant in consequentibus uideamus.

---

[254] ipsa enim natura vel substantia vel essentia vel quolibet alio nomine appellandum est idipsum quod deus est, quidquid illud est: 아우구스티누스(이 책에서만 이런 병행이 10회 나옴)에게서는 '실체'(substantia), '존재'(essentia), '자연 본성'(natura)의 개념이 구분되어 정립되지 않았다.

조심스럽게 고찰하다 보면, 본문 해독 내용이 상당히 개연성 있는 단서들을 제공하지 않는 한, 성조나 예언자 가운데 어느 누구에게 어떤 신체를 하고, 혹은 신체와 유사한 모습을 하고 나타난 분이 삼위일체 가운데 누구냐를 함부로 단정하지 말라고 타이른다. 그러니까 하느님이라는 저분이 누구든지 간에, 어떤 본성 혹은 실체 혹은 존재 혹은 그 밖의 어떤 다른 명사로 불리든 상관없이,[254] 그분은 물체적으로 보일 수가 없다. 다만 그분께 귀속하는 피조물을 통할 경우에 성자나 성령만이 아니라 성부께서도 신체적 형태나 그 유사상으로 사멸할 인간 감관에 당신의 표징을 주실 수 있었다고 믿어야 한다. 사실이 이런 만큼 이 책 제2권의 길이도 지나치게 길어서는 안 될 것 같으니 남은 문제는[255] 다음 권에서 살펴보기로 하자.

---

[255] 둘째 의문: 하느님의 발현은 "피조물이 형상화된 것인가, 천사들이 파견을 받아서 어떤 물체적 형태를 취한 것인가, 천사가 자기 역할에 적당한 형상으로 자기를 변모시킨 것인가?" 셋째 의문: "성자나 성령이 전에도 파견을 받았다면 그때의 파견과 복음서에서 우리가 읽은 그 파견 사이에는 무슨 관련이 있는가?"(2.7.13).

1. Credant qui uolunt malle me legendo quam legenda dictando laborare. Qui autem hoc nolunt credere, experiri uero et possunt et uolunt, dent quae legendo uel meis inquisitionibus respondeatur uel interrogationibus aliorum quas pro mea persona quam in seruitio Christi gero et pro studio quo fidem nostram aduersus errorem carnalium et animalium hominum muniri inardesco necesse est me pati, et uideant quam facile ab isto labore me temperem et quanto etiam gaudio stilum possim habere feriatum. Quod si ea quae legamus de his rebus sufficienter edita in latino sermone aut non sunt aut non inueniuntur aut certe difficile a nobis inueniri queunt, graecae autem linguae non sit nobis tantus habitus ut talium rerum libris legendis et intellegendis ullo modo reperiamur idonei, quo genere litterarum ex his quae nobis pauca interpretata sunt non dubito cuncta quae utiliter quaerere possumus contineri; fratribus autem non ualeam resistere iure quo eis seruus factus sum flagitantibus ut eorum in Christo laudabilibus studiis lingua ac stilo meo quas bigas in me caritas agitat maxime seruiam. Egoque ipse multa quae nesciebam

---

¹ homo carnalis et (vel) animalis: homo animalis는 교부가 외적 인간(homo exterior)을 가리켜 즐겨 쓰는 표현인데 성경(1코린 2,14 참조)에서 유래하며 '자연적 인간', '현세적 인간' 또는 '동물적 인간'으로 번역된다.

² 교부가 어려서 그리스어를 배우기는 했지만 몹시 어려웠고("나로 말하자면 그리스어는 너무 조금밖에 모르고 아예 모른다고 할 만하다": *Contra litteras Petiliani* 2.38.91) 『삼위일체론』을 쓸 무렵(415~416년)에 다시 그리스어 공부에 착수하여 어느 정도 익힌 듯하지만

서언: 아우구스티누스의 집필 동기

1.1. 믿고 싶은 사람은 나의 [이] 말을 믿어 달라. 나는 남이 읽으라고 책을 구술하는 일보다도 [남이 쓴 책] 읽기를 더 좋아한다. 이 말을 믿기 싫지만 그런 실험을 해 보고 싶고 또 그럴 수 있는 사람은 나한테 읽을 책을 갖다 주기 바란다. 그런 책이 있어서 내가 제기하는 의문에 해답을 내놓을 만했으면 좋겠고, 다른 사람들이 제기하는 질문에도 거기서 대답을 찾아낼 수 있었으면 좋겠다. [다른 사람들의 질문까지] 내가 대응해야 하는 까닭은 그리스도께 봉직하고 있다는 나의 신분으로 말미암기도 하고, 또 육적이고 자연적인 인간들의[1] 오류에 대항하여 우리 신앙을 지키려고 열성을 내다 보면 내가 어쩔 수 없이 겪지 않을 수 없기 때문이기도 하다. 그런 책만 있다면 [내가 책을 집필하는] 그런 수고도 면할 것이고, 기꺼이 내 붓을 쉬게 할 수도 있겠다. 그리고 이런 주제에 대해서 라틴어로 간행되어 무난히 읽을 만한 것들은 아예 없거나 눈에 띄지 않거나 우리로서는 찾아내기 어렵다. 그리스어는 우리에게 숙달되지 않아서 저런 주제를 다루는 책자를 [그리스어로] 읽고 알아듣기는 우리가 어느 면으로도 적격하지 못하고[2] 그런 부류의 문학 가운데 소수나마 우리에게 번역된 작품으로 미루어 우리가 아주 유익하게 연구할 만한 것들을 포함하고 있음을 나도 의심치 않는다. 그러면서도 내가 형제들에게 종이 되었다는 도리로 인해서, 그리스도에 관해서 훌륭한 공부를 하는 형제들이 내 언변이나 문장으로 한껏 봉사해 달라고 나에게 조르는 데는 나로서도 저항할 힘이 없음도 사실

(*Contra Iulianum* 1.6.22-26) 그리스 교부들의 원전을 무난히 읽을 만큼은 되지 않은 듯하다. 그리스 교부들의 글은 라틴어 번역본으로 접했다.

scribendo me didicisse confitear; non debet labor hic meus cuiquam pigro aut multum docto uideri superfluus cum multis impigris multisque indoctis inter quos etiam mihi non parua ex parte sit necessarius. Ex his igitur quae ab aliis de hac re scripta iam legimus plurimum adminiculati et adiuti ea quae de trinitate uno summo summeque bono deo pie quaeri et disseri posse arbitror ipso exhortante quaerenda atque adiuuante disserenda suscepi, ut si alia non sunt huiusmodi scripta, sit quod habeamus, et legant qui uoluerint et ualuerint; si autem iam sunt, tanto facilius aliqua inueniantur quanto talia plura esse potuerint.

2. Sane cum in omnibus litteris meis non solum pium lectorem sed etiam liberum correctorem desiderem, multo maxime in his ubi ipsa magnitudo quaestionis utinam tam multos inuentores habere posset quam multos contradictores habet. Verumtamen sicut lectorem meum nolo esse mihi deditum, ita correctorem nolo sibi. Ille me non amet amplius quam catholicam fidem; ille se non amet amplius quam catholicam ueritatem. Sicut illi dico: Noli meis litteris quasi scripturis canonicis inseruire, sed in illis et quod non credebas cum inueneris incunctanter crede, in istis autem quod certum

---

³ 아우구스티누스 이전에 삼위일체를 다룬 라틴어 저작은 이 책 1권 각주 41 참조.

⁴ lectorem meum nolo esse mihi deditum … correctorem nolo sibi [deditum]: 애독자도 비판적 자세를, 비판자도 개방적 자세를 취해 달라는 주문이다.

이다. 내 언변과 문장으로 말하자면 흡사 이륜마차 같은 것으로 내 속에 있는 사랑이 이 이륜마차를 몰라고 몹시 충동질하고 있다. 나 역시 글을 쓰면서 전에는 모르던 것을 많이 배웠노라고 자백해야 하겠다. 나태한 사람에게든 아주 박식한 사람에게든 나의 이 수고가 피상적인 무엇으로 비쳐서는 안 된다. 나태하지 않은 다수 인간과 박식하지 못한 다수 인간들이 있고 나도 그들 틈에 들어가는 만큼, 그들 사이에서나마 [나의 저작이] 적지 않게 필요할 것이기 때문이다. 다른 사람들이 이 주제에 관해서 이미 쓴 저작을 우리가 읽었고 그러한 저작에서 우리가 정말 많은 격려와 도움을 받았으며, 그 덕택에 삼위일체에 관해서뿐 아니라, 하나요 지존하고 지극히 선하신 하느님에 관해서도 경건하게 연구하고 토론할 수 있다고 여기는 바이다.[3] 아울러 하느님이 권유하시는 만큼 연구하고 하느님이 보우하시는 만큼 토론하기로 작정을 했다. 그러므로 이런 유의 다른 저서들이 없다면 우리가 가진 이 책자라도 있으니 그럴 뜻이 있고 능력이 있는 사람은 이 책이나마 읽었으면 한다. 이미 그런 책들이 있다면야 많으면 많을수록 그만큼 용이하게 뭔가를 찾아내리라 본다.

이 책을 성의껏 읽어 줄 독자뿐 아니라 비판 · 수정해 줄 독자도 있었으면 한다

1.2. 나의 모든 저서를 두고 성의껏 읽어 줄 독자만 아니라 책을 비판 · 수정해 줄 사람을 내가 바랐지만 이 책에서는 각별히 그렇다. 이 책에서 다루는 주제가 하도 거창하여 다수의 반론자들이 나올 텐데 또 그만큼 [진리를] 발견하는 사람들이 많이 나왔으면 한다. 단지 나의 독자가 내게만 몰두하는 인간이기를 내가 바라지 않듯이 나의 비판자 역시 자신에게만 몰두하는 인간이기를 나는 바라지 않는다.[4] 전자는 나를 좋아할 것이 아니라 가톨릭 신앙을 더 좋아해야 마땅하고, 후자는 제발 가톨릭 신앙보다 자기를 더 아끼는 일이 없었으면 한다. 전자에게 나는 이렇게 말하겠다. "내 글을 정경 성경처럼 써먹지 마시라! 성경에서라면, 그대가 믿지 않던 것이 나오더라도, 주저 말고 당장 믿으시라! 그 대신 그대가 확실하다고 여기지

non habebas nisi certum intellexeris noli firme retinere; ita illi dico: Noli meas litteras ex tua opinione uel contentione sed ex diuina lectione uel inconcussa ratione corrigere; si quid in eis ueri comprehenderis, exsistendo non est meum at intellegendo et amando et tuum sit et meum; si quid autem falsi conuiceris, errando fuerit meum sed iam cauendo nec tuum sit nec meum.

3. Hinc itaque tertius iste liber sumit exordium quousque secundus peruenerat. Cum enim ad id uentum esset ut uellemus ostendere non ideo *minorem patre* filium quia ille *misit*, hic missus est, nec ideo minorem utroque spiritum sanctum quia et ab illo et ab illo missus in euangelio legitur, suscepimus hoc quaerere cum illuc missus sit filius ubi *erat* quia *in hunc mundum uenit* et *in hoc mundo erat*, cum illuc etiam spiritus sanctus ubi et ipse erat, *quoniam spiritus domini repleuit orbem terrarum, et hoc quod continet omnia scientiam habet uocis*, utrum propterea missus sit dominus quia ex occulto *in carne natus est* et de *sinu patris* ad oculos hominum in *forma serui* tamquam egressus apparuit; ideo etiam spiritus sanctus

---

[5] "인간이 [제 몫이라고] 가진 것이라곤 거짓말과 죄밖에 없다"(*Tractatus in Ioannis Evangelium* 5.1)는 겸손한 자세다.

[6] 이 책 2.5.7 첫머리 참조.

[7] 요한 1,9-10 참조: "그분이 세상에 오셨다. 그분은 세상에 계셨다."

[8] 지혜 1,7. 『성경』: "온 세상에 충만한 주님의 영은 만물을 총괄하는 존재로서 사람이 하는 말을 다 안다."

않던 것이 내 글에서 나올 때는, 그대 스스로 확실하다는 인식에 이르지 않았다면, 굳이 믿으려고 하지 마시라!" 후자에게는 이런 말을 하겠다. "나의 글을 비판하되 그대의 견해나 패기를 가지고 하지 말고 성경 말씀이라든지 논박의 여지가 없는 이치를 가지고 하시라! 내 글에서 뭔가 진실한 것을 그대가 파악한다면, 그것이 거기 있다는 사실만으로 내 것이라고 하면 안 되고, 그것을 인식하고 사랑함으로써 그대 것이 되고 또 내 것이 되기 위함이다. 그 대신 [내 글에서] 그대가 뭔가 허위를 밝혀낸다면, 그르쳤다는 점에서는 내 것이었고, 기왕에 조심함으로써 [그 허위가] 그대 것도 되지 않고 내 것도 되지 말아야 하리라."[5]

앞 책에서 다룬 내용

1.3. 이 제3권은 제2권에서 도달한 지점을 출발점으로 삼게 된다. 성부께서 성자를 파견하셨고 성자는 파견을 받았다고 해서 성자가 성부보다 못한 분이 아님을 증명하려는 지점까지 도달했다. 성령 역시 성부께로부터 파견받았고 성자로부터 파견받았다는 말이 복음서에 나온다고 해서 그것 때문에 성부나 성자보다 못한 분이 아님을 증명하려는 지점까지 도달했다.[6] 또 성자를 두고 "그분이 세상에 오셨다"고 하는가 하면 또한 "그분은 세상에 계셨다"고도 하므로[7] 성자는 당신이 있던 곳에 보냄을 받았다는 말이 된다. 그런가 하면 "주님의 영은 온 세상을 가득 채우며 만물을 총괄하는 존재로서 음성의 지식을 갖고 있다"[8]고 했으니, 성령 또한 당신이 있던 곳으로 보냄을 받은 셈이다. 그러므로 우리는 다음과 같은 점을 두고 논구하기로 작정했다.[9] 주님이 보냄 받으셨다는 것은 숨은 데 계시다가 육으로 나셨기 때문인지, 곧 아버지의 품으로부터 사람들의 눈에 보이게 나타나셨다는 것인지, 다시 말해서 종의 형상을 하고 마치 어디로 나가듯이 그렇게 나타나셨다는 것인지 궁리하기로 정했다. 매한가지로 성령 역시

---

[9] 이 책 2.7.12 중간 참조.

quia et ipse *corporali specie quasi columba* uisus est et linguis di-
uisis *uelut ignis*; ut hoc eis fuerit mitti, ad aspectum mortalium in ali-
qua forma corporea de spiritali secreto procedere, quod pater quo-
niam non fecit tantummodo misisse non etiam missus esse dictus
sit. Deinde quaesitum est cur et pater non aliquando dictus sit mis-
sus si per illas species corporales quae oculis antiquorum apparue-
runt ipse demonstrabatur. Si autem filius tunc demonstrabatur, cur
tanto post missus diceretur *cum plenitudo temporis uenit* ut ex
femina nasceretur, quandoquidem et antea mittebatur cum in illis
formis corporaliter apparebat. Aut si non recte missus diceretur nisi
cum *uerbum caro factum est*, cur spiritus sanctus missus legatur
cuius incarnatio talis non facta est. Si uero per illas antiquas de-
monstrationes nec pater nec filius sed spiritus sanctus ostendebatur,
cur etiam ipse nunc diceretur missus cum illis modis et antea mitte-
retur. Deinde subdiuisimus ut haec diligentissime tractarentur, et
tripertitam fecimus quaestionem cuius una pars in secundo libro
explicata est, duae sunt reliquae de quibus deinceps disserere ag-
grediar. Iam enim quaesitum atque tractatum est in illis antiquis
corporalibus formis et uisis non tantummodo patre nec tantum-
modo filium nec tantummodo spiritum sanctum apparuisse, sed aut
indifferenter dominum deum qui trinitas ipsa intellegitur aut quam-
libet ex trinitate personam quam lectionis textus indiciis circum-
stantibus significaret.

---

[10] 이 책 2.6.11 참조.

[11] 갈라 4,4 참조: "때가 차자 하느님께서 당신 아드님을 보내셨고, 그분은 한 여인에게서 태어나 율법 아래 놓이셨습니다."

비둘기처럼 신체적 형상으로 눈에 보인 적이 있고 '불길 같은 혀들이 갈라지는' 모습으로 보인 적이 있었다. 그러므로 그분들에게는 보냄 받는다는 것이 어떤 물체적 형상을 하고서 영적인 은둔처로부터 나와서 사멸하는 인간들의 면전으로 등장하는 일일지 모른다. 그런데 성부께서는 그렇게 하지 않으셨고, 오직 보내기만 하셨다고 말하지 보냄을 받으셨다고는 하지 않는다. 그래서 때로는 성부께서도 옛사람들의 눈에 나타났던 저 물체적 형태를 통해서 당신을 드러내신 적이 있었다면, 성부께서도 보냄을 받으셨다는 말을 왜 하지 않느냐는 물음이 있다.[10] 만약 그때 드러난 분이 성자였다고 한다면 어째서 한참 후에 가서야 성자가 보냄을 받았다는 말을 한 것인가? 전에도 저런 형상들을 취하여 물체적으로 나타났다고 하면서 왜 후에야 '때가 차자' 한 여인에게서 태어났다는 식으로 말하는가?[11] 또 '말씀이 살이 되셨을' 때 비로소 그분이 보냄 받으신 것이라고 하는 말이 옳다면 성령에게는 저런 육화도 없었는데 왜 성령도 보냄을 받았다는 구절이 있는가? 더구나 저 옛 발현을 통해서 눈에 보인 분은 성부도 아니시고 성자도 아니고 성령이라고 한다면, 저런 모양으로 전에도 보냄 받았으면서도 어째서 그분도 지금 보냄 받은 것처럼 말하는가? 마지막으로 우리는 이런 것들을 셋으로 나누어 아주 철저히 다루기로 했다.[12] 또 이 문제를 세분하여 삼중의 문제로 만들었고 그중 하나를 이 책 제2권에서 해설했다. 이제 그중 둘이 남았으며 지금부터 논의를 시작하겠다.[13] 옛날에 신체적 형상과 현시를 통해서 성부께서만 나타나신 것이 아니고 성자만 나타난 것도 아니며 성령만 나타난 것도 아님은 이미 연구하고 입증했다. 그렇지만 나타나신 분이 곧 삼위일체라고 알아듣는 주 하느님이 구분 없이 나타나셨거나, 그게 아니라면 삼위일체 가운데 한 위격이 나타나셨을 것인데, 어느 위격인지는 본문 강독의 주변 정황에서 드러날 것이다.

---

[12] 이 책 2.7.13 참조.

[13] 앞의 제2권 각주 255 참조.

I 4. Nunc ergo primum quaerimus quod sequitur. Nam secundo loco in illa distributione positum est utrum ad hoc opus tantummodo creatura formata sit in qua deus, sicut tunc oportuisse iudicauit, humanis ostenderetur aspectibus; an angeli qui iam erant ita mittebantur ut ex persona dei loquerentur, assumentes corporalem speciem de creatura corporea in usum ministerii sui; aut ipsum corpus suum cui non subduntur sed subditum regunt mutantes atque uertentes in species quas uellent accommodatas atque aptas actionibus suis secundum attributam sibi a creatore potentiam. Qua parte quaestionis quantum dominus dederit pertractata postremo erit uidendum id quod institueramus inquirere, utrum filius et spiritus sanctus et antea mittebantur, et si ita est quid inter illam missionem et eam quam in euangelio legimus distet; an missus non sit aliquis eorum nisi cum uel filius factus est *ex Maria uirgine* uel cum spiritus sanctus uisibili specie siue in columba siue in igneis linguis apparuit.

5. Sed fateor excedere uires intentionis meae utrum angeli manente spiritali sui corporis qualitate per hanc occultius operantes

---

[14] 첫째 의문은 2.8.14 — 구약에 나타나신 것은 한 위격인가, 아니면 비가시적 삼위일체 전체인가 — 에서 다루기 시작했다. 여기서도 하느님이 사람들에게 보이실 때는 피조물의 형상을 취하여 하느님 친히 나타나신 것인가, 아니면 천사들이 하느님을 대신하여 말을 한 것인가를 따진다.

[15] ex persona dei: ‘하느님의 위격을 대신하여’(2.7.13), ‘하느님의 역할로’, ‘하느님의 이름으로’(au nom de Dieu), ‘하느님을 대신하여’(as representing God) 등 다양한 이해가 가능하다.

둘째 의문: 하느님이 보이실 때는 새로운 피조물이 형성되는가, 아니면 천사들이 보냄 받는가[14]

1.4. 그러면 이제 그다음에 따라 나오는 문제를 연구하겠다. 문제를 나누면서 두 번째로 다음과 같은 의문을 제기했다. 하느님이 인간 모습으로 보이셨는데 당시로서 당신이 가장 적합하다고 판단하신 피조물을 [별도로] 빚으셔야 했는가? 그렇지 않고 이미 존재하던 천사들이 보냄을 받아 자기 직분상의 용도로 물체적 피조물로부터 물체적 형상을 취하여 하느님의 위격을 대신하여[15] 말을 한 것인가? 그것도 아니면 천사들이 창조주께서 자기들에게 부여하신 능력에 따라서, 자기 신체를[16] 자기 활동에 적합하게, 또 채용하고 싶은 형상으로 바꾸고 변형시켜서 나타난 것인가? 물론 천사들이 신체를 갖고 있다고 해서 신체에 종속하는 것이 아니라 신체를 종속시켜서 지배한다. 문제의 이 부분을 주님이 허용하시는 데까지 다루고 나면, 마지막으로 우리가 연구하기로 작정했던 다음 문제를 살필 것이다. 성자와 성령이 전에도 보냄을 받으셨는가? 만일 그렇다면 전에 일어난 파견과 복음서에서 우리가 읽는 그 파견 사이에는 어떤 차이가 있는가? 그리고 성자가 동정 마리아에게서 만들어지기 전에는,[17] 또 성령이 눈에 보이는 형태나 비둘기 모양이나 불길 같은 혀들이 갈라진 모습으로 나타나기 전에는 성자와 성령이 보냄 받은 적이 없는가?

아우구스티누스는 천사들이 하위의 원소에서 무엇을 취하는지, 그렇지 않고 자기 신체를 변형시키는 것인지는 자기 능력을 벗어나는 문제라고 말한다

1.5. 그러나 다음과 같은 문제는 내 지성의 능력을 벗어나는 일이라고 고백하는 바이다. 즉, 천사들이 자기 신체의[18]▶ 영적인 특성은 그대로 남겨

---

[16] 천사들이 신체를 가지고 있느냐는 문제에 관해서는 앞의 2권 각주 104 참조.

[17] filius factus est ex Maria virgine: 갈라 4,4를 교부는 '때가 차자 하느님께서 여인에게서 만들어진 당신 아드님을 보내셨습니다'라고 읽는다(2권 각주 55.58.70.102 참조).

assumant ex inferioribus elementis corpulentioribus quod sibi coaptatum quasi aliquam uestem mutent et uertant in quaslibet species corporales etiam ipsas ueras sicut *aqua* uera *in* uerum *uinum conuersa est* a domino, an ipsa propria corpora sua transforment in quod uoluerint accommodate ad id quod agunt. Sed quodlibet horum sit ad praesentem quaestionem non pertinet. Et quamuis haec quoniam homo sum nullo experimento possim comprehendere sicut angeli qui haec agunt, et magis ea norunt quam ego noui quatenus mutetur corpus meum in affectu uoluntatis meae siue quod in me siue quod ex aliis expertus sum; quid horum tamen ex diuinarum scripturarum auctoritatibus credam nunc non opus est dicere ne cogar probare et fiat sermo longior de re qua non indiget praesens quaestio.

6. Illud nunc uidendum est utrum angeli tunc agebat et illas corporum species apparentes oculis hominum et illas uoces auribus insonantes cum ipsa sensibilis creatura ad nutum seruiens conditoris in quod opus erat pro tempore uertebatur sicut in libro sapientiae scriptum est: *Creatura enim tibi factori deseruiens extenditur in tormentum aduersus iniustos, et lenior fit ad benefaciendum his qui in*

◂18 동방 교부들과 달리 서방 교부들은, 모든 실체는 물체라는 스토아 개념을 가지고 있었으며('존재하는 모든 것은 나름대로의 물체다. 존재하지 않는 것이 아닌 한 비물체적인 것은 아무것도 없다': Tertullianus, *De carne Christi* 7.11; '영혼과 하느님도 물체다': *De anima* 7. 22; *Adversus Praxean* 7; '삼위일체의 유일하고 흠숭하올 실체가 아니면 그 무엇도 질료적 합성을 면할 수 없다': Ambrosius, *De Abraham* 2.8.58), 천사가 엄연히 존재하고, 성경에 따르면 사람에게 발현도 한다니까 눈에 확인되는 육체를 가졌다고 주장했다. 다만 아우구스티누스에게 이 신체는 우리의 육신 같지 않고(*Sermo* 362.17: corpus non caro) 영적이고 빛나고 공기 같으며, 구원받을 사람들이 도달하는 신체도 이런 것이다(『신국론』 22.29; *Enarrationes in Psalmos* 85.17). 저런 신체는 그 사명을 수행하는 데 필요한 모든 형태와 모양을 다 갖출 수 있는 능력도 가진다(*Sermo* 12.9).

둔 채 신체의 특성을 이용하면서도 자기 정체를 드러내지 않게 활동하는 경우, 저급하고 육중한 원소들로부터 자기에게 적당하다고 보이는 것을 취하여, 마치 딴 의상으로 갈아입듯이, 여하한 신체 형태로도 바꾸고 변형시키는 것일까? (물론 그렇게 바꾸는 형태는 진짜여서 마치 주님에 의해서 진짜 물이 진짜 포도주로 변한 것과 같다.)[19] 그렇지 않고 천사들이 자기의 고유한 신체를 자기들이 원하는 대로, 자기들이 하는 행동에 맞추어, 적당하게 변형시키는 것일까? 이 둘 중 어느 것이 정답이든 현안 문제에는 해당하지 않는다. 나는 사람이기 때문에, 천사들이 하듯이 [이런 일을 직접] 경험해서 이해하는 일이 불가능하다. 내 의지의 정서대로 내 신체가 어떻게 변하는지 내 자신에게서 경험하고 남들에게서 경험하여 나도 알고 있지만, 천사들은 이런 일을 훨씬 더 잘 알고 있다. 이런 문제를 두고 성경의 권위에 의거해서 무엇을 믿어야 할지도 지금은 이야기할 필요가 없겠고, 그것을 굳이 나더러 입증하라고 강요하거나 현안에 소용되지도 않는 사안을 두고 긴 이야기를 하라고 강요하는 무엇도 없겠다.

당장은 과연 천사들이 저러한 신체적 형태와 음성을 행사하는 것인지 살펴봐야 한다

1.6. 그러면 사람들의 눈에 신체의 저 형태들이 나타나고 저 음성들이 귀에 들렸는데, 천사들이 저때 과연 그렇게 했는지 살펴보아야 한다. 저런 감각적 피조물이 창조주의 암묵적 뜻에 시중들어 일시적으로 필요한 사물로 바뀌었느냐는 말이다.[20] 이것은 지혜서에 적혀 있는 말씀대로다. "피조물은 자기를 만드신 당신을 시중들며 불의한 자들을 징벌하는 데는 그 힘이 팽팽해지고 당신을 신뢰하는 이들에게는 득이 되라고 그 힘이 느슨해

---

[19] etiam ipsas veras: 실제로 그런 사물이 생겨난다기보다는 사물의 물체적 형상(species corporales)이 진짜라는 설명이다. 카나의 기적(요한 2,9)에서 진짜 물이 진짜 술로 변하지만 실체보다는 물 모양과 색깔과 맛이 술의 모양과 색깔과 맛으로 변했으리라는 해석이다.

[20] *ad nutum* serviens *conditoris* in quod opus erat *pro tempore* vertebatur: 이 현상을 해설하는 주요 개념들이 한꺼번에 나온 문장이다.

te confidunt. Propter hoc et tunc in omnia se transfigurans omnium nutrici gratiae tuae deseruiebat ad uoluntatem horum quia te desiderabant. Peruenit enim potentia uoluntatis dei per creaturam spiritalem usque ad effectus uisibiles atque sensibiles creaturae corporalis. *Vbi* enim non operatur quod *uult dei* omnipotentis *sapientia* quae *pertendit a fine usque ad finem fortiter et disponit omnia suauiter?*

II 7. Sed alius est ordo naturalis in conuersione et mutabilitate corporum qui quamuis etiam ipse *ad nutum* dei seruiat perseuerantia tamen consuetudinis amisit admirationem, sicuti sunt quae uel breuissimis uel certe non longis interuallis temporum caelo, terra, marique mutantur siue nascentibus siue occidentibus rebus siue alias aliter atque aliter apparentibus; alia uero quamuis ex ipso ordine uenientia tamen propter longiora interualla temporum minus usitata, quae licet multi stupeant ab inquisitoribus huius saeculi comprehensa sunt et progressu generationum quo saepius repetita et a pluribus cognita eo minus mira sunt, sicuti sunt defectus luminarium et raro exsistentes quaedam species siderum et terrae motus et monstrosi partus animantium et quaeque similia, quorum nihil fit nisi dei uoluntate sed plerisque non apparet. Itaque licuit uanitati philosophorum etiam causis aliis ea tribuere uel ueris sed proximis, cum omnino uidere non possent superiorem ceteris omnibus causam, id

---

[21] 지혜 16,24-25.

[22] 지혜 8,1.

집니다. 그래서 피조물은 그때도 온갖 형태로 바뀌면서 당신께 바라는 이들의 뜻에 따라 모든 이를 먹여 살리는 당신의 선물로 쓰였습니다."[21] 그러니까 하느님의 뜻에서 나오는 능력이 영적인 피조물을 통해서 물체적 피조물이 갖는 가시적이고 감각적인 효과를 내는 데까지 도달한다는 말이다. 전능하신 하느님의 지혜가 뜻하는 대로 미치지 않을 데가 어디겠는가? 전능하신 하느님의 "지혜는 세상 끝에서 끝까지 힘차게 퍼져 가며 만물을 훌륭히 통솔한다".[22]

하느님의 뜻은 다른 모든 원인들보다 상위에 있다

2.7. 그러나 다음 두 가지 자연 질서는 제각기 다른 무엇이다. 하나는 물체들의 전환轉換 내지 변화變化에서 보이는 자연 질서인데, 비록 그 질서가 하느님의 암묵적 뜻에 시중들면서도 통상적이고 항구적이어서 경이감을 상실한 경우이다. 예를 들어 아주 짧거나 그다지 길지 않은 시간 간격으로 하늘과 땅과 바다에서 변화를 일으키면서 사물이 생성하거나 소멸하거나 이리저리 다르게 나타나는 일이다. 다른 하나는 같은 자연 질서에서 유래하면서도 오랜 세월의 간격을 두고 일어나므로 사람들에게 덜 친숙한 경우이다. 응당 많은 사람이 놀라움을 표하지만, 세기를 두고 학자들에 의해서는 파악이 되어 있고, 세대가 진전하면서 자주 반복되다 보면 많은 사람에 의해서 인식이 되기는 하지만 그만큼 덜 감탄을 사게 된다. 예를 들면 일식日蝕과 월식月蝕이라든지, 아주 드물게 출현하는 종류의 성좌라든지[23] 지진이라든지 기형 동물의 출생이라든지 이와 흡사한 일들이 그렇다. 이 가운데 어느 것도 하느님의 뜻 없이 생기지 않으나 흔하게 나타나지도 않는다. 그래서 철학자들은 허황하게도 이런 현상들을 다른 원인들에 돌리는데, 그들이 돌리는 원인은 참이기도 하고 거짓이기도 하다. 참이라고 하더라도 근사치에 불과하니, 그들이 그 밖의 모든 원인보다 상위에 있는 원

---

[23] raro existentes quaedam species siderum: 혜성(彗星)을 가리킨다.

est uoluntatem dei, uel falsis et ne ab ipsa quidem peruestigatione corporalium rerum atque motionum sed a sua suspicione et errore prolatis.

8. Dicam si potero quiddam exempli gratia quo haec apertiora sint. Est certe in corpore humano quaedam moles carnis et formae species et ordo distinctioque membrorum et temperatio ualetudinis. Hoc corpus inspirata anima regit eademque rationalis, et ideo quamuis mutabilis tamen quae possit illius incommutabilis sapientiae particeps esse ut sit *participatio eius in idipsum*, sicut in psalmo scriptum est de omnibus sanctis ex quibus tamquam lapidibus uiuis *aedificatur* illa *Hierusalem* mater nostra aeterna in caelis. Ita enim canitur: *Hierusalem quae aedificatur ut ciuitas, cuius participatio eius in idipsum. Idipsum* quippe hoc loco illud summum et incommutabile bonum intellegitur quod deus est atque sapientia uoluntasque ipsius, cui cantatur alio loco: *Mutabis ea et mutabuntur; ut autem idem ipse es.*

---

[24] 피조물의 통상적 변화와 예외적 변화는 창조주의 능력과 판단 밖에서 일어나지 않는다.

[25] 자연현상의 모든 근인들(causae proximae)을 궁극 원인(voluntas dei)에 소급시키는 것이 교부들의 인과율 이론이다.

[26] 창세 2,7 참조: "그때 주 하느님께서 흙의 먼지로 사람을 빚으시고 그 코에 생명의 숨을 불어넣으시니, 사람이 생명체가 되었다."

[27] inspirata anima ··· eademque rationalis: 교부가 영혼의 기원(rationalis anima ··· sive ex parentibus tracta sive ibidem creata sive desuper inspirata: *De peccatorum meritis* 1.69)을 논하는 가설 가운데 하나다.

인 곧 하느님의 뜻을 보기는 전혀 불가능하기 때문이다.[24] 그렇지 않으면 거짓이거나, 물체들과 그 운동에 관한 순수한 탐구에서 오지 않고 자기 나름의 추측과 오류에서 발설하는 원인들이거나 둘 중 하나다.[25]

사례

2.8. 이런 설명을 가능한 대로 보다 분명하게 해 줄 사례를 말해 보겠다. 인간 신체에는 일정한 살집이 있고 아름다운 형체가 있고 사지의 균형과 구분이 있고 건강의 조화가 있다. 이런 신체를 통솔하는 것이 '불어넣은 혼'[26]이자 바로 이성혼理性魂이다.[27] 이 혼은 비록 변하지만 저 불변하는 지혜에 참여할 수 있으며, 모든 성인聖人을 가리켜 시편에 기록되어 있듯이 "그의 참여가 바로 그것에 있다".[28] 이 말은 하늘에 있는 우리의 영원한 어머니 예루살렘이 마치 산돌로 세워지듯이 이런 성인들로 세워진다는 뜻이다.[29] 시편에서는 이렇게 노래한다. "예루살렘은 성읍으로 세워져 그의 참여가 바로 그것에 있네."[30] 여기서 '그것'이라는 말은 저 지고하고 불변하는 선善이라고 알아들으며 다름 아닌 하느님이요 그분의 지혜이자 그분의 뜻이기도 하다. 다른 곳에서는 그분께 이런 노래를 드린다. "당신께서 그들을 바꾸시리니 그들은 바꾸어지리이다. 그러나 당신께서는 언제나 같으신 분이시나이다."[31]

---

[28] participatio eius in idipsum: 시편 122,3. 교부는 재래 라틴어본(vetus latina)을 인용하고 있음.

[29] 1베드 2,5 참조: "여러분도 산돌로서 거룩한 제관이 되기 위해 영적인 집으로 세워지도록 하십시오."

[30] 시편 122,3. 『성경』: "예루살렘은 성읍으로 세워져 견고하게 짜여졌네"[sibi compacta in idipsum(Nova Vulgata)].

[31] 시편 102,27-28. 『성경』: "당신께서 그것들을 옷가지처럼 바꾸시니 그것들은 지나가 버립니다. 그러나 당신은 언제나 같으신 분."

III. Constituamus ergo animo talem sapientem cuius anima rationalis iam sit particeps incommutabilis aeternaeque ueritatis quam
de omnibus suis actionibus consulat, nec aliquid omnino faciat quod
non in ea cognouerit esse faciendum ut ei subditus eique obtemperans recte faciat. Iste si consulta summa ratione diuinae iustitiae
quam in secreto audiret aure cordis sui eaque sibi iubente in aliquo
officio misericordiae corpus labore fatigaret aegritudinemque contraheret, consultisque medicis ab alio diceretur causam morbi esse
corporis siccitatem, ab alio autem humoris immoderationem; unus
eorum ueram causam diceret, alter erraret, uterque tamen de proximis causis, id est corporalibus pronuntiaret. At si illius siccitatis
causa quaereretur et inueniretur uoluntarius labor, iam uentum esset
ad superiorem causam quae ab anima proficisceretur ad afficiendum
corpus quod regit; sed nec ipsa prima esset. Illa enim procul dubio
superior erat in ipsa incommutabili sapientia cui hominis sapientis
anima in caritate seruiens et ineffabiliter iubenti obediens uoluntarium laborem susceperat. Ita non nisi dei uoluntas causa prima illius aegritudinis ueracissime reperiretur.

Iam uero si in labore officioso et pio adhibuisset ille sapiens ministros conlaborantes secum in opere bono, nec tamen eadem uoluntate deo seruientes sed ad carnalium cupiditatum suarum mercedem
peruenire cupientes uel incommoda carnalia deuitantes; adhibuisset
etiam iumenta si hoc exigeret illius operis implendi procuratio, quae
utique iumenta irrationalia essent animantia nec ideo mouerent

---

³² dei voluntas causa prima: 앞의 각주 25 참조.

3.[8]. 어떤 현자를 상상해 보자. 그 현자의 영혼은 불변하고 영원한 진리에 참여하고, 그의 모든 행위에서 그 진리로부터 자문을 구하며, 그 진리에 부합하지 않는 바는 아무것도 행하지 않고, 행해야 할 것은 그 진리에 복속하고 순종하면서 올바로 행한다고 하자. 그 사람이 하느님의 정의의 지존한 이치를 자기 마음의 귀로 내밀하게 경청하고 그 정의가 명하는 대로 어떤 자선사업에 수고를 다하여 몸을 혹사하다가 병을 얻었다고 하자. 그래서 의사들을 찾아가 상의한 결과 한 사람은 병의 원인이 몸의 탈진脫盡에 있다고 진단하고, 다른 의사는 담즙의 과도한 분비에 있다고 진단한다고 하자. 둘 중 한 사람은 옳을 것이고 다른 한 사람은 틀릴 것이다. 하지만 둘 다 근인近因에 대해서, 즉 신체적 원인에 대해서 발언을 한 것이다. 그러나 만약 그의 탈진의 원인을 찾다 보니 자발적으로 행한 수고가 원인임이 발견되었다고 하자. 그럴 경우 영혼으로부터 유래하는, 좀 더 상위의 원인에 도달한 셈이니, 영혼에서 출발하여 영혼이 통솔하는 신체에 영향을 미치는 원인이다. 그렇지만 그것 자체도 제일원인은 아니다. 물론 저 제일원인은 틀림없이 저 불변하는 지혜 속에 있었고 지혜로운 사람의 영혼은 사랑을 다해 이 지혜에 봉사하고 지혜의 명령에는 말 없이 복종하여 자발적으로 수고를 받아들였던 것이다. 그러니 저 질병의 제일원인은 참으로 하느님의 뜻 아니고는 딴 데서는 발견되지 않는다.[32]

그런데 저 현자가 본분처럼 받아들이고 경건심을 다한 저 수고에 협조하러 나서는 봉직자들을 거느렸다고 하자. 그 선업을 함께하는 협력자들이기는 한데 정작 본인과 똑같은 뜻을 가지고 하느님을 섬기는 사람들은 아니라고 하자. 오로지 자신의 육적인 욕망에 보답이 오기를 탐하고 육신의 불편을 피해 가면서 일한다고 하자. 또 수행하는 그 일을 처리하는 데 필요하다고 가축을 부린다고 하자. 그 가축들이야 당연히 이성이 없는 동

membra sub sarcinis quod aliquid de illo bono opere cogitarent sed naturali appetitu suae uoluptatis et deuitatione molestiae; postremo adhibuisset ipsa etiam corpora omni sensu carentia quae illi operi essent necessaria, frumentum scilicet, uinum, oleum, uestem, nummum, codicem, et si qua huiusmodi. In his certe omnibus in illo opere uersantibus corporibus siue animatis siue inanimis quaecumque mouerentur, attererentur, repararentur, exterminarentur, reformarentur, alio atque alio modo locis et temporibus affecta mutarentur – num alia esset istorum omnium uisibilium et mutabilium factorum causa nisi illa inuisibilis et incommutabilis uoluntas dei per animam iustam sicut sedem sapientiae cunctis utens et malis et irrationalibus animis et postremo corporibus, siue quae illis inspirarentur et animarentur siue omni sensu carentibus, cum primitus uteretur ipsa bona anima et sancta quam sibi ad pium et religiosum obsequium subdidisset?

9. Quod ergo de uno sapiente quamuis adhuc corpus mortale gestante, quamuis *ex parte* uidente, posuimus exempli gratia, hoc de aliqua domo ubi aliquorum talium societas est, hoc de ciuitate uel etiam de orbe terrarum licet cogitare si penes sapientes sancteque ac perfecte deo subditos sit principatus et regimen *rerum humanarum*.

IV. Sed hoc qui nondum est (oportet enim nos in hac peregrinatione prius mortaliter exerceri et per uires mansuetudinis et patien

---

[33] 1코린 13,12 참조: "지금은 내가 인식한다 해도 단편적입니다."

물일 테고 그래서 짐을 지고도 그 선한 일에 관해 뭔가를 생각해서 사지를 움직이는 것이 결코 아니라 자기 욕망에서 오는 자연적 욕구를 채우거나 [매질이라는] 귀찮은 처분을 피하려는 본성에서 움직인다고 하자. 마지막으로 그 사람이 일 때문에 필요하여 감각이 전혀 없는 물건들, 예컨대 곡식, 술, 기름, 의복, 동전, 필사본 등을 사용한다고 하자. 그 사업에 소용되는 이 모든 물건들이 혼백이 있든 없든 상관없이, 여기서는 무엇인가 바뀌고 닳고 보충되고 소멸되고 재생되고 시간과 공간에 따라 제각기 다른 모양으로 변할 것임에 틀림없다. 그렇다면 저 모든, 눈에 보이고 변하는 사건들의 원인이라면 하느님의 비가시적이고 불변하는 뜻 외에 다른 원인이 있겠는가? 하느님의 뜻은 먼저 지혜의 보금자리라 할 의로운 영혼을 통해서 악하거나 이성이 없는 혼백들도 모두 사용하고, 마지막으로는 혼백으로 숨을 쉬고 생명을 얻는 신체들도 사용하며, 감관이 전혀 갖추어지지 않은 물체들도 사용한다. 그렇더라도 선하고 경건한 영혼을 우선 사용하고, 그 영혼이 당신에게 경건하고 독실하게 순종하도록 만든다.

3.9. 그러면 우리가 예로 든 현자 한 사람, [그가] 여전히 사멸할 육체를 가지고 있고 [우리가 그를] 비록 부분적으로만 본다고 하더라도,[33] 현자에 대해 들었던 사례를 [확대하여] 그런 사람들로 구성된 어떤 가정이나 도시나 전 세계에 적용해 보면, 성스럽고 완전하게 하느님께 복종하는 현자들에게 인간사의 지배권과 통치권이 있다고 여길 수 있다.[34]

하느님의 뜻은 당신 지혜의 불변하는 의사대로 모든 것을 이용한다

4.[9]. 하지만 이런 일은 아직 이루어지지 않으므로 우리는 우리가 그곳으로 순례의 길을 가고 있는 — 이 순례의 길에서 우리는 우선 죽을 인생

---

[34] "신사(神事)와 인간사(人間事)에 관한 다듬어진 지식이야말로 지혜라 불릴 수 있다"(Cicero, *De finibus bonorum et malorum* 2.12.37).

tiae in flagellis erudiri), illam ipsam supernam atque caelestem unde peregrinamur patriam cogitemus. Illic enim dei uoluntas *qui facit angelos suos spiritus et ministros suos ignem ardentem*, in spiritibus summa pace atque amicitia copulatis et in unam uoluntatem quodam spiritali caritatis igne conflatis tamquam in excelsa et sancta et secreta sede praesidens uelut in domo sua et in templo suo. Inde se quibusdam ordinatissimis creaturae motibus primo spiritalibus deinde corporalibus per cuncta diffundit et utitur omnibus ad incommutabile arbitrium sententiae suae, siue incorporeis siue corporeis rebus, siue rationalibus siue irrationalibus spiritibus, siue bonis per eius gratiam siue malis per propriam uoluntatem.

Sed quemadmodum corpora crassiora et inferiora per subtiliora et potentiora quodam ordine reguntur, ita omnia corpora per spiritum uitae, et spiritus uitae irrationalis per spiritum uitae rationalem, et spiritus uitae rationalis desertor atque peccator per spiritum uitae rationalem pium et iustum, et ille per ipsum deum, ac sic uniuersa creatura per creatorem suum *ex quo* et *per quem* et *in quo* etiam condita atque instituta est; ac per hoc uoluntas dei est prima et summa causa omnium corporalium specierum atque motionum. Nihil enim

---

35 mortaliter exerceri: '사멸할 인간 조건을 받아들이게 훈련받고'라고도 번역된다.

36 illam ipsam supernam atque caelestem patriam: 『신국론』에서도(예: 5.18; 15.6) '신국'(civitas Dei)을 지칭하는 표현으로 쓰인다.

37 시편 104,4(히브 1,7 참조). 『성경』: "바람을 당신 사자로, 타오르는 불을 당신 시종으로 삼으시는." 라틴어 문장에서는 주어(객어)와 보어가 자주 환치된다.

38 sive bonis per eius gratiam sive malis per propriam voluntatem: 지성을 갖춘 사물의 선(은총으로)과 악(자체의 의지로)을 규정했다.

39 spiritus vitae irrationalis: 창세 2,7("주 하느님께서 … 그 코에 생명의 숨을 불어넣으시니, 사람이 생명체가 되었다." 불가타역: sufflavit in eius faciem spiritum vitae et factus

으로서 단련을 받고[35] 양순良順과 인내에 힘입어 환난 중에서 훈육될 필요가 있다 —, 위에 있는 저 천상 조국을[36] 생각하기로 하자. 저기서는 "당신 천사들을 바람으로 만드시고, 당신 시종들을 타오르는 불로 만드시는"[37] 하느님의 뜻이 영들에게 군림하는데, 그 영들은 최고의 평화와 우애로 한데 뭉치고 사랑의 영적인 불꽃으로 타오르면서 한뜻으로 결합되어 있다. [하느님의 뜻은] 그들 사이에서 마치 지존하고 성스럽고 내밀한 어좌에서처럼, 당신의 집에서처럼, 당신의 전당殿堂에서처럼 군림한다. 그곳으로부터 그분의 뜻은 피조계의 질서 정연한 모든 움직임 속에서, 모든 사물을 통해서 퍼져 나가는데, 먼저는 영적인 움직임에서, 그다음은 물체적인 움직임에서 그것이 퍼져 나간다. 그리고 모든 사물을 이용하여 당신 생각의 불변하는 판단을 [성취하게 하는데], 그것이 비물체적 사물이든 물체적 사물이든, 이성을 갖춘 영이든 이성을 갖추지 못한 영이든, 당신 은총에 힘입은 선한 영이든 자기 의지로 말미암은 악한 영이든[38] 상관 않고 모든 사물을 이용한다.

그 대신 보다 육중하고 보다 하위의 물체들은 일종의 차서次序에 따라 더 정교하고 더 강력한 물체를 통해서 통치되며, 마찬가지로 물체들은 생명의 영을 통해서 통치되고, 비이성적인 생명의 영은[39] 이성적인 생명의 영에 의해서 통치되며, 이성적인 생명의 영이 죄짓고 타락하면 경건하고 의로운 영을 통해서 통치되고, 경건하고 의로운 영은 하느님에 의해서 통치된다. 그리하여 창조계 전체가 자기 창조주에 의해서 통치되니, "그분으로부터 그분을 통해 그분을 위하여"[40] 모든 것이 조성되고 건설되었기 때문이다. 바로 그래서 모든 물체적 종류와 운동의 최고 제일원인은 하느님의 뜻이다.[41]▸ 최고 통수권자의 내적이고 비가시적이고 가지적인 궁정으로

homo in animam viventem)에 따라 교부는 anima와 spiritus vitae(생명의 숨)을 동치시키고 그것도 이성을 갖춘 것과 갖추지 못한 것으로 나누기도 한다[(존재상의 가치로는) "타락한 이성적 영이 타락하지 않은 비이성적 영보다 훌륭하다": *De natura boni* 5.5].

[40] 로마 11,36 참조.

fit uisibiliter et sensibiliter quod non de interiore inuisibili atque in-
tellegibili aula summi imperatoris aut iubeatur aut permittatur se-
cundum ineffabilem iustitiam praemiorum atque poenarum, gratia-
rum et retributionum, in ista totius creaturae amplissima quadam
immensaque republica.

10. Si ergo apostolus Paulus quamuis adhuc portaret sarcinam
corporis *quod corrumpitur* et *aggrauat animam*, quamuis adhuc *ex
parte* atque *in aenigmate* uideret, *optans dissolui et esse cum Christo*
et *in semetipso ingemiscens, adoptionem exspectans redemptionem
corporis sui*, potuit tamen significando praedicare dominum Iesum
Christum, aliter per linguam suam, aliter per epistulam, aliter per
sacramentum corporis et sanguinis eius; nec linguam quippe eius
nec membranas et atramentum nec significantes sonos lingua edi-
tos nec signa litterarum conscripta pelliculis corpus Christi et san-
guinem dicimus, sed illud tantum quod ex fructibus terrae accep-
tum et prece mystica consecratum rite sumimus ad salutem spirita-
lem in memoriam pro nobis dominicae passionis, quod cum per ma-
nus hominum ad illam uisibilem speciem perducatur non sanctifi-
catur ut sit tam magnum sacramentum nisi operante inuisibiliter

---

41 voluntas dei est prima et summa causa omnium corporalium specierum atque motio-
num: 물리적 원인과 형이상학적 원인을 구분하는 풍조에 그리스도교는 단일한 초월적 인과
론으로 답한다.

42 지혜 9,15 참조: "썩어 없어질 육신이 영혼을 무겁게 하고 흙으로 된 이 천막이 시름겨
운 정신을 짓누릅니다."

43 1코린 13,12 참조.

44 필리 1,23.

45 로마 8,23.

부터 명령되거나 허가되지 않는 한, 가시적이고 감각적인 영역에서는 아무것도 일어나지 않는다. 창조계 전체의 저 광대하고 무변한 공화국에서 상과 벌, 은총과 보상이라는 형언할 수 없는 정의에 입각해서 이러한 그 명령과 허가가 내려지고 있다.

그리스도의 성체성사에서 이루어지는 하느님의 역사하심

4.10. 그래서 바오로 사도가 "영혼을 무겁게 하고 짓누르는"[42] 육체라는 짐짝을 아직도 메고 있으면서도, 그리고 단편적으로 그리고 거울을 통해 수수께끼처럼 보고 있으면서도,[43] 또 "세상을 떠나 그리스도와 함께 있기를 원하고"[44] "양자의 신분, 우리 몸의 속량을 기다리면서 내적으로 탄식하면서도"[45] 표지標識를 이용하여 주 예수 그리스도를 설교할 수 있었다.[46] 즉 때로는 직접 자기 말로, 때로는 서간을 통해서, 때로는 주님의 몸과 피의 성사聖事를 통해서 설교를 했던 것이다.[47] 우리가[48] '그리스도의 몸과 피'라고 발설할 때는 바오로의 혀를 가리키는 것도 아니고 양피지와 먹을 가리키는 것도 아니고 혀를 굴려 의미를 표현하는 소리를 가리키는 것도 아니고 양피지에 적힌 문자의 기호를 가리키는 것도 아니다. 오로지 땅의 소출에서 얻은 것, 예식을 통해 신비한 기도로 축성祝聖한 것, 영적인 구원을 생각하여 우리 위해 이루어진 주님의 수난을 기념하여 우리가 영領하는 그것만을 가리킨다. 사람들의 손을 통해서 눈에 보이는 그 형상에 이르지만, 하느님의 영이 보이지 않게 작용하지 않고서는 그토록 위대한 성사[49]▶가

---

[46] significando praedicare: 말씀(말로 하든지 글로 적혀 있든지)도 성찬도 그리스도를 설교하는 표지(signum)로 여겨진다.

[47] 아우구스티누스는 성체성사를 자주 표징론(表徵論)에서 접근한다. 요한 6,48-59의 해설 (*Tractatus in Ioannis Evangelium* 26.13-20)에서도 "그리스도의 영으로 살아감이 곧 그리스도의 몸이 됨"으로, "그리스도 안에서 삶, 그분 안에 머묾이 곧 그리스도의 살을 먹음"으로 풀이된다(*Sermo* 132A.1-2).

[48] 이하의 문장("그러니 하늘과 땅 …" 앞까지)을 프랑스어판(Mellet-Camelot), 스페인어판 (Arias)은 괄호 안에 넣고, Hill은 *표로 난외에 첨가하여 번역하고 있다.

spiritu dei, cum haec omnia quae per corporales motus in illo opere fiunt deus operetur mouens primitus inuisibilia ministrorum siue animas hominum siue occultorum spirituum sibi subditas seruitutes; quid mirum si etiam in creatura caeli et terrae, maris et aeris, facit deus quae uult sensibilia atque uisibilia ad se ipsum in eis sicut oportere ipse nouit significandum et demonstrandum, non ipsa sua qua est apparente substantia quae omnino incommutabiliis est omnibusque spiritibus quos creauit interius secretiusque sublimior?

V 11. Vi enim diuina totam spiritalem corporalemque administrante creaturam omnium annorum certis diebus aduocantur aquae maris et effunduntur super faciem terrae. Sed cum hoc orante sancto Helia factum est quia praecesserat tam continua et tam longa serenitas ut fame deficerent homines, nec ea hora qua ille dei seruus orauit aer ipse aliqua humida facie mox futurae pluuiae signa praetulerat, consecutis tantis et tam uelociter imbribus apparuit uis diuina quibus illud dispensabatur dabaturque miraculum. Ita deus operatur solemnia fulgura atque tonitrua. Sed quia in monte Sina inusitato modo fiebant uocesque illae non strepitu confuso edebantur sed eis quaedam signa dari certissimis indiciis apparebat, miracula erant.

---

⁴⁹ magnum sacramentum: 그의 저작에서는 주로 '혼인'(에페 5,32 참조)이나 '교회'(1티모 3,15)를 지칭하는 데 쓰인다.

⁵⁰ 하느님이 창조계의 만물을 다스릴 뿐 아니라 만물을 표상으로 사용하여 통상적으로나 기적적으로나 인간에게 말씀을 건네신다는 주제로 선회한다.

될 만큼 성화되지는 않는다. 그 행위에서 신체적 동작을 통해서 이루어지는 이 모든 것은 하느님이 이룩하시는 것이다. 하느님은 무엇보다 먼저 봉직자들의 보이지 않는 것들을 움직이시니, 즉 인간들의 영혼을 움직이시거나 당신에게 복종하는 비밀스러운 영들의 봉사 활동을 움직이신다. 그러니 하늘과 땅, 바다와 대기의 창조계에서도 당신이 하고 싶으신 대로 감각적이고 가시적인 것들이 당신을 상징하고 표상하게 만드신다고 해서 무엇이 이상한가? 그런 것에서 당신이 아시는 대로 필요에 따라서 하신다.[50] 그렇다고 해서 당신이 존재하는 그 실체 자체를 드러내서 하시는 것은 아니니 그 실체는 절대 불변하고, 당신이 창조하신 모든 영들보다도 더 내밀하고 더 신비로울 만큼 고귀한 까닭이다.

예사롭지 않은 기사奇事 역시 하느님 친히 행하시는 것이다

5.11. 하느님의 힘으로 영적이든 물체적이든 모든 피조물이 관리를 받는 까닭에, 바닷물은 일정한 날수가 지나면 다시 불려서 땅의 표면으로 쏟아 내린다. 그렇지만 엘리야 예언자가 기도를 드리자, 엄청나게 많은 비가 뒤따르고 또 그것도 삽시간에 쏟아졌으며, 저 기적으로 혜택을 받은 사람들에게는 거기서 하느님의 힘이 드러났던 것이다.[51] 이전에 그토록 연속적이고 그토록 오랜 가뭄이 있어 사람들이 기아로 죽어 가던 차에, 또 하느님의 종이던 그가 기도를 올리던 시각에도 머지않아 비가 오리라는 징조를 예고할 만한 습기가 대기에는 전혀 없던 차에 말이다. 으레 일어나는 번개며 천둥도 하느님이 일으키신다. 그렇지만 시나이 산에서는 그 일들이 예사롭지 않은 모양으로 일어났고 그 소리 역시 어지러운 소음으로 울린 것이 아니어서 거기에 어떤 표지가 담겨 있다는 아주 확실한 조짐을 띠고 나타났으므로 그것은 기적이었다.[52] ▶

---

[51] 1열왕 17,1-18,45 참조.

Quis attrahit humorem per radicem uitis ad botrum et uinum facit nisi deus qui et homine plantante et rigante *incrementum dat*? Sed cum ad nutum domini *aqua in uinum* inuisitata celeritate *conuersa est*, etiam stultis fatentibus uis diuina declarata est. Quis arbusta fronde ac flore solemniter uestit nisi deus? Verum cum floruit uirga sacerdotis Aaron, conlocuta est quodam modo cum dubitante humanitate diuinitas. Et lignis certe omnibus et omnium animalium carnibus gignendis atque formandis communis est terrena materies, et quis ea facit nisi qui dixit ut haec terra produceret et in eodem uerbo suo quae creauit regit atque agit? Sed cum eandem materiam ex uirga Moysi in carnem serpentis proxime ac uelociter uertit, miraculum fuit, rei quidem mutabilis sed tamen inusitata mutatio. Quis autem animat quaeque uiua nascentia nisi qui et illum serpentem ad horam sicut opus fuerat animauit?

VI. Et quis reddidit cadaueribus animas suas cum resurgerent mortui nisi qui animat carnes in uteris matrum ut oriantur morituri? Sed cum fiunt illa continuato quasi quodam fluuio labentium ma-

---

[52] 탈출 19,16-19; 20,18 참조. 교부는 통상적 자연현상(solemnia fulgura)이 아니고 '예사롭지 않은 모양'(inusitato modo)으로, 조금 아래에 나오듯이 '순식간에, 눈 깜빡할 사이에' (proxime ac velociter: 1코린 15,52에는 in momento, in ictu oculi) 일어나는 경우, 표징으로 해석할 수 있다고 한다.

[53] 1코린 3,7 참조: "심는 이와 물 주는 이도 별것이 아닙니다. 오직 자라게 하시는 하느님이 중요합니다."

[54] ad nutum domini: 명시적 발언으로 이루어지는 '명령'(iussus)과 달리 nutus는 '고개를 끄덕여 허락함'을 뜻한다.

[55] 요한 2,1-11 참조.

포도나무가 뿌리로부터 수액을 포도송이로 끌어올리게 하고 포도주를 빚게 하는 분, 비록 사람이 심고 물 주지만 자라게 하는 분도 하느님 아니고 누구신가?[53] 그렇지만 주님의 허락으로[54] 의외로 신속하게 물이 포도주로 변했다면, 어리석은 사람들도 고백할 만큼, 거기서는 하느님의 힘이 드러난 것이다.[55] 통상적으로 떨기나무에 새잎과 꽃을 입혀 주는 이는 하느님 말고 누구신가? 하지만 사제 아론의 지팡이가 꽃을 피웠다면[56] 의심을 품고 있는 인류에게 신성께서 어느 모로든 말을 거신 것임에 틀림없다.[57] 모든 초목들이며 모든 생물들의 몸피를 구성하고 자라게 하는 공통 요소가 흙이라는 질료인데, 이 흙더러 그것들을 내라고 말씀하신 분 아니면 누가 그 일을 하겠는가?[58] 같은 그 당신 말씀으로 당신이 창조하신 것을 다스리고 움직이는 분 아니고 누가 그 일을 하겠는가? 그런데 같은 질료를 모세의 지팡이에서 뱀의 살집으로 순식간에, 눈 깜빡할 사이에 변하게 만드셨다면 그것은 기적이었다.[59] 그것이 변하는 사물의 변화임에 틀림없지만 예사롭지 않은 변화이기 때문이다. 태어나는 모든 생물들에게 혼을 주는 분이 누구시며, 필요에 따라서 저 뱀에게 비록 짧은 시간이지만 혼을 주신 분도 그분이 아니고 누구신가?

6.[11]. 죽은 이들이 되살아났을 때 시체에 제 혼을 되돌려 주신 분도[60] 모체의 자궁에서 살에 혼을 주셔서 사멸할 존재들이 태어나게 만드시는 분 아니고 누구인가?[61] 그런데 그 모든 일이 생성하고 소멸하는 사물들,

---

[56] 민수 17,23 참조.

[57] conlocuta est quodam modo cum dubitante humanitate divinitas: '기적'에 대한 문학적 정의에 해당하는 문장이다.

[58] 창세 1,11.24 참조: "땅은 푸른 싹을 돋게 하여라. 땅은 생물을 제 종류대로 내어라."

[59] 탈출 4,2-4 참조.

[60] 1열왕 17,22; 2열왕 4,34; 13,21; 에제 37,1-10 등에 그런 일화가 나온다.

[61] quis reddidit … *mortui* … ut oriantur *morituri*: 탄생도 부활도 주님의 권능임을 두 형용명사로 부각시켰다.

nantiumque rerum et ex occulto in promptum atque ex prompto in occultum usitato itinere transeuntium, naturalia dicuntur; cum uero admonendis hominibus inusitata mutabilitate ingeruntur, magnalia nominantur.

VII 12. Hic uideo quid infirmae cogitationi possit occurrere, cur scilicet ista miracula etiam magicis artibus fiant. Nam et *magi pharaonis similiter* serpentes *fecerunt* et alia similia. Sed illud amplius est admirandum quomodo magorum illa potentia quae serpentes facere potuit ubi ad muscas minutissimas uentum est omnino defecit. Scinifes enim musculae sunt breuissimae qua tertia plaga superbus aegyptius populus caedebatur. Ibi certe deficientes magi dixerunt: *Digitus dei est hoc.* Vnde intellegi datur ne ipsos quidem transgressores angelos et aerias potestates in imam istam caliginem tamquam in sui generis carcerem ab illius sublimis aetheriae puritatis habitatione detrusas, per quas magicae artes possunt quidquid possunt, ualere aliquid *nisi data desuper potestate.* Datur autem uel ad fallendos fallaces sicut in aegyptios et in ipsos etiam magos data est ut in eorum spirituum seductione uiderentur admirandi a quibus fiebant, a dei ueritate damnandi; uel ad admonendos fideles ne tale

---

⁶² 탈출 7,11-22; 8,3 참조.

⁶³ scinifes(cinifes): 『성경』은 '모기'라고 했다. '이'로 번역한 고사본들도 있다.

⁶⁴ 탈출 8,12-15 참조: "요술사들도 똑같이 하여 자기네 마술로 모기들을 생기게 하려 했으나 그렇게 할 수가 없었다"(14절).

⁶⁵ 요한 19,11 참조.

즉 강물처럼 연달아 일어나고, 숨겨져 있다가 드러나고, 드러나 있다가 숨겨지면서 예사로운 여로를 거쳐 흘러가는 사물들의 경우에는, 자연스럽다고 말한다. 그 대신 인간들에게 경종을 울리는 뜻에서 예사롭지 않은 변화를 입어 그 일이 발생하면, 놀라운 기사奇事라고 일컫는다.

요술도 위에서 능력을 주지 않으면 아무것도 못 한다

7.12. 여기서 나는 생각이 일천한 사람에게 무슨 일이 일어날 만한지 알겠다. 왜 저런 기적이 요술妖術에서도 일어나느냐는 의문이 그것이다. 파라오의 요술사들도 똑같이 해서 뱀을 만들어 냈고 다른 비슷한 일도 했기 때문이다.[62] 그보다 더 신기한 일은 뱀을 만들어 낼 수 있던 요술사들의 능력이 어떻게 해서 아주 쪼그만 파리들 앞에서는 전혀 무력해졌느냐는 것이다. '각다귀'라고 하는[63] 이것들은 아주 조그만 파리들이며 그것으로 오만한 이집트 백성은 세 번째 재앙을 당했다. 그 앞에서 손을 든 요술사들은 "이것은 하느님의 손가락이 하신 일입니다"라고 말했다.[64] 여기서 우리는 "위로부터 권한이 주어지지 않았다면"[65] 죄를 범한 천사들도 공중의 세력들도 아무 힘이 없으리라는 사실을 깨달을 만하다. 그들은 저 지고하고 순정한 영계靈界의 처소로부터[66] 자기네 나름의 감옥이라 할 저 깊은 암흑 세계로 추락한 자들로서[67] 만일 요술이 뭔가를 해낼 수 있다면 바로 그들에 힘입어 할 수 있는 것이다. [그들에게 그런 권한이] 주어진다면 우선, 속이는 자들이 속으라는 뜻에서다. 이집트인들에게도 요술사들에게도 그 능력이 주어졌으므로 저 영들의 기만에 의해서 마치 대단한 일을 한 것처럼 우선은 찬탄을 받는 것처럼 보이지만 결국은 하느님의 진리에 의해서

---

[66] sublimis aetheriae puritatis habitatione: 『신국론』(10.27)에서 정령(精靈, daemones: dei aetherii)을 논하면서 그들의 거처를 '영계(靈界)와 화계(火界)'(aetheriae vel empyriae mundi sublimitates) 혹은 '천궁'(firmamenta caelestia)으로 표현한 바 있다. 에페 6,12 참조: "여러분은 하늘에 있는 악한 영들을 상대하는(adversus spiritalia nequitiae in caelestibus) 것입니다."

[67] 유다 6절 참조: "그분은 자기들의 지배 영역을 지키지 않고 그 거처를 떠난 천사들을 영원한 사슬로 묶어서 어둠 속에 가두고 계십니다."

aliquid facere pro magno desiderent, propter quod etiam nobis scripturae auctoritate sunt prodita; uel ad exercendam probandam manifestandamque iustorum patientiam. Neque enim parua uisibilium miraculorum potentia Iob cuncta quae habebat amisit et filios et ipsam corporis sanitatem.

VIII 13. Nec ideo putandum est istis transgressoribus angelis *ad nutum* seruire hanc uisibilium rerum materiam, sed deo potius a quo haec potestas datur quantum in sublimi et spiritali sede incommutabilis iudicat. Nam et damnatis iniquis etiam in metallo seruit aqua et ignis et terra ut faciant inde quod uolunt, sed quantum sinitur. Nec sane creatores illi mali angeli dicendi sunt quia per illos magi resistentes famulo dei ranas et serpentes fecerunt; non enim eas ipsi creauerunt. Omnium quippe rerum quae corporaliter uisibiliterque nascuntur occulta quaedam semina in istis corporeis mundi huius elementis latent. Alia sunt enim haec iam conspicua oculis nostris ex fructibus et animantibus; alia uero illa occulta istorum seminum semina unde iubente creatore produxit aqua prima natatilia et uolatilia, terra autem prima germina et prima sui generis animalia. Neque enim tunc in huiuscemodi fetus ita producta sunt ut

---

[68] 욥 1,13-2,7 참조.

[69] '물, 불, 흙'은 '공기'와 더불어 질료(materies)를 이루는 4원소(元素)다.

[70] occulta quaedam semina in corporeis elementis: rationes seminales, 즉 배종 이념(胚種理念: 이하 3.9.16 참조)을 가리킨다. "모든 물리적 사물에는 세계의 모든 원소를 통해서 모종의 숨은 배종적 이념(quaedam occultae seminariae rationes)이 존재한다"(*De diversis quaestionibus 83*, 2.21).

단죄를 받는 것으로 드러난다. 그렇지 않으면 신앙인들을 계도하기 위함이다. 그런 짓을 행하는 것을 무슨 대단한 일처럼 갈망하지 말라는 뜻에서 우리에게 성경의 권위를 빌려 그것을 폭로했다. 그렇지 않으면 의인들의 인내를 단련하고 시험하고 드러내기 위함일 것이다. 사실 욥이 가지고 있던 것을 모조리, 자녀들과 심지어 자기 일신의 건강마저 죄다 잃어버린 것은 눈에 보이는 기적들 가운데서도 [악령의] 작지 않은 위력을 보여 준 것이었다.[68]

하느님이 만물의 창조주이실 뿐 요술에서 악한 천사들이 창조자가 되는 것은 아니다

8.13. 그렇다고 해서 보이는 사물들의 질료가 저 죄를 범한 천사들의 뜻대로 그들에게 복종한다고 생각할 필요는 없다. 오히려 [저 자들에게] 그런 권한을 허용하신 하느님께 복종하며, 하느님은 지존하고 영적인 어좌에 앉아 변함없는 분으로서 심판을 내리신다. 광산에서 노역奴役을 하도록 단죄받은 죄인들에게도 물과 불 그리고 흙이 쓰이고,[69] 그것으로 하고 싶은 것을 만들지만 어디까지나 허락받는 범위 내에서 한다. 그러므로 요술사들이 악한 천사들에 힘입어 하느님의 종에게 맞서 개구리와 뱀을 만들어 냈다고 하더라도, 그 악한 천사들을 창조자라고 여김은 온당치 못하다. 그들이 그것들을 창조한 것이 아니기 때문이다. 몸체를 갖고 눈에 보이게 태어나는 사물들 전부는 어떤 비밀스러운 씨앗을 이 세계의 저 물리적 원소元素들 속에 숨기고 있다.[70] 그런 [씨앗] 중에서 어떤 것들은 열매나 생명체에서 유래하는 것들로서 이미 우리 눈에 분명하게 보인다. 어떤 것들은 그야말로 이런 씨앗들의 내장된 씨앗이라고 하겠는데, 창조주께서 명령하시자, 물은 바로 그 씨앗들로부터 최초의 헤엄치는 것들과 최초의 날짐승들을 냈고, 흙은 최초의 싹과 최초의 짐승들을 종류대로 냈던 것이다. 그런데 그때도 그런 산출에서 그 씨앗들이 그 힘을 다 소진할 정도로 그 씨

in eis quae producta sunt uis illa consumpta sit, sed plerumque desunt congruae temperamentorum occasiones quibus erumpant et species suas peragant.

Ecce enim breuissimus surculus semen est; nam conuenienter mandatus terrae arborem facit. Huius autem surculi subtilius semen aliquod eiusdem generis granum est et huc usque nobis uisibile. Iam uero huius etiam grani semen quamuis oculis uidere nequeamus, ratione tamen conicere possumus quia nisi talis aliqua uis esset in istis elementis, non plerumque nascerentur ex terra quae ibi seminata non essent, nec animalia tam multa nulla marium feminarumque commixtione praecedente siue in terra siue in aqua, quae tamen crescunt et coeundo alia pariunt, cum illa nullis coeuntibus parentibus orta sint. Et certe apes semina filiorum non coeundo concipiunt sed tamquam sparsa per terras ore colligunt. *Inuisibilium* enim seminum *creator* ipse *creator* est *omnium rerum* quoniam quaecumque nascendo ad oculos nostros exeunt ex occultis seminibus accipiunt progrediendi primordia et incrementa debitae magnitudinis distinctionesque formarum ab originalibus tamquam regulis sumunt.

Sicut ergo nec parentes dicimus creatores hominum nec agricolas creatores frugum, quamuis eorum extrinsecus adhibitis motibus ista

---

[71] 아우구스티누스의 배종 이념설에 따르면, "씨앗이 시간이 흐르면서 한 그루의 나무로 드러나는 모든 것을 내포하고 있듯이, 하느님이 모든 것을 동시에 창조하셨다. … 일종의 능력이나 원인으로서, 장차 물과 땅이 생성해 낼 모든 것을 창조하셨고 그것이 시간이 흐르면서 드러나 우리가 지금 보고 있는 것들이 등장한다는 생각을 할 수 있겠다"(*De Genesi ad litteram* 5.21.45; 7.28.42).

앗들에서 모든 것이 다 생성된 것은 아니었다. 체질에 적합한 조건들이 결여된 경우가 흔해서 자기 종자들을 완성시킬 만큼 확산되지는 못했던 것이다.[71]

여기 씨앗처럼 아주 조그만 싹이 있다고 하자. 그것이 적절하게 땅에 심기면 나무가 된다. 그런데 이 싹이 갖추고 있는 아주 미세한 씨앗이 또 있고 그것은 같은 종種의 씨알에 해당한다면 여기까지는 우리한테도 눈에 보인다. 그렇지만 그 씨알을 우리가 눈으로 못 본다고 하더라도 [그것들이 있다는 사실은] 우리가 추측할 수 있고 그것이 이치에도 맞다. 그런 [씨앗으로서의] 어떤 힘이 저런 원소들 속에 존재하지 않는다면, 씨앗을 뿌리지 않은 땅에서 그 많은 것들이 돋아나지 않을 것이고, 땅에서든 물에서든 암컷들과 수컷들이 먼저 짝짓기를 전혀 하지 않았는데도 그 많은 동물들이 생겨나지는 않을 것이다.[72] 물론 그것들은 부모들이 짝짓기를 하지 않은 데서 생겼으면서도 자기들이 커서 짝짓기를 하여 다른 것들을 낳는다. [예를 들어] 벌들은 짝짓기를 해서 새끼들의 씨앗을 잉태하는 것이 아니고 흙에 사방으로 흩어져 있는 씨앗을 입으로 모으듯이 잉태한다.[73] 그리고 눈에 보이지 않는 이 씨앗들의 창조자 역시 만물을 지으신 창조주이시니, 태어나서 우리 눈앞에 나오는 모든 것들이 숨은 씨앗으로부터 출생의 시원을 얻을뿐더러, 본원적 법칙[74]이라 할 만한 것으로부터 받아서 정해진 크기로 성장하고 일정한 형태로 구분되는 까닭이다.

이것은 우리가 사람들의 부모를 창조주라고 부르지 않고 또 농부들을 곡식의 창조주라고 하지 않는 것과 같다. 비록 하느님의 능력이 내면에서

---

[72] 교부는 흙이나 물에서 초목이나 곤충이 저절로 나오는 것처럼 보이더라도 실은 그 원소들 속에 생명의 배종이 있어서 발아한다고 설명한다.

[73] 당대의 어느 시가(詩歌)(e.g., Vergilius, *Georgica* 4.200-202)에 나오는 해설이었다.

[74] ab originalibus tamquam regulis: 태초에 동시에 창조된 것들이 '씨앗처럼' 감추어져 있다가 시간에 따라 발아하고 출생하는 이치를 교부는 '본원적 법칙'(regulae originales) 혹은 '자연적 원인'(causae naturales: *De Genesi ad litteram* 9.17.32)이라고 부른다.

creanda dei uirtus interius operetur, ita non solum malos sed nec bonos angelos fas est putare creatores si pro subtilitate sui sensus et corporis semina rerum istarum nobis occultiora nouerunt et ea per congruas temperationes elementorum latenter spargunt atque ita et gignendarum rerum et accelerandorum incrementorum praebent occasiones. Sed nec boni haec nisi quantum deus iubet, nec mali haec iniuste faciunt nisi quantum iuste ipse permittit. Nam iniqui malitia uoluntatem suam habent iniustam; potestatem autem non nisi iuste accipiunt siue ad suam poenam siue ad aliorum uel poenam malorum uel laudem bonorum.

14. Itaque apostolus discernens interius deum creantem atque formantem ab operibus creaturae quae admouentur extrinsecus et de agricultura similitudinem assumens ait: *Ego plantaui, Apollo rigauit, sed deus incrementum dedit*. Sicut ergo in ipsa uita nostra mentem iustificando formare non potest nisi deus, praedicare autem extrinsecus euangelium et homines possunt non solum boni *per ueritatem* sed etiam mali *per occasionem*; ita creationem rerum uisibilium deus interius operatur, exteriores autem operationes siue

---

75 "천사들은 여하한 피조물도 창조하지 못한다"(*De Genesi ad litteram* 9.15.26-28)는 것이 교부의 단언이다.

76 iniqui malitia voluntatem suam habent iniustam: "악한 의지는 어디까지나 본인의 의지이며 악의에서 기인한다"는 번역도 가능하다. 악한 의지의 기원은 본인의 악의이지 선한 창조주 하느님이 아니다.

77 deum creantem atque formantem: 창조의 2단계를 가정한 아우구스티누스의 고유한 표현이다.

78 1코린 3,6.

작용하여 그것들을 창조하는 데 외형적으로 그들의 활동이 쓰임새가 있지만 말이다. 그와 마찬가지로 악한 천사들만 아니고 선한 천사들마저도 창조주라고 생각함은 불가하다.[75] 설령 그들의 신체와 감각이 하도 섬세하여 저 사물들의 씨앗, 우리에게 깊이 감추어진 씨앗도 그들은 알고 있고, 원소들의 적절한 조건에 따라서 그 씨앗들을 널리 퍼뜨려서 사물들이 생성하고 그 성장을 촉진하는 기회를 촉진하더라도 말이다. 선한 천사들이라 할지라도 하느님이 명령하시는 범위에서가 아니면 이런 일을 하지 않으며, 또 하느님이 정당하게 허용하시지 않는 한 악한 천사들마저도 부당하게 이런 일을 행하지는 못한다. 악한 자들이 자기 의지를 부당한 의지로 만드는 것은 자신의 악의에 의해서이며,[76] 저런 능력을 받았다면 정당하게 받은 것일 수밖에 없는 까닭이, [그것을 행사함으로써 악인들은] 자기의 벌을 버는 셈이고 다른 악인들에게 벌을 끼치거나 다른 선인들에게 영예를 끼치기 때문이다.

우리 정신을 의화시켜 형성하는 일도 하느님밖에 못 한다

8.14. 그래서 사도는 내면에서 창조하시는 하느님과, 외부에서 움직이는 창조계의 활동으로부터 형태를 이루어 주시는 하느님을 구분했고[77] 농부의 비유를 택하여 이런 말을 한다. "나는 심었고 아폴로는 물을 주었습니다. 그러나 하느님이 자라게 하셨습니다."[78] 그리하여 우리의 삶에서도 정신을 의화시켜 형성하는[79] 일은 하느님 아니면 하실 수 없다. 다만 외형으로 복음을 설교하는 일이야, 진심으로 하는 선인들이든 우발적으로 하는 악인들이든 상관없이,[80] 사람들도 할 수 있다. 그러므로 보이는 사물들의 창조는 하느님이 내밀하게 행하신다. 그 대신 외적인 활동은 그것이 천

---

[79] mentem iustificando formare: 창조와 형상화를 구분하더라도(앞의 각주 77 참조) 영혼의 의화는 엄연히 하느님 은총의 고유 영역이다.

[80] 필리 1,18 참조: "동기야 거짓되건 참되건 어쨌든 그리스도께서 전해지는 것만은 사실입니다."

bonorum siue malorum uel angelorum uel hominum, siue etiam quorumcumque animalium, secundum imperium suum et a se impertitas distributiones potestatum et appetitiones commoditatum ita rerum naturae adhibet in qua creat omnia quemadmodum terrae agriculturam. Quapropter ita non possum dicere angelos malos magicis artibus euocatos creatores fuisse ranarum atque serpentium, sicut non possum dicere homines malos segetis esse creatores quam per eorum operam uidero exortam.

15. Sicut nec Iacob creator colorum in pecoribus fuit quia bibentibus in conceptu matribus uariatas uirgas quas intuerentur apposuit. Sed nec ipsae pecudes creatrices fuerunt uarietatis prolis suae quia inhaeserat animae illarum discolor phantasia ex contuitu uariarum uirgarum per oculos impressa, quae non potuit nisi corpus quod sic affecto spiritu animabatur ex compassione commixtionis afficere unde teneris fetuum primordiis colore tenus aspergeretur. Vt enim sic ex semetipsis afficiantur uel anima ex corpore uel corpus ex anima, congruentiae rationis id faciunt quae incommutabiliter uiuunt in ipsa summa *dei sapientia* quam nulla spatia locorum capiunt; et cum sit ipsa incommutabilis, *nihil* eorum quae uel mutabiliter sunt deserit quia nihil eorum nisi *per ipsam creatum est*. Vt enim de pecoribus non uirgae sed pecora nascerentur, fecit hoc incommutabi-

---

[81] 창세 30,37-41 일화 참조.

[82] congruentiae ratonis: '이념의 조화.' 사본에 따라서는 congurae rationes.

사들이든 인간이든 선한 존재들의 것이든 악한 존재들의 것이든, 심지어는 온갖 동물들의 활동까지도 당신이 사용하신다. 그것도 당신의 통솔에 입각해서, 당신이 대자연에 부여하신 능력 분배와 본능적 욕구를 이용하여 하신다. 그 대자연 속에서 하느님은 땅에서 농사를 지으시듯이 모든 것을 창조하신다. 따라서 나로서는 악한 천사들이 요술로 불러냈더라도 그들이 개구리와 뱀의 창조자라는 말은 못하겠다. 악한 인간들이 [전답을 가꿔] 자기네 노동으로 농작물을 거둔다고 해서 그 농작물의 창조자라 할 수 없듯이 말이다.

야곱도 양 떼에 색깔을 만들어 낸 창조자는 아니었다

8.15. 야곱은 어미 양들이 새끼를 밸 무렵에 물을 마시는 곳에 형형색색을 띤 가지들을 가져다 놓아 그것을 쳐다보면서 새끼를 배게 하여 [일정한 색깔을 가진 양들이 태어나게 만들었지만] 그렇다고 해서 그가 그 색깔의 창조자가 된 것은 아니다.[81] 또 이 짐승들이 알록달록한 자기 새끼들의 창조자가 되는 것도 아니었다. 그것들이 알록달록한 가지들을 바라보고 있노라면 그 가지들의 색깔이 눈을 통해 상상력에 각인되었을 텐데, 그런 일은 신체에서가 아니면 일어나지 않았고, 그 신체는 또한 그만한 자극을 받았을 그 영에게서 생명을 받던 신체였다. 교접의 흥분 속에 태아가 발생하는 섬세한 시점에서 [상상력에 새겨져 있던 그 인상은] 새끼한테 점이 박힐 만큼 영향을 끼쳤고 그 결과 색깔까지도 태아에게 퍼뜨렸다고 보면 되겠다. 그리고 영혼이 신체로부터 영향을 받든 신체가 영혼으로부터 영향을 받든 거기에서 일어나는 것은 조화의 이념[82]이 주관한다. 조화의 이념은 하느님의 지존한 지혜 그 속에, 아무리 큰 공간도 내포하지 못하는 지혜 속에 변함없이 살아 있다. 그런데 지혜 자체가 불변하는 것이므로, 저것들이 비록 변화하면서 존재한다고 할지라도, [존재하는 것들이면] 그중 어느 것도 유기遺棄하지 않는다. 그중 어느 것도 그 지혜를 통하지 않고는 창조되지 않았기 때문이다. 그리고 양한테서 나뭇가지가 태어난 것이 아

lis et inuisibilis ratio sapientiae dei *per quam creata sunt omnia*; ut autem de uarietate uirgarum pecorum conceptorum color aliquid duceret, fecit hoc anima grauidae pecudis per oculos affecta forinsecus et interius secum pro suo modulo formandi regulam trahens quam de intima potentia sui creatoris accepit. Sed quanta sit uis animae ad afficiendam atque mutandam materiam corporalem (cum tamen creatorix corporis dici non possit quia omnis causa mutabilis sensibilisque substantiae omnisque modus et numerus et pondus eius unde efficitur ut et sit et natura ita uel ita sit ab intellegibili et incommutabili uita quae super omnia est exsistit et peruenit usque ad extrema atque terrena), multus sermo est neque nunc necessarius. Verum propterea factum Iacob de pecoribus commemorandum arbitratus sum ut intellegeretur si homo qui uirgas illas sic posuit dici non potest creator colorum in agnis et haedis, nec ipsae matrum animae quae conceptam per oculos corporis phantasiam uarietatis seminibus carne conceptis quantum natura passa est asperserunt, multo minus dici posse ranarum serpentiumque creatores angelos malos per quos *magi pharaonis* tunc illa *fecerunt*.

IX 16. Aliud est enim ex intimo ac summo causarum cardine condere atque administrare creaturam, quod qui facit *solus creator est*

---

83 콜로 1,16.

84 modus (mensura) et numerus et pondus: 이하(3.9.16-18)에도 나오듯이 아우구스티누스 철학에서 이 셋은 존재 사물을 구성하는 형이상학적 원리들이다. 지혜 11,20 참조: "당신께서는 모든 것을 재고 헤아리고 달아서 처리하셨습니다."

니고 양들이 태어났는데 이 일은 하느님 지혜, "그분 안에서 만물이 창조된"[83] 그 지혜의 변하지 않고 보이지 않는 이념이 주관했다. 수태된 짐승들의 색깔이 나뭇가지의 알록달록한 데서 뭔가 받아들였다면 이것은 수태한 짐승의 혼이 한 일이다. 그 혼이 눈을 통해 바깥으로부터 영향을 받았고, 자기 고유한 한계에서 안으로부터 형태를 빚는, 자기를 만드신 창조주의 내밀한 권능으로부터 받은 법칙에 따른 것이다. 하지만 혼백의 능력이 얼마나 커서 신체적 질료에까지 영향을 미치고 변화를 끼칠 수 있는지는 긴 이야기를 필요로 하는데 지금 당장은 필요할 것 같지 않다. (그렇다고 혼이 육의 창조자라고 말할 수는 없다. 가변적이고 감각적인 실체의 모든 원인, 그 실체가 존재하게 되는 모든 척도와 수리와 무게,[84] 그리고 그 실체가 이러저러한 자연 본성으로 존재하게 만드는 바가 가지적이고 불변하고 만유 위에 존재하는 생명으로부터 유래하는 까닭이다. 그 생명은 가장 멀리 떨어지고 지상적 사물들에까지 존재하고 그들에까지 이른다). 내가 가축 떼에 관한 야곱의 일화를 언급해야겠다고 생각한 것은, 단지 사람이 그런 나뭇가지들을 늘어놓았다고 해서 [그 사람이] 새끼 양과 염소들에게 나타난 그 색깔의 창조자라 할 수 없다는 말을 하기 위함이었다. 또 그 어미들의 혼이 신체의 눈을 통해 알록달록한 색깔의 표상을 받았고, 자연 본성이 통과시켜 주는 범위에서 그것을 살로 포태된 새끼들에게까지 퍼뜨리긴 했지만, [그 어미들의 혼이] 그 색깔의 창조자는 아니었다는 말을 하고 싶었다. 또 "파라오의 요술사들도 그와 똑같이 하였다"는 말처럼, 그 요술사들을 시켜 그 짓을 하게 만든 악한 천사들도 [그 자리에서 생겨난] 개구리와 뱀들의 창조자라고 말할 수는 더더욱 없다는 말이었다.

하느님 홀로 창조계를 조성하시고 다스리신다. 피조물은 단지 외적으로 어떤 작용을 할 수 있을 따름이다

9.16. 여하튼 원인들의 가장 내밀하고 가장 고귀한 중심축中心軸으로부터 창조계를 조성하고 다스리는 일 — 그것을 하시는 분은 "홀로 창조주이

deus; aliud autem pro distributis ab illo uiribus et facultatibus ali-
quam operationem forinsecus admouere ut tunc uel tunc sic uel sic
exeat quod creatur. Ista quippe originaliter ac primordialiter in qua-
dam textura elementorum cuncta iam creata sunt sed acceptis op-
portunitatibus prodeunt. Nam sicut matres grauidae sunt fetibus, sic
ipse mundus grauidus est causis nascentium quae in illo non crean-
tur nisi ab illa summa essentia ubi nec oritur nec moritur aliquid
nec incipit esse nec desinit. Adhibere autem forinsecus accedentes
causas quae tametsi non sunt naturales tamen secundum naturam
adhibentur ut ea quae secreto naturae sinu abdita continentur erum-
pant quodam modo et foris creentur explicando mensuras et nume-
ros et pondera sua quae in occulto acceperunt ab illo qui *omnia in
mensura et numero et pondere disposuit*, non solum mali angeli sed
etiam mali homines possunt sicut exemplo agriculturae supra do-
cui.

17. Sed ne de animalibus quasi diuersa ratio moueat quod habent
spiritum uitae cum sensu appetendi quae secundum naturam sunt
uitandique contraria, etiam hoc est uidere quam multi homines
nouerint ex quibus herbis aut carnibus aut quarumque rerum qui-
buslibet sucis et humoribus uel ita positis uel ita obrutis uel ita con-

---

[85] exeat quod creatur: 피조물의 출현이나 작용이 첫 창조의 발로(發露)라고 보는 아우구스
티누스의 개념(이하 3.9.16에 foris creentur 참조).

[86] ipse mundus gravidus est causis nascentium: 교부의 동시창조설이 가장 극명하게 표명
되어 있는 문장이다(이하 cuncta iam creata sunt).

[87] ab illa summa essentia: essentia는 '존재' 혹은 '존재자'(Hill)로 번역된다.

[88] tametsi non naturales tamen secundum naturam: 기적에 수반하는 우유적 원인(acceden-
tes causae)은 자연현상에 반대되는 것이 아님을 설명한다.

신 하느님이시다" — 다르고, 그분으로부터 배분된 능력과 기능을 가지고 [피조물이] 외적으로 어떤 활동을 해서 이제저제에 이러저러하게 작용을 함으로써 창조되는 바가 발로發露되게 하는 일은 또 다르다.[85] 후자는 원소들이 이루는 모종의 조직적 구조 속에 원초적으로 또 본원적으로 모조리 이미 창조되어 있다가 적절한 기회를 만나서 발생하는 것들이다. 어미들이 태아들을 회태하고 있듯이 세계 자체가 출생하는 것들의 원인들을 회태하고 있다.[86] 물론 그 사물들이 창조되는 것은 저 최고의 존재에 의해서가[87] 아니면 이루어지지 않으며, 그 존재에게서는 무엇이 발생하고 사멸하는 일이 없고 무엇이 새로 시작하거나 중단되는 일도 없다. [그 존재는] 외부로 우유적인 원인들도 구사하는데, 비록 그 원인들이 자연적 원인들이 아닐지라도 자연 본성에 준하여 구사될뿐더러,[88] 자연 본성의 내밀한 심부에 내포되어 잠복하고 있던 것들이 어느 모로 분출되고 밖으로 창조되는 것이다. 그리하여 "척도와 수리와 무게에 따라 모든 것을 처리하신"[89] 분에게서 비밀리에 받았던 자기 고유한 척도와 수리와 무게를 펼치는 것이다. 내가 위에서 농사의 예를 들어 가르친 대로[90] 악한 천사들만 아니고 악한 인간들도 이런 일은 할 수 있다.

어떤 생물의 급속한 증식을 두고 사람들이 놀란다

9.17. 생명의 숨길을 갖춘 동물들은 자연 본성에 따르는 것은 욕구하고 그와 상반된 것은 피하려는 감각을 갖고 있지만, 그렇다고 해서 그것들에 다른 이치가 있어서 그것들을 움직여 나간다고 생각하는 일이 없어야 한다. 많은 이가 알고 있는 이야기지만, 풀이나 살코기에서, 여러 다른 사물들의 즙액과 액체에서, 그것들을 있는 그대로 버려두거나 묻어 두거나 으깨어 두거나 섞어 놓거나 상관없이, 동물들이 생겨나는 현상을 흔히 본다.

---

[89] 앞의 각주 84 참조.

[90] 이 책 3.8.14 참조.

tritis uel ita commixtis quae animalia nasci soleant. Quorum se
quis tam demens audeat dicere creatorem? Quid ergo mirum si que-
madmodum potest nosse quilibet nequissimus homo unde illi uel
illi uermes muscaeque nascantur, ita mali angeli pro subtilitate sui
sensus in occultioribus elementorum seminibus norunt unde ranae
serpentesque nascantur, et haec per certas et notas temperationum
opportunitates occultis motibus adhibendo faciunt creari non creant?

Sed illa homines quae solent ab hominibus fieri non mirantur.
Quod si quisquam celeritates incrementorum forte miratur quod illa
animantia tam cito facta sunt, attendat quemadmodum et ista pro
modulo facultatis humanae ab hominibus procurentur. Vnde enim
fit ut eadem corpora citius uermescant aestate quam hieme, citius
in calidioribus quam in frigidioribus locis? Sed haec ab hominibus
tanto difficilius adhibentur quanto desunt sensuum subtilitates et
corporum mobilitates in membris terrenis et pigris. Vnde qualibus-
cumque angelis uicinas causas ab elementis contrahere quanto faci-
lius est tanto mirabiliores in huiusmodi operibus eorum exsistunt
celeritates.

18. Sed non est creator nisi qui principaliter ista format, nec quis-
quam hoc potest nisi ille penes quem primitus sunt omnium quae
sunt mensurae, numeri et pondera et ipse *est unus creator deus* ex
cuius ineffabili potentatu fit etiam ut quod possent hi angeli si per-

---

⁹¹ 그것들을 출생시킨 모체가 따로 없다고 해서 자기가 그 생물의 창조자라고 자처할 수는
없다.

⁹² 천사들에게도 '영체'(corpora aetheria)가 있다고 가정하면(앞의 각주 18 참조) '감관'(pro
subtilitate sui sensus)도 상정하게 된다.

그럴 경우에 바로 자기가 그것들의 창조자라고 나설 만큼 어리석은 자가 누구겠는가?[91] 아주 사악한 인간이라 할지라도 이런저런 벌레와 파리가 어디서 태어나는지 어떻게든 알 수 있을 것이다. 하물며 악한 천사들이야말로 원소들의 보다 내밀한 종자들에 관하여 예리한 감관을[92] 갖고 있는 터에 개구리나 뱀이 어디서 태어나는지 알고 있을 것이고, 따라서 자기들이 알고 있는 적절한 조건에서 이 종자들을 은밀한 동작으로 처리함으로써 자기들이 창조를 안 하면서도 그것들이 창조되게 만든다면,[93] 그게 뭐가 이상한가?

그렇지만 사람들은, 사람들 손으로 흔히 해내는 일에는 놀라워하지 않는 법이다. 그런데 [개구리나 뱀 같은] 동물들이 그토록 갑자기 생겨났다는 점에서 그 급속한 증식을 두고 혹시 감탄한다면, 비록 인간 능력의 한도에서겠지만 사람도 같은 현상을 마련할 수 있다는 점에 유의해야 한다. 그러면 같은 시체지만 겨울보다는 여름에 구더기가 빨리 끓고 추운 지방보다는 더운 지방에서 구더기가 더 빨리 끓는 현상은 어디서 생기는가? 인간들이 이런 일을 해내기 훨씬 어려운 것은 지상적이고 아둔한 자기 지체에다 예리한 감관과 민첩한 신체를 갖추지 못한 까닭이다. 그렇지만 천사들이라면 [악하든 선하든 상관없이] 원소들로부터 근인近因을 수렴해 내기가 그만큼 수월하고, 따라서 저런 작업에도 놀랄 만큼 신속함이 있다.

창조주 하느님은 한 분

9.18. 하지만 저것들을 주체적으로 형성하는 이가 아니라면 창조주가 아니다.[94] 또 존재하는 모든 것의 척도와 수리와 무게가 본디부터 그분에게서 말미암는 그런 분이 아니고서는 이것을 하지 못한다. 그분이 곧 한 분 창조주 하느님이시다. 그분의 형언할 수 없는 권능으로부터 유래하여

---

[93] faciunt creari non creant: "그것들이 생겨나게는 하지만 창조하는 것은 아니다."

[94] 창조(creatio)와 발생(formatio)을 구분하더라도, 천사나 악령이 하는 활동에 주체적으로 (principaliter) 간여하는 분은 창조주이고 그들은 이차적으로(vicinae causae) 작용한다.

mitterentur ideo non possint quia non permittuntur. Neque enim occurrit alia ratio cur *non potuerint* facere minutissimas muscas qui ranas serpentesque fecerunt nisi quia maior aderat dominatio prohibentis dei per spiritum sanctum, quod etiam ipsi magi confessi sunt dicentes: *Digitus dei est hoc.* Quid autem possint per naturam nec possint per prohibitionem, et quid per ipsius naturae suae conditionem facere non sinantur homini explorare difficile est, immo uero impossibile nisi per illud *donum dei* quod apostolus commemorat dicens: *Alii diiudicatio spirituum.* Nouimus enim hominem posse ambulare et neque hoc posse si non permittatur, uolare autem non posse etiamsi permittatur. Sic et illi angeli quaedam possunt facere si permittantur ab angelis potentioribus ex imperio dei; quaedam uero non possunt nec si ab eis permittantur, quia ille non permittit a quo illis est talis naturae modus, qui etiam per angelos suos et illa plerumque non permittit quae concessit ut possint.

19. Exceptis igitur illis quae usitatissimo transcursu temporum in rerum naturae ordine corporaliter fiunt, sicuti sunt ortus occasusque siderum, generationes et mortes animalium, seminum et germinum innumerabiles diuersitates, nebulae et nubes, niues et pluuiae, ful-

---

95 탈출 8,15 참조. 루카 11,20("내가 하느님의 손가락으로 귀신들을 쫓아내고 있다")과 마태 12,28("내가 하느님의 영으로 귀신들을 쫓아내고 있다")을 관련시켜 교부는 '하느님의 손가락'을 곧 '성령'으로 단정한다(spiritus sanctus, qui est digitus dei: *De spiritu et littera* 35).

96 1코린 12,10 참조.

저 천사들이 뭔가 할 수 있다면 하느님으로부터 허용받기 때문에 하는 것이고 허용받지 못하면 천사들도 못한다. 개구리와 뱀을 만들어 낸 사람들이 작디작은 파리를 못 만들어 낸 것은 성령을 통해서 그것을 금하는 하느님의 지배력이 더 크기 때문이 아니라면 다른 이유가 없다. 그 점은 요술사들도 "이것은 하느님의 손가락이 하신 일입니다"라는 말로 고백한 일이 있다.[95] [저 천사들이] 자연 본성으로 할 수 있음에도 금령 때문에 할 수 없는 것은 무엇이며, 자기 자연 본성의 조건으로 말미암아 허용받지 못하는 것이 과연 무엇인지는 인간들이 탐구해 내기 어렵다. 하느님의 저 선물, 사도가 지적하듯이, "다른 이들에게 [주어진] 영들을 식별할 수 있는 은사가"[96] 아니고서는 [탐구하기가] 아예 불가능하다. 우리가 알기로 사람은 걸을 수 있지만 그렇게 하도록 허용받지 않으면 걷지도 못한다. 그런데 사람이 날아다니는 것은 허용받더라도 할 수 없는 일이다. 그와 마찬가지로 저 천사들도 어떤 일은 하느님의 통수권에 의거하여 권세가 더 큰 천사들에게서 허용을 받으면 행할 수 있다. 그렇지만 어떤 것은 다른 천사들에게서 허용을 받더라도 아예 하지 못하는데, 이는 그럴 만한 자연 본성의 한계가 하느님께로부터 그들에게 부여되어 있어서 하느님이 아예 허용하지 않으시기 때문이다. 하느님은 할 수 있다고 승낙하신 것들임에도, 당신 천사들을 시켜서 못하게 하시는 경우가 흔하다.[97]

하느님이 우리에게 알리신다고 해서 모든 일에서 하느님의 위격이 전제되는 것은 아니다

9.19. 시간의 흐름 속에 상습적으로 대자연의 질서에서 물리적으로 발생하는 현상들, 예컨대 성좌가 뜨고 지는 일, 동물의 출생과 소멸, 씨앗과 새싹들이 천차만별하게 다름, 안개와 구름, 눈과 비, 번개와 뇌성, 벼락과

---

[97] 자연 본성의 한계(naturae modus)와 하느님의 허용(concessus dei)을 상론하여 자연 본성에서 오는 행위마저 제일원인이신 하느님의 권능에 달려 있음을 밝힌다.

gura et tonitrua, fulmina et grandines, uenti et ignes, frigus et aestus, et omnia talia; exceptis etiam illis quae in eodem ordine rara sunt, sicut defectus luminum et species inusitatae siderum et monstra et terrae motus et similia; exceptis ergo istis omnibus quorum quidem prima et summa causa non est nisi uoluntas dei – unde et in psalmo cum quaedam huius generis commemorata essent: *Ignis, grando, nix, glacies, spiritus tempestatis*, ne quis ea uel fortuitu, uel causis tantummodo corporalibus uel etiam spiritalibus tamen praeter uoluntatem dei exsistentibus agi crederet, continuo subiecit: *Quae faciunt uerbum eius*.

X. Sed his ut dicere coeperam exceptis, alia sunt illa quae quamuis ex eadem materia corporali ad aliquid tamen diuinitus annuntiandum nostris sensibus admouentur, quae proprie miracula et signa dicuntur, nec in omnibus quae nobis a domino deo annuntiantur ipsius dei persona suscipitur. Cum autem suscipitur, aliquando in angelo demonstratur, aliquando in ea specie quae non est quod angelus quamuis per angelum disposita ministretur; rursus cum in ea specie suscipitur quae non est quod angelus, aliquando iam erat ipsum corpus et ad hoc demonstrandum in aliquam mutationem assumitur, aliquando ad hoc exoritur et re peracta rursus absumitur.

---

98 시편 148,8 참조: "그분 말씀을 수행하는 거센 바람아!"

99 quae ad aliquid divinitus annuntiandum nostris sensibus admoventur: '기적'의 정의에 해당한다.

우박, 바람과 불, 추위와 더위 그 밖의 모든 일은 제쳐 두기로 하자. 또 같은 대자연의 질서에서 드물게 일어나지만, 일식과 월식, 성좌의 특이한 출현, 괴물, 지진 등도 일단 제쳐 두자. 모든 현상의 제일의 궁극 원인이 하느님의 의지 아니고는 일어나지 않는 저런 현상들은 일단 제외하자. 시편에서도 저런 종류의 현상을 열거하여 "불이며 우박, 눈이며 안개, 거센 바람"을 꼽으면서 "그분 말씀을 수행하는"이라는 구절을 덧붙였다.[98] 그런 현상들이 마치 우연히, 혹은 단지 물리적 원인들만으로, 심지어 영적인 원인에서 발생하더라도 하느님의 뜻 밖에 존재하는 원인들에서 발생하는 것처럼 믿는 사람이 생기지 않게 하려는 뜻에서다.

10.[19]. 내가 말을 꺼낸 이런 현상들을 모조리 제외하고 나면 나머지는 같은 물리적 질료로 되어 있으면서도 신적인 [개입으로] 다른 무엇을 고지告知하기 위하여 우리 감관에 등장하는 것들이 있다.[99] 정확하게는 기적奇蹟이라고도 하고 표징表徵이라고도 한다.[100] 그렇다고 주 하느님께서 우리에게 알리신다고 해서 그 모든 일에서 하느님의 위격이 전제되는 것은 아니다.[101] [하느님의 위격이] 전제되는 경우에도 때로는 천사에게서 드러나고, 때로는 바로 천사라 할 만한 형상은 아닌 모습으로 드러난다. 비록 그 형상이 천사를 통해서 마련된 무엇이긴 하지만 말이다. 천사라 할 만한 형상이 아닌 형상에서 드러날 경우에도, 때로는 이미 존재하던 물체가 취해져서 그 기적을 드러내는 데 쓰이려고 어떤 변화를 거치는가 하면, 때로는 바로 그 목적으로 생겨나서 그 일을 이루고 나면 다시 사라지기도 한다.

---

[100] (각주 99에 정의된) '기적' 외에 '표징'(signa) 역시 예외적인 자연현상이나 경이로운 사건이 "감관으로 포착되는 형상 외의 사물로서 자기로부터 다른 무엇이 우리 사유 속에 출현하게 하는 것"(『그리스도교 교양』 2.1.1)이라고 정의된다(참조: 사도 2,22; 2코린 12,12).

[101] dei persona suscipitur(이하 ex persona dei '하느님의 역할을 하면서'): '하느님이 역할을 하시다'라는 번역도 있다(Mellet-Camelot).

Sicut etiam cum homines annuntiant, aliquando ex sua persona uerba dei loquuntur sicuti cum praemittitur: *Dixit dominus*, aut: *Haec dicit dominus*, aut tale aliquid; aliquando autem nihil tale praemittentes ipsam dei personam in se suscipiunt sicuti est: *Intellectum dabo tibi et constituam te in uia hac qua ingredieris*. Sic non solum in dictis uerum etiam in factis dei persona significanda imponitur prophetae ut eam gerat in ministerio prophetiae, sicut eius personam gerebat qui uestimentum suum diuisit in duodecim partes et ex eis decem seruo regis Salomonis dedit regi futuro Israhel; aliquando etiam res quae non erat quod propheta et erat iam in terrenis rebus in huiusmodi significationem assumpta est, sicut somnio uiso euigilans Iacob fecit de lapide quem dormiens habebat ad caput; aliquando ad hoc fit eadem species uel aliquantum mansura, sicut potuit serpens ille aeneus exaltatus in heremo, sicut possunt et litterae; uel peracto ministerio transitura sicut panis ad hoc factus in accipiendo sacramento consumitur.

20. Sed quia haec hominibus nota sunt quippe quia per homines fiunt, honorem tamquam religiosa possunt habere, stuporem tamquam mira non possunt. Itaque illa quae *per angelos* fiunt quo difficiliora et ignotiora eo mirabiliora sunt nobis, illis autem tamquam suae actiones notae atque faciles. Loquitur ex persona dei angelus homini dicens: *Ego sum deus Abraham et deus Isaac et deus Iacob*,

---

¹⁰² 시편 32,8 참조.

¹⁰³ 1열왕 11,30-31 참조. 이스라엘 왕국의 분열을 상징했다.

¹⁰⁴ 창세 28,10-22 참조.

¹⁰⁵ 민수 21,6-9 참조.

사람이 무엇을 알릴 때도 때로는 자기 인격을 걸고 하느님의 말씀을 발설하는데 그럴 경우에는 "주님의 말씀이다"라고 하거나 "주님이 이렇게 말씀하신다"고 하거나 이와 비슷하게 서두를 꺼낸다. 그렇지만 어떤 때는 그런 전제를 달지 않고서 마치 하느님의 위격이 자기 몸에 깃들어 있듯이 "나 너를 이끌어 네가 가야 할 길을 가르치리라"는 식으로 발설한다.[102] 그러다 보니 어떤 예언자에게는 말로만 아니고 행동으로도 하느님의 위격을 나타내라는 사명이 부과되기도 한다. 예언의 직분을 행사하면서 [하느님의] 역할을 하라고 시키신 것이다. 예를 들어 어느 예언자가 한 역할은 자기 의복을 열두 조각으로 갈라서 그중 열을 솔로몬 왕의 종에게 주었는데, 그는 장차 이스라엘의 왕이 될 인물이었다.[103] 하지만 어떤 때는 예언자와는 생판 다른 사물, 이미 지상 사물 가운데 있는 물건이 그런 상징을 띠기도 했다. 예컨대 야곱은 꿈을 보고 깨어난 다음 자기가 자면서 베고 있던 돌을 [하느님의 상징물로 삼았다].[104] 때로는 [상징적] 형태를 띤 사물이 그런 역할을 하는데, 그중에는 상당 기간 지속하는 사물이 있으니 광야에서 높이 매달았던 구리 뱀이 그렇고[105] 글자도 그런 역할을 할 수 있다. 그중에는 역할을 다하면 사라지는 물건도 있으니, 그럴 목적으로 만든 빵이 그 경우인데 성사로 영領하고 나면 소모된다.

하느님이 우리에게 알려 주시는 것 모두가 경탄을 자아내지는 못한다

10.20. 이런 것들은 사람에 의해서 만들어지기 때문인지 사람에게 잘 알려지고, 종교적인 사물로서 공경을 자아낼 수는 있지만 기적처럼 놀라움을 자아내지는 못한다. 그 대신 천사에 의해서 만들어지는 것은 그만큼 힘들고 무지한 대상이어서 그만큼 우리에게는 이상하지만 정작 천사들에게는 자기가 행한 행동처럼 잘 드러나고 또 쉽다. 그리고 "나는 아브라함의 하느님, 이사악의 하느님, 야곱의 하느님이다"[106]라는 말씀은 천사가 하느

---

106 탈출 3,6.

cum scriptura praedixisset: *Visus est ei angelus domini*; loquitur et homo ex persona dei dicens: *Audi populus meus et loquar, Israhel, et testificabor tibi: Deus, deus tuus sum ego*. Assumpta est *uirga* ad significationem et *in serpentem* angelica facultate *mutata est*; quae facultas cum desit homini, assumptus est tamen et ab homine lapis ad talem aliquam significationem. Inter factum angeli et factum hominis plurimum distat. Illud et mirandum est et intellegendum, hoc autem tantummodo intellegendum. Quod ex utroque intellegitur fortassis unum est, at illa ex quibus intellegitur diuersa sunt, tamquam si domini nomen et auro et atramento scribatur. Illud est pretiosius, illud uilius; quod tamen utroque significatur idipsum est.

Et quamuis idem significauerit serpens ex uirga Moysi quod lapis Iacob, melius tamen aliquid lapis Iacob quam serpentes magorum. Nam sicut unctio lapidis Christum in carne in qua unctus est *oleo exsultationis prae participibus suis*, ita *uirga* Moysi *conuersa in serpentem* ipsum Christum *factum obedientem usque ad mortem crucis*. Vnde ait: *Sicut exaltauit Moyses serpentem in heremo, sic oportet exaltari filium hominis ut omnis qui credit in eum non pereat sed habeat uitam aeternam*, sicut intuentes illum serpentem exaltatum in heremo serpentium morsibus non peribant. *Vetus* enim *homo noster confixus est cruci cum illo ut euacuetur corpus pecca-*

---

[107] 탈출 3,2.　　　　　　　　　　　[108] 시편 81,9.11.

[109] 탈출 4,1-5; 7,9-12 참조.

[110] 야곱의 꿈과 돌 제단, 모세의 지팡이 기적을 비교한다.

[111] utroque significatur idipsum est: 기적이 '표징'임을 거듭 강조한다.

[112] 시편 45,8.　　　　　　　　　　　[113] 필리 2,8.

님의 역할을 하면서 사람에게 발설하는 말이다. 왜냐하면 성경에 "주님의 천사가 그에게 나타났다"[107]고 미리 말했기 때문이다. 그리고 인간도 하느님의 역할을 하면서 발설을 한다. "듣거라, 내 백성아, 나 네게 증언하노라. 이스라엘아, 부디 내 말을 들어라. 내가 주님, 너희의 하느님이로다"[108]라는 말씀이 그렇다. [하느님의 능력을] 상징하는 데 막대기가 손에 잡혔고 천사의 능력으로 뱀으로 변하기도 했다.[109] 사람에게는 그런 능력이 결여되어 있으므로 사람은 그냥 돌을 손에 집어 그것으로 어떤 상징을 삼았던 것이다. 그래서 천사의 행동과 사람의 행동 사이에는 상당한 거리가 있다.[110] 전자의 경우는 놀라 탄복도 하고 [그 상징을] 알아듣기도 해야 한다. 후자의 경우는 [그 상징을] 알아듣기만 하면 된다. 알아듣는 내용은 양편에서 하나겠지만 양편에서 알아듣는 감은 다를 것이다. 마치 주님의 이름이 금으로도 쓰이고 먹으로도 쓰이는 경우와 흡사하다. 전자는 값비싸고 후자는 값싸다. 그러나 둘 다에 의해서 같은 사물이 상징되고 있다.[111]

모세의 지팡이가 뱀으로 되어 상징하는 것과 야곱의 돌이 상징하는 바는 동등할지 모르지만 야곱의 돌과 요술사들의 뱀을 비교한다면 야곱의 돌이 더 낫다. 그 이유인즉 [야곱이] 돌에 기름을 부은 것은 육신으로 오신 그리스도를 상징하고 그 육신에 "당신의 하느님께서 기쁨의 기름을 당신 동료들에 앞서 당신에게 부어 주셨나이다"[112]라는 말씀도 있기 때문이다. 그리고 돌로 변한 모세의 지팡이 역시 그리스도를, "죽음 곧 십자가의 죽음에 이르기까지 순종하신"[113] 그리스도를 상징하는 까닭이다. 그래서 "모세가 광야에서 뱀을 들어 올렸던 것처럼 사람의 아들도 그렇게 들어 올려져야 합니다. 그것은 믿는 이마다 멸망하지 않고 모두 그 안에서 영원한 생명을 얻도록 하려는 것입니다"[114]라는 말씀이 있다. 광야에서 뱀들한테 물린 사람들이 저렇게 들어 올려진 뱀을 쳐다봄으로써 멸망하지 않았던 것이다. "우리의 낡은 인간은 그분과 함께 십자가에 처형되어 죄스러운 몸

---

[114] 요한 3,14-16.

ti. Per sepentem autem mors intellegitur quae facta est a serpente in paradiso modo locutionis per efficentem id quod efficitur demonstrante. Ergo *uirga in serpentem*, Christus in mortem, et serpens rursus *in uirgam*, Christus in resurrectionem totus cum *corpore suo quod est ecclesia*, quod in fine temporis erit quem serpentis cauda significat quam Moyses tenuit ut redigeretur in uirgam. Serpentes autem magorum tamquam mortui saeculi nisi credentes in Christum tamquam deuorati in corpus eius intrauerint resurgere in illo non poterunt. Lapis ergo Iacob, ut dixi, melius aliquid significauit quam serpentes magorum; at enim factum magorum multo mirabilius. Verum haec ita non praeiudicant rebus intellegendis tamquam si hominis nomen scribatur auro et dei atramento.

21. Illas etiam nubes et ignes quomodo fecerint uel assumpserint angeli ad significandum quod annuntiabant etiam si dominus uel spiritus sanctus illis corporalibus formis ostendebatur, quis nouit hominum? Sicut infantes non nouerunt quod in altari ponitur et peracta pietatis celebratione consumitur unde uel quomodo conficiatur, unde in usum religionis assumatur. Et si numquam discant ex-

---

[115] 로마 6,6.

[116] modo locutionis per efficientem id quod efficitur demonstrante: 죽음을 초래한 뱀을 통해서 죽음을 가리키는 어법.

[117] 탈출 3,1-15 참조.

[118] 탈출 7,8-13에서 아론의 지팡이가 변한 뱀이 이집트 요술사들의 지팡이들이 변한 뱀들을 삼켜 버린 예를 들어 '세속의 죽은 자들'은 그리스도의 신비체인 교회에 삼켜져야 구원을 본다고 빗대어 말한다.

이 무력하게 되었습니다"[115]라는 말씀도 있다. 뱀은 죽음을 가리키는데 낙원에서 뱀에 의해서 죽음이 생겼기 때문이고, 이것은 결과를 낸 자를 통해서 거기서 나오는 결과를 가리키는 어법이다.[116] 지팡이가 뱀으로 변하듯 그리스도께서 죽음으로 가시고, 다시 뱀이 들어 올려져 지팡이에 매달리듯 그리스도께서 부활로 들어 올려지신다. 그것도 교회인 당신의 몸 전체와 함께 들어 올려지실 텐데 이 일은 마지막 때에 일어날 일이다. [여기서 마지막 때는] 뱀의 꼬리가 상징하고 있으니, 모세가 지팡이로 돌아가게 만들려고 붙잡은 그 꼬리를 말한다.[117] 다만 요술사들의 뱀은 세속의 죽은 자들과 마찬가지여서 그리스도를 믿어서 잡아 먹히듯이 그분의 몸속으로 들어가지 않는 한 그분 안에서 부활을 보지 못할 것이다.[118] 야곱의 돌은 내가 말한 대로, 요술사들의 뱀보다는 더 좋은 무엇을 상징했다. 하지만 요술사들의 행적이 훨씬 놀랍기는 했다. 단지 두 사건은 그 상징하는 내용에서까지도 차이 나지는 않으니 마치 사람의 이름이 금으로 새겨지고 하느님의 이름이 먹으로 새겨진 경우와 흡사하다.

천사들이 어떻게 이런 일을 하는지는 아우구스티누스도 이해하지 못한다

10.21. 그런데 천사들이 알리는 바를 상징하기 위함이라면, 비록 그런 물리적 형상을 통해서 주님 혹은 성령이 드러나신다고 할지라도, 천사들이 저 구름과 불길을 어떻게 만들었는지, 또 어떻게 저 형태를 취했는지 인간들 가운데 그 누가 알겠는가? 이것은 갓난아이들[119]이 제단에 무엇이 놓이고 신심 행사가 거행되고 나서[120] 무엇을 영領하며 그것이 어디서 유래하여 어떻게 이루어지고, 어디서 종교적 의미를 따왔는지 알지 못하는 것

---

[119] infantes: 갓 세례 받은 사람들을 지칭한다(sicut modo geniti infantes: 1베드 2,2). 세례 전에는 성체성사의 비의(秘義)를 말해 주지 않았고 세례 후에 성찬에 관한 '신비 교육'(catechesis mystagogica)이 이루어졌다(e.g., *Tractatus in Ioannis Evnagelium* 11.3-5; *Sermo* 227, 229, 272).

[120] peracta pietatis celebratione: 바로 뒤에 나오는 '성사 거행'(celebratio sacramentorum) 곧 성찬식을 가리키는 듯하다.

perimento uel suo uel aliorum et numquam illam speciem rerum uideant nisi inter celebrationem sacramentorum cum offertur et datur,
dicaturque illis auctoritate grauissima cuius corpus et sanguis sit,
nihil aliud credent nisi omnino in illa specie dominum oculis apparuisse mortalium et de latere tali percusso liquorem illum omnino
fluxisse.

Mihi autem utile est ut meminerim uirium mearum, fratresque
meos admoneam ut meminerint suarum, ne ultra quam tutum est
humana progrediatur infirmitas. Quemadmodum enim haec faciant
angeli uel potius deus quemadmodum haec faciat per angelos suos,
et quantum fieri uelit etiam per angelos malos siue sinendo siue iubendo siue cogendo ex occulta sede altissimi imperii sui, nec oculorum acie penetrare nec fiducia rationis enucleare nec prouectu mentis comprehendere ualeo ut tam certus hinc loquar ad omnia quae
requiri de his rebus possunt quam si essem angelus aut propheta aut
apostolus. *Cogitationes enim mortalium timidae, et incertae prouidentiae nostrae. Corpus enim quod corrumpitur aggrauat animam,
et deprimit terrena inhabitatio sensum multa cogitantem. Et difficile aestimamus quae in terra sunt, et quae in prospectu sunt inuenimus cum labore. Quae in caelis sunt autem quis inuestigauit?* Sed
quia sequitur et dicit: *Sensum uero tuum quis scit nisi tu dederis sapientiam et miseris spiritum sanctum tuum de altissimis?, quae in*

---

[121] 당시 성찬식의 축성, 분배(영성체), "이는 내 몸이다 …"라는 세 의식을 지시하는 용어
들로 보인다.

[122] 교부는 성체와 성혈을 생전의 주님 몸과 십자가에서 흘린 피로 생각하지 말고 세상의
구원을 위한 그분의 헌신을 가르치는 상징으로 받아들이라고 가르친다(앞의 각주 47 참조).

[123] 지혜 9,14-16. 불가타역은 끝이 '하늘의 것을 밝혀낼'(investigabit)로 되어 있다.

과 흡사하다. 스스로나 남들의 경험을 통해서 한 번이라도 배우지 않는 한, 또 성사를 거행하는 동안 그 사물들의 형상을 한 번이라도 보지 않는다면, 봉헌이 있고, 분배가 있고, 아주 권위 있는 분에 의해서 그것이 누구의 몸이고 피인지 사람들에게 공언되지 않는다면,[121] 사람들은 그 형상을 보고 사멸할 인간들의 눈에 주님이 나타나셨다는 사실 외에 아무것도 믿지 않고, 창에 찔린 옆구리에서 저 액체가 흘렀다는 사실 외에 아무것도 믿지 않을 것이다.[122]

나로서는 여기서 내 역량을 기억해 둠이 유익하겠고 내 형제들한테는 자기들의 분수를 기억해 두라고 권유하고 싶은데 인간의 나약함이 안전한 선 그 이상으로 나아가지 않아야 한다는 뜻에서 하는 말이다. 천사들이 어떻게 해서 저런 일들을 하는지, 더구나 하느님이 어떻게 해서 악한 천사들을 통해 저런 일을 하시는지, 지고한 당신 통치권의 내밀한 처소로부터 악한 천사들이 하는 짓을 묵인하시거나, 하라고 명령하시거나, 심지어 강요하심으로써 어느 선까지 그런 일이 이루어지기 바라시는지를 내 눈의 정기精氣로는 꿰뚫어 볼 힘도 없고 이성을 믿고 파고들 힘도 없고 지성의 추진력으로 파악해 낼 힘도 없다. 마치 천사나 되고 예언자나 되고 사도나 되는 듯이, 이런 문제들을 두고 제기될 만한 모든 질문에 확실하게 답변할 능력이 내게는 없다. "죽어야 할 인간의 생각은 보잘것없고 저희의 속마음은 변덕스럽습니다. 썩어 없어질 육신이 영혼을 무겁게 하고 흙으로 된 이 천막이 시름겨운 정신을 짓누릅니다. 저희는 세상 것도 거의 짐작하지 못하고 손에 닿는 것조차 거의 찾아내지 못하는데 하늘의 것을 밝혀낸 자 어디 있겠습니까?"[123] 하지만 곧바로 이런 구절이 따른다. "당신께서 지혜를 주지 않으시고 그 높은 곳에서 당신의 거룩한 영을 보내지 않으시면 누가 당신의 뜻을 깨달을 수 있겠습니까?"[124] 그러니 우리는 하늘의 것을 탐구

---

[124] 지혜 9,17.

caelis sunt quidem non inuestigamus quo rerum genere et corpora angelica secundum propriam dignitatem et eorum quaedam corporalis actio continetur; secundum spiritum tamen dei missum nobis *de altissimis* et impertitam eius gratiam mentibus nostris audeo fiducialiter dicere nec deum patrem nec uerbum eius nec spiritum eius, quod *deus unus est*, per id quod est atque idipsum est ullo modo esse mutabilem ac per hoc multo minus uisibilem. Quoniam sunt quaedam quamuis mutabilia non tamen uisibilia, sicut nostrae cogitationes et memoriae et uoluntates et omnis incorporea creatura; uisibile autem quidquam non est quod non sit mutabile.

XI. Quapropter substantia uel si melius dicitur essentia dei, ubi pro nostro modulo ex quantulacumque particula intellegimus patrem et filium et spiritum sanctum, quandoquidem nullo modo mutabilis est, nullo modo potest ipsa per semetipsam esse uisibilis.

XI 22. Proinde illa omnia quae patribus uisa sunt cum deus illis secundum suam dispensationem temporibus congruam praesentaretur per creaturam facta esse manifestum est. Et si nos latet quo-

---

[125] corpora angelica secundum propriam dignitatem et eorum quaedam corporalis actio: 천사의 육체와 육체적 활동은 교부에게 심각한 고민의 대상이었다.

[126] per id quod est atque idipsum est: 구상어인 라틴어의 표현이라 번역이 어렵다. dans son essence et sa realitè(Mellet-Camelot); in being and identity(Hill); in virtù della sua essenza e del suo stesso esse(Beschin).

하는 게 아니니, 그중에는 고유한 품위를 갖춘 천사의 몸체라는 것도 있고 천사들의 모종의 신체적 활동이라는 것도 포함된다.[125] 다만 높은 데로부터 우리에게 보내신 하느님의 영에 따라, 그리고 우리 지성에 베푸신 은총에 힘입어서 신뢰심을 갖고 나도 감히 이 말은 할 수 있다. 하느님 아버지도, 그분의 말씀도, 그분의 성령도 한 분 하느님으로서, 존재하는 그 점에서와 여일한 그분이라는 점에서[126] 결코 변하는 분이 아니시고 그런 점에서 눈에 보이는 분은 더욱 아니시라는 것이다. 변하기는 하지만 보이지는 않는 사물들이 있는데 우리 생각이나 기억이나 의지나 모든 비물체적 조물이 그렇다. 보이면서 변하지 않을 그런 사물은 아무것도 없다.

11.[21]. 그러므로 하느님의 실체 혹은 더 정확하게 말해서 존재는,[127] 우리 나름대로 성부와 성자와 성령을 극히 일부나마 이해하는 범위에서 말하자면, 그 존재는 어느 모로도 변하지 않으므로 그 자체로는 눈에 보일 수가 없다.

성조들에게 보이신 것은 모두 천사들을 통해서 이루어진 일이다

11.22. 그러므로 하느님이 시대에 적합한 어떤 경륜徑輪에 따라서[128] 그들에게 나타나셨을 때 정작 성조들에게 보이신 것은 모조리 피조물을 통해서 이루어졌음이 분명하다. 하느님이 그 일을 하시면서 어떻게 천사들

---

[127] substantia vel si melius dicitur essentia dei: 그의 전집에서 100여 회 나오는 essentia의 절반이 이 저서에서 발견되는데 substantia vel essentia (melius essentia), 혹은 natura vel substantia vel essentia로 병기된다. ab eo quod est sapere dicta est sapientia et ab eo quod est scire dicta est scientia, ita ab eo quod est esse dicta est essentia: "'맛보다'라는 말에서 '맛봄'이라고 했고 '알다'라는 말에서 '앎'이라고 했듯이 '있다'라는 말에서 '있음'이라고 했다"(이 책 5.2.3).

[128] secundum suam dispensationem temporibus congruam: 전집에서 oeconomia(*Contra Faustum manichaeum* 26.1.8)라는 용어를 두 번 사용하는 외에 dispensatio temporalis(200여 회)를 쓴다.

modo ea ministris angelis fecerit, *per angelos* tamen esse facta non ex nostro sensu dicimus ne cuiquam uideamur *plus sapere praeter quam oportet sapere, sed* sapimus *ad temperantiam sicut deus* nobis *partitus est mensuram fidei, et credimus propter quod et loquimur*. Exstat enim auctoritas diuinarum scripturarum unde mens nostra deuiare non debet, nec relicto solidamento diuini eloquii per suspicionum suarum abrupta praecipitari ubi nec sensus corporis regit nec perspicua ratio ueritatis elucet.

Apertissime quippe scriptum est in epistula ad hebraeos, cum dispensatio noui testamenti a dispensatione ueteris testamenti secundum congruentiam saeculorum ac temporum distingueretur, non tantum illa uisibilia sed ipsum etiam sermonem *per angelos* factum. Sic enim dicit: *Ad quem autem angelorum dixit aliquando: Sede ad dexteram meam donec ponam inimicos tuos scabellum pedum tuorum? Nonne omnes sunt ministri spiritus ad ministrationem missi propter eos qui futuri sunt haereditate possidere salutem?* Hinc ostendit illa omnia non solum *per angelos* facta sed etiam propter nos facta, id est populum dei cui promittitur haereditas *uitae aeternae*. Sicut ad corinthios etiam scriptum est: *Omnia autem haec in figura contingebant illis; scripta sunt autem ad correptionem nostram in quos finis saeculorum obuenit.* Deinde quia tunc *per angelos* nunc autem per filium *sermo factus est*, consequenter

---

¹²⁹ 사본에 따라서는 '마땅히 알아야 할 것을 넘어'라는 구절이 탈락하고 없다.

¹³⁰ 로마 12,3: "여러분은 마땅히 생각해야 할 것을 넘어선 과도한 생각을 가지지 말고 오히려 하느님이 각자에게 할당하신 신앙의 척도대로 건전한 생각을 가지시오."

¹³¹ 2코린 4,13 참조: "우리는 믿음의 같은 영을 지니고 있으므로 우리 역시 믿고 있고 그래서 또 말하고 있는 것입니다."

을 심부름꾼으로 부리셨는지는 우리에게 알려지지 않았지만 천사들을 통해서 그 일이 이루어졌으리라는 말은 그저 우리 생각에서 하는 이야기가 아니다. [이런 말을 하는 까닭은] 우리가 "마땅히 알아야 할 것을 넘어 더 많이 아는 것처럼"[129] 보이지 않기 위함이고, "하느님이 우리에게 할당하신 신앙의 척도대로 절도 있게 알기 위함이며"[130] "우리 역시 믿고 있고 그래서 또 말하고 있다"는 뜻에서다.[131]

이것은 성경의 권위가 엄존하므로 우리 지성이 거기서 벗어나서는 안 되기 때문이고, 신적인 말씀이라는 굳건한 토대를 저버리고 자기 추측이라는 함정에 빠지지 않기 위함이기도 하니, [그런 함정에서는] 육신의 감각도 통제를 못하고 진리의 명료한 이치도 빛을 발하지 못하는 까닭이다. 이 점은 히브리인들에게 보낸 편지에 아주 명백하게 적혀 있으니, 세기世紀와 시대에 맞추어 신약의 경륜이 구약의 경륜으로부터 적절하게 구분되면서, 천사들을 통해서 눈에 보이는 사건들이 이루어졌을 뿐 아니라 말씀까지도 천사들을 통해서 발설되었다는 점이 분명히 나와 있다. 사도의 말은 이렇다. "그분이 천사들 가운데 누구에게 '내가 네 원수들을 네 발의 발판으로 삼기까지 내 오른편에 앉아 있어라' 하고 말씀하신 적이 있습니까? 그들은 모두 구원을 상속받을 사람들에게 봉사하도록 파견된 시중드는 영들이 아닙니까?"[132] 여기서는[133] 저 모든 것들이 천사들을 통해서 이루어졌을 뿐만 아니고, 바로 우리를 위해서, 다시 말해 영원한 생명을 상속받기로 언약받은 하느님의 백성을 위해서 이루어졌음을 보여 준다. 이 점은 코린토인들에게 보낸 편지에도 적혀 있다. "이것들이 저들에게는 본보기로 일어났고 우리에게는 경고로 기록되었으니, 우리에게는 세기의 끝이 임박해 있습니다."[134] 그리고 전에는 천사들을 통해서 말씀이 행해졌고 지금은 아드님을 통해서 말씀이 행해졌으므로 지금 와서는 노골적으로 이런 논리

---

[132] 히브 1,13-14.

[133] 혹자(Hill)는 여기서부터 아래 코린토서 인용문까지를 본문에서 제외시켜 게재하고 있다.

[134] 1코린 10,11.

aperteque demonstrans: *Propterea*, inquit, *abundantius debemus attendere nos ea quae audiuimus ne forte defluamus. Si enim qui per angelos dictus sermo factus est firmus, et omnis praeuaricatio et inobedientia iustam accepit mercedis retributionem, quomodo nos effugiemus tantam neglegentes salutem?* Et quasi quaereres quam *salutem*, ut ostenderet se de nouo testamento iam dicere, id est sermonem qui non *per angelos* sed *per dominum factus est: Quae cum initium accepisset*, inquit, *ut enarraretur per dominum, ab his qui audierunt in nos confirmata est coatestante deo signis et ostentis et uariis uirtutibus et spiritus sancti diuisionibus secundum suam uoluntatem.*

23. 'Sed,' ait aliquis, 'cur ergo scriptum est: *Dixit dominus ad Moysen*, et non potius: *Dixit* angelus *ad Moysen*?' Quia cum uerba iudicis praeco pronuntiat, non scribitur in gestis: 'Ille praeco dixit,' sed: 'Ille iudex.' Sic etiam loquente propheta sancto etsi dicamus: 'Propheta dixit,' nihil aliud quam dominum dixisse intellegi uolumus. Et si dicamus: *Dominus dixit*, prophetam non subtrahimus, sed quis per eum dixerit admonemus. Et illa quidem scriptura saepe aperit angelum esse domini quo loquente identidem dicitur: *Dominus dixit*, sicut iam demonstrauimus. Sed propter eos qui cum scriptura illic angelum nominat ipsum per se ipsum filium dei uolunt

---

[135] 히브 2,1-3.

[136] 히브 2,3-4.

를 펴기도 한다. "그러므로 우리는 들은 바를 더욱 명심하여 빗나가지 않
도록 해야 하겠습니다. 실상 천사들을 통하여 하신 말씀도 효력이 있었고
모든 배반과 불순종이 공정한 갚음을 받았다면, 우리가 이토록 귀중한 구
원을 소홀히 할 때에 어떻게 그 갚음을 피할 수 있겠습니까?"[135] 또 도대체
무슨 구원을 두고 하는 말이냐고 그대가 묻기라도 한 것처럼, 사도는 자기
가 신약에 관해서 이야기하고 있음을 보여 주겠다는 듯이, 즉 천사들을 통
해서 행해진 말씀이 아니고 주님을 통해서 행해진 말씀을 언급하고 있다
는 듯이 이렇게 말을 잇는다. "이 구원은 주님께서 선포하기 시작하셨으
며, 그것을 들은 사람들이 우리에게 확증해 주었습니다. 하느님께서도 표
징과 기적과 여러 가지 권능을 통하여, 그리고 당신 뜻을 따라 나누어 주
시는 성령의 선물을 통하여 뒷받침해 주셨습니다."[136]

하느님은 천사들을 통하여 말씀하신다

10.23. 하지만 혹자는 이런 말을 할지 모른다. "그러면 왜 '천사가 모세
에게 말하였다'라고 쓰여 있지 않고 '주님이 모세에게 말씀하셨다'고 기록
되어 있는가?" 그 이유를 댄다면 판관判官의 포고인布告人이 전하는 말은
공판 기록에 "그 포고인이 말했다"라고 수록되지 않고 "그 재판관이 말했
다"라고 수록되는 까닭이다. 마찬가지로 거룩한 예언자가 발언을 하는 경
우에 우리는 비록 "예언자가 말하였다"라고 말은 하면서도 주님이 말씀하
신 것 외에 다름이 아니라는 뜻으로 알아듣고자 한다. 그리고 우리가 "주
님이 말씀하셨다"라고 하는 경우에도 예언자를 빼놓는 것은 아니고 그를
시켜서 누가 말씀하셨는지를 밝히려는 것이다. 또 [우리가 앞서 다룬] 저
성경도[137] 주님의 천사가 어떻게 했다는 구절로 서두를 떼면서도 "주님께
서 말씀하셨다"고 표현한다는 사실은 우리가 이미 논한 바 있다. 그러나
성경이 그 대목에서 천사라고 부르지만 실은 그 이름으로 하느님의 성자

---

[137] 이 책 2.12.22-13.23(탈출 3,1-15: 불타는 떨기나무 앞에서 모세가 소명을 받는 장면에
관한 해설) 참조.

intellegi quia propter annuntiationem paternae ac suae uoluntatis a propheta dictus est angelus, propterea uolui ex hac epistula manifestius testimonium dare ubi non dixtum est: *per* angelum, sed: *per angelos.*

24. Nam et Stephanus in actibus apostolorum eo more narrat haec quo etiam in ueteribus libris conscripta sunt: *Viri fratres et patres, audite,* inquit: *Deus gloriae apparuit Abrahae patri nostro cum esset in Mesopotamia.* Ne quis autem arbitraretur tunc deum gloriae per id quod in se ipso est cuiusquam oculis apparuisse mortalium, in consequentibus dicit quod Moysi angelus apparuerit. *Fugit,* inquit, *Moyses in uerbo isto, et factus est inquilinus in terra Madian ubi genuit filios duos. Et completis illic annis quadraginta apparuit illi in deserto montis Sina angelus domini in flamma ignis in rubo. Moyses autem uidens mirabatur uisum. Qui cum accederet considerare, facta est uox domini: Ego deus patrum tuorum, deus Abraham et deus Isaac et deus Iacob. Tremefactus autem Moyses non audebat considerare. Dixitque illi dominus: Solue calceamentum pedum tuorum,* et cetera. Hic certe et angelum et dominum dicit eundemque deum Abraham et deum Isaac et deum Iacob sicut in genesi sacriptum est.

---

[138] 교부는 이사 9,5(admirabilis consiliarius)를 칠십인역에 따라서 magni consilii angelus 로 읽고 인용한다(이 책 2.13.23 참조).

를 의미한다고 알아듣고 싶어 하는 사람들이 있다. 왜 그런가 하면 어느 예언자는 성자가 성부의 뜻을 선포하고 당신의 뜻을 선포한다는 점에서 [성자를] 천사라고 부른 적이 있었기 때문이다.[138] 바로 그래서 나는 이 서간을 인용하여 증언을 더 명료하게 하고 싶었으니 그 대목에서는 '천사를 통하여'라고 하지 않고 '천사들을 통하여'라고 했기 때문이다.[139]

주님이 모세에게 나타나신 것도 천사를 통해서였다

10.24. 스테파노도 구약성경에 기록된 사건을 언급하면서, 사도행전에서 같은 방식으로 이야기한다. "부형 여러분, 들어 보십시오. 우리 조상 아브라함이 메소포타미아에 있을 때에 영광의 하느님께서 그에게 나타나셨습니다."[140] 영광의 하느님께서 당신이 존재하는 그대로 죽을 인간들의 눈에 나타나셨으리라 여길 사람이 혹시 있을까 해서 스테파노는 그다음 구절에서는 모세에게 나타난 분이 천사였다고 말한다. "모세는 이 말을 듣고 도망쳐 미디안 땅에서 나그네로 지내면서 아들 둘을 낳았습니다. 그로부터 사십 년이 흘렀을 때 천사가 시나이 산 광야에서 가시덤불 불꽃 가운데 모세에게 나타났습니다. 모세는 현시를 보고 놀랐습니다. 그가 자세히 보려고 다가가는데 주님의 소리가 났습니다. '나는 네 조상들의 하느님, 곧 아브라함과 이사악과 야곱의 하느님이다.' 그러자 모세는 벌벌 떨면서 자세히 볼 엄두도 내지 못했습니다. 이때 주님께서 그에게 말씀하셨습니다. '네 발의 신을 벗어라.'"[141] 여기서는 창세기에 적혀 있는 대로 아브라함의 하느님, 이사악의 하느님, 야곱의 하느님을 천사라고도 하고 주님이라고도 함이 분명하다.[142]

---

[139] 앞의 히브 2,1-3 인용문(각주 135) 참조.

[140] 사도 7,2.

[141] 사도 7,29-33.

[142] 탈출 3,2(사도 7,30)와 창세 12,1(사도 7,2) 참조.

25. An forte quisquam dicturus est quod Moysi per angelus *appa-ruit dominus*, Abrahae uero per se ipsum? At hoc ab Stephano non quaeramus. Ipsum librum interrogemus unde Stephanus ista nar-rauit. Numquid enim quia scriptum est: *Et dixit dominus deus ad Abraham*, et paulo post: *Et uisus est dominus deus Abrahae*, prop-terea ista non *per angelos* facta sunt? Cum alio loco similiter dicat: *Visus est autem ei deus ad ilicem Mambre, sedente eo ad ostium tabernaculi sui meridie*, et tamen consequenter adiungat: *Respi-ciens autem oculis suis uidit, et ecce tres uiri stabant super eum*, de quibus iam diximus. Quomodo enim poterunt isti qui uel a uerbis ad intellectum nolunt assurgere uel facile se ab intellectu in uerba praecipitant, quomodo poterunt explicare uisum esse deum in uiris tribus nisi eos, sicut etiam consequentia docent, angelos fuisse fateantur? An quia non dictum est, 'Angelus ei locutus est' uel 'ap-paruit,' propterea dicere audebunt Moysi quidem illam uisionem ac uocem per angelum factam quia ita scriptum est. Abrahae autem quia commemoratio angeli facta non est per substantiam suam deum apparuisse atque sonuisse? Quid quod nec apud Abraham de angelo tacitum est? Nam ita legitur cum immolandus eius filius peteretur: *Et factum est post haec uerba temptauit deus Abraham et dixit ad eum: Abraham, Abraham. Et ille dixit: Ecce ego. Et dixit ei: Accipe filium tuum dilectum quem diligis, Isaac, et uade in ter-*

---

[143] 창세 12,1과 12,7 참조.

[144] 창세 18,1-2 참조.

[145] 이 책 2.10.19 참조.

10.25. 그러면 혹자는 모세에게는 천사를 통해서 주님이 나타나셨음에 비해서 아브라함에게는 친히 나타나셨다고 말하지나 않을까? 하지만 이것을 스테파노에게 따지지는 말자. 스테파노가 이 이야기를 들려주는 저 책을 살펴보기로 하자. "주 하느님께서 아브라함에게 말씀하셨다"라고 하고, 조금 뒤에는 "주 하느님께서 아브라함에게 나타나셔서 말씀하셨다"고 했으니까[143] 그 일이 천사를 통하여 이루어진 일은 아니라는 말인가? 그런데 다른 대목에서도 비슷한 말씀이 나온다. "주님께서는 마므레의 참나무들 곁에서 아브라함에게 나타나셨다. 아브라함은 한창 더운 대낮에 천막 어귀에 앉아 있었다." 곧이어 이런 구절이 덧붙는다. "그가 눈을 들어 보니 자기 앞에 세 사람이 서 있었다."[144] 이 사건에 관해서는 우리가 벌써 말을 했다.[145] 언어에서 개념으로 나아갈 의사도 없고 또 개념으로부터 언어로 쉽사리 추락해 버리는 사람들을 두고서 하느님이 세 사람의 모습을 하고 눈에 보이셨다는 이야기를 어떻게 설명할 수 있을까? 바로 뒤에 나오는 구절들이 가르쳐 주기는 하지만, 저 사람들이 바로 천사였다고 인정하지 않는다면 [무슨 수로 설명한다는 말인가?] "천사가 그에게 말하였다"라거나 "천사가 그에게 나타났다"는 말씀이 안 나오지만 [뒤에는 천사가 한 것처럼] 적혀 있기 때문에[146] 모세에게 일어난 저 환시와 저 음성이 천사를 통해서 이루어졌고, 그 대신 아브라함에게는 천사에 관한 언급이 없으니까 하느님이 당신의 실체로 나타나셨고 말씀하셨다고 해야 하는가? 그러면 아브라함에게도 천사를 언급하지 않은 것은 아니라는 점은 어떻게 할까? 그의 아들을 희생하여 바치라는 말씀이 내리는 대목에 이렇게 나와 있다. "이런 일들이 있은 뒤, 하느님께서 아브라함을 시험해 보시려고 '아브라함아!' 하고 부르시자, 그가 '예, 여기 있습니다' 하고 대답했다. 그분께서 말씀하셨다. '너의 아들, 네가 사랑하는 외아들 이사악을 데리고 모리야 땅으

---

[146] 창세 19,1-2 참조: "저녁때에 그 두 천사가 소돔에 이르렀는데 … '주님들, 부디 제 집으로 드시어 …'"

ram excelsam et offeres eum ibi holocaustum super unum montium quem tibi dixero. Certe hic deus non angelus commemoratus est. Paulo post uero ita se habet scriptura: *Extendens autem Abraham manum suam sumpsit gladium occidere filium suum. Et uocauit eum angelus domini de caelo et dixit ei: Abraham, Abraham. Et dixit: Ecce ego. Et dixit: Ne inicias manum tuam super puerum neque facias ei quidquam.*

Quid ad haec respondetur? An dicturi sunt deum iussisse ut occideretur Isaac et angelum prohibuisse; porro ipsum patrem aduersus dei praeceptum qui iusserat ut occidret obtemperasse angelo ut parceret? Ridendus et abiciendus hic sensus est. Sed neque huic tam grosso et abiecto ullum locum esse scriptura permittit continuo subiungens: *Nunc enim cognoui quia times deum tu et non pepercisti filio tuo dilecto propter me.* Quid est, *propter me*, nisi propter eum qui occidi iusserat? Idem igitur *deus* Abrahae qui *angelus*, an potius per angelum deus? Accipe sequentia; certe iam hic *angelus* manifestissime expressus est. Attende tamen quid contexatur: *Respiciens Abraham oculis suis uidit, et ecce aries unus tenebatur in arbore sabech cornibus; et abiit Abraham et accepit arietem et obtulit eum holocaustum pro Isaac filio suo. Et cognominauit Abraham nomen loci illius: dominus uidit, ut dicant hodie quod in monte dominus uisus est.* Sicut paulo ante quod dixit deus per angelum: *Nunc enim cognoui quia times deum*, non tunc deus cognouisse in-

---

¹⁴⁷ 창세 22,1-2.

¹⁴⁸ 창세 22,10-12.

¹⁴⁹ 창세 22,12.

로 가거라. 그곳, 내가 너에게 일러 주는 산에서 그를 나에게 번제물로 바쳐라.'"[147] 물론 이 대목에서는 하느님이 천사라고 나와 있지는 않다. 그렇지만 조금 뒤에 성경은 말한다. "아브라함이 손을 뻗쳐 칼을 잡고 자기 아들을 죽이려 했다. 그때, 주님의 천사가 하늘에서 '아브라함아, 아브라함아!' 하고 그를 불렀다. 그가 '예, 여기 있습니다' 하고 대답하자 천사가 말했다. '그 아이에게 손대지 마라. 그에게 아무 해도 입히지 마라.'"[148]

이 대목에는 뭐라고 대꾸할 것인가? 이사악을 죽이라고 명령하신 분은 하느님이시고 말린 것은 천사라 할 셈인가? 그렇게 되면 저 아버지는 아들을 죽이라는 하느님의 명을 거슬러 가면서 아들을 살릴 생각에서 천사의 말에 복종했다는 말인가? 이런 말은 웃기는 소리여서 배척해야 한다. 하여튼 성경은 이처럼 엄청나고 천박한 생각에 여지를 전혀 허락하지 않고 곧바로 이런 구절을 덧붙인다. "네가 너의 아들, 너의 외아들까지 나를 위하여 아끼지 않았으니, 네가 하느님을 경외하는 줄을 이제 내가 알았다."[149] '나를 위하여'라는 말은 아들을 죽이라고 명령한 분을 두고 하는 말 아니고 뭔가? 그러면 아브라함의 하느님과 천사가 동일할까, 그렇지 않으면 하느님이 천사를 통하여 하신 것일까? 뒤에 나오는 구절을 받아들이도록 하시라! 물론 여기서는 천사라고 아주 확실하게 표현되어 있다. 문장이 어떻게 짜여 있는지 살펴보시라! "아브라함이 눈을 들어 보니, 덤불에 뿔이 걸린 숫양 한 마리가 있었다. 아브라함은 가서 그 숫양을 끌어와 아들 대신 번제물로 바쳤다. 아브라함은 그곳의 이름이 '주님이 보셨다'임을 알아보았다. 그래서 오늘도 사람들은 '산에서 주님이 보이셨다'고들 한다."[150] 조금 앞에[151] 하느님이 천사를 통하여 "네가 하느님을 경외하는 줄을 이제 내가 알았다"고 말씀하신 대목이 있다. 이것도 하느님이 그제야 그 사실을

---

[150] 창세 22,13-14. 14절(『성경』): "아브라함은 그곳의 이름을 '야훼-이레'라 했다. 그래서 오늘도 사람들은 '주님의 산에서 마련된다'고들 한다."

[151] 혹자(Hill)는 이 문장도 아래 '여하튼 바로'라는 문구 앞까지를 본문에서 제외시킨다.

tellegendus est sed egisse ut per deum ipse Abraham cognosceret quantas haberet uires cordis ad obediendum deo usque ad immolationem unici filii, illo modo locutionis quo significatur per efficientem id quod efficitur, sicut dicitur frigus pigrum, quod pigros facit, ut ideo cognouisse diceretur quia ipsum Abraham cognoscere fecerat quem poterat latere fidei suae firmitas nisi tali experimento probaretur; ita et hic *cognominauit Abraham nomen loci illius: dominus uidit*, id est quod uideri se fecit. Nam continuo secutus ait: *Vt dicant hodie quod in monte dominus uisus est*. Ecce idem *angelus dominus* dicit. Quare nisi quia per angelum dominus? Iam uero in eo quod sequitur prophetice omnino *angelus* loquitur et prorsus aperit quod per angelum deus loquatur. *Et uocauit*, inquit, *angelus domini Abraham iterum de caelo dicens: Per me iuraui, dicit dominus, propter quod fecisti hoc uerbum et non pepercisti filio tuo dilecto propter me*, et cetera. Haec certe uerba ut dicat ille per quem loquitur dominus, *Haec dicit dominus*, etiam prophetae solent habere. An *filius dei* de patre ait: *Dicit dominus*, et ipse est ille *angelus* patris? Quid ergo de illis tribus uiris, nonne respiciunt quomodo urgeantur qui uisi sunt Abrahae cum praedictum esset: *Visus est ei dominus*? An

---

[152] 앞의 각주 116과 같은 수사학적 기법이다.

[153] frigus pigrum: 자구적으로는 '게으른 추위'. Cf., Vergilius, *Eclogae* 2.8: apes … frigore contracto pigrae("혹독한 추위로 게을러진 벌들이").

[154] quod videri se fecit: '주님이 보셨다. 즉, [아브라함 눈에 아브라함] 자신이 보이게 만드셨다'는 번역이 된다.

[155] '주님이 보셨다'(dominus vidit)라는 말이 '주님이 보이셨다'(dominus visus est)라는 말과 같을 경우, '결과를 낸 요인을 가지고서 거기서 나오는 결과를 언표하는 어법'에 따르면, '주님이 아브라함을 보셨다'는 말이나 '주님이 아브라함에게 아브라함 자신을 보게 만드셨다'는 말이나 같다.

[156] 창세 22,15-16.

아셨다는 뜻으로 알아들을 것이 아니다. 하느님께 복종하고 외아들을 번 제물로 바치기까지 복종할 만큼 커다란 마음과 힘을 자기가 갖고 있다는 사실을 하느님을 통해 아브라함 본인이 깨닫게 만드셨다는 뜻으로 알아들을 만하다. 이것은 결과를 낸 요인을 가지고 거기서 나오는 결과를 언표하는 어법이며[152] [추위가] 사람을 굼뜨게 만든다는 뜻에서 '굼뜬 추위'[153]라고 부르는 어법이 그런 예가 되겠다. 같은 어법으로 성경에서 하느님이 [아브라함의 복종심을] 아셨다는 말은 [하느님이] 아브라함으로 하여금 [자기 마음을] 알게 만드셨다는 뜻이니, 저런 시험이 아니었더라면 자기 신앙의 굳건함이 입증되지 못한 채 그 인물을 감추고 말았을 텐데 드디어 알게 만드셨다는 뜻이다. 바로 그래서 이 구절에서 "아브라함은 그곳의 이름이 '주님이 보셨다'임을 알아보았다"고 한다. 다시 말해서 자기가 보이게 만드셨다는 말이다.[154] 그 이유는 바로 뒤에 오는 구절에 "그래서 오늘도 사람들은 '산에서 주님이 보이셨다'고들 한다"는 말이 나오기 때문이다.[155] 여하튼 바로 그 '천사가 주님'이라고 불렸다. 주님이 천사를 통하여 하셨기 때문이 아니면 무슨 까닭이겠는가? 그다음 구절에서도 천사가 전적으로 예언하는 어투로 발언을 하는데 그것으로 천사를 통해서 하느님이 말씀을 하신다는 사실을 분명하게 밝힌다. "주님의 천사가 하늘에서 두 번째로 아브라함을 불러 말하였다. '나는 나 자신을 걸고 맹세한다. 주님의 말씀이다. 네가 이 일을 하였으니, 곧 너의 아들, 너의 외아들까지 아끼지 않았으니 …'."[156] 이 말은 분명히 천사가 하는 말이지만 천사를 통해 주님이 말씀하고 계시다. "주님의 말씀이다"라는 어투는 예언자들이 흔히 사용하는 것이다. 그러면 성자가 성부에 관해서 말씀하면서 "주님의 말씀이다"라고 한다면 그분이 아버지의 천사라도 되는 것일까? 이런 생각을 품은 사람들이라면 아브라함의 눈에 보인 저 세 사람을 두고는 무슨 생각을 할까? 그 장면은 "주님께서 보이셨다"[157]는 말로 서두를 뗐으니까 하는 말이다. 세 사

---

quia *uiri* dicti sunt non erant angeli? Danielem legant dicentem: *Et ecce uir Gabriel.*

26. Sed quid ultra differimus ora eorum euidentissimo atque grauissimo alio documento oppilare ubi non *angelus* singulariter nec *uiri* pluraliter sed omnino angeli dicuntur, per quos non *sermo* quilibet *factus* sed *lex* ipsa *data* manifestissime ostenditur, quam certe nullus fidelium dubitat deum dedisse Moysi ad subiugandum populum Israhel sed tamen *per angelos* datam? Ita Stephanus lo-quitur: *Dura ceruice*, inquit, *et non circumcisi corde et auribus, uos semper spiritui sancto restitistis sicut et patres uestri. Quem pro-phetarum non persecuti sunt patres uestri? Et occiderunt eos qui praenuntiabant de aduentu iusti, cuius nunc uos proditores et inter-fectores fuistis qui accepistis legem in edictis angelorum nec custo-distis.* Quid hoc euidentius? Quid tanta auctoritate robustius? *In edictis* quidem *angelorum* illi populo *lex data* est, sed *domini Iesu Christi* per eam disponebatur et praenuntiabatur *aduentus*, et ipse tamquam *uerbum dei* miro et ineffabili modo erat in angelis *in* quo-rum *edictis* lex dabatur. Vnde dicit in euangelio: *Si crederetis Moy-si, crederetis et mihi; de me enim ille scripsit. Per angelos* ergo tunc dominus loquebatur, *per angelos filius dei mediator dei et ho-*

---

158 "그가 눈을 들어 보니 자기 앞에 세 사람(tres viri)이 서 있었다": 창세 18,2.

159 "지난번 환시에서 본 가브리엘이라는 사람이(ecce vir Gabriel) ⋯ 날아서 나에게 다가 왔다": 다니 9,21.

160 sermo factus('하신 말씀': 히브 2,2), lex data('주어진 율법': 갈라 3,21)는 신약성경의 표현이므로 이렇게 명기했다.

람이라고 했으니[158] 천사는 아니라는 말일까? 그렇게 생각한다면 "보라, 가브리엘이라는 사람이 …"[159]라고 하는 다니엘서를 읽어 보시라!

천사들의 반포로 율법이 내렸다

10.26. 무엇 때문에 극히 명백하고 극히 비중 있는 다른 문전을 들어 저런 사람들의 입을 막지 않고서 우리가 자꾸 미루는 것일까? 단수로 '천사'라고 나오지도 않고 복수로 '사람들'이라고 나오지도 않고 그냥 '천사들'이라고만 나오는 구절 말이다. 그 대목을 보면 천사들을 통해서 "하신 말씀"만 있지 않고 "주어진 율법"이 있다고 아주 분명히 나온다.[160] 율법은, 어느 신자도 의심하지 않듯이, 분명히 이스라엘 백성에게 멍에를 지우려고 하느님이 모세에게 주셨다. 그렇지만 천사를 통해서 주어졌다. 스테파노는 이런 말을 한다. "목덜미가 뻣뻣하고 마음과 귀에 할례를 받지 못한 자들이여, 당신들은 언제나 성령을 거역합니다. 당신들 조상들같이 당신들도 거역합니다. 당신들의 조상들이 예언자들 가운데 누구를 박해하지 않은 적이 있습니까? 그들은 의인이 오신다는 것을 예고한 사람들을 죽였고 이제 당신들은 그 의인의 배반자요 살인자들이 되었습니다. 당신들은 모두 천사들이 반포한 율법을 받고도 지키지 않았습니다."[161] 이보다 분명한 말이 어디 있는가? 이처럼 권위[있는 말씀]보다 더 막강한 것이 무엇이겠는가? '천사들이 반포하여' 저 백성에게는 '율법이 주어졌다'. 그러나 그 율법을 통해서 안배되고 예고된 것은 '주 예수 그리스도의 내림'이었고, 그분은 '하느님의 말씀'으로서 천사들 안에 신묘하고 형언할 수 없는 방식으로 계셨다. 천사들의 선포로 율법이 주어졌으니까 말이다. 그래서 그분은 복음서에서 이런 말씀을 하신다. "사실 당신들이 모세를 믿었더라면 나를 믿었을 것입니다. 그는 내게 관하여 기록했기 때문입니다."[162] 그러니까 저때는 천사들을 통해서 주님이 말씀을 하셨고, 하느님의 아들은 천사들을 통해

---

[161] 사도 7,51-53.

[162] 요한 5,46.

minum futurus ex semine Abrahae suum disponebat aduentum ut inueniret a quibus reciperetur, confitentes reos quos lex non impleta fecerat *transgressores*. Vnde et apostolus ad galatas dicit: *Quid ergo lex? Transgressionis gratia proposita est donec ueniret semen cui promissum est, dispositum per angelos in manu mediatoris,* {hoc est *dispositum per angelos in manu* sua. Non enim *natus est* per conditionem sed per potestatem.} Quod autem non aliquem ex angelis dicit mediatorem sed ipsum *dominum Iesum Christum* in quantum *homo* fieri dignatus est habes alio loco: *Vnus*, inquit, *deus, unus et mediator dei et hominum homo Christus Iesus*. Hinc illud pascha in interfectione agni; hinc illa omnia quae de Christo uenturo *in carne* atque passuro sed et resurrecturo in lege figurantur quae *data* est *in edictis angelorum*, in quibus angelis erat utique et pater et filius et spiritus sanctus; et aliquando pater, aliquando filius, aliquando spiritus sanctus, aliquando sine ulla distinctione personae deus per illos figurabatur etsi uisibilibus et sensibilibus formis apparens, per creaturam tamen suam non per substantiam suam cui uidendae corda mundantur per haec omnia quae oculis uidentur et auribus audiuntur.

---

[163] 갈라 3,19: 아우구스티누스가 인용하는 텍스트는 semen ··· *dispositum* per angelos in manu mediatoris로 되어 이처럼 무리한 번역이 된다. 『200주년』: "그렇다면 율법은 무엇을 위한 것입니까? 약속된 후손이 오실 때까지 사람들의 범법 때문에 곁들여진 것이요, 천사들을 통해 [한] 중개자의 손을 거쳐 제정된 것입니다"(*ordinata* per angelos in manu mediatoris).

[164] 마지막 두 문장은 여러 사본에 탈락되어 있으므로 CCL과 NBA에서는 괄호로 처리되었다.

[165] 1티모 2,5.

서 당신의 내림을 안배하셨으니 아브라함의 후손에서 나와 하느님과 사람들의 중재가 될 참이었다. 율법은 완수되지 않았고 그래서 율법이 그 사람들을 범죄인으로 만들었는데 죄인임을 스스로 고백하면서 당신을 받아들일 사람들을 만나러 오실 참이었다. 그래서 사도도 갈라디아인들에게 보낸 편지에서 이런 말을 한다. "그렇다면 율법은 무엇을 위한 것입니까? 약속된 후손이 오실 때까지 사람들의 범법 때문에 곁들여진 것이요, [저 후손은] 천사들을 통해 [한] 중개자의 손을 거쳐 마련된 분입니다."[163] 다시 말해서 천사들을 통해 당신 손을 거쳐 [후손이] 마련되었다는 것이다. 그분은 [인간] 조건을 통해서 나신 것이 아니고 [당신의 신적] 권능을 통해서 나신 분이기 때문이다.[164] 여기서 중개자란 천사들 가운데 어느 누구를 가리키는 것이 아니고 주 예수 그리스도 자신이며, 그분은 사람이 되는 일이 합당하다고 스스로 여겼으니 그대도 성경의 다른 대목에서 그런 글을 보게 된다. "과연 하느님은 한 분뿐이시고 하느님과 인간 사이의 중개자도 한 분뿐이시니 곧 인간 그리스도 예수이십니다."[165] 어린양의 살해로 이루어지는 저 파스카가 바로 여기서부터 비롯하고, 장차 육신으로 오고 수난하고 또한 부활하실 그리스도에 관한 저 모든 것이 여기서 비롯하여 율법 속에서 예형豫型을 보여 준다. 바로 그 율법이 천사를 통해서 주어졌다는 것이고, 바로 그 천사들 안에 성부도 성자도 성령도 계셨다는 것이다. 또 어떤 때는 성부께서, 어떤 때는 성자가, 어떤 때는 성령이, 그리고 때로는 위격位格의 구분이 전혀 없이 저 천사들을 통해서 하느님이 형상을 취하시고 심지어 보이고 감각적인 형상으로까지 발현하신다. 다만 당신의 피조물을 통해서 형상화하시는 것이지 당신의 실체를 통해서 형상화하는 것은 아니다. [그 실체를 보려면] 눈으로 보고 귀로 듣는 저 모든 것으로부터 마음이 깨끗해져야 한다.[166]

---

[166] 마음의 눈이 신앙으로 정화되고, 성경에 나타나는 상징적이고 가시적인 내용 — 그 상징성은 육화하신 말씀에서 절정에 이른다 — 도 신앙으로 정화되어야 한다(제13권의 주제).

27. Sed iam satis quantum existimo pro captu nostro disputatum et demonstratum est quod in hoc libro susceperamus ostendere, constititque et probabilitate rationis quantum homo uel potius quantum ego potui, et firmitate auctoritatis quantum de scripturis sanctis diuina eloquia patuerunt, quod antiquis patribus nostris ante *incarnationem* saluatoris cum deus apparere dicebatur uoces illae ac species corporales *per angelos* factae sunt, siue ipsis loquentibus uel agentibus aliquid ex persona dei sicut etiam prophetas solere ostendimus, siue assumentibus ex creatura quod ipsi non essent ubi deus figurate demonstraretur hominibus, quod genus significationum nec prophetas omisisse multis exemplis docet scriptura.

Superest igitur iam ut uideamus cum et nato *per uirginem* domino et *corporali specie sicut columba* descendente spiritu sancto uisisque igneis linguis sonitu facto de caelo *die pentecostes post ascensionem domini*, non ipsum *dei uerbum* per substantiam qua patri aequale atque coaeternum est, nec *spiritus patris et filii* per substantiam qua et ipse utrique coaequalis atque coaeternus est, sed utique creatura quae illis modis formari et exsistere potuit corporeis atque mortalibus sensibus apparuerit; quid inter illas demonstrationes et has proprietates filii dei et spiritus sancti quamuis per creaturam uisibilem factas intersit, quod ab alio uolumine commodius ordiemur.

---

[167] 이 책 3.1.4 참조: "하느님이 인간 모습으로 보이시는데 천사들이 보냄을 받아 자기 직분상의 용도로 물체적 피조물로부터 신체적 형상을 취하여 하느님의 위격을 대신한 것인가?"

[168] ex persona dei: 앞의 각주 101 참조.

[169] 셋째 의문, 곧 성자와 성령의 파견에 관한 문제는 다음 권에서 논한다.

하느님이 성조들에게 나타나셨다고 할 때 음성이나 신체적 형상은 천사들을 통해서 이루어진 것이다

10.27. 내 생각에는 이 책에서 우리가 논하기로 채택한 주제는[167] 여태까지 우리 나름대로 힘껏 토론하고 논증했다고 본다. 즉, 인간이 할 수 있는, 아니 그보다는 내 힘이 미치는 한에서 이성의 개연적 지식으로 확립한 바에 따르면, 그리고 성경에 입각하여 신성한 말씀이 가르치는 강력한 권위에 입각하여 확립한 바에 따르면, 구세주의 육화 이전에 우리 옛 선조들에게 하느님이 나타나셨다고 할 때는, 저 음성이라든지 신체적 형상은 천사들을 통해서 이루어진 것이라는 말이다. 예언자들이 보통 그렇게 했다고 우리가 생각하지만 천사들이 하느님의 위격을 대신하여[168] 무슨 발언을 하거나 무슨 행동을 했으며, 그렇지 않으면 천사들이 자기 아닌 무엇을 창조계에서 취했고 하느님은 그 형태를 하고서 인간들에게 표상적으로 모습을 보이셨을 것이다. 그런 종류의 상징들이 예언서들에도 없지 않다는 점은 성경이 많은 예를 들어 우리에게 보여 준다.

그렇다면 남은 이야기는 이것이다. 주님이 동정녀에게서 나셨을 때나 성령이 비둘기 같은 신체적 형상으로 사람들에게 내려오셨을 때나 주님의 승천이 있은 다음 오순절에 하늘에서 천둥이 울리고 나서 불 같은 혀들이 보였을 때, 하느님의 말씀이 성부와 동등하고 함께 영원한 그 실체로 나타난 것이 아닌지, 성부와 성자의 영이 두 분과 동등하고 두 분과 함께 영원하신 그 실체로 나타난 것이 아닌지 보아야 한다. 그게 아니라 육체적이고 사멸하는 [인간들의] 감관에 저런 방식으로 모양을 갖출 수 있고 저런 방식으로 존재할 수 있던 피조물이 나타났다는 것이다. 그러므로 [구약의] 저러한 발현과, 하느님의 아들과 성령의 이 고유한 속성 사이에는 과연 거리가 얼마나 있을까? 비록 [저 발현과 속성 둘 다] 보이는 피조물을 통해서 만들어졌다고 할지라도 말이다. 이 문제는 아무래도 다음 권에서 착수하는 편이 더 적절하겠다.[169]

LIBER IV

I 1. Scientiam terrestrium caelestiumque rerum magni aestimares
solet genus humanum. In quo profecto meliores sunt qui huic scien-
tiae praeponunt nosse semetipsos, laudabiliorque est animus cui
nota est uel infirmitas sua quam qui ea non respecta uias siderum
scrutatur etiam cogniturus aut qui iam cognitas tenet ignorans ipse
qua ingrediatur ad salutem ac firmitatem suam. Qui uero iam euigi-
lauit in deum spiritus sancti calore excitatus atque in eius amore
coram se uiluit ad eumque intrare uolens nec ualens eoque sibi
lucente attendit in se inuenitque se suamque aegritudinem illius
munditiae contemperari non posse cognouit, flere dulce habet et
eum deprecari ut etiam atque etiam misereatur donec exuat totam
miseriam, et precari cum fiducia iam gratuito pignore salutis ac-
cepto per eius unicum saluatorem hominis et inluminatorem – hunc
ita egentem ac dolentem *scientia* non *inflat* quia *caritas aedificat*.
Praeposuit enim scientiam scientiae; praeposuit scire infirmitatem

---

[1] 이 서문과 기도는 교부의 『고백록』을 간추린 듯, 지성의 실존적 신앙 여정을 담았다.

[2] Cf., Cicero, *De finibus bonorum et malorum*(『키케로의 최고 선악론』 김창성 역, 서광사 1999) 2.12.37: "신사(神事)와 인간사(人間事)에 관한 지식이 곧 지혜다."

[3] Cf., Cicero, *op.cit.*, 5.16.44: "아폴론의 신탁은 우리가 우리 자신을 알도록 명령한다."

[4] 시편 139,24 참조: "제게 고통의 길이 있는지 보시어 저를 영원의 길로 이끄소서."

제4권 _ 파견받은 성자, 하느님과 인간의 결합

서언:[1] 지상 사물이나 천상 사물에 대한 지식보다는 자기 자신을 아는 일을 앞세우는 사람들이 더 훌륭하다

1.1. 인류는 지상 사물과 천상 사물에 대한 지식을 소중히 여기게 마련이다.[2] 하지만 그런 지식보다는 자기 자신을 아는 일을 앞세우는 사람들이 더 훌륭하다.[3] 그리고 자신의 나약함을 인식하는 지성은, 그런 것은 중시하지 않은 채 성좌의 행로를 관찰하고 있는 지성보다 더 낫다. 비록 [성좌의 행로를] 인식하게 된다고 할지라도, 또는 이미 그것을 알고서 잘 간직하고 있다고 하더라도, 자신이 어느 길로 해서 구원이나 확고한 자기 [실존에] 도달할지를 알지 못하는 지성보다 훌륭하다는 말이다.[4] 성령의 열기로 고무되어 정말로 하느님께 시선을 돌린 사람, 하느님 사랑 안에서 자신을 마주하고서 스스로를 하찮게 여기기에 이른 사람, 그리고 하느님 사랑 안으로 들어가고는 싶지만 그 일을 해내지 못하는 사람은 하느님의 사랑이 자기를 비추어 주시는 가운데 자기 자신을 돌이켜 보게 되고, 자신이나 자기의 병약함을 발견하며, 자기로서는 하느님 사랑의 지순함을 관조할 능력이 없음을 깨닫는다. 드디어 통곡을 하게 되고 — 감미로운 통곡이다 — 그분께 간절히 애원하게 된다. 자기 가련한 처지에서 전적으로 벗어나게 제발제발 자기에게 자비를 베풀어 주십사고 애원하기에 이른다. 거저 주시는 구원의 담보를 보장받았다는 생각에서, 인간의 유일무이한 구세주요 빛을 비추어 주시는 분을 통해서 받았다는 생각에서 깊은 신뢰를 갖고 애원하게 된다. 그토록 가련하고 괴로워하는 인간이라면 "지식이 그를 교만하게 하지 않는다. 사랑이 건설하기 때문이다".[5] 그런 사람이라면 한 가지 지식을 다른 지식에 우선시킨 셈이다. '온 세상의 성채城砦들'이며,[6]▶ 땅

---

[5] 1코린 8,1. 『200주년』: "지식은 교만하게 하지만 사랑은 건설합니다."

suam magis quam scire *mundi moenia*, fundamenta terrarum et fastigia caelorum, et hanc apponendo scientiam apposuit dolorem, dolorem peregrinationis suae ex desiderio patriae suae et conditoris eius beati dei sui.

In hoc genere hominum, in familia Christi tui, domine deus meus, si inter pauperes tuos gemo, da mihi de pane tuo respondere hominibus qui non *esuriunt et sitiunt iustitiam* sed satiati sunt et abundant. Satiauit autem illos phantasma eorum non ueritas tua quam repellendo resiliunt et in suam uanitatem cadunt. Ego certe sentio quam multa figmenta pariat cor humanum. Et quid est cor meum nisi cor humanum?

Sed hoc oro deum cordis mei ut nihil ex eis figmentis pro solido uero eructuem in has litteras, sed inde ueniat in eas quidquid per me uenire potuerit unde mihi, quamuis proiecto *a facie oculorum* suorum et de longinquo redire conanti per uiam quam strauit humanitate diuinitatis unigeniti sui, aura ueritatis eius aspergitur – quam in tantum licet mutabilis haurio in quantum in ea nihil mutabile uideo, nec locis et temporibus sicut corpora, nec solis temporibus et quasi locis sicut spirituum nostrorum cogitationes, nec solis temporibus et nulla uel imagine locorum sicut quaedam nostrarum

---

⁴⁶ mundi moenia: Lucretius의 구절(*De rerum natura* 2.73)이다.

⁷ 코헬 1,18 참조: "지혜가 많으면 걱정도 많고 지식을 늘리면 근심도 는다."

⁸ 마태 5,6 참조.　　　　　　　　　⁹ 시편 31,23 참조.

¹⁰ 두 아들의 비유가 나오는 루카 15,13 참조.

¹¹ 인간의 영(spiritus)은 전신에 유포된 기운이어서 어느 정도 공간성을 띠지만(quasi locis), 지성(mens, animus)은 (잊고 상기해 내는 등) 시간적 변화는 겪지만 공간성은 띠지 않는다는 설명이다.

의 심부深部며, 하늘의 꼭대기를 두루 알기보다도 자기 나약함을 깨닫기를 우선시킨 것이다. 저런 지식을 늘림으로써 고통을 늘리는 것이었고,[7] 자기 조국에 대한 그리움, 자기의 창조주요 복되신 자기 하느님을 향하는 그리움으로 인해서 나그넷길을 가고 있다는 고통을 늘리는 것이었다.

"이런 인류 속에서, 주 저의 하느님이시여, 당신 그리스도의 가족에서, 당신의 가난한 사람들 틈에서 제가 신음할 제, 저로 하여금 당신의 빵을 들고서 사람들을 맞이하게 하소서. 그런데 저 사람들은 실상 '의로움에 굶주리거나 목마르지도'[8] 않고 오히려 배부르고 풍족하나이다. 하지만 저들을 만족시켜 준 것은 당신의 진리가 아니옵고 저자들의 착각이었나이다. 저자들은 당신의 진리를 배척하여 뒤로 물러서다가 자기네 허영 속으로 떨어지고 마나이다. 저는 확실히 알고 있나이다, 인간의 마음이 얼마나 많은 허상虛像을 만들어 내는지를! 제 마음이란 기실 인간의 마음이 아니고 무엇이나이까?"

그러나 내 마음의 하느님께 이것 하나만 빈다. 내가 저자들의 허상에서 무엇을 끌어다가 건실한 진리처럼 이 글에다 펴놓는 일이 없게 해 주십사 하는 것이다. 나를 거쳐 이 글에 나올 수 있는 바가 무엇이든지 간에 그것이 오로지 그분의 진리의 기운이 내게 뿌려지는 거기서 유래했으면 한다. 설령 내가 당신 "눈앞에서 잘려 나갔다"[9] 하더라도 나는 당신 외아드님의 신성神性이 인성人性을 갖고 닦아 놓으신 저 길을 거쳐서 '먼 고장으로부터'[10] 돌아오고자 힘쓰겠다. 그 진리 안에 변하는 것이라곤 도무지 없음을 내가 알기에 나는 비록 변하는 존재이지만 그 진리를 한껏 들이키고 있다. [그분의 진리는] 물체처럼 시간이나 공간에서 변하는 일도 없고, 우리 영의 사유처럼 시간에서만 변하고 공간에서는 변하는 듯하기만 하는 일도 없으며, 우리 지성의 어떤 추리처럼 시간에서만 변하지만 공간의 표상을 전혀 띠지 않는 그런 것도 아니다.[11] 하느님이 존재하시는 그분의 존재는 변하는 것을 아무것도 갖지 않으니, 영원에 있어서도 진리에 있어서도 의

mentium ratiocinationes. Omnino enim dei essentia qua est nihil habet mutabile nec in aeternitate nec in ueritate nec in uoluntate quia aeterna ibi est ueritas, aeterna caritas; et uera ibi est caritas, uera aeternitas; et cara ibi est aeternitas, cara ueritas.

I 2. Sed quoniam exsulauimus ab incommutabili gaudio, nec tamen inde praecisi atque abrupti sumus ut non etiam in istis mutabilibus et temporalibus aeternitatem, ueritatem, beatitatem quaereremus (nec mori enim nec falli nec perturbari uolumus), missa sunt nobis diuinitus uisa congrua peregrinationi nostrae quibus admoneremur non hic esse quod quaerimus sed illuc ab ista esse redeundum unde nisi penderemus hic ea non quaereremus.

Ac primum nobis persuadendum fuit quantum nos diligeret deus ne desperatione non auderemus erigi in eum. Quales autem dilexerit ostendi oportebat ne tamquam de meritis nostris superbientes magis ab eo resiliremus et in nostra fortitudine magis deficeremus, ac per hoc egit nobiscum ut per eius fortitudinem potius proficeremus atque ita in infirmitate humilitatis perficeretur uirtus caritatis. Hoc significat in psalmo ubi ait: *Pluuiam uoluntariam segregans, deus, haereditati tuae, et infirmata est; tu uero perfecisti eam. Plu-*

---

[12] 하느님에게서 진리와 영원과 사랑의 호환성을 교부는 누차 언급한다. "오, 영원한 진리여, 참된 사랑이여, 사랑스러운 영원이여"(『고백록』 7.10.16); "창조주께는 참된 영원과 영원한 진리와 영원하고 참된 사랑이 있다"(『신국론』 11.28). 이하 이 책 4.21.30("성부와 성자와 성령은 … 영원 자체로서 이 영원은 진리와 사랑 없이 존재하지 않는다") 참조.

[13] 『고백록』 1.1.1의 명언("당신을 향하도록 우리를 만드셨으므로 당신 안에 쉬기까지는 우리 마음이 안달을 합니다")을 상기시킨다. 히브 11,13-16("이들은 멀리서 그것을 바라보고 반겨했습니다. … 사실 그들은 이렇게 말함으로써 고향을 찾고 있다는 것을 나타내었습니다") 참조.

지에 있어서도 변하는 것이 아무것도 없다. 그 이유인즉 거기서는 진리가 또한 영원하고 사랑이 또한 영원하기 때문이요, 거기서는 사랑이 또한 참되고 영원이 또한 참되기 때문이며, 영원이 또한 사랑스럽고 진리가 또한 사랑스럽기 때문이다.[12]

하느님이 우리를 얼마나 사랑하셨고 어떤 존재로 사랑했는지 확신해야 한다

1.2. 그런데 우리는 변함없는 기쁨으로부터 소외된 채 유배 온 몸이기는 하지만 거기로부터 완전히 단절되고 떨어져 나간 처지는 아니다. 그리하여 저 변화하고 일시적인 사물들에게서나마 영원을, 진리를, 행복을 찾게 된다. (실제로 우리는 죽고 싶지 않고 오류에 떨어지고 싶지 않으며 불안에 시달리고 싶지 않다.) 그래서 하느님은 우리 나그네 처지에 알맞은 현시顯示들을 우리에게 보내셨으니 그렇게 하심으로써 우리가 찾는 것들이 이곳에 있지 않다는 사실을 우리가 깨우치기 위함이었다. 우리가 저런 사물로부터 돌이켜 우리 존재가 기원하는 그곳으로 돌아가야 한다는 것을 일깨우기 위함이니, 그곳에 우리가 매여 있지 않다면 우리가 이곳에서 (영원, 진리, 행복 같은) 것들을 동경하는 일도 없을 것이다.[13]

먼저 우리로서는 하느님이 우리를 얼마나 사랑하셨는지 모른다는 확신을 품어야 했다. 그렇지 않으면 절망 때문에 하느님을 향하여 감히 일어서지 못했을 것이다. 또한 하느님이 우리를 어떤 존재로 사랑하셨는지도 보여 주실 필요가 있었으니, 그렇지 않으면 마치 우리 공덕功德으로 [하느님께 사랑받는 것처럼] 뽐내다가 되레 갈수록 그분으로부터 소외되어 멀어져서, 우리 힘을 갖고 오히려 갈수록 쇠약해지는 그런 처지가 될 판이었다. 그래서 하느님은 우리를 다루실 때 그분의 힘을 입어서 우리가 진보하고, 따라서 나약한 겸손 덕분에 사랑의 덕이 완성을 보도록 하셨다. 시편에 나오는 다음 말은 바로 그런 뜻에서였다. "하느님, 당신의 유업에 자발적인 비를 멀리하시니 그것이 쇠약해졌나이다. 오히려 당신은 그렇게 해

uiam quippe *uoluntariam* non nisi gratiam uult intellegi, non meritis redditam sed gratis datam unde et gratia nominatur; dedit enim eam non quia digni eramus sed quia uoluit. Hoc cognoscentes non fidentes in nobis erimus, et hoc est infirmari. Ipse uero perficit nos qui etiam Paulo apostolo dixit: *Sufficit tibi gratia mea; nam uirtus in infirmitate perficitur.* Persuadendum ergo erat homini quantum nos dilexerit deus et quales dilexerit: quantum ne desperaremus, quales ne superbiremus. Hunc locum apostolus pernecessarium sic explicat: *Commendat autem*, inquit, *suam caritatem deus in nobis quoniam cum adhuc peccatores essemus, Christus pro nobis mortuus est: multo magis iustificati nunc in sanguine ipsius salui erimus ab ira per ipsum. Si enim cum inimici essemus, reconciliati sumus deo per mortem filii eius, multo magis reconciliati salui erimus in uita ipsius.* Item alio loco: *Quid ergo dicemus*, inquit, *ad haec? Si deus pro nobis, quis contra nos? Qui filio proprio non pepercit sed pro nobis omnibus tradidit eum, quomodo non et cum illo omnia nobis donauit?* Quod autem factum nobis annuntiatur, hoc futurum ostendebatur et antiquis iustis ut per eandem fidem etiam ipsi humiliati infirmarentur et infirmati perficerentur.

---

[14] 시편 68,10. 『성경』: "하느님, 당신께서 넉넉한 비를 뿌리시어 메마른 당신 상속의 땅을 일으켜 세우시나이다."

[15] pluvia voluntaria: voluntaria는 '기꺼운, 넉넉한'이라는 파생적 의미도 있지만 은총이 하느님의 자발과 의향에만 달려 있음을 유념시킨다.

[16] '은총'(gratia)의 어원이 '거저, 공짜로'(gratis)라는 부사어에 있다고 설명한다.

[17] 펠라기우스 논쟁의 중요한 주제가 된다.

[18] 2코린 12,9.　　　　　　　　　　　　　　　　[19] 로마 5,8-10.

[20] 로마 8,31-32.

[21] 교부는 삼위일체 신비에 접하는 기본자세로서 '겸손한 지성'을 독자들에게 요구한다.

서 그것을 완전하게 만드셨나이다."¹⁴ 여기서 '자발적인 비'¹⁵라는 것을 은총 아닌 다른 무엇으로 알아듣기 원하셨을 리 없다. 은총은 공덕을 보고 갚아 주신 것이 아니라 거저 베풀어 주신 것이며 그래서 은총이라 부른다.¹⁶ 또 우리가 그것을 받기에 합당해서 주신 것이 아니라 당신이 주고 싶으셔서 주셨다. 이 사실을 인정한다면 우리 자신을 믿지 않을 것이니 그것은 곧 우리가 약해짐을 의미한다.¹⁷ 그러면 당신이 몸소 우리를 완전하게 만드실 것이니 같은 사실을 바오로 사도에게도 말씀하신 바 있다. "너는 내 은총을 넉넉히 받고 있다. 그 능력은 약함 가운데서 완성되는 법이다.¹⁸ 바로 그래서 하느님이 우리를 얼마나 사랑하셨는지, 그와 더불어 우리를 어떤 존재로 사랑하셨는지에 관해서 인간이 확신을 지녀야 했다. 얼마나 우리를 사랑하셨는지는 우리가 절망하지 않기 위함이었고, 어떤 존재임에도 우리를 사랑하셨는지는 우리가 뽐내지 않기 위함이었다. 이 구절이 그토록 중요하다는 점을 사도는 이렇게 설명했다. "하느님은 우리가 아직 죄인으로 있을 동안 그리스도께서 우리를 위하여 죽으셨다는 것으로 우리를 향한 당신의 사랑을 증명하십니다. 그러므로 우리가 지금 그분의 피로 의롭게 된 이상 더욱더 확실히 그분을 통하여 진노로부터 구원받을 것입니다. 우리가 하느님의 원수였을 때 당신 아드님의 죽음을 통하여 하느님과의 화해를 얻었다면, 하물며 우리가 화해한 지금 그분의 생명에 의해 더욱더 확실히 구원받을 것이기 때문입니다."¹⁹ 다른 데서는 또 이런 말을 한다. "우리가 이 점에 대해 무어라고 말해야 하겠습니까? 하느님이 우리를 위해 계시다면 누가 우리를 적대하겠습니까? 당신의 친아드님을 아끼지 않으시고 오히려 우리 모두를 위해 그분을 넘겨주신 분이 어떻게 그 아드님과 함께 다른 모든 것을 우리에게 베풀어 주지 않으시겠습니까?"²⁰ 우리에게는 이미 이루어진 일로 선포되는 내용이 옛적 의인들에게는 장차 이루어질 일로 제시되었으니, 이것은 같은 신앙을 통해서 그들도 겸손해지고 약해지며, 약해짐으로써 또한 완전해지기 위함이었다.²¹

3. Quia igitur unum est *uerbum dei per quod facta sunt omnia*, quod est incommutabilis ueritas ubi principaliter atque incommutabiliter sunt omnia simul, non solum quae nunc sunt in hac uniuersa creatura, uerum etiam quae fuerunt et quae futura sunt; ibi autem nec fuerunt nec futura sunt sed tantummodo sunt; et omnia uita sunt et omnia unum sunt et magis unum est et una est uita. Sic enim *omnia per ipsum facta sunt* ut quidquid *factum est* in his, *in illo uita* sit; et facta non sit quia *in principio* non factum est uerbum, sed *erat uerbum, et uerbum erat apud deum, et deus erat uerbum, et omnia per ipsum facta sunt;* nec *per ipsum omnia facta* essent nisi ipsum esset ante omnia factumque non esset. In his autem quae *per ipsum facta sunt* etiam corpus quod uita non est *per ipsum* non fieret nisi *in illo* antequam fieret *uita* esset. *Quod* enim *factum est in illo* iam *uita erat*, et non qualiscumque uita; nam et anima uita est corporis, sed et haec facta est quia mutabilis est, et per quid facta est nisi per *dei uerbum* incommutabile? *Omnia* enim

---

²² ubi principaliter atque incommutabiliter sunt omnia simul: 적어도 배종적 이념으로 태초에 모든 것이 동시에 창조되었다는 이론은 성부께서 영원으로부터 '말씀'을 발설하셨다는 점에서 착안된다("시간적으로 생겨난 것들이, 그분을 통해서 모든 것이 생겨난 분 안에 영원한 이념들로서 존재한다": *De Genesi ad litteram* 4.24).

²³ universa creatura: 교부에게는 '우주'를 가리키는 용어로 universa mundi moles(『고백록』 13.47), universa natura rerum(*Tractatus in Ioannis Evangelium* 1.19), universus mundus (*Ibid.* 67.3)와 병행된다.

²⁴ 라틴어 원문은 훨씬 간결하다: ibi nec fuerunt nec futura sunt sed tantummodo sunt.

²⁵ 요한 1,3-4 참조. 구두점에 따라 "생겨난 것치고 그분 없이 생겨난 것은 하나도 없다. 그분 안에 생명이 있었다"(quod factum est; in ipso vita erat)(『200주년』)라는 구절을, 교부는 "'생겨난 것이라면' 무엇이든지 '그분 안에 생명이' 있다"(quidquid factum est in his, in illo vita sit)고 붙여 읽어 뒤에 나오는 해설을 특이하게 만든다.

하느님의 말씀을 통하여 만물이 생겨났는데 하느님의 말씀은 이성적 지성들의 빛이시다

1.3. 하느님의 말씀은 하나이시고 그분을 통하여 모든 것이 생겨났다. 그 말씀은 불변하는 진리이시고, 그 진리 안에는 원리적으로, 불변하게 모든 것이 동시에 존재한다.[22] 지금 이 창조계 전체에[23] 존재하고 있는 것만 아니고 과거에 존재했고 미래에 존재할 것들도 동시에 존재한다. 거기서는 무엇이 과거에 존재한 적이 없고 미래에 존재할 일도 없으며 오로지 현재로 존재할 따름이다.[24] 거기서는 모든 것이 생명이고 모든 것이 하나이며, 오직 하나인 만큼 생명도 하나이다. 그래서 "모든 것은 그분으로 말미암아 생겨났고" 저것들 가운데서 "생겨난 것이라면" 무엇이든지 "그분 안에 생명이 있다"고 한다.[25] 그 생명은 생겨난 것이 아니니 '한처음에' 말씀이 생겨난 것은 아니기 때문이다. 오히려 '한처음에' "말씀이 계셨다. 그 말씀은 하느님과 함께 계셨다. 그 말씀은 하느님이셨다. 모든 것은 그분으로 말미암아 생겨났다".[26] 말씀이 생겨나지 않은 분으로서 모든 것에 앞서 [이미] 존재하지 않으셨더라면 모든 것이 그분으로 말미암아 생겨났을 리도 없다. 그분으로 말미암아 생겨난 모든 것 가운데서 물체는 생명이 아닌데, [물체마저도] 생겨나기 전에 말씀 안에 생명이 있지 않았더라면, 그분으로 말미암아 생겨난 것이 아닐지 모른다. 이렇게 말하는 이유는 "생겨났다는 것 자체가 벌써 그분 안에 생명이 있었기 때문"이다.[27] 그것도 아무 생명이나가 아니었다. "그 생명은 사람들의 빛이었다."[28] 영혼도 신체의 생명이기는 하다. 그러나 이 생명은 변하는 것이므로 생겨난 생명이다. 그러면 불변하는 하느님의 말씀으로 말미암지 않고 무엇으로 말미암아 생겨난 것이겠는가? "모든 것은 그분으로 말미암아 생겨났다. 생겨난 것치고 그분 없

---

[26] 요한 1,1-3.

[27] 위에 나온 성경 판독 ― "생겨난 것이라면 그분 안에 생명이 있다" ― 에 따르면 '생겨난 이상 그분 안에 생명이 있었다'는 말이 되는데 '벌써'(iam)라는 부사까지 첨가했다.

[28] 요한 1,4.

per ipsum facta sunt, et sine ipso factum est nihil. Quod ergo *fac-tum est* iam *in illo uita erat*, et non qualiscumque uita, sed *uita erat lux hominum*, lux utique rationalium mentium per quas homines a pecoribus differunt et ideo sunt homines. Non ergo lux corporea quae lux est carnium siue de caelo fulgeat siue terrenis ignibus accendatur, nec humanarum tantum carnium sed etiam belluinarum et usque ad minutissimos quosque uermiculos; omnia enim haec uident istam lucem. At illa *uita lux hominum erat nec longe posita ab unoquoque nostrum; in illa enim uiuimus et mouemur et sumus.*

II 4. Sed *lux in tenebris lucet, et tenebrae eam non comprehende-runt.* Tenebrae autem sunt stultae mentes hominum praua cupidi-tate atque infidelitate caecatae.

Has ut curaret atque sanaret *uerbum, per quod facta sunt omnia, caro factum est et habitauit in nobis.* Inluminatio quippe nostra participatio uerbi est, illius scilicet uitae quae *lux est hominum.* Huic autem participationi prorsus inhabiles et minus idonei eramus propter immunditiam peccatorum; mundandi ergo eramus. Porro iniquorum et superborum una mundatio est *sanguis iusti* et humili-tas dei, ut ad contemplandum deum quod natura non sumus per eum mundaremur factum quod natura sumus et quod peccato non

---

[29] 교부는 이 구절의 in ipso(그분 안에서 = 하느님 안에서)를 in illa(그 안에서 = 빛 속에서)로 바꾸어 인용하면서 빛의 설명을 계속한다.

[30] 사도 17,27-28.

[31] 요한 1,5.

이 생겨난 것은 하나도 없다." 그래서 "생겨난 것이라면" 벌써 "그분 안에 생명이 있다". 그것도 아무 생명이나가 아니었고 "그 생명은 사람들의 빛이었다". 물론 그것은 이성적 지성들의 빛이며, 그 덕택에 사람이 짐승과 구분되어 결국 사람이 되는 것이다. [여기서 말하는] 빛은 물리적 빛, 즉 하늘에서 빛나거나 지상의 불꽃에서 타오르는 신체적 존재들의 빛이 아니다. 인간 신체에게만 아니고 짐승들의 신체에게는 물론 심지어 아주 미세한 곤충들에게도 해당하는 그런 빛이 아니다. 이 모든 것들이 저 [물리적] 빛을 본다. 오히려 "그 생명은 사람들의 빛이었다". "그러나 그 빛은 우리 각 사람에게서 멀리 있지 않다. 우리는 그 빛 안에서[29] 살고 움직이며 존재한다."[30]

육화하신 말씀으로 말미암아 우리가 진리를 파악하는 능력을 받는다

2.4. 그런데 "빛이 어둠 속이 비치고 있다. 하지만 어둠은 그것을 받아들이지 않았다".[31] 인간들의 어리석은 지성은 어둠이다. 악한 욕정과 불신으로 눈먼 지성 말이다.

그런 지성들을 치유하고 낫게 하려고 말씀, 모든 것이 그분으로 말미암아 생겨난 말씀이 "육신이 되시어 우리 가운데 거처하셨다". 따라서 말씀의 참여는 우리에게 오는 조명이다.[32] '사람들의 빛'인 저 생명의 참여 말이다. 우리는 전에 죄의 오염으로 인해서 이런 참여를 [받기에] 부적격했고 전혀 적절하지 못했다. 그러므로 정화될 필요가 있었다. 그래서 사악하고 오만한 인간들에게 딱 하나의 정화가 있으니 '의인의 피'와 하느님의 겸손함이 그것이다. 그 까닭은 하느님을 관조하기 위함인데 그 일은 우리가 본성으로 할 수 있는 바가 아니며, 그래서 본성으로는 우리와 같아지신 분,

---

[32] inluminatio quippe nostra participatio verbi est: '말씀에 대한 우리의 참여'라는 해석도 가능하다(참조: "조명받는 광체는 발광체의 참여에 의해서 광체이지 제 능력에 의해서 광체가 아니다"(lumen quod inluminatur, participatione lucis non propria potestate lumens est: *Sermo* 379.6).

sumus. Deus enim natura non sumus; homines natura sumus; iusti peccato non sumus. Deus itaque factus homo iustus intercessit deo pro homine peccatore. Non enim congruit peccator iusto, sed congruit homini homo. Adiungens ergo nobis similitudinem humanitatis suae abstulit dissimilitudinem iniquitatis nostrae, et factus particeps mortalitatis nostrae fecit participes diuinitatis suae. Merito quippe mors peccatoris ueniens ex damnationis necessitate soluta est per mortem iusti uenientem ex misericordiae uoluntate dum simplum eius congruit duplo nostro. Haec enim congruentia (siue conuenientia uel concinentia uel consonantia commodius dicitur quod est unum ad duo), in omni compaginatione uel si melius dicitur coaptatione creaturae ualet plurimum. Hanc enim coaptationem, sicut mihi nunc occurrit, dicere uolui quam graeci *ἁρμονίαν* uocant. Neque nunc locus est ut ostendam quantum ualeat consonantia simpli ad duplum quae maxime in nobis reperitur et sic nobis insita naturaliter (a quo utique nisi ab eo qui nos creauit?) ut nec imperiti possint eam non sentire siue ipsi cantantes siue alios au-

---

[33] 구상어로서 라틴어의 특성을 발휘한 문장이다: ad contemplandum deum *quod natura non sumus* per eum mundaremur factum *quod natura sumus et quod peccato non sumus*. Deus enim *natura non sumus*; homines *natura sumus*; iusti *peccato non sumus*.

[34] ex damnationis necessitate … ex misericordiae voluntate: 인간이 받은 단죄는 필연이었지만 하느님의 자비는 자발적인(= 거저 주시는) 것이었다.

[35] dum simplum eius congruit duplo nostro: 이하(3.5-6.10)의 긴 해설에 나오듯이, 의인 그리스도가 감수한 '한 번 죽음'(simplum)이 죄인인 우리가 당할 '두 번 죽음'(duplum) 곧 육체의 죽음과 영원한 죽음을 상쇄하는 효과를 낸다.

[36] 아우구스티누스는 전집에서 convenientia(56회), concinentia(7회), consonantia(19회) 세 용어를 특별한 수사학적 구분 없이 '조화'나 '편의'(便宜)의 뜻으로 구사하고 있다.

그러나 죄를 보면 우리와 같지 않은 분을 통해서 우리가 정화될 필요가 있었다. 본성으로 우리는 하느님이 아니다. 본성으로 우리는 사람이다. 그런데 우리는 죄로 인해서 의로운 사람이 아니다.[33] 그래서 하느님이 의로운 사람이 되셔서 죄인인 사람을 위하여 하느님께 전구轉求하셨던 것이다. 죄인은 의인에게 상응하지 못했지만 사람은 사람에게 상응했던 것이다. 곧, 당신의 인성이라는 유사성을 우리한테 결부시켜서 우리의 사악함이라는 상이성을 우리에게서 없애 주신 것이다. 당신이 우리의 사멸할 본성에 참여하셔서 당신의 신성에 우리를 참여시키셨다. 죄인의 죽음은 단죄의 필연에서 비롯했음에도 불구하고 의인의 죽음을 가지고 이 죽음을 풀어 주셨는데, 의인의 그 죽음은 자비의 의지에서 유래한 것이었다.[34] 그분의 '한 번'이 우리의 '두 번'에 상응했던 까닭이다.[35] 이 상응 — 하나가 둘에 상응하는 이것을 더 적절하게는 합치니 편의니 화합이이니 하고 일컫는다[36] — 은 창조계의 모든 접합 혹은, 더 정확히 말해, 조합[37]에서 아주 중요한 역할을 한다.[38] 이 조합이라는 말로, 지금 내게 필요한 용어로는, 그리스인들이 *ἁρμονία*라고 일컫는 것을 표현하고 싶었다.[39] 다만 지금은 '두 번'에 상응하는 '한 번'에 이 조합이라는 것이 얼마나 중요한 것인지를 [상세히] 제시할 그럴 자리가 아니다.[40] 하여튼 이 화합이라는 것은 우리가 아주 흔히 겪고 우리에게는 본성적으로 박혀 있는 것이니 — 그렇다면 우리를 창조하신 분 말고 누구에게서 유래했겠는가? — 잘 모르는 사람들도 자기들이 노래를 부르든 남이 하는 노래를 듣든 그것을 감지하지 않을 수가 없다.

---

[37] coaptatio: 인간 신체를 구성하는 조화와 균형을 묘사하면서 "척도상의 비례에 의거해 모든 것들이 서로 결합되고 맞추어져 있음"(numeros mensurarum, quibus inter se cuncta conexa sunt et coapta: 『신국론』 22.24.4)을 뜻한다.

[38] '상응'(congruentia)이라는 용어가 그만큼 많이 구사된다(명사형으로 74회, 동사형으로 700여 회). compaginatio(여기서 한 번), coaptatio(명사형으로 6회, 동사형으로 30회).

[39] *ἁρμονία*: 주로 음의 조화를 가리키지만 동사 *ἁρμόζω*는 본디 목수가 가구의 조각들을 '짜맞춤'(compaginatio)을 의미했다.

[40] coaptatio에서 소리와 관련된 consonantia(화합, 화음, 화성)로 용어를 바꾸어 설명한다.

dientes. Per hanc quippe uoces acutiores grauioresque concordant ita ut quisquis ab ea dissonuerit non scientiam, cuius expertes sunt plurimi, sed ipsum sensum auditus nostri uehementer offendat. Sed hoc ut demonstretur longo sermone opus est; ipsis autem auribus exhiberi potest ab eo qui nouit in regulari monochordo.

III 5. Verum quod instat in praesentia quantum donat deus edisserendum est, quemadmodum simplum domini et saluatoris nostri Iesu Christi duplo nostro congruat et quodam modo concinat ad salutem. Nos certe, quod nemo christianus ambigit, et anima et corpore mortui sumus, anima propter peccatum, corpore propter poenam peccati ac per hoc et corpore *propter peccatum*. Vtrique autem rei nostrae, id est et animae et corpori, medicina et resurrectione opus erat ut in melius renouaretur quod erat in deterius commutatum. Mors autem animae impietas est et mors corporis corruptibilitas per quam fit et animae a corpore abscessus. Sicut enim anima deo deserente sic corpus anima deserente moritur, unde illa fit insipiens, hoc exanime. Resuscitatur ergo anima per poenitentiam, et in corpore adhuc mortali renouatio uitae inchoatur a fide qua creditur *in eum qui iustificat impium*, bonisque moribus augetur et roboratur

---

41 로마 8,10 참조: "몸은 죄 때문에 죽어 있다."

42 ut in melius renovaretur quod erat in deterius commutatum: 원래 창조된 처지보다 못하게 타락한 인간이 창조된 처지보다 훨씬 훌륭하게 변모했다.

43 mors animae impietas est: 교부에게서 '불경'(impietas)은 대신적(對神的) 자세를 가리킨다(Hill은 ungodliness, godlessnes로 번역한다).

이 화음으로 말미암아 고음과 저음이 어우러지고 따라서 누구든지 이 화음에서 어긋나는 소리를 낼라치면 우리 청각의 감관이 심히 불쾌해한다. 불쾌해지는 것은 우리 지식 — 사람들 대다수가 그런 지식과는 거리가 멀다 — 이 아니라 우리 청각의 감관 자체이다. 그러나 이런 주장을 입증하자면 긴 설명이 필요하겠다. 하지만 적어도 조율된 한 가닥짜리 현금絃琴을 켤 줄 아는 사람도 이런 것은 귀로 알아맞힐 수 있다.

예수 그리스도의 한 번 [죽음]이 우리의 두 번 [죽음]에 해당하여 구원을 가져다주었다

　　3.5. 하느님이 토론을 허락하시는 한에서 지금으로서는 현안을 다뤄야겠다. 우리 주님이시요 구세주이신 예수 그리스도의 한 번이 어떻게 해서 우리의 두 번에 상응하는지, 또 어떻게 해서 그것이 구원으로 융합되는지 살펴보기로 한다. 우리가 분명히 영혼으로나 육체로나 죽어 있었다는 사실은 어느 그리스도 신자도 의심하지 않는다. 영혼으로 죽은 것은 죄 때문이고 육체로 죽은 것은 죄벌 때문이며 그래서 몸으로도 '죄 때문에' 죽어 있다고 한다.[41] 그래서 우리의 두 가지 것, 즉 영혼과 육신에 의약과 부활이 소용되었으니, 그래야만 전보다 더 못하게 변질되어 있던 것이 더 좋게 쇄신될 수 있었다.[42] [하느님에 대한] 불경不敬은 영혼의 죽음이요[43] 부패는 육신의 죽음이며 이 후자로 말미암아 육체로부터 영혼의 이탈이 이루어진다. 하느님이 떠나심으로써 영혼이 죽듯이 영혼이 떠남으로써 육신이 죽는다. 그러면 전자는 '정신 나간' 존재가 되고 후자는 '혼 빠진' 존재가 된다.[44] 그러므로 영혼은 통회를 하여 부활할 것이고, 아직 사멸할 육신이긴 하지만 신앙으로 그 육신 속에서 생명의 쇄신이 비롯한다. 그 쇄신은 "불경한 자를 의롭게 하시는 분을" 믿는 신앙에 의해서[45] 비롯하고, 선한 행위

---

　[44] insipiens … exanime: 영혼의 죽음(in-sipiens)과 육신의 죽음(ex-anime)을 적절한 형용사로 표기했다.

　[45] 로마 4,5.

de die in diem cum magis magisque *renouatur interior homo.* Corpus uero tamquam *homo exterior* quanto est haec uita diuturnior magis magisque *corrumpitur* uel aetate uel morbo uel uariis afflictationibus donec ueniat ad ultimam quae ab omnibus mors uocatur. Eius autem resurrectio differtur in finem cum et ipsa iustificatio nostra perficietur ineffabiliter. Tunc enim *similes ei erimus quoniam uidebimus eum sicuti est.* Nunc uero quamdiu *corpus quod corrumpitur aggrauat animam et uita humana super terram tota temptatio est, non iustificatur in conspectu eius omnis uiuens in comparatione* iustitiae qua aequabimur angelis et gloriae *quae reuelabitur in nobis.*

De morte autem animae a morte corporis distinguenda quid plura documenta commemorem, cum dominus in una euangelica sententia utramque mortem cuiuis facile discernendam posuerit ubi ait: *Sine mortuos sepelire mortuos suos?* Sepeliendum quippe corpus mortuum erat; sepultores autem eius per infidelitatem impietatis in anima mortuos intellegi uoluit quales excitantur cum dicitur: *Surge qui dormis et exsurge a mortuis, et inluminabit te Christus.* Detestatur autem quandam mortem apostolus dicens de uidua: *Quae autem in deliciis agit uiuens mortua est.* Anima igitur iam pia quae

---

[46] 2코린 4,16.

[47] 2코린 4,16 참조: "우리의 외적 인간은 썩어 가고 있다."

[48] 1요한 3,2. 이 구절은 이 책 14권과 15권에 수시로 인용되면서 삼위일체를 연구하는 궁극 목적이 '그분을 있는 그대로 뵙는 데' 있음을 강조한다.

[49] 지혜 9,15 참조: "썩어 없어질 육신이 영혼을 무겁게 하고 흙으로 된 이 천막이 시름겨운 정신을 짓누릅니다."

[50] 욥 7,1 참조: "인생은 땅 위에서 고역이요."

로 나날이 증대되고 보강되며, 그렇게 해서 갈수록 더욱더 "내적 인간이 새로워진다".[46] 그 대신 외적 인간이 그렇듯이, 육신은 이 생명이 오래가면 오래갈수록 나이로든 질병으로든 그 밖에 다른 고생으로든 더욱더 '부패하며'[47] 모두가 죽음이라고 일컫는 마지막 고생에 이르기까지 부패해 간다. 몸의 부활은 종말로 미루어지고 있으며, 형언할 수 없는 모양으로 우리의 의화義化 자체가 완성되는 때가 그때일 것이다. 그때는 "우리가 그분을 닮게 되리니 우리는 그분을 있는 그대로 뵈올 것이기 때문이다".[48] "육신이 영혼을 무겁게 하고 짓누르는" 동안은[49] "인생은 땅 위에서 유혹이요",[50] "산 이는 누구도 그분 앞에서 의화되지 못한다".[51] 우리가 천사와 같아질 저 의덕義德, "우리에게 계시되기를 애타게 기다리는"[52] 저 영광에 비해서 하는 말이다. 영혼의 죽음이 육신의 죽음과 구분되어야 한다는 점에 관해서는 주님이 저 복음서 구절에서 두 번의 죽음을 쉽사리 구분하라는 뜻으로 "죽은 자들이 자기네 죽은 자들을 묻게 내버려 두시오"[53]라고 하신 말씀이 있다.

그런데 내가 무엇 때문에 많고많은 문헌을 인용해야겠는가? 묻는 대상은 물론 죽은 육신이었다. 다만 그 육신을 묻는 사람들은 불경스러운 불신으로 말미암아 영혼으로는 죽은 것이나 마찬가지인 사람들이라고 알아듣기 바라셨던 것이며, 그런 사람들을 자극하는 뜻에서 "잠자는 사람아, 깨어나라. 죽은 자들 가운데서 일어나라. 그대 위에 그리스도 빛나시리라"[54]라는 말씀이 나온다. 사도 역시 그런 죽음을 개탄하여 과부를 가리켜 "쾌락을 좇는 과부는 살고는 있지만 죽은 사람이나 다름없다"[55]고 했다. 그리

---

[51] 시편 143,2: "산 이는 누구도 당신 앞에서 의로울 수 없습니다."

[52] 로마 8,18 참조.

[53] 루카 9,60.

[54] 에페 5,14.

[55] 1티모 5,6.

fuit impia propter *iustitiam fidei* dicitur ex morte reuixisse atque uiuere. Corpus autem non tantum moriturum propter animae abscessum qui futurus est, sed propter tantam infirmitatem carnis et sanguinis quodam loco in scripturis etiam mortuum dicitur loquente apostolo: *Corpus quidem*, inquit, *mortuum est propter peccatum; spiritus autem uita est propter iustitiam.* Haec uita ex fide facta est quoniam *iustus ex fide uiuit.* Sed quid sequitur? *Si autem spiritus eius qui suscitauit Iesum ex mortuis habitat in uobis, qui suscitauit Iesum Christum a mortuis uiuificabit et mortalia corpora uestra per inhabitantem spiritum eius in uobis.*

6. Huic ergo duplae morti nostrae saluator impendit simplam suam, et ad faciendam utramque resuscitationem nostram in sacramento et exemplo praeposuit et proposuit unam suam. Neque enim fuit peccator aut impius ut ei tamquam spiritu mortuo in interiore homine renouari opus esset et tamquam resipiscendo ad uitam iustitiae reuocari, sed indutus carne mortali et sola moriens, sola resurgens, ea sola nobis ad utrumque concinuit cum in ea fieret interioris hominis sacramentum, exterioris exemplum.

---

[56] 로마 4,13 참조.

[57] 로마 8,10("생명을 가집니다").

[58] 로마 1,17: "의인은 믿음으로 살 것이다."

[59] 로마 8,11.

[60] in sacramento et exemplo: 교부는 sacramentum을 signum[표징(表徵)] 혹은 exemplum[예표(豫表)]으로 채택하는 경우가 많다. '그리스도 사건'이 만인을 위하여 한 번 이루어진 역사적 사건이지만 시간을 타고 그리스도인 개개인에게서 이루어지고 또 다른 실재 — 하느님과 합일하는 경지 — 를 가리키는 표징이자 예표로 제시된다.

고 전에는 불경스러웠다가 지금은 '신앙의 의로움을 통해서'[56] 경건해진 영혼은 죽음으로부터 일어났으며 따라서 살아 있다고 한다. 대신에 육체는 장차 일어날 영혼의 이탈 때문에 '죽으리라'고만 하지 않고, 살과 피의 지독한 취약성으로 인해서 이미 '죽은' 것이라는 말도 한다. 성경 어떤 대목에서 사도가 하는 말에 따르면 그렇다. "비록 몸은 죄 때문에 죽어 있지만 영은 의로움 때문에 생명입니다."[57] 이 생명은 신앙으로 생겨난 것이니 "의인은 믿음으로 산다"[58]는 말씀대로다. 그러면 여기서 어떤 결론이 나오는가? "예수님을 죽은 자들 가운데서 일으키신 분의 영이 여러분 안에 거처하면 그리스도를 죽은 자들 가운데서 일으키신 분은 여러분 안에 살고 계신 당신의 영을 통해 여러분의 죽은 몸도 살리실 것입니다."[59]

우리 구세주께서는 우리의 두 번 죽음을 위해 당신의 한 번 죽음을 치르셨다

3.6. 구세주께서는 우리의 두 번 죽음을 위하여 당신의 한 번 죽음을 치르셨고, [두 번 죽음에서 일어나는] 우리의 두 번 부활을 이루어 내시려고 당신의 한 번 부활을 성사聖事와 예표豫表 삼아[60] 예증하고 실현하셨다.[61] 그분은 죄인도 아니었고 불경한 사람도 아니었으므로 마치 죽은 영처럼 내적 인간에서 새로워질 필요도 없었고, 마치 [정신이 나갔다가] 정신을 차리듯이[62] 의로움의 생명으로 다시 불려 나올 필요도 없었다. 오히려 그분은 죽을 육신을 입었고 그 육신 하나로 죽고 그 육신 하나로 부활하고 그 육신 하나로 우리에게 [영과 육] 양편에 조화를 이루어 주었고, 그 육신으로 내적 인간의 성사가 되고 외적 인간의 예표가 되었다.

---

[61] praeposuit et proposuit: pre-enacted and presented(Hill), prealablement donnè et offert (Mellet-Camelot) 등 다양한 번역이 있다.

[62] resipiscendo: 앞의 4.3.5["하느님이 떠나심으로써 영혼은 죽듯이 … 정신 나간(insipiens) 존재가 되고"] 참조. insipiens ↔ resipiscendo.

Interioris enim hominis nostri sacramento data est illa uox pertinens ad mortem animae nostrae significandam non solum in psalmo uerum etiam in cruce: *Deus meus, deus meus, ut quid me dereliquisti?* Cui uoci congruit apostolus dicens: *Scientes quia uetus homo noster simul crucifixus est ut euacuetur corpus peccati, ut ultra non seruiamus peccato.* Crucifixio quippe interioris hominis poenitentiae dolores intelleguntur et continentiae quidam salubris cruciatus, per quam mortem mors impietatis perimitur in qua nos non relinquit deus. Et ideo per talem crucem *euacuatur corpus peccati* ut iam non exhibeamus *membra* nostra *arma iniquitatis peccato.* Quia et *interior homo* si utique *renouatur de die in diem*, profecto uetus est antequam renouetur. *Intus* namque agitur quod idem apostolus dicit: *Exuite uos ueterem hominem et induite nouum.* Quod ita consequenter exponit: *Quapropter deponentes mendacium loquimini ueritatem.* Vbi autem deponitur mendacium nisi *intus* ut habitet *in monte sancto* dei *qui loquitur ueritatem in corde suo*? Resurrectio uero corporis domini ad sacramentum interioris resurrectionis nostrae pertinere ostenditur ubi postquam resurrexit ait mulieri: *Noli me tangere; nondum enim ascendi ad patrem meum.* Cui mysterio congruit apostolus dicens: *Si autem resurrexistis cum Christo, quae*

---

[63] 시편 22,2; 마르 15,34 참조. 여기서 그리스도는 시편을 인용하는 분이 아니라 시편을 발설하는 분으로 그려진다.

[64] '하느님께 버림받다'라는 말은 '영혼의 죽음'을 의미하지만, 곧이어 인용되는 로마 6,6에 따르면 그리스도의 육신적 죽음이 우리의 '낡은 내적 인간을 처형하여' 죄가 더 이상 그것을 지배하지 못하게 만들므로 내적 인간을 새롭게 하는 성사가 된다.

[65] 로마 6,6.

[66] '불경(不敬)이 죽어 소멸하고.'

[67] 로마 6,13.

그리고 당신이 발설한 저 말씀, 시편에서만 아니고 십자가상에서도 발설한 "나의 하느님, 나의 하느님, 어찌하여 나를 버리셨습니까?"[63]라는 말씀은 우리 내적 인간의 성사로 주신 말씀이니 그것으로 우리 영혼의 죽음을 표상하는 까닭이다.[64] 사도가 하는 다음 말도 저 말씀에 상응한다. "우리가 알고 있거니와, 우리의 낡은 인간은 그분과 함께 십자가에 처형되어 죄의 몸이 무력화하고 우리가 더 이상 죄의 종노릇을 하지 않게 되었습니다."[65] 그러므로 내적 인간의 십자가 처형은 회개의 고통이라고 알아들을 만하며 구원에 유익한 절제의 형극이라고 알아들을 만하다. 그 죽음을 통해서 불경의 죽음이 이루어지고[66] 따라서 하느님이 [그런 죽음에다] 우리를 버려두시는 일도 없다. 저런 십자가를 통해서 "죄의 몸은 무력화하고" 따라서 더 이상 우리 "지체를 불의의 무기로서 죄에 내맡기는"[67] 일도 없을 것이다. 이렇게 나날이 새로워지는 것은 어디까지나 내적 인간이므로 새로워지기 전에는 낡은 인간이었다는 말이 된다. 사도가 "묵은 인간을 벗어놓고 새로운 인간을 입으십시오"라고 하는 말이 내면에서 이루어진다.[68] 곧이어 그는 그 내용이 무엇인지를 이렇게 설명한다. "거짓을 버리고 진리를 말하십시오."[69] 거짓을 버리는 일이 내면 아니고 어디서 일어나겠으며, "마음속으로 진실을 말하는 이"가 아니면 누가 하느님의 "거룩한 산에서 지낼 수 있겠는가?"[70] 주님의 육신 부활이 우리 내면의 부활의 신비와 연관된다는 점은 주님이 부활하신 다음 여자에게 하신 말씀에서 드러난다. "나를 만지지 마시오. 내가 아직 나의 아버지께로 올라가지 않았기 때문입니다."[71] 이 신비에 상응하는 말이 사도가 행한 다음 구절이다. "여러분이 그리스도와 함께 일으켜졌다면, 위에 있는 것을 찾으십시오. 거기 그리스

---

[68] 에페 4,22-24 참조. 교부는 '묵은 인간'과 '내적 인간'을 한데 결부시켜 '낡은 내적 인간'의 쇄신으로 건너간다.

[69] 에페 4,25.

[70] 시편 15,1.3 참조.

[71] 요한 20,17.

sursum sunt quaerite ubi Christus et in dextera dei sedens; quae sursum sunt sapite. Hoc est enim Christum non tangere nisi cum ascenderit ad patrem, non de Christo carnaliter sapere.

Iam uero ad exemplum mortis exterioris hominis nostri dominicae carnis mors pertinet quia per talem passionem maxime hortatus est seruos suos ut non timeant *eos qui corpus occidunt, animam autem non possunt occidere.* Propter quod dicit apostolus: *Vt suppleam quae desunt pressurarum Christi in carne mea.* Et ad exemplum resurrectionis exterioris hominis nostri pertinere inuenitur resurrectio corporis domini quia discipulis ait: *Palpate et uidete quia spiritus ossa et carnem non habet sicut me uidetis habere.* Et *unus ex discipulis eius* etiam cicatrices eius contrectans exclamauit *dicens: Dominus meus et deus meus!* Et cum illius carnis tota integritas appareret, demonstratum est in ea quod suos exhortans dixerat: *Capillus capitis uestri non peribit.* Vnde enim primo: *Noli me tangere; nondum enim ascendi ad patrem meum*, et unde antequam ascendat ad patrem a discipulis tangitur nisi quia illic insinuabatur interioris hominis sacramentum, hic praebebatur exterioris exemplum? An forte quisquam ita est absurdus atque auersus a uero ut audeat dicere a uiris eum tactum antequam ascenderet, a mulieribus autem cum ascendisset? Propter hoc exemplum futurae nostrae resurrec-

---

72 콜로 3,1-2.

73 2코린 4,16 참조: "우리의 외적 인간은 썩어 가고 있지만 우리의 내적 인간은 나날이 새로워집니다."

74 마태 10,28. 『200주년』: "몸은 죽여도 목숨은 죽일 수 없는 자들을 두려워하지 마시오."

75 콜로 1,24.   76 루카 24,39.

77 요한 20,28.

도께서 하느님 오른편에 앉아 계십니다. 위에 있는 것을 생각하십시오."[72] 이것은 그리스도가 아버지께로 올라가 있지 않는 한 그분을 만지지 말라는 말이다. 그리스도에 관해서 육적으로 생각하지 말라는 뜻이다.

과연 주님의 육신상 죽음은 우리 외적 인간의 죽음에 대한 예표에 해당하니[73] 그런 고난을 거치면서 당신 종들에게는 "몸은 죽여도 영혼은 죽일 수 없는 자들을 두려워하지 마시오"[74]라고 각별한 충고를 하신다. "그리스도의 남은 고난을 내 육신으로 채워 갑니다"[75]라는 사도의 말이 있는 것도 바로 그 때문이다. 또 주님의 육신상 부활은 우리 외적 인간의 부활에 대한 예표에 해당함을 알겠으니 당신 제자들에게 "나를 만져 보시오. 유령은 살과 뼈가 없지만 보다시피 나에게는 있습니다"[76]라고 하신 말씀이 있는 까닭이다. 그리고 그분의 제자 중 하나는 그분 상처의 흔적을 손으로 만져 보고 나서 "나의 주님, 나의 하느님!"[77]이라고 외쳤다. 또 당신 육신의 온전한 몸으로 나타남으로써 "여러분의 머리카락 하나도 잃지 않을 것입니다"[78]라면서 당신 제자들을 격려하던 말씀이 사실로 입증되었다. 그러면 왜 먼저는 "나를 만지지 마시오. 내가 아직 나의 아버지께로 올라가지 않았기 때문입니다"라고 말씀하고서는 다음에는 아버지께 올라가기 전임에도 불구하고 제자들더러 당신을 만지라고 했을까?[79] 전자에서는 내적 인간의 표징을 암시하고 후자에서는 외적 인간의 예표를 보여 주려는 것이 아니었을까?[80] 비록 하늘로 올라가기 전이지만 남자는 만져도 되고, 여자는 하늘로 올라가신 다음에나 만질 수 있다고 말할 정도로 진실을 등진 어리석은 사람이 과연 있을까? 그러므로 장차 우리 몸에서 있을 우리 부활의 예표가

---

[78] 루카 21,18.

[79] 루카 24,39 참조: "나를 만져 보시오. 유령은 살과 뼈가 없지만 보다시피 나에게는 있습니다."

[80] interioris hominis sacramentum, exterioris exemplum: 내적 인간에게서 일어나는 성사적인 비의는 만져서 알 수 있는 무엇이 아니고, 부활할 외적 인간의 예표는 당신의 살아난 몸을 만져 보면 알 수 있다.

tionis in corpore quod praecessit in domino dicit apostolus: *Initium Christus, deinde qui sunt Christi*. De corporis enim resurrectione illo loco agebatur propter quam etiam dicit: *Transfigurauit corpus humilitatis nostrae conforme corpori gloriae suae*. Vna ergo mors nostri saluatoris duabus mortibus nostris saluti fuit, et una eius resurrectio duas nobis resurrectiones praestitit cum corpus eius in utraque re, id est et in morte et in resurrectione, et in sacramento interioris hominis nostri et exemplo exterioris medicinali quadam conuenientia ministratum est.

IV 7. Haec autem ratio simpli ad duplum oritur quidem a ternario numero; unum quippe ad duo tria sunt. Sed hoc totum quod dixi ad senarium peruenit; unum enim et duo et tria sex fiunt. Qui numerus propterea perfectus dicitur quia partibus suis completur; habet enim eas tres: sextam, tertiam, dimidiam; nec ulla pars alia quae dici possit quota sit inuenitur in eo. Sexta ergo eius unum est, tertia duo, dimidia tria. Vnum autem et duo et tria consummant eundum senarium. Cuius perfectionem nobis sancta scriptura commendat in eo maxime quod *deus sex diebus perfecit opera sua*, et sexto die *factus est homo ad imaginem dei*. Et sexta aetate generis humani *filius*

---

⁸¹ 필리 3,21 참조. 『200주년』: "같은 형태로 변화시키실 것입니다." 교부는 필리피서 이 구절의 동사를 의도적으로 현재완료형(transfiguravit)으로 바꾸어 인용하지만(예: 이 책 1.8.15) 불가타역대로 미래형(transfigurabit)도 몇 번 쓴다(예: *Sermo* 277.12).

⁸² 몸과 몸의 '맞춤'(medicinali quadam convenientia)은 1열왕 17,21(엘리야는 "아이 위에 세 번 엎드려 몸과 몸을 맞추고 나서 야훼께 기도하였다")과 2열왕 4,34(엘리사는 "야훼께 기도드리고 나서 침대에 올라가 아이 위에 엎드렸다. 그리고는 자기의 입을 아이의 입에, 자기의 눈을 아이의 눈에, 자기의 손을 아이의 손에 맞추었다. 이렇게 아이 위에 엎드리자 아이의 몸이 따뜻해지기 시작하였다")를 연상시킨다.

주님에게서 미리 이루어졌다는 것이며 이 점은 사도도 하는 말이다. "그분은 우리의 비천한 몸을 당신의 영광스러운 몸과 같은 형태로 변화시키셨습니다."[81] 따라서 우리 구세주의 한 번 죽음이 우리의 두 번 죽음에 다 구원이 되었다. 또 당신의 한 번 부활로 우리에게 두 번 부활을 제공했으니 양편의 사건에서, 다시 말해서 죽음과 부활에서 그분의 몸이 우리 내적 인간을 위한 표징이자 외적 인간을 위한 예표로서 일종의 치유적인 맞춤[82]을 이룬 셈이다.

두 번에 대한 한 번의 비율은 여섯이라는 완전수完全數에서 유래한다

4.7. 두 번에 대한 한 번의 비율은 삼수三數에서 유래한다. 하나를 둘에 더하면 셋이 된다. 그런데 내가 말한 [이 세 수] 전부를 합하면 육수六數에 이른다. 하나와 둘과 셋은 여섯이 된다. 그리고 이 수를 완전수完全數라고 하는데 그 분수分數들로 채워지는 까닭이다. 세 가지 분수를 갖고 있으니 6분의 1, 3분의 1, 그리고 2분의 1에 해당하는 수를 갖고 있다.[83] 그 숫자에는 약수約數가 된다고 일컬을 만한 다른 분수가 더 이상 없다.[84] [6의] 6분의 1은 1, 3분의 1은 2, 2분의 1은 3이다. 또 1과 2와 3은 총합하여 같은 6이 된다. 그 숫자의 완전성에 관해서는 성경이 우리에게 확언해 주는 바이니 특히 "주님이 엿새 동안 모든 것을 만들었다"[85]는 구절과 여섯째 날에 사람이 하느님의 모습대로 만들어졌다는 구절[86]이 그렇다.[87] 그리고 인류

---

[83] numerus perfectus: 6의 분수들, 즉 6의 1/2인 3, 1/3인 2, 1/6인 1을 합하여 6이라는 수가 이루어질 경우 완전수라고 했다(『신국론』 11.30 참조). 이런 완전수가 창조 사업과 구속 사업에 두루 나타난다는 것이 이하의 긴 해설이다.

[84] pars는 그냥 그 숫자의 부분에 해당하는 분수(分數), quota는 그 숫자가 정수로 나뉘는 약수(約數)다.

[85] 탈출 20,11 참조.

[86] 창세 5,1 참조.

[87] 교부는 정수인 약수들로 합쳐진 최초의 숫자가 6이라는 사실과 창조가 엿새 동안에 이루어진 점을 자주 연관시킨다(『신국론』 11.30; 『자유의지론』 2.11.30-32).

dei uenit et factus est *filius hominis* ut nos reformaret *ad imaginem dei*. Ea quippe nunc aetas agitur siue milleni anni singulis distribuantur aetatibus, siue in diuinis litteris memorabiles atque insignes quasi articulos temporum uestigemus ut prima aetas inueniatur ab Adam usque ad Noe, inde secunda usque ad Abraham, et deinceps sicut Matthaeus euangelista distinxit *ab Abraham usque ad Dauid, a Dauid usque ad transmigrationem in Babyloniam*, atque inde usque ad uirginis partum. Quae tres aetates coniunctae illis duabus quinque faciunt. Proinde sextam inchoauit natiuitas domini, quae nunc agitur usque ad occultum temporis finem.

Hunc senarium numerum quandam temporis gerere figuram etiam in illa ratione tripertitae distributionis agnoscimus qua unum tempus computamus *ante legem*, alterum *sub lege*, tertium *sub gratia*. In quo tempore sacramentum renouationis accipimus ut in fine temporis etiam resurrectione carnis omni ex parte renouati ab uniuersa non solum animi uerum etiam corporis infirmitate sanemur. Vnde intellegitur illa mulier in typo ecclesiae a domino sanata et erecta quam curuauerat infirmitas alligante satana; de talibus enim occultis hostibus plangit illa uox psalmi: *Curuauerunt animam meam*.

---

[88] 교부는 인류사를 여섯 시대로 나누고 강생의 시대를 '제6 연세'라고 부른다(『신국론』 20.7; 22.30 참조).

[89] ut nos reformaret ad imaginem dei: '쇄신'(reformatio)은 교부가 '구원'을 인간학적으로 설명하는 대표적인 언표다(illa imago ab illo reformari a quo formata est: 이 책 14.16.22).

[90] 하느님이 6일에 걸쳐 세상을 창조하셨듯이 인류의 역사도 여섯 연세(aetates, periodi)로 전개된다는 발상(*De Genesi contra Manichaeos* 1.23.35-41). 그리스도 강생 이후는 여섯째 날 혹은 연세, 주님의 재림 이후는 일곱째 영원한 안식의 연세에 해당한다(『신국론』 16.43; 22.30.5). 그리스 사고로는 천 년씩 계산되는 세기(世紀)(*De diversis quaestionibus 83*, 58)가 있다.

의 제6 연세年歲에 하느님의 아들이 오셔서 사람의 아들이 되셨다.[88] 우리를 하느님의 모상으로 쇄신하시기 위함이었다.[89] 각 연세에 1,000년을 할애하든 성경이 기록하듯이 시대의 구분으로 우리가 소급을 하든 상관없이 지금은 [하느님의 아들이 오신] 그 연세가 흐르고 있다.[90] 첫째 연세는 아담부터 노아까지이고, 그다음 아브라함까지가 둘째 연세이며, 그다음은 복음사가 마태오가 구분한 대로인데[91] 아브라함에서 다윗까지, 다윗에서 [바빌로니아] 이주까지, 그때부터 동정녀의 출산까지이다. [앞에 나온] 저 두 연세에 [복음사가가 말하는] 이 세 연세가 합쳐져서 다섯이 된다. 그다음 주님의 탄생이 여섯째 연세를 개시했으니 그 연세가 지금 흐르고 있고 [우리에게는] 감추어진 시간의 종말까지 [흐를 것이다].

우리는 6이라는 이 숫자가 시간의 어떤 표상을[92] 담고 있음을 인정하고, 이 숫자가 삼분三分되는 이치도 이해한다. 그 분류에 따르면 첫째 시대는 율법 이전律法以前이고 둘째는 율법하律法下의 시대이며 셋째는 은총하恩寵下의 시대이다.[93] 이 [마지막] 시대에 우리는 쇄신의 표징을 받았으니, 그것은 종말의 시간에 육신의 부활도 거침으로써 모든 면에서 새로워져서 영혼의 허약만 아니고 육체의 허약까지 모두 치유받기 위함이다. 여기서 우리는 저 곱사등이 부인이 교회의 예형으로서 주님께 나음을 받고 바르게 펴지는 것으로 이해할 수 있다. 사탄이 붙은 병이 그 여자에게 허리를 굽어지게 만들었던 것이다.[94] 이 숨은 원수를 두고 시편은 "그들이 내 영혼을 굽혀 놓았나이다"[95]라고 하소연하고 있다. 저 여자는 무려 18년을 그 병에

---

[91] 마태오는 아브라함부터 예수 그리스도에게 이르는 '족보'(1,1-17)를 제시하고서 14대씩 나누어 세 연세를 구분한다.

[92] quandam temporis figuram: "시간의 상징적 의미"(Hill), "시간의 역사적 상징성"(Beschin).

[93] ante legem, sub lege, sub gratia는 로마 6,14("여러분은 율법 아래 있지 않고 은총 아래 있습니다")의 용어다.

[94] 루카 13,10-17 참조("병들게 하는 영에 사로잡힌 부인": 11절).

[95] 시편 57,7. 『성경』: "제 영혼이 꺾였나이다."

Haec autem mulier decem et octo annos habebat in infirmitate, quod est ter seni. Menses autem annorum decem et octo inueniuntur in numero solidi quadrati senarii, quod est sexies seni et hoc sexies. Iuxta quippe est in eodem euangelii loco arbor quoque illa ficulnea cuius miseram sterilitatem etiam tertius annus arguebat. Sed ita pro illa intercessum est ut dimitteretur illo anno, ut si fructum ferret, bene; sin aliter, excideretur. Nam et tres anni ad eandem tripertitam distributionem pertinent, et menses trium annorum quadratum senarium faciunt, quod est sexies seni.

8. Annus etiam unus si duodecim menses integri considerentur quos triceni dies complent (talem quippe mensem ueteres obseruauerunt quem circuitus lunaris ostendit), senario numero pollet. Quod enim ualent sex in primo ordine numerorum qui constat ex unis ut perueniatur ad decem, hoc ualent sexaginta in secundo ordine qui constat ex denis ut perueniatur ad centum. Sexagenarius ergo numerus dierum sexta pars anni est. Proinde per senarium primi uersus multiplicatur tamquam senarius secundi uersus et fiunt sexies sexageni, trecenti et sexaginta dies, qui sunt integri duodecim menses. Sed quoniam sicut mensem circuitus lunae ostendit hominibus sic annus circuitu solis animaduersus est, restant autem quinque dies et quadrans diei ut sol impleat cursum suum annumque concludat; quattuor enim quadrantes faciunt unum diem quem necesse

---

96 교부는 루카 13장에 나오는 숫자 3(13,6-9: “삼 년이나 와서”; 13,21: “밀가루 서 말 속에 집어넣었더니”)이나 숫자 18(13,4: “실로암에 있던 탑이 무너지면서 깔아 죽인 저 열여덟 사람”; 13,11: “십팔 년 동안 병들게 하는 영에 사로잡힌 부인”)이 상징적 의미를 가진다고 풀이한다.

사로잡혀 있었는데 그것은 6의 3배수에 해당한다.[96] 그리고 십팔 년의 달수로 말하자면 6의 입방수立方數, 곧 6을 6으로 곱하고 거기에 다시 6을 곱한 수에 해당한다.[97] 또 복음서의 같은 대목에 무화과나무가 나오는데 열매 맺지 못하는 가련한 처지가 삼 년으로 나와 있다.[98] 하지만 이 나무를 위하여 중재가 들어와서 일 년을 봐주기로 했으니 그다음에 열매를 맺으면 좋고 그렇지 못하면 베어 버리기로 했다. 그 이유는 저 삼 년도 [시간의] 삼분三分에 해당하고, 삼 년의 달수를 세면 6의 평방수, 곧 6 곱하기 6이 되는 연고이다.[99]

연사年事에서는 6이라는 숫자가 많은 역할을 한다

4.8. 1년을 12개월 온달로 간주할 경우에는 달마다 30일로 계산되는데 — 이런 달력은 옛사람들이 달의 순환이 보여 주는 주기를 관찰하면서 지키던 것이다 — 여기서도 6이라는 숫자가 중시되고 있다. 우선 기본 단위 숫자, 즉 하나에서 열에 이르는 항렬에서 6이 갖는 기능을 둘째 단위 숫자, 즉 열에서 백에 이르는 항렬에서 60이 갖는다. 60일이라는 숫자는 일 년의 6분의 1에 해당한다. 그리고 둘째 단위의 6이라는 숫자를 기본 단위의 6이라는 숫자로 곱하면 60 곱하기 6, 즉 360일이 되고 이 숫자는 온달로 12개월에 해당한다. 그렇지만 달의 순환이 사람들에게 한 달을 가리켜 보이듯이 한 해는 태양의 순환으로 가리켜 보이는데 다만 여기서는 5일하고 4분의 1일이 남는다. 그래야만 해는 자기의 궤도를 마치고 한 해를 닫는 까닭이다. 그런데 4분의 1일이 넷이라야 하루가 되고 4년이 지날 때마다 이 하

---

[97] in numero solidi quadrati senarii: 6^3 = 6 x 6 x 6 = 216개월(18년 = 6 x 3). 6의 3배수든 3제곱이든 '오랜 세월'을 가리킨다.

[98] 루카 13,6-9 참조.

[99] quadratum senarium = sexies seni: 6^2 = 6 x 6 = 36개월(3년). '긴 세월.'

est intercalari excurso quadriennio quod bissextum uocant ne temporum ordo turbetur. Etiam ipsos quinque dies et quadrantem si consideremus, senarius numerus in eis plurimum ualet; primo quia sicut fieri solet ut a parte totum computetur, non sunt iam dies quinque sed potius sex ut quadrans ille accipiatur pro die; deinde quia in ipsis quinque diebus sexta pars mensis est, ipse autem quadrans sex horas habet; totus enim dies, id est cum sua nocte, uiginti quattuor horae sunt quarum pars quarta qui est quadrans diei sex horae inueniuntur. Ita in anni cursu senarius numerus plurimum ualet.

V 9. Nec immerito in aedificatione dominici corporis, in cuius figura templum a iudaeis destructum *triduo* se resuscitaturum esse dicebat, numerus ipse senarius pro anno positus intellegitur. Dixerunt enim: *Quadraginta et sex annis aedificatum templum*, et quadragies sexies seni fiunt ducenti septuaginta sex. Qui numerus dierum complet nouem menses et sex dies qui tamquam decem menses parientibus feminis imputantur, non quia omnes ad sextum diem post nonum mensem perueniunt, sed quia ipsa perfectio corporis domini tot diebus ad partum perducta comperitur sicut a maioribus traditum suscipiens ecclesiae custodit auctoritas. Octauo enim kalendas apriles conceptus creditur quo et passus; ita *monumento nouo* quo sepultus est *ubi nullus erat positus mortuorum* nec ante nec

---

루를 산입해야 하는데 사람들은 그날을 윤일閏日[100]이라고 부른다. 그래야만 시간의 질서에 혼동이 오지 않는다. 나머지 5일하고 4분의 1일을 살펴보더라도 그 속에는 6이라는 숫자가 여러 번 등장한다. 첫째는, 부분으로 전체를 합산하는 관례대로[101] 그 날수는 5일이라기보다는 6일이 되기 때문인데 4분의 1일도 결국 하루로 간주되는 까닭이다. 둘째는, 저 5일이 한 달의 6분의 1이고, 4분의 1일도 6시간에 해당하기 때문인데, 그 이유는 온종일, 다시 말해 밤까지 센다면 하루는 24시간이 되고, 24시간의 4분의 1, 즉 하루의 4분의 1은 6시간이 되는 까닭이다. 이처럼 한 해의 순환에는 6이라는 숫자가 상당한 위력을 떨친다.

그리스도의 몸의 건설에 드러나는 6이라는 숫자

5.9. 주님의 몸이 유다인들이 허문 성전으로 표상된 적이 있는데, 주님의 몸을 건설하는 데, 다시 말해서 유다인들이 허문 성전을 사흘 만에 다시 일으키시겠다는 말씀에서 햇수 대신에 6이라는 숫자가 등장한 것으로 이해된다.[102] 사람들이 "이 성전은 사십육 년이나 걸려서 지었다"[103]고 했는데 6의 46배는 276이다. 같은 숫자를 날수로 간주한다면 9개월하고 6일이 된다. 그것은 출산하는 여자들에게 합산되는 10개월에 해당한다. 물론 모든 여자가 9개월을 채우고 엿새에 출산을 한다는 말은 아니고 그 모든 날을 거쳐 주님의 몸이 완성을 보고 드디어 출산에 이르게 되었다는 뜻이니, 선조들에게서 전승되어 교회의 권위가 간직한 바가 그것이다. 즉, [주님은] 3월 25일에 잉태되었고 같은 날짜에 또한 수난을 받았다.[104] 그분은 "새 무덤에 묻혔고"[105] 거기에는 전에도 후에도 "아무도 묻힌 적이 없었

---

[103] 요한 2,20.

[104] '성모 영보' 축일은 431년경의 「히에로니무스 순교록」(*Martyrologium Hieronymi*)에서 최초로 언급되었다. 이날 "우리 주 예수 그리스도께서 십자가에 달리셨고 또한 잉태되셨다"(crucifixus est et conceptus est)는 기록이 나온다.

[105] 마태 27,60 참조.

postea congruit uterus uirginis quo conceptus est ubi nullus semi-
natus est mortalium. Natus autem traditur octauo kalendas ianua-
rias; ab illo ergo die usque ad istum computati ducenti septuaginta
sex reperiuntur dies, qui senarium numerum quadragies sexies ha-
bet. Quo numero annorum *templum aedificatum est* quia eo numero
senariorum corpus domini perfectum est quod mortis passione des-
tructum triduo resuscitauit. *Dicebat enim hoc de templo corporis sui*
sicut euidentissimo et robustissimo euangelii testimonio declaratur
{quo ait: *Sicut fuit Ionas in uentre ceti tribus diebus et tribus nocti-
bus, sic erit filius hominis in corde terrae tribus diebus et tribus
noctibus*}.

VI 10. Ipsum autem *triduum* non totum et plenum fuisse scriptura
testis est; sed primus dies a parte extrema totus annumeratus est;
dies uero tertius a parte prima et ipse totus; medius autem inter eos,
id est secundus dies, absolute totus uiginti quattuor horis suis, duo-
decim nocturnis et duodecim diurnis. Crucifixus est enim primo
iudaeorum uocibus *hora tertia* cum esset dies sexta sabbati; deinde
in ipsa cruce suspensus *hora sexta* et spiritum tradidit *hora nona*;
sepultus est autem *cum iam sero factum esset* sicut sese habent
uerba euangelii, quod intellegitur in fine diei. Vndelibet ergo inci-
pias etiam si alia ratio reddi potest quomodo non sit contra euange-
lium Iohannis ut hora tertia ligno suspensus intellegatur, totum diem

---

[106] 루카 23,53.

[107] 12월 25일이 '주님의 성탄'과 결부된 최초의 언급은 336년의 기록(*Calendarium Philo-
cali*)이다. 동지 지나서 해가 길어질 때 거행된, 로마의 태양신(Sol invictus) 축제를 대체한
것으로 추정된다.

다".[106] 주님이 잉태된 동정녀의 태중은 그런 무덤에 상응한다고 하겠으니 그 태중에는 [전에도 후에도] 사멸할 인간이 아무도 씨 뿌려진 적이 없는 까닭이다. 그리고 그분은 12월 25일에 탄생했다고 전해 온다.[107] 그날로부터 계산하여 저 [잉태된] 날로 거슬러 올라가면 276일이 되고 그것을 6이라는 숫자로 나누면 46이 된다. 46이라는 햇수로 성전이 지어졌듯이 같은 6이 곱해지는 저 숫자를 거쳐 주님의 몸이 완성되었고, 그 몸이 허물어져 사흘 만에 부활했던 것이다. "예수께서는 당신 몸의 성전을 가리켜 말씀하셨던 것이다."[108] 이것은 복음서의 증언으로 명백하게 선포된 말씀이기도 하다. "요나가 바다 괴물의 배 속에서 사흘 낮 사흘 밤을 지냈던 것과 똑같이 인자도 땅속에서 사흘 낮 사흘 밤을 지낼 것입니다."[109]

부활의 삼 일에서도 한 번과 두 번의 비례가 나타난다

6.10. 그 사흘이 전적으로 옹글게 채워지지는 않았다는 것은 성경도 증언한다. 첫날은 하루의 마지막 끝자락을 갖고 옹근 하루로 계산되었고, 셋째 날은 하루의 첫 자락을 갖고 옹근 하루로 계산되었으며, 둘 사이에 낀 하루, 즉 둘째 날만 24시간, 즉 밤 12시간과 낮 12시간으로 전체가 옹근 하루였다. 먼저 그분이 유다인들의 함성에 몰려 십자가형 선고를 받은 것은 안식일인 여섯째 날 '세 시'였고, 정작 십자가에 매달린 것은 '여섯 시'였으며, 숨을 거둔 것은 '아홉 시'였다.[110] 그리고 그분이 매장된 때는 복음서의 말마따나 "이미 저녁때가 되었다".[111] 하루의 끝에 와 있었다는 뜻이다. 그러다 보면 그분이 세 시에 십자 나무에 매달린 것으로 알아듣는 경우, 어떻게든 요한 복음서와 충돌하지 않으려고 딴 이유를 멜 수 있을지 모르

---

[108] 요한 2,21. 『200주년』: "예수께서는 당신 몸이 성전임을 가리켜 말씀하셨던 것이다."

[109] 마태 12,40 참조. 사본에 따라서는 요나를 언급하는 이 구절이 탈락되고 없다.

[110] 마르 15,25.33.34 참조.

[111] 마르 15,42 참조.

primum non comprehendis. Ergo a parte extrema totus computabitur sicut tertius a parte prima. Nox enim usque ad diluculum quo domini resurrectio declarata est ad tertium pertinet diem *quia deus qui dixit de tenebris lumen clarescere* ut per gratiam noui testamenti et participationem resurrectionis Christi audiremus: *Fuistis enim aliquando tenebrae, nunc autem lux in domino*, insinuat nobis quodam modo quod a nocte dies sumat initium. Sicut enim primi dies propter futurum hominis lapsum a luce in noctem ita isti propter hominis reparationem a tenebris ad lucem computantur. Ab hora ergo mortis usque ad diluculum resurrectionis horae quadraginta ut et ipsa nona connumeretur, cui numero congruit etiam uita eius super terram post resurrectionem in quadraginta diebus.

Et est iste numerus in scripturis frequentissimus ad insinuandum mysterium perfectionis in quadripertito mundo; habent enim quandam perfectionem decem, et ea quater multiplicata faciunt quadraginta. A uespera autem sepulturae usque ad diluculum resurrectionis triginta sex horae sunt, qui est quadratus senarius. Refertur autem ad illam rationem simpli ad duplum ubi est coaptationis maxima consonantia. Duodecim enim ad uiginti quattuor simplo ad dup-

---

[112] 마르코가 언급하는 시간대는 마태오와 루카도 대충 따르나 요한 19,14에서는 예수께서 가빠타라는 광장에서 사형 판결을 받던 시각이 아직 '열두 시쯤'이었다고 한다(cf., *De consensu Evangelistarum* 3.13.40-50; *Tractatus in Ioannis Evangelium* 117.1-2).

[113] 2코린 4,6 참조. 『200주년』: "어둠 속에서 빛이 비치라고 말씀하신 하느님께서는 친히 우리 마음속을 비추시어 …."

[114] 에페 5,8.

[115] a nocte dies sumat initium: "낮이 밤에서 시작을 하는 것처럼 보인다." 유다인들의 관습을 몰랐는지 아우구스티누스가 저녁에서 하루가 시작되는 것으로 계산함은 마니교도들의 오해라고 논박한 일도 있다(e.g., *De Genesi contra Manicaeos* 1.10.16).

겠지만,[112] 하여튼 첫날이 옹근 하루라고는 생각지 않을 것이다. 그러니까 마지막 끝자락을 갖고 옹근 하루로 계산했고, 셋째 날은 하루의 첫 자락을 갖고 옹근 하루로 계산했다. 밤은 새벽까지를 말하는데, 주님의 부활이 선포된 새벽은 셋째 날에 해당한다. "어둠 속에서 빛이 비치라고 말씀하신 분은 하느님이시고"[113] 신약의 은총을 통하여, 그리스도의 부활에 참여함으로써, 우리는 이런 말씀을 듣게 된다. "한때 여러분은 어둠이었으나 지금은 주님 안에 있는 빛입니다."[114] 이 구절로 보면 하루가 마치 밤에서 시작하는 것처럼 여겨진다.[115] [창조의] 첫날들이, 장차 있을 인간의 타락으로 말미암아, 빛에서 밤으로 [저문 것처럼] 헤아려지듯이,[116] [지금의] 날들은, 인간의 회복으로 말미암아, 어둠에서 빛으로 [밝아진 것으로] 헤아려지고 있다. 죽음의 시각으로부터, [숨을 거두신] 아홉 시를 포함해서, 부활의 새벽에 이르기까지 40시간은,[117] 부활 후 40일에 이르는 그분의 지상 생애에 상응한다.

또 [40이라는] 이 숫자는 성경에 아주 흔하게 나오는데[118] 네 방위方位로 나뉜 세계에서 완전의 신비를 상징하는 데 쓰인다. 10이라는 숫자도 어떤 완전을 나타내는데 그것을 4로 곱한 것이 40이다.[119] 그런데 장사를 지낸 저녁때부터 부활이 이루어진 새벽까지는 36시간이 되며 이 숫자는 6의 평방수平方數[120]에 해당한다. 또 이 숫자는 한 번이 두 번에 대해 갖는 저 비율과 관련이 있으며 여기서는 조화의 더할 나위 없이 완벽한 화응和應을 볼 수 있다. 왜냐하면 12와 24는 한 번과 두 번에 상응하고 둘이 합쳐 36이

---

[116] 창세 1,5 등 참조: "저녁이 되고 아침이 되니 첫날이 지났다."

[117] 죽음의 시각('아홉 시', 즉 지금의 3시)부터 부활의 새벽(동트는 아침 6시)까지 40시간 (10 + 24 + 6)이라고 했으니 단말마를 '죽음의 시간'(ab hora mortis)에 포함시킨 듯하다.

[118] 예를 들어 광야의 방랑 40년, 모세가 시나이 산에서 40일, 엘리야가 호렙 산까지 걸어서 40일, 주님의 40일 단식 등.

[119] 네 방위(4) x 완전(10 = 1 + 2 + 3 + 4) = 40.

[120] quadratus scenarius: $6^2 = 6 \times 6 = 36$. 앞의 6의 입방수(solidus quadratus scenarius) 참조(각주 99).

lum conueniunt et fiunt triginta sex, nox tota cum die toto et nocte tota, neque hoc sine illo sacramento quod supra memoraui. Non absurde quippe spiritum diei comparamus, corpus autem nocti; dominicum enim corpus in morte ac resurrectione et spiritus nostri figuram et corporis gerebat exemplum. Etiam sic ergo apparet illa ratio simpli ad duplum in horis triginta sex cum duodecim ad uiginti quattuor conferuntur. Et horum quidem numerorum causas cur in scripturis sanctis positi sint potest alius alias indagare uel quibus istae quas ego reddidi praeponendae sint uel aeque probabiles uel istis etiam probabiliores; frustra tamen eos esse in scripturis positos et nullas esse causas mysticas cur illic isti numeri commemorentur nemo tam stultus ineptusque contenderit. Ego autem quas reddidi uel ex ecclesiae auctoritate a maioribus tradita uel ex diuinarum scripturarum testimonio uel ex ratione numerorum similitudinumque collegi. Contra rationem nemo sobrius, contra scripturas nemo christianus, contra ecclesiam nemo pacificus senserit.

VII 11. Hoc sacramentum, hoc sacrificium, hic *sacerdos*, hic *deus* antequam missus ueniret factus ex femina – omnia quae sacrate atque mystice patribus nostris per angelica miracula apparuerunt siue quae per ipsos facta sunt similitudines huius fuerunt ut omnis creatura factis quodam modo loqueretur unum futurum in quo esset sa-

---

되기 때문인데, 이것은 하룻밤이 하룻날과 하룻밤에 대응하는 [조화이다].[121] 이것도 위에서 내가 언급한 표징이 없지 않다.[122] 또 영靈을 낮에 비유하고 육恔을 밤에 비유하는 것도 우스꽝스러운 일은 아니다. 왜냐하면 주님의 육은 죽음과 부활에서 우리 영의 전형典型이 되었고 우리 육의 예표로서 작용했기 때문이다. 그러다 보면 저 36시간에서도 한 번이 두 번에 갖는 비율이 나타나는데 12시간이 24시간과 갖는 그 비율이다. 물론 성경에 이런 숫자들이 나타나는 이유를 두고 다른 사람은 다른 설명을 내놓을 수 있을 테고, 내가 내놓은 설명이 그들이 내놓을 설명과 동등하고 그럴듯할 수도 있겠고, 그들이 내놓은 것보다 더 그럴듯할 수도 있겠다. 다만 성경에 왜 그런 숫자들이 나오는지 따지는 것은 별반 의미가 없다거나 신비적 이유가 전혀 없다고 단언할 정도로 어리석고 멍청한 사람은 아무도 없으리라고 본다. 내가 저런 이유들을 제시하는 것은 선인先人들로부터 전수받은 교회의 권위에 의거하거나 숫자와 유추類推에 관한 이론에서 내가 수집했기 때문이다.[123] 건실한 인간이라면 이치를 거슬러 생각하지 않고, 그리스도인이라면 성경을 거슬러 생각하지 않고, 평화를 사랑하는 사람이라면 교회를 거슬러서 생각하지 않으리라고 본다.

우리는 다수多數로 흩어져 있었지만 유일한 중개자를 통해 일자一者로 모인다

7.11. 이 성사, 이 희생, 이 사제, 이 하느님[124]이 보냄을 받아 오셔서 여자에게서 만들어지기 전에도, 천사들의 기사奇事를 통해서 거룩하게 또 신비롭게 우리 조상들에게 나타난 일들이나 [조상들] 스스로 행한 일들[125] 전부가 장차 이루어질 이 사건의 비유가 되었다. 그리하여 창조계 전체가 이 사건들을 두고 장차 올 한 분에 관해 말하고, 죽음으로부터 회복되어야 할

---

[123] 46년 걸려 지은 성전을 무너뜨리는 이야기에서 비롯하여 장황하게 전개된 아우구스티누스의 상징적 수론(數論)은 단지 독자의 이해를 돕고자 했을 따름이라는 변명이다.

[124] hoc sacramentum … hic deus: 하느님 혹은 성자가 '원성사'(元聖事)로 호칭된다.

[125] 야곱의 돌 제단이나 아브라함의 이사악 제헌 등 주님의 내림에 선행한 표지와 예형들.

lus uniuersorum a morte reparandorum. Quia enim ab uno deo summo et uero per impietatis iniquitatem resilientes et dissonantes defluxeramus et euanueramus in multa discissi per multa et inhaerentes in multis, oportebat nutu et imperio dei miserantis ut ipsa multa uenturum conclamarent unum, et a multis conclamatus ueniret unus, et multa contestarentur uenisse unum, et a multis exonerati ueniremus ad unum, et multis *peccatis* in anima *mortui* et *propter peccatum* in carne morituri amaremus sine peccato mortuum in carne pro nobis unum, et in resuscitatum credentes et cum illo *per fidem* spiritu resurgentes iustificaremur in uno iusto facti unum, nec in ipsa carne nos resurrecturos desperaremus cum multa *membra* intueremur praecessisse nos *caput unum* in quo *nunc per fidem* mundati et *tunc per speciem* redintegrati et per mediatorem deo reconciliati haereamus uni, fruamur uno, permaneamus unum.

VIII 12. Sic ipse *filius dei, uerbum dei* et idem ipse *mediator dei et hominum filius hominis, aequalis patri* per diuinitatis unitatem et particeps noster per humanitatis susceptionem, patrem interpellans pro nobis per id quod *homo* erat nec tamen tacens quod *deus* cum patre *unum* erat et inter cetera ita loquitur: *Non pro his autem rogo,* inquit, *tantum sed et pro eis qui credituri sunt per uerbum eorum in me ut omnes unum sint sicut tu pater in me et ego in te, ut ei ipsi in*

---

[126] 일(一)과 다(多)를 논하는 플로티누스와 포르피리우스의 신플라톤 철학 개념이지만, 교부는 일자이신 하느님의 자유로운 의지로 다자(多者)가 발생하며, 질료도 하느님의 피조물이고, 피조물의 출현을 타락으로 보지 않고 그 자체가 선이라는 이론을 정립한다.

[127] 학문적으로 삼위일체를 논하는 교부의 의도는 삼위일체 하느님과의 합일이며, 철학적 표현을 쓰자면 '일자로서 영속함'(permanere unum)이다(그래서 이하에 unum을 문맥에 따라 '일자'로 옮겨 본다).

만인의 구원이 바로 그분에게 달려 있음을 이야기하기에 이른다. 왜 그런
가 하면, 불경의 죄악으로 말미암아 우리가 일자一者이시고 지존하고 참된
하느님으로부터 멀어지고 불화하여 다자多者로 흩어지고 유랑했으며, 다
자로 분열되고, 다자에 사로잡혀 있었기 때문이다.[126] 그러므로 불쌍히 여
기시는 하느님의 허락과 명령이 있어 저 모든 다자가 한목소리로 장차 올
일자를 부르고, 일자가 다자에게 환호받으면서 도래하고, 다자가 일자가
이미 와 있음을 함께 증언하고, 우리가 다자로부터 벗어나서 일자를 향하
여 달려가기에 이른다. 영혼에서는 다수의 죄로 이미 죽은 우리, 그리고
죄 때문에 육신으로 죽을 우리가, 죄가 없으면서도 우리를 위하여 육신으
로 돌아가신 일자를 사랑하게 되고, 부활하신 그분을 믿음으로써 그분과
함께 신앙을 통해서 영으로 부활하여 의화義化됨으로써 일자이신 의인義人
안에서 우리도 일자가 될 것이다. 우리는 많은 지체肢體이지만 하나의 머
리이신 분이 우리보다 앞서 가셨음을 목격하기 때문에, 우리가 바로 육신
으로 부활하지 못할까 절망하지 않아도 되고, 일자이신 그 머리 안에서 지
금은 우리가 신앙으로 깨끗해지고, 저때는 얼굴을 보면서 합일하기에 이
를 것이다. 중개자를 통해서 하느님과 화해함으로써 우리가 일자에게서
상속받고 우리가 일자를 향유하고 우리가 일자로서 영속할 것이다.[127]

우리 안에 일자로서 존재하기 위하여

8.12. 하느님의 아들이요 하느님의 말씀인 분, 하느님과 사람의 중개자
요 사람의 아들인 그분, 신성의 단일성으로 인해서 아버지와 같으시고 인
성을 취함으로 인해서 우리의 동료가 되는 분, 그분은 당신이 사람이라는
이유로 우리를 위하여 성부께 전구하면서 또한 당신이 하느님으로서 성부
와 하나라는 사실을 숨기지 않고 무엇보다도 이런 말씀을 하신다. "저는
이들을 위해서만 청하지 않고, 이들의 말로 말미암아 저를 믿는 이들을 위
해서도 청합니다. 그들이 모두 하나가 되게 하소서. 아버지, 당신께서 제

nobis unum sint, ut mundus credat quia tu me misisti. Et ego clarita-tem quam dedisti mihi dedi illis ut sint unum sicut et nos unum sumus.

IX. Non dixit: 'Ego et ipsi unum,' quamuis per id quod *ecclesiae caput est* et *corpus eius* ecclesia posset dicere: 'Ego et ipsi' non unum sed 'unus,' quia *caput* et *corpus unus est Christus.* Sed diui-nitatem suam consubstantialem patri ostendens (propter quod et alio loco dicit: *Ego et pater unum sumus*), in suo genere, hoc est in eiusdem naturae consubstantiali parilitate, uult esse suos *unum* sed in ipso quia in se ipsis non possent dissociati ab inuicem per diuer-sas uoluntates et cupiditates et immunditiam peccatorum; unde mundantur per mediatorem *ut sint* in illo *unum* non tantum per ean-dem naturam qua omnes ex hominibus mortalibus *aequales angelis fiunt* sed etiam per eandem in eandem beatitudinem conspirantem concordissimam uoluntatem in unum spiritum quodam modo cari-tatis igne conflatam. Ad hoc enim ualet quod ait: *Vt sint unum sicut et nos unum sumus, ut* quemadmodum pater et filius non tantum aequalitate substantiae sed etiam uoluntate *unum* sunt, ita et hi inter

---

[128] 요한 17,20-22. 위의 문맥에 따르면 끝 구절은 '우리가 일자인 것처럼 그들도 일자가 되게 하려는 것입니다'라고 번역함이 마땅하다.

[129] non unum sed unus: '일자' 아닌 '일인'.

[130] 요한 10,30.

[131] in eiusdem naturae consubstantiali parilitate: 삼위가 신성의 실체적 단일성으로 일치하듯이 인간들은 인간 본성의 '실체적 동등성'(in the consubstantial equality of the same sub-stance: Hill)으로 '일자'가 되어야 한다.

안에 계시고 저 또한 당신 안에 있듯이 그들 또한 우리 안에 있게 하소서. 그리하여 당신께서 저를 파견하신 것을 세상이 믿게 하소서. 그리고 저는 당신께서 제게 주신 영광을 그들에게 주었습니다. 그것은 우리가 하나인 것처럼 그들도 하나가 되게 하려는 것입니다."[128]

같은 사랑의 연대로 일자가 된다

9.[12]. 그분은 "내가 그들과 하나입니다"라고 말씀하지 않았다. 그분이 교회의 머리이고 교회가 그분의 몸이므로 "내가 그들과 하나입니다"라고 말씀할 수 있었지만 말이다. 그것도 '하나'라고 하지 않고 '한 분'[129]이라 할 수 있는 것이 머리와 몸이 한 분 그리스도이기 때문이다. 하지만 성부와 실체를 함께하는 ― 바로 이 점 때문에 다른 구절에서 "나와 아버지는 하나입니다"[130]라고 하신다 ― 당신의 신성을 보여 주시면서도, 그분은 그 나름대로, 다시 말해서 같은 본성의 실체적 동등성에 의거하여[131] 당신 제자들이 일자가 되기 바라신다.[132] 다만 어디까지나 당신 안에서 [하나 되라는 말씀인데] 그들에게 원의顯意가 다르고 욕망이 다르고 죄의 부정不淨이 있다고 해서 당신 안에서는 서로 분열되는 일이 있을 수 없기 때문이다. 중개자를 통해서 그런 것들로부터 깨끗해져 그분 안에서 일자가 될 것이다. 그것도 본성이 같고 그 본성으로 모두가 사멸할 인간에서 천사들과 같아진다는 사실로만이 아니라,[133] 같은 행복을 동경하여 사랑의 불길로 같은 영靈 속으로 타들어 가면서 전적으로 합심하는 같은 의지로 인해서 일자가 된다. "우리가 하나인 것처럼 그들도 하나가 되게 하소서"라는 말씀은 바로 이런 힘을 갖고 있다. 그 까닭은 성부와 성자는 실체의 동등으로만 일자일 뿐 아니라, 의지意志로도 일자이기 때문이며, 성자께서 하느님과의

---

[132] 이중의 사랑으로 하느님 안에 이루어지는 교회의 일치에 형상을 부여하는 것은 성부와 성자와 성령의 일치다.

[133] 육체로 사멸할 본성에서 부활한 육체로 불멸하는 존재가 되면, 불멸한다는 점에서는 천사와 동등해진다.

quos et deum *mediator* est filius non tantum per id quod eiusdem naturae sunt sed etiam per eandem dilectionis societatem *unum sint*. Deinde idipsum quod *mediator* est per quem reconciliamur deo sic indicat: *Ego*, inquit, *in eis et tu in me ut sint consummati in unum*.

X 13. Haec est uera pax et cum creatore nostro nobis firma conexio purgatis et reconciliatis per mediatorem uitae sicut maculati et alienati ab eo recesseramus per mediatorem mortis. Sicut enim diabolus superbus hominem superbientem perduxit ad mortem, ita Christus humilis hominem obedientem reduxit ad uitam; quia sicut ille elatus cecidit et deiecit consentientem, sic iste humiliatus surrexit et erexit credentem. Quia enim non peruenerat diabolus quo ipse perduxerat (mortem quippe spiritus in impietate gestabat sed mortem carnis non subierat quia nec indumentum susceperat), magnus homini uidebatur princeps in legionibus daemonum per quos fallaciarum regnum exercet. Sic hominem per elationis typhum potentiae quam iustitiae cupidiorem aut per falsam philosophiam magis inflans aut per sacra sacrilega inretiens, in quibus etiam magicae fallaciae curiosiores superbioresque animas deceptas in-

---

[134] per eandem dilectionis societatem: 사랑의 연대는 이 책 3.4.9에서도 다루었다.

[135] 요한 17,23.

[136] 신령이나 정령도 신체를 지녀야 확실한 실체(實體)라는 당대의 이론으로 인해서, 악마 같은 영들도 공기 신체(corpus aerium: 氣體) 혹은 영기 신체(靈氣身體, corpus aetherium: 靈體)를 지녔지만 인간이 가지는 지상 신체(地上身體, corpus terrenum: 肉體)는 아니다. 『신국론』 9.13 참조.

사이에 중개자가 되어 주시는 그 대상들 역시 같은 본성을 가졌다는 점에
서만 일자인 것이 아니라, 같은 사랑의 연대를 통해서도 일자이기 때문이
다.[134] 그분은 당신이 중개자이심을 보여 주시고 당신을 통해서 우리가 하
느님과 화해를 이룬다는 사실을 보여 주시는 뜻에서 다음과 같은 말씀을
하신다. "제가 그들 안에 있고 당신께서 제 안에 계십니다. 이는 그들이 완
전히 하나가 되도록 하려는 것입니다."[135]

악마가 인간을 예속시켜 거느리고 있었다

10.13. 바로 여기서 우리에게 참다운 평화가 있고 우리 창조주와의 굳건
한 결합이 있으니, 죽음의 중개자를 통해서 우리가 [한때] 더럽혀지고 소
외되어 그분에게서 떨어져 나갔듯이, [지금은] 생명의 중개자를 통해서 우
리가 정화되고 화해되어 있는 까닭이다. 교만한 악마가 인간을 우쭐대게
만들어 죽음으로 이끌었듯이, 겸손한 그리스도는 인간을 순종하게 만들어
생명으로 다시 데려왔다. 저자가 한껏 뽐내다 타락했고 자기에게 동조하
는 인간을 추락시켰듯이, 이분은 자기를 낮추어 일어섰고 당신을 믿는 인
간을 일으켜 주었다. 악마는 인간을 이끌어 간 그 지점까지 도달하지는 않
았지만 — 그는 불경으로 말미암아 영의 죽음을 초래했지만 육의 죽음은
겪지 않았으니 [인간 육체의] 의상을 입지 않았기 때문이다[136] — [악마가]
인간에게는 마귀들의 군단을 거느린 위대한 지도자로 보였으니 마귀들을
통해서 허위의 왕권[137]을 행사하고 있는 까닭이다. 그래서 악마는 인간을
오만불손의 열병으로 부추겨 정의보다는 권세를 탐하게 만들고, 거짓 철
학으로 더욱 부풀어 오르게 하며, 신성을 모독하는 종교의식으로 그물에
사로잡고, 그런 의식으로 영혼들로 하여금 거짓 마술에 혹하고 거만해지
고 기만당하고 허황되게 만들어 타락시키며, 그렇게 해서 인간을 예속시

---

[137] fallaciarum regnum: 정확하게는 '기만(欺瞞)의 왕권'.

lusasque praecipitans, subditum tenet pollicens etiam purgationem animae per eas quas τελετάς appellant transfigurando *se in angelum lucis* per multiformem machinationem *in signis et prodigiis mendacii.*

XI 14. Facile est enim spiritibus nequissimis per aeria corpora facere multa quae mirentur animae terrenis corporibus aggrauatae etiam melioris affectus. Si enim corpora ipsa terrena nonnullis artibus et exercitationibus modificata in spectaculis theatricis tanta miracula hominibus exhibent ut hi qui numquam talia uiderunt narrata uix credant, quid magnum est diabolo et angelis eius de corporeis elementis per aeria corpora facere quae caro miretur aut etiam occultis inspirationibus ad inludendos humanos sensus phantasmata imaginum machinari quibus uigilantes dormientesue decipiat uel furentes exagitet? Sed sicut fieri potest ut homo uita ac moribus melior spectet nequissimos homines uel in fune ambulantes uel multimodis motibus corporum multa incredibilia facientes nec ullo modo talia facere concupiscat nec eos propterea sibi praeponendos existimet, sic anima fidelis et pia non solum si uideat, uerum etiam si propter fragilitatem carnis exhorreat miracula daemonum, non ideo tamen aut non se posse talia dolebit aut ob hoc illos meliores esse

---

[138] 라틴어로는 teletae: 신상에 구멍을 내어 물질로 채워 주술력을 강화시키던 의식. 이 책 4.12.15에서는 '주술적 봉축'(magicae consacrationes)이라 부른다. 참조: 『신국론』 10.9.2: '신술의 봉축'(consecrationes theurgicae).

[139] 2코린 11,14 참조.

[140] 2테살 2,9 참조.

켜 거느린다. 사람들이 *τελετή*라고 부르는 의식을 통해서[138] 영혼의 정화
淨化를 약속하고서는 "광명의 천사로 변장하여"[139] "온갖 표징과 거짓 기적
으로"[140] 갖가지 형태의 술책을 쓴다.

마귀들의 기적은 무시해 버려야 한다

11.14. 지극히 사악한 영들로서는 공기 신체를 이용하여 여러 가지 것들
을 만들어 내기가 쉽다. 지상 신체로 무거워진 영혼들[141]은, [악한 영들보
다] 나은 감성을 지녔으면서도,[142] 그런 것들을 두고 감탄을 한다. 지상 육
체도 몇몇 기술과 연습으로 가다듬는다면 극장 공연에서 사람들에게 대단
한 기적을 행해 보일 수 있으며, 그런 것을 한 번도 못 본 사람들이라면 이
야기를 듣고서도 믿으려 하지 않을 것이다. 하물며 악마와 그의 천사들이
야말로 공기 신체를 갖고 있는 터에 물리적 원소들로부터 무엇을 만들어
내 [인간의] 육신이 놀라게 만드는 짓이 무슨 대단한 일이겠는가? 더군다
나 인간 감관을 속일 목적을 가지고 어떤 숨은 영감靈感을 발휘하여 황당한
허상들을 조작해 내서는 깨어 있는 사람들이나 잠든 사람들을 기만하는가
하면 미친 사람들을 충동질하기도 한다. 생활이나 행실이 나은 사람이라
면 아주 삿된 인간들이 줄을 타거나 신체의 갖가지 동작으로 믿기지 않는
짓들을 해 보인다 하더라도, 그것을 보면서 자기도 그 짓을 하고 싶다는
생각이 전혀 안 생기고, 그런 짓을 하는 사람들이 자기보다 낫다고 여기는
일도 없으리라는 것은 얼마든지 가능하다. 마찬가지로 신앙심 있고 경건
한 영혼이라면 마귀들의 기적을 보더라도, 그리고 설령 육신의 나약함 때
문에 그런 짓에 공포가 느껴지더라도, 자기도 그런 짓을 해낼 수 없다고
하여 마음 아파하거나 그 일로 마귀들이 자기보다 훌륭하다고 단정하는

---

[141] 지혜 9,15 참조("썩어 없어질 육신이 영혼을 무겁게 하고").

[142] 『신국론』 9.1-11에서 정령(daemon: 마귀)을 다루면서 그것들이 정염(情炎, passiones)에
시달리는 모습은 인간만 못하다는 논리를 편다.

iudicabit, cum sit praesertim in societate sanctorum qui per uirtutem dei cui cunta subiecta sunt et minime fallacia et multo maiora fecerunt siue homines siue angeli boni.

XII 15. Nequaquam igitur per sacrilegas similitudines et impias curiositates et magicas consecrationes animae purgantur et reconciliantur deo quia falsus mediator non traicit ad superiora, sed potius obsidens intercludit uiam per affectus quos tanto maligniores quanto superbiores suae societatis inspirat, qui non possunt ad euolandum pinnas nutrire uirtutum sed potius ad demergendum pondera exaggerare uitiorum tanto grauius animae ruiturae quanto sibi uidetur euecta sublimius. Proinde sicut magi fecerunt diuinitus moniti quos ad humilitatem domini adorandam stella perduxit, ita et nos non qua uenimus sed *per aliam uiam in patriam* redire debemus quam rex humilis docuit et quam rex superbus humili regi aduersarius obsidere non possit. Et nobis enim ut adoremus humilem Christum *caeli* enarrauerunt *gloriam dei* cum *in omnem terram exiit sonus eorum et in fines orbis terrae uerba eorum.*

Via nobis fuit ad mortem *per peccatum in Adam: Per unum* quippe *hominem peccatum intrauit in mundum et per peccatum mors, et ita in omnes homines pertransiit in quo omnes peccauerunt.* Huius

---

¹⁴³ 앞의 각주 138 참조.

¹⁴⁴ 마태 2,1-12 참조. 미신으로 보이는 행사를 포함한 다른 종교들도 인간을 그리스도께 인도할 수 있다는 교부의 신념으로 보인다.

¹⁴⁵ 시편 19,2.5.

¹⁴⁶ 로마 5,12. 교부는 *in quo* omnes peccaverunt를 '모든 이가 아담 안에서 죄를 지은 결과'로 풀이한다(예: 이 책 13.16.21 참조).

일도 없을 것이다. 왜냐하면 그런 영혼은 성인들과의 친교 속에 있기 때문이고, 선한 사람이든 선한 천사든 만유를 지배하시는 하느님의 권능을 입어 훨씬 훌륭한 일들을 해냈는데 거기에는 조금도 속임이 없기 때문이다.

악마는 죽음의 중개자

12.15. 신성을 모독하는 상징물과 불경스러운 호기심과 주술적 봉축奉祝[143]을 통해서 영혼이 정화되거나 하느님과 화해하는 것은 아니니, 거짓 중개자는 고상한 것들을 향해 [영혼들을] 이끌어 올리는 것이 아니고 도리어 정염情炎을 가지고 그리로 가는 길을 방해하고 차단하는 까닭이다. 그자가 자기에게 속한 자들에게 불어넣는 정염이 방자하면 할수록 더욱 그만큼 해악을 끼치는 정염이 된다. 저런 정염들은 위로 날아오르는 덕성德性의 날개를 길러 주기는커녕 영혼을 아래로만 가라앉게 악덕惡德의 무게를 불리기만 하고, 그러면서도 스스로 드높이 날아올랐다고 자처하며, 그러면 그럴수록 영혼은 그만큼 심하게 파멸할 것이다. 또 [성경에 나오는] 점성가들이 하느님의 지시를 받고 했듯이 우리도 그렇게 하지 않으면 안 된다. 그들은 별이 인도하여 주님의 겸손함을 경배하기에 이르렀는데 그다음에 그들이 한 것과 똑같이 우리도 우리가 거쳐 온 길로 해서 돌아갈 것이 아니라 "다른 길로 해서 고향으로" 돌아가지 않으면 안 된다.[144] 그 길은 겸손한 임금께서 가르치신 길인데, 오만한 임금은 겸손한 왕에게 대항하는 적이어서 이 길을 가로막으려고 하지만 해내지 못한다. 그리고 우리가 겸손한 그리스도를 경배하게끔 "하늘은 하느님의 영광을 이야기하고, 그 소리는 온 땅으로, 그 말은 누리 끝까지 퍼져 나간다".[145]

우리에게는 죽음에 이른 길이 있었다. 아담 안에 지은 죄를 통해서 그렇게 되었다. "죄가 한 사람을 통해 세상에 들어왔고 죄를 통해 죽음이 들어왔으며 또한 이렇게 죽음은, 모든 이가 [한 사람 안에서] 죄를 지은 결과, 모든 사람들에게 퍼졌습니다."[146] [죽음에 이르는] 이 길의 중개자는 악마

uiae mediator diabolus fuit, persuasor peccati et praecipitator in mortem; nam et ipse ad operandam duplam mortem nostram simplam attulit suam. Per impietatem namque mortuus in spiritu, carne utique mortuus non est; nobis autem et impietatem persuasit et propter hanc ut in mortem carnis uenire mereremur effecit. Vnum ergo appetiuimus iniqua suasione; alterum nos secutum est iusta damnatione. Propterea quippe scriptum est: *Deus mortem non fecit*, quia causa mortis ipse non fuit; sed tamen per eius retributionem iustissima mors inrogata est peccatori; sicut supplicium iudex inrogat reo, causa tamen supplicii non est iustitia iudicis sed meritum criminis. Quo ergo nos mediator mortis transmisit et ipse non uenit, id est ad mortem carnis, ibi nobis dominus deus noster medicinam emendationis inseruit quam ille non meruit occulta et nimis arcana ordinatione diuinae altaeque iustitiae. Vt ergo sicut *per unum hominem mors ita per unum hominem* fieret *resurrectio mortuorum* quia magis uitabant homines quod euitare non poterant mortem carnis quam mortem spiritus, id est magis poenam quam meritum poenae (nam non peccare aut non curatur aut parum curatur; non mori autem quamuis non obtineatur uehementer satagitur), uitae mediator ostendens quam non sit mors timenda quae per humanam conditionem iam euadi non potest sed potius impietas quae per fidem caueri potest, occurrit nobis ad finem quo uenimus sed non qua uenimus.

---

[147] 영의 죽음(죄, peccatum)과 육의 죽음(죄벌, poena peccati)을 가리킨다.

[148] 지혜 1,13.

[149] 1코린 15,21 참조.

[150] occurrit nobis ad finem *quo venimus sed non qua venimus*: 곧이어 나오는 설명대로, 죽음은 마주했지만 죄를 짓지는 않으셨다는 뜻이다.

였으니 그는 죄를 지으라고 꾄 자이고 인간을 죽음으로 떨어뜨린 자이다. 그자는 우리에게 두 번의 죽음을 가져다주려고 자기 죽음을 한 번 무릅썼다. 불경 때문에 그자는 영으로 죽었다. 물론 육으로는 죽은 것이 아니다. 그자는 우리에게 불경을 저지르도록 꾀었고 그 불경으로 인해서 우리는 육신의 죽음을 값으로 치렀다. 사악한 신념을 갖고 우리가 추구한 것은 하나뿐이었는데 그에 대한 의당한 단죄로 인해서 다른 하나가 우리한테 따라왔다.[147] 그래서 "하느님께서는 죽음을 만들지 않으셨다"[148]는 말씀이 기록되어 있다. 죽음의 원인이 하느님이 아니셨기 때문이다. 그렇지만 죄인에게 지극히 온당한 죽음이 부과된 것은 하느님이 내리신 응보 때문이었다. 판사가 죄인에게 형벌을 부과하지만 형벌의 원인은 판관의 정의가 아니라 범죄에 대한 보수임과 마찬가지다. 그러니까 그자는 죽음의 중개자로서 자기는 도달하지 않은 지점까지, 즉 육체의 죽음까지 우리를 내려보낸 셈이다. 그런데 우리 주 하느님은 우리에게는 치유의 의약을 투여하셨는데 너무나도 신비롭고 숨겨진 경륜, 하느님의 지존한 정의에서 오는 경륜에 따라서 그자에게까지는 그 혜택이 돌아가지 않았다. 여하튼 "한 사람을 통하여 죽음이 왔으니 역시 한 사람을 통하여 죽은 이들의 부활도 올" 참이었다.[149] 인간들은 도저히 피할 수 없는 것을 피하려고 애썼다. 영의 죽음보다도 육의 죽음을 피해 보려고 했다. 다시 말해서 죄벌을 낳는 행실보다는 죄벌을 피하려고 했다. (죄를 짓지 않는 일에는 마음을 쓰지 않거나 조금밖에 쓰지 않고 안 죽는 일은 얻을 수 없음에도 불구하고 초조하게도 탐하는 까닭에 하는 말이다.) 그런데 생명의 중개자는 [현재의] 인간 조건으로는 죽음은 이미 피할 수 없는 것이므로 우리가 두려워할 것은 죽음이 아니라 신앙으로 피할 수 있는 것, 곧 불경임을 보여 주셨다. 그리고 우리를 만나러 오셨는데 우리가 걸어갈 지점으로 마주 오셨지만 우리가 거쳐 온 길로는 오시지 않았다.[150] 우리는 죄를 통해 죽음에 도달했지만 그분

Nos enim ad mortem *per peccatum* uenimus, ille *per iustitiam*; et ideo cum sit mors nostra poena peccati, mors illius facta est hostia pro peccato.

XIII 16. Quapropter cum spiritus corpori praeponatur morsque sit spiritus a deo deseri, mors autem corporis ab spiritu deseri eaque sit poena in morte corporis ut quia spiritus uolens deseruit deum, deserat corpus inuitus ut cum spiritus deum deseruerit quia uoluit, deserat corpus etiamsi noluerit nec deserat cum uoluerit nisi aliquam sibi uim qua ipsum corpus perimatur intulerit, demonstrauit spiritus mediatoris quam nulla poena peccati *usque ad mortem* carnis accesserit quia non eam deseruit inuitus sed quia uoluit, quando uoluit, quomodo uoluit. Quippe dei uerbo ad unitatem commixtus hinc ait: *Potestatem habeo ponendi animam meam et potestatem habeo iterum sumendi eam. Nemo tollit eam a me, sed ego pono eam a me, et iterum sumo eam.* Et hoc maxime mirati sunt sicut euangelium loquitur qui praesentes erant cum post illam uocem in qua figuram peccati nostri edidit, continuo *tradidit spiritum.* Longa enim morte cruciabantur ligno suspensi. Vnde latronibus ut iam morerentur et de ligno ante sabbatum deponerentur crura confracta

---

[151] 교부는 저서를 통해서 그리스도의 죽음이 필연적인 것이 아니고 자발적인 것이었음을 강조한다.

[152] dei verbo ad unitatem commixtus: '하느님의 말씀과의 일치로 혼합되어 있었으므로.' 교부는 신성(神性)과 인성(人性)의 결합을 표현하여 misceri, mixtura, commixtus, permixtus 등의 평범한 용어를 자주 구사하는데(영혼과 육신의 결합에도: e.g., *Epistola* 137.11) 이 용어 가 단성론(單性論)의 색채를 띨 수 있어 그의 사후 칼케돈 공의회(451년)는 '혼합이 아니라' (sine permixione: DS 297, 317) '혼합되지 않은 채 두 본성 안에'(in duabus naturis *inconfuse*: DS 302)라고 정리한다.

은 의덕義德을 통해 죽음에 도달하셨다. 바로 그래서 우리의 죽음은 죄의 벌이지만 그분의 죽음은 죄를 갚는 제물이 되었다.

그리스도는 자원하여 죽으셨다

13.16. 그런데 영이 육보다 낫다. 그리고 영의 죽음은 영이 하느님에게 서 버림받는 것이고 육체의 죽음은 육체가 영에게서 버림받는 것이다. 또 육체의 죽음에서 그것이 벌이 되는 이유는 영혼이 원해서 하느님을 저버 렸기 때문에 또한 억지로 육체를 버려야 했던 까닭이다. 영이 하느님을 저 버린 것은 원해서였고, 육체를 버린 것은 원치 않음에도 불구하고 일어난 일이다. 그래서 [자살의 경우처럼] 자신에게 어떤 폭력을 가하지 않는 한 자기가 원해서 [육체를] 버리는 일은 없다. 그와는 달리 중개자의 영은, 어 떻게 보면 육신의 죽음에 이르게 한 것은 죄의 벌이 전혀 아니었다는 사실 을 보여 주었다. 영이 억지로 육신을 버린 것이 아니고 스스로 원해서, 원 하던 때, 원하는 방식으로 육신을 버렸다는 사실이다.[151] [중개자께서는] 하느님의 말씀과 혼합의 일치를 이루고 있었으므로[152] 이런 말씀을 할 수 있었다. "나는 목숨을 내놓을 권한도 있고 다시 얻을 권한도 있습니다. 아 무도 내게서 목숨을 빼앗지 못합니다. 그러나 내가 스스로 내 목숨을 내놓 고 그 목숨을 다시 얻습니다."[153] 복음 말씀대로, 그분이 우리 죄의 표상을 드러내느라 큰 소리를 지른 다음 "영을 넘겨주시자"[154] 그 자리에 있던 사 람들이 몹시 놀랐다고 한다. 십자가에 매달린 사람들은 지루한 죽음을 당 하면서 괴로워하게 마련이었다. 강도들은 미리 죽게 할 요량으로, 그리고 안식일 전에 십자 나무에서 내려놓을 요량으로 무릎을 꺾었다. 그 대신 그

---

[153] 요한 10,18.17. 『200주년』(끝 구절): "이는 내가 그 목숨을 다시 얻기 위한 것입니다."

[154] 요한 19,30 참조. 교부는 그리스도의 단말마의 외침을 뉘우치는 죄인의 탄식으로 간주 한다.

sunt. Ille autem quia mortuus inuentus est miraculo fuit. Hoc etiam
Pilatum legimus fuisse miratum cum ab illo sepeliendum corpus
domini peteretur.

17. Ille itaque deceptor qui fuit homini meditor ad mortem falso-
que se opponit ad uitam nomine purgationis per sacra et sacrificia
sacrilega quibus superbi seducuntur quia nec participationem mor-
tis nostrae habere potuit nec resurrectionem suae, simplam quidem
suam mortem ad duplam nostram potuit afferre; simplam uero re-
surrectionem in qua et sacramentum esset renouationis nostrae et
eius quae in fine futura est euigilationis exemplum non utique po-
tuit. Ille proinde qui spiritu uiuus carnem suam mortuam resusci-
tauit, uerus uitae mediator illum spiritum mortuum et mortis me-
diatorem ab spiritibus in se credentium foras misit ut non regnaret
intrinsecus sed forinsecus oppugnaret nec tamen expugnaret. Cui se
ipse quoque temptandum praebuit ut ad superandas etiam tempta-
tiones eius mediator esset non solum per adiutorium uerum etiam
per exemplum. At ille primitus ubi per omnes aditus ad interiora
moliens inrepere expulsus est, post baptismum in heremo completa
omni temptatione inlecebrosa quia uiuum spiritum mortuus spiritu
non inuasit quoquo modo auidus mortis humanae conuertit se ad fa-

---

¹⁵⁵ 마르 15,42-45 참조.

¹⁵⁶ per *sacra* et *sacrificia sacri*lega: *sacr-*의 연속 발음으로 희롱조의 문구가 된다.

¹⁵⁷ 교부는 자주 그리스도 부활에서 인간 쇄신의 성사(sacramentum renovationis nostrae)
와 인류 부활의 예표(evigilationis exemplum)를 본다.

분은 벌써 돌아가셨음이 드러나자 그것이 되레 기적 같았다. 우리가 읽어
서 알지만, 주님의 시신을 땅에 묻게 내어 달라고 청탁하는 사람에게 빌라
도 역시 의아하게 여겼다고 한다.[155]

생명의 참된 중개자는 당신을 믿는 사람들의 영 사이에서 죽음의 중개자를 쫓아내셨다

13.17. 그런데 저 속이는 자, 인간에게 죽음의 중개자가 된 자는 결국 우
리의 죽음에 참여할 수도 없었고 자기의 부활도 얻을 수 없었으므로, 우리
의 두 번 죽음에 자기의 한 번 죽음을 맞세우는 게 고작이었다. 그자는 신
성을 모독하는 종교의식과 희생제사 ― 오만한 자들이 곧잘 속는다 ― 를
통해서[156] 정화시킨다는 명목으로 생명의 중개자인 양 거짓으로 자기를 내
세웠는데도 말이다. 그 대신 그자는 한 번의 부활에 참석할 수 없었다. 그
부활에는 우리 쇄신의 표징이 있고 장차 마지막에 [모든 이가] 깨어나는
저 사건의 예표가 있다.[157] 그래서 영으로 살면서 당신의 죽은 몸을 다시
일으킨 그분, 생명의 참된 중개자는 저 죽은 영, 죽음의 중개자를 당신을
믿는 사람들의 영들 틈에서 밖으로 쫓아냈다. 저 자가 안에서 다스리지 못
하고 밖에서 맞서기는 하되 결코 올라서지는 못하게[158] 조처한 것이다. 그
분은 그자에게 당신을 유혹하는 기회까지도 허용했는데 이것은 그자의 유
혹을 물리침으로써 [당신이 베푸는] 도움으로만 중개자가 되지 않고 [당신
이 보이는] 모범으로도 중개자가 되기 위함이었다. 저자는 처음에는 온갖
통로를 거쳐서 안으로 들어오려고 획책했으나 결국은 쫓겨나고 말았다.
또 [그분의] 세례 후에는 온갖 매력적인 유혹을 다 해 본 다음에도 [성공을
거두지 못했으니][159] 영으로 죽은 자가 살아 있는 영을 무슨 수로도 침범할
수 없었던 까닭이다. 그래서 어떻게 해서든지 인간의 죽음을 노리던 자가
결국은 자기가 할 수 있는 한에서, 또 자기에게 허락된 범위 내에서 죽음

---

[158] forinsecus oppugnaret nec tamen expugnaret: 악마의 활동의 한계를 지적했다.

[159] 루카 4,1-13 참조.

ciendam mortem quam potuit et permissus est in illud quod ex nobis mortale uiuus mediator acceperat. Et ubi potuit aliquid facere ibi ex omni parte deuictus est, et unde accepit exterius potestatem dominicae carnis occidendae inde interior qua nos tenebat potestas eius occisa est. Factum est enim ut uincula peccatorum multorum in multis mortibus per unius unam mortem quam peccatum nullum praecesserat soluerentur. Quam propterea dominus pro nobis in-debitam reddidit ut nobis debita non noceret. Neque enim cuius-quam iure potestatis exultus est carne, sed ipse se exuit. Nam qui posset non mori si nollet, procul dubio quia uoluit mortuus est, et ideo *principatus et potestates exemplauit fiducialiter triumphans eas in semetipso*. Morte sua quippe uno uerissimo sacrificio pro nobis oblato quidquid culparum erat unde nos principatus et potes-tates ad luenda supplicia iure detinebant purgauit, aboleuit, exstin-xit, et sua resurrectione in nouam uitam nos *praedestinatos uocauit, uocatos iustificauit, iustificatos glorificauit.*

Ita diabolus hominem quem per consensionem seductum tam-quam iure integro possidebat, et ipse nulla corruptione carnis et san-guinis septus per istam corporis mortalis fragilitatem nimis egeno et infirmo tanto superbior quanto uelut ditior et fortior quasi panno-so et aerumnoso dominabatur, in ipsa morte carnis amisit. Quo enim

---

[160] ipse se exuit: 콜로 2,15(exspolians principatus et potestates: "그 권력들과 권세들을 무력화시켜")에서 교부는 exspoliens 대신 exuens se carne로 읽어(*Epitola* 149.26) '스스로 육신을 벗음으로써 그 권력들과 권세들에게'라는 의미로 번역하고 해설한다.

[161] 콜로 2,15: 불가타역의 exspolians principatus et potestates traduxit confidenter, trium-phans illos in semetipso("그 권력들과 권세들을 무력화시켜 공공연한 구경거리로 삼고 그분 안에서 그들 위에 개선행진을 하셨다")와는 상당히 거리가 있다.

[162] 로마 8,30.

을 만들어 내는 일로 방향을 바꾸었다. 달리 말하면, 살아 계시는 중개자가 우리 인간들에게서 취한 것, 즉 [우리 인간의] 사멸할 부분에만 [악마가 죽음을 초래할 수 있었던 것이다]. 그리고 악마가 무엇인가 손을 쓸 수 있었다는 바로 그 지점에서 악마는 전적인 패배를 보고 말았다. 외적으로 주님의 육신을 살해할 권한을 받은 바로 그 점에서 [악마가] 우리를 사로잡고 있던 그 내면적 권한이 말살되고 말았다. 이리하여 그 수많은 죽음에 얽혀 있던 그토록 많은 죄의 사슬들이 한 사람의 한 번 죽음으로 다 풀려버린 사건이 발생했다. 그것이 죄가 선행되지 않은 죽음이었기 때문이다. 주님은 치르지 않아도 될 죽음을 우리 대신 치르심으로써 우리가 치러야 할 죽음이 우리를 해치지 못하게 만드셨다. 그분은 어떤 권세에 의해서도 육신을 벗기지 않았고 오직 그분 스스로 당신을 벗기셨다.[160] 원치 않으면 안 죽을 수 있는 분이었으므로 그분이 죽으신 것은 스스로 원하셨기 때문이다. 바로 그래서 "[스스로 당신을 벗기심으로써] 그 권력들과 권세들에게 공공연한 구경거리를 보여 주셨고 그분 안에서 그들을 정복하고 개선행진을 하셨다"[161]는 말씀이 있다. 전에는 저 권력들과 권세들이 당당히 우리를 사로잡고 있으면서 우리에게 형벌을 가하고 있었다. 그런데 당신의 죽음으로, 그러니까 우리를 위하여 바치신 단 한 번의 정말 참다운 희생제사로, 일체의 죄과를 정화하고 폐지하고 소멸시키셨다. 그리고 당신의 부활로는 우리를 새 생명으로 부르셨다. 우리를 당신이 "예정한 사람으로 부르셨고 부르신 이들을 또한 의롭게 하셨으며 의롭게 하신 이들을 또한 영광스럽게 하셨다".[162]

악마는 인간이 동의하게 만들어 인간을 기만했으므로 전적인 권리로 인간을 장악하고 있었다. 그자는 살과 피의 부패를 겪을 리도 없었고, 사멸할 육체의 저 취약성으로 인해서 그토록 빈곤하고 그토록 허약한 인간에 비한다면 그만큼 부유하고 그만큼 강력하고 또 그만큼 오만불손하게 군림하면서, 저토록 간난고초에 시달리고 저토록 헐벗은 인간을 다스리고 있었다. 그러다 바로 그 육신의 죽음에서 악마는 그 인간을 빼앗기고 말았

cadentem non secutus impulit peccatorem illuc descendentem per-
secutus compulit redemptorem. Sic in mortis consortio *filius dei* no-
bis fieri dignatus est amicus quo non perueniendo meliorem se no-
bis atque maiorem putabat inimicus. Dicit enim redemptor noster:
*Maiorem dilectionem nemo habet quam ut animam suam ponat pro
amicis suis.* Quocirca etiam ipso domino se credebat diabolus supe-
riorem in quantum illi dominus in passionibus cessit quia et de ipso
intellectum est quod in psalmis legitur: *Minuisti eum paulo minus
ab angelis*, ut ab iniquo uelut aequo iure aduersus nos agente ipse
occisus innocens eum iure aequissimo superaret {atque ita captiui-
tatem propter peccatum factam captiuaret} nosque liberaret a cap-
tiuitate propter peccatum iusta suo iusto sanguine iniuste fuso mor-
tis *chirographum delens* et iustificandos redimens peccatores.

18. Hinc etiam diabolus adhuc suos inludit quibus se per sua sac-
ra uelut purgandis et potius implicandis atque mergendis falsus me-
diator opponit quod superbis facillime persuadet inridere atque con-

---

[163] 문장의 모든 요소가 완전한 대칭을 이룬다: cadentem – descendentem, impulit – com-
pulit, peccatorem – redemptorem, non secutus – persecutus.

[164] 요한 15,13.

[165] 시편 8,6. 『성경』: "인간을 신들보다 조금만 못하게 만드시고 …."

[166] "악마는 저 시편 구절에서 그 의인이 천사인 자기보다 못하다고 알아들었다."

[167] ab iniquo velut aequo iure adversus nos agente ipse occisus innocens eum iure aequis-
simo superaret: 주님의 구원 사업을 구속(救贖) 혹은 대속(代贖)이라는 법리론으로 간결하게
정리한 문장이다.

[168] captivitatem propter peccatum factam captivaret: '악마가 사로잡고 있던 포로들을 당신
이 사로잡았으니 당신 마음대로 그들을 처분하신다'는 뜻. 에페 4,8["그분은 높은 곳으로 올
라가시면서 포로들을 사로잡으시고(captivam duxit captivitatem) 사람들에게 선물을 주셨도
다"] 참조(사본에 따라서는 괄호 안의 이 문장이 탈락하고 없다).

다. 인간이 타락할 때 악마는 [인간의 죽음까지는] 따라가지 않은 채 인간을 죄인으로 만들어 [죽음으로] 몰아넣었는데 [인간이 타락한] 그 지점까지 스스로 내려가는 분을 박해하여 구속주救贖主를 그 [죽음에다] 몰아붙였던 탓이다.[163] 하느님의 아들은 우리와 죽음의 운명을 함께함으로써 벗이 되셨음에 비해서, 저 원수는 [죽음의 처지에는] 도달하지 않았고 또 바로 그 점 때문에 자기가 우리보다 잘나고 훌륭하다고 여겼던 것이다. 그리하여 우리 구속주께서는 "누가 자기 친구들을 위해서 자기의 목숨을 내놓는 것, 그보다 더 큰 사랑은 아무도 지니지 못합니다"[164]라는 말씀을 하신다. 악마는 주님께서 수난 중에 자기에게 당하는 것을 보고서 자기가 주님보다 훌륭하다고 믿기에 이르렀다. 시편에서 "그를 천사들보다 조금 못하게 만드셨나이다"[165]라는 구절이 그분에게 해당된다고 악마는 알아들었던 것이다.[166] 저 악한 자는 [어쩌면] 정당한 권리를 가지고 우리를 거슬러 행동하고 있었는데 그분은 무죄한 채 저 악한 자에게 죽임을 당함으로써, 정정당당한 권리로 그자를 무찔렀고,[167] (죄로 말미암아 생겨난 포로 신세를 당신이 사로잡으셨다.)[168] [우리의] 포로 신세는 [우리가 저지른] 죄 때문에 의로운 것이었는데 당신의 의로운 피를 [악마가] 불의하게 흘림으로써[169] "죽음의 빚 문서"를 없애 버리고[170] 죄인들을 속량贖良하여 의화義化시키셨다.

하느님의 지고한 지혜는 악마를 이용하여 믿는 사람들의 구원을 도모한다

13.18. 여기서도 악마는 아직도 자기 사람들을 우롱하고 있는데 자기의 의식儀式을 통해서 마치 정화를 시키기나 하듯이 거짓 중개자로 나서는 까닭이다. 그러나 실은 그는 인간을 사로잡고 타락시킬 따름이다. 하지만 오

---

[169] a *captivitate* propter peccatum *iusta* suo *iusto sanguine iniusto fuso.*

[170] 콜로 2,14 참조["우리에게 불리한 조문들로 우리를 책잡던 빚 문서(chirographum)를 없애 버리시고 그것을 십자가에 못 박아 우리 가운데서 치워 버리셨습니다"].

temnere mortem Christi a qua ipse quanto est alienior tanto ab eis
creditur sanctior atque diuinior. Qui tamen apud eum paucissimi re-
manserunt agnoscentibus gentibus et pia humilitate bibentibus pre-
tium suum eiusque fiducia deserentibus hostem suum et concurren-
tibus ad redemptorem suum. Nescit enim diabolus quomodo illo et
insidiante et furente utatur ad salutem fidelium suorum excelsissi-
ma *sapientia dei, a fine* superiore, quod est initium spiritalis creatu-
rae, *usque ad finem* inferiorem, quod est mors corporis, *pertendens
fortiter et disponens omnia suauiter. Attingit enim ubique propter
suam munditiam, et nihil inquinatum in eam incurrit.* A morte au-
tem carnis alieno diabolo unde nimium superbus incedit mors alte-
rius generis praeparatur in aeterno igne tartari quo non solum cum
terrenis sed etiam cum aeriis corporibus excruciari spiritus possint.
Superbi autem homines quibus Christus quia mortuus est uiluit ubi
nos tam magno emit et istam mortem reddunt cum hominibus con-
ditioni aerumnosae naturae quae trahitur a primo peccato et in il-
lam cum illo praecipitabuntur. Quem propterea Christo praeposue-
runt quia eos in istam deiecit quo per distantem naturam ipse non
cecidit et quo propter eos per ingentem misericordiam ille descen-
dit, et tamen se daemonibus esse meliores non dubitant credere eos-

---

[171] pia humilitate *bibentibus* pretium suum: 이 문구의 이해가 난해하므로 다수 사본은
bibentibus 대신 viventibus('자기의 몸값에 맞게 살아가며')나 videntibus('자기의 몸값을 알아
보며')로 읽는다.

[172] 지혜 8,1("세상 끝에서 끝까지": a fine usque ad finem) 참조.

[173] 지혜 7,25. 『성경』: "지혜는 전능하신 분의 영광의 순전한 발산이어서 어떠한 오점도 그
안으로 기어들지 못한다."

[174] *istam mortem* reddunt *cum hominibus* ⋯ *et in illam cum illo* praecipitabuntur: 육신의
죽음은 원조의 죗값(rendere)이지만 영원한 죽음은 악마에게 동조한 파멸(praecipitari)이다.

만한 자들은 [그 짓에] 설득당하고도 남을뿐더러 그리스도의 죽음을 비웃고 멸시한다. 따라서 악마가 [그리스도의 죽음에] 적의를 품으면 품을수록 저런 인간들은 악마가 더욱 거룩하고 더욱 신성하다고 믿기에 이른다. 그러나 악마 곁에 남은 자들은 아주 소수가 되었다. [그분이 치른] 자기들의 몸값을 제 민족이 깨닫기에 이르렀고, 경건하고 겸손하게 자기의 몸값에 동화하며,[171] 그분에게 신뢰를 품고 자기들 원수에게는 등을 돌리며 자기 구속주를 향하여 달려가고 있다. 악마는 모르고 있다, 악마가 속임수를 쓰고 광분해서 날뛰는 것마저 하느님의 드높은 지혜가 어떻게 이용해서 당신을 믿는 이들의 구원을 도모하는지를! "지혜는 끝에서 끝까지 힘차게 퍼져 가며 만물을 훌륭히 통솔한다."[172] 다시 말해서 보다 숭고한 끝, 즉 영적인 창조라는 시원에서부터, 보다 낮은 끝, 즉 육체의 죽음에 이르기까지 두루 미친다. "지혜는 그 순전함으로 인해서 어디든지 다다르며 어떠한 오점도 그 안으로 기어들지 못한다."[173] 육신의 죽음에서 제외된 악마이고 또 바로 그래서 너무나 오만하게 행세하는데 그자에게는 지옥의 영원한 불 속에서 당하는 딴 종류의 죽음이 마련되어 있고, 거기서는 지상 신체를 갖춘 영들만 아니라 공기 신체를 갖춘 영들마저도 고통을 당하는 일이 가능하다. 그리스도께서는 우리 때문에 [당신의 죽음이라는] 비싼 값을 치르셨는데도 교만한 인간들은 그리스도께서 죽으셨다는 바로 이유로 그분을 하찮게 여긴다. 그러다 보니 그들은 자연 본성에서 오는 비참하기 이를 데 없는 인간 조건, 곧 첫 범죄에서 유래하는 인간 조건에 따라서 결국 저 [육신의] 죽음을 여느 인간들과 똑같이 치르고서는 그다음에 저자와 더불어 저 [영원한] 죽음에 떨어질 것이다.[174] 그자들은 그리스도보다 악마를 앞세웠다. 그런데 악마는 사실상 그자들을 저 [육신의] 죽음에 내던지고서도 자기는 그 처지에 떨어지지 않았다. 자기의 본성이 [육신의 죽음과는] 거리가 있다는 이유에서다. 그런데 그리스도께서는 바로 그 사람들 때문에 바로 그 처지로 내려가셨다. 크나큰 자비심 때문이었다. 그럼에도 저 사람들은 자기네가 정령精靈[175]▶보다는 훌륭하다는 믿음을 의심치 않고,[176]▶ 온

que maledictis omnibus insectari detestarique non cessant, quos certe alienos ab huius mortis passione nouerunt propter quam Christum contemnunt. Nec sic uolunt considerare quam fieri potuerit ut in se manens nec per se ipsum ex ulla parte mutabile *uerbum dei* per inferioris tamen naturae susceptionem aliquid inferius pati posset quod immundus daemon quia terrenum corpus non habet, pati non possit. Sic cum sint ipsi daemonibus meliores, tamen quia carnem portant mori sic possunt quemadmodum mori daemones quia non eam portant non utique possunt. Et cum de mortibus sacrificiorum suorum multum praesumant quae se fallacibus superbisque spiritibus immolare non sentiunt, aut si etiam sentiunt, aliquid sibi prodesse arbitrantur perfidorum et inuidorum amicitiam quorum intentionis nullum negotium est nisi impeditio reditus nostri.

19. Non intellegunt ne ipsos quidem superbissimos spiritus honoribus sacrificiorum gaudere potuisse nisi uni uero deo pro quo coli uolunt uerum sacrificium deberetur.

XIV. Neque id posse rite offerri nisi per sacerdotem sanctum et iustum nec nisi ab eis accipiatur quod offertur pro quibus offertur

---

◀175 daemon: 교부는 『신국론』 8권 13-22장에서 긴 지면을 할애하여 정령숭배를 분석 · 비판한다.

◀176 이하에서 아우구스티누스가 소개하고 공격하는 대상은 신령론자들(theurgoi)이다. 그들은 영(spiritus)을 천상신(di caelestes), 정령(daemones), 인간 영혼(animae)으로 나누고, 정염(情炎)으로 동요하는 정령보다는 차라리 인간이 우월하다고 주장한다.

갖 저주를 퍼부으면서 정령들을 뒤쫓고 악담하기를 그치지 않는다. 정령들이 [육신의 죽음이라는] 이 고난과는 거리가 멀다는 사실을 확실히 알고 있으면서 바로 그런 [육신의 죽음을 당했다고 해서] 그리스도를 경멸한다. 하느님의 말씀이 당신 스스로는 그대로 남아 있고 당신 스스로는 어느 모로도 변할 수 없는 분이지만, 하위의 본성을 받아들인 이상, 하위의 무엇을 겪을 수도 있다는 사실을 저 사람들은 염두에 두지 않고 있다. 그 대신 부정한 정령은 지상 육체를 갖고 있지 않아서 이런 것을 겪을 수 없다. 그러니까 자기들이 정령보다 우월하더라도 육신을 갖고 있어 죽을 수 있고 정령들은 육신을 갖고 있지 않아서 죽을 수 없다. 그러면서도 저 사람들은 자기네가 바치는 희생제물들의 죽음에 상당한 가치를 두고 있다.[177] 단지 [인간들을] 기만하고 오만불손한 영들에게 자기들이 제사를 바치고 있다는 사실을 깨닫지 못하고 있거나, 비록 깨닫더라도 사악하고 시기심 많은 자들과 맺는 우호를 통해서 뭔가 자기에게 이익이 생긴다고 여기거나 둘 중의 하나다. 저 [영들의] 의도야 우리가 [주님께] 돌아가는 길을 훼방하는 일 외에는 아무 흥미가 없는데도 말이다.

유일한 중개자께서는 평화의 제사를 바쳐 우리를 하느님께 화해시키신다

13.19. 저 사람들은 아무리 오만한 영들도 희생제사를 받는 영예를 누릴 수 없다는 사실을 미처 깨닫지 못하고 있다. 참다운 제사는 유일하신 참하느님께만 돌아가야 하는데 저 영들은 하느님 대신에 자기들이 숭배받고 싶어 한다.

14.[19]. 또한 제사는 거룩하고 의로운 제관祭官을 통해서가 아니면 올바로 바칠 수 없다. 그리고 바치는 제물이 제사의 혜택을 받아야 할 사람들

---

[177] de mortibus sacrificiorum multum praesumant: 희생제물의 죽음에 의의를 부여하면서도 그리스도의 죽음을 경멸하는 것은 모순이다.

atque id sine uitio sit ut pro uitiosis mundandis possit offerri. Hoc certe omnes cupiunt qui pro se offerri sacrificium deo uolunt.

Quis ergo tam iustus et sanctus sacerdos quam *unicus dei filius* non qui opus haberet per sacrificium sua purgare peccata nec originalia nec ex humana uita quae adduntur? Et quid tam congruenter ab hominibus sumeretur quod pro eis offerretur quam humana caro? Et quid tam aptum huic immolationi quam caro mortalis? Et quid tam mundum pro mundandis uitiis mortalium quam sine ulla contagione carnalis concupiscentiae caro nata in utero et ex utero uirginali? Et quid tam grate offerri et suscipi posset quam caro sacrificii nostri corpus effectum sacerdotis nostri? Vt quoniam quattuor considerantur in omni sacrificio: cui offeratur, a quo offeratur, quid offeratur, pro quibus offeratur; idem ipse unus uerusque *mediator* per sacrificium pacis reconcilians nos deo unum cum illo maneret cui offerebat, unum in se faceret pro quibus offerebat, unus ipse esset qui offerebat et quod offerebat.

XV 20. Sunt autem quidam qui se putant ad contemplandum deum et inhaerendum deo uirtute propria posse purgari, quos ipsa superbia maxime maculat. Nullum enim uitium est cui magis diuina lege resistitur et in quod maius accipiat dominandi ius ille superbissimus spiritus ad ima mediator, ad summa interclusor, nisi occulte insidians alia uia deuitetur, aut per populum deficientem quod in-

---

[178] unum cum illo maneret cui offerebat, unum in se faceret pro quibus offerebat, unus ipse esset qui offerebat et quod offerebat: 제사를 받는 이와 드리는 이, 제관과 제물이 한 분에게서 합치됨을 명시한 문장이다. 참조: "그분은 바로 이 종의 모습을 제물로 바쳤으며 이 모습 속에서 제물로 바쳐졌고 이 모습 때문에 중개자가 되었으며 이 모습으로 인해 사제가 되었고 이 모습대로 제사 그 자체가 되었다"(『신국론』 10.6).

에게서 받은 제물이 아니면 안 되고, 또 흠 있는 사람들이 정화되기 위해서 바쳐지는 만큼 흠이 없는 제물이어야 한다.

이 점은 자신을 위하여 하느님께 어떤 제사가 바쳐지기 바라는 사람이라면 모두가 바라는 바이기도 하다. 그렇다면 하느님의 외아드님 만큼 의롭고 거룩한 제관이 누구겠는가? 그분은 제사를 통해서 자기 죄를 정화할 필요가 없었고 원죄도, 인간 생애에서 덧보탠 죄도 없었다. 또 인간들을 위해서 봉헌하려고 인간들이 취할 제물치고 인간 육신보다 적합한 것이 무엇이겠는가? 또 이 봉헌에는 죽을 육신보다 적합한 것이 무엇이겠는가? 또 죽을 인간들의 결점을 정화하는 데는 육정의 감염이 전혀 없이 동정童貞의 자궁 속에서 생기고 동정의 자궁으로부터 출생한 육신보다 나은 것이 무엇이겠는가? 또 우리 희생제사의 육신, 우리 제관의 육체가 된 그 육신보다 흔쾌히 봉헌되고 받아들여질 것이 무엇이겠는가? 모든 제사에는 네 가지가 고려되어야 한다. 누구에게 바치고 누구에 의해서 바쳐지며 무엇을 바치고 누구를 위해서 바치느냐는 것이다. 그런데 이 넷 전부가 한 분 참된 중개자로 귀결된다. 당신은 참된 한 분 중개자로서 평화의 제사를 통해 우리를 하느님과 화해시키는데, 제사를 올리는 대상인 하느님과 하나로 머물러 있고, 당신이 누구를 위해서 바치는 그 대상과 스스로 하나 되었고, 당신이 바치는 주체이자 바치는 객체가 되어 하나다.[178]

하느님을 관조하기 위하여 자기 힘으로 정화될 수 있다고 믿는 사람들은 교만 자체가 그들을 심대하게 더럽힌다

15.20. 하느님을 관조하고 하느님께 귀의할 때 자기 힘으로 정화될 수 있다고 믿는 사람들이 있는데, 교만 그것이 그들을 지독하게 더럽힌다. 그보다 하느님의 법에 저항하는 악덕이 또 없고, 오만방자한 저 영으로 하여금 지배 세력을 장악하게 만드는 데 그보다 더 보탬이 되는 것이 또 없다. 그자는 가장 저급한 것으로 끌어내리는 중개자이자, 가장 지고한 것으로 못 오르게 만드는 훼방자이다. 숨어서 흉계를 꾸미는 저자를 다른 길로 해

terpretatur Amalech aperte saeuiens et ad terram promissionis re-
pugnando transitum negans per crucem domini quae Moysi manibus
extentis est praefigurata superetur. Hinc enim sibi purgationem isti
uirtute propria pollicentur quia nonnulli eorum potuerunt aciem
mentis ultra omnem creaturam transmittere et lucem incommutabi-
lis ueritatis quantulacumque ex parte contingere, quod christianos
multos *ex fide* interim sola uiuentes nondum potuisse derident. Sed
quid prodest superbienti et ob hoc erubescenti lignum conscendere
de longinquo prospicere patriam transmarinam? Aut quid obest hu-
mili de tanto interuallo non eam uidere in illo ligno ad eam uenienti
quo dedignatur ille portari?

XVI 21. Hi etiam *resurrectionem carnis* nos credere reprehendunt
sibique potius etiam de his rebus credi uolunt, quasi uero quia prae-
celsam incommutabilemque substantiam *per illa quae facta sunt*
intellegere potuerunt, propterea de conuersione rerum mutabilium
aut de contexto saeculorum ordine consulendi sunt. Numquid enim
quia uerissime disputant et documentis certissimis persuadent ae-
ternis rationibus omnia temporalia fieri, propterea potuerunt in ip-

---

[179] Amalech을 어원상 am(백성)-halak(불운한)으로 풀이할 수는 있지만 교부가 populus
deficiens(모자라는 백성)라고 부른 유래는 불분명하다.

[180] 탈출 17,8-16 참조.

[181] ex fide interim sola viventes: 로마 1,17("의인은 믿음으로 살 것이다": 하바 2,4) 참조.

[182] lignum conscendere: 지혜 10,4("세상이 홍수에 잠기자 지혜는 한 의인을 변변찮은 나
뭇조각에 실어서 이끈 끝에(per contemptibile lignum gubernans) 세상을 다시 구하였다") 참
조. '나무'로 배를 가리키는 수사학적 어법이 쓰인다.

[183] 플로티누스(*Enneades* 1.6.8)에게서 비롯하는 은유. 조국과 그곳으로 가는 배의 은유는
아우구스티누스가 교회에 빗대어 자주 사용한다(『신국론』 9.17; 10.29; *Contra Academicos*
3.19.42; *De beata vita* 1.2; *Tractatus in Ioannis Evangelium* 2.2).

서 피해 갈라치면 아말렉이라고 풀이할 만한 덜 떨어진 백성을 동원하여[179] 노골적으로 해코지를 하고, 약속의 땅으로 들어가는 통로를 못 내놓겠다고 잡아뗀다. 그자는 주님의 십자가를 통해서 제압당하는데 [아말렉과 전투하는 동안] 두 팔을 벌리고 선 모세는 이 십자가를 표상한다.[180] 여기서 저자들은 자기 힘으로 정화를 이루려고 노력하는데 그렇게 하는 이유는 그들 가운데 몇몇에게서는 지성의 예봉이 모든 피조물을 능가할 수 있었고 어느 모로 일부나마 불변하는 진리의 빛에 닿을 수 있었기 때문이다. 그들은 많은 그리스도인이 아직도 그 경지에 대해서 믿음으로만 살아가고 있음을[181] 보고 비웃는다. 하지만 오만하여 정작 나무에 오르기를[182] 부끄러워하고 멀리서 바다 건너 고향을 바라보기만 한다면 무슨 소용이 있겠는가?[183] 달리 말하면, 비록 저 머나먼 간격을 넘어 바라볼 능력은 없어도, 겸손하여 그곳에 이르는 나무 위로 올라가는 사람, 그곳까지 이 나무를 타고 가는 일을 부끄러워하지 않는 사람이 있다면 [저런 능력이 없다고 해서] 무슨 손해이겠는가?[184]

철인哲人들은 영원한 이념에서 역사에 상응하는 내용을 못 보았다

16.21. 이 사람들은 우리가 육신의 부활을 믿는 것마저 비난하고 이런 일에 관해서는 자기들의 말을 믿어 주기를 바란다. 실상 그들은 피조물을 통해서 숭고하고 불변하는 실체를 인식할 수 있었으며,[185] 바로 그래서 가변적 사물들의 변전變轉에 대해서나 세기世紀들의 질서 정연한 연속에 대해서 문의를 받을 만한 인물들이다. 그들이 현세적 사물 모두가 영원한 이념들에 의해서 생성된다는 아주 그럴듯한 논리를 펴고, 아주 확실한 전거를 대며 설득하는 경우, 과연 그들이 영원한 이념들을 관조할 수 있었기 때문

---

[184] 이교도 철인들이 진리를 일시 관상하고도 그곳에 이르는 수단 — 교회와 신앙 — 을 경멸하는 자세와, 평범한 신자들이 그런 철학적 지혜 없이도 순순하게 믿는 자세를 비교한다.

[185] 로마 1,20 참조: "실상 그분의 보이지 않는 것들, 그분의 영원한 권능과 신성은 세상이 창조된 이래 피조물 안에서 이성적 성찰로써 인식되었습니다."

sis rationibus perspicere uel ex ipsis colligere quot sint animalium genera, quae semina singulorum in exordiis, qui modus in incrementis, qui numeri per conceptus, per ortus, per aetates, per occasus, qui motus in appetendis quae secundum naturam sunt fugiendisque contrariis? Nonne ista omnia non per illam incommutabilem sapientiam sed per locorum ac temporum historiam quaesierunt et ab aliis experta atque conscripta crediderunt? Quo minus mirandum est nullo modo eos potuisse prolixiorum saeculorum seriem uestigare et quandam metam huius excursus quo tamquam fluuio genus decurrit humanum atque inde conuersionem ad suum cuique debitum terminum. Ista enim nec historici scribere potuerunt longe futura et a nullo experta atque narrata. Nec isti philosophi ceteris meliores in illis summis aeternisque rationibus intellectu talia contemplati sunt; alioquin non eiusdem generis praeterita quae potuerunt historici inquirerent sed potius et futura praenoscerent.

Quod qui potuerunt ab eis uates, a nostris prophetae appellati sunt,

XVII 22. quamquam et prophetarum nomen non omnino alienum est a litteris eorum. Sed plurimum interest utrum experimento praeteritorum futura coniciantur, sicut medici multa praeuidendo etiam

---

[186] rationes, genera, semina, modus, numeri, motus 등은 한결같이 플로티누스 철학이 구사하는 용어들이다.

[187] 교부에게는 영원한 이념들이 깃들어 있는 '말씀'을 의미한다.

[188] 코헬 1,7 참조: "강물이 모두 바다로 흘러드는데 바다는 가득 차지 않는다. 강물은 흘러드는 그곳으로 계속 흘러든다."

[189] 편집에 따라서는 이 마지막 문장부터 17장이 시작한다.

일까? 그 이념들로부터 연역하여 생물의 종류가 몇인지, 원초에 마련된 개체들의 종자가 무엇이며, 성장에서는 어떤 척도가 존재하며, 회태懷胎, 출생, 연기年紀, 사망에는 어떤 신수身數가 끼치고 있으며, 자연 본성에 순巡하는 것을 추구하고 역逆하는 것을 기피할 때 무슨 충동이 작용하는지 과연 알아내는 것일까?[186] 이 모든 결론이 저 불변하는 지혜를 통해서[187] 획득한 것이라기보다는 시간과 장소에 관한 기술을 통해서 탐구했고 타인들이 경험하고 서술한 바를 신뢰한 결과가 아닐까? 무슨 수를 쓰더라도 그들이 일련의 장구한 세기들을 [직접] 탐사할 수는 없었고 그 용장兀長한 흐름의 어떤 종점을 경험해 볼 수도 없었을 테니까 이것은 그다지 놀라운 일은 아니다. 인류는 강물로 흘러가듯이 그 종점을 향해 흘러가면서 흐름이 바뀌는 굽이를 맞고 각자에게 정해진 종말을 맞는 법이다.[188] 이런 것은 역사가들이 기술할 수가 없었으니 머나먼 미래여서 누구도 경험해서 이야기해 줄 수 있는 것이 아니기 때문이다. 저 철학자들이 저 지고하고 영원한 이념들을 파악함에 있어서는 딴 사람들보다 나을지라도 이런 것들까지 관조하지는 못했다. 그렇지 않았더라면 저 철인들이 역사가들도 할 수 있는, [이미 지나간] 과거사를 두고 연구하는 일은 없었을 것이고 [아직 오지 않은] 미래사를 예지하는 일에 몰두했을 것이다.

그런 일을 할 수 있던 사람들을 그들은 신탁자信託者라 부르고 우리네 선조들은 예언자라고 불렀다.[189]

미래사에 대한 예지

17.22. 그러나 예언자라는 명사가 그들의 문학에서 전혀 생소한 것은 아니다.[190] 다만 과거사에 대한 경험에서 미래사를 추정하느냐는 것은 상당한 흥밋거리다. 예를 들어 의사들은 많은 것을 예견하고 자기들이 경험한

---

[190] 미래를 예견하는 이들을 비그리스도교 문학은 vates라 부르고 그리스도교 문학은 propheta라고 하지만 예외가 없지 않다. "이집트인들의 제관들은 예언자(prophetae)라고 불린다"(Appuleius, *De mundo* p.56, 29).

litteris mandauerunt quae ipsi experta notauerant, sicut denique agricolae uel etiam nautae multa praenuntiant; talia enim si ex longis interuallis temporum fiant diuinationes putantur; an uero iam uentura praecesserint et longe uisa uenientia nuntientur pro acuto sensu uidentium, quod cum faciunt aeriae potestates diuinare creduntur, tamquam si quisquam de montis uertice aliquem longe uideat uenientem et proxime in campo habitantibus ante nuntiet; an ab angelis sanctis quibus ea deus per uerbum sapientiamque suam indicat ubi et futura et praeterita stant uel quibusdam praenuntientur hominibus uel ab eis audita rursus ad alios homines transmittantur; an ipsorum hominum quorundam mentes in tantum euehantur spiritu sancto ut non *per angelos* sed per se ipsas futurorum instantes causas in ipsa summa rerum arce conspiciant. Audiunt enim ista et aeriae potestates siue angelis ea nuntiantibus siue hominibus, et tantum audiunt quantum opus esse ille iudicat cui subiecta sunt omnia. Multa etiam praedicuntur instinctu quodam et impulso spiritu nescientium, sicut *Caiphas* nesciuit quid dixit sed *cum esset pontifex prophetauit.*

23. Ergo de successionibus saeculorum et de resurrectione mortuorum philosophos nec illos consulere debemus qui creatoris aeter-

---

[191] 정령(aeria potestas)에 힘입은 미래사의 점술은 『신국론』 10권에서 장황하게 상론한다.

[192] 하느님에게는 과거, 현재, 미래가 '흐르지 않는다'(stare). "당신의 세월은 항상 되기에 다 함께 있어 흐르지 않는 까닭에(anni tui omnes simul stant, quoniam stant) 가는 것이 오는 것에 밀려남이 없나이다"(『고백록』 11.13).

[193] futurorum *instantes causas*: 미래사의 예견을 '미래사를 초래하는, 현재 임박한 원인'을 직관하는 것으로 규정한다.

것을 다수 글로 남기기도 했다. 그와 마찬가지로 농부들이나 선원들도 자연의 많은 현상을 예견한다. 그런 일이 긴 시간 간격을 두고 일어나면 점술로 여겨진다. 우선, 장차 올 일들이 이미 일어나기 시작했을 경우, 보는 사람들은 예리한 시선을 가지고 닥쳐오고 있는 일을 멀리서 내다 보고 알리는 경우도 있다. 그런 일을 공중 세력들이 해낼 경우에는 점술을 행한다고 믿는다.[191] 이것은 산꼭대기에서 멀리서 누가 오는 모습을 바라보고 가까이 들판에 사는 사람들에게 알려 주는 일과 흡사하다. 그런가 하면 하느님이 말씀과 당신의 지혜를 통해서 거룩한 천사들에게 미래든 과거든 그것이 불변하게 현전現前하는 사실로서 가리켜 보이시고,[192] 거룩한 천사들이 그것을 어떤 사람들에게 예고하게 시키시거나, 그 사람들이 천사들에게서 들은 바를 다른 사람들에게 전하게 하시는 경우도 있다. 끝으로, 어떤 사람들의 지성이 성령에 의해서 아주 탁월하게 고양되어 천사들을 통해서 하는 것이 아니라 인간 스스로 역사의 최고 정상에서 내려다보듯이 미래사의 현재 임박한 원인들을 관조하는 경우도 있다.[193] 그러므로 공중 세력들도 그런 것을 들어서 아는 일이 있으니 천사들이 알려서 그렇게 되기도 하고 인간들이 알려서 그렇게 되기도 한다. 단지 만유가 복속服屬하는 그분이 필요하다고 판단하시는 한도 내에서 듣고 안다. 또 본인들은 알지 못한 채 본능적으로 예언하거나 영이 충동해서 예언을 하는 일도 많은데, 카야파가 자기가 무슨 말을 하는지 알지 못하면서 "대제관이었기 때문에 예언한" 일이 그런 예가 된다.[194]

세기의 연속이나 죽은 이들의 부활에 관해서는 철학자들에게 물으면 안 된다

17.23. 그러므로 세기世紀들의 연속[195]▶이나 죽은 이들의 부활에 관해서는 철학자들에게 물어서는 안 된다. 나름대로 역량이 있어서 "우리가 그분

---

[194] 요한 11,51 참조: "그는 자기 나름대로 이렇게 말한 것이 아니라, 그해의 대제관이었기에 예언한 것이다."

nitatem *in quo uiuimus, mouemur et sumus* quantum potuerunt intellexerunt, *quia per ea quae facta sunt cognoscentes deum non sicut deum glorificauerunt aut gratias egerunt, sed dicentes se esse sapientes stulti facti sunt.* Et cum idonei non essent in aeternitatem spiritalis incommutabilisque naturae aciem mentis tam constanter infigere ut in ipsa sapientia creatoris atque rectoris uniuersitatis uiderent uolumina saeculorum quae ibi iam essent et semper essent, hic autem futura essent ut non essent, atque ut ibi uiderent conuersiones in melius non solum animorum sed etiam corporum humanorum usque ad sui modi perfectionem; cum ergo ad haec ibi uidenda nullo modo essent idonei, ne ad illud quidem digni habiti sunt ut eis ista *per* sanctos *angelos* nuntiarentur siue forinsecus per sensus corporis siue interioribus reuelationibus in spiritu expressis, sicut *patribus nostris* uera pietate praeditis haec demonstrata sunt qui ea praedicentes et uel de praesentibus signis uel de proximis rebus ita ut praedixerant factis fidem facientes auctoritatem cui de longe futuris usque in saeculi finem crederetur habere meruerunt. Potestates autem aeriae superbae atque fallaces etiam si quaedam de societate et ciuitate sanctorum et de uero mediatore a sanctis prophetis uel angelis audita per suos uates dixisse reperiuntur id egerunt ut per

---

◀195 successiones saeculorum: '세기들의 전개'(volumina saeculorum)와 함께, 역사의 한 단위가 전환되는 계기가 무엇이냐는 고대인들에게 흥미로운 철학적 관심사였다.

196 사도 17,28 참조.

197 로마 1,21-22 참조.

198 spiritalis incommutabilisque natura: 교부의 저서에서 '사물의 자연 본성'(rerum natura) 외에도 natura는 아예 (하느님까지 포함한) '사물'(존재자)을 가리키기도 한다("인간이 선한 무엇이라면 자연 사물이기 때문이다"(si homo aliquid bonum est quia natura est: *Enchiridion* 13).

안에서 살고 움직이며 존재하는"[196] 창조주의 영원함을 파악한 사람들이라고 하더라도 그들에게 물어서는 안 된다. "그들은 하느님을 알고서도 하느님으로 찬미하거나 감사를 드리지 않았다. 그들은 지혜롭다고 주장하지만 바보가 되었기"[197] 때문이다. 그 사람들은 영적이고 불변하는 자연 본성[198]의 영원함에 지성의 예봉을 꾸준히 집중하기에 적격하지 못했으므로 우주의 창조주요 주재자의 지혜 속에서 세기들의 전개를 바라볼 능력이 없었을 것이다. 세기의 전개라는 것이 저 지혜 안에서는 이미 존재하고 또 항상 존재하고 있음에 비해서 여기서는 장차 존재할 것이므로 아직은 존재하지 않는 그런 대상이기 때문이다.[199] 또 저 지혜 안에서는 정신만 더 낫게 전환하지 않고 인간 육체들까지도 나름대로 완성을 지향하는 까닭이다. 그런데 저 사람들은 이 모든 것을 [하느님의 지혜 안에서] 바라보기에 전혀 적합한 인물들이 아니었을뿐더러, 설령 거룩한 천사들을 통해서 그것들을 알려 준다고 하더라도, 신체 감관을 통해 외적으로 알려 주는 것이든 영에 각인되는 내적 계시를 통해서 알려 주는 것이든 상관없이 자기들이 그런 것을 전달받기에 합당하다고 여기지도 않았을 것이다. 우리 조상들에게도 저런 것들을 알려 주었는데 그들은 참된 경건심을 갖추고 있었다. [거룩한 천사들은] 자기 입으로 저런 일을 [우리 조상들에게] 예고하더라도 당장 목전에서 보여 주는 표징을 통해서나 가까운 미래에 이루어지는 사건을 통해서 예고한 바가 사실임이 드러나게 만들었고, 그러다 보니 그만한 권위를 갖추게 되어 그들이 먼 장래 일에 관해서, 심지어 세상 끝날에 일어날 일까지 예고하더라도 [사람들이 믿게 되었다]. 그런데 오만하면서도 기만을 서슴치 않는 공중 세력들까지도 성도聖徒들의 사회나 도성에 관해서, 또 참된 중개자에 관해서 거룩한 예언자들이나 천사들한테서 얻어듣고 자기네 신탁자들의 입을 빌려 그런 내용을 발설한 경우들이 발

---

[199] ibi iam essent et semper essent, hic autem futura essent ut non essent: 영원에서 보는 것과 시간에서 보는 것이 이토록 다르다.

haec aliena uera etiam fideles dei si possent ad sua falsa traduce-
rent. Deus autem per nescientes id egit ut ueritas undique resonaret,
fidelibus in adiutorium, impiis in testimonium.

XVIII 24. Quia igitur ad aeterna capessenda idonei non eramus
sordesque peccatorum nos praegrauabant temporalium rerum amore
contractae et de propagine mortalitatis tamquam naturaliter inoli-
tae, purgandi eramus. Purgari autem ut contemperaremur aeternis
non nisi per temporalia possemus qualibus iam contemperati tene-
bamur. Sanitas enim a morbo plurimum distat, sed media curatio
nisi morbo congruat non perducit ad sanitatem. Inutilia temporalia
decipiunt aegrotos; utilia temporalia suscipiunt sanandos et trai-
ciunt ad aeterna sanatos. Mens autem rationalis sicut purgata con-
templationem debet rebus aeternis, sic purganda temporalibus fi-
dem. Dixit quidam et illorum qui quondam apud graecos sapientes
habiti sunt: *Quantum ad id quod ortum est aeternitas ualet, tantum
ad fidem ueritas.* Et profecto est uera sententia. Quod enim nos tem-

---

[200] per haec aliena vera ad sua falsa traducerent: 악한 정령들에게 허위가 있다면 응당 그
들의 것이고 진실이 있다면 그들 아닌 남의 것이다.

[201] 마태 24,24 참조: "사실 거짓 그리스도들과 거짓 예언자들이 일어나서, 할 수만 있다면
선민들까지도 속여 넘길 만큼 큰 표징과 기적들을 보여 줄 것입니다."

[202] 일시적으로 일어나는 사건들을 신앙으로 우리가 믿는데 그렇게 하면 진리에 입각하여
그 사건들은 영원한 것이 된다.

[203] purganda debet temporalibus fidem: 인식 태반은 타인의 전언, 학자의 권위, 감각의 소
여에다 지성이 '믿음'을 부여함으로써 가능해진다. '그리스도 사건' 같은 역사적 사건에도 '믿
음'만이 사실을 확인하고 그 사건에 의미를 부여한다.

견된다. 저것들이 이런 짓을 하는 까닭은 자기들 것이 아닌 진리를 이용하여 할 수만 있다면 하느님을 믿는 신앙인들까지도 자기들 것인 허위로 끌어들일 속셈에서다.[200] 그렇지만 하느님은 그들도 모르는 새 진리가 어디에나 울려퍼지게 만드시어 그것이 신앙인들에게는 도움이 되고, 불경스러운 사람들에게는 증거가 되게 하신다.[201]

하느님의 아드님이 오셔서 우리 신앙을 당신에게 수렴하셨고 그렇게 해서 우리를 당신의 진리로 끌어들이셨다

18.24. 여하튼 우리는 영원한 사물을 포착하기에 적격하지 못한 존재들이었으며, 죄악의 때가 엉켜 붙어 우리를 짓누르고 있었으므로 정화될 필요가 있었다. 시간적 사물에 대한 사랑으로 인해서 때가 더욱 더께가 지고 그러다 보니 사멸할 우리 인간 종락種落에게는 그게 마치 자연스러운 무엇처럼 되어 버렸다. 하지만 우리가 받을 정화는 이미 적응된 시간적 사물을 거쳐서만 영원한 사물에 적응될 수 있는 그런 식으로 이루어져야 한다.[202] 건강은 질병과 상극이지만 치료는 그 중간에 있으므로 치료가 질병에 상응하지 않는 한 건강으로 이끌지 못하는 법이다. 시간적 사물이 유익하지 못한 경우 병자들을 속이고, 시간적 사물이 유익한 경우 치유할 사람들을 붙들어 주며, 그렇게 해서 나은 사람들을 영원한 사물로 이끌어 준다. [이미] 정화된 상태에서는 합리적 지성이 영원한 사물에 관상觀想을 쏟아야 마땅하듯이, [아직] 정화되어야 할 상태에서는 일시적 사물에 신앙을 기울여야 마땅하다.[203] 한때 그리스인들에게 현자賢者로 간주되던 사람들 가운데 혹자는 이런 말을 했다. "생겨난 것에 대해 영원이 갖는 관계가 믿음에 대해 진리가 갖는 관계에 상응한다."[204] 참으로 맞는 말이다. 우리가 '시간적'

---

[204] quantum ad id quod ortum est aeternitas valet, tantum ad fidem veritas: 키케로 번역본 Plato, *Timaeus* 3.8 [29c] — "존재와 생성의 관계는 진리와 믿음의 관계에 대비된다" — 로 추정된다.

porale dicimus, hoc ille *quod ortum est* appellauit. Ex quo genere etiam nos sumus non tantum secundum corpus sed etiam secundum animi mutabilitatem; non enim proprie uocatur aeternum quod aliqua ex parte mutatur. In quantum igitur mutabiles sumus in tantum ab aeternitate distamus.

Promittitur autem nobis uita aeterna per ueritatem a cuius perspicuitate rursus tantum distat fides nostra quantum ab aeternitate mortalitas. Nunc ergo adhibemus fidem rebus temporaliter gestis propter nos et per ipsam mundamur ut cum ad *speciem* uenerimus quemadmodum succedit fidei ueritas ita mortalitati succedat aeternitas. Quapropter quoniam fides nostra fiet ueritas cum ad id quod nobis credentibus promittitur uenerimus, promittitur autem nobis uita aeterna, et dixit ueritas (non quae fiet sicut futura est fides nostra, sed quae semper est ueritas quia ibi est aeternitas), dixit ergo ueritas: *Haec est autem uita aeterna ut cognoscant te unum uerum deum et quem misisti Iesum Christum*; cum fides nostra uidendo fiet ueritas, tunc mortalitatem nostram commutatam tenebit aeternitas. Quod donec fiat et ut fiat, quia rebus ortis adcommodamus fidem credulitatis sicut in aeternis speramus ueritatem contemplationis ne fides mortalis uitae dissonaret a ueritate aeternae uitae, ipsa *ueritas* patri coaeterna *de terra orta est* cum *filius dei* sic *uenit* ut fieret *filius hominis* et ipse in se exciperet fidem nostram qua nos perduce-

---

[205] 사도 15,9 참조: "믿음으로 그들의 마음을 깨끗하게 하셔서 …." 그리스도의 탄생, 생애, 죽음, 부활은 '시간적(역사적)으로 발생한 사건'이므로, 플라톤이 말하는, '믿음'의 대상이다.

[206] et dixit veritas: 이하에 추상적인 개념적 진리를 시공간에 육화한 진리, 역사적으로 인류에게 말을 건넨 진리, 곧 그리스도로 대체하여 설명해 나간다.

[207] 요한 17,3.

이라고 일컫는 것을 그는 '생겨난 것'이라고 불렀다. 우리 존재가 바로 여기에 해당하며 육체로만 아니라 영혼의 가변성으로 보더라도 그렇다. 어느 부분에서든 변화를 겪는 사물은 진정 영원하다고 일컫지 않는 까닭이다. 우리가 변하는 존재인 그만큼 영원과는 거리가 멀다.

우리에게는 진리를 통해서 영원한 생명에 [이르리라는] 언약이 있지만, 영원으로부터 사멸이 거리가 요원하듯 우리 신앙은 투명한 진리와 너무도 동떨어져 있다. 그래서 지금은 우리가 시간적으로 발생한 사건에다 신앙을 기울이고 있고 그 신앙을 통해서 우리가 정화된다.[205] 그래야만 우리가 실상實相을 보게 될 때, 신앙에 뒤이어 진리가 오듯이 사멸에 뒤이어 영원이 온다. 그러므로 믿음을 가진 우리에게 언약된 목표에 우리가 당도할 때 우리 신앙이 진리가 될 것이다. 그 이유는 우리에게 영원한 생명이 언약되어 있고 진리 — 우리 신앙이 장차 진리가 되리라는 그 진리가 아니고, 항상 존재하는 진리를 두고 하는 말이니 바로 그 진리에 영원이 깃들어 있는 까닭이다 — 가 말씀을 건넸기 때문이다.[206] 그 진리가 "그런데 영원한 생명이란 이것입니다. 그들이 오직 한 분, 참된 하느님이신 당신을 알고 또한 당신께서 파견하신 예수 그리스도를 아는 것입니다"[207]라는 말씀을 했다. 우리 신앙이 [대상을 직접] 봄으로써 진리가 되는 그때, 우리 사멸은 변화하고 그것을 영원이 포용해 줄 것이다. 그 일이 이루어지기까지, 또 그 일이 이루어지기 위해서는 우리는 생겨난 사물에 신빙성이라는 믿음을 부여하게 된다. 이것은 우리가 영원한 사물에서 진리의 관상을 기대하는 바와 상응한다.[208] 그래야만 죽을 생명에서 지니는 믿음이 영원한 생명을 주는 진리와 상충하는 일이 없다.[209] 그 진리는 진리 자체이시고, 아버지와 함께 영원하시며, 하느님의 아들이 오셔서 사람의 아들이 되셨다는 점에

---

[208] fidem credulitatis … veritatem contemplationis: 역사적 사건에는 신빙성이라는 믿음을 두는 수밖에 없지만 영원한 사물에서는 진리를 직관하는 경지에 이른다.

[209] 이하 "그래야만 우리에게 신앙으로 믿는 분이 다르고 진리로 [관상하는] 분이 다른 그런 일이 생기지 않을 것이다"라는 문장 참조.

ret ad ueritatem suam qui sic suscepit mortalitatem nostram ut non amitteret aeternitatem suam. *Quantum* enim *ad id quod ortum est aeternitas ualet, tantum ad fidem ueritas.* Ita ergo nos purgari oportebat ut ille nobis fieret ortus qui maneret aeternus ne alter nobis esset in fide, alter in ueritate; nec ab eo quod orti sumus ad aeterna transire possemus nisi aeterno per ortum nostrum nobis sociato ad aeternitatem ipsius traiceremur. Nunc itaque illuc quodammodo secuta est fides nostra quo *ascendit* in quem credidimus, ortus, mortuus, resuscitatus, assumptus. Horum quattuor duo priora noueramus in nobis; scimus enim homines et oriri et mori. Duo autem reliqua, id est resuscitari et assumi iuste in nobis futura speramus quia in illo facta credidimus. Itaque in illo quia et id *quod ortum* erat transiit ad aeternitatem, transiturum est et nostrum cum fides peruenerit ad ueritatem. Iam enim credentibus ut in uerbo fidei manerent et inde ad ueritatem, ac per hoc ad aeternitatem perducti a morte liberarentur ita loquitur: *Si manseritis in uerbo meo, uere discipuli mei estis.* Et quasi quaererent, 'Quo fructu?,' secutus ait: *Et cognoscetis ueritatem.* Rursus quasi dicerent, 'Quid prodest mortalibus ueritas?,' *Et ueritas*, inquit, *liberabit uos.* Vnde nisi a morte, a corruptione, a mutabilitate? Veritas quippe immortalis, incorrup-

---

[210] de terra *orta est*: 시편 85,12("진리가 땅에서 돋아나고 정의가 하늘에서 굽어보리라") 참조.

[211] nec ab eo quod *orti sumus* ad aeterna transire ⋯ nisi aeterno *per ortum nostrum* nobis sociato ad aeternitatem ipsius *traiceremur*: 플라톤의 용어 ortum(γεννητόν. 생겨난 것)을 그리스도 안에서 이루어지는 '총괄 갱신'에 결부시킨다.

[212] 요한 8,31. 사본에 따라서는 estis 대신 eritis("내 제자들이 될 것입니다")로 나와 문맥을 맞춘다.

[213] 요한 8,31-33 참조.

서는 '땅에서 생겨난 분'이다.[210] 바로 그분이 우리 믿음을 당신에게 수렴하고, 그 믿음으로 우리를 당신의 진리로 이끌어 주실 것이고, 그분은 비록 우리의 사멸성을 취하시더라도 당신의 영원성을 잃지는 않으신다. 과연 "생겨난 것에 대해 영원永遠이 갖는 관계가 믿음에 대해 진리가 갖는 관계에 상응한다". 그래서 우리가 정화되어야만 그분은 영원한 분으로 남아 있으면서도 우리에게서 "생겨나는 일"이 이루어진다. 그래야만 우리에게 신앙으로 믿는 분이 다르고 진리로 [관상하는] 분이 다른 그런 일이 생기지 않을 것이다. 또 그래야만 우리가 생겨난 존재이면서도 영원한 사물로 건너갈 수 있다는 사실이 설명된다. 영원한 분이 우리에게서 생겨난 분으로서 우리와 결합하심으로써 당신의 영원으로 우리가 옮겨지기 때문이다.[211] 지금은 우리 신앙이 어느 모로든 그분이 올라가신 쪽으로 따라갔다. 우리는 그분이 생겨나고 죽고 부활하고 승천했다고 믿는다. 이 넷 중에서 앞에 나오는 둘은 우리 자신도 배워서 아는 것들이다. 사람이 생겨나고 죽는다는 사실을 우리가 알기 때문이다. 나머지 둘, 즉 부활하고 승천한다는 것은 우리에게 장래 일어나리라는 희망을 걸고 있다. 그분에게서 그런 일이 일어났음을 우리가 믿는 까닭이다. '생겨난 것'이 그분에게서 영원으로 옮겨진 만큼 신앙이 진리에 도달하는 시점에서는 우리에게 있는 '생겨난 것'도 영원으로 옮겨질 것이다. 그래서 믿는 사람들에게는 따로 하시는 말씀이 있다. 믿는 이들이 신앙의 말에 머물러 있으라고, 그러면 거기서 진리로 옮겨 가리라고, 또 이 말을 통해 영원으로 인도받음으로써 죽음에서 해방되리라는 말씀이다. "당신들이 내 말 안에 머물러 있으면 참으로 내 제자들입니다."[212] 또 그러면 '무슨 열매를 맺어 그렇게 될 수 있습니까?'라고 묻기라도 한 듯이 이런 말씀이 뒤따른다. "그러면 당신들은 진리를 알게 될 것입니다." 그다음에는 '사멸할 인간들에게 진리가 무슨 소용이 있습니까?'라고 묻기라도 한 듯이 "진리는 당신들을 자유롭게 할 것입니다"라고 하신다.[213] 죽음으로부터, 부패로부터, 가변성으로부터의 자유가 아니라면 어디로부터 벗어나는 자유이겠는가? 그러므로 진리는 불사불멸하고 부패

ta, incommutabilis permanet. Vera autem immortalitas, uera incorruptibilitas, uera incommutabilitas, ipsa est aeternitas.

XIX 25. Ecce ad quod missus est *filius dei*; immo uero ecce quod est missum esse filium dei. Quaecumque propter faciendam fidem qua mundaremur ad contemplandam ueritatem in rebus ortis ab aeternitate prolatis et ad aeternitatem relatis temporaliter gesta sunt aut testimonia missionis huius fuerunt aut ipsa missio filii dei. Sed testimonia quaedam uenturum praenuntiauerunt; quaedam uenisse testata sunt. Factum quippe creaturam *per quem facta* est omnis creatura omnem creaturam testem habere oportebat. Nisi enim multis missis praedicaretur unus, non multis dimissis teneretur unus. Et nisi talia essent testimonia quae paruis magna uiderentur, non crederetur ut magnos faceret magnus qui ad paruos missus est paruus. Incomparabiliter enim maiora filii dei *facta sunt caelum et terra et omnia quae in eis sunt* quia *omnia per ipsum facta sunt*, quam signa atque portenta quae in eius testimonium proruperunt. Sed tamen

---

[214] '영원'(aeternitas)은 교부의 전집에서 이 세 어휘와 함께 나오며, "모든 것이 동시적이고 항상 머물고 흐르지 않는 것"(omnes simul sunt, quia unus est qui stat et non transit, ipsa est aeternitas: *Enarrationes in Psalmos* 89.15)이라고 정의된다.

[215] 파견된 분은, 종의 형상으로는 성부보다 작고 하느님의 형상으로는 성부와 동등한 분으로 남는다.

[216] 이 책 2권 6장에서 개시한 본론으로 돌아와 성자의 파견과 성령의 파견을 논한다.

[217] in rebus gestis ab aeternitate prolatis et ad aeternitatem relatis temporaliter gesta sunt: 역사와 계시의 영원한 가치를 정립한 명문장으로 간주된다.

[218] nisi enim *multis missis* praedicaretur unus, non *multis dimissis* tenetur unus: 매우 난해한 문장이다.

[219] 요한 1,3 참조.

하지 않고 불변하는 존재로 남는다. 그리고 참다운 불사, 참다운 불후不朽, 참다운 불변, 이것이야말로 영원이다.[214]

성자의 파견에 관한 증언[215]

19.25. 자, 하느님의 아들이 파견받은 목적이 여기에 있다.[216] 아니, 차라리 하느님 아들이 파견받으셨다 함이 무엇을 의미하는지가 여기에 있다고 봐야 한다. 저런 일들은 비록 '생겨난' 사물들 속에서 이루어졌지만 실상 영원으로부터 발설된 것이고, 영원과 결부되어 시간적으로 발생한 일들로서,[217] 그것들은 하느님 아들의 파견을 가리키는 증언이었거나 하느님 아들의 파견 자체였거나 둘 중 하나다. 우리가 진리를 관조하게 먼저 우리를 정화해 주는 것이 믿음인데 저 사건들이 저런 믿음을 만들어 냈다. 그런데 그런 증언 가운데 어떤 것은 [하느님의 아들이] 오시리라는 것을 예고했고 어떤 것은 그분이 이미 오셨음을 증언했다. 모든 피조물이 그분을 통하여 생겨난 까닭에, 다름 아닌 그분이 피조물이 된 이상, 피조계 모두를 증인으로 삼아야 마땅했다. 많은 사람을 보내 그 한 분에 관해서 설교하게 만들었다. 그렇지만 않았어도, 그 많은 사람을 제쳐 두고 그 한 분만 [보냄받을 분으로] 모셔지는 일도 없었을 것이다.[218] 또 그 증언은 보잘것없는 사람들에게 위대해 보이는 그런 증언이었다. 그렇지 않았더라면, 위대한 분이 보잘것없는 사람이 되어 보잘것없는 사람들에게 파견받은 까닭이 보잘것없는 사람들을 위대한 사람으로 만들기 위함이었다는 사실도 믿어지지 않았을 것이다. 하느님의 아들의 위업, 곧 "모든 것은 그분으로 말미암아 생겼으므로"[219] "하늘과 땅과 그 안의 모든 것을 만드신"[220] 위업이야말로, 그분에 대한 증언으로 터져 나온 표징과 기적들과는 비교가 안 될 만큼 더 위대하다. 그럼에도 사람들이 [하늘과 땅 같은] 위대한 것들이 그분으로 말미암아 생겼다는 사실을 믿기에 이르려면, 저 [표징이나 기적 같

---

[220] 시편 146,6 참조.

homines ut haec magna per eum facta parui crederent illa parua tamquam magna tremuerunt.

26. *Cum* ergo *uenit plenitudo temporis, misit deus filium suum factum ex muliere, factum sub lege,* usque adeo paruum ut *factum,* eo itaque missum quo *factum.* Si ergo maior mittit minorem, fatemur et nos factum minorem et in tantum minorem in quantum factum et in tantum factum in quantum missum. *Misit* enim *filium suum factum ex muliere, per quem* tamen quia *facta sunt omnia* non solum priusquam factus mitteretur sed priusquam essent omnia, eundem mittenti confitemur aequalem quem dicimus missum minorem.

Quomodo ergo ante istam plenitudinem temporis qua eum mitti oportebat priusquam missus esset uideri a patribus potuit cum eis angelica quaedam uisa demonstrarentur, quando nec iam missus sicut *aequalis* est *patri* uidebatur? Vnde enim dicit Philippo a quo utique sicut a ceteris et ab ipsis a quibus crucifixus est *in carne* uidebatur: *Tanto tempore uobiscum sum et non cognouistis me? Philippe, qui me uidit uidit et patrem,* nisi quia uidebatur et non uideba-

---

221 갈라 4,4; 앞의 2.5.8 각주 55 참조. 『200주년』: "때가 찼을 때에 하느님께서 당신의 아드님을 보내셨으니, 그이는 한 여인에게서 태어나 율법 아래 놓이게 된 것입니다."

222 이 책 2.5.7-10에서 '보냄 받은 자'는 '보낸 자'보다 작다는 논리에 대응하여 성자가 '인간이 되었다'는 점에서만 그 주장이 성립한다고 답변한 바 있다.

223 in tantum factum in quantum missum: '보냄 받은'(missum) 사실은 보냄 받도록 '만들어진'(factum) 피동적 상태를 전제한다. 앞 장의 ortum(생겨난)을 여기서는 factum(만들어진)에 적용한다(각주 211 참조).

224 요한 1,3("그분으로 말미암아 모든 것이 생겼으므로") 참조. 이 절의 문맥상 임시로 '모든 것이 만들어졌으므로'로 바꾸어 본다.

은] 보잘것없는 일을 대단한 일이나 되는 것처럼 믿고서 보잘것없는 인간들로서 벌벌 떨어야 했던 것이다.

그리스도는 성부보다 작은 분처럼 드러나셨고 성부와 같으시다는 점은 알려지지 않았다

19.26. "때가 차자 하느님께서 여인에게서 만들어진 당신 아드님을, 율법 아래 만들어진 아드님을 보내셨습니다."[221] 그분은 만들어졌다는 점에서는 보잘것없는 분이고, 만들어졌다는 점에서 또한 보냄을 받은 분이기도 하다.[222] 더 나은 자가 더 못한 자를 파견하는 법이라면, 우리도 만들어진 자가 더 못한 자라고 말하게 되고, 만들어졌다는 점에서 더 못하고 또 보냄 받았다는 점에서 또한 만들어졌다는 말도 하게 된다.[223] 그런데 비록 "여인에게서 만들어진 당신 아드님을 보내셨지만" 또한 "그분으로 말미암아 모든 것이 만들어졌으므로",[224] 보냄 받았다는 점에서 더 못한 분이라고 우리가 말은 하면서도, [보냄 받은] 그분이 보내는 분과 동등하다는 고백도 우리는 한다. 그것도 그분이 만들어져서 파견받기 전에만 [동등하다는 말이] 아니고 모든 것이 만들어지기 전에도 그랬다는 말이다.[225]

그럼 그분이 보냄 받아야 할 시점, 곧 때가 차기 전에 그분이 어떻게 성조들 눈에 보일 수 있었을까? 성조들에게 천사의 현시가 나타났을 때 어떻게 그분이 보일 수 있었을까? 그때는 그분이 성부와 같아서 보냄을 받았더라도 눈에 보이지 않았을 텐데 말이다.[226] 또 그분이 필립보에게도 육신으로 보였고 그 밖의 제자들에게도 육신으로 보였으며 그분을 십자가에 매단 사람들에게도 육신으로 보였을 텐데 "필립보, 이렇게 오랫동안 내가 여러분과 함께 있었는데 당신은 나를 알지 못합니까? 나를 본 사람은 이미 아버지를 보았습니다"[227]▸라고 하신 말씀은 왜 나왔을까?[228]▸ 그분이 보이

---

[225] priusquam factus mitteretur: '성자의 파견'이 사실상 실현된 시점은 말씀의 육화이지만 논리적으로는 그 이전 곧 만물이 생기기 전에도 파견이 있었으며 그 점에서는 파견하는 분과 파견받는 분이 동등하다는 주장이다.

[226] 육신으로 태어나 종의 형상을 취한 시점이 아니었으므로 사람 눈에 보일 수 없었다.

tur? Videbatur sicut missus *factus* erat; non uidebatur sicut *per eum omnia facta* erant. Aut unde etiam illud dicit: *Qui habet mandata mea et seruat ea ipse est qui me diligit, et qui me diligit diligetur a patre meo, et ego diligam eum et manifestabo ei me ipsum* cum esset manifestus ante oculos hominum, nisi quia carnem quod uerbum in plenitudine temporis factum erat suscipiendae nostrae fidei porrigebat; ipsum autem *uerbum per quod omnia facta* erant purgatae per fidem menti contemplandum in aeternitate seruabat?

XX 27. Si autem secundum hoc missus *a patre* filius dicitur quia ille pater est, ille filius, nullo modo impedit ut credamus *aequalem patri* esse filium et *consubstantialem* et coaeternum et tamen *a patre* missum filium. Non quia ille *maior* est et ille *minor*; sed quia ille pater est, ille filius; ille genitor, ille genitus; ille a quo est qui mittitur, ille qui est ab eo qui mittit. Filius enim *a patre* est, non pater a filio. Secundum hoc iam potest intellegi non tantum ideo dici missus filius quia *uerbum caro factum est*, sed ideo missus ut uer-

---

²²⁷ 요한 14,9.

²²⁸ 필립보가 "저희에게 아버지를 보여 주십시오"라고 하지만 신앙으로 이미 정화된 사람이므로 "나를 본 사람은 이미 아버지를 보았습니다"는 말씀을 깨달아야 마땅하다.

²²⁹ 요한 14,21.

²³⁰ suscipiendae nostrae fidei: 말씀의 육화와 그 육신이 '신앙의 대상'임이 4권에서 누차 강조되었다.

기도 하고 안 보이기도 한다는 말이 아닐까? [여인에게서] 만들어져 보냄 받은 분으로서는 눈에 보였고, '그분으로 말미암아 모든 것이 만들어진' 그 분으로서는 눈에 보이지 않았다는 말이리라. "내 계명들을 받아서 그것들을 지키는 그 사람은 나를 사랑하는 사람입니다. 나를 사랑하는 사람은 내 아버지로부터 사랑을 받게 될 것이고 나도 그를 사랑할 것이며 내 자신을 그에게 드러내 보이겠습니다"[229]라는 이 말씀은 또 어찌 된 것인가? 물론 이 경우에 당신이 사람들 눈앞에 드러나 계셨지만, 육신, 말씀이 때가 차서 만들어진 그 육신을 내보이신 까닭은 우리 신앙을 거두실 생각이 아니었을까?[230] 그분으로 말미암아 모든 것이 만들어진, 저 말씀은 신앙으로 정화된 지성에게만 관조의 대상이었고 영원 속에 간직되어 있었던 것이 아닐까?

성자는 성부와 한 실체이시지만 파견을 받으셨다

20.27. 그런데 성자께서 성부로부터 보냄을 받으셨다고 하는 까닭이 한 분은 성부이고 한 분은 성자이기 때문이라면, 성자가 성부와 동등하고 성부와 한 실체이시며 함께 영원하시다고 믿는 일이 전혀 장애가 되지 않으며, 그러면서도 성자가 성부께 보냄 받으셨다고 믿는 일도 전혀 장애가 되지 않는다. 한 분이 더 크시고 한 분이 더 작기 때문이 아니고 한 분은 아버지이고 한 분은 아들이며, 한 분은 낳은 분이고 한 분은 낳음을 받은 분이며, 한 분은 보냄 받은 분이 유래한 원천이고 한 분은 보내는 분에게서 유래한 분이기 때문이다.[231] 성자께서 성부로부터 존재하지 성부께서 성자로부터 존재하시는 것은 아니다. 바로 이런 이치를 따르면 우리는 다음 사실을 이해할 수 있다. 곧, 성자께서 보냄 받으신 것은 '말씀이 살이 되셨기' 때문에 보냄 받으신 것이 아니고 말씀이 살이 되라고 보냄 받으신 것이

---

[231] ille a quo est qui mittitur, ille qui est ab eo qui mittit: 교부는, 파견이 두 분 사이의 '우열'의 문제가 아닌 '원천'의 문제(filius a patre est)라는 답을 찾아냈다.

bum caro fieret et per praesentiam corporalem illa quae scripta sunt operaretur, id est ut non tantum homo missus intellegatur quod uerbum factum est, sed et uerbum missum ut homo fieret quia non secundum imparem potestatem uel substantiam uel aliquid quod in eo patri non sit aequale missus est, sed secundum id quod filius *a patre* est, non pater a filio. *Verbum* enim patris est filius, quod et *sapientia* eius dicitur. Quid ergo mirum si mittitur non quia inaequalis est patri sed quia *est manatio quaedam claritatis omnipotentis dei sinceris*? Ibi autem quod manat et de quo manat *unius eiusdem*que *substantiae* est. Neque enim sicut aqua de foramine terrae aut lapidis manat sed sicut lux de luce. Nam quod dictum est: *Candor est enim lucis aeternae*, quid aliud dictum est quam lux est *lucis aeternae*? *Candor* quippe *lucis* quid nisi lux est? Et ideo coaeterna luci de qua lux est. Maluit autem dicere *candor lucis* quam lux lucis ne obscurior putaretur ista quae manat quam illa de qua manat. Cum enim auditur *candor* eius esse ista, facilius est ut per hanc lucere illa quam haec minus lucere credatur. Sed quia cauendum non erat ne minor lux illa putaretur quae istam genuit (hoc enim nullus umquam haereticus ausus est dicere nec credendum est aliquem ausurum), illi cogitationi occurrit scriptura qua posset uideri obscurior lux ista quae manat quam illa de qua manat, quam suspicionem tulit cum ait *candor est* illius, id est *lucis aeternae*,

---

[232] non tantum homo missus quod *verbum factum* est, sed et *verbum missum* ut homo fieret: 육화가 파견이라는 결과를 초래한 것이 아니라 파견이 육화를 초래했다.

[233] 지혜 7,25 참조. 『성경』: "지혜는 전능하신 분의 영광의 순전한 발산이다." 이하에서 교부는 지혜서를 인용하면서 주어를 '지혜' 대신 '빛'으로 바꾸고 마지막 장까지 구분 없이 — 둘 다 여성명사 — 사용한다.

[234] 지혜 7,26 참조.

며 그렇게 신체적 현존을 통해서 [성경에] 기록된 모든 것을 이루시기 위
함이었다는 사실이다. 다시 말해서, 말씀이 [사람이] 되신 그 사람만 보냄
받은 것이 아니고 말씀이 보냄 받아서 사람이 되게 하셨다.[232] 그러니까
[성자께서] 보냄 받으신 까닭이 [성부와] 동등하지 못한 세력 혹은 실체 때
문이 아니고, 성부와 동등하지 못한 무엇이 그분에게 있기 때문도 아니며,
성자께서는 성부로부터 존재하시지만 성부께서는 성자로부터 존재하시지
는 않는 까닭이다. 성부의 말씀이 곧 성자이시고, 심지어 그분의 지혜라고
도 일컫는다. 그러니 성부와 동등하지 못하여 보냄 받는 것이 아니고 '전능
하신 하느님의 신실한 영광의 발산'[233]이시기 때문에 보냄 받는다고 해서
무엇이 이상하다는 말인가? 거기서는 발산하는 분이나 발산의 원천이 되
는 분이나 똑같은 한 실체를 이루고 계시다. 이것은 땅의 틈이나 바위의
틈에서 물이 나오는 이치와 비슷하다기보다는 빛으로부터 빛이 나오는 이
치와 흡사하다. 그래서 그분을 '영원한 빛의 광채'[234]라고 하는데 이것은
'영원한 빛의 빛'이라는 말 아니고 무엇인가? 또 빛의 광채란 실상 빛 아니
고 무엇인가? 그러니까 거기서 자기가 빛으로서 유래하는 그 빛과 더불어
영원하다. '빛의 빛'이라는 말보다 '빛의 광채'라고 불리기 바란 까닭은 발
산하는 분이 발산의 원천이 되는 분보다 더 어둡다는 생각을 하지 못하게
하기 위함이었다. 그분이 빛의 '광채'라 할 때, 광채가 빛보다 덜 빛난다는
의미보다는 광채가 빛으로 인해서 빛난다는 뜻으로 알아듣기가 더 쉽다.[235]
그렇다고 그 빛을 낳은 빛이 덜하다고 생각하는 사람이 있지나 않을까 걱
정할 필요는 더더욱 없었다. (이것은 이단자라도 감히 못한 말이고 앞으로
도 누가 감히 그런 말을 하지나 않을까 염려할 필요도 없다.) 성경은 발산
하는 빛이 발산의 원천이 되는 빛보다 더 어두우리라는 생각에 맞서고 있
다. [성경이] 이 빛을 '그분의 광채'라고, 다시 말해서 '영원한 빛의 광채'라

---

[235] 라틴어 candor는 '광채' 곧 '빛의 찬란함'이므로 원천을 지칭하지 우열을 가리키는 표현
이 아니다.

atque ita ostendit *aequalem*. Si enim haec minor est, obscuritas il-
lius est non *candor* illius. Si autem maior est, non ex ea manat; non
enim uinceret de qua genita est. Quia ergo ex illa manat non est ma-
ior quam illa; quia uero non obscuritas illius sed *candor* illius est
non est minor; *aequalis* est ergo.

Neque hoc mouere debet quia dicta est *manatio quaedam clarita-
tis omnipotentis dei sinceris* tamquam ipsa non sit omnipotens sed
omnipotentis manatio. Mox enim de illa dicitur: *Et cum sit una,
omnia potest*. Quis est autem omnipotens nisi qui *omnia potest*? Ab
illo itaque mittitur a quo emanat. Sic enim et petitur ab illo qui
amabat eam et desiderabat: *Emitte*, inquit, *illam de sanctis caelis
tuis et mitte illam a sede magnitudinis tuae ut mecum sit et mecum
laboret*, id est, 'Doceat me laborare ne laborem.' Labores enim eius
uirtutes sunt. Sed aliter mittitur ut sit cum homine; aliter missa est
ut ipsa sit homo. *In animas* enim *sanctas se transfert atque amicos
dei et prophetas constituit*, sicut etiam implet sanctos angelos et
omnia talibus ministeriis congrua per eos operatur. *Cum* autem *ue-
nit plenitudo temporis*, missa est non ut impleret angelos, nec ut es-
set angelus nisi in quantum consilium patris annuntiabat quod et ip-
sius erat, nec ut esset cum hominibus aut in hominibus, hoc enim et
antea in patribus et prophetis; sed ut ipsum uerbum caro fieret, id est

---

[236] 지혜 7,27 참조.   [237] 지혜 9,10 참조.

[238] doceat me laborare ne laborem: 사본에 따라 ne가 탈락되어 '내가 [제대로] 일을 하게
가르쳐 주소서'라는 번역이 가능하다.

[239] 지혜 7,27 참조.

[240] in quantum consilium patris annuntiabat: 이 책 2.13.23에 "주 예수 그리스도를 두고 천
사라는 말을 쓰는 것은 '큰 의견의 사자'라고 부르는 예언자의 글에 아주 분명하게 나온다"
(칠십인역 이사 9,5 참조: magni consilii angelus)는 구절이 나온다.

고 부르는 말은 이런 의혹을 불식시키며 그분과 동등한 분임을 보여 준다. 만일 이 빛이 덜하다면 그분의 어둠이지 그분의 광채일 리가 없다. 또 만일 더하다면 그분으로부터 발산하는 광채가 아니다. 그분으로부터 발생했으면서 그분을 능가하지는 못하기 때문이다. 그러니까 그분으로부터 발산했으므로 그분보다 더하지는 못하다. 또 그분의 어둠이 아니고 그분의 광채인 이상 그분보다 덜하지도 않다. 그래서 동등하다.

'전능하신 하느님의 신실한 영광의 발산'이라고 말했다 해서 이 빛은 전능한 분이 아니고 전능하신 분의 발산에 불과한 것처럼 생각하여 동요하지는 말아야 한다. 머지않아 이 빛을 두고 "그는 하나이면서 모든 것을 할 수 있다"[236]는 말씀이 나오기 때문이다. 모든 것을 할 수 있는 분 아니면 누가 전능한 분인가? 그러므로 이 빛은 당신이 발생한 그분으로부터 보냄을 받는다. 또 이 빛을 사랑하고 갈구하는 이로부터 다음과 같은 간청이 나온다. "당신의 거룩한 하늘에서 그이를 파견하시어, 당신의 영광스러운 어좌에서 그이를 보내소서. 그리하여 그이가 저와 함께 있어 저와 함께 수고하게 하소서."[237] 다시 말해서 '나를 가르쳐 수고하지 않고 일하게 하소서'[238]라는 뜻이다. 그리고 [빛이] 하는 일은 덕德이다. 하지만 사람들과 함께 있으라고 [빛이] 보냄 받는 일 다르고, 일단 보냄 받고 나서 사람이 되는 일 다르다. [빛은] "거룩한 영혼들 안으로 들어가 그들을 하느님의 벗과 예언자로 만든다".[239] 이것은 [빛이] 거룩한 천사들을 충만케 하고, 그들이 하는 직무에 알맞은 모든 일을 그들을 통해서 이루어 내는 것과 흡사하다. '때가 찼을 때' [그 빛이] 보냄을 받았지만 천사들을 충만케 하기 위함도 아니고, 그렇다고 천사가 되라는 것도 아니었다. 아버지의 경륜經綸을 알리는 경우가 아니라면[240] 그런 일도 없었을 것이며, 그럴 경우에도 아버지의 경륜이란 바로 당신의 경륜이기도 하다. 또 사람들과 함께 있으라는 것도 아니고, 사람들 가운데 있으라는 것도 아니었다. 그런 일은 이전에도 성조들에게도 예언자들에게도 일어났던 일이다. 그보다는 말씀 친히 살이 되라는 것이었다. 사람이 되라는 것이었다. 이처럼 계시된 미래의 비사秘事를 통

homo fieret, in quo futuro reuelato sacramento etiam eorum sapientium atque sanctorum salus esset qui priusquam ipse *de uirgine* nasceretur de mulieribus nati sunt, et in quo facto atque praedicato salus sit omnium credentium, sperantium, diligentium. Hoc *est enim magnum petatis sacramentum quod manifestatum est in carne, iustificatum est in spiritu, apparuit angelis, praedicatum est in gentibus, creditum est in mundo, assumptum est in gloria.*

28. Ab illo ergo mittitur *dei uerbum* cuius est uerbum; ab illo mittitur de quo *natum* est. Mittit *qui genuit*; mittitur quod *genitum* est. Et tunc unicuique mittitur cum a quoquam cognoscitur atque percipitur quantum cognosci et percipi potest pro captu uel proficientis in deum uel perfectae in deo animae rationalis. Non ergo eo ipso quo de patre natus est missus dicitur filius, sed uel eo quod apparuit huic mundo *uerbum caro factum* unde dicit: *A patre exii et ueni in hunc mundum,* uel eo quod ex tempore cuiusquam mente percipitur sicut dictum est: *Mitte illam ut mecum sit et mecum laboret.* Quod ergo natum est ab aeterno in aeternum est: *Candor est enim lucis aeternae.* Quod autem mittitur ex tempore a quoquam cognoscitur.

---

241 참조: 1티모 3,16[교부는 이 구절을 늘 인용하면서 '신비'(sacramentum)를 주어로 삼는다]. 『200주년』: "그분은 육신으로 나타났고 영으로 의로워졌도다. 천사들이 그분을 보았고 그분은 만민에게 알려졌도다. 세상이 그분을 믿었으며 그분은 영광 가운데 높여졌도다."

242 나자렛 예수로 태어나신 '가시적 파견'(이하 in hunc mundum missus)과 구분하여 영원한 탄생과 결부된 이것은 '비가시적인 파견'이라고 하겠다.

243 이 절의 제목(ut in carne natus et ut in mente perceptus)대로, 하느님의 지혜 혹은 빛은 눈에 보이게 태어나고 인간의 자연적 능력(이성혼)으로 파악되는 존재가 되었다.

244 요한 16,28.

해서 지혜로운 인간들과 거룩한 인간들의 구원이 되라는 것이었다. 그들은 그분이 동정녀에게서 나기 전에 여인들에게서 태어난 사람들이다. 이 사건은 이미 이루어졌고 지금 선포되고 있는데 이 사건에서 믿고 바라고 사랑하는 모든 사람들의 구원이 되라는 것이었다. 바로 이것이 '참으로 위대한 경외敬畏의 신비'이다. "그 신비가 육신으로 드러났고, 영으로 의로워졌으며, 천사들에게 나타났고, 만민 가운데 선포되었으며, 세상에서 믿음의 대상이 되고, 영광 가운데 높여졌다."[241]

성자께서 보냄을 받으신 것은 살로 태어나고 지성으로 파악되라는 뜻이었다

20.28. 그러므로 보냄을 받으신 하느님의 말씀은 바로 그분을 보내신 분의 말씀이다. 보냄을 받으신 분은 바로 보내신 분에게서 태어나셨다. 낳으신 분이 보내시고 태어난 분이 보냄 받는다.[242] 또 당신을 인식하고 파악하는 사람 누구에게나 보냄을 받는다.[243] 이성혼理性魂의 능력에 맞추어 그분을 인식하고 파악할 수 있을 것이며 그 이성혼이 하느님께 나아가는 중일 수도 있겠고 하느님 안에 완성을 이룬 이성혼일 수도 있다. 또 성부께 태어나셨다는 사실 때문에 성자께서 보냄 받으셨다고 하지 않는다. 도리어 말씀이 살이 되셔서 이 세상에 나타나셨다는 사실로 인해서 보냄을 받으셨다고 하거나(그런 뜻에서 "나는 아버지로부터 떠나와서 이 세상에 왔습니다"[244]라는 말씀이 있다), 일정한 시각에 일정한 사람의 지성에 의해서 파악된다는 뜻에서 보냄 받으셨다고 한다(그런 뜻에서 "그이를 보내소서. 그리하여 그이가 저와 함께 있어 저와 함께 수고하게 하소서"[245]라는 말씀이 있다). 영원한 분으로부터 태어난 것은 영원히 존재한다.[246] '영원한 빛의 광채'이다. 그리고 일정한 시간에 보냄 받은 존재는 누구에 의해선가 인식되게 마련이다. 그런데 하느님의 아들

---

[245] 지혜 9,10(바로 앞의 각주 243-244 참조).

[246] quod natum ab aeterno in aeternum est: 사본에 따라서는 전치사 in이 없어 '영원한 분으로부터 태어난 것은 영원하다'라고 읽힌다.

Sed cum *in carne* manifestatus est *filius dei, in hunc mundum* missus est in plenitudine temporis factus ex femina. *Quia enim in sapientia dei non poterat mundus cognoscere per sapientiam deum* quoniam *lux lucet in tenebris et tenebrae eam non comprehenderunt, placuit deo per stultitiam praedicationis saluos facere credentes* ut uerbum caro fieret et habitaret in nobis. Cum autem ex tempore cuiusque prouectus mente percipitur, mitti quidem dicitur sed non *in hunc mundum*; neque enim sensibiliter apparet, id est corporeis sensibus praesto est. Quia et nos secundum quod mente aliquid aeternum quantum possumus capimus, non in hoc mundo sumus, et omnium iustorum spiritus etiam adhuc in hac carne uiuentium in quantum diuina sapiunt non sunt in hoc mundo. Sed pater cum ex tempore a quoquam cognoscitur, non dicitur missus; non enim habet de quo sit aut ex quo procedat. *Sapientia* quippe *dicit: Ego ex ore altissimi prodiui*, et de spiritu sancto: *A patre procedit*; pater uero a nullo.

29. Sicut ergo pater *genuit, filius genitus* est; ita *pater misit*, filius missus est. Sed quemadmodum *qui genuit* et qui *genitus* est, ita est qui *misit* et qui missus est *unum* sunt quia pater et filius *unum* sunt;

---

[247] 갈라 4,4; 이 책 4.19.26의 각주 223과 225 참조.

[248] 1코린 1,21("지혜에게서 하느님을 알아보지 못했다"). 『200주년』: "세상은 하느님의 지혜 안에서 하느님을 지혜로서 알아보지 못했다."

[249] 요한 1,5 참조. 이 장의 문맥상 non comprehenderunt는 '파악하지 못했다'를 의미한다.

이 육신으로 나타나셨을 때는 이 세상에 보냄을 받은 것이고 때가 차서 한 여인에게서 만들어진 것이다.[247] "하느님의 지혜 안에서 세상은 지혜를 통해 하느님을 알아보지 못했다."[248] "빛이 어둠 속에 비치고 있지만 어둠은 그것을 받아들이지 않았기"[249] 때문이다. 그래서 "하느님께서는 복음 선포의 어리석음을 통하여 믿는 이들을 구원하시기로 기꺼이 작정하셨다".[250] 다시 말해서 말씀이 살이 되어 우리 가운데서 거처하게 만들기로 [기꺼이 작정하셨다]. 일정한 시각에 어떤 사람의 지성에 도달하여 파악되는 경우도 보냄 받는다는 말은 하지만 '이 세상에' 보냄 받았다고는 하지 않는다. 감각적으로 나타나는 것이 아니니, 다시 말해서 신체 감관에 현전하는 것이 아닌 까닭이다. 우리도 우리 능력이 미치는 한도에서 영원한 무엇을 지성으로 포착하는 지경에서는 이 세상에 있지 않다. 모든 의인들의 영이 아직 이 육신 속에 살아 있으면서도 신적인 무엇을 음미할 때는 이 세상에 있지 않음과 흡사하다. 그렇지만 성부께서 일정한 시각에 어떤 일정한 인간에 의해서 인식되신다고 해서 성부께서 보냄 받으신다고 말하지 않는다. 성부께서는 존재의 기원이나 발출發出의 기원을 따로 갖지 않으시기 때문이다. 지혜께서는 "나는 지존하신 분의 입에서 나왔다"[251]라고 하셨고, 성령에 관해서는 "아버지로부터 나오신다"[252]라고 하셨지만, 성부께서는 아무한테서도 발출하시지 않는다.[253]

성령은 성부께로부터 발하므로 보냄 받는다고 이해할 만하다

20.29. 그러므로 성부께서 낳으시고 성자는 태어나셨다. 마찬가지로 성부께서는 보내시고 성자는 보냄을 받으셨다. 하지만 낳으신 분과 태어나신 분, 보내신 분과 보냄 받으신 분은 하나이시니, 성부와 성자가 하나이

---

[250] 1코린 1,21.

[251] 집회 24,3.

[252] 요한 15,26.

[253] 성자는 ex ore altissimi, 성령은 a patre라는 기원이 있지만 성부께는 그런 것이 없다.

ita etiam spiritus sanctus unum cum eis est quia *haec tria unum sunt*. Sicut enim natum esse est filio *a patre* esse, ita mitti est filio cognosci quod ab illo sit. Et sicut spiritui sancto *donum dei* esse est *a patre* procedere, ita mitti est cognosci quod ab illo procedat. Nec possumus dicere quod spiritus sanctus et a filio non procedat; neque enim frustra idem spiritus et *patris et filii spiritus* dicitur. Nec uideo quid aliud significare uoluerit cum *sufflans ait: Accipite spiritum sanctum*. Neque enim flatus ille corporeus cum sensu corporaliter tangendi procedens ex corpore substantia spiritus sancti fuit sed demonstratio per congruam significationem non tantum *a patre* sed *et a filio* procedere spiritum sanctum. Quis enim dementissimus dixerit alium fuisse spiritum quem sufflans dedit et alium quem *post ascensionem* suam misit? Vnus enim spiritus est *spiritus dei, spiritus patris et filii*, spiritus sanctus *qui operatur omnia in omnibus*.

Sed quod bis datus est dispensatio certe significationis fuit, de qua suo loco quantum dominus dederit disseremus. Quod ergo ait dominus: *Quem ego mittam uobis a patre*, ostendit *spiritum* et *patris* et

---

254 haec tria unum sunt: 교부의 전집에서 1요한 5,8의 인용은 흔하지만 5,7의 가필(이른바 comma Ioannis: "하늘에서 증언하는 분들이 셋이니 아버지와 말씀과 성령 이렇게 셋입니다. … 이 셋은 하나입니다")을 받아들인 흔적은 없다.

255 mitti est filio cognosci quod ab illo sit: 소위 '비가시적 파견'을 규정한 문구다.

256 spiritus, donum dei: 교부는 성삼위의 '관계'를 담은 명칭으로 '아버지', '아들'에 이어 하느님의 '선물'이라는 명칭으로 성령을 호칭하고서 이하에 상론한다.

257 spiritus sanctus mitti est cognosci quod ab illo procedat: 성삼위 안에서 '파견'(missio)이 성부에 대한 성자와 성령의 존재론적 위상(quod ab illo sit; quod ab illo procedat)에서 기인한다는 설명이다.

258 마태 10,20("여러분의 아버지의 영이 여러분 안에서 말씀하시는 것입니다"), 갈라 4,6("하느님께서는 당신 아드님의 영을 우리 마음 안에 보내셨으며")에 기인하는 주장이다.

259 요한 20,22.

시기 때문이다. 그와 마찬가지로 성령도 두 분과 하나이시니, 이 셋이 하나이시기 때문이다.[254] 태어나셨다 함은, 성자가 성부께로부터 유래하여 존재한다는 뜻이듯, 보냄 받는다 함도 성자로서는 그분에 의해서 존재한다는 것으로 알아듣는다는 뜻이다.[255] 또 성령이 하느님의 선물[256]이라 함은 성부께로부터 발함을 의미하듯이, 보냄 받는다 함은 그분으로부터 발한다는 것으로 알아듣는다는 의미이다.[257] 다만 성령이 성자로부터도 발하지 않는다고 단정할 수는 없다. 그와 마찬가지로 같은 성령이 성부와 성자의 영이라는 말도 공연한 말은 아니다.[258] 그러므로 "숨을 불어넣으시며 '성령을 받으시오'라고 말씀하셨다"[259]는 구절도 다른 뜻으로 하신 말씀 같지 않다. [그리스도의] 신체로부터 발하는, 신체적으로 감지되는 저 신체적 숨결이 성령의 실체였다는 말이 아니다. [이 구절은] 성령이 성부로부터만 발하시는 것이 아니고 성자로부터도 발하신다는[260] 사실을 적절하게 상징하는 증명이기도 했다. [그리스도께서] 숨을 불어넣으시며 주신 영이 다르고[261] 당신의 승천 후에 보내신 영이 다르다는 말을 할 만큼 정신 나간 사람이 누구겠는가? 영은 하나, 하느님의 영, 성부와 성자의 영, "모든 이 안에서 모든 것을 [일]하시는"[262] 성령이시다.

하지만 [성령이] 두 번 주어졌다는 사실은 분명히 의미 깊은 경륜이었으니[263] 그 점에 관해서는 주님이 허락하시는 한도 내에서 다른 곳에서 토론키로 한다.[264] 이에 관해서는 주님의 말씀이 있다. "내가 아버지로부터 여러분에게 보낼"[265]▶ 영이 아버지의 영이자 아들의 영임을 보여 준다. 다른

---

[260] non tantum a patre sed etiam procedere: 단 filioque는 spiritus qui est patri filioque communis(*Sermo* 71.29)라는 형식으로만 나온다.

[261] spiritum quem sufflans dedit: 라틴어 spiritus는 '숨결' 혹은 '입김' 그리고 '기운', '영' 혹은 '얼'을 뜻한다.

[262] 1코린 12,6 참조.

[263] bis datus: 성자의 '이중 파견'처럼 이것은 성령의 '이중 파견'(missio duplex) 이론의 단서가 된다.

[264] 이 책 15.26.46-47 참조.

filii. Quia etiam cum dixisset: *Quem mittet pater*, addidit *in nomine meo*, non tamen dixit, 'Quem mittet pater a me,' quemadmodum dixit, *Quem ego mittam uobis a patre*, uidelicet ostendens quod totius diuinitatis uel si melius dicitur deitatis principium pater est. *Qui* ergo *ex patre procedit et filio* ad eum refertur a quo natus est filius. Et quod dicit euangelista: *Spiritus nondum erat datus quia Iesus nondum fuerat clarificatus*, quomodo intellegatur nisi quia certa illa spiritus sancti datio uel missio post clarificationem Christi futura erat qualis numquam antea fuerat? Neque enim antea nulla erat, sed talis non fuerat. Si enim antea spiritus sanctus non dabatu, quo impleti prophetae locuti sunt cum aperte scriptura dicat et multis locis ostendat spiritu sancto eos locutos fuisse, cum et de Iohanne baptista dictum sit: *Spiritu sancto replebitur iam inde ab utero matris suae*, et *spiritu sancto repletus Zacharias* inuenitur pater eius ut de illo talia diceret, et spiritu sancto Maria ut talia de domino quem gestabat utero praedicaret, spiritu sancto Simeon et Anna ut magnitudinem Christi paruuli agnoscerent; quomodo ergo *spiritus nondum erat datus quia Iesus nondum erat clarificatus* nisi quia illa datio uel donatio uel missio spiritus sancti habitura erat quandam proprietatem suam in ipso aduentu qualis antea numquam fuit? Nusquam enim legimus linguis quas non nouerant homines locutos ue-

---

◀²⁶⁵ 요한 15,26 참조: "내가 아버지로부터 여러분에게 보낼 협조자, 곧 아버지로부터 나오는 진리의 영이 오시면."

²⁶⁶ 요한 14,26 참조.

²⁶⁷ totius divinitatis vel deitatis principium pater est: 서방 교부들의 특징이라 할 성부 단일 원리론(monarchianismus)은 아우구스티누스에게서도 충실히 고수된다.

²⁶⁸ qui ex patre procedit et filio ad eum refertur a quo natus est filius: 뒤의 각주 278 참조.

대목에서 "아버지께서 보내 주실 영"[266]이라고 하실 때도 "내 이름으로"라는 구절을 보태셨고, [위에서도] "아버지께서 나로부터 보내실" 영이라고 하지 않고 "내가 아버지로부터 여러분에게 보낼" 영이라고 하셨다. 다시 말해서 신성神性 전체, 아니 더 정확하게 말해서 신격神格 전체의 원리는 어디까지나 성부이심을 보여 주신 것이다.[267] 그러므로 성부와 성자로부터 나오시는 분은 성자가 태어난 바로 그분에게로 귀결된다.[268] 그리고 "예수께서 아직 영광을 받지 않으셔서 영이 아직 주어지지 않았다"[269]라는 복음사가의 말은 성령의 수여 혹은 파견이 그리스도의 영광 이후에 있을 터였고 그보다 앞서 그런 수여나 파견은 결코 없었다는 의미 말고 뭐라고 알아들어야 옳을까? 전에 [성령의 수여나 파견이] 전혀 없었다는 말이 아니고 그런 수여나 파견이 없었다는 말이다. 전에 성령이 주어지지 않았다면 예언자들은 누구로 충만하여 발언을 했겠는가? 예언자들이 성령으로 발언했다는 사실은 성경이 분명히 밝히고 여러 대목에서 보여 준다. 또 세례자 요한을 두고 "제 어머니 태중에서부터 성령으로 가득 찰 것이다"[270]라고 했는데 말이다. 그리고 그의 아버지 "즈카르야는 성령으로 가득 차서" 그를 두고 많은 말을 했고[271] 마리아 역시 태중에 품은 주님에 관하여 많은 말을 한 것은 성령으로 말미암은 것이었다.[272] 시메온과 한나가 어린 아기 그리스도의 위대하심을 알아본 것도 성령으로 말미암아서였다.[273] 그러니 "예수께서 아직 영광을 받지 않으셔서 영이 아직 주어지지 않았다"는 말씀은 전에는 전혀 없었던 그분의 내림을 주고 발생한 성령의 저러한 증여 혹은 수여 혹은 파견이 어떤 특수한 성격을 띠었다는 뜻 아니고 무엇이겠는가? 자기들 가운데 성령이 오시자 사람들이 자기네가 알지 못하던 언어들을

---

[269] 요한 7,39. 『200주년』: "영이 아직 그들 가운데 계시지 않았다."

[270] 루카 1,15 참조.

[271] 루카 1,67-79에 나오는 '즈카르야의 노래'를 가리킨다.

[272] 루카 1,46-55에 나오는 '마니피캇'(Magnificat)을 가리킨다.

[273] 루카 2,25-38 참조.

niente in se spiritu sancto sicut tunc factum est cum oporteret eius
aduentum signis sensibilibus demonstrari ut ostenderetur totum or-
bem terrarum atque omnes gentes in linguis uariis constitutas cre-
dituras in Christum per donum spiritus sancti ut impleretur quod in
psalmo canitur: *Non sunt loquelae neque sermones quorum non
audiantur uoces eorum; in omnem terram exiit sonus eorum, et in
fines orbis terrae uerba eorum.*

30. Verbo itaque dei ad unitatem personae copulatus, et quodam
modo commixtus est homo cum ueniente plenitudine temporis mis-
sus est *in hunc mundum* factus ex femina *filius dei* ut esset et *filius
hominis* propter filios hominum. Hanc personam angelica natura
figurare antea potuit ut praenuntiaret, non expropriare ut ipsa esset.

XXI. De sensibili autem demonstratione spiritus sancti siue per
columbae speciem siue per linguas igneas cum eius substantiam
patri et filio coaeternam pariterque incommutabilem subdita et *se-
ruiens creatura* temporalibus motibus et formis ostenderet, cum ad
eius personae unitatem sicut *caro* quod *uerbum factum est* non co-
pularetur, non audeo dicere nihil tale factum esse antea. Sed plane
fidenter dixerim patrem et filium et spiritum sanctum *unius eius-*

---

[274] 시편 19,4-5.

[275] verbo dei *ad unitatem personae copulatus* et quodam modo *commixtus* est homo: 두
용어(copulatus, commixtus)는 이 책 4.13.17의 각주 154 참조.

[276] non expropriare ut ipsa esset: 성자가 구약에서 이미 존재하는 천사를 시켜서(angelica
natura) 나타나셨을 때 천사와 단일한 위격을 형성하는 일은 강제수용(expropriare)이 되지만
여자에게서 사람으로 만들어지는 것은 그렇지 않았다.

말하는가 하면, 필요할 때는 그분의 내림이 감각에 지각되는 표징을 통해서 증명되기도 하고, 성령의 선물을 통해서 온 세상과 갖가지 언어를 쓰는 모든 백성들이 그리스도를 믿게 되리라는 이야기는 우리가 다른 어디서도 읽어 보지 못했다. 그리하여 시편에서 "말도 없고 이야기도 없으며 그들 목소리조차 들리지 않지만 그 소리는 온 땅으로, 그 말은 누리 끝까지 퍼져 나가네"[274]라는 노래가 그대로 이루어진다.

20.30. 그러므로 때가 차서 하느님의 아들이 여인에게서 만들어져 이 세상에 보냄 받았을 때, 즉 사람들의 아들들 때문에 사람의 아들이 되었을 때는, 사람이 하느님의 말씀에 단일한 위격位格으로 결합했고 어느 면에서 말하자면 합성되었다.[275] 전에 [나타난] 천사의 자연 본성은 이 위격을 예고하는 뜻에서 이 위격을 미리 표상할 수는 있었지만 억지로 취하여 바로 이 위격이 될 수는 없었다.[276]

삼위일체는 불가분하게 일하시지만 창조계를 통해서 드러나는 경우, 불가분하게 발현함이 불가능하다

21.[30]. 성령이 감각으로 지각할 수 있게 발현하는 경우, 즉 비둘기 형상이나 불 같은 혀를 통해 발현하는 경우, 피조물이 시중들어[277] 일시적인 움직임과 형태를 가지고 성부와 성자와 더불어, 함께 영원하고 똑같이 불변하는 그분의 실체를 보여 주는 것이다. 그런데 이 경우에 말씀이 살이 된 것처럼 [그 형상이] 성령의 단일한 위격에 결합한 것이 아니므로 그런 발현이 전에는 아예 없었다고 나로서는 단언하지 못하겠다. 내가 확실히 자신있게 말하고자 하는 바는 성부와 성자와 성령이, 하나이자 똑같은 실

---

[277] serviens creatura: 지혜 16,24-25 참조("피조물은 자기를 만드신 당신을 시중들며 … 그래서 피조물은 그때에도 온갖 형태로 바뀌면서 … 당신의 선물로 쓰였습니다").

*dem*que *substantiae* deum creatorem, trinitatem omnipotentem inseparabiliter operari. Sed ita non posse per longe imparem maximeque corpoream creaturam inseparabiliter demonstrari, sicut per uoces nostras quae utique corporaliter sonant non possunt pater et filius et spiritus sanctus nisi suis et propriis interuallis temporum certa separatione distinctis quae sui cuiusque uocabuli syllabae occupant nominari. In sua quippe substantia qua sunt *tria unum sunt*, pater et filius et spiritus sanctus, nullo temporali motu super omnem creaturam idipsum sine ullis interuallis temporum uel locorum et simul unum atque idem ab aeternitate in aeternitatem tamquam ipsa aeternitas quae sine ueritate et caritate non est; in meis autem uocibus separati sunt pater et filius et spiritus sanctus nec simul dici potuerunt, et in litteris uisibilibus sua separatim locorum spatia tenuerunt. Et quemadmodum cum memoriam meam et intellectum et uoluntatem nomino, singula quidem nomina ad res singulas referuntur sed tamen ab omnibus tribus singula facta sunt; nullum enim horum trium nominum est quod non et memoria et intellectus et uoluntas mea simul operata sint; ita trinitas simul operata est et uocem patris et carnem filii et columbam spiritus sancti cum ad personas singulas haec singula referantur. Qua similitudine utcumque cognoscitur inseparabilem in se ipsa trinitatem per uisibilis creaturae speciem separabiliter demonstrari, et inseparabilem trinitatis operationem etiam in singulis esse rebus quae uel ad patrem uel ad filium uel ad spiritum sanctum demonstrandum proprie pertinere dicuntur.

---

[278] patrem et filium et spiritum sanctum ① unius eiusdemque substantiae, ② deum creatorem, ③ trinitatem omnipotentem, ④ inseparabiliter operari: 이 책 전체에서 논하는 아우구스티누스의 삼위일체 신학 명제들이 한데 요약된 문장이다.

체를 가지고, 창조주 하느님이요 전능한 삼위일체로서 불가분하게 일하신
다는 것이다.[278] 하지만 피조물은 [삼위일체와는] 너무도 같지 않고 특별히
물체적인 것이어서 피조물을 통해 삼위일체가 불가분하게 발현하는 일은
불가능하다. 이것은 우리 음성을 통해 발설할 경우 물리적으로 소리를 내
므로 성부와 성자와 성령이 분리되지 않은 채 발음되지 못하고 ['성부'와
'성자'와 '성령'이라는] 각 단어의 음절들이 차지하는 고유의 시간 간격, 일
정하게 떨어진 시간 간격을 가지고 명명될 수밖에 없는 현상과 흡사하다.
셋이 하나로 존재하시는 당신의 실체에서는 성부와 성자와 성령은 아무
시간적 운동도 없고, 모든 피조물 위에 여일하시고, 시간이나 공간의 간격
이 전혀 없으며, 영원으로부터 영원으로, 아니 영원 — 물론 이 영원은 진
리와 사랑 없이 존재하지 않는다[279] — 자체로서, 동시에 단일하고 동일한
분이시다.[280] 그런데 나의 음성에서는 성부와 성자와 성령이 분리되었고,
동시에 발음하는 일이 불가능했으며, 눈에 보이는 문자로 하면 공간상으
로마저 분리되어 제각기 일정한 장소를 차지했다. 또 내가 나의 기억과 오
성과 의지를 거명할 때 각각의 명사가 각각의 사물을 지칭하지만 이 셋 전
부에 의해서 단일한 것이 만들어졌다.[281] 이 세 명사 중의 어느 하나에도
나의 기억과 오성과 의지가 동시에 작용하지 않은 것이 없다. 이와 마찬가
지로 삼위일체는 동시에 일하셨으며, 그러면서도 성부의 음성도 성자의
살도 성령의 비둘기도 각각의 위격에 해당한다. 이런 보기를 들면 그 자체
로 불가분한 삼위일체가 가시적 피조물의 형상을 통해서 분리되어 발현한
다는 사실을 알 수 있다. 또한 고유하게 성부나 성자나 성령을 발현시키면
서 성부나 성자나 성령께 해당하는 것처럼 보이는 각각의 사물에서도 삼
위일체의 불가분한 역사하심이 존재한다는 것을 알 수 있다.

---

[279] 교부에게서 영원(aeternitas)과 진리(veritas)와 사랑(caritas)의 병치는 앞의 각주 12 참조.

[280] simul unum atque idem: 삼위일체의 단일성을 표현하는 세 어휘들이다.

[281] ab omnibus tribus singula facta sunt: 인식의 세 기능에 의해서 이루어지는 단일한 인식
작용은 이하 이 책 10권부터 상론한다.

31. Si ergo a me quaeritur quomodo factae sint uel uoces uel sensibiles formae atque species ante *incarnationem* uerbi dei quae hoc futurum praefigurarent, *per angelos* ea deum operatum esse respondeo, quod etiam scripturarum sanctarum testimoniis, quantum existimo, satis ostendi. Si autem quaeritur ipsa incarnatio quomodo facta sit, ipsum dei uerbum dico carnem factum, id est hominem factum, non tamen in hoc quod factum est conuersum atque mutatum, ita sane factum ut ibi sit non tantum uerbum dei et hominis caro sed etiam rationalis hominis anima, atque hoc totum et *deus* dicatur propter deum *et homo* propter hominem. Quod si difficile intellegitur, mens fide purgetur magis magisque abstinendo a peccatis et bene operando et orando cum gemitu desideriorum sanctorum ut per diuinum adiutorium proficiendo et intellegat et amet.

Si autem quaeritur post *incarnationem* uerbi quomodo facta sit uel uox patris uel species corporalis qua spiritus sanctus demonstratus est, per creaturam quidem facta ista non dubito. Sed utrum tantummodo corporalem atque sensibilem, an adhibito spiritu etiam rationali uel intellectuali (hoc enim quibusdam placuit appellare quod graeci dicunt νοερόν), non quidem ad unitatem personae (quis

---

283 non est conversum atque mutatum: '말씀이 사람이 된다'(homo factus)함이 '말씀이 사람으로 변한다'(conversum et mutatum)는 뜻은 아니다.

284 혹자(Apollinaris)는 그리스도에게 하느님의 말씀과 인간 육신이 있었으나 영혼은 말씀으로 대체되었다고 주장했으므로 아우구스티누스는 의도적으로 이 문구를 삽입했다.

285 hoc totum et deus dicatur ··· et homo: "둘 다 하느님이고 둘 다 사람이다"[utrumque *deus et* utrumque *homo*(이 책 1.7.14의 각주 118 참조)].

육화는 다른 모든 파견과 구분된다

21.31. 그러면 하느님의 말씀의 육화 이전에 어떻게 [하느님의] 음성이나 감각적인 형상이나 형태가 생겼느냐는 물음이 내게 제기될 만하다. 그것들은 사실상 육화라는 장래 사건의 예형이라고 하겠는데 하느님이 천사들을 통해서 그것들을 행하셨다는 것이 나의 답변이다. 내가 생각하기에는 그 점은 성경의 증언들로 충분히 보여 주고 남는다.[282] 만약 육화 자체가 어떻게 일어났느냐고 묻는다면 나로서는 하느님의 말씀이 살이 되었다고, 다시 말해서 사람이 되었다고 말하겠는데, 그렇다고 [육화에 의해서] 생긴 그것으로 [하느님의 말씀이] 전환되거나 변화된 것은 아니라고 말해야겠다.[283] [말씀이 사람이] 되었다고 하면 거기에는 하느님의 말씀과 인간의 살만 있는 것이 아니고 의당 인간의 이성혼理性魂도 있고,[284] 그래서 하느님 때문에 그 전부가 하느님이라고 해야 하고 사람 때문에 그 전부가 사람이라고 해야 한다.[285] 만일 이 말이 이해하기 힘들거든 점차적으로 죄를 삼가며 선을 행하고 거룩한 원의를 품고 탄식하면서 기도함으로써 신앙으로 지성을 정화할 것이며, 그렇게 함으로써 하느님의 보우를 입어 정진하는 가운데 이 말을 이해하기에 이르고 사랑하기에 이를 것이다.

그리고 말씀의 육화 후에도 어떻게 성부의 음성이 생겼고 성령이 발현하신 물리적 형상이 어떻게 생길 수 있었느냐고 묻는다면, 나는 피조물을 통해서 그런 일이 이루어졌다는 사실을 의심치 않는다. 다만 순전히 신체적·감각적 피조물만 이용하셨느냐, 그렇지 않고 이성적 혹은 오성적 영靈도 — 혹자는 그리스인들이 *νοερόν*[286]이라고 하는 것을 이렇게 부르고 싶어 했다 — 사용하셨느냐, 이도 저도 아니면 그것이 또 다른 어떤 의미를 갖느냐는 찾아내기 쉽지 않고 따라서 함부로 단정하는 일은 적절하지 못하다. [피조물을 이용했다고 하더라도] [성부나 성령의] 단일한 위격에다 [결합시킨 것이 아니고] 단지 하느님이 적절하다고 판단하심에 따라서 표

---

[286] 로마인들은 *λόγος*는 ratio, *νοῦς*는 intellectus로 번역하여 사용했다.

enim hoc dixerit ut quidquid illud est creaturae per quod sonuit uox patris ita sit deus pater, aut quidquid illud est creaturae in quo per columbae speciem uel per igneas linguas spiritus sanctus demonstratus est ita sit spiritus sanctus sicut est *dei filius homo* ille qui *ex uirgine factus* est?), sed tantummodo ad ministerium peragendae significationis sicut oportuisse deus iudicauit, an aliquid aliud intellegendum sit inuenire difficile est et temere affirmare non expedit. Quomodo tamen ista sine rationali uel intellectuali creatura potuerint fieri non uideo Neque adhuc locus est explicare cur ita sentiam quantum uires dominus dederit. Prius enim sunt discutienda et refellenda haereticorum argumenta quae non ex diuinis libris sed ex rationibus suis proferunt quibus e uehementer cogere arbitrantur testimonia scripturarum quae de patre et filio et spiritu sancto sunt ita esse intellegenda ut ipsi uolunt.

32. Nunc autem non ideo *minorum* filium quia missus est *a patre*, nec ideo minorem spiritum sanctum quia et pater eum misit et filius sufficienter quantum arbitror demonstratum est. Siue enim propter uisibilem creaturam siue potius propter principii commendationem, non propter inaequalitatem uel imparilitatem uel dissimilitudinem substantiae in scripturis haec posita intelleguntur, quia etiam si uo-

---

[287] 그러나 교부는 이 책에서 이 문제를 다시 다루지 않았다.

[288] 다음 5, 6, 7권의 내용을 이룬다.

징의 역할로 시중들게 하셨으리라. (여기서 음성을 낸 피조물이 무엇이었든지 간에 그것은 아버지 하느님이시고, 비둘기의 형상을 통해서나 불 같은 혀를 통해서 성령이 발현하신 피조물이 무엇이었든지 간에 그것은 성령이었다는 말을 누가 감히 하겠는가? 말할 사람은 없으리라고 본다. 즉, 동정녀에게서 생겨난 사람이 하느님의 아들이었다는 것과 똑같은 의미로 [저 소리와 형상이 성부였고 성령이었다는] 말을 감히 누가 하겠는가?) 다만 나로서는 이성적 피조물 혹은 오성적 피조물을 이용하지 않고서 과연 저런 일이 일어날 수 있었다고는 생각하지 않는다. 내가 왜 그런 생각을 하는지는, 주님이 주시는 능력으로 보아서는, 아직 설명할 자리가 아니다.[287] 먼저 할 일은 이단자들의 주장을 토론하고 반박하는 것인데, 성경에서 끄집어내지 않고 그들이 자기 이성에서 내놓는 논거를 갖고 반박할 것이다.[288] 그 사람들 생각으로는 이런 논거들이야말로 성경의 증언들, 성부와 성자와 성령에 관한 증언들을 그런 식으로, 즉 자기들이 좋아하는 식으로 이해하지 않을 수 없게 강력하게 촉구한다는 것이다.

성자와 성령이 보냄을 받았다고 해서 성부보다 못하지 않다

21.32. 우선 지금으로서는 성자께서 파견을 받으셨다고 해서 성부보다 못한 분이 아님을, 또 성령을 성부께서 파견하셨고 성자도 그분을 파견하셨다고 해서 성령이 두 분보다 못한 분이 아님을 충분히 입증했다고 나는 생각한다. 성경에 이런 언급들이 나오는 까닭은 [하느님의] 실체의 대등하지 않음이나 동등하지 않음이나 상이함 때문은 아니다. [성자나 성령의 발현에서] 가시적인 피조물이 등장하기 때문이거나, 혹은 그보다는 원리를 부각시키는 일 때문이다.[289] 왜 그런가 하면 비록 아버지 하느님께서 당신

---

[289] propter principii commendationem: (의역) '그런 발현과 파견이 유래하는 원리가 어디 있느냐를 천명하는 일'(that the Father is the source and origin of all deity: Hill).

luisset deus pater per subiectam creaturam uisibiliter apparere, ab-
surdissime tamen aut a filio quem *genuit* aut ab spiritu sancto *qui*
de illo *procedit* missus diceretur. Iste igitur sit huius uoluminis mo-
dus; deinceps in ceteris adiuuante domino illa haereticorum uersu-
tissima argumenta qualia sint et quemadmodum redarguantur uide-
bimus.

에게 복속하는 피조물을 쓰셔서[290] 눈에 보이게 나타나고자 하셨더라도, 그 일로 당신이 낳으신 성자에게서 보냄 받으셨거나 당신에게서 발한 성령에게서 보냄 받으셨다는 말을 한다면 대단한 자가당착이 되는 까닭이다. 이것이 이 책의 끝이다. 그 밖에 이단자들의 아주 교묘한 논지들이 과연 어떤 것들이고 어떻게 반박해야 할 것인지는 하느님의 보우하심이 있으면 차차 살펴볼 일이다.

---

[290] per subiectam creaturam: 이 책 4.21.30의 각주 277(serviens creatura) 참조.

LIBER V

I 1. Hinc iam exordiens ea dicere quae dici ut cogitantur uel ab homine aliquo uel certe a nobis non omni modo possunt, quamuis et ipsa nostra cogitatio cum de deo trinitate cogitamus longe se illi de quo cogitat imparem sentiat neque ut est eum capiat sed, ut scriptum est etiam a tantis quantus Paulus apostolus hic erat, *per speculum in aenigmate* uideatur, primum ab ipso domino deo nostro de quo semper cogitare debemus et de quo digne cogitare non possumus, cui laudando reddenda est omni tempore benedictio et cui enuntiando nulla competit dictio, et adiutorium ad intellegenda atque explicanda quae intendo et ueniam precor sicubi offendo. Memor enim sum non solum uoluntatis uerum etiam infirmitatis meae. Ab his etiam qui ista lecturi sunt ut ignoscant peto ubi me magis uoluisse quam potuisse dicere aduerterint quod uel ipsi melius intellegunt uel propter mei eloquii difficultatem non intellegunt, sicut ego eis ignosco ubi propter suam tarditatem intellegere non possunt.

2. Facilius autem nobis inuicem ignoscimus si nouerimus aut certe credendo firmum tenuerimus ea quae de natura incommutabili et

---

[1] per speculum in aenigmate: 1코린 13,12. 이 문구는 이 책에 70여 회 반복 인용된다.

[2] natura의 '사물, 존재자'로서의 의미는 이 책 4.17.23의 각주 198 참조. '신적 사물' 곧 하느님의 속성에 관한 일반적이고 철학적인 정의(natura incommutabilis et invisibilis summeque vivens ac sibi sufficiens)를 발견한다.

<h2 style="text-align:center">제5권 _ 관계 개념으로 아리우스파를 반박하다</h2>

아우구스티누스가 하느님께 청하는 것과 독자들에게 청하는 것

  1.1. 여기서부터 혹자가 생각하면서도 발설하기 불가능한 것, 혹은 우리도 정작 생각을 하면서도 어느 모로도 언표를 하지 못하는 것들을 들어 이야기를 시작하겠다. 삼위일체 하느님에 관해서 우리가 생각을 할 때는 우리의 생각이 생각의 대상이 되는 그것과 까마득하게 대등하지 못하다는 느낌을 받고 그 대상을 생각으로 내포하기에도 역부족이라는 느낌을 받는다. 그래서 바오로 사도만 아니고 다른 무수한 인물들도 이것은 "거울을 통해 수수께끼로 보고 있다"[1]는 글을 남겼던 것이다. 우리가 우리 주 하느님께 관하여 항상 생각하지 않으면 안 되지만 정작 그분에 관하여 온당하게 생각할 능력이 없고, 그분을 찬미하면서 언제나 축복을 드려야 하지만 그분에게 무슨 말씀을 드릴라치면 합당한 언어가 전혀 없다. 그래서 나는 먼저 우리 주 하느님께 도움을 청하여 내가 의도하는 바를 이해하고 설명하는 데 도움을 주십사 청하고, 혹시 내가 [주님께] 누를 끼친다면 용서해 주십사 청하기에 이르렀다. 나로서는 내 [결연한] 의지만이 아니고 내 나약함도 염두에 두고 있다. 또 내 글을 읽을 사람들에게 청하거니와, 내 능력에 부치는 것을 감히 말하려고 했다는 부분, 특히 자기들은 더 잘 알아듣거나 또 나의 언술이 까다로워서 알아듣지 못하겠다는 부분이 눈에 띄거든 너그러이 봐주기 바란다. 독자들이 이해가 느려 알아듣지 못하더라도 내가 그들을 봐주듯이 저 사람들도 나를 봐주기 바란다.

하느님은 우리에게 있는 가장 훌륭한 것보다 훨씬 더 훌륭한 분이다

  1.2. 변하지 않고 보이지 않는 자연 본성, 최고로 살아 있고 스스로 자족自足하는 존재에 관해서 서술하는 말들은[2] 보이고 변하고 사멸하고 결핍

inuisibili summeque uiuente ac sibi sufficiente dicuntur non ex consuetudine uisibilium atque mutabilium et mortalium uel egenarum rerum esse metienda. Sed cum in his etiam quae nostris corporalibus adiacent sensibus uel quod nos ipsi in interiore homine sumus scientia comprehendendis laboremus nec sufficiamus, non tamen impudenter in illa quae supra sunt diuina et ineffabilia pietas fidelis ardescit, non quam suarum uirium inflat arrogantia sed quam gratia ipsius creatoris et saluatoris inflammat. Nam quo intellectu homo deum capit qui ipsum intellectum suum quo eum uult capere nondum capit? Si autem hunc iam capit, attendat diligenter nihil eo esse in sua natura melius, et uideat utrum ibi uideat ulla lineamenta formarum, nitores colorum, spatiosam granditatem, partium distantiam, molis distensionem, aliquas per locorum interualla motiones uel quid eiusmodi. Nihil certe istorum inuenimus in eo quo in natura nostra nihil melius inuenimus, id est in nostro intellectu quo sapientiam capimus quantae capaces sumus. Quod ergo non inuenimus in meliore nostro non debemus in illo quaerere quod longe melius est meliore nostro, ut sic intellegamus deum si possumus, quantum possumus, sine qualitate bonum, sine quantitate magnum, sine indigentia creatorem, sine situ praesentem, sine habitu omnia conti-

---

³ *non inflat arrogantia … sed gratia* ipsius creatoris et salvatoris *infiammat*: 교부는 인간이 초월적 존재를 향하여 개방된 실존임을 일평생 역설했다.

⁴ 대강의 논지가 여기 나오지만, 인간의 자기 초월을 주도하는 오성으로부터 교부는 신 존재 증명(『자유의지론』 2.3.7-15.40 참조)을 이끌어 낸다.

⁵ 이 역설적 문장은 이성의 추론이든 오성의 직관이든 인간이 갖춘 능력으로 신에게 이르지, 초월적 로고스나 보편적 오성이 인간을 대신하지 않는다는 교부의 신념을 반영한다.

⁶ sine indigentia creatorem: 창조 동기는 하느님의 어떤 부족을 채우는 데 있지 않으므로 하느님은 피조물에 의존하지 않는다.

있는 사물들을 두고 발설하는 관습적 언어를 가지고 측정할 수 있는 것이 아님을 우리가 안다면, 또는 확실히 그렇다고 믿어 굳건히 견지한다면, 우리끼리 서로 너그러이 봐주는 일이 한결 용이할 것이다. 그런데 우리는 우리의 신체적 감관에 다가오는 사물들이나 내적 인간 안에서 우리 자신으로 존재하는 그런 것들에 관해서도 학문적으로 파악하는 데 수고가 들뿐더러 [아무리 노력해도] 충분치 못하다. 그럼에도 우리의 경건한 신심은 위에 있는 신적이고 형언하기 어려운 사물들을 향해서도 불타오르는데 그것을 분수에 넘는 짓이라고 넘친다고 할 수 없으니 그것을 충동하는 것은 자기 힘을 믿는 오만이 아니라 창조주요 구세주인 그분의 은총이 불붙이기 때문이다.[3] 인간이 하느님을 파악하기 바라는 자기 오성 자체도 아직 파악하지 못하거늘, 도대체 무슨 오성을 가지고 하느님을 파악하겠는가? 만약 인간이 [자기 오성을] 이미 파악한다면, 그의 자연 본성에서 오성보다 더 훌륭한 것이 아무것도 없음을 주의 깊게 살펴야 할 것이다.[4] 그리고 과연 오성에 형상의 윤곽이라든지, 색깔의 광택이라든지, 공간적 크기라든지, 부분들 간의 거리라든지, 몸체의 연장延長이라든지, 위치상의 간격을 통한 어떤 운동이라든지, 그 밖의 무엇이 있는지 조심해서 살펴야 할 것이다. 물론 오성에서는 이런 것들 가운데 어느 하나도 발견할 수 없다. 우리의 자연 본성에서 그보다 더 훌륭한 것을, 즉 힘닿는 대로 우리가 지혜를 파악하는 오성보다 더 훌륭한 것을 우리는 아무것도 발견하지 못한다. 그러므로 우리의 가장 훌륭한 것에서 우리가 발견 못하는 것을, 우리에게 있는 가장 훌륭한 것보다 훨씬 더 훌륭한 무엇에서 찾으려고 하지 말아야 한다.[5] 그리고 할 수만 있다면, 우리가 가능한 데까지 하느님을 인식하되, 그분을 속성이 없이 선한 분으로, 분량이 없이 위대한 분으로, 부족함 없는 창조주로,[6] 위치 없이 현존하는 분으로,[7] 일정한 성상性狀 없이 모

---

[7] sine situ praesentem: 사본에 따라서는 praesidentem['주재(主宰)하시는 분']으로 읽는다.

nentem, *sine loco ubique totum*, sine tempore sempiternum, sine ulla sui mutatione mutabilia facientem nihilque patientem. Quisquis deum ita cogitat etsi nondum potest omni modo inuenire quid sit, pie tamen cauet quantum potest aliquid de illo sentire quod non sit.

II 3. Est tamen sine dubitatione substantia uel si melius hoc appellatur essentia, quam graeci οὐσίαν uocant. Sicut enim ab eo quod est sapere dicta est sapientia et ab eo quod est scire dicta est scientia, ita ab eo quod est esse dicta est essentia. Et quis magis est quam ille qui dixit famulo suo: *Ego sum qui sum*, et: *Dices filiis Israhel: Qui est misit me ad uos*? Sed aliae quae dicuntur essentiae siue substantiae capiunt accidentias quibus in eis fiat uel magna uel quantacumque mutatio; deo autem aliquid eiusmodi accidere non potest. Et ideo sola est incommutabilis substantia uel essentia quae deus est, cui profecto ipsum esse unde essentia nominata est maxi-

---

⁸ sine loco ubique totum: 신의 편재(遍在)를 가리키는 표현으로 플로티누스(*Enneades* 6.4. inscr. πανταχοῦ ὅλον)에게서 유래한다.

⁹ 아우구스티누스는 여기서 정확하게 아리스토텔레스의 9개 우유 범주(偶有範疇)[qualitas (속성), quantitas(양), relatio(관계), situs(상태), habitus(성상), locus(공간), tempus(시간), actio(능동 또는 작용), passio(수동)]를 열거하고, 하느님이 그것을 초월하는 분임을 밝힌다.

¹⁰ 하느님에 관한 접근은 그분이 우유적 범주에 해당하지 않는다는 부정적 서술(via nega-tiva)이 주된 방법일 수밖에 없다.

¹¹ substantia vel ⋯ essentia, quam graeci ousian vocant: essentia는 '있음', '존재함' 심지어 '존재자'로 번역될 만하며 적어도 '본질'이라는 번역은 적합하지 않다. substantia vel essentia(vel natura 포함)는 그의 전집에 36회 나온다.

든 것을 내포하는 분으로, 장소 없이 어디에나 계신 전체이신 분으로,[8] 시
간 없이 영구한 분으로, 아무런 변화 없이 변하는 모든 것을 만들면서도
아무것도 수동으로 당하지 않는 분으로 인식하자.[9] 누구든지 하느님을 이
렇게 생각하는 경우 아직 하느님이 무엇인지를 전적으로 발견하지는 못할
지라도 적어도 경건하게 그분에 관해서 생각하면서 그분이 아닌 것을 그
분에게 귀속하는 일은 삼가게 된다.[10]

하느님은 존재 자체

2.3. 그렇더라도 [하느님은] 의심 없이 실체 혹은 더 정확하게 불러서 존
재이시며, 그리스인들은 이것을 *οὐσία*라고 부른다.[11] '맛보다'라는 말이 있
어 '맛봄'이라고 했고[12] '알다'라는 말이 있어 '앎'이라고 했듯이 '있다'라는
말이 있어 '있음'이라고 했다.[13] 그리고 당신 종에게 "나는 있는 나다. 너는
이스라엘의 자손들에게 '있는 나'께서 나를 너희에게 보내셨다고 하여라"[14]
라고 말씀하신 분보다 훌륭한 분이 누구신가? 그 대신 존재 혹은 실체라고
하는 다른 것들은 우유偶有들을 내포하고 그것들에 의해서 크고 작은 변화
가 그것들 안에 생긴다. 그런데 하느님께는 이런 것들이 닥치지 않는다.
그러니 불변하는 실체 혹은 존재는 오직 하나뿐이니 곧 하느님이시다. 그
분에게야말로 존재함 ─ 거기서 존재라는 명사가 나온다 ─ 그 자체가 최

---

[12] sapere('맛내다', '맛보다')에서 sapientia('맛봄', '음미', '슬기로움', '지혜')라는 추상어까지
나왔다.

[13] Quintillianus[*Institutiones oratoriae* 2.14.2; *οὐσίαν*, quam Plautus essentiam vocat ⋯
ea quaeritur an sit('존재하느냐에 대한 답변으로')]와 Seneca[*Epistola* 58.6-7: essentiam ⋯
quomodo dicetur *οὐσία*, *τὸ ὄν* ⋯ ut dicam 'quod est'('존재하는 그것을 가리켜')]에게서 인용
한 구절이다.

[14] 탈출 3,14(『성경』). "나는 곧 나다. 너는 '나를 너희에게 보내신 분은 '나다'라고 하시는
그분이다' 하고 이스라엘 백성에게 일러라"(『공동 번역』).

me ac uerissime competit. Quod enim mutatur non seruat ipsum esse, et quod mutari potest etiamsi non mutetur potest quod fuerat non esse, ac per hoc illud solum quod non tantum non mutatur uerum etiam mutari omnino non potest sine scrupulo occurrit quod uerissime dicatur esse.

III 4. Quamobrem ut iam etiam de his quae nec dicuntur ut cogitantur nec cogitantur ut sunt respondere incipiamus fidei nostrae aduersariis, inter multa quae arriani aduersus catholicam fidem solent disputare hoc sibi maxime callidissmum machinamentum proponere uidentur cum dicunt: 'Quidquid de deo dicitur uel intellegitur non secundum accidens sed secundum substantiam dicitur. Quapropter ingenitum esse patri secundum substantiam est, et genitum esse filio secundum substantiam est. Diuersum est autem ingenitum esse et genitum esse; diuersa est ergo substantia patris et filii.'

Quibus respondemus: Si quidquid de deo dicitur secundum substantiam dicitur, ergo quod dictum est: *Ego et pater unum sumus*, secundum substantiam dictum est. Vna est igitur substantia patris et filii. Aut si hoc non secundum substantiam dictum est, dicitur ergo aliquid de deo non secundum substantiam, et ideo iam non cogimur

---

¹⁵ 교부에게 참된 '있음'은 '그대로 머무름' 혹은 '불변'(omnino incommutabilis manet: 이하 5.4.5)을 의미한다. ideo illum summe esse, quia nulla mutabilitate proficit seu deficit(*Epistola* 118.3.15)을 의미한다.

¹⁶ "하느님 안에서 태어나지 않은 분과 태어난 분이라는 호칭이 실체들의 차이를 가리키지 않느냐는, 아리우스파의 논지"[BA].

¹⁷ Cf., Ambrosius, *De incarnationis dominicae sacramento* 8.79. 아리우스의 주장은 반대자들의 글에만 전해 온다.

고로 또 참으로 해당한다. 변하는 것은 존재함 그 자체를 보전하지 못하며, 또 변할 수 있는 것은 비록 변하지 않더라도 전에 존재하던 것이 존재하지 않을 수 있다. 그러므로 변하지 않을 뿐만 아니라 전혀 변할 수 없는 것에만 존재한다는 말이 참으로 이론異論의 여지 없이 해당한다.[15]

아리우스파의 논지[16]

3.4. 그러므로 있는 그대로 생각하지 못하거나, 생각하는 그대로 발설하지 못하는 그런 것들을 두고 우리 신앙의 반대자들에게 답변을 시작하기로 하자. 우선 아리우스파가 가톨릭 신앙에 반대하여 논쟁을 걸어오는 많은 것들 중에서도 자기 딴에는 가장 가열한 논법으로 제시한다고 보이는 주장이 있는데 다음과 같은 말로 간추려진다.[17] "하느님에 관하여 언표言表되거나 인식되는 것은 무엇이든 우유偶有에 따라 언표되지 않고 실체實體에 따라 언표된다. 따라서 태어나지 않았다는 언표가 성부께 해당될 때도 실체에 따라서 하는 것이고, 태어났다는 언표가 성자께 해당될 때도 실체에 따라서 하는 것이다. 그런데 태어나지 않았다는 것과 태어났다는 것은 다르다. 그러므로 성부와 성자의 실체는 다르다."[18]

그들에게 우리는 이렇게 답변한다.[19] "만일 하느님에 대하여 무엇을 언표하든지 실체에 따라 언표한다면, '나와 아버지는 하나입니다'[20]라고 하는 말은 실체에 따른 언표이다. 그러므로 아버지와 아들의 실체는 하나이다. 그렇지 않고 만약 이것이 실체에 따라서 행한 언표가 아니라면, 하느님에 관한 무엇을 언표하면서도 실체에 따라서 언표하지 않는 경우가 생긴다.

---

[18] 유일하고 영원하고 기원이 없는('태어나지 않은': ingenitus, ἀγέννητος) 하느님에게 '성자'(genitus)라는 용어 자체가 모순된다는 요지다.

[19] 교부의 아래 답변 요지: 하느님에 관하여 우유에 따라 언표하는 일이 없다고 해서 모든 것이 실체에 따라서만 언표되어야 한다는 결론은 나오지 않는다. '관계'(關係)라는 범주는 실체에 따라 하는 언표가 아니면서도 신성의 '내적 관계'를 언표하고 있다.

[20] 요한 10,30.

secundum substantiam intellegere ingenitum et genitum. Item dictum est de filio: *Non rapinam arbitratus est esse aequalis deo.* Quaerimus secundum quid aequalis. Si enim non secundum substantiam dicitur aequalis, admittunt ut dicatur aliquid de deo non secundum substantiam; admittant ergo non secundum substantiam dici ingenitum et genitum. Quod si propterea non admittunt quia omnia de deo secundum substantiam dici uolunt, secundum substantiam filius *aequalis* est *patri*.

IV 5. Accidens autem dici non solet nisi quod aliqua mutatione eius rei cui accidit amitti potest. Nam etsi quaedam dicuntur accidentia inseparabilia, quae appellantur graece ἀχώριστα, sicuti est plumae corui color niger; amittit eum tamen non quidem quamdiu pluma est sed quia non semper est pluma. Quapropter ipsa materies mutabilis est, et ex eo quod desinit esse illud animal uel illa pluma totumque illud corpus in terram *mutatur et uertitur*, amittit utique etiam illum colorem. Quamuis et accidens quod separabile dicitur non separatione sed mutatione amittatur, sicuti est capillis hominum nigritudo, quoniam dum capilli sunt possunt albescere; separabile accidens dicitur, sed diligenter intuentibus satis apparet non separa-

---

[21] 필리 2,6.

[22] 만일 아리우스가 "나와 아버지는 하나입니다"라는 성경 말씀을 인정하면 그의 기본명제 — '성부와 성자의 실체는 다르다' — 가 무너지고, 인정 안 하면 그의 기본 전제 — '하느님에 관한 모든 언표는 실체에 따라 언표된다' — 가 무너진다.

따라서 '태어나지 않았다'거나 '태어났다'는 말을 반드시 실체에 따라서 [하는 언표로] 이해하지 않으면 안 된다는 강제성은 없다. 그리고 성자에 관하여 "그분은 하느님과 같음을 마치 노획물처럼 여기지 않으셨다"[21]는 말씀이 있다. [성부와 성자가 같다고 할 때] 무엇에 준해서 같다는 것인지 따져 본다. 실체에 따라서 같다는 언표가 아니라면 하느님에 관한 무엇을 언표하면서도 실체에 따라 언표하고 있지 않다는 사실을 인정하는 것이다. 그러니 '태어나지 않았다'는 말과 '태어났다'는 말도 실체에 따라서 언표하는 것이 아닐 수 있음을 인정해야 하는 것이다. 하느님에 관해서는 무엇이든지 실체에 따라서 언표된다고 말하고 싶어서 만일 이 점을 수긍하지 않는다면, 성자는 실체에 따라서 성부와 동등한 것이다.[22]

우유偶有는 항상 사물의 어떤 변화를 드러낸다

4.5. 우유라는 것은 [우유가] 붙어 있는 사물의 어떤 변화로 인해서 무엇을 잃어버릴 수 있는 경우가 아니면 우유라고 하지 않는 법이다.[23] 물론 어떤 우유들은 그리스 말로 *ἀχώριστα*라고 하여 [사물과] 불가분한데 까마귀의 깃털이 검은색인 경우가 그렇다. 하지만 깃털이 색깔을 잃기도 하는데 그것이 깃털로 존재하는 동안은 그런 일이 없고 다만 그것이 항상 깃털로 존재하지는 않기 때문에 [색깔을 잃는] 경우가 생긴다. 물질 자체가 가변적인 만큼, 저 짐승이 존재하기를 중단하거나 저 깃털이 존재하기를 중단한다는 사실로 인해서 만일 저 물체 전체가 흙으로 변하고 바뀌면 저 색깔도 잃는다. 그 대신 [사물에서] 분리된다는 우유는 분리로 말미암아 잃는 것이 아니고 변화로 말미암아 잃는다. 사람 머리카락의 검은색이 그렇다. 그것이 머리카락으로 존재하는 동안에도 희어질 수 있다. [사물에서] 분리되는 우유라고는 하지만 주의 깊게 살펴보면 분리에 의해서 그렇게 되는

---

[23] '우유'(accidens ← ad-cadere: Hill은 modification으로 번역)라는 단어는 라틴어로 '어떤 사물에 붙어서 일어난다'(eius rei *cui accidit*)는 의미를 함축한다.

tione quasi emigrare aliquid a capite dum canescit ut nigritudo inde candore succedente discedat et aliquo eat, sed illam qualitatem coloris ibi uerti atque mutari. Nihil itaque accidens in deo quia nihil mutabile aut amissibile. Quod si et illud dici accidens placet quod licet non amittatur, minuitur tamen uel augetur, sicuti est animae uita (nam et quamdiu anima est tamdiu uiuit, et quia semper anima est semper uiuit, sed quia magis uiuit cum sapit minusque dum desipit, fit etiam hic aliqua mutatio non ut desit uita sicuti deest insipienti sapientia, sed ut minus sit), nec tale aliquid in deo fit quia omnino incommutabilis manet.

6. Quamobrem nihil in eo secundum accidens dicitur quia nihil ei accidit; nec tamen omne quod dicitur secundum substantiam dicitur. In rebus enim creatis atque mutabilibus quod non secundum substantiam dicitur restat ut secundum accidens dicatur. Omnia enim accidunt eis, quae uel amitti possunt uel minui et magnitudines et qualitates, et quod dicitur ad aliquid sicut amicitiae, propinquitates, seruitutes, similitudines, aequalitates et si qua huiusmodi et situs et habitus et loca et tempora et opera atque passiones.

---

[24] magis vivit cum sapit minusque dum desipit: 우유적 요소이지만 생명(magis vivit minusque)과 존재(ut minus sit) 자체를 좌우한다.

[25] quod dicitur ad aliquid: '관계'(relatio)라는 우유 범주.

것이 아님을 알 수 있다. 머리가 셀 때 사람의 머리에서 무엇이 딴 데로 옮겨 가는, 곧 검정이 떠나서 다른 데로 가고 하양이 뒤이어 나타나는 것이 아니고, 그 자리에서 그 색의 성질이 바뀌고 변한다는 사실이 확연하게 드러난다. 그러니까 하느님께는 아무 우유도 없다. 하느님께는 아무것도 변하지 않고 아무것도 잃는 일이 없기 때문이다. 영혼의 생명처럼 줄고 늘고는 하지만 잃는 일이 없는 그것도 우유라고 부르고 싶다면 [그렇게 부를 수 있다]. (영혼이 영혼인 한 반드시 살아 있다. 그런데 영혼은 항상 영혼이므로 항상 살아 있다. 다만 더 지혜로워지면 더 살고 어리석은 만큼 덜 산다.[24] 그런 면에서 [생명에도] 어느 정도 변화가 일어난다. 어리석어진 사람에게서 지혜가 존재하기를 중단하듯이 생명이 [존재하기를] 중단하는 일은 없지만 그만큼 생명이 덜 존재한다.) 하느님은 전적으로 불변하시기 때문에 하느님께는 그런 일이 전혀 생기지 않는다.

하느님에 관해서는 무엇도 우유에 따라 언표하지 않고 실체에 따라 언표하거나 관계에 따라 언표한다. 그런데 이 관계는 우유가 아니니 변하지 않기 때문이다

4.6. 그러므로 하느님에 관해서는 아무것도 우유에 따라 언표하지 않으니 그분께는 아무것도 덧붙여지지 않기 때문이다. 그렇다고 해서 하느님께 언표하는 것이 모두 실체에 따라 언표되지는 않는다. 창조되고 변하는 사물들에는 실체에 따라 언표하지 않는다면 우유에 따라 언표하는 수밖에 없다. 잃어버리거나 줄어들 수 있는 것들은 그런 사물들에 우발적으로 생기는 것들이니 크기와 성질이 그렇고, 친구 관계, 친척 관계, 예속 관계, 비슷함, 같음처럼 다른 것에 [상대적으로] 언표하는 것,[25] 그리고 위치와 성상性狀, 장소와 시간, 작용과 수동이 그렇다.[26]

---

[26] 앞의 각주 9 참조.

V. In deo autem nihil quidem secundum accidens dicitur quia nihil in eo mutabile est; nec tamen omne quod dicitur secundum substantiam dicitur. Dicitur enim *ad aliquid* sicut pater ad filium et filius ad patrem, quod non est accidens quia et ille semper pater et ille semper filius, et non ita semper quasi ex quo natus est filius aut ex eo quod numquam desinat esse filius pater esse non desinat pater, sed ex eo quod semper natus est filius nec coepit umquam esse filius. Quod si aliquando esse coepisset aut aliquando esse desineret filius, secundum accidens diceretur. Si uero quod dicitur pater ad se ipsum diceretur non ad filium, et quod dicitur filius ad se ipsum diceretur non ad patrem, secundum substantiam diceretur et ille pater et ille filius. Sed quia et pater non dicitur pater nisi ex eo quod est ei filius et filius non dicitur nisi ex eo quod habet patrem, non secundum substantiam haec dicuntur quia non quisque eorum ad se ipsum sed ad inuicem atque ad alterutrum ista dicuntur; neque secundum accidens quia et quod dicitur pater et quod dicitur filius aeternum atque incommutabile est eis. Quamobrem quamuis diuersum sit patrem esse et filium esse, non est tamen diuersa substantia quia hoc non secundum substantiam dicuntur sed secundum

---

27 앞의 문장("하느님께는 아무것도 덧붙여지지 않는다")과 이 문장("하느님께는 아무것도 변하지 않는다")를 연결하면 '우유'(accidens)는 곧 '변화'(mutabile)를 설명하는 범주임이 드러난다.

28 esse pater … esse filius: 라틴어 동사의 양의성으로 인해서 '항상 아버지이시고 항상 아들이시다'라는 계사(繫辭)와 더불어 '항상 아버지로 존재하시고 항상 성자로서 존재하시다'라는 자동사를 의미하므로 '성부는 항상 낳고 계시고 성자는 항상 태어나고 계시다'라는 표현이 가능하다.

5.[6]. 그러므로 하느님에 관해서는 아무것도 우유에 따라 언표하지 않으니 그분께는 아무것도 변하지 않기 때문이다.[27] 그렇다고 하느님께 언표하는 모든 것이 실체에 따라 언표하지는 않는다. 성부께서 성자에게, 성자께서 성부께 하듯이 상대적으로 언표하는 것이 있는데, 저분은 항상 성부이시고 이분은 항상 성자이시므로 이것은 우유적인 것이 아니다. '항상' 그렇다고 하더라도 성부께로부터 성자께서 태어나신 이상, 성자가 아들로 존재하기를 결코 중단하는 일이 없으므로 성부께서도 아버지로 존재하기를 중단하는 일이 결코 없다는 뜻으로 하는 말이 아니고, 성자께서는 항상 태어나시며 아들로서 존재하기를 시작한 일이 결코 없다는 뜻으로 하는 말이다.[28] 성자께서 언제인가 존재하기 시작하고 언제인가 존재하기를 중단한다면 당연히 우유에 따라서 언표하는 말이리라. 하지만 성부께서 당신 자신을 상대로 언표하는 것은 성자를 상대로 언표하는 것이 아니고, 성자께서 당신 자신을 상대로 언표하는 것은 성부를 상대로 언표하는 것이 아니며, 따라서 저분은 성부로서 이분은 성자로서 실체에 따라 언표하는 말이리라. 하지만 성부께서도 그분에게 아들이 있다는 점에서가 아니면 아버지라 언표되지 않고 성자께서도 그분에게 아버지가 있다는 점에서가 아니면 아들이라고 언표되지 않는다는 사실은 실체에 따라서 언표하는 것이 아님을 보여 준다. 두 경우 다 당신을 두고 언표하는 말이 아니고 서로 간에 또 상대를 두고 그런 언표를 하는 까닭이다. 그렇다고 우유에 따라서 언표하는 말도 아니다. 아버지라고 언표하는 것과 아들이라고 언표하는 것은 두 분에게 영원하고 불변하기 때문이다. 그러므로 성부이심과 성자이심이[29] 다르기는 하지만 다른 실체는 아니니, 저것이 실체에 따라서 하

---

[29] 곧 '성부로 존재하심과 성자로 존재하심이'.

relatiuum, quod tamen relatiuum non est accidens quia non est mutabile.

VI 7. Si autem huic sic putant resistendum esse sermoni quod pater quidem ad filium dicitur et filius ad patrem, ingenitus tamen et genitus ad se ipsos dicuntur non ad alterutrum; non enim hoc est dicere ingenitum quod est patrem dicere quia et si filium non genuisset nihil prohiberet dicere eum ingenitum, et si gignat quisque filium non ex eo ipse est ingenitus quia geniti homines ex aliis hominibus gignunt et ipsi alios – inquiunt ergo: 'Pater ad filium dicitur et filius ad patrem; ingenitus autem ad se ipsum et genitus ad se ipsum dicitur. Et ideo si quidquid ad se ipsum dicitur secundum substantiam dicitur; diuersum est autem ingenitum esse et genitum esse; diuersa igitur substantia est.'

Hoc si dicunt non intellegunt de ingenito quidem aliquid se dicere quod diligentius pertractandum sit, quia nec ideo quisque pater quia ingenitus nec ingenitus ideo quia pater, et propterea non *ad aliquid* sed ad se dici putatur ingenitus; genitum uero mira caecitate non aduertunt dici non posse nisi *ad aliquid*. Ideo quippe filius quia genitus et quia filius utique genitus. Sicut autem filius ad patrem

---

[30] quod relativum non est accidens quia non est mutabile: 아리스토텔레스의 '관계'(ad aliquid) 범주를 삼위일체론에 원용한 것은 그리스 교부들(Basilius, Gregorius Nazianzenus)이었으나, 이 개념으로 신적 존재의 단일성을 손상하지 않으면서도 삼위일체에서 위격들을 성립시키는 것이 관계라는 이론을 확립한 이는 아우구스티누스였다.

[31] "성부라고 일컫는, 태어나지 않은 분은 당신 자신을 상대로 하는, 곧 실체적으로 언표하는 것으로 볼 수 있는가?"[BA].

[32] ad aliquid dicitur와 ad se dicitur라는 구상어가 대개 추상적 용어로 번역된다[e.g., un nom relatif, un nom absolu(Mellet) / un senso relativo, un senso assoluto(Beschin) / with reference to other, with reference to self(Hill)].

는 언표가 아니고 관계에 따라서 하는 언표이기 때문이며, 또 저 관계는 우유가 아니니 변하는 것이 아닌 까닭이다.[30]

태어나지 않은 분에 관한 아리우스파의 논지

6.7. 혹자는 이런 논리에 반대해야 한다고 생각한다. 즉, '아버지'는 아들을 상대로 하는 언표이고 '아들'은 아버지를 상대로 하는 언표이지만, '태어나지 않은 분'과 '태어난 분'은 자신을 상대로 하지, 타자를 상대로 하는 언표가 아니라는 주장이다.[31] '태어나지 않은 분'이라고 언표한다고 해서 반드시 '아버지'라고 언표하는 것은 아니니 설령 아들을 낳지 않았더라도 그분을 '태어나지 않은 분'이라고 부르지 말라는 법은 전혀 없기 때문이다. 그리고 누가 아들을 낳았더라도 그것 때문에 '태어나지 않은 자'가 되는 것은 아니니, 인간의 경우 딴 사람들에게서 태어나고서도 자기들도 다시 사람들을 낳는 까닭이다. 그래서 저들은 이렇게 주장한다. "'아버지'는 아들을 상대로 하는 언표이고 '아들'은 아버지를 상대로 하는 언표이지만, '태어나지 않은 분'은 자신을 상대로 하는 언표이고 '태어난 분'도 자신을 상대로 하는 언표이다. 또 무엇이 자기를 상대로 언표한다면 실체에 따라서 언표하는 것이다. 그런데 태어나지 않은 분이라는 것과 태어난 분이라는 것은 다르다. 그러므로 실체가 다르다."

저 사람들이 이런 말을 한다면, 누가 '태어나지 않은 분'에 관해서 무엇인가 주장할 경우에는 보다 조심스럽게 문제를 다루어야 한다는 사실을 알아듣지 못하는 소치이다. 누가 '태어나지 않은 자'이기 때문에 '아버지'가 되는 것이 아니고 또 '아버지'이기 때문에 '태어나지 않은 자'가 되는 것도 아니며, 따라서 '태어나지 않은 분'은 타자를 상대로 하지 않고 자기 자신을 상대로 한다는[32] [말은 맞다]. 하지만 저 사람들은 기이한 맹목 때문인지, '태어난 분'이라는 말은 타자를 상대로 하지 않고서는 언표할 수 없다는 사실에 유의하지 않고 있다. 그러므로 태어났기 때문에 아들이고 아들이기 때문에 태어난 분이다. 아들이 아버지에게 결부되듯이 태어난 분

sic genitus ad genitorem refertur, et sicut pater ad filium ita genitor ad genitum. Ideoque alia notio est qua intellegitur genitor, alia qua ingenitus. Nam quamuis de patre deo utrumque dicatur, illud tamen ad genitum, id est ad filium dicitur, quod nec illi negant; hoc autem quod ingenitus dicitur ad se ipsum dici perhibent. Dicunt ergo: 'Si aliquid ad se ipsum dicitur pater quod ad se ipsum dici non potest filius, et quidquid ad se ipsum dicitur secundum substantiam dicitur, et ad se ipsum dicitur ingenitus quod dici non potest filius, ergo secundum substantiam dicitur ingenitus quod filis quia dici non potest non est *eiusdem substantiae.*'

Cui uersutiae respondetur ita ut ipsi cogantur dicere secundum quid sit *aequalis* filius *patri*, utrum secundum id quod ad se dicitur an secundum id quod ad patrem dicitur. Non enim secundum id quod ad patrem dicitur quoniam ad patrem filius dicitur; ille autem non filius sed pater est – quia non sic ad se dicuntur pater et filius quomodo amici aut uicini. Relatiue quippe amicus dicitur ad amicum, et si aequaliter se diligunt, eadem in utroque amicitia est; et relatiue uicinus dicitur ad uicinum et quia aequaliter sibi uicini sunt (quantum enim iste illi, tantum et ille huic uicinatur), eadem in ut-

---

³³ 교부는 '낳은 분'(genitor), '태어나지 않은 분'(ingenitus)은 별개라는 전제하에, 성부 하느님이 신성의 단일한 원리(monarchia)라는 아리우스파의 집념을 살리면서도 삼위의 일체성 (una eademque substantia)을 살리는 방도를 찾는다.

³⁴ 마지막 문장은 Basilius, *Adversus Eunomium* 14.2.2의 직접 번역 인용이다.

³⁵ non sic ad se dicuntur pater et filius: '아버지'와 '아들'은 절대로 동등한 그런 관계가 아니고 아들이 아버지에게 의존하는 관계이므로 성부 하느님의 단일 원리(monarchia)는 보전된다.

은 낳은 분에게 결부된다. 마찬가지로 아버지가 아들에게 결부되듯이 낳은 분은 태어난 분에게 결부된다. 그러므로 '낳은 분'을 가리키는 개념 다르고 '태어나지 않은 분'을 가리키는 개념이 다르다.[33] 아버지 하느님에 관해서는 [저 개념] 둘 다 언표되지만 전자['낳은 분']는 '태어난 분' 다시 말해서 아들과 관련하여 언표하는 것이라는 점은 그들마저도 부인 않는다. 그 대신 후자['태어나지 않은 분']는 자기를 상대로 언표한다는 것이 그들의 주장이다. 그리하여 그들의 말은 이렇게 [달라진다]. "만일 아버지가 자기와 연관시켜 무엇이 언표된다면 그것을 [똑같이] 아들이 자기와 연관시켜 언표될 수는 없다. 그리고 무엇이든지 [아버지가] 자기와 연관시켜 언표하는 것은 실체에 따라서 언표하는 것이다. 그런데 '태어나지 않은 분'이라는 말은 [아버지가] 자기와 연관시켜 언표하는 것이고 그것이 아들에게는 언표될 수 없다. 그러므로 '태어나지 않은 분'은 실체에 따라서 언표되는 것이고 그것이 아들에게는 언표될 수 없으며, 따라서 아들은 [아버지와] 동일한 실체의 존재가 아니다."[34]

이런 교묘한 논리를 놓고 [우리가 내놓을] 응답은 그들로 하여금 성자가 성부와 어느 면에서 동등하다는 것인지 말해 보라고 시키는 일이다. 자기와 연관시켜 언표하는 것에서 동등하냐, 그렇지 않고 아버지와 연관시켜 언표하는 것에서 동등하냐 [대답하라는 것이다]. 아버지와 연관시켜 언표하는대로 [동등하다고는] 말하지 않을 것이니, 아버지와 연관시켜서 아들이라고 언표하는 까닭이다. 그런데 저분은 아들이 아니라 아버지다. 그리고 아버지와 아들은 친구들끼리 혹은 이웃들끼리 하듯이 그런 식으로 서로에게 연관되지 않는다.[35] 친구는 상대적으로 친구와 연관시켜 친구라고 언표하고, 동등하게 서로 사랑한다면 양자에게는 동일한 우정이 존재하게 된다. 그와 마찬가지로 이웃은 상대적으로 이웃과 연관시켜 이웃이라고 언표하고, 동등하게 서로 이웃하고 산다면 — 하나가 다른 하나에게 가까우면 가까울수록 다른 하나도 하나에게 가깝다 — 양자에게는 동일한 이웃됨이 존재하게 된다. 그런데 아들은 상대적으로 아들과 연관되듯이 언

roque uicinitas. Quia uero filius non ad filium relatiue dicitur sed ad patrem, non secundum hoc quod ad patrem dicitur *aequalis* est filius *patri*. Restat ut secundum id aequalis sit quod ad se dicitur. Quidquid autem ad se dicitur secundum substantiam dicitur. Restat ergo ut secundum substantiam sit aequalis. Eadem est igitur utriusque substantia. Cum uero ingenitus dicitur pater, non quid sit sed quid non sit dicitur. Cum autem relatiuum; negatur, non secundum substantiam negatur quia ipsum relatiuum non secundum substantiam dicitur.

VII 8. Hoc exemplis planum faciendum est. Ac primum uidendum est hoc significari cum dicitur *genitus* quod significatur cum dicitur *filius*. Ideo enim filius quia genitus, et quia filius utique genitus. Quod ergo dicitur ingenitus, hoc ostenditur quod non sit filius. Sed genitus et ingenitus commode dicuntur; filius autem latine dicitur, sed 'infilius' ut dicatur non admittit loquendi consuetudo. Nihil tamen intellectui demitur si dicatur non filius quemadmodum etiam si dicatur non genitus pro eo quod dicitur ingenitus nihil aliud dicitur.

---

[36] relative ad se vel ad patrem이라는 어구가 정식으로 등장한다.

[37] eadem est igitur utriusque substantia: '성부와 성자는 동등하지만 서로 다른 실체다'라는 반(半)−아리우스파의 주장에 대한 교부의 답변이며 Basilius(*Adversus Eunomium* 14.2.2)의 직접 인용이다.

[38] in-genitus($\acute{a}$-$\gamma\acute{\epsilon}\nu\nu\eta\tau o\varsigma$)는 '태어나지 않은'(= 기원이 없는)이라는 부정어다.

[39] cum relativum negatur, non secundum substantiam negatur: 이하에 나오지만, in-genitus는 우유적 범주 genitus를 부정할 뿐이고 실체 범주를 좌우하지는 않는다. 따라서 ingenitus, genitus가 성부와 성자를 다른 실체라고 단정하는 범주는 못 된다는 답변이다.

표하는 것이 아니라 상대적으로 아버지와 연관되듯이 언표하며,[36] 따라서
아버지와 연관시켜서 언표하는 방식에 따라서 아들이 아버지와 동등한 것
은 아니다. 그러면 자기와 연관시켜 언표하는 방식에 따라서 [아들이 아버
지와] 동등하다는 답이 남는다. 그리고 무엇이든지 자기와 연관시켜 언표
하는 것은 실체에 따라서 하는 언표이다. 따라서 실체에 따라서 동등하다
는 답이 남는다. 그러므로 양편의 실체는 동일하다.[37] 그래서 성부께서 '태
어나지 않으신 분'이라고 언표될 때는 그분이 누구냐는 것보다도 누가 아
니냐를 언표하고 있다.[38] 따라서 관계 [개념]이 부정된다고 해서 실체 [개
념]에 준해서 그것이 부정되는 것은 아니다. 왜냐하면 관계 자체가 실체에
준한 언표가 아니기 때문이다.[39]

부정어否定語는 부정어 없이 서술되는 그 단어만을 부정한다

7.8. 이 주장은 예를 들어 설명할 필요가 있다. 먼저, '태어난 분'이라는
언표를 할 때 과연 '아들'이라는 언표를 할 때 뜻하는 바를 의미하는지 살
펴보아야 한다. 태어났기 때문에 아들이고, 아들이기 때문에 태어났음도
사실이다. '태어나지 않은 분'이라는 언표는 '아들이 아님'을 보여 준다. 하
지만 '태어나지 않은 분'이나 '태어난 분'이라는 표현은 통상적으로 쓰이는
단어다. 하지만 라틴어로 [아들을 가리키는 단어는] filius이지만 [아들이
아니라고 해서] infilius라는 단어는 어법상 용납되지 않는다.[40] 그 대신 [부
정어를 써서] non filius라고 언표한다면 그것은 알아듣는 데 무리가 없
다.[41] ingenitus라는 언표로 의미하는 것 대신에 non genitus라는 언표를 써
도 되는데 non genitus라는 단어는 ingenitus 외에 다른 표현이 아니기 때

---

[40] in-genitus에서 non sit filius(genitus)를 연상할 수는 있지만 라틴어로 filius를 부인한다
고 해서 in-filius라는 단어를 쓰지는 않는다.

[41] non filius라고 하면 무리 없이 filia, 즉 '아들 아닌 딸'을 연상한다. "어느 문장에서든 부
정어는 어떤 사물이 '그렇다'가 아니라 '그렇지 않다'를 서술한다"[BA].

Sic enim et uicinus et amicus relatiue dicuntur, nec tamen potest 'inuicinus' dici quomodo dicitur inimicus. Quamobrem non est in rebus considerandum quid uel sinat uel non sinat dici usus sermonis nostri sed quis rerum ipsarum intellectus eluceat.

Non ergo iam dicamus ingenitum quamuis dici latine possit, sed pro eo dicamus non genitum quod tantum ualet. Num ergo aliud dicimus quam non filium? Negatiua porro ista particula non id efficit ut quod sine illa relatiue dicitur eadem praeposita substantialiter dicatur, sed id tantum negatur quod sine illa aiebatur sicut in ceteris praedicamentis. Velut cum dicimus: 'Homo est,' substantiam designamus. Qui ergo dicit: 'Non homo est,' non aliud genus praedicamenti enuntiat sed tantum illud negat. Sicut ergo secundum substantiam aio: 'Homo est,' sic secundum substantiam nego cum dico: 'Non homo est.' Et cum quaeritur, quantum sit et aio: 'Quadripedalis est,' id est quattuor pedum, qui dicit: 'Non quadripedalis est,' secundum quantitatem negat. 'Candidus est,' secundum qualitatem aio; 'Non candidus est,' secundum qualitatem nego. 'Propinquus est,' secundum relatiuum aio; 'Non propinquus est,' secundum relatiuum nego. Secundum situm aio cum dico: 'Iacet'; secundum situm nego cum dico: 'Non iacet.' Secundum habitum aio cum dico: 'Armatus est'; secundum habitum nego cum dico: 'Non armatus est,' tantumdem autem ualet si dicam: 'Inermis est.' Secundum tem-

---

[42] amicus의 반대말 inimicus(← in-amicus)는 라틴어에 있지만 vicinus의 반대말 invicinus 는 라틴어에 없다.

[43] in-genitus와 non genitus는 언어철학상으로 외면이 같다.

[44] '서술' 혹은 '긍정'과 '부정'은 라틴어로 aio 동사와 nego 동사로 구분한다. dico 동사는 이 대목에서 '언표하다'라고 옮겼다.

문이다. 그처럼 amicus도 vicinus도 상대적으로 언표하는 단어지만 [친구가 아닌 사람을] inimicus라고 하듯 [이웃이 아닌 사람을] invicinus라고 표현할 수는 없다.⁴² 그러므로 [지금 다루는] 사안에서 우리는 우리 언어의 관습이 그런 언표를 용납하느냐 용납 않느냐를 염두에 둘 것이 아니라 사안 자체에 대해 어떤 이해가 밝혀지느냐는 점을 고려해야 한다.

그러니 우리는 라틴어로 비록 가능하기는 하지만 더는 ingenitus라는 언표를 하지 말고 그 대신 의미는 똑같은 non genitus를 쓰기로 하자.⁴³ 그러면 그것으로 우리가 과연 non filius와 다른 이야기를 하고 있는 것일까? 단지 저 부정사는, 그 품사가 없을 경우에는 관계를 언표하다가 그 품사가 앞에 놓임으로써 실체를 언표하는 것으로 바꿀 만한 효과를 내지는 못한다. 다른 범주들의 경우와 똑같이, 부정사 없이 서술되던 그 [단어를] 부정할 따름이다.⁴⁴ 예를 들어 '사람이다'라는 언표를 우리가 할 때는 실체를 지시한다. 그리고 누가 만약 '사람이 아니다'라는 언표를 한다면, 그는 다른 종류의 범주를 서술하는 것이 아니고 다만 [앞에 나온 범주를] 부정할 따름이다. '사람이다'라고 서술하는 경우에 내가 실체에 준해서 긍정하고 있듯이, '사람이 아니다'라고 서술하는 경우에도 나는 실체에 준해서 부정한다. '얼마나 큰 사람이냐?'라고 누가 물을라치면 나는 '네 척尺이다'라고, 즉 네 척의 키라고 서술하며, 누가 '네 척이 못 된다'라고 서술하는 경우에도 그는 양量이라는 [범주에] 따라서 부정을 하고 있을 따름이다. '그는 용모가 준수한 사람이다'라고 하는 말은 내가 질質이라는 [범주에] 따라서 서술하는 것이며, '준수한 사람이 아니다'라고 하는 말은 질에 따라서 부정하는 것이다. '가까운 사람이다'라고 서술할 때는 관계에 따라서 서술하고 '가깝지 않다'고 한다면 관계에 따라서 부정한다. '그는 누워 있다'고 말하는 경우, 상태에 따라서 서술하고, '누워 있지 않다'고 할 경우에는 상태에 따라서 부정하고 있다. '그가 무장을 하고 있다'고 한다면 성상性狀에 따라서 서술하는 것이고 '그는 무장을 하지 않았다'고 말한다면 성상에 따라서 부정하는 것인데 이 말은 '그는 무방비다'⁴⁵▶라는 말과 마찬가지다. '어제 그 사

pus aio cum dico: 'Hesternus est'; secundum tempus nego cum dico: 'Non hesternus est.' Et cum dico: 'Romae est,' secundum locum aio; et secundum locum nego cum dico: 'Non Romae est.' Secundum id quod est facere aio cum dico: 'Caedit'; si autem dicam: 'Non caedit,' secundum id quod est facere nego ut ostendam non hoc facere. Et cum dico: 'Vapulat,' secundum praedicamentum aio quod pati uocatur; et secundum id nego cum dico: 'Non uapulat.' Et omnino nullum praedicamenti genus est secundum quod aliquid aiere uolumus nisi ut secundum idipsum praedicamentum negare conuincamur si praeponere negatiuam particulam uoluerimus.

Quae cum ita sint, si substantialiter aierem dicendo 'filius'; substantialiter negarem dicendo 'non filius.' Quia uero relatiue aio cum dico: 'Filius est,' ad patrem enim refero; relatiue nego si dico: 'Non filius est,' ad parentem enim eandem negationem refero uolens ostendere quod ei parens non sit. At si quantum ualet quod dicitur 'filius,' tantundem ualet quod dicitur 'genitus' sicut praelocuti sumus, tantundem ergo ualet quod dicitur 'non genitus' quantum ualet quod dicitur 'non filius.' Relatiue autem negamus dicendo 'non filius'; relatiue igitur negamus dicendo 'non genitus.' Ingenitus porro quid est nisi non genitus? Non ergo receditur a relatiuo praedicamento cum ingenitus dicitur. Sicut enim genitus non ad se ipsum dicitur sed quod ex genitore sit, ita cum dicitur ingenitus non ad se ipsum dicitur sed quod ex genitore non sit ostenditur. In eo-

---

[45] in-ermis ← in-armis = non armatus.

[46] 라틴어 용어로 '능동'은 actio, opera, facere로 '수동'은 passio, pati로 표현된다.

[47] 부정사(negativa particula)는 부정되는 품사의 범주를 바꾸지 않는다.

[48] relative: 이하에 a relativo praedicamento로 명기된다.

람이다'라는 말은 시간에 따라서 하는 긍정이고 '어제 그 사람이 아니다'라
는 말은 시간에 따라서 하는 부정이다. 또 '로마에 있다'고 말한다면 장소
에 따라서 긍정하는 것이고 장소에 따라서 부정하여 '로마에 있지 않다'고
서술한다. '그가 때린다'고 말할라치면 행동하는 바에 따라서 서술하고 '때
리지 않는다'고 할라치면 행동하는 바에 따라서 부정하여 그가 그런 행동
을 하고 있지 않음을 내가 보여 주는 것이다. '매 맞는다'는 말을 내가 하는
경우, 수동이라고 일컫는 범주에 따라서 서술하고 있고 같은 범주에 따라
서 부정하여 '매 맞지 않는다'는 말을 하게 된다.[46] 우리가 일정한 종류의
범주를 이용하여 긍정하고 싶은 무엇을 긍정하는데, 우리가 부정사를 앞
에 놓고 싶다면 같은 종류의 범주에 따르지 않으면 그것을 부정할 방도가
없다. 어느 종류의 범주도 그렇지 않은 것이 없다.[47]

사정이 그런 이상, 만일 내가 filius라는 단어로 실체에 따라서 긍정을
한다면 non filius라는 단어를 쓰더라도 실체에 따라서 부정하는 것이다.
그런데 '아들이다'라는 언표를 가지고 나는 관계에 따라서[48] 긍정을 하는
것이고 아버지와 연관시켜서 서술하고 있다. 따라서 부정을 할 때도 관계
에 따라서 부정하면서 '아들이 아니다'라고 말하게 되는데 그 말로 같은 어
버이에 대해서 부정을 서술함으로써 나로서는 그에게 어버이가 없다는 점
을 보여 주려고 한다. 하지만 만약 첫머리에 말한 대로, filius라는 언표로
의미하는 바가 genitus라는 언표로 의미하는 바와 똑같다고 한다면, non
filius라는 언표로 의미하는 것 역시 non genitus라는 언표로 의미하는 것
과도 상응한다. 왜 그런가 하면 non filius라는 언표를 하는 경우도 관계에
따라 부정을 하는 이상, non genitus라는 언표를 하는 경우도 관계에 따라
부정을 하는 까닭이다. 사실 ingenitus라는 것은 non genitus라는 말 아니
고 무엇인가? 굳이 ingenitus라고 언표한다고 해서 상관적 범주에서 벗어
나는 것은 아니다. '태어난 분'이라고 하면 자기와 연관하여 언표하는 말이
아니고 '낳아 주는 분'에게서 유래하여 존재함을 언표하듯이, '태어나지 않
은 분'도 자신과 연관하여 언표하는 말이 아니고 '낳아 주는 분'에게서 유

dem tamen praedicamento quod relatiuum uocatur utraque significatio uertitur. Quod autem relatiue pronuntiatur non indicat substantiam. Ita quamuis diuersum sit genitus et ingenitus, non indicat diuersam substantiam, quia sicut filius ad patrem et non filius ad non patrem refertur, ita genitus ad genitorem et non genitus ad non genitorem referatur necesse est.

VIII 9. Quapropter illud praecipue teneamus, quidquid ad se dicitur praestantissima illa et diuina sublimitas substantialiter dici; quod autem *ad aliquid* non substantialiter sed relatiue; tantamque uim esse *eiusdem substantiae* in patre et filio et spiritu sancto ut quidquid de singulis ad se ipsos dicitur non pluraliter in summa sed singulariter accipiatur. Quemadmodum enim *deus* est *pater* et *filius deus* est *et spiritus sanctus deus* est, quod secundum substantiam dici nemo dubitat, *non tamen tres deos sed unum deum* dicimus eam ipsam praestantissimam trinitatem. Ita magnus pater, magnus filius,

---

[49] genitus ··· *ex genitore sit*. ingenitus ··· *ex genitore non sit*: genitus, ingenitus가 존재상의 유래가 있고 없음을 표시하지, 그 어휘로 서술되는 두 존재가 실체를 달리한다는 규정은 아니다.

[50] quod relative pronuntiatur non indicat substantiam: 5권의 5-7장에서 ingenitus를 두고 개진한 언어분석(linguistic)의 결론에 해당한다.

[51] 이러한 범주 구분은 본 책 나머지와 6, 7권에서 계속되고, 후반부인 이 책 9권부터의 '모상 이론'에 응용되는데, 삼위일체 신학에 끼친 아우구스티누스의 가장 큰 공헌으로 꼽힌다.

[52] "'아들'이 '아버지'와 연관되듯 '아들 아님'은 '아버지가 없음'과 연관되며, 마찬가지로 '태어난 이'가 '낳은 이'와 연관되듯이 '태어나지 않은 이'는 필히 '낳은 이가 없음'과 연관되어야 하기 때문이다."

[53] "신격의 삼위일체 안에서 무엇이든지 하느님 자신과 연관시켜 언표하는 것은 어느 위격이든 상관없이 공통되며, 하나이며 동일한 실체를 지시한다"[BA].

래하지 않고서 존재함을 보여 준다.[49] 양편 다 관계라고 일컫는 동일한 범주에 의미가 있다. 상관적으로 진술되는 바는 실체를 지시하지 않는다.[50] 그처럼 '태어난 분'은 '태어나지 않은 분'과 다를지라도 그것이 실체가 다름을 지시하지는 않는다.[51] 그 까닭은 filius가 pater와 연관되듯이 non filius는 non pater와 연관되며, 마찬가지로 genitus가 genitor와 연관되듯이 non genitus는 필히 non genitor와 연관되어야 하기 때문이다.[52]

하느님 안에서 어떤 것은 실체에 따라서 언표되고, 어떤 것은 관계에 따라서 언표되고, 어떤 것은 전의적으로 언표된다

8.9. 그러므로 우리는 [하느님께 관하여] 무엇이든지 자체와 연관시켜 언표되는 것은 지극히 훌륭하고 신성한 지존을 실체적으로 언표한다는 입장을 강력히 견지하자.[53] 그 대신 [하느님께 관하여] 타자와 연관시켜 언표되는 것은 실체적으로 언표되는 것이 아니고 상관적으로 언표된다는 입장을 견지하기로 하자.[54] 그리고 성부와 성자와 성령 안에서 '동일한 실체'라는 것이 갖는 위력이 하도 크기 때문에, 각 위에 대해서 자체와 연관하여 언표되는 것은 무엇이든지 [세 위를] 통칭하여 복수로 언표되는 것이 아니고 [각 위를 가리키면서] 단수로 언표되는 것으로 받아들여야 한다[55]는 입장을 견지하기로 하자. 그러므로 성부께서 하느님이시고 성자께서 하느님이시며 성령께서 하느님이시니, 이것이 실체에 따르는 언표임을 의심할 사람은 아무도 없을 것이다. 그렇지만 우리는 세 분 하느님이라고 언표하지 않고 오직 한 분 하느님이라고 언표하면서, 바로 지존하신 삼위일체라고 일컫는다.[56]▶ 마찬가지로 성부께서 위대하시고 성자께서 위대하시고 성

---

[54] quod ad se dicitur substantialiter dici, quod ad aliquid dicitur, relative dici: 이 책에서 하느님에 관한 서술들을 구분하는 교부의 기본 방침이다.

[55] non pluraliter in summa sed singulariter accipiatur: 예를 들어 deus(하느님)라는 어휘가 세 위를 통칭하여 복수로 dei라고 서술되지 않고 deus pater, deus filius, deus spiritus sanctus 라고 단수로 각 위에 서술된다.

magnus et spiritus sanctus; nec tamen tres magni sed unus magnus. Non enim de patre solo sicut illi peruerse sentiunt, sed de patre et filio et spiritu sancto scriptum est: *Tu es solus deus, magnus*. Et bonus pater, bonus filius, bonus et spiritus sanctus; nec tres boni sed unus bonus de quo dictum est: *Nemo bonus nisi unus deus*. Etenim dominus Iesus ne ab illo qui dixerat: *Magister bone*, tamquam hominem compellans secundum hominem tantummodo intellegeretur ideo non ait: '*Nemo bonus nisi* solus pater,' sed: *Nemo bonus nisi unus deus*. In patris enim nomine ipse per se pater pronuntiatur, in dei uero et ipse et filius et spiritus sanctus quia trinitas unus deus.

Situs uero et habitus et loca et tempora non proprie sed translate ac per similitudines dicuntur in deo. Nam et sedere *super cherubim* dicitur, quod ad situm dicitur; et *abyssus tamquam uestimentum amictus ipsius*, quod ad habitum; et: *Anni tui non deficient*, quod ad tempus; et: *Si ascendero in caelum, tu ibi es*, quod ad locum. Quod autem ad faciendum attinet fortassis de solo deo uerissime dicatur; solus enim deus facit et ipse non fit, neque patitur quantum ad eius substantiam pertinet qua deus est. Itaque *omnipotens pater, omni-*

◄56 여기서부터 *Quicumque*라는 제목으로 알려진 신경(信經)을 아우구스티누스는 수시로 구구절절 인용한다. 이 신경에 관해서는 특히 이 책 8권 서문(8.1.1)에 긴 인용이 나온다.

57 시편 86,10. 『성경』: "당신께서는 위대하시며 ⋯ 당신 홀로 하느님이시옵니다."

58 마르 10,18.

59 ipse per se pater pronuntiatur: 위의 ad se('다른 위격들을 염두에 두지 않고 하느님 자신과 연관하여': 앞의 각주 54와 55 참조)와는 달리, 한 위격이 다른 위격과 연관하여 자신을 (per se) 가리키는 경우다.

60 quia trinitas unus deus: '삼위일체로서 한 분 하느님이시기 때문이다'라는 번역도 가능하다.

61 시편 99,1. 우유 범주들의 이름은 앞의 각주 9 참조. situs: 공간 안에 배치되어 있는 '상태'.

령께서 위대하시지만 위대한 분이 세 분이 아니고 한 분으로서 위대하시다. "당신 홀로 하느님이시고 위대하시나이다"[57]라는 기록은 저 사람들이 잘못 생각하듯이 성부께만 해당하지 않고 성자와 성령께도 해당한다. 또 성부께서 선하시고 성자께서 선하시고 성령께서 선하시지만 선한 분이 세 분이 아니고 한 분으로서 선하시다. 이 한 분을 가리켜 "하느님 한 분 외에는 아무도 선하지 않습니다"[58]라고 말한다. 주 예수께서는 당신을 '선하신 선생님'이라고 부르는 사람이 당신을 사람으로만 여기고 접근하다 당신을 인간과 연관시켜서만 알까 봐 "성부 외에는 아무도 선하지 않습니다"라고 대답하시지 않고 "하느님 한 분 외에는 아무도 선하지 않습니다"라고 대답하셨다. 그러니까 성부의 이름으로는 성부께서 당신 자신으로서 진술되지만[59] 하느님의 이름으로는 성부는 물론 성자와 성령도 진술되는 것이니 한 분 하느님으로서 삼위일체이시기 때문이다.[60]

그런데 상태와 성상性狀, 공간과 시간이 하느님께 서술될 때는 본래적으로 서술되는 것이 아니고 전의적轉義的으로 또 유비를 통해 서술된다. 그러므로 상태를 가리켜 "커룹들 위에 좌정하신다"[61]는 언표가 있고, 성상을 가리켜 "당신께서 대양을 당신의 외투처럼 두르셨다"[62]는 언표가 있으며, 시간에 해당하는 말로 "당신의 햇수는 끝이 없나이다"[63]라는 언표를 쓰며, 장소에 해당하는 말로 "제가 하늘로 올라가도 거기에 당신은 계시나이다"[64]라는 언표를 쓴다. 능동에 해당하는 [범주야말로] 오로지 하느님께만 참으로 적절히 언표된다고 하겠는데, 하느님이 하느님 되시는 그분의 실체에 입각해서 보건대, 하느님 홀로 행하시고 그분은 [무엇이] 되시거나 [무슨 일을] 당하시는 일이 결코 없는 까닭이다.[65] 이리하여 성부께서 전능하시

---

[62] 시편 104,6. habitus: 사물의 외적 상태를 일컫는 '성상'.

[63] 시편 102,28.

[64] 시편 139,8.

[65] solus enim deus facit et ipse non fit, neque patitur: 제일원인으로서 하느님께만 '행위' 혹은 '능동'이 해당하고 피조물들은 제이원인으로서만 작용한다.

potens filius, omnipotens spiritus sanctus, nec tamen tres omnipotentes sed unus omnipotens; ex quo omnia, per quem omnia, in quo omnia; ipsi gloria.

Quidquid ergo ad se ipsum dicitur deus et de singulis personis ter dicitur patre et filio et spiritu sancto, et simul de ipsa trinitate non pluraliter sed singulariter dicitur. Quoniam quippe non aliud est deo esse et aliud magnum esse, sed hoc idem illi est esse quod magnum esse, propterea sicut non dicimus tres essentias, sic non dicimus tres magnitudines, sed unam essentiam et unam magnitudinem. Essentiam dico quae οὐσία graece dicitur, quam usitatius substantiam uocamus.

10. Dicunt quidem et illi ὑπόστασιν, sed nescio quid uolunt interesse inter οὐσίαν et ὑπόστασιν ita ut plerique nostri qui haec graeco tractant eloquio dicere consuerint μίαν οὐσίαν τρεῖς ὑποστάσεις, quod est latine, *unam essentiam tres substantias.*

IX. Sed quia nostra loquendi consuetudo iam obtinuit ut hoc intellegatur cum dicimus essentiam quod intellegitur cum dicimus substantiam, non audemus dicere unam essentiam, tres substantias, sed *unam essentiam* uel *substantiam.*

---

[66] 로마 11,36.

[67] de singulis personis ter dicitur: Quicumque 신경의 양식대로 이 9절에서도 세 차례의 예문 — '하느님', '위대함', '전능함' — 을 들었다.

[68] hoc idem illi est esse quod magnum esse: 라틴어의 특성상 계사로서의 esse('…이다')는 자동사('…로서 존재하다')로 전환될 수 있으므로 magnum esse는 '위대하게 존재하다'로 이해된다.

[69] 앞의 각주 11 참조.

고 성자께서 전능하시며 성령께서 전능하시되 전능하신 분이 세 분이 아니고 한 분으로서 전능하시다. "그분으로부터 모든 것이, 그분을 통해 모든 것이, 그분을 위하여 모든 것이 있기 때문이니, 그분께 영광이!"[66]

그러므로 무엇이든지 하느님 자신과 연관하여 언표되는 것은 또한 세 위께 연관하여 성부께도 성자께도 성령께도 세 번 언표되는데,[67] 그러면서도 삼위일체에 대해 복수가 아니라 단수로 언표된다. 하느님께는 존재함과 위대하심이 별개의 것이 아니요 위대하심이 곧 존재함과 동일하기 때문이다.[68] 우리가 [하느님을 두고] 세 존재라고 언표하지 않듯이 세 위대함이라고 언표하지 않으며, 그와 마찬가지로 [하느님을] 한 존재요 한 위대함이라고 언표한다. 내가 존재라고 언표하는 것은 그리스어로 *οὐσία*라고 하는 것으로서 우리로서는 관습상 실체라는 말을 더 많이 쓴다.[69]

한 존재, 세 위격

8.10. 혹자들 또는 저 사람들은 *ὑπόστασις*라는 말을 쓰는데 저 사람들이 *οὐσία*와 *ὑπόστασις* 사이에 도대체 어떤 관계를 설정하고 싶어 하는지를 나는 모르겠다. 우리 가운데 상당수는 [이 문제를 다루면서] 그리스 말로 *μία οὐσία τρεῖς ὑποστάσεις*라는 표현을 써 왔는데 라틴어로는 una essentia tres substantiae이다.[70]

9.[10]. 그렇지만 우리 어법으로 essentia라고 언표할 경우에는 우리가 substantia라고 언표할 때 이해하는 바를 이해하도록 습관이 되었다. 그러므로 우리로서는 una essentia tres substantiae라는 말을 감히 못하겠고 그냥 una essentia 혹 substantia라고 해야겠다.[71]▶

---

[70] *ὑπόστασις*는 라틴어 sub-stantia와 정확하게 상응하기 때문에(['밑에 있음' '기체'(基體)], *ὑπόστασις*가 라틴어 persona로 번역되면서 라틴 교부들에게는 심각한 혼동이 왔다. *ὑπόστασις*가 persona 개념으로 정립된 것은 카파도키아의 교부들과 칼케돈 공의회 이후였다.

Tres autem *personas* multi latini ista tractantes et digni auctorita-
te dixerunt cum alium modum aptiorem non inuenirent quo enun-
tiarent uerbis quod sine uerbis intellegebant. Reuera enim quod pa-
ter non sit filius et filius non sit pater et spiritus sanctus ille qui
etiam *donum dei* uocatur nec pater sit nec filius, tres utique sunt.
Ideoque pluraliter dictum est: *Ego et pater unum sumus.* Non enim
dixit 'unum est,' quod sabelliani dicunt, sed *unum sumus.* Tamen
cum quaeritur quid tres, magna prorsus inopia humanum laborat
eloquium. Dictum est tamen *tres personae* non ut illud diceretur
sed ne taceretur.

X 11. Sicut ergo non dicimus tres essentias, ita non dicimus tres
magnitudines neque tres magnos. In rebus enim quae participatione
magnitudinis magnae sunt quibus aliud est esse, aliud magnas esse
sicut magna domus et magnus mons et magnus animus, in his ergo
rebus aliud est magnitudo, aliud quod ab ea magnitudine magnum
est, et prorsus non hoc est magnitudo quod est magna domus. Sed
illa est uera magnitudo qua non solum magna est domus quae mag-
na est et qua magnus est mons quisquis magnus est, sed etiam qua
magnum est quidquid aliud magnum dicitur, ut aliud sit ipsa mag-
nitudo, aliud ea quae ab illa magna dicuntur. Quae magnitudo uti-

---

71 essentia vel substantia: 아우구스티누스가 전집에서 36회(이 책에서 27회) 사용하는 병
치 용법이다.

72 이 책 제8권 서언 1에는 tres personae vel tres substantiae라는 표현도 나온다.

73 ego et pater unum *sumus*: 동사 sumus는 '우리는 …이다'라는 복수 1인칭이다. 요한
10,30 참조.

권위를 인정받음 직한 다수의 라틴 학자들은 이 문제를 다루면서 tres personae라는 표현을 사용했다.[72] 언어 없이 이해한 바를 언어로 발설하는 데 더 적절한 다른 표현 방법을 발견하지 못한 까닭이다. 과연 성부는 성자가 아니고 성자는 성부가 아니며, 성령은 하느님의 선물이라고 불리지만 성부는 아니고 성자도 아니므로 그분들은 응당 셋이다. 그래서 [동사를] 복수로 언표하여 "나와 아버지는 하나입니다"[73]라는 말씀을 하셨다. 사벨리우스파가 말하듯이[74] [동사를 단수로 하여 아버지와 나는] '하나입니다'라고 하지 않고 [동사를 복수로 써서] '하나입니다'라고 했다. 하지만 무엇이 셋이냐고 묻는다면 인간 언어가 크게 부족하여 곤욕을 치른다.[75] '세위'라는 말은 말을 할 수도 없고 안 할 수도 없어서 한 말이다.[76]

하느님께 위대함이 셋 있는 것도 아니고 위대한 분이 셋 있는 것도 아니다

10.11. 우리가 세 존재를 이야기하고 있지 않듯이 세 위대함이라든지 위대한 세 분을 이야기하고 있지 않다. 위대함에 '참여하여' 위대해지는 사물들에서는 존재함과 위대함이 제각기 다르다. 큰 집과 큰 산과 큰 영혼의 경우에 크기라는 것이 다르고 그 크기로 인해서 '큰 것'이 된 사물이 다르므로 '큰 집'이라는 것이 곧 '크기'가 되지는 않는다. 그것으로 말미암아 큰 집만 크지 않고, 아무리 큰 산이라 해도 그 산만 그것으로 말미암아 크지 않고, 크다고 언표되는 사물 모두가 그것으로 말미암아 커지는 바로 그 크기가 정말 크기이며, 그래서 크기 자체와 그 크기로 인해서 크다고 언표되

---

[74] Sabellius(fl. 220)는 하느님의 단일성을 강조하여(예: 성부 수난설) "위격들의 실체 없이 삼위가 오로지 명칭만의 무엇"이라고 주장한 것으로 교부는 전한다(『신국론』 11.10.1).

[75] tres personae에서 persona($\pi\rho\acute{o}\sigma\omega\pi o\nu$)는 '가면'을 의미하고 무대에서 한 배우가 가면을 바꾸어 쓰면서 여러 인물의 역할을 하던 세습에서 유래하므로 삼위일체를 언표하는 데는 매우 위험스럽다고 여겨졌다.

[76] 원문대로는 '말을 하려고 하는 말이라기보다는 입을 다물고 있지 않으려고 한 말이다'.

que primitus magna est multoque excellentius quam ea quae participatione eius magna sunt. Deus autem quia non ea magnitudine magnus est quae non est quod ipse ut quasi particeps eius sit deus cum magnus est (alioquin illa erit maior magnitudo quam deus; deo autem non est aliquid maius), ea igitur magnitudine magnus est qua ipse est eadem magnitudo. Et ideo sicut non dicimus tres essentias sic nec tres magnitudines; hoc est enim deo esse quod est magnum esse. Eadem causa nec magnos tres dicimus sed unum magnum quia non participatione magnitudinis deus magnus est sed se ipso magno magnus est quia ipse sua est magnitudo. Hoc et de bonitate et de aeternitate et de omnipotentia dei dictum sit omnibusque omnino praedicamentis quae de deo possunt pronuntiari, quod ad se ipsum dicitur non translate ac per similitudinem sed proprie, si tamen de illo proprie aliquid ore hominis dici potest.

XI 12. Quod autem proprie singula in eadem trinitate dicuntur nullo modo ad se ipsa sed ad inuicem aut ad creaturam dicuntur, et ideo relatiue non substantialiter ea dici manifestum est. Sicut enim

---

[77] deo autem non est aliquid maius: 아우구스티누스의 고유한 하느님 정의(quo maius cogitari nequit)로 간주된다. "그보다 나은 것이 존재할 수 없고 그보다 나은 것을 생각할 수 없는 최고선, 그것이 하느님이다"(summum bonum omnino et *quo esse aut cogitari melius nihil possit* ⋯ est deus)(*De moribus ecclesiae catholicae* 2.24).

[78] est enim deo esse quod est magnum esse: 앞의 각주 68 참조.

는 사물들은 서로 다르다. 그 크기야말로 원초적으로 크며, 그 크기에 참여하여 커지는 모든 것들보다 탁월하게 크다. 하느님은 어떤 크기에 의해서, 하느님 자신이 아닌 어떤 크기에 의해서 큰 분이 아니다. 하느님이 크시다는 것은 그 크기에 참여하여 크신 것이 아니다(그렇지 않다면 그 크기라는 것이 하느님보다 크다는 말이 되는데 하느님보다 큰 무엇은 존재하지 않는다).[77] 하느님 자신이 크기 자체이시며, 하느님이 크신 것은 [당신 자체인] 그 크기에 의해서다. 또 바로 그래서 우리가 하느님이 세 존재라고 말하지 않듯이 하느님이 세 위대함이라고도 말하지 않는다. 다시 말해서 하느님께는 존재함과 위대함이 동일하다.[78] 같은 이유로 우리는 위대한 세 분이라는 언표를 쓰지 않고 위대한 한 분이라고 언표하며, 위대함에 참여하여 하느님이 위대하신 것이 아니라 오직 위대하신 당신 자신으로 인해서 위대하시다고 하니, 하느님 친히 바로 자신의 위대함이시기 때문이다. 하느님의 선하심과 영원하심과 전능하심에 관해서도 같은 말이 성립한다. 이것은 하느님에 대해 진술될 수 있는 범주들이 있다면, 즉 하느님 자신과 연관해서 언표되면서 전의적으로 유비를 통해 언표되지 않고 본래적으로 언표되는 범주들이 있다면, 그 모든 범주에 해당하는 이야기다. 물론 하느님에 관하여 인간의 입으로 과연 본래적으로 무엇인가 언표할 수 있다면 말이다.

삼위일체에서 무엇을 상관적으로 언명할 수 있는가[79]

11.12. 그런데 같은 삼위일체에서 각각에게 본래적으로 언표되는 것들은 절대로 [삼위일체] 자체와 연관하여 언표되는 것이 아니고, [삼위] 상호간에, 혹은 피조물과 연관하여 언표되는 것들이다.[80] 따라서 그것들은 실체적으로 언표되지 않고 상관적으로 언표되고 있음이 분명하다. 삼위일체

---

[79] "성부든 성자든 성령이든 본래적으로 언표되는 것은 그것이 무엇이든지 실체적으로 언표되는 것이 아니라 상관적으로 언표된다"[BA].

[80] ad invicem aut ad creaturam: 삼위일체론에 동원되는 언어의 기능, 특히 각 위에 본래적으로(proprie) 서술되는 언어의 용도를 가리킨다.

trinitas unus deus dicitur magnus, bonus, aeternus, omnipotens, idemque ipse sua sic dici potest deitas, ipse sua magnitudo, ipse sua bonitas, ipse sua aeternitas, ipse sua omnipotentia; non sic dici potest trinitas pater nisi forte translate ad creaturam propter adoptionem filiorum. Quod enim scriptum est: *Audi, Israhel: dominus deus tuus dominus unus est*, non utique excepto filio aut excepto spiritu sancto oportet intellegi, quem unum *dominum deum nostrum* recte dicimus etiam *patrem nostrum* per gratiam suam non regenerantem. Trinitas autem filius nullo modo dici potest. Spiritus uero sanctus secundum id quod scriptum est: *Quoniam deus spiritus est*, potest quidem uniuersaliter dici quia *et pater spiritus et filius spiritus*, et pater sanctus et filius sanctus. Itaque pater et filius et spiritus sanctus quoniam *unus deus* et utique deus sanctus est et *deus spiritus est* potest appellari trinitas et spiritus et sanctus. Sed tamen ille spiritus sanctus qui non trinitas sed in trinitate intellegitur in eo quod proprie dicitur spiritus sanctus, relatiue dicitur cum et ad patrem et ad filium refertur quia spiritus sanctus et *patris et filii spiritus* est. Sed ipsa relatio non apparet in hoc nomine; apparet autem cum dicitur *donum dei*. Donum enim est patris et filii quia et *a patre procedit*,

---

⁸¹ '삼위일체'(trinitas)와 '신격'(deitas)은 모든 서술(예: 하느님, 전능, 위대, 영원)을 두고 호환되지만 각 위(位)에 고유하게 서술되는 바(예: 아버지)는 본래적으로(proprie) 삼위일체나 신격에 그대로 서술되지 않는다.

⁸² 신명 6,4 참조.

⁸³ 1베드 1,3 참조: "그분은 당신의 크신 자비에 따라 우리를 새로 나게 하셨습니다."

⁸⁴ 요한 4,24.

⁸⁵ et spiritus et sanctus: '하느님이 거룩하시고 하느님은 영이시므로' 하느님이 '성령'이라 불릴 수 있다.

가 한 분 하느님으로서 위대하고 선하고 영원하고 전능하신 분으로 언표되듯이, 한 분 하느님 당신이 곧 신격이시라고, 자신이 곧 당신의 위대하심이라고, 자신이 곧 당신의 선하심이라고, 자신이 곧 당신의 영원하심이라고, 자신이 곧 당신의 전능하심이라고 언표되는 일도 가능하다.[81] 그러므로 삼위일체를 '아버지'라고 언표하는 일은 피조물과 연관하여, [인간들이 하느님의] 아들로 입양된다는 이유 때문에 전의적으로 언표되는 경우가 아니면 [삼위일체에게] 사용되지 않는다. 그 대신 성경에 "이스라엘아, 들어라! 주 우리 하느님께서는 한 분이신 주님이시다"[82]라고 기록된 말씀이 있는데 이 구절이 성자를 빼놓거나 성령을 빼놓고 하는 말씀으로 알아들을 필요가 전혀 없다. '한 분이신 우리 주님'을 '우리 아버지'라고 언표해도 올바르며, 그분이야말로 당신의 은총으로 우리를 새로 낳아 주시는 분이시다.[83] 삼위일체를 아드님이라고 언표하는 일은 절대 안 된다. 다만 성령으로 말하자면, "하느님은 영이십니다"[84]라고 기록되어 있는 이상, [삼위전부를] 보편적으로 이렇게 [성령이라고] 언표하는 일은 가능하니, 아버지도 영이시고 아들도 영이시기 때문이며 아버지도 거룩하시고 아들도 거룩하시기 때문이다. 성부와 성자와 성령이 한 분 하느님이시고 또한 하느님이 거룩하시고 하느님은 영이시므로 삼위일체 역시 영이요 거룩한 분이라고 부를 수 있다.[85] 그렇지만 삼위일체는 아니고 단지 삼위일체 안에 계시는 분으로 알아듣는 저 성령은, 본래적으로 성령이라고 언표한다는 점에서 상대적으로 언표하는 것이며, 성부와 성자와 연관을 가진다.[86] 그래서 성령은 성부의 영이시고 또한 성자의 영이시다. 하지만 저 관계는 이 명사에서는 드러나지 않는다.[87] 그 대신 '하느님의 선물'이라고 언표할 때는 그것이 드러난다. 선물은 성부의 선물이자 성자의 선물이니 주님 말씀대로

---

[86] 각 위에 귀속(appropriatio)되는 명칭과 속성, 예를 들어 '성령'은 '본래적으로'(proprie), '상대적으로'(relative), 또 다른 두 위격과 '연관하여'(ad patrem et ad filium refertur) 삼위일체의 한 위격으로서의 성령만 가진다.

[87] 그렇지만 '성부의' 영, '성자의' 영이라는 속격(屬格)에서 관계가 드러나고 있다.

sicut dominus dicit, et quod apostolus ait: *Qui spiritum Christi non habet hic non est eius*, de ipso utique spiritu sancto ait. 'Donum' ergo 'donatoris' et 'donator doni' cum dicimus relatiue utrumque ad inuicem dicimus. Ergo spiritus sanctus ineffabilis quaedam patris filiique communio, et ideo fortasse sic appellatur quia patri et filio potest eadem appellatio conuenire. Nam hoc ipse proprie dicitur quod illi communiter quia *et pater spiritus et filius spiritus*, et pater sanctus et filius sanctus. Vt ergo ex nomine quod utrique conuenit utriusque communio significetur, uocatur *donum* amborum spiritus sanctus. Et haec trinitas unus deus, solus, bonus, magnus, aeternus, omnipotens; ipse sibi unitas, deitas, magnitudo, bonitas, aeternitas, omnipotentia.

XII 13. Nec mouere debet quoniam diximus relatiue dici spiritum sanctum (non ipsam trinitatem sed eum qui est in trinitate), quia non ei uidetur uicissim respondere uocabulum eius ad quem refertur. Non enim sicut dicimus seruum domini et dominum serui, filium

---

[88] 요한 15,26: "내가 아버지로부터 여러분에게 보낼 협조자, 곧 아버지로부터 나오는 진리의 영이 오시면."

[89] 로마 8,9.

[90] relative utrumque ad invicem dicimus: '기증자[성부]의 선물[성령]'과 '선물의 기증자' 둘 다 속격을 이용하여 상호 연관(ad invicem: 이하 vicissim으로 표기)을 드러낸다.

[91] spiritus sanctus ineffabilis quaedam patris filiique communio: 혹자(Hill)는 ad invicem 을 강조하여 성령의 존재 자체가 성부와 성자 간의 상호 선물이므로, '성부께서 성자에게 주시는 선물'로 알아듣지 말도록 당부한다.

"아버지로부터 나오는" 분이시고[88] 사도가 "누가 그리스도의 영을 모시지 않고 있다면 그는 그분께 속하지 않습니다"[89]라고 하는 말도 분명히 성령에 관하여 하는 말이기 때문이다. 우리가 '증여하는 분의 선물'이라고 하고 또 '선물의 증여자'라고 언표할 때는, 상관적으로, 둘 다 서로 연관시켜 언표하고 있는 것이다.[90] 그러므로 성령은 성부와 성자의 형언할 수 없는 어떤 친교이고,[91] 따라서 이렇게 호칭되는 것은 성부께도 성자께도 같은 호칭이 적용될 만하기 때문인 듯하다.[92] 아버지도 영이시고 아들도 영이시며 아버지도 거룩하시고 아들도 거룩하시다는 점에서 [성부와 성자] 두 분에게는 공통적으로 언표되는 것이 여기서 [성령] 그분께는 본래적으로 언표되고 있다. 그러므로 두 분에게도 해당하는 명칭을 가지고 두 분의 친교를 의미하는 뜻에서 성령이 두 분의 선물이라고 불리는 것이다. 또 바로 이 삼위일체가 한 분이고 유일하고 선하고 위대하고 영원하고 전능하신 하느님이시며, 바로 그 하느님이 유일하시고 신격神格이시고 위대하시며 선성善性이시고 영원하시며 전능하시다.

관계를 나타내는 명사들은 많지만 맞바꾸어 상호 관계를 이룰 만큼 상응하는 명사는 발견되지 않는다

12.13. 우리가 성령을 가리켜 상관적으로 언표하는 단어라고 (즉 삼위일체 자체가 아니라 삼위일체 안에 계시는 분이라고) 말하고서는 그분에게 연관 지어 상호적으로 대응하는[93] 단어가 없는 것처럼 보인다고 해서 당황할 것은 없다.[94] 우리는 '주인의 종'이라고도 하고 '종의 주인'이라고도 하

---

[92] '선물'(donum)을 두 위격 간의 깊은 '친교'(communio)로 이해하는 경우 성부와 성령, 성자와 성령 간에도 같은 관계가 성립되므로 같은 칭호가 세 위 모두에게 부여될 수 있다.

[93] 이하에 vicissim respondere라는 관용어를 사용한다.

[94] quia ei non videtur vicissim respondere vocabulum eius ad quem refertur: '성령'의 경우는 '기증자의 선물'과 '선물의 기증자'처럼, 또 곧이어 나오는 대로 '주인의 종'과 '종의 주인'처럼 맞바꾸어 성립하는 대칭어가 없다.

patris et patrem filii quoniam ista relatiue dicuntur, ita etiam hic possumus dicere. Dicimus enim *spiritum* sanctum *patris*, sed non uicissim dicimus patre spiritus sancti ne filius eius intellegatur spiritus sanctus. Item dicimus *spiritum* sanctum *filii*, sed non dicimus filium spiritus sancti ne pater eius intellegatur spiritus sanctus. In multis enim relatiuis hoc contingit ut non inueniatur uocabulum quo sibi uicissim respondeant quae ad se referuntur. Quid enim tam manifeste relatiue dicitur quam pignus? Ad id quippe refertur cuius *pignus* est, et semper pignus alicuius rei pignus est. Num ergo cum dicimus pignus patris et filii possumus uicissim dicere patrem pignoris aut filium pignoris? At uero cum dicimus *donum* patris et filii, non quidem possumus dicere patrem doni aut filium doni, sed ut haec uicissim respondeant dicimus donum donatoris et donatorem doni quia hic potuit inueniri usitatum uocabulum, illic non potuit.

XIII 14. Dicitur ergo relatiue pater idemque relatiue dicitur principium et si quid forte aliud; sed pater ad filium dicitur, principium uero ad omnia quae ab ipso sunt. Item dicitur relatiue filius; relatiue dicitur et uerbum et imago, et in omnibus his uocabulis ad pat-

---

⁹⁵ 2코린 1,22[“하느님은 우리 마음 안에 영의 보증(pignus)을 주셨습니다”]와 에페 1,14 [“그분(성령)은 우리가 상속할 재산의 보증입니다”] 참조.

⁹⁶ ‘아버지의 보증’, ‘아버지의 선물’의 경우.

⁹⁷ relative dicuntur principium: 삼위일체 신앙과 관련된 이단들은 성부 하느님을 ‘유일한 원리’(monarchianismus)로 견지하려는 선의에서 성자와 성령의 신성을 부인하는 경향을 보인다. 교부는 이 명칭도 성부의 위격에 상관적으로 서술된다는 주장으로 대응한다.

며, '아버지의 아들'이라고도 하고 '아들의 아버지'라고도 하는데 그러면서
도 그 말들이 상관적으로 언표되고 있음은 사실이다. 그러나 [성령을 가리
키는 경우에는] 그런 식으로 언표할 수 있는 것이 아니다. 우리는 '아버지
의 거룩한 영'이라고 하지만 [단어를 맞바꾸어] '성령의 아버지'라고 하여
마치 [성령이] 그분의 아들인 양 알아듣지는 않는다. 또 '아들의 거룩한
영'이라고는 하지만 [그 말을 맞바꾸어] '성령의 아들'이라고 하여 마치 성
령이 그분의 아버지인 양 알아듣지도 않는다. 관계를 나타내는 많은 명사
에는 이런 점이 두드러져 비록 관계를 표현하기는 하면서도 단어를 맞바
꾸어서 상호 관계처럼 언표할 수는 없는 경우가 많다. 보증을 가리키는 단
어만큼 상관적 의미를 노골적으로 표명하는 단어가 또 있겠는가? 이 단어
는 반드시 보증의 대상이 되는 사물과 연관되느니 보증은 항상 어떤 사물
에 대한 보증이 되는 까닭이다. 우리가 [성령을 가리켜] '아버지와 아들의
보증'이라는 언표를 하는 경우 [그 말을 맞바꾸어] '보증의 아버지'라거나
'보증의 아들'이라는 언표도 가능하겠는가?[95] '아버지와 아들의 선물'이라
는 언표를 하는 경우에 [그 말을 맞바꾸어] '선물의 아버지'라거나 '선물의
아들'이라는 언표를 할 수는 없지만 말을 맞바꾸어 '기증자의 선물'이라고
하든 '선물의 기증자'라고 하든 서로 상응한다. 이 경우에는 [단어를 맞바
꾸어도 상호 관계가 성립하는] 일상적인 단어를 발견할 수 있었지만 앞의
경우[96]에는 못 발견했다.

삼위일체에서 '원리'라는 단어는 상관적으로 언표되고 있다

13.14. 그러므로 성부를 '성부'라고 부르는 것도 상관적으로 언표하는
것이고 또 그분을 '원리'原理라고 부르거나 또 다른 표현이 있어 그렇게 부
르는 것도 상관적으로 언표하는 말이다.[97] 다만 아버지는 아들와 연관하여
언표하는 것이고 원리는 그분에게서 존재를 받은 모든 것과 연관하여 언
표하는 말이다. 마찬가지로 '성자' 역시 상관적으로 언표하는 것이고 '말
씀'이니 '모상'이니 하는 것도 상관적으로 하는 언표로서 이 모든 단어에서

rem refertur; nihil autem horum pater dicitur. Et principium dicitur filius; cum enim diceretur ei: *Tu quis es?*, respondit: *Principium quia et loquor uobis.* Sed numquid patris principium? Creatorem se quippe ostendere uoluit cum se dixit esse principium, sicut et pater principium est creaturae quod ab ipso sunt omnia. Nam et creator relatiue dicitur ad creaturam sicut dominus ad seruum. Et ideo cum dicimus et patrem principium et filium principium, non duo principia creaturae dicimus quia pater et filius simul ad creaturam unum principium est sicut *unus creator*, sicut *unus deus*.

Si autem quidquid in se manet et gignit aliquid uel opetur principium est ei rei quam gignit uel ei quam operatur, non possumus negare etiam spiritum sanctum recte dici principium quia non eum separamus ab appellatione creatoris. Et scriptum est de illo quod operetur, et utique in se manens operatur; non enim in aliquid eorum quae operatur ipse *mutatur et uertitur*. Et quae operatur uide: *Vnicuique autem*, inquit, *datur manifestatio spiritus ad uitilitatem. Alii quidem datur per spiritum sermo sapientiae; alii sermo scientiae secundum eundem spiritum; alteri autem fides in eodem spiritu; alii donatio curationum in uno spiritu; alii operationes uirtutum; alii prophetia; alii diiudicatio spirituum; alteri genera linguarum. Omnia autem haec operatur unus atque idem spiritus diuidens propria unicuique prout uult*, utique sicut deus. Quis enim tanta illa potest operari nisi deus? *Idem autem deus qui operatur omnia in*

---

[98] principium quia et loquor vobis: 요한 8,25. 교부는 10회가량 이 구절을 인용하여 '원리' 혹은 '태초'로서의 성자의 존재를 입증한다(Ambrosius, *De fide* 3.7.49에서 유래한다). 『200주년』 참조: "나는 내가 당신들에게 처음부터 이야기하고 있는 바 그대로입니다."

[99] 1코린 12,11("이 모든 것은 같은 한 영이 일하시는 것이며") 참조.

는 성부와 연관을 갖는다. 그런데 성부께서는 [아들이나 말씀이나 모상 같은 언표 가운데] 어느 것으로도 언표되시는 일이 없다. 성자도 원리라고 언표되는 일이 있다. 그분께 "당신은 누구요?"라고 물었을 때 "당신들에게 말하고 있는 나는 원리입니다"[98]라고 하면 성부의 원리가 된다는 말인가? 그분이 당신이 원리라고 하셨을 때는 당신이 창조주라는 점을 보여 주고 싶었으며, 이 점은 성부 역시, 존재하는 모든 것이 그분으로 인하여 존재하므로, 원리이심과 똑같다. 그리고 '창조주' 역시 피조물과 연관하여 상관적으로 언표하는 것이니 '주인'이라는 말이 종과 연관되는 말임과 같다. 그리고 우리가 성부께서 원리이시고 성자께서 원리이시라고 언표할 때는 피조물의 두 원리가 있다고 말하는 것이 아니다. 성부와 성자는 피조물에게는 동시에 한 원리이시기 때문이다. 한 분 창조주이심과 마찬가지로, 한 분 하느님이심과 마찬가지로 피조물에게는 동시에 한 원리이시다.

만일 무엇이 그 자체로 남아 있으면서 다른 것을 낳거나 무슨 일을 행한다면 그것이 낳거나 일하는 사물에게는 원리가 된다. 그렇다면 성령을 창조주라는 호칭에서 분리하지 않으므로 성령 역시 원리라고 언표하는 것이 옳다는 점은 우리가 부인할 길 없다. 성령이 일을 하신다는 것은 [성경에] 기록되어 있으며[99] 물론 [성령은] 자체로 남아 있으면서 일하신다. 그분은 일을 하면서도 당신이 일하는 그 사물의 하나로 변하고 바뀌는 일이 없다. 그분이 일하시는 바가 무엇인지 보시라. "각자에게 영의 드러남이 베풀어지는 것은 유익을 위한 것입니다. 그리하여 어떤 이에게는 영을 통하여 지혜의 말씀이 베풀어지는가 하면, 다른 이에게는 같은 영에 따라 인식의 말씀이 베풀어집니다. 또 다른 이에게는 같은 영 안에서 믿음이, 다른 이에게는 그 한 영 안에서 치유들의 은사가, 어떤 이에게는 권능의 작업이, 다른 이에게는 예언이, 또 다른 이에게는 영들의 식별이, 또 다른 이에게는 갖가지 언어가 베풀어집니다. 그러나 이 모든 것은 같은 한 영이 일하시는 것이며 원하시는 대로 각자에게 그 나름의 은사를 배분하십니다."[100]▶ 하느님이 아니시면 누가 이 많은 일을 할 수 있는가? "모든 이 안에서 모든

omnibus. Nam et singillatim si interrogemur de spiritu sancto, uerissime respondemus quod *deus* sit, et cum patre et filio simul *unus deus est*. Vnum ergo principium ad creaturam dicitur deus, non duo uel tria principia.

XIV 15. Ad se autem inuicem in trinitate si gignens ad id quod gignit principium est, pater ad filium principium est quia *genuit* eum. Vtrum autem et ad spiritum sanctum principium sit pater quoniam dictum est: *De patre procedit,* non parua quaestio est. Quia si ita est, non iam principium ei tantum rei erit quam gignit aut facit sed etiam ei quam dat. Vbi et illud elucescit ut potest quod solet multos mouere, cur non sit filius etiam spiritus sanctus cum et ipse *a patre* exeat sicut in euangelio legitur. Exit enim non quomodo natus sed quomodo *datus*, et ideo non dicitur filius quia neque *natus* est sicut *unigenitus* neque factus ut per gratiam in adoptionem nasceretur sicuti nos. Quod enim *de patre natum* est ad patrem solum refertur cum dicitur filius, et ideo filius patris est non et noster. Quod autem *datum* est et ad eum qui dedit refertur et ad eos quibus dedit;

◀100 1코린 12,7-11. 『200주년』: "어떤 이에게는 기적을 행할 수 있는 은사가, 다른 이에게 는 예언의 은사가, 또 다른 이에게는 영들을 식별할 수 있는 은사가, 또 다른 이에게는 갖가 지 이상한 언어를 할 수 있는 은사가, 또 다른 이에게는 그 이상한 언어를 해석할 수 있는 은 사가 베풀어집니다."

101 1코린 12,6.

102 삼위일체 안에서 어떻게 성부는 성자에게 원리가 되고 어떻게 성부와 성자는 성령에게 원리가 되는가?

103 요한 15,26 참조.

것을 [일]하시는 분은 같은 하느님이십니다.”[101] 우리가 성령에 관하여 각별히 따로 물음을 받는다면 그분이 하느님이시라고, 성부와 성자와 더불어 한 분 하느님이시라고 정말 진심으로 대답할 것이다. 그러므로 하느님은 피조물에 연관하여 한 원리이시지 둘이나 세 원리가 아니시다.

성부와 성자가 성령의 원리

14.15. 삼위일체 안에서 서로의 관계를 말하자면,[102] 낳는 이는 낳는 대상에 대해서 원리가 되므로, 성부께서는 성자를 낳으시기에 성부께서는 성자에게 원리이시다. 그러면 성령이 “아버지로부터 나오는” 분이라고 했으니까[103] 성부께서 성령에게도 원리가 되시는지는 작은 문제가 아니다. 왜냐하면, 만약 [성부께서 성령에게 원리가 되신다고 하면] 성부께서는 당신이 ‘낳으시거나 만드시는’ 사물에게만 원리가 되시지 않고 당신이 ‘주시는’ 사물에게도 원리가 되신다는 말이 되기 때문이다. 여기서 많은 사람을 혼란하게 만들기 십상인 그 문제, 즉 복음서에 나오는 대로 성령도 ‘아버지로부터 나오는’ 분인데 왜 성령 또한 아들이 되어서는 안 되느냐는 문제를 힘닿는 데까지 밝혀 줄 것 같다. 그런데 그분이 [아버지로부터] ‘나오기는’ 했지만 [아버지로부터] ‘태어난’ 분이 아니고 [아버지로부터] ‘주어진’ 분이다. 따라서 외아들처럼 ‘태어난’ 분이 아니고, 우리의 경우처럼 은총을 통해서 입양되어 새로 나듯이 ‘생겨난’ 것도 아니므로 아들이라고 언표하지는 않는다.[104] ‘아버지로부터 나셨다’고 하면 아들이라고 언표되는 이상, 아버지께만 연관되고 따라서 성부의 아들이지 우리 아들도 되는 것은 아니다. 그 대신 [아버지께로부터] ‘주어졌다’고 할 경우에는 주신 대상에게 연관되고 [주신 대상이 여럿이면] 주신 대상들에게 연관된다. 그래서 거룩하

---

[104] a patre exit ⋯ non natus sed datus ⋯ neque natus ⋯ neque factus: 성령의 발출(發出, processio)을 ‘출생’으로 규정하지 않는 초보적 답변이다. 그러나 “저것은 출생이고 이것은 발출이라는데 어떻게 양자를 구분할 것인지 모르겠고 알아낼 힘도 없다”고 고백하기도 한다 (*Contra Maximinum* 2.14.1).

itaque *spiritus* sanctus non tantum *patris et filii* qui dederunt sed etiam noster dicitur qui accepimus, sicut dicitur *domini salus* qui dat salutem, eadem etiam *nostra salus* est qui accepimus.

Spiritus ergo et *dei* qui dedit et noster qui accepimus. Non ille spiritus noster quo sumus, quia ipse *spiritus* est *hominis* qui in ipso est, sed alio modo iste noster quo dicimus et: *Panem nostrum da nobis.* Quamquam et illum *spiritum* qui *hominis* dicitur utique accepimus. *Quid enim habes*, inquit, *quod non accepisti?* Sed aliud est quod accepimus ut essemus, aliud quod accepimus ut sancti essemus. Vnde scriptum est et de Iohanne quod *in spiritu et uirtute Heliae* ueniret; dictus est Heliae spiritus, sed spiritus sanctus quem accepit Helias. Hoc et de Moyse intellegendum est cum ait ei dominus: *Tollam de spiritu tuo et dabo eis*, hoc est dabo illis de spiritu sancto quem iam tibi dedi. Si ergo et quod datur principium habet eum a quo datur quia non aliunde accepit illud quod ab ipso procedit, fatendum est patrem et filium principium esse spiritus sancti, non duo principia, sed sicut pater et filius *unus deus* et ad creaturam relatiue *unus creator* et *unus dominus*, sic relatiue ad spiritum sanctum unum princi-

---

[105] 소유 속격(domini salus)과 목적 속격(nostra salus)은 문법적으로 구분된다.

[106] 1코린 2,11("사람 속에 있는 그의 영이 아니고서야 사람들 중에 어느 누가 그 사람의 것들을 알겠습니까?") 참조.

[107] panem nostrum da nobis: 마태 6,11(『200주년』: "우리가 일용할 빵을 오늘 우리에게 주소서") 참조. '주님이 주셔서 우리가 받는' 빵이라는 의미에서 '우리의 빵'이라는 객어적 의미를 강조한다.

[108] 1코린 4,7.

[109] 우리를 생명체로 만드는(ut essemus) 영과 우리를 성화시키는(ut sancti essemus) 영, 곧 성령은 구분된다.

신 영은 그 영을 주신 성부와 성자의 영만 아니고 그 영을 받는 우리의 영이라고도 언표된다. 이것은 '주님의 구원'이라 할 때 구원을 주시는 분의 입장에서 하는 언표이지만 구원을 받는 우리의 입장에서 '우리의 구원'이라고도 언표하는 것과 비슷하다.[105]

영 또한 그것을 주신 '하느님의 영'이기도 하고 그것을 받는 '우리의 영'이기도 하다. 우리가 존재하게 만드는 영이라는 뜻에서, 즉 사람 안에 있는 사람의 영이라는 뜻에서 [성령을] '우리의 영'이라고 부르는 것은 아니다.[106] 우리가 저분을 '우리의 영'이라고도 일컫는 것은 다른 방식에서인데 "우리의 빵을 우리에게 주소서"[107]라고 말씀드리는 것과 같은 이유에서다. 사람의 영이라고 부르는 저 영도 우리로서는 받은 것이다. "그대가 받지 않은 것으로서 가진 것이 무엇입니까?"[108]라는 말씀이 있다. 그러나 그것을 받아서 우리가 존재하는 것과 그것을 받아서 우리가 거룩해지는 것은 별개이다.[109] 성경을 보면 [세례자] 요한을 두고 "그는 엘리야의 영과 능력을 가지고" 오리라는 말씀이 기록되어 있다.[110] 말은 '엘리야의 영'이라고 하지만 엘리야가 받았던 성령이다. 그리고 모세에게 주님께서 직접 하신 말씀, 곧 "너의 영에서 덜어 내어 그들에게 주겠다"[111]는 말씀도 그런 뜻으로 알아들어야 한다. 즉, 내가 너에게 이미 준 성령에서 나누어 그들에게 주겠다는 말씀이다. 주어지는 것은 그것을 주는 분을 원리로 삼게 된다. 그분에게서 발發한다는 그 사실을 [그 원리 아닌] 딴 데서 받는 것이 아니기 때문이다.[112] 그렇다면 성령의 원리는 성부와 성자라고 말해야 옳다. 그러나 두 원리라고 하면 안 된다. 성부와 성자께서 한 분 하느님이시고, 피조계에 대해서 한 분 창조주이시고 한 분 주님이시듯, 성령께 연관해서는

---

[110] 루카 1,17 참조: "그는 엘리야의 영과 능력을 지니고 주님보다 먼저 와서 … 주님을 맞아들일 백성을 마련할 것입니다."

[111] 민수 11,17 참조: "너에게 있는 영을 조금 덜어 내어 그들에게 나누어 주겠다."

[112] 선물로 주시는 성령은 성부와 성자를 원리로 삼는다. 두 분에게서 발(發)한다는 그 사실이 두 분 아닌 다른 원리에서 오지 않는 까닭이다.

pium; ad creaturam uero pater et filius et spiritus sanctus unum principium sicut *unus creator* et *unus dominus*.

XV 16. Interius autem quaeritur utrum quemadmodum filius non hoc tantum habet nascendo ut filius sit sed omnino ut sit, sic et spiritus sanctus eo quo datur habeat non tantum ut *donum* sit sed omnino ut sit; utrum ergo erat antequam daretur sed nondum erat *donum*, an eo ipso quo daturus erat eum deus iam *donum* erat et antequam daretur. Sed si non procedit nisi cum datur, nec procederet utique priusquam esset cui daretur. Quomodo iam erat ipsa substantia si non est nisi quia datur, sicut filius non tantum ut sit filius quod relatiue dicitur sed omnino ut sit ipsa substantia nascendo habet? An semper *procedit* spiritus sanctus et non ex tempore sed ab aeternitate *procedit*, sed quia sic procedebat ut esset donabile, iam donum erat et antequam esset cui daretur? Aliter enim intellegitur cum dicitur donum, aliter cum dicitur donatum. Nam donum potest esse et antequam detur; donatum autem nisi *datum* fuerit nullo modo dici potest.

---

[113] non tantum habet nascendo ut *filius* sit sed omnino ut *sit*: esse 동사의 계사 용법의 절대 용법으로의 전환은 앞의 각주 28 참조.

[114] et spiritus sanctus eo quo datur habeat non tantum ut *donum* sit sed omnino ut *sit*: 어떻게 해서 마치 성령은 자체로 존재하기보다도 항상 선물로 존재했다는 듯이 우리에게 주어지기 전에도 선물이라는 명칭으로 인식될 수 있었는가?

한 원리이시다. 단지 피조물에 대해서는 성부와 성자와 성령께서 한 분 창조주요 한 분 주님이시듯 한 원리이시다.

성령은 우리에게 주어지기 전에도 선물이었는가

15.16. 하지만 좀 더 깊이 들어가는 뜻에서 다음과 같은 질문이 제기된다. 성자는 '태어남으로써' 아들로서 존재함만 가지는 것이 아니고 아예 존재함도 가짐과 마찬가지로[113] 성령 역시 '주어짐으로써' 선물로 존재함만 가지는 것이 아니고 아예 존재함도 갖느냐는 질문이다.[114] 만일 그렇다면 성령은 [우리에게] 주어지기 전에는 아직 '선물'이 아니었는가, 그렇지 않고 하느님이 장차 주시리라는 사실로 인해서, 주어지기 전에도 이미 선물이었는가 하는 물음이 연달아 제기된다. 성령이 주어지기 전에는 발發하지 않았다면, 성령이 주어질 대상이 존재하기 전에는 발하지 않았을 것이다. 만일 [성령이] 주어지기 전에는 존재하지 않는다면 어떻게 해서 이미 실체 자체로 존재하고 있었을까? 성자가 태어남으로써 상관적으로 언표하는, 아들로 존재할 뿐만 아니고 아예 실체 자체로 존재하는 것처럼 말이다. 그렇지 않고 성령은 항상 발發하는 것일까? 시간상으로 발하는 것이 아니라 영원으로부터 발하는 것일까? 그래서 주어질 대상이 존재하기 전에도 주어질 분이었고 따라서 이미 선물이었을까? 그러니 '선물'이라고 언표할 때 이해하는 바 다르고 '선사된 것'이라고 언표할 때 이해하는 바 다르다. 주어지기 전에도 '선물'이 될 수 있고 이미 주어진 다음이 아니고는 '선사된 것'이라는 말을 결코 할 수 없는 연고이다.[115]

---

[115] donum이라는 명칭이 '영원'과 결부됨(ab aeternitate procedit)은, '은총'의 관점에서는 삼위 모두에게 해당하고, '파견'의 관점에서는 성부와 성자에게 해당하며, '귀속'의 관점에서는 성령에게 언표되기 때문이다.

XVI 17. Nec moueat quod spiritus sanctus, cum sit coaeternus patri et filio, dicitur tamen aliquid ex tempore ueluti hoc ipsum quod donatum diximus. Nam sempiterne spiritus donum, temporaliter autem donatum. Nam et si dominus non dicitur nisi cum habere incipit seruum, etiam ista appellatio relatiua ex tempore est deo; non enim sempiterna creatura est cuius est ille dominus. Quomodo ergo obtinebimus nec ipsa relatiua esse accidentia, quoniam nihil accidit deo temporaliter quia non est mutabilis sicut in exordio huius disputationis tractauimus?

Ecce dominum esse non sempiternum habet ne cogamur etiam creaturam sempiternam dicere, quia ille sempiterne non dominaretur nisi etiam ista sempiterne famularetur. Sicut autem non potest esse seruus qui non habet dominum, sic nec dominus qui non habet seruum. Et quisquis exstiterit qui aeternum quidem deum solum dicat, tempora autem non esse aeterna propter uarietatem et mutabilitatem, sed tamen tempora non in tempore esse coepisse (non enim erat tempus antequam inciperent tempora, et ideo non in tempore accidit deo ut dominus esset quia ipsorum temporum dominus erat quae utique non in tempore esse coeperunt), quid respondebit de homine qui in tempore factus est cuius utique dominus non erat antequam esset cui esset? Certe uel ut dominus hominis esset ex tem-

---

[116] sempiterne spiritus donum, temporaliter autem donatum: donatum('선사된 것' ← donari)은 받을 대상(피조물)의 존재와 증여 행위의 발생(성령 강림)을 전제하므로 이런 해답을 이끌어 낸다.

하느님에 관한 시간적 언표는 상관적 언표이지 우유적 언표가 아니다. 변화는 피조물에게서 일어나는 것이지 하느님에게 일어나는 것이 아닌 까닭이다

16.17. 성령이 성부와 성자와 더불어 영원한 분임에도, 우리가 그분을 '선사된 분'이라고 부를 때 마치 시간에서 유래한 어떤 존재처럼 언표한다고 해서 당황해서는 안 된다. 영이 '선물'임은 영구히 그렇고, 단지 시간적으로 [언표해서] '선사된 분'이 되는 까닭이다.[116] 왜냐하면 종을 거느리기 전에는 '주인'이라고 하지 않는다는 [말이 맞다면], 하느님께 드리는 [주님이라는 호칭은] 시간에서 유래하는 상관적 호칭이라고 하겠으니 하느님이 '주님'이 되시는 대상, 곧 피조물은 영구한 존재가 아니기 때문이다. 그러면 이 상관적 범주가 우유적 범주가 아니라는 주장을 어떻게 할 것인가?

이 토론의 첫머리에서 우리가 설정한 대로 하느님은 가변적이 아니시므로 하느님께는 시간적으로 일어나는 일이 아무것도 없는 까닭에 하는 말이다. 자, 이럴 경우 피조물이 영구히 섬기고 있지 않다면 주님이 영구하게 주인 노릇 하는 일이 불가능하기 때문에, 하는 수 없이 피조물 또한 영원하다는 말을 하지 않으려면 주님이 영구한 분이 아니어야 한다는 [결론이 되고 만다]. 주인을 모시지 않은 종이 있을 수 없듯이, 종을 거느리지 않은 주인 역시 있을 수 없는 까닭이다. 누군가 하느님 홀로 영원하시다고 말하는 사람이 있다면, 그리고 시간은 그 변화와 무상함 때문에 영원할 수 없다고 한다면, 또 시간이 시간 속에서 시작한 것이 아님을[117] 안다면 ― 시간이 시작하기 전에 시간은 없었다. 그러니 하느님이 주님이 되기 시작한 것은 시간 속에 이루어진 일이 아니었다. 하느님은 시간의 주님도 되시기 때문이다. 더구나 시간은 시간 속에서 존재하기 시작한 것은 아니었다 ―, 그런 사람은 인간을 두고는 과연 무엇이라고 대답할 것인가? 인간은 분명히 시간 속에서 만들어졌고 주님으로 섬길 인간이 존재하기 전에는

---

[117] tempora non in tempore esse coepisse: 하느님이 '언제' 세상을 창조하셨으며, 그 이전에는 무엇을 하고 계셨느냐는 질문에 대한 교부의 답변이다(『고백록』 11권에서 상론한다).

pore accidit deo, et ut omnis auferri uideatur controuersia, certe ut tuus dominus esset aut meus qui modo esse coepimus ex tempore accidit deo. Aut si et hoc propter obscuram quaestionem animae uidetur incertum, quid ut esset dominus populi Israhel? Quia etsi iam erat animae natura quam ille populus habebat – quomodo non quaerimus – tamen ille populus nondum erat et quando esse coepit apparet. Postremo ut dominus esset huius arboris et huius segetis ex tempore accidit quae modo esse coeperunt. Quia etsi materies ipsa iam erat, aliud est tamen dominum esse materiae, aliud esse dominum iam factae naturae. Alio enim tempore est etiam homo dominus ligni et alio tempore est dominus arcae quamuis ex ipso ligno fabricatae, quod utique non erat cum ligni dominus iam esset.

Quomodo igitur obtinebimus nihil secundum accidens dici deum nisi quia ipsius naturae nihil accidit quo mutetur, ut ea sint accidentia relatiua quae cum aliqua mutatione rerum de quibus dicuntur accidunt? Sicut amicus relatiue dicitur, neque enim esse incipit nisi cum amare coeperit; fit ergo aliqua mutatio uoluntatis ut amicus dicatur. Nummus autem cum dicitur pretium relatiue dicitur, nec ta-

---

[118] 영혼이 천지창조 때 한꺼번에 만들어져 인간 육신이 생길 적마다 주입되느냐, 인간 개인이 생길 적마다 영혼이 창조되느냐는 아우구스티누스도, 원죄를 설명하려는 의도에서, 결론을 유보하고 있었다(『자유의지론』 3.20.55-22.66; *De Genesi ad litteram* 7.24.32-28.40).

[119] animae natura: '영혼의 자연 본성, 영혼의 실재, 영혼이라는 사물.'

[120] '질료'(materies)의 원초적 존재를 주장하는 신플라톤 학파에게 교부는, 질료는 첫 창조(in principio deus creavit)의 작품이고, 하느님이 '질료의 주님'(dominum esse materiae)도 되신다는 답을 내놓는다.

[121] '하느님께는 아무것도 우유적으로 언표되지 않는다'(*nihil secundum accidens* dici deum)는 명제는 곧 '그분의 자연 본성에는 변하는 일이 아무것도 일어나지 않는다'(ipsius naturae *nihil accidit* quo mutetur)는 명제다.

[하느님이] 인간의 주님이 아니셨을 텐데 말이다. 그렇다면 [하느님이] 인간의 주님이 되기 시작하신 일은 분명히 시간 속에서 이루어졌다. 그리고 모든 토론을 종식시킬 것처럼 보여서 하는 말이지만, 우리는 존재하기 시작한 자들이므로, [하느님이] 그대의 주님 혹은 나의 주님이 되신 것은 시간 속에서 이루어진 일이었다는 이야기가 된다. 비록 그렇다고 하더라도, 애매한 영혼 문제 때문에[118] 이것도 확실하지 않다면, 이스라엘 백성의 주님이 되시는 일은 어찌 되는가? 저 백성이 지니게 될 영혼[119]은 존재했더라도 — 어떻게 그럴 수 있느냐는 여기서 묻지 않겠다 — 그 백성은 아직 존재하지 않았을 텐데 말이다. 그 백성이 언제 존재하기 시작했는지는 [역사적으로] 드러난 사실이다. 마지막으로, [하느님이] 이제 존재하기 시작한 이 한 그루 나무, 이 한 포기 풀의 주님이 되는 일도 시간 속에서 이루어졌다. 그 질료質料가 이미 존재했다 하더라도 질료의 주님이 되시는 일[120]과 이미 조성된 자연 사물의 주님이 되시는 일은 별개이다. 인간도 어느 시간에는 목재의 주인이었다가 어느 시간에는 같은 그 목재로 만들기는 했지만 방주의 주인이 되었는데, 인간이 이미 목재의 주인이었을 때는 아직 방주의 주인은 아니었다.

그러면 그분의 자연 본성에는 변하는 일이 아무것도 일어나지 않는다는 설명 말고는 하느님께는 아무것도 우유적으로 언표되지 않는다는 [이론을] 어떻게 확립하겠는가?[121] 비록 상관적인 우유의 범주들이 어떤 사물들에 닥칠 경우에 그 사물들의 어떤 변화를 초래하지만 말이다. 예를 들어 '애인'이라는 것은 상관적으로 언표하는 말인데, 사랑하기를 시작하지 않는 한 애인이 되는 일도 시작하지 않는다.[122] 그러므로 애인이라고 불리려면 [누구를 사랑한다는] 의지의 어떤 변화가 이루어진다. 그 대신 '가격'을 언표하여 엽전 [몇 푼이라고] 할 때도 상관적으로 언표하지만 [엽전이 어

---

[122] amicus(애인, 우인, 친구)는 amare(사랑하다)라는 동사에서 연원한다.

men mutatus est cum esse coepit pretium neque cum dicitur pignus et si qua similia. Si ergo nummus potest nulla sui mutatione totiens dici relatiue ut neque cum incipit dici neque cum desinit aliquid in eius natura uel forma qua nummus est mutationis fiat, quanto facilius de illa incommutabili dei substantia debemus accipere ut ita dicatur relatiue aliquid ad creaturam ut, quamuis temporaliter incipiat dici, non tamen ipsi substantiae dei accidisse intellegatur sed illi creaturae ad quam dicitur? *Domine*, inquit, *refugium factus es nobis.* Refugium ergo nostrum deus relatiue dicitur; ad nos enim refertur; et tunc refugium nostrum fit cum ad eum refugimus. Numquid tunc fit aliquid in eius natura quod antequam ad eum refugeremus non erat? In nobis ergo fit aliqua mutatio; deteriores enim fuimus antequam ad eum refugeremus, et efficimur ad eum refugiendo meliores; in illo autem nulla. Sic et pater noster esse incipit cum per eius gratiam regeneramur quoniam *dedit* nobis *potestatem filios dei fieri.* Substantia itaque nostra mutatur in melius cum filii eius efficimur; simul et ille pater noster esse incipit, sed nulla suae commutatione substantiae. Quod ergo temporaliter dici incipit deus quod antea non dicebatur manifestum est relatiue dici, non tamen secundum accidens dei quod ei aliquid acciderit, sed plane secundum accidens eius

---

123 '애인'은 '사랑'하여 본인에게 '의지의 변화'를 초래하므로 '실제적 관계'를 초래하지만 '동전'과 '가격' 사이에는 거래자들이 부여하는 '개념적 관계'만 초래한다는 이론으로 교부는, 창조는 창조되어 존재하는 피조물에게 변화를 일으키지 창조주에게는 변화를 일으키지 않는다는 설명으로 나아간다.

124 시편 90,1.

125 요한 1,12.

떤 물건의] 가격이 되기 시작하더라도 엽전에 어떤 변화가 생기는 것은 아
니다.[123] 그리고 [엽전이] 무슨 '보증'이나 그 밖에 다른 무엇이 되더라도 마
찬가지이다. 엽전은 자체에 아무런 변화가 일어나지 않으면서도 수시로
상관적으로 언표될 수 있고, 그런 언표를 지니기 시작한다거나 중단한다
거나 하더라도 엽전의 본성이나 형태에는 그 엽전에 변화를 일으키는 어
떤 무엇이 안 생긴다. 하물며 하느님의 저 불변하는 실체에 관해서는 저런
설명을 받아들이기가 얼마나 더 쉽겠는가? [하느님께] 피조물과 연관하여
상관적으로 무엇을 언표하는 일이 있더라도, 더구나 그런 언표가 시간적
으로 생겨나기 시작한다고 하더라도, 그것으로 하느님의 실체 자체에 [그
런 변화나 시작이] 일어난 것이 아니며, [그런 변화나 시작은] 오로지 거기
서 연관시켜 언표하는 피조물에 일어났을 따름이라고 이해할 만하지 않은
가? 예컨대 "주님, 당신께서는 대대로 저희에게 피난처가 되셨나이다"[124]
라는 말씀이 있다. 하느님이 '우리 피난처'라고 상관적으로 언표되고 있다.
그러니까 우리와 연관된다. 그분에게 우리가 피난하면 그분은 우리의 피
난처가 되신다. 그렇다고 우리가 그분에게 피난하기 전에는 존재하지 않
던 무엇이 그분의 자연 본성에 생긴다는 말인가? 따라서 어떤 변화가 생긴
다면 우리한테서 생긴다. 우리가 그분에게 피난하기 전에는 우리 처지가
더 고약했는데 그분에게 피난하면서 더 좋은 처지가 된다. 그런데 정작 하
느님께는 아무 일도 일어나지 않는다. 마찬가지로 하느님의 은총으로 우
리가 새로 나면서 하느님이 '우리 아버지'가 되기 시작하신다. 우리에게
"하느님의 자녀가 되는 권능을 주셨다"[125]는 말씀이 있으니까 말이다. 우리
가 하느님의 자녀가 되면서 우리 실체가 더 좋아진다. 그와 동시에 하느님
은 우리 아버지가 되기 시작하신다. 그렇지만 그분의 실체에는 어떠한 변
화도 없이 그런 일이 생긴다. 전에는 그러한 언표가 없다가 시간적으로 어
떤 언표가 존재하기 시작하면 그것은 분명히 상관적으로 언표되는 것이
다. 그렇다고 해서 하느님께 무엇이 우발偶發하기나 하듯이 하느님의 우유
偶有에 따라서 하는 언표가 아니다. 오히려 하느님이 어느 대상과 연관하

ad quod dici aliquid deus incipit relatiue. Et quod *amicus dei* iustus esse incipit ipse mutatur; deus autem absit ut temporaliter aliquem diligat quasi noua dilectione quae in ipso ante non erat apud quem nec praeterita transierunt et futura iam facta sunt. Itaque omnes sanctos suos *ante mundi constitutionem dilexit* sicut praedestinauit, sed cum conuertuntur et inueniunt illum, tunc incipere ab eo diligi dicuntur ut eo modo dicatur quo potest humano affectu capi quod dicitur. Sic etiam cum iratus malis dicitur et placidus bonis, illi mutantur non ipse; sicut lux infirmis oculis aspera, firmis lenis est, ipsorum scilicet mutatione non sua.

---

[126] non secundum accidens dei ⋯ sed plane secundum accidens eius ad quod dici aliquid deus incipit relative: '피조물과 연관하여' 발생하는 명칭(ad aliquid)이 하느님의 실체에 영향을 끼치지 않는다.

[127] 앞의 각주 122 참조. amicus dei(하느님의 우인, 애인) 때문에 diligere, nova dilectio라는 어휘가 등장한다.

[128] apud quem nec praeterita transierunt et futura iam facta sunt: 하느님의 시간은 '다 함께 있어'(omnia simul stant) 과거, 현재, 미래가 '흐르지 않는' 까닭이다. 이 책 4.17.22 각주 192 참조.

여 상관적으로 언표되기 시작하는 그 대상의 우유에 따라서 하는 언표이다.[126] 또 [어떤 인간이] '하느님의 친구'로서 의인이 되기 시작할 경우 그 인간이 변한다. 그 대신 하느님이 전에는 없던 새로운 사랑으로 하시듯이 시간적으로 누구를 사랑하시는 일은 결코 없다.[127] 하느님께는, 과거는 지나가지 않았고 미래는 이미 이루어져 있다.[128] 바로 그래서 당신의 성도들을 마치 예정하신 것처럼 "세계의 창건 이전에 사랑하셨고",[129] 그러면서도 [저 성도들이] 회개하고 하느님을 발견할 때 하느님께 사랑받기 시작하는 것처럼 언표를 쓴다. 여기서 언표되는 바를 인간적 감정으로 파악할 수 있게 하려는 뜻에서다. 또 하느님이 악인들에게 화내시고 선인들에게 온유하시다는 언표를 사용할 때도, [선하거나 악한] 인간들이 변하는 것이지 하느님 당신이 변하시는 것은 아니다.[130] 똑같은 빛이 병약한 사람들에게는 따갑고 강건한 사람들에게는 은은한데 당사자들의 변화로 그런 것이지 빛 자체가 변해서 그러한 것이 아니다.

---

[129] 에페 1,4 참조. 요한 17,24("당신께서 세상 창조 이전부터 저를 사랑하셨기 때문입니다") 참조.

[130] 『신국론』 12.15-17에서 창조와 섭리가 하느님께 '변화'를 끼치는지를 상론한다.

LIBER VI

I 1. Aequalitatem patris et filii et spiritus sancti putant nonnulli ex hoc impediri quominus intellegatur, quia scriptum est: *Christum dei uirtutem et dei sapientiam*, ut ideo non uideatur aequalitas quia non est pater ipse uirtus et sapientia sed genitor uirtutis et sapientiae. Et reuera non mediocri intentione quaeri solet quomodo dicatur deus uirtutis et sapientiae pater. Ait enim apostolus: *Christum dei uirtutem et dei sapientiam.* Et hinc nonnulli nostri aduersus arrianos hoc modo ratiocinati sunt, eos dumtaxat qui prius se aduersus catholicam fidem extulerunt. Nam ipse Arius dixisse fertur: *Si filius est, natus est. Si natus est, erat tempus quando non erat filius,* non intellegens etiam natum esse deo sempiternum esse ut sit coaeternus patri filius, sicut splendor qui gignitur ab igne atque diffunditur coaeuus est illi, et esset coaeternus si esset ignis aeternus. Vnde quidem posteriores arriani abiecerunt istam sententiam fassique sunt non ex tempore coepisse filium dei. Sed inter disputationes quas habebant nostri aduersus eos qui dicebant: *Erat tempus quan-*

---

[1] 1코린 1,24 참조.

[2] Hilarius(† 367), *De Trinitate*(1.34)에 아리우스의 말로 인용되고 있다. 이 책 6.10.11에서는 그의 이름과 저서를 직접 언급한다.

[3] '태어나거나 창조되거나 판정되거나 만들어지기 전에는 존재하지 않는다. 성부 홀로 태어나지 않으셨다. 말씀이 만일 태어나셨다면 존재하지 않을 때가 있었다'는 논법이다.

제6권 _ 삼위의 동등을 설명하는 성경 말씀

어떤 사람들은 "그리스도는 하느님의 능력이시며 하느님의 지혜"라는 성경 말씀에 준거해서 아리우스파를 공박한다

1.1. 혹자는 "그리스도는 하느님의 능력이시며 하느님의 지혜"[1]라고 기록되어 있기 때문에 그 말에 비추어 보면 성부와 성자와 성령의 동등을 이해하기란 참으로 어렵다고 생각한다. 성부 당신이 능력과 지혜가 아니시고 아드님이 능력이요 지혜이시기 때문에 동등으로 보아서는 안 된다는 것이다. 과연 하느님이 어떻게 능력과 지혜의 아버지로 언표되는지 따지는 일은 보통 이상의 주의를 요한다. "그리스도는 하느님의 능력이시며 하느님의 지혜"라고 말한 이는 다름 아닌 사도이기 때문이다. 그래서 우리 가운데 몇 사람은 아리우스파에 맞서서, 스스로 가톨릭 신앙을 거스르는 사람으로 자처한 인물들을 상대로, 이 구절을 가지고 이론을 전개했다. 아리우스 본인이 이런 말을 한 것으로 전해 온다.[2] "그리스도가 아들이면 태어난 분이다. 태어난 분이라면 아들이 아니었을 때가 있었다."[3] 하느님께는 태어났다는 것도 영구적인 것임을 알아듣지 못한 소치이다. 성자는 성부와 함께 영원하니 광채가 불길에서 태어나 퍼지지만 불길과 함께 시간이 같음과 흡사하고 만일 불길이 영원하다면 광채 또한 함께 영원함과 흡사하다.[4] 그래서 후대 아리우스파들은 저런 견해를 배격했고 하느님의 아들이 시간상으로 존재하기 시작하지 않았다고 고백하기에 이르렀다.[5] 하지만 우리 측 인사들이 그들이 "아들이 아니었을 때가 있었다"고 말하는

---

[4] 광체(光體, ignis)와 광채(光彩, splendor)의 비유는, 이 책 4.20.27(각주 235)에서 빛(lux)과 광채(candor)의 비유처럼, 오리게네스에게서 유래한다: "빛은 광채 없이 존재하지 않는다. 따라서 아버지는 항상 아버지다. 영원히 성자의 아버지이시다"(Origenes, *De Principiis* 1.2.2; 1.4.7).

[5] 아리우스 이단의 여러 형태는 Ambrosius(*De fide* 1.6.45; *De incarnationis dominicae sacramento* 10.106)가 소개한다.

do non erat filius, hanc etiam nonnulli ratiocinationem inserebant: 'Si *dei* filius *uirtus et sapientia dei* est nec umquam deus sine uirtute et sapientia fuit, coaeternus est deo patri filius. Dicit autem apostolus: *Christum dei uirtutem et dei sapientiam*, et deum aliquando non habuisse uirtutem aut sapientiam dementis est dicere. Non igitur *erat tempus quando non erat filius*.'

2. Quae ratiocinatio ad id cogit ut dicamus deum patrem non esse sapientem nisi habendo sapientiam quam genuit, non exsistendo per se pater ipsa sapientia. Deinde si ita est, filius quoque ipse sicut dicitur *deus de deo, lumen de lumine*, uidendum est utrum possit sapientia de sapientia dici si non est deus pater ipsa sapientia sed tantum genitor sapientiae. Quod si tenemus, cur non et magnitudinis suae et bonitatis, aeternitatis, omnipotentiae suae genitor sit ut non ipse sit sua magnitudo et sua bonitas et sua aeternitas et sua omnipotentia, sed ea magnitudine magnus sit quam genuit et ea bonitate bonus et ea aeternitate aeternus et ea omnipotentia omnipotens quae de illo nata est, sicut non ipse sua sapientia est sed ea sapientia sapiens est quae de illo nata est. Nam illud non est formidandum ne cogamur multos filios dei dicere praeter adoptionem creaturae

---

⁶ 이 논법은 Eusebius Vercellensis(† 371), *De Trinitate* 5.17에 나온다. 아우구스티누스도 한때 이 논리를 이용했지만(*De diversis quaestionibus 83*, q.23) 이 논리의 약점을 발견하고 이 책 이하에서 보완한다.

것을 두고 그들과 벌인 논쟁 중에 다음과 같은 논지를 집어넣었다. "하느님의 아드님이 하느님의 능력이며 지혜라면, 하느님이 능력과 지혜 없이 계시는 때가 결코 없었으므로, 아드님은 하느님과 함께 영원하시다. 사도가 '그리스도는 하느님의 능력이시며 하느님의 지혜'라고 한 이상, 하느님이 능력과 지혜를 갖지 않고 계시던 때가 있었으리라고 말하는 것은 정신 나간 사람의 짓이다. 그러므로 아들이 없었던 때는 없었다."[6]

이 논지에서 초래되는 난점

1.2. 그런데 이 논지는 우리로 하여금 다음과 같은 말을 하지 않을 수 없게 만든다. 성부께서 스스로 지혜 자체가 아니므로 성부께서는 당신이 낳은 지혜를 갖지 않고서는 지혜로운 분이 아니시다. 또 만일 그렇다면 성자 역시 "하느님으로부터 나온 하느님, 빛으로부터 나온 빛"이라고 언표되므로, 과연 성자 역시 지혜로부터 나온 지혜라고 언표할 수 있는지 살펴보아야 한다. 성부 하느님이 지혜 자체가 아니시고 오직 지혜를 낳은 아버지에 그치신다면 말이다.[7] 우리가 이 입장을 받아들인다면, [성부 하느님이] 당신의 위대함, 선함, 영원함 그리고 당신의 전능함의 아버지는 되실망정 자신이 당신의 위대함. 당신의 선함, 당신의 영원함, 당신의 전능함은 아니실 것이다. 오직 당신이 낳으신 위대함으로 위대한 분이고, 당신이 낳으신 선함으로 선한 분이고, 당신이 낳으신 영원함으로 영원한 분이고, 당신에게서 태어난 전능함으로 전능한 분이라는 [말이 된다]. 자신이 당신의 지혜는 아니고 당신에게서 태어나신 지혜에 의해서 지혜로우시다고 [하니까 말이다]. 그렇다면 피조물을 입양한 경우 말고도 하느님의 아들이 다수라고, 그들이 모두 성부와 함께 영원하다고 말하더라도 부끄러울 것도 없고

---

[7] 하느님의 '능력'이나 '지혜'를 성자의 위격에 배타적으로 귀속시킬 경우, '성부 하느님은 당신이 낳으신 지혜에 의해서 지혜로워지느냐?', '아들을 낳기 전에는 지혜롭지 못했느냐?', '아들을 낳기 전에 지혜롭지 못하던 아버지에게서 과연 지혜가 태어날 수 있느냐?'는 등의 어처구니없는 반문들을 초래할 수 있다.

coaeternos patri si magnitudinis suae genitor est et bonitatis et aeter-
nitatis et omnipotentiae. Huic enim calumniae facile respondetur sic
non effici quia multa nominata sunt ut ille multorum filiorum coae-
ternorum sit pater quemadmodum non efficitur ut duorum sit cum
dicitur: *Christus dei uirtus et dei sapientia*. Eadem quippe uirtus
quae sapientia et eadem sapientia quae uirtus. Itane igitur etiam de
ceteris ut eadem sit magnitudo quae uirtus et si qua alia uel supra
commemorata sunt uel commemorari adhuc possunt?

II 3. Sed si non dicitur in se ipso nisi quod ad filium dicitur, id est
pater uel genitor uel principium eius, si etiam gignens ei quod de se
gignit consequenter principium est, quidquid autem aliud dicitur cum
filio dicitur uel potius in filio, siue magnus ea magnitudine quam
genuit, siue iustus ea iustitia quam genuit, siue bonus ea bonitate
quam genuit, siue potens ea potentia uel uirtute quam genuit, siue

---

[8] 일단, 하느님의 본질에 해당하는 속성들 — 지혜, 위대함, 선함, 영원 — 은 하느님의 단
순함으로 미루어 동일하고 단일한 속성이라고 정리했다.

[9] '무엇이 무엇으로부터 나온다'라는 언표 가운데 두 분 다에게 해당하지 않는 그것만 두
분에게 똑같이 언표 못한다. 하느님으로부터 나온 하느님, 선한 분으로부터 나온 선한 분, 능
력으로부터 나온 능력 등은 [두 분에게] 동시에 언표해도 옳다. 그러나 아버지로부터 나온 아
버지, 아들로부터 나온 아들은 두 분 다에게 동시에 해당하지 않으므로 두 분에게 똑같이 언
표할 수 없다[BA].

[10] gignens ei quod *de se* gignit consequenter principium est: a deo(하느님으로부터 창조
된)와 구분하여 '하느님으로부터 나온(de deo) 하느님, 빛으로부터 나온 빛'이라는 당대의 신
앙고백문 형식 때문에 명기한 것이다.

억지로 하는 소리도 아니다. 하느님이 당신 위대함의 아버지이시고, 당신의 선함과 영원함과 전능함의 아버지이시라면 하는 말이다. 이러한 허위 진술에 '그렇게 되지 않는다'고 답변하는 것은 쉽다. [하느님의 속성을 가리키는] 명사가 여럿 나온다고 해서 [당신과] 함께 영원한 많은 아들들의 아버지가 되시는 것은 아니기 때문이다. "그리스도는 하느님의 능력이며 지혜"라고 언표한다고 해서 [하느님이 능력과 지혜라는] 두 아들의 아버지가 되시는 것은 아니다. [그분에게는] 능력이 곧 지혜이고 지혜가 곧 덕인 까닭이다. 다른 명사들에 관해서도 마찬가지이니 위대함이 곧 능력이듯이, 위에서 열거했고 아직도 열거할 수 있는 명사들이 제아무리 많더라도 똑같다.[8]

그분들의 실체를 보여 주는 것을 무엇이라고 언명하든 간에 성부와 성자를 동시에 언표하는 것들이다[9]

2.3. '성부'가 자체로 언표하는 말이지만 성자와 연관하여 언표될 따름이라고 하자. 이를테면 성자의 아버지라거나 성자를 낳은 분이라거나 성자의 원리 — 낳은 분이 태어난 분에게 원리가 된다는 것은 당연하다[10] — 라는 식으로 말이다.[11] 그리고 [성부께 관한] 그 밖의 모든 언표는 성자와 더불어 언표하거나 성자 안에서 언표한다고 하자.[12] [성부께서] 위대하시다면 당신이 낳은 그 위대함에 의해서 위대하시고, 선하시다면 당신이 낳으신 그 선함에 의해서 선하시고, 능하시다면 당신이 낳으신 그 능력과 권세에 의해서 능하시고, 지혜로우시다면 당신이 낳으신 그 지혜에 의해서 지혜로우시며, 따라서 성부는 위대함 자체가 아니시고 단지 위대함을 낳은

---

[11] '성부께 어떤 속성이나 명칭을 부여하면서'(dicitur in se, per se) '성자와 연관하여 언표하는'(ad alterum dicitur)[예: 아버지] 경우.

[12] dicitur ad se, dicitur in se, dicitur ad filium, cum filio dicitur vel potius in filio dicitur: 자체에 해당하는 언표, 자체를 두고 행하는 언표, 성자와 연관된 언표, 성자와 공유하는 언표, 성자 안에서[성자에 내포되는] 언표.

sapiens ea sapientia quam genuit – magnitudo autem ipsa non dicitur pater sed magnitudinis generator; filius uero sicut in se ipso dicitur filius, quod non cum patre dicitur sed ad patrem, non sic et in se ipso magnus sed cum patre cuius ipse magnitudo est; sic et sapiens cum patre dicitur cuius ipse sapientia est, sicut ille sapiens cum filio quia ea sapientia sapiens est quam genuit – quidquid ergo ad se dicuntur, non dicitur alter sine altero, id est quidquid dicuntur quod substantiam eorum ostendat ambo simul dicuntur.

Si haec ita sunt, iam ergo nec deus est pater sine filio nec filius deus sine patre, sed ambo simul deus. Et quod dictum est: *In principio erat uerbum*, in patre erat uerbum intellegitur. Aut si *in principio* sic dictum est ac si diceretur 'ante omnia,' quod sequitur: *Et uerbum erat apud deum*, uerbum quidem solus filius accipitur non simul pater et filius tamquam ambo unum uerbum. Sic enim *uerbum* quomodo *imago*; non autem pater et filius simul ambo imago, sed filius solus imago patris quemadmodum et filius; non enim ambo simul filius. Quod uero adiungitur: *Et uerbum erat apud deum*, multum est ut sic intellegatur: *uerbum*, quod solus est filius, *erat apud deum*, quod non solus est pater sed pater et filius simul deus.

---

[13] 성부께서 '당신의 실체를 두고 언표하는'(ad se dicitur) 것[예: 지혜]은 '성자와 더불어 언표하는'(cum altero dicitur) 것이니 성자도 전능하고 영원하고 지혜로운 분이기 때문이다. 즉, 하느님께 본질적인 속성들은 어느 한 위격의 독점적 개성이 아니고(이 책 7.1.1-2에서 재론) 모든 위격들에 고유한 속성이다. 그렇지 않으면 성자 홀로 지혜이시며, 따라서 성자를 고려하지 않는 한 지혜로운 분이 아니라는 결론이 나오고 만다.

[14] quidquid ad se dicuntur non dicitur alter sine alter: "절대적 의미의 속성은 다른 한 분을 배제하고서 한 분에게 해당하는 일이 없다"(Beschin).

[15] '지혜'처럼 성부와 성자의 실체를 제시하는 것은 '동시에' 성부와 성자에게 진술된다.

[16] 요한 1,1: "한처음에 말씀이 계셨다."

분이 될 따름이라고 말이다. 그런데 '성자'는 자체를 두고 성자라고 언표하는데 성부와 더불어 언표하는 말은 아니며 성부와 연관해서 언표하는 말이라고 하자. 이것은 당신 자체로도 위대하다는 말과는 달리, 당신이 성부의 위대함이시므로, 성부와 더불어 위대하시다는 [말이다]. 또 당신이 성부의 지혜이시므로 성부와 더불어 지혜로우시다는 언표를 한다. 그러다 보면 성부께서도 성자와 더불어, 곧 당신이 낳으신 그 지혜에 의해서 지혜로우시다는 말이 된다.[13] 그러니까 [성부와 성자가] 당신 자신과 연관하여 언표하는 경우, 그것이 무엇이든지 한 분이 다른 한 분 없이 언표되는 것이 아니라는 말이다.[14] 달리 말하면, 두 분의 실체를 제시하면서 무엇을 언표한다면 무엇이든지 두 분 다 동시에 언표된다.[15]

사정이 이렇다면 성부는 성자 없이 하느님이 아니고 성자도 성부 없이는 하느님이 아니라고 [해야 하며] 두 분 함께만 하느님이라고 해야 한다. 그러면 "원리 안에 말씀이 계셨다"[16]고 하는 말도 성부 안에 말씀이 계셨다고 알아듣게 된다. 그렇지 않고 "한처음에"라고 하여 "모든 것에 앞서"라고 한 말이었고 또 그렇게 하는 말이라면, 그래서 "그 말씀은 하느님과 함께 계셨다"는 구절이 뒤따라온다면, 말씀은 성자만 뜻하는 것이지 성부와 성자를 동시에 가리켜 두 분 다 한 말씀인 것처럼 [알아듣는 것이 아니다].[17] 말씀은 또한 모상이다. 성부와 성자가 동시에 두 분 다 모상이 되는 것이 아니다. 오직 성자 홀로 성부의 모상이고 그래서 또한 [그분의] 아들이시다. 두 분 다 아들이 되는 것이 아니기 때문이다. 이때 "그 말씀은 하느님과 함께 계셨다"는 구절이 뒤따를 경우, 그 구절을 "말씀(오직 성자만 말씀이시다)이 하느님(성부 홀로 하느님이 아니고 성부와 성자가 함께 하느님이시다)과 함께 계셨다"라는 뜻으로 알아들어야 한다면 이건 좀 심하다.[18]▶

---

[17] 다른 데서 창세기 첫 구절을 두고 '원리'에 '말씀'을 대입하여 '하느님이 말씀 안에서(말씀으로) 하늘과 땅을 만드셨다'는 해석을 소개한다: "태초에 하느님께서 하늘과 땅을 만드셨다. 즉, 당신과 함께 영원하신 당신의 말씀 안에서 하느님께서 이 물체 세계의 저 덩어리 전체를 만드셨다"(『고백록』 12.20.29). "성자는 원리이다"(*De Genesi ad litteram* 3).

Sed quid mirum si in duabus quibusdam rebus longe inter se diuersis potest hoc dici? Quod enim tam diuersum quam animus et corpus? Potest tamen dici animus erat apud hominem, id est in homine, cum animus non sit corpus, homo autem animus simul et corpus sit. Vt etiam quod consequenter scriptum est: *Et deus erat uerbum*, sic intellegatur, uerbum quod non est pater deus erat simul cum patre. Itane ergo dicimus ut pater sit generator magnitudinis, hoc est generator uirtutis uel generator sapientiae suae, filius autem magnitudo, *uirtus et sapientia*; deus uero magnus, omnipotens, sapiens, ambo simul? Quomodo ergo *deus de deo, lumen de lumine*? Non enim simul ambo *deus de deo*, sed solus filius *de deo*, scilicet patre; nec ambo simul *lumen de lumine*, sed solus filius *de lumine* patre. Nisi forte ad insinuandum et breuissime inculcandum quod coaeternum est patri filius ita dictum est *deus de deo* et *lumen de lumine* et si quid hoc modo dicitur, ac si diceretur, hoc quod non est filius sine patre de hoc quod non est pater sine filio, id est hoc *lumen* quod lumen non est sine patre *de* hoc *lumine* patre quod lumen non est sine filio, ut cum dicitur *deus*, quod non est filius sine pa-

---

¹⁸ '말씀이 하느님(성부)과 함께 계셨다'고 하면 무난하지만 '말씀(성자)이 하느님(성부 + 성자)과 함께 계셨다'고 하면 뭔가 중복(multum)된다.

¹⁹ homo autem animus simul et corpus sit: 교부의 인간 정의.

²⁰ et *deus erat* verbum 구절과 앞에 나온 verbum *erat apud deum*을 어떻게 조화시킬 것인가? animus apud hominem, id est in homine – homo animums simul et corpus sit라는 비유로 설명하고자 한다.

²¹ ambo simul [aeternus]라는 문구와 coaeternus est patri filius라는 문구는 다르지 않다.

²² deus de deo는 성자가 성부 하느님으로부터 일정한 시점에 나와 존재하기 시작했다는 말이 아니고 coaeternus est patri filius를 언표하는 문구임을 설명하는 말이다.

그렇지만 [다음 사실을 생각하면] 무엇이 이상한가? [같은 사물을 두고] 서로 상당히 다른 두 가지 사물들을 가지고 언표할 수 있다는 사실을 생각하면 무엇이 이상한가? 영혼과 육신처럼 서로 다른 것이 무엇인가? 그러나 영혼이 '인간과 함께' 있었다, 즉 '인간 안에' 있었다고 언표하는 일은 가능하다. 인간은 영혼이자 동시에 육체이므로 영혼이 곧 육체는 아니지만 말이다.[19] 그다음에 뒤따라오는 구절, 곧 "그 말씀은 또한 하느님이셨다"라는 구절은 이렇게 알아듣게 된다.[20] 말씀이 성부는 아니시지만 성부와 함께 동시에 하느님이셨다. 그러면 성부께서는 위대함을 낳은 이, 다시 말해서 능력을 낳은 이요 당신의 지혜를 낳은 이이시고, 성자는 위대함이요 능력이요 지혜이시며, 그러면서도 두 분 다 함께 위대하고 전능하고 지혜로운 하느님이시라고 하는 말도 우리가 그런 식으로 언표하는 것일까? 그러면 "하느님으로부터 나온 하느님, 빛으로부터 나온 빛"이라는 언표는 어떻게 되는가? 물론 두 분 다 하느님으로부터 나온 하느님은 아니고 성자 홀로 하느님으로부터, 곧 성부로부터 나온 분이다. 그리고 두 분 다 빛으로부터 나온 빛이 아니시고 성자 홀로 빛이신 성부로부터 나온 분이다.[21] 그래도 [신경信經은] 성자가 성부와 더불어 영원하다는 것을 암시하고 아주 짧게라도 간추릴 목적에서가 아니면 "하느님으로부터 나온 하느님, 빛으로부터 나온 빛"이라거나 그 밖에 그와 유사한 언표를 쓰지 않았을 것이다.[22] 그리고 이러한 언표를 썼다는 것은 결국 다음과 같은 언표를 하는 셈이다. 성자는 성부 없이 성자가 아니라는 말은, 성부는 성자 없이 성부가 아니라는 말에서 기인한다.[23] 다시 말해서, 성부 없이는 빛이 아닌 이 빛이 성부라는 빛 — 이 빛도 성자 없이는 빛이 아니시다 — 으로부터 나온다는 뜻이다. 그와 마찬가지로 '하느님'이라는 언표를 쓰는 경우도 성자가 성부 없이 존재한다는 뜻으로 하는 말이 아니듯이, '하느님으로부터'라는 언표

---

[23] esse 동사의 특성상 '성자는 성부 없이 존재하지 않는다는 말은 곧 성부는 성자 없이 존재하지 않는다는 말에서 기인한다'(BA)라는 번역도 가능하다.

tre, et *de deo*, quod non est pater sine filio, perfecte intellegatur quod non praecessit genitor illud quod genuit. Quod si ita est, hoc solum de eis dici non potest illud de illo quod simul ambo non sunt. Sicut uerbum de uerbo dici non potest quia non simul ambo uerbum, sed solus filius; nec imago de imagine quia non simul ambo imago; nec filius de filio quia non simul ambo filius. Secundum quod dicitur: *Ego et pater unum sumus. Vnum sumus* enim dictum est; quod ille, hoc et ego secundum essentiam, non secundum relatiuum.

III 4. Et nescio utrum inueniatur in scripturis dictum 'unum sunt' quorum est diuersa natura. Si autem et aliqua plura eiusdem naturae sint et diuersa sentiant, non sunt unum in quantum diuersa sentiunt. Nam si iam unum essent ex eo quod homines erant, non diceret: *Vt sint unum sicut et nos unum* cum suos discipulos patri commendaret. At uero Paulus et Apollo quia et ambo homines et idem sentiebant: *Qui plantat*, inquit, *et qui regat unum sunt.* Cum ergo sic dicitur unum ut non addatur quid unum et plura unum dicantur, eadem natura atque essentia non dissidens neque dissentiens significatur.

----

[24] 주체가 단수인 unum est와 달리 주체가 복수인 unum sunt는 상세한 언어학적 분석을 요한다.

[25] et diversa sentiant: '서로 다른 사물이라는 느낌을 가진다면.'

도 성부가 성자 없이도 존재한다는 뜻으로 하는 말이 아니다. 그리하여 낳은 분이 낳은 대상을 앞서지 않는다는 뜻으로 알아들으면 완전할 것이다. 사실이 그렇다면 두 분 다에게 "무엇이 무엇으로부터"라는 형태로 언표할 수 없는 것만 두 분에게 함께 해당하지 않는다는 [결론이 나온다]. 실제로 '말씀으로부터 나온 말씀'이라고 언표하기가 불가능하니 두 분이 함께 말씀이 아니고 성자 홀로 말씀이기 때문이다. 그리고 '모상으로부터 나온 모상'이라는 언표도 성립되지 않으니 두 분이 함께 모상이 아니기 때문이다. 또 '아들로부터 나온 아들'이라는 언표도 성립되지 않으니 두 분 다 함께 아들이 아니기 때문이다. "나와 아버지는 하나입니다"라는 언표는 바로 그런 뜻이다. "[우리가] 하나입니다"라고 언표되었기 때문이다. '성부께서 그러신 대로 나도 그렇다. 그것도 관계에 따라서 그런 것이 아니고 존재에 따라서 그렇다'라는 뜻이다.

성부와 성자는 실체의 단일성에 따라 하나다

3.4. 성경에서 '하나다'[24]라고 언표하면서도 자연 본성이 서로 다른 사물들을 가리켜 말한 경우가 또 있는지 나는 알지 못한다. 물론 사물이 여럿인 경우 동일한 자연 본성을 갖고 있음에도 느낌이 다르다면[25] 느낌이 다른 한 하나는 아니다. 인간들이 인간들이라는 이유로 이미 하나였다면, 당신 제자들을 성부께 맡겨 드릴 때 그분이 "우리가 하나인 것처럼 그들도 하나가 되게 하소서"[26]라고 말씀드리지 않았을 것이다. 그렇지만 바오로와 아폴로는 둘 다 사람이고 같은 느낌을 갖고 있었다. 그래서 "심는 이와 물 주는 이는 다 하나입니다"[27]라고 했다. 그러므로 '하나'라고 언표하면서 '어떤 하나'[28]라는 말이 덧붙지 않은 채 여럿이 하나라고 언표하는 경우, 같은 자연 본성을 지니고 존재에 있어서 차이가 없고 느낌이 다르지 않음을[29]▶

---

[26] 요한 17,22.   [27] 1코린 3,8 참조.

[28] quid unum: 관사가 붙는 '하나'. 혹은 '어느 하나'(one what, unita).

Cum uero additur quid unum, potest aliquid significari ex pluribus unum factum quamuis diuersis natura. Sicut anima et corpus non sunt utique unum (quid enim tam diuersum?), nisi addatur aut sub-intellegatur quid unum, id est unus homo aut unum animal. Inde apostolus: *Qui adhaeret meretrici*, inquit, *unum corpus est*. Non dixit 'unum sunt' aut '*unum* est,' sed addidit *corpus* tamquam ex duobus diuersis masculino et feminino *unum corpus* adiunctione compositum. Et: *Qui adhaeret*, inquit, *domino unus spiritus est*. Non dixit '*qui adhaeret domino unus* est' aut 'unum sunt,' sed addidit *spiritus*. Diuersum enim natura *spiritus hominis* et *spiritus dei*, sed inhaerendo fit unus spiritus ex diuersis duobus, ita ut sine humano spiritu beatus sit *dei spiritus* atque perfectus, beatus autem *hominis spiritus* non nisi cum deo. Nec frustra, ut existimo, cum tanta in euangelio secundum Iohannem et totiens diceret dominus de ipsa unitate uel sua cum patre uel nostra inuicem nobiscum, nusquam dixit: 'Vt nos et ipsi unum' sed: *Vt sint unum sicut et nos unum*. Pater ergo et filius unum sunt utique secundum unitatem substantiae, et *unus deus est* et unus magnus et unus sapiens sicut tractatum est.

---

[29] eadem natura atque essentia non dissidens neque dissentiens: 여기서 essentia는 후대의 '본질'에 가깝다.

[30] 1코린 6,16. 『200주년』: "창녀와 결합하는 사람은 그와 한 몸이 된다."

[31] unum *corpus est*라고 '보어를 첨가하여 합성된'(adiunctione compositum)이라는 번역도 가능하다. 앞의 각주 24 참조.

[32] 1코린 6,17. 『200주년』: "주님과 결합하는 사람은 그분과 한 영이 된다."

의미한다. 그 대신 '어떤 하나'가 덧붙으면 자연 본성으로는 다르면서도 여 럿에서 하나가 되었음을 의미한다. 예컨대 영혼과 육체는 당연히 하나가 아닌데 — 이 둘처럼 다른 것이 또 있을까? — 무엇인가 첨가되고 '어떤 하 나'가 덧붙어서, '한' 사람 혹은 '한' 생명체를 가정하는 경우다. 그래서 사 도가 "창녀와 합하는 사람은 그와 한 몸이다"[30]라는 말을 한 것이다. [복수 로] '하나다'라고 하거나 [단수로] '하나다'라고 하지 않았고 '몸'을 [보어로] 덧붙여 마치 다른 두 몸, 곧 남성의 몸과 여성의 몸으로부터 '한 몸'이 되는 것으로, 결합에 의해 합성된 [한 몸으로] 설명했다.[31] 그리고 "주님과 합하 는 사람은 그분과 한 영이다"[32]라고 했다. "주님과 합하는 사람은 하나다" 라고 [단수로] 말하거나 [복수로] '하나다'라고 하지 않고 '영'이라는 말을 덧붙였다.[33] 사람의 영과 하느님의 영은 자연 본성이 다르지만 합하면 서 로 다른 둘에 의해서 한 영이 된다. 단지 인간 영 없이도 하느님의 영은 행 복하고 완전하지만 사람의 영은 하느님과 함께하지 않으면 행복하지 못하 다. 내가 생각하기에는, 요한 복음서에서 주님이 당신이 성부와 하나임에 관해서나 우리끼리 서로 하나임에 관해서 그토록 자주 그토록 많은 말씀 을 하시면서도 "우리와 그들이 하나가 되게 하소서"라는 말씀은 한 번도 하지 않았고 오직 "우리가 하나인 것처럼 그들도 하나가 되게 하소서"라고 했는데 여기에는 까닭이 없지 않은 듯하다. 그러므로 성부와 성자는 실체 의 단일성에 따라 하나이시고, 또 한 분 하느님이시며, 앞서 논한 것처럼 한 분으로서 위대하시고, 한 분으로서 지혜로우시다.[34]

---

[33] 원문(non 'unus est' aut 'unum sunt' sed 'unus spiritus')대로, 주님과 사람이 한 실체가 된 것이 아니고 결합에 의해(additit) 합성되었을 뿐이다.

[34] 성부와 성자의 하나 됨(secundum unitatem substantiae)은 영과 육, 남자와 여자, 하느님 의 영과 인간의 영의 하나 됨(unum adiunctione [addititone] composintum)과 다르다, 동등하 지 않음이 일체 없다는 점에서.

5. Vnde ergo *maior pater*? Si enim maior, magnitudine maior. Cum autem magnitudo eius filius sit, nec ille utique maior est eo qui se genuit, nec ille maior est ea magnitudine qua magnus est; ergo aequalis. Nam unde aequalis si non eo quo est cui non est aliud esse et aliud magnum esse? Aut si aeternitate *pater maior est*, non est *aequalis* filius quacumque re. Vnde enim *aequalis*? Si magnitudine dixeris, non est par magnitudo quae minus aeterna est atque ita cetera. An forte in uirtute aequalis est, in sapientia uero non est aequalis? Sed quomodo est aequalis uirtus quae minus sapit? An in sapientia aequalis est, in uirtute autem non est aequalis? Sed quomodo aequalis sapientia quae minus potens est? Restat itaque ut si in ulla re aequalis non est, non sit aequalis. At scriptura clamat: *Non rapinam arbitratus est esse aequalis deo.* Cogitur ergo quiuis aduersarius ueritatis qui modo tenetur auctoritate apostolica in qualibet uel una re *aequalem deo* filium confiteri. Eligat quam uoluerit. Hinc ei ostendetur in omnibus *esse aequalem* quae de substantia eius dicuntur.

IV 6. Si enim uirtutes quae sunt in animo humano, quamuis alio atque alio modo singulae intellegantur, nullo modo tamen separantur ab inuicem, ut quicumque fuerint aequales uerbi gratia in forti-

---

[35] 요한 14,28 참조.

[36] 하느님께는 속성과 실체 혹은 존재가 구분되지 않는데 모든 동등이 '존재'에 근거한다 (unde *aequalis* si non *eo quo est*).

[37] 필리 2,6. esse aequalis deo: 교부가 전집에서 170여 회 인용하며 그리스도론의 근간으로 삼는 구절이다.

3.5. 그렇다면 "아버지께서 나보다 크시다"[35]는 말씀은 어찌 되는가? 더 크시다면 위대함으로 더 크시다. 그런데 성부의 위대함이 곧 성자이시며, 그리고 성자가 당신을 낳으신 분보다 크지 않고 당신이 그로 말미암아 위대해지는 그 위대함보다 더 큰 분이 아니다. 따라서 [성자는 성부와] 같으시다. 그러나 [하느님은] 존재함 다르고 위대함 다르고 한 분이 아니므로 존재한다는 점에서 아니면 어느 면에서 같겠는가?[36] 만약 영원함에 있어서 성부께서 성자보다 크시다면 성자는 어느 면으로도 성부와 같을 수 없다. 그렇다면 어느 면에서 같을까? 위대함으로 같으리라고 그대가 말할라치면, 영원함에 있어서는 더 못하면서 위대함이 동등할 리 없으며, 다른 [속성에서도] 마찬가지가 된다. 혹시 능력에서는 같지만 지혜에서는 같지 못한 것일까? 하지만 아는 것이 더 적으면서 어떻게 그 능력이 동등하다는 말인가? 그렇지 않으면 지혜로는 같은데 능력으로는 같지 못할까? 하지만 능력이 더 못한 지혜가 어떻게 동등한 지혜라는 말인가? 그러니 남은 이야기는 어느 면으로라도 동등하지 못하면 결국 동등하지 못하다는 것이다. 그렇지만 성경은 엄연히 "하느님과 같으심을 마치 노획물처럼 여기지 않으셨다"[37]고 공언한다. 따라서 진리의 적이 누구든지 간에 일단 이러저러한 방식으로 사도적 권위를 인정하는 사람이라면 어느 면에서든 혹은 어느 한 가지 점으로라도 성자께서 하느님과 같으심을 고백하여야 마땅하다. 그 점이 무엇인지는 좋을 대로 선택하시라. 일단 그렇게 하고 나면 모든 면에서 같으심을, 그분의 실체로부터 언표하는 모든 점에서 같으심을 그 사람에게 보여 주고 남으리라.

인간 능력으로부터 취하는 사례

4.6. 인간 정신에 있는 능력들도 그렇다. 그 능력들이 제각기 다른 방식으로 이해되고 있기는 하지만, 그 능력들은 결코 서로 분리되어 있지 않다.[38]▶ 그래서 예를 들어 용기라는 면에서 같은 사람들은 현명과 정의와 절

tudine, aequales sint et prudentia et iustitia et temperantia (si enim
dixeris aequales esse istos fortitudine sed illum praestare prudentia,
sequitur ut huius fortitudo minus prudens sit ac per hoc nec fortitu-
dine aequales sunt quando est illius fortitudo prudentior, atque ita
de ceteris uirtutibus inuenies si omnes eadem consideratione per-
curras; non enim de uiribus corporis agitur sed de animi fortitudi-
ne), quanto ergo magis in illa incommutabili aeternaque substantia
incomparabiliter simpliciore quam est animus humanus haec ita se
habent? Humano quippe animo non hoc est esse quod est fortem
esse aut prudentem aut iustum aut temperantem; potest enim esse
animus et nullam istarum habere uirtutem. Deo autem hoc est esse
quod est potentem esse aut iustum esse aut sapientem esse et si quid
de illa simplici multiplicitate uel multiplici simplicitate dixeris quo
substantia eius significetur. Quamobrem siue ita dicatur *deus de
deo* ut et singulis hoc nomen conueniat, non tamen ut ambo simul
duo dii, sed *unus deus* sit (ita enim sibi cohaerent quod etiam in
distantibus diuersisque substantiis fieri apostolus testis est, nam et
solus *dominus spiritus est* et solus *hominis spiritus* utique spiritus
est, tamen *si haereat domino unus spiritus est*; quanto magis ibi ubi

---

³⁸ 이 책 후반부(8-15권)의 소위 '심리학적 고찰'의 취지를 언급한다. "능력에 있어서 동등
한 이들은 다른 면에서 상이할 수 없다. 또 만일 인간 영혼들에서 동등함이 발견된다면 삼위
일체 하느님이신 저 불변하고 영원한 실체에서야말로 훨씬 비견할 데 없이 그 동등함이 존속
해야 옳다"[BA].

³⁹ 고대 세계에서 인간 윤리를 지배하는 사추덕(四樞德)은 상호 결부되므로 하나가 결핍되
면 다른 것들도 자연히 결핍된다는 이론이 지배적이었다.

⁴⁰ 라틴어 virtus는 신체의 '완력'(vir-tus: '남자다움')과 정신의 '용기'를 한데 의미한다. ani-
ma(영혼)라는 단어도 문맥에 따라 '정신'으로 번역되기도 한다.

⁴¹ 라틴어 문장으로는 '존재함(esse)과 용감하게 존재함, 현명하게 존재함, 의롭게 존재함,
절제 있게 존재함'(fortis esse aut prudens aut iustus aut temperans)이라고 이해된다.

제에 있어서도 같을 것이다. (그대가 어떤 사람들이 용기에서는 동등한데 현명에서는 저 사람이 이 사람보다 더 탁월하다고 말한다면, 이 사람의 용기는 그만큼 덜 현명한 것이고 따라서 저 사람의 용기가 더 현명한 이상, 용기에 있어서도 동등하지 못하다는 결론이 나온다. 다른 모든 덕성을 두고도 그 모든 덕성들을 같은 관점에서 다룬다면 같은 이야기가 된다.[39] 여기서 우리가 다루는 것은 신체의 완력이 아니고 영혼의 용기다.[40]) 그렇다면야 저 불변하고 영원한 실체, 인간 영혼보다 비견할 데 없이 단순한 실체에서는 오죽하겠는가? 인간 정신에서야 존재함이 곧 용감함이나 현명함이나 의로움이나 절제 있음이 아니다.[41] 정신으로 존재하면서도 저런 덕성 가운데 어느 하나도 갖추지 못한 경우도 가능하다. 그러나 하느님께는 존재함이 곧 유능함이나 의로움이나 지혜로움이고,[42] 그대가 하느님의 실체를 의미하기 위하여 저 단순한 다양성 혹은 다양한 단순성을 두고 무슨 언표를 하든지 간에 이 점은 똑같다. [여기서 세 가지 설명이 가능한데 우선][43] '하느님으로부터 나온 하느님'이라고 언표하면서 이 각각의 명사가 [성부와 성자] 각자에게 언표되어야 하지만, 그것으로 두 분 다 동시에 두 하느님들이 되는 것처럼 언표되어서는 안 되고 한 하느님이 되는 언표여야 한다는 [설명이 가능하다].[44] (이런 일은 거리상 떨어져 있고 상이한 실체들에서도 똑같이 일어난다는 것을 사도가 증언한 바 있다. 왜 그런가 하면 주님 혼자서도 영이시고 사람의 영 또한 혼자서도 영이지만 "주님과 합하는 사람은 그분과 한 영이다"라고 했기 때문이다.[45] 그러니 전적으로 불

---

[42] 인간에게는 *non* hoc est *esse* quod est *potentem esse*이므로 존재와 속성이 동일하지 않으나 하느님에게는 hoc est *esse* quod est *potentem esse*다.

[43] 주의: 하느님의 '실체'를 언표하는 다양한 방식(단순한 다양성 혹은 다양한 단순성)을 우선 세 측면(sive … sive … sive …)으로 착안해 본다.

[44] '하느님으로부터 나온 하느님'을 '성부로부터 나온 성자'라고 알아들어야지, 성부 하느님과 성자 하느님이라고 두 하느님으로 알아들어서는 안 된다.

[45] 앞의 각주 32-34 참조.

est omnino inseparabilis atque aeterna conexio ne absurde dici uideatur quasi filius amborum cum dicitur *filius dei* si id quod dicitur deus non nisi de ambobus simul dicitur), siue quidquid de deo dicitur quod substantiam eius indicet non nisi de ambobus simul, immo de ipsa simul trinitate dicitur; siue ergo hoc siue illud sit quod diligentius discutiendum est, nunc unde agitur satis est uidere nullo modo filium *aequalem* esse *patri* si in aliquo scilicet quod pertinet ad significandam eius substantiam inaequalis inuenitur sicut iam ostendimus. Apostolus autem dixit *aequalem*. In omnibus ergo *aequalis* est *patri* filius et est *unius eiusdem*que *substantiae*.

V 7. Quapropter etiam spiritus sanctus in eadem unitate substantiae et aequalitate consistit. Siue enim sit unitas amborum siue sanctitas siue caritas, siue ideo unitas quia caritas et ideo caritas, quia sanctitas, manifestum est quod non aliquis duorum est quo uterque coniungitur, quo genitus a gignente diligatur generatoremque suum diligat, sintque non participatione sed essentia sua neque dono superioris alicuius sed suo proprio *seruantes unitatem spiritus in uin-*

---

[46] Hill은 문장의 배열을 조정하여 이렇게 번역한다: "'하느님으로부터 나온 하느님'이라는 문구에서 '하느님'이라는 언표는 두 분 다에게 함께 해당하는데, 그런 식으로 '하느님의 아들'이라는 언표를 적용하여 '아들'이 ('하느님으로부터 나온 하느님'에 근거해서 '성부 하느님과 성자 하느님') 두 분의 아들이 되는 것처럼 말하는 어처구니없는 짓을 피해야 한다."

[47] 곧, 실체를 가리키는 언표는 무조건 성부 성자에게 공히(ambo simul) 언표되어야 한다는 주장이든, deus de deo에서처럼 양자에게 공히 언표하다가(ambo simul) duo dii로 결론짓는 일은 없어야 한다는 주장이든.

[48] 이 책 7권에서 전자에 비중을 두고 상론한다.

[49] 이 책 각주 43 참조.

[50] in omnibus aequalis est patri filius et est unius eiusdemque substantia: 제6권 전반부(1. 1-4.6)의 토의를 일단 종결짓는 결론이다.

가분하고 영원한 결속이 존재하는 곳에서야 오죽하겠는가? 따라서 '하느님의 아들'이라는 언표가 나오는 경우 마치 [누가 성부와 성자] 두 분 다의 아들로 언표하는 말이라고 알아듣는 어처구니없는 일이 생기지 않아야 한다. '하느님'이라는 언표가 두 분 다에게 함께 해당하는 언표라면 [아들의 경우도 그래야 한다고 알아들었다가는] 이런 일이 생긴다.)[46] 그렇지 않으면 어떻게든지 하느님을 언표하면서 그분의 실체를 가리키는 것이라면 두 분 다에게 함께 언표되는 것이 아니면 안 되고 나아가서는 삼위일체 자체에게 언표하는 것이어야 한다는 [설명이 나온다]. 그렇지 않고 이 후자든 저 전자든[47] 보다 철저하게 토론해 봐야겠지만[48] 지금 당장 논하고 있는 범위에서 말하자면, 만에 하나라도 성자의 실체를 의미하는 어떤 한 가지 면에서라도 [성자가 성부와] 동등하지 못하다는 점이 발견된다면, 우리가 이미 보여 준 대로, 성자는 어느 모로도 성부와 동등하지 못하다는 사실을 깨닫는 것으로 충분하다.[49] 그런데 사도는 [성자는 성부와] 동등하다고 단언했다. 따라서 성자는 성부와 모든 점에서 동등하며, 같은 하나의 실체를 가지고 계시다.[50]

성령은 성부와 성자의 '사랑'이시며 모든 점에서 두 분과 동등하시다

5.7. 성령 역시 실체의 똑같은 단일성과 동등성 안에 존재하신다. [성령이] 두 분의 단일성이냐 거룩함이냐 사랑이냐는 상관없이, 두 분의 사랑이기에 두 분의 단일성이냐, 두 분의 거룩함이기에 두 분의 사랑이냐는 상관없이, 두 분 가운데 어느 한 분이 아니라는 점은 분명하다. 그분에 의해서 두 분이 결합하고, 태어난 분이 낳은 분에게 사랑받고 자기를 낳은 분을 또한 사랑하는 것도 그분에 의해서다. 그리고 [그분에 의해서] 두 분이 "평화의 끈으로 일치를 유지하신다".[51] 그 일치는 참여에 의해서 유지하는 것

---

[51] 에페 4,3 참조. 교부는 성령을 성부와 성자를 결합시키는 '사슬'(vinculum) 혹은 '사랑'(amor)으로 확립한다(이 책 9.8.3-10.15 참조).

culo pacis. Quod imitari per gratiam et ad deum et ad nos ipsos iubemur, *in quibus duobus praeceptis tota lex pendet et prophetae.* Ita sunt illa tria *deus unus*, solus, magnus, sapiens, sanctus, beatus. Nos autem *ex ipso et per ipsum et in ipso* beati quia ipsius munere inter nos unum; cum illo autem *unus spiritus* quia agglutinatur anima nostra post eum. Et nobis *haerere deo bonum est* quia *perdet omnem qui fornicatur ab eo. Spiritus* ergo sanctus commune aliquid est *patris et filii*, quidquid illud est, aut ipsa communio consubstantialis et coaeterna; quae si amicitia conuenienter dici potest, dicatur, sed aptius dicitur caritas; et haec quoque substantia quia deus substantia et *deus caritas* sicut scriptum est. Sicut autem simul substantia cum patre et filio, ita simul magna et simul bona et simul sancta et quidquid aliud ad se dicitur quoniam non aliud est deo esse et aliud magnum esse uel bonum et cetera sicut supra ostendimus. Si enim minus magna est ibi caritas quam sapientia, minus

---

[52] 성령은 하느님 자신의(suo proprio) 선물이다. 성령이 선물이라는 표현은 있었으나(Hilarius, *De Trinitate* 2.1; 29; 33-34) 하느님이 영혼에 베푸시는 선물로 그쳤으며, 성자와 성령 사이의 선물(상호 증여)로는 아우구스티누스가 착안했다.

[53] 마태 22,40.

[54] 로마 11,36 참조: "그분으로부터 그분을 통해 그분을 위하여 모든 것이 있습니다."

[55] agglutinatur: '풀로 붙여져 있다.'

[56] 시편 63,9 참조: "제 영혼이 당신께 매달리면 당신 오른손이 저를 붙들어 주시나이다."

[57] 시편 73,28 참조: "저는, 하느님께 가까이 있음이 저에게는 좋으니이다."

[58] 시편 73,27 참조: "보소서, 당신에게서 멀어진 자들은 멸망하나이다."

[59] spiritus sanctus commune aliquid est patris et filii … aut ipsa communio consubstantialis et coaeterna: 성령이 성부와 성자에게서 발한다면 양편에 공통된 무엇이고, 이 공통성이 곧 사랑(amor), 우애(amicitia), 애덕(charitas)이라고 일컬어진다. "사랑은, 성부께서 성자를 사랑하고 성자께서 성부를 사랑하는 사랑이므로, 두 분 사이의 친교를 불가형언하게 보여 주는 것이 사랑이라면, 두 분에게 공통되는 영이 사랑이라고 일컬어지는 것보다 적절한 말이 또 어디 있겠는가?"(이 책 15.19.37).

이 아니고 당신의 존재에 의해서 유지하며, 더 높은 누구의 선사善事에 의해서 유지되는 것이 아니고 바로 당신 자신의 선사에 의해서[52] 유지된다. 우리는 하느님을 상대로도 우리 자신들을 상대로도 은총에 힘입어 이것을 본받으라는 명을 받고 있으며 "율법과 예언자들은 다 이 두 계명에 달려 있다".[53] 그리하여 저 셋이 한 분 하느님, 유일하고 위대하고 지혜롭고 거룩하고 복되신 하느님이시다. 우리야 "그분으로부터 그분을 통해 그분 안에서"[54] 행복하니 그분의 선물로 인해서 우리가 하나이기 때문이다. 그분과는 우리가 한 영이 되느니, 우리 영혼이 그분에게 붙어 있는[55] 연고이다.[56] 하느님과 합하는 것이 우리에게 좋으니[57] "그분으로부터 떠나 사통私通하는 자를 모두 멸망시키실 것이기 때문이다".[58] 그러므로 거룩하신 저 영은, 그것이 무엇이든 성부와 성자의 공통된 무엇이다. 그렇지 않으면 [두 분과] 실체를 함께하고 영원을 함께하는 친교 그 자체이다.[59] 이것을 우애에 비견하는 것이 적절하다면 그렇게 언표해도 좋겠다. 하지만 차라리 사랑이라고 언표함이 더 적당하겠다. 그리고 이것 역시 실체이니 하느님은 실체이시고, 성경에 기록된 대로, "하느님은 사랑이시기" 때문이다.[60] [이 사랑이 성부와 성자와 더불어 실체를 함께하듯이, 함께 위대하고 함께 선하고 함께 거룩하시며, 그 밖에도 당신 자신과 연관하여[61] 무슨 언표를 하든 다 함께 그러하시다. 하느님께는 존재함이 위대함과 다르지 않고 선함이나 그 외에 다른 것들과도 다르지 않기 때문이다. 이 점은 앞에서 우리가 입증해 보였다.[62] 사랑이 지혜보다 덜 크다면 지혜는 본래 존재하는 것보다 덜 사랑받는 셈이다.[63] 그러니 [사랑은 지혜와] 동등하지 않으면 안

---

[60] caritas quoque substantia: '하느님은 실체다', '하느님은 사랑이다', 따라서 '사랑은 실체다'라는 특칭 삼단논법이다.

[61] ad se dicitur: 하느님에 관한 언표 중에서 신적 실체와 연관되는 언표를 지칭하고, 각 위가 다른 위격과 연관되는 언표는 ad alterum dicitur라고 표기한다.

[62] 이 책 6.3.4-4.6의 각주 41과 42 참조.

[63] minus quam est diligitur sapientia: '지혜가 지혜라는 사실보다도 덜 사랑받는다.' 사랑(성령)이 지혜(성자)보다 못하다는 주장은 이런 모순을 초래한다.

quam est diligitur sapientia; aequalis est igitur ut quanta est sapientia tantum diligatur. Est autem sapientia *aequalis patri* sicut supra disputauimus; aequalis est igitur etiam spiritus sanctus, et si aequalis in omnibus aequalis propter summam simplicitatem quae in illa substantia est. Et ideo non amplius quam tria sunt: unus diligens eum qui de illo est, et unus diligens eum de quo est, et ipsa dilectio. Quae si nihil est, quomodo *deus dilectio est*? Si non est substantia, quomodo deus substantia est?

VI 8. Si autem quaeritur quomodo simplex et multiplex sit illa substantia, animaduertenda est primo creatura quare sit multiplex, nullo autem modo uere simplex. Et prius corpus uniuersum utique partibus constat ita ut sit ibi alia pars maior, alia minor, et maius sit uniuersum quam pars quaelibet aut quantalibet. Nam et caelum et terra partes sunt uniuersae mundanae molis, et sola terra uel solum caelum innumerabilibus partibus constat, et in tertia sui parte minor est quam in cetera et in dimidia minor quam in tota, et totum mundi corpus quod duabus plerumque partibus appellari solet, id est caelum et terra, utique maius est quam solum caelum aut sola terra. Et in unoquoque corpore aliud est magnitudo, aliud color, aliud figura. Potest enim et deminuta magnitudine manere idem color et eadem

---

되고, 그래야만 지혜가 지혜로 존재하는 만큼 사랑받기에 이른다. 위에서 논한 대로 지혜는 성부와 동등하다. 그러니 의당 성령도 동등하다.[64] 그리고 만일 동등하다면 모든 점에서 동등하니 저 실체 안에 존재하는 최고의 단순함 때문이다. 따라서 여기에 셋 이상은 없다. 한 분은 당신에게서 나온 대상을 사랑하는 분이고, 한 분은 당신이 유래한 그분을 사랑하는 분이고, 한 분은 사랑 자체이시다.[65] [사랑이] 아무것도 아니라면 "하느님은 사랑이시다"라는 말이 어떻게 성립하겠는가? 사랑이 실체가 아니라면 어떻게 하느님이 실체이신가?[66]

어떻게 하느님의 실체는 단순하기도 하고 다양하기도 한가

6.8. 그런데 저 실체가 어떻게 해서 단순하기도 하고 다양하기도 하느냐는 물음이 나오면, 피조물이 어째서 다양하며 어느 면에서도 단순하지 못하냐는 점에 주의를 기울여야 한다.[67] 먼저 물체라는 것은 그 전체全體가 부분部分들로 구성되어 있고, 그래서 그중에 어느 부분은 더 크고 어느 부분은 더 작을뿐더러, 부분이 어떻고 얼마나 큰 부분인지 상관없이 전체는 반드시 부분보다 더 크다. 하늘과 땅도 우주라는 덩어리의 부분들일뿐더러[68] 땅만도 하늘만도 무수한 부분들로 구성되어 있다. 또 그 3분의 1 속에 있는 것은 나머지에 있는 것보다 작고 절반에 있는 것은 전체에 있는 것보다 작다. 세계 전체는 흔히 두 부분으로 일컬어지기 마련인데 하늘과 땅이다. 따라서 세계는 응당 하늘보다 크고 땅보다 크다. 또 물체마다 크기라는 것 다르고 색깔이라는 것 다르고 형태라는 것 다르다. 크기는 비록 줄더라도 색깔은 같고 형태도 같은 그대로 남을 수 있다. 색깔이 변하더라도

---

[67] quomodo simplex(단순) et multiplex(다양, 다수, 복합): 피조물의 존재론적 구조(물리적 자연 사물과 영적 피조물도 불변하지 않으므로 단순하지 않다)에서 소급하여 이해를 시도한다.

[68] universa mundana moles: 교부는 태초의 첫 창조가 이 '덩어리'(moles)를 존재케 한 것이거나 소위 '제일질료'(ipsa materies caelum et terra velut semen caeli et terrae appellata sit: *De Genesi ad litteram imperfectus liber* 3)를 창조한 것이라고 추정한다.

figura, et colore mutato manere eadem figura et eadem magnitudo, et figura eadem non manente tam magnum esse et eodem modo coloratum, et quaecumque alia simul dicuntur de corpore possunt et simul et plura sine ceteris commutari. Ac per hoc multiplex esse conuincitur natura corporis, simplex autem nullo modo.

Creatura quoque spiritalis sicut est anima est quidem in corporis comparatione simplicior; sine comparatione autem corporis multiplex est, etiam ipsa non simplex. Nam ideo simplicior est corpore quia non mole diffunditur per spatium loci sed in unoquoque corpore, et in toto tota est et in qualibet parte eius tota est; et ideo cum fit aliquid in quamuis exigua particula corporis quod sentiat anima, quamuis non fiat in toto corpore, illa tamen tota sentit quia totam non latet. Sed tamen etiam in anima cum aliud sit artificiosum esse, aliud inertem, aliud acutum, aliud memorem, aliud cupiditas, aliud timor, aliud laetitia, aliud tristitia; possintque et alia sine aliis et alia magis, alia minus, innumerabilia et innumerabiliter in animae natura inueniri; manifestum est non simplicem sed multiplicem esse naturam. Nihil enim simplex mutabile est; omnis autem creatura mutabilis.

VII. Deus uero multipliciter quidem dicitur magnus, bonus, sapiens, beatus, uerus, et quidquid aliud non indigne dici uidetur; sed eadem magnitudo eius est quae sapientia (non enim mole magnus

---

[69] et in toto tota est et in qualibet parte eius tota est: 생명 원리인 영혼의 신체 내 존재 방식을 규정한 구절.

같은 형태, 같은 크기가 남기도 한다. 형태는 똑같이 남지 않았는데 같은 크기에다 같은 색깔로 남기도 한다. 이와 같이 물체에 관해서 한데 언표되는 모든 것들이 무엇이든 상관없이, 한꺼번에 변할 수 있거나 일부를 빼놓고 다수가 변할 수 있다. 바로 그래서 물체의 자연 본성은 다양하고 어느 면에서도 단순하지 않다는 점에 납득이 간다.

그 대신 영적인 피조물, 영혼 같은 것은 물체에 비하면 더 단순하다. 단지 물체와 비교하지 않는다면 그것도 다양하고 그것마저도 단순하지 않다. [영혼이] 물체보다 단순한 까닭은 덩어리로 장소의 공간을 통해서 확산되어 있지 않고 각각의 물체 속에 확산되어 있기 때문이다. 영혼은 신체 전체에 전체로 존재하고 신체의 어떤 부분에도 전체로 존재한다.[69] 또 신체의 제아무리 미소한 부분에서 어떤 일이 일어나더라도 영혼은 그것을 감지하며, 그것이 신체 전체에서 일어나지는 않음에도 영혼 전체가 감지한다. 그것이 영혼 전체를 피해 가지 못하는 까닭이다. 그런데 영혼에서도 정교하다든가 무기력하든가 예리하다든가 기억을 잘한다든가 하는 것이 제각기 다르다. 욕망이 다르고 두려움이 다르고 즐거움이 다르고 슬픔이 다르다. 이 중 어떤 것은 다른 것들 없이도 [영혼에] 존재하고, 어느 것은 더 많이, 어느 것은 더 적게 존재하며, 영혼의 자연 본성에서는[70] 그처럼 무수한 것들이 무수하게 발견된다. 단순한 것은 아무것도 변하지 않는다. 그 대신 창조된 것은 모두 변한다.

그렇다고 삼위일체를 삼중신三重神으로 간주해서는 안 된다

7.[8]. 하느님이 다양하게 언표되어 위대하고 선하고 지혜롭고 행복하고 참되시다고 하며 그 밖에도 합당하게만 언표된다고 보인다면 다른 어떤 형용도 가능하다. 그렇지만 그분의 위대함은 지혜와 똑같고 — 덩치로 위

---

[70] in animae natura: '영혼이라는 사물에서는.'

est sed uirtute), et eadem bonitas quae sapientia et magnitudo, et eadem ueritas quae illa omnia; et non est ibi aliud beatum esse et aliud magnum aut sapientem aut uerum aut bonum esse aut omnino ipsum esse.

9. Nec quoniam trinitas est ideo triplex putandus est; alioquin minor erit pater solus aut filius solus quam simul pater et filius – quamquam non inuenitur quomodo dici possit aut pater solus aut filius solus cum semper atque inseparabiliter et ille cum filio sit et ille cum patre, non ut ambo sint pater aut ambo filius, sed quia semper in inuicem neuter solus. Quia uero dicimus et deum solum ipsam trinitatem, quamuis semper sit cum spiritibus et animabus sanctis, sed solum dicimus quod deus est quia non et illi cum illo deus sunt, ita solum patrem dicimus patrem non quia separatur a filio sed quia non simul ambo pater est.

VIII. Cum itaque tantus est solus pater uel solus filius uel solus spiritus sanctus quantus est simul pater et filius et spiritus sanctus, nullo modo triplex dicendus est. Corpora quippe adiunctione sua crescunt. Quamuis enim *qui adhaeret uxori suae unum corpus* sit,

---

71 앞의 각주 41-43 참조. 하느님의 실체와 연관하여 다양하게 언표될지라도 하느님의 존재는 단순하고 불변하다[BA].

72 semper in invicem neuter solus: 아우구스티누스의 이 표현은 후대 삼위일체 신학에서 '삼위의 상호 내재(相互內在, circuminsessio, περιχώρησις)'라는 용어로 정립된다.

73 dicimus et deum solum ipsam trinitatem: "삼위일체는 '하느님 홀로'라는 언표도 한다."

대하신 것이 아니고 능력으로 위대하시니까 — 그분의 선함은 지혜 및 위대함과 똑같으며 참됨은 저 모든 것과 똑같다. 하느님께는 행복하다는 것 다르고 위대하거나 지혜롭거나 참되거나 선하거나 심지어 존재함 자체가 다르거나 하지 않다.[71]

7.9. 따라서 삼위일체 역시 삼중三重의 무엇처럼 여기면 안 된다. 그렇지 않으면 성부 혼자나 성자 혼자라면 성부와 성자가 함께하는 것보다 작으리라는 말이 되고 만다. 물론 성부는 항상 그리고 불가분하게 성자와 함께하시고 성자는 성부와 함께하시며, 그렇다고 두 분 다 성부거나 두 분 다 성자는 아니고, 두 분은 항상 서로 안에 계시고 두 분 중의 누구도 홀로 계시는 일이 없는데[72] 어떻게 해서 [성부 혼자, 성자 혼자라는] 언표가 나올 수 있는지 모를 일이다. 물론 우리는 '하느님 홀로' 삼위일체이시라는 언표도 한다.[73] 하느님이 항상 영들과 거룩한 영혼들과 함께 계심에도 불구하고 말이다. '하느님인 분은 혼자'[74]라는 언표를 우리가 쓰는 까닭은 저 존재들이 그분과 함께 [있다고 해서] 하느님인 것은 아니기 때문이다. 또 우리가 '성부 홀로'라는 언표를 하는 까닭은 성자로부터 떨어져 있다는 이유에서가 아니고 두 분이 다 함께 성부가 아니라는 이유에서다.

하느님의 자연 본성에는 숫자에 의한 증가가 일체 없다[75]
8.[9]. 성부와 성자와 성령이 함께 위대하심 못지않게 성부 홀로 위대하시고 성자 홀로 위대하시고 성령 홀로도 그만큼 위대하시다. 그렇지만 [하느님이] 삼중으로 그런 것처럼 언표해서는 절대로 안 된다. 물체들이야 서로 첨가하면 증대한다. "자기 아내와 합하여 한 몸이다"[76]라고 할 경우 그

---

[74] 원문: solum quod deus est.

[75] "신격의 삼위일체를 삼중적인 무엇으로 언표해서는 절대 안 된다. 거기서는 셋이 하나보다 많다는 뜻이 아니고 하나가 셋보다 적다는 뜻도 아니다"[BA].

[76] 에페 5,31 참조: "사람이 자기 아내와 결합하여 그 둘은 한 몸이 될 것입니다."

maius tamen corpus fit quam si solius uiri esset aut solius uxoris. In rebus autem spiritalibus cum minor maiori adhaeret sicut creatura creatori, illa fit maior quam erat, non ille. In his enim quae non mole magna sunt hoc est maius esse quod est melius esse. Melior fit autem spiritus alicuius creaturae cum adhaeret creatori quam si non adhaereat, et ideo etiam maior quia melior. *Qui* ergo *adhaeret domino unus spiritus est,* sed tamen dominus non ideo fit maior quamuis fiat ille *qui domino adhaeret.* In ipso igitur deo cum adhaeret aequali patri filius aequalis aut spiritus sanctus patri et filio aequalis, non fit maior deus quam singuli eorum quia non est quo crescat illa perfectio. Perfectus autem siue pater siue filius siue spiritus sanctus, et perfectus deus pater et filius et spiritus sanctus, et ideo trinitas potius quam triplex.

IX 10. Et quoniam ostendimus quomodo possit dici solus pater quia non nisi ipse ibi pater, consideranda est illa sententia qua dicitur *deum uerum solum* non esse patrem solum sed patrem et filium et spiritum sanctum. Si quis enim interroget pater solus utrum sit deus, quomodo respondebitur non esse nisi forte ita dicamus esse quidem patrem deum sed non eum esse solum deum, esse autem solum deum patrem et filium et spiritum sanctum? Sed quid agi-

---

[77] magnus가 [덩치로] '크다'는 뜻도, [도덕적으로] '위대하다'는 뜻도 되므로 '더 위대하다' 는 '더 선하다'는 의미다.

[78] 1코린 6,17. 앞의 각주 32 참조.

[79] perfectus autem sive pater *sive* filius *sive* spiritus sanctus. et perfectus deus pater *et* filius *et* spiritus: sive와 et의 병행으로 각 위(位)로도 완전하고 하느님으로도 완전하심을 표명하고 있다.

몸은 남편 혼자의 몸이나 아내 혼자의 몸보다는 클 것이다. 그 대신 영적 사물들의 경우에는, 피조물이 창조주에게 결합할 때처럼 더 작은 것이 더 큰 것에 합쳐질 때 피조물은 전에 존재하던 것보다 커지지만 창조주는 그렇지 않다. 체구로 크거나 작거나 하지 않는 사물에서는 더 좋다는 뜻에서 더 크다고 한다.[77] 어떤 피조물의 영이 전에 창조주께 결합하지 않았다가 창조주께 결합할 때는 그만큼 더 좋아지므로 그만큼 더 커진다. "주님과 합하는 사람은 그분과 한 영입니다"[78]라는 말씀의 경우, 그 사람은 주님과 합하여 더 커지지만 주님은 그 일로 더 커지지 않으신다. 하느님 당신 안에서도 동등한 성자께서 동등한 성부께 결합하실 때, 또는 성부와 성자와 동등한 성령께서 결합하실 때, 하느님이 각 위들보다 더 커지시는 것은 아니다. [하느님의] 저 완전하심은 그것으로 증대되는 것이 아니기 때문이다. 성부로도 완전하시고 성자로도 완전하시고 성령으로도 완전하시며, 하느님 아버지와 아들과 성령이 또한 완전하시다.[79] 그러므로 [하느님은] 삼중적 존재라기보다는 삼위일체이시다.[80]

삼위일체 자체가 한 분 참하느님이시다

9.10. 우리는 다른 분이 아니고 바로 그분이 성부라는 점에서 '성부 홀로'라는 언표가 어떻게 가능한지를 보여 주었는데, 그렇다면 "홀로 참된 하느님"[81]이라는 문구에 나오는 하느님이 성부 홀로 아니고 성부와 성자와 성령이라는 점을 고찰해야 한다. 그런데 누가 "성부 홀로 하느님이시냐?"고 묻는다면 어떻게 "그렇지 않다"고 대답하겠는가? 다만 우리로서는 "성부께서 하느님이시지만 성부 홀로 하느님이 아니시고 성부와 성자와 성령이 홀로 하느님이시다"라는 말을 하기에 이를 것이다. 그러면 주님의 저

---

[80] ideo trinitas potius quam triplex: 그리스도교 신학 용어로서만 trinitas와 triplex가 구분되지만 이 저서에서는 그 구분이 기조 사상이 된다.

[81] 요한 17,3 참조: "오직 한 분 참된 하느님이신 당신을 알고 …."

mus de illo testimonio domini? Patri enim dicebat et patrem nomi-
nauerat ad quem loquebatur cum ait: *Haec est autem uita aeterna
ut cognoscant te unum uerum deum.* Quod quidem arriani sic so-
lent accipere quasi non sit *filius deus uerus.* Quibus exclusis uiden-
dum est an intellegere cogamur cum dictum est patri: *Vt cognos-
cant te unum uerum deum,* tamquam hoc insinuare uoluerit quia et
solus pater *deus uerus* est ne non intellegeremus deum nisi ipsa tria
simul, patrem et filium et spiritum sanctum. Num ergo ex domini
testimonio et patrem *unum uerum deum* dicimus et filium *unum
uerum deum* et spiritum sanctum *unum uerum deum,* et simul pat-
rem et filium et spiritum sanctum, id est simul ipsam trinitatem,
non tres ueros deos sed *unum uerum deum*? An quoniam addidit *et
quem misisti Iesum Christum,* subaudiendum est 'unum uerum
deum'; et ordo uerborum est: 'ut te et quem misisti Iesum Christum
cognoscant unum uerum deum'? Cur ergo tacuit de spiritu sanctu?
An quoniam consequens est ut ubicumque nominatur unum tanta
pace uni adhaerens ut per hanc utrumque unum sit, iam ex hoc in-
tellegatur etiam ipsa pax quamuis non commemoretur? Nam et illo
loco apostolus uidetur quasi praetermittere spiritum sanctum, et ta-
men ibi intellegitur ubi ait: *Omnia uestra; uos autem Christi; Chris-*

---

[82] 아우구스티누스는 조금 전 *solum* verum deum이라고 인용한 구절을 여기서는 *unum* verum deum으로 바꾼다.

[83] '하느님'이라는 칭호는 신성의 본질에 해당하므로 삼위 모두에게 공통되며, '참다운 유일신'은 성부이고 성자이고 성령이시다. 그러나 성부는 신성 전체의 원천이시므로 '하느님'이라는 명칭이 성부께 고유하게 귀속된다는 믿음이 있었다("우리에게는 오직 한 분 하느님이 계실 뿐이니 곧 아버지이십니다": 1코린 8,6).

[84] 요한 17,3 참조.

증언에는 우리가 어떻게 할 것인가? 주님은 "영원한 생명이란 이것입니다. 그들이 한 분, 참된 하느님이신 당신을 아는 것입니다"[82]라고 하실 때 성부께 말씀을 드리고 있었고, 실제로 성부를 거명했다.[83] 아리우스파들은 이 구절을 두고 마치 성자께서 참된 하느님이 아니신 것처럼 받아들이는 것이 예사이다. 그런 사람들을 일단 제외하더라도, "그들이 한 분, 참된 하느님이신 당신을 아는 것"이라는 말씀을 성부께 드렸다고 해서 과연 주님이 이 구절로 성부 홀로 참된 하느님이시라는 것을 가리키고자 하셨다고 알아듣지 않으면 안 되는지 보아야 하겠다. 저 셋이 함께, 즉 성부와 성자와 성령이 하느님이시라고 알아들어서는 안 되는지 살펴보아야 하겠다. 오히려 우리가 주님의 이 증언에 입각해서 성부도 한 분 참하느님이시라고 언표하고 성자도 한 분 참하느님이시라고 언표하고 성령도 한 분 참하느님이시라고 언표하고, 그러니까 성부와 성자와 성령이 함께, 다시 말해서 삼위일체가 함께 세 분 참된 하느님들이 아니고 오직 한 분 참된 하느님이시라고 언표하는 것은 아닐까? 그다음에 "또한 당신께서 파견하신 예수 그리스도"[84]라는 구절이 첨가되었으므로, 그 구절에 '한 분 참된 하느님'이라는 글귀가 숨어 있는 것으로 알아듣고서 단어의 순서가 "당신과 당신께서 파견하신 예수 그리스도를 한 분 참된 하느님으로 아는 것입니다"라고 알아들어야 하는 것이 아닐까? 그럼 성령에 관해서는 왜 침묵했을까? 하나가 언급되는 경우 그만한 평화로 다른 하나와 결합한 분으로서 거명되고 그 평화를 통해서 양자는 하나가 되기 때문에, 또 바로 그런 사실로 인해서 굳이 저 평화가 언급되지 않더라도 저 평화를 가리키는 것으로 알아듣는다는 이치에서 그렇게 한 것이 아닐까?[85] 사실 다른 대목에서도 사도는 성령을 간과한 것처럼 보인다. 또 그가 다른 대목에서 하는 말들을 보자. "모두가 여러분의 것이고 … 여러분은 그리스도의 것이며 그리스도

---

[85] 성령을 성부와 성자를 결합시키는 '평화'(pax)로 표상했다. 에페 4,3["성령께서 평화의 끈으로(in vinculo pacis) 이루어 주신 일치를 보존하도록 애쓰십시오"]에서 연상된 착상으로 보인다.

tus autem dei; et iterum: *Caput mulieris uir; caput uiri Christus; caput autem Christi deus*. Sed rursus si deus non nisi omnia simul tria, quomodo *caput Christi deus*, id est caput Christi trinitas, cum in trinitate sit Christus ut sit trinitas? An quod est pater cum filio caput est ei quod est solus filius? Cum filio enim pater deus; solus autem filius Christus est maxime quia iam *uerbum caro factum* loquitur secundum quam humilitatem eius etiam maior est pater sicut dicit: *Quoniam pater maior me est*, ut hoc ipsum deum esse quod illi cum patre unum est caput sit hominis mediatoris quod ipse solus est. Si enim mentem recte dicimus principale hominis, id est tamquam caput humanae substantiae, cum ipse homo cum mente sit homo, cur non multo congruentius multoque magis uerbum cum patre quod simul deus est caput est Christi, quamuis *Christus homo* nisi cum uerbo quod *caro factum est* intellegi non possit? Sed hoc, ut iam diximus, aliquanto diligentius postea considerabimus. Nunc autem aequalitas trinitatis et una eademque substantia, quantum breuiter potuimus, demonstrata est ut, quoquo modo se habeat ista quaestio quam discutiendam acriore intentione distulimus, nihil impediat quominus fateamur summam aequalitatem patris et filii et spiritus sancti.

---

[86] 1코린 3,22-23.

[87] 1코린 11,3.

[88] 원문: cum in trinitate sit Christus ut sit trinitas.

[89] 요한 14,28.

[90] ipsum deus esse ··· caput sit hominis mediatoris: 인간으로서 중개자가 된 그리스도의 '머리'란 그분이 말씀으로서 성부와 함께 '하느님 되심'을 가리킨다는 답변이다.

[91] verbum cum patre quod simul deus est caput est Christi: '성부와 함께 계시는 말씀 — 그렇게 함께(simul) 하느님이시다 — 이 그리스도의 머리다.'

는 하느님의 것입니다."[86] 그리고 다시 "모든 남자의 머리는 그리스도이시고 여자의 머리는 남자이며, 그리스도의 머리는 하느님이십니다"[87]라는 구절도 있다. 하지만 셋이 함께 아니면 하느님이라 하지 않는다면, 어떻게 그리스도의 머리가 하느님이 되고, 곧 그리스도의 머리가 삼위일체가 되는가? 그리스도가 삼위일체 안에 계셔서 삼위일체가 존재하는데 말이다.[88] 혹시 성부께서 성자와 함께라면 성자 홀로 계시는 데에 비해서 머리가 되신다는 말일까? 그러니까 성자와 더불어 성부께서 하느님이시다. 그렇지만 성자 홀로 그리스도이시다. 특히 살이 되신 말씀께서 당신의 극진한 겸손에 따르면 성부께서 더 크시니 실제로 "아버지께서 나보다 크십니다"[89]라고 하신다. 따라서 당신이 하느님 되심 자체, 당신이 성부와 함께 하나를 이루시는 하느님 되심이 바로 중개자 인간의 머리가 된다고 하겠다.[90] 과연 그분 홀로 중개자 인간이시다. 지성이 인간의 주요 부분이라는 우리의 말이 옳다면, 다시 말해서 인간 자체가 지성과 더불어 인간이면서도 지성을 인간 실체의 머리처럼 간주하는 말이 옳다면, 말씀이 곧 그리스도의 머리라는 설명, 성부와 더불어 하느님이신 그 말씀이 곧 그리스도의 머리라는 설명이[91] 훨씬 적절하고 훨씬 훌륭하지 않은가? 비록 인간 그리스도는 말씀과 더불어서가 아니면, 곧 살이 되신 말씀과 더불어서가 아니면 도저히 생각할 수 없지만 말이다. 우리가 방금 이야기한 것처럼 이 문제는 다음에 더 진지하게 고찰하겠다.[92] 당장은 우리 힘이 미치는 데까지 삼위일체의 동등함, 하나의 같은 실체라는 점이[93] 간략하게나마 입증된 것으로 [그치겠다]. 이 문제가 어떤 성격을 띠고 있고, 또 보다 더 예리한 의도를 가지고 논하기 위해 뒤로 미루기도 했지만, 적어도 지금으로서는 우리가 성부와 성자와 성령의 지고한 동등성을 고백하는 데 방해하는 것은 아무것도 없다.

---

[92] 이 책 7권(1.1-3.6)에서 '지혜'라는 명칭을 하느님의 '존재'와 동격으로 간주하여 재론한다. 그 대신 '아들', '말씀', '모상'은 성자의 위격에 해당하는 고유한 명칭으로 간주된다.

[93] aequalitas trinitatis et una eadem substantia: 교부가 입증하려는, 이 책 전체의 논지다.

X 11. Quidam cum uellet breuissime singularum in trinitate personarum insinuare propria: *Aeternitas*, inquit, *in patre, species in imagine, usus in munere*. Et quia non mediocris auctoritatis in tractatione scripturarum et assertione fidei uir exstitit, (Hilarius enim hoc in libris suis posuit), horum uerborum, id est patris et imaginis et muneris, aeternitatis et speciei et usus, abditam scrutatus intellegentiam quantum ualeo, non eum secutum arbitror in aeternitatis uocabulo nisi quod pater non habet patrem de quo sit, filius autem *de patre* est ut sit atque ut illi coaeternus sit. Imago enim si perfecte implet illud cuius imago est, ipsa coaequatur ei non illud imagini suae. In qua imagine speciem nominauit, credo, propter pulchritudinem ubi iam est tanta congruentia et prima aequalitas et prima similitudo nulla in re dissidens et nullo modo inaequalis et nulla ex parte dissimilis, sed ad identidem respondens ei cuius imago est; ubi est prima et summa uita cui non est aliud uiuere et aliud esse, sed idem et esse et uiuere, et primus ac summus intellectus cui non est aliud uiuere et aliud intellegere, sed id quod est intellegere, hoc uiuere, hoc esse est unum omnia tamquam uerbum perfectum cui non desit aliquid et ars quaedam omnipotentis atque sapientis dei plena omnium rationum uiuentium incommutabilium, et

---

[94] Hilarius, *De Trinitate* 2.1.1: infinitas in aeterno, species in imagine, usus in munere.

[95] 아우구스티누스가 『삼위일체론』에서 유일하게 이름을 거명하여 인용하는 인물이다.

[96] ipsa coaequatur ei non illud imagini suae: 성자가 성부와 동등해지는 것이지 성부가 자기 모상인 성자와 동등해지는 것은 아니다.

[97] 아우구스티누스의 형이상학에서 존재자의 형이상학적 요소로 modus, species, ordo(정도, 형상, 질서: *De natura boni* 3)를 꼽는다(때로는 unitas, mensura, forma, numerus, pondus 중 하나로 대체되기도 한다). species는 진선미(眞善美) 가운데 '미'에 해당하고 파생된 형용사 speciosus는 '미모의, 아름다운'을 뜻한다.

힐라리우스의 이론에 따른 각 위격들의 고유한 속성

10.11. 혹자는 삼위일체 안에서 각 위격의 고유 속성을 가르쳐 주고 싶어 이런 말을 했다. "영원永遠은 성부께, 형상形象은 모상에게, 소용所用은 선물에게."[94] 성경 강의나 신앙 주장에 적지 않은 권위를 가진 인사 ─ 힐라리우스가 자기 저서에 이 문장을 넣었다[95] ─ 이므로 나는 이런 용어들, 즉 성부·모상模像·선물이라든지, 영원·형상·소용이라든지 하는 용어들의 숨은 의미를 힘닿는 데까지 탐구했다. 다만 '영원'이라는 단어를 두고는, 성부께서 당신의 존재가 연유하는 아버지를 [따로] 갖고 계시지 않다는 뜻 이상으로 여기지는 않았다고 생각된다. 성자는 존재하는데 성부께로부터 존재하시며, 그러면서도 성부와 더불어 영원하시다. '모상'이 만일 모상이 연유하는 그 [대상을] 완전히 반영한다면 모상은 그 대상과 동등해지지만 그렇다고 그 대상이 자기 모상과 동등해지는 것은 아니다.[96] 그가 그 모상에다 '형상'이라는 단어를 부여한 것은, 내가 믿기로는, 그 아름다움 때문이었다.[97] 아름다움에는 탁월한 조화가 있고 원초적 동등함과 원초적 유사함이 존재한다. 거기서는 어느 점에서도 차이 나지 않고 어느 모로도 부등不等하지 않고 어느 부분에서도 상이하지 않으니, 모상이 연유하는 대상에 전적으로 상응하는 까닭이다. 거기에는 원초적인 최고의 생명이 존재하여, 살아 있음과 존재함이 각기 다르지 않고, 존재함과 살아 있음이 동일하다. 거기에는 원초적인 최고의 오성이 존재하고, 살아 있음과 인식함이 다르지 않아서 인식함이 곧 살아 있음이고 곧 존재함이다. 모든 것이 완전한 말씀으로서 하나이다.[98] 말씀에는 아무것도 결여되어 있지 않다. [말씀은] 전능하고 지혜로운 하느님의 어떤 예술로서, 살아 있고 불변하는 이념들로 충만한 예술이다.[99] 그 예술에서는 모두가 하나이니 그 자체가

---

[98] est unum omnia tamquam verbum perfectum: '말씀'은 존재하고 살아 있고 인식하므로 그 셋이 그분에게서 완전한 하나를 이룬다.

[99] 말씀을 "전능하신 장인(匠人)께서 만물을 지으신 예술"(vebum aequale patri, ars omni-potentis artificis per quam facta sunt omnia: *Sermo* 361.16)로 표상하고 있다.

omnes unum in ea sicut ipsa unum de uno cum quo unum. Ibi nouit omnia deus quae fecit per ipsam, et ideo cum decedant et succedant tempora, non decedit aliquid uel succedit scientiae dei. Non enim haec quae creata sunt ideo sciuntur a deo quia facta sunt, ac non potius ideo facta sunt uel mutabilia quia immutabiliter ab eo sciuntur. Ille igitur ineffabilis quidam complexus patris et imaginis non est sine perfruitione, sine caritate, sine gaudio. Illa ergo dilectio, delectatio, felicitas uel beatitudo, si tamen aliqua humana uoce digne dicitur, usus ab illo appellatus est breuiter, et est in trinitate spiritus sanctus, non genitus sed genitoris genitique suauitas ingenti largitate atque ubertate perfundens omnes creaturas pro captu earum ut ordinem suum teneant et locis suis acquiescant.

12. Haec igitur omnia quae arte diuina facta sunt et unitatem quandam in se ostendunt et speciem et ordinem. Quidquid enim horum est et unum aliquid est sicut sunt naturae corporum ingeniaque animarum, et aliqua specie formatur sicut sunt figurae uel qualitates corporum ac doctrinae uel artes animarum, et ordinem ali-

---

[100] 원문: et omnes unum in ea sicut ipsa unum de uno cum quo unum.

[101] usus: 힐라리우스는 성령 안에서 피조물들에게 베풀어지는 신적 선물(usus in munere) 을 생각했지만, 아우구스티누스는 윤리학에서 궁극적 사물에 대한 향유(frui)와 현세적 사물 에 대한 이용(uti)을 철저히 구분하므로 방금 힐라리우스의 usus를 perfruitio로 대체하여 설 명했다.

[102] genitoris genitique suavitas: 6권에서만도 성령은 성부와 성자 사이의 '선물'(donum), '사슬'(vinculum), '사랑'(amor, caritas), '예술'(ars), '매력'(suavitas)으로 명명되었다. 그것들 은 자연스럽게 삼위일체로부터 피조물에게 베풀어진다.

일자—者로부터 나온 일자이고 일자와 더불어 일자이다.[100] 거기서 하느님은 당신이 그 예술을 통해서 만드신 모든 것을 아신다. 따라서 시간이 가고오고 하더라도 하느님의 지식에서 물러가고 닥쳐오고 하는 것은 아무것도 없다. 창조된 것을 하느님이 아실 때는 그것들이 생겨나 있기 때문에 아시는 것이 아니다. 오히려 하느님에 의해서 인식된다는 사실로 인해서 그것들이 생겨난다. 가변적인 사물들까지도 하느님에 의해서 불변하게 인식된다는 사실로 인해서 생겨난다. 그러므로 성부와 모상의 형언할 수 없는 저 포옹에는 향유가 없을 수 없고 사랑이 없을 수 없고 환희가 없을 수 없다. 바로 그 사랑, 환희, 행복 혹은 지복을 다른 어떤 인간 언어로 합당하게 언표할 수 있었겠지만 저 [학자에 의해서는] 간단하게 소용이라고 일컬어졌다.[101] 그리고 삼위일체 안에서는 그것이 곧 성령이다. 그분은 태어난 분이 아니고 낳는 분과 태어난 분 사이의 매력이다.[102] 그 매력은 모든 피조물들에게 엄청난 아량과 풍요를 갖고 스며들어 피조물들의 역량에 따라서 각자의 서열을 차지하고 각자의 위치에 안돈安頓하게 만든다.[103]

피조물에서 삼위일체의 자취가 드러난다

10.12. 그러므로 신적 예술로 생겨난 저 모든 것들이 자체 안에 모종의 일성一性과 형상形象과 질서秩序를 견지하고 있다.[104] 저것들 가운데 어느 것이나 나름대로 '일자'이니 물체의 자연 본성과 영혼의 품성이 그렇다. 저것들 가운데 어느 것도 모종의 '형상'에 의해서 꼴을 갖추고 있으니 물체의 형태나 성질, 영혼의 지식이나 기술이 그렇다. 저것들 가운데 어느 것도

---

[103] pro captu earum ut ordinem suum teneant: 교부의 형이상학에서 ordo는 각 사물이 차지하는 존재론적 위상이다(앞의 각주 97 참조).

[104] unitas, species, ordo: 앞의 각주 97 참조. Cf., unitas formarum (*Contra epistolam Fundamenti* 33), vis ipsa formae commendatur nomine unitatis (*De Genesi ad litteram imperfectus liber* 10).

quem petit aut tenet sicut sunt pondera uel conlocationes corporum atque amores aut delectationes animarum.

Oportet igitur ut creatorem *per ea quae facta sunt intellecta conspicientes* trinitatem intellegamus cuius in creatura quomodo dignum est apparet *uestigium*. In illa enim trinitate summa origo est rerum omnium et perfectissima pulchritudo et beatissima delectatio. Itaque illa tria et a se inuicem determinari uidentur et in se infinita sunt. {Sed hic in rebus corporeis non tantum est una quantum tres simul, et plus aliquid sunt duae quam una res; ceterum in summa trinitate tantum est una quantum tres simul, nec plus aliquid sunt duae quam una, et in se infinita sunt.} Ita et singula sunt in singulis et omnia in singulis et singula in omnibus et omnia in omnibus et unum omnia. Qui uidet hoc uel *ex parte* uel *per speculum in aenigmate* gaudeat cognoscens deum et sicut deum honoret et gratias agat; qui autem non uidet tendat per pietatem ad uidendum, non per caecitatem ad calumniandum, quoniam *unus est deus* sed tamen trinitas. Nec confuse accipiendum est, *ex quo omnia, per quem omnia, in quem omnia*; nec diis multis, sed *ipsi gloria in saecula saeculorum. Amen.*

---

[105] 영혼의 사랑과 물체의 비중의 상관관계는 『고백록』(13.9.10) 참조: "나의 중심(重心)은 나의 사랑입니다. 어디로 이끌리든 그리로 내가 끌려갑니다"(pondus meum amor meus, eo feror quocumque feror).

[106] 로마 1,20 참조.

[107] 사본에 따라서는 '하지만 …'부터 여기까지 문장이 누락되기도 한다.

[108] et singula sunt in singulis et omnia in singulis et singula in omnibus et omnia in omnibus et unum omnia: 삼위일체에 언표되는 '본질적 속성'(attributum)과 각 위격에 고유하게 언표되는 '위격적 개성'(proprietas)을 어떻게 귀속시키느냐는 문제를 두고 교부는 '본질적 속성들은 곧 위격들에 고유한 개성이지만 어느 한 위격의 독점적 개성은 아니다'라고 결론짓는다. 이 책 10.11.18에서는 인간 지성의 세 기능에서도 같은 현상을 발견한다.

모종의 '질서'를 지향하거나 견지하고 있으니 물체의 비중이나 위치 점유, 영혼들의 사랑이나 유쾌함이 그렇다.[105]

그리하여 우리는 "피조물 안에서 이성적 성찰로써" 창조주를 인식하면서[106] 삼위일체를 우러러보고 창조계에 그분의 자취가 어떻게 나타나 있는지 깨달을 필요가 있다. 왜냐하면 저 삼위일체 안에 만물의 궁극 원천과 더할 나위 없이 완전한 아름다움과 지극히 행복한 희열이 있기 때문이다. 저 셋은 서로 간에 제한하는 것처럼 보이면서도 또한 그 자체로는 무한하다. 하지만 이곳 물리적 사물들에서는 셋이 함께라고 해서 하나일 수는 없고 두 사물은 한 사물보다 더 많은 무엇이다. 그렇지만 지존한 삼위일체에서는 셋이 함께하는 그만큼 하나이고, 둘이 하나보다 더 많은 것도 아니며, 자체로는 무한하다.[107] 그래서 [삼위일체에서는] 각자가 각자 안에 있고 모두가 각자 안에 있으며 각자가 모두 안에 있고 모두가 모두 안에 있으며 모두가 하나다.[108] 누구든지 이런 내용을 일부분이라도 보든, "거울을 통해 수수께끼로 보든"[109] 하느님을 알게 된 것을 기뻐하면서 그분을 하느님으로 찬미하며 감사를 드려야 할 것이다.[110] 못 보는 사람이라면 경건한 마음으로 보도록 노력할 것이지 맹목적으로 비방할 것이 아니다. 하느님은 한 분이시지만 또한 삼위일체이시다. "그분으로부터 모든 것이 있고, 그분을 통해 모든 것이 있으며, 그리고 그분을 위하여 모든 것이 있다"[111]고 해서 모호한 말이라고 받아들이지 말고, 많은 신들에게 하듯이 할 것이 아니라 바로 "그분께 영광이 영원히. 아멘"이라고 말씀드려야 할 것이다.

---

[109] 1코린 13,12 참조.

[110] 로마 1,21 참조: "그들은 하느님을 알고서도 하느님으로 찬미하거나 감사를 드리지 않았습니다."

[111] 로마 11,36 참조. 『200주년』: "모든 것은 그분에게서 비롯하고 그분으로 말미암아 있고 그분을 위하여 있으니, 그분에게 영광이 세세에. 아멘."

LIBER VII

I 1. Iam nunc quaeramus diligentius quantum dat deus quod pau-lo ante distulimus, utrum et singula quaeque in trinitate persona possit et per se ipsam non cum ceteris duabus dici deus aut magnus aut sapiens aut uerus aut omnipotens aut iustus et si quid aliud de deo dici potest, non relatiue sed ad se ipsum, an uero non dicantur ista nisi cum trinitas intellegitur. Hoc enim quaestionem facit quia scriptum est: *Christum dei uirtutem et dei sapientiam*, utrum ita sit pater sapientiae atque uirtutis suae ut hac sapientia sapiens sit quam genuit et hac uirtute potens quam genuit, et quia semper po-tens et sapiens, semper genuit *uirtutem et sapientiam*. Dixeramus enim si ita est cur non et magnitudinis suae pater sit qua magnus est et bonitatis qua bonus et iustitiae qua iustus et alia si qua sunt. Aut si haec omnia pluribus uocabulis in eadem sapientia et uirtute intelleguntur ut ea sit magnitudo quae uirtus, ea bonitas quae sa pientia, et ea rursus sapientia quae uirtus sicut iam tractauimus,

---

[1] 이 책 6.9.10의 각주 92 참조. 여기서는 하느님에 관하여 관계적으로 언표하지 않고 자신과 관련하여 언표하는 내용이면 무엇이든 삼위일체의 모든 위격에 해당하는지 검토한다.

[2] non relative [= ad alterum] sed ad se: 이 책의 중요한 용어에 해당한다.

[3] non dicantur nisi cum trinitas intellegitur: "그렇지 않고 이런 것들이 언표될 때는 오로지 삼위일체를 생각하고서 언표되어야 하는가?"

[4] 1코린 1,24 참조.

[5] 앞의 6.1.1-3.5에서 이런 물음을 제기하고 답변을 모색했다.

아우구스티누스는 본래의 문제로 돌아와 삼위일체 각 위격이 그 자체로 지혜인지 묻는다

1.1. 조금 전에 우리가 뒤로 미루었던 것을[1] 하느님이 허락하시는 범위에서, 이제 보다 진지하게 고찰해 보자. 과연 '하느님'이라거나, '위대하다'거나 '지혜롭다'거나 '참되다'거나 '전능하다'거나 '의롭다'거나 그 밖에 하느님에 관해서 상관적으로 아니고 [신성] 자체와 연관하여[2] 언표될 수 있는 것이면 무엇이든지 삼위일체 안에서 각각의 위격에 언표되고 또 다른 두 위격과 함께하지 않고 자기 위격과만 연관되는 것으로 언표될 수 있는가? 그렇지 않고 그것으로 삼위일체가 의미될 경우가 아니면 그런 언표들을 써서는 안 되는가?[3] 이런 질문이 나오는 이유는 "그리스도는 하느님의 능력이시며 하느님의 지혜"[4]라고 [성경에] 기록되어 있기 때문이다. 그럼 [하느님이] 당신의 지혜와 능력의 아버지여서 당신이 낳으신 그 지혜로 지혜로워지고 당신이 낳으신 능력으로 능하시다는 말인가? 그래서 [하느님이] 항상 능하시고 항상 지혜로우시니까 항상 능력과 지혜를 낳으셨다는 말인가? 그렇다면 [성부께서] 위대함의 아버지여서 그 위대함으로 당신이 위대하시고, 선함의 아버지여서 그 선함으로 당신이 선하시고, 의덕의 아버지여서 바로 그 의덕으로 당신이 의로운 분이어서는 왜 안 된다는 말이냐고 반문했었다.[5] 그 밖에 다른 명사들이 또 있다 해도 마찬가지이다. 그렇지 않고 이 많은 단어로 언표되는 이 모든 것들이 실은 동일한 지혜와 능력에 [포함되어 있는 것으로] 알아듣는다고 해 보자. 앞서 우리가 논한 대로,[6] 그래서 위대함은 다름 아닌 능력이고 저 선함은 다름 아닌 지혜이며 또다시 저 지혜는 다름 아닌 능력이라고 해 보자. 그럴 경우 내가 이것

---

[6] 앞의 6.1.2 참조.

meminerimus cum aliquid horum nomino sic accipiendum esse ac si omnia commemorem.

Quaeritur ergo an pater etiam singulus sit sapiens atque ipsa sibi ipse sapientia, an ita sit sapiens quomodo dicens. Verbo enim quod genuit dicens est, non uerbo quod profertur et sonat et transit, sed uerbo quod *erat apud deum et deus erat uerbum et omnia per ipsum facta sunt*, uerbo aequali sibi quo semper atque incommutabiliter dicit se ipsum. Non est enim ipse uerbum sicut nec filius nec imago. Dicens autem (exceptis illis temporalibus uocibus dei quae in creatura fiunt, nam sonant et transeunt), dicens ergo illo coaeterno uerbo non singulus intellegitur sed cum ipso uerbo sine quo non est utique dicens. Itane et sapiens sicut dicens ut ita sit sapientia sicut uerbum et hoc sit uerbum esse quod est esse sapientiam, hoc etiam esse uirtutem ut uirtus et sapientia et uerbum idem sit et relatiue dicatur sicut filius et imago, atque ille non singulus potens uel sapiens sed cum ipsa uirtute atque sapientia quam genuit sicut non singulus dicens sed eo uerbo et cum eo uerbo quod genuit, at-

---

⁷ etiam singulus: '단일 위격으로 간주하여'(Beschin), '성부를 따로 놓고 보더라도'(Hill), pris en particulier(Mellet-Camelot).

⁸ an ita sit *sapiens quomodo dicens*: sapiens가 동사 sapio의 분사(형용사)이듯이 dicens도 (동사 dico의) 분사다. 성부께서 '발언(發言)하는 분'(dicens)이시라면 의당, '말씀을 발하는[낳는]'(verbum gignens) 분이시다.

⁹ 요한 1,1-3 참조.

¹⁰ *verbo* quo semper atque incommutabiliter *dicit se ipsum*: 말씀이 다름 아닌 성부에 대한 계시임을 명시한다.

¹¹ 마태 3,17; 17,5; 요한 12,28에는 성부 하느님께서 사람들 귀에 들리게 발설하시는 것으로 나와 있다.

¹² non singulus intellegitur sed cum ipso verbo: 말씀으로(verbo) 발언하는 분이시므로 말씀과 함께(cum ipso verbo) 인식되신다.

중의 어느 하나를 언명하는 경우 다른 모든 명사들을 내 기억에서 [한꺼번에] 상기한다고 받아들여야 한다는 사실을 잊지 말자.

그러면 성부는 단독으로도[7] 지혜로운 분이자 당신이 당신에게 지혜 자체가 되시는가, 그렇지 않고 당신이 어떻게 발언하는 분이냐에 따라 지혜로운 분이신가[8]라는 물음이 제기된다. [성부께서는] 당신이 낳으신 말씀으로 발언하시는 분이시다. 발설되고 소리 나고 지나가 버리는 말로 발언하시는 분이 아니시다. 오히려 저 말씀으로, 곧 '하느님과 함께 계셨고 또한 하느님이셨고 모든 것이 그분으로 말미암아 생겨난'[9] 저 말씀으로 발언하신다. 당신과 동등하신 말씀, 그 말씀을 통해서 항상 그리고 불변하게 당신 자신을 언표하시는 말씀으로 발언하신다.[10] 적어도 성부 당신이 말씀은 아니시다, 아들이 아니시고 모상이 아니시듯이. [성부께서는] '발언하시는 분'이시다(창조계에서 일어나는 하느님의 저 한시적 음성들은 빼놓고 하는 말이다.[11] 그 음성들은 소리 나고 지나가 버린다). 함께 영원하신 저 말씀으로 발언하는 분이시다. 그러므로 그분은 단독자로 인식되지 않으시고 말씀 자체와 함께 인식되신다.[12] 따라서 말씀 없이는 발언하는 분도 아니시다.[13] 그렇다면 [성부께서는] '발언하시는 분'이어서 '지혜로운 분'이시라는 말인가? [성자가] '말씀'이어서 '지혜'이듯이, 그리하여 '말씀'임이 곧 '지혜'가 되고 그것이 곧 '능력'이 되듯이, 그래서 능력과 지혜와 말씀이 동일하듯이 말이다. 그리고 '아들'이라는 말과 '모상'이라는 말이 상관적 언표이듯이 말이다. 따라서 [성부께서는] 단독으로 능하거나 지혜로운 분이 아니고, 당신이 낳으신 능력과 지혜로 인해서 능하시고 지혜로우시다는 것인가? [성부께서] 단독으로 발언하는 분이 아니시고 당신이 낳으신 저 말씀으로, 당신이 낳으

---

[13] '발언하는 분'(dicens)과 '말씀'(verbum)은 상관적으로(ad alterum) 하는 언표이지만 배타적(per se) 언표이지 다른 위격과 공유하는(cum altero) 언표는 아니다. 그러면 sapiens와 ad sapientiam의 상관관계와 dicens와 ad verbum의 상관관계가 상응하는 것이냐는 질문이 제기된다.

que ita magnus ea et cum ea magnitudine quam genuit? Et si non
alio magnus, alio deus, sed eo magnus quo deus quia non aliud illi
est magnum esse, aliud deum esse, consequens est ut nec deus sin-
gulus sed ea et cum ea deitate quam genuit ut sic sit filius deitas
patris sicut *sapientia* et *uirtus* patris et sicuti est *uerbum* et *imago*
patris. Et quia non aliud illi est esse, aliud deum esse, ita sit etiam
essentia patris filius sicuti est *uerbum* et *imago* eius. Ac per hoc
etiam excepto eo quod pater est non sit aliquid pater nisi quia est ei
filius ut non tantum id quod dicitur pater (quod manifestum est
eum non ad se ipsum sed ad filium relatiue dici et ideo patrem quia
est ei filius), sed omnino ut sit quod ad se ipsum est ideo sit quia
genuit essentiam suam. Sicut enim magnus est non nisi ea quam
genuit magnitudine, ita et est non nisi ea quam genuit essentia quia
non aliud est illi esse, aliud magnum esse. Itane igitur pater est es-

---

¹⁴ 귀류법(歸謬法)을 구사한 반박: "성부께서 지혜로워진다면, '지혜'라는 성자에 의해서 지
혜로워지는 셈이다." "성부와 성자가 어느 명칭을 공동으로 사용한다면 성부는 독자적으로
(singulus, ad se) 그 명칭을 사용 못한다. 즉, 성부가 독자적으로 하느님이거나 성자와 함께
(cum altero) 하느님이거나 둘 중 하나다." "성부를 성자와 함께 '하느님'이라고 언표한다면
성부가 성자라는 신격(deitas)에 의해서 '하느님'이라고 언표되는 셈이다." 교부의 답변: '하느
님'이라는 명칭은 각 위격이 독자적으로, 자체적으로(singulus, ad se) 언표할 수 있으면서 동
시에 다른 위격과 함께(simul), 다른 위격과 공동으로도 '하느님'이라는 명칭이 된다. 성부를
성자와 함께 '하느님'이라고 언표한다고 해서 성부가 성자라는 신격(deitas)에 의해서 '하느
님'이라고 언표되는 것은 아니다.

¹⁵ essentia patris filius: 하느님이심이 성자의 신격에 의해서라면, 성부의 존재마저 성자의
존재에서 유래한다는 어처구니없는 결론이 나온다.

¹⁶ '[하느님이] 아버지라는 점을 제외한다면.'

¹⁷ '성부께서는, 그분에게 성자가 계시다는 점에서가 아니면, 단지 성부가 아니실뿐더러 성
부로서는 아예 아무것도 아니시라는 [결론이 나온다].'

¹⁸ '성부(아버지)'는 '성자(아들)'와 연관해서만(relative) 언표된다면, '하느님 아버지'라는 고
유한 언표(ad se ipsum)가 존재하느냐는 의문이 제기될 수 있다.

신 저 말씀과 함께 발언하는 분이시라는 것인가? [성부께서] 위대한 분이 되시는 것은 다른 무엇에 의해서이고, 하느님이 되시는 것은 또 다른 무엇에 의해서라는 말은 가당치 않고 오직 하느님이시라는 그 점에서 위대하시다고 하자. 그분께는 위대하시다는 것과 하느님이시라는 것이 다르지 않기에 하는 말이다. 그렇다면 단독으로 하느님이 아니고 당신이 낳으신 신격에 의해서, 그 신격과 함께 하느님이라는 결론이 나온다.[14] 그렇다면 성자가 성부의 지혜와 능력이 되듯이, 또 성부의 말씀과 모상도 되듯이, 성부의 신격이 되신다는 말이다. 또 그분에게는 존재함이 다르고 하느님 되심이 다르고 하지 않으므로, [성자께서] 성부의 말씀이자 권능인 것처럼, 성자가 또한 성부의 존재가 되신다.[15] 바로 그렇기 때문에, 성부이시라는 점을 제외하면,[16] 성부께서는 아무것도 아니시고, 오직 그분에게 성자가 계시기 때문에 무엇인가 되신다.[17] 따라서 그분이 성부라고 언표되는 점만 아니라 — '성부'는 당신 자신과 연관해서가 아니고 성자와 연관해서 상관적으로 언표하는 말이고,[18] 또한 그분에게 성자가 있기 때문에 '성부'라고 언표되신다는 그 점은 분명하다 — 아예 당신이 존재한다는 것 자체, 다시 말해서 당신과 연관하여 존재하신다는 사실 자체가 [성자라는] 당신의 '존재'를 낳으셨다는 사실로 말미암아 존재한다는[19] [결론에 이르고 만다]. [성부께서] 위대하신 것이 당신이 낳으신 위대함에 의해서 [위대하시다면], 마찬가지로 당신이 존재하시는 것은 당신이 낳으신 존재에 의해서 존재하신다.[20] 그분에게는 존재함이 다르고 위대함이[21] 다르고 하지 않기 때문이다. 그렇다면 성부께서 당신의 위대함의 아버지이시듯이, 당신의

---

[19] *omnino ut sit* quod ad se ipsum est *ideo sit quia* genuit essentiam suam: '그야말로 당신의 존재(essentia sua)를 낳으셨다는 사실 때문에만 스스로 존재하는(ad se ipsum est) 분이 되고 만다.'

[20] ita *et est non nisi ea* quam genuit *essentia*: 성부께서 당신이 낳은 지혜에 의해서 지혜롭다면 당신이 낳으신 존재에 의해서 당신이 존재하신다는 말이냐는 반문이다. '존재'와 '본질'을 개념적으로 구분하면서 하느님에게는 양자가 동일하다는 명제는 아직 아니다.

[21] magnum esse: 존재론자들에게는 '위대하게 존재하다'라는 뜻으로 이해된다.

sentiae suae sicut pater est magnitudinis suae, sicut pater est uirtutis et sapientiae suae? Eadem quippe eius magnitudo quae uirtus et eadem essentia quae magnitudo.

2. Haec disputatio nata est ex eo quod scriptum est: *Christum esse dei uirtutem et dei sapientiam*. Quapropter in eas angustias sermo coartatur cum ineffabilia fari cupimus ut aut dicamus *Christum* non esse *dei uirtutem et dei sapientiam* atque ita impudenter et impie resistamus apostolo; aut *Christum* quidem *dei uirtutem et dei sapientiam* esse fateamur sed eius patrem non esse patrem uirtutis et sapientiae suae, quod non minus impium est (sic enim nec Christi erit pater quia *Christus dei uirtus et dei sapientia* est); aut non esse patrem uirtute sua potentem neque sapientia sua sapientem, quod quis audeat dicere?; aut aliud in patre intellegi esse, aliud sapientem esse ut non hoc ipso sit quo sapiens est, quod de anima intellegi solet quae alias insipiens, alias sapiens est uelut natura mutabilis et non summe perfecteque simplex; aut patrem non esse aliquid ad se ipsum et non solum quod pater est sed omnino quod est, ad filium relatiue dici. Quomodo ergo *eiusdem essentiae* filius cuius pater

---

²² 성부의 '위대함'은 곧 그분의 '능력'이다. 그분의 '존재'는 곧 그분의 '위대함'이다. 따라서 그분의 '존재'는 곧 그분의 '능력'이다.

²³ 그래야만 '성부는 당신 자신의 존재의 아버지다'라는 결론에 이르지 않는다.

²⁴ 그래야만 '성부는 당신이 낳으신 존재다'라는 결론에 이르지 않는다.

²⁵ '단지 존재하신다는 사실로 지혜로우신 것이 아니고.' 그러면 '존재'(본질)와 '지혜'가 별개의 범주처럼 서술된다.

능력과 지혜의 아버지이시듯이 또한 당신 존재의 아버지이시라는 말인가? 하여튼 그분의 위대함은 그분의 능력과 같으며 그분의 존재는 그분의 위대함과 같으니까 하는 말이다.[22]

문제의 해결: 성자는 빛으로부터 나오신 빛이시듯이 지혜로부터 나오신 지혜이시다

1.2. 이런 토론이 야기된 것은 "그리스도는 하느님의 능력이시며 하느님의 지혜"라는 구절이 [성경에] 나오기 때문이다. 형언할 수 없는 [내용을] 우리가 말로 나타내려고 할 때 일어나는 일이지만 [우리의] 언어는 다음과 같은 곤란한 입장으로 좁혀 들고 만다. [첫째] "그리스도는 하느님의 능력이 아니시며 하느님의 지혜가 아니시다"라고 단언하면서 어리석고 불경스럽게 사도와 맞서는 일이다. [둘째] "그리스도는 하느님의 능력이시며 하느님의 지혜이시다"라고 고백하되 그분의 아버지가 당신의 능력과 지혜의 아버지는 아니시라고 주장하는 일인데,[23] 이런 생각은 앞에 못지않게 불경스럽다(그러면 원래 "하느님의 능력이시며 하느님의 지혜"가 그리스도이시니까 성부께서는 그리스도의 아버지도 아니시다). [셋째] 성부께서 당신의 능력으로 능하신 분이 아니시고 당신의 지혜로 지혜로운 분이 아니시라고 [말해야 하는데][24] 누가 감히 이런 언표를 하겠는가? [넷째] 성부께는 존재하심이 다르고 지혜로우심이 다르다고 이해하는 일이다. 그러면 [성부께서는] 당신이 존재하시는 그것에 입각하여 지혜로운 분이 아니고,[25] [인간의] 영혼을 두고 이해하듯이, 때로는 어리석고 때로는 지혜로우시다는 말이 된다. 따라서 그분은 변하는 자연 사물이지 최고로 완전하게 단순한 분이 아니시다. [마지막으로] 성부께서는 당신 자신과 연관해서는 아무것도 아니시고, 아버지라는 사실만 아니라 아예 존재하신다는 사실까지도 아들과 연관하여 상관적으로 언표되는 것이라고 [말해야 한다].[26] 그러니 무슨 수로 성자가 '동일한 존재'를 지닌 분이 되겠는가? 그분의 아버지마저도 당신 자신과 연관해

---

[26] 이상의 다섯 명제를 교부는 다 배척한다.

quandoquidem ad se ipsum nec essentia est, nec omnino est ad se ipsum sed etiam esse ad filium illi est?

At enim multo magis *unius eiusdem*que *essentiae* quia una eademque essentia pater et filius quandoquidem patri non ad se ipsum est ipsum esse sed ad filium quam essentiam genuit et qua essentia est quidquid est. Neuter ergo ad se est, et uterque ad inuicem relatiue dicitur. An pater solus non solum quod pater dicitur sed omnino quidquid dicitur relatiue ad filium dicitur, ille autem dicitur et ad se? Et si ita est, quid dicitur ad se? An ipsa essentia? Sed patris essentia est filius sicut patris *uirtus* et *sapientia*, sicut *uerbum* patris et *imago* patris. Aut si essentia dicitur ad se filius, pater autem non est essentia sed genitor essentiae, non est autem ad se ipsum sed hac ipsa essentia quam genuit sicut hac ipsa magnitudine magnus quam genuit, ergo et magnitudo dicitur ad se filius, ergo et *uirtus* et *sapientia* et *uerbum* et *imago*. Quid autem absurdius quam imaginem ad se dici? Aut si non idipsum est *imago* et *uerbum* quod est *uirtus* et *sapientia*, sed illa relatiue dicuntur, haec autem ad se non ad aliud,

---

[27] ad se ipsum nec essentia est: '존재자도 되지 못하고.'

[28] 원문: quam essentiam genuit et qua essentia est quidquid est.

[29] neuter ergo ad se est, et uterque ad invicem relative dicitur: 두 분의 존재 방식에서 언표 방식이 나온다.

[30] imago(어원이 imitor '~를 본뜨다'에 있다)라는 단어 자체가 ad alterum이지 ad se ipsum 일 수 없다.

서는 '존재'도 되지 못하고,[27] 당신 자신과 연관해서는 존재하시지도 못하며, 존재함마저도 아예 아들과 연관해서만 성부께 존재하는 터에 말이다.

하지만 사실 [성자는 성부와] 그 이상으로 하나요 동일한 존재이다. 왜 그런가 하면 성부와 성자가 [함께] 하나요 동일한 존재이시기 때문이다. 그것도 성부께는 존재함이라는 것 자체가 당신 자신과 연관되지 않고 성자와 연관되어 있으며, 바로 그 존재를 당신이 낳으셨을뿐더러 당신이 무엇으로서 존재하시든지 바로 그 존재에 의해서 존재하시는 까닭이다.[28] 그러므로 [성부와 성자] 어느 편도 당신 자체와 연관하여 존재하시는 것이 아니고 ['성부'와 '성자'] 양편 다 서로와 연관하여 상관적으로 언표되고 있다.[29] 그럼 성부 혼자서만, '아버지'라고 언표되는 그 점만 아니고 당신이 무엇이라고 언표되든 상관없이 그 모든 언표가 성자와 연관하여 상관적으로 언표되는 것일까? 그리고 '성자'는 자기 자신과도 연관하여 언표되는 것일까? 그렇다면 [성자에게는] 무엇이 자기 자신과 연관하여 언표되는 것일까? '존재' 자체일까? 하지만 성자는 '성부의 존재'이다. 성부의 능력이요 지혜이듯이, 성부의 말씀이고 성부의 모상이듯이 말이다. 그럼에도 '존재'라는 것이 성자가 자기 자신과 연관하여 언표되는 것이라면, 성부는 '존재'가 아니고 그냥 존재를 낳은 분이리라. 따라서 성부는 당신 자신과 연관하여 존재하는 분이 아니고 당신이 낳으신 존재에 의거하여 존재하시리라. 그와 같이 당신이 낳은 그 위대함에 의거하여 위대한 분이시리라. 그리고는 성자는 자기 자신과 연관하여 위대하다고 언표될 것이다. '능력'도 '지혜'도 '말씀'도 '모상'도 마찬가지로 [자기 자신과 연관하여 언표하는 말들이리라]. 하지만 '모상'이 자기 자신과 연관하는 언표라는 생각보다 어처구니없는 게 또 있을까?[30] 그런데 모상이고 말씀이라는 것하고 능력이고 지혜라는 것하고 똑같은 것이 아니라고 하자. 곧, 앞의 둘은 상관적으로 언표하는 것들이고 뒤의 둘은 타자와 연관하지 않고 자기 자신과 연관하는 언표들이라고 하자. 그러면 성부께서는 당신이 낳으신 지혜에 의해서 지혜로운 분이 되기 시작한다는 [말도 성립되지 않는다]. 성부께서 지혜와

incipit non ea sapientia quam genuit sapiens esse pater quia non potest ipse ad eam relatiue dici et illa ad eum relatiue non dici. Omnia enim quae relatiue dicuntur ad inuicem dicuntur.

Restat itaque ut etiam essentia filius relatiue dicatur ad patrem. Ex quo conficitur inopinatissimus sensus ut ipsa essentia non sit essentia, uel certe cum dicitur essentia, non essentia sed relatiuum indicetur. Quomodo cum dicitur dominus, non essentia indicatur sed relatiuum quod refertur ad seruum; cum autem homo dicitur uel aliquid tale quod ad se non ad aliud dicitur, tunc indicatur essentia; homo ergo cum dicitur dominus, ipse homo essentia est, dominus uero relatiue dicitur; homo enim ad se dicitur, dominus ad seruum. Hoc autem unde agimus si essentia ipsa relatiue dicitur, essentia ipsa non est essentia? Huc accedit quia omnis essentia quae relatiue dicitur est etiam aliquid excepto relatiuo sicut homo dominus et homo seruus et equus iumentum et nummus arra; homo et equus et nummus ad se dicuntur et substantiae sunt uel essentiae; dominus uero et seruus et iumentum et arra ad aliquid relatiue dicuntur. Sed si non esset homo, id est aliqua substantia, non esset qui relatiue dominus diceretur; et si non esset equus quaedam essentia, non esset

---

³¹ '지혜'가 성자 자신과 연관하는 언표라면 성부에게도 상관적으로(ad eum reletive) 언표되는 것이 아니라는 말이 된다.

³² omnia quae relative dicuntur ad invicem dicuntur: '성부는 당신이 낳으신 지혜에 의해서 지혜로워지는 분이 아니고 당신이 지혜여서 지혜로우시다'는 결론으로 이끌어 가는 준비 작업이다.

³³ 조금 뒤에 essentia ipsa relative non dicitur(935 BA)라는 소제목이 나오듯이 이 대목(1. 2)의 진술은 교부가 수긍하지 않는 주장임을 유의할 것.

³⁴ 이 문장의 이 단어는 essentia를, 우유적 범주 relativum('관계')와 구분되는 '본질'로 번역해도 무리 없다.

연관하여 관계적으로 언표되실 수 없고 지혜도 성부와 연관하여 상관적으로 언표되지 않는 까닭이다.[31] 사실 상관적으로 언표되는 모든 것은 상호적으로 언표되는 법이다.[32]

그러면 남은 것은 성자는 '존재'도 상관적으로, 성부와 연관하여 언표된다는 입장이다.[33] 그렇다면 '존재' 자체가 존재가 아니라는, 혹은 존재라고 언표되더라도, 마치 '주인'이라고 언표할 때 존재를 가리키는 것이 아니고 종과 연관하여 관계를 언표하듯이, '존재'[34]가 아니고 '관계'를 가리킨다는, 전혀 예상 못한 의미가 생기고 만다. 그런데 '사람'이나 그 밖에 비슷한 것을 언표할 때는 다른 것과 연관하지 않고 그 자체와 연관하여 언표하므로 존재를 지시한다. 그러다 '사람'을 '주인'이라고 언표하면 '사람' 자체는 존재이고 '주인'은 상관적으로 언표하는 것이다. 즉, '사람'은 그 자체와 연관된 언표이고 '주인'은 타자와 연관된 언표이다. 그러면 우리가 다루던 논제로 [돌아가서] 과연 우리는 무엇에 근거해서 '존재' 자체가 상관적으로 언표되면 존재 자체가 존재가 아니라는 주장을 하는 것일까?[35] 여기서 다음과 같은 말이 나온다. 모든 '존재'가[36] 상관적으로 언표되는 경우, '관계'라는 그것 말고도 다른 무엇이 [한데] 언표된다. '주인이라는 사람', '종이라는 사람', '말이라는 탈것', '보증금 엽전'의 경우를 보자. 여기서 '사람'과 '말'과 '엽전'은 그 자체와 연관하여 언표하고 따라서 존재 혹은 실체이다. 그 대신 '주인'과 '종'과 '탈것'과 '보증금'은 다른 것과 연관하여 언표되고 있다. 다만 사람이 아니라면, 즉 어떤 실체가 아니라면, 상관적으로 '주인'이라고 언표할 만한 것도 존재하지 않을 것이다. 또 '말'이 어떤 존재가 아니라면, 상관적으로 '탈것'이라고 언표할 만한 것이 존재하지 않을 것이다.

---

[35] 다른 사본들에는 의문부호가 없으므로 "그래서 우리는 '존재' 자체가 만일 상관적으로 언표된다면 존재 자체가 존재가 아니라고 한다"라는 번역이 된다.

[36] omnis essentia: 이하에서 '존재'로 번역되는 essentia는 대개 '존재자'라고 알아들으면 번역이 무난하다. Hill은 그냥 a being으로 옮긴다.

quod iumentum relatiue diceretur; ita si nummus non esset aliqua substantia, nec arra posset relatiue dici. Quapropter si et pater non est aliquid ad se ipsum, non est omnino qui relatiue dicatur *ad aliquid*. Non enim sicut ad aliquid coloratum refertur color eius, nec omnino ad se dicitur color sed semper alicuius colorati est; illud autem cuius color est etiam si eo quod coloratum dicitur ad colorem refertur, tamen id quod corpus dicitur ad se dicitur, ullo modo ita putandum est patrem non dici aliquid ad se ipsum, sed quidquid dicitur ad filium dici; eundem uero filium et ad se ipsum dici et ad patrem, cum dicitur magnitudo magna et uirtus potens utique ad se ipsum, et magnitudo atque uirtus magni et potentis patris qua pater magnus et potens est. Non ergo ita, sed utrumque substantia et utrumque una substantia.

Sicut autem absurdum est dicere candidum non esse candorem, sic absurdum est dicere sapientem non esse sapientiam; et sicut candor ad se ipsum candidus dicitur, ita et sapientia ad se ipsam dicitur sapiens. Sed candor corporis non est essentia quoniam ipsum corpus essentia est et illa eius qualitas, unde et ab ea dicitur candidum corpus cui non hoc est esse quod candidum esse. Aliud enim ibi forma et aliud color et utrumque non in se ipso sed in aliqua mole, quae

----

[37] '물체'(corpus)와 '색깔을 띠는 것'(coloratum)과 '색깔'(color)에 비유하면, '하느님'(deus)과 '아버지'(pater)의 관계는 '물체'(실체)와 '색깔을 띠는 것'(상관적 실체)의 관계이지 '색깔을 띠는 것'(상관적 '실체')과 '색깔'(우유)의 관계가 아니다. pater와 deus의 관계와는 다르다.

[38] '성부의 지혜'라는 어구를 지혜의 존재론적 연원을 설명하는 것으로(지혜로부터 나온 지혜라고) 이해하지 않고 성자의 배타적 속성(지혜)으로 이해하여 '성부는 당신이 낳으신 그 지혜로 지혜로워진다'는 주장은 온당하지 않다.

[39] 원문: utrumque substantia et utrumque una substantia.

[40] candor corporis non est essentia: 아리스토텔레스 범주론에서는 우유들도 존재자(ens)의 하위개념들이다.

그리고 '엽전'이 어떤 실체가 아니라면, '보증금'이라고 상관적으로 언표하지 못할 것이다. 그러므로 만일 '아버지'도 당신 자신과 연관되는 무엇이 아니라면 '다른 것과 연관하여' 관계적으로 언표할 존재가 전혀 없을 것이다. 이것은 색깔이라는 것이 색깔을 띤 어떤 것과 연관되는 그런 경우가 아니다. 색깔은 그 자체와 연관하여 언표되는 무엇이 아니고 반드시 색깔을 띤 어떤 것의 색깔이기 때문이다. 그 색깔을 내는 사물이 '색깔을 띤 것'이라고 언표되는 점에서는 물론 색깔과 연관하여 언표되고 있다. 그렇지만 그것을 '물체'라고 언표하는 경우에는 그 자체와 연관하여 언표하는 것이다.[37] 따라서 '성부'는 당신 자신과 연관하여 언표하는 것이 아무것도 없고 무엇을 언표하든지 아들과 연관하여 언표한다고 생각해서는 절대 안 된다. 그 대신 성자는 자기 자신과 연관해서도 언표되고 성부와 연관해서도 언표되는 것이라는 생각, 즉 '크신 위대함'이나 '능하신 세력'은 [성자] 자신과 연관하는 언표이고, 그 대신 바로 그 '위대함'이나 '세력'은 성부의 것, 곧 위대하고 능하신 성부의 위대함과 세력인데 그 [위대함과 능력에 의해서] 성부께서 위대하시고 능하시다는 생각은 안 된다.[38] 사실이 그렇지 않다. 따라서 [성부와 성자] 두 분 다 실체이고 두 분이 한 실체이다.[39]

하양이 희지 않다고 말함이 어불성설이듯이 지혜가 지혜롭지 않다고 말함은 어불성설이다. 하양이 그 자체와 연관하여 희다고 언표하듯이 지혜는 그 자체와 연관하여 지혜롭다고 언표한다. 하지만 물체의 하양은 존재가 아니니[40] 물체 자체가 '존재'이고 저것은 물체의 '성질'이기 때문이며 물체는 이 성질에 의해서 하얀 물체라고 언표된다. 따라서 [하얀 물체에서는] '하얀 것이다'가 곧 '존재함'이 되는 것은 아니다.[41] 그러니 거기서는 형태라는 것 다르고 색깔이라는 것 다르며, 둘 다 그 자체 안에 존재하지 않고 다른 몸체 안에 존재한다.[42] 다만 그 몸체는 형태도 아니고 색깔도 아니

---

[41] cui non hoc est *esse* quod *candidum esse*: '하얗게 존재함이 곧 존재함인 것은 아니다.'

[42] non *in se ipso* sed *in aliqua* mole: 철학에서 '실체'(in se)와 '우유'(in alio)의 구분이다.

moles nec forma nec color est sed formata atque colorata. Sapientia uero et sapiens est et se ipsa sapiens est. Et quoniam quaecumque anima participatione sapientiae fit sapiens, si rursus desipiat, manet tamen in se sapientia; nec cum fuerit anima in stultitiam commutata, illa mutatur. Non ita est in eo qui ex ea fit sapiens quemadmodum candor in corpore quod ex illo candidum est; cum enim corpus in alium colorem fuerit commutatum, non manebit candor ille atque omnino esse desinet. Quod si et pater qui genuit sapientiam ex ea fit sapiens neque hoc est illi esse quod sapere, qualitas eius est filius, non proles eius, et non ibi erit iam summa simplicitas.

Sed absit ut ita sit quia uere ibi est summe simplex essentia; hoc ergo est ibi esse quod sapere. Quod si hoc est ibi esse quod sapere, non per illam sapientiam quam genuit sapiens est pater; alioquin non ipse illam, sed illa eum genuit. Quid enim aliud dicimus cum dicimus hoc illi est esse quod sapere nisi eo est quo sapiens est? Quapropter quae causa illi est ut sapiens sit, ipsa illi causa est ut sit. Proinde si sapientia quam genuit causa est illi ut sapiens sit, etiam ut sit ipsa illi causa est. Quod fieri non potest nisi gignendo eum aut faciendo. Sed neque genitricem neque conditricem patris ullo modo quisquam dixerit sapientiam. Quid enim est insanius? Ergo et pater

---

⁴³ se ipsa sapiens: 지혜는 '무엇에 의해서' 지혜로워지는 것이 아니지만 영혼은 지혜에 참여하여(participatione) 지혜로운 영혼이 된다.

⁴⁴ 물체와 하양의 관계를 배제하고 영혼과 지혜의 관계를 설명하면 성부와 지혜이신 성자의 관계가 드러난다.

⁴⁵ 아래 나오는 문단에서 앎과 지혜가 연결될 경우 '알다'(sapere)에서 '아는'(sapiens: '지혜로운')이라는 형용사와 '앎'(sapientia: '지혜')이라는 명사가 유래함을 염두에 둘 것.

⁴⁶ 존재함과 앎이 동일하지 않으면 지혜(앎)는 성부의 속성에 그치고 실체(물론 성부와 함께하는 실체)로서의 지혜는 아니다.

며 오직 형태를 띠고 색깔을 띤 그것이다. 그런데 지혜는 지혜롭고 또 그
자체로서 지혜롭다. 어느 영혼이 [지혜롭다면] 지혜에 참여하여 지혜로워
지고 만약 영혼이 다시 어리석어지더라도 지혜는 그 자체로 남는다.[43] 영
혼이 어리석음으로 돌변하더라도 지혜 자체는 변하지 않는다. 지혜에 의
해서 지혜로워지는 것은 물체에 하양이 있어 그것으로 하얘지는 것과는
같지 않다. 왜냐하면, 물체가 다른 색으로 변할 때는 그 하양은 그대로 남
지 않을뿐더러 아예 존재하기를 그칠 것이기 때문이다. 어쨌든[44] 지혜를
낳으신 성부께서 [당신이 낳으신] 지혜에 의해서 지혜로우시다고 한다면
그분에게 존재함과 앎이 동일하지 않다는 말이며,[45] 성자는 그분의 한 성
질이 되지 자식이 되지는 않는다.[46] 그리고 거기는 더 이상 최고의 단순함
이 존재하지 않을 것이다. 절대 그럴 수는 없다. 정말 거기에는 최고로 단
순한 존재가 있는 까닭이다.

거기에 앎과 존재함이 동일하다는 것이 사실이라면 [성부께서는] 당신
이 낳으신 지혜를 통해서 지혜로우신 분이 아니다. 그렇지 않으면 성부께
서 지혜를 낳으신 것이 아니라 지혜가 성부를 낳은 셈이 된다. 그분에게
앎과 존재함이 동일하다고 우리가 언표할 때는 그분이 지혜로우신 그만큼
그분이 존재하신다는 것[47] 말고 다른 무엇을 언표하겠는가? 그러니까 그분
에게 지혜로워지는 원인이 되는 것이 곧 그분에게 존재하는 원인이 된다.[48]
따라서 만에 하나라도 당신이 낳으신 지혜가 그분에게 지혜로워지는 원인
이 된다면 [그 지혜가] 또한 그분에게 존재하는 원인이 될 것이다. [지혜가
성부를] 낳고 만들지 않는 한 그런 일이 생길 수 없다. 한데 지혜가 성부를
낳은 이요 조성한 이라고 말할 사람은 그 누구도 없을 것이다. 그보다 미
친 짓이 또 있겠는가? 따라서 성부 자신이 곧 지혜이시다. 그리고 성자께

---

[47] eo est quo sapiens est: '지혜로우시다는 그 점에서 존재하신다.'

[48] quae causa illi est ut sapiens sit, ipsa illi causa est ut sit: '지혜롭게 존재하는 원인과 존
재하는 원인이 동일하다.'

ipse sapientia est, et ita dicitur filius *sapientia* patris quomodo dicitur *lumen* patris, id est ut quemadmodum *lumen de lumine* et utrumque unum lumen, sic intellegatur sapientia de sapientia et utrumque una sapientia. Ergo et una essentia quia hoc est ibi esse quod sapere. Quod enim est sapientiae sapere et potentiae posse, aeternitati aeternam esse, iustitiae iustam esse, magnitudini magnam esse, hoc est essentiae ipsum esse. Et quia in illa simplicitate non est aliud sapere quam esse, eadem ibi sapientia quae essentia.

II 3. Pater igitur et filius simul una essentia et una magnitudo et una ueritas et una sapientia. Sed non pater et filius simul ambo unum uerbum quia non simul ambo unus filius. Sicut enim filius ad patrem refertur, non ad se ipsum dicitur, ita et uerbum ad eum cuius uerbum est refertur cum dicitur *uerbum*. Eo quippe filius quo uerbum et eo uerbum quo filius. Quoniam igitur pater et filius simul non utique unus filius, consequens est ut pater et filius simul non ambo unum uerbum. Et propterea non eo *uerbum* quo *sapientia* quia uerbum non ad se dicitur sed tantum relatiue ad eum cuius uerbum est sicut filius ad patrem; sapientia uero eo quo essentia. Et ideo

---

[49] hoc est essentiae ipsum esse: 하느님에게는 sapere, posse, aeternam esse 등이 절대적 의미의 esse와 더불어 그분의 essentia와 동일하므로 그분의 속성(sapientia, virtus etc.)이나 그 속성에 의거한 서술(sapiens, potens etc.)을 실체, 성질, 서술로 구분하면 안 된다.

[50] 존재적 속성(attributa essentialia)에서는 성부와 성자의 동일성이 나타나지만 위격적 고유성(proprietates personales)에서는 그 동일성이 나타나지 않는다. "성부와 성자의 존재를 의미하는 그것은 관계적인 언표가 아니다. 타자와 연관하지 않고 자체와 연관하여 언표하는 것들은 두 분에게 함께 존재한다"[BA].

서 성부의 빛이시라는 같은 뜻에서, 성자가 성부의 지혜라고 언표된다. 다시 말해서 빛으로부터 나오신 빛이라는 뜻에서이며 두 분 다 한 빛이시다. 같은 의미에서 [성자는] 지혜로부터 나오신 지혜이시고 그러면서도 두 분 다 한 지혜이시다. 또 거기서는 존재함과 앎이 동일하므로 역시 [두 분은] 한 존재이시다. '안다'는 것이 지혜와 그렇고, '할 수 있다'는 것이 능력과 그렇고, '영원하다'는 것이 영원과 그렇고, '의롭다'는 것이 의義와 그러하고, '크다'는 것이 위대함과 그러하듯이, '존재한다는' 그 자체가 존재와 [그런 관계를 갖는다].[49] [하느님의] 저 단순성에서는 앎이 존재함과 다르지 않고 따라서 거기서는 지혜가 존재라는 것과 동일하다.

성부와 성자는 한 존재이시지만 동시에 한 말씀은 아니다[50]

2.3. 그러므로 성부와 성자는 함께 한 존재이시고 한 위대함이시며 한 진리이시고 한 지혜이시다. 그러나 성부와 성자가 둘 다 함께 한 '말씀'은 아니시니 두 분 다 함께[51] 한 분 아들이 아니시기 때문이다. '성자'는 성부와 관련되지 당신 자신과 연관하여 언표되는 것이 아니듯이, '말씀' 역시 말씀으로 언표되는 이상, 누구의 말씀이시냐는 바로 그분[52]과 연관되는 것이다. 그분은 말씀이시라는 그만큼 성자이시고 성자이시라는 그만큼 말씀이시다. 그래서 성부와 성자께서 함께 한 아들이 응당 아니신 만큼, 성부와 성자 두 분 다 함께 말씀이 아니시라는 결론이 나온다. 또 그래서 [성자는] 지혜이심과 똑같이 말씀이시라는 언표를 하지 않는다. 그 이유는 '말씀'은 자기 자신과 연관하여 언표되는 말이 아니고, 아들이 아버지와 연관하여 언표되는 것처럼 누구의 말씀이냐는 바로 그분과 연관해서 상관적으로만 언표되는 까닭이다. 오히려 지혜는 존재라는 그만큼 지혜이기도 하

---

[51] simul ambo: '둘 다'가 uterque(utrumque)에서 ambo로 대치된다.

[52] 앞에서 dicens(말씀을 발설하는 분)로 소개되었다(앞의 각주 8과 13 참조).

quia una essentia, una sapientia. Quoniam uero et uerbum sapientia est, sed non eo uerbum quo sapientia (*uerbum* enim relatiue, *sapientia* essentialiter intellegitur), id dici accipiamus cum dicitur *uerbum* ac si dicatur *nata sapientia*, ut sit et *filius* et *imago*. Et haec duo cum dicuntur, id est '*nata sapientia*,' in uno eorum eo quod est '*nata*' et *uerbum* et *imago* et *filius* intellegatur, et in his omnibus nominibus non ostendatur essentia quia relatiue dicuntur; at in altero quod est '*sapientia*,' quoniam et ad se dicitur (se ipsa enim sapiens est), etiam essentia demonstretur et hoc eius esse quod sapere. Vnde pater et filius simul una sapientia quia una essentia, et singillatim sapientia de sapientia sicut essentia de essentia. Quapropter non quia pater non est filius et filius non est pater, aut ille ingenitus, ille autem genitus, ideo non una essentia quia his nominibus relatiua eorum ostenduntur. Vterque autem simul una sapientia et una essentia ubi hoc est esse quod sapere; non autem simul uterque uerbum aut filius quia non hoc est esse quod uerbum esse aut filium esse sicut iam satis ostendimus ista relatiue dici.

III 4. Cur ergo in scripturis nusquam fere de *sapientia* quidquam dicitur nisi ut ostendatur a deo *genita* uel *creata*? *Genita* scilicet

---

[53] verbum enim *relative*, sapientia *essentialiter* intellegitur: 전자는 ad alterum으로, 후자는 ad se로 이해한다.

[54] 집회 24,5(불가타역) 참조: "나는 지극히 높으신 분의 입에서 나와 모든 피조물에 앞서 맏이(primogenita)로 태어났다."

[55] singillatim.

[56] 이하 3.4-6에서 '지혜'는 실체이지 상관적 명칭이 아님을 확인하고서 성경이 왜 주로 성자에게 돌렸는지 묻는다. 성부를 우리에게 계시하는 분이 성자이고, 영원한 지혜가 성부의 영원한 모상으로서 성부를 모방하고, 우리 지혜는 육화한 성자를 모방한다는 답을 얻는다.

다. 그리고 존재가 하나인 만큼 지혜도 하나이다. 물론 말씀도 지혜이지만 지혜라는 그만큼 말씀이라고는 하지 않는다('말씀'은 상관적으로 [언표하는 것으로] 알아듣고 '지혜'는 존재론적으로 [언표하는 것으로] 알아듣는다).[53] 그러므로 '말씀'이라고 언표할 때는 '태어나신 지혜'[54]라는 언표처럼, '아들'이라든지 '모상'이라든지 하는 언표와 똑같이 하는 말로 알아듣도록 하자. 이 두 단어를 언표할 때, 곧 '태어나신 지혜'라 할 때 그중 한 단어, 곧 '태어난'이라는 말로 표현하는 것에서는 '말씀'과 '모상'과 '아들'처럼 알아듣는다. 그리고 이 모든 명사에서는 곧바로 존재가 드러나는 것은 아니니 이것들이 상관적으로 언표되는 말들이기 때문이다. 그 대신 다른 명사, 곧 '지혜'라는 말은 또한 그 자체와 연관하여 언표되는 까닭에(그 스스로 지혜로운 까닭에) 또한 존재가 드러나며 그의 존재함이 곧 앎이다. 그리하여 성부와 성자께서 동시에 한 지혜이시니 [두 분이] 한 존재이신 연고다. 또 제각기[55] 지혜로부터 나온 지혜이시기도 하니 [제각각] 존재로부터 나온 존재이신 연고다. 따라서 성부께서 성자가 아니시기 때문이거나 성자가 성부가 아니기 때문에, 또 전자는 태어나지 않은 분이시고 후자는 태어난 분이기 때문에 두 분이 한 존재가 아니라는 [결론은 나오지 않는다]. [성부와 성자, 태어나지 않은 분과 태어난 분이라는] 이 명사들에서 드러나는 것은 그분들의 관계이기 때문이다. 두 분이 함께 한 지혜이시고 한 존재이시며 거기서는 존재함이 곧 앎이다. 단지 두 분이 함께 말씀이시거나 아들은 아니시니, 말씀이라거나 아들이라는 것이 곧 존재함은 아니기 때문이다. 이런 것들은 상관적으로 언표하는 말이라는 점은 우리가 이미 충분하게 제시했다.

그런데 성경에는 지혜가 '태어난 분'으로 나타난다[56]

  3.4. 그러면 어째서 성경에서는 지혜를 논하면서 하느님께로부터 '태어난 지혜' 혹은 '지음 받은 지혜'[57]▶로서가 아니면 언표를 하지 않는가? 지혜

per quam facta sunt omnia; *creata* uero uel *facta* sicut in homini-
bus cum ad eam quae non creata et facta sed genita est conuertun-
tur et inlustrantur; in ipsis enim fit aliquid quod uocetur eorum
sapientia; uel illud scripturis praenuntiantibus aut narrantibus quod
uerbum caro factum est et habitauit in nobis; hoc modo enim Chris-
tus *facta sapientia* est quia *factus est homo*. An propterea non loqui-
tur in illis libris sapientia uel de illa dicitur aliquid nisi quod eam
de deo *natam* ostendat aut *factam*, quamuis sit et pater ipsa sapien-
tia, quia illa nobis sapientia commendanda erat et imitanda cuius
imitatione formamur? Pater enim eam dicit ut uerbum eius sit, non
quomodo profertur ex ore uerbum sonans aut ante pronuntiationem
cogitatur (spatiis enim temporum hoc completur, illud autem aeter-
num est), et inluminando dicit nobis et de se et de patre quod dicen-
dum est hominibus. Ideoque ait: *Nemo nouit filium nisi pater, et ne-
mo nouit patrem nisi filius et cui uoluerit filius reuelare* quia per fi-
lium reuelat pater, id est per uerbum suum. Si enim hoc uerbum
quod nos proferimus temporale et transitorium et se ipsum ostendit
et illud de quo loquimur, quanto magis *uerbum dei per quod facta*

---

[57] 잠언 8,22를 교부는 dominus creavit me in principio viarum suarum(『성경』: "주님께서
는 그 옛날 모든 일을 하시기 전에 당신의 첫 작품으로 나를 지으셨다")으로 직접 인용한다
(*De fide et symbolo* 6). 불가타역은 히브리어 본에 따라 possedit me로 표기한다. 성자의 신
성을 부인하던 아리우스파와 논전하던 교부들을 당혹게 하던 성경 구절이었다.

[58] 요한 1,3.

[59] 원문: non creata et facta sed genita.

[60] 요한 1,14.

[61] 1코린 1,30 참조: "그리스도 예수는 우리에게 하느님으로부터 오신 지혜가 되셨습니다."

[62] cuius imitatione formamur: 요한 1,3(omnia *per ipsum* facta sunt: "모든 것은 그분으로
말미암아 생겨났다")과 창세 2,7(*formavit* dominus deus hominem pulverem de humo: "주
하느님께서 흙의 먼지로 사람을 빚으시고")을 한데 연상시킨다.

는 태어났고 "모든 것은 그분으로 말미암아 생겨났다".[58] 그 대신 [지혜가] '지음 받았다'거나 '생겨났다'고 말하는 경우는 사람들 사이에서 그렇게 되었다는 뜻이다. [지혜는 본디] 지음 받지 않고 생겨나지 않고 오직 태어났지만[59] [사람들이] 그 지혜를 향하여 돌아서고 비추임을 받을 때 [사람들 사이에서 지음 받고 생겨난다는 뜻이다]. 그럴 경우 그들의 지혜라고 일컬어질 만한 무엇이 그들 가운데 생겨나는 까닭이다. 성경에서 예고하는 저 일, 곧 "말씀이 육신이 되시어 우리 가운데서 거처하셨다"[60]는 말 그대로다. 이렇게 그리스도께서 "지혜가 되셨으니"[61] 그분이 "사람이 되셨기" 때문이다. 성부께서도 바로 그 지혜이심에도 불구하고, 저 [성경] 책에서 지혜가 언표되거나 지혜에 관해서 무엇이 언표될 때는 지혜를 하느님께로부터 태어난 무엇 혹은 생겨난 무엇으로서가 아니면 아예 언급하지 않는 까닭이 무엇일까? 우리로서는 그 지혜를 천명하고 모방해야 했고, 저 지혜를 모방하여 우리가 빚어지기[62] 때문이 아닐까? 성부께서 그 [지혜를] 발언하시어 당신의 말씀이 되게 하신다. 그렇지만 입으로 발성을 하여 말씀을 발설하시는 것이 아니고 발언하시기 전에 생각을 하시는 것도 아니다(이런 일은 시간 간격에서 이루어지는데 저 [말씀은] 영원하시다). 이리하여 [지혜는] 우리를 비추면서 당신 자신과 성부께 관해서 사람들에게 말해 주어야 할 것을 우리에게 말씀하는 것이다. 바로 그래서 "아버지가 아니면 아무도 아들을 알아보지 못합니다. 또한 아들과 그리고 아들이 계시해 주려는 사람이 아니면 아무도 아버지를 알아보지 못합니다"[63]라고 말씀하셨다. 성부께서는 성자를 통해서, 다시 말해 당신의 말씀을 통해서 계시를 내리시기 때문이다. 우리가 발설하는 이 말, 시간적이고 일시적인 말도 말 그 자체를 드러냄과 동시에 우리가 말하는 그 대상을 또한 드러낸다면, 하물며 저 말씀, "모든 것이 그분으로 말미암아 생겨났다"는 저 말씀이야말로 성부께서 계시는

---

sunt omnia, quod ita ostendit patrem sicuti est pater quia et ipsum ita est, et hoc est quod pater secundum quod sapientia est et essentia? Nam secundum quod uerbum non hoc est quod pater quia uerbum non est pater, et uerbum relatiue dicitur sicut filius quod utique non pater.

Et ideo *Christus uirtus et sapientia dei* quia de patre uirtute et sapientia etiam ipse *uirtus* et *sapientia* est sicut *lumen de* patre *lumine* et *fons uitae* apud deum patrem utique fontem uitae. *Quoniam apud te*, inquit, *fons uitae, in lumine tuo uidebimus lumen*, quia *sicut pater habet uitam in semetipso, sic dedit filio uitam habere in semetipso*; et *erat lumen uerum quod inluminat omnem hominem uenientem in hunc mundum*, et lumen hoc *uerbum erat apud deum*, sed *et deus erat uerbum. Deus* autem *lumen est, et tenebrae in eo non sunt ullae*; lumen uero non corporale sed spiritale, neque ita spiritale ut inluminatione factum sit quemadmodum dictum est apostolis: *Vos estis lumen mundi*, sed *lumen quod inluminat omnem hominem*, ea ipsa et summa sapientia deus unde nunc agimus. *Sapientia* ergo filius de sapientia patre sicut *lumen de lumine* et *deus de deo* ut et singulus pater lumen et singulus filius lumen, et singulus *pater deus* et singulus *filius deus*; ergo et singulus pater sapien-

---

[64] 1코린 1,24 참조.

[65] 시편 36,10: 특히 뒤 구절 in lumine tuo videbimus lumen은 전집에 30여 회 직접 인용되면서 교부의 '조명설'(照明說)의 기조가 된다.

[66] 요한 5,26.

[67] 요한 1,9 참조. 교부는 불가타대로 hominem venientem in hunc mundum으로 읽는다. 『200주년』: "말씀이 참된 빛이셨으니 그 빛이 세상에 오시어 모든 사람을 비추고 있다."

[68] 요한 1,1 참조.

[69] 1요한 1,5.

그대로 성부를 드러내지 않겠는가? 성부께서 계시는 그대로 당신도 그렇게 계시는 분이니까 말이다. 바로 [성부의] '지혜'이자 '존재'로서 계신다는 그 점에서 하는 말이다. 단지 당신이 '말씀'이라는 점에서는 성부께서 존재하시는 그대로 [당신이 계시는 것은] 아니다. '말씀'은 곧 성부가 아니기 때문이고 말씀은 '아들'이 그렇듯이 상관적으로 언표하는 것이기 때문이다. 아들이 아버지가 아님은 말할 나위가 없다.

그러므로 "그리스도는 하느님의 능력이시며 하느님의 지혜"[64]라는 말이 맞으니 능력이자 지혜이신 성부로부터 나와서 당신 자신이 또한 능력이자 지혜이기 때문이다. 성부이신 빛으로부터 나오신 빛이시고 생명의 샘이신 성부와 함께 또한 '생명의 샘'이 되기도 하신다. "정녕 당신께는 생명의 샘이 있고 당신 빛으로 저희는 빛을 보나이다"[65]라는 말씀이 나온다. "아버지께서 자기 자신 안에 생명을 가지고 계신 것처럼 그렇게 아들에게도 생명을 주셔서 그 안에 생명을 가지게 하셨기 때문이다."[66] "그 말씀은 세상에 오는 모든 사람을 비추는 참된 빛이셨다."[67] 그리고 이 빛은 "하느님과 함께 계신 말씀이셨고" 그러면서도 "그 말씀은 또한 하느님이셨다".[68] 또 "하느님은 빛이시고 그분 안에는 어둠이 전혀 없다".[69] 단 물리적 빛이 아니시고 영적인 빛이다. 영적인 빛이라고 하더라도 그것도 조명에 의해서 생겨난 빛이 아니다. "너희는 세상의 빛이다"[70]라고 사도들에게 하신 그런 뜻에서의 빛이 아니다. 오히려 "모든 사람을 비추는 빛"이다. 지혜 자체, 최고의 지혜, 우리가 지금 논하고 있는 하느님이시다. 그래서 빛으로부터 나온 빛이고 하느님으로부터 나온 하느님이듯이 아버지 지혜로부터 나온 아들 지혜다. 즉, 성부 단독으로도 빛이시고 성자 단독으로도 빛이며, 성부 단독으로도 하느님이시고 성자 단독으로도 하느님이다.[71] 또 성부 단독으로도 지혜이시고 성자 단독으로도 지혜이시다. 그러면서도 둘 다 함께 한 빛

---

[70] 마태 5,14.

[71] et singulus pater deus et singulus filius deus: '혼자서 성부 하느님이시고 혼자서 성자 하느님이시다.'

tia et singulus filius sapientia. Et sicut utrumque simul unum lumen et *unus deus*, sic utrumque una sapientia. Sed filius *factus est nobis sapientia a deo et iustitia et sanctificatio* quia temporaliter nos ad illum conuertimur, id est ex aliquo tempore, ut cum illo maneamus in aeternum. Et ipse ex quodam tempore *uerbum caro factum est et habitauit in nobis*.

5. Propterea igitur cum pronuntiatur in scripturis aut enarratur aliquid de sapientia, siue dicente ipsa siue cum de illa dicitur, filius nobis potissimum insinuatur. Cuius imaginis exemplo et nos non discedamus a deo quia et nos *imago dei* sumus, non quidem aequalis, facta quippe a patre per filium, non nata de patre sicut illa; et nos quia inluminamur lumine, illa uero quia lumen inluminans, et ideo illa sine exemplo nobis exemplum est. Neque enim imitatur praecedentem aliquem ad patrem a quo numquam est omnino separabilis quia idipsum est quod ille de quo est. Nos autem nitentes

---

[72] 1코린 1,30.

[73] temporaliter, id est ex aliquo tempore: 성자가 우리에게 지혜가 '되셨다'(*factus est* nobis sapientia)는 언표는, 인간은 피조물이므로 시간적 존재이고, 시간적 존재에 맞추다 보니 성자가 '어느 일정한 시간에'(ex quodam tempore) 지혜가 '되셨다'는 언표가 생긴다.

[74] 요한 1,14.

[75] 그가 예거하는 imago는 주로 거울에 비치는 영상(影像)이지만 석상이나 그림으로 본떠낸 모상(模像)도 가리킨다(imago sicut in speculo et pictura: *De Genesi ad litteram* 16).

[76] *facta a patre* per filium, *non nata de patre* sicut illa: 교부의 저서에서 성자와 구분하여 '피조물'을 규정하는 기본 개념(facta non nata, a patre non de patre)이다.

이시고 한 하느님이시듯이 역시 둘 다 한 지혜이시다. 그런데 성자는 "우리에게 하느님으로부터 오신 지혜가 되셨고 의義와 거룩함이 되셨다".[72] 그렇게 하신 이유는 시간에 맞추어, 다시 말해서 어느 일정한 시점에[73] 우리가 당신에게로 회심하여 당신과 더불어 영원히 머물게 하기 위함이었다. 그래서 당신 자신도 어느 일정한 시점에 "말씀이 육신이 되시어 우리 가운데서 거처하셨던 것이다".[74]

저 지혜는 우리에게 모범이 되는데 지혜 자체에는 모범이 따로 없다

3.5. 그리하여 성경에서 지혜에 관해서 무엇인가 서술되거나 언질되는 경우, 또는 지혜 자체가 발언을 하거나 지혜에 관해서 언표되는 경우에 우리에게는 주로 성자가 나타나는 까닭이 여기 있다. 그러니 우리 스스로 하느님으로부터 떨어져 나가는 일이 없도록 [성부의] 모상이라는 이 모범을 따르기로 하자. 우리 또한 하느님의 모상이기 때문이다.[75] 다만 [우리가 모상이라 하더라도 성자와] 동등하지는 못하고 성자를 통하여 성부께로부터 지음 받은 모상이며, [성자라는] 모상과는 달리 성부께로부터 태어난 모상은 아니다.[76] 저 모상은 비추어 주는 빛이므로 우리도 저 빛으로부터 비추임을 받고 있고 따라서 저 모상은 우리에게 모범이 되는데,[77] [다만 저 모상] 자체에는 모범이 따로 없다. [저 모상은] 자기보다 앞서서 성부께 나아가는 다른 어떤 [모상을] 본뜨고 있는 것이 아니다. 성부께로부터 조금도 떨어지는 일이 결코 없으니, 당신의 존재가 유래하는 그분과 똑같기 때문이다.[78] 그 대신 우리는 힘들어 [그분을 본뜨는데] 그분은 여일如─하심에도 우리는 그분을 모방하고, 그분은 서 계시는데도 우리는 그분을 따라가고,

---

[77] imago의 어원은 imitor(본뜨다)이므로 당연히 '모범(exemplum)을 본뜨는 행위'를 전제한다. 이 책 후반부의 주제인 '모상' 개념을 도입하면서 『삼위일체론』의 집필 의도가 인간의 지성에서 삼위일체의 모상을 발굴하여 지성에 그 모범이 구현되는 데 있음을 천명한다.

[78] quia idipsum est quod ille de quo est: 성자의 존재론적 두 정의, '자체 존재'(idipsum)와 '하느님으로부터 나온 하느님'(deus de deo)이 한 문장에 간추려졌다.

imitamur manentem et sequimur stantem et in ipso ambulantes ten-
dimus ad ipsum quia factus est nobis uia temporalis per humilita-
tem quae mansio nobis aeterna est per diuinitatem. Quoniam quip-
pe spiritibus mundis intellectualibus qui superbia non lapsi sunt *in
forma dei* et *deo aequalis* et deus praebet exemplum, ut se idem
exemplum redeundi etiam lapso praeberet homini qui propter im-
munditiam peccatorum poenamque mortalitatis deum uidere non
poterat *semetipsum exinaniuit* non mutando diuinitatem suam sed
nostram mutabilitatem assumendo, et *formam serui accipiens uenit*
ad nos *in hunc mundum* qui *in hoc mundo erat* quia *mundus per
eum factus est* ut exemplum sursum uidentibus deum, exemplum
deorsum mirantibus hominem, exemplum sanis ad permanendum,
exemplum infirmis ad conualescendum, exemplum morituris ad
non timendum, exemplum mortuis ad resurgendum esset, *in omni-
bus ipse primatum tenens*. Quia enim homo ad beatitudinem sequi
non debebat nisi deum et sentire non poterat deum, sequendo deum
hominem factum sequeretur simul et quem sentire poterat et quem
sequi debebat. Amemus ergo eum et inhaereamus illi caritate *dif-
fusa in cordibus nostris per spiritum sanctum qui datus est nobis*.
Non igitur mirum si propter exemplum quod nobis ut reformemur

---

79 성자인 모상은 불변하고(manens, stans: 교부가 '영원'을 표상하는 두 단어) 우리의 모방
(imitamur, sequimur, ambulantes, tendimus)은 모두 '움직이는 행동'이다.

80 per humilitatem: 사본에 따라서는 per humanitatem으로 나오므로 '그분은 인성으로 우
리에게 시간을 경유하는 길이 되셨다'로 번역된다.

81 via temporalis: 교부의 저작에서 유일한 용례이며 그리스도의 인성을 '하느님께 이르는
시간적인 길'로 표현한 듯하다. 그리스도의 인성(via temporalis)과 신성(mansio aeterna)을 극
명하게 대비시킨다.

82 요한 1,10.

그분 안에서 걸어가면서 그분을 향해 나아가고 있다.[79] 그분은 겸손으로[80] 우리에게 시간을 경유하는 길이 되셨는데 그러면서도 당신의 신성으로 우리에게 영원한 처소가 되신다.[81] 과연 오만으로 타락하지 않은 영들, 무구한 오성적 존재들에게는 그분이 '하느님의 형상을 하고' '하느님과 동등한 분'으로서, 또 하느님으로서 모범을 제공하신다. 그 대신 타락한 인간에게도, 곧 죄의 추루醜陋함과 죽음의 형벌 때문에 하느님을 뵈올 수 없던 인간에게도 그분은 하느님께 돌아가는 모범으로 당신을 똑같이 제시하신다. "자신을 비우시고", 그렇다고 당신의 신성을 바꾸지는 않으신 채 우리의 가변성을 취하심으로써 [그렇게 하셨으며] "종의 모습을 취하여" 우리한테로, 이 세상으로 오셨다. 물론 본래부터 "그분은 세상에 계셨고 세상은 그분으로 말미암아 생겨났다".[82] 저 위에서 당신을 하느님으로 뵙는 이들에게 모범이 되시고, 저 아래서 당신을 사람으로 보고서도 경탄할 줄 아는 이들에게 모범이 되신다. 건강한 사람들에게는 [그 처지에] 항구하라는 모범, 병약한 사람들에게는 쾌유되는 모범, 죽을 사람들에게는 두려워하지 말라는 모범, 죽은 사람들에게는 부활하리라는 모범이 되신다. "이로써 그분이 만물 가운데서 첫째가 되신다."[83] 사람이 지복에 이르려면 하느님 아닌 누구를 뒤따라가서는 안 되었지만 그러면서도 하느님을 감지할 능력이 없었다. 그래서 사람이 되신 하느님을 뒤따라감으로써 인간은 스스로 감지할 수 있는 하느님이자 동시에 자기가 뒤따라가야 할 하느님을 따르기에 이르렀다. 그러니 그분을 사랑하고 그분에게 귀의하자! "우리에게 주어진 성령을 통하여 우리 마음 안에 부어져 있는"[84] 애덕으로 그분에게 귀의하자! 모상께서 성부와 동등하신 분으로서 우리에게 모범을 제공하고 계시다고 하자. 우리가 '하느님의 모상대로' 다시 빚어지라고 모범을 제공하고 계시다고 하자.[85]▶ 그렇다면 성경에서 지혜에 관해서 하는 말 그대로 성

---

83 콜로 1,18 참조.

84 로마 5,5 참조.

ad imaginem dei praebet *imago aequalis patri*, cum de sapientia scriptura loquitur, de filio loquitur quem sequimur uiuendo sapienter, quamuis et pater sit sapientia sicut lumen et deus.

6. Spiritus quoque sanctus siue sit summa caritas utrumque coniungens nosque subiungens, quod ideo non indigne dicitur quia scriptum est: *Deus caritas est*, quomodo non est etiam ipse sapientia cum sit lumen, quoniam *deus lumen est*? Siue alio modo essentia spiritus sancti singillatim ac proprie nominanda est, quoniam *deus* est utique lumen est, et quoniam lumen est utique sapientia est. Deum autem esse spiritum sanctum scriptura clamat apud apostolum qui dicit: *Nescitis quia templum dei estis?* Statimque subiecit: *Et spiritus dei habitat in uobis. Deus* enim *habitat in templo suo.* Non enim tamquam minister habitat spiritus dei in templo dei cum alio loco euidentius dicat: *Nescitis quia corpora uestra templum in uobis est spiritus sancti quem habetis a deo et non estis uestri? Empti enim estis pretio magno. Glorificate ergo deum in corpore uestro.*

◄85 앞의 각주 62대로 '영원하신 지혜를 본떠 우리가 빚어지고 있고'(sapientiae imitatione formamur) 죄로 타락했다는 점에서는 하느님의 모상대로 '다시 빚어지라고'(ut reformemur ad imaginem dei) 그리스도께서 모범을 제공하고 계시다.

86 filium sequimur vivendo sapienter: '지혜'와 '성자'의 관계를 길게 논하고서 내리는 실천적 결론이다.

87 summa caritas utrumque *coni*ungens nosque *subi*ungens: 성령이 삼위일체 안에서 수행하는 '수평의 일치'(con-iungens)와 창조계에서 이루는 '수직의 일치'(sub-iungens)를 전치사로 구분한다.

88 1요한 4,8.16.

88 실제로 '지혜'를 성자 아닌 성령과 결부시킨 교부들이 있었다. Theophilus Alex., *Ad Autolicum* 1.7("하느님은 모든 것을 당신의 지혜이신 당신 말씀을 통해서 만드셨다"); 2.15 ("삼위일체, 곧 하느님, 당신의 말씀 그리고 당신의 지혜"); Irenaeus, *Adversus haereses* 2.30. 9("아버지 하느님께서 당신 말씀과 당신 지혜를 통해서 모든 것을 만드셨다").

자에 관해서 말한다고 해서 놀라울 것이 못 된다. 우리로서는 지혜롭게 삶으로써 그분을 뒤따르고 있다.[86] 물론 성부께서 빛이시고 하느님이시듯이 또한 지혜이시지만 말이다.

성령 또한 성부와 성자와 더불어 함께 한 지혜이시다

3.6. 성령은 두 분을 한데 결합시키는 지존한 사랑, 우리를 [두 분] 밑으로 결속시키는 지존한 사랑이시다.[87] 또 그런 언표가 부당한 것이 아니니 "하느님은 사랑이시다"[88]라고 기록되어 있는 까닭이다. 그렇다면 어째서 성령 또한 지혜가 아니겠는가?[89] "하느님은 빛"[90]이시므로 성령 또한 빛이시니까 말이다. 성령의 '존재'가 설령 다른 모양으로, 개별적으로 또 고유하게 명명되어야 할지 모르지만 성령이 하느님이신 이상 또한 빛이시고, 빛이신 이상 또한 지혜이시다. 성령이 하느님이심은 성경이 사도의 글로 선언하고 있다.[91] 사도는 "여러분은 하느님의 성전이라는 것을 알지 못합니까?"라고 하고서 곧이어 "하느님의 영이 여러분 안에 거처하십니다"라고 덧붙인다.[92] 그리고 "하느님은 당신의 성전에 계시다"[93]는 말씀도 있다. 하느님의 영이 하느님의 성전에 계시는 말은 [성전의] 무슨 봉직자처럼 계시는 것이 아니니 이 점은 다른 대목에서 더 분명해진다. "여러분의 몸은, 여러분이 하느님께로부터 받아 여러분 안에 모시고 있는 성령의 성전이며 따라서 여러분은 자신의 것이 아니라는 사실을 여러분은 알지 못합니까? 사실 여러분은 값을 내고 사들인 사람들이기 때문입니다. 그러니 이제 여러분의 몸으로 하느님을 영광스럽게 하십시오."[94]

---

[90] 1요한 1,5 참조.

[91] 아래에 '하느님의 영이 여러분[= 하느님의 성전] 안에 거처하십니다'와 '하느님은 당신의 성전에 계시다'를 이으면 '하느님의 영[성령]은 하느님이시다'라는 결론이 나온다.

[92] 1코린 3,16 참조: "여러분은 하느님의 성전이요 하느님의 영이 여러분 안에 거처하신다는 것을 여러분은 알지 못합니까?"

[93] 시편 11,4: "주님께서는 당신의 거룩한 궁전에 계시도다."

[94] 1코린 6,19-20.

Quid est autem sapientia nisi lumen spiritale et incommutabile?
Est enim et sol iste lumen sed corporale; est et spiritalis creatura lu-
men sed non incommutabile. Lumen ergo pater, lumen filius, lu-
men spiritus sanctus; simul autem non tria lumina sed unum lumen.
Et ideo sapientia pater, sapientia filius, sapientia spiritus sanctus; et
simul non tres sapientiae, sed una sapientia; et quia hoc est ibi esse
quod sapere, una essentia pater et filius et spiritus sanctus. Nec
aliud est ibi esse quam deum esse. *Vnus* ergo *deus pater et filius et
spiritus sanctus.*

IV 7. Itaque loquendi causa de ineffabilibus ut fari aliquo modo
possemus quod effari nullo modo possumus dictum est a nostris
graecis *una essentia, tres substantiae,* a latinis autem *una essentia*
uel *substantia, tres personae* quia sicut iam diximus non aliter in
sermone nostro, id est latino, essentia quam substantia solet intelle-
gi. Et dum intellegatur saltem *in aenigmate* quod dicitur placuit ita
dici ut diceretur aliquid cum quaereretur quid tria sint, quae tria es-
se fides uera pronuntiat cum et patrem non dicit esse filium, et spi-
ritum sanctum quod est *donum dei* nec patrem dicit esse nec filium.
Cum ergo quaeritur quid tria uel quid tres, conferimus nos ad inue-

---

95 앞(7.1.2)에서 '지혜'는 곧 '빛'과 동일시되었다("성자께서 성부의 빛이시라는 같은 뜻에
서, 성자가 성부의 지혜라고 언표된다").

96 교부는 전집에서 누차 창세 1,3을 fiat lux. et facta est lux로 떼어 읽으면서 성자에게 '빛
이 되어라!'라고 말씀하셨고 그렇게 성자가 창조의 이념이 되었다(praecessit ratio condendae
creaturae in verbo dei: *De Genesi ad litteram* 4.32)고 해설한다. 후기에는 쉼표(,)로 읽어 빛
의 창조로 해석한다.

97 hoc est ibi *esse* quod *sapere*: '앎'(sapere → sapientia)과 '있음'(esse → essentia)이 동치
되므로(앞의 각주 43-49 참조) 곧 una essentia, unus ergo deus pater et filius et spiritus sanc-
tus라는 중요한 신학 명제가 나온다.

지혜란 기실 영적이고 불변하는 빛 아니고 무엇인가?[95] 태양도 빛이지만 물체적인 빛이다. 그러니 성부께서 빛이시고 성자께서 빛이시며[96] 성령 또한 빛이시다. 하지만 함께 세 빛이 아니고 한 빛이시다. 그리고 성부께서 지혜이시고 성자께서 지혜이시고 성령 또한 지혜이시다. 하지만 함께 세 지혜가 아니고 한 지혜이시다. 그리고 거기서는 '존재함'이 곧 '앎'이기 때문에[97] 성부와 성자와 성령이 한 존재이시다. 또 거기서는 '존재함'과 '하느님이심'이 다르지 않다. 그러므로 성부와 성자와 성령이 한 분 하느님이시다.

한 존재, 세 위격[98]

4.7. 형언할 수 없는 사물들에 관해서 무엇인가 말을 하기 위해서, 무슨 방도로도 말할 수 없는 내용을 어떻게든지 말로 표현할 수 있을까 해서 우리네 그리스인들은 '한 존재, 세 실체'[99]라는 개념을 썼고, 라틴인들은 '한 존재 혹은 실체, 세 위격'[100]이라는 개념을 썼다. 이미 언급했듯이,[101] 우리 말 즉 라틴어로는 '존재'나 '실체'나 달리 알아듣지 않는 까닭이다. 또 언표하는 내용을 겨우 '수수께끼처럼' 알아듣는 지경에서는, [삼위일체를 두고] 과연 그것이 "세 무엇이냐?"라는 질문이 나올 때 무엇인가 말을 하려면 이렇게라도 언표하는 게 좋겠다고 생각한 것이다. 성부께서 성자가 아니시라고 언표되고, 성령은 하느님의 선물이므로 성부도 아니시고 성자도 아니시라고 언표되는 터에, 참된 신앙은 셋이 있다고 고백하기 마련이다. 그러면 "세 무엇이냐?" 혹은 "세 누구냐?"[102]라는 질문이 나올 때는 어떤 종

---

[98] 아우구스티누스는 그리스어 *ὑπόστασις*에 상응하는 persona, substantia라는 어휘를 검토하면서(4.7-6.11) 어디까지나 편의상의 용어라는 견지에서 시작한다.

[99] 원문: una essentia, tres substantiae.

[100] 원문: una essentia vel substantia, tres personae.

[101] 이 책 5.8.9-9.10 참조.

[102] quid tria vel quid tres: 셋의 정체가 인격체인지 아닌지가 밝혀지지 않은 마당에 이렇게 질문이 제기된다. 이 책에서 교부는 이 수사를 중성과 남성으로 40여 회씩 사용한다.

niendum aliquod speciale uel generale nomen quo complectamur
haec tria, neque occurrit animo quia excedit supereminentia diuini-
tatis usitati eloquii facultatem. Verius enim cogitatur deus quam
dicitur, et uerius est quam cogitatur.

Cum enim dicimus non eundem esse Iacob qui est Abraham,
Isaac autem nec Abraham esse nec Iacob, tres esse utique fatemur,
Abraham, Isaac et Iacob. Sed cum quaeritur quid tres, respondemus
tres homines nomine speciali eos pluraliter appellantes; generali
autem si dicamus tria animalia (*homo* enim sicut ueteres definie-
runt *animal est rationale, mortale*); aut sicut scripturae nostrae lo-
qui solent, tres animas, cum a parte meliore totum appellari placet,
id est ab anima, et corpus et animam quod est totus homo. Ita quip-
pe dictum est in Aegyptum descendisse cum Iacob animas septua-
ginta quinque pro tot hominibus. Item cum dicimus equum tuum
non eum esse qui meus est et tertium alicuius alterius nec meum
esse nec tuum, fatemur tres esse, et interroganti quid tres responde-
mus tres equos nomine speciali, generali autem animalia tria. Item-
que cum dicimus bouem non esse equum, canem uero nec bouem
esse nec equum, tria quaedam dicimus; et percontantibus quid tria
non iam speciali nomine dicimus tres equos aut tres boues aut tres
canes quia non eadem specie continentur, sed generali, tria anima-

---

[103] animal est rationale, mortale: Quintilianus (*Institutiones oratoriae* 7.3.15) 이래 라틴
학자들이 사용해 온 정의다. animal을 '생명체, 생물'로 알아듣는 로마인들은 천사와 신들도
포함시켰다. 아우구스티누스의 인간 정의에도 태반이 mortale가 들어간다.

種이나 유類를 가리키는 명칭을 찾아내야 하고 그것으로 이 셋을 내포해야 하는데 그런 명칭이 도무지 머리에 떠오르지 않는다. 왜냐하면 신성의 탁월함은 일상 언어의 구사력을 까마득하게 초월하기 때문이다. 무릇 하느님은 언표되는 것보다 생각하는 대로가 더 진실에 가깝고 생각하는 것보다 존재하시는 대로가 더 진실에 가깝다.

야곱이 아브라함과 같지 않다고 언표하거나 이사악은 아브라함도 아니고 야곱도 아니라고 언표하는 경우, 우리는 그들이 '아브라함', '이사악' 그리고 '야곱' 셋이라고 말하는 셈이다. 그런데 "세 무엇이냐?"고 물을라치면 우리는 그들을 복수로 일컬을 종의 명칭을 사용해서 "세 사람이다"라고 답한다. 유의 명칭을 쓴다면 "세 동물이다"라고 말해야 한다(옛사람들 말대로 "인간은 이성적이고 사멸하는 동물이다"[103]라고 정의되었다). 그렇지 않고 우리네 성경이 쓰는 어법에 따르면 "세 영혼이다"라고도 하겠으니 가장 나은 부분으로 전체를 일컫는 어법인데, 육체와 영혼이 전체 인간이지만 영혼으로 [인간을 일컫는 어법이다]. 그래서 이집트로 내려갈 때 야곱과 더불어 일흔다섯 '영혼'이 내려갔다는 말이 나오는데 [이 경우에 그 영혼들은] 전체 인간을 통칭하고 있다.[104] 또 우리가 '네 말'은 '내 말'이 아니라고 서술하고, 다른 사람의 것인 '셋째 말'은 내 것도 아니고 네 것도 아니라고 서술하는 경우, 우리는 분명히 셋이라고 하는 셈이다. 그래서 "무엇이 셋이냐?"고 묻는 사람에게는 종의 명칭을 써서는 "말 세 마리"라고 대답하고 유의 명칭을 쓴다면 "짐승 세 마리"라고 답변한다. 또한 소는 말이 아니고 개는 소도 아니고 말도 아니라는 서술을 할 때, 우리는 분명히 셋을 언급하고 있다. 그러면 "무엇이 셋이냐?"고 따지는 사람들에게는 종의 명칭을 써서 말 세 마리, 소 세 마리, 개 세 마리라고는 하지 않는데 그것들이 같은 종에 내포되지 않는 까닭이다. 그래서 유의 명칭을 써서 "동물 세 마리"라고 답하고

---

[104] 창세 46,27과 사도 7,14 참조. 불가타역은 '일흔다섯 식구들'을 animae spetuaginta quinque라고 부른다.

lia, siue superiore genere, tres substantias uel tres creaturas uel tres naturas.

Quaecumque autem plurali numero enuntiantur specialiter uno nomine etiam generaliter enuntiari possunt; non autem omnia quae generaliter nomine uno appellantur etiam specialiter appellare uno nomine possumus. Nam tres equos, quod est nomen speciale, etiam animalia tria dicimus; equum uero et bouem et canem, animalia tantum tria dicimus uel substantias, quae sunt generalia nomina, et si quid aliud de his generaliter dici potest; tres uero equos aut boues aut canes, quae specialia uocabula sunt, non ea possumus dicere. Ea quippe uno nomine quamuis pluraliter enuntiamus quae communiter habent illud quod eo nomine significatur. Abraham quippe et Isaac et Iacob commune habent id quod est homo, itaque dicuntur tres homines; equus quoque et bos et canis commune habent id quod est animal, dicuntur ergo tria animalia. Ita tres aliquas lauros, etiam tres arbores dicimus; laurum uero et myrtum et oleam, tantum tres arbores uel tres substantias aut naturas. Atque ita tres lapides, etiam tria corpora; lapidem uero et lignum et ferrum, tantum tria corpora uel si quo etiam superiore generali nomine dici possunt.

Pater ergo et filius et spiritus sanctus quoniam tres sunt, quid tres sint quaeramus, quid commune habeant. Non enim commune illis est id quod pater est ut inuicem sibi sint patres, sicut amici cum relatiue ad alterutrum dicantur, possunt dici tres amici quod inuicem sibi sunt; non autem hoc ibi quia tantum pater ibi pater, nec duorum

---

[105] tres substantias vel tres creaturas vel tres naturas: 교부의 글에서 essentia, substantia, natura, res는 서로 동치(同値)되는 어휘들이다.

그 상위의 유를 댄다면 "세 실체" 혹은 "세 피조물" 혹은 "세 자연 사물"이라고 답할 것이다.[105]

무엇이든지 복수複數로 서술되는 것은 종에 의거하여 단일 명칭으로 서술될 수 있고, 또 유에 의거하여 단일 명칭으로 서술될 수도 있다. 물론 유에 입각해서 단일 명칭으로 서술되는 것 전부를 종에 입각해서 단일 명칭으로 서술할 수 있는 것은 아니다. '말 세 마리'는 종의 명칭이며 [유에 입각해서] '동물 세 마리'라고도 언표한다. 그 대신 말과 소와 개는 '동물 세 마리'라고만 언표하고 또한 [상위의] 유의 명칭으로 '세 실체'라고도 언표하며 그 밖에도 이런 사물들에 관해서 유적類的으로 언표할 명칭이 있다면 그런 명칭으로 서술할 수 있다. 하지만 [말, 소, 개는] 제각각 종의 명칭이므로 저것들을 '말 세 마리', '소 세 마리', '개 세 마리'라 할수는 없다. 따라서 [어떤 사물들이] 같은 명칭으로 의미하는 바를 공통으로 갖추고 있는 한, 비록 복수로 서술하기는 하지만, 어느 한 가지 명칭으로 서술하는 일이 가능하다. 그래서 아브라함과 이사악과 야곱은 사람이라는 점을 공통으로 갖추고 있어서 '세 사람'이라고 언표한다. 대신에 말과 소와 개는 동물이라는 점을 공통으로 갖추고 있어서 '세 동물'이라고 언표한다. 어떤 나무 세 그루를 '세 월계수'라고도 부르고 그냥 '나무 세 그루'라고 부르기도 한다. 단 월계수, 도금향, 올리브라면 그냥 '나무 세 그루'라고 하거나 '세 실체' 혹은 '물건 셋'이라고 한다. 매한가지로 '돌 세 개'라고도 하고 '물체 셋'이라고도 한다. 그 대신 돌과 나무와 쇠라면 '세 물체'라고만 하고 더 상위의 유적 명칭이 있으면 그것으로 부를 수도 있다.

성부와 성자와 성령은 셋인데 "무슨 셋이냐?"고, 무엇을 공통으로 가졌느냐고 묻게 된다. 마치 셋이 상호 간에 아버지가 되기나 하듯 아버지라는 점이 셋에게 공통되지는 않는다. 친구들은 상관적으로 서로에게 친구라고 언표해야 마땅하므로 서로서로 그러한 '세 친구'라는 언표가 가능하다. 그렇지만 [삼위일체에서는] 그렇지 않다. 거기서는 성부만 아버지이시고 그

pater sed unici filii. Nec tres filii cum pater ibi non sit filius nec spiritus sanctus. Nec tres spiritus sancti quia et spiritus sanctus propria significatione qua etiam *donum dei* dicitur nec pater nec filius. Quid igitur tres? Si enim *tres personae*, commune est eis id quod persona est. Ergo speciale hoc aut generale nomen est eis si consuetudinem loquendi respicimus. Sed ubi est naturae nulla diuersitas ita generaliter enuntiantur aliqua plura ut etiam specialiter enuntiari possint. Naturae enim differentia facit ut laurus et myrtus et olea, aut equus et bos et canis non dicantur speciali nomine, istae, tres lauri, aut illi, tres boues, sed generali, et istae, tres arbores; et illa, tria animalia. Hic uero ubi nulla est essentiae diuersitas oportet et speciale nomen habeant haec tria, quod tamen non inuenitur. Nam persona generale nomen est in tantum ut etiam homo possit hoc dici, cum tantum intersit inter hominem et deum.

8. Deinde in ipso generali uocabulo si propterea dicimus *tres personas* quia commune est eis id quod persona est (alioquin nullo modo possunt ita dici, quemadmodum non dicuntur tres filii quia non commune est eis id quod est filius), cur non etiam tres deos dicimus? Certe enim quia pater persona et filius persona et spiritus sanctus persona, ideo *tres personae*. Quia ergo *pater deus* et *filius*

---

106 '아버지', '아들', '성령'을 통칭하는 종(種)개념이 존재하지 않는다.

것도 다른 두 분의 아버지가 아니라 외아들의 아버지이실 따름이다. 또 거기에는 아버지도 없고 성령도 없듯이 세 성자가 계시는 것도 아니다. 성령이 셋 계시는 것도 아니니 성령은 '하느님의 선물'이라는 고유한 의미를 갖고 언표되는 만큼, 그분은 성부도 아니고 성자도 아니시기 때문이다. 그럼 도대체 "무엇이 셋이냐?" 만일 '세 위격'이라면 그분들에게는 위격이라는 점이 공통된다. 언어 관습으로 소급하자면, 이 명칭은 그분들에게 종적種的 명칭이거나 유적類的 명칭이거나 할 것이다. 자연 본성의 차이가 전혀 없는 이상, [다수의 사물이] 유적으로 서술되기도 하고 종적으로 서술되기도 한다. 자연 본성의 차이가 있다면 월계수와 도금향과 올리브를 두고서 종적 명칭으로 '세 월계수'라고 언표해서는 안 되고 말과 소와 개를 두고서 '소 세 마리'라고 언표해서는 안 된다. 그럴 경우는 차라리 유적 명칭을 써서 전자는 '나무 세 그루', 후자는 '동물 세 마리'라고 불러야 한다. [삼위일체에서는] 존재의 차이가 전혀 없으므로 이 셋은 종적 명칭을 지녀야 마땅한데 다만 그런 명칭이 존재하지 않는다.[106] '위격'이라는 것은 유적 명칭이다. 비록 인간과 하느님 사이에 거리가 엄청남에도 인간도 위격이라고 언표될 수 있다는 점에서 유적 명칭이다.[107]

성경은 어디서도 하느님 안에 있는 삼위를 언급하지 않는다

4.8. 그런즉 이 유적 명칭을 가지고 [설명하자]. 그분들에게 공통되는 것이 위격이라는 점이므로 '세 위격'이라는 언표를 하기로 한다면 — 그분들에게 공통되는 것이 아들이라는 점이 아니므로 세 아들이라고 언표할 수 없는 이상, 그렇지 않고서는 절대로 그렇게 언표할 수가 없다 — 왜 '세 하느님'이라고 불러서는 안 되는 것일까? 성부께서 위격이시고 성자께서 위격이시고 성령께서 위격이시고 그래서 삼위三位이심은 분명하다. 그렇다면 성부께서 하느님이시고 성자께서 하느님이시고 성령께서 하느님이신

---

[107] persona는 하느님 외에 인간에게도 통용되므로 두 종을 내포하는 유개념인 셈이다.

deus et *spiritus sanctus deus*, cur *non tres dii*? Aut quoniam propter ineffabilem coniunctionem haec tria simul unus deus, cur non etiam una persona ut ita non possimus dicere tres personas, quamuis singulam quamque appellemus personam, quemadmodum non possumus dicere tres deos, quamuis singulum quemque appellemus deum siue patrem siue filium siue spiritum sanctum? An quia scriptura non dicit tres deos? Sed nec tres personas alicubi scripturam commemorare inuenimus. An quia nec tres nec unam personam scriptura dicit haec tria (legimus enim personam domini, non personam dominum), propterea licuit loquendi et disputandi necessitate *tres personas* dicere non quia scriptura dicit, sed quia scriptura non contradicit, si autem diceremus tres deos, contradiceret scriptura dicens: *Audi, Israhel: Dominus deus tuus, deus unus est?* Cur ergo et tres essentias non licet dicere quod similiter scriptura sicut non dicit, ita nec contradicit? Nam essentia si speciale nomen est commune tribus, cur non dicantur tres essentiae sicut Abraham, Isaac et Iacob, tres homines, quia homo speciale nomen est commune omnibus hominibus? Si autem speciale nomen non est essentia sed generale quia homo et pecus et arbor et sidus et angelus dicitur essentia, cur non dicuntur istae tres essentiae sicut tres equi dicuntur tria animalia et tres lauri dicuntur tres arbores et tres lapides tria corpora? Aut si propter unitatem trinitatis non dicuntur tres

---

[108] cur non tres dii?: '성부 하느님'(deus pater), '성자 하느님'(deus filius), '성령 하느님' (deus spiritus sanctus)이라고 부르지만 '하느님'은 종적 명칭이 아니고 고유명사(Deus, the God)다.

[109] 2코린 2,10 참조: "또 내가 무엇인가를 용서했다면 그것은 그리스도의 면전에서(in persona Christi: '그리스도의 역할로', 직역하면 '그리스도의 위격으로') 여러분을 위해 용서한 것입니다."

데 왜 삼신三神이 아니신가?[108] 또 형언할 수 없는 결속에 의해서 이 셋이 함께 한 분 하느님이시라면 한 위격은 왜 아니라는 말인가? 성부든 성자든 성령이든 각자를 개별적으로 하느님이라고 부르면서도 하느님을 '세 하느님'이라고 부를 수 없다면, 우리가 비록 각자를 위격이라고 부른다고 하지만 '세 위격'이라고 부를 수 없을 것 아닌가? 성경이 '세 하느님'이라고 부르지 않기 때문에 그런가? 하지만 성경 어디도 '세 위격'이라는 언급이 있다는 사실을 우리는 발견하지 못한다. 사실 성경은 이 셋을 '세 위격'이라고도 '한 위격'이라고도 언표하는 일 없으므로 — [성경에서] '주님의 위격'이라는 구절을 읽어 볼 수 있지만[109] '주님이신 위격'이라는 구절은 없다 — 말을 하고 토론을 할 필요에서 '세 위격'이라는 언표를 하는 것이고, 성경이 그렇게 언표하기 때문이 아니라 성경이 [이런 표현에] 반대하지 않기 때문에 쓴다. 만약 우리가 '세 하느님'이라는 표현을 한다면 성경은 "이스라엘아, 들어라! 주 너의 하느님께서는 한 분이신 하느님이시다"[110]라고 하면서 반박할 것 아닌가? 그렇다면 왜 '세 존재'[111]라는 말을 해서는 안 되는가, 성경이 언표하지도 않지만 반대하지도 않는데? 만일 '존재'가 셋에게 공통된 종적 명칭이라면 왜 '세 존재'라고 언표하면 안 되는가? 아브라함, 이사악, 야곱이 '세 사람'이고 사람은 사람들 모두에게 공통된 종적 명칭이듯이 말이다. '존재'가 종적 명칭이 아니고 유적 명칭이라면, 사람과 짐승과 나무와 별과 천사가 '존재'라고 언표되는 이상, 왜 저 셋이 '세 존재'라고 언표되면 안 되는가? 말 세 마리가 '동물 세 마리'라고 언표됨과 마찬가지로 월계수 세 그루가 '나무 세 그루'라고 언표되고 돌 세 개가 '물체 세 개'라고 언표되듯이 말이다. 그러고도 삼위의 일체성 때문에[112] '세 존재'라고

---

¹¹⁰ 신명 6,4(교부의 인용본). 불가타역은 dominus deus noster dominus unus est("주 우리 하느님께서는 한 분이신 주님이시다": 『성경』)로 되어 있다.

¹¹¹ tres essentiae: 이 절에서도 '존재'를 '존재자'(ens, a being)로 바꿔 읽으면 해독이 무난하다.

¹¹² propter unitatem trinitatis: '삼위일체의 단일성 때문에'라는 표기도 가능하겠다.

essentiae sed *una essentia*, cur non propter eandem unitatem non dicuntur tres substantiae uel tres personae, sed una substantia et una persona? Quam enim est illis commune nomen essentiae ita ut singulus quisque dicatur essentia, tam illis commune est uel substantiae uel personae uocabulum. Quod enim de personis secundum nostram, hoc de substantiis secundum graecorum consuetudinem ea quae diximus oportet intellegi. Sic enim dicunt illi *tres substantias, unam essentiam*, quemadmodum nos dicimus *tres personas, unam essentiam* uel *substantiam*.

9. Quid igitur restat? An ut fateamur loquendi necessitate parta haec uocabula cum opus esset copiosa disputatione aduersus insidias uel errores haereticorum? Cum enim conaretur humana inopia loquendo proferre ad hominum sensus quod in secretario mentis pro captu tenet de domino deo creatore suo siue per piam fidem siue per qualemcumque intellegentiam, timuit dicere tres essentias ne intellegeretur in illa summa aequalitate ulla diuersitas. Rursus non esse tria quaedam non poterat dicere, quod Sabellius quia dixit in haeresim lapsus est. Certissime quippe et de scripturis cognoscitur quod pie credendum est, et aspectu mentis indubitata perceptione perstringitur et patrem esse et filium esse et spiritum sanctum, nec

---

[113] 7.4.7 첫머리에서 교부는 '한 존재, 세 실체' 혹은 '한 존재 혹은 실체, 세 위격'이라는 표현을 제시하면서 '존재', '실체', '위격' 세 어휘의 혼용을 예상했다.

[114] 원문: ita ut *singulus quisque* dicatur essentia.

[115] dicunt illi *tres substantias, unam essentiam*, quemadmodum nos dicimus *tres personas, unam essentiam vel substantiam*: 앞의 각주 113과 아래 각주 122.123 참조.

언표하지 않고 '한 존재'라고 언표한다면, 같은 단일성을 이유로 '세 실체'라고 하거나 '세 위격'이라고 하지 말고 '한 실체'라거나 '한 위격'이라고 하면 왜 안 되는가?[113] '존재'라는 명칭이 저분들에게 공통되므로 각자가 단독으로 '존재'라고 언표되어야 한다면,[114] 그에 못지않게 '실체'니 '위격'이니 하는 용어 역시 저분들에게 공통된다. 우리가 한 말은 우리네 어법에 따라서 '위격들'에 관해서 언표하는 것이 그리스인들의 어법에 따르면 '실체들'에 관해서 언표하는 것과 같은 내용이라고 알아들을 필요가 있다. 그래서 저 사람들이 '세 실체, 한 존재'라고 언표하는 것을 똑같이 우리는 '세 위격, 한 존재 혹은 실체'라고 언표한다.[115]

이런 용어들은 언어상의 필요에서 생겼다

4.9. 그러면 남은 이야기는 무엇인가? 이 용어들은 언어상의 필요에서 생겼다고, 이단자들의 오류나 계략에 대항해서 많고 많은 논쟁을 하다 보니 생겼다고 공언해야 할 것인가? 인간이 지성의 내밀한 곳에서 자기의 창조주이신 주 하느님께 관하여 무엇인가 간파했을 때, 그것을 경건한 신앙을 통해서 파악했든 어떤 깨달음을 통해 파악했든 상관없이, 자기 능력으로 일단 간파한 바를 인간이 감지하게[116] 표현하려고 할 때는 말을 해서 표명해야 하는데 여기서 인간적 빈곤이 생기게 마련이다. 그런 [빈곤 때문에] 그것을 '세 존재'로 언표하기를 두려워했으니 [그런 표현이] 저 지존한 동등에 혹시나 어떤 차이가 있는 것처럼 알아듣지나 않을까 해서였다. 그래도 뭔가 셋이 있지 않다는 말은 할 수 없으니 사벨리우스가 바로 그런 말을 했다가 이단으로 낙인찍혔기 때문이다.[117] 다음 사실은 경건하게 믿어야 한다고 성경에서 깨달은 바이며, 지성의 시야에도 일별―瞥되어 의심의 여지 없이 파악되고 있다. 곧, [엄연히] 성부께서 계시고 성자가 계시고

---

[116] ad hominum sensum: '인간 감관에.'

[117] Sabellius(fl. 220): 이 책 5.8.10(각주 74) 참조.

eundem filium esse qui pater est nec spiritum sanctum eundem patrem esse uel filium. Quaesiuit quid tria diceret et dixit substantias siue personas, quibus nominibus non diuersitatem intellegi uoluit sed singularitatem noluit ut non solum ibi unitas intellegatur ex eo quod dicitur una essentia, sed et trinitas ex eo quod dicuntur tres substantiae uel personae. Nam si hoc est deo esse quod subsistere, ita non erant dicendae tres substantiae ut non dicuntur tres essentiae, quemadmodum quia hoc est deo esse quod sapere sicut non tres essentias ita nec tres sapientias dicimus. Sic enim quia hoc illi est deum esse quod est esse, tam tres essentias quam tres deos dici fas non est. Si autem aliud est deo esse, aliud subsistere, sicut aliud deo esse, aliud patrem esse uel dominum esse (quod enim est ad se dicitur, pater autem ad filium et dominus ad seruientem creaturam dicitur; relatiue ergo subsistit sicut relatiue gignit et relatiue domi-

---

[118] nec eundem filium esse qui pater est: '동일한 성자가 성부인 그분은 아니고 동일한 성령이 성부거나 성자가 아니다'라는 번역도 가능하다.

[119] 교부는 5, 6, 7권에서 장황한 언어분석을 하고 있지만 주로 삼위일체의 신비에 접근하는 '부정(否定)의 길'(이하: non voluit, noluit)임을 수차 언명한다.

[120] non diversitatem intellegi voluit sed singularitatem: "'존재'의 여하한 차이(差異)도 인정하지 않고 '위격'의 단수(單數)도 부인하려고 했으며"라는 의역(Beschin)도 가능하다.

[121] 문맥에 따라서는 unitas(유일, 일성)가 '일체'로 trinitas(삼위일체)가 '삼위'로 번역되는 것이 무난하다.

[122] hoc est deo esse quod subsistere: 교부는 '실체'(substantia)가 동사 '존립하다'(subsistere: semper eiusmodi est:『자유의지론』2.46)에서 유래한 것으로 — '우유'(偶有)와 대당시켜 '자립한다'는 번역도 가능 — 간주한다. subsistentia라는 추상명사는『신국론』(11.10.1: subsistentia personarum: '위격들의 실체'로 번역됨)에서 한 번 사용할 따름이다.

[123] 앞의 7.4.7에서 시작한 용어 문제, 즉 그리스인들의 '한 존재, 세 실체'와 라틴인들의 '한 존재 혹은 실체, 세 위격' 문제를 'esse는 곧 subsistere'라는 공식을 거쳐 라틴 형식(una essentia vel substantia)으로 정리한다.

성령이 계시다는 것이며, 성자가 동일한 분이면서 성부로서 존재하는 것도 아니고 성령이 동일한 분이면서 성부로서 존재하거나 성자로서 존재하는 것이 아니라는 사실이다.[118] 그래서 인간의 언어적 빈곤은 과연 무엇이 셋이라는 말이냐고 묻게 만들었고, [그 셋이] '실체'니 '위격'이니 하고 언표하기에 이르렀다.[119] 그런 명칭을 씀으로써 [인간 언어는 삼위일체에] 어떤 차이가 없는 것으로 알아듣기를 바랐고, 또한 동시에 어떤 단수單數라고만 알아듣고 싶어 하지 않았으며,[120] '한 존재'라는 언표에서 일체一體를 생각할뿐더러, '세 실체 혹은 위격'이라는 언표에서 삼위라는 생각도 갖고자 했다.[121] 하느님께는 '존재한다'나 '존립한다'나 똑같다면,[122] '세 존재'라는 말을 하지 않듯이 '세 실체'라는 말도 해서는 안 되기 때문이다.[123] 이것은 하느님께 '존재함'과 '앎'이 똑같다고 해서 '세 존재'가 있다고도 하지 않고 마찬가지로 '세 지혜'가 있다고도 언표하지 않는 것과 같다. 그분에게는 '하느님이시다'라는 것과 '존재하신다'는 것이 똑같아서[124] '세 하느님'이라거나 '세 존재'라는 언표는 불가하다. [하느님께 '존재한다'는 것과 '존립한다'는 것이 다르다면 실체는 더 이상 실체가 아닐 것이다]. 만일 하느님을 두고 '존재한다'는 말 다르고 '존립한다'는 말 다르다면[125] '성부이시다'라거나 '주님이시다'라는 말이 다르다. 존재하신다는 말은 당신 자신과 연관하여 언표하는 것임에 비해서 아버지이심은 아들과 연관하고, 주님이심은 [당신을] 섬기는 피조물과 연관하는 언표이다.[126] 따라서 [존재하신다는 말 다르고 성부이시라거나 주님이시라는 말이 다르다고 인정하지 않을 경우에는] 낳음이 상관적이고 주인 됨이 상관적이듯이, 존립하는 것도 상관적인 무엇이 되고 만다. 그렇다면 실체는 상관적인 것일 테니까 더는 실체가 아

---

[124] quia hoc illi est deum esse quod est esse: "'존재하다'와 '하느님으로서 존재하다'가 똑같아서."

[125] 앞의 각주 122와 123 참조.

[126] 이 책 5.16.17에서는 '주인 됨'(esse dominus)을 비교적 길게 논하면서 그것이 '아버지이심'(esse pater)처럼 성부 한 위격에만 해당하는 개념이라고는 말하지 않았다.

natur), ita iam substantia non erit substantia quia relatiuum erit. Sicut enim ab eo quod est esse appellatur essentia, ita ab eo quod est subsistere substantiam dicimus. Absurdum est autem ut substantia relatiue dicatur; omnis enim res ad se ipsam subsistit. Quanto magis deus [V 10] si tamen dignum est ut deus dicatur subsistere?

V 10. De his enim rebus recte intellegitur in quibus subiectis sunt ea quae in aliquo subiecto esse dicuntur sicut color aut forma in corpore. Corpus enim subsistit et ideo substantia est; illa uero in subsistente atque in subiecto corpore, quae non substantiae sunt sed in substantia; et ideo si esse desinat uel ille color uel illa forma, non adimunt corpori corpus esse quia non hoc est ei esse quod illam uel illam formam coloremue retinere. Res ergo mutabiles neque simplices proprie dicuntur substantiae. Deus autem si subsistit ut substantia proprie dici possit, inest in eo aliquid tamquam in subiecto, et non est simplex cui hoc sit esse quod illi est quidquid aliquid de

---

127 esse와 subsistere를 다르다고 한다면 후자는 esse pater, esse dominus처럼 상관적 언표가 되고 만다.

128 ab eo quod est esse appellatur essentia, ita ab eo quod est subsistere substantiam dicimus: 앞의 각주 122-125의 논변을 거쳐 가까스로 esse(존재)와 subsistere(존립 = 실체)라는 두 신학 용어를 등치(等置)시키는 (유보적인) 결론에 이른다.

129 omnis enim res ad se ipsam subsistit: 아직까지 aseitas[자존(自存) ↔ 피조물], perseitas[자체(自體) ↔ 대타존재(對他存在)], inseitas[자립(自立), 실체 in se ipso ↔ 우유 in aliquo subiecto] 등의 존재론 개념과 용어가 확립되지 않았던 시기였다.

130 Mountain의 이 편집본(Quanto magis deus si tamen dignum est ut deus dicatur subsistere?)과는 달리 대부분의 현대판은 Quanto magis deus?로 끝마치고 Si tamen dignum est ut deus dicatur subsistere를 다음 장절에 편집하고 있다.

131 편집의 차이에 따라서는 다음 장절 첫머리에 "그러면 하느님께 '존속한다'라는[= '실체'라는] 언표를 드리는 일이 합당할까?"라는 문장이 나오며 문맥상(5.10 제목 참조) 그것이 더 정확하다.

닐 것이다.[127] 그런데 존재한다는 그 점에서 존재라고 불리듯이 존립한다는 그 점에서 실체라고 언표한다.[128] 실체가 상관적으로 언표되어야 한다는 말은 어불성설이다. 모든 사물은 자기 자체와 연관하여 존립하는 까닭이다.[129] [5.10.] 하느님께 '존립한다'라는 언표를 드리는 일이 일단 합당하다고 한다면,[130] 하느님은 더욱더 [당신 자신과 연관하여 존립하시지] 않겠는가?[131]

하느님께는 실체라는 용어는 적절하지 않고 존재라는 용어가 제격이다

5.10. [실체라는 용어는] 물체에 있는 색깔이나 형태처럼 어떤 주체 속에 존재한다고 언표되는 사물들에게 [주체가 되는] 그런 사물들에 대해서 [쓰일 때] 제대로 알아듣는 것이다. 물체는 존립하며 따라서 실체이다.[132] 그러니까 [색깔과 형태 같은] 저것들은 존립하는 것 안에, 주체가 되는 물체 안에 존재한다.[133] 따라서 저것들은 실체가 아니고 실체 안에 있다. 그리고 저 색깔이나 저 형태가 존재하기를 중단하더라도 물체에게 물체임이 중단되는 것은 아니다. [물체에게는] '존재한다'는 것과 '이런 색깔이나 저런 형태를 갖는다'는 것이 동일하지 않는 까닭이다. 그런 의미에서는 변하는 사물들, 단순하지 않은 사물들이 고유한 의미에서 실체라고 언표된다.[134] 하느님이 존립하신다면서 고유한 의미에서 실체라고 언표될 수 있다면, 하느님을 주체로 삼아 하느님 안에 무엇이 존재한다는 말이 되며, 따라서 [하느님이] 단순한 분이 아니게 된다. [하느님처럼] 단순한 분에게는 '존재한다'는 것과 '어떤 무엇이다'라고 하는 것이 동일하므로,[135] 그분에 대해서

---

[132] subsistere는 '존속하다, 존립하다, 자립하다'는 뜻을 가진다.

[133] in subsistente atque subiecto corpore: '우유'(accidentia)는 '타자 안에 존재하는(esse in alio) 것'으로 정의된다.

[134] substantia의 어원이 동사 sub-sistere('그 밑에 존속하다')이므로 고유한 의미에서는 어떤 우유가 그 위에 존립하는 기체(基體, suppositum)만 고유하게 '실체'라 일컬을 수 있다.

[135] hoc sit esse quod illi est quidquid aliquid: 우리가 경험하는 '실체'들과는 달리 하느님에게는 '존재한다'는 것과 '그에게 언표되는 여하한 속성을 가진다'는 것이 동일하다.

illo ad illum dicitur sicut magnus, omnipotens, bonus, et si quid huiusmodi de deo non incongrue dicitur. Nefas est autem dicere ut subsistat et subsit deus bonitati suae atque illa bonitas non substantia sit uel potius essentia, neque ipse deus sit bonitas sua, sed in illo sit tamquam in subiecto. Vnde manifestum est deum abusiue substantiam uocari ut nomine usitatiore intellegatur essentia, quod uere ac proprie dicitur ita ut fortasse solum deum dici oporteat essentiam. Est enim uere solus quia incommutabilis est, idque suum nomen famulo suo Moysi enuntiauit cum ait: *Ego sum qui sum*, et: *Dices ad eos: Qui est misit me ad uos*. Sed tamen siue essentia dicatur quod proprie dicitur, siue substantia quod abusiue, utrumque ad se dicitur, non relatiue *ad aliquid*. Vnde hoc est deo esse quod subsistere, et ideo si una essentia trinitas, una etiam substantia.

VI 11. Fortassis igitur commodius dicuntur *tres personae* quam *tres substantiae*. Sed ne nobis uideatur suffragari hoc quoque requiramus, quamquam et illi si uellent, sicut dicunt *tres substantias*, τρεῖς ὑποστάσεις, possent dicere *tres personas*, τρία πρόσωπα.

---

[136] ut subsistat et subsit deus bonitati suae: sub-라는 전치사가 그런 뉘앙스를 가진다.

[137] solum deum dici oporteat essentiam: 하느님 외에 모든 사물은 "아예 존재하는 것도, 아예 존재하지 않는 것도 아닌"(nec omnino esse nec omnino non esse: 『고백록』 7.11.17) 것들일 뿐이다.

[138] 참조: "존재, 그것은 불변의 딴 이름이다"(esse, nomens est incommutabilitatis) (*Sermo* 7.7).

[139] 탈출 3,14(『성경』).

[140] 앞의 7.4.7에서 ὑπόστασις를 그리스식으로는 '실체'(sub-stantia)라고 라틴식으로는 '위격'(persona)이라고 일컫는다고 제시한 적 있다(각주 98과 128 참조).

언표되는 것이 무엇이든지, [예컨대] 위대하시다, 전능하시다, 선하시다, 그 밖에 하느님에 관하여 서술되기에 부당하지 않은 것이라면 무엇이든지, 사실은 그분 자신과 연관된 언표이다. 그러니까 하느님이 당신의 선성善性에 기저基底가 되신다고, [당신의 선성] 밑에 자리 잡고 계시다고[136] 말함은 불경스러운 짓이다. 이는 그 선성이 곧 실체, 더 정확하게 말해서 존재는 아니라고 말하는 셈이며, 하느님 당신이 곧 당신의 선성이 아니고 [그 선성이] 어떤 주체 속에 있듯이 그분에게 있다고 말하는 셈이다. 그러므로 하느님을 '실체'라고 일컫는 것은 적절하지 못하지만 하는 수 없이 그렇게 일컫는 것이고, 그냥 일상적으로 쓰이는 이 명사를 가지고 '존재'라는 것을 알아들으려고 하는 것이다. '존재'야말로 참으로 또 고유하게 [하느님을] 언표하므로 하느님 홀로 '존재'라고 언표되어 마땅할 것이다.[137] 그분 홀로 참으로 존재하시니 불변하신 까닭이며[138] 그것을 당신의 이름으로 당신 종 모세에게 다음과 같이 언명하셨다. "나는 '있는 나'다. 너는 그들에게 '있는 나께서 나를 너희에게 보내셨다' 하여라."[139] 고유하게 언표하여 '존재'라고 하든, 부적절하지만 '실체'라고 언표하든, 둘 다 당신 자신과 연관된 언표이고 다른 것과 연관하여 상관적으로 하는 언표가 아니다. 그리하여 하느님께는 존재하는 것과 존립하는 것이 동일하고, 삼위일체가 단일한 '존재'이시라면 또한 단일한 '실체'이시다.

왜 삼위일체에서는 한 위격, 세 존재라는 언표를 하지 않는가

6.11. 아마도 더 편해서 '세 실체'라기보다는 '세 위격'이라고 언표하는지도 모르겠다.[140] 우리가[141] [라틴 용어를 쓰는 사람들을] 너무 편드는 것처럼 보이지 않기 위해서 하는 말이지만, 이 문제도 한번 짚어 보기로 하자. 물론 저 [그리스인들] 본인들이 원한다면 '세 실체'τρεῖς ὑποστάσεις라고 언표하는 것과 똑같이 '세 위격'τρία πρόσωπα이라는 언표를 쓸 수도 있겠다.

---

[141] 편집에 따라서는 6.11이 여기서 시작한다.

Illud autem maluerunt quod forte secundum linguae suae consuetu-
dinem aptius diceretur. Namque et in personis eadem ratio est; non
enim aliud est deo esse, aliud personam esse sed omnino idem. Nam
si esse ad se dicitur, persona uero relatiue. Sic dicamus tres personas
patrem et filium et spiritum sanctum quemadmodum dicuntur aliqui
tres amici aut tres propinqui aut tres uicini quod sint ad inuicem,
non quod unusquisque eorum sit ad se ipsum. Quapropter quilibet
ex eis amicus est duorum ceterorum, aut propinquus aut uicinus
quia haec nomina relatiuam significationem habent. Quid ergo?
Num placet dicamus patrem personam esse filii et spiritus sancti,
aut filium personam esse patris et spiritus sancti, aut spiritum sanc-
tum personam esse patris et filii? Sed neque persona ita dici alicubi
solet, neque in hac trinitate cum dicimus personam patris aliud dici-
mus quam substantiam patris. Quocirca ut substantia patris ipse pa-
ter est, non quo pater est sed quo est; ita et persona patris non aliud
quam ipse pater est. Ad se quippe dicitur persona, non ad filium uel
spiritum sanctum; sicut ad se dicitur deus et magnus et bonus et ius-
tus et si quid aliud huiusmodi. Et quemadmodum hoc illi est esse
quod deum esse, quod magnum, quod bonum esse, ita hoc illi est
esse quod personam esse.

Cur ergo non haec tria simul unam personam dicimus sicut *unam
essentiam* et unum deum, sed dicimus *tres personas*, cum tres deos
aut tres essentias non dicamus, nisi quia uolumus uel unum aliquod

---

142 '성부의 위격' = '성부의 실체' = '성부'라고 등식(eo est quo est)으로 성립한다면 이 셋
다 '자신과 연관된 언표'(ad se dici)이지 '타자와 연관된 언표'(ad alterum dici)가 아니다.

143 hoc illi esse quod personam esse: '존재하심'(esse)과 '위격이심'(personam esse)을 실제
적으로 구분하면 하느님의 단순성이 다시 위협받는다.

그렇지만 저 사람들은 전자가 더 낫다고 여겼고 그것이 아마 자기네 언어 관습에 더 부합한 언표였는지 모른다. '위격'에도 똑같은 논리가 성립한다. 하느님께는 '존재하심'이 다르고 '위격이심'이 다르고 하지 않고 온전히 같다. 단지 '존재함'은 당신 자신과 연관한 언표라면 '위격'은 상관적으로 하는 언표이다. 그래서 우리가 성부와 성자와 성령을 세 위격이라고 언표할 때는 어느 세 친구, 세 친척, 세 이웃을 언표하는 것과 마찬가지로 서로서로 연관하여 부르는 것이지 각자가 자기 자신과 연관하여 부르는 말이 아니다. 따라서 [셋 중] 어느 누구도 다른 둘의 친구이거나 다른 둘의 친척이거나 다른 둘의 이웃이 된다. 이 명칭들이 아예 상관적 의미를 띠고 있는 까닭이다. 그래서 어떻다는 말인가? 성부께서 성자와 성령의 위격이시라거나 성자가 성부와 성령의 위격이라거나 성령이 성부와 성자의 위격이라는 말을 하려는 참인가? '위격'이라는 용어는 어디서도 그런 식으로 언표되는 법이 없으며, 이 삼위일체에서도 우리가 '성부의 위격'이라는 언표를 할 때는 성부의 실체 외에 다른 것을 언표하지 않는다. 그래서 성부의 실체가 곧 성부이신데, 그분이 성부이시라는 그 점이 아니라 그분이 존재하신다는 그 점에서 하는 말이다. 마찬가지로 '성부의 위격' 역시 '성부' 외에 다른 것이 아니다. 그러니 당신 자신과 연관하여 위격이라고 언표하고 성자나 성령과 연관하여 위격이라고 하지 않는다.[142] '하느님'이 당신 자신과 연관하여 언표되고 위대하시고 선하시고 의로우시고 그 밖에 무슨 다른 언표가 있다면 모두 [당신 자신과 연관하는 언표임과] 마찬가지이다. 그분에게 존재하심과 하느님이심이 똑같고 위대하심과 선하심과 의로우심이 똑같은 것과 마찬가지로 그분에게는 존재하심과 위격이심이 똑같다.[143]

그러면 우리는 왜 이 셋을 '한 존재'요 '한 하느님'이라고 언표하듯이, '한 위격'이라고 언표하지 않는 것일까? 또 어째서 '세 하느님'이라거나 '세 존재'라고 언표하지 않으면서 굳이 '세 위격'이라고 언표하는 것일까? 이것은

uocabulum seruire huic significationi qua intellegitur trinitas ne omnino taceremus interrogati quid tres, cum tres esse fateremur? Nam si genus est essentia, species autem substantia siue persona ut nonnulli sentiunt (omitto illud quod iam dixi, oportere appellari tres essentias ut appellantur tres substantiae uel personae sicut appellantur tres equi eademque animalia tria, cum sit specie equus, animal genus. Neque enim species ibi pluraliter dicta est et genus singulariter tamquam diceretur tres equi unum animal, sed sicut tres equi speciali nomine ita tria animalia nomine generali. Quod si dicunt substantiae uel personae nomine non speciem significari sed aliquid singulare atque indiuiduum, ut substantia uel persona non ita dicatur sicut dicitur homo quod commune est omnibus hominibus, sed quomodo dicitur hic homo uelut Abraham, uelut Isaac, uelut Iacob, uel si quis alius qui etiam digito praesens demonstrari possit, sic quoque illos eadem ratio consequetur. Sicut enim dicuntur Abraham, Isaac, Iacob tria indiuidua, ita tres homines et tres animae. Cur ergo et pater et filius et spiritus sanctus si secundum genus et speciem et indiuiduum etiam ista disserimus, non ita dicuntur tres essentiae ut tres substantiae seu personae? Sed hoc, ut dixi, omitto).

Illud dico, si essentia genus est, una essentia iam non habet species sicut quia genus est animal, unum animal iam non habet species. Non sunt ergo tres species unius essentiae pater et filius et spi-

---

¹⁴⁴ 이 책 7.4.7 참조.

¹⁴⁵ 종개념은 유개념으로 언표할 수 있으므로(그 역은 안 된다) '실체'나 '위격'이 종개념이라면 '존재'라는 상위의 유개념으로 언표할 수 있으리라는 가정이 나온다.

¹⁴⁶ 위격(persona)이 하느님께 복수(tres personae)로 언칭될 수 있는 것은 종개념이나 유개념이 아니고 개체를 지칭하는 명칭이기 때문이라는 견해를 전제한다.

우리가 삼위일체라는 말을 알아듣는 어떤 의미를 살리려는 생각에서 아무 단어라도 하나 이용하겠다는 의사가 아닐까? 우리가 [신앙으로 그분들이] 셋이라고 고백할 때 과연 무슨 셋이냐고 물음을 받고서 전적으로 입을 다물고 있기 싫어서가 아닐까? 혹자들이 생각하듯이 '존재'는 유類이고 '실체' 혹은 '위격'은 종種이라고 해 보자. (내가 이미 한 진술,[144] '세 실체 혹은 위격'이라고 불린다면 '세 존재'라고 불려야 마땅하다던 진술, '말 세 마리'라고 부른다면 '동물 세 마리'라고 불러도 되는데 '말'은 종이고 '동물'은 유이기 때문이라고 한 진술은 그냥 넘어가겠다.[145] 저기서도 종은 복수로 언표되고 유는 단수로 언표되지는 않았다. '말 셋'과 '동물 하나'라고 언표되지 않았다. 종의 명칭으로 '세 말들'이라고 [복수로 나타냈고] 똑같이 유의 명칭으로 '세 동물들'이라고 [복수로 나타냈다]. 그런데 '실체'니 '위격'이니 하는 언표를 하면서 그 명사로 어떤 종을 의미하지 않고 어떤 단수 혹은 개체를 의미하려 한다고 하자. 다시 말해서 '실체'나 '위격'이라는 언표를 쓰되 마치 '인간'이라는 용어로 모든 인간들에게 공통된 무엇을 언표하듯이 하지 않고, 바로 이 인간, 곧 아브라함처럼, 이사악처럼, 야곱처럼, 그 밖에도 그 자리에 있어서 손가락으로 가리킬 수 있는 인간처럼 언표한다고 하자. 그럴 경우 똑같은 비례가 [지금 꼽은] 저 사람들에게 해당한다. 아브라함, 이사악, 야곱이 세 개체처럼 언표되면서도 매한가지로 '세 인간들', '세 영혼들'이라고도 언표된다. 우리가 저것들을 예거하면서 유와 종과 개체에 따라서 논하려는 마당에 왜 성부와 성자와 성령 역시 '세 실체' 혹은 '세 위격'이라고 언표되듯이 '세 존재'라고 언표되지는 않는 것일까? 여하튼, 방금 내가 말했듯이, 여기서는 이 문제를 그냥 넘어가겠다.)[146]

그 대신 이 말은 하겠다. 비록 '존재'가 유라고 하더라도 단 하나의 '존재'는 벌써 [여러] 종들을 내포한다는 [말이 반드시 따라오지 않는다]. 왜냐하면 '동물'이 유이지만 동물이 단 하나라면 이미 종들을 갖지 않는다. 그러니 성부와 성자와 성령이 단 하나의 '존재'에 [포함된] 세 종들은 아니다.

ritus sanctus. Si autem species est essentia sicut species est homo,
tres uero illae quas appellamus substantias siue personas sic eandem
speciem communiter habent quemadmodum Abraham et Isaac et
Iacob speciem quae homo dicitur communiter habent (non sicut
homo subdiuiditur in Abraham, Isaac et Iacob, ita unus homo et in
aliquos singulos homines subdiuidi potest; omnino enim non potest
quia unus homo iam singulus homo est). Cur ergo una essentia in
tres substantias uel personas subdiuiditur? Nam si essentia species
est sicut homo, sic est una essentia sicut unus homo. An sicut dici-
mus aliquos tres homines eiusdem sexus, eiusdem temperationis
corporis, eiusdemque animi unam esse naturam (tres enim sunt ho-
mines sed una natura), sic etiam ibi dicimus tres substantias unam
essentiam, aut tres personas unam substantiam uel essentiam?

Hoc uero utcumque simile est quia et ueteres qui latine locuti sunt
antequam haberent ista nomina, quae non diu est ut in usum uene-
runt, id est essentiam uel substantiam, pro his naturam dicebant.
Non itaque secundum genus et species ista dicimus sed quasi secun-
dum communem eandemque materiem. Sicut ex eodem auro si fie-
rent tres statuae, diceremus tres statuas unum aurum, nec tamen ge-
nus diceremus aurum, species autem statuas; nec aurum speciem,
statuas uero indiuidua. Nulla quippe species indiuidua sua transgre-

---

[147] 하느님께 해당하는 '존재'(essentia)는 종개념처럼 세 위로 세분되는 것이 아니고 '존재
하나'라는 개체로서 더 이상 하위개념으로 세분되지 않는, 소위 '개체개념'이다.

[148] 이 용어들의 도입에 관해서는 이 책 5.2.3의 각주 13 참조.

[149] essentiam vel substantiam, pro his naturam dicebant: 이 용어들의 등치관계는 앞의 각
주 115 참조. 교부에게서 natura는 사물의 '자연 본성' 못지않게 ('하느님'까지 포함한: illa
ceteris natura praestantior deus est: 이 책 14.12.16) '자연 사물'(동사 nasci에서 연원) 또는 그
냥 '사물'(res)을 뜻한다.

하지만 '인간'이 종임과 마찬가지로 '존재'가 종이라면 우리가 '실체' 혹은 '위격'이라고 일컫는 저 셋은 같은 종을 공통적으로 지닌다. 아브라함, 이사악, 야곱이 '인간'이라고 언표되는 종을 공동으로 지니듯이 말이다[그렇다고 여기서 [종으로서의] 인간이 아브라함, 이사악, 야곱으로 세분되듯이 '인간 하나'가 몇몇 개인들로 세분될 수 있는 것은 아니다. '인간 하나'는 이미 개인이기 때문에 그런 일은 전혀 불가능하다]. 그렇다면 무엇 때문에 한 '존재'가 세 '실체' 혹은 '위격'으로 세분되는 것일까? 만일 '존재'가 '인간'이 그렇듯이 어떤 종이라고 한다면 '한 존재'는 '한 인간'에 해당한다.[147] 성性도 같고 신체의 기질도 같고 정신 상태도 같은 인간들이 만약 셋 있을 경우, 그 '세 인간'이 '한 자연 본성'이라는 언표를 우리가 하듯이 — 인간은 셋이지만 자연 본성이 하나이다 — 우리는 [삼위일체도] '세 실체이면서 한 존재'라고 하거나 '세 위격이면서 한 실체 혹은 존재'라는 말을 하는 것이 아닐까?

여기에는 그래도 제법 흡사한 데가 있다. 라틴어로 말하는 옛사람들이 저런 용어들을 갖추기 전에는, 다시 말해서 '존재'니 '실체'니 하는 용어를 이런 용도로 들여오기 전에는 — 그마저도 그다지 오래되지 않았다[148] — 이 용어들 대신에 '자연 본성'이라고 언표하고 있었다.[149] 그런데 우리는 지금 종이니 유니 하는 [개념에] 의거해서 저런 이야기를 하는 것이 아니고 단순히 공통된 같은 질료質料라고 부를 만한 [개념에] 의거해서 이야기하고 있다.[150] 예를 들어, 같은 황금에서 조상彫像 세 개가 생겨나면 우리는 '세 조상'에 '한 황금'이라는 언표를 할 것이다. 그렇다고 황금은 유類라고, 조상들은 종種이라고 언표하지는 않을 것이다. 또 황금은 종이고 조상들은 개체라고도 하지 않을 것이다. 종이라고 해서 자기의 개체들을 넘어서서

---

[150] quasi secundum communem materiem: 같은 종에서 개체들을 구분하는 것은 '동일한 질료'를 개별적으로 점유한 데서[개체화(individuatio)] 유래한다는 이론(아리스토텔레스)이 있었다.

ditur ut aliquid extra comprehendat. Cum enim definiero quid sit homo, quod est nomen speciale, singuli quique homines quae sunt indiuidua eadem definitione continentur, nec aliquid ad eam pertinet quod homo non sit. Cum uero aurum definiero, non solae statuae si aureae fuerint sed et anuli et si quid aliud de auro fuerit ad aurum pertinebit. Etsi nihil inde fiat, aurum dicitur quia etiamsi non sint aureae, non ideo non erunt statuae. Item nulla species excedit definitionem generis sui. Cum enim definiero animal, quoniam generis huius species est equus, omnis equus animal est, non autem statua omnis aurum est. Ideo quamuis in tribus statuis aureis recte dicamus tres statuas unum aurum, non tamen ita dicimus ut genus aurum, statuas uero species intellegamus.

Nec sic ergo trinitatem dicimus tres personas uel substantias unam essentiam et unum deum tamquam ex una materia tria quaedam subsistant, etiamsi quidquid illud est in his tribus explicatum sit; non enim aliquid aliud eius essentiae est praeter istam trinitatem. Tamen tres personas eiusdem essentiae uel tres personas unam essentiam dicimus; tres autem personas ex eadem essentia non dicimus quasi aliud ibi sit quod essentia est, aliud quod persona sicut tres statuas ex eodem auro possumus dicere; aliud enim est illic esse aurum, aliud esse statuas. Et cum dicuntur tres homines una na-

---

151 바로 다음 문장 뒤에 설명이 나온다.

152 non enim aliquid aliud eius essentiae est praeter istam *trinitatem*: "삼위일체 외에는 이 존재로 된 것이 따로 없다." "이 '존재'는 '삼위일체' 말고 그 무엇도 따로 이뤄 내지 않는다" (Mellet-Camelot). "'삼위일체'에 덧붙여 하느님의 '존재'에 해당하는 다른 무엇이 따로 없다" (Beschin).

[원래 개체들에 포함되지 않은] 다른 무엇을 내포하는 일이 없다. 내가 인간이 무엇인지 정의할 때 — 그 정의는 종적 명칭이 된다 — 개별 인간들 즉 개체들은 [모두] 동일한 정의에 내포되고 따라서 [그 정의는] 인간 아닌 무엇을 그 정의에 포함시키지 않는다. 그 대신 황금을 정의할 경우에는, 황금으로 만들어진 조상만 아니고 반지나 그 밖에 다른 것들도 황금으로 만들어진 것이라면 황금에 속할 것이다. 또 그 황금으로 아무것도 만들지 않더라도 여전히 황금이라고 한다. 황금으로 만든 조상이 비록 아닐지라도 조상이 아닌 것은 아니듯이 말이다.[151] 다시 말하거니와 여하한 종도 자기 유의 정의를 넘어서지 않는다. 내가 동물을 정의할 경우에, 말은 [동물이라는] 이 유의 한 종이므로 모든 말은 동물이지만, 모든 조상이 황금은 아니다. 따라서 세 개의 조상을 두고 '세 조상들'이요 '한 황금'이라고 언표하는 것은 맞지만 그렇다고 마치 황금은 유고 조상은 종이라고 알아듣지는 않는다.

우리가 삼위일체를 언표하여 '세 위격' 혹은 '세 실체'에 '한 존재'요 '한 하느님'이라 할 때도 한 질료에서 세 개의 무엇이 존립하는 것처럼 하는 말이 아니다. 그 질료가 무슨 질료이더라도, 이 셋 다에 그 [질료가] 쓰였더라도 마찬가지다. [삼위일체의 경우] 그분의 '존재'에는 저 '삼위' 외에는 다른 무엇이 따로 없다.[152] 그럼에도 우리는 동일한 '존재'의 '세 위격'이라고 언표를 쓰거나 '세 위격'이 '한 존재'라는 언표를 쓴다. 단지 동일한 '존재'로부터의 '세 위격'이라는 언표는 쓰지 않는다.[153] 그랬다가는 흡사 [하느님께] '존재'이시라는 사실 다르고 '위격'이시라는 사실이 다르다는 [표현이 되고 만다]. 같은 황금에서 나온 세 조상들이라는 언표를 우리가 할 수 있듯이 말이다. 실제로 [황금의 경우에는] 황금이라는 사실이 다르고 조상이라는 사실이 다르기 때문이다. 또 '세 인간'이 '한 자연 본성'이라고 언표

---

[153] tres personas *eiudem essentiae* vel tres personas *unam essentiam* dicimus [sed] tres personas *ex eadem essentia* non dicimus: '위격들' 사이에는 다르지만 교부는 '존재'(essentia) 와 '위격'(persona) 사이에 실재적 구분을 부여하지 않으려고 한다.

tura uel tres homines eiusdem naturae, possunt etiam dici tres homines ex eadem natura quoniam ex eadem natura et alii tales homines possunt exsistere; in illa uero essentia trinitatis nullo modo alia quaelibet persona ex eadem essentia potest exsistere. Deinde in his rebus non tantum est unus homo quantum tres homines simul, et plus aliquid sunt homines duo quam unus homo; et in statuis aequalibus plus auri est tres simul quam singulae, et minus auri est una quam duae. At in deo non ita est; non enim maior essentia est pater et filius simul quam solus pater aut solus filius, sed tres simul illae substantiae siue personae, si ita dicendae sunt, aequales sunt singulis, quod *animalis homo non percipit*. Non enim potest cogitare nisi moles et spatia uel minuta uel grandia uolitantibus in animo eius phantasmatis tamquam imaginibus corporum.

12. Ex qua immunditia donec purgetur credat *in patrem et filium et spiritum sanctum, unum deum, solum*, magnum, *omnipotentem*, bonum, iustum, misericordem, *omnium uisibilium et inuisibilium conditorem*, et quidquid de illo pro humana facultate digne uereque dici potest. Neque cum audierit patrem solum deum separet inde

---

154 원문: in illa essentia trinitatis.

155 원문: tres simul illae substantiae sive personae 〮〮〮 aequales sunt singulis.

156 1코린 2,14 참조: "자연적 인간은 하느님 영의 것들을 받아들이지 않습니다." 교부의 글에서는 대개 carnalis et animalis homo(육적이고 동물적인 인간)로 나온다.

157 volitantibus phantasmatis는 해석상 무리가 있으므로 역자는 phantasmatibus로 판독하는 사본을 따랐다.

158 하느님 '존재'의 크고 작음을 논하면 물체의 덩치를 상상하게 된다는 말이다. '그의 지성 속에서 물체들의 영상처럼 부유하는 표상에 힘입어 조그맣거나 커다란 몸체나 공간이 아니고서는 생각을 못하는 까닭이다'라는 번역도 가능하다.

하거나 '동일한 자연 본성의 세 인간'이라는 언표가 나올 때는 '동일한 자연 본성에서 나온 세 인간'이라는 언표도 가능하다. 같은 자연 본성에서 나온 그 밖에 다른 사람들이 실존할 수 있는 까닭이다. 하지만 저 삼위의 '존재' 안에서는[154] 같은 그 '존재'에서의 또 다른 '위격'이 실존할 수 없다. 이 [보통] 사물들에서는 한꺼번에 있는 세 인간들이나 혼자 있는 한 인간이나 똑같지는 않고 두 인간은 한 인간보다 무엇인가 더 있다. 똑같은 조상들의 경우에서도 셋이 한꺼번에 있으면 하나만 있는 것보다 황금이 더 많고 조상 하나는 둘보다 황금이 더 적다. 그렇지만 하느님께는 그렇지 않다. 성부와 성자가 함께 계시다고 해서 성부 혼자나 성자 혼자보다도 '존재'가 더 크지도 않고, 이 세 실체들 혹은 위격들 — 굳이 그렇게 불러야 한다면 하는 말이지만 — 함께라도 개별 [실체 혹은 위격과] 동등하다.[155] 그 점을 "동물적 인간은 못 깨닫는다".[156] 왜냐하면 [그런 인간은] 그의 지성 속에서 표상들이[157] 마치 물체의 영상影像처럼 난무하고 있는 까닭에, 크다거나 작다거나 하는 말을 몸체나 공간, 그것도 조그맣거나 커다란 몸체나 공간이 아니고서는 아예 생각 못하는 까닭이다.[158]

동물적 인간은 정화를 얻기까지는 우선 믿어야 한다. 하느님의 모상인 인간은 [성부의] 모상인 [성자를] 지향해야 한다[159]

6.12. 이러한 불순한 생각에서 정화되기까지는 성부와 성자와 성령이 오직 한 분 하느님이심을 믿어야 하고 위대하고 전능하고 선하고 의로운 분으로, 보이는 것과 보이지 않는 모든 것의 창조주로, 그 밖에도 그분에 관해서 인간 능력으로 합당하고 진실하게 언표할 수 있는 것이면 무엇이든지 [언표해서] 믿어야 한다. '아버지 홀로 하느님'이라는 말을 듣더라도

---

[159] 삼위일체의 난해한 신비에 즈음하여 '너희가 믿지 않으면 알아듣지 못하리라'는 말씀처럼 일단 신앙으로 접근하고, 성부의 모상인 성자를 본받아야 한다.

filium aut spiritum sanctum, cum eo quippe solus deus cum quo et unus deus est quia et filium cum audimus solum deum sine ulla separatione patris aut spiritus sancti oportet accipere. Atque ita dicat unam essentiam ut non existimet aliud alio uel maius uel melius uel aliqua ex parte diuersum, non tamen ut pater ipse sit et filius et spiritus sanctus et quidquid aliud ad alterutrum singula dicuntur sicut *uerbum* quod non dicitur nisi filius aut *donum* quod non dicitur nisi spiritus sanctus. Propter quod etiam pluralem numerum admittunt sicut in euangelio scriptum est: *Ego et pater unum sumus.* Et *unum* dixit et *sumus*; *unum* secundum essentiam, quod idem deus; *sumus* secundum relatiuum, quod ille pater, hic filius. Aliquando et tacetur unitas essentiae et sola pluraliter relatiua commemorantur: *Veniemus ad eum* ego et pater *et habitabimus apud eum. Veniemus* et *habitabimus* pluralis est numerus quia praedictum est *ego et pater*, id est filius et pater, quae relatiue ad inuicem dicuntur. Aliquando latenter omnino sicut in genesi: *Faciamus hominem ad imaginem et similitudinem nostram.* Et *faciamus* et *nostram* pluraliter dictum est et nisi ex relatiuis accipi non oportet, non enim ut facerent dii aut ad imaginem et similitudinem deorum, sed ut facerent

---

[160] cum eo quippe solus deus cum quo et unus deus est: '성부와 더불어 [성자와 성령이] 홀로 하느님이시고 성부와 더불어 한 분 하느님이시기 때문이다'라는 번역도 가능하다.

[161] '하나'라는 말에는 비교가 들어 있지 않다.

[162] quidquid aliud ad alterutrum singula dicuntur: '각 위가 무슨 [속성을 가지든] 다른 위들과의 관계를 표명한다고 볼 것도 아니다'라는 번역도 있다.

[163] 요한 10,30 참조. "우리는 하나입니다"라는 라틴어 문장이 unum sumus라는 복수 동사로 나온다.

[164] 요한 14,23.

그 말이 성자와 성령을 제외하는 것이 아니니, 성부께서는 성자와 더불어 홀로 하느님이시고 성자와 더불어 한 분 하느님이시기 때문이다.[160] 또 성자 홀로 하느님이시라는 말을 우리가 듣더라도 성부나 성령으로부터의 분리는 전혀 없는 것으로 받아들여야 한다. 물론 '한 존재'라고 언표할 경우에는, 어느 하나가 다른 하나보다 더 크거나 더 좋거나 어느 부분에서든 다르다는 뜻으로 여기지 말아야 한다.[161] 그렇더라도 성부 친히 또한 성자이시고 성령이시기도 하다는 뜻으로 여기지도 말 것이다. [삼위의] 각자가 다른 두 분과 연관하여 무슨 언표를 하더라도 마찬가지다.[162] 예를 들어 '말씀'은 성자 아니면 언표되지 않고 '선물'은 성령 아니면 언표되지 않는다고 하더라도 마찬가지다. 그래서 여기서는 복수複數도 허용되고 있으니 복음서에서 "나와 아버지는 하나입니다"라는 말씀에서 [동사를 복수로 사용한 경우가 그렇다]. "하나"라고 하면서 "우리는 하나입니다"라고 말씀하신 것이다.[163] '하나'는 존재에 입각해서 하는 언표이니 [성부와 성자가] 같은 하느님이시라는 말이다. 그 대신 '우리는 …입니다'라고 하신 말씀은 관계에 입각해서 언표하는 것이니 저분은 아버지이시고 이분은 아들이시라는 점에서다. 때로는 존재의 단일성은 침묵한 채 오직 관계들만을 복수로 언급하기도 한다. 즉, 나와 아버지, "우리가 그에게로 가서 그와 함께 살 것입니다"[164]라는 말씀이 그렇다. '우리가 가서'나 '우리가 살 것입니다'는 복수 문장이니 주어가 '나와 아버지' 다시 말해서 성자와 성부이기 때문이다. 이 두 마디는 서로 간에 상관적으로 행하는 언표이다. 때로는 창세기에서 "우리와 비슷하게 우리 모상으로 사람을 만들자"[165]라는 말씀처럼 두 가지를 다 감추기도 한다. '우리가 … 하자'와 '우리 모상으로'라는 구절은 복수로 한 말이고 따라서 상관적 언사로서가 아니면 받아들여서는 안 된다. 그래야만 하느님들이 무엇을 만들거나 하느님들과 비슷하게 하느님들의 모상으로 [무엇을] 만든다는 말이 아니라, 성부와 성자와 성령께서 만드시고,

---

[165] 창세 1,26.

pater et filius et spiritus sanctus *ad imaginem* ergo patris et filii et spiritus sancti ut subsisteret homo *imago dei*; deus autem trinitas.

Sed quia non omnimodo aequalis fiebat illa *imago dei* tamquam non ab illo nata sed ab eo creata, huius rei significandae causa ita *imago* est ut *ad imaginem* sit, id est non aequatur parilitate sed quadam similitudine accedit. Non enim locorum interuallis sed similitudine acceditur ad deum, et dissimilitudine receditur ab eo. Sunt enim qui ita distinguunt ut imaginem uelint esse filium, hominem uero non imaginem sed *ad imaginem*. Refellit autem eos apostolus dicens: *Vir quidem non debet uelare caput cum sit imago et gloria dei*. Non dixit *ad imaginem* sed *imago*. Quae tamen *imago* cum alibi dicitur *ad imaginem* non quasi ad filium dicitur quae *imago aequalis* est *patri*; alioquin non diceret *ad imaginem nostram*. Quomodo enim *nostram* cum filius solius patris *imago* sit? Sed propter imparem ut diximus similitudinem dictus est homo *ad imaginem*, et ideo *nostram* ut *imago* trinitatis esset homo, non trinitati *aequalis* sicut filius *patri*, sed accedens ut dictum est quadam similitudine sicut in

---

166 deus autem trinitas: 이 책 전반부(1-7권)의 결론으로 제시되는 명제다.

167 ita imago est ut ad imaginem sit: 교부가 ‘모상’에 부여하는 역동성 내지 사명감을 드러내므로 ‘하느님의 모상이 되라는 뜻에서의 하느님의 모상이다’라고 의역해도 무방하다.

168 *non aequatur* parilitate sed quadam similitudine *accedit*: 이 책 후반부(8-15권)에서 하느님의 모상인 인간 지성에서 삼위일체의 흔적을 탐구하는 교부의 의도가 인간을 삼위일체께 가까워지게 만드는(accessus) 일임을 암시하는 문장이다.

169 라틴어 similitudo(類似), dissimilitudo(非類似)는 사역형(使役形) 명사도 되므로 은총과 노력에 의한 ‘비슷해짐’과 ‘상이해짐’도 아울러 의미한다.

170 교부가 다른 데서(*De diversis quaestionibus 83*, q.51) 다루지만, 하느님의 본 모상은 말씀이고, 인간은 성자의 모상, 곧 ‘모상의 모상’(εἰκὼν εἰκόνος)이라는 설명은 그리스 교부들에게 친숙했고 각 위격의 대외 활동(operationes ad extra: 삼위께서 이 모상을 인간에게 구현하신다)에 역점을 두는 사고였다.

성부와 성자와 성령의 모상으로 만드시어 인간이 '하느님의 모상'으로 존속하게 된다. 곧, 하느님은 삼위일체이시다.[166]

하지만 [인간이라는] 하느님의 저 모상은 어느 모로도 [하느님과] 동등하게 만들어지지 않았으니 하느님께로부터 난 것이 아니라 하느님께로부터 지음 받았기 때문이다. 이 사실을 지적하려고 [인간이 하느님의] '모상'이지만 [하느님의] '모상으로' [만들어졌다는] 표현이 나온 것이다.[167] 달리 말하면, 동등함으로 같아진다는 말이 아니라 모종의 비슷함으로 가까워질 따름이라는 말이다.[168] 그것도 장소 간격으로 가까워지는 것이 아니고 유사해짐으로 하느님께 가까워지고 상이해짐으로 하느님으로부터 멀어진다는 것이다.[169] '모상'은 성자이고 인간은 모상이 아니라 '모상으로' [만들어진 자]라고 구분하는 사람들이 있어서 하는 말이다.[170] 하지만 사도는 "남자는 머리를 가려서는 안 됩니다. 그는 하느님의 모상이요 영광이기 때문입니다"[171]라는 말로 이런 주장을 거부했다. 사도는 [하느님의] '모상으로'라고 하지 않고 그냥 '모상'이라고 했다. 다만 그 '모상'이 다른 데서는 '모상으로'라고 나오지만 꼭 성자와 연관하여 하는 말은 아니니[172] [성자는] 성부와 동등한 모상이시기 때문이다. 그렇지 않았다면 [창세기에서] '우리 모상대로'라고 말씀하시지 않았을 것이다. 성자께서 성부만의 모상이신데 어떻게 [인간이 하느님께] '우리의' 모상이 되는 것일까? 그러니까 동등하지는 못하지만 비슷함 때문에 인간이 '모상으로' [만들어졌다는] 언표가 나왔겠고, 인간이 삼위일체의 모상이라는 듯이 '우리의' [모상으로 만들자는] 말씀은 있지만, 단지 성자가 성부와 동등한 만큼이나 [인간이라는 모상이] 삼위일체와 동등한 것은 아니고 단지 어떤 비슷함이 있어서 가까이 다가간다는 뜻으로 모상'으로'라는 말이 나왔을 것이다.[173]▶ 거리가 멀리 떨어진 사물들에게 어떤 가까움이 있다고 할 때 공간상의 가까움보다는 일종

---

[171] 1코린 11,7.

[172] ad imaginem non quasi ad filium: '모상에 맞추어'라는 말이 '성자에게 맞추어'처럼 들릴 수도 있다.

distantibus significatur quaedam uicinitas non loci sed cuiusdam imitationis. Ad hoc enim et dicitur: *Reformamini in nouitate mentis uestrae*; quibus item dicit: *Estote itaque imitatores dei sicut filii dilectissimi*. Nouo enim homini dicitur: *Qui renouatur in agnitionem dei secundum imaginem eius qui creauit eum*. Aut si iam placet propter disputandi necessitatem etiam exceptis nominibus relatiuis pluralem numerum admittere ut uno nomine respondeatur cum quaeritur quid tria, et dicere tres substantias siue personas, nullae moles aut interualla cogitentur, nulla distantia quantulaecumque dissimilitudinis aut ubi intellegatur aliud alio uel paulo minus quocumque modo minus esse aliud alio potest ut neque personarum sit confusio nec talis distinctio qua sit impar aliquid. Quod si intellectu capi non potest, fide teneatur donec inlucescat in cordibus ille qui ait per prophetam: *Nisi credideritis non intellegetis*.

◂173 ad imaginem nostram이라는 문구를 분석하여 교부는 nostram이 그래도 피조물이 창조주 삼위일체와 닮은 점이 있어서, ad imaginem은 '동등하지 못한 비슷함 때문에'(propter imparem similitudinem), ad은 '원형에 가까이 다가간다는 뜻으로'(imago accedens) 풀이한다.

174 로마 12,2 참조: "여러분은 이 현시대에 순응하지 말고 오히려 사고방식의 쇄신으로 변형되시오."

175 에페 5,1 참조: "여러분은 사랑스러운 자녀답게 하느님을 본받는 사람들이 되십시오."

176 콜로 3,10 참조: "새사람은 자기를 창조하신 분의 모상을 따라 새로워져 지식에 이르게 됩니다."

177 aut ubi가 번역을 난처하게 하므로 다수 편집본은 ut ibi로 된 판독을 따른다.

178 neque personarum confusio nec talis distinctio qua sit impar aliquid: 이 책 후반부의 탐구는 이 명제를 입증하는 데 목적을 둔다.

의 모방에 의한 가까움을 의미하듯이 말이다. 바로 그래서 "여러분의 지성의 새로움을 갖고 변형되시오"[174]라는 말씀이 있고, 같은 사람들한테 "여러분은 지극히 사랑받는 아들들답게 하느님의 모방자가 되시오"[175]라고도 한다. 그리고 새 인간에 대해서는 이런 말도 나온다. 그는 "자기를 창조하신 분의 모상을 따라 새로워져 하느님에 대한 지식으로 새로워집니다".[176] 그러니까 토론할 필요성 때문에 상관적인 명칭들 외에도, [삼위일체가] "무슨 셋이냐?"라는 물음이 제기될 때 단 한 마디의 명칭을 가지고 대답하려는 뜻에서 복수複數를 허용해도 괜찮고, 그래서 '세 실체'니 '세 위격'이니 하는 언표를 해도 괜찮다고 하자. 만일 그렇더라도 [이런 용어를 듣고서] 절대로 어떤 부피나 연장延長을 생각에 떠올리지 말 것이며, 자그마한 차이에서 오는 거리를 생각해서도 안 된다. 그렇지 않았다가는[177] 하나가 다른 하나보다 어느 모로 못할 수 있는지는 상관없이, 여하튼 하나가 다른 하나보다 어느 면에서든 조금 못하다는 식으로 이해하게 된다. 어떻든 여기서는 위격들의 혼동이 있어서도 안 되고, [위격들 간에] 동등하지 못한 무엇이 있는 듯한 그런 구분도 있어서는 안 된다.[178] 이런 내용을 오성으로 파악하기가 불가능하거든, 예언자를 통하여 "너희가 믿지 않으면 알아듣지 못하리라"[179]고 말씀하신 분이 마음속을 밝혀 주시기까지[180] 신앙으로 이를 견지하도록 할 것이다.

---

[179] Nisi credideritis non intellegetis: 이사 7,9 참조(『성경』: "너희가 믿지 않으면 정녕 서 있지 못하리라"). 아우구스티누스 인식론의 기조 문장(40여 회 인용)으로서 믿음이 지성을 정화하여 사변적 이해를 가능케 한다는 신념을 담고 있다.

[180] 2베드 1,19 참조: "여러분의 마음에 동이 트고(donec dies illlucescat ⋯ in cordibus vestris) 샛별이 떠오르기까지 어두운 데를 밝혀 주는 등불 같은 이 말씀에 주의를 기울이는 것이 좋겠습니다."

LIBER VIII

1. Diximus alibi ea dici proprie in illa trinitate distincte ad singu-
las personas pertinentia quae relatiue dicuntur ad inuicem sicut pa-
ter et filius et utriusque *donum* spiritus sanctus; non enim pater tri-
nitas aut filius trinitas aut trinitas donum. Quod uero ad se dicuntur
singuli non dici pluraliter tres sed unum ipsam trinitatem sicut *deus
pater, deus filius, deus spiritus sanctus*; et bonus pater, bonus filius,
bonus spiritus sanctus; et *omnipotens pater, omnipotens filius, om-
nipotens spiritus sanctus; nec tamen tres dii* aut tres boni aut *tres
omnipotentes, sed unus deus*, bonus, *omnipotens*, ipsa trinitas, et
quidquid aliud non ad inuicem relatiue sed ad se singuli dicuntur.
Hoc enim secundum essentiam dicuntur quia hoc est ibi esse quod
magnum esse, quod bonum, quod sapientem esse, et quidquid aliud
ad se unaquaeque ibi persona uel ipsa trinitas dicitur. Ideoque dici
tres personas uel *tres substantias* non ut aliqua intellegatur diuersi-

---

¹ 이 책 5.5.6 참조. ea *proprie* dici in illa trinitate ⋯ quae *relative* dicuntur *ad invicem*:
요컨대 유일한 하느님께 구분되는(distincte) 세 개의 무엇이 있고 그 셋은 제각기 고유한 속
성을 지닌다(proprie).

² '성부께서 삼위일체가 아니시고 성자가 삼위일체가 아니며 [두 분의] 선물이 삼위일체가
아니다'는 번역도 가능하다.

³ non dici pluraliter tres sed unum ipsam trinitatem: 셋으로 형언되는 위격들이 우선 제각
기 자기를 가리켜 언표되는 속성(하느님, 전선, 전능)들은 신적 존재를 분할하거나 다수로 만
들지 않는다. 즉, 상대적인 이 셋이 '존재'의 비동일성, '실체'의 차이를 함의하지는 않는다.

⁴ 이 장문의 신앙고백은 'Quicumque 신경'(DS 75-76)으로 알려진 문헌에 그대로 실려 있
어 두 문헌이 동일한 전거를 갖는 것으로 추정하게 한다.

서언: 삼위일체에서 상관적으로 언표하는 바는 구분을 지어 언표하는 것이지만 그렇다고 존재의 상이함은 전혀 없다

1.1. 저 삼위일체에서 각 위격에 해당한다고 구분해서 언표하는 내용, 곧 '아버지', '아들', 그리고 '두 분의 선물인 성령'이라고 서로 상관적으로 언표하는 것은 [각 위에] 고유한 것으로 언표하는 것이라고 다른 데서 언명한 바 있다.[1] 즉 삼위일체는 '아버지'가 아니고 삼위일체는 '아들'도 아니고 삼위일체가 [두 분의] '선물'도 아니다.[2] 그러면서도 각 위격들이 자신과 연관시켜 언표하는 것은 복수로 셋이라고 언표하는 것이 아니고 단수로 하나라고 언표하여[3] 삼위일체 자체를 언표하게 된다. 성부께서 하느님이시요 성자가 하느님이요 성령이 하느님이라고 하며, 성부께서 선하시고 성자가 선하고 성령이 선하다고 하며, 성부께서 전능하시고 성자가 전능하고 성령이 전능하다고 말할 때, 하느님이 셋이라고 하거나 선한 분이 셋이라고 하거나 전능한 분이 셋이라고 하지 않으며, 오로지 '한 분 하느님', '선한 분 하나', '전능한 분 하나'를 일컫느니 곧 삼위일체 자체이시다. 그 밖에도 서로에게 상관시켜 언표하지 않고 각 위位가 자체와 연관하여 언표하는 것은 그것이 무엇이든지 [여기에 해당한다].[4] 이런 것은 '존재'에 입각하여 일컫는 언표들이니,[5] 여기서는 '존재한다'는 것이 '위대하게 존재하고', '선하게 존재하고', '지혜롭게 존재하고' 다른 어떤 모양으로 존재한다는 것인데 [그 모두가] 각각의 위격이 자기 자체와 연관하여 언표되고 삼위일체 자체가 언표되는 것이다.[6] 그러므로 세 위격[7] 혹은 세 실체[8]라는

---

[5] secundum essentiam dicuntur: 하느님께 서술되는 어느 언표도 '우유'의 범주에 들어가지 않으나, 삼위일체께 서술되는 속성들은 '존재' 곧 '실체'에 입각한 언표들과 '관계' — 우유의 범주가 아니다 — 에 입각한 언표들로 나뉜다.

[6] ad se unaquaeque ibi persona vel ipsa trinitas dicitur: 각 위 자체와 연관된 고유한 속성은 '존재에 입각한 언표'이므로 곧 삼위일체의 속성이기도 하다.

tas essentiae, sed ut uel uno aliquo uocabulo responderi possit cum dicitur quid tres uel quid tria; tantamque esse aequalitatem in ea trinitate ut non solum pater non sit maior quam filius quod attinet ad diuinitatem, sed nec pater et filius simul maius aliquid sint quam spiritus sanctus, aut singula quaeque persona quaelibet trium minus aliquid sit quam ipsa trinitas.

Dicta sunt haec, et si saepius uersando repetantur, familiarius quidem innotescunt; sed et modus aliquis adhibendus est deoque supplicandum deuotissima pietate ut intellectum aperiat et studium contentionis absumat quo possit mente cerni essentia ueritatis sine ulla mole, sine ulla mutabilitate. Nunc itaque in quantum ipse adiuuat creator mire misericors attendamus haec quae modo interiore quam superiora tractauimus, cum sint eadem, seruata illa regula ut quod intellectui nostro nondum eluxerit a firmitate fidei non dimittatur.

I 2. Dicimus enim non esse in hac trinitate maius aliquid duas aut tres personas quam unam earum, quod non capit consuetudo carna-

---

◄7 persona마저도 교부가 주저하는 용어다("말을 할 수도 안 할 수도 없어서 하는 말이다": non ut illud diceretur, sed ut ne taceretur 5.9.10).

◄8 교부는 una substania(5.9.10)로도, tres substantiae로도 쓴다. 그는 우선 '존재'(essentia)와 동의어로 채택하지만(5.2.3) 아리스토텔레스가 실체는 우유(偶有)를 수용하는 '기체'(基體, subiectum)로 간주하니까 이 용어는 피조물에만 해당한다고 본다(7.5.10). 그 대신 '존립하는 개체'(subsistens)를 가리킨다면 ὑπόστασις의 번역어로서 persona와 동의어가 된다.

9 quid tres vel quid tria: 아직 위격인지 모르거나 '아버지, 아들, 성령'으로 이름 붙여지기 전에는 중성명사(tria)로 묻게 된다.

10 modo interiore: 성경 계시에 대한 신학적 통찰보다는 인간 지성의 작용을 내성(內省)하는 방법론을 예고한다.

11 regula: 바로 위(7.6.12)에서 인용한 nisi credideritis non intellegetis 혹은 삼위일체론의 신앙 준거 — "위격들에 대한 혼동이 있어서는 안 되고, 무슨 차등이라도 있는 듯한 그런 구

말이 나올 때는 존재의 어떤 상이함을 [가리키는 것으로] 알아들을 것이 아니다. [삼위일체를 가리켜] 세 분 혹은 셋이라는 말이 과연 무슨 뜻이냐는 [물음에][9] 어느 한 단어를 써서 답변해 보려는 [시도로 알아들을 만하다]. 삼위일체 안에는 완벽한 동등이 있어서 그 신성에 관한 한 성부가 성자보다 더 위대하지도 않을뿐더러, 성부와 성자가 함께라고 해서 성령보다 더 위대한 무엇일 수도 없다. 아울러 이 셋 중의 어느 개별 위격이든 간에 삼위일체 자체보다 더 못한 무엇이 아니다.

[여태까지] 말한 내용이 이것이고 [앞으로도] 빈번히 되풀이될 내용이며 그렇게 함으로써 [그 내용에] 친숙해질 것이다. 그렇지만 [우리 논의에] 일단 한계를 그어야겠다. 또 극진한 정성으로 하느님께 간구하여 [하느님이] 우리 오성悟性을 열어 주시고 아울러 언쟁을 [일삼으려는] 욕심을 거두어 주시도록 빌어야겠다. 그렇게 함으로써 지성으로 진리의 본질을 식별해 낼 수 있을 것이니 저 진리는 [물리적인] 크기를 일체 갖지 않고 일체의 변화를 갖지 않은 연고이다. 그러므로 지금부터는 창조주께서 친히 놀라운 자비로 보우하심에 힘입어, 위에서 우리가 다루어 온 것보다도 더 내면적인 방법으로[10] 이 문제들을 탐구해 나가기로 하자. 우리 오성에 밝혀지는 바가 아직 미진하더라도, 그 일로 강건한 신앙으로부터 멀어지는 일이 있어서는 안 된다는 준거[11]는 보전되어야 할 것이다.

삼위일체에서는 두 위나 세 위가 그중 한 위보다 위대한 것이 아니다[12]

1.2. 먼저, 이 삼위일체에서는 두 위位나 세 위가 그중 한 위보다 더 위대하지 않다는 말을 하고 싶다. [인간 사고의] 육적인 관습으로는 이것을 깨

분도 있어서는 안 된다"(neque personarum sit confusio, nec talis distinctio qua sit impar aliquid) — 를 가리킨다.

[12] 제8권에서는 진리·선·정의·사랑을 계기로 하느님을 탐구하는데, 먼저(1.2-2.3) 다음 논지가 개진된다: 하느님은 진리이시다. 진리를 깨닫는(보는) 사람은 하느님을 뵙는다. 그런데 우리 내면의 안목은 너무 약하여 진리 자체를 관조하지 못한다.

lis non ob aliud nisi quia uera quae creata sunt sentit ut potest, ueritatem autem ipsam qua creata sunt non potest intueri; nam si posset, nullo modo esset lux ista corporea manifestior quam hoc quod diximus. In substantia quippe ueritatis quoniam sola uere est non est maior aliqua nisi quae uerius est. Quidquid autem intellegibile atque incommutabile est non aliud alio uerius est quia aeque incommutabiliter aeternum est, nec quod ibi magnum dicitur aliunde magnum est quam eo quo uere est. Quapropter ubi magnitudo ipsa ueritas est quidquid plus habet magnitudinis necesse est plus habeat ueritatis; quidquid ergo plus ueritatis non habet non habet etiam plus magnitudinis. Porro quidquid plus habet ueritatis profecto uerius est sicut maius est quod plus habet magnitudinis; hoc ergo ibi est maius quod uerius. Non autem uerius est pater et filius simul quam singulus pater aut singulus filius. Non igitur maius aliquid utrumque simul quam singulum eorum. Et quoniam aeque uere est etiam spiritus sanctus, nec pater et filius simul maius aliquid est quam ipse quia nec uerius. Pater quoque et spiritus sanctus simul quoniam ueritate non superant filium, non enim ueritus sunt, nec magnitudine superant. Atque ita filius et spiritus sanctus simul tam magnum aliquid sunt quam pater solus quia tam uere sunt. Sic et ipsa trinitas tam

---

¹³ vera quae creata sunt *sentit* … veritatem ipsam non potest *intueri*: 인간 지성의 대상은 '참된 사물'(vera creata)일 뿐이고 그나마도 직관(直觀, intueri) 못하고 감지(感知, sentire)할 따름이다.

¹⁴ 바로 앞의 각주 12 참조.

¹⁵ in substantia veritatis: 보통 '실체적 진리'로 번역된다.

¹⁶ est maior quia verius est: 다음 문장(magnum est eo quo vere est)과 결부시켜 보더라도 '더 참되다'보다 '더 참되게 존재하다'라는 번역이 무리하지 않다.

닿지 못한다. [인간 사고가] 할 수 있는 것은 창조된 진실한 사물만을 감지하는 것이지, 창조된 그것들을 창조한 진리 자체는 직관할 수 없다는 것 외에 다른 이유가 없다.[13] 만약 [진리를 직관]할 수 있다면야 [우리 주변의] 물리적 빛이 우리가 방금 이야기한[14] 그것보다 더 분명할 리가 없다. 그런즉 진리의 실체 속에서는,[15] 그것만이 참으로 존재하므로, 무엇이 보다 위대하다면 보다 참되게 존재한다는 이유에서가 아니면 그렇지 못하다.[16] 무엇이든지 가지적이고 불변한 것이라면,[17] 어느 면이 다른 면보다 더 참되게 존재한다고 할 수는 없으니, 동일하게 또 불변하게 영원한 까닭이다. 거기서는 무엇이 위대하다고 언표된다면 참되게 존재한다는 뜻에서가 아니면 달리 위대하다고 언표될 수 없다. 그러므로 거기서는 위대함은 곧 진리 자체이므로 위대함을 더 갖춘 것은 필히 진리를 더 갖춰야 한다. 그리고 진리를 더 갖추고 있지 않는 한 위대함을 더 갖추지도 못한다. 따라서 진리를 더 갖추고 있는 것은 분명히 더 참되게 존재하니, 이는 위대함을 더 갖추고 있는 것은 더 위대하게 존재함과 마찬가지이다. 따라서 더 참되다는 데서 더 위대하다. 그 까닭에 성부와 성자가 함께라고 해서 성부 홀로나 성자 홀로보다 더 참되게 존재하시는 것은 아니다. 따라서 두 분 다가 둘 중의 한 분보다 더 위대한 무엇은 아니다. 그리고 성령도 똑같이 참되게 존재한다는 점에서, 성부와 성자가 함께한다고 성령보다 위대한 것도 아니다. [두 분이 함께라고 해서 한 분일 때보다] 더 참되게 존재하시는 것은 아닌 까닭이다. 성부와 성령 역시 함께라고 해서 진리에 있어 성자를 능가하지는 않으므로 [두 분이 함께라고 해서] 보다 참되게 존재하시는 것은 아니다.[18] 그러므로 위대함에 있어 [성자를] 능가하는 것도 아니다. 마찬가지로 성자와 성령이 함께일지라도 성부 홀로일 때와 마찬가지로 위대할 뿐이니, [두 분도 성부와] 똑같은 정도로 참되게 존재하는 까닭이다. 그

---

[17] 물질적이고 감각적인 것과 달리 영적이고 가지적인(intelligibile) 사물은 불변하고 (incom-mutabile) '존재' 차원에서 여일하므로 비교가 성립하지 않는다.

[18] 진리에 있어(veritate) 더 능가해야 더 참되게 존재한다(verius esse)는 말이 성립한다.

magnum est quam unaquaeque ibi persona; non enim ibi maior est quae uerior non est ubi est ipsa ueritas magnitudo quia in essentia ueritatis hoc est uerum esse quod est esse, et hoc est esse quod est magnum esse; hoc ergo magnum esse quod uerum esse. Quod igitur ibi aeque uerum est etiam aeque magnum sit necesse est.

II 3. In corporibus autem fieri potest ut aeque uerum sit hoc aurum atque illud, sed maius hoc sit quam illud quia non eadem ibi est magnitudo quae ueritas, aliudque illi est aurum esse, aliud magnum esse.

Sic et in animi natura secundum quod dicitur magnus animus, non secundum hoc dicitur uerus animus; animum enim uerum habet etiam qui non est magnanimus quandoquidem corporis et animi essentia non est ipsius ueritatis essentia sicuti est trinitas, deus unus, solus, magnus, uerus, uerax, ueritas. Quem si cogitare conamur quantum sinit et donat, nullus cogitetur per locorum spatia contactus aut complexus quasi trium corporum, nulla compago iuncturae sicut tricorporem Geryonem fabulae ferunt; sed quidquid animo tale occurrerit ut maius sit in tribus quam in singulis minusque in uno

---

19 삼위일체에서 어느 위격에 다른 위격보다 더 큰 위대함[더 크다]을 부여하거나, 두 위격은 한 위격보다 더 크다는 생각은 신적 존재에 차등을 도입하는 짓임을 상세히 논구한다. 신성에는 '존재함'(esse)과 '참되게 존재함'(verum esse)과 '위대하게 존재함'(magnum esse)이 외연상 동일하다. 영원불변하여 참되게 존재하지 않는 한 아예 존재한다고도 못하고 더구나 위대하다고도 못하는 까닭이다.

20 교부에게 anima는 육체를 살리는 생명의 원리(anima vita est corporis: 4.1.3)이므로 동물에게도 있고, animus는 일종의 영적 실체(animus, qui substantia spiritalis est: 12.1.1)로서 지성(mens)이 깃든, '인간의 영혼'이다.

래서 삼위일체 자체 역시 각각의 위격이 그러한 만큼만 위대하다. 보다 참되게 존재하지 않는 한 보다 위대하게 존재하는 것은 아니니 거기서는 진리가 곧 위대함이기 때문이다. 진리의 존재 안에서는 존재함 자체가 곧 참된 존재함이고, 존재함 그 자체가 곧 위대하게 존재함이다. 그러므로 참되게 존재함이 곧 위대하게 존재함이다. 이리하여 똑같이 참된 이상 필연적으로 똑같이 위대하다.[19]

진리이신 하느님

2.3. 물체에서는 이 금金이나 저 금이나 똑같이 진짜 금이면서도 이것이 저것보다 크다는 말이 가능하다. 거기서는 '큼'과 '참'이 동일하지 않은 연고이다. 이런 사물에서는 금이라는 것 다르고 크다는 것 다르기 때문이다.

마찬가지로 정신의 자연 본성에서도 위대한 정신이라고 말한다고 해서 진실한 정신이라고 언표되는 것은 아니다.[20] '통 큰 사람'이 아니어도 진실한 정신을 갖출 수는 있다.[21] 이 경우에 신체와 정신의 '존재'가 곧 '진리 자체'의 존재는 아니기 때문이다. 삼위일체는 그와 달라서 삼위일체가 곧 한 분이요 유일하고 위대하고 참되고 진실하신 하느님이요 진리이시다.[22] 우리가 하느님을 사념思念에 떠올리려고 노력할 경우에 [하느님이] 허락하시고 베푸시는 [한도 내에서] 떠올리겠지만, 어느 누구도 [하느님을] 공간상의 장소에 내포된 분으로 사고해서는 안 되며, [삼위일체라고 해서] 세 몸체의 결합체처럼, 마치 신화에서 이야기하는 몸통이 셋인 게리온[23]같이 생긴 복합 체구를 상상해서도 안 된다. 그러니까 셋에 있는 것은 하나하나에 있는 것보다 크다거나 하나에 있는 것은 둘에 있는 것보다 작다는 상상이

---

[21] magnanimus(←magnus-animus '관대한')라는 형용사에 이미 '위대한'이라는 뜻이 담겨 있어서 하는 말이다.

[22] trinitas, deus verus verax, veritas: 세 어휘가 같은 어원에 뉘앙스는 다르다.

[23] Geryon: 허리춤부터 몸통이 셋(forma tricorporis umbrae: Vergilius, *Aeneis* 6.289)에 머리가 셋인 괴물로 지구 서쪽 끝 에리티아 섬에 살았는데 헤라클레스에게 죽임을 당한다.

quam in duobus sine ulla dubitatione respuatur; ita enim respuitur omne corporeum.

In spiritalibus autem omne mutabile quod occurrerit non putetur deus. Non enim paruae notitiae pars est cum de profundo isto in illam summitatem respiramus si antequam scire possimus quid sit deus, possumus iam scire quid non sit. Non est enim certe nec terra nec caelum nec quasi terra et caelum, nec tale aliquid quale uidemus in caelo, nec quidquid tale non uidemus et est fortassis in caelo. Nec si augeas imaginatione cogitationis lucem solis quantum potes, siue quo sit maior siue quo sit clarior, millies tantum aut innumerabiliter, neque hoc est deus. Nec sicut cogitantur angeli mundi spiritus caelestia corpora inspirantes atque ad arbitrium quo seruiunt deo mutantes atque uersantes neque si omnes, cum sint *milia millium*, in unum conlati unus fiant, nec tale aliquid deus est. Nec si eosdem spiritus sine corporibus cogites, quod quidem carnali cogitationi difficillimum est.

Ecce uide si potes, o anima praegrauata corpore *quod corrumpitur* et onusta terrenis cogitationibus multis et uariis, ecce uide si potes, deus ueritas est. Hoc enim scriptum est: *Quoniam deus lux est*, non quomodo isti oculi uident, sed quomodo uidet cor cum audit, ueritas est. Noli quaerere quid sit ueritas; statim enim se opponent caligines

---

[24] scire quid non sit: 교부는 하느님의 '존재'와 '삼위일체'가 이런저런 것이 아니라고 일깨우는 방법(via negativa)을 부단히 구사하고 있다(이 책 5.1.1-2 참조).

[25] angeli mundi spiritus caelestia corpora inspirantes: 영혼은 신체에 생기를 주고(anima corpus animans: 이 책 11.2.5) 영은 천체나 인간들에게 영감을 준다(inspirantes).

[26] spiritus sine corporibus: 아우구스티누스는 정령(daemon)은 공중 신체(corpus aerium), 천사는 영계 신체(corpus aetherium)를 가진다는 당대 사상을 대체로 수용했다(『신국론』 8.16 참조).

정신에 떠오를 경우에 주저 없이 머리에서 떨쳐 버려야 한다. 그처럼 모든 물리적 [요소를] 떨쳐 버려야 한다.

영적 사물들에서도 변하는 것을 만나면 절대로 하느님이라고 생각해서는 안 된다. 우리가 저 심연에서 저 드높은 정상頂上을 동경하고 있는 마당에, 하느님이 무엇인지 알 수 있기 전에 [하느님이] 무엇이 아닌지 알 수 있다면,[24] 그것만으로도 적은 분량의 지식이 아니다. [하느님은] 분명히 땅도 아니고 하늘도 아니며, 천지와 흡사한 무엇도 아니고, 하늘에 보이는 무엇도 아니고, 우리 눈에 보이지 않지만 하늘에 있을지도 모르는 무엇도 아니다. 그대가 상상력을 발휘하여 햇빛을 그대가 할 수 있는 만큼 더 세차게, 더 환하게 확대해 나간다고 하자. 수천 배 아니 무한히 확대한다고 하자. 그러나 그것이 하느님은 아니다. 으레 천사들을 그렇게 생각하듯이 그들이 천체들을 움직여 가는 세계의 영靈들이요[25] 하느님을 섬기려는 의사意思대로 천체들을 운동시키고 회전시킨다고 하더라도, 또 그들의 숫자가 수천수만이고 그들이 전부 뭉쳐서 하나가 된다고 하더라도, 그 존재가 하느님은 아니다. 설령 그대가 이 영들을 신체가 없는 존재로[26] 생각한다고 할지라도 육체를 갖고 사유하는 자들에게는 그런 대상마저도 생각해내기가 무척 힘들다.

그러니 오, 육체에 짓눌린 영혼이여, 그럴 능력이 있으면 바라보시라, 하느님은 진리이시다! 그대는 "썩어 없어지는 육체"에 짓눌려 있고[27] 하고 많은 갖가지 지상적 생각에 억눌려 있다. "하느님은 빛이시다"[28]라고 기록되어 있다. 이 육안이 보는 식으로 [빛이라는] 말이 아니라 "[하느님은] 진리이시다"라는 말을 듣는 순간 심안心眼이 보는 빛이다. 진리가 무엇이냐고 [섣불리] 묻지 마시라! 당장 물리적 영상의 안개가 가로막고 표상의 구

---

[27] 지혜 9,15 참조: "썩어 없어질 육신이 영혼을 무겁게 하고 흙으로 된 이 천막이 시름겨운 정신을 짓누릅니다."

[28] 1요한 1,5.

imaginum corporalium et nubila phantasmatum et perturbabunt se-
renitatem quae primo ictu diluxit tibi cum dicerem, ueritas. Ecce in
ipso primo ictu qua uelut coruscatione perstringeris cum dicitur ue-
ritas mane si potes; sed non potes. Relaberis in ista solita atque ter-
rena. Quo tandem pondere, quaeso, relaberis nisi sordium contracta-
rum cupiditatis uisco et peregrinationis erroribus?

III 4. Ecce iterum uide si potes. Non amas certe nisi bonum quia
bona est terra altitudine montium et temperamento collium et pla-
nitie camporum, et bonum praedium amoenum ac fertile, et bona
domus paribus membris disposita et ampla et lucida, et bona ani-
malia animata corpora, et bonus aer modestus et salubris, et bonus
cibus suauis atque aptus ualetudini, et bona ualetudo sine doloribus
et lassitudine, et bona facies hominis dimensa pariliter et affecta
hilariter et luculente colorata, et bonus animus amici consensionis
dulcedine et amoris fide, et bonus uir iustus, et bonae diuitiae quia
facile expediunt, et bonum caelum cum sole et luna et stellis suis,
et boni angeli sancta obedientia, et bona locutio suauiter docens et
congruenter mouens audientem, et bonum carmen canorum nume-
ris et sententiis graue. Quid plura et plura? Bonum hoc et bonum il-
lud. Tolle hoc et illud, et uide ipsum bonum si potes; ita deum uide-

---

[29] '진리의(진리가 주는) 평정'(veritatis serenitas: e.g., *Sermo* 352.6)은 교부가 즐겨 쓰는 문
구다.

[30] '가지적 세계'를 한 번 관조한 교부의 체험을 빗대고 있다(『고백록』 7.17.26 참조).

[31] quo pondere relaberis?: 『고백록』 7.17.23("내 중력에 눌려 당신께로부터 떨어져 나가곤
하였으며 … 저 중력이란 곧 육욕의 관습이었습니다"); 13.9.10["나의 중심(重心)은 나의 사랑
입니다. 어디로 이끌리든 그리로 내가 끌려갑니다"(pondus meum amor meus, eo feror quo-
cumque feror)].

름이 가려 버리면서 내가 '진리'라는 말을 뇌던 순간 그대에게 퍼뜩 떠오르던 평정平靜[29]이 당장 혼란스러워지고 만다. '진리'라는 말을 뇌던 찰나, 섬광처럼 그대를 사로잡는 그 순간이 있는데, 할 수만 있다면 그 순간을 붙잡도록 해 보라. 하지만 그대는 못한다. 그대는 일상적이고 지상적인 것으로 미끄러지고 말 것이다.[30] 그래서 내가 그대에게 묻는다. 무슨 중력重力으로 그대가 미끄러지는 것일까?[31] 그대가 욕망의 내장과 오류의 방황에 의해서 누적된 사물들의 때꼽이 아니면 무엇이겠는가?[32]

최고선이신 하느님[33]

3.4. 자, 다시 한 번 할 수 있는지 해 보시라! 그대는 좋은 것이 아니면 사랑하지 않는다. 땅은 높다란 산들이며 완만한 언덕들을 갖고 있어서 좋다. 들도 아름답고 비옥한 흙이어서 좋다. 집 역시 알맞은 공간들을 갖추고 넓고 환해서 좋다. 목숨을 지닌 생물들 역시 좋은 것이다. 순하고 건강한 공기도 좋은 것이다. 맛이 순하고 건강에 알맞은 음식 역시 좋은 것이다. 고통이 없고 피로가 없다면 건강이 좋다. 사람 얼굴도 오목조목 갖추어지고 기쁨이 서려 있고 홍조를 띠고 있다면 참 좋다. 따뜻한 정과 믿음직한 사랑을 간직한 친우의 마음 역시 좋은 것이다. 의리 있는 사람이 좋고, 재산도 쉽사리 쓰임새가 되어 주니까 좋고, 해와 달과 그 별을 거느린 하늘도 좋고, 성스럽게 순종하는 천사들도 좋고, 좋은 언변은 듣는 사람에게 우아한 가르침을 내리고 알맞은 훈계를 주어서 좋고, 노래도 가락이 매끄럽고 숭고한 정서를 일으키면 좋다. 자꾸 더 이상 무엇을 꼽아야 할까? 이것도 좋고 저것도 좋다. 그때 이것도 치우고 저것도 치우고 할 수 있다

---

[32] sordium contractarum: '진리'를 향하는 도정에도 죄의 흔적과 욕정으로 인해서 인간은 대신덕(對神德)과 사추덕(四樞德)을 수단으로 점진적인 동화와 정화를 이루어야 한다. 아우구스티누스가 이 책에서 그리스도론과 구속론(4권 참조)을 전개한 이유도 여기 있다.

[33] 이어서(3.4-5) '하느님은 선 자체시다. 우리가 사랑하는 모든 것은 이 선에서 기인한다. 우리가 추구하는 모든 것에서 최고선을 본다면 하느님을 뵙기에 이른다'는 논지를 편다.

bis, non alio bono bonum, sed bonum omnis boni. Neque enim in his omnibus bonis uel quae commemoraui uel quae alia cernuntur siue cogitantur diceremus aliud alio melius cum uere iudicamus nisi esset nobis impressa notio ipsius boni secundum quod et probaremus aliquid et aliud alii praeponeremus. Sic amandus est deus, non hoc et illud bonum, sed ipsum bonum; quaerendum enim bonum animae, non cui superuolitet iudicando, sed cui haereat amando, et quid hoc nisi deus? Non bonus animus aut bonus angelus aut bonum caelum, sed bonum bonum.

Sic enim forte facilius aduertitur quid uelim dicere. Cum enim audio uerbi gratia quod dicitur animus bonus, sicut duo uerba sunt ita ex eis uerbis duo quaedam intellego, aliud quo animus est, aliud quo bonus. Et quidem ut animus esset non egit ipse aliquid; non enim iam erat qui ageret ut esset. Vt autem sit bonus animus uideo agendum esse uoluntate, non quia idipsum quo animus est non est aliquid boni (nam unde iam dicitur et uerissime dicitur corpore melior?), sed ideo nondum dicitur bonus animus quia restat ei actio uoluntatis qua sit praestantior. Quam si neglexerit, iure culpatur recteque dicitur non bonus animus; distat enim ab eo qui hoc agit, et quia

---

³⁴ vere iudicamus ⋯ nobis impressa notio ipsius boni secundum quod: 아우구스티누스의 '조명설'에 따르면 이념(intelligibile: 앞의 각주 17 참조)이 인식 판단의 대상이 아니고 그 규제적 원리(secundum quod)가 된다는 해설이 나온다.

³⁵ cui haereat amando, et quid hoc nisi deus?: '진리로부터의 신 존재 증명'(『자유의지론』 2.3.7-15.20 참조)과 달리 이 3장은 '선으로부터의 신 존재 증명'을 연상시킨다.

³⁶ bonum bonum: '선 자체'라는 말을 형용한다.

³⁷ non iam erat qui ageret ut esset: 영혼의 존재론적 선성은 그 신적 기원을 인정하도록 요구한다. 모든 선은 선 자체로부터 유래하는 까닭이다.

면 선 자체를 보도록 하라. 그러면 그대는 하느님을 뵐 것이다. 다른 선에 의거한 선이 아니고 모든 선의 선 자체를 보게 될 것이다. 이런 모든 선한 사물에서, 그러니까 내가 방금 열거한 것들이든 달리 열거되거나 머리에 떠오르는 것들이든 [이런 모든 사물에서] 우리는 어떤 것이 다른 것보다 더 좋다는 말을 하게 된다. 선 자체의 개념이 우리에게 각인되어 있기 때문이 아니라면 우리가 이것을 제대로 판단하지 못할 것이다.[34] [선 자체에] 입각해서 우리는 무엇을 선하다고 인정하는가 하면 어떤 것이 다른 것보다 더 선하다고 앞세우기에 이른다. 그래서 하느님이 사랑받으셔야 하는데 이런 선, 저런 선으로서 사랑받는 것이 아니라 선 자체로서 사랑받으셔야 한다. 또 영혼의 선을 추구해야 하는데 [우리가] 위에서 내려다보면서 [저것이 선이구나 하고] 판단하는 그런 대상이 아니고 우리가 그것을 사랑하는 가운데 거기에 귀의歸依하게 되는 그런 대상이어야 한다. 그것이 하느님 말고 무엇이겠는가?[35] 선한 영혼도 아니고, 선한 천사도 아니고, 선한 무엇도 아니고, 선한 선이시다.[36]

그렇다면 내가 무슨 이야기를 하려는지 쉽게 파악된다. 예를 들어 '선한 영혼'이라는 말을 듣는다면 거기에는 단어가 둘 나오며, 따라서 나는 이 단어들에서 뭔가 두 가지를 인식하게 된다. 하나는 '영혼'이라는 단어에서 오는 것이고 다른 하나는 '선하다'는 단어에서 오는 것이다. 영혼으로 존재하는 데는 정신 자체가 행한 [행적은] 아무것도 없다. 존재하기 위하여 무엇을 할 만큼 아직 존재하지는 않았던 것이다.[37] 그 대신 영혼이 선하려면 자유의지를 행사할 필요가 있음을 알게 된다. 그렇다고 영혼으로 존재한다는 사실에서 선이 일체 없었다는 말은 나오지 않는다. 그렇지 않고서야 [영혼이] 육체보다 더 선하다는 말이 어떻게 나오겠는가? [영혼이 육체보다 더 선하다는 말은] 정말 옳은 말 아닌가? 그럼에도 '선한 영혼'이라는 말을 아직 안 하는 까닭은 자유의지의 행위가 아직도 남아 있기 때문이다. [자유의지의 행사에 의해서] 영혼이 훌륭해진다. 만약 [자유의지의 행사를] 소홀히 한다면 의당 탓이 돌아오고 그때는 선한 영혼이 아니라는 말도

ille laudabilis, profecto iste qui hoc non agit uituperabilis est. Cum uero agit hoc studio et fit bonus animus, nisi se ad aliquid conuertat quod ipse non est non potest hoc assequi. Quo se autem conuertit ut fiat bonus animus nisi ad bonum, cum hoc amat et appetit et adipiscitur? Vnde se si rursus auertat fiatque non bonus, hoc ipso quod se auertit a bono, nisi maneat in se illud bonum unde se auertit, non est quo se iterum si uoluerit emendare conuertat.

5. Quapropter nulla essent mutabilia bona nisi esset incommutabile bonum. Cum itaque audis bonum hoc et bonum illud quae possunt alias dici etiam non bona, si potueris sine illis quae participatione boni bona sunt perspicere ipsum bonum cuius participatione bona sunt (simul enim et ipsum intellegis, cum audis hoc aut illud bonum), si ergo potueris illis detractis per se ipsum perspicere bonum, perspexeris deum. Et si amore inhaeseris, continuo beatificaberis. Pudeat autem cum alia non amentur nisi quia bona sunt, eis inhaerendo non amare bonum ipsum unde bona sunt. Illud etiam

---

[38] 선을 향한 '전향'(轉向, ad aliquid convertat)은 선을 등지는 '배향'(背向, se avertit a bono)과 함께 후반부의 주제를 이룬다. 영혼의 창조는 무(無)로부터 존재(存在)를 향한 움직임(informatio)을 전제한다. 그리고 의지로 하느님을 향하는 귀환의 단계(reformatio)에서 영혼은 창조주의 모습에 따라서 생겼다는 의식을 고취하면서 '하느님의 모상'으로 완성된다.

[39] mutabilia bona: '변하지만 선한 사물들.'

[40] ipsum bonum cuius participatione bona sunt: 플라톤은 지상 사물의 진선미는 진선미의 이념에 '참여'함으로써 이루어진다 했는데 교부는 이념의 자리에 하느님을 위치시킨다.

[41] 이 이론은 『자유의지론』 2.16.44-45에 더 상세히 논술되어 있다.

옳다. [자유의지를 행사하는] 사람은 그 일로 칭송을 받을 만한 사람이지만 그와 달리 그것을 행사하지 않는 사람은 그 일로 힐책을 받을 만하다. 이런 노력을 해서 선한 영혼이 되려면 [영혼] 자체가 아닌 다른 것으로 전향하지 않고서는 이를 달성하지 못한다. 또 영혼이 선한 영혼이 되려면 선이 아닌 어디로 전향해야 하겠는가? 그 선을 사랑하고 추구하고 취득함으로써 선해지는 것이다. 거기서 다시 등을 돌린다면 선한 영혼이 되지 못할 것이고 선으로부터 등을 돌렸다는 사실로 미루어, 자기가 등진 그 선은 여전히 남아 있어야 한다. 그렇지 않으면 [선을 등진] 그 일을 바로잡고 싶어도 다시 전향할 곳이 없어지고 만다.[38]

불변의 선과 변하는 선들

3.5. 그러므로 불변하는 선이 존재하지 않는다면 변하는 선들이[39] 어느 것도 존재하지 않을 것이다. 따라서 그대가 이것이 선하고 저것이 선하다는 말을 들을 때는, 저것들이 달리는 선한 사물이 아니라는 말을 할 수도 있다고 [가정하고서] 선 자체에 참여함으로써 저것들이 선한 사물이 [되었으며][40] 그럴 경우에 저런 선한 사물들을 [치우고서] 그대가 저 선 자체를, 저것들이 참여하여 선한 것이 되는 그 선 자체를 관조할 수 있을지 [상상해 보라](그래서 이것이 선하고 저것이 선하다는 말을 듣는 동시에 그대는 저 선 자체를 인식하는 셈이다). 그러므로 그대가 그 선한 사물들을 제치고서도 저 선 자체를 관조할 수 있다면, 그대는 하느님을 관조하게 되리라.[41] 또 사랑으로 [하느님께] 귀의한다면 당장 지복至福을 누리게 되리라.[42] 그런즉 사물이 선하다는 이유 말고 딴 이유로 사물을 사랑하는 일은 부끄러운 짓이어야 하고, 그 사물들에 애착하여 그것들이 선한 사물이 되게 만드는 선 자체를 사랑하지 않음도 부끄러운 일이어야 한다.[43] 우리가 영혼을 [사랑하더라도] 그

---

[42] si amore inhaeseris, continuo beatificaberis: '선'과 '지복'의 관계는 교부의 가장 중요한 논제였다(*De beata vita*, 『신국론』 7권과 19권 참조).

[43] 피조물에 대한 '사용'(uti)과 창조주에 대한 '향유'(frui)라는 교부의 사상을 상기시킨다.

quod animus tantum quia est animus, etiam nondum eo modo bo-
nus quo se conuertit ad incommutabile bonum, sed, ut dixi, tantum
animus cum ita nobis placet ut eum omni etiam luci corporeae cum
bene intellegimus, praeferamus, non in se ipso nobis placet sed in il-
la arte qua factus est. Inde enim approbatur factus ubi uidetur fuisse
faciendus. Haec est ueritas et simplex bonum; non enim est aliud
aliquid quam ipsum bonum ac per hoc etiam *summum bonum*. Non
enim minui uel augeri bonum potest nisi quod ex alio bono bonum
est.

Ad hoc se igitur animus conuertit ut bonus sit a quo habet ut ani-
mus sit. Tunc ergo uoluntas naturae congruit ut perficiatur in bono
animus cum illud bonum diligitur conuersione uoluntatis unde est
et illud quod non amittitur nec auersione uoluntatis. Auertendo enim
se a summo bono amittit animus ut sit bonus animus; non autem
amittit ut sit animus cum et hoc iam bonum sit corpore melius. Hoc
ergo amittit uoluntas quod uoluntas adipiscitur; iam enim erat ani-
mus qui conuerti ad id uellet a quo erat; qui autem uellet esse ante-
quam esset nondum erat. Et hoc est bonum nostrum ubi uidemus
utrum esse debuerit aut debeat quidquid esse debuisse aut debere

---

44 사물 자체가 아니고 사물을 만드신 분의 솜씨를 사랑해야 한다. deus artifex['장인(匠人)
이신 하느님')는 그가 즐겨 쓰는 창조주의 호칭이다.

45 inde approbatur factus, ubi videtur fuisse faciendus: 창조주의 시각으로 사물을 평가한
다는 말. "하느님의 영원한 계획에 비추어 영혼은 그렇게 창조되었어야 한다고 생각하고서
는, 창조된 영혼을 보고서 생각한 그대로 창조되었으니까 영혼이 선하다고(= 좋다고) 인정하
는 셈이다."

46 haec est veritas et simplex bonum: 하느님(여기서는 하느님의 '예술')이 '진리'(veritas)로
불리고 '선 자체'(ipsum bonum), 곧이어 '최고선'(summum bonum)으로 불린다.

47 인간은 피조물이므로 그에게 '선악의 피안'은 없으며, 최고선에 동의하고 지향할 경우에
만 자유의지의 본성을 채우고(voluntas naturae congruit) 완성을 이룬다(ut perficiatur).

것이 영혼이라는 사실만으로 [사랑한다고 하자]. 영혼이 불변의 선을 향해서 전향했다는 점에서 선하다는 사실에 비추어 [사랑하는 것이 아니고] 방금 말한 대로 그것이 영혼이라는 사실만으로 사랑한다고 하자. 그리고 우리가 제대로 인식함으로써 영혼을 일체의 물리적 빛보다 앞세워 사랑한다고 하자. 그럴 경우에 우리는 영혼 자체를 두고 마음에 들어 할 것이 아니고 영혼이 창조된 그 예술을 두고 마음에 들어 해야 마땅하다.[44] 그렇게 한다면 영혼이 [이러저러하게] 창조되어야 했다고 생각하고서는 [생각한] 그대로 창조되었다고 인정하는 셈이다.[45] 이 예술이 바로 진리이고 단순한 선이다.[46] 그것은 선 자체이지 그 밖의 다른 무엇이 아니며 그 점에서 최고선最高善이기도 하다. 다른 선에 의해서 선한 것으로 존재하는 경우가 아닌 한 선이 늘거나 줄 수가 없다.

그러므로 영혼은 선한 영혼이 되려고 자기를 전향轉向시키는데, 영혼이 영혼으로서 존재하도록 만드는 바로 그분을 향해서 자기를 전향시킨다. 그제야 비로소 자유의지가 자연 본성에 상합한다. 또 자유의지의 전향에 의해서 저 선, 영혼이 영혼으로서 존재하게 만든 바로 저 선을 사랑할 때 비로소 영혼이 선으로 완성을 이루게 된다.[47] 그리고 저 선은 바로 그 의지의 배향背向에 의해서가 아니면 상실되지 않는다. 영혼은 최고선으로부터 자기 등을 돌림으로써 실상 선한 영혼이기를 중단한다. 그렇다고 영혼이기마저 중단하는 것은 아니다. 영혼이라는 그것만으로도 이미 선이고 신체보다 더 나은 선이기 때문이다. 그러므로 의지는, 의지가 획득하는 [이]것을 잃는다.[48] 영혼이 영혼을 존재하게 만든 분을 향하여 전향하겠다고 의지意志하기 전에도 영혼은 영혼으로서 존재했다. 그렇지만 영혼이 존재하기 전에도 존재하겠다고 의지하는 [영혼은] 아직 존재하지 않았다. 이것이 우리 선이다. 우리는 이 선에 입각해서, 무엇이든 존재해야 했거나 존

---

[48] amittit voluntas quod voluntas adipiscitur: 자유의지를 비롯한 궁극적 선들은 의지에 반해서 상실되지 않는다(non invitus amitti). 『자유의지론』 2.14.37 참조.

comprehendimus, et ubi uidemus esse non potuisse nisi esse de-
buisset quidquid etiam quomodo esse debuerit non comprehendi-
mus. Hoc ergo bonum *non longe positum est ab unoquoque nos-
trum: In illo enim uiuimus et mouemur et sumus.*

IV 6. Sed dilectione standum est ad illud et inhaerendum illi ut
praesente perfruamur a quo sumus, quo absente nec esse possemus.
Cum *enim per fidem adhuc ambulamus non per speciem, nondum*
utique *uidemus* deum sicut idem ait *facie ad faciem.* Quem tamen
nisi iam nunc diligamus, numquam uidebimus. Sed quis diligit
quod ignorat? Sciri enim aliquid et non diligi potest; diligi autem
quod nescitur, quaero utrum possit quia si non potest, nemo diligit
deum antequam sciat. Et quid est deum scire nisi eum mente con-
spicere firmeque percipere? Non enim corpus est, ut carneis oculis
inquiratur.

---

[49] Hill은 뒤 문장이 악의 존재를 암시하는 것으로 해석한다.

[50] 사도 17,27-28.

[51] 선 자체이신 하느님을 사랑해야 행복해진다는 앞 장의 권유에 이 장(4.6-8)에서는 '하느
님을 먼저 알지 않으면 어떻게 사랑하느냐?'는 반문이 나온다. '믿음으로 사랑하라. 믿음은
전이해(前理解)를 담고 있다'고 답변하는 경우 '하느님, 특히 삼위일체에 관한 전이해가 어디
있느냐?'는 반문이 다시 제기된다.

[52] sed: 혹자(Hill)는 '그 안에서 살고 움직이며 존재하는 것으로는 부족하고'라는 의미로 이
접속사를 해석한다.

[53] 2코린 5,7 참조: "우리는 믿음으로 살아가지, 보면서 살아가는 것이 아닙니다." per
fidem non per speciem은 이 책에서만도 30여 회 인용되는 구절이다.

[54] 1코린 13,12 참조.

재해야 한다는 점을 해득하고 과연 그것이 필히 존재해야 했거나 존재해야 하는지를 본다. 또 이 선에 입각해서 우리는 그것이 어떤 양상으로 존재했어야 하는지는 해득하지 못할지라도 무엇이든지 필히 존재했어야 하지 않았더라면 존재할 수 없었다고 본다.[49] 그런데 이 선은 "우리 각 사람에게서 멀리 있지 않다. 우리는 그 안에서 살고 움직이며 존재한다".[50]

하느님은 신앙으로 사랑해 드려야 하며 그렇게 함으로써 마음이 정화된다[51]

4.6. 그렇더라도[52] 우리는 사랑을 갖고 이 [선에] 충실하고 그것에 귀의해야 한다. 그럼으로써 그것의 현존을 누리도록 할 것이니 그것에 의해서 우리가 존재하는 까닭이요 그것이 부재한다면 우리가 존재조차도 할 수 없는 까닭이다. "우리는 아직 신앙을 통해서 살아가지, 형상形象을 보면서 살아가는 것이 아니며",[53] 같은 [사도가] 하는 말대로 "얼굴과 얼굴을 마주 보는"[54] 것이 아니므로, "아직은 하느님을 뵙고 있는 것이 아니다".[55] 그렇지만 우리가 그분을 지금 벌써 사랑하지 않는다면 결코 그분을 뵐 수 없을 것이다.[56] 하지만 모르는 것을 누가 사랑한다는 말인가? 무엇을 알면서도 사랑하지 않는 일은 가능하다. 다만 모르는 것을 사랑하는 일이 가능한지는 묻고 싶다. 가능하지 않다면, 아무도 하느님을 알기 전에는 하느님을 사랑하지 못하기 때문이다. 또 하느님을 안다 함은 지성으로 하느님을 관조하고 그분을 확고하게 파악한다는 말 아니고 무엇인가?[57] 그분은 물체가 아니어서 육안으로 찾아낼 분이 아니다.

---

[55] 1코린 8,2 참조: "누가 무엇인가를 알았다고 생각한다면 그는 아직 마땅히 알아야 하는 방식대로 알고 있는 것이 아닙니다."

[56] "진리를 아는 이는 그를 알고, 그를 아는 이는 영원을 압니다. 사랑이 그를 압니다"(『고백록』7.10.16).

[57] mente conspicere firmeque percipere: 하느님을 사랑하는 데 요구되는 인식은 막연한 일반 지식이 아니고 학문적이고 체험적인 신 인식(神認識)이다.

Sed et priusquam ualeamus conspicere atque percipere deum sicut conspici et percipi potest, quod mundis cordibus licet: *Beati* enim *mundicordes quia ipsi deum uidebunt*, nisi *per fidem* diligatur, non poterit cor mundari quo ad eum uidendum sit aptum et idoneum. Vbi sunt enim illa tria propter quae in animo aedificanda omnium diuinorum librorum machinamenta consurgunt, *fides, spes, caritas* nisi in animo credente quod nondum uidet et sperante atque amante quod credit? Amatur ergo et quod ignoratur sed tamen creditur. Nimirum autem cauendum est ne credens animus id quod non uidet fingat sibi aliquid quod non est et speret diligatque quod falsum est. Quod si fit, non erit *caritas de corde puro et conscientia bona et fide non ficta*, qui *finis praecepti est* sicut idem apostolus dicit.

7. Necesse est autem cum aliqua corporalia lecta uel audita quae non uidimus credimus, fingat sibi animus aliquid in lineamentis formisque corporum sicut occurrerit cogitanti, quod aut uerum non sit aut etiam si uerum est, quod rarissime potest accidere, non hoc tamen fide ut teneamus quidquam prodest, sed ad aliud aliquid utile quod per hoc insinuatur. Quis enim legentium uel audientium quae scripsit apostolus Paulus uel quae de illo scripta sunt non fingat

---

[58] 마태 5,8. '믿음'과 '정화'의 연관은 사도 15,9["믿음으로 그들의 마음을 깨끗하게 하셔서"(fide purificans corda eorum)] 참조.

[59] 1코린 13,13 참조.

[60] 1티모 1,5 참조.

다만 하느님을 관조하고 파악할 수 있다는 대로 우리가 하느님을 관조하고 파악할 능력을 갖기 전에 '믿음으로' [하느님을] 사랑하지 않는다면, 하느님을 뵙기 알맞고 온당할 만큼 마음이 깨끗해지지 못한다. 하느님을 관조하고 파악할 수 있다는 것은 깨끗한 마음들에게만 합당하다. "복되어라. 마음이 깨끗한 사람들! 그들은 하느님을 뵙게 되리니."[58] 저 세 가지 덕성, 거룩한 서책들의 모든 장치가 우리 영혼 안에 일으켜 세우려고 하는 대상, 곧 "믿음, 희망, 사랑"[59]이 도대체 어디에 자리 잡겠는가? 아직 눈에 보이지 않는 바를 믿는 영혼, 믿는 바를 희망하고 사랑하는 영혼 아니면 어디에 자리 잡겠는가? 그러니까 모르지만 믿는 대상이므로 사랑한다. 단 영혼이 보이지 않는 바를 사랑한다면서 존재하지도 않는 것을 스스로 상상해 내는 일이 없도록 정말 조심해야 하고, 거짓된 것에다 희망을 두고 사랑하는 일이 없도록 조심해야 한다. 그렇지 못할 경우 사도가 말하는 "깨끗한 마음과 고운 양심과 거짓 없는 믿음에서 우러나오는 사랑"[60]이 아닐 것이다.

믿음은 선행되는 인식을 전제한다

4.7. 우리가 본 적이 없는 물체들에 관해서 읽거나 듣고서 그것을 믿을 경우에 영혼은 필히 그것들을 물체의 모양과 형태를 한 무엇으로 상상하게 마련이며, [그것이] 생각하는 사람과 마주하고 있는 것처럼 여긴다. 그것이 참이 아닐 수도 있고, 아주 드물게 일어나는 일이기는 하지만 참인 경우도 있다. 그렇더라도 우리는 그것이 이로운 무엇이라도 되는 양 그것에 신앙으로 매달리려고 할 것이 아니라, 그것을 통해서 암시되는 제삼의 어떤 유익한 것에 도달하도록 힘써야 한다.[61] [예를 들어] 바오로 사도가 기록한 것이나 그 인물에 관해서 기록된 바를 읽거나 듣는 사람치고 바오

---

[61] 4장에서는 '인식'(scire), '믿음'(credere), '사랑'(diligere)을 결부시키는데, 감각적 차원에서는 자기 눈으로 못 보았지만 다른 사람들이 들려주는 말을 믿으면서 저절로 좋아진다면 '모르는 것을 좋아하는' 것이므로 착각에 빠지기 쉽다고 일깨운다.

animo et ipsius apostoli faciem et omnium quorum ibi nomina commemorantur? Et cum in tanta hominum multitudine quibus illae litterae notae sunt alius aliter lineamenta figuramque illorum corporum cogitet, quis propinquius et similius cogitet utique incertum est. Neque ibi occupatur fides nostra qua facie corporis fuerint illi homines, sed tantum quia per dei gratiam ita uixerunt et ea gesserunt quae scriptura illa testatur. Hoc utile est credere et non desperandum et appetendum. Nam et ipsius facies dominicae carnis innumerabilium cogitationum diuersitate uariatur et fingitur, quae tamen una erat quaecumque erat. Neque in fide nostra quam de domino Iesu Christo habemus illud salubre est quod sibi animus fingit longe fortasse aliter quam res habet, sed illud quod secundum speciem de homine cogitamus; habemus enim quasi regulariter infixam naturae humanae notitiam secundum quam quidquid tale aspicimus statim hominem esse cognoscimus uel hominis formam.

V. Secundum hanc notitiam cogitatio nostra informatur cum credimus pro nobis deum hominem factum ad humilitatis exemplum et ad demonstrandam erga nos dilectionem dei. Hoc enim nobis pro-

---

62 *secundum speciem* de homine cogitamus: "그분이 인간으로서 갖추었을 본성[인성]을 생각해야 한다."

63 '인식', '믿음', '사랑'의 관계에서 '인간성'(naturae humanae notitia) 같은 추상적 개념이든 사람이 육체로 태어나고 죽는 것을 목격한 후천적 개념이든 개념적으로 서술하는 내용에 우리가 '동의'(믿음)하여 '인정'하는 자세는 '사랑'이다.

64 ad humilitatis exemplum: 교부들이 그리스도의 육화를 교화적(敎化的) 의미로 받아들이는 개념 하나가, 바오로가 설교한 '자기 비움'(필리 2,6-11)의 본보기였다.

로의 얼굴을 떠올리지 않을 사람이 누구인가? 또 거기에 이름이 열거되는 모든 인물들의 얼굴을 떠올리지 않을 사람이 누구인가? [바오로 사도의] 저 서간들을 알고 있는 수많은 사람에게서는 [서간에 등장하는] 인물들의 신체들이 제각기 다른 형태를 띠고 떠오르게 마련인데 과연 누가 [그 등장 인물들을] 실제에 더 가깝고 더 흡사하게 생각해 냈을까는 전혀 확실치 못하다. 여기서 우리 신앙이 관심을 두는 것은 [바오로의 서간에 등장하는] 저 인물들이 어떤 얼굴 모습을 했느냐가 아니다. 오로지 그들이 하느님의 은총을 입어 어떻게 살았으며 저 성경이 증언하는 그러한 행실을 했다는 점이다. 우리가 믿어야 할 것은 바로 이 점이고 우리가 절망하지 않고 희구해야 할 것도 [다름 아닌 이 점이다]. 주님 육신의 용모도 [상상해 내는 사람들의] 생각이 무수하게 많은 정도로 다양하게 달라지고 그려지고 있는데, [주님의 용모가] 어떠했든 상관없이 [언제까지나] 하나뿐이다. 주 예수 그리스도께 품고 있는 우리 신앙에서 구원에 정작 유익한 것은 우리 영혼이 스스로 그려 내는 그것이 아니니 그것은 사실과 멀리 동떨어진 것일 수도 있는 까닭이다. 오히려 우리가 [그분을 생각하면서] 종種에 의거하여 인간에 관하여 생각한다는[62] [그 점이 중요하다]. 우리는 인간적 자연 본성에 대해 정규적으로 각인된 개념을 갖고 있어서, 무엇을 바라보든 그런 [개념을 갖춘 것으로 보이는] 대상은 즉각적으로 인간이라고 인정하고 적어도 인간의 형상이라고 인정한다.[63]

무엇을 알지 못하면서 사랑하는 일

5.[7]. 하느님이 우리를 위하여 사람이 되셨다는 믿음을 우리가 가질 때, 겸손의 모범을 보여 주기 위하여[64] 또 우리를 향한 하느님의 사랑을 보여 주기 위하여[65] [사람이 되셨다고 믿을 때], 우리 사색은 바로 이 개념에 근

---

[65] ad demonstrandam erga nos dilectionem dei: "하느님께서는 세상을 이토록 사랑하시어 외아들을 주시기까지 하셨습니다"(요한 3,16) 참조.

dest credere et firmum atque inconcussum corde retinere, humilitatem qua natus est deus ex femina et a mortalibus per tantas contumelias perductus ad mortem summum esse medicamentum quo superbiae nostrae sanaretur tumor et altum sacramentum quo peccati uinculum solueretur. Sic et uirtutem miraculorum et ipsius resurrectionis eius, quoniam nouimus quid sit omnipotentia, de omnipotente deo credimus et secundum species et genera rerum uel natura insita uel experientia collecta de factis huiuscemodi cogitamus ut *non ficta* sit fides nostra. Neque enim nouimus faciem uirginis Mariae ex qua ille a uiro intacta neque in ipso partu corrupta mirabiliter natus est; nec quibus membrorum lineamentis fuerit Lazarus nec Bethaniam nec sepulcrum lapidemque illum quem remoueri iussit cum eum resuscitaret uidimus; nec monumentum nouum excisum in petra unde ipse resurrexit; nec montem Oliueti unde ascendit in caelum; neque omnino scimus quicumque ista non uidimus an ita sint ut ea cogitamus; immo uero probabilius existimamus ita non esse. Namque cum alicuius facies uel loci uel hominis uel cuiuslibet corporis eadem occurrerit oculis nostris quae occurrebat animo cum eam priusquam uideremus cogitabamus, non paruo miraculo mouemur ita raro et pene numquam accidit; et tamen ea firmissime credimus quia secundum specialem generalemque notitiam quae certa nobis est cogitamus. *Credimus* enim *dominum Iesum Christum natum de uirgine* quae *Maria* uocabatur. Quid sit autem uirgo et quid

---

[66] 이 책 4.1.1-4.8에서 다룬 내용이다.

[67] secundum species et genera: 이하에 나오는 secundum specialem generalemque notitiam이나 generali aut speciali regula와 한가지로 '일반명사의 개념에 준해서'라는 관용구로 쓰이고 있다.

거해서 형성된다. 하느님이 여자에게서 태어나셨다는 그 겸손함, 사멸할 인간들에게서 엄청난 멸시를 받고 죽음에 이르셨다는 그 겸손함이야말로 우리 오만의 암을 치료할 최고의 의약이고 죄악의 사슬에서 풀려날 심원한 비의秘義라고 믿는 일은 우리에게 정말 유익하고 굳건하고 흔들리지 않는 [믿음으로] 마음에 간직할 만하다.[66] 기적을 이루는 능력, 그분 부활의 능력도 마찬가지다. 우리는 '전능'이라는 것이 무엇인지 아는 사람들이요 전능하신 하느님을 믿는 사람들이고, [사람에게] 새겨진 자연 본성이라든지 이런 식의 사건들에 관한 집단적인 경험을 토대로 사물들의 종種과 유類에 입각해서[67] 사색하는 사람들이므로, 우리 신앙이 허구적인 것이 아니다.[68] 우리는 동정녀 마리아의 얼굴 모습을 알지 못하지만, 사나이가 건드리지 않았고 출산 중에도 손상을 입지 않은 [이 동정녀한테서] 저분이 기적적으로 태어났다. 우리는 [부활한] 라자로의 사지가 어떤 모양을 하고 있었는지 알지 못하고, [그가 살던] 베타니아를 보지도 못했고, 라자로를 부활시키면서 치우라고 명령한 그 돌무덤을 본 적도 없다.[69] 그분이 몸소 부활한 무덤, 돌에 새로 파 놓았다는 무덤도 본 일이 없다. 그분이 하늘로 올라간 올리브 산도 못 보았다. 이 모두를 우리가 못 보았기 때문에 우리가 생각하는 그대로인지도 전혀 알 길 없다. 되레 아마도 생각 같지 않으리라는 생각을 더 많이 한다. 장소든 사람이든 어떤 물체든 보기 전에 그려려니 생각하고 있다가 정작 우리 눈으로 보고서 [생각하던 그대로이면] 적잖은 경이감에 동요하는 일이 있다. 아주 드물거나 전혀 일어나지 않는 일도 그렇다. 하지만 우리는 그런 일을 철석같이 믿는다. 왜 그런가 하면, 우리에게는 이미 확실한 종적 개념, 유적 개념을 가지고 그것을 사색하기 때문이다. "주 예수 그리스도가 마리아라고 일컫는 동정녀한테서 태어났

---

[68] 인식과 믿음과 사랑의 관계에서 그리스도 사건, 특히 우리의 직접 경험을 넘어서는 사건(부활)을 만나지만, 인간 능력을 초월하는 그 사건에서도 '하느님의 전능'이라든지 역사적 경험에 비추어 보면 적어도 그것이 합리적이라는 추정에 이른다.

[69] 요한 11,1-44 참조.

sit nasci et quid sit nomen proprium non credimus sed prorsus nouimus. Vtrum autem illa facies Mariae fuerit quae occurrerit animo cum ista loquimur aut recordamur nec nouimus omnino nec credimus. Itaque hic salua fide licet dicere: 'Forte talem habebat faciem, forte non talem'; 'Forte' autem 'de uirgine natus est Christus,' nemo salua fide christiana dixerit.

8. Quamobrem quoniam trinitatis aeternitatem et aequalitatem et unitatem quantum datur intellegere cupimus, prius autem quam intellegamus credere debemus uigilandumque nobis est ne ficta sit fides nostra. Eadem quippe trinitate fruendum est ut beate uiuamus; si autem falsum de illa crediderimus, inanis erit spes et non casta caritas. Quomodo igitur eam trinitatem quam non nouimus credendo diligimus? An secundum specialem generalemue notitiam secundum quam diligimus apostolum Paulum? Qui etiam si non ea facie fuit quae nobis occurrit de illo cogitantibus, et hoc penitus ignoramus, nouimus tamen quid sit homo. Vt enim longe non eamus, hoc sumus, et illum hoc fuisse et animam eius corpori copulatam mor-

---

⁷⁰ 신앙 교리임에도 불구하고 가정적(假定的)으로 발설함은 신앙에 위배된다.

⁷¹ 하느님의 삼위일체는 강생과 부활처럼 역사적 유추로나 우리가 목격하는 삼위적 구조를 가진 사물이나 숫자 3으로 이해할 수 있는 것이 아니다. 그래도 굳이 '종과 유의 개념에 따라' 접근한다면, 인간의 지성을 분석, 관찰함으로써 추정할 수 있으리라는 결론을 향한다.

⁷² 이 책 7.6.12 각주 179 참조. '신앙'과 '인식'의 관계에 관해서는 "믿음이 이성에 선행한다"(fides praecedit rationem)와 "이성이 믿음에 앞선다"(ratio antecedit fidem)라는 두 명제가 공존한다(*Epistola* 120.3). 또한 "나의 말이거든 믿으려면 이해하라. 하느님의 말씀이거든 이해하려면 믿으라"(intellege ut credas verbum meum, crede ut intellegas verbum dei: *Sermo* 43.9)는 명문도 있다.

다"는 것을 우리는 믿는다. 왜냐하면 '동정녀'가 무엇이고 '태어남'이 무엇이고 [마리아'라는] 고유명사가 무엇인지는 우리가 믿는 것이 아니고 알고 있는 사실이다. 다만 [이런 단어들을] 우리가 말로 하거나 마음에 떠올리면서 생각해 내는 저 얼굴이 과연 마리아의 [실제] 얼굴인지는 전혀 알 길이 없고 또 그러리라고 믿지도 않는다. 그러므로 "[마리아는] 아마도 저런 얼굴이 아니라 이런 얼굴을 하고 있었을지 모른다"라는 말을 입 밖에 낸다고 해서 '믿음'을 손상하는 것은 아니다. 그렇지만 "아마도 그리스도는 동정녀에게서 태어났겠지"라는 말을 입 밖에 낸다면 누구든 그리스도교 신앙을 손상하지 않을 수 없다.[70]

삼위일체를 알지 못하면서 어떻게 사랑하는가[71]

5.8. 그러므로 우리가 삼위일체의 영원함, 동등함, 단일함을 우리에게 제시되는 대로 이해코자 하는 이상, 또 이해하기에 앞서 먼저 믿어야 하는 까닭에,[72] 우리 신앙이 허구가 되지 않도록 경계하지 않으면 안 된다. 또 바로 이 삼위일체를 향유享有하여야 우리가 행복하게 살며, 따라서 만에 하나라도 삼위일체에 관해서 거짓으로 믿는다면 우리의 희망은 헛되고 사랑은 순수하지 못한 것이 된다.[73] 그러면 우리가 알지 못하는 삼위일체를 어떻게 믿고서 사랑한다는 말인가? 우리가 바오로 사도를 사랑한다면 그것이 관연 종적 개념과 유적 개념에 입각해서일까? [바오로 사도가] 우리가 그를 생각할 때 우리에게 떠오르는 그런 얼굴을 하고 있지 않더라도, 설령 그것에 관해서 우리가 전혀 아는 바가 없다고 하더라도, 사람이 무엇인지는 우리도 알고 있다. 멀리 갈 것도 없이, 우리 자신이 사람이고 그 역시 사람이었으며, 그의 영혼이 육체와 결합한 채 살다가 죽었음은[74] 분명

---

[73] 심오하고 난해한 신비지만 삼위일체를 잘못 알면 우리의 영원한 행복이 상실된다는 것이 아우구스티누스가 이 대저를 집필하게 된 명분이다.

[74] mortaliter vixisse: 미묘한 의미를 부여한 문구이며 '죽기까지 살았음'으로 번역할 만하다.

taliter uixisse manifestum est. Hoc ergo de illo credimus quod in-
uenimus in nobis iuxta speciem uel genus quo humana omnis natura
pariter continetur.

Quid igitur de illa excellentia trinitatis siue specialiter siue gene-
raliter nouimus quasi multae sint tales trinitates quarum aliquas ex-
perti sumus ut per regulam similitudinis impressam uel specialem
uel generalem notitiam illam quoque talem esse credamus, atque ita
rem quam credimus et nondum nouimus ex parilitate rei quam no-
uimus diligamus? Quod utique non ita est. An quemadmodum dili-
gimus in domino Iesu Christo quod *resurrexit a mortuis*, quamuis
inde neminem umquam resurrexisse uiderimus, ita trinitatem quam
non uidemus et qualem nullam umquam uidimus, possumus creden-
do diligere? Sed quid sit uiuere et quid sit mori utique scimus quia
et uiuimus et mortuos ac morientes aliquando uidimus atque exper-
ti sumus. Quid est autem aliud resurgere nisi reuiuiscere, id est *ex
morte ad uitam* redire? Cum ergo dicimus et credimus esse trinita-
tem, nouimus quid sit trinitas quia nouimus quid sint tria; sed hoc
non diligimus. Nam id ubi uolumus facile habemus, ut alia omittam
uel micando digitis tribus. An uero diligimus non quod omnis trini-
tas sed quod trinitas deus? Hoc ergo diligimus in trinitate, quod de-
us est. Sed deum nullum alium uidimus aut nouimus *quia unus est
deus*, ille solus quem nondum uidimus et credendo diligimus. Sed

---

[75] 요한 5,24 참조.

[76] 라틴어 trinitas(삼위일체)는 숫자 tria(셋)에서 연원한다.

[77] micare digitis: 손가락을 내미는 순간 재빨리 그 숫자를 대던 어린이 놀이.

[78] 로마 3,30.

하다. 인간 본성이라면 누구나 동일하게 갖추었으니까 종種이나 유類에 입
각해서 우리가 우리 자신에게서 발견하는 바를 그 사람에게 [투사시켜] 믿
고 있는 셈이다.

그러면 저 숭고한 삼위일체에 관해서 우리가 종적으로나 유적으로 알고
있는 바는 과연 무엇일까? 다른 삼위일체들이 많이 있어서, 그중 어떤 삼
위일체들을 우리가 경험하고 유사성의 원리에 따라서 우리에게 각인된 종
적 개념과 유적 개념이 있어서, 삼위일체는 이런 것이려니 하고 믿는 것일
까? 그래서 우리가 믿기는 하지만 아직 알지 못하는 그 사물을 우리가 이
미 아는 사물의 동등성에 입각하여 사랑하는 것일까? 분명히 그렇지는 않
다! 그렇지 않다면 누구도 부활한 것을 우리 눈으로 목격한 적이 없음에도
우리가 주 예수 그리스도에게서 그분이 죽은 이들 가운데서 부활한 점을
사랑하듯이, 삼위일체 역시 우리가 눈으로 못 보고 그와 흡사한 것마저 한
번도 본 적이 없지만 삼위일체를 사랑하다 보니 삼위일체를 믿는 것이 아
닐까? 물론 산다는 것이 무엇이고 죽는다는 것이 무엇인지는 우리가 안다.
왜냐하면 우리가 살아 있고 간혹 죽은 사람들을 보았고 죽어 가는 사람들
을 보고 겪었기 때문이다. 부활한다는 것이 되살아난다는 것 말고 무엇이
겠으며, 다시 말해서 "죽음에서부터 생명으로"[75] 돌아오는 것 아니고 무엇
이겠는가? 우리는 삼위일체라는 것이 존재한다는 말을 하고 삼위일체라는
것이 존재한다고 믿는데, 삼三이 무엇을 뜻하는지 아는 까닭에 삼위일체가
무엇인지 안다.[76] 그렇다고 우리가 삼이라는 숫자를 사랑하기까지는 하지
않는다. [삼이라는 수는] 우리가 마음만 먹으면 아주 쉽게 가질 수 있다.
딴 말을 빼고 그냥 손가락 셋을 내뻗는[77] 것만으로도 충분하다. 다시 말해
서 삼위일체에서 우리가 사랑하는 점은 삼위일체가 하느님이라는 사실 아
니겠는가? 그런데 우리는 다른 하느님을 도무지 본 적이 없고 알지도 못한
다. "하느님은 한 분이시기 때문이다."[78] 저분만이 우리가 아직 본 적이 없
고 우리가 믿으면서 사랑하는 그분이다. 그렇다면 우리가 알고 있는 어떤

ex qua rerum notarum similitudine uel comparatione credamus quo etiam nondum notum deum diligamus, hoc quaeritur.

VI 9. Redi ergo mecum et consideremus cur diligamus apostolum. Numquidnam propter humanam speciem quam notissimam habemus eo quod credimus eum hominem fuisse? Non utique; alioquin nunc non est quem diligamus quandoquidem homo ille iam non est; anima enim eius a corpore separata est. Sed id quod in illo amamus etiam nunc uiuere credimus; amamus enim animum iustum. Ex qua ergo generali aut speciali regula nisi quia scimus et quid sit animus et quid sit iustus? Et animus quidem quid sit non incongrue nos dicimus ideo nosse quia et nos habemus animum; neque enim umquam oculis uidimus et ex similitudine uisorum plurium notionem generalem specialemue percepimus, sed potius, ut dixi, quia et nos habemus. Quid enim tam intime scitur seque ipsum esse sentit quam id quo etiam cetera sentiuntur, id est ipse animus? Nam et motus corporum quibus praeter nos alios uiuere sentimus ex nostra similitudine agnoscimus quia et nos ita mouemus corpus uiuendo sicut illa corpora moueri aduertimus. Neque enim cum corpus uiuum mouetur aperitur ulla uia oculis nostris ad uidendum animum, rem quae oculis uideri non potest; sed illi moli aliquid inesse sentimus

---

[79] '사랑하면 인식한다'(veritatem novit caritas)는 명제를 전초로, 우리가 왜 '의인'(義人)을 사랑하는지 분석한다. 우리 내면에 의(義)의 형상 내지 이념이 있고 그것을 우리가 사랑하기 때문이리라. 삼위일체를 사랑하는 까닭은 그 모상이 우리에게 내재하기 때문이다.

[80] 바오로가 지금은 더 이상 사람으로서 존재하지 않으므로 '바오로를 사랑한다'는 말이 무의미하다.

사물들과 유사하기에, 어떤 사물들과 비교되기에, 아직 알려지지 않은 하느님을 우리가 믿고 사랑하느냐, 바로 이것을 따지는 중이다.

삼위일체의 인식에 이르는 참사랑[79]

6.9. 그러면 우리가 왜 바오로 사도를 사랑하는지 나와 함께 돌이켜 살펴보자. 인간이라는 종種 때문일까? 인간이라는 종에 관하여 우리가 확실한 개념을 갖고 있고 그 개념에 따르면 그가 인간이었다고 믿기 때문일까? 물론 그런 것은 아니다. 그렇지 않다면 저 사람이 이미 존재하지 않는 이 시점에서는 우리가 사랑할 사람이 지금은 없는 셈이다.[80] 그의 영혼이 육체로부터 분리된 까닭이다. 하지만 그 인물에게서 우리가 진정으로 사랑하고 있는 그것은 지금도 여전히 살아 있다고 우리는 믿는다. 우리는 의로운 영혼을 사랑하고 있다. 그리고 '영혼'이 무엇이고 '의롭다'는 것이 무엇인지 우리가 안다면 종적이고 유적인 기준이 아니고 무엇이겠는가? 그리고 영혼이 무엇인지를 언표하는 일은 부적절한 것이 아니니 우리 또한 영혼을 갖고 있다는 사실을 우리가 아는 까닭이다. [영혼을] 눈으로 본 적은 결코 없으며, 따라서 [눈에] 보이는 다수 영혼들의 유사성에 의거하여 [영혼에 대한] 종적이고 유적인 개념을 파악하는 것도 아니다. 오히려 방금 내가 한 말대로 우리도 영혼을 갖고 있기 때문이다. [영혼만큼] 자체가 존재한다는 것을 내밀하게 인식하고 지각하는 것이 무엇이겠으며 그것으로 여타의 모든 것을 지각한다는 사실을 [영혼만큼 내밀하게 지각하는 것이 또 무엇이겠는가]? 신체들의 움직임을 보고 우리 외에 다른 생명체들도 살아 있음을 우리가 지각하는데, 이것도 우리와의 유사성에 근거해서 깨닫는다. 저 신체들이 움직인다는 것을 우리가 감지하듯이 우리도 살아서 우리 신체를 움직이는 까닭이다. 몸체가 살아 움직일 때 우리 눈에 영혼을 볼 어떤 방도가 열리는 것도 아니다. 영혼은 우리 눈으로 볼 수 없는 사물이다. 단지 우리는 [움직이는] 그 몸체 속에 무엇이 들어 있음을 감지하고,

quale nobis inest ad mouendam similiter molem nostram, quod est uita et anima. Neque quasi humane prudentiae rationisque proprium est. Et bestiae quippe sentiunt uiuere non tantum se ipsas sed etiam inuicem atque alterutrum et nos ipsos, nec animas nostras uident sed ex motibus corporis idque statim et facillime quadam conspiratione naturali. Animum igitur cuiuslibet ex nostro nouimus, et ex nostro credimus quem non nouimus. Non enim tantum sentimus animum, sed etiam scire possumus quid sit animus consideratione nostri; habemus enim animum.

Sed quid sit iustus unde nouimus? Dixeramus enim apostolum nos non alia causa diligere nisi quod sit iustus animus. Nouimus ergo et quid sit iustus sicut quid sit animus. Sed quid sit animus, ut dictum est, nouimus ex nobis; inest enim animus nobis. Quid autem sit iustus unde nouimus si iusti non sumus? Quod si nemo nouit quid sit iustus nisi qui iustus est, nemo diligit iustum nisi iustus; non enim potest diligere quem iustum esse credit ob hoc ipsum quia iustum esse credit si quid sit iustus ignorat secundum quod superius demonstrauimus neminem diligere quod credit et non uidet nisi ex aliqua regula notitiae generalis siue specialis. Ac per hoc si non

---

81 vita et anima: 인간에게 고유한 생명 원리로서 animus라고 표현하다가 곧이어 나올 짐승과 비교하면서는 짐승과 공통되는 단순한 생명 원리로서 anima라는 단어를 구사한다.

82 humanae prudentiae rationisque: '현려'(賢慮)로 번역되는 이 능력은 '이성의 고유한 특성'(prudentia consiliorum quae rationis est propria: *Contra Faustum Manichaeum* 20.9)으로 꼽히며 둘은 병행하고 '이성적 현려'(prudentia rationalis: *De Genesi adversus Manichaeos* 2.19)라고도 불린다.

83 quadam conspiratione naturali: 교부의 저서에서 cospiratio는 인간과 짐승에게 다 있는 어떤 '본능'(instinctus)을 가리킨다.

우리 속에 있으면서 우리 몸체에 움직임을 주는 것과 유사하게 [남의 몸체를 움직이는] 그것도 생명이고 영혼[81]이려니 감지할 따름이다. 그런 [지각은] 인간의 사려와 이성에만[82] 고유한 무엇은 아니다. 짐승 역시 살아 있음을 감지하는데, 자체가 살아 있다는 것만 아니고 자체와 관련된 다른 것들도 살아 있음을 감지할뿐더러 우리가 살아 있음도 감지한다. 그것들이 우리 영혼을 보는 것은 아니고 신체의 운동을 보고서 그것을 감지하며, 일종의 본능적 공감에 의해서[83] 즉각적으로, 그리고 아주 쉽사리 감지한다. 그러므로 어느 누구의 영혼도 우리 영혼에 비추어 우리가 알며, 따라서 우리가 알지 못하는 바를 우리 영혼에 비추어 우리가 믿는 셈이다.[84] 우리는 영혼을 감지할 뿐만 아니라 우리 영혼에 대한 성찰을 통해서 영혼이 무엇인지도 알 수 있다. 우리가 영혼을 갖고 있다는 이유에서다.

하지만 '의롭다'는 것은 어떻게 알까?[85] 사도 [바오로를] 우리가 사랑함은 의로운 영혼이라는 것 외에 다른 이유가 아니라고 앞서 말했다. 그러니까 영혼이 무엇인지 아는 것처럼 의롭다는 것도 우리가 아는 셈이다. 그러나 영혼이 무엇인지는, 이미 말한 대로, 우리에게서 알아낸다. 우리에게 영혼이 있기 때문이다. 그런데 우리가 의인義人이 아닐 경우에 의인이 무엇인지를 어찌 알 것인가? 의인이 아니고서는 의인이 무엇인지 아무도 알수 없다면, 의인이 아니고서는 아무도 의인을 사랑할 수 없다는 말이 되고만다. 의인이 무엇인지 알지 못하는 한, 의인이라고 믿는다는 바로 그 이유만으로는 의인이라고 믿는 그 사람을 사랑할 수는 없다. 위에서 토론한 논지에 따르면, 믿기는 하지만 보지는 못하는 대상이 있을 경우에 그 대상에 대해 어떤 종적 개념과 유적 개념의 기준에 의거하지 않고서는 아무도

---

[84] animum ex nostro novimus: '영혼'에 대한 관찰에서 시작하여 이 책 후반부의 방법론이 '타자도 나와 같은 지성을 소유하고 있다'는 유추에 근거하여 나의 지성을 분석하는 작업으로 나아간다. 인간 지성이 하느님의 모상이라면 인간 지성의 분석 관찰은 삼위일체에 대한 유추적 인식의 실마리가 된다.

[85] '의로운 인간'을 언어학적으로 분석하면서 지금까지는 '인간'에 대한 공통된 지각을 풀이했다.

diligit iustum nisi iustus, quomodo uolet quisque iustus esse qui nondum est? Non enim uult quisquam esse quod non diligit. Vt autem sit iustus qui nondum est uolet utique iustus esse; ut autem uelit diligit iustum. Diligit ergo iustum et qui nondum iustus est. Diligere autem iustum non potest si quid sit iustus ignorat. Proinde nouit quid sit iustus etiam qui nondum est. Vbi ergo nouit? Num oculis uidit aut ullum corpus iustum uelut album aut nigrum aut quadrum aut rotundum? Quis hoc dixerit? At oculis non uidit nisi corpora; iustus autem in homine non est nisi animus, et cum homo iustus dicitur ex animo dicitur non ex corpore. Est enim quaedam pulchritudo animi iustitia qua pulchri sunt homines plerique etiam qui corpore distorti atque deformes sunt. Sicut autem animus non uidetur oculis ita nec pulchritudo eius. Vbi ergo nouit quid sit iustus qui nondum est atque ut sit diligit iustum? An signa quaedam per motum corporis emicant quibus ille aut ille homo esse iustus apparet? Sed unde nouit illa signa esse animi iusti nesciens quid omnino sit iustus? Nouit ergo.

Sed ubi nouimus quid sit iustus etiam cum iusti nondum sumus? Si extra quam nos nouimus, in corpore aliquo nouimus. Sed non est ista res corporis. In nobis igitur nouimus quid sit iustus. Non enim alibi hoc inuenio cum quaero ut hoc eloquar nisi apud me ipsum; et

---

[86] ‘인간’을 개념적으로 파악했으므로 ‘의’(義) 혹은 ‘정의’(正義)도 일반개념으로(ex aliqua regula notitiae generalis sive specialis: 앞의 각주 71 참조) 파악해야만 ‘의로운 사람’을 알고, 알아야 사랑하게 된다.

[87] 인간이면 내면에 가지고 있는 종개념으로 인간이 무엇인지 알고 사랑할 수 있지만, 의인이 아니라면 (타고난 정의 개념이 없는 한) 의인이 무엇인지 모를 테고 따라서 의인을 사랑하는 일은 불가능할 것이다.

사랑을 하지 못하는 연고이다.[86] 또 의인이 아니어서 의인을 사랑하지 못한다면, 아직 의인이 아닌 동안은 누가 의인이 되기를 바랄 수 있겠는가?[87] 사랑하는 대상이 아니면 누구도 그렇게 되고 싶어 하지 않는 까닭이다. 아직 의인이 아니면서 의인이 되려면, 의인이 되고 싶어져야 한다. 또 의인이 되고 싶어진다면 의인을 사랑하고 있다. 그러니까 아직 의인이 아니면서도 의인을 사랑하고 있다. 허나 의인이 무엇인지 모르는 사람은 의인을 사랑하지 못한다. 따라서 아직 의인이 아니면서도 의인이 무엇인지는 알고 있는 것이다. 어디서 아는 것일까? 흰 물체, 검은 물체, 사각 물체, 둥근 물체를 눈으로 보듯이 의로운 것을 눈으로 보는가? 그렇다고 말할 사람이 누구겠는가? 하지만 눈으로는 물체밖에 보지 못한다. 사람에게서 의로운 것은 영혼뿐이고, 누가 의인이라 일컬어질 경우 영혼에 입각해서 그렇다고 일컫는 것이지 육체에 의거해서 그렇게 일컫는 것이 아니다. 의덕義德이란 일종의 '영혼의 미美'이고,[88] 그것으로 사람들이 아름다워지며, 육체로는 비틀어지고 기형적일지라도 다수 인간이 그것으로 미인이 된다. 영혼이 눈에 보이지 않듯이 영혼의 미도 눈에 보이지 않는다. 그럼 의인이 아직 아니면서도 의인이 되고 싶을 만큼 의인을 사랑하는 사람은 의인이 무엇인지를 어디서 아는 것일까? 신체의 어떤 동작을 통해서 이 사람이나 저 사람이 의인임을 나타내는 표標가 되는 것일까? 그렇지만 의인이 무엇인지 아예 모르는 터에 그것이 의로운 영혼의 표라는 것을 어떻게 알까? 그러니까 사람은 [의인이 무엇인지] 알고 있다.

하지만 우리가 아직 의인이 아니면서도 의인이 무엇인지를 어떻게 아는가? 우리 자신이 아닌 바깥에서 안다면 다른 어떤 물체에서 알아내야 한다. 그런데 그것은 물리적 사물이 아니다. 따라서 의인이 무엇인지는 우리 안에서 아는 셈이다. 내가 이 이야기를 하려고 물음을 던질 경우, 나는 내

---

[88] est quaedam pulchritudo animi iustitia: 교부는 정의(正義)를 '내적 인간의 아름다움'(interioris hominis pulchridtudo: *Enarrationes in Psalmos* 32.2.1)이라면서 "정의의 아름다움이 따로 없다면 늙은 의인을 어떻게 사랑하겠는가?"(*Op.cit.*, 64.8)라고 반문한다.

si interrogem alium quid sit iustus, apud se ipsum quaerit quid res-
pondeat; et quisquis hinc uerum respondere potuit apud se ipsum
quid responderet inuenit. Et Carthaginem quidem cum eloqui uolo
apud me ipsum quaero ut eloquar, et apud me ipsum inuenio phan-
tasiam Carthaginis. Sed eam per corpus accepi, id est per corporis
sensum quoniam praesens in ea corpore fui et eam uidi atque sensi
memoriaque retinui ut apud me inuenirem de illa uerbum cum eam
uellem dicere. Ipsa enim phantasia eius in memoria mea uerbum
eius, non sonus iste trisyllabus cum Carthago nominatur uel etiam
tacite nomen ipsum per spatia temporum cogitatur, sed illa quod in
animo meo cerno cum hoc trisyllabum uoce profero uel antequam
proferam. Sic et Alexandriam cum eloqui uolo quam numquam ui-
di praesto est apud me phantasma eius. Cum enim a multis audis-
sem et credidissem magnam esse illam urbem sicut mihi narrari po-
tuit, finxi animo imaginem eius quam potui, et hoc est apud me uer-
bum eius cum eam uolo dicere antequam uoce quinque syllabas pro-
feram, quod nomen eius fere omnibus notum est. Quam tamen ima-

---

[89] apud me: 전치사 apud는 지성이 자신에게 질문을 던지고 자기 자신 '앞에서' 답을 기다
리는, 자기 객체화를 드러낸다.

[90] 교부는 phantasia는 감관으로 포착하여 기억에 보전된 사물의 영상(映像)을, phantasma
는 상상력(imaginatio)이 자유로이 재구성하는 상상(想像)을 가리킨다고 구분한다. "내가 많
이 뵌 아버지를 생각하기도 하고 한 번도 뵌 적 없는 할아버지를 생각하기도 한다. 이 중에
첫째는 phantasia, 후자는 phantasma다"(*De musica* 6.11.32). 보통은 둘 다 '표상'으로 번역된
다(이 책 11.5.8 imaginata phantasmata 참조).

[91] "나는 카르타고로 갔고 거기서는 죄스러운 애욕의 냄비가 사방에서 나를 달구고 튀겼습
습니다"(『고백록』 3.1.1). '냄비'(sartago)는 카르타고(Carthago)를 빗대며, '죄스러운 애욕의
(flagitiosorum amorum) 도시'란 Carthago Veneris라는 당대의 별명을 상기시킨다.

[92] ipsa phantasia eius in memoria mea verbum eius: 아우구스티누스는 지성에 만들어지는
개념(λόγος)을 '내적 언어'(verbum interius)라고 부르며 그것이 음성으로 발설되면 '외적 언
어' 혹은 '말'(lingua)이라고 부른다.

자신 앞에서[89] 아닌 딴 데서 [그 대답을] 찾아내는 것이 아니다. 내가 의인이 무엇이냐고 딴 사람에게 물을지라도 그 사람 역시 무엇이라고 답변해야 할지를 자기 자신에게서 찾는다. 또 누가 이 물음에 참대답을 할 수 있었다면 무슨 대답을 할지를 자기 자신에게서 찾아냈을 것이다. 내가 카르타고를 두고 무슨 말을 할라치면 그곳에 관해서 할 말을 내 자신에게서 찾는다. 내 앞에 떠오르는 카르타고의 영상影像[90]을 마주하게 된다. 다만 육체를 통해서, 다시 말해서 육체의 감관을 통해서 카르타고를 받아들였다.[91] 내가 그곳에 몸소 현존하여 산 적이 있고, 그곳을 보았고 느끼고 살았으며, 기억에 새겨 그곳을 간직했고, 그곳에 관해서 내가 어떤 말을 하고 싶으면 그곳에 관한 '말'이 내 앞에 떠오르게 되어 있다. 내 기억에 간직되어 있는 그곳의 영상이 바로 그곳에 관한 '말'이다.[92] 그것은 '카르타고'라고 이름을 댈 때 나오는 세 음절짜리 소리도[93] 아니고, 소리를 내지 않은 채 그 순간에[94] 생각나는 이름 그 자체도 아니며, 내가 이 세 음절을 발음할 때나 혹은 발음하기 전에 내 영혼에서 내가 지각하는 바로 그것이다.[95] 그와 마찬가지로 내가 한 번도 본 적 없는 알렉산드리아를 이야기하고 싶을 때 즉각 그 도시의 상상이 내 앞에 나타난다. [그 도시에 관해서는] 내가 여러 사람에게서 들었고 그것이 큰 도시라고 내가 믿는 터이므로, 사람들이 힘닿는 대로 나에게 그곳을 이야기해 준 것처럼 나도 힘닿는 대로 내 영혼에 그 도시의 모상模像을 그려 냈다. 그 도성을 두고 내가 뭔가 말하고 싶을 때, 내가 음성으로 저 다섯 음절을[96] 발설하기 전에, 내 앞에 있는 바로 그것이 그 도시에 관한 '말'이다. 그 이름이야 거의 모든 사람에게 알려

---

[93] trisyllabus: Car-tha-go.

[94] per spatia temporum(시간의 간격)을 '순간'으로 번역했다.

[95] 발설되는 '단어'로 지시되는 개념이 '말'이다.

[96] A-lex-an-dri-a 다섯 음절이다.

ginem si ex animo meo proferre possem ad oculos hominum qui
Alexandriam nouerunt, profecto aut omnes dicerent: 'Non est ipsa,'
aut si dicerent: 'Ipsa est,' multum mirarer atque ipsam intuens in
animo meo, id est imaginem quasi picturam eius, ipsam tamen esse
nescirem sed eis crederem qui uisam tenerent. Non autem ita quaero
quid sit iustus, nec ita inuenio nec ita intueor cum id eloquor, nec ita
probor cum audior, nec ita probo cum audio quasi tale aliquid oculis
uiderim aut ullo corporis sensu didicerim aut ab eis qui ita didicis-
sent audierim. Cum enim dico et sciens dico: 'Iustus est animus qui
scientia atque ratione in uita ac moribus *sua cuique distribuit*,' non
aliquam rem absentem cogito sicut Carthaginem aut fingo ut pos-
sum sicut Alexandriam, siue ita sit siue non ita; sed praesens quid-
dam cerno et cerno apud me etsi non sum ipse quod cerno, et multi si
audiant, approbabunt. Et quisquis me audit atque scienter approbat
apud se et ipse hoc idem cernit etiamsi non sit et ipse quod cernit.
Iustus uero cum id dicit id quod ipse est cernit et dicit. Et ubi etiam

---

[97] Cf., Cicero, *De inventione* 2.53.115: "정의란 공동선을 보전하면서 각자에게 자기 품위
를 돌려주는 영혼의 자세(iustitia est habitus animi, communi utilitate conservata, suam cui-
que tribuens dignitatem)다."

[98] 자기는 비록 의인(義人)이 못 되지만 '의인'이 무엇인지를 식별한다.

져 있다. 단지 만약 내가 알렉산드리아를 아는 사람들 눈앞에 내 영혼으로부터 그 모상을 [끄집어내] 보여 줄 수 있다고 하자. 그러면 분명히 모두가 일제히 "그런 곳이 아니오!"라고 할 것이다. 사람들이 "바로 그곳이오!"라고 할라치면 나로서도 깜짝 놀랄 것이다. 내 영혼에서 들여다본 그것, 마치 그 도시의 그림 같은 모상이 과연 [그 도시의 모습] 그대로인지 나로서는 알 길이 없고, 눈으로 보고서 간직하고 있을 사람들 말을 믿을 수밖에 없는 까닭이다. 그런데 '의인'이 무엇인지는 그런 식으로 묻지도 않고, [의인이 무엇이라고] 입으로 말하더라도 그런 식으로 [내 영혼을] 들여다보지 않으며, 그런 식으로 듣고서 내가 수긍하지도 않으며, 내 말을 듣고서 사람들이 그런 식으로 수긍해 주지도 않는다. 달리 말하면, 그것을 마치 내가 육안으로 본 것처럼, 또는 육체의 어떤 감관으로 터득한 것처럼, 또는 그렇게 터득한 사람들의 말을 내가 들은 것처럼 그런 식으로 하지는 않는다. 내가 "의로운 영혼이란 지식이나 이치에 따라 생활이나 언행에서 '각자에게 자기 몫을 나눠 주는' 사람이다"[97]라는 말을 한다고 하자. 그렇게 알고서 의식적으로 말을 한다고 하자. 이때 나는 카르타고의 경우처럼 그곳에 부재하는 사물을 생각해 내는 것도 아니고, 알렉산드리아의 경우처럼 이렇게 생겼으려니 하거나 이렇게는 생기지 않았으려니 하면서 내 힘 닿는 대로 그려 내는 것도 아니다. 도리어 나는 현전現前하는 무엇을 식별하고, 나는 내가 식별해 내는 그런 존재가 아님에도 불구하고 나는 내 앞에 현전하는 무엇을 식별하며,[98] [내 앞에 현전하는 그것을 두고] 내가 하는 말을 듣는다면 많은 사람이 수긍하리라는 것이다. 그리고 누구든지 내 말을 듣고서 의식적으로 그 말에 수긍한다면 그 사람 역시 자기 앞에 동일한 그것을 식별하고 있으며, 자기가 식별해 내는 그것이 바로 자기가 아님에도 동일한 그것을 식별하고 있는 것이다. 그런데 다름 아닌 의인義人이 그것을 발설할 경우에는 자기가 그런 존재이면서 바로 그것을 식별하고 또 발설하는 셈이다. 그 사람 역시 [자기가 의인이라는 것을] 자기 앞이 아

ipse cernit nisi apud se ipsum? Sed hoc mirum non est; ubi enim se ipsum cerneret nisi apud se ipsum?

Illud mirabile ut apud se animus uideat quod alibi nusquam uidit, et uerum uideat, et ipsum uerum iustum animum uideat, et sit ipse animus et non sit iustus animus quem apud se ipsum uidet. Num est alius animus iustus in animo nondum iusto? Aut si non est, quem ibi uidet cum uidet et dicit quid sit animus iustus, nec alibi quam in se uidet, cum ipse non sit animus iustus? An illud quod uidet ueritas est interior praesens animo qui eam ualet intueri? Neque omnes ualent, et qui intueri ualent hoc etiam quod intuentur non omnes sunt, hoc est non sunt etiam ipsi iusti animi sicut possunt uidere ac dicere quid sit iustus animus. Quod unde esse poterunt nisi inhaerendo eidem ipsi formae quam intuentur ut inde formentur et sint iusti animi, non tantum cernentes et dicentes iustum esse animum 'qui scientia atque ratione in uita ac moribus *sua cuique distribuit,*' sed etiam ut ipsi iuste uiuant iusteque morati sint sua cuique distribuendo *ut nemini quidquam debeant nisi ut inuicem diligant*? Et unde inhaeretur illi formae nisi amando? Cur ergo alium diligimus quem credimus iustum et non diligimus ipsam formam ubi uidemus quid

---

[99] veritas intrior: 8권 첫머리(1.2-2.3)에서 말한 '진리', 그다음(3.4-3.5)에 '선'을 말하면서 진리와 동치(同値)시킨 다음, 셋째 품성인 '정의'를 다시 진리와 동치시킨다.

[100] non inhaerendo eidem ipsi formae: 이 forma는 '원형' 혹은 '이념'으로서의 '정의' 혹은 '진리로서의 정의'를 말한다.

[101] forma formentur: 교부는 하느님을 향하는 영혼의 움직임을 '형상화'(formari)라고 부르면서 인간이 창조 때 취한 형상을 의식하고 자유의지로 하느님을 향하며(informatio), 한번 떨어지면 자력으로는 더 이상 하느님을 향하여 나아가지 못하므로 하느님이 영혼을 전향시키셔야 한다(reformatio)는 사상을 견지한다.

[102] 로마 13,8 참조.

니면 어디서 그것을 식별해 내겠는가? 그러나 이것은 놀랄 일이 아니다. 정말 자기 앞이 아니면 어디서 자기 자신을 식별해 내겠는가?

정작 놀라운 일은 다른 데서 결코 보지 못한 것을 영혼이 자기 앞에서 보아야 한다는 사실이요, 그러면서도 그것이 진실이라고 보아야 한다는 사실이요, [의로운 영혼이면] 자기가 참으로 의로운 영혼임을 보아야 한다는 사실이요, [의로운 영혼이 아닌 경우는] 자기가 영혼임을 보지만 자기 앞에 보는 영혼이 의로운 영혼이 아니라는 사실을 보아야 한다는 점이다. 그럼 아직 의롭지 못한 영혼 안에 의로운 영혼이 따로 존재한다는 말일까? 따로 존재하는 것이 아니라면, 의로운 영혼이 무엇인지 알아보고 또 그런 발설을 할 경우에, 그 영혼은 과연 무슨 영혼을 보고 있는 것일까? 스스로 는 아직 의로운 영혼이 아니면서도 [무엇이 의로운 영혼인지는] 자기 안이 아닌 딴 데서는 보지 못하는 법인데 말이다. 그가 보는 것은 내면의 진리, 진리를 관조할 능력이 있는 영혼에게 현전하는 내면의 진리일까?[99] 모든 인간이 그럴 능력을 가진 것도 아니다. [그럴 능력이 있어] 관조한다고 하 더라도 모두가 관조하는 그 대상이 되는 것도 아니다. 의로운 영혼이 무엇 인지 알아볼 수 있고 또 발설할 수 있다고 해서 그들이 모두 의로운 영혼 은 아니라는 말이다. 그리고 그들이 스스로 관조하는 그 형상에 귀의함으 로써가 아니면[100] 어떻게 해서 [의로운 영혼이] 될 수 있겠는가? 그 형상에 의해서 형성되고[101] 그래서 의로운 영혼이 되어야 하지 않겠는가? '지식이 나 이치에 따라 생활이나 언행에서 각자에게 자기 몫을 나눠 주는' 영혼이 무엇인지 식별하고 언표하는 데서 그치지 않고, '각자에게 자기 몫을 나눠 줌으로써' 스스로 의롭게 살고 의롭게 처신하여야 하지 않겠는가? 그래서 "서로 사랑하는 것 외에는 아무에게도 빚지지 않는"[102] 사람이 되어야 하지 않겠는가?[103]▶ 또 저 형상에 귀의하자면 저 형상을 사랑하지 않고 무슨 방 도가 있는가? 의인이라고 믿는 다른 사람을 우리가 사랑하면서, 의로운 영 혼이 무엇인지 볼 수 있게 만드는 형상, 우리도 의로운 영혼이 될 수 있게

sit iustus animus ut et nos iusti esse possimus? An uero nisi et istam diligeremus nullo modo eum diligeremus quem ex ista diligimus, sed dum iusti non sumus minus eam diligimus quam ut iusti esse ualeamus? Homo ergo qui creditur iustus ex ea forma et ueritate diligitur quam cernit et intellegit apud se ille qui diligit; ipsa uero forma et ueritas non est quomodo aliunde diligatur. Neque enim inuenimus aliquid tale praeter ipsam ut eam cum incognita est credendo diligamus ex eo quod iam tale aliquid nouimus. Quidquid enim tale aspexeris ipsa est, et non est quidquam tale quoniam sola ipsa talis est qualis ipsa est. Qui ergo amat homines, aut quia iusti sunt aut ut iusti sint amare debet. Sic enim et se ipsum amare debet aut quia iustus est aut ut iustus sit; sic enim diligit *proximum tamquam se ipsum* sine ullo periculo. Qui enim aliter se diligit iniuste se diligit quoniam se ad hoc diligit ut sit iniustus, ad hoc ergo ut sit malus, ac per hoc iam non se diligit: *Qui* enim *diligit iniquitatem odit animam suam.*

◀103 아우구스티누스는 사추덕 가운데 정의를 첫자리에 두고 사랑과 동일시할뿐더러(iustitia, quae per ceteras … diffunditur, dilectio Dei et proximi: *De diversis quaestionibus 83*, q. 61.4), 완전한 정의가 완전한 사랑이라고 단정한다(caritas ergo inchoata, inchoata iustitia est; caritas provecta, provecta iustitia est; caritas magna, magna iustitia est, caritas perfecta, perfecta iustitia est: *De natura et gratia* 70.84).

104 아우구스티누스는 '정의'를 법적 개념에서 종교적 개념으로 전환시킨다. 이는 제반 덕목들이 인간 내면에서 조화를 이루는 존재론적 가치 체계로써, 물질은 신체에, 신체는 영혼에, 영혼은 하느님께 복속하는데(Deus subicit animae corpus, animam sibi et sic omnia sibi: *De quantitate animae* 36.80), 하느님에 대한 귀의는 결국 사랑으로 귀결된다.

105 ex ea forma et veritate … non est quomodo aliunde diligatur: '정의'의 형상은 그 자체로 사랑받는다.

106 '이념'(형상)과 유사하거나 참여하는 어떠한 사물도 그 이념과 똑같아질 수가 없다.

107 amare aut quia iusti sunt, aut ut iusti sint: 인간은 '사용과 향유'를 겸하는 대상이기 때문에 저 '정의의 형상'에 입각해서, 하느님 위주로 사랑하는 것이 타인과 자기를 의롭게(iuste) 사랑하는 것이다.

만드는 형상 자체를 사랑하지 않는다는 일이 어찌 가능하다는 말인가?[104] 우리가 저 형상도 사랑하지 않는다면 그 형상 때문에 우리가 사랑한다는 그 사람을 우리는 조금도 사랑하지 않는 셈이 아닐까? 그리고 우리가 의인이 되지 못하는 동안은, 우리가 의로운 사람이 될 수 있었을 때보다 그 형상을 덜 사랑하는 것이 아닐까? 의인이라고 여겨지는 사람은 저 형상과 진리에 비추어 사랑을 받는 것이고, 의인을 사랑하는 사람은 자기 앞에 저 형상을 식별하고 인식하고 있다. 다만 형상과 진리는 다른 무엇에 비추어 사랑받는 식으로 존재하지 않는다.[105] 저 형상 말고는 똑같은 무엇을 우리는 결코 발견하지 못한다. 즉, 우리가 이미 [그것과 똑같다고] 알고서 그것에 입각하여 우리가 무엇을 사랑한다면 기실 그 형상을 사랑할 따름이다. 저 형상은 아직 인식되지 않았으면서도 우리는 오직 믿으면서 그 형상을 사랑하게 되는 것이다. 그대가 [저 형상과] 똑같다는 무엇을 바라보게 되더라도 [그대가 실제로 바라보는 것은] 저 형상 자체이다. 저 형상 자체가 여일해서 형상 자체만이 자기와 똑같은 것이기 때문에 [저 형상과] 똑같은 것은 아무것도 없다.[106] 그러므로 인간을 사랑하는 사람은 인간이 의인이기 때문에 사랑하거나 상대가 의인이 되도록 사랑해야 한다.[107] 또 자신을 사랑하더라도 의인이기 때문에 사랑하거나 의인이 되도록 사랑해야 한다. 그러면 "이웃을 자신처럼 사랑하는"[108] 일에 아무런 위험이 없다. 자신을 달리 사랑하는 사람은 불의하게 자신을 사랑하는 것이니 불의한 인간이 되라고 사랑하는 까닭이다. 따라서 악인이 되라고 사랑하는 까닭이다. 그렇다면 이미 자신을 사랑하지 않는 셈이다.[109] "악을 사랑하는 자는 자기 영혼을 미워하는"[110] 까닭이다.

---

[108] 마르 12,33 참조.

[109] 인간적인 자기애는 초보적이고 임시적인 것이어서, 하느님 뜻에 따르면서 이기심 없는 이타애와 하느님 사랑으로 발전해야 한다. 신적인 사랑을 배제하는 인간적 사랑은 이기심과 오만에 바탕을 둔 것이어서 사실상 자기 증오일 따름이다(이 책 14.14.18-20 참조).

[110] 시편 11,5 참조: "그분의 얼은 폭행을 사랑하는 자를 미워하시는도다."

VII 10. Quapropter non est praecipue uidendum in hac quaestione quae de trinitate nobis est et de cognoscendo deo nisi quid sit uera dilectio, immo uero quid sit dilectio. Ea quippe dilectio dicenda quae uera est, alioquin cupiditas est; atque ita cupidi abusiue dicuntur diligere quemadmodum cupere abusiue dicuntur qui diligunt. Haec est autem uera dilectio *ut* inhaerentes ueritati *iuste uiuamus*, et ideo contemnamus omnia mortalia prae amore hominum quo eos uolumus iuste uiuere. Ita enim et mori pro fratribus utiliter parati esse poterimus, quod nos exemplo suo dominus Iesus Christus docuit. Cum enim duo praecepta sint *in quibus tota lex pendet et prophetae, dilectio dei* et *dilectio proximi*, non immerito plerumque scriptura pro utroque unum ponit. Siue tantum dei sicuti est illud: *Scimus quoniam diligentibus deum omnia cooperantur in bonum*, et iterum: *Quisquis autem diligit deum hic cognitus est ab illo*, et illud: *Quoniam caritas dei diffusa est in cordibus nostris per spiritum sanctum qui datus est nobis*, et alia multa quia et qui diligit deum, consequens est ut faciat quod praecepit deus et in tantum diligit in quantum facit; consequens ergo est ut et proximum diligat quia hoc

---

111 8권의 나머지 작업(7.10-10.14)은 '이웃 사랑'과 '하느님 사랑'을 통합하면서 여태까지 말한 '진리'와 '선' 그리고 '정의의 형상'을 이 사랑과 동일시하는 일이다.

112 quid sit vera dilectio: 사랑의 발견은 인간에게 있는 모든 삼위일체성들을 발견하고 나아가 삼위일체 하느님을 알아뵙는 첨경이다. 하느님은 사랑이시기 때문이다(8.10.14 참조).

113 라틴어 단어 cupere(탐하다, 애욕을 품다)와 diligere(사랑하다, 경애하다)를 구분해 쓰자는 말이다.

114 티토 2,12 참조.   115 '참사랑'을 다시 정의했다.

116 교부는 "지나가는 사물에 애착하는 사랑은 욕정(cupiditas amor transeuntium)이고, 마땅히 사랑해야 할 사물에 대한 사랑은 애덕(amor rerum amandarum dilectio)이다"라고 단언한 적 있다(*De diversis quaestionibus 83*, q.33.1-2).

7.10. 삼위일체론을 다루고 하느님에 관한 인식을 다루는 이 문제에서 우리가 주안점을 둘 것은 참된 사랑이 무엇이냐, 그야말로 사랑이 무엇이냐 외에 다른 것이 아니다.[112] 참된 사랑만 사랑이라고 해야 옳다. 그렇지 못하면 욕정欲情이다. '탐하는 사람'을 가리켜 뭔가를 '사랑한다'고 일컫는다면 언어의 남용이듯이, '사랑을 하는 사람'을 가리켜 무엇을 '탐한다'고 일컫는 것도 언어의 남용이다.[113] 우리로 하여금 진리에 귀의하여 "의롭게 살게 하는"[114] 사랑, 바로 이것이 참사랑이다.[115] 그러므로 인간에 대한 사랑, 그에 힘입어 사람들이 의롭게 살기를 우리가 바라는 그 사랑을 생각해서 우리는 사멸하는 모든 것을 경멸하기로 하자.[116] 그러면 우리는 형제들을 위하여 유익하게 죽을 자세가 될 수 있을 것이며, 이것은 주 예수 그리스도께서 당신의 모범으로 우리에게 가르치신 바이기도 하다. "율법과 예언자들이 다 달려 있다는 두 계명, 하느님 사랑과 이웃 사랑"[117]이라는 주요한 두 계명을 성경이 둘 대신 하나로 제시하는 것도 까닭이 없지 않다. 그래서 때로는 하느님 사랑만을 제시한다. "우리가 알기로, 하느님을 사랑하는 이들에게는 모든 것이 선으로 협력합니다"[118]라는 구절이라든지, "누가 하느님을 사랑한다면 이 사람은 이미 그분께 알려진 것입니다"[119]라는 구절이라든지, "우리에게 주어진 성령을 통하여 하느님의 사랑이 우리 마음 안에 부어져 있습니다"[120]라는 구절이나 그 밖의 많은 구절들이 그렇다. 하느님을 사랑하는 사람이 하느님께서 명하시는 바를 실행하리라는 것은 [당연한] 귀결이고, 그만큼 실행한다면 그만큼 사랑하리라는 것도 [당연한 귀결이다]. 그러므로 이웃도 사랑하리라는 결론이니 하느님이 이것을 명

---

[117] 마태 22,40 참조.

[118] 로마 8,28 참조: "모든 것이 하느님을 사랑하는 이들의 선을 위해 협력합니다."

[119] 1코린 8,3.

[120] 로마 5,5.

praecepit deus. Siue tantum proximi dilectionem scriptura comme-
morat sicuti est illud: *Inuicem onera uestra portate et sic adimplebi-
tis legem Christi,* et illud: *Omnis enim lex in uno sermone impletur,
in eo quod scriptum est: Diliges proximum tuum tamquam te ipsum,*
et in euangelio: *Omnia quaecumque uultis ut faciant uobis homines
bona, haec et uos facite illis; haec est enim lex et prophetae,* et ple-
raque alia reperimus in litteris sanctis in quibus sola dilectio pro-
ximi ad perfectionem praecipi uidetur et taceri de dilectione dei cum
in utroque praecepto lex pendeat et prophetae, sed et hoc ideo quia
et qui proximum diligit consequens est ut ipsam praecipue dilectio-
nem diligat. *Deus* autem *dilectio est, et qui manet in dilectione in
deo manet.* Consequens ergo est ut praecipue deum diligat.

11. Quapropter qui quaerunt deum per istas potestates quae mun-
do praesunt uel partibus mundi auferuntur ab eo longeque iactantur
non interuallis locorum sed diuersitate affectuum; exterius enim
conantur ire et interiora sua deserunt quibus interior est deus. Itaque
etiamsi aliquam sanctam caelitem potestatem uel audierint uel ut-
cumque cogitauerint, facta magis eius appetunt quae humana mira-
tur infirmitas; non imitantur pietatem qua diuina requies compara-
tur. Malunt enim superbe hoc posse quod angelus quam deuote hoc

---

¹²¹ 갈라 6,2와 5,14.　　　　¹²² 마태 7,12.　　　¹²³ 1요한 4,8.16.

¹²⁴ 이런 입장은 "사랑하라, 그리고 그대 하고 싶은 대로 하라!"(dilige, et quod vis fac: *Trac-
tatus in Ioannis Epistulam* 7.4.8)는 유명한 문장으로 간추려진다.

¹²⁵ non intervallis locorum, sed diversitate affectuum: 교부의 유명한 '두 사랑'(duo amo-
res: terrenus et caelestis: 『신국론』 14.18) 이론을 상기시킨다.

하시는 까닭이다. 때로는 성경이 이웃 사랑만을 제시한다. "여러분은 서로
의 짐들을 져 주시오. 그렇게 여러분은 그리스도의 법을 성취할 것입니다"
라는 구절이나, "모든 율법은 '네 이웃을 너 자신처럼 사랑하여라'라는 한
말씀으로 성취됩니다"[121]라는 구절이나, 복음서에 "여러분은 사람들이 여
러분에게 해 주기 바라는 모든 것을 그대로 그들에게 해 주시오. 이것이
율법과 예언자들의 정신입니다"[122]라는 구절이 그렇다. 성경에는 이와 비
슷한 구절이 많이 발견되는데, 완전해지는 일에 있어서 이웃 사랑만 요구
하고 하느님 사랑은 간과하는 것처럼 보이기도 한다. 두 계명 다에 율법과
예언자들이 달려 있는데도 말이다. 하지만 [성경에] 이렇게 나오는 까닭은
이웃을 사랑하는 사람은 무엇보다도 사랑 자체를 사랑한다는 결론이 나오
기 때문이다. "하느님은 사랑이십니다. 사랑 안에 머무는 사람은 하느님
안에 머물러 있습니다."[123] 그러므로 우선 하느님을 사랑해야 한다는 결론
이 나온다.[124]

7.11. 따라서 세상을 지배하는 세력에 의거하여 하느님을 찾거나 세상
을 이루는 부분들을 가지고 하느님을 찾는 자들은 하느님으로부터 멀리
내쳐진다. 그것도 공간상의 거리가 아니라 애정의 차이로 [멀리 내쳐진
다].[125] 그 자들은 바깥으로 가려고 애쓰면서 자기 내면을 저버리는 까닭이
다. [인간의 내면보다] 내밀한 분이 하느님인데 말이다.[126] 만일 [천사 같
은] 어떤 거룩한 천계의 세력에 관한 이야기를 들었거나 생각해 낸 사람들
도 그런 세력의 위업을 추구하려고 하지, 그 존재의 경건한 신심을 본뜨려
고 하지는 않는다. [천사의] 위업은 인간이 그 나약함 때문에 경탄하는 대
상이지만, 신성한 안식安息이 마련되는 것은 바로 이 신심을 통해서다. 저
런 사람들은 천사만큼 경건하게 존재하기를 원하기보다는 오만하게도 천

---

[126] [interioribus] interior est deus: 아우구스티누스는 하느님을 일컬어 "당신께서는 내 가
장 내밀한 데보다 더 내밀하게 계셨고 내가 도달할 수 있는 가장 높은 데보다 더 높이 계시는
분"(interior intimo meo et superior summo meo:『고백록』 3.6.11)이라고 고백한 바 있다.

esse quod angelus. Non enim sanctus quisquam potestate sua gaudet sed eius a quo habet posse quidquid congruenter potest, et nouit potentius esse coniungi omnipotenti pia uoluntate quam propria uoluntate posse quod contremescant qui talia non possunt. Itaque ipse dominus Iesus Christus talia faciens ut mirantes doceret ampliora et temporalibus insolitis intentos atque suspensos ad aeterna atque interiora conuerteret: *Venite*, inquit, *ad me qui laboratis et onerati estis, et ego uos reficiam; tollite iugum meum super uos.* Et non dixit: 'Discite a me quia triduanos mortuos suscito,' sed ait: *Discite a me quia mitis sum et humilis corde.* Potentior est enim et tutior solidissima humilitas quam uentosissima celsitudo. Et ideo sequitur dicens: *Et inuenietis requiem animabus uestris. Dilecto* enim *non inflatur, et deus dilectio est, et fideles in dilectione adquiescunt illi* reuocati ab strepitu qui foris est ad gaudia silentia. Ecce, *deus dilectio est.* Vtquid imus et currimus in sublimia caelorum et ima terrarum quaerentes eum qui est apud nos si nos esse uelimus apud eum?

---

[127] malunt superbe hoc posse ⋯ quam devote hoc esse: 하느님을 '존재의 충만'(summe esse: omnia ab ea essentia sunt, quae summe maximeque est: *De immortalitate animae* 18) 으로 보고 궁극으로 지향하는 교부는 피조물의 능력 과시를 오만으로 간주한다.

[128] coniungi omnipotenti *pia voluntate* ⋯ quam *propria voluntate* posse: '덕'(virtus: 능력) 은 "사랑해야 할 것을 선하게 사랑하는 사랑의 질서"(virtus est amoris quo bene amatur quod amandum est:『신국론』15.22)이므로 자기 능력 과시보다는 하느님에 대한 순종이 중시된다.

[129] 마태 11,28-29.

[130] 요한 11,38-44의 죽은 라자로의 소생을 지칭하고 있다. 39절: "주님, 나흘이나 되어 벌써 냄새가 납니다."

[131] 마태 11,29.　　　　　　　　　　[132] 마태 11,29.

[133] 1코린 13,4.　　　　　　　　　　[134] 1요한 4,8.

사가 하는 일을 자기도 할 수 있기를 더 원한다.[127] 거룩한 사람치고 자기가 발휘하는 능력을 두고 기꺼워하는 사람은 아무도 없다. 오히려 자기가 적격하게 무슨 일을 해내든 간에 그것을 할 능력을 주신 분의 능력을 두고 기꺼워한다. 그는 자기 의지로 무엇을 해내어 그런 일을 해내지 못하는 사람들을 놀라게 하는 일보다는, 경건한 의지로 전능하신 분께 합치하는 일이 더 유능한 것임을 안다.[128] 그래서 주 예수 그리스도께서도 저런 위업을 행함으로써 그것을 놀랍게 생각하는 사람들에게 그 이상의 것을 가르치고자 했고, 현세적이면서도 신기한 행적에 주의를 쏟고 매달리는 사람들이 영원하고 내면적인 사물로 마음을 돌리게 만들려고 애쓰셨다. 그리고 이렇게 말씀하셨다. "수고하고 짐진 여러분은 내게로 오시오. 그러면 내가 여러분을 쉬게 하겠습니다. 여러분 위에 내 멍에를 메시오."[129] 그분은 "내가 죽은 지 나흘 되는 사람들을 살려내니 이것을 나에게서 배우시오"[130]라고 하지 않았다. 오히려 "나에게서 배우시오. 나는 온유하고 마음으로 겸손하기 때문입니다"[131]라고 하셨다. 드높이 바람을 타는 거만함보다는 지극히 공고한 겸손함이야말로 더 세력 있고 더 안전하다. 그래서 다음과 같은 말씀이 따라 나온다. "그러면 여러분의 영혼에 쉼을 얻을 것입니다."[132] "사랑은 허세를 부리지 않는다."[133] 또 "하느님은 사랑이시다".[134] 그리고 "사랑에 충실한 사람들은 그분에게서 안식을 얻는다".[135] 그런 사람들은 곁에 있는 소란으로부터 말 없는 기쁨으로 다시 불림 받은 것이다. 보라, "하느님은 사랑이시다!" 우리 앞에 계시는 그분을 무엇 때문에 드높은 하늘로 올라가고 저 땅속 깊이 들어가 내달으며 찾는다는 말인가, 우리가 그분 앞에 존재하고 싶다면서?[136]

---

[135] 지혜 3,9.『공동 번역』: "주님을 믿는 이들은 그분과 함께 사랑 속에 살 것이다."

[136] 이 책 8.5.7에서도 그리스도 사건을 '겸손의 모범'으로 제시했지만(각주 64 참조), 이 부분(8.7.11)은 이 책 4권(10.13-14.19)에서 다룬 그리스도 사건을 상기시키면서 '참사랑'의 조건을 새삼 강조하고 있다.

VIII 12. Nemo dicat: 'Non noui quod diligam.' Diligit fratrem et diligat eandem dilectionem; magis enim nouit dilectionem qua diligit quam fratrem quem diligit. Ecce iam potest notiorem deum habere quam fratrem, plane notiorem quia praesentiorem, notiorem quia interiorem, notiorem quia certiorem. Amplectere dilectionem deum et dilectione amplectere deum. Ipsa est dilectio quae omnes bonos angelos et omnes dei seruos consociat uinculo sanctitatis, nosque et illos coniungit inuicem nobis et subiungit sibi. Quanto igitur saniores sumus a tumore superbiae tanto sumus dilectione pleniores. Et quo nisi deo plenus est qui plenus est dilectione?

'At enim caritatem uideo, et quantum possum eam mente conspicio, et credo scripturae dicenti: *Quoniam deus caritas est, et qui manet in caritate in deo manet.* Sed cum eam uideo non in ea uideo trinitatem.' Immo uero uides trinitatem si caritatem uides. Sed commonebo si potero ut uidere te uideas; adsit tantum ipsa ut moueamur caritate ad aliquod bonum. Quia cum diligimus caritatem, aliquid

---

137 사본에 따라서는 둘째 문장이 diliget으로 되어 있어 '형제를 사랑하라! 그러면 사랑 자체를 사랑하게 되리라'는 의미가 된다.

138 누군가를 사랑하는 그 사랑은 본인의 내면에 있으므로 사랑의 대상보다 더 잘 안다.

139 원문: amplectere dilectionem Deum, et dilectione amplectere Deum.

140 피조물들을 서로 묶는 유대(紐帶)는 consociat, 피조물을 사랑 자체에 묶어 두는 유대는 subiungit으로 표현했다.

141 용어가 dilectio에서 caritas로 바뀌었다. 교부는 이 책에서 특별한 동기 없이 '사랑'을 dilectio, caritas, amor로 바꾸어 가면서 구사하고 있다.

142 mente conspicio: 여태까지 animus(영혼)로 나오던 용어가 자연스럽게 mens(지성)로 대체된다. 하느님의 모상이 여기에 존재한다[("인간은 오직 그의 지성 혹은 영혼에 입각해서 하느님의 모상이라고 한다"(이 책 15.7.11)]. mens는 9권에서 본격적으로 쓰이는데 11권에서는 anima, animus를 사용하면서 mens를 다시 망각한다.

8.12. "무엇을 사랑해야 할지 모르겠다"는 말은 아무도 하지 말아야 한다. 형제를 사랑하고 사랑 자체를 사랑하라![137] 사랑하는 대상인 형제를 아는 것보다도 사랑하는 능력인 사랑 자체를 더 잘 아는 까닭이다.[138] 그러면 형제보다는 하느님이 더 잘 알려지는 분일 수도 있다. [하느님이] 더 현전하시므로 그분이 더 잘 알려지는 분이다. [하느님이] 더 잘 알려지는 것은 그분이 더 내밀한 분이기 때문이다. [하느님이] 더 잘 알려지는 것은 그분이 더 확실한 분이기 때문이다. 사랑이신 하느님을 포옹하고 사랑으로 하느님을 포옹하라.[139] 그 사랑이 선한 천사들 모두와 하느님의 모든 종들을 성덕聖德의 사슬로 한데 묶는다. 우리를 한데 묶는 것도 그 사랑이고 그들을 우리에게 서로 묶어 두는 것도 그 사랑이요, 우리와 그들을 자기 밑에 묶어 두는 것도 그 사랑이다.[140] 우리가 오만의 종기腫氣에서 나아 건강하면 할수록 그만큼 사랑으로 충만한 사람이 된다. 사랑으로 충만한 사람이라면 하느님 아닌 무엇으로 충만하겠는가?

그러나 [이런 말이 나올지 모른다]. "내가 '사랑'[141]을 보기는 본다. 내가 할 수 있는 능력껏 지성으로 사랑을 관상한다.[142] '하느님은 사랑이십니다. 사랑 안에 머무는 사람은 하느님 안에 머물러 있습니다'라는 성경 말씀을 나는 믿는다. 하지만 내가 사랑을 본다고 해서 그 안에서 삼위일체를 보는 것은 아니다." 그대가 사랑을 본다면 그대는 바로 삼위일체를 뵙는 것이다![143] 그대가 [사랑을 볼 때 다름 아닌 삼위일체를] 뵙는다는 사실을 알아보도록, 내 힘이 미치는 데까지 몇 가지를 상기시키겠다. [우선] 사랑이 현전해야만 우리가 사랑을 갖고 선한 어떤 쪽으로 움직여 나갈 수 있을 것이다. 우리가 '사랑'을 사랑할 때는 무엇인가를 '사랑하고 있는 사랑'을 사랑

---

[143] vides trinitatem si caritatem vides: 8권의 논지가 이 명제를 확립하기 위함이었으며, 이 명제를 토대로 이 책 후반부가 전개된다.

diligentem diligimus propter hoc ipsum quia diligit aliquid. Ergo quid diligit caritas ut possit etiam ipsa caritas diligi? Caritas enim non est quae nihil diligit. Si autem se ipsam diligit, diligit aliquid oportet ut caritate se diligit. Sicut enim uerbum indicat aliquid, indicat etiam se ipsum, sed non se uerbum indicat nisi se aliquid indicare indicet; sic et caritas diligit quidem se, sed nisi se aliquid diligentem diligat non caritate se diligat. Quid ergo diligit caritas nisi quod caritate diligimus? Id autem ut a proximo prouehamur frater est. Dilectionem autem fraternam quantum commendet Iohannes apostolus attendamus: *Qui diligit*, inquit, *fratrem suum in lumine manet, et scandalum in eo non est.* Manifestum est quod iustitiae perfectionem in fratris dilectione posuerit; nam in quo scandalum non est utique perfectus est. Et tamen uidetur dilectionem dei tacuisse. Quod numquam faceret nisi quia in ipsa fraterna dilectione uult intellegi deum. Apertissime enim in eadem epistula paulo post ita dicit: *Dilectissimi, diligamus inuicem quia dilectio ex deo est, et omnis qui diligit ex deo natus est et cognouit deum. Qui non diligit non cognouit deum quia deus dilectio est.* Ista contextio satis aperteque declarat eandem ipsam fraternam dilectionem (nam fraterna

---

[144] cum diligimus caritatem, aliquid diligentem diligimus: 사랑은 이미 '사랑함'이다.

[145] verbum … se *aliquid indicare* indicet: 지금부터 '사랑'으로 삼위일체의 신비(amans, quod amatur, amor)를 해명하려는 아우구스티누스로서는 '사랑이 무엇인가를 가리킨다(indicativum)는 사실'에서 사랑이 '관계적(ad alterum) 실체'라는 근본을 확립해야 한다.

[146] dilectionem fraternam: 어휘가 caritas에서 다시 dilectio로 돌아왔다.

[147] 1요한 2,10.

[148] iustitiae perfectionem in fratris dilectione: 앞의 8.6.9-7.10에서 '의로운 사람'에 대한 언어학적 분석에서 '정의'가 '사랑'으로 귀결된다고 정리했다(각주 107 참조).

[149] 1요한 4,7-8.

하고 있다.[144] '사랑'이란 것은 뭔가를 사랑하게 마련이라는 바로 그 이유에 서다. 그럼 '사랑'은 무엇을 사랑하는 것일까? [무엇을 사랑하길래] '사랑' 자체로서도 사랑받을 수 있는 것일까? 아무것도 사랑하지 않는 것은 '사 랑'이 아니다. '사랑'이 자체를 사랑하더라도, 무엇인가를 사랑할 필요가 있다. 그래야만 사랑이 '사랑으로' 자체를 사랑하는 것이 된다. '무엇'이라 는 단어가 가리키는 대상에는 '자체'도 들어간다. 따라서 그 단어가 '무엇 인가를 가리킨다는 사실'을 가리키지 못한다면, 그것이 '자체'를 가리키지 도 못한다.[145] 그래서 사랑이 '자체'라는 무엇을 사랑하는데, '무엇인가 사 랑하는 자체'를 사랑하고 있는 중이 아니라면, '사랑으로' 자체를 사랑하는 것은 아니다. 그러니 '사랑'이 사랑하는 바는 결국 우리가 '사랑을 가지고' 사랑하는 대상이 아니고 무엇이겠는가? [사랑하는 대상을] 가장 가까운 사 람으로부터 시작한다면 형제가 된다. 형제애를[146] 사도 요한이 얼마나 강 조했는지 귀담아듣자. "자기 형제를 사랑하는 이는 빛 속에 머물러 있으며 그는 걸려 넘어지는 일이 없습니다."[147] 사도가 정의正義의 완성을 형제에 대한 사랑에 두었음이 분명하다.[148] 걸려 넘어지는 일이 없으면 물론 완전 한 사람이다. 그렇지만 그가 하느님 사랑에 관해서는 묵과하고 있는 것처 럼 보인다. 물론 형제애 자체에서 하느님을 인식하고 싶어 한 것이 아니었 더라면 그렇게 하지 않았을 것이다. 같은 서간에서 조금 뒤에 아주 분명하 게 이런 말을 한다. "사랑하는 여러분, 서로 사랑합시다. 사실 사랑은 하느 님으로부터 오고 사랑하는 모든 이는 하느님에게서 태어났고 하느님을 알 기 때문입니다. 사랑하지 않는 자는 하느님을 모릅니다. 하느님은 사랑이 시기 때문입니다."[149] 이 문장이 크나큰 권위로 설파하는 바는, 형제애 자 체 ― 우리가 서로 사랑하는 사랑이 곧 형제애다[150] ― 가 하느님으로부터

---

[150] '형제애'를 형제 간의 혈육애로 오해하는 일이 없도록 '우리가 서로 사랑하는 사랑'으로 규정해 준다. 물론 혈육의 사랑도 승화시켜 하느님이 사랑하시는 차원에서 사랑하면 그 사랑 은 은총이고 혈육 아닌 하느님에게 원천이 있다는 것이 교부의 가르침이다.

dilectio est qua diligimus inuicem) non solum *ex deo* sed etiam *deum* esse tanta auctoritate praedicari. Cum ergo de dilectione diligimus fratrem, de deo diligimus fratrem; nec fieri potest ut eandem dilectionem non praecipue diligamus qua fratrem diligimus. Vnde colligitur duo illa praecepta non posse sine inuicem. *Quoniam* quippe *deus dilectio est*, deum certe diligit qui diligit dilectionem; dilectionem autem necesse est diligat qui diligit fratrem. Et ideo quod paulo post ait: *Non potest deum diligere quem non uidet qui fratrem quem uidet non diligit*, quia haec illi causa est non uidendi deum quod *non diligit fratrem*. *Qui enim non diligit fratrem* non est in dilectione, et qui non est in dilectione non est in deo *quia deus dilectio est*. Porro qui non est in deo non est in lumine *quia deus lumen est, et tenebrae in eo non sunt ullae*. Qui ergo non est in lumine quid mirum si non uidet lumen, id est non uidet deum quia *in tenebris est*? Fratrem autem uidet humano uisu quo uideri deus non potest. Sed si eum quem uidet humano uisu spiritali caritate diligeret, uideret deum qui est ipsa caritas uisu interiore quo uideri potest. Itaque *qui fratrem quem uidet non diligit, deum, quem* propterea *non uidet quia deus dilectio est* qua caret qui fratrem non diligit, quomodo *potest diligere*? Nec illa iam quaestio moueat quan-

---

[151] fraternam dilectionem ⋯ etiam deum esse: '하느님은 사랑이시다'라는 명제에서 '형제애가 곧 하느님이다' — '하느님은 형제애이시다'라는 번역도 가능하다 — 라는 놀라운 명제를 도출했다.

[152] 앞의 각주 151의 결론을 유도하는 두 개의 논리적 전제라고 하겠다.

[153] 1요한 4,20.

[154] causa est non videndi Deum, quod non diligit fratrem: '형제를 사랑하지 않는 자는 하느님을 사랑할 수 없다'는 명제에 '따라서 하느님을 볼 수 없다'는 결론을 붙인다.

옴은 물론이려니와 바로 하느님이기도 하다는[151] 점임을 충분히 알 수 있
고 또 이를 명시적으로 천명하고 있다. 그러므로 우리가 '사랑으로부터' 우
러나 형제를 사랑할 때 '하느님으로부터' 우러나 형제를 사랑하는 것이다.
'사랑에서 우러나' 우리가 형제를 사랑하는 터에 바로 그 '사랑 자체'를 사
랑하고 모든 것에 앞서 사랑하지 않는다는 일은 있을 수 없다. 그러니 저
두 계명은 서로가 없이는 존재하지 못함을 깨닫게 된다. 그 이유를 든다면
"하느님이 사랑이시기 때문이다". '사랑'을 사랑하는 사람은 분명히 '하느
님'을 사랑하고 있다. 따라서 형제를 사랑하는 사람도 '사랑'을 사랑함은
필연적이다.[152] 또 조금 뒤에 이런 말씀이 나온다. "사실 눈에 보이는 형제
를 사랑하지 않는 자는 보이지 않는 하느님을 사랑할 수 없습니다."[153] '형
제를 사랑하지 않음', 바로 이것이 그 사람으로서는 하느님을 보지 못하는
원인이다.[154] '형제를 사랑하지 않는 자'는 '사랑 안에' 머물러 있지 않으므
로 '하느님 안에' 머물러 있지 않다. "하느님이 사랑이시기 때문이다." 모
름지기 하느님 안에 머물지 않는 사람은 빛 속에 머물지 못한다. "하느님
은 빛이시고 그분 안에는 어둠이 전혀 없는"[155] 까닭이다. 빛 속에 머물지
않는 사람이 빛을 보지 못한다고, 하느님을 보지 못한다고 해서 무엇이 이
상한가? 본인이 어둠 속에 머물러 있는 터에 말이다.[156] 인간 시선으로 형
제를 보는 이상, 그 시선에 하느님이 보일 리 없다. 그러나 인간 시선으로
바라보는 형제를 영적인 사랑으로 사랑한다면, 내면의 시선으로 사랑 자
체이신 하느님을 보게 될 것이다. 하느님은 내면의 시선에 보이는 분이다.
그러니 "눈에 보이는 형제를 사랑하지 않는 자는 보이지 않는 하느님을 사
랑할 수 없다. 하느님이 사랑이시기 때문이다". 형제를 사랑하지 않는 사
람에게는 사랑이 결여되어 있는데 무슨 수로 사랑할 수 있다는 말인가? 형
제에게는 얼마만큼의 사랑을 쏟고 하느님께는 얼마만큼의 사랑을 쏟아야

---

[155] 1요한 1,5 참조.

[156] 요한 1,4-5.9-11 참조.

tum caritatis fratri debeamus impendere, quantum deo. Fratri enim quantum nobis ipsis; nos autem ipsos tanto magis diligimus quanto magis diligimus deum.

Ex una igitur eademque caritate deum proximumque diligimus, sed deum propter deum, nos autem *et proximum propter deum*.

IX 13. Quid enim est, quaeso, quod exardescimus cum audimus et legimus: *Ecce nunc tempus acceptabile, ecce nunc dies salutis. Nullam in quoquam dantes offensionem ut non reprehendatur ministerium nostrum, sed in omnibus commendantes nosmetipsos ut dei ministros, in multa patientia, in tribulationibus, in necessitatibus, in angustiis, in plagis, in carcerbius, in iactationibus, in laboribus, in uigiliis, in ieiuniis, in castitate, in scientia, in longanimitate, in bonitate, in spiritu sancto, in caritate non ficta, in uerbo ueritatis, in uirtute dei, per arma iustitiae dextra et sinistra, per gloriam et ignobilitatem, per infamiam et bonam famam, ut seductores et ueraces, ut qui ignoramur et cognoscimur, quasi morientes et ecce uiuimus, ut coerciti et non mortificati, ut tristes semper autem gaudentes, sicut egeni multos autem ditantes, tamquam nihil habentes et omnia possidentes?*

---

[157] 사본에 따라서는 incomparabiliter plus quam nobis deo라는 대칭 문장이 앞에 덧붙여지므로 "하느님께는 우리 자신에게 쏟는 것과는 비교도 할 수 없이 사랑을 드려야 하고"라는 문장이 앞에 놓인다.

[158] 편집에 따라서는 여기서부터 9.13이 시작한다.

하느냐는 이미 문제가 아니다. 형제에게는 우리 자신에게 쏟는 만큼의 사랑을 쏟아야 한다.[157] 우리가 하느님을 많이 사랑하면 할수록 우리 자신을 그만큼 많이 사랑하는 것이다. 단일하고[158] 똑같은 사랑으로 우리는 하느님과 이웃을 사랑한다.

그렇지만 하느님은 하느님 [자신] 때문에 사랑하고, 우리 자신과 이웃은 하느님 때문에 사랑한다.[159]

우리가 의인을 사랑함은 정의正義의 형상形相에 의거해서다[160]

9.13. 내가 묻거니와, 다음과 같은 말씀을 듣고 읽을 때 우리가 마음속으로 타오르는 까닭이 무엇일까? "보십시오, 지금이야말로 알맞은 때이며, 보십시오, 지금이야말로 구원의 날입니다. 우리는 이 봉사직이 흠잡히지 않도록 무슨 일에 있어서나 조금도 장애를 주지 않으려고 합니다. 오히려 우리는 하느님의 봉사자들인 만큼 어떠한 경우에도 우리 자신을 내세웁니다. 곧, 많은 인내와 환난과 역경과 곤경에 있어서, 매질과 감옥살이와 난동과 수고와 밤샘과 단식에 있어서, 순결과 인식과 관대와 친절과 성령과 거짓 없는 사랑에 있어서, 진리의 말씀과 하느님의 능력에 있어서 그렇습니다. 오른손과 왼손에 의로움의 무기들을 드는 경우도, 영예와 모욕, 악평과 호평에 있어서도 그렇습니다. 우리는 속이는 자 같으나 진실합니다. 알려지지 않은 자 같으나 유명합니다. 죽은 자 같으나, 보십시오, 우리는 살아 있습니다. 처벌받은 자 같으나 처형되지 않았습니다. 슬퍼하는 자 같으나 늘 기뻐합니다. 가난한 자 같으나 많은 이를 부요하게 합니다. 아무것도 갖지 않은 자 같으나 모든 것을 차지하고 있습니다."[161]

---

[159] deum propter deum, nos autem et proximum propter deum: 인간은 '사용과 향유'의 대상이고 하느님은 '향유'의 대상이라는 이유에서(앞의 각주 43과 116 참조) 교부가 즐겨 쓰는 문장이다.

[160] 앞의 8.6.9에서 제기된, '의로운 사람이란 무엇인가?'라는 질문에 답을 내놓을 차례다.

[161] 2코린 6,2-10.

Quid est quod accendimur in dilectione Pauli apostoli cum ista legimus nisi quod credimus eum ita uixisse? Viuendum tamen sic esse dei ministris non de aliquibus auditum credimus sed intus apud nos, uel potius supra nos in ipsa ueritate conspicimus. Illum ergo quem sic uixisse credimus ex hoc quod uidemus diligimus, et nisi hanc formam quam semper stabilem atque incommutabilem cernimus praecipue diligeremus, non ideo diligeremus illum quia eius uitam cum in carne uiueret huic formae coaptatam et congruentem fuisse fide retinemus. Sed nescio quomodo amplius et in ipsius formae caritatem excitamur per fidem qua credimus uixisse sic aliquem, et spem qua nos quoque ita posse uiuere qui homines sumus ex eo quod aliqui homines ita uixerunt minime desperamus ut hoc et desideremus ardentius et fidentius precemur. Ita et ipsorum uitam facit a nobis diligi formae illius dilectio secundum quam uixisse creduntur, et illorum uita credita in eandem formam flagrantiorem excitat caritatem ut quanto flagrantius diligimus deum, tanto certius sereniusque uideamus quia in deo conspicimus incommutabilem formam iustitiae secundum quam hominem uiuere oportere iudicamus. Valet ergo fides ad cognitionem et ad dilectionem dei, non tamquam omnino incogniti aut omnino non dilecti, sed quo cognoscatur manifestius et quo firmius diligatur.

---

[162] intus apud nos, vel potius supra nos, in ipsa veritate: 앞의 각주 128 참조.

[163] hanc formam: 8.6.9에서 논구하던 forma(형상)가 다시 등장하는데(앞의 각주 79와 105 참조) 이하에서는 '이념'으로 번역해도 무리가 없다.

[164] in ipsius formae caritate excitamur: 형상을 반영한 사물로부터 형상 자체로 소급하는 지성의 성향을 가리킨다.

이 구절을 읽으면서 우리가 바오로 사도를 향해 사랑에 타오르는 이유가 무엇인가? 그가 그렇게 살았다고 우리가 믿기 때문이 아니겠는가? 하느님의 봉사자들이라면 이렇게 살아야만 한다. 이것은 누구한테서 그렇게 듣고서 우리가 믿는 말이 아니다. 우리 자신 내부를 들여다보면서, 아니 차라리 우리 위를 쳐다보면서, 진리 자체이신 분 안에서[162] 우리가 관조하는 바이다. 우리가 정작 사랑하는 것은 바로 이 형상形相이 아니고 무엇이겠는가?[163] 그리고 이 형상이 확고하고 불변하다는 점을 우리가 감지하고 있고, 그래서 그 인물의 삶이 육신 안에서 이루어지는 동안, 그 삶이 이 형상에 적절하게 어울렸으며 상합했음을 우리가 신앙으로 견지하고 있기 때문에 그 인물을 사랑하는 것이 아니겠는가? 그렇더라도, 이유는 모르지만 우리는 갈수록 저 형상 자체에 대한 사랑으로 재촉을 받는다.[164] [까닭은 모르지만] 누군가 저렇게 살았으리라고 우리가 믿는 그 신앙을 통해서, 우리도 그렇게 살 수 있으리라고 바라는 희망을 통해서 말이다. 우리가 비록 사람이지만 다른 사람들이 그렇게 살았다는 이유에서 조금도 절망하지 않고 더 큰 열정으로 그것을 희구하고, 더 큰 신뢰감을 가지고 그렇게 해 주십사고 기도드리게 된다. 따라서 일면으로는 저 형상에 대한 사랑이 저 인물들의 삶을 우리가 사랑하게 만드는데, 저들이 그 형상에 따라서 살았다고 우리가 믿는 까닭이다. 또 다른 일면으로는 우리가 신봉하는 저 인물들의 삶이 저 형상을 향하는 더욱 뜨거운 사랑을 [우리한테] 자극하는지도 모르겠다. 우리가 하느님을 보다 뜨겁게 사랑하면 할수록, [저 형상을] 보다 확연하고 보다 평온하게 바라보게 된다. 하느님 안에서 우리가 정의正義의 불변하는 형상을 바라보게 되고, 사람은 이 형상에 따라서 살아야 한다고 판단하기에 이른다. 그래서 하느님 인식과 하느님 사랑에는 신앙이 그만큼 힘이 된다. 그렇다고 [하느님을] 전혀 모르다가 [알게 되거나] 전혀 사랑하지 않다가 [사랑하게 되는 것이 아니다]. 오히려 [신앙으로] 갈수록 그분을 더 분명하게 알고, 갈수록 그분을 더 확고하게 사랑하려는 것이다.

X 14. Quid est autem dilectio uel caritas quam tantopere scriptura diuina laudat et praedicat nisi amor boni? Amor autem alicuius amantis est, et amore aliquid amatur. Ecce tria sunt, amans et quod amatur et amor. Quid est ergo amor nisi quaedam uita duo aliqua copulans uel copulari appetens, amantem scilicet et quod amatur? Et hoc etiam in extremis carnalibusque amoribus ita est. Sed ut aliquid purius et liquidius hauriamus calcata carne ascendamus ad animum. Quid amat animus in amico nisi animum? Et illic igitur tria sunt, amans et quod amatur et amor.

Restat etiam hinc ascendere et superius ista quaerere quantum homini datur. Sed hic paululum requiescat intentio non ut se iam existimet inuenisse quod quaerit, sed sicut solet inueniri locus ubi quaerendum est aliquid. Nondum illud inuentum est, sed iam inuentum est ubi quaeratur. Ita hoc dixisse suffecerit ut tamquam ab articulo alicuius exordii cetera contexamus.

---

[165] 드디어 'caritas est amor boni'라는 정의가 나온다.

[166] amor autem alicuius amantis est, et amore aliquid amatur: '사랑', '사랑하는 이', '사랑받는 것'이라는 최초의 삼위가 정립된다.

10.14. 신성한 서책이 그토록 칭송하고 설파하는 사랑 혹은 애덕이란 선善에 대한 사랑이 아니고 무엇인가?[165] 사랑은 사랑하는 어떤 이의 것이고 사랑으로 어떤 것이 사랑받는다.[166] 여기 셋이 있다, 사랑하는 이, 그리고 사랑받는 것, 그리고 사랑. 사랑이란 무엇인가? 두 가지 사물을 결합시키는, 아니 결합시키려고 애쓰는, 사랑하는 이와 사랑받는 것을 결합시키려는 모종의 생명이 아니고 무엇인가? 또 이 점은 가장 낮고 육적인 사랑에서도 여실하다. 다만 보다 순수하고 보다 투명한 무엇을 만끽하려면 육을 딛고 영혼을 향해서[167] 올라가기로 하자. 영혼이 벗에게서 사랑하는 바가 영혼 아니고 무엇이던가? 그래서 거기에도 셋이 있다. 사랑하는 이, 사랑받는 것, 그리고 사랑.

남은 일은 그곳으로부터 상승하는 일, 인간에게 주어진 한도에서 보다 고상한 것을 추구하는 일이다. 그렇더라도 여기서 우리의 주의력을 잠시 쉬게 하자. 탐구하는 바를 벌써 찾아냈다고 생각하기 때문이 아니고 [탐색하는] 뭔가를 찾아낼 만한 장소를 찾아내는 중이기 때문이다. 찾는 대상이 발견된 것은 아니지만 어디서 찾아야 할지는 찾아낸 까닭이다.[168] 여태까지 말한 내용으로 충분하다고 보는데 이 대목을 출발점으로 삼아 나머지 전부를 엮어 가야 할 것이기 때문이다.

---

[167] ad animum: mens(지성)가 다시 animus로 대체되었다.

[168] 삼위일체를 '사랑의 삼위성'에서 찾기로 결론지었다는 말이다.

LIBER IX

I 1. Trinitatem certe quaerimus, non quamlibet sed illam trinitatem quae deus est, uerusque ac summus et solus deus. Exspecta ergo, quisquis haec audis; adhuc enim quaerimus, et talia quaerentem nemo iuste reprehendit si tamen in fide firmissimus quaerat quod aut nosse aut eloqui difficillimum est. Affirmantem uero cito iusteque reprehendit quisquis melius uel uidet uel docet. *Quaerite*, inquit, *dominum, et uiuet anima uestra.* Et ne quisquam se tamquam apprehendisse temere gaudeat: *Quaerite*, inquit, *faciem eius semper.* Et apostolus: *Si quis se, inquit, putat aliquid scire, nondum scit quemadmodum scire oporteat. Quisquis autem diligit deum, hic cognitus est ab illo.* Ne sic quidem dixit, 'cognouit illum,' quae periculosa praesumptio est, sed, *cognitus est ab illo.* Sic et alibi cum dixisset: *Nunc autem cognoscentes deum*, statim corrigens, *immo cogniti*, inquit, *a deo.* Maximeque illo loco: *Fratres*, inquit, *ego me ipsum*

---

¹ quamlibet trinitatem: 라틴어에는 '셋씩 [한 묶음]'이라는 수사(數詞)인 terni 혹은 trini가 있었으나 trinitas라는 용어는 최초의 라틴 교부 테르툴리아누스(Tertullianus)가 *Adversus Valentinianos* 17에서 처음으로 만들어 낸 신조어였다.

² '이해(理解)를 구하는 신앙'(fides quaerens intellectum)의 자세인 이상 합리적 자세를 견지하는 것이므로 섣불리 비난할 수 없다.

³ 시편 69,33(『성경』: "하느님을 찾는 이들아, 너희 마음 기운 차릴 것이다"). 불가타역도 quaerite deum으로 되어 있어 교부의 기억에 의존한 인용으로 간주된다.

⁴ 시편 105,4.　　　　　　　　　　⁵ 1코린 8,2-3.

⁶ 갈라 4,9 참조(『200주년』: "[하느님을 모르던 여러분이] 지금은 하느님을 알고 있습니다. 아니, 하느님께서 여러분을 알아주셨습니다").

삼위일체에 관해서 어떻게 탐구할 것인가

1.1. 우리는 분명히 삼위일체를 탐구하고 있으며 그것도 아무 삼위일체나[1] 다루는 것이 아니고 하느님, 참되고 지존하고 유일한 하느님이신 삼위일체를 탐구하는 중이다. 그러니 이 말을 듣는 사람이 누구든 우선 기다리시라! 우리는 아직 탐구하는 중이고 이런 [거창한 주제를] 탐구하고 있는 사람을 두고는, [아직도 결론을 내지 못했다고] 아무도 함부로 탈을 잡지 않는 법이다. 알아내기가 그토록 힘들거나 [알아내더라도 그것을] 언표하기가 그토록 힘들거나 [둘 중의 하나일 터이므로] 본인이 믿음으로 정말 굳건하게 탐구하고 있는 이상 [함부로 꾸짖을 것이 아니다].[2] 그러다 일단 무슨 주장을 내놓으면 당장 꾸짖어도 되고 그 꾸지람이 정당하겠지만, 다만 더 잘 알고 더 잘 가르치는 사람이라야 할 것이다. "주님을 찾아라! 너희 영혼이 살리라!"[3] 또 누구든지 자기는 깨달은 것처럼 함부로 좋아해서는 안 될 것이다. "그 얼굴을 언제나 찾아라!"[4]라는 말씀이 있기 때문이다. 사도의 말씀도 있다. "누가 무엇인가를 알았다고 생각한다면 그는 아직 마땅히 알아야 하는 방식대로 알고 있는 것이 아닙니다. 그러나 누가 하느님을 사랑한다면, 이 사람은 이미 그분께 알려진 것입니다."[5] 사도가 한 말은 '이 사람은 이미 그분을 안 것이다'라는 구절이 아니다. 너무 위험한 허세다. '이 사람은 이미 그분께 알려진 것이다'라고 했다. 그래서 다른 데서 "지금은 여러분이 하느님을 알고 있습니다"라고 하고서는 즉각 "아니, 여러분이 하느님께 알려진 것입니다"라고 바로잡는다.[6] 또 저 유명한 대목에서는 이런 말씀까지 한다.[7] "형제 여러분, 나는 이미 파악했다고는[8]▶ 생각

---

[7] 필리 3,13-15 참조.

non arbitror apprehendisse; unum autem, quae retro oblitus, in ea quae ante sunt extentus secundum intentionem sequor ad palmam supernae uocationis dei in Christo Iesu. Quotquot ergo perfecti hoc sapiamus. Perfectionem in hac uita dicit non aliud quam *ea quae retro sunt* olbliuisci et in *ea quae ante sunt* extendi secundum intentionem. Tutissima est enim quaerentis intentio donec apprehendatur illud quo tendimus et quo extendimur. Sed ea recta intentio est quae proficiscitur a fide. Certa enim fides utcumque inchoat cognitionem; cognitio uero certa non perficietur nisi post hanc uitam cum uidebimus *facie ad faciem*. Hoc ergo sapiamus ut nouerimus tutiorem esse affectum uera quaerendi quam incognita pro cognitis praesumendi. Sic ergo quaeramus tanquam inuenturi, et sic inueniamus tamquam quaesituri. *Cum* enim *consummauerit homo, tunc incipit.*

De credendis nulla infidelitate dubitemus, de intellegendis nulla temeritate affirmemus; in illis auctoritas tenenda est, in his ueritas exquirenda. Quod ergo ad istam quaestionem attinet credamus *pat-*

◀8 apprenhendisse: '이미 잡고 있다'(『200주년』). 사도가 '손아귀에 넣었다'는 뜻으로 하는 말을 교부는 '인식하여 파악했다'는 의미로 제시한다.

⁹ extentus secundum intentionem: 이하의 해설 때문에 교부의 인용 의도대로 직역해 보았다. 『200주년』: "앞에 있는 것을 향해 내뻗치면서 목표를 바라보고 달려갑니다."

¹⁰ quotquot perfecti hoc sapiamus: 직역. 『200주년』 참조: "그러므로 완전한 사람은 누구나 이와 같이 생각합니다."

¹¹ quaerentis *intentio*, donec apprehendatur illud quo *tendimus* et quo *extendimur*: 플로티누스(*Enneades* 3.7.11)에게서 유래하며 교부의 인간학에 기본이 되는 개념이다. 인간(혹은 지성)이 자기 너머로 관심을 내뻗고[extentio: 지향의 확산(擴散)], 자기의 존재근거인 하느님을 향해 관심을 집중하는 경우[in-tentio, ad-tentio: 지향의 집산(集散)] 자기를 완성한다. 만일 죄의 영향으로 자기에게만 관심이 머물면 자기 안에서마저 머물지 못하고 감각적 · 현세적 사물 속으로 흩어져 버린다[distentio: 지향의 분산(分散)].

¹² recta intentio a fide: 믿음이 지성을 정화하여 지성의 지향을 올바로 인도한다는 것이 교부의 신념이다.

하지 않습니다. 한 가지는 분명합니다. 뒤에 있는 것을 잊어버리고 앞에 있는 것을 향해 내뻗으면서 지향대로 달려갑니다.[9] 그것은 하느님께서 그리스도 예수 안에서 위로부터 부르시면서 내거신 상을 얻기 위함입니다. 무엇이든지 완전하면 이것을 맛들이도록 합시다."[10] 현세에서의 완전함이란 다름이 아니고 뒤에 있는 것을 잊어버리고 앞에 있는 것을 향해 지향대로 내뻗는 일이다. 탐구자의 지향이야말로 우리가 향하고 그것으로 내뻗치는 대상을 파악하기까지 지극히 안전한 것이다.[11] 신앙에 힘입어 나아가는 지향만 올바른 지향이다.[12] 확실한 신앙이 인식을 출발시키는 것이 사실이지만[13] 확실한 인식은 이승을 떠난 후, 즉 "얼굴과 얼굴을 마주볼"[14] 때가 아니면 완성되지 않는다. 우리는 모르는 것을 아는 것처럼 뽐낼 것이 아니라 진리를 찾으려는 정성이 더 안전하다는 점을 알아 두자. 그래서 진리를 탐구할 때는 반드시 발견해 내겠다는 각오로 임하며, 진리를 발견하면 더욱더 탐구하겠다는 각오로 임하기로 하자.[15] "인간이 그 일을 끝냈다고 생각할 때가 바로 시작이다."[16]

믿어야 할 바를 두고는 조그만 불신으로도 의심하는 일 없도록 하며, 이해해야 할 바를 두고는 조그만 무모함으로도 억지로 주장하는 일 없도록 하자. 전자에 대해서는 권위를 존중하며 후자에 대해서는 진리를 탐구토록 할 것이다. 현안에 관한 한, '성부와 성자와 성령이 한 분 하느님이심'과

---

[13] certa fides inchoat cognitionem: 이 사상을 간추린 다음과 같은 문장이 있다. "그대의 신앙이 이해하려는 열성으로 나아가게 추동하지만 참된 이성은 응당 이해에 이르도록 인도하며 그럴 경우에도 지성을 준비시키는 것은 신앙이다"(ad quam [intellegentiam] ratio vera perducit et cui fides animum praeparat: *Epistola* 120.6).

[14] 1코린 13,12 참조.

[15] 직역: "진리를 발견해 내겠다는 각오로 진리를 탐구하기로 하며, 진리를 탐구하겠다는 각오로 진리를 발견하기로 하자." '하느님은 이러저러한 분이 아니다'는 부정의 길(via negativa) 외에도 진리의 발견이 또 다른 탐구를 촉발하는 변증법(dialectica)도 동원된다.

[16] 집회 18,7.

rem et filium et spiritum sanctum esse *unum deum*, uniuersae creaturae conditorem atque rectorem; nec patrem esse filium nec spiritum sanctum uel patrem esse uel filium, sed trinitatem relatarum ad inuicem personarum et unitatem aequalis essentiae. Quaeramus hoc autem intellegere ab eo ipso quem intellegere uolumus auxilium precantes, et quantum tribuitur quod intellegimus explicare tanta cura et sollicitudine pietatis ut etiam si aliquid aliud pro alio dicimus, nihil tamen dicamus indignum. Vt si quid uerbi gratia de patre dicimus quod patri proprie non conueniat, aut filio conueniat aut spiritui sancto aut ipsi trinitati; et si quid de filio quod filio proprie non congruat, saltem congruat patri aut spiritui sancto aut trinitati; item si quid de spiritu sancto quod proprietatem spiritus sancti non doceat, non tamen alienum sit a patre aut a filio aut ab uno deo ipsa trinitate, ueluti nunc cupimus uidere utrum illa excellentissima caritas proprie spiritus sanctus sit. Quod si non est, aut pater est caritas aut filius aut ipsa trinitas quoniam resistere non possumus certissimae fidei et ualidissimae auctoritati scripturuae dicentis: *Deus caritas est*. Non tamen debemus deuiare sacrilego errore ut aliquid de trinitate dicamus quod non *creatori* sed *creaturae potius* conueniat aut inani cogitatione fingatur.

---

[17] trinitatem relatarum ad invicem personarum et unitatem aequalis essentiae: 삼위일체에 관한 모든 언표에 적용되어야 할 '신앙의 준칙'은 삼위의 구분과 신적 존재의 단일성을 동시에 보존해야 한다는 것이다. trinitas가 주로 '삼위일체'로 번역되지만 문맥상 '삼위성', '삼위', 심지어 '삼일성'(三一性)으로 번역하는 경우도 있다.

[18] proprie, proprietas: 이 책에서는 proprietas(어느 위격의 '고유한 속성'이라고 번역)를 극도로 아껴 쓴다(이곳 외에 3.11.27; 4.20.29; 15.16.25 세 곳뿐). 후대에 고유한 속성이 어느 위격에 귀속(歸屬, appropriatio)하느냐는 토론을 낳는다.

[19] 사본에 따라서는 doceat 대신 deceat으로 나오는데, 이 경우에는 '성령의 고유성에는 합당하지 않지만'이라고 번역된다.

만물의 창조주요 통치자이심을 믿기로 하자. 성부께서 성자가 아니시고 성령도 성부나 성자가 아님을 믿자. 서로 상관되는 위격들의 삼위성三位性을 믿고 아울러 동등한 본질의 단일성單一性을 믿자.[17] 또한 그것을 이해하려고 노력하고, 우리가 이해하고자 하는 그분에게 [이해하는 힘을 주시도록] 도움을 청하자. 그리고 일단 이해했으면 설명을 시도하되 크나큰 신심信心으로 조심과 주의를 다하여 시도하자. 또 설령 어느 분에게는 해당하지 않는 무엇을 우리가 언표할 때도 합당하지 않은 말은 결코 하지 말기로 하자. 예를 들어 성부께 대해서 무슨 언표를 할 경우 그 말이 성부께는 '고유하게' 해당하지 않지만 적어도 성자께 해당할 수도, 성령께 해당할 수도, 삼위일체께 해당할 수도 있다. 또 성자께 대해서 무슨 언표를 할 경우 성자께는 '고유하게' 해당하지 않을지라도 적어도 성부께나 아니면 성령께나 아니면 삼위일체께는 해당할 수도 있다. 마찬가지로 성령께 대해서 무슨 언표를 할 경우 그것이 성령의 '고유성'[18]을 가르치지는 않지만[19] 성부께나 성자께는 이상하지 않거나 적어도 한 분 하느님, 곧 삼위일체께는 이상하지 않을 수도 있다. 지금의 경우 저 탁월하기 그지없는 '사랑'이 고유하게 성령이냐는 점을 우리는 알고 싶다. 만일 그렇지 않다면 적어도 성부께서 사랑이시거나 성자께서 사랑이시거나 삼위일체 자체가 사랑이실 것이다. 이것이 우리가 "하느님은 사랑이시다"라는 성경의 막강한 권위나 확실한 신앙에 거역할 수 없는 이유이다.[20] 하지만 삼위일체에 관해서 무슨 말을 하면서 적어도 창조주께 어울리지 않고 피조물에게나 어울리는 말을 하거나, 허황한 생각으로 지어낸 바를 이야기하여 신성모독의 오류에 빠지는 일은 없어야 한다.[21]

---

[20] 어느 속성이나 명칭이 한 위격에 해당하면서('성령은 사랑이다') 동시에 신적 존재, 곧 삼위일체에도 해당하면('하느님은 사랑이다') 이를 '편의상의 귀속'이라 부를 만하다.

[21] 하느님께 어떤 속성을 귀속시키는 가장 초보적인 준칙이다. 로마 1,25("그들은 하느님의 진리를 거짓과 뒤바꾸고 창조주 대신 피조물을 흠숭하고 섬겼다") 참조.

II 2. *Quae cum ita sint* attendamus ista tria quae inuenisse nobis uidemur. Nondum de supernis loquimur, nondum de deo patre et filio et spiritu sancto, sed de hac impari imagine attamen imagine, id est homine; familiarius enim eam et facilius fortassis intuetur nostrae mentis infirmitas.

Ecce ego qui hoc quaero cum aliquid amo tria sunt, ego et quod amo et ipse amor. Non enim amo amorem nisi amantem amem, nam non est amor ubi nihil amatur. Tria ergo sunt, amans et quod amatur et amor. Quid si non amem nisi me ipsum, nonne duo erunt, quod amo et amor? Amans enim et quod amatur hoc idem est quando se ipse amat, sicut amare et amari eodem modo idipsum est cum se quisque amat. Eadem quippe res bis dicitur cum dicitur, amat se, et, amatur a se. Tunc non est aliud atque aliud amare et amari, sicut non est alius atque alius amans et amatus. At uero amor et quod amatur etiam sic duo sunt. Non enim quisquis se amat amor est nisi cum amatur ipse amor. Aliud est autem amare se, aliud amare amorem suum. Non enim amatur amor nisi iam aliquid amans quia ubi nihil amatur, nullus est amor. Duo ergo sunt cum se quisque amat, amor et quod amatur; tunc enim amans et quod amatur unum est.

---

[22] 9권 전반부(2.2-5.8)에서는 인간 영혼의 지적 활동을 관찰하여 '지성'(mens)과 '지성의 자기 인식'(notitia sui), '지성의 자기 사랑'(amor sui)이라는 삼위일체를 설정한다.

[23] 8권 말미에서 설정한 amans, quod amatur, amor 삼위일체를 가리킨다.

[24] familiarius ··· facilius fortassis: 이 책 후반부에 나오는 '심리적 관찰'이라는 방법은 삼위일체 신비에 접근이 너무 어려운 데서 기인한다.

[25] non enim amo amorem, nisi amantem amem: 제8권 각주 145 참조.

[26] '지성의 자기 사랑'(amor sui)이 제시되는 마당에 '사랑받는 대상'(quod amatur)이 확립되지 않으면 '지성'이라는 주체와 '사랑'이라는 작용만 남아 삼위일체가 성립하지 않는다.

2.2. 사정이 그렇다면 우리가 발견해 낸 것으로 보이는 저 셋을 관찰해 보자.[23] 우리는 아직 천상적 사물을 두고 이야기하는 것이 아니며, 성부 하느님 · 성자 · 성령에 관해서 이야기하는 것도 아니다. 어울리지 않는 [삼위일체의] 모상模像이기는 하지만, 그래도 모상이기는 한 인간에 관해서 이야기하려는 참이다. 우리 지성의 나약함으로 미루어 아마 저 모상을 관찰함이 더 친숙하고 쉬울지 모른다.[24] 내가 탐구하려는 바가 바로 이것이다.

내가 무엇인가 사랑할 때 거기 셋이 있다. 나, 내가 사랑하는 것, 그리고 사랑 자체. 내가 '사랑'을 사랑한다면 그것은 [뭔가를] '사랑하고 있는 [사랑'을] 사랑하고 있다.[25] 사랑받는 것이 아무것도 없다면 사랑은 존재하지 않는 연고이다. 그러니 셋이 있다. 사랑하는 이, 사랑받는 대상, 그리고 사랑. 그럼 내가 나 자신 외에는 사랑하지 않는 경우는 어찌 되는가?[26] 그럼 내가 사랑하는 것과 사랑 둘이 아닌가? 사랑하는 자와 사랑받는 대상이 있는데, 사람이 자기를 사랑하는 경우 [사랑하는 자와 사랑받는 대상이] 동일하다. 누구든지 자기를 사랑하는 경우에 사랑함과 사랑받음이 같은 식으로 동일하다. '자기를 사랑한다'고 말하고 '자기한테서 사랑받는다'고 말할 때 같은 사실이 두 번 언표되는 셈이다. 그러면 사랑하는 이와 사랑받는 이가 제각기 다르지 않듯이, 사랑함과 사랑받음도 서로 다르지 않다. 하지만 사랑과 사랑받는 대상은 엄연히 둘이다. 누가 자신을 사랑하면서 '사랑'이 되는 것은 '사랑' 자체가 사랑받는[27] 경우뿐이다. '자기를 사랑하는 일' 다르고 '자기 사랑을 사랑하는 일' 다르다. 그런데 '사랑'이 사랑받는다고 하려면 [그 사랑이] 뭔가를 사랑하고 있는 사랑이어야 한다. 무엇으로부터도 사랑받고 있지 않은 지경에서는 사랑은 아무 사랑도 아니다. 따라서 누가 자신을 사랑하는 경우에는 둘이 있다. 사랑 그리고 사랑받는 대상 둘이다. 또 이 경우에는 사랑하는 이와 사랑받는 대상이 하나다. 따라

---

[27] cum amatur ipse amor: 재귀동사 용법으로 '사랑이 자기를 사랑할 때'.

Vnde uidetur non esse consequens ut ubicumque amor fuerit iam tria intellegantur.

Auferamus enim ab hac consideratione cetera quae multa sunt quibus homo constat, atque ut haec quae nunc requirimus quantum in his rebus possumus liquido reperiamus, de sola mente tractemus. Mens igitur cum amat se ipsam duo quaedam ostendit, mentem et amorem. Quid est autem amare se nisi praesto sibi esse uelle ad fruendum se? Et cum tantum se uult esse quantum est, par menti uoluntas est et amanti amor aequalis. Et si aliqua substantia est amor, non est utique corpus sed spiritus, nec mens corpus sed spiritus est. Neque tamen amor et mens duo spiritus sed unus spiritus, nec essentiae duae sed una; et tamen duo quaedam unum sunt, amans et amor, siue sic dicas, quod amatur et amor. Et haec quidem duo relatiue ad inuicem dicuntur. Amans quippe ad amorem refertur et amor ad amantem; amans enim aliquo amore amat, et amor alicuius amantis est. Mens uero et spiritus non relatiue dicuntur sed essentiam demonstrant. Non enim quia mens et spiritus alicuius ho-

---

[28] 한편에는 '사랑'이 있고, 맞은편에는 '사랑하는 주체이자 사랑받는 대상'이 하나 있어 양극 관계이지 삼위 관계가 아닌 것처럼 보인다.

[29] 다시 고찰 대상을 mens(지성)라고 부른다. "인간 자체가 지성과 더불어 인간이면서도 지성을 인간 실체의 머리처럼 간주하는 말이 옳다면"(이 책 6.9.10) 플라톤 사상대로, 지성에 대한 논의는 곧 인간에 대한 논의이기도 하다.

[30] praesto sibi esse velle: 아우구스티누스가 생각하는 '행복'은 욕구하는 대상(특히 최고선)이 본인에게 현전하여 향유되는 상태다("행복하게 산다는 생각을 하려면 우리의 최고선이 우리에게 현전하지 않으면 안 된다": *De moribus ecclesiae catholicae* 1.4).

[31] '존재'에서 존재하려는 욕구가 생긴다면 '지성'(영혼)만큼 인식하려는 '의지'가 생기고 '사랑하는 주체'(지성)만큼 사랑하는 '사랑'이 생긴다.

서 어디든 '사랑'이 있으면 이미 셋이 존재한다는 [앞서의] 결론은 나오지 않는 것처럼 보인다.[28]

이런 고찰에서 사람을 구성하는 다른 여러 가지는 일단 제외하기로 하자. 우리가 지금 탐구하는 바를 우리 힘이 미치는 데까지 투명하게 파악하는 뜻에서 지성[29]에 관해서만 다루기로 하자. 지성이 자기를 사랑하는 경우, 지성과 사랑 이렇게 둘을 보여 준다. 자기를 사랑한다 함은 자기를 향유하려는 목적에서 자기 자신에게 현전하고 싶어 하는 것[30] 아니고 무엇인가? 그리고 자기가 존재하는 그만큼 존재하고 싶은 욕구도 있으므로, 지성과 동등할 정도로 의지가 존재하고 사랑하는 이와 동등할 정도로 사랑이 존재한다는 [결론이 나온다].[31] 사랑이 모종의 실체라면[32] 그것은 분명히 물체는 아니고 정신이다. 지성이 물체가 아니고 정신이듯이 말이다.[33] 그렇더라도 사랑과 지성은 두 개의 정신이 아니고 하나의 정신이다. 두 존재가 아니고 한 존재이다. 어떻든 뭔가 둘인데 하나이다.[34] '사랑하는 이'와 '사랑'이 그렇고, 굳이 달리 말하고 싶다면 '사랑받는 대상'과 '사랑'이 그렇다. 또 이 둘은 서로 연관시켜서 언표된다. '사랑하는 이'는 '사랑'과 연관되고 '사랑'은 '사랑하는 이'와 연관된다. '사랑하는 이'는 어떤 사랑으로 사랑하고, '사랑'은 사랑하는 어떤 이의 사랑이다. 그런데 '지성'과 '정신'은 서로 연관시켜 언표하는 말이 아니고 '존재'를 가리킨다.[35] 지성과 정신은 어떤 인간'의 것'이기 때문에 그에 따라서 지성과 정신이 되는 것은 아니

---

[32] si aliqua substantia est amor: '하느님은 사랑이시다'라는 명제를 배경으로, '사랑'을 지성(영혼)이라는 실체에서 발생하는 우유적 '작용'(actio)으로만 여기지 않고 '존재론적 사건'으로 간주한다(이 책 8.8.2 참조. 15.22.42에서 재론).

[33] mens spiritus est: 이 정의는 '정신'('영')에 자기를 인식하고(notia sui) 자기를 사랑하는(amor sui) 기능을 첨가하고 있다.

[34] et tamen duo quaedam unum sunt: '둘'이 주어(동사 sunt 참조), '하나'가 보어를 이루어 '둘이 하나다'라는 문장이 된다.

[35] essentiam demonstrant: '우유'가 아닌 '실체'를 지시하고 '상관적 서술'이 아니고 '실체적 서술'이다.

minis est, ideo mens et spiritus est. Retracto enim eo quod homo est, quod adiuncto corpore dicitur, retracto ergo corpore mens et spiritus manet. Retracto autem amante nullus est amor, et retracto amore nullus est amans. Ideoque quantum ad inuicem referuntur duo sunt; quod autem ad se ipsa dicuntur, et singula spiritus et simul utrumque unus spiritus, et singula mens et simul utrumque una mens. Vbi ergo trinitas? Attendamus quantum possumus et inuocemus lucem sempiternam ut inluminet tenebras nostras et uideamus in nobis quantum sinimur *imaginem dei*.

III 3. Mens enim amare se ipsam non potest nisi etiam nouerit se. Nam quomodo amat quod nescit? Aut si quisquam dicit ex notitia generali uel speciali mentem credere se esse talem quales alias experta est et ideo amare semetipsam, insipientissime loquitur. Vnde enim mens aliquam mentem nouit si se non nouit? Neque enim ut oculus corporis uidet alios oculos et se non uidet, ita mens nouit alias mentes et ignorat semetipsam. Per oculos enim corporis corpora uidemus quia radios, qui per eos emicant et quidquid cernimus tangunt, refringere ac retorquere in ipsos non possumus nisi

---

[36] "서로 사랑하는 두 정신을 예로 들자면, 사랑으로 '서로 연관된다는 뜻에서는'(quantum ad invicem referuntur) 별개의 두 정신인데, 각기 정신 '그 자체와 연관시켜 말한다면'(quod autem ad ipsa dicuntur) 사랑하는 주체로서 각자가 별개의 정신이기도 하고(et singula spiritus) 양자가 사랑으로 결합된 한 정신이기도 하다(et simul utrumque unus spiritus)."

[37] 시편 18,29 참조: "저의 하느님께서 저의 어둠을 밝혀 주십니다."

다. 인간에게서 인간을 구성하는 무엇을 제거하면, 즉 인간은 육체와 결합하여 이루어져 있다고 말하는데 [인간에게서] 육체를 제거하더라도 지성과 정신은 남는다. 그런데 '사랑하는 이'를 제거하면 '사랑'이란 전혀 존재하지 않는다. 또 '사랑'을 제거하면 '사랑하는 이'가 전혀 존재하지 않는다. 그러므로 서로 연관된다는 뜻에서는 둘이다. 하지만 그 자체와 연관시켜 말한다면 각각이 [별도의] 정신이기도 하고 동시에 양자가 한 정신이기도 하다.[36] 각각이 [별도의] 지성이기도 하고 동시에 양자가 한 지성이기도 하다. 그러면 삼위일체는 어디 있는가? 여기서부터는 하는 데까지 주의를 기울이고 구원久遠의 빛을 청하기로 하자. 그 빛이 우리 어둠을 비추어[37] 우리가 허용받는 범위 내에서, 우리 안에 있는 '하느님의 모상'을 살펴보기로 하자.

지성과 인식

3.3. 지성은 지성 자체를 알고 있지 않는 한 지성 자체를 사랑하지 못한다. 모르는 것을 어떻게 사랑한단 말인가? 혹시 누가 이런 말을 한다고 하자. 종적種的이고 유적類的인 어떤 인식에 의거해서 지성은 지성 자체가 이러저러한 존재임을 알고 다른 지성들도 그러저러한 존재임을 체득하여 알며, 또한 그래서 지성 자체를 사랑한다. 그 사람은 아주 이치에 닿지 않는 말을 하고 있다. 지성이 지성 자체를 알지 못한다면 어디서 다른 지성을 안다는 말인가?[38] 신체의 눈이 다른 눈들은 보면서도 자체는 못 보듯이 지성 역시 다른 지성들은 알면서도 자체는 알지 못한다는 말은 [성립하지 않는다]. 신체의 눈으로 우리가 물체들을 보는 것은 눈에서 광채를 발산하고 우리가 무엇을 지각하든 [그 광채로] 접촉하기 때문이다.[39] 그런데 우리가

---

[38] '타자 지성의 존재'를 염두에 두고 자기 지성을 관찰하여 앎으로써 타자들의 지성을 유추하는 것이 후반부에서 교부가 채택하는 방법론이다(이 책 8.6.9 참조).

[39] radios tangunt: 감각의 능동적 기능을 설명하던 가설로서 스토아 학파가 발전시켰다.

cum specula intuemur. Quod subtilissime obscurissimeque disseritur donec apertissime demonstretur uel ita se rem habere uel non ita. Sed quoquo modo se habeat uis qua per oculos cernimus, ipsam certe uim, siue sint radii siue aliud aliquid, oculis cernere non ualemus; sed mente quaerimus, et si fieri potest etiam hoc mente comprehendimus. Mens ergo ipsa sicut corporearum rerum notitias per sensus corporis colligit sic incorporearum per semetipsam. Ergo et se ipsam per se ipsam nouit quoniam est incorporea. Nam si non se nouit, non se amat.

IV 4. Sicut autem duo quaedam sunt, mens et amor eius, cum se amat; ita quaedam duo sunt, mens et notitia eius, cum se nouit. Ipsa igitur mens et amor et notitia eius tria quaedam sunt, et haec tria unum sunt, et cum perfecta sunt aequalia sunt. Si enim minus se amat quam est ut uerbi gratia tantum se amet hominis mens quantum amandum est corpus hominis, cum plus sit ipsa quam corpus, peccat et non est perfectus amor eius. Item si amplius se amet quam est uelut si tantum se amet quantum amandus est deus, cum incom-

---

[40] 교부는 하느님이 만물을 통찰하시는 시선(dominus per orbem totum radios suos porrigit: *Ad Cresconium* 2.45)에 이 '광채 이론'을 채택하고 있으며, 인간에게도 적용한다(신체를 구사하여 내 눈의 광선을 심부름 보낼 때": 『고백록』 10.6.9; *De Genesi ad litteram* 4.34).

[41] 지성이 자기를 사랑함 ― 뭔가를 알고 싶어 함 ― 은 지성의 자기 인식을 전제하고[이 책 9.10.15: '말은 사랑이 깃든 인식이다'(verbum est cum amore notitia)] 이 인식은 지성에 대한 분석에서만 확인된다.

[42] notitia eius: 뚜렷한 구분 없이 cogitatio(더 명시적인 지성 작용: '사유'), cognitio(intellegentia, intellectus와 병행: 인식, 이해), scientia(sapientia와 대칭: '지식')와 함께 쓰인다.

거울을 들여다보고 있을 때가 아니면 그것이 반사하여 우리 눈으로 되돌아오기가 불가능하다. 이 [가설을 두고] 더없이 확실한 증명을 끄집어내서 사실 그렇다느니 그렇지 않다느니 증명하기까지는 정말 치밀하게 토론하고 있지만 또한 애매하기 그지없다.[40] 사실이 어떻든 간에 우리가 눈으로 사물을 분간하는 능력은, 그것이 [눈에서 발산하는] 광채이든 어떤 다른 것이든 상관없이, 눈으로 감별할 수가 없다. 그것이 [무엇인지는] 지성으로 탐구하고, [파악하는 일이] 가능하다면 바로 이 지성으로 파악하게 된다. 지성 자체는 물리적 사물들에 관한 지식을 감관을 통해서 수집하는데, 그와 마찬가지로 비물체적 사물들에 대한 지식은 지성 자체를 통해서 수집한다. 따라서 지성이 비물체적이기 때문에 지성은 자체를 통해서 지성을 안다. 자신을 알지 못하면 자신을 사랑하지 못하는 까닭이다.[41]

지성, 사랑 그리고 그에 대한 인식은 어떻게 보면 셋인데, 이 셋이 하나이고 그것들이 완전할 경우에는 동등하다

4.4. 지성이 자기를 사랑할 경우에 '지성'과 '지성에 대한 사랑'이 어떻게 보면 둘인데, 마찬가지로 지성이 자체를 인식할 경우에는 '지성'과 '지성에 대한 인식'[42]이 둘이다. 그처럼 지성과 사랑과 그에 대한 인식은 어떻게 보면 셋인데,[43] 이 셋이 하나이고 또 그것들이 완전할 경우에는 동등하다. 존재하는 것보다 자기를 덜 사랑할 경우,[44] 예를 들어 인간의 육체가 사랑받아야 할 그 정도로만 인간의 지성이 자기를 사랑하는 경우, 지성은 육체보다 더 나은 것이기 때문에, 지성은 잘못을 저지르는 것이고 따라서 자기에 대한 사랑이 완전하지 않다. 매한가지로 지성이 사랑받아야 할 정도보다 더 자기를 사랑한다고 하자. 예컨대 하느님이 사랑받으셔야 할 그 정도로

---

[43] mens et amor et notitia eius: 인간에게서 발견되는 삼위일체의 두 번째 흔적이다.

[44] 사물에 대한 사랑은 그 사물의 '존재'에 준해야(quam est) 완전하다. 존재 등급에 따라 ordo, mensura, numerus(혹은 modus, numerus, pondus: 이 책 3.7.15의 각주 84와 89 참조)가 사물에 갖추어져 있으므로 그보다 덜하거나 더하면 안 된다.

parabiliter minus sit ipsa quam deus, etiam sic nimio peccat et non
perfectum habet amorem sui. Maiore autem peruersitate et iniqui-
tate peccat cum corpus tantum amat quantum amandus est deus.
Item notitia si minor est quam est illud quod noscitur et plene nosci
potest, perfecta non est. Si autem maior est, iam superior est natura
quae nouit quam illa quae nota est, sicut maior est notitia corporis
quam ipsum corpus quod ea notitia notum est. Illa enim uita quae-
dam est in ratione cognoscentis; corpus autem non est uita. Et uita
quaelibet quolibet corpore maior est, non mole sed ui. Mens uero
cum se ipsa cognoscit, non se superat notitia sua quia ipsa cognos-
cit, ipsa cognoscitur. Cum ergo se totam cognoscit neque secum
quidquam aliud, par illi est cognitio sua quia neque ex aliqua na-
tura est eius cognitio cum se ipsa cognoscit. Et cum se totam nihil-
que amplius percipit, nec minor nec maior est. Recte igitur diximus
haec tria cum perfecta sunt esse consequenter aequalia.

5. Simul etiam admonemur si utcumque uidere possumus haec in
anima exsistere et tamquam inuoluta euolui ut sentiantur et dinu-

---

⁴⁵ natura quae novit: 교부는 natura로 '사물'을 가리키며 때로는 하느님께도 적용한다.

⁴⁶ [notitia] vita quaedam in ratione cognoscentis: notitia에 대한 첫 번째 정의다. 생명은 항
상 작동하고 있으므로(그렇지 않으면 이미 죽었다) 지성의 자기 인식 역시 항상 '현행적'이라
는 주장이 가능하다.

⁴⁷ quia ipsa cognoscit, ipsa cognoscitur: 용어가 novit에서 cognoscit로, notitia에서 cogni-
tio로 바뀐다.

⁴⁸ 아우구스티누스도 지성이 다른 사물을 인식하는 가운데(secum quidquam aliud: 조금
뒤에 ex aliqua natura: '… 에 의거하여 유발된') 반성적으로 자기를 인식하는 현상을 인지하
고 있었다.

⁴⁹ 우리는 지성과 자기 인식 및 자기 사랑에 관해 이야기하는 중이다.

[지성이 자기를 사랑한다고 하자]. 지성은 하느님께 비교조차 할 수 없게 못한 존재이므로 이럴 경우에 지성은 너무도 큰 잘못을 저지르는 것이고 따라서 자기 사랑을 완전하게 갖추고 있지 않다. 더욱이 하느님이 사랑받으셔야 할 정도로 지성이 육체를 사랑한다면 그 사악함과 가치 전도에서 죄가 훨씬 무겁다. '인식'이 '인식되는 대상'보다도 못한 경우에, 그 대상이 비록 온전하게 인식될 수 있다고 하더라도, [그 인식이] 완전한 인식일 수 없다. [인식이 인식되는 대상보다도] 훌륭할 경우라면 인식을 행하는 자연 사물[45]이 인식되는 자연 사물보다 이미 더 훌륭할 경우이겠다. 예를 들어 [지성이 육체를 인식할 때] 그 인식으로 알려지는 육체보다도 육체에 대한 인식 자체가 더 훌륭함과 같다. 그 이유는 [인식은] 인식자의 이성 안에 자리 잡고 있는 모종의 생명임에 비해서[46] 육체는 생명이 아니기 때문이다. 또 여하한 생명도 여하한 육체보다 훌륭한데, 다만 크기로 훌륭한 것이 아니고 능력으로 훌륭하다. 그런데 지성이 스스로 자기를 인식할 때 자기의 인식이 자기를 능가하는 것은 아니니 인식하는 주체가 지성 자체이고 인식하는 대상도 지성 자체인 까닭이다.[47] 만약 지성이 자기를 전체로 인식한다면, 그리고 자기와 더불어 다른 무엇을 인식하는 것이 아니라면[48] '지성'과 [지성의] '자기 인식'이 동등한 셈이다. 그 이유는 지성이 자기를 인식하면서도 그의 인식이 다른 자연 사물에 의거하여 [유발된 것이] 아니기 때문이다. 지성이 자기를 전체로 포착하고 [지성 외에는] 아무것도 더 포착하지 않는다면 지성이 [자기의 인식보다도] 더 작지도 않고 더 크지도 않다. 이렇게 해서 이 셋이 완전할 경우에 셋은 동등하다고 우리가 한 말이 맞았다.

이 경우에 실체는 하나이면서도 상관적으로는 셋이다

4.5. 그러면서 동시에 이것들이[49] 영혼 안에 실존하고 있는 것을 우리가 볼 수 있다는 연상을 갖기도 한다. 곧, 이것들이 [어떤 모양으로든] 포장되어 있다가 만개滿開하는 것처럼[50]▶ 연상하고, 또 만개되면서 마치 어떤 실

merentur substantialiter uel, ut ita dicam, essentialiter, non tamquam in subiecto ut color aut figura in corpore aut ulla alia qualitas aut quantitas. Quidquid enim tale est non excedit subiectum in quo est. Non enim color iste aut figura huius corporis potest esse et alterius corporis. Mens autem amore quo se amat potest amare et aliud praeter se. Item non se solam cognoscit mens sed et alia multa. Quamobrem non amor et cognitio tamquam in subiecto insunt menti, sed substantialiter etiam ista sunt sicut ipsa mens quia et si relatiue dicuntur ad inuicem, in sua tamen sunt singula quaeque substantia; non sicut color et coloratum relatiue ita dicuntur ad inuicem ut color in subiecto colorato sit non habens in se ipso propriam substantiam, quoniam coloratum corpus substantia est, ille autem in substantia; sed sicut duo amici etiam duo sunt homines quae sunt substantiae, cum homines non relatiue dicantur, amici autem relatiue.

6. Sed item quamuis substantia sit amans uel sciens, substantia sit scientia, substantia sit amor, sed amans et amor aut sciens et scientia relatiue ad se dicantur sicut amici; mens uero aut spiritus non sint relatiua sicut nec homines relatiua sunt; non tamen sicut amici

---

⁵⁰ involuta evolvi: 교부는 여기서 지성이 자기에 대해서 갖는 인식이 명료화되지 않은 채 껍질에 싸여 은폐되어 있는 것처럼(tamquam involuta), '상태적'인 무엇처럼 제시한다.

⁵¹ 자기 인식과 자기 사랑이 지성으로부터 발휘되는 '작용'(우유적 범주)이라기보다는 실체적 성격을 띤 것처럼(substantialiter, vel essentialiter) 보인다는 뜻이다.

⁵² 우유(偶有)는 실체가 아니므로 한 주체에서 다른 주체로 옮겨 다닐 수 없다.

⁵³ in sua sunt singula quaeque substantia: '제각기 자기 실체 안에 존재한다'라고 번역하면 인식과 사랑이 '우유'가 되고 만다.

⁵⁴ '색깔'은 순수한 우유이지만 '친구'는 실체(인간)이면서도 관계(우정)를 내포한다(이 책 7.1.2와 7.5.10에서도 인용).

체처럼, 혹은 내가 쓰는 말로, 어떤 존재처럼 지각되는가 하면 심지어 숫
자로 헤아려지기도 한다. 그러니까 [이것들이] 어떤 색채나 형태처럼 어떤
주체 안에 있는 무엇이라거나 어떤 질이나 양 같은 것으로 여겨지지 않는
다는 말이다.[51] 방금 말한 것들은 그것들이 자리 잡고 있는 주체를 벗어나
서 [존재하지 못한다]. '이 물체의' 빛깔이나 형태는 '다른 물체의' 빛깔이나
형태로는 존재할 수 없다.[52] 그런데 지성은 자기를 사랑하는 그 사랑으로
자기 외에 다른 것도 사랑할 수 있다. 또 지성은 자기만 인식하는 것이 아
니고 다른 많은 사물들을 인식한다. 그러므로 인식과 사랑은 마치 [어떤
속성이] 어떤 주체 안에 존재하는 식으로 지성에 내재하는 것이 아니고 인
식과 사랑도 지성과 마찬가지로 '실체적으로' 존재한다. [지성, 인식, 사랑
은] 서로 상관시켜서 언표하는 것이지만 그 자체로 본다면 제각기 실체로
서 존재하기 때문이다.[53] '색깔'과 '색깔 든 사물'을 상관적으로 연관시켜
말하는 것과는 다르다. 색깔은 색깔 든 주체 안에 존재하고 자체에는 고유
한 실체를 갖지 못하는 까닭이다. 그 이유는 '색깔 든 물체'는 실체이고 저
[색깔은] 실체 안에 존재하는 것이기 때문이다. 두 친구라면 또한 두 사람
이요 제각기 실체이다. 다만 '사람들'은 서로 상관시켜서 하는 언표가 아니
지만 '친구들'이라고 하면 서로 상관시켜서 하는 언표이다.[54]

이 셋은 분리되지 않는다

4.6. 그런데 '사랑하는 이' 혹은 '인식하는 이'가 실체이고 '인식'이[55] 실체
이고 '사랑'이 실체이면서도, '사랑하는 이'와 '사랑', '인식하는 이'와 '인식'
은, 마치 친구를 두고 이야기하는 경우처럼, 자체와 관련하여 상관적으로[56]
하는 언표이다. 그렇지만 '사람'이 상관적이 아니듯이 '지성' 혹은 '정신'도
상관적이 아니다. 또 친구인 사람들이 서로에게서 떨어져 존재할 수 있는

---

[55] '인식'을 가리키는 notitia, cognitio가 여기서는 scientia(주체는 sciens)로 대체된다.

[56] 관계 범주(relative: 상관적)를 나타내면서 ad se / in se(자체와 관련하여), ad invicem(상
호적으로), ad alterum(타자와 관련하여) 등으로 다양하게 표기한다.

homines possunt seorsum esse ab inuicem, sic amans et amor aut sciens et scientia. Quamquam et amici corpore uidentur separari posse, non animo in quantum amici sunt, uerumtamen fieri potest ut amicus amicum etiam odisse incipiat, et eo ipso amicus esse desinat nesciente illo et adhuc amante. Amor autem quo se mens amat si esse desinat, simul et illa desinit esse amans. Item notitia qua se mens nouit si esse desinat, simul et illa nosse se desinet. Sicut caput capitati alicuius utique caput est et relatiue ad se dicuntur quamuis etiam substantiae sint; nam et caput corpus est et capitatum, et si non sit corpus nec capitatum erit. Sed haec praecisione ab inuicem separari possunt, illa non possunt.

7. Quod si sunt aliqua corpora quae secari omnino et diuidi nequeunt, tamen nisi partibus suis constarent corpora non essent. Pars ergo ad totum relatiue dicitur quia omnis pars alicuius totius pars est et totum omnibus partibus totum est. Sed quoniam et pars corpus est et totum, non tantum ista relatiue dicuntur, sed etiam substantialiter sunt. Fortassis ergo mens totum est et eius quasi partes amor quo se amat et scientia qua se nouit, quibus duabus partibus

---

[57] '사랑하는 이'(amans)와 '사랑'(amor) 그리고 '친구'(amicus)는 모두 동사 '사랑하다'(amo)에 어근을 둔다. amor가 중단되면 amans(= amicus)도 존재를 중단한다.

[58] '머리 달린 자'(capitatus)/'친구'와 '머리'(caput)/'우정'의 관계를, '인식하는 이'(sciens)와 '인식'(scientia)에 비유했다 .

[59] corpus(신체) 대신 caput(머리)라고 나오는 사본도 있다. 그럴 경우 '머리가 없다면 머리 달린 자도 없을 것이다'라고 번역된다.

[60] '우정' 없이는 '친구'가 존재하지 않고 '사랑' 없이는 '사랑하는 이'가 존재하지 않듯이, '머리 달린 자'라는 개념은 '머리' 없이는 존재하지 않는다.

[61] corpora quae secari et dividi nequeunt: 원자론자들의 '원자'(a-tomos)를 연상시킨다.

것과는 달리 '사랑하는 이'와 '사랑', '인식하는 이'와 '인식'은 서로에게서 떨어져 존재하지 못한다. 친구들도 신체상으로는 떨어져 존재할 수 있는 것처럼 보일지라도, 그들이 친구인 한, 정신적으로는 떨어져 존재하지 못한다. 물론 친구도 친구를 미워하기 시작하는 일이 있지만 그것만으로도 친구이기는 끝난다. 상대방이 이 사실을 알지 못하고 여전히 다른 편을 사랑하고 있더라도 마찬가지다. 지성이 사랑을 갖고 자기를 사랑하는 터이므로 만일 사랑이 존재하기를 중단한다면 그와 동시에 사랑하는 이도 존재하기를 중단할 것이다.[57] 그처럼 지성이 인식을 갖고 자기를 인식하는 터이므로 만일 인식이 존재하기를 중단한다면 그와 동시에 인식하는 이도 존재하기를 중단할 것이다. 보기를 들자면 '머리'는 '머리 달린 자'의 머리이다.[58] 이때 [머리와 머리 달린 자가 별도의] 실체들임에도 불구하고 자체와 연관시켜서 언표한다. 머리도 신체요 머리 달린 자도 신체이다. 그런데 '신체'가 아니라면 '머리 달린 자'도 아닐 것이다.[59] 그럼에도 [머리를] 자른다면 이 [머리 달린 몸통과 머리는] 서로 분리될 수 있음에 비해서 저 [머리와 머리 달린 자는] 분리될 수 없다.[60]

이 셋은 어떤 단일한 실체의 것이지만 그렇다고 어떤 합성에 의해 혼합된 것은 아니다

4.7. 어떤 물체가 절대로 잘리거나 분할될 수 없고,[61] 그렇지만 자체의 부분들로 구성되지 않으면 아예 물체가 아닐 경우를 보자. 이 경우에 부분은 전체에 상관적으로 언표되게 마련인데 그 이유는 일체의 부분은 어떤 전체의 부분이고 전체는 모든 부분들에 의해서 전체이기 때문이다. 그런데 [이 경우에는] 부분도 물체이고 전체도 물체다. [그렇다면 부분과 전체] 양자는 상관적으로 언표될 뿐 아니라 또한 실체적으로 존재한다.[62] 혹시 지성이 전체이고, 지성이 자기를 사랑하는 사랑이나 지성이 자기를 인식하는 인식이 지성의 부분들이어서 이 두 부분들로 저 전체가 이루어지는

---

[62] 지성과 두 신체 작용(인식과 사랑)의 관계를 삼위론에 비추어 검토한다.

illud totum constat? An tres sunt aequales partes quibus totum unum completur? Sed nulla pars totum cuius pars est complectitur. Mens uero cum se totam nouit, hoc est perfecte nouit, per totum eius est notitia eius; et cum se perfecte amat, totam se amat et per totum eius est amor eius. Num ergo sicut ex uino et aqua et melle una fit potio et singula per totum sunt et tamen tria sunt (nulla enim pars est potionis quae non habeat haec tria; non enim iuncta uelut si aqua et oleum essent, sed omnino commixta sunt, et substantiae sunt omnes, et totus ille liquor una quaedam est ex tribus confecta substantia), tale aliquid arbitrandum est esse simul haec tria, mentem, amorem, notitiam? Sed non unius substantiae sunt aqua, uinum, et mel, quamuis ex eorum commixtione fiat una substantia potionis. Quomodo autem illa tria non sint eiusdem essentiae non uideo, cum mens ipsa se amet atque ipsa se nouerit atque ita sint haec tria ut non alteri alicui rerum mens uel amata uel nota sit. *Vnius* ergo *eiusdem*que *essentiae* necesse est haec tria sint, et ideo si tamquam commixtione confusa essent, nullo modo essent tria nec referri ad inuicem possent. Quemadmodum si ex uno eodemque auro tres anulos similes facias quamuis connexos sibi, referuntur ad inuicem quod similes sunt; omnis enim similis alicui similis est, et trinitas anulo-

---

63 '더 이상 분할될 수 없는 물체'(앞의 각주 61)에 도달했고, 일반 물체에서는 구성 부분이 전체보다 작다는 공리를 상기시키면서도, 교부는 그 공리가 현상계를 넘는 지성·사랑·인식에서는 통하지 않는다는 설명을 하고 싶어 한다.

64 per totum eius est notitia eius ⋯ per totum eius est amor eius: 현대어 번역본들은 '지성의 인식(그리고 사랑)이 지성의 존재 전체를 관통한다'는 번역을 시도한다.

65 삼위일체는 '혼합'(commixtio)이 아니므로 비유로는 부적절한 문장이지만, '각각이 전체를 통해 존재한다'(singula per totum sunt)는 명제를 유도할 수는 있다.

것일까? 그렇지 않으면 [지성·사랑·인식] 셋이 동등한 부분들이고 이 부분들로 어느 단일한 전체가 이루어지는 것일까? 하지만 어느 부분도, 자체가 부분을 이루는 그 전체를 내포하지 못한다.[63] 그런데 지성이 자기를 전체로 인식할 때, 달리 말하면, 완전하게 인식할 때, 지성의 인식은 지성 자기 전체를 통해 존재한다. 또 지성이 자기를 완전하게 사랑할 때는 자기를 전체로 사랑하는 것이며, 지성의 사랑은 지성 자기 전체를 통해 존재한다.[64] 포도주와 물과 꿀로 단일한 음료수가 만들어지는 경우, 각각이 전체를 통해 존재하고, 그러면서도 엄연히 셋으로 존재한다[65][음료수의 어느 부분도 이 셋을 갖지 않은 부분이 없고, 물과 기름의 경우처럼 서로 병존하는 것이 아니고, 전적으로 혼합되어 있다. 모두 실체들이기도 하고, 저 액체는 셋으로 합조(合調)된 모종의 한 실체이기도 하다].[66] 지성·사랑·인식 이 셋도 이렇게 함께 존재하는 것으로 여겨야 할까? 그런데 물, 포도주 그리고 꿀이 혼합되어 한 실체의 음료수가 되기는 하지만 그것들이 한 실체의 무엇은 아니다. 하지만 [지성·인식·사랑] 저 셋이 어째서 동일한 존재의[67] 무엇이 아닌지 까닭을 나는 모르겠다. 지성 자체가 자기를 사랑한다. 또 그 자체가 자기를 인식한다. 그래서 이 셋이 존재하되 지성이 [지성 아닌] 어떤 다른 사물에게서 사랑받거나 인식되거나 하지 않는다. 그러니 이 셋은 필히 단일하고 동일한 존재의 무엇으로서 존재하지 않으면 안 된다.[68] [다만 이 셋이 마치 물과 포도주와 꿀처럼] 혼합에 의해서 섞여 있다면 절대로 셋일 수도 없고 서로 상관될 수도 없을 것이다. 이것은 그대가 하나의 동일한 황금으로부터 비슷한 반지 셋을 만들어 내는 일과 흡사하다. 그 반지들이 서로 결부되어 있고 비슷하다는 점에서 서로 상관된다. 무릇 유사체는 어떤 것과 유사한 까닭이

---

[66] omnino commixta ⋯ et substantiae sunt omnes, et una quaedam ex tribus confecta substantia: 이하에서 밝히지만 '지성'의 경우는 iuncta, commixta, confecta, commixtione, confusa, connexa 어느 것도 아니다.

[67] non sint eiusdem essentiae: 사본에 따라서는 eiusdem substantiae라고 표기된다.

[68] unius ergo eiusdemque essentiae necesse est haec tria sint: 지성·사랑·인식의 삼위일체에 대한 잠정적 결론이다.

rum est et unum aurum. At si misceantur sibi et per totam singuli
massam suam conspergantur, intercidet illa trinitas et omnino non
erit, ac non solum unum aurum dicetur sicut in illis tribus anulis
dicebatur, sed iam nulla aurea tria.

V 8. At in illis tribus cum se nouit mens et amat se, manet trini-
tas, mens, amor, notitia; et nulla commixtione confunditur quamuis
et singula sint in se ipsis et inuicem tota in totis, siue singula in bi-
nis siue bina in singulis, itaque *omnia in omnibus*. Nam et mens est
utique in se ipsa quoniam ad se ipsam mens dicitur, quamuis nos-
cens uel nota uel noscibilis ad suam notitiam relatiue dicatur; amans
quoque et amata uel amabilis ad amorem referatur quo se amat. Et
notitia quamuis referatur ad mentem cognoscentem uel cognitam,
tamen et ad se ipsam nota et noscens dicitur; non enim sibi est in-
cognita notitia qua se mens ipsa cognoscit. Et amor quamuis refe-
ratur ad mentem amantem cuius amor est, tamen et ad se ipsum est
amor ut sit etiam in se ipso quia et amor amatur, nec alio nisi amo-

---

[69] singula sint in se ipsis et invicem *tota in totis*: 삼위의 동등성과 단일성을 표현하는 대표
적인 문구.

[70] sive singula in binis, sive bina in singulis: 라틴어에는 '각체'(singuli)든, 나머지 '둘씩'
(bini)이든 복수형만 존재한다. 곧, 삼위의 각 위가 존재하든, 한 위가 다른 두 위 안에 존재하
는 양상이든 tota in totis('전체들 안에 전체들로서') 존재하는 복수의 양상을 띤다.

[71] omnia in omnibus: 1코린 15,28 참조.

[72] mens *in se ipsa* ··· *ad se ipsam* mens dicitur ··· noscens, vel nota, vel noscibilis ad suam
notitiam *relative* dicitur: 지성의 자유성(自有性, inseitas, 실체)은 자체를 두고(ad se ipsam) 하
는 언표이지만, 그 단일한 지성이 자기를 통째로 인식하여 인식 주체와 인식 대상이 온전히
같아지는 작용을 관찰하여 mens noscens, mens nota, mens noscibilis라고 구분하는 경우는
그 인식 작용을 염두에 두고(ad suam notitiam) 상대적으로(relative) 하는 언표들이다.

다. 그런 면에서 반지들의 삼일성三一性도 단일한 황금도 존재한다. 그렇지 만 그것들이 서로 섞여 각각의 반지가 [황금] 한 덩어리 속으로 흩어져 버 린다면 저 삼일성은 중단될 것이며 삼일성은 아예 존재하지 않을 것이다. 저 지경에서는 저 반지 셋에 금 한 덩어리가 있다고 할 때처럼 오로지 금 덩어리 한 개라고 할 뿐, 금제품 셋이라는 말은 더 안 할 것이다.

지성, 사랑 그리고 인식은 자체에서는 각체로 존재하면서 서로 간에는 전체 안에 전체 로서 존재한다

  5.8. 그러니까 저 셋에는, 즉 지성이 자기를 인식하고 자기를 사랑할 때 는, 삼일성三一性이 존재하니 지성·사랑·인식이 그것이다. 이것들은 어 떤 혼합으로 섞이는 것이 결코 아니고, 자체들 안에는 각체各體들로 존재 하면서도, 서로 간에는 전체全體들 안에 전체로서 존재한다.[69] 이체二體 안 에 있는 각체든 각체 안에 있는 이체든 [전체들 안에 전체로 존재한다].[70] 그리하여 "모든 것 안에 모든 것"이 된다.[71] 지성 역시 자기 안에 존재하니, 지성은 자기와 연관시켜 지성이라고 언표되는 까닭이다. 다만 [지성이 자 기를 인식하더라도] 인식 주체, 인식 대상 혹은 인식 가능한 대상으로서 [언표될 경우에는 지성이] 자기의 인식과 연관시켜 상대적으로 언표되는 말이다.[72] 또 [지성이 자기를 사랑하더라도] 사랑하는 주체로서나 사랑하 는 대상으로서나 사랑할 만한 대상으로서 [언표될 경우에는 지성이] 자기 를 사랑하면서 그 사랑과 연관시켜 [상대적으로] 언표되는 말이다. 또 인 식이 [지성과 연관될 때] 인식 주체로서의 지성 혹은 인식 대상으로서의 지성과 연관되지만, [인식이] 인식 자체와 연관해서도 인식 대상 혹은 인 식 주체로서 언명된다. 그 이유는, 지성이 인식에 의해서 자기를 인식하는 데 그 인식이 지성 자체에 안 알려질 수 없기 때문이다. 또 사랑이 지성의 사랑이라는 점에서, 사랑 역시 사랑하는 지성과 연관된다. 그렇더라도 사 랑은 사랑 자체와 연관해서도 사랑이고 따라서 자체 안에 존재한다. 그 이 유는 사랑도 사랑받기 때문이고, 사랑은 사랑에 의해서, 곧 자기에 의해서

re amari potest, id est se ipso. Ita sunt haec singula in se ipsis. In alternis autem ita sunt quia et mens amans in amore est et amor in amantis notitia et notitia in mente noscente. Singula in binis ita sunt quia mens quae se nouit et amat in amore et notitia sua est, et amor amantis mentis seseque scientis in mente notitiaque eius est, et notitia mentis se scientis et amantis in mente atque in amore eius est quia scientem se amat et amantem se nouit. Ac per hoc et bina in singulis quia mens quae se nouit et amat cum sua notitia est in amore et cum suo amore in notitia, amorque ipse et notitia simul sunt in mente quae se amat et nouit. Tota uero in totis quemadmodum sint iam supra ostendimus cum se totam mens amat et totam nouit et totum amorem suum nouit totamque amat notitiam suam quando tria ista ad se ipsa perfecta sunt. Miro itaque modo tria ista inseparabilia sunt a semetipsis, et tamen eorum singulum quidque substantia est et simul omnia una substantia uel essentia cum et relatiue dicantur ad inuicem.

---

[73] 첫머리에 언급한 singula in se ipsis에 대한 설명이다.

[74] in alternis ita sunt: 형용사 alternus는 '번갈아서 타자에게', '서로 주고받는', '상호 관계 있는'이라는 미묘한 의미를 함축하고 삼위의 경우는 '다른 두 타자'[이체(二體)]를 가리킨다.

[75] 두 번째 문항 singula in binis(in alternis)에 대한 설명이다.

[76] quia scientem se amat, et amantem se novit: '지성은 자기가 인식하고 있음을 사랑하고, 자기가 사랑하고 있음을 인식한다'는 번역이 가능하다.

[77] '이체도 각체 안에 존재한다'(bina in singulis)라는 문구의 설명에 해당한다.

[78] tota in totis: totum(보통 단수만)은 한 실체를 구성하는 부분들을 고려하지 않는 '온통', '전체'를, omnes(대개 복수만)는 한 집합을 이루는 개개 구성원들을 통칭하는 '모두', '전부'를 뜻한다. 교부는 세 위가 모여 하느님이라는 집합을 이루는 것이 아님을 강조하려고 삼위 전부를 omnes라고 하지 않고 중성 복수 tota라고 했다. 8세기경 문헌 Symbolum 'quicumque' pseudo-Athanasianum에 totae tres personae coaeternae sibi sunt et coaequales("세 위 전체가 서로 함께-영원하고 함께-동등하시다": DS 75)라는 문장이 나와 아우구스티누스의 영향 혹은 교부와 이 신경이 같은 전거에서 유래했으리라는 추정을 가능케 한다.

가 아니면 다른 무엇에 의해서 사랑받을 수는 없기 때문이다. 그런 점에서 [지성, 사랑, 인식] 이것들은 각체各體가 그 자체 안에 [제각기] 존재한다.[73] 그러면서도 이것들은 [각체가] 상호 연관된 [다른 두] 타자 안에[74] 존재하니, 사랑하는 지성은 사랑 안에 존재하고, 사랑은 사랑하는 자의 인식 속에 존재하며, 인식은 인식하는 지성 속에 존재한다. 따라서 각체가 [자기 아닌 나머지] 이체二體 속에 존재하여, 지성은 자기를 인식하고 사랑하는 만큼 자기의 사랑과 인식 속에 존재하고, [사랑은] 자기를 사랑하고 자기를 인식하는 지성의 사랑인 만큼 지성과 지성의 인식 속에 존재하며, [인식은] 자기를 인식하고 자기를 사랑하는 지성의 인식인 만큼 지성과 지성의 사랑 속에 존재한다.[75] 이는 [지성이 자기를] 인식하는 자기로서 사랑하고 [지성이 자기를] 사랑하는 자기로서 인식하는 까닭이다.[76] 그래서 이체도 각체 안에 존재한다고 하겠으니, 지성이 자기를 인식하고 사랑하는 한, 지성이 자기 인식과 더불어 사랑 안에 존재하고 자기 사랑과 더불어 인식 안에 존재하기 때문이다. 사랑 역시 인식과 더불어, 자기를 사랑하고 인식 하는 바로 그 지성 속에 함께 존재한다.[77] 여기서 [저 셋은] 어느 면에서 전체들 안에 전체들로서 존재해야 할 것이니,[78] 앞서 보여 준 바와 같이, 저 셋이 자기 자체에 연관해서 완전한 채 존재하는 이상,[79] 지성은 자기 전체를 사랑하고 또 자기 전체를 인식하며, 자기 사랑 전체를 인식하고 자기 인식 전체를 사랑하는 까닭이다. 그러니까 신비로운 어떤 양상으로 이 셋은 자기들로부터 분리되지 않은 채 존재하며, 그러면서도 그 각체 역시 실체이고, 그러면서도 서로 상관적으로 언표할 경우에는 그 셋 전부가 함께 단일한 실체 혹은 존재이다.[80]

---

[79] 셋이 실체적 존재 양상(tria ista ad se ipsa perfecta)을 띠면서도 상관적 언표가 가능하다.

[80] inseparabilia sunt a semetipsis, et simul *omnia* una substantia vel essentia: 여기서는 그 셋이 '한 실체' 혹은 '한 존재'임을 나타내어 삼위의 상호 내재성(circumintercessio)과 상호 관련성(coinhaerentia)을 둘 다 살리려고 tota 대신 문법에 맞는 omnia를 사용했다.

VI 9. Sed cum se ipsam nouit humana mens et amat se ipsam, non aliquid incommutabile nouit et amat. Aliterque unusquisque homo loquendo enuntiat mentem suam quid in se ipso agatur attendens; aliter autem humanam mentem speciali aut generali cognitione definit. Itaque cum mihi de sua propria loquitur, utrum intellegat hoc aut illud an non intellegat, et utrum uelit an nolit hoc aut illud, credo; cum uero de humana specialiter aut generaliter uerum dicit, agnosco et approbo. Vnde manifestum est aliud unumquemque uidere in se quod sibi alius dicenti credat, non tamen uideat; aliud autem in ipsa ueritate quod alius quoque possit intueri, quorum alterum mutari per tempora, alterum incommutabili aeternitate consistere. Neque enim oculis corporeis multas mentes uidendo per similitudinem colligimus generalem uel specialem mentis humanae notitiam, sed intuemur inuiolabilem ueritatem ex qua perfecte quantum possumus definiamus non qualis sit uniuscuiusque hominis mens, sed qualis esse sempiternis rationibus debeat.

10. Vnde etiam phantasias rerum corporalium per corporis sensum haustas et quodam modo infusas memoriae, ex quibus etiam ea quae

---

81 이하(6.9-11.16)에서는 인간 인식은 진리 내지 가치의 판단이라는 사실과, 인식 대상이 지성에 발생시키는 '내적 언어'(verbum mentis)를 분석한다.

82 지성 자체를 대상으로 하더라도, 전자는 단순 파악(apprehensio simplex), 후자는 판단 (iudicium)이라고 부를 만한데 정작 교부는 플라톤의 인식론에서 접근하는 중이다.

83 '다른 지성의 존재'에 의거하여 인식의 객관성을 입증하는 시도로서 이 책에 수차 거론된다.

지성의 이중적 인식[81]

6.9. 인간 지성이 자기를 인식하고 자기를 사랑할 때 불변하는 무엇을 인식하고 사랑하는 것은 아니다. 각 사람이 [인식을 하면서] 자기 안에서 무슨 일이 일어나는지 주의를 기울이면서 자기 지성을 말로 발설하여 표명하는 경우가 있다. 그런가 하면 각 사람이 종적種的 인식이나 유적類的 인식을 가지고 인간 지성 자체에 정의를 내리는 경우도 있다.[82] 이 둘은 엄연히 다르다. 그래서 누가 다름 아닌 자기 지성에 대해 나에게 말하면서, 자기가 이것 혹은 저것을 이해하는지 이해하지 못하는지, 이것 혹은 저것을 원하는지 원치 않는지 이야기하면, 나는 [그러려니 하고] 믿어 준다. 그런데 그가 인간 지성에 관해서 종적 혹은 유적으로 참된 사실을 이야기하면 나는 그 점을 인지하고 긍정한다. 그렇다면 누가 자기 안에서 무엇을 보기는 하는데 다른 사람은 남이 하는 말을 듣고 믿기는 하지만 정작 자기는 못 보는 경우와, 진리 자체 속에서 [자기도 보고] 다른 사람도 직관할 수 있는 경우는 분명히 다르다. 둘 중의 전자는 시간을 통해서 변하는 것임에 비해서 후자는 영원불변 속에 항속하는 것이다. 우리가 다수의 지성들을 육안으로 목격하지는 못하지만, 일종의 유사성에 입각해서 인간 지성에 관한 유적이고 종적인 지식은 얻는다.[83] 그렇지만 우리는 범접할 수 없는 진리를 직관하고 있으며, 그 진리에 입각해서 우리는 완전무결하게 정의를 내린다. 즉, 각 사람의 지성이 어떤 것인지 정의하는 것이 아니고, 영원한 이념에 비추어 인간의 지성이 어떤 것이어야 하느냐를 정의하게 된다.[84]

영원한 이념

6.10. 물리적 사물들의 표상은 신체의 감관을 통해서 획득되고, 어떤 모양으로든 기억에 각인되며, 그 표상에 힘입어 눈으로 못 본 것도 상상으로

---

[84] 아우구스티누스는 지성의 당위적 존재가 어떤 것이냐(qualis esse debeat)라는 관점에서, 지성이 절대자를 향해 인식과 사랑으로 자기를 완성해 가는 존재론적 사건에서 삼위일체의 모상을 연구하겠다고 한다.

non uisa sunt ficto phantasmate cogitantur siue aliter quam sunt siue fortuito sicuti sunt, aliis omnino regulis supra mentem nostram incommutabiliter manentibus uel approbare apud nosmetipsos uel improbare conuincimur cum recte aliquid approbamus aut improbamus. Nam et cum recolo Carthaginis moenia quae uidi et cum fingo Alexandriae quae non uidi easdemque imaginarias formas quasdam quibusdam praeferens, rationabiliter praefero. Viget et claret desuper iudicium ueritatis ac sui iuris incorruptissimis regulis firmum est, et si corporalium imaginum quasi quodam nubilo subtexitur, non tamen inuoluitur atque confunditur.

11. Sed interest utrum ego sub illa uel in illa caligine tamquam a caelo perspicuo secludar, an sicut in altissimis montibus accidere solet inter utrumque aere libero fruens et serenissimam lucem supra et densissimas nebulas subter aspiciam. Nam unde in me fraterni amoris inflammatur ardor cum audio uirum aliquem pro fidei pulchritudine et firmitate acriora tormenta tolerasse? Et si mihi digito ostendatur ipse homo, studeo mihi coniungere, notum facere, amicitia conligare. Itaque si facultas datur, accedo, alloquor, sermonem

---

⁸⁵ 평소에는 구분하지 않지만(phantasia vel phantasma: 조금 뒤 imaginaria forma) 굳이 구분하면 감관이 포착하여 기억에 각인시킨 사물의 유사상은 표상(phantasia), 기억이 기왕의 표상들을 자료로 조합하고 상상해 내는 유사상(imaginum imagines: *De musica* 6.11.32)은 상상(phantasma)이라고 한다.

⁸⁶ 교부에게 이념(ratio, notio, forma)은 지성보다 상위의 존재로서 지성의 작용을 관장하는 규준(regulae)이 된다.

가상하여 생각해 낸다.[85] [물론 그렇게 가상해 내는 것은] 실제로 있는 것과 다를 수도 있고 우연찮게도 있는 그대로일 수도 있다. 그렇지만 우리가 무엇을 올바로 긍정하거나 부정하는 경우에는 우리 지성 위에 불변하게 상존尙存하는 전혀 다른 규준들이[86] 있어서 그 규준들에 입각해서 우리 측에서는 그것을 긍정하거나 부정하지 않을 수 없게 만든다. [예를 들어] 내가 본 적이 있는 카르타고 성벽을 기억해 내고 내가 본 적이 없는 알렉산드리아 성벽을 상상해 낼 때, 동일한 형태의 영상映像들 가운데 어떤 형태를 다른 형태보다 우선시킬 수 있으며 나로서는 그렇게 우선시킬 상당한 이유도 있다. 그와는 달리, 진리에 대한 판단은 [인간의 지성] 위에서 빛을 발하고 구속력을 발휘할뿐더러, 그 자체로 더없이 불변하는 규준들에 의해서 확고해진다. 설혹 [진리의 판단이] 물리적 영상에 의해서 마치 구름으로 밑에서 가려지는 경우가 있더라도 그것에 에워싸이거나 흩어지거나 하지는 않는다.[87]

6.11. 하지만 [구름에 가려진다고 할 때] 내가 어둑한 구름 밑에 있거나 구름에 에워싸여 맑은 하늘에서 떨어져 있는 것과 흡사한 처지가 되는 것일까? 그렇지 않으면 아주 높은 산에서 흔히 생기는 일이지만 위로는 더없이 고요한 빛을 바라보고 아래로는 아주 짙은 안개를 내려다보면서 탁 트인 공기를 맘껏 마시는 처지가 아닐까? 또 어떤 남자가 멋있고 굳건한 신앙에서 우러나 혹독한 고문을 감당해 냈다는 이야기를 들을 때 동지애의 불꽃이 내 속에 타오름은 도대체 어디서 유래할까? 나에게 그런 사람을 손가락으로 가리켜 보인다면 나로서는 그와 가까워지려 애쓰고 나를 그에게 소개하고 싶고 그와 우정을 맺고 싶어질 것이다. 그래서 기회만 주어진다면, 다가가서 말을 걸고 이야기를 끄집어내고, 그 사람에 대한 나의 호감

---

[87] 곧이어 나오듯이, 선의 태양과 이념들은 구름(감각적 표상) 위에서 항상 빛을 발하고 있다. 아래 '우정'을 예로 들어 '정의'니 '진실'의 이념이 여일하게 지성을 비추지, 상황에 따라서 변하지 않음을 쉽게 설명한다.

confero, affectum meum in illum quibus uerbis possum exprimo, uicissimque in eo fieri quem in me habeat atque exprimi uolo, spiritalemque complexum credendo molior quia peruestigare tam cito et cernere penitus eius interiora non possum. Amo itaque fidelem ac fortem uirum amore casto atque germano. Quod si mihi inter nostras loquelas fateatur aut incautus aliquo modo sese indicet quod uel de deo credat incongrua atque in illo quoque aliquid carnale desideret et pro tali errore illa pertulerit, uel speratae pecuniae cupiditate uel inani auiditate laudis humanae, statim amor ille quo in eum ferebar offensus et quasi repercussus atque ab indigno homine ablatus in ea forma permanet ex qua eum talem credens amaueram. Nisi forte ad hoc amo iam ut talis sit cum talem non esse comperero. At in illo homine nihil mutatum est; mutari tamen potest ut fiat quod eum iam esse credideram. In mente autem mea mutata est utique ipsa existimatio quae de illo aliter se habebat et aliter habet, idemque amor ab intentione perfruendi ad intentionem consulendi incommutabili desuper iustitia iubente deflexus est. Ipsa uero forma inconcussae ac stabilis ueritatis et in qua fruerer homine bonum eum

---

[88] in ea forma: 우정의 본 형상(形相), 곧 이념을 가리킨다.

[89] 고전 시대에 '우정론'(De amicitia)을 서술한 작가들의 심리 묘사를 따르고 있다.

을 무슨 말로든지 표현하고, 내가 그에게 품은 호감을 그 사람도 나에게 품고 또 표현해 주기를 바라리라. 또 나로서는 그의 속마음을 당장 헤아리지 못하고 그의 내심을 속속들이 파악하지 못한다고 여겨 안달하면서 그와 정신적 포옹을 갖고 싶어 하리라. 충실하고 용감한 그 사나이를 나는 동기간의 순수한 애정으로 사랑하게 되리라. 그런데 우리의 [우정 어린] 대화 중에 상대방이 어떻게 보면 얼떨결에 다음과 같은 내용을 토로했다고 하자. 즉, 그가 하느님께 관해서 적절하지 못한 무엇을 믿고 있다든지, 하느님께 대해서 육적인 무엇을 바랐다든지, 그가 고문을 당하기는 했지만 저런 오류를 고수하기 위해서였다든지, 돈을 바라는 탐욕 때문이거나 인간적 칭송을 바라는 허황한 욕심 때문에 당했노라는 [말을 한다고 하자]. 그럴 경우 그 사람에게로 기울던 저 사랑이 당장 상처를 입고 마치 무엇에 부딪치기나 한 것처럼 [튕겨 나가면서] 마치 부당한 인간에게 향하던 사랑이었다는 듯이 그 사랑을 거두어들이고 말 것이다. 그럼에도 나의 사랑은 그 사람이 그런 인물이려니 하고 믿고서 내가 사랑했던 그 형상[88]을 그대로 간직한 채 존속할 것이다. 혹시 그 사람이 [내가 믿던] 그런 인물이 못 된다는 것을 발견하기는 했지만 제발 그런 사람이 되어 주기를 바라는 뜻에서 여전히 그를 사랑한다면 이야기가 다르지만 말이다.[89] [후자의 경우라고 하더라도] 그 사람에게서 변한 것은 아무것도 없다. 물론 그가 변할 수 있고 그런 사람이려니 하고 내가 믿었던 그런 인물이 될 수도 있다. 응당 변한 것은 나의 지성 속에 있는, 그 사람에 대한 평가다. 그 사람에 대해서 달리 평가하고 있었는데 지금은 또 다르게 평가하고 있다는 점이다. 저 위로부터 불변하는 정의正義가 내리는 명령에 따라서, 동일한 사랑이 상대방을 향유하려는 의도에서부터 상대방을 선도善導하려는 의도로 흘러간 것이다. 그 대신 확고부동하고 견고한 진리의 형상 그 자체는 여전하여, 선하다고 믿어서 내가 그 사람을 향유하려는 마음을 품은 것도 이 진리에 입각해서였고, [이제 와서는] 그 사람이 선해지도록 내가 선도하겠다는 마음을 품은 것도 이 진리에 입각해서다. 불변하고 더없이 신실한 이

credens et in qua consulo ut bonus sit eadem luce incorruptibilis sincerissimaeque rationis et meae mentis aspectum et illam phantasiae nubem quam desuper cerno cum eundem hominem quem uideram cogito imperturbabili aeternitate perfundit.

Item cum arcum pulchre et aequabiliter intortum quem uidi uerbi gratia Carthagine animo reuoluo, res quaedam menti nuntiata per oculos memoriaeque transfusa imaginarium conspectum facit. Sed aliud mente conspicio secundum quod mihi opus illud placet, unde etiam si displiceret corrigerem. Itaque de istis secundum illam iudicamus, et illam cernimus rationalis mentis intuitu. Ista uero aut praesentia sensu corporis tangimus aut imagines absentium fixas in memoria recordamur aut ex earum similitudine talia fingimus qualia nos ipsi si uellemus atque possemus etiam opere moliremur, aliter figurantes animo imagines corporum aut per corpus corpora uidentes, aliter autem rationes artemque ineffabiliter pulchram talium figurarum super aciem mentis simplici intellegentia capientes.

---

[90] ipsa *forma* inconcussae ac stabilis *veritatis* ⋯ *eadem luce* incorruptibilis sincerissimaeque *rationis* ⋯ *imperturbabili aeternitate perfundit*: 아우구스티누스의 조명설(照明說)의 주요 용어(forma, veritas, ratio, imperturbatio, perfusio)가 다 나왔다.

[91] 지성은 사물에 대한 진선미의 판단은 물론 감각적 표상에 대한 수정 작업도 영원한 이념의 조명을 받아서 수행한다.

[92] rationes figurarum: rationes는 교부에 의해서 다음과 같이 규정된 바 있다: "rationes라는 것은 그리스인들이 λόγοι라고 하는 것으로, 주요 이념, 사물들의 고정적이고 불변하는 어떤 형상 내지 개념들(quaedam formae vel rationes rerum stabiles atque incommutabiles)을 뜻한다. 그 형상 자체는 [다른 무엇에 의해서] 형상화된 것이 아니어서(formatae non sunt), 영원하고 자기를 항상 같은 모양으로 지니며 신적 지성에 의해서 보전되어 있다"(divina intellegentia continentur)(*De diversis quaestionibus 83*, 46.2).

념의 빛으로 [저 진리의 형상이] 내 지성의 시선을 채우고 있고, 내가 눈으로 보고서 [착하다고 여기던] 동일한 인물을 [머리로 판단하여 선도해야겠다고 달리] 생각하게 되었다면 그것 역시 저 표상의 구름을 내가 위로부터 [내려다보고] 지각한 셈인데 그때도 [저 진리의 형상은] 영원한 평정平靜으로 이 시선을 채워 주고 있는 것이다.[90]

내가 정신으로 멋지고 균등하게 휘어진 홍예문虹霓門, 예를 들어 내가 카르타고에서 본 홍예문을 회상해 낼 경우, 어떤 사물이 눈을 통해서 지성에 통보되고 그 사물이 기억에 주입되어 결국 영상적 현상現象을 만들어 낸다. 그런데 이때 내가 지성으로 관조하는 것은 [전혀] 다르다. [지성으로 관조하는] 그것에 입각해서 저 작품이 내 마음에 흡족해 보이거나, 심지어 마음에 흡족하지 않을 경우에는 [그것에 입각해서 이러저러한 모양이어야 한다고] 수정하기까지 한다.[91] 그러므로 저런 작품들에 관해서 우리가 판단을 내리는 것은 저 [진리의 형상에] 비추어서이고, 우리는 이성적 지성의 직관으로 저 [진리의 형상을] 식별하는 것이다. 그것에 비해서 [우리가 감관으로 지각하는 사물들은] 눈앞에 현전하여 신체의 감관으로 포착하거나, 눈앞에 부재하는 것들의 영상들이라면 기억에 고착되어 있는 것을 상기해 내거나 그런 영상들과의 유사성에 입각해서 가상해 낸다. 또 그럴 마음이 있고 능력이 있을 경우에는, 이런 것이려니 하고 [상상해 낸 바를] 우리 스스로 작품으로 빚어내기도 한다. 그러니 정신으로 물체들의 영상을 상상해 낸다든지 신체를 통해서 물체들을 보는 것 다르고, 순일한 오성으로 저런 형상들의 이념들[92]이나 [영상들로 빚어지는] 형언할 수 없이 아름다운 예술을 파악하는 일 다르다. 이 이념들과 예술은 지성의 정곡正鵠보다 상위에 자리 잡고 있다.[93]

---

[93] 감각(figurantes animo imagines corporum)과 오성적 파악(rationes artemque figurarum simplici intellegentia capientes)은 구분되는데, 후자는 지성의 범주가 아니고 지성 위에 (super aciem mentis) 현전한다.

VII 12. In illa igitur aeterna ueritate ex qua temporalia facta sunt omnia formam secundum quam sumus et secundum quam uel in nobis uel in corporibus uera et recta ratione aliquid operamur uisu mentis aspicimus, atque inde conceptam rerum ueracem notitiam tamquam uerbum apud nos habemus et dicendo intus gignimus, nec a nobis nascendo discedit. Cum autem ad alios loquimur, uerbo intus manenti ministerium uocis adhibemus aut alicuius signi corporalis ut per quandam commemorationem sensibilem tale aliquid fiat etiam in animo audientis quale de loquentis animo non recedit. Nihil itaque agimus per membra corporis in factis dictisque nostris quibus uel approbantur uel improbantur mores hominum quod non uerbo apud nos intus edito praeuenimus. Nemo eniam aliquid uolens facit quod non in corde suo prius dixerit.

13. Quod uerbum amore concipitur siue creaturae siue creatoris, id est aut naturae mutabilis aut incommutabilis ueritatis.

VIII. Ergo aut cupiditate aut caritate, non quo non sit amanda creatura, sed si ad creatorem refertur ille amor, non iam cupiditas sed

---

[94] conceptam notitiam ⋯ intus gignimus: '파악하다, 개념을 얻다'를 표현하는 인식론 용어 concipio(← con-capio: conceptus)는 '임신하다, 배태하다'라는 일반 의미를 지니고 있었으므로 '개념의 발설'을 '말의 출산'(dicendo intus gignimus)으로 비약해도 무리가 없다.

[95] verbum amore concipitur sive creaturae sive creatoris: Matthews, Kreuzer는 verbum creaturae sive verbum creatoris로 의역("피조물의 언어든 창조주의 언어든, 달리 말하면, 가변적 자연 본성을 나타내는 언어든 불변하는 진리를 나타내는 언어든").

[96] aut cupiditate aut caritate: "하느님과 영혼이 사랑받을 때 애덕이라 칭하고(deus et animus cum amantur, caritas proprie dicitur), 현세적 사물을 추구하거나 얻으려는 사랑은 욕망이다"(*De diversis quaestionibus 83*, 36.1).

7.12. 그러므로 영원한 진리가 있고 저 진리에 준해서 시간적인 모든 사물이 만들어졌으며, 우리는 지성의 시선을 가지고 저 진리 안에서 형상形相을 관조한다. 이 형상에 입각해서 우리가 존재한다. 또 우리에게서든 물체들에서든 참되고 바른 이치에 따라 무엇인가를 우리가 만들어 내는 것도 이 형상에 의거해서다. 그리고 이렇게 사물들에 관한 참인식이 배태胚胎되는 순간 우리는 그것을 언어로서 지니게 되고, 또 그것을 발설하는 순간 우리는 내면에서 그 언어를 출산하는 것이다.[94] 그렇다고 출생하면서 우리에게서 떠나가는 것은 아니다. 그리고 그 언어를 남들에게 발설하는 순간, 언어는 내면에 남아 있는 채, 우리는 음성의 역할을 사용하거나 신체적 기호의 역할을 사용하는 것인데, 이럴 경우에 [언어가] 발설하는 사람의 정신에서 떠나가지 않으면서도 일종의 감각적 상기를 통해서 [발설하는 사람의 정신 속에 있는 것과] 유사한 무엇이 듣는 사람의 정신 속에 발생한다. 우리가 우리 언어와 행위로 다른 사람들의 언행을 상찬하거나 질책하는 경우, 우리 신체 기관을 통해 [상찬하고 질책하는 언행을] 하려면, 반드시 내면에서 우리에게 발설된 언어를 먼저 만나야 한다. 자기 마음속으로 먼저 발설한 내용이 아니면 아무도 무엇을 언행으로 옮기려고 하지 않는 법이다.

7.13. 그리고 이 언어는 사랑으로 배태된다. 피조물에 대한 사랑이든 창조주에 대한 사랑이든,[95] 달리 말하면, 가변적 자연에 대한 사랑이든 불변하는 진리에 대한 사랑이든 [언어는 사랑으로 배태된다].

언어는 피조물에 대한 사랑이든 창조주에 대한 사랑이든 사랑으로 배태된다

8.13. 그렇다면 [언어는] 욕망으로 배태되거나 애덕으로 배태된다.[96] 피조물을 사랑해서는 안 된다는 말은 아니며, [피조물에 대한] 저 사랑이 창조주를 향할 때는 이미 욕망이 아니고 애덕이 되리라는 뜻이다. 피조물이

caritas erit. Tunc enim est cupiditas cum propter se amatur creatura. Tunc non utentem adiuuat sed corrumpit fruentem. Cum ergo aut par nobis aut inferior creatura sit, inferiore utendum est ad deum, pari autem fruendum sed in deo. Sicut enim te ipso non in te ipso frui debes sed in eo qui fecit te, sic etiam illo quem diligis *tamquam te ipsum*. Et nobis ergo et fratribus in domino fruamur, et inde nos nec ad nosmetipsos remittere et quasi relaxare deorsum uersus audeamus. Nascitur autem uerbum cum excogitatum placet aut ad peccandum aut ad recte faciendum. Verbum ergo nostrum et mentem de qua gignitur quasi medius amor coniungit seque cum eis tertium complexu incorporeo sine ulla confusione constringit.

IX 14. Conceptum autem uerbum et natum idipsum est cum uoluntas in ipsa notitia conquiescit, quod fit in amore spiritalium. Qui enim uerbi gratia perfecte nouit perfecteque amat iustitiam, iam iu-

---

[97] non utentem adiuvat sed corrumpit fruentem: 피조물을 사용하되(uti) 궁극 목적을 위해 사용하는 자에게는 그것이 도움이 되지만, 피조물을 궁극 목적처럼 향유하려는(frui) 자에게는 그것이 오히려 당사자의 부패의 원인이 된다. "향유해야 할 사물은 … 삼위일체다. 하나밖에 없는 최고의 사물이면서 그를 향유하는 모든 이에게 공유되시는 사물이다"(『그리스도교 교양』 1.5.5).

[98] "만일 누가 자신 때문에 자기를 사랑한다면 자기를 하느님께 결부시키지 않는 것이며 자신을 향해 돌아서는 것이고 … 그랬다가는 이미 자기 자신도 불완전하게 향유하는 것이다"(『그리스도교 교양』 1.22.21).

[99] "남을 자신처럼 사랑하는 사람은 자기에 대한 사랑과 그 사람에 대한 사랑을 하느님에 대한 사랑으로 수렴시킨다"(totam dilectionems refert in illam dilectionem dei)(『그리스도교 교양』 1.22.21).

[100] ad nosmetipsos remittere … relaxare deorsum versus: 인간은 전 실존을 창조주를 향해 결부시키도록 만들어졌으므로(quia fecisti nos ad te: 『고백록』 1.1.1) 인간 자체로 만족하려는 순간 이미 자기 실존을 파괴하기 시작한다.

그 자체 때문에 사랑받을 때 욕망이 된다. 이 경우에는 [그 사랑이 그 사물을] 사용하려는 자에게 도움이 되지 않고 [그 사물을] 향유하려는 자를 도리어 부패시킨다.[97] 피조물은 우리와 동등하거나 우리보다 열등할 텐데, 열등한 피조물은 하느님을 향하는 뜻으로 이용해야 하고, 동등한 피조물은 우리가 향유하되 하느님 안에서 향유해야 한다. 마찬가지로 그대 자신을 향유하되 그대 안에서 향유해서는 안 되며 그대를 만드신 분 안에서 향유해야 한다.[98] 그대가 그대 자신을 사랑하듯이 사랑하는 사람에 관해서도 매한가지다. 또 우리 자신과 형제들도 우리가 주님 안에서 향유할 것이며,[99] 우리 자신을 감히 우리 자신의 [수준으로] 위축시키거나 자신을 아래로 향해서 풀어놓아서는 안 된다.[100] 우리가 생각해 낸 것이 마음에 드는 순간,[101] 그 생각이 죄를 짓는 쪽으로 향하든 바르게 행하는 쪽으로 나아가든 상관없이, 언어가 탄생한다. 우리 언어와 언어를 탄생시키는 지성 사이를 마치 중매인처럼 사랑이 결합시킨다. 그러고서 사랑은 제삼자로서 [언어와 지성] 둘에게 자기를 비끄러매는데, 흡사 육체 없이 포옹이라도 하듯이 아무 혼동도 초래하지 않으면서 [그 결합을 이루어 낸다].[102]

영적 사물들에 대한 사랑에서는 배태된 언어와 탄생한 언어가 동일하다. 육적 사물들에 대한 사랑에서는 언어의 배태가 다르고 언어의 출산이 다르다

9.14. 의지가 인식 자체에서 안돈을 얻을 때 — 이 일은 영적 사물들에 대한 사랑에서 이루어진다 — 배태된 언어와 탄생한 언어가 동일하다.[103] 예컨대 정의正義를 완전하게 인식하고 완전하게 사랑하는 자는 이미 의인

---

[101] cum excogitatum placet: 지성이 자기를 알려고 찾는다는 것은 자기를 사랑하고 있다는 증거이며, 따라서 언어는 사랑이 깃든 인식이다.

[102] 지성, 언어, 사랑의 삼위일체를 '육체 없는 포옹'(complexu incorporeo)에 비유했다.

[103] 자기를 알려는 의욕이 완결된다면, 자기를 완전히 알게 된다면, 지성 속에 이루어진 개념과 입으로 발설된 언어에 차이가 없다(conceptum autem verbum et natum idipsum est).

stus est etiamsi nulla exsistat secundum eam forinsecus per membra corporis operandi necessitas. In amore autem carnalium temporaliumque rerum sicut in ipsis animalium fetibus alius est conceptus uerbi, alius partus. Illic enim quod cupiendo concipitur adipiscendo nascitur quoniam non sufficit auaritiae nosse et amare aurum nisi et habeat, neque nosse et amare uesci aut concumbere nisi etiam id agat, neque nosse et amare honores et imperia nisi proueniant. Quae tamen omnia nec adepta sufficiunt: *Qui enim biberit*, inquit, *ex hac aqua sitiet iterum*; ideoque et in psalmis: *Concepit*, inquit, *dolorem et peperit iniquitatem. Dolorem* uel *laborem* dicit concipi cum ea concipiuntur quae nosse ac uelle non sufficit, et inardescit atque aegrotat animus indigentia donec ad ea perueniat et quasi pariat ea. Vnde eleganter in latina lingua parta dicuntur et reperta atque comperta, quae uerba quasi a partu ducta resonant, quia *concupiscentia cum conceperit parit peccatum*. Vnde dominus clamat: *Venite ad me omnes qui laboratis et onerati estis*, et alio loco: *Vae praegnantibus et mammantibus in illis diebus*. Cum itaque ad partum uerbi referret omnia uel recte facta uel peccata: *Ex ore*, in-

---

[104] quod cupiendo concipitur, adipiscendo nascitur: 영적 사물과는 달리 현세적 사물은 욕구와 획득 사이에 거리가 있어 욕구와 획득이 동시적이거나 동일하지 못하다.

[105] 요한 4,13.

[106] 시편 7,15. 『성경』: "보라, 죄악을 잉태한 자가 재앙을 임신하여 거짓을 낳는구나."

[107] parta(낳은, 드러난), reperta(다시 낳은, 발견된), comperta(함께 낳은, 확인된)는 한결같이 동사 pario, peperi, partum, ere[낳다: 파생명사 partus(해산, '출산')]로부터 유래한 합성어다.

[108] 야고 1,15: "욕심이 잉태하면 죄를 낳게 되고 죄가 차면 죽음을 낳는다."

[109] 마태 11,28. '수고하는 사람들'(omnes qui laboratis)을 '산고(産苦)를 겪는 사람들'로 풀이하고 있다.

[110] 마태 24,19.

이다. 그 [정의에 준해서] 신체 기관을 움직여 외형적으로 행동에 옮길 기회가 전혀 없다 하더라도, [이미 의인이다]. 그 대신 육체적이고 시간적인 사물들에 대한 사랑에서는, 동물들의 태아에서 이루어지는 것처럼, 언어의 배태가 다르고 언어의 해산解産이 다르다. 여기서는 욕망하면서 배태되고 획득하면서 해산한다.[104] 그 이유는 황금을 알고 좋아하는 것으로는 물욕에 충분치 못하고 소유해야 하기 때문이다. 음식을 먹고 교접을 하는 일도 그것이 무엇인지 알고 좋아하는 것으로는 충분치 못하고 실제로 해야 한다. 영예와 권력 또한 그것이 무엇인지 알고 좋아하는 것만으로는 충분치 못하고 실제로 거기에 도달해야 한다. 다만 이 모든 것을 획득한다손 치더라도 그것만으로는 충분치 못하다. "이 물을 마시는 이는 누구나 다시 목마를 것이다"[105]라는 말씀이 있다. 그리고 시편에도 "고통을 잉태하였고 죄악을 낳았다"[106]는 말씀이 있다. [시편 작가의 말은] 영혼이 무슨 사물을 알고 갈망하는 경우, 그것을 알고 갈망하는 것으로 족하지 못하여 그것들이 수중에 들어올 때까지 그것이 없어서 영혼이 번민하고 괴로워한다면 흡사 '고통 혹은 수고'를 잉태하는 것과 매한가지라는 뜻이다. 그것들이 수중에 들어올 때까지는 [고통과 수고를 잉태한 상태였다가] 그것에 도달하면 비로소 그것들을 해산함과 비슷하다는 말이다. 그래서 라틴어는 단어를 멋지게 구사하여 parta, reperta, comperta라는 말을 쓰는데 한결같이 partus로부터 유래한 단어로 들린다.[107] "욕심이 잉태하면 죄를 낳는"[108] 까닭이다. 그래서 주님은 "수고하고 짐 진 여러분은 다 내게로 오라"[109]고 외치며, 다른 대목에서는 "불행하도다, 그날에 임신한 여자들과 젖 먹이는 여자들은!"[110]이라는 말씀도 하셨다. 그러니까 선하게 행한 것이든 죄지은 것이든 모두 언어의 해산에 해당할 것이다. 바로 그래서 "당신의 입으로 의로워지고 당신의 입으로 단죄받으리라"[111]는 말씀을 하셨다. 여기서 [성

---

[111] 마태 12,37. 『200주년』: "당신이 한 말에 따라 의인으로 판결받고 또한 당신이 한 말에 따라 죄인으로 판결받을 것이다."

quit, *tuo iustificaberis et ex ore tuo condemnaberis*, os uolens intellegi non hoc uisibile sed interius inuisibile cogitationis et cordis.

X 15. Recte ergo quaeritur utrum omnis notitia uerbum an tantum amata notitia. Nouimus enim et ea quae odimus, sed nec concepta nec parta dicenda sunt animo quae nobis displicent. Non enim omnia quae quoquo modo tangunt concipiuntur, ut tantum nota sint non tamen uerba dicantur ista de quibus nunc agimus. Aliter enim dicuntur uerba quae spatia temporum syllabis tenent siue pronuntientur siue cogitentur; aliter omne quod notum est uerbum dicitur animo impressum quamdiu de memoria proferri et definiri potest, quamuis res ipsa displiceat; aliter cum placet quod mente concipitur. Secundum quod genus uerbi accipiendum est quod ait apostolus: *Nemo dicit: Dominus Iesus, nisi in spiritu sancto*; cum secundum aliam uerbi notionem dicant hoc et illi de quibus ipse dominus ait: *Non omnis qui mihi dicit: Domine, domine, intrabit in regnum caelorum.*

Verumtamen cum et illa quae odimus recte displicent recteque improbantur, approbatur eorum improbatio et placet et uerbum est. neque uitiorum notitia nobis displicet sed ipsa uitia. Nam placet mi-

---

[112] verbum amata notitia: 지성이 자기를 알고자 노력함은 자기를 사랑한다는 증거이므로, 지성이 자기를 인식하는 순간 배태되는 내적 언어[개념(conceptus)]는 '사랑이 깃든 인식'이다.

[113] verbum animo impressum: '개념'의 정의에 해당하며 일단 소리 나는 '단어'로 발설되면 verbum expressum으로 명명된다.

[114] 1코린 12,3.

[115] 마태 7,21.

경 저자는] 입을 눈에 보이는 입으로 알아들을 것이 아니고 생각과 마음의 입, 눈에 보이지 않는 내면의 입으로 알아듣기를 바란다.

사랑받는 인식만이 지성의 언어가 되는가

10.15. 그러면 응당, 모든 인식이 언어인가 아니면 사랑받는 인식만 언어인가[112]라는 물음이 제기된다. 우리는 미워하는 대상도 인식하는 까닭이다. 하지만 우리 마음에 들지 않는 것은 영혼에 배태되지도 않고 해산도 되지 않는다고 말해야 옳다. 어느 모로든 영혼에 접촉한다고 전부 영혼에 배태되는 것은 아니다. 인식이 되지만 지금 우리가 다루고 있는 언어라고는 못할 경우가 있다. 지금 다룰 내용이 그렇다. 우선 [일정한] 음절로 시간 간격을 차지하거나 발성되거나 생각해 낸 것을 언어라고 부른다. 그런가 하면 사물 자체는 [영혼에] 흡족하지 않더라도, 어디까지나 기억에서부터 제출되고 기억에 의해서 규정될 수 있는 한, 인식되는 모든 것을 영혼에 각인된 언어라고 부른다.[113] 또 지성에 흡족해서 지성에 의해 배태된 언어가 있다. 그런데 이것들은 엄연히 다르다. [이 마지막 정의에] 따르는 언어의 종류는 사도가 "성령 안에서가 아니면 아무도 '예수는 주님이시다'라고 말할 수 없다"[114]고 한뜻으로 받아들여야 한다. 언어의 다른 정의에 따르면 주님 친히 "나더러 '주님, 주님' 하는 사람마다 다 하늘나라에 들어가는 것이 아니다"[115]라고 말씀하신 대상에 대해서도 언어 개념을 적용시켜야 할 것이다.

그런데 우리가 미워하는 대상 역시 마음에 들지 않는다는 점에서는 옳고 그것이 배척당한다는 점에서도 옳으며 그것에 대한 배척은 [옳은 것으로] 수긍을 받고 마음에 들어서 언어가 된다.[116] 악덕惡德에 대한 인식이 우리 마음에 들지 않는 것이 아니고 악덕 자체가 마음에 안 드는 법이다. 무

---

[116] 각주 112처럼 '언어'(개념)를 '사랑이 깃든 인식'으로 정의하고, 사랑이 지성과 언어를 결합시키는 주체라고 해설하려면 '부정적 개념'이 언어 범주에 들어가는 명분이 따로 제시되어야 한다.

hi quod noui et definio quid sit intemperantia, et hoc est uerbum
eius. Sicuti sunt in arte nota uitia, et recte approbatur eorum notitia
cum discernit cognitor speciem priuationemque uirtutis sicut aiere
et negare et esse et non esse; attamen uirtute priuari atque in uitium
deficere damnabile est. Et definire intemperantiam uerbumque eius
dicere pertinet ad artem morum; esse autem intemperantem ad id
pertinet quod illa arte culpatur. Sicut nosse ac definire quid sit so-
loecismus pertinet ad artem loquendi; facere autem uitium est quod
eadem arte reprehenditur. Verbum est igitur quod nunc discernere
et insinuare uolumus, cum amore notitia. Cum itaque se mens nouit
et amat, iungitur ei amore uerbum eius. Et quoniam amat notitiam
et nouit amorem, et uerbum in amore est et amor in uerbo et utrum-
que in amante atque dicente.

16. Sed omnis secundum speciem notitia similis est ei rei quam
nouit. Est enim alia notitia secundum priuationem quam cum im-
probamus loquimur, et haec priuationis improbatio speciem laudat
ideoque approbatur.

---

[117] cum discernit cognitor ⋯ aiere et negare et esse et non esse: 긍정 판단은 인식 주체가
주어와 객어를 '기꺼이'(cum amore) 결합시키는 작업이다. 부정판단은 양자를 분리시키는 작
업이지만, 진리와 가치의 결핍을 '비난하는' 작업이므로 지성의 인식 활동에 포함된다.

[118] speciem privationemque virtutis: species[형상(形象): '대상의 미적 표현의 내용'(국어사
전)]은 εἶδος의 번역어로 교부에게는 존재의 형이상학적 범주에 해당한다["정도, 형상, 질서
이 셋은 하느님에게서 만들어진 사물들에게 있는 선(善) 일반이다"(haec tria: modus, species
et ordo ⋯ tamquam generalia bona sunt in rebus a deo factis: *De natura boni* 3)].

[119] soloecismus: 본래 문법상의 오용(誤用)이지만 주로 미학적 파격(破格)을 가리킨다.

[120] verbum est cum amore notitia: 여태까지의 mens, notitia, amor 도식에서 둘째 요소가
amata notitia 혹은 cum amore notitia로 표기되어 verbum으로 대체된다.

[121] 지성, 인식, 사랑의 삼위일체에서 지성, 언어, 사랑의 삼위일체로 옮겨 왔다.

절제가 무엇인지 아는 일은 마음에 들고 무절제가 무엇이냐는 정의定義 역시 마음에 든다. 바로 이것이 [무절제에 관한] 언어다. 예술 속에는 결점이 무엇인지도 또한 인지되어 있으며, 결점에 대한 인식 [자체는 좋은 것으로] 수긍을 얻는다. 인식 주체는 긍정하는 일과 부정하는 일을 구분하고 존재하는 것과 비존재를 구분할 수 있듯이,[117] 또한 덕성의 형상形象과 덕성의 결핍을 구분할 줄도 안다.[118] 여기서 비난받아야 할 것은 덕성을 결하고 있다는 점이요 악덕을 갖추고 있다는 점이다. 마찬가지로 무절제에 대한 정의를 내리고 무절제에 관한 언어를 발설함은 [도덕적] 행실의 예술에 속한다. 그 대신 무절제한 인간이 됨은 저 예술에서 비난하는 바로 그 대상에 해당한다. 부적절한 파격[119]이 무엇인지 인식하고 정의하는 일은 수사학의 예술에 속하지만, 정작 부적절한 파격을 구사하는 짓은 바로 그 예술에서 비판하는 바로 그 결함에 해당한다. 지금 이 자리에서 우리가 구분해 내고 연구하고자 하는 언어는 사랑이 깃든 인식이다.[120] 지성이 자기를 인식하고 사랑할 때는 지성의 언어가 사랑을 가지고 지성에 결합한다. 또 [지성이] 인식을 사랑하고 사랑을 인식하는 까닭에 언어 또한 사랑 속에 존재하고 사랑 또한 언어 속에 존재하며 그 [인식과 사랑] 둘은 사랑하고 발언하는 주체 속에 존재한다.[121]

지성의 인식은 지성의 모상이자 언어다

10.16. 그런데 형상形象에 입각한 모든 인식은 인식되는 사물과 유사하다.[122] 결핍에 입각한 다른 인식도 존재하는데 결핍은 우리가 무슨 사물을 배척할 때 언급하는 것이다. 그렇지만 결핍에 대한 이 배척은 곧 형상을 칭송하는 행위이기도 하며, 따라서 [지성에 의해서] 수긍받는 행위이기도 하다.

---

[122] omnis secundum speciem notitia similis est ei rei quam novit: 긍정 판단은 인식 대상의 아름다움(species)에서 비롯한 주체의 호의(사랑)에서 발동하여 인식 주체가 인식 대상과 동화(同化)하게 만들므로, 인식은 대상과 유사할 수밖에 없다.

XI. Habet ergo animus nonnullam speciei notae similitudinem siue cum ea placet siue cum eius priuatio displicet. Quocirca in quantum deum nouimus similes sumus, sed non ad aequalitatem similes quia nec tantum eum nouimus quantum ipse se. Et quemadmodum cum per sensum corporis discimus corpora fit aliqua eorum similitudo in animo nostro quae phantasia memoriae est (non enim omnino ipsa corpora in animo sunt cum ea cogitamus sed eorum similitudines, itaque cum eas pro illis approbamus erramus; error est namque pro alio alterius approbatio; melior est tamen imaginatio corporis in animo quam illa species corporis in quantum haec in meliore natura est, id est in substantia uitali sicuti est animus), ita cum deum nouimus, quamuis meliores efficiamur quam eramus antequam nossemus maximeque cum eadem notitia etiam placita digneque amata uerbum est fitque aliqua dei similitudo illa notitia, tamen inferior est quia in inferiore natura est; creatura quippe animus, creator autem deus. Ex quo colligitur quia cum se mens ipsa nouit atque approbat sic est eadem notitia uerbum eius ut ei sit par omnino et aequale atque identidem quia neque inferioris essentiae notitia est sicut corporis neque superioris sicut dei. Et cum habeat notitia similitudi-

---

[123] error est pro alio alterius approbatio: 단순 파악은 감각의 전달에서 그치므로 오류는 판단(approbatio)에서, "허위를 진리로 판단하는"(error mihi videtur esse falsi pro vero approbatio: *Contra Academicos* 1.11) 데서 유래한다.

[124] melior imaginatio corporis in animo quam illa species corporis: 물체가 갖추고 있는 형상보다는, 우리 정신에 각인된 표상이 존재론적으로 상위라는 주장은 "우리가 하느님을 인식할 때 우리가 인식하기 전에 존재하던 것보다 더 훌륭한 존재가 된다"는 문장에 비추어 이해되어야 한다.

11.16. 그러므로 정신은, 어느 형상이 마음에 드는 경우든 그 형상의 결핍이 마음에 들지 않는 경우든, 인식된 형상에 대해서 일종의 유사상類似像을 갖추게 된다. 그래서 하느님을 인식하는 한 우리는 하느님과 유사하다. 그러나 [하느님과] 동등할 정도로 유사하지는 못하니, 하느님이 당신을 아시는 만큼 우리가 하느님을 아는 것은 아니기 때문이다. 그리고 우리가 신체의 감관을 통해 물체를 논하는 한, 그것들에 대한 모종의 유사상이 우리 정신 속에 생기니 기억에 있는 표상이 그것이다[우리가 물체를 생각한다고 해서 물체 자체가 우리 영혼 속에 존재하는 것은 아니고 그것들의 유사상이 존재할 따름이다. 그래서 이 유사성을 물체 자체라고 여긴다면 우리는 오류에 빠지게 된다. 무릇 오류란 어떤 것을 딴것으로 여김이다.[123] 하지만 물체의 모상이 정신 속에 존재한다는 점에서, 물체의 형상(形象) 자체보다 훌륭하다.[124] 그 이유는 저 모상이 더 훌륭한 자연 사물 속에, 곧 정신처럼, 살아 있는 실체 속에 존재하기 때문이다]. 우리가 하느님을 인식할 때 인식하기 전에 존재하던 것보다 우리가 더 훌륭해짐은 사실이다.[125] 더구나 바로 그 인식이 [정신에] 흡족하고 온당하게 사랑을 받음으로써 그 인식 자체가 [정신의] 언어이고 하느님의 유사상이 될 경우에 특히 그렇다. 다만 그렇더라도 그 유사상이 [인식 대상인 하느님보다는] 못한 것이니 [정신 속에 생겨난 하느님의 유사상은 하느님보다] 못한 자연 사물 속에 존재하는 까닭이다. 정신은 피조물이고 하느님은 창조주이기 때문이다. 그래서 이런 결론이 나온다. 지성이 자체를 인식하고 수긍할 경우에 바로 그 인식이 그의 언어이며, 그러면서 이 언어는 [지성과] 전적으로 상응하고 동등하며 나아가서는 똑같다.[126] 그 인식이 물체에 대한 인식처럼 더 못한 존재에 대한 인식도 아니고 하느님에 대한 인식처럼 더 훌륭한 존재에 대한 인식도 아니기 때문이다. 인식이 인식되는 사물에 대한 모종의 유사상을 간직한다

---

[125] meliores efficiamur: 아우구스티누스는 인식을 지성의 우유적 작용으로 보지 않고 지성의 존재론적 사건(effici)으로 간주하고 있다.

[126] sic est eadem notitia verbum eius ut ei sit par omnino et aequale atque identidem: 세 어휘(par, aequale, identidem)는 인식 대상이 인식 주체와 전적으로 동등하다는 중언법이다.

nem ad eam rem quam nouit, hoc est cuius notitia est, haec habet perfectam et aequalem qua mens ipsa quae nouit est nota. Ideoque et imago et uerbum est quia de illa exprimitur cum cognoscendo eidem coaequatur, et est gignenti aequale quod genitum est.

XII 17. Quid ergo? Amor non erit imago, non uerbum, non genitus? Cur enim mens notitiam suam gignit cum se nouit, et amorem suum non gignit cum se amat? Nam si propterea est notionis suae causa quia noscibilis est, amoris etiam sui causa est quia est amabilis. Cur itaque non utrumque genuerit difficile est dicere. Haec enim quaestio etiam de ipsa summa trinitate, omnipotentissimo creatore deo, *ad* cuius *imaginem homo factus est* solet mouere homines quos ueritas dei per humanam locutionem inuitat ad fidem, cur non spiritus quoque sanctus a patre deo genitus uel creditur uel intellegitur, ut filius etiam ipse dicatur.

Quod nunc in mente humana utcumque uestigare conamur ut ex inferiore imagine in qua nobis familiarius natura ipsa nostra quasi interrogata respondet exercitatiorem mentis aciem ab inluminata creatura ad lumen incommutabile dirigamus; si tamen ueritas ipsa persuaserit, sicut *dei uerbum* filium esse nullus christianus dubitat, ita

---

¹²⁷ 모상은 그 원형에서 표출(expressum)된다. 유사성만 가지고 말한다면 아버지가 아들의 모상이고 본 얼굴이 거울에 비친 영상의 모상이라는 말마저 나올 수 있다(*De diversis quaestionibus 83*, 74).

¹²⁸ '성령은 성부께로부터 출생하는 것이 아니고 발(發)한다'는 명제(이 책 15.27.50 참조)를 다뤄야 하는 교부로서는 인식과는 달리 사랑은 지성으로부터 출생한다고 언표할 수 없는 이유를 이하에 논한다(12.17-18).

¹²⁹ 창세 9,6. 『성경』: "하느님께서 당신 모습으로 사람을 만드셨다."

면, 다시 말해서 인식 대상인 그 사물의 유사상을 지닌다면, 인식하는 지성을 자기에게 알려지게 만드는 그 인식은 완전하고 동등한 [유사성을] 갖추어야 한다. 그러므로 [그 인식은 지성의] 모상이기도 하고 언어이기도 하니 [인식은] 지성으로부터 표출되는 까닭이다.[127] 모름지기 언어가 지성과 동등해지는 것은 지성이 자기를 인식하는 행위에서이며, 출생한 [언어가] 산출하는 [지성과] 동등해지는 곳도 그곳이다.

왜 지성이 자체를 사랑할 때 곧 자체의 사랑을 출산하지 않는 것일까[128]

12.17. 그러면 사랑이란 무엇인가? 사랑이 곧 모상이 아니고 언어가 아니고 출생한 [대상]이 아닐까? 지성이 자기를 인식할 때는 자기 인식을 낳으면서 지성이 자체를 사랑할 때는 왜 자기 사랑을 낳는 것이 아닐까? [지성이] 자기 인식의 원인이 되는 이유가 [지성이] 가지적이기 때문이라면 [지성이] 자기 사랑의 원인이 되는 이치는 [지성이] 사랑스럽기 때문에 [이런 물음이 제기된다]. 그러니 [지성이 인식과 사랑] 양자를 낳는 것이 아니라고 말하기 힘들다. 똑같은 이 질문이 지존하신 삼위일체, 지극히 전능하신 창조주 하느님께도 해당한다. 그분의 "모상대로 사람이 만들어졌기" 때문이다.[129] 하느님의 진리는 인간 어법을 통해서 사람들을 신앙으로 초대하기 마련이므로, 이런 질문이 사람들을 동요시키게 마련이다. [그러므로] 성자는 [성부께로부터 태어난다고] 말하면서 성령은 성부 하느님께로부터 태어난다고 믿거나 그렇게 알아듣지 않는 이유가 무엇일까 [라는 질문이 나온다].

지금 우리가 어떻게 해서든지 인간 지성에서 탐구해 내려는 바가 이것이다. 우리는 [인간에게 있는] 미천한 모상에서부터 시작하여 지성의 정곡을 더욱 훈련시켜서 [그 지성을] 조명받는 피조물에서부터 불변의 광체光體로 향하게 만들자. 우리 자연 본성은 질문을 받을 때 [우리에게 있는 미천한 모상으로부터] 더 친숙한 답변을 우리에게 내놓는다.[130]▶ 그러려면 성자가 '하느님의 말씀'임을 그리스도인이라면 아무도 의심하지 않듯이,[131]▶ 성

caritatem esse spiritum sanctum. Ergo ad illam imaginem quae
creatura est, hoc est ad rationalem mentem diligentius de hac re in-
terrogandam considerandamque redeamus ubi temporaliter exsistens
nonnullarum rerum notitia quae ante non erat, et aliquarum rerum
amor quae antea non amabantur, distinctius nobis aperit quid dica-
mus quia et ipsi locutioni temporaliter dirigendae facilior est ad ex-
plicandum res quae in ordine temporum comprehenditur.

18. Primo itaque manifestum sit posse fieri ut sit aliquid scibile, id
est quod sciri possit, et tamen nesciatur; illud autem fieri non posse
ut sciatur quod scibile non fuerit. Vnde liquido tenendum est quod
omnis res quamcumque cognoscimus congenerat in nobis notitiam
sui; ab utroque enim notitia paritur, a cognoscente et cognito. Itaque
mens cum se ipsa cognoscit sola parens est notitiae suae; et cogni-
tum enim et cognitor ipsa est. Erat autem sibi ipsa noscibilis et ante-
quam se nosset, sed notitia sui non erat in ea cum se ipsa non noue-
rat. Quod ergo cognoscit se parem sibi notitiam sui gignit quia non

---

◀130 이 책 후반부는, 하느님의 모상인 인간 정신의 구조는 창조주 하느님의 삼위일체 구조
를 반영한다는 원칙에 따라 구성되어 있다. '인식'(언어, 말씀)과 '사랑'이 '지성'과 가지는 관
계는 삼위일체를 알아듣는 첩경이다.

◀131 참조: 집회 1,5; 요한 1,1-4; 1테살 2,13; 묵시 19,13.

132 sicut dei verbum filium esse ⋯ ita caritatem esse spiritum sanctum: '하느님의 말씀이
성자이고 사랑이 성령이라는 점을 깨우쳐 주어야 한다'로 옮길 수 있으며 '언어'와 '사랑'의 특
징에서 성자와 성령이 성부와 가지는 시원의 문제를 푸는 단초를 제공한다.

133 rationalis mens: 이성혼(anima rationalis, animus).

134 temporaliter: '일시적으로, 일시적으로'라는 뜻이지만 뒤에 나오는 '시간의 차원에서'(in
ordine temporum)라는 표현에 따라 이렇게 번역했다.

령이 곧 사랑임을 진리 자체가 우리에게 깨우쳐 주어야 한다.[132] 그다음 이 문제를 두고 [하느님의] 피조물인 저 모상, 다시 말해서 합리적 지성[133]을 더욱 철저하게 탐구하고 고찰하는 방향으로 돌아가기로 하자. [인간 지성을 관찰하면] 어떤 사물들에 대한 인식이 전에는 존재하지 않았다가 시간에 의거하여[134] 존재하는가 하면, 전에는 사랑한 적이 없던 어떤 사물들에 대한 사랑이 시간에 의거하여 존재하게 됨을 [경험하는데, 이런 인식과 사랑은] 우리가 무엇부터 논해야 할지 더 분명하게 열어 준다. 언어 자체가 시간에 의거해서 전개되어야 하므로 시간의 차원에서 파악되는 사물을 설명하자면 이것이 더 무난한 까닭이다.

문제의 해결: 지성과 그 인식 및 셋째인 사랑이 삼위의 모상

12.18. 먼저 밝혀야 할 점은 어떤 것이 가지적可知的이면서도, 다시 말해서 알려질 수 있으면서도 모르는 채 남아 있을 수 있다는 것이다. 단 가지적이 아닌 것이 알려지는 일은 아예 있을 수 없다. 그러므로 무엇이든 우리가 인식하는 모든 사물은 [지성과 더불어] 우리 안에서 자체에 대한 인식을 '함께 출산함'[135]이 분명하다고 보아야 한다. 그러니까 인식은 양자兩者로부터, 즉 인식 주체와 인식 대상 양자로부터 출생한다. 지성이 자기를 인식할 때는 혼자서 자기 인식의 모체母體가 된다. 따라서 인식 대상과 인식 주체가 같다. 지성이 자기를 인식하기 전에 지성은 자기에게 [알려질 수 있는] 가지적 존재였다. 그렇지만 지성이 자기를 알게 되기 전에는 자기에 대한 인식이 아직 지성 안에 존재하지 않았다. 따라서 자기를 안다는 것은 자기와 동등한 자기 인식을[136] 출산하는 일이다. [자기와 동등한 인식

---

[135] congenerat: '한 배로 낳다', '배가 같다'. 인식 대상은 인식 주체와 '함께' 인식을 발생시킨다.

[136] parem sibi notitiam sui: 지성의 자기 인식의 경우에는 '자기에 대한 인식'(notitia sui)과 '자기의 인식'(notitia sua)이 같다.

minus se nouit quam est nec alterius essentiae est notitia eius non solum quia ipsa nouit, sed etiam quia se ipsam sicut supra diximus.

Quid igitur de amore dicendum est cur non etiam cum se amat ipsum quoque amorem sui genuisse uideatur? Erat enim amabilis sibi et antequam se amaret quia poterat se amare, sicut erat sibi noscibilis et antequam se nosset quia se poterat nosse. Nam si non sibi esset noscibilis, numquam se nosse potuisset; ita si non sibi esset amabilis, numquam se amare potuisset. Cur itaque amando se non genuisse dicatur amorem suum sicut cognoscendo se genuit notitiam suam? An eo quidem manifeste ostenditur hoc amoris esse principium unde procedit? Ab ipsa quippe mente procedit quae sibi est amabilis antequam se amet, atque ita principium est amoris sui quo se amat. Sed ideo non recte dicitur genitus ab ea sicut notitia sui qua se nouit quia notitia iam inuentum est quod partum uel repertum dicitur, quod saepe praecedit inquisitio eo fine quietura. Nam inquisitio est appetitus inueniendi, quod idem ualet si dicas reperiendi. Quae autem reperiuntur quasi pariuntur, unde proli similia

---

[137] amoris esse principium unde procedit: 곧이어 나오는 principium amoris sui quo se amat라는 문구와 더불어 지성을 '사랑의 원리(시원)'로 규정하고서도 모든 설명을 의문문으로 제기하여 간접적으로 독자의 동의를 구하고 있다.

[138] partum vel repertum: 앞의 각주 107에서 밝힌 대로 두 분사 모두 어원상으로는 동사 pario(낳다, 출산하다)에서 유래한다.

[139] notitia iam inventum(in-venio: 안으로 들어가다) est, quod saepe praecedit inquisitio(in-quaero: 안에서 찾다) eo fine quietura: 어휘의 고의적 선정으로 지성 '안에서'(in) 이루어지는 작용임을 부각시킨다.

[140] '알아보려는' 욕구(appetitus in-veniendi), '재발견하려는' 욕구(appetitus re-periendi), '재발견되는 것은 흡사 출생하는 것'(quae autem re-periuntur[다시 태어나다], quasi pariuntur[태어나다]) 등에서 구사되는 어휘를 통해서 의지도 지성의 '자식과 비슷하다'는 결론에 이른다.

이라고 부르는 이유는] 자기를 알되 자기가 존재하는 것보다 덜 아는 것이 아니고 지성의 인식이 다른 존재에 대한 인식도 아니기 때문이다. 그 까닭은 지성 자체가 알기 때문만이 아니고, 앞에서 말한 대로, 지성이 자기 자체를 아는 [인식이기 때문이다].

　그러면 사랑에 관해서는 무엇이라고 해야 할까? [지성이] 자기를 사랑할 때는 왜 자기에 대한 사랑을 낳은 것처럼 보이지 않는 것일까? [지성이] 자기를 사랑하기 전에도 [지성은] 자기에게 사랑받을 만한 존재였다. 그래서 자기를 사랑할 수 있었다. 지성이 자기를 인식하기 전에도 지성은 자기에게 가지적인 존재였고, 그래서 지성이 자기를 인식할 수 있었다. 만약 [지성이] 자기에게 알려질 수 없는 존재였다면 결코 자기를 인식하지 못했을 것이다. 마찬가지로 [지성이] 자기에게 사랑받을 만한 존재가 아니었다면 지성이 결코 자기를 사랑할 수 없었을 것이다. 그럼 지성이 자기를 인식함으로써 자기에 대한 인식을 낳는다고 하듯이, 지성이 자기를 사랑함으로써 자기 사랑을 낳는다는 말은 왜 하지 않을까? 지성은 사랑의 원리, 거기서 사랑이 발출發出하는 원리[137]임이 뚜렷하게 드러나지 않는다는 말인가? 그러니까 사랑은 지성으로부터 발출하고, 지성은 자기를 사랑하기 전에도 자기에게 사랑받을 만한 존재이며, 그래서 지성이 자기 사랑의 원리, 그것으로 [지성이] 자기를 사랑하는 그 사랑의 원리임이 뚜렷하지 않다는 말인가? 그래서 지성이 자기를 인식하는 인식과는 달리, 사랑은 지성으로부터 출생한 자라고 말하는 것은 옳지 않다는 말인가? 그런데 [사랑은 지성으로부터 출생한 자라고 말하는 것은 옳지 않다는] 말을 하는 이유는 [지성에 의해서] 발견되었다거나 재발견되었다는[138] 대상은 이미 인식에 의해서 알아보는 것이고, [알아보기 전에는] 대개 알아내려는 노력이라는 것이 선행하며 그 결말에 가서 [인식을 얻음으로써] 안식이 오기 때문이 아닐까?[139] 무릇 알아내려는 노력은 알아보려는 욕구이고, 그것은 말하자면 재발견하려는 욕구와 동일하다. 재발견되는 것은 흡사 출생하는 것과 마찬가지이다. 그래서 자식과 비슷하다.[140] 이 일이 일어나는 곳이 바로 인

sunt. Vbi nisi in ipsa notitia? Ibi enim quasi expressa formantur. Nam etsi iam erant res quas quaerendo inuenimus, notitia tamen ipsa non erat quam sicut prolem nascentem deputamus. Porro appetitus ille qui est in quaerendo procedit a quaerente et pendet quodam modo, neque requiescit fine quo intenditur nisi id quod quaeritur inuentum quaerenti copuletur. Qui appetitus, id est inquisitio, quamuis amor esse non uideatur quo id quod notum est amatur (hoc enim adhuc ut cognoscatur agitur), tamen ex eodem genere quiddam est. Nam uoluntas iam dici potest quia omnis qui quaerit inuenire uult, et si id quaeritur quod ad notitiam pertineat, omnis qui quaerit nosse uult. Quod si ardenter atque instanter uult, studere dicitur, quod maxime in assequendis atque adipiscendis quibusque doctrinis dici solet. Partum ergo mentis antecedit appetitus quidam quo id quod nosse uolumus quaerendo et inueniendo nascitur proles ipsa notitia, ac per hoc appetitus ille quo concipitur pariturque notitia partus et proles recte dici non potest. Idemque appetitus quo inhiatur rei cognoscendae fit amor cognitae dum tenet atque amplectitur placitam prolem, id est notitiam gignentique coniungit. Et est quaedam imago trinitatis, ipsa mens et notitia eius, quod est proles eius ac de se ipsa uer-

---

141 ibi enim quasi expressa formantur: ex-premo('밖으로 밀어내다') 역시 출산을 함의한다. 앞의 각주 127 참조.

142 appetitus ille qui … procedit a quaerente et pendet quodam modo: 욕구[사랑(성령)]는 탐구 주체[지성(성부)]에 발출과 시원을 둔다.

143 adhuc ut cognoscatur agitur: 지성이 지성 자체에 인식되려고 노력한다는 것은 지성이 지성 자체에 사랑받고 있다는 표지다. 따라서 이 사랑은 논리적으로 인식보다 선행하고 인식과 구분된다.

144 한 가지 대상물이 아니라 인식의 지평 전체를 채우려는 욕구를 암시한다.

식 아닌 어디겠는가? 여기서는 무엇이 표출되면서 형상을 얻는다.[141] 우리가 탐구하여 찾아내는 사물들은 이미 존재하고 있었음에도, 인식 자체는 아직 존재하지 않았으므로 우리는 인식을 마치 출생하는 자식처럼 여기는 것이다. 그런데 탐구하는 행위에 존재하는 저 욕구는 탐구하는 주체에게서 발출하고 어느 면에서 탐구하는 주체에게 의존한다.[142] 또 탐구하는 대상이 발견되고 발견된 그것이 탐구하는 주체에게 결합하기까지는 그 지향하는 종점에 이르러 안식을 얻지 못한다. 그리고 이 욕구, 다시 말해 탐구가 곧바로 사랑처럼 보이지는 않지만, 인식 대상이 사랑받고 있다는 점에서 — 그 대상이 아직 더 인식되려고 작용하고 있다는 점에서[143] —, 어찌 보면 사랑과 같은 종류라고 하겠다. 탐구하는 자는 모두 [탐구 대상을] 발견하기를 '원하고 있으니' 이미 '의지'라고 말할 수 있다. 그리고 인식에 해당하는 바를 탐구한다면[144] 탐구하는 자는 모두 인식하기를 '원하고 있다'. 그것을 열렬하고 끈기 있게 탐구한다면 '공부한다'고 말하는데 이 말은 예사로 무슨 학문이든 각별히 추구하고 성취하는 [노력을] 지칭한다.[145] 그러므로 모종의 욕구가 지성의 산출물에 선행하며,[146] 저 욕구에 의해서, 즉 우리가 탐구하고 발견하여 알고 싶은 [노력에 의해서] 마치 자식이 태어나듯이 저 인식이 태어난다. 또 이 점 때문에 인식을 배태하고 출산하는 욕구 자체를 해산 혹은 자식이라고 부를 수는 없다. 바로 이 욕구, 인식하고 싶은 사물을 동경하는 욕구는, 그것을 일단 알고 나면 알려진 사물에 대한 사랑이 되고, 사랑스러운 자식을 안듯이 인식을 포용하고 간수하며, 나아가 인식을 출산하는 주체에 그 인식을 결합시킨다. 그래서 여기에는 삼위일체의 어떤 모상이 존재한다. 지성 자체, 지성의 인식 — 어떻게 보면 지성의 자식이고 지성 자체로부터 나온 지성의 언어다 —, 제삼자인 사랑,

---

[145] studere: 원래 '힘쓰다, 몰두하다'라는 의미인데, 아는 데 힘쓴다는 뜻에서 로마인들도 학문적 의미의 '공부하다'로 알아들었다.

[146] partum mentis antecedit appetitus: 욕구(사랑)가 지성의 산출물(인식, 말)에 선행하므로 똑같이 지성에서 '출생한 것'(genitum)이라고 표현하지 못한다.

bum eius, et amor tertius, *et haec tria unum* atque una substantia. Nec minor proles dum tantam se nouit mens quanta est, nec minor amor dum tantum se diligit quantum nouit et quanta est.

---

[147] et haec tria unum: 1요한 5,7-8("이 셋은 일치합니다")에 삽입되는 소위 '요한 소절' (comma iohannea)은 "아버지와 말씀과 성령 이렇게 셋은 하나입니다"라고 가필했다.

[148] mens et notia (verbum eius) et amor tertius, et haec tria unum atque una substantia: 9권 후반부의 결론에 해당하는 명제다.

"이 셋은 하나이고"[147] 단일한 실체다.[148] 지성이 자기를 있는 그대로 인식하는 이상 [인식이라는] 자식이 [지성보다] 더 작을 리 없다. 또 [지성이] 아는 만큼 자기를 사랑하고 있는 그대로 자기를 사랑하는 이상 사랑이 [지성보다] 작을 리 없다.[149]

---

[149] 따라서 이 셋은 동등하다.

I 1. Nunc ad ea ipsa consequenter enodatius explicanda limatior accedat intentio. Ac primum quia rem prorsus ignotam amare omnino nullus potest, diligenter intuendum est cuiusmodi sit amor studentium, id est non iam scientium sed adhuc scire cupientium quamque doctrinam. Et in his quippe rebus in quibus non usitate dicitur studium solent exsistere amores ex auditu dum cuiusque pulchritudinis fama ad uidendum ac fruendum animus accenditur quia generaliter nouit corporum pulchritudines ex eo quod plurimas uidit, et inest intrinsecus unde approbetur cui forinsecus inhiatur. Quod cum fit non rei penitus incognitae amor excitatur cuius genus ita notum est. Cum autem uirum bonum amamus cuius faciem non uidimus, ex notitia uirtutum amamus quas nouimus in ipsa ueritate.

Ad doctrinas autem cognoscendas plerumque nos laudantium atque praedicantium accendit auctoritas, et tamen nisi breuiter impressam cuiusque doctrinae haberemus in animo notionem, nullo ad

---

[1] 어느 사본(I)에는 다음과 같은 서문이 첨가되어 있다: "이 10권에서는 지성에서 그 삼위일체, 곧 기억과 오성과 의지의 삼위일체가 명료하게 발견된다는 점을 더욱 철저하고 치밀하게 논구할 것이다. 다만 지성이 자기를 기억하고 자기를 이해하고 자기를 사랑하지 않는다면 그런 삼위일체를 결코 이룰 수 없다. 지성이 자기를 사유할 때 지성이 사유하는 물리적 사물로부터 자기를 구분하는 일이 여의치 않으므로, 감각적 물체에서도 삼위일체가 구분되느냐는 문제도 다루어진다."

[2] rem ignotam amare omnino nullus potest: 알고자 욕구한다는 사실과 알아야 욕구(사랑)한다는 사실을 어떻게 공존시키느냐가 제10권의 주제다.

제10권 _ 기억, 오성, 의지

탐구하는 영혼의 사랑이 곧 인식된 사물의 사랑은 아니다

1.1. 이제[1] 이런 문제들을 보다 깔끔하게 설명하는 뜻에서 더욱 세련된 주의를 기울여야겠다. 우선, 알지 못하는 사물은 아무도 사랑하지 못한다.[2] 그런데 벌써 아는 것은 아니면서도 무슨 학문인가를 알고 싶어서 공부하는 사람들이 있다면 이 사람들의 사랑이 어떤 종류의 사랑인지 주의 깊게 살펴봐야 한다. 통상적으로 굳이 '공부'라고 부를 만하지 못한 사물들에 관해서도 [그것에 관해서] 들어서 생기는 사랑이 존재하게 마련이고, 누군가의 미모에 대한 소문이 있어서 정신이 그것을 보고 싶고 향유하고 싶어 안달하는 경우가 있다. 또 정신이 물체의 미美에 대해 일반적으로 알고 있을 뿐더러 여러 가지 미를 목격한 바 있는데, 그것을 [아름답다고] 수긍하는 어떤 것이 내부에 자리 잡고 있어 그것에 준해서 외부로 그 대상을 동경하기에 이른다. 그런 일이 일어나는 이상, 사랑이 솟아난다면 전혀 모르지는 않는 사물에 대한 사랑이고, 적어도 그 사물의 종류는 알려져 있다는 것이다.[3] 어떤 사람의 얼굴을 보지 못했으면서도 선한 사람이라고 우리가 사랑한다면 [그 사람의] 덕성에 대한 인식에 의해서 그를 사랑하는 것이고, [무엇이 덕성인지는] 우리가 진리 자체에 입각해서 안다.

그리고 우리가 알고 싶은 학문에 관해서라면, 대개는 그것을 칭송하고 강연하는 사람들의 권위가 우리 마음에 불을 댕겨 주게 마련이다. 하지만 간단하게라도 정신에 각인된 어떤 개념을[4]▶ 우리가 가지고 있지 않다면 우

---

[3] cuius genus ita notum est: 대상에 대한 구체적 인식은 아니더라도 일반적 인식(generaliter novit), 혹은 선인식(先認識)이 있어야 그것을 추구하는 욕구(사랑)가 유발된다는 이론이다. 즉, 그 대상을 전혀 모르고 있지는 않다(non rei penitus incognitae amor).

eam discendam studio flagraremus. Quis enim sciendae uerbi gratia rhetoricae ullam curam et operam impenderet nisi ante sciret eam dicendi esse scientiam? Aliquando etiam ipsarum doctrinarum fines auditos expertosue miramur et ex hoc inardescimus facultatem comparare discendo qua ad eos peruenire possimus, tamquam si litteras nescienti dicatur quandam esse doctrinam qua quisque ualeat quamuis longe absenti uerba mittere manu facta in silentio quae rursus ille cui mittuntur non auribus, sed oculis colligat idque fieri uideat. Nonne dum concupiscit nosse quo id possit omni studio circa illum finem mouetur quem iam notum tenet? Sic accenduntur studia discentium. Nam quod quisque prorsus ignorat amare nullo pacto potest.

2. Ita etiam signum si quis audiat incognitum ueluti uerbi alicuius sonum quo quid significetur ignorat, cupit scire quidnam sit, id est sonus ille cui rei commemorandae institutus sit, ueluti audiat cum dicitur 'temetum,' et ignorans quid sit requirat. Iam itaque oportet ut nouerit signum esse, id est non esse inanem illam uocem sed aliquid ea significari; alioquin iam notum est hoc trisyllabum, et articulatam speciem suam impressit animo per sensum aurium. Quid amplius in eo requiratur quo magis innotescat cuius omnes litterae omniaque

---

⁴ breviter impressa notio: 이 책 8.3.4의 각주 34 참조["선 자체의 개념이 우리에게 각인되어 있기(eeset nobis impressa notio ipsius boni) 때문이 아니라면 우리가 이것을 제대로 판단하지 못할 것이다"].

⁵ quod quisque prorsus ignorat amare nullo modo potest: 고전 인식론 명제다.

⁶ signum incognitum: 음성(verbi alicuius sonum)은 통용되는 의미(cui rei commemorandae)를 담기 전에는 한낱 '기호'일 따름이다.

⁷ '(물을 타지 않은) 순포도주', '독한 술'. 잘 쓰이지 않는 단어다.

리가 그 학문을 배우려는 열성에 타오를 리 없다. 예를 들어 수사학修辭學
이 화술話術에 관한 학문이라는 사실이나마 미리 알지 못하는 한, 과연 누
가 수사학에 조금이나마 흥미나 노력을 기울이겠는가? 때로는 저 학문들
의 성과에 관해서 듣거나 경험하고서는 스스로 감탄하기도 하고, 우리도
배워서 그러한 성과를 낼 만한 역량을 획득하겠다는 마음에 불타오르기도
한다. 문자를 모르는 사람에게, 어떤 학문이 있는데 [그 학문을 얻으면] 아
무리 멀리 떨어져 있는 사람에게라도 말을 보낼 능력이 생긴다고, 입을 다
문 채 손으로 만든 말을 보낼 수 있다고, 그래서 그 말을 전해 받는 사람은
귀가 아니라 눈으로 말을 알아듣게 된다고 말해 준다고 하자. 더욱이 그런
일이 어떻게 일어날 수 있는지 실제로 보여 준다고 하자. 그러면 그는 [문
맹으로서] 어떻게 하면 그런 일을 해낼 수 있을지 알아내려고 욕심 부리지
않겠으며, 온갖 공부를 다 하여 그 목표(그 목표에 대해서는 자기가 이미 알고 있노
라고 자부한다)를 향하지 않겠는가? 배우는 사람들의 공부는 이렇게 해서 불
붙는다. 누구든 전혀 모르는 바는 전혀 사랑할 수 없는 까닭이다.[5]

기호

   1.2. 그와 마찬가지로 누가 모르는 신호를 듣는다면, 예를 들어 어떤 말
소리가 들리기는 들리는데 무슨 뜻인지 모른다면 그것이 무엇인지 알아내
고 싶어 한다. 다시 말해서 그 소리가 어떤 사물을 상기시키기 위해 고안
되었는지 알아내고 싶어 한다.[6] 그러니까 누가 temetum[7]이라는 소리를 들
었다고 하자. 그게 무엇인지 모른다면 [그 뜻이 무엇인지] 물어야 할 것이
다. 그렇더라도 적어도 그것이 어떤 기호라는 것은 알아야 하고, 헛소리가
아니요 그 소리로 무엇인가 의미하고 있다는 생각은 해야 한다. 그렇지 않
고 이 세 음절이 [듣는 사람에게] 벌써 익숙하게 들리고, [그 낱말이] 귀의
감관을 통해서 정신에 테두리가 분명한 어떤 형태를 새겨 넣었을 수도 있
다.[8]▶ 그럴 경우 그 [단어의] 철자綴字 전부와 음정의 장단 전부가 알려져

soni spatia nota sunt nisi quia simul innotuit signum esse mouitque sciendi cupiditatem cuius rei signum sit? Quo igitur amplius notum est sed non plene notum est, eo cupit animus de illo nosse quod reliquum est; si enim tantummodo esse istam uocem nosset eamque alicuius rei signum esse non nosset, nihil iam quaereret sensibili re quantum poterat sentiendo percepta. Quia uero non solum esse uocem sed et signum esse iam nouit, perfecte id nosse uult; neque ullum perfecte signum noscitur nisi cuius rei signum sit cognoscatur. Hoc ergo qui ardenti cura quaerit ut nouerit studioque accensus insistit, num potest dici esse sine amore? Quid igitur amat? Certe enim amari aliquid nisi notum non potest. Neque enim ille istas tres syllabas amat quas iam notas habet (quod si iam hoc in eis amat quia scit eas significare aliquid, non inde nunc agitur; non enim hoc nosse quaerit). Sed in eo quod scire studet quid amet inquirimus, quod profecto nondum nouit, et propterea miramur cur amet quoniam firmissime nouimus amari nisi nota non posse.

Quid ergo amat nisi quia nouit atque intuetur in rationibus rerum quae sit pulchritudo doctrinae qua continentur notitiae signorum omnium; et quae sit utilitas in ea peritia qua inter se humana societas

---

⁸ 모든 지각과 인식은 '분명한 테두리 지음'(articulata species)에 해당한다.

⁹ 무의미한 소리와 기호로서의 소리를 구분하면서 기호를 사물과 연결시키려는 '사랑'의 정체를 구명하고 있다.

¹⁰ certe enim amari aliquid nisi notum non potest: 앞에서(각주 5 참조)와 같은 명제다.

¹¹ 언어라는 기호가 다른 사물에 대한 지시체(指示體)임을 인지하고 아울러 그 지시체를 향하여 지성을 추동한다는 사실(욕구, 사랑)에 교부의 관심이 있다.

¹² in rationibus rerum: 지성이 사물로부터 추상한 것('개념')보다는 '지식의 아름다움을 인식하고 직관하게' 만든다는 점에서 '이념'이라고 번역했다.

있는 마당에 그 이상 무엇을 더 알아내겠다고 욕심내는 것일까? 그것이 기호임을 인지하는 순간, 도대체 어떤 사물의 기호인지 알아내고 싶다는 욕심을 불러일으키는 것 아니고 무엇이겠는가? [대상이] 아무리 잘 알려져 있어도 완전히 알려지지 않는 이상, [대상이] 알려지면 더 알려질수록 정신은 그만큼 아직 알려지지 않고 남아 있는 부분을 알고 싶은 욕심이 더 커질 것이다. 그 대신 어떤 소리라는 것은 알았겠지만 어떤 사물의 기호라는 점은 알지 못했다면, 감각적 사물이야 이미 지각한 것만으로도 할 수 있는 데까지 다 지각했을 테니까, 더 이상 아무것도 알아내려고 하지 않을 것이다. 반대로 단지 소리에 그치지 않고 어떤 사물의 기호임을 이미 안다면 완전히 알아내고 싶어 할 것이다.[9] 도대체 어느 사물의 기호인지를 알지 못하는 한 어느 기호를 완전히 알아낸 것이 아니다. 누가 만일 알고 싶어서 뜨거운 열성으로 탐구하고 공부에 미쳐서 성의를 다하고 있다면 그게 과연 사랑 없이 이루어지는 일이라 할 수 있을까? 그럼 도대체 무엇을 사랑하는 것일까? 물론 알려지지 않은 사물이 사랑의 대상이 되는 일은 불가능하다.[10] 저 사람도 자기에게 이미 지각된 [temetum이라는] 세 음절을 사랑하는 것은 아니다(그 음절들이 다른 사물을 의미한다는 사실을 알고 있는 마당에, [그 음절을 두고] 그가 사랑하는 대상은 [그 세 음절이] 다른 것을 의미한다는 사실은 아닐 것이다. 그렇지 않다면 [무엇을 더 알려고] 동요하는 일도 없을 것이다. 그것을 알자고 추구하는 것이 아닌 까닭이다). 사람이 알려고 힘쓰는 가운데 과연 무엇을 사랑하고 있느냐를 우리는 묻고 있다.[11]

우리가 이상하게 여기는 점은 그 대상을 아직 완전히 알지 못하는데 어떻게 그것을 사랑하느냐는 것이다. 알려지지 않은 것이 사랑의 대상이 될 수 없음을 우리는 아주 확고하게 알고 있다. 사람이 사랑하는 것이 과연 무엇일까? 사물들의 이념에서[12] 인식하고 직관하는 그것을 사랑하지 않으면 [도대체 무엇을 사랑하겠는가]? 모든 기호들에 대한 인식이 내포되어 있는 지식의 아름다움이 어떤 것인지, 인간 사회가 지각한 바를 서로서로 소통하는 기술의 유용함이 무엇인지 인식하고 직관하게 하는 그것이 아니

sensa communicat ne sibi hominum coetus deteriores sint quauis solitudine si cogitationes suas conloquendo non misceant? Hanc ergo speciem decoram et utilem cernit anima et nouit et amat, eamque in se perfici studet quantum potest quisquis uocum significantium quaecumque ignorat inquirit; aliud est enim quod eam in ueritatis luce conspicit, aliud quod in sua facultate concupiscit. Conspicit namque in luce ueritatis quam magnum et quam bonum sit omnes omnium gentium linguas intellegere ac loqui nullamque ut alienigenam audire et a nullo ita audiri. Cuius notitiae decus cogitatione iam cernitur amaturque res nota, quae ita conspicitur atque inflammat studia discentium ut circa eam moueantur eique inhient in omni opera quam impendunt consequendae tali facultati ut etiam usu amplectantur quod ratione praenoscunt, atque ita quisque cui facultati spe propinquat ei feruentius amore inardescit. Eis doctrinis quippe studetur uehementius quae capi posse non desperantur. Nam cuius rei adipiscendae spem quisque non gerit, aut tepide amat aut omnino non amat, quamuis quam pulchra sit uideat. Quocirca quia omnium linguarum scientia fere ab omnibus desperatur, suae gentis quisque maxime studet ut nouerit. Quod si et illi ad perfectum percipiendae se non sufficere sentit, nemo tamen tam desidiosus est huius notitiae qui non cum audierit incognitum uerbum uelit nosse quid illud

---

¹³ hanc speciem decoram: 지성이 사물의 이념에서 직관하는 species(형상).

¹⁴ usu amplectantur quod ratione praenoscunt: '이념에 의해서 선파악(先把握, praenoscere)되는 대상이 [지성의] 노력으로 포착된다'는 번역도 가능하다.

겠는가? 사람들이 의사소통을 하면서 자기 생각을 교환하지 않는다면 인간들의 집단이 어떤 고립보다 못한 처지가 되게 마련이니 말이다. 그러므로 영혼은 이런 형상[13]이 아름답고 유익함을 감지하고 인식하고 또 사랑한다. 그리고 하는 데까지 자기 안에서 이 형상이 완성을 보도록 노력한다. 어떤 소리가 뭔가를 의미하기는 하는데 그것을 알아듣지 못할 경우에 사람은 누구나 그 뜻을 모색한다. 진리의 빛 안에서 이 형상을 관조하는 일 다르고, 자기 능력을 가지고 이 형상을 [자기 안에 완성하려는] 의욕을 갖는 일 다르다. 모든 민족들의 온갖 언어를 이해하고 말하는 일이 얼마나 훌륭하고 멋진지, 어느 언어도 [자기에게] 외국어로 들리지 않고 [자기 말을] 어느 누구도 외국어처럼 듣지 않는다는 것은 얼마나 훌륭하고 멋진지를 직감하는 일은 진리의 빛 속에서 이루어진다. 이런 지식이 멋지다는 것은 생각으로 감지되며, 그렇게 인식하고 난 사물은 사랑하게 마련이다. 또 그렇게 감지된 사물은 배우는 사람들의 향학열을 불살라 그 사물을 향해서 움직여 나가게 만들며, [온갖 언어를 말하는] 그런 능력을 획득하는 데 모든 수고를 다하여 그것을 희구하게 만든다. 그렇게 해서 이성으로 파악한 바를 드디어는 실천으로 획득하기에 이른다.[14] 그리고 누구든지 희망을 품고서 [온갖 언어를 말하는] 이 능력에 가까이 다가가면 갈수록 더 큰 사랑으로 불타게 된다. 또 그 지식을 손에 넣지 못하리라고 절망하지 않는 한, 더욱 열성적으로 그 지식을 공부하게 된다. 그 이유는 그 사물을 획득하리라는 희망에 매이지 않는 한 [그 대상이] 제아무리 아름답게 보이더라도 [그 대상을] 미지근하게 사랑하거나 전혀 사랑하지 않게 되는 까닭이다. 따라서 온갖 언어를 [익히는] 지식은 거의 모든 인간이 갖는 기대가 아니므로 사람마다 자기 민족의 [언어를] 익혀 아는 데만 크나큰 수고를 들인다. 자기로서는 [자기 나라 말조차] 완벽하게 습득하는 일이 충분하지 못하다고 느낀다 하더라도, 모르는 단어를 듣고도 그 말이 무엇인지 알고 싶은 마음이 아예 없거나 가능하다면 물어서 배우겠다는 마음도 없을 정도로 [언어를 익히는] 지식에 그토록 게으른 사람은 아무도 없다. 또 무엇

sit et si potest quaerat ac discat. Quod dum quaerit utique in studio discendi est et uidetur amare rem incognitam, quod non ita est. Species namque illa tangit animum quam nouit et cogitat in qua elucet decus consociandorum animorum in uocibus notis audiendis atque reddendis, eaque accendit studio quaerentem quidem quod ignorat, sed notam formam quo id pertineat intuentem et amantem. Itaque si quaerenti uerbi gratia quid sit 'temetum' (hoc enim exempli causa posueram), dicatur: 'Quid ad te pertinet?,' respondebit: 'Ne forte audiam loquentem et non intellegam, aut uspiam forte id legam et quid scriptor senserit nesciam.' Quis tandem huic dicat et: 'Noli intellegere quod audis; noli nosse quod legis'? Omnibus enim fere animis rationalibus in promptu est ad uidendum huius peritiae pulchritudo qua hominum inter se cogitata significantium uocum enuntiatione noscuntur; propter hoc notum decus et ob hoc amatum quia notum studiose quaeritur uerbum illud ignotum. Itaque cum audierit atque cognouerit 'temetum' a ueteribus uinum appellatum sed iam ex usu loquendi quem nunc habemus hoc uocabulum emortuum, propter nonnullos fortasse ueterum libros sibi necessarium deputabit. Si autem et illos superuacaneos habet, forte iam nec dignum quod memoriae commendet existimat quia uidet ad illam spe-

---

¹⁵ dum quaerit ⋯ videtur amare rem incognitam, quod non ita est: 제10권에서 제기된 문제에 대한 잠정적 답변이다.

¹⁶ consociandorum animorum: 아우구스티누스는 인식 주체들이 경험적으로만 결속되어 있지 않고 사물의 형상(이념)을 함께 관조하는 선험적 공동 인식 주체들이라고 주장한다.

¹⁷ decus: '이념'(ratio) 곧 '형상'(species 혹은 forma)은 단어의 형용사 용법(speciosus, formosus: '아름다운', '형태가 고운')으로 미루어 자연스럽게 decus(아름다움, 멋, 훌륭함)로 대체된다.

을 묻고 있는 한, 배우려는 공부를 하는 중이며 따라서 사물을 알지도 못하면서 사랑하고 있는 것처럼 보이는데 사실은 그렇지 않다.[15] 그 까닭은 [사물의] 저 형상形象이 정신을 자극하여 정신이 그것을 인식하고 사유하게 만들기 때문이다. 그리고 [이미] 알고 있는 음성[이라는 기호를] 듣거나 교환하면서 서로 상통하는 정신들의[16] 멋이 저 형상 속에서 빛을 발하고 있다. [아직] 모르는 무엇을 탐구하도록 불붙여 주는 것이 저 멋[17]이다. [아직 모르면서 탐구한다고 하지만] 실은 [정신이 이미] 형상을 인식하여 관조하고 사랑하고 있으며, 그리함으로써 [그 형상을] 관조하고 사랑하는 사람에게 [아직 모르면서 탐구하는 대상을] 결부시키려는 것이다.[18] 그러니 예를 들어 temetum ─ 이것은 이미 예로 들었다 ─ 이 무엇이냐고 묻는 사람에게 "그게 당신하고 무슨 상관이냐?"고 대꾸한다면 이렇게 답변할 것이다. "누가 그런 말을 하는 것을 듣고서도 내가 못 알아들을까 봐서다. 또 혹시라도 글에서 읽고 글쓴이가 무엇을 의미했는지 내가 모를까 봐서다." 누가 감히 그더러 "당신이 들은 바를 이해하려 들지 말라. 당신이 읽은 바를 알아들으려 하지 말라"는 말을 하겠는가? 그리고 이성혼理性魂들이라면[19] 거의 모두가 저 기능이 얼마나 멋있는 것인지 당장 알아본다. 인간들이 자기가 생각해 낸 바를, 유의미한 소리를 발설하여 서로 알리는 저 기능 말이다. 그 멋을 알고 있기 때문에, 그 멋을 알고 사랑하기 때문에, 인간은 알지 못하는 언어를 [들으면 그 뜻을 알아내려고] 열성껏 탐구하는 것이다. 그래서 temetum이라는 단어가 옛사람들이 포도주를 일컫는 말이었고 지금은 이 단어가 우리가 쓰는 어법에서는 사어死語가 되어 버린 사실을 들어서 알게 되더라도, 옛사람들의 몇몇 서책을 [읽기] 위해서라도 [이 단어를] 알 필요가 있다고 여길 것이다. 다만 [그런 책들이] 쓸모없는 책이라고 여기는 경우에는 벌써 기억에 간직할 가치가 없다고 판단할 것이니, 저 형

---

[18] quo id pertineat intuentem et amantem: pertineat이라는 접속법을 목적문으로 번역한다.

[19] animis rationalibus: 인식 주체를 아예 '이성혼'(합리적 지성)으로 일컫는다.

ciem doctrinae quam notam mente intuetur atque amat minime pertinere.

3. Quamobrem omnis amor studentis animi, hoc est uolentis scire quod nescit, non est amor eius rei quam nescit sed eius quam scit propter quam uult scire quod nescit. Aut si tam curiosus est ut non propter aliquam notam causam sed solo amore rapiatur incognita sciendi, discernendus quidem est ab studiosi nomine iste curiosus; sed nec ipse amat incognita, immo congruentius dicitur, 'odit incognita,' quae nulla esse uult dum uult omnia cognita. Sed ne quisquam nobis difficiliorem referat quaestionem asserens tam non posse quemquam odisse quod nescit quam non potest amare quod nescit, non resistimus ueris, sed intellegendum est non hoc idem dici cum dicitur: 'Amat scire incognita,' ac si diceretur: 'Amat incognita'; illud enim fieri potest ut amet quisque scire incognita, ut autem amet incognita non potest. Non enim frustra ibi est positum 'scire' quoniam qui scire amat incognita non ipsa incognita sed ipsum scire amat. Quod nisi haberet cognitum, neque scire se quidquam posset fidenter dicere neque nescire. Non solum enim qui dicit: 'Scio,' et uerum dicit necesse est ut quid sit scire sciat; sed etiam qui dicit: 'Nescio,' idque fidenter et uerum dicit et scit uerum se

---

²⁰ propter quam vult scire quod nescit: 대부분의 번역본이 quam을 rem notam으로 추정하지만 '사물의 알려진 그 측면 때문에'라는 의역도 가능하다.

²¹ scire: nosse([듣고 배워서 이미] '알고 있다', '알았다': 완료형만 쓰이는 동사)와 구분해서 대상을 파악하려는 노력(공부)을 함의하므로 앞 절부터 '알아내다'로 번역했다.

²² scio: 바로 앞의 각주 21에 따르면 '나는 알아내는 중이다'라는 뜻이고, 뒤에 오는 nescio 역시 '나는 알아내지 못하는 중이다'라는 뜻이다.

상, 자기가 인식하여 관조하고 있고 또 그래서 사랑하는 저 형상, 지식의
형상과는 전혀 상관이 없다고 보는 까닭이다.

전혀 알지 못하는 한 아무도 사랑하지 않는다

 1.3. 그러므로 탐구하는 정신, 곧 모르는 바를 알고 싶어 하는 정신의 모
든 사랑은 모르는 사물에 대한 사랑이 아니고 아는 사물에 대한 사랑이다.
알고 있는 사물 때문에 모르는 바를 알고 싶어 하는 사랑이다.[20] 조금이라
도 알고 있다는 이유가 아니고 순전히 미지의 것을 알고 싶은 사랑으로
[움직일 만큼] 호기심 많은 사람이라고 하자. 그런 식으로 호기심 많은 사
람은 공부하는 사람이라는 명목으로부터 구분되어야 한다. 그렇더라도
[호기심 많은 사람] 본인도 미지의 것을 사랑하는 것은 아니며 오히려 "미
지의 것을 미워한다"는 편이 더 일관성 있을지 모른다. 모든 것을 알고 싶
어 하는 한, 미지의 것을 아무것도 남겨 놓고 싶지 않은 법이다. "알지 못
하는 것을 사랑하는 일 못지않게, 모르는 바는 아무도 미워할 수 없는 법
이다"라고 하면서 누군가 우리에게 더욱 곤란한 이의를 제기하지 않았으
면 좋겠다. 그 말이 참임은 부인하지 못하지만 "미지의 것을 알아내는 일
을 사랑한다"는 말과 "미지의 것을 사랑한다"는 말은 같은 이야기가 아님
을 깨달아야 한다. 미지의 것을 알아내기를 사랑하는 일은 있을 수 있지만
미지의 것을 사랑하는 일은 있을 수 없는 까닭이다. [앞 문장에서] '알아내
다'[21]라는 단어가 놓인 것은 무턱대고 한 것이 아니니, 미지의 것을 알아내
는 일을 사랑하는 사람은 미지의 것 자체를 사랑하고 있는 것이 아니라 알
아내는 일 자체를 사랑하고 있기 때문이다. 아는 바를 간직하고 있지 못하
다면 자기가 무엇인가 알아내고 있다는 말도 자신 있게 하지 못하고 무엇
을 모르고 있다는 말도 자신 있게 하지 못할 것이다. "나는 안다"[22]라고 말
하는 사람, 그리고 그런 말을 하면서 참말을 하는 사람만이 알아낸다는 것
이 무엇인지 필히 알고 있는 것은 아니다. "나는 모르고 있다"라고 하면서
자신 있게 또 참말을 하는 사람도 자기가 참말을 하고 있음도 알고 있고,

dicere, scit utique quid sit scire quia et discernit ab sciente nescientem cum ueraciter se intuens dicit: 'Nescio'. Et cum id se scit uerum dicere, unde sciret si quid sit scire nesciret?

II 4. Quilibet igitur studiosus, quilibet curiosus non amat incognita etiam cum ardentissimo appetitu instat scire quod nescit. Aut enim iam genere notum habet quod amat idque nosse expetit etiam in aliqua singula uel in singulis rebus quae illi nondum notae forte laudantur, fingitque animo imaginariam formam qua excitetur in amorem. (Vnde autem fingit nisi ex his quae iam nouerat? Cuius tamen formae animo figuratae atque in cogitatione notissimae si eam quae laudabatur dissimilem inuenerit, fortasse non amabit; quod si amauerit, ex illo amare incipiet ex quo didicit. Paulo ante quippe alia erat quae amabatur quam sibi animus formans exhibere consueuerat. Si autem illi formae similem inuenerit quam fama praedicauerat cui uere possit dicere: 'Iam te amabam,' nec tunc utique amabat incognitam quam in illa similitudine nouerat.) Aut in specie sempiternae rationis uidemus aliquid et ibi amamus, quod cum ex-

---

[23] unde *sciret si quid sit sci*re ne*sci*re: 된소리 sc를 과장되게 병치하여 말장난을 했다.

[24] iam genere notum habet: 앞의 각주 3(cuius genus notum, generaliter novit) 참조.

[25] quod amat idque nosse expetit: nosse는 scire와 달리 '이미 알고 있음'을 전제한다(각주 21 참조).

[26] Mountain 비판본이 괄호로 처리하는 이 부분(아래 '이 경우는' 앞까지)을 Hill의 영어 번역본은 아예 난외로 처리한다.

[27] paulo ante: 앞에서의 외연(外延)상의 선행(先行)(generaliter, genere: 각주 3과 24 참조)을 여기서 '시간적 선행'으로 보충한다.

[28] '괄호 이전에 언급된 내용, 곧 원초적 이념이라고 할 형상과 우리가 상상으로 조작해 낸 형상의 관계로 말하자면.'

알아낸다는 것이 무엇인지도 알고 있다. 자기를 들여다보면서 "나는 모르고 있다"고 하는 사람은 적어도 알고 있는 사람과 모르는 사람을 구분하고 있는 까닭이다. ["나는 모르고 있다"는 말을 하면서] 자기가 참말을 하고 있음을 안다면, 알아낸다는 것이 무엇인지 모를 경우에, [자기 말이 참임을] 어디서 알아내겠는가?[23]

예제

2.4. 그러니까 제아무리 부지런히 공부하는 사람일지라도, 제아무리 호기심 많은 사람일지라도 미지의 것을 사랑하는 것은 아니다. 지독히 큰 욕심을 가지고 모르는 바를 알아내려고 힘쓴다 할지라도 말이다. 그는 이미 대강 앎을 갖고 있어서[24] 그것을 사랑하고 또 자기가 그것을 알고 있었으면 하고 간절히 바란다.[25] 아직 자기에게는 알려져 있지 않으면서 아주 훌륭하다고 여겨지는 그것을 두고 어떤 특정한 점들을 알고 싶어지거나 특정한 사물에서 알아내고 싶어지는 것이다. 그래서 정신으로 상상적 형상을 그려 내고는, 그 형상에 자극받아 사랑에 빠지거나 할 것이다. (하지만[26] 벌써 알고 있는 데서가 아니라면 어디서 상상을 그려 내겠는가? 훌륭하다고 여겨지던 그 형상이, 정신으로 상상해 낸 형상이나 사유에 아주 잘 알려진 형상과 전혀 다르다는 것을 알고 나면 아마 더는 사랑하지 않을 것이다. 아무튼 일단 사랑을 한다면 배워 안 데서 기인하여 사랑하기 시작함에 틀림없다. 그러니까 [구체 사물에 대한 사랑이 생기기] 직전에[27] 그가 사랑하던 다른 무엇이 있었고, 그것은 정신이 형성하여 자기에게 제시하는 것이 예사다. 그 대신 소문이 알려 준 것이 저 형상과 비슷한 것임을 발견한다면 [그 형상을 향해서] 정말로 "나는 너를 진작에 사랑하고 있었다"는 말을 할 만하다. 그렇지만 이 경우에도 전혀 모르는 [형상을] 사랑하고 있었던 것이 아니니, 저 유사상에서 [나름대로 그 형상을] 알고 있었기 때문이다.) 이 경우는[28] [다음 세 가지 중의 하나에 해당하겠는데 우선] 우리가 영원한 이념의 형상 속에서[29] ▶ 무엇인가를 보고 있고, 그것이 시간적 사물의

pressum in aliqua rei temporalis effigie illis qui experti sunt laudantibus credimus et amamus, non aliquid amamus incognitum unde iam supra satis disseruimus. Aut aliquid notum amamus propter quod ignotum aliquid quaerimus, cuius ignoti amor nequaquam nos tenet sed illius cogniti quo pertinere nouimus ut illud etiam quod adhuc ignotum quaerimus nouerimus sicut de incognito uerbo paulo ante locutus sum. Aut ipsum scire quisque amat, quod nulli scire aliquid cupienti esse incognitum potest. His causis uidentur amare incognita qui scire aliquid uolunt quod nesciunt et propter ardentiorem quaerendi appetitum sine amore esse dici non possunt. Sed quam se res aliter habeat neque omnino quidquam ametur incognitum, arbitror me persuasisse uerum diligenter intuentibus. Sed quia exempla quae dedimus eorum sunt qui aliquid quod ipsi non sunt nosse cupiunt, uidendum est ne forte aliquod nouum genus appareat cum se ipsa mens nosse desiderat.

III 5. Quid ergo amat mens cum ardenter se ipsam quaerit ut nouerit dum incognita sibi est? Ecce enim mens semetipsam quaerit

---

²⁹ in specie sempiternae rationis videmus aliquid: 전형적인 플라톤의 인식론이다.

³⁰ expressum in aliqua rei temporalis effigie: 교부의 작품에서는 큰 구분은 없으나(trinitatis effigiem: 이 책 11.1) species는 보다 추상적이고 effigies는 상당히 구상적이다. "인간이 육신의 형상[형체]에 있어서 하느님의 모상으로 만들어졌다(homo in carnis huius effigie factus ad imaginem dei: 『신국론』 17.5)고 믿을 것은 아니다."

³¹ 모르는 것을 알고 싶어 하는[사랑하는] 것과 모르는 것을 사랑하는[모르는 채 있고 싶다는] 것은 다르다.

³² animus로 구사되던 인식 주체가 다시 mens로 명명된다.

³³ 다음에(3.5-5.7) 다룰 것의 요지는, 지성은 언제나 자기에게 현전한다는 점에서 새삼스럽게 자기를 알게 되는 것이 불가능하며, '너 자신을 알라!'는 명언대로 지성은 '자기를 사유해야 하는데 감각적 표상에 사로잡혀 그 작업을 하지 못하는 게 문제라는 것이다.

형체形體 속에 표현되어 있다는 점에서[30] 우리가 사랑하는 경우다. 따라서 그런 사물들을 체득하고서 훌륭하다고 말하는 사람들의 이야기를 듣고서 우리가 믿고 사랑하더라도 우리는 [전혀] 모르는 무엇을 사랑하는 것이 아니며, 이 점은 위에서 충분히 토론했다. 다른 하나는 아는 무엇을 우리가 사랑하고 있고 바로 그것 때문에 알지 못하는 것을 탐구하는 경우인데, 이 때도 모르는 것에 대한 사랑이 우리를 사로잡는 것이 아니라 이미 아는 것에 대한 사랑이 우리를 사로잡는다. 우리가 아직 몰라서 탐구하는 그것을 알아야겠다고 하는 것은 우리가 알기 때문이다. 이 점은 내가 조금 전에 미지의 단어에 관해서 언급하면서 말한 바 있다. 셋째는 누구든지 알아내는 일 자체를 사랑한다는 경우인데, 모르는 바를 알아내고 싶다는 사람에게는 [자기가 알아내는 일 자체를 사랑하고 있다는 것이] 미지의 사실로 남는 일은 있을 수 없다. 이 [세 가지] 경우로 미루어, 사람이 알지 못하는 바를 알고 싶어 할 때 마치 미지의 것을 사랑하는 것처럼 보이는 까닭이 있다.[31] 더구나 탐구를 해 나가는 그 열렬한 욕구로 미루어, 사랑이 없다고 말할 수는 없다. 그렇지만 나로서는 진지하게 진실을 관조하고 있는 사람들에게 [다음과 같은 사실을] 설득시켰노라고 자부하는 바이다. 즉, 사실은 전혀 다르다고, 모르는 것은 결코 사랑할 수 없다고 말이다. 그런데 [여태까지] 우리가 제시한 예들은 자기를 알고 싶어 하는 사람들이 아니고 [다른 사물을] 알고 싶어 하는 사람들의 경우였으므로, 지금부터는 지성[32] 자체가 자기를 알고 싶어 하는 경우라면 혹시 어떤 새롭고 별다른 종류[의 해답이] 나타날지 살펴봐야 하겠다.

지성이 자기를 탐구하고 있다는 점에서 지성은 이미 자기를 알고 있다[33]

  3.5. 그러면 지성이 지성 자체에게 미지未知의 것으로 남아 있어서 지성이 자기를 알고자 열렬하게 탐구할 때 지성이 사랑하는 바는 과연 무엇일까?[34]▶ 보라, 지성이 자기를 알고자 애쓰고 그 열성에 불타오르고 있다! 그

ut nouerit et inflammatur hoc studio. Amat igitur. Sed quid amat? Si se ipsam, quomodo cum se nondum nouerit, nec quisquam possit amare quod nescit? An ei fama praedicauit speciem suam sicut de absentibus solemus audire? Forte ergo non se amat, sed quod de se fingit hoc amat longe fortasse aliud quam ipsa est. Aut si se mens sui similem fingit et ideo cum hoc figmentum amat se amat antequam nouerit quia id quod sui simile est intuetur, nouit ergo alias mentes ex quibus se fingat et genere ipso sibi nota est. Cur ergo cum alias mentes nouit se non nouit cum se ipsa nihil sibi possit esse praesentius? Quod si ut oculis corporis magis alii oculi noti sunt quam ipsi sibi, non se ergo quaerat numquam inuentura; numquam enim se oculi praeter specula uidebunt, nec ullo modo putandum est etiam rebus incorporeis contemplandis tale aliquid adhiberi ut mens tamquam *in speculo* se nouerit. An in ratione ueritatis aeternae uidet quam speciosum sit *nosse se*metipsam, et hoc amat quod uidet studetque in se fieri quia, quamuis sibi nota non sit, notum ei tamen est quam bonum sit ut sibi nota sit? Et hoc quidem permirabile est non-

---

◀34 이하 10.16까지의 내용은 논지와 용어에서 Cicero, *Tusculanae disputationes* 제1권과 유사한 점이 많다. 여기서 키케로는 영혼의 자기 인식을 다루면서, 죽음의 극복과 영혼의 불사불멸을 가르친다.

35 speciem suam: 사랑의 대상으로서 지성 자체의 아름다움(its own beauty: Hill)을 가리키는 '형상'(形象).

36 figmentum: 교부는 주로 로마 9,20["작품이 제작자에게(firmentum ei, qui se finxit) '왜 당신은 나를 이렇게 만들었습니까?'라고 말하겠습니까?"]이나 에페 2,10["우리는 그분의 작품으로서 선행을 하도록(sumus figmentum, creati in operibus bonis) 창조되었습니다"]의 해설에 이 단어를 사용하고 있다.

37 genere, genere ipso 등의 어구에서 '일반적으로'라는 일반 어법 외에 식자들은 '같은 유(類)에 해당하는'이라는 철학 용어로 알아들었다.

러니까 사랑을 하는 것이다. 하지만 도대체 무엇을 사랑한다는 말인가? 만일 자기를 사랑한다면 아직 알지 못하는 터에, 더구나 아무도 자기가 모르는 것을 사랑할 수 없는 마당에, 어떻게 사랑하는 것일까? 그 자리에 없는 사람들을 두고 소문을 듣는 일이 많듯이 [지성 자체의] 형상을[35] 소문이 지성에게 형언해 준 것일까? 하지만 [그럴 경우에는 지성이] 자기를 사랑하는 것이 아니고 [지성이] 자기에 관해서 그려 낸 바를 사랑하는 셈이므로 자기와는 아주 거리가 먼 다른 무엇을 사랑하는지도 모른다. 만약 지성이 그래도 자기와 유사한 것을 빚어낸다면, 그래서 이 작품을[36] 사랑한다면 지성은 자기를 알기 전에 자기를 사랑한다는 [논리가] 된다. [작품을 사랑하려면 이 작품이] 자기와 유사하다는 것을 관조하고 있을 것이기 때문이다. 따라서 다른 지성들을 알아서 그 지성들로부터 자기 [모습을] 빚어내는 셈이니까 지성이 일반적으로는[37] 자기에게 알려져 있는 것이다. 다른 지성들을 알면서 왜 자기는 알지 못한다는 말인가, 자기 자신보다 자기에게 더 가까이 현전하는 것이 아무것도 없는 터에?[38] 신체의 눈에는 [자기의] 눈보다 다른 눈들이 더 잘 알려진다는 [식으로 대꾸한다면, 지성이] 자기를 발견하는 일은 결코 없을 터이므로 [지성이] 자기를 찾는 일도 [결코 없으리라고 대답할 수 있다]. 물론 눈은 거울 앞이 아니면 자기를 결코 못 볼 것이다. 하지만 비물체적인 사물들을 바라보는 데에도 그와 비슷한 일이 벌어지고 지성이 자기를 인식하는 일이 거울을 통해서 이루어지리라는 생각은 결코 하지 말아야 한다. 그렇다면 지성이 자기를 아는 것이 얼마나 멋진 일인지를 영원한 진리의 이념 속에서[39] 보는 것일까? 또 그렇게 본 것을 사랑하는 것일까? 지성이 비록 자기에게 알려져 있지는 않지만, [알려지는 그 일이] 얼마나 좋은지는 알려져 있으므로, [지성이] 자기에게 알려

---

[38] se ipsa nihil sibi possit esse praesentius: 지금부터는 지성의 자기 현전(sibi praesentia)을 다룬다.

[39] in ratione veritatis aeternae videt: 위에서는 "영원한 이념의 형상 속에서(in specie sempiternae rationis) 본다"고 간접 표현했는데 여기서는 "이념 속에서 본다"고 직접 표현했다.

dum se nosse et quam sit pulchrum se nosse iam nosse. An aliquem finem optimum, id est securitatem et beatitudinem suam, uidet per quandam occultam memoriam quae in longinqua eam progressam non deseruit, et credit ad eundem finem nisi se ipsam cognouerit se peruenire non posse? Ita dum illud amat hoc quaerit, et notum amat illud propter quod quaerit ignotum. Sed cur memoria beatitudinis suae potuit et memoria sui cum ea perdurare non potuit ut tam se nosset quae uult peruenire quam nouit illud quo uult peruenire? An cum *se nosse* amat, non se quam nondum nouit sed ipsum nosse amat acerbiusque tolerat se ipsam deesse scientiae suae qua uult cuncta comprehendere? Nouit autem quid sit nosse, et dum hoc amat quod nouit etiam *se* cupit *nosse*. Vbi ergo nosse suum nouit si se non nouit? Nam nouit quod alia nouerit, se autem non nouerit; hinc enim nouit et quid sit nosse. Quo pacto igitur se aliquid scientem scit quae se ipsam nescit? Neque enim alteram mentem scientem scit sed se ipsam. Scit igitur se ipsam. Deinde cum se quaerit ut nouerit, quaerentem se iam nouit. Iam se ergo nouit. Quapropter non potest omnino nescire se quae dum se nescientem scit se utique

---

[40] per quandam occultam memoriam: 플라톤이 말하는 전생의 '기억'(Plato, *Phaideia* 72)을 빗대는 듯하다.

[41] '되찾은 아들의 비유'(루카 15,11-32: '먼 고장으로 떠나가')를 상기시킨다.

[42] '플라톤의 말처럼 전생의 기억이 지속되었다면, 자기가 도달하려는 대상에 이르는 수단(quo vult pervenire)보다도 자기가 도달하려는 대상인 지성 자체(quae vult pervenire)를 알았어야 하지 않을까?

[43] se nosse amat은 결국 ipsum nosse amat이므로 se amat과는 구분된다.

[44] 여기서부터 이 절 끝까지는 Plotinus, *Enneades* 5.3.49의 문장을 간접 인용하고 있는 것으로 평가된다.

지는 그 일이 자체 안에 이루어지게 힘쓰는 것일까? 자기를 아직 알지 못하면서도 자기를 안다는 것이 멋진 일임을 벌써 알고 있다니 참으로 이상하다. 아니면 [지성이] 어떤 궁극의 목표를, 다시 말해서 자기의 안녕과 지복至福을 바라보는 것일까, 모종의 희미한 기억을 통해서?[40] 그 기억이 먼 고장에 떠나 있는 지성을[41] 저버리지 않았고, 지성이 자기 자신을 인식하지 못하는 한 그 목표에 도달할 수 없다고 믿는 것일까? 따라서 저 [궁극 목표를] 사랑하기에 이 [자기 인식을] 탐구하며, 알려진 바를 사랑하고 바로 그것 때문에 미지의 것을 탐구한다. 그렇다면 [지성에게] 자기 지복至福에 대한 기억은 지속할 수 있었음에 비해서 자기에 대한 기억은 왜 지속하지 못했을까? [그 기억이 지속되었더라면 지성이] 도달하고 싶은 궁극 목표를 알기보다도, 궁극 목표에 도달하고 싶어 하는 [지성] 자체를 알았어야 하지 않을까?[42] 자기가 인식한다는 사실을 사랑할 때는 [지성이] 아직 알지 못하는 자기를 사랑한다기보다는 인식하는 행위 자체를 사랑하는 것이 아닌가?[43] 그래서 지성은 자기 인식 — 그것을 가지고 모든 것을 파악하고 싶어 할 텐데 — 이 결핍된 처지를 여전히 뼈아프게 감수해야 하는 것이 아닌가? [지성은] 안다는 것이 무엇인지는 알고 있고, 또 자기가 아는 바를 사랑하는 한 '자기를 알기를' 또한 욕구한다. 하지만[44] 자기를 인식하지 못한다면 자기가 인식하고 있음은 어떻게 아는가? 다른 것들을 인식하고 있지만 정작 자기를 인식하고 있지는 못하다는 사실을 그는 인식하고 있는 까닭이다. 그러니 인식 행위가 무엇인지는 인식한다. 자기를 인식하지 못한 채 [지성이] 어떻게 자기가 다른 것을 인식하는 인식 주체임을 인식하는가? 다른 지성이 [무엇을 인식하는] 인식 주체임을 인식하는 것이 아니라 바로 자기가 인식하는 인식 주체임을 인식한다. 그러니까 어느 모로든 자기를 인식하고 있는 셈이다. 따라서 자기를 인식하려고 모색할 때는 자기가 [자기를 인식하려고] 모색하는 [주체임을] 이미 인식하고 있다. 그러므로 이미 자기를 인식하고 있는 것이다. 그러니 자기를 전혀 모를 수는 없다. 자기가 모른다는 사실을 알고 있는 이상, 당연히 자기를 알고 있

scit. Si autem se nescientem nesciat, non se quaeret ut sciat. Quapropter eo ipso quo se quaerit magis se sibi notam quam ignotam esse conuincitur. Nouit enim se quaerentem atque nescientem dum se quaerit ut nouerit.

6. Quid ergo dicemus? An quod *ex parte* se nouit, *ex parte* non nouit? Sed absurdum est dicere non eam totam scire quod scit. Non dico: 'Totum scit,' sed: 'Quod scit tota scit.' Cum itaque aliquid de se scit quod nisi tota non potest, totam se scit. Scit autem se aliquid scientem, nec potest quidquam scire nisi tota. Scit se igitur totam.

Deinde quid eius ei tam notum est quam se uiuere?

IV 6. Non potest autem et mens esse et non uiuere quando habet etiam amplius ut intellegat, nam et animae bestiarum uiuunt sed non intellegunt. Sicut ergo mens tota mens est, sic tota uiuit. Nouit autem uiuere se; totam se igitur nouit. Postremo cum *se nosse* mens

---

[45] eo ipso quo se quaerit magis se sibi notam quam ignotam esse convincitur: 교부의 두 번째 결론이다.

[46] 동사 scire, nosse, cognoscere를 일부러 달리 번역해 보려고 하지만 교부도 명확한 구분 없이 혼용한다. 명사는 scientia(앎, 지식), notitia(인식), cognitio(인식), intellegentia(이해)로 구분해 본다.

[47] 당시에 이에 관한 난제(aporia)가 있었다(Sextus Empiricus, *Adversus mathematicos* 7. 310): "지성이 자기를 인식한다면, 지성 전체로 하거나 지성의 일부로 해야 한다. 전자는 불가능하다. 전체로서 자기를 인식한다면 지성 전체가 인식이면서 인식 주체일 것이다. 지성 전체가 인식 주체라면 [대상으로서] 인식될 부분이 아예 없다. 그러면 지성의 한 부분이 자기를 인식할 수 있을까? 그 부분이라는 것이 자기를 인식하는 전체라는 말인가? 전체라면 무엇을 인식할 여지가 전혀 없다. 그러면 그 부분이 지성의 일부란 말인가? 그러면 그 부분이 어떻게 자기를 인식한다는 말인가? 지성의 한 부분이 다른 부분을 인식하는 것이라면, 부분이 부분밖에 인식 못한 것이니 지성이 지성을 인식한 것이 아니다. 이렇게 무한으로 소급한다."

다. 자기가 모른다는 사실을 모른다면 자기를 알려고 모색하지도 않을 것이다. 그러므로 자기를 [알려고] 모색한다는 바로 그 점에서 자기가 자기에게 미지未知의 존재이기보다는 기지既知의 존재임이 확인된다.[45] 자기를 인식하려고 모색하는 이상, 자기가 모색하는 사람이면서도 또한 모르는 사람임을 알고 있다.[46]

지성은 자기 전체를 인식한다

3.[6]. 그러면 뭐라고 해야 할까?[47] 자기를 일부는 알고 일부는 모르는 것일까? 하지만 지성이 아는 바를 [지성] 전체로서 알지 못한다는 말은 자가당착이다. 내가 하는 말은 '지성이 전체를 안다'는 말이 아니라 '지성이 아는 바는 [지성] 전체로서 안다'는 것이다. 모름지기 [지성이] 자기에 관해서 뭔가를 알 때는 [지성] 전체로서가 아니면 알지 못하므로, 결국 [지성이] 자기 전체를 아는 것이다.[48] 자기가 무엇인가를 아는 인식 주체임을 알고 있고, 따라서 [지성] 전체로서가 아니면 무엇을 안다는 일이 있을 수 없다. 그러니 자기를 전체로 아는 것이다.

그러면 자기가 살아 있다는 사실보다 지성에게 가장 잘 인식되어 있는 것이 무엇일까?

4.6. 지성으로 존재하는 데 살아 있지 않다는 말은 있을 수 없다, 더구나 지성이 이해하는 [능력마저] 가진 마당에. 짐승들의 영혼도 살아는 있지만 이해는 못하는 까닭이다.[49] 또 지성이 전체 지성으로서 존재하는 한 전체로서 살아 있다. 또 자기가 살아 있음을 인식한다. 따라서 자기 전체를 인

---

[48] nisi tota non potest, totam se scit: 지성의 인식 대상이 지성 자체이고, 인식 주체로서도 지성은 전체로서 작용하므로, 지성 전체가 자기 전체를 아는 것이다.

[49] '이해하다'[intellegere(mente/ratione)]는 아우구스티누스가 주로 '믿다'(credere)의 대칭어로 사용하는데, 동물에게는 명제의 내용을 파악하는 반성적 인식 행위가 없다.

quaerit, mentem se esse iam nouit; alioquin utrum se quaerat ignorat, et aliud pro alio forsitan quaerat. Fieri enim potest ut ipsa non
sit mens, atque ita dum mentem nosse quaerit non se ipsam quaerat. Quapropter quoniam cum quaerit mens quid sit mens nouit
quod se quaerat, profecto nouit quod ipsa sit mens. Porro si hoc in
se nouit quod mens est et tota mens est, totam se nouit.

Sed ecce non se nouerit esse mentem cum autem se quaerit; hoc
tantummodo nouerit quod se quaerat. Potest enim etiam sic aliud
pro alio quaerere si hoc nescit; ut autem non quaerat aliud pro alio,
procul dubio nouit quid quaerat. At si nouit quid quaerat et se ipsam quaerit, se ipsam utique nouit. Quid ergo adhuc quaerit? Quod
si *ex parte* se nouit, *ex parte* autem adhuc quaerit, non se ipsam sed
partem suam quaerit; cum enim ea ipsa dicitur, tota dicitur. Deinde
quia nouit nondum se a se inuentam totam, nouit quanta sit tota.
Atque ita quaerit quod deest quemadmodum solemus quaerere ut
ueniat in mentem quod excidit, nec tamen penitus excidit quia potest recognosci cum uenerit hoc esse quod quaerebatur. Sed quomodo mens ueniat in mentem quasi possit mens in mente non esse?
Huc accedit quia si parte inuenta, non se totam quaerit; tamen tota

---

[50] tota mens est, totam se novit: 일단 지성이 인식 대상으로서 지성 전체를 안다는 명제는
내놓았다.

[51] 어떤 사본은 두 문구에서 동사를 면밀히 구분한다: quod *excidit*(excido: 기억에서 사라
지다), nec tamen penitus *excedit*(excedo: 아주 없어지다).

식하는 것이다. 마지막으로, 지성이 자기를 인식하려고 모색할 때는 자기가 지성임을 이미 인식하고 있다. 그렇지 않고서는 과연 자기를 모색한다는 사실도 모를 것이고 무엇을 딴것으로 알고서 모색하는 셈이 될 것이다. [그럴 경우에는 마치] 자기가 지성이 아닐 수도 있고, 지성을 인식하려고 모색하고는 있지만 실은 지성 자체를 모색하는 것이 아닌 처지가 된다. 그러므로 지성이 무엇인지를 지성이 모색할 때는 자기를 모색하고 있음을 알고 있고, 따라서 지성이 무엇인지도 분명히 알고 있다. 따라서 자기 안에서 자기가 지성이라는 그 점을 인식하고 또 전체로서의 지성임을 인식한다면 당연히 자기 전체를 인식하고 있는 것이다.[50]

행여 지성이 자기를 모색하면서도 자기가 지성임을 인식하지 못한다고 하자. 자기를 모색하고 있다는 사실만 인식한다고 하자. 이처럼 [자기가 지성임을] 인식하지 못한다면, [지성은 자기 아닌] 딴것을 자기로 알고 모색하는 셈이다. 어떤 것을 딴것으로 알고 찾는 일이 없으려면 의심의 여지가 없이 자기가 무엇을 찾는지 알고 있어야 한다. 그렇지만 무엇인가 찾고 있음을 알고 있고, 또 자기 자신을 찾고 있다면, 응당 자기 자신을 또한 알고 있다. 그러면 아직도 무엇을 찾고 있는 것일까? 만약 부분적으로는 자기를 알고 있고 부분적으로는 아직 찾고 있다면 자기 자체를 찾는 것이 아니라 자기 부분을 찾는 셈이다. [지성] '자체'라고 하는 말은 [지성] '전체'를 두고 하는 말이다. 지성이 지성 자체에 의해서 전체적으로 파악되지 않았음을 인식하고 있는 이상, 지성은 지성 전체가 얼마나 큰지는 인식하고 있다는 말이다. 물론 우리가 무엇을 모색할 때 으레 하듯이 [지성은 자기에게] 아직 없는 무엇을 모색한다. [지성에서] 사라진 무엇, 그렇지만 아주 사라지지는 않은 무엇이 지성 속으로 오도록 모색한다.[51] 그것이 왔을 때는 그것이 자기가 찾고 있던 바로 그것임을 인정할 수 있는 까닭이다. 하지만 도대체 어떻게 하면 지성이 지성 속으로 온다는 말인가? 마치 지성이 지성 속에 있지 않을 수도 있다는 말인가? 여기서 무슨 일이 생기냐 하면, 만일 일부분이 이미 발견된 경우라면 자기 전체를 찾는 것은 아닐 텐데 여

se quaerit. Tota ergo sibi praesto est, et quid adhuc quaeratur non est; hoc enim deest quod quaeritur, non illa quae quaerit. Cum itaque tota se quaerit, nihil eius deest. Aut si non tota se quaerit sed pars quae inuenta est quaerit partem quae nondum inuenta est, non se ergo mens quaerit cuius se nulla pars quaerit. Pars enim quae inuenta est non se quaerit; pars autem quae nondum inuenta est nec ipsa se quaerit quoniam ab ea quae iam inuenta est parte quaeritur. Quocirca quia nec tota se quaerit mens nec pars eius ulla se quaerit, se mens omnino non quaerit.

V 7. Vtquid ergo ei praeceptum est ut se ipsa cognoscat? Credo ut se cogitet et secundum naturam suam uiuat, id est ut secundum suam naturam ordinari appetat, sub eo scilicet cui subdenda est, supra ea quibus praeponenda est; sub illo a quo regi debet, supra ea quae regere debet. Multa enim per cupiditatem prauam tamquam sui sit oblita sic agit. Videt enim quaedam intrinsecus pulchra in praestantiore natura quae deus est. Et cum stare debeat ut eis fruatur, uolens ea sibi tribuere et non ex illo similis illius sed ex se ipsa

---

[52] non se totam quaerit, tamen tota se quaerit: 대상으로서 지성이 자기 전체를 찾는 것이 아닌데 주체로서는 지성 전체가 자기를 찾는다.

[53] cuius se nulla pars quaerit: 다른 번역: '지성의 어느 부분도 모색의 대상이 될 수 없다.'

[54] 이미 발견된 부분이 아직 발견되지 않은 부분을 찾거나, 아직 발견되지 않은 부분이 무엇을 찾는 일은 불가능하므로, '부분이 자기를 찾는다'는 명제는 성립하지 않는다. 따라서 뭔가 찾는다면 지성 전체가 찾는 것이다.

[55] 그런데 이것은 경험적 사실과 다르다.

[56] Cf., Cicero, *De finibus bonorum et malorum* 5.16.44: "피톤을 죽인 아폴로는 우리더러 자신을 알라고 명한다"(iubet nos Pythius Apollo noscere nosmet ipsos).

하튼 지성 전체가 자기를 찾는[52] 그런 일이 생긴다. 그렇다면 지성이 전체로서 자기 앞에 현전하는 셈이고 따라서 아직 더 찾을 것이 없다. 여기서 결여된 것은 찾는 이 [대상이지] 찾는 저 [주체가] 아니다. 만일 지성 전체가 자기를 찾는다면 주체의 그 무엇도 결여되어 있지 않다. 그렇지 않고 만약 지성 전체가 자기를 찾는 것은 아니라면, 즉 이미 발견된 일부분이 자기를 찾되 아직 발견되지 않는 부분을 찾듯이 [자기를 찾는다면] 지성이 자기를 찾는 것은 아니니 지성의 어느 한 부분이 자기를 찾는 일은 있을 수 없는 까닭이다.[53] [그 이유는] 발견된 부분은 [더 이상] 자기를 찾지 않을 것이고, 그렇다고 아직 발견되지 않은 부분이 자기를 찾는 일도 없을 것이니, [아직 발견되지 않은 부분은] 이미 발견된 그 부분에 의해서만 모색될 것이기 때문이다.[54] 그러므로 자기를 찾는 것은 전체로서의 지성도 아니고 지성의 일부분이 자기를 찾는 일도 없다고 한다면, 지성이 자기를 찾는 일은 절대 없으리라는 [결론이 나온다].[55]

영혼이 자기를 인식하라는 명을 받는 이유. 인식하는 것 다르고 사유하는 것 다르다

5.7. 그러면 지성더러 자기를 알라는 명命이 왜 내려져 있는 것일까?[56] 내가 믿기에는 [지성으로 하여금] 자신을 생각하라는,[57] 자기의 본성에 따라서 살라는, 다시 말해서 자기 본성에 따른 질서를 유지함으로써, 복속해야 할 대상에게는 밑에 들어가고 지휘해야 할 대상에게는 위로 올라서서 무엇을 희구하라는 말이다. 다시 말해서 통솔받아야 할 대상이라면 그 밑에 들어가고 통솔해야 할 대상이라면 그 위에 올라서라는 것이다. 사실 [지성이] 행하는 많은 것을 보면, 마치 자기에 관해서 망각한 것처럼, 사악한 욕망에서 우러나 행동하기 때문이다. [지성은] 하느님이라는 아주 탁월한 자연 사물 안에서 내면적으로 아름다운 것들을 보고 있다. 그런데 [지

---

[57] Cf., Cicero, *Tusculanae disputationes* 1.22.52: "'너 자신을 알라!'는 말은 '네 정신을 알라'는 말이다"(cum igitur, nosce te, dicit, hoc dicit: nosce animum tuum).

esse quod ille est auertitur ab eo, moueturque et labitur in minus et
minus quod putatur amplius et amplius quia nec ipsa sibi nec ei quid-
quam sufficit recedenti ab illo qui solus sufficit. Ideoque per eges-
tatem ac difficultatem fit nimis intenta in actiones suas et inquietas
delectationes quas per eas colligit; atque ita cupiditate adquirendi
notitias ex his quae foris sunt, quorum cognitum genus amat et sen-
tit amitti posse nisi impensa cura teneantur, perdit securitatem, tan-
toque se ipsam minus cogitat quanto magis secura est quod se non
possit amittere.

Ita cum aliud sit non se nosse, aliud non se cogitare (neque enim
multarum doctrinarum peritum ignorare grammaticam dicimus cum
eam non cogitat quia de medicinae arte tunc cogitat), cum ergo aliud
sit non se nosse, aliud non se cogitare, tanta uis est amoris ut ea quae
cum amore diu cogitauerit eisque curae glutino inhaeserit attrahat
secum etiam cum ad se cogitandam quodam modo redit. Et quia il-
la corpora sunt quae foris per sensus carnis adamauit eorumque di-
uturna quadam familiaritate implicata est, nec secum potest intror-

---

[58] 피조물의 존재(similis illius esse)와 하느님의 존재(esse quod ille est: ipsum esse)는 엄
연히 구분된다.

[59] avertitur ab eo: 아우구스티누스가 보기에 인간 실존의 두 자세, 곧 존재근거에게서 멀
어져 감[배향(背向, aversio)]과 그분을 향함[전향(轉向, conversio)]이 인간에게 있는 삼위일체
모상을 실현하거나 파괴하는 자세다.

[60] cognitum genus: '인식 일반'으로 이해할 만하다.

[61] 인간의 인식론적 타락을 정교한 심리로 묘사하고 있다. 이 주제는 이 책 12권에서 본격
적으로 다룬다.

[62] nosse와 cogitare를 구분한다(이 책 14.5.8.-6.9; 15.15.25에서 재론). nosse(알고 있다)는
기억에 잔류하는 암묵적 인식, 일종의 선지식(先知識)으로서 이미 아는 것을 찾아가는 지성의
탐구를 전제한다["지성이 지성 자체로 사유하고 있지 않을 때도 자기를 안다면 지성은 자기
에게 자기에 대한 기억으로서 존재한다는 점에서다"(novit se tanquam ipsa sit sibi memoria

성이] 그것들을 향유하는 데서 멈추어 서야 함에도 불구하고 그것들을 자기에게 귀속시키려고 한다. 그분에 힘입어서 그분과 비슷한 존재가 되려고 해야 할 텐데, 자기 힘으로 오히려 그분의 존재가 되려고 한다.[58] 그러다 보니 그분을 등지고[59] 자기는 갈수록 더 못한 데로 움직여 가고 타락하면서 오히려 갈수록 더 나은 데로 [향상하는 것처럼] 간주하게 된다. 그 이유는 지성 자체는 자기에게 만족을 주지 못하고, 홀로 자족하는 분으로부터 지성이 멀어져 가는 이상, 그 무엇도 그에게 만족을 주지 못하기 때문이다. 그리하여 [거기서 생기는] 곤핍함과 불편 때문에 그는 자기 행동에 지나치게 집착하고, 그 행동으로 불안한 향락을 긁어모으면서 지나치게 그것에 집착하기에 이른다. 그리고 외부에 있는 사물로부터 지식을 얻으려는 욕심에 사로잡혀 그런 사물들에 대해서 얻은 인식의 종류를[60] 사랑하고, 극진한 보살핌으로 간직하지 않으면 그것들을 잃어버릴 수 있다는 느낌에 사로잡혀 안정을 잃고 만다. 그 대신 자기 자신을 잃어버리는 일은 있을 수 없다고 안심하는 바람에 그만큼 자기 자신은 덜 생각하게 된다.[61]

'자기를 알지 못한다'는 것 다르고 '자기를 생각하지 않는다'는 것 다르다[62](많은 학문에 정통한 사람이 문법을 생각하고 있지 않다고 해서 그가 문법에 무지하다고는 말하지 못한다. 그 순간에 의학을 생각하고 있을 수 있기 때문이다). 자기를 알지 못하는 것 다르고 자기를 생각하지 않는 것 다르므로, 사랑을 품고 오랫동안 궁리해 온 사물들을 두고는 노심초사하여 그 사물에 끈끈하게 애착할 만큼 사랑의 위력이 크기 때문에 [지성이] 어느 모로 자신에 대한 생각에 몰입하는 순간에도 그 사물들을 함께 끌고 들어가기에 이른다. 또 외부에 있어서 [지성이] 육체의 감관으로 애착해 온 사물들은 물체들이고 오랫동안 그 사물들과 친숙하게 길들여져 왔다. 그렇지만 [지성은] 그 물체들을 마

---

sui: 14.6.8)]. cogitare(궁리하다)는 지성이 자기의 인식 행위를 반성하고 자기 언어로 그것을 발설하는 활동이다. 대상적 인식이지만 그 사유 행위에서 자기를 안전에 놓고, 자기를 관찰한다["지성이 자기에 대한 사유를 갖고 자기를 자기 목전에 설정하였을 경우"(se in conspectu ponat ⋯ se conspicit cogitando: 14.6.8)].

sus tamquam in regionem incorporeae naturae ipsa corpora inferre, imagines eorum conuoluit et rapit factas in semetipsa de semetipsa. Dat enim eis formandis quiddam substantiae suae; seruat autem aliquid quo libere de specie talium imaginum iudicet, et hoc est magis mens, id est rationalis intellegentia quae seruatur ut iudicet. Nam illas animae partes quae corporum similitudinibus informantur etiam cum bestiis nos communes habere sentimus.

VI 8. Errat autem mens cum se istis imaginibus tanto amore coniungit ut etiam se esse aliquid huiusmodi existimet. Ita enim conformatur eis quodam modo non id exsistendo sed putando, non quo se imaginem putet sed omnino illud ipsum cuius imaginem secum habet. Viget quippe in ea iudicium discernendi corpus quod foris relinquit ab imagine quam de illo secum gerit nisi cum ita expri-

---

[63] imagines eorum convolvit et rapit factas [imagines] in semetipsa de semetipsa: 두 동사 convolvit('끌어들이다')와 rapit('붙잡고 늘어지다')로 잘못된 사유(cogitare)를 부각시키고 있다.

[64] '자기 자신에게서 비롯하여 자기 자신 안에(in semetipsa de semetipsa) 만들어진' 표상이기 때문이다.

[65] 앞의 cognitum genus(각주 60)와 결부시키면 인식의 범주로 설정되는 종(種)과 유(類)를 가리킨다.

[66] rationalis intellegentia: 교부의 어법(ratio et intellegentia, mens et intellegentia)이나 뒤따라오는 구절로 미루어, 이념에 비추어 감각적 표상에 대해 판단하는 능력["내면의 눈, 즉 이해력"(interior oculus, id est intellegentia: *De animae quantitate* 23)], 곧 오성(intellectus)과 동의어다.

치 비물체적인 자연 사물의 영역으로 끌어오듯이 자기와 함께 내면으로 끌고 들어오지 못한다. 그러다 보니까 그 사물들의 표상들을 끌어들이게 되고, 자기 자신에게서 비롯하여 자기 자신 안에 만들어진 표상들을 붙잡고 늘어지게 된다.[63] [지성은] 그것들을 형상화하는 가운데 자기 실체의 무엇인가를 그것들에게 부여하게 마련이다.[64] 그러면서도 그러한 표상들의 유형에 대해서[65] 자유스럽게 판단하는 무엇을 보존한다. 다시 말해서 판단을 내리기 위해 [별도로] 보존되는 것은 지성, 달리 말하면 이성적 이해력[66]이다. 왜냐하면 영혼의 다른 부분들, 물체의 유사상에 따라서 형상을 만들어 내는 부분들이야 우리가 짐승들과도 공동으로 갖고 있다고 느끼기 때문이다.

지성이 자기에 대해서 오류에 떨어지는 근거

6.8. 지성이 오류에 떨어지는 것은 저 표상들에 너무 큰 애착으로 자기를 묶음으로써 자기를 저런 것과 같은 무엇으로 간주하기 때문이다.[67] [사물을 인식할 때 지성은] 어느 면에서 그 표상들에 동화되는데 [대상이 되어] 존재함으로써가 아니고 대상을 생각함으로써 그렇게 된다.[68] 그렇다고 자기가 곧 표상이라고 생각하는 것은 아니고, 자기에게 표상을 만들어 내는 바로 그 사물이라고 생각하는 것이다. 그러는 동안에도 그 사물에 대해서 [지성이] 발생시키는 표상과 바깥에 남겨 놓은 물체를 구분하는 판단력은 [여전히] 지성 안에서 효력을 발휘한다. 저 표상들이 내면에서 사유되

---

muntur eaedem imagines tamquam foris sentiantur non intus cogitentur sicut dormientibus aut furentibus aut in aliqua extasi accidere solet.

VII 9. Cum itaque se tale aliquid putat, corpus esse se putat.

Et quia sibi bene conscia est principatus sui quo corpus regit, hinc factum est ut quidam quaererent quid corporis amplius ualet in corpore, et hoc esse mentem uel omnino totam animam existimarent. Itaque alii sanguinem, alii cerebrum, alii cor (non sicut scriptura dicit: *Confitebor tibi, domine, in toto corde meo*, et: *Diliges dominum deum tuum ex toto corde tuo*; hoc enim abutendo uel transferendo uocabulo dicitur a corpore ad animum), sed ipsam omnino particulam corporis quam in uisceribus dilaniatis uidemus eam esse putauerunt. Alii ex minutissimis indiuiduisque corpusculis quas atomos dicunt concurrentibus in se atque cohaerentibus eam confici crediderunt. Alii aerem, alii ignem substantiam eius esse dixerunt. Alii eam nullam esse substantiam quia nisi corpus nullam substantiam poterant cogitare et eam corpus esse non inueniebant, sed ip-

---

[69] in aliqua extasi: 그는 주로 기억에 저장된 표상에 집중하는 자연적 탈혼과 비물체적이고 신비한 사물과 접하는 초자연적 탈혼을 구분한다(*De Genesi ad litteram* 12.12.25).

[70] 이 9절은 Cicero의 글(*Tusculanae disputationes* 1.9.18-11.22)을 따르고 있다.

[71] mentem vel omnino totam animam: 이 책에서 교부가 구사하는 mens의 외연(mens = tota anima)을 밝힌 구절이다.

[72] 시편 9,2.　　　　　　　　　　[73] 마태 22,37; 신명 6,5.

[74] abutendo vel transferendo: '심장'(cor)으로 '마음', 나아가서는 '정신'을 가리키는 수사학 용어[catachresis: '남용된 전의(轉義)']를 제시한다.

는 것이 아니고 마치 외부에 [존재하는 것처럼] 느껴지게 한다면 [다른 문제이다]. 이런 경우는 수면 중인 사람이나 격정에 사로잡힌 사람, 탈혼脫魂 중에 있는[69] 사람에게서 생긴다.

지성의 실체에 관한 철학자들의 그릇된 견해

7.9. 지성이 자기를 그런 무엇으로 생각한다면 자기를 신체로 생각하는 셈이다.

지성은 신체를 다스리는 자신의 주도권에 대해서 잘 의식하고 있으므로, 신체 안에 있는 것으로 신체보다 더 훌륭한 것이 무엇이냐고 누가 묻는다면,[70] 그것은 지성이라고, 아니 영혼 전체[71]라고 간주하기에 이른다. 그렇지 않으면 어떤 사람들은 그것이 피라고 하고 다른 사람들은 뇌라고 한다. 또 어떤 사람들은 마음이라고 하지만 — 성경에 나오듯이 "주여, 제 마음 다하여 찬송하나이다"[72]라는 말씀대로는 아니고 "네 마음을 다하여 네 하느님이신 주님을 사랑하라"[73]는 말씀대로도 아니다. [이 구절에 나오는 '마음'은] 단어를 남용하고 전용轉用해서[74] 신체를 갖고 정신을 지칭하는 어법이다 — 실상 그들은 [영혼이라는 것을] 신체의 분자,[75] 내장을 발라내면 눈에 보일 그런 것으로 여겼다. 다른 사람들은 원자라는 아주 미세한 개체들이[76] 서로 조우하거나 응집하여 영혼을 만든다고 믿었다. 어떤 이들은 공기를, 어떤 이들은 불을 영혼의 실체라고 했다. 그런가 하면 혹자는 물체가 아니면 절대로 실체가 될 수 없다고 생각한 만큼 영혼은 결코 실체가 아니라고 했다. 그들은 영혼이 물체라는 것은 확인하지 못했으나 아마도 우리 신체의 조화 자체, 혹은 우리 육신이 마치 서로 연결되듯이 한데

---

[75] particula: 교부의 용법(partucula sermonis, ignis, corporis, dei, de toto)으로는 더 이상 동질로 나뉘지 않는 부분(바로 밑에 나오는 corpusculum)을 가리킨다.

[76] ex minutissimis individuisque corpusculis quas atomos dicunt: corpusculum은 atomus (quod Graece secari non potest: *Sermo* 362.20)와 동의어로 사용된다(atomos id est corpuscula: *Contra Academicos* 3.23). 원소(primoridium, elementum)는 이미 여러 원자로 구성된 것으로 생각했다.

sam temperationem corporis nostri uel compagem primordiorum quibus ista caro tamquam connectitur esse opinati sunt. Eique omnes eam mortalem esse senserunt quia siue corpus esset siue aliqua compositio corporis non posset utique immortaliter permanere.

Qui uero eius substantiam uitam quandam nequaquam corpoream, quandoquidem uitam omne uiuum corpus animantem ac uiuificantem esse repererunt, consequenter et immortalem quia uita carere uita non potest ut quisque potuit, probare conati sunt. Nam de quinto illo nescio quo corpore quod notissimis quattuor huius mundi elementis quidam coniungentes hinc animam esse dixerunt, hoc loco diu disserendum non puto; aut enim hoc uocant corpus quod nos cuius in loci spatio pars toto minor est, et in illis adnumerandi sunt qui mentem corpoream esse crediderunt; aut si uel omnem substantiam uel omnem mutabilem substantiam corpus appellant, cum sciant non omnem locorum spatiis aliqua longitudine et latitudine et altitudine contineri, non cum eis de uocabuli quaestione pugnandum est.

10. In his omnibus sententiis quisquis uidet mentis naturam et esse substantiam et non esse corpoream, id est non minore sui parte minus occupare loci spatium maiusque maiore, simul oportet uideat

---

77 영혼[정신]을 '마음'(스토아), '원자들의 응집'(원자론자), '공기나 불'(물리론자), 신체의 '조화'(temperatio corporis) 내지 '원소들의 집합'(compago primordiorum, 아리스토텔레스)으로 주장하는 이론들을 열거한다.

78 "아리스토텔레스도 영혼을 제5 물체라고 했다"(animam et Aristoteles quintum corpus eam dixit esse:『신국론』22.11.5)라고 하지만 Cicero, *Tusculanae disputationes* 1.12.26의 전

결합하는, 원소들의 결합 자체라는 견해를 가졌다.[77] 그 사람들 전부가 영혼은 사멸하는 것이라고 생각했다. 영혼이 물체이거나 신체의 합성이기 때문에 당연히 불멸하게 항속할 수 없다는 것이었다. 그렇지만 영혼의 실체가 어떤 생명, 신체적 생명과는 다른 생명임을 발견했고, 무릇 생명은 생명 있는 물체에 혼백을 주고 살려 주는 것임을 발견한 사람들은, 생명이 생명을 결할 수는 없으니까, 영혼이 불사불멸하다는 것을 증명하려고 각자가 하는 데까지 노력을 기울였다.

혹자는 이 세계의 널리 알려진 사원소四元素에 어떤 물체인지는 모르지만, 제오원소第五元素라는 것을 덧붙이면서 이것이 영혼이라고 주장했다. 나는 이에 관해 이 자리에서 길게 논할 일은 아니라고 생각한다.[78] 하여튼 그들의 주장은 다음 둘 중의 하나 같다. 이것을 물체라고 부르는 것은 우리가 하는 식으로, 즉 공간 안에 있어서 부분이 전체보다 작다는 [의미에서의 물체라고 부르며] 그래서 그런 사람들은 지성이 물체적인 무엇이라고 믿은 사람들 가운데 넣어야 할 것이다. 그렇지 않으면 모든 실체, 적어도 가변적인 실체 전부를 물체라고 부르는 경우이겠는데, 그러면서도 모든 실체가 길이나 폭이나 높이를 갖고 공간에 내포되는 것은 아니라는 점은 알 것이다. 이런 사람들하고는 어휘 문제로 언쟁할 필요가 없겠다.

지성이 자체를 생각하면서 이질적인 무엇을 자체에 첨가하면 오류가 발생한다

7.10. 이 모든 견해에서 누구나 알 수 있는 것은 지성의 본성을 실체라고 하는 동시에 물체적인 것은 아니라고 한다는 점이다.[79] 다시 말해서 자체의 작은 부분으로는 더 작은 공간을 점유하고 자체의 큰 부분으로는 더 큰 공간을 점유하는 [물체적인 실체는 아니라는 말이다]. 그와 동시에 [지

달이었고, 아리스토텔레스는 천계를 구성하는 물체는 둥글게 생겨서 원운동을 하리라고 말했을 뿐이다(*De caelo* 1.2, 269).

[79] esse substantiam et non esse corpoream: 지금까지의 논구로 모든 실체는 물체여야 한다는 견해는 극복되었다.

eos qui opinantur esse corpoream non ob hoc errare quod mens desit eorum notitiae, sed quod adiungunt ea sine quibus nullam possunt cogitare naturam; sine phantasiis enim corporum quidquid iussi fuerint cogitare nihil omnino esse arbitrantur, ideoque non se tamquam sibi desit mens requirat. Quid enim tam cognitioni adest quam id quod menti adest, aut quid tam menti adest quam ipsa mens? Vnde et ipsa quae appellatur inuentio si uerbi originem retractemus, quid aliud resonat nisi quia inuenire est in id uenire quod quaeritur? Propterea quae quasi ultro in mentem ueniunt non usitate dicuntur inuenta, quamuis cognita dici possint quia non in ea quaerendo tendebamus ut in ea ueniremus, hoc est ea inueniremus. Quapropter sicut ea quae oculis aut ullo alio corporis sensu requiruntur ipsa mens quaerit (ipsa enim etiam sensus carnis intendit, tunc autem inuenit cum in ea quae requiruntur idem sensus uenit), sic alia quae non corporeo sensu internuntio sed per se ipsam nosse debet cum in ea uenit, inuenit aut in superiore substantia, id est in deo, aut in ceteris animae partibus sicut de ipsis imaginibus corporum cum iudicat; intus enim in anima eas inuenit per corpus impressas.

---

[80] nihil omnino esse: '그것은 그저 무(無)에 불과하다고 생각한다.'

[81] inventio(발견)는 동사 invenire(in-venire: 안으로 오다, 들어오다)에서 유래하니까 '지성을 찾아내려면(알아내려면) 지성 안으로 들어오라'(in id venire quod quaeritur)는 말이다.

[82] 저절로 이루어지는 cognita(인식된 것)와 지성의 노력으로 찾아낸 inventa(발견된 것)는 차이가 있다.

[83] ipsa sensum carnis intendit: 지성의 지향성(intentio)이 감각적 인식에서도 주된 역할을 한다는 스토아적 인식론을 따른다.

성이] 물체적 실체라고 생각하는 사람들에 대해서도 우리가 알아 두어야 할 점은, 그들의 지성에 인식이 부족해서 오류에 빠지는 것이 아니고 다른 무엇을 [그 인식에다] 덧붙이기 때문임을 알아야 한다. 인간이 자연 사물을 사유할 때 없어서는 안 될 다른 무엇을 [그 인식에다 덧붙이기 때문이라는 사실을 알아야 한다]. 물체들의 표상 없이 무엇인가 생각해 보라고 명령받는다면, 그런 [대상은] 아무것도 아니라고 생각한다.[80] [그렇게 생각하다 보면] 지성이 자기를 탐색하면서 마치 자기에게 부재하는 무엇으로 간주하고서 탐색하는데, 그런 일이 있어서는 안 된다. 지성에 현전하는 만큼 사유에 현전하는 것이 무엇이겠는가? 그리고 지성에게는 지성 자체보다 [더 확연하게] 현전하는 것이 무엇이겠는가? 그리고 inventio라고 일컫는 단어를 보자. 만일 이 단어의 어원을 소급해 간다면 in-venire라는 말이니까[81] 찾는 그것 안으로 들어가라는 것 말고 무엇을 말해 주겠는가? 그래서 저절로 지성에 떠오르는 것은 비록 '인식된 것'이라고는 할지 몰라도 통상적으로 '발견된 것'이라고는 부르지 않는다.[82] [저절로 머리에 떠오른 것은] '그 안으로 들어가겠다고', 다시 말해서 그것을 '발견해 내겠다고' 우리가 그것을 찾고 찾으면서 거기로 향하려는 노력은 하지 않았다. 따라서 눈이나 신체의 다른 감관으로 탐구하는 [똑같은] 대상을 지성 또한 탐구하고 있다(지성이 육신의 감관을 [대상에] 정향시키고[83] [지성이] 찾던 것 안으로 감관이 들어가게 되면, [비로소 지성이] 그 대상을 발견하는 까닭이다). 그렇다면 다른 대상들, 신체적 감관을 중간 전달자로 쓰지 않고 지성이 스스로 인식해야 하는 대상들의 경우는 지성이 그 안으로 들어갈 때 비로소 발견하게 된다. 그런 대상은 상위의 실체 속에서, 다시 말해서 하느님 안에서 발견하거나, 영혼의 다른 부분들에서 발견하거나 둘 중의 하나다. 지성이 물체들의 표상을 두고 판단할 때가 [후자의 경우다]. [그런데 후자의 경우에도 지성은] 영혼 안에서 내부로부터 저 표상들을 발견하는 것이 된다. 신체를 통해서 각인된 표상들을 내부에서 발견하는 것이다.

VIII 11. Ergo se ipsam quemadmodum quaerat et inueniat, mirabilis quaestio est quo tendat ut quaerat aut quo ueniat ut inueniat. Quid enim tam in mente quam mens est? Sed quia in his est quae cum amore cogitat, sensibilibus autem, id est corporalibus, cum amore assuefacta est, non ualet sine imaginibus eorum esse in semetipsa. Hinc ei oboritur erroris dedecus dum rerum sensarum imagines secernere a se non potest ut se solam uideat; cohaeserunt enim mirabiliter glutino amoris. Et haec est eis immunditia quoniam dum se solam nititur cogitare hoc se putat esse sine quo se non potest cogitare. Cum igitur ei praecipitur ut se ipsam cognoscat, non se tamquam sibi detracta sit quaerat, sed id quod sibi addit detrahat. Interior est enim ipsa non solum quam ista sensibilia quae manifeste foris sunt, sed etiam quam imagines eorum quae in parte quadam sunt animae quam habent et bestiae, quamuis intellegentia careant, quae mentis est propria. Cum ergo sit mens interior, quodam modo exit a semetipsa cum in haec quasi uestigia multarum intentionum exerit amoris affectum. Quae uestigia tamquam imprimuntur memoriae quando haec quae foris sunt corporalia sentiuntur ut

---

[84] haec est eis immunditia: 대다수 번역본은 eis를 eius로 읽어 '이것이 지성의 불순함이 된다'고 해석한다.

[85] non se tamquam sibi *detracta sit* quaerat, sed id quod sibi addit *detrahat*: 참된 인식은 일종의 정화(detractio)여서 감각적인 것으로부터의 이탈을 함의한다.

[86] interior est ipsa: 부사적 용법으로 '더 내면에 있다'. 원래는 '더 내밀하다, 내면적이다'.

[87] intellegentia … quae mentis est propria: 앞의 각주 66 참조.

지성이 자신을 탐구하는 일이 어떻게 가능한가

8.11. 그러므로 [지성이] 어떻게 자신을 탐구하고 발견하는지는 이상한 문제가 아닐 수 없다. [자기를] 찾으러 어디로 향하며 어디로 가서 [자기를] 발견한다는 말인가? 지성에 있는 것이 지성 아니고 무엇인가? 그런데 지성은 사랑을 갖고 사유하는 대상들 안에 사랑을 가지고 친숙해져 있다. 그래서 감각적 사물들, 다시 말해서 물체적 사물들에 대해서 사랑으로 친숙해져 있는 이상, 그것들의 표상 없이 [지성이] 자기 안에 있다는 것은 불가능하다. 지성이 감각으로 지각된 사물들의 표상들을 자기 자신과 분리해 내서 지성 자체만을 바라보지 못한다는 바로 여기서 불명예스러운 오류가 기원한다. [지성에 그 표상들이] 사랑의 풀로 놀랍도록 단단히 붙어 있다. 그 표상들로서는 이 점이 부정不淨이 된다.[84] 즉 지성이 자기만을 사유해 보려고 노력하는 동안에도 지성은 자기가 [일종의 표상이라고], 그 표상 없이는 자기를 사유하는 일이 불가능하다고 여긴다는 점이다. 지성에게 자기를 알라는 명령이 내려올 때 자기를 찾되, 지성이 자기로부터 떨어져 나와야 할 것처럼 여길 것이 아니라, 지성이 자기에게 덧붙여 놓은 것을 떼어 내야 할 것으로 여겨야 한다.[85] 지성 자체는 훨씬 내부에 있다. 감각적 사물들 — 분명히 외부에 존재한다 — 보다 더 내부에 있을[86] 뿐만 아니라, 그 사물들이 [지성에 각인시킨] 표상들보다 더 내부에 있다. 이 표상들은 영혼의 한 부분에 존재하며 지성의 고유한 [능력인] 오성[87]은 짐승에게 없지만, 이 영혼이라는 것은 짐승에게도 있다. 지성이 내부에 있기 때문에 어떤 면에서 자기 밖으로 나가게 된다. 지성이 [이 표상들에] 사랑의 정을 쏟을 때 [이 경우에 표상들은 사물로부터 지성에 이르는] 다채로운 지향의 발자국에 해당한다.[88] 밖에 있는 물체들이 감지되면서 그 발자국이 기억에 각인되어 그 사물들이 부재할 때도 그 표상들만은 사유하는 사람에게 여

---

[88] 사물이 지성에 남기는 지향의 자취(vestigia multarum intentionum)에다 애정을 쏟는 셈이다.

etiam cum absunt ista, praesto sint tamen imagines eorum cogitantibus. Cognoscat ergo semetipsam, nec quasi absentem se quaerat, sed intentionem uoluntatis qua per alia uagabatur statuat in se ipsa et se cogitet. Ita uidebit quod numquam se non amauerit, numquam nescierit, sed aliud secum amando cum eo se confudit et concreuit quodam modo, atque ita dum sicut unum diuersa complectitur, unum putauit esse quae diuersa sunt.

XI 12. Non itaque uelut absentem se quaerat cernere, sed praesentem se curet discernere. Nec se quasi non norit cognoscat, sed ab eo quod alterum nouit dinoscat. Ipsum enim quod audit: *Cognosce te ipsam*, quomodo agere curabit si nescit aut quid sit *cognosce* aut quid sit *te ipsam*? Si autem utrumque nouit, nouit et se ipsam quia non ita dicitur menti: *Cognosce te ipsam* sicut dicitur: 'Cognosce cherubim et seraphim'; de absentibus enim illis credimus secundum quod caelestes quaedam potestates esse praedicantur. Neque sicut dicitur: 'Cognosce uoluntatem illius hominis,' quae nobis nec ad sentiendum ullo modo nec ad intellegendum praesto est nisi corporalibus signis editis, et hoc ita ut magis credamus quam intellegamus.

---

[89] cognoscat ··· se quaerat ··· intentionem statuat in se ipsa et se cogitet: 지성의 자기 인식은 대상 인식에 내포되어 있으므로 인식 행위 그 자체를 반성적으로 고찰하면서 자기 회귀를 수행해야 한다(intentionem statuat in se ipsa: 훗날의 conversio ad seipsam).

[90] 스토아 인식론의 기본 어휘들(confudit, concrevit, complectitur, unum putavit esse quae diversa sunt)이 열거되었다.

[91] 앞 문장의 *cernere*와 *discernere*, 이 문장의 *cognoscat*과 *dinoscat*을 구분하여 지성의 자기 인식은 대상 인식이 아니고 반성을 통한 간접 인식임을 강조한다(접두사 di-/dis-는 이미 있는 무엇으로부터의 분리나 분할을 뜻한다).

[92] cognosce te ipsam!: 델피 신전의, 피톤을 죽인 아폴로(Pythius Apollo)의 신탁 γνῶθι σεαυτόν을 번역하면서 교부는 지성(mens f.)을 대상으로 삼았다.

전히 현전現前한다. 그러니까 지성이 [따로] 자기를 알아내야 한다. 다만 그 자리에 부재不在하는 것처럼 자기를 찾아 나설 일이 아니다. 의지의 지향指向 — 지성은 이 지향을 가지고 다른 여러 사물을 섭렵하며 헤매게 된다 — 을 자기에게 고정시키고 자기를 사유해야 한다.[89] 그러면 지성이 자기를 사랑하지 않은 적이 없었고 자기를 인식하지 않았던 적도 없었음을 알 것이다. 하지만 지성은 자기와 더불어 다른 사물을 사랑했고, 바로 그 다른 사물에다 자기를 혼합했고, 어느 면에서 다른 사물과 한데 응결시키기도 했다. 그렇게 [사물들을 인식하면서] 다양한 사물을 [지성 안에서] 단일한 것으로 포획하다 보니까 [지성은] 그 다양한 것을 마치 [지성 자체와] 단일한 무엇처럼 간주했던 것이다.[90]

지성은 자기를 알라는 명령을 이해하는 그 자체로 자기를 인식한다

9.12. 그러므로 지성은 자기를 부재하는 존재처럼 발견하려고 탐구할 것이 아니고 자기를 현전하는 존재로서 구별해 내려고 노력해야 마땅하다. 자기를 전혀 모르는 대상처럼 인식해 내려고 하지 말고, 타자를 인식함에서 [자기를] 식별하도록 할 것이다.[91] '너 자신을 알라!'[92]는 말을 두고 '알라!'는 말이 무슨 뜻인지도 모르고, '너 자신'이라는 말이 무슨 뜻인지도 모를 경우에 어떻게 행동으로 실천할 생각인가? 지성이 만일 둘 다 안다면 자기 자신을 아는 것이다. 지성에게 '너 자신을 알라!'고 말할 때는 '케루빔과 세라핌을 알라!'고 하는 말과 똑같지는 않다.[93] 후자의 경우 그것들이 천상의 어떤 세력이라고 가르쳐 주므로 부재하는 존재들을 두고 하듯이 우리는 믿을 따름이다. 그렇다고 '저 사람의 뜻을 알라!' 하는 말과도 다르다. [그의 뜻이 무엇인지는] 신체적 표시를 하지 않는 한 우리가 어떤 식으로 감지할 수 있거나 이해할 수 있을 만큼 현전하는 것도 아니어서, 우리가

---

[93] 지성에게 '너'와 '자신' 둘을 알라는 말이 아니라는 뜻.

Neque ita ut dicitur homini: 'Vide faciem tuam,' quod nisi in speculo fieri non potest. Nam et ipsa nostra facies absens ab aspectu nostro est quia non ibi est quo ille dirigi potest. Sed cum dicitur menti: *Cognosce te ipsam*, eo ictu quo intellegit quod dictum est *te ipsam* cognoscit se ipsam, nec ob aliud quam eo quod sibi praesens est. Si autem quod dictum est non intellegit, non utique facit. Hoc igitur ei praecipitur ut faciat quod cum praeceptum ipsum intellegit facit. [13] Non ergo adiungat aliud ad id quod se ipsam cognoscit cum audit ut se ipsam cognoscat. Certe enim nouit sibi dici, sibi scilicet quae est et uiuit et intellegit. Sed est et cadauer, uiuit et pecus; intellegit autem nec cadauer nec pecus. Sic ergo se esse et uiuere scit quomodo est et uiuit intellegentia.

X. Cum ergo uerbi gratia mens aerem se putat, aerem intellegere putat, se tamen intellegere scit; aerem autem se esse non scit sed putat. Secernat quod se putat, cernat quod scit; hoc ei remaneat unde ne illi quidem dubitauerunt qui aliud atque aliud corpus esse mentem putauerunt. Neque enim omnis mens aerem se esse existimat, sed aliae ignem, aliae cerebrum, aliaeque aliud corpus et aliud aliae

---

[94] 눈에 안 보이는 인식 대상들, 자기 '얼굴', '천사', '남의 뜻'을 예거하여 지성이 '자기'를 인식한다는 것은, '너 자신을 알라!'는 문구를 이해하는 순간 지성이 인식하는 그것이라고 지적한다.

[95] quomodo est et vivit intellegentia: 지성과 오성을 동치시킨다(앞의 각주 66과 71 참조).

[96] 어떤 사본은 여기서부터 10장으로 분류한다.

[97] *secernat* quod se putat, *cernat* quod scit: 두 동사 cerno(알아보다, 숙고하다), secerno(분간하다, 접어 두다)로 puto(~라고 여기다)와 scio(~라는 사실을 알다) 동사가 대상을 처리하는 방식을 밝힌다.

[98] 앞의 10.7.9 참조.

이해한다기보다는 [그러려니 하고] 믿는 편이다. 하지만 어떤 사람한테 '네 얼굴 좀 보아라!'라고 하는 말과도 다르다. [자기 얼굴을 보는 일은] 거울에서가 아니면 이루어지지 않는다. 우리 얼굴마저도 우리 시선에서는 부재한다고 하겠으니 우리 시선이 향하는 그곳에는 얼굴이 존재하지 않는 까닭이다. 그런데 지성에게 '너 자신을 알라!'고 할 때는 '너 자신'이라는 말을 인식하는 바로 그 순간, 지성이 지성 자체를 인식하는 것이다. 또 지성이 자기에게 현전한다는 이유 아닌 다른 이유로 인식하는 것도 결코 아니다. ['너 자신을 알라'는 말을] 이해하지 못한 경우에 지성이 [그 말대로] 행동하지 않음은 물론이다. 그러므로 하라고 명령하는 바가 무엇인지 이해하는 순간 [지성은] 명령받은 바를 [이미] 수행하고 있다.[94]

모든 지성은 자기에 관해서 셋을 확실하게 인식하고 있으니, 지성이 인식함과 존재함과 살아 있음이다

10.13. 그러므로 자기를 알라는 말을 듣는 순간 [지성이] 자기를 인식하는 행위에 다른 무엇을 첨가하는 일이 없도록 할 것이다. [지성은 그 말이] 자기에게 하는 말임을 인식한다. 존재하고 살아 있고 이해하는 자기에게 하는 말임을 분명히 안다. 그러나 송장도 존재는 하고, 짐승도 살아 있으나, 송장도 짐승도 이해는 하지 못한다. 그러므로 [지성은] 자기가 존재하고 살아 있음을 인식하는데 오성으로서 존재하고 살아 있는 방식으로 그러하다.[95] 예를 들어[96] 지성이 자기가 공기라고 여기고 공기가 이해를 한다고 여기는 경우, 자기가 이해를 하고 있음은 안다. 그럴 때 자기가 공기라는 사실은 그가 아는 것이 아니고 그렇다고 여길 따름이다. 그렇다면 자기가 [자기를 무엇이라고] 여기는지는 접어 두고 자기가 아는 바를 고찰하도록 할 것이다.[97] 지성을 이런 물체 혹은 저런 물체라고 여겼던 저 사람들이 그 점을 전혀 의심하지 않았더라도 일단 접어 둘 일이다. 모든 지성이 자기가 공기라고 여기지는 않는다. 앞서 지적한 바와 같이,[98] 어떤 지성들은 자기가 불이라고 여겼고, 다른 지성들은 자기가 두뇌라고 여겼으며, 어떤

sicut supra commemoraui; omnes tamen se intellegere nouerunt et esse et uiuere, sed intellegere ad quod intellegunt referunt, esse autem et uiuere ad se ipsas. Et nulli est dubium nec quemquam intellegere qui non uiuat, nec quemquam uiuere qui non sit. Ergo consequenter et esse et uiuere id quod intellegit, non sicuti est cadauer quod non uiuit, nec sicut uiuit anima quae non intellegit, sed proprio quodam eodemque praestantiore modo. Item uelle se sciunt neque hoc posse quemquam qui non sit et qui non uiuat pariter sciunt, itemque ipsam uoluntatem referunt ad aliquid quod ea uoluntate uolunt. Meminisse etiam se sciunt simulque sciunt quod nemo meminisset nisi esset ac uiueret, sed et ipsam memoriam referimus ad aliquid quod ea meminimus. Duobus igitur horum trium, memoria et intellegentia, multarum rerum notitia atque scientia continetur; uoluntas autem adest per quam fruamur eis uel utamur. Fruimur enim cognitis in quibus uoluntas ipsis propter se ipsa delectata conquiescit; utimur uero eis quae ad aliud referimus quo fruendum est. Nec est alia

---

[99] esse, vivere, intellegere의 삼위성은 이하에 인간 지성의 삼위일체를 논하는 관건이 되며 이 책 15.12.21에서 상론한다.

[100] 이해(intellegere)는 대상 인식과 연관되지만 있음(esse)과 삶(vivere)은 인식 주체와 연관된다.

[101] anima quae non intellegit: 보통으로는 동물의 '영혼'(혼)을 가리키며 오성을 갖춘 인간 영혼의 경우 animus라고 부르는데 이 책에서는 대개 '정신'으로 번역하고 있다.

[102] 지성의 기억(memoria), 인식(notitia), 의지(voluntas)라는 삼위일체에 이르렀다. 지성(mens)을 주체로 인식(notitia), 사랑(amor)을 삼위일체로 논하기도 했고(이 책 9.2.2-5.8), 이하에(10.11.17-12.19) 기억[력](memoria)을 주체로 이해(intellegentia)와 의지(voluntas)의 삼위일체를 논하기도 한다.

[103] 지성의 제2위에 해당하는 인식(notitia)은 이 책에서 기억(memoria), 이해(intellegentia), 지식(scientia)과 자주 호환된다.

지성들은 다른 어떤 물체라고 여겼고, 다른 지성들은 또 다른 무엇이라고 여겼다. 그렇더라도 모든 지성이 자기가 이해한다는 사실만은 알고 있다. 자기가 존재한다는 것도, 자기가 살아 있다는 것도 안다.[99] 다만 '이해한다'는 것은 [지성들이] 이해하는 바로 그 [대상에] 연관시킴에 비해서, '존재한다'와 '살아 있다'는 지성 자체에 연관시킨다.[100] 살아 있지 않다면 아무도 [무엇을] 이해할 수 없고, 존재하지 않으면 아무도 살아 있지 못한다는 사실을 의심하는 사람은 하나도 없다. 따라서 이해하는 것에는 존재함도 살아 있음도 당연히 따라온다. 이것은 [존재는 하지만] 살아 있지는 못하는 송장이 존재하는 방식과는 다르고, [살아는 있지만] 이해를 못하는 영혼[101]이 살아 있는 방식과도 다르다. 자기에게 고유한 양상으로, 그리고 보다 탁월한 양상으로 [지성은 존재하고 살아 있다]. 또한 [지성은] 자기가 [뭔가를] 원한다는 사실도 안다. 이것 역시 존재하지 않고 살아 있지 않은 자는 할 수 없는 것임을 아울러 안다. 또한 그렇게 원하는 의지 자체를 대상에, 그 의지를 가지고 원하는 그 대상에 연관시킨다. [지성은] 자기가 기억한다는 사실도 알고 있다. 또한 존재하지 않고 살아 있지 않으면 아무도 무엇을 기억해 내지 못함도 아울러 알고 있다. 하지만 [그렇게 사물을 기억해 내는] 기억 자체를 대상에, 그 기억을 가지고 기억해 내는 그 대상에 연관시킨다.[102] 그러니까 이 셋 중의 둘, 기억과 이해에는 여러 사물들에 대한 인식과 지식이 내포되어 있다.[103] 그 대신 의지는 그것들을 향유하거나 사용하기 위하여 존재한다. 인식된 대상을 우리가 향유한다는 것은 그 대상들 자체를 누리면서 그 대상들 속에서 의지가 안식을 얻을 경우다. 사용한다는 것은 [의지가 그 대상을 사용하면서] 우리가 향유해야 할 다른 것과 결부시켜 사용할 경우다.[104] 사람의 삶치고 대상을 잘못 사용하고 잘

---

[104] 의지와 사물을 결부시키는 준거에 해당하는(cf., *De diversis quaestionibus 83*, 30) '향유'(frui)와 '사용'(uti)의 실천적 정의에 해당한다.

uita hominum uitiosa atque culpabilis quam male utens et male fruens, de qua re non est nunc disserendi locus.

14. Sed quoniam de natura mentis agitur, remoueamus a consideratione nostra omnes notitias quae capiuntur extrinsecus per sensus corporis, et ea quae posuimus omnes mentes de se ipsis nosse certasque esse dilegentius attendamus. Vtrum enim aeris sit uis uiuendi, reminiscendi, intellegendi, uolendi, cogitandi, sciendi, iudicandi; an ignis, an cerebri, an sanguinis, an atomorum, an praeter usitata quattuor elementa quinti nescio cuius corporis, an ipsius carnis nostrae compago uel temperamentum haec efficere ualeat dubitauerunt homines, et alius hoc, alius illud affirmare conatus est. Viuere se tamen et meminisse et intellegere et uelle et cogitare et scire et iudicare quis dubitet? Quandoquidem etiam si dubitat, uiuit; si dubitat, unde dubitet meminit; si dubitat, dubitare se intellegit; si dubitat, certus esse uult; si dubitat, cogitat; si dubitat, scit se nescire; si dubitat, iudicat non se temere consentire oportere. Quisquis igitur alicunde dubitat de his omnibus dubitare non debet quae si non essent, de ulla re dubitare non posset.

---

[105] '지성의 인식론적 오류'가 지성과 표상을 구분하지 못하는 데서 유래하듯, 그 실천적 오류는 의지를 감각적 사물로 잘못 정향(定向)하여 '사용'할 현세 사물에서 '향유'의 안식을 얻으려는 데서 유래한다.

[106] vis vivendi, reminiscendi, intellegendi, volendi, cogitandi, sciendi(conoscendi), iudicandi: 이 책에서 여태까지 지성의 기능을 언명한 어휘들을 한데 열거했다. 동사 nosse는 완료 시제만 있는 부족 동사이므로 분사형이 없어서 sciendi로 대체되었다.

[107] si dubitat, cogitat: 교부가 초기부터 다뤄 온 주제로(*Contra Academicos* 3.12.26; *De beata vita* 7; *Soliloquia* 2.1.1), '내가 속는다면 나는 존재한다'(si fallor, sum)라는 『신국론』(11.26)의 저 유명한 명제에 준하여 회의론을 배척하고 있다(이 책 15.12.21에서 재론).

못 향유하는 삶보다 타락하고 허물 많은 삶이 없다.[105] 지금은 이것에 관해서 토론할 자리가 아니다.

의심하는 자는 살아 있다

10.14. 그런데 우리가 지성의 본성에 관하여 논하는 참이므로 신체의 감관을 통해 외부에서 포착한 모든 인식은 일단 우리 고찰에서 제외하기로 하자. 그리고 우리가 설정한 것, 즉 모든 지성이 자기 자신에 관해서 알고 확실시하는 바에 관해서 면밀하게 주의를 집중하자. 살아 있고 기억하고 이해하고 원의하고 사유하고 인식하고 판단하는 능력[106]이 공기의 힘인지, 그렇지 않으면 불이나 두뇌나 피나 원자들의 힘인지, 그렇지 않고 항용 말하는 사원소四元素 말고 무슨 물체인지는 나도 모르겠지만 여하튼 제오원소의 힘인지, 그것도 아니면 우리 육신 자체의 어떤 집합이나 조화가 이 모든 작용을 해내는지 사람들은 의심해 왔다. 혹자는 이것이라고 주장하고 혹자는 저것이라고 애써 주장했다. 그렇지만 자기가 살아 있고 기억하고 이해하고 의지하고 사유하고 인식하고 판단하고 있다는 사실을 누가 의심하겠는가? 의심을 할 때라도 그는 살아 있다. 의심한다면 어디서 비롯하여 의심하는지 기억하고 있다. 의심한다면 자기가 의심하고 있다는 사실은 이해한다. 의심한다면 확실히 알기를 원한다. 의심한다면 그는 생각한다.[107] 의심한다면 자기가 모른다는 사실은 안다. 의심한다면 그는 자기가 경솔히 동의해서는 안 된다고 판단하고 있다. 누가 무슨 사안을 두고 의심하든지 간에 지금 말한 이 모든 것에 대해서는 의심하지 말아야 한다. 이 모든 것이 [확실하게] 존재하지 않는다면 무슨 사안을 두고도 의심하는 일이 불가능할 것이다.[108]

---

[108] quae si non essent: 위에서 '만일 의심한다면'의 후문(後文)에 해당하는, '살아 있고 기억하고 이해하고 의지하고 사유하고 인식하고 판단하는' 모든 행위를 가리킨다.

15. Haec omnia qui uel corpus uel compositionem seu temperationem corporis esse mentem putant in subiecto esse uolunt uideri ut substantia sit aer uel ignis siue aliud aliquod corpus quod mentem putant, intellegentia uero ita insit huic corpori sicut qualitas eius ut illud subiectum sit, haec in subiecto, subiectum scilicet mens quam corpus esse arbitrantur, in subiecto autem intellegentia siue quid aliud eorum quae certa nobis esse commemorauimus. Iuxta opinantur etiam illi qui mentem ipsam negant esse corpus sed compaginem aut temperationem corporis. Hoc enim interest quod illi mentem ipsam dicunt esse substantiam in quo subiecto sit intellegentia; isti autem ipsam mentem in subiecto esse dicunt, corpore scilicet cuius compositio uel temperatio est. Vnde consequenter etiam intellegentiam quid aliud quam in eodem subiecto corpore existimant?

16. Qui omnes non aduertunt mentem *nosse se* etiam cum quaerit se sicut iam ostendimus. Nullo modo autem recte dicitur sciri aliqua res dum eius ignoratur substantia. Quapropter dum se mens nouit substantiam suam nouit, et cum de se certa est de substantia sua certa est. Certa est autem de se sicut conuincunt ea quae supra dicta sunt. Nec omnino certa est utrum aer an ignis sit an aliquod corpus

---

109 in subiecto esse: 일반적으로는 실체에 근거하는, '작용'(actio) 내지 '성질'(qualitas)이라
는 우유(偶有)로 간주한다.

110 아우구스티누스는 '영혼'(anima, animus)과 '지성'을 동치시키므로(앞의 각주 71: mentem vel omnino totam animam) 지성의 실체성을 의심치 않는다. 다만 지성이든 인식 혹은
기억이든 의지든 간에, 영혼의 우유적 성질이나 기능에서 그치지 않고 어느 모로든 실체성을
띠어야(= 속성들 속에 실체가 존재해야) 후반부 삼위일체론의 '동일 실체성'(consubstantialis)
이 논거를 가진다.

10.15. [지성이] 물체라거나 신체의 어떤 조화나 집합이라고 간주하는 사람들은 이 모든 것이 주체 안에 존재하는 것으로[109] 보고 싶어 한다. 그들이 지성으로 간주하는 공기도 불도 그 밖의 다른 어떤 물체도 어디까지나 실체이고 [위에서 말한 것들은] 주체 안에 있는 무엇으로 여기고 싶어 한다. 물체의 성질이 물체 속에 내재하듯이 이해는 이 물체 속에 내재한다는 것이다. 전자는 주체이고 후자는 주체 안에 있는 무엇이라는 것이다. 지성을 물체라고 여기면서 주체가 지성이고, 이해는 주체 안에 존재한다는 것이다. 앞서 열거한 바 있는, 우리에게 확실한 [작용들] 가운데 어느 것도 [주체 안에 존재한다는 것이다]. 그 밖에 지성 자체가 물체라는 것은 부정하고 물체의 어떤 조화이거나 집합이라고 주장하는 사람들이 있다. 차이가 있다면 이것인데, 저 사람들은 지성 자체가 실체라고 말하면서 그 주체 안에 이해라는 [작용이] 존재한다고 주장하는 반면에, 이 사람들은 지성이 주체 곧 물체 안에 존재한다고 말하면서 그 물체의 조화 혹은 집합이 곧 지성이라고 주장한다. 그렇다면 이해 역시 같은 주체 안에, 곧 물체 안에 존재한다고 여기는 것 아니고 무엇인가?[110]

지성이 자체를 인식할 때는 자체의 실체를 인식하는 것이다

10.16. 앞서 논증한 대로 지성이 자기를 탐색할 때도 지성이 자기를 알고 있다는 점을 모두가 의식하는 것은 아니다. 어떤 사물의 실체가 모른 채 남아 있는 한, 무슨 사물이 알려져 있다는 말은 옳지 않다. 그러니까 지성이 자기를 아는 한 자기의 실체를 아는 것이다.[111] 지성이 자기에 대해서 확실하게 안다면 자기 실체에 대해서 확실하게 아는 것이다. 앞서 말한 것들을 두고 확신을 품고 있으므로 지성 자체에 대해서도 확실하다. 그런데 지성이 공기인지 물인지는 전혀 확실하지 않고 어떤 물체인지 물체의 무

---

[111] 교부가 substantia와 essentia를 구분 없이 사용하는 어법으로 미루어 '본질'이라는 번역도 무리는 아니다.

uel aliquid corporis. Non est igitur aliquid eorum. Totumque illud quod se iubetur ut nouerit, ad hoc pertinet ut certa sit non se esse aliquid eorum de quibus incerta est, idque solum esse se certa sit quod solum esse se certa est. Sic enim cogitat ignem ut aerem et quidquid aliud corporis cogitat, neque ullo modo fieri posset ut ita cogitaret id quod ipsa est quemadmodum cogitat id quod ipsa non est. Per phantasiam quippe imaginariam cogitat haec omnia, siue ignem siue aerem siue illud uel illud corpus partemue ullam seu compaginem temperationemque corporis, nec utique ista omnia sed aliquid horum esse dicitur. Si quid autem horum esset, aliter id quam cetera cogitaret, non scilicet per imaginale figmentum sicut cogitantur absentia quae sensu corporis tacta sunt, siue omnino ipsa siue eiusdem generis aliqua, sed quadam interiore non simulata sed uera praesentia (non enim quidquam illi est se ipsa praesentius), si-cut cogitat uiuere se et meminisse et intellegere et uelle se. Nouit enim haec in se, nec imaginatur quasi extra se illa sensu tetigerit si-cut corporalia quaeque tanguntur. Ex quorum cogitationibus si nihil

---

[112] ut certa sit non se esse aliquid eorum de quibus incerta est: 지성은 자기에게 현전하는 것이므로, 지성에게 불확실하게 나타난다면 그것은 결코 지성이 아니다.

[113] idque solum esse se certa sit, quod solum esse se certa est: 지성이 자기가 무엇이라고, 오로지 그것이라고 확실하게 생각하는 것만 지성은 자기를 두고 확실하게 알아야 한다.

[114] 지성이 자기가 무엇이라고 내리는 직관적 긍정 판단과 자기는 이런저런 것이 아닐 성싶다는 개연적 부정판단이 같은 인식론적 비중을 가질 수는 없다.

[115] 지성이 비물체적 존재이면서도 감관이 물체에서 받아들이는 '표상적 사상'(phantasia imaginaria)을 자기라고 여기는 오류다.

[116] 표상적 사상을 동원해서 지성이 자기를 생각함도 잘못인데, 실재성이 없는 '상상적 허구'(imaginale figmentum)를 자기라고 여길 리는 더더욱 없다.

[117] 감각적 사물에 대해서는 지성이 그것의 표상(simulata praesentia)과 실제 사물(vera praesentia)을 대조하는 작업을 가상할 수 있으나 — 실제는 지성이 표상을 통해서 사물을 직접 본다 —, 지성 자체는 지성에 현전하므로 대조 작업이 필요 없다.

엇인지도 전혀 확실치 않다. 그러니 [지성이] 그 가운데 어떤 것은 아니다. 따라서 자신을 알라고 명하는 내용 전부가 다음 말로 귀결된다: 한 가지는 확실해야 하겠으니, 지성이 어떤 것들을 두고 불확실해한다면 지성은 결코 그중 어느 것도 아니다![112] 그리고 지성은 바로 이것만 확실하게 해야겠으니, 유일하게 지성 스스로 확실해하는 바로 그것만 지성이다![113] [지성이 자기가] 불이려니 하고 생각할 때는, [지성이 자기가] 공기려니 하고 생각하는 바와 똑같은 [비중을 두어] 생각하고 있으며, 그 밖에 물체의 어떤 것이려니 생각할 때도 마찬가지다. 그러므로 지성이 '자기는 이것이다'라고 하는 생각과 '자기는 이것이 아니다'라고 하는 생각을 똑같은 [비중으로] 한다는 것은 절대로 있을 수 없다.[114] 지성이 자기가 불이든지 공기든지 이러저러한 물체든지, 아니면 물체의 부분이든지, 또 그렇지 않고 물체의 조화나 집합이든지 하다고 생각할 때, 지성이 생각하는 것은 모두 표상적 사상事象[115]을 가지고 생각하는 것이다. 설령 그렇더라도 [지성이 한꺼번에] 이것들 전부라고는 하지 않고 이것들 가운데 이것이나 저것 어느 하나라고 한다. 그런데 [지성이 자기가] 이것들 가운데 하나라고 생각하더라도, 여타의 것들과는 다르게 생각할 것이다. 다시 말해서, 신체의 감각으로 접촉해 본 적이 있으나 그 자리에 부재하는 사물들을 생각하는 경우처럼 — 바로 그런 사물들을 생각하든 같은 종류에 드는 다른 사물들을 생각하든 마찬가지다 — 상상적 허구[116]를 동원하여 생각하지는 않을 것이다. [지성이 자기를 생각하는 경우에는] 보다 내면적인 어떤 현존에 입각하여, 가상적이 아니고 참된 현존에 입각하여 — 지성에는 지성 자체보다 더 현전하는 것이 아무것도 없는 까닭이다[117] — [자기를] 생각할 것이다. [지성이] 자기가 살아 있다고 생각하고, 기억한다고 생각하고, 이해한다고 생각하고, 자기가 바라고 있다고 생각할 때처럼 말이다. 지성은 이것들을 자기 안에서 인식하며, 자기가 접촉하는 물체들처럼 자기 외부에서 감관으로 접촉할 무엇처럼 상상하지 않는다. [지성이 자기에 대해서 갖는 사유가] 이런 사물들에 관한 사유에서 무엇을 끌어다 자기에게 붙이는 일이 없을 경우,

sibi affingat ut tale aliquid esse se putet, quidquid ei de se remanet hoc solum ipsa est.

XI 17. Remotis igitur paulisper ceteris quorum mens de se ipsa certa est, tria haec potissimum considerata tractemus, memoriam, intellegentiam, uoluntatem. In his enim tribus inspici solent etiam ingenia paruulorum cuiusmodi praeferant indolem. Quanto quippe tenacius et facilius puer meminit quantoque acrius intellegit et studet ardentius, tanto est laudabilioris ingenii. Cum uero de cuiusque doctrina quaeritur, non quanta firmitate ac facilitate meminerit uel quanto acumine intellegat, sed quid meminerit et quid intellegat quaeritur. Et quia non tantum quam doctus sit consideratur laudabilis animus sed etiam quam bonus, non tantum quid meminerit et quid intellegat, uerum etiam quid uelit attenditur; non quanta flagrantia uelit, sed quid uelit prius, deinde quantum uelit. Tunc enim laudandus est animus uehementer amans cum id quod amat uehementer amandum est. Cum ergo dicuntur haec tria, *ingenium, doctrina, usus*, primum horum consideratur in illis tribus quid possit quisque memoria, intellegentia, uoluntate. Secundum eorum consideratur quid habeat quisque in memoria et intellegentia, quo stu-

---

¹¹⁸ hoc solum ipsa est: 물질적 표상을 일체 분리시키고 나면(detractio: 각주 85 참조) 거기 남는 것이 지성이다.

¹¹⁹ 10권의 마지막 부분(11.17-12.19)은 지성이 스스로 확실시하는 여러 활동 가운데 기억·이해·의지 셋을 임의로 가려 인간 지성에 깃들어 있는 삼위일체의 모상을 연구한다.

[그렇게 갖다 붙이고서는] 지성이 이런저런 사물이라고 생각하는 일이 없을 경우, 그렇게 하고서도 지성에 대해서 남는 무엇이 있다면, 바로 그것만이 지성 자체이다.[118]

기억과 이해와 의지

11.17. 지성이 자기를 두고 확실히 아는 것들 가운데서 나머지는 잠시 접어 두고, 기억과 이해 그리고 의지 이 세 가지만 전적으로 고찰 범위에 넣기로 하자.[119] 이 세 가지에서 아이들의 재능이 관찰되는 법이고 [아이들의] 소질을 어느 정도 예고하는 것이기도 하다. 소년이 얼마나 단단히 또 수월하게 기억을 하며 얼마나 명민하게 이해를 하고 얼마나 열심히 공부하는가에 따라서 그만큼 칭찬할 만한 재능을 가진 소년이 된다. 그 대신 어떤 [어른의] 학식을 두고 따질 때는 얼마나 단단히 또 수월하게 기억해 내느냐, 또는 얼마나 명민하게 이해하느냐를 묻지 않고 무엇을 기억하고 무엇을 이해하고 있느냐를 따진다. 또 사람은 얼마나 박식한가만 가지고 칭송받을 지성으로 간주되는 것이 아니고, 얼마나 선량하냐에 따라서도 칭송받을 인물로 간주된다. 그래서 그 사람이 무엇을 기억하고 무엇을 이해하느냐만이 아니고 무엇을 원하느냐는 점도 주의 깊게 관찰한다. 얼마나 열성껏 원하느냐보다도 먼저 도대체 무엇을 원하고 그다음 얼마나 많은 것을 원하느냐를 본다. 그다음에야 대단한 열성으로 원하는 정신이 칭송을 받아야 마땅하다. 사랑하는 바는 열렬하게 사랑해야 하는 법이다. 그래서 재능·이론·사용 이 셋을[120] 이야기하려면 저 세 가지, 곧 각자가 기억·이해·의지로 무엇을 할 수 있느냐에 비추어 이 중의 첫째 것을 고찰해야 한다. 이 중 둘째는 각자가 기억과 이해에 무엇을 간직하고 있으며

---

[120] ingenium, doctrina, usus: 『신국론』 11.25 참조: "인간 예술가가 무엇을 만들려고 할 때 내다 보는 것이 세 가지가 있다. 자연 본성, 이론, 사용! 자연 본성은 재능으로, 이론은 지식으로, 사용은 향유로 판단되어야 한다(natura ingenio, doctrina scientia, usus fructu diiudicandus est)."

diosa uoluntate peruenerit. Iam uero usus tertius in uoluntate est
pertractante illa quae memoria et intellegentia continentur, siue ad
aliquid ea referat siue eorum fine delectata conquiescat. Vti est
enim assumere aliquid in facultatem uoluntatis; frui est autem uti
cum gaudio non adhuc spei sed iam rei. Proinde omnis qui fruitur
utitur; assumit enim aliquid in facultatem uoluntatis cum fine de-
lectationis. Non autem omnis qui utitur fruitur si id quod in faculta-
tem uoluntatis assumit non propter illud ipsum sed propter aliud
appetiuit.

18. Haec igitur tria, memoria, intellegentia, uoluntas, quoniam
non sunt tres uitae sed una uita, nec tres mentes sed una mens, con-
sequenter utique nec tres substantiae sunt sed *una substantia*. Me-
moria quippe quod uita et mens et substantia dicitur ad se ipsam di-
citur; quod uero memoria dicitur ad aliquid relatiue dicitur. Hoc de
intellegentia quoque et de uoluntate dixerim, et intellegentia quippe
et uoluntas ad aliquid dicitur. Vita est autem unaquaeque ad se ip-
sam et mens et essentia. Quocirca *tria haec eo sunt unum* quo una
uita, una mens, una essentia; et quidquid aliud ad se ipsa singula

---

¹²¹ frui est autem uti cum gaudio *non adhuc spei sed iam rei*: 교부가 '사용' 또는 '향유'의
대상에 대해서 '희망'과 '현실'을 대조하는 데(향유의 대상은 "아직 현실이 아니지만 그것에 대
한 희망이 현세에서 우리를 위로한다": 『그리스도교 교양』 1.22.20) 빈번히 사용하는 어법이
다("지금은 희망이고 그때 가서 현실이 될 것이다": *De diversis quaestionibus 83*, 67.6).

¹²² 앞의 각주 105 참조.

¹²³ unum sunt essentialiter, tria relative: 장절의 제목을 붙인 이는 이 제목으로 교부의 신
학을 잘 간추렸다. 이 책 9.4.5 참조.

¹²⁴ 기억(memoria)의 예만 들더라도 '다른 무엇과 상관적으로'(ad aliquid relative), 즉 기억
하는 주체인 지성과 상관적으로 언표하는 경우로 분석할 수 있다. 기억은 각별한 비중을 가
지므로 기억 자체만으로 삼위일체의 모상을 발견하기도 한다(11.3.6-4.7; 14.8.11-11.14).

얼마나 열성적인 의지를 가지고 어디까지 도달해 있는지를 고찰한다. 그리고 셋째인 사용은 의지에 자리 잡고 있는 것으로, 기억과 이해 속에 간직되어 있는 것을 끄집어내서 목적하는 사물에 결부시키거나 그것 자체를 목적으로 하여 향유하고 안돈安頓을 얻는 일이다. 사용한다는 것은 대상을 의지의 처분에 맡겨 채택하는 일이고, 향유한다는 것은 즐거움으로 사물을 사용하되 그것을 아직 희망의 대상으로 삼는 즐거움이 아니고 실제로 소유하는 즐거움이다.[121] 그러니까 향유하는 사람은 누구나 그 대상을 사용하고 있다. 어떤 것을 의지의 처분에 맡겨 채택하되 향락의 목적에서 채택하는 것이다. 따라서 사용하는 사람이 누구나 향유를 하는 것은 아니다. 무엇을 의지의 처분에 맡겨 채택하되 바로 그것 때문이 아니고 다른 사물 때문에 그것을 희구한다면 [향유하는 것이 아니고] 사용하는 것이다.[122]

이 셋은 존재로는 하나이고 관계로는 셋이다[123]

11.18. 그러므로 이 셋, 곧 기억 · 이해 · 의지는 세 개의 생명이 아니고 하나의 생명이며, 세 개의 지성이 아니고 하나의 지성이며, 따라서 의당 세 개의 실체가 아니고 하나의 실체이다. 기억은 생명이라고도 하고 지성이라고도 하고 실체라고도 하는데 [이때는 기억] 자체와 연관하여 하는 말이다. 하지만 기억이라는 말은 본디 다른 무엇과 상관적으로 하는 말이다.[124] 이해에 대해서도 의지에 대해서도 같은 말을 할 만하다. 이해도 기억도 다른 무엇에 대해 [상관적으로] 언표된다. 그렇더라도 [이 셋이] 그 자체에 대해서 말하자면 [그 하나하나가] 생명이고 지성이고 존재이다.[125] 그리하여 [이 셋이] 한 생명이고 한 지성이고 한 존재라는 점에서 "이 셋은 하나다".[126] [이 셋] 각각이 자체와 연관하여 다른 무엇이라고 언표되든, 또

---

[125] vita et mens et essentia: 기억 · 이해 · 의지 각각을 우선 '지성'과 외연상 동치시켰고 이어서 '생명'이자 '존재'(실체)와도 동치시킬 것이다.

[126] 1요한 5,7-8: "이 셋은 일치합니다."

dicuntur etiam simul, non pluraliter sed singulariter dicuntur. Eo uero tria quo ad se inuicem referuntur. Quae si aequalia non essent non solum singula singulis sed etiam omnibus singula, non utique se inuicem caperent. Neque enim tantum a singulis singula, uerum etiam a singulis omnia capiuntur. Memini enim me habere memoriam et intellegentiam et uoluntatem, et intellego me intellegere et uelle atque meminisse, et uolo me uelle et meminisse et intellegere, totamque meam memoriam et intellegentiam et uoluntatem simul memini. Quod enim memoriae meae non memini non est in memoria mea. Nihil autem tam in memoria quam ipsa memoria est. Totam igitur memini. Item quidquid intellego intellegere me scio, et scio me uelle quidquid uolo; quidquid autem scio memini. Totam igitur intellegentiam totamque uoluntatem meam memini. Similiter cum haec tria intellego tota simul intellego. Neque enim quidquam intellegibilium non intellego nisi quod ignoro. Quod autem ignoro nec memini nec uolo. Quidquid itaque intellegibilium non intellego consequenter etiam nec memini nec uolo. Quidquid ergo intellegibilium memini et uolo consequenter intellego. Voluntas etiam mea totam intellegentiam totamque memoriam meam capit dum toto utor quod intellego et memini. Quapropter quando inuicem a singulis et tota et omnia capiuntur, aequalia sunt tota singula totis singu-

---

[127] eo vero tria *quo ad se invicem referentur*: 기억 · 이해 · 의지가 자체로는 하나이고 서로 간에 연관되는 경우에 셋이다.

[128] 기억 · 이해 · 의지가 각각 다른 둘에 대해서도(singulis), 셋을 총괄한 전부에 대해서도(omnibus) 동등하다면 셋은 서로 내포하고(caperent), 각개가 각개에 내포되고 셋 전부가 각개에 내포된다(capiuntur). capio 동사는 '파악하다, 인식하다'라는 의미도 가진다.

[셋 전부가] 한꺼번에 언표되더라도, 복수로 언표되지 않고 단수로 언표된다. 다만 이것들이 상호 연관된다는 점에서는 셋이다.[127] 이것들이 동등하지 않다면, 각개가 각개와 동일하지 않을뿐더러, 각개가 전부와도 동일하지 않다면, 물론 상호 간에 내포하지도 못할 것이다. 각개가 각개에 의해서 내포될 뿐 아니라 전부가 각개에 의해서 내포된다.[128] 나는 기억한다, 내가 기억을 가지고 있고 이해를 가지고 있고 의지를 가지고 있음을. 또 나는 이해한다, 내가 이해하고 원하고 또 기억한다는 사실을. 그리고 나는 원한다, 내가 원하고 기억하고 이해하기를. 내 기억 전체와 내 이해 전체와 내 의지 전체를 나는 동시에 기억한다. 내가 기억하지 못하는 나의 기억은 나의 기억 속에 존재하지 않는다. 내 기억 속에 존재하는 것치고 기억 자체만 한 것이 아무것도 없다. 나는 내 기억 전체를 기억한다.[129] 또 내가 무엇인가 이해하는 한, 내가 이해하고 있음을 나는 알며, 무엇이든지 내가 [뭔가를] 원하는 한, 내가 원하고 있음을 나는 알며, 내가 아는 무엇이든지 나는 기억한다. 다시 말해서 나의 이해 전체와 나의 의지 전체를 나는 기억한다. 이 셋을 이해함과 동시에 나는 [이 셋을] 전체로 한꺼번에 이해하는 것이다.[130] 가지적可知的인 것치고 내가 이해 못하는 것이라고는 내가 모르는 것뿐이다. 그리고 내가 모르는 바는 기억도 못하고 원하지도 못한다. 그래서 가지적인 것 중에서 무엇이든 내가 이해하지 못한 것은 의당 내가 기억을 못한다. 가지적인 것치고 무엇이든 내가 기억하고 내가 원하는 것은 의당 내가 이해한다.[131] 내가 이해하고 기억하는 것 전체를 사용하고 있는 한 내 의지 역시 내 이해 전체를 내포하고 내 기억 전체를 내포한다. 그러므로 [셋] 전체도 전부도 각개에 의해서 서로 내포된다면, 각개

---

[129] totam igitur [memoriam] memini: 기억을 살펴보면 그 작용과 대상과 주체가 동일하고 외연상 동등하다.

[130] omnes, totus를 '전부', '전체'로 구분하여 표기해 본다. tota simul intellego의 경우 셋 전부를(omnes) 한꺼번에 이해한다는 말보다는 셋을 한 덩어리로서(tota) 이해한다는 뜻이다.

[131] 이해, 기억, 의지가 외연이 같다.

lis et tota singula simul omnibus totis, et *haec tria unum*, una uita, una mens, una essentia.

XII 19. Iamne igitur ascendendum est qualibuscumque intentionis uiribus ad illas summam et altissimam essentiam cuius impar imago est humana mens sed tamen imago? An adhuc eadem tria distinctius declaranda sunt in anima per illa quae extrinsecus sensu corporis capimus ubi temporaliter imprimitur rerum corporearum notitia? Mentem quippe ipsam in memoria et intellegentia et uoluntate suimetipsius talem reperiebamus ut quoniam semper *se nosse* semperque se ipsam uelle comprehendebatur, simul etiam semper sui meminisse semperque se ipsam intellegere et amare comprehenderetur, quamuis non semper se cogitare discretam ab eis quae non sunt quod ipsa est. Ac per hoc difficile in ea dinoscitur memoria sui et intelligentia sui. Quasi enim non sint haec duo sed unum duobus uocabulis appelletur, sic apparet in ea re ubi ualde ista coniuncta sunt et aliud alio nullo praeceditur tempore; amorque ipse non ita senti-

---

[132] quando invicem a singulis et *tota et omnia* capiuntur, aequalia sunt *tota singula* totis singulis, et tota singula *simul omnibus totis*: 기억 · 이해 · 의지 '각개'(singula)와 셋을 합친 '전부'(omnia)와 셋을 한 덩어리로 보는 '전체'(tota)가 서로 내포하므로 tota singula(각개 전체, toutes en sa totalitè / each one as a whole), tota omnia(전체로 본 전부, whole as altogether), omnia tota(전부로 본 전체, toutes prises ensemble et dans leur totalitè / altogether as a whole)라는 무리한 수식어마저 가능하다.

[133] 교부는 저 셋이 우유적 활동이 아니고 존재론적 활동이어서 저 셋에서 지성이 전체로서 존재하고 살아 있고, 저 셋은 각개가 단일한 실체이자 단일한 지성이라는 결론을 유도한다.

[134] ad illas ... summam et altissimam essentiam: 교부가 '하느님'을 철학적으로 간접 지칭하는 표현이다. "하느님은 최고 존재자, 다시 말해서 최고로 존재하시는 분"(cum deus summa esentia sit. hoc est summe sit): 『신국론』 12.2.

전체가 각개 전체와 동등하고, 동시에 각개 전체는 전체로 본 전부와 동등하며,[132] '이 셋은 하나요' 한 생명 · 한 지성 · 한 존재다.[133]

지성은 자체의 기억 · 이해 · 의지에 있어서 삼위의 모상이다

12.19. 우리는 이미 우리 지향指向의 온갖 기력을 총동원하여 저 지고하고 지존한 존재에게로[134] 상승해야 하는 것일까? 인간 지성은 저 존재에 필적하지 못하는 모상이지만 그래도 모상은 모상이다.[135] 그렇지 않으면 우리가 외부로부터 신체의 감관으로 포착하는 것들을 통해서 영혼에 있는 저 세 가지를 아직 더 철저하게 구명해야 하는 것일까? 감관에는 물체적 사물의 지식이 일시적으로 각인된다. 우리는 지성의 기억과 이해와 의지를 통해서, 지성이 다음과 같은 존재임을 발견해 왔다. 곧, 지성이 언제나 자기를 인식하고 자기를 의욕하고 있음을 파악하고, 마찬가지로 지성이 언제나 자기를 기억하고 언제나 자기를 이해하고 사랑하고 있음을 파악한다는 것이다.[136] 물론 지성이 자기가 아닌 다른 것으로부터 자기를 반드시 구분해서 생각하는 것은 아니라는 점도 파악하지만 말이다.[137] 바로 그래서 지성에서 지성의 자기 기억, 지성의 자기 이해를 분간하기가 어렵다. 어떻든 이것들이 둘이 아니고 하나인데 두 이름으로 불릴 따름이라는 인상을 받는다. 지성 안에 이 둘이 하도 잘 결속되어 있어서 그중 하나가 다른 하나를 시간적으로 선행하는 바가 전혀 없는 것처럼 보인다. [예를 들어 지성에 대한] 사랑이 존재하는지는 선명하게 감지되지 않는다. 사랑받는 대상 [곧 지성이 항상 지성에게] 현전하는 까닭에 [사랑의 대상이] 결핍

---

[135] imapar imago, sed tamen imago: 영원한 말씀만 하느님의 '완전한 모상'이다.

[136] 지성, 자기 인식(se nosse), 자기 사랑(se velle)의 구도에서 자연스럽게 자기 기억(sui meminisse), 자기 이해(se intellegere), 자기 사랑(se amare)의 구도로 넘어간다.

[137] 지성의 자기 이해는 직관적이므로(comprehendi) 항상 반성적(cogitare)은 아니다. 이 책 제8권부터 지성의 활동을 관찰하는 이 고찰은 '반성적 작업'(labores exercitatiores)에 해당한다.

tur esse cum eum non prodit indigentia quoniam semper praesto est quod amatur. Quapropter etiam tardioribus dilucescere haec possunt dum ea tractantur quae ad animum tempore accedunt et quae illi temporaliter accidunt cum meminit quod antea non meminerat et cum uidet quod antea non uidebat et cum amat quod antea non amabat. Sed aliud haec tractatio iam poscit exordium propter huius libelli modum.

되어 사랑의 존재를 드러내는 일이 없기 때문이다. 그러므로 지성에 일시적으로 다가오거나 시간을 타고 지성에 다가오는 대상들을 두고 이야기한다면, 이해가 늦는 사람들에게는 더 잘 터득이 될지 모른다.[138] 전에 기억나지 않다가 기억난다든가, 전에 못 보던 것을 보든가, 전에 좋아하지 않던 것을 좋아하게 되는 경우가 그렇다. 하지만 이 주제는 또 다른 출발을 요하는 것이므로 일단 여기서 이 [제10]권을 끝맺기로 한다.

---

[138] 지성에서 관찰되는 이 시간성과 외면성을 염두에 두고, 다음 제11권에서 먼저(11.2.2-2.5) '감각적 지각'(perceptio), 그다음(11.3.6-4.7) '기억'을 관찰하여 외적 인간에게서 삼위일체의 흔적을 탐색하는 '지성의 훈련'(animi exercitatio)을 수행한다.

LIBER XI

I 1. Nemini dubium est sicut interiorem hominem intellegentia sic exteriorem sensu corporis praeditum. Nitamur igitur si possumus in hoc quoque exteriore indagare qualecumque uestigium trinitatis, non quia et ipse eodem modo sit *imago dei*. Manifesta est quippe apostolica sententia quae interiorem hominem renouari *in dei agnitionem* declarat *secundum imaginem eius qui creauit eum* cum et alio loco dicat: *Et si exterior homo noster corrumpitur, sed interior renouatur de die in diem.*

In hoc ergo qui corrumpitur quaeramus quemadmodum possumus quandam trinitatis effigiem, et si non expressiorem tamen fortassis ad dinoscendum faciliorem. Neque enim frustra et iste homo dicitur nisi quia inest ei nonnulla interioris similitudo, et illo ipso ordine conditionis nostrae quo mortales atque carnales effecti sumus facilius et quasi familiarius uisibilia quam intellegibilia pertractamus cum ista sint exterius, illa interius, et ista sensu corporis sentiamus, illa mente intellegamus; nosque ipsi animi non sensibiles simus, id est corpora, sed intellegibiles quoniam uita sumus; tamen,

---

¹ 콜로 3,10. 『200주년』: "이 새사람은 자기를 창조하신 분의 모상을 따라 새로워져 지식에 이르게 됩니다."

² 2코린 4,16.

³ trinitatis effigies: imago와 달리 effigies는 외형적 모양을 더 부각시키는 어휘로 사용하고 있다(예외로 effigies veritatis, universalitatis effigies라는 용법도 있다).

외적 인간에게서도 드러나는 삼위일체의 흔적

1.1. 내적 인간이 이해력을 갖추었듯이 외적 인간이 신체의 감관을 갖추었음은 아무도 의심하지 않는다. 그러니 가능하다면 이 외적 인간에게서도 삼위의 어떤 흔적을 찾아내려고 힘써 보자. 외적 인간이 똑같이 하느님의 모상이기 때문이 아니다. 이 점에 관해서는 사도의 말씀이 분명한데, 사도는 내적 인간이 "하느님에 대한 지식으로" 새로워진다면서 "자기를 창조하신 분의 모상에 따라 새로워진다"[1]고 했고, 또 다른 구절에서는 "우리의 외적 인간은 썩어 가고 있지만 우리의 내적 인간은 나날이 새로워진다"[2]고 했다.

그러니까 이 썩어 가고 있는 인간에게서 하는 데까지 삼위의 모습[3]을 찾아내 보자. 그 모습이 더 선명하지는 못하더라도 알아보기는 더 쉬울지 모른다.[4] [썩어 가는 외적 인간 역시] 인간이라고 불리는 것도 괜한 일이 아니니 그에게 내적 인간의 유사상이 전혀 없는 것은 아니기 때문이다.[5] 우리 [인간] 조건의 차원에서 보건대, 곧 우리가 사멸하는 육적 존재로 만들어져 있다는 차원에서 보건대 우리는 가지적可知的 사물보다는 가시적可視的 사물을 다루는 편이 더 용이하고 더 친숙할지 모른다. 후자는 외적이고 전자는 내적이며, 후자는 신체의 감관으로 우리가 지각하고 전자는 지성으로 이해한다. 우리 자신이 정신이어서, 감각으로 지각할 수 있는 존재 곧 물체가 아니고 가지적 존재이니 우리가 생명인 까닭이다.[6]▶ 하지만 앞

---

[4] 알아보기 더 쉬운(ad dinoscendam faciliorem) 이유는 우리가 '육적 존재'(carnales effecti sumus)이기 때문이다.

[5] 외적 인간은 내적 인간의 유사상(similitudo)을 가지며, 내적 인간은 신적 모상(imago)을 띤다는 점에서 외적 인간을 먼저 다룬다.

ut dixi, tanta facta est in corporibus consuetudo et ita in hae miro modo relabens foras se nostra proicit intentio ut cum ab incerto corporum ablata fuerit, ut in spiritu multo certiores ac stabiliore cognitione figatur, refugiat ad ista et ibi appetat requiem unde traxit infirmitatem. Cuius aegritudini congruendum est ut si quando interiora spiritalia adcommodatius distinguere atque facilius insinuare conamur, de corporalibus exterioribus similitudinum documenta capiamus. Sensu igitur corporis exterior homo praeditus sentit corpora, et iste sensus quod facile aduertitur quinquepertitus est, uidendo, audiendo, olfaciendo, gustando, tangendo. Sed et multum est et non necessarium ut omnes hos quinque sensus id quod quaerimus interrogemus; quod enim nobis unus eorum renuntiat etiam in ceteris ualet. Itaque potissimum testimonio utamur oculorum; is enim sensus corporis maxime excellit et est uisioni mentis pro sui generis diuersitate uicinior.

II 2. Cum igitur aliquod corpus uidemus, haec tria, quod facillimum est, consideranda sunt et dinoscenda. Primo ipsa res quam uidemus siue lapidem siue aliquam flammam siue quid aliud quod uideri oculis potest, quod utique iam esse poterat et antequam uidere-

---

[46] nosque ipsi animi non sensibiles simus, id est corpora: 역자들은 플라톤적 의미를 피하려고 다양하게 의역을 시도한다. "우리는 감각적 영혼(animi sensibiles)이 아니니 [그렇지 않으면] 물체가 되고 만다"(Agaesse). "우리는 의식하는 존재로서 감각에 의해서 지각되는 존재 곧 물체가 아니고"(Hill). *Epistola* 238.12 참조: "신체를 일컬어서 외적 인간이라 하고 이 성혼을 두고는 내적 인간이라고 알아듣는다. 그러나 둘 다 함께, 두 인간이 아니고, 한 인간이라 한다(utrumque tamen simul non homines duo sed unus dicitur). 자연 본성의 사슬로 결합되어(propter conexionem vinculi naturalis) 둘 다 함께, 두 인간 아닌, 한 인간이다."

서 말한 대로, 물체들에 대한 습성이 하도 짙게 배고 우리 지향指向이 이상하게도 이 물체들을 향해 기울어져 있어서인지, 그 지향이 [자꾸만] 자체를 외부로 투사하기 때문에, 비록 물체들의 불확실한 [영역으로부터] 지향을 전환시켜 영靈 안에서 훨씬 확실하고 안정된 [영역을 향해] 인식을 고정시키려고 하더라도, [우리 지성의 지향은 곧잘 방금 빠져나온] 물체들을 향해서 달아나고, 거기서 자기의 유약함이 비롯되었음에도 불구하고 바로 거기서 안식을 구하려고 안달이다. 그러니 [지성의] 이 병약함에 적응할 필요가 있고, 우리가 내적이고 영적인 것들을 보다 적절하게 구분해 내고 그것들에 보다 용이하게 접근하려고 노력할 때는, 아무래도 물리적이고 외적인 것들로부터 그 유사성의 사례를 끌어내기로 하자. 신체의 감관을 갖춘 외적 인간은 [그 감관으로] 물체들을 지각하게 마련이고, 저 감관이 다섯으로 나뉜다는 것은 쉽사리 파악할 수 있으니, 곧 보고 듣고 냄새 맡고 맛보고 만지고 하면서 [지각한다]. 다만 우리가 궁구하는 문제를 두고서 이 다섯 감관을 일일이 조사한다는 것은 지나칠뿐더러 필요치도 않다. 또 그중 하나가 우리에게 밝혀 주는 내용이라도 다른 것들 전부에 해당한다. 그러니 그중에서도 시각이 입증해 주는 바를 이용키로 하자. 이것은 신체의 감관으로서도 탁월할뿐더러, 비록 종류가 다르기는 하지만, 지성의 시선에 제일 근사하기 때문이다.[7]

시각에서 드러나는 삼위성[8]

2.2. 우리가 어떤 물체를 볼 때 다음 세 가지를 살피고 구분해야 하는데 이 일은 아주 쉽다. 먼저 우리 눈에 보이는 물건 자체, 예컨대 돌이라든지 불꽃이라든지 눈에 보이는 다른 어떤 것이다. 물론 이것은 눈에 보이기 전

---

[7] testimonio utamur oculorum … visioni mentis: '시각'에서 '지성의 시선'을 추정할 근거는 앞의 각주 5 참조.

[8] 이하(2.2-3.5)에서 시각(visio)을 예로 들어 대상물, 대상이 시각에 각인시킨 표상, 시선을 대상에 견지시키는 주체의 지향에서 삼위일체의 흔적을 살펴본다.

tur. Deinde uisio quae non erat priusquam rem illam obiectam sensui sentiremus. Tertio quod in ea re quae uidetur quamdiu uidetur sensum detinet oculorum, id est animi intentio. In his igitur tribus non solum est manifesta distinctio sed etiam discreta natura.

Primum quippe illud corpus uisibile longe alterius naturae est quam sensus oculorum quo sibimet incidente fit uisio, ipsaque uisio quae quid aliud quam sensus ex ea re quae sentitur informatus apparet? Quamuis re uisibili detracta nulla sit nec ulla omnino esse possit talis uisio si corpus non sit quod uideri queat, nullo modo tamen eiusdem substantiae est corpus quo formatur sensus oculorum cum idem corpus uidetur et ipsa forma quae ab eodem imprimitur sensui, quae uisio uocatur. Corpus enim a uisu in sua natura separabile est; sensus autem qui iam erat in animante etiam priusquam uideret quod uidere posset cum in aliquid uisibile incurreret, uel uisio quae fit in sensu ex uisibili corpore cum iam coniunctum est et uidetur, sensus ergo uel uisio, id est sensus non formatus extrinsecus uel sensus formatus extrinsecus, ad animantis naturam pertinet omnino aliam quam est illud corpus quod uidendo sentimus, quo sensus non ita formatur ut sensus sit sed ut uisio sit. Nam sensus et ante obiectum rei sensibilis nisi esset in nobis non distaremus a caecis dum nihil uidemus siue in tenebris siue clausis lumi-

---

[9] animi intentio: 정신이 기울이는 '주의'(注意, ad-tentio). 제11권(1.1-2.5)에는 감각적 지각에서도 주체의 능동적 역할을 부각시키며 그 역할을 '지성의 지향'으로 설명한다.

[10] ex ea re quae sentitur informatus apparet: "감관의 형상화를 시각이라 부른다"(illa *informatio sensus* quae visio dicitur: 아래 11.2.3)라는 문장 참조. 이 용어는 지성에도 쓰인다 ["사유는 기억에 의해서 형상화된다"(memoria de qua informatur cogitatio)]: 이 책 14.3.5.

에 이미 존재할 수 있었다. 그다음은 시각인데 이것은 저 감각의 대상을 우리가 감지하기 전에는 존재하지 않던 것이다. 셋째는 보이는 사물이 눈에 보이는 동안 줄곧 눈의 감각을 [대상에] 지탱하는 무엇, 다시 말해서 정신의 지향이다.[9] 이 셋에는 구분도 분명하지만 본성의 차이도 엄연하다.

우선 보이는 사물은 눈의 감관과는 전혀 다른 본성의 것이며 감관이 그것과 만나면서 시각이 발생한다. 또 시각 자체는 감관이 지각된 사물에 의해서 형상화形相化되어 출현하는 것[10] 아니고 무엇인가? 보이는 사물을 치워 없애면 시각 자체가 전혀 존재하지 못하며, 눈으로 볼 수 있는 물체가 존재하지 않는다면 시각이라고 할 것이 절대로 있을 수 없음이 사실이다. 그러니 어떤 물체가 눈에 보이고 그 물체에 의해서 눈의 감관이 형상화된다고 하더라도, 그 물체라는 것과, 그 물체에 의해서 감관에 각인되는 저 형상形相, 시각이라고 일컫는 저 형상이 동일한 실체의 무엇은 결코 아니다. 물체는 시각으로부터 분리되어 자체의 자연 본성으로 존재한다. 그러면 감관, 즉 보이는 어떤 사물을 만나서 눈에 보이는 것을 실제로 보기 전에도 생명체 안에 이미 존재하는 감관이라는 것을 [생각해 보자]. 또는 가시적 물체에 의해서 감관에 발생하는 시각, 그 물체가 감관에 결부되어 이미 보일 때 발생하는 시각이라는 것을 [생각해 보자]. 감관이나 시각 — 전자는 아직 외부에 의해서 형상화되지 않은 감관이고 후자는 외부에 의해서 형상화된 감관이다[11] — 은 생명체의 자연 본성에 속하고, 우리가 눈으로 보면서 지각하는 물체와는 전혀 다른 자연 본성에 해당한다. 비록 그 물체에 의해서 감관이 형상화되지만, [형상화되면서] 감관이 되는 것이 아니고 시각이 되는 까닭이다. 그 이유는 가시적 사물의 대상에 앞서 감관이 우리 안에 있지 않다면, 어둠 속에서나 [눈을 감아] 빛이 차단된 상태에서 우리가 아무것도 못 보는 상태하고 [아예 보는 감관이 없는] 소경의 상태하고 전혀 구분이 안 될 것이기 때문이다. 그런데 우리가 소경과 다른 점

---

[11] sensus ergo vel visio: '감관'(感官, sensus non formatus)과 '감각'(感覺, sensus formatus: 다음 절 sensus informatus)을 구분한다.

nibus. Hoc autem distamus quod nobis inest et non uidentibus quo uidere possimus, qui sensus uocatur; illis uero non inest, nec aliunde nisi quod eo carent caeci appellantur.

Itemque illa animi intentio quae in ea re quam uidemus sensum tenet atque utrumque coniungit non tantum ab ea re uisibili natura differt quandoquidem iste animus, illud corpus est, sed ab ipso quoque sensu atque uisione quoniam solius animi est haec intentio. Sensus autem oculorum non ob aliud sensus corporis dicitur nisi quia et ipsi oculi membra sunt corporis, et quamuis non sentiat corpus exanime, anima tamen commixta corpori per instrumentum sentit corporeum et idem instrumentum sensus uocatur. Qui etiam passione corporis cum quisque excaecatur, interceptus exstinguitur, cum idem maneat animus, et eius intentio luminibus amissis non habeat quidem sensum corporis quem uidendo extrinsecus corpori adiungat atque in eo uiso figat aspectum, nisu tamen ipso indicet se adempto corporis sensu nec perire potuisse nec minui; manet enim quidam uidendi appetitus integer siue id possit fieri siue non possit. Haec igitur tria, corpus quod uidetur et ipsa uisio et quae utrumque coniungit intentio, manifesta sunt ad dinoscendum non solum propter propria singulorum uerum etiam propter differentiam naturarum.

---

[12] per instrumentum: 혹자(Kreuzer/Matthews)는 전치사 per 없이 '영혼이 신체와 결합되어 있는 상태에서는 신체적 도구가 지각한다'로 번역한다.

은, 감관이라고 하는 것이, 우리가 그것으로 무엇을 볼 수 있지만 보지 않고 있더라도, 여전히 우리에게 내재하고 있다는 것이다. 그런데 소경들에게는 그것이 내재하지 않으며 그들이 소경이라고 불리는 까닭도 바로 그 감관이 결여되어 있기 때문이다.

그와는 달리 정신의 지향指向, 우리가 보는 사물에다 감각을 견지시키는 지향, 그리고 [사물과 감관] 양자를 결부시키는 지향이라는 것은, 그 본성에 있어서 저 가시적 사물로부터도 다를 뿐만 아니고 (이 감관은 정신이고 저 사물은 물체인 만큼) 감관 그 자체와도 다르고 시각 그 자체와도 다르다. 이 지향이라는 것은 오로지 정신의 것이기 때문이다. 눈의 감관이 신체의 감관이라고 불리는 것은 다른 이유가 아니고 눈 자체가 신체의 지체肢體이기 때문이다(혼이 나간 신체가 감각하지 못하더라도 마찬가지다). 그 대신 영혼이 신체와 결합되어 있는 처지에서 신체적 도구를 통해서 지각하고[12] 바로 이 도구를 일컬어 감관이라고 한다. 누가 신체의 질환으로 눈이 먼 경우는 [이 감관이] 제거되어 소멸한 것인데, 그럴 경우에도 정신은 여전히 남고 정신의 지향 역시 여전히 남는다. 물론 [눈이 멀 경우에 정신의 지향으로서는] 빛이 없어져서 외부에 사물이 보일 경우에 바로 그 사물에 결부시킬 감관이 우선 없고, 보이는 그 물체에 시선을 고정시키지도 못한다. 그렇지만 [외부 사물을 향하는 지향의] 노력이 여전한 것으로 미루어 비록 신체의 감관이 제거되더라도 [정신의 지향 자체는] 소멸할 수도, 줄어들 수도 없음을 가리킨다. 그러니까 보고 싶은 욕구는 온전하게 남아 있으며 그것이 이루어질 가능성이 있든 없든 상관없이 [지속한다]. 그러므로 각자의 고유한 성격 때문만 아니고 자연 본성들의 차이 때문에도,[13] 이 셋, 즉 보이는 물체, 시각 자체, 그리고 양자를 결부시키는 지향이 식별되어야 함이 분명하다.

---

[13] 앞에 나온 기억, 인식, 의지의 유비에서는 셋이 '고유한 본성'(propria)에서는 차이가 나더라도 '자연 본성'(natura) 혹은 존재(essentia)로는 단일하여 삼위일체를 이룸을 부각시킨다.

3. Atque in his cum sensus non procedat ex corpore illo quod uidetur sed ex corpore sentientis animantis cui anima suo quodam miro modo contemperatur, tamen ex corpore quod uidetur gignitur uisio, id est sensus ipse formatur ut iam non tantum sensus qui etiam in tenebris esse integer potest dum est incolumitas oculorum, sed etiam sensus informatus sit, quae uisio uocatur. Gignitur ergo ex re uisibili uisio, sed non ex sola nisi adsit et uidens. Quocirca ex uisibili et uidente gignitur uisio ita sane ut ex uidente sit sensus oculorum et aspicientis atque intuentis intentio; illa tamen informatio sensus quae uisio dicitur a solo imprimatur corpore quod uidetur, id est a re aliqua uisibili. Qua detracta nulla remanet forma quae inerat sensui dum adesset illud quod uidebatur; sensus tamen ipse remanet qui erat et priusquam aliquid sentiretur uelut in aqua uestigium tamdiu est donec ipsum corpus quod imprimitur inest, quo ablato nullum erit cum remaneat aqua quae erat et antequam illam formam corporis caperet. Ideoque non possumus quidem dicere quod sensum gignat res uisibilis; gignit tamen formam uelut similitudinem suam quae fit in sensu cum aliquid uidendo sentimus.

Sed formam corporis quod uidemus et formam quae ab illa in sensu uidentis fit per eundem sensum non discernimus quoniam tanta

---

[14] contemperatur: '결속'(contemperatio)은 영혼과 신체의 결합을 최소한으로 표현하는 어휘다.

[15] 감관이 신체로부터 '발하고'(procedat), 시각은 물체로부터 '태어난다'(gignitur, genitus, 능동태 '출산하다')는 동사 구사는 삼위일체론의 용어들이기도 하다.

[16] aspicientis atque intuentis intentio [ad-tentio]: 감각에서도 인식 주체의 능동적 기능[adspicere('쳐다보다'), intui('들여다보다')]을 부각시키는 어휘들이다.

2.3. 그런데 이 세 가지 가운데서 감관이라는 것은 보이는 물체로부터 발하는 것이 아니고 지각하는 생명체의 신체 — 영혼은 그 신체에 참으로 신비스러운 양상으로 결속되어 있다[14] — 에서 발하지만 그래도 보이는 그 물체로부터 시각이 태어난다.[15] 다시 말해서 감관이 [물체에 의해서] 형상화形象化된다. 단지 눈의 성함이 존재하는 한 어둠 속에서도 감관은 온전하게 있을 수 있다는 그런 뜻에서 감관으로 존재하는 것이 아니다. [지금은] 형상화된 감관으로서 존재하고 그래서 시각이라고 일컬어진다. 그러므로 가시적 사물로부터 시각이 태어난다. 다만 보는 이가 현전하지 않으면 보이는 사물만으로는 시각이 태어나지 않는다. 따라서 보이는 사물과 보는 주체로부터 시각은 태어나며, 보는 주체로부터는 눈의 감관, 그리고 주시하고 응시하는 주체의 지향이 있어야 한다.[16] 단 시각이라고 일컫는, 감관의 형상화는 보이는 물체, 말하자면 어떤 가시적 사물에 의해서만 각인된다. 보이는 동안에는 감관에 형상이 현전하지만 그 사물이 제거되면 감관에 내재하던 형상이 전혀 남지 않는 까닭이다. 그렇더라도 감관 자체는 여전히 남아 있으니 어떤 사물이 지각되기 이전에도 감관 자체는 존재하던 것과 마찬가지다. 이것은 마치 물에 표를 남기는 물체가 물에 존재하는 동안에는 그 흔적이 지속하지만 물체가 제거되면 아무 흔적도 남지 않으나, 그렇더라도 물은 여전히 남아 있어서 물이 [그 물체의] 형상을 내포하기 이전에도 존재하던 것과 마찬가지다. 따라서 가시적 사물이 감관을 출산한다고는 말 못하며 단지 형상을 출산한다고 해야 한다. 사물이 자기의 유사상類似像에 해당하는 형상形相, 우리가 무엇을 보고서 지각할 때 감관에 생겨나는 형상을 출산한다고 해야 한다.

그런데 우리가 보는 물체의 형상과, 그 형상에 의해서 보는 사람의 감관에 생겨나는 형상을 바로 그 감관을 통해서 구분하는 능력은 우리에게 없

coniunctio est ut non pateat discernendi locus. Sed ratione colligimus nequaquam nos potuisse sentire *nisi fieret in sensu nostro* aliqua similitudo conspecti corporis. Neque enim cum anulus cerae imprimitur ideo nulla imago facta est quia non discernitur nisi cum fuerit separata. Sed quoniam post ceram separatam manet quod factum est ut uideri possit, propterea facile persuadetur quod inerat iam cerae forma impressa ex anulo et antequam ab illa separaretur. Si autem liquido humori adiungeretur anulus, eo detracto nihil imaginis appareret. Nec ideo tamen discernere ratio non deberet fuisse in illo humore antequam detraheretur anuli formam factam ex anulo, quae distinguenda est ab ea forma quae in anulo est unde ista facta est quae detracto anulo non erit, quamuis illa in anulo maneat unde ista facta est. Sic sensus oculorum non ideo non habet imaginem corporis quod uidetur quamdiu uidetur quia eo detracto non remanet. Ac per hoc tardioribus ingeniis difficillime persuaderi potest formari in sensu nostro imaginem rei uisibilis cum eam uidemus, et eandem formam esse uisionem.

4. Sed qui forte aduerterunt quod commemorabo non ita in hac inquisitione laborabunt. Plerumque cum diuscule attenderimus quae-

---

[17] cum anulus cerae imprimitur: 로마 시대 이후로 반지 문양이 도장을 겸하여 문서를 초로 봉인하고 반지로 초 위에 날인하던 관습을 뜻한다.

[18] 사물의 존재론적 형상(forma corporis)과 우리 감관에 각인된 인식론적 형상(forma in sensu videntis), 곧 표상(表象)을 교부는 구분한다. 단 그 구분은 지성의 반성적 분석으로만 확인된다.

[19] eandem formam esse visionem: 시각(visio)은 형상화된 감관(sensus informatus) 혹은 감관에 각인된 형상(forma impressa)이다. 앞의 각주 10과 11 참조.

다. 그 둘이 하도 밀접하게 결합해 있어서 구분할 공간이 없는 까닭이다. 그 대신 관찰된 물체의 어떤 유사상이 우리 감관에 생기지 않는 한 우리는 그 무엇도 지각할 수 없다는 결론을 내리는 것은 이성을 통해서다. 밀초에 반지로 도장을 찍을 경우에[17] 반지를 밀초에서 떼어 내기 전에는 [반지가 밀초에 새긴 문양이 따로] 구분되지 않는다 해서 거기에 문양紋樣이 만들어진 것이 아니라고는 못한다. 단지 밀초를 [반지에서] 떼어 내고 나면 거기 만들어진 것이 눈에 보이기 때문에, 밀초를 떼어 내기 전에도 반지로 새긴 형상이 밀초에 들어 있었다는 주장에 쉽사리 수긍이 간다.[18] 그 대신 액체에 반지를 갖다 댄다면 반지를 치우더라도 아무 문양도 나타나지 않는다. 그렇더라도 이성이 [다음과 같은] 구분을 하지 말라는 법은 없다. 즉, 반지를 치우기 전에 반지에 의해서 [액체에] 만들어진 반지의 형상이 존재했으며, 그 형상은 반지에 원래 새겨져 있는 그 형상과는 구분되어야 한다. [반지에 새겨져 있는] 저 형상 — 저 형상에 의해서 [액체에] 형상이 생겨났다 — 과 액체에 기왕 만들어져 있었지만 반지를 [액체로부터] 치울 때는 더 이상 존재하지 않는 그 형상은 구분되어야 한다. 전자는 반지에 여전히 남아 있으며 전자로부터 이 후자가 만들어졌던 것이다. 이와 마찬가지로 물체를 치우면 물체의 모상도 남아 있지 않다는 이유 때문에 눈의 감관이 눈에 보이는 물체의 모상을 간직하고 있지 않다고 해서는 안 된다. 그래서 우리가 어떤 사물을 바라볼 때 가시적 사물의 모상이 우리 감관에 형상화된다는 점은 이해가 늦는 사람들에게 납득시키기 매우 힘들다. 또 시각이란 다름 아닌 바로 그 형상이라는 것도[19] 설명하기 아주 어렵다.

예를 들어 사안을 더 분명하게 설명한다

2.4. 그러나 내가 제시하려는 [다음] 사례에 유념하는 사람들이라면 이 연구에 그다지 힘을 들이지 않아도 될 것이다. 우리가 어떤 광체光體를 상

que luminaria et deinde oculos clauserimus, quasi uersantur in conspectu quidam lucidi colores uarie sese commutantes et minus minusque fulgentes donec omnino desistant, quas intellegendum est reliquias esse formae illius quae facta erat in sensu cum corpus lucidum uideretur, paulatimque et quodam modo gradatim deficiendo uariari. Nam et insertarum fenestrarum cancelli si eos forte intuebamur, saepe in illis apparuere coloribus ut manifestum sit hanc affectionem nostro sensui ex ea re quae uidebatur impressam. Erat ergo etiam cum uideremus, et illa erat clarior et expressior sed multum coniuncta cum specie rei eius quae cernebatur ut discerni omnino non posset, et ipsa erat uisio. Quin etiam cum lucernae flammula modo quodam diuaricatis radiis oculorum quasi geminatur, duae uisiones fiunt, cum sit res una quae uidetur. Singillatim quippe afficiuntur idem radii de suo quisque oculo emicantes dum non sinuntur in illud corpus intuendum pariter coniuncteque concurrere ut unus fiat ex utroque contuitus, et ideo si unum oculum clauserimus, non geminum ignem sed sicuti est unum uidebimus. Cur autem sinistro clauso illa species uideri desinit quae ad dextrum erat uicissimque dextro clauso illa intermoritur quae ad sinistrum erat, et longum est et rei praesenti non necessarium modo quaerere atque disserere. Quod enim ad susceptam quaestionem sat est *nisi fieret in sensu nostro* quaedam imago simillima rei eius quam cernimus, non secundum oculorum numerum flammae species geminaretur cum quidam cernendi modus adhibitus fuerit qui possit concursum separare radiorum. Ex uno quippe oculo quolibet modo de-

---

[20] insertarum fenestrarum cancelli: 벽에 공간을 내고 덧문을 다는 것이 창문이지만 창살은 창틀 가운데쯤으로 들여 달기 때문에 나온 표현 같다.

당히 오랫동안 바라보다가 눈을 감는 경우에 눈앞에 다채롭고 밝은 색채들이 번갈아 어른거리다 그 밝기가 점점 줄어들어 마침내는 완전히 사라진다. 이 반점들을 우리는 빛나는 물체가 보일 때 감관에 만들어진 저 형상의 흔적이라고, 그것들이 서서히 또 점차적으로 약해지면서 다채로운 모습을 띠는 것으로 알아들을 만하다. 우리가 [어느 건물에] 들여 단 창문의 창살들을[20] 지긋이 주시하고 있노라면 그 창살들 역시 일정한 색깔을 띠고 나타남을 흔히 보는데, 분명히 이 현상은 눈에 보이는 사물에 의해서 우리 감관에 각인된 무엇이다. 이 현상은 우리가 대상을 바라보고 있을 때도 존재했음에 틀림없으며 오히려 보다 뚜렷하고 보다 생생한 것이었음에 틀림없다. 그럼에도 그것이 대상물의 형상과 긴밀하게 결합되어 있어서 어느 모로도 분간해 낼 수 없었을 따름이고, 또 바로 그것이 다름 아닌 시각이었다. 등잔의 불꽃 하나가, 눈으로부터 나오는 빛살이 갈라지면서[21] 때때로 겹으로 보이는 수가 있다. 보이는 사물은 하나임에도 불구하고 시상이 둘로 만들어지는 것이다. 각각의 눈에서 발산하는 동일한 빛살들이 제각기 작용을 하면서 주시할 물체에 동등하게 한데 수렴되게 놓아두지 않으므로 두 눈으로부터 나오는 시선이 하나가 되지 못하는 것이다. 그래서 우리가 한 눈을 감으면 불꽃이 겹으로 보이지 않고 원래대로 하나만 보인다. 우리가 왼 눈을 감으면 어째서 오른편에 있던 그 형상形象이 더 이상 보이지 않고 반대로 오른 눈을 감으면 어째서 왼편에 있던 그 형상이 사라지느냐는 현안과는 거리가 멀기에 일일이 추궁하고 따지고 할 필요도 없겠다. 현재 채택한 문제로는 다음 사실만으로 충분하다고 하겠으니 우리가 감지하는 사물과 아주 유사한 어떤 모상이 우리 감관에 생기지 않는 한, 눈의 숫자에 따라서 불꽃의 형상이 겹이 되지는 않으리라는 점이다. [눈으로 사물을] 감지하는 방식에서 빛살의 수렴을 갈라놓을 수도 있는 어떤 방식이 구사된 까닭이리라. 그 이유는 다른 눈을 감고 있는 이상 한 눈

---

[21] divaricatis radiis oculorum: 교부는 감각의 능동적 성격을 주장하여 눈으로부터 발하는 광채에 사물이 걸리면 시각 발생의 단초가 된다고 본다.

ducto aut impresso aut intorto si alter clausus est, dupliciter uideri aliquid quod sit unum nullo pacto potest.

5. *Quae cum ita sint*, tria haec quamuis diuersa natura quemadmodum in quandam unitatem contemperentur meminerimus, id est species corporis quae uidetur et imago eius impressa sensui quod est uisio sensusue formatus et uoluntas animi quae rei sensibili sensum admouet, in eoque ipsam uisionem tenet. Horum primum, id est res ipsa uisibilis, non pertinet ad animantis naturam nisi cum corpus nostrum cernimus. Alterum autem ita pertinet ut et in corpore fiat et per corpus in anima; fit enim in sensu qui neque sine corpore est neque sine anima. Tertium uero solius animae est quia uoluntas est. Cum igitur horum trium tam diuersae substantiae sint, tamen in tantam coeunt unitatem ut duo priora uix intercedente iudice ratione discerni ualeant, species uidelicet corporis quod uidetur et imago eius quae fit in sensu, id est uisio. Voluntas autem tantam habet uim copulandi haec duo, ut et sensum formandum admoueat ei rei quae cernitur et in ea formatum teneat. Et si tam uiolenta est ut possit uocari amor aut cupiditas aut libido, etiam ceterum corpus animantis uehementer afficit, et ubi non resistit pigrior duriorque materies in similem speciem coloremque commutat.

---

[22] 교부는 시각의 잔상들을 예거하면서 본래 사물이 갖는 형상과 시각에 각인된 표상을 구분하는 훈련으로 삼는다. 주교관 서재의 창살이나 촛불을 바라보다가 착안한 설명이라고 추측할 만하다.

[23] contemperentur: 앞의 각주 14 참조.

[24] species corporis quae uidetur et imago eius impressa sensui quod est visio sensusve formatus et voluntas animi quae rei sensibili sensum admovet: 감각적 지각의 삼위성에 관해서 구사해 온 용어들을 한데 모아 결론을 맺는다.

이야 가늘게 뜨든 흡뜨든 찌푸리든 무엇을 하든 상관없이 무엇이 하나이면서도 이중으로 보이는 일은 절대로 있을 수 없기 때문이다.[22]

시각에 존재하는 셋은 자연 본성상 다르지만 하나로 합치한다

2.5. 사정이 이렇다면 이 셋은 비록 자연 본성이 다르면서도 어떻게 해서 모종의 단일성으로 결속된다는[23] 사실을 상기하기로 하자. 달리 말하면, 보이는 물체의 형상形象, 감관에 각인된 모상 또는 시각 혹은 형상화된 감관, 그리고 감각적 사물에 감관을 정향定向시키고 감관에 시각 자체를 견지시키는 의지, [이 셋이 단일성을 이루어 결속된다].[24] 이 가운데 첫째, 곧 가시적 사물 자체는, 우리가 우리 신체를 지각하는 경우가 아닌 한, 생명체의 자연 본성에 속하지 않는다. 둘째는 거기에 속하는데 그 모상이 신체 안에 생겨나고 신체를 통해서 영혼에 생겨난다는 뜻에서 하는 말이다. 신체 없이, 영혼 없이 존재하지 못한다는 점에서 그것은 감관 안에 생겨난다. 셋째는 오직 영혼의 것이니 엄연히 의지이기 때문이다.[25] 이 셋의 실체들이 그처럼 다름에도 불구하고 철저한 단일성으로 합치하기 때문에 처음 둘, 다시 말해서 보이는 사물의 형상과 감관에 발생하는 그 모상 즉 시각은 이성이 개입하여 판단을 내려야만 겨우 분간이 될 정도다. 의지는 이 둘을 결합시키는 강력한 힘이 있어서 형상화될 감관을 지각되는 사물을 향하여 정향시키고, 감관이 형상화되고 난 다음에는 그 사물에다 견지한다. [의지를 가리켜] 사랑이라거나 욕망이라거나 정욕이라고 일컬을 만큼 강렬할 경우에는 생명체의 여타 신체에도 심한 영향을 끼친다. 물체가 훨씬 둔감하고 훨씬 견고하여 [의지의 이 작용에] 저항하는 경우가 아닌 한, [의지는 이 물체를] 유사한 형상과 색깔로 변화시키기에 이른다.

---

[25] 셋의 단일성을 논하기 전 그 존재 양태를 명확히 한다. 사물은 그 자체로(res ipsa), 표상은 생명체 안에(per corpus in anima), 의지는 영혼의 것으로(solius animae) 존재한다.

Licet uidere corpusculum chamaeleontis ad colores quos uidet facillima conuersione uariari. Aliorum autem animalium, quia non est ad conuersionem facilis corpulentia, fetus plerumque produnt libidines matrum quid cum magna delectatione conspexerint. Quam enim teneriora atque ut ita dixerim formabiliora sunt primordia seminum, tam efficaciter et capaciter sequuntur intentionem maternae animae et quae in ea facta est phantasia per corpus quod cupide aspexit. Sunt exempla quae copiose commemorari possint, sed unum sufficit de fidelissimis libris quod fecit Iacob ut oues et caprae uarios coloribus parerent supponendo eis uariata uirgulta in canalibus aquarum quae potantes intuerentur eo tempore quo conceperant.

6. Sed anima rationalis deformiter uiuit cum secundum trinitatem exterioris hominis uiuit, id est cum ad ea quae forinsecus sensum corporis formant non laudabilem uoluntatem qua haec ad utile aliquid referat, sed turpem cupiditatem qua his inhaerescat accommodat. [III] Quia etiam detracta specie corporis quae corporaliter sentiebatur remanet in memoria similitudo eius quo rursus uoluntas conuertat aciem ut inde formetur intrinsecus sicut ex corpore obiecto sensibili sensus extrinsecus formabatur.

Atque ita fit illa trinitas ex memoria et interna uisione et quae utrumque copulat uoluntate, quae tria cum in unum coguntur ab ipso

---

²⁶ 창세 30,37-41 참조. 이 책 3.8.14-15에서도 인용했다.

²⁷ 다음(3.6-5.8)에는 감각적 지각보다 조금 더 내면화된 기억력(memoria)에서 삼위일체의 모상을 탐색한다. 기억 혹은 그 대상(forma impressa), 상기해 내는 지성의 내적 시상(視想, visio interior), 지성의 정곡을 그 대상에 결합시키는 의지(voluntas).

²⁸ 편집본에 따라서는 여기서부터 3.6이 시작한다.

카멜레온의 몸뚱이는 눈으로 보는 색깔로 아주 쉽게 변색하여 달라진다. 다른 동물들의 몸뚱이는 그처럼 용이하게 변색하지는 않지만 어미가 무엇을 아주 즐겨 바라보는 경우에 배 속의 새끼들이 어미의 욕심을 무척 많이 드러낸다. 배종胚種의 [단계가] 초기여서 보다 연약하고 말하자면 가소성可塑性이 보다 클수록 모체인 영혼의 지향을 보다 유연하게 보다 능숙하게 따라간다. 어미가 욕심을 품고서 쳐다본 사물이 있으면 그 지향이 그 물체를 통해서 그 [태아] 속에서 표상表象으로 만들어진 것이다. 그런 예들은 넉넉하게 꼽을 수 있겠지만 더없이 믿을 만한 책에 나온 이야기로 야곱이 부린 재주가 있다. 그는 암양과 암염소들이 [자기가 바라는] 색깔을 한 새끼들을 낳기 바랐으므로 물 먹는 홈통에다 색색의 나뭇가지들을 가져다 놓았다. 물을 마시는 짐승들이 새끼를 밸 즈음에 [물을 마시면서 색색의] 잔가지들을 쳐다보게 할 생각이었다.[26]

기억이라는 사유 활동에 나타나는 삼위성[27]

3.6. 그러나 이성혼理性魂이 외적 인간의 삼위성에 따라서 살 때는 왜곡된 삶을 살게 된다. 달리 말하면, 외부에서 신체의 감관을 형상화하는 대상들을 향하되 칭송받을 만한 의지로 그것들을 유익한 무엇에다 결부시키려고 하지 않고, 추한 욕망에 따라서 그것들에 애착하고 내맡길 때 그렇다. 물리적으로[28] 지각된 물체의 형상形象이 사라진 다음에도 기억에는 그 물체의 유사상이 잔존하고 있으므로, 그것에 힘입어 의지는 또다시 [영혼의] 시선[29]을 돌려서, 감각적 대상물인 물체에 의해서 감관이 외적으로 형상화된 것처럼, [지성이] 내적으로 형상화되는 결과를 빚어낸다.

그러다 보면 기억과 내적인 시상視想[30]▶과 양자를 결합시키는 의지에 의해 삼위성이 생긴다. 이 셋이 하나로 '거두어 모아질' 때는 그 '모음'에 의해

---

[29] acies animae[acies mentis, acies animi]: '영혼[지성, 정신]의 정곡(正鵠)'으로 옮겨 왔으나 여기서부터 작용을 가리킬 때는 '영혼[지성, 정신]의 시선'(le regard de l'ame / its gaze, attention)으로 번역했다.

coactu cogitatio dicitur. Nec iam in his tribus diuersa substantia est. Neque enim aut corpus illud sensibile ibi est quod omnino discretum est ab animantis natura, aut sensus corporis ibi formatur ut fiat uisio, aut ipsa uoluntas id agit ut formandum sensum sensibili corpori admoueat, in eoque formatum detineat. Sed pro illa specie corporis quae sentiebatur extrinsecus succedit memoria retinens illam speciem quam per corporis sensum combibit anima, proque illa uisione quae foris erat cum sensus ex corpore sensibili formaretur succedit intus similis uisio cum ex eo quod memoria tenet formatur acies animi et absentia corpora cogitantur, uoluntasque ipsa quomodo foris corpori obiecto formandum sensum admouebat formatumque iungebat, sic aciem recordantis animi conuertit ad memoriam ut ex eo quod illa retinuit ista formetur, et fit in cogitatione similis uisio.

Sicut autem ratione discernebatur species uisibilis qua sensus corporis formabatur et eius similitudo quae fiebat in sensu formato ut esset uisio (alioquin ita erant coniunctae ut omnino una eademque putaretur, sic illa phantasia, cum animus cogitat speciem uisi corporis, cum constet ex corporis similitudine quam memoria tenet et ex ea quae inde formatur in acie recordantis animi, tamen sic una

---

◀30 interna visio: 내적 '시각' 대신 '시상'으로 옮긴다.

31 cum in unum *coguntur* ab ipso *coactu cogitatio* dicitur:『고백록』10.11.18("일종의 분산으로부터 응집시키듯이 하므로 '생각을 모으다'라는 말이 나왔습니다")에서도 '생각'(cogitatio)의 동사 cogito를 cogo 동사의 반복형으로 간주하면서 그 원형인 co-ago(한데 모으다, 거두다)까지 소급한다.

32 원문은 diversa substantia.

33 memoria('기억', 기억력, 기억된 것), meminisse(잊지 않고 '기억하고 있다'), recordari(기억에 떠올리다, '상기하다': ad memoriam redire)를 구분하여 번역했다.

서 생기는 것을 '생각'이라고 일컫는다.[31] 이 셋에는 이미 실체상의 차이[32]
가 존재하지 않는다. 그 이유는 생명체의 자연 본성과 전적으로 구분되던
감각적 사물도 더 이상 거기에 존재하지 않기 때문이고, 신체의 감관이 거
기서 형상화되어 시상이 되는 일도 더 이상 없는 까닭이고, 감관이 형상화
되도록 감각적 사물로 감관을 움직여 나가고 감관이 형상화되고 나면 그
대상에다 감관을 견지하는 의지도 더 이상 없는 까닭이다. 그 대신 외부에
서 감지되던 물체의 저 형상形象 그 자리에 기억이 자리 잡는다. 영혼이 신
체의 감관을 통해서 머금었던 저 형상을 기억이 간직하고 있는 것이다. 그
리고 감관이 감각적 사물에 의해서 형상화形象化될 때 외부로부터 생겨나
던 시각 대신에 내부에서 그와 유사한 시상이 뒤를 잇는다. 정신의 시선이
이번에는 기억이 간직하고 있던 그것에 의해서 형상화되고 그 자리에 부
재하는 물체들이 사유의 대상이 된다. 마지막으로, 의지는 무엇을 상기해
내는[33] 정신의 시선을 기억에다 정향시켜서 기억에 간직되어 있던 내용에
의해서 이 시선이 형상화되게 만든다. 이것은 [의지가] 대상적 사물에 의
해서 외부로부터 형상화되도록 감관을 움직여 나가거나 그 대상과 형상화
된 감관을 결합시키던 작용과 비슷한 모양으로 이루어진다. 그러면 사유
속에 시각과 비슷한 무엇이 생긴다.[34]

신체의 감관을 형상화하는 가시적 형상形象, 그리고 그렇게 형상화된 감
관에 생겨나는 [그 사물의] 유사상 ─ 그것이 생겨나면 시각이 존재한다
─ 을 구분하는 것은 어디까지나 이성이다([이성이 분간을 못하는 한] 이 둘은 하
도 밀접하게 결속되어 있어서 전적으로 단일하고 동일한 것으로 간주될 것이다). 저 표상[35]
도 마찬가지다. 표상이라는 것은 눈으로 본 물체의 형상形象을 정신이 사
유할 때 생겨나는 것이다. 또 표상은 기억이 간직하고 있는, 물체의 유사
상에 의해서와, 또 무엇을 상기하는 정신의 시선에 [그 유사상으로 인해

---

[34] 외적 인간의 감각적 지각의 삼위일체와 기억의 삼위일체를 대조하여 후자의 비물체성
을 강조하고 양자가 어떻게 차이 나는지 설명했다.

[35] phantasia: 사상(事象, visio immaginativa)으로도 번역할 수 있다.

et singularis apparet ut duo quaedam esse non inueniantur nisi iudicante ratione qua intellegimus aliud esse illud quod in memoria manet etiam cum aliunde cogitamus et aliud fieri cum recordamur, id est ad memoriam redimus, et illic inuenimus eandem speciem. Quae si iam non ibi esset, ita oblitos nos esse diceremus ut omnino recolere non possemus; si autem acies recordantis non formaretur ex ea re quae erat in memoria, nullo modo fieret uisio cogitantis. Sed utriusque coniunctio, id est eius quam memoria tenet et eius quae inde exprimitur ut formetur acies recordantis, quia simillimae sunt, ueluti unam facit apparere. Cum autem cogitantis acies auersa inde fuerit atque id quod in memoria cernebatur destiterit intueri, nihil formae quae impressa erat in eadem acie remanebit, atque inde formabitur quo rursus conuersa fuerit ut alia cogitatio fiat. Manet tamen illud quod reliquit in memoria, quo rursus cum id recordamur conuertatur, et conuersa formetur atque unum cum eo fiat unde formatur.

IV 7. Voluntas uero illa quae hac atque hac fert et refert aciem formandum coniungitque formatam, si ad interiorem phantasiam tota confluxerit atque a praesentia corporum quae circumiacent sensi-

---

[36] 눈으로 본 물체의 형상(species visi corporis)과 기억에 간직되어 있는 그 유사상(similitudo in memoria).

[37] visio cogitantis: '생각하고 있는 사람의 시선'(regard de la pensée / seeing by thinking)이라는 번역도 가능하다.

서] 형상화되는 무엇에 의해서 성립하는 것이다. 하지만 이 둘[36]은 전적으로 하나이자 단수처럼 나타나기 때문에 이성이 판단을 내리지 않는 한 둘이라는 것이 드러나지 않는다. (우리가 딴것을 생각하고 있는 동안에도) 기억 속에 그냥 남아 있는 그것 다르고, 우리가 상기하는 순간 떠오르는 것, 즉 우리가 기억으로 돌아갈 때 생겨나는 것 다르다는 사실을 우리가 이해하는 것은 이성에 의해서다. 그러면서도 우리는 동일한 형상形象을 발견하기에 이른다. 이 형상이 거기 [기억에] 남아 있지 않다면 우리는 전혀 상기해 낼 수 없는 만큼 전적으로 잊어버렸다고 말해야 할 것이다. 그렇지만 상기하는 사람의 [지성의] 시선이 기억에 남아 있는 무엇에 의해서 형상화되지 않는 한, [상기해서] 사유하는 사람의 시선[37]도 절대로 생기지 않을 것이다. 하지만 저 두 가지, 즉 기억이 견지하고 있던 [형상과 그 형상으로부터] 표명되어 그것을 상기해 내는 주체의 시선을 형상화하는 저 [형상]은 서로 너무 유사하여, 이 양자의 결속은 [그 둘을] 하나처럼 나타나게 한다. 사유하는 [지성의] 시선이 자기가 비롯한 그 [형상으로부터] 시선을 돌린다면, 그리고 기억 속에서 자기가 감지하던 것을 지켜보기를 중단한다면, [지성의] 시선에 각인되어 있던 형상形相은 아무것도 남지 않을 것이다. 그리고 [지성의 시선이 다른 형상을 향해] 시선을 돌린다면 그 다른 형상에 의해서 지성의 시선이 형상화되어 다른 사유가 발생할 것이다. 그 대신 [시선을 딴 데로 돌리면서] 기억 속에 남겨 둔 것은 그대로 남는데, 그것을 우리가 다시 상기할 경우에는 [정신의 시선이] 그것을 향하여 돌아서는 것이고, 일단 돌아선 이상 [기억에 남아 있던 그것에 의해서] 형상화되며, [지성의 시선을] 형상화해 준 그것과 다시 하나가 되는 것이다.

단일성이 어떻게 이루어지는가

4.7. 의지는 [정신의] 시선이 [대상에 의해서] 형상화되도록 여기저기로 끌어가고 다시 끌어오고 하면서 일단 형상화되면 [대상과] 결부시켜서 [견지한다]. 설령 그런 의지가 내면적 표상을 향해서 전적으로 집중하고, 감

bus atque ab ipsis sensibus corporis animi aciem omnino auerterit atque ad eam quae intus cernitur imaginem penitus conuerterit, tanta offunditur similitudo speciei corporalis expressa ex memoria ut nec ipsa ratio discernere sinatur utrum foris corpus ipsum uideatur an intus tale aliquid cogitetur. Nam interdum homines nimia cogitatione rerum uisibilium uel inlecti uel territi etiam eiusmodi repente uoces ediderunt quasi reuera in mediis talibus actionibus seu passionibus uersarentur. Et memini me audisse a quodam quod tam expressam et quasi solidam speciem feminei corporis in cogitando cernere soleret ut ei se quasi misceri sentiens etiam genitalibus flueret. Tantum habet uirium anima in corpus suum et tantum ualet ad indumenti qualitatem uertendam atque mutandam quomodo afficiatur indutus qui cohaeret indumento suo. Ex eodem genere affectionis etiam illud est quod in somnis per imagines ludimur. Sed plurimum differt utrum sopitis sensibus corporis sicuti sunt dormientium, aut ab interiore compage turbatis sicuti sunt furentium, aut alio quodam modo alienatis sicuti sunt diuinantium uel prophetantium, animi intentio quadam necessitate incurrat in eas quae occurrunt imagines siue ex memoria siue alia aliqua occulta ui per quasdam spiritales mixturas similiter spiritalis substantiae, an sicut sanis atque uigilantibus interdum contingit ut cogitatione occupata se uoluntas auertat a sensibus atque ita formet animi aciem uariis ima-

---

³⁸ 이 문장의 어휘들, 예를 들어 '전적으로 집중함'(tota confluxerit), '정신의 시선을 전적으로 돌림'(omnino auerterit), '전적으로 전향함'(penitus converterit)은 교부가 이 책에서 말하는, 내면을 향하는 지성의 훈련(exercitatiorem mentis aciem: 9.12.17; exercitatiore mente: 13.20.26)이 필요함을 강하게 시사한다.

³⁹ 부부 생활을 경험한 교부로서는 수도생활의 금욕 중에 일어나는 이런 현상을 길게 다룬 적도 있다(e.g., *De Genesi ad litteram* 12.15).

관을 에워싸고 있는 물체들의 현전現前으로부터나 신체의 감관 자체로부터 영혼의 시선을 전적으로 등지고, 그리고 내면에서 감지되는 모상을 향해서 전적으로 전향한다고 하자.[38] 그렇게 하더라도 기억에서 끄집어낸, 물체적 형상의 유사상이 너무 짙은 연기를 깔아 놓는 까닭에, 이성마저도 과연 외부에서 물체가 눈에 지각되는 것인지 아니면 내부에서 다른 무엇이 사유되는 것인지 분별하게 놓아두지 않는다. 사람들은 때로 가시적 사물들에 관한 생각이 너무 강렬하여 지나치리만큼 그것에 매이거나 압도된 나머지, 자기가 [실제로] 저런 능동적 행위나 수동적 행위 한가운데에 말려들어 있기라도 하듯이 돌연 소리를 질러 대기까지 한다. 어떤 사람이 여체의 형상을 너무도 노골적이고 강렬하게 생각에 떠올려 상상하는 버릇이 있던 나머지 자기가 [여체와] 결합해 있다는 느낌이 생생할뿐더러 심지어 사정射精까지 하기에 이르렀다고 실토하던 말을 내가 들은 기억이 난다.[39] 영혼이 자기 신체에 행사하는 위력이 그토록 강하다. 그렇기 때문에 [영혼이 신체라는] 의상衣裳의 품질까지도 변경하고 바꾸는 힘이 있어서, 마치 일단 어떤 의상을 하고 나면 자신을 전적으로 그 의상과 맞추어 버리는 사람과 흡사하다.[40] 우리가 꿈에서 상상력에 희롱당하는 경우도 같은 종류의 효과에 해당한다. 그렇지만 [다음의 경우는] 서로 크게 차이가 있는 것이, 잠든 사람들처럼 신체의 감관들이 마비된 경우와, 분노에 날뛰는 사람들처럼 심리적 구조에 이상이 있거나, 점을 치는 사람들이나 예언을 하는 사람들처럼 [정신이] 일탈해 있는 경우가 그러하다. [그런데 이 셋 중 어느 경우든] 정신의 지향은 거기 생겨나는 모상들과 만나는 것이 거의 필연적이다. 다만 그 모상들이 기억에 의해서 거기 있을 수도 있고, 그렇지 않으면 영적인 실체의 영적 교접 비슷한 무엇을 통해 오는 어떤 은밀한 힘에 의해서[41]▶ 거기 있을 수도 있다. 그런가 하면 건강하고 정신이 말짱한 사람들에게서도 간간이 일어나듯이, 생각에 몰두하다 보면 본인의 의지가 감관으

---

⁴⁰ afficiatur indutus qui cohaeret indumento suo: "어떤 옷을 입고 나면 자기를 그 옷과 동일시하는 사람과 흡사하다."

ginibus rerum sensibilium tamquam ipsa sensibilia sentiantur. Non tantum autem cum appetendo in talia uoluntas intenditur fiunt istae impressiones imaginum, sed etiam cum deuitandi et cauendi causa rapitur animus in ea contuenda quae fugiat. Vnde non solum cupiendo sed etiam metuendo infertur uel sensus ipsis sensibilibus uel acies animi formanda imaginibus sensibilium. Itaque aut metus aut cupiditas quanto uehementior fuerit tanto expressius formatur acies siue sentientis ex corpore quod in loco adiacet siue cogitantis ex imagine corporis quae memoria continetur.

Quod ergo est ad corporis sensum aliquod corpus in loco, hoc est ad animi aciem similitudo corporis in memoria; et quod est aspicientis uisio ad eam speciem corporis ex qua sensus formatur, hoc est uisio cogitantis ad imaginem corporis in memoria constitutam ex qua formatur acies animi; et quod est intentio uoluntatis ad corpus uisum uisionemque copulandam ut fiat ibi quaedam unitas trium quamuis eorum sit diuersa natura, hoc est eadem uoluntatis intentio ad copulandam imaginem corporis quae inest in memoria et uisionem cogitantis, id est formam quam cepit acies animi rediens ad memoriam, ut fiat et hic quaedam unitas ex tribus non iam naturae diuersitate discretis sed *unius eiusdem*que *substantiae* quia hoc totum intus est et totum unus animus.

---

⁴¹ aliqua occulta vi per quasdam spiritales mixturas similiter spiritalis substantiae: '정신적 실체의 정신적 접촉 비슷한 무엇을 통해 오는 미지의 힘에 의해서'라는 번역도 가능하다.

⁴² acies animi rediens ad memoriam: 앞의 각주 29와 37 참조.

⁴³ 외적 인간의 '기억'에서 trinitas(삼위성)와 unitas(단일성: hoc totum intus est, et totum unus animus)를 논증했다.

로부터 철저히 등을 돌리고서는 정신의 시선을 감각적 사물들의 다채로운 모상들로 형상화하는 바람에 감각적 사물들이 [실제처럼] 느껴지는 경우도 있다. 그런데 모상들의 이런 각인이 생겨나는 것은 그런 사물들을 욕구해서 의지가 그 사물들로 정신을 집중할 때만이 아니다. 그런 것들을 피하고 조심하려는 의도에서 피해야 할 사물을 바라보지 않으면 안 될 경우에도 정신이 그것에 사로잡히는 일이 생겨난다. 다시 말해서 [무엇을 간절히] 욕구할 때만이 아니고 [매우] 두려워할 때도 감관이 감각적 사물들에 말려들거나 정신의 시선이 감각적 모상들에 의해서 형상화되지 않으면 안 되는 경우가 생긴다. 그래서 두려움이든 욕망이든 격렬할수록 [지성의] 시선이 더 선명하게 형상화된다. 지각하는 사람의 경우는 공간에 놓여 있는 물체에 의해서 시선이 [형상화되고] 사유思惟하는 사람의 경우는 기억에 간직하고 있는 물체의 모상에 의해서 시선이 [형상화된다].

그러므로 [일정한] 공간에 놓여 있는 어떤 물체가 신체의 감관에 끼치는 것과 똑같은 영향을, 기억에 간직된 물체의 유사상이 정신의 시선에 끼친다. 감관이 물체의 형상形象에 의해서 형상화되고, 바라보는 사람의 시각이 그 형상을 주시하는 것과 마찬가지로, 기억 속에는 물체의 모상이 형성되어 있고 그 모상에 의해서 지성의 시선이 형상화되어, 사유하는 사람의 시선이 그 모상을 주시한다. 의지의 지향이, 보이는 사물과 갖는 관계, [감관과 사물을] 결부시키는 시각과 갖는 관계는 [의지의 지향, 보이는 사물, 보는 시선] 이 셋의 자연 본성이 각기 상이함에도 불구하고 이 셋의 단일성이 그 자리에 이루어지게 만든다. 그와 똑같이 의지의 지향이, 기억 속에 내재하는 물체의 모상과 갖는 관계, 그리고 사유하는 사람의 시상視想, 다시 말해 지성의 시선이 기억으로 되돌아가면서[42] 포착하는 형상形相과 갖는 관계에 해당한다. 따라서 [의지의 지향, 기억된 모상, 사유하는 시선] 이 셋이 본성의 상이성에 의해 구분되지만 하나이자 동일한 실체의 것이라는 점에서 이 셋에서 일종의 단일성이 이루어지게 한다. 그 이유는 이것 전체가 내면적인 것이고 이것 전체가 단일한 지성이기 때문이다.[43]

V 8. Sicut autem cum forma et species corporis interierit non potest ad eam uoluntas sensum reuocare cernentis, ita cum imago quam memoria gerit obliuione deleta est non erit quo animi aciem formandam uoluntas recordando retorqueat.

[V] Sed quia praeualet animus non solum oblita uerum etiam non sensa nec experta confingere ea quae non exciderunt augendo, minuendo, commutando, et pro arbitrio componendo, saepe imaginatur quasi ita sit aliquid quod aut scit non ita esse aut nescit ita esse. In quo genere cauendum est ne aut mentiatur ut decipiat aut opinetur ut decipiatur. Quibus duobus malis euitatis nihil ei obsunt imaginata phantasmata sicut nihil obsunt experta sensibilia et retenta memoriter si neque cupide appetantur si iuuant neque turpiter fugiantur si offendunt. Cum autem in his uoluntas relictis melioribus auida uolutatur, immunda fit, atque ita et cum adsunt perniciose et cum absunt perniciosius cogitantur. Male itaque uiuitur et deformiter secundum trinitatem hominis exterioris quia et illam trinitatem quae li-

---

⁴⁴ forma et species corporis: 자주 혼용하지만 사물의 존재론적 구성 요소는 forma, 인식론적 또는 미학적 요소로는 species로 구분했는데 여기서 교부는 둘을 한데 열거했다.

⁴⁵ 『고백록』 10.16.24-24.35에서는 '기억의 신비'를 논하면서 망각(oblivio)은 기억으로부터의 이탈이지만 그렇게 생긴 공백을 기억이 상기해 내는 심리적 과정을 길게 다룬다.

⁴⁶ 사본에 따라 여기서부터 5장이 시작한다.

⁴⁷ confingere, componendo, imaginatur: '상상'(imaginatio)의 유사어들을 한데 모았다.

⁴⁸ aut mentiatur ut decipiat, aut opinetur ut decipiatur: 교부는 이 두 측면에서 '거짓말'(mendacium)을 정의한다.

⁴⁹ imaginata phantasmata: 그리스 인식론 용어에서 phantasia는 상상력(imaginatio)이라는 기능으로, phantasma는 상상해 낸 표상(imago)으로 구분되었으나, 교부가 사용하는 인식론에서 phantasia는 감각적 사물이 감관에 일으킨 '표상'으로, phantasma는 기억에 간직된 표상을 되살려 내는 '상상'으로 구분해서 번역했다. 『신국론』 11.26 참조: phantasiarum vel phantasmatum imaginatione('표상이나 상상의 모형으로').

5.8. 물체의 형상形相과 형상形象[44]이 소멸되고 나면 [무엇을] 감지하는 주체의 감관을 의지가 환기시킬 수 없듯이, 기억이 구사하는 모상이 망각에 의해서 지워지고 나면, 의지가 지성의 시선을 돌이켜 무엇을 상기함으로써 지성의 시선이 형상화되도록 만들 대상이 존재하지 않을 것이다.[45]

[5] 그렇지만[46] 영혼은 그 능력이 출중하여 망각된 사물만 아니고 감각으로 지각해 본 적 없거나 경험한 적 없는 사물도 구성해 내기 때문에, 만일 [기억에서 완전히] 소멸되지만 않았다면, [기억에 있는 것을] 늘이고 줄이고 바꾸고 멋대로 합성해서 그것이 실제로 있는 무엇처럼 상상해 내는 일이 흔하다.[47] 그러다 보면 무엇이 이러저러하게 생겼다고 상상해 내기는 하는데, 실제로 그렇게 생기지 않았다는 것을 알고 있거나, 아니면 실제로 어떻게 생겼다는 것을 알지 못하거나 둘 중의 하나처럼 [그려 낸다]. 여기서는 거짓말을 하여 [남을] 기만하거나 엉뚱한 생각을 해서 스스로 속는 일이 없도록 조심해야 한다.[48] 이 두 가지 악을 피한다면 상상해 낸 영상[49]이 그에게 아무 해로울 것이 없다. 이것은 우리가 경험했고 기억에 간직한 감각적 사물들이, 유익한 것이라 하여 욕심스럽게 탐하지 않고 해로운 것이라 하여 구차하게 도망하지 않는 한, 아무 해될 것이 없음과 마찬가지다. 의지가 보다 나은 선들을 저버린 채 이것들 속에서 탐욕스럽게 뒹굴 때 부정不淨한 의지가 되고,[50] 그것들이 현전할 때 [탐욕스럽게] 생각을 하는 것도 해독을 끼칠뿐더러 그것들이 부재함에도 생각에 떠올린다면 더욱 해독을 끼친다.[51] [이렇게] 외적 인간의 삼위성에 의지해 살아가는 경우에 그는 악하게 사는 것이요, 기형적으로 사는 것이다.[52]▶ 그렇게 되는 이유를 든다면, 저 삼위성 역시 비록 내면에서 표상을 만들어 감에도 불구하고,

---

[50] *voluntas … avida volutatur … immunda fit*: 죄악에 대한 존재론적 시각을 마찰음(v)을 써서 풍자하고 있다. 보다 나은 선(meliora)을 향하여(frui) 사물을 사용할(uti) 때만 바른 의지다.

[51] cum *adsunt* perniciose … cum *absunt* perniciosius cogitantur: 앞의 각주 50과 같은 음성 효과(s)를 낸다.

cet interius imaginetur, exteriora tamen imaginatur, sensibilium corporaliumque utendorum causa peperit. Nullus enim eis uti posset etiam bene nisi sensarum rerum imagines memoria tenerentur, et nisi pars maxima uoluntatis in superioribus atque interioribus habitet, eaque ipsa quae commodatur siue foris corporibus siue intus imaginibus eorum nisi quidquid in eis capit ad meliorem uerioremque uitam referat atque in eo fine cuius intuitu haec agenda iudicat adquiescat. Quid aliud facimus nisi quod nos apostolus facere prohibet dicens: *Nolite conformari huic saeculo*?

Quapropter non est ista trinitas imago dei. Ex ultima quippe, id est corporea creatura qua superior est anima in ipsa anima fit per sensum corporis. Nec tamen est omni modo dissimilis. Quid enim non pro suo genere ac pro suo modulo habet *similitudinem dei* quandoquidem deus fecit *omnia bona ualde* non ob aliud nisi quia ipse summe bonus est? In quantum ergo bonum est quidquid est in tantum scilicet quamuis longe distantem habet tamen nonnullam similitudinem summi boni, et si naturalem utique rectam et ordinatam; si

---

⁵² vivitur deformiter: deformiter('형상을 파괴하면서'). deformatio[기형화(奇形化) ↔ informatio[형상화(形象化)]의 대조는 교부 인간학의 '모상 이론'(doctrina imaginis)에서 죄와 타락(deformis dei imago: 이 책 11.8.14)을 존재론적으로 규정하는 용어다.

⁵³ nolite *conformari* huic saeculo: 로마 12,2. 『200주년』: "이 현시대에 순응하지 말고 오히려 사고방식의 쇄신으로 변형되시오." '하느님의 모상'으로서의 인간이라는 맥락에서 합성동사 conformari, deformari, informari, reformari, transformari가 이 책에서 자주 구사된다.

⁵⁴ nec omnino dissimilis: 외적 인간에게서도 감각과 기억력, 이 두 가지 작용에서 삼위일체의 모상을 찾아낼 정도로 감각계(感覺界)는 가지계(可知界)를 현상(現像)한다.

⁵⁵ 집회 39,33-34 참조: "주님의 업적은 좋으니 … 아무도 이것이 저것보다 나쁘다고 말해서는 안 된다. 모든 것이 때가 되면 좋은 것으로 판가름 나기 때문이다."

감각적이고 물체적인 것들을 사용하려는 목적이 저 삼위성을 낳았다는 점
에서는 여전히 외적인 사물을 표상하는 까닭이다. 그런데 저런 사물들을
사용하거나 더구나 제대로 잘 사용하려면, 아무래도 감각으로 지각된 사
물들의 모상들을 기억이 간직하고 있어야 한다. 그리고 의지의 제일 큰 부
분이 더 고상하고 더 내면적인 사물들에 정착하고 있어야 한다. 또 바로
그 의지가 외부에서 물체에 반응하든, 내부에서 그 사물의 표상에 반응하
든 상관없이, 그것들에서 무엇을 포착하더라도 반드시 더 선하고 더 참된
삶과 연관시켜 나가야 하고, 의지가 직관하는 바로 그 목적에서 안식을 얻
어야 한다. 의지는 [지금] 이 행동을 꼭 해야 할 행동으로 판단할 때 반드
시 그 목적에 대한 직관에서 판단하는 법이다. 그렇다면 사도가 "이 세상
에 순응하지 마시오"[53]라는 말로 우리에게 금한 대로 행동하는 것 말고는
우리가 뭘 하겠는가?

그러므로 [외적 인간의] 이 삼위일체가 곧 하느님의 모상은 아니다. [이
삼위일체는 사물들 가운데] 가장 낮은 것, 다시 말해서 물체적 피조물 —
영혼은 그보다 상위이다 — 로부터 만들어지고, 신체 감관을 통해서 영혼
안에 생기는 것이다. 그렇다고 [하느님의 모상과] 전적으로 다른 것도 아
니다.[54] 하느님이 만든 "모든 것이 참 좋은"[55] 터에, 더구나 당신이 가장 선
한 분이라는 이유가 아니고서는 [저것들이 참 좋다는 이야기가 성립되지
않는 마당에], 그 종류로나 그 양상으로나 하느님과의 유사성을 전혀 갖지
못한 것이 도대체 무엇이겠는가? 그러므로 존재하는 모든 것이 선한 이
상,[56] 사물은 [하느님으로부터] 거리가 있는 유사성이라고 하더라도 최고
선最高善의 유사성을 어느 정도는 갖추고 있다. 그 [유사성이] 자연스럽다
면 의당 바르고 질서 잡힌 무엇이다. 물론 그 [유사성이] 왜곡되어 있다면

---

[56] bonum est in quantum est: "존재하는 이상, 필연적으로 최고선에 의해서 존재하므로,
존재하는 이상 또한 선한 것이다"(in quantum est, a summo bono sit necesse est, quoniam in
quantum est, utique bonum est). *De moribus ecclesiae catholicae* 2.14 이래 교부는 마니교
등의 이원론을 염두에 두고 이 명제를 거듭 반복한다.

autem uitiosam utique turpem atque peruersam. Nam et animae in ipsis peccatis suis non nisi quandam *similitudinem dei* superba et praepostera et, ut ita dicam, seruili libertate sectantur. Ita nec primis parentibus nostris persuaderi peccatum posset nisi diceretur: *Eritis sicut dii*. Non sane omne quod in creaturis aliquo modo simile est deo etiam eius imago dicenda est, sed illa sola qua superior ipse solus est. Ea quippe de illo prorsus exprimitur inter quam et ipsum nulla interiecta natura est.

9. Visionis igitur illius, id est formae quae fit in sensu cernentis, quasi parens est forma corporis ex qua fit. Sed parens illa non uera, unde nec ista uera proles est; neque enim omnino inde gignitur quoniam aliquid aliud adhibetur corpori ut ex illo formetur, id est sensus uidentis. Quocirca id amare alienari est. Itaque uoluntas quae

---

[57] 타락한 천사들처럼, 인간 영혼은 죄를 범할 때도 '하느님을 닮으려는'(quis ut deus) 심리가 깔려 있다는 예리한 관찰이다(인간은 죄악에서도 선을 지향한다).

[58] praepostera('앞으로 가려다 뒤로 처진'), servili libertate('노예가 되는 자유'): 반어법의 좋은 예.

[59] 창세 3,5: "너희가 그것을 먹는 날, 너희 눈이 열려 하느님처럼 되어서 선과 악을 알게 될 줄을 하느님께서 아시고 그렇게 말씀하신 것이다."

[60] persuaderi peccatum posset: '확신을 가지고 죄를 범하다'(nobis persuasum est)와 '죄를 범하도록 설득당하다'라는 양의성을 가진다.

[61] qua superior ipse solus est: "그보다 상위의 것이 없는 최고선이 곧 하느님이시다"(summum bonum quo superius non est, deus est: *De natura boni* 1); "그보다 상위의 존재가 없는 존재라야만 하느님이라고 부르겠다"(deum esse dixerim quo est nullus superior: 『자유의지론』 2.14)라는 하느님에 대한 정의에 입각하면, 그 위에 '하느님 외에 아무도 없는' 그런 모상만 엄밀한 의미의 하느님의 모상이다.

의당 추하고 전도된 무엇이다. 그 이유는 영혼들도 자기 죄에서까지 하느님과의 어떤 유사성을 추구하는 까닭이다.[57] [죄를 지음으로써] 오만하고 앞뒤가 바뀐 자유, 말하자면 예속의 자유를 행사하여[58] [하느님과 닮으려고 탐한다]. 우리네 첫 조상들마저도 "너희가 하느님처럼 된다"[59]는 말을 듣지 않았던들 죄에 대해서 확신을 가지지 못했을 것이다.[60] 피조물 안에 서 있는 것이 어느 모로 하느님과 닮았다고 해서 그 모두를 하느님의 모상이라고 하면 전혀 온건한 짓이 아니다. [어느 모상이 있고] 그 모상 위에 하느님 홀로 더 상위에 계시는 그런 경우라야 [하느님의 모상이라고] 할 만하다.[61] 그것은 하느님께로부터 곧바로 표출表出되는 것으로서[62] 그것과 그분 사이에는 어떤 자연 사물도 끼어 있지 않다.[63]

외적 인간의 삼위성에서 관찰되는 세 요소의 상호 관계[64]

5.9. 그러므로 저 시각視覺, 다시 말해서 지각하는 감관에 이루어지는 형상形相을[65] 두고 말하자면 저 형상이 유래하는, 물체의 형상形相은 흡사 어버이와 같다. 하지만 저 어버이는 진짜 어버이는 아니고 [저 형상 역시] 진짜 자식은 아니다.[66] [저 형상이] 전적으로 [물체의 형상으로부터만] 발생하는 것은 아니니, 다른 무엇이 [보이는] 물체에 작용해서 [그 물체에 의해서] 형상화되는 까닭이다. 즉, 보는 주체의 감관이 [보이는 물체에 작용해서는 그 물체에 의해서 형상화된다]. 바로 그래서 그것을 사랑함은 곧 소

---

[62] ea quippe de illo prorsus exprimitur: 대부분의 역자는 ea를 '그 모상'으로 해석한다. de illo prorsus exprimitur는 '모상'이 '원형'의 단순한 복제(複製)가 아닌 하느님의 '직접적·현재적 표현'임을 부각시킨다.

[63] inter quam et ipsum nulla interiecta natura est: 반지 도장의 예를 따르더라도(앞의 각주 17 참조) 도장과 밀초 사이에 무엇이 끼어들면 온전한 도장이 안 찍힌다.

[64] 이하(5.9-9.16)에서는 외적 인간에서 관찰되는 두 유형(감각과 기억)의 삼위일체에서 첫째와 둘째 요소 사이에 어버이와 자식 같은 관계가 발생하는지, 셋째 요소는 나머지 둘과 무슨 관계인지를 세 요소의 역동적 성격에 비추어 관찰한다.

[65] visionis, id est formae quae fit in sensu: '형상화된 눈의 감관'이 곧 시각이다.

[66] parens et proles: '낳는 이'와 '소생'(所生).

utrumque coniungit quasi parentem et quasi prolem magis spiritalis est quam utrumlibet illorum. Nam corpus illud quod cernitur omnino spiritale non est; uisio uero quae fit in sensu habet admixtum aliquid spiritale quia sine anima fieri non potest, sed non totum ita est quoniam ille qui formatur corporis sensus est. Voluntas ergo quae utrumque coniungit magis, ut dixi, spiritalis agnoscitur, et ideo tamquam personam spiritus insinuare incipit in illa trinitate. Sed magis pertinet ad sensum formatum quam ad illud corpus unde formatur. Sensus enim animantis et uoluntas animae est non lapidis aut alicuius corporis quod uidetur. Non ergo ab illo quasi parente procedit, sed nec ab ista quasi prole, hoc est uisione ac forma quae in sensu est. Prius enim quam uisio fieret iam erat uoluntas quae formandum sensum cernendo corpori admouit, sed nondum erat placitum. Quomodo enim placeret quod nondum erat uisum? Placitum autem quieta uoluntas est. Ideoque nec quasi prolem uisionis possumus dicere uoluntatem quia erat ante uisionem, nec quasi parentem quia non ex uoluntate sed ex uiso corpore formata et expressa est.

---

67 id amare alienari est: 후일 교부는 이 명제를 다음과 같이 수정한다. "그 책 제11권에서 가시적 물체에 관해서 다루면서 나는 '그것을 사랑함이 소외(疏外)가 된다'는 말을 했다. 거기서 내가 하는 말은, 무엇을 사랑하되 그것을 향유함으로써 그것을 사랑하는 사람이 스스로 행복하다고 여길 만큼 [사랑하는] 그런 사랑을 두고 한 말이다. 물체적 형상을 사랑하되 창조주 하느님에 대한 찬미로 사랑함은 소외되는 것이 아니다. 누구든지 창조주를 향유함으로써 참으로 행복해지는 까닭이다"(*Retractationes* 2.15.2).

68 admixtum aliquid spiritale: 바로 뒤에 나오는 '전적으로 정신적인 것'(totum spiritale)과 대조된다.

69 tamquam personam spiritus *insinuare incipit* in illa trinitate: 이 책 후반부에 제시되는 삼위일체의 유비에서 제3위가 '어버이' 위치도 '자식'의 위치도 아님을 논증하는 첫걸음이다. persona의 용어 채택은 7권(5.7-10.12)에서 언급하다가 거의 침묵했는데 여기서 본의미로 한 번 언급된다.

외疏外가 된다.[67] 그러므로 양자를 결부시키는 의지, [저 형상화에서 드러나는] 어버이 비슷한 것과 자식 비슷한 것을 한데 결합시키는 의지는 둘 중의 어느 것보다도 더 정신적인 존재다. 우선 물체, 지각되는 저 물체는 전혀 정신적이 아니다. 감관에 발생하는 시각 역시 합성된 정신적 무엇[68]이라고 하겠으니, 영혼 없이는 [감각이] 생성이 안 되지만 전적으로 정신적이라고도 할 수 없는 것이, 형상화되는 저 주체 곧 감관은 어디까지나 신체의 감관이기 때문이다. 따라서 내가 방금 한 말대로 양자를 한데 결부시키는 의지야말로 [양자보다] 더 정신적이라는 데 수긍이 간다. 따라서 의지는 저 [신적인] 삼위성 안에 있는 성령의 위격位格을 시사하기 시작한다.[69] 그러나 [의지는] 형상화를 비롯하게 만드는 물체보다는 차라리 형상화된 감관에 해당한다. 감관이 살아 있는 존재의 것이듯 의지는 영혼의 것이며[70] 돌이나 눈에 보이는 다른 무엇의 것이 아니기 때문이다. 따라서 마치 [물체를 어버이로 삼아서] 마치 어버이에게서 나오듯이 물체에서 [의지가] 나오는 것은 아니다. 그렇다고 자식에게서 나오듯이 감관 안에 있는 저 시각 혹은 형상으로부터 나오는 것도 아니다. 시각이 생겨나기 전에 의지가 존재해서, 물체를 지각하여 감관이 형상화되도록 감관을 움직였기 때문이다. 다만 [감관이 형상화되기까지는] 아직 [의지의 욕구가 채워지는] 충족함은 생기지 않았다. 아직 무엇이 보이지도 않는 터에 어떻게 [욕구가 채워져] 충족함이 생기겠는가? 충족이란 곧 평정된 의지다.[71] 따라서 의지를 시각의 자식 비슷한 것처럼 말할 수도 없는 것이 시각[이 발생하기] 이전에 의지가 있었기 때문이요, 또 의지를 [시각의] 어버이 비슷한 것처럼 말할 수도 없으니 시각은 의지에 의해서가 아니고, 보인 물체에 의해서 형상화되었고 표명되었기 때문이다.

---

[70] sensus enim *animantis* et voluntas *animae* est: 영혼(anima)과 육신(corpus)의 합성체로서의 인간(animans)을 가리키는 데 교부가 가끔 쓰는 기교적 어법이다.

[71] placitum autem quieta voluntas est: 이 정의대로 '의지가 보고 싶은 것을 본다'는 스토아적 명제는 (의지, 사랑으로서의) 성령을 별개의 위격으로 삼는 단초가 된다.

VI 10. Finem fortasse uoluntatis et requiem possumus recte di-
cere uisionem ad hoc dumtaxat unum; neque enim propterea nihil
aliud uolet quia uidet aliquid quod uolebat.

[VI] Non itaque omnino ipsa uoluntas hominis cuius finis non est
nisi beatitudo, sed ad hoc unum interim uoluntas uidendi finem non
habet nisi uisionem siue id referat ad aliud siue non referat. Si enim
non referat ad aliud uisionem sed tantum uoluit ut uideret, non est
disputandum quomodo ostendatur finem uoluntatis esse uisionem;
manifestum est enim. Si autem referat ad aliud, uult utique aliud
nec iam uidendi uoluntas erit, aut si uidendi, non hoc uidendi. Tam-
quam si uelit quisque uidere cicatricem ut inde doceat uulnus fuisse,
aut si uelit uidere fenestram ut per fenestram uideat transeuntes; om-
nes istae atque aliae tales uoluntates suos proprios fines habent qui
referuntur ad finem illius uoluntatis qua uolumus *beate uiuere* et ad
eam peruenire uitam quae non referatur ad aliud sed amanti per se
ipsa sufficiat. Voluntas ergo uidendi finem habet uisionem, et uo-
luntas hanc rem uidendi finem habet huius rei uisionem. Voluntas
itaque uidendi cicatricem finem suum expetit, hoc est uisionem ci-
catricis, et ad eam ultra non pertinet; uoluntas enim probandi uul-
nus fuisse alia uoluntas est, quamuis ex illa religetur, cuius item fi-
nis est probatio uulneris. Et uoluntas uidendi fenestram finem habet
fenestrae uisionem; altera est enim quae ex ista nectitur uoluntas

---

72 사본에 따라서는 여기서 6장이 시작한다.

73 Seneca, *De beata vita* 1.1: "모든 이가 행복하게 살고 싶어 하지만(vivere omnes beate
volunt), 행복한 삶을 만드는 것이 무엇인지 파악하는 데는 눈이 멀어 있다."

의지의 목적

6.10. 적어도 [가시적 물체를 대상으로 하는] 이 한 가지 경우로 보아서는, 의지의 목적과 안식이 봄에 있다고 말하는 게 옳다. 그렇다고 원하던 무엇을 보고 나면 의지가 더 이상 아무것도 원치 않는다는 말은 아니다.

[6] [지금 우리가 이야기하는 것은][72] 인간의 의지 [일반], 곧 행복 외에는 다른 목적을 갖지 않는 그 의지가 아니다. 특정 순간에 특정한 한 가지 사물을 보려고 하는 의지는 [그것을 보아서] 시각을 이루어 내려는 목적 외에 딴 의지를 갖지 않는다는 것이다. 의지가 그 [시각을] 다른 사물과 결부시키는지 결부시키지 않는지는 상관이 없다. [의지가] 시각을 다른 무엇과 결부시키지 않았다면, 의지는 보는 행동 그것만을 원한 셈인데, 그럴 경우에는 의지의 목적이 시각이 된다는 사실을 어떻게 입증할 것인지 따질 필요가 없다. 사실이 분명하기 때문이다. 만약 [의지가 시각을] 다른 무엇과 결부시킨다면, 의지는 다른 것을 원하는 셈이고 이런 경우에 이미 보겠다는 의지만은 아닐 것이고, 만약 보겠다는 의지라고 한다면, 적어도 꼭 이것을 보겠노라는 의지는 아닐 것이다. [예를 들어] 누군가 [자기 몸] 어디엔가 부상을 입었음을 가리켜 보이려고 그 상처를 보고 싶어 한다든가, 지나다니는 사람들을 보려고 창문을 보고 싶어 하는 경우가 그렇다. 이런저런 의지들은 모두가 나름대로 고유한 목적들이 있고 그 목적들은 하나같이 '행복하게 살고 싶고'[73] 행복한 삶에 도달하고 싶어 하는 바로 그 의지의 목적과 결부된다. 저 행복한 삶은 더 이상 다른 것과 결부되지 않을뿐더러 [행복한 삶을] 사랑하는 사람에게는 그 자체로 충분하다. 그러므로 보겠다는 의지는 [일반적으로] 시각을 목적으로 삼으며, [눈앞의] 바로 이 사물을 보겠다는 의지는 바로 '이 사물에 대한 시각'을 목적으로 삼는다. 따라서 상처를 보고 싶어 하는 의지는 나름대로 자기 목적을 설정하고 있으니 다시 말해서 상처에 대한 시각을 얻는 것이고, 그 이상의 무엇은 상관없다. [그 대신 과거에] 부상을 입었음을 보여 주려는 의지는 그와는 별도의 의지로서, 비록 [상처를 보겠다는] 의지와 연관이 있기는 하지만, 이 의지의

per fenestram uidendi transeuntes, cuius item finis est uisio transeuntium. Rectae autem sunt uoluntates et omnes sibimet religatae si bona est illa quo cunctae referuntur; si autem praua est, prauae sunt omnes. Et ideo rectarum uoluntatum conexio iter est quoddam ascendentium ad beatitudinem quod certis uelut passibus agitur; prauarum autem atque distortarum uoluntatum implicatio uinculum est quo alligabitur qui hoc agit ut proiciatur *in tenebras exteriores*. Beati ergo qui factis et moribus cantant *canticum graduum*, et *uae his qui trahunt peccata sicut restem longam*. Sic est autem requies uoluntatis quem dicimus finem si adhuc refertur ad aliud quemadmodum possumus dicere requiem pedis esse in ambulando cum ponitur unde alius innitatur cum passibus pergitur. Si autem aliquid ita placet ut in eo cum aliqua delectatione uoluntats adquiescat, nondum est tamen illud quo tenditur, sed et hoc refertur ad aliud; deputetur non tamquam patria ciuis sed tamquam refectio uel etiam mansio uiatoris.

VII 11. Iam uero in alia trinitate interiore quidem quam est ista in sensibilibus et in sensibus sed tamen quae inde concepta est, cum

---

[74] rectarum voluntatum conexio iter ascendentium('올바른 의지들의 결속')과 pravarum implicatio vinculum quo alligabitur('비뚤어진 의지들의 연루')를 대비시키면서 악용된 의지는 자유를 얻어 주는 것이 아니고 본인을 옭아매는 사슬임을 강조한다.

[75] 마태 8,12 참조.

[76] 시편 120편부터 134편까지 15편에는 각기 예루살렘 성전으로 '올라가는 노래'(canticum ascensionum)라는 머리글이 붙어 있는데 교부는 이를 '층계송'(canticum graduum)이라 부른다(『고백록』 9.2.3 참조).

고유한 목적은 부상을 입증하는 데에 있다. 또 창문을 보겠다는 의지는 창문의 시각을 [얻는 일을] 목적으로 삼고, 창문을 통해서 지나다니는 사람들을 보겠다는 의지는 이 의지와 상관은 있지만, 이것과 별도의 의지이며 그 의지의 목적은 지나다니는 행인들에 대한 시각이다. 이런 의지들이 결부되어 있는 [본래의] 그 의지가 선한 이상, 이런 의지들 전부가 올바르고 전부가 서로 결부되어 있다. 만약 [본래의 그 의지가] 악하다면 [그것에 결부되는] 이런 의지들 전부가 악하다. 그러므로 올바른 의지들의 결속結屬은 하나의 도정道程, 행복을 향하여 상승하는 인간들이 당당한 걸음으로 해내는 도정이랄 수 있다. 그 대신 악하고 비뚤어진 의지들의 연루連累는 일종의 결박結縛이어서[74] 그 짓을 하는 사람이 그 결박으로 묶여 "바깥 어둠 속으로" 내던져지기에 이른다.[75] 행동이나 행실로 [위로 오르는] '층계송'[76]을 부르는 사람들은 행복하며 "긴 밧줄처럼 죄악을 끌고 다니는 사람들은 불행하다".[77] 그런즉 우리가 목적이라고 부르는, 의지의 이 안식이 아직도 다른 것과 결부되는 경우는, 걸음걸이에서 나타나는 발의 안식에 비할 수 있다. 걸음을 옮겨 놓으면서 한 발을 딛는 순간 그 발은 쉬니까 [안식이라면 안식이다]. 의지가 어떤 것을 좋아하여 거기서 어떤 기쁨을 느끼고 모종의 안식을 얻을지라도 그리로 향하던 목적은 아직 아니고 이것을 다른 무엇에다 결부시킨다면 [똑같은 예가 된다]. 이럴 경우에 [그런 안식은] 시민의 조국처럼 여길 것이 아니라 나그네의 쉼터 혹은 여관처럼 여겨야 한다.[78]

그 밖에 다른 삼위성에서 관찰되는 세 요소의 상호 관계

7.11. 우리는 이미 다른 삼위성, 감각적 사물들과 감관들에서 발견되는 삼위성보다 더 내면적이면서도 거기로부터 회태懷胎되는 삼위성을 논하는

---

[77] 이사 5,18 참조. 『성경』: "불행하여라, 거짓의 끈으로 죄를 끌어당기고 수레의 줄을 당기듯 죄악을 끌어당기는 자들!" 죄에 죄를 보태는 삶을 아우구스티누스는 이렇게 형용한다.

[78] non patria civis sed mansio viatoris: 최종 목적(최고선)이 아닌 모든 것[중간선(中間善)]은 최종 목적에 결부되어(refertur ad) 마땅하다는 교부의 직유(直喩)다.

iam non ex corpore sensus corporis sed ex memoria formatur acies animi cum in ipsa memoria species inhaeserit corporis quod forinsecus sensimus, illam speciem quae in memoria est quasi parentem dicimus eius quae fit in phantasia cogitantis. Erat enim in memoria et priusquam cogitaretur a nobis sicut erat corpus in loco et priusquam sentiretur ut uisio fieret. Sed cum cogitatur ex illa quam memoria tenet, exprimitur in acie cogitantis et reminiscendo formatur ea species quae quasi proles est eius quam memoria tenet. Sed neque illa uera parens, neque ista uera proles est. Acies quippe animi quae formatur ex memoria cum recordando aliquid cogitamus non ex ea specie procedit quam meminimus uisam quandoquidem eorum meminisse non possemus nisi uidissemus; acies autem animi quae reminiscendo formatur erat etiam priusquam corpus quod meminimus uideremus. Quanto magis priusquam id memoriae mandaremus. Quamquam itaque forma quae fit in acie recordantis ex ea fiat quae inest memoriae, ipsa tamen acies non inde exsistit, sed erat ante ista. Consequens est autem ut si non est illa uera parens, nec ista uera sit proles. Sed et illa quasi parens et ista quasi proles aliquid insinuant unde interiora atque ueriora exercitatius certiusque uideantur.

---

[79] *in memoria* est quasi parentem ⋯ quae fit *in phantasia* cogitantis: 여기서 memoria는 '기억력', phantasia는 '상상력'이라는 기능을 가리킨다.

[80] acies quippe animi ⋯ non ex ea specie procedit: 아우구스티누스 인식론의 요체. 기억에서 형상을 제공받는 계기로, 지성이 형상화하여 지적 시선(visio visionum)이 되지만 그 존재가 저런 형상에 의존하지는 않는다.

[81] non inde exsistit: "지성을 형상화하는 그 형상에 존재를 의존하지는 않는다."

중이다. [더 내면적이라고 말하는 까닭은] 더 이상 신체의 감관이 [외부에 있는 감각적] 물체에 의해서 형상화되는 것이 아니고, 지성의 시선이 기억에 의해서 형상화되기 때문이다. 우리가 바깥에서 지각하는 형상形象, 곧 물체의 형상이 일단 기억 그 속에 안착하고 나면 [지성의 시선이 기억에 의해서 형상화된다]. 여기서 우리는, 기억에 간직된 형상形象을 사유하는 사람의 상상에 발생하는 그것의 어버이처럼 이야기한다.[79] 그것이 기억 속에 있어서 우리가 생각해 내기 전부터 존재했기 때문이다. 공간에 있는 물체가, [우리에게] 지각되어 시각이 되기 전에도 존재했던 것처럼 말이다. 그러다 일단 생각을 하면, 기억이 간직하고 있던 것에서부터 사유하는 사람의 지성의 시선에 무엇이 표출된다. 그리고 상기를 함으로써 그 형상形象이 형성되는데 [이 형상은] 흡사 기억이 간직하고 있던 그것의 자식과 비슷하다. 그렇더라도 [기억에 간직되어 있던 것도] 진짜 어버이가 아니고 [지성의 시선에 형성되는 것도] 진짜 자식은 아니다. 그 까닭은 우리가 상기해 내어 무엇을 생각할 때 기억에 의해서 형상화되는 지성의 시선은 우리가 본 것으로 기억하는 그 형상形象으로부터 발원하는 것이 아니기 때문이다.[80] 우리가 그런 사물들을 보지 않았더라면 기억에 간직하는 일 역시 불가능하더라도 마찬가지다. 지성의 시선 — 무엇을 상기해 냄과 동시에 형상화된다 — 은 우리가 기억해 내는 사물을 우리가 보기 전에도 엄연히 존재하고 있었다. 그러니 [우리가 본 것을] 기억 속에 보내기 전에도 엄연히 존재하고 있었다. 무엇을 상기해 내는 사람의 시선 속에 생기는 형상形相은 기억 속에 내재하는 그 형상形相으로부터 유래한다. 비록 그렇지만 [지성의] 시선 자체가 그것으로부터 존재하는 것은 아니고[81] 오히려 그것보다 먼저 존재하고 있었다. 그러니 하나가 진짜 어버이가 아니듯이 다른 하나가 진짜 자식이라고도 말 못한다. 단지 하나를 흡사 어버이처럼 보고 다른 하나를 흡사 자식처럼 보는 경우, 거기서 다른 어떤 것을 연상하게 된다. 그리고 그곳으로부터 보다 세련되고 보다 확실한 안목을 가지고 더욱 내면적이고 더욱 진실한 사물들을 바라보게 된다.

12. Difficilius iam plane discernitur utrum uoluntas quae memoriae copulat uisionem non sit alicuius eorum siue parens siue proles, et hanc discretionis difficultatem facit eiusdem naturae atque substantiae parilitas et aequalitas. Neque enim sicut foris facile discernebatur formatus sensus a sensibili corpore et uoluntas ab utroque propter naturae diuersitatem quae inest ab inuicem omnibus tribus, de qua satis supra disseruimus, ita et hic potest. Quamuis enim haec trinitas de qua nunc quaeritur forinsecus inuecta est animo, intus tamen agitur et non est quidquam eius praeter ipsius animi naturam. Quo igitur pacto demonstrari potest, uoluntatem nec quasi parentem nec quasi prolem esse, siue corporeae similitudinis quae memoria continetur siue eius quae inde cum recordamur exprimitur, quando utrumque in cogitando ita copulat ut tamquam unum singulariter appareat et discerni nisi ratione non possit? Atque illud primum uidendum est non esse posse uoluntatem reminscendi nisi uel totum uel aliquid rei eius quam reminisci uolumus in penetralibus memoriae teneamus. Quod enim omni modo et omni ex parte obliti fuerimus, nec reminiscendi uoluntas exoritur quoniam quidquid recordari uolumus recordati iam sumus in memoria nostra esse uel fuisse. Verbi gratia si recordari uolo quid heri coenauerim, aut recordatus iam sum coenasse me, aut si et hoc nondum, certe circa ipsum tempus aliquid recordatus sum, si nihil aliud ipsum saltem

---

[82] in penetralibus memoriae: 아우구스티누스는 기억 속의 그 많은 소재가 연상되고 합성되는 현상을 관찰하면서(예: 『고백록』 10.8.12; 10.11.18) 그 신비에 깊이 경탄한다.

[83] 사물에 대한 '선파악'(先把握) 없이는 무엇을 알아내려는 지성의 노력이 없으므로, 기억에 대해서는 "이미 기억해 냈기 때문에 상기해 내고 싶어 한다"(recordari volumus recordati iam sumus)고 말한다.

기억의 삼위일체에서 의지의 역할

7.12. [기억이라는 두 번째 삼위일체에서] 시각을 기억에 결부시키는 의지가 둘 중 어느 하나의 어버이나 자식인지를 분간하기는 더욱 어렵다. 이 구분을 더욱 어렵게 만드는 것은 바로 [다른 두 요소에 대한, 의지의] 자연 본성과 실체의 동등 내지 평등이다. [외부 사물에 대한 감각적 지각에서는] 외부에 의해서 형상화된 감관은 감각적 물체로부터 분간하기 쉽고, [양자를 결부시키는] 의지 역시 양자로부터 쉽게 분간된다. [의지, 감관, 사물] 이 셋 전부에서 발견되는 자연 본성이 서로 간에 차이가 엄존하기 때문에 [감관과 감각적 물체] 양자로부터 의지가 쉽게 분간된다. 이 차이에 관해서는 [앞에서] 충분히 토론했다. 그런데 여기서는 그처럼 쉽사리 분간할 수가 없다. 지금 다루는 이 삼위성이 외부로부터 정신에 도입된 것이기는 하지만 어디까지나 내부에서 작용하는 데다가 정신의 자연 본성 외에는 그 무엇도 [따로 갖고] 있지 않다. 그러니 기억에 간직되는 물체적 유사상에 대해서든, 우리가 그것을 상기해 낼 때 [지성에] 각인되는 [표상에] 대해서든 의지가 과연 어버이와 흡사한 무엇인지, 자식과 흡사한 무엇인지 무슨 수로 입증하겠는가? 사유 행위에서 의지가 이 양자를 결합시킬 때는 양자가 단 하나로 나타날뿐더러, 양자를 따로 구분하는 일은 이성에 의해서가 아니면 불가능할 정도로 [철저하게 결합시키는] 까닭이다. 우리가 맨 먼저 고려할 점은, 우리가 상기해 내고 싶은 사물의 전체 혹은 어떤 [부분]을 우리가 기억의 저 은밀한 처소에[82] 간직하고 있지 않는 한, 무엇을 상기해 내려는 의지라는 것은 아예 존재할 수 없다는 사실이다. 만약 우리가 그것을 전적으로 모조리 망각해 버렸다면 무엇을 상기해 내려는 의지 자체가 발생하지 않을 것이니, 우리가 무엇인가 상기해 내고 싶다면, 우리 기억 속에 존재하고 있다거나 존재했던 것으로 이미 기억해 냈기 때문에 가능하다.[83] 예를 들어 어제 저녁에 내가 무엇을 먹었는지 기억해 내고 싶다면, 우선 내가 [어제] 저녁을 먹었다는 사실을 이미 상기해 냈거나, 그 사실을 아직 상기해 내지 못한 경우에는 그 무렵에 일어난 무엇인가를

hesternum diem et eius eam partem qua coenari solet et quid sit co-
enare. Nam si nihil tale recordatus essem, quid heri coenauerim re-
cordari ulle non possem. Vnde intellegi potest uoluntatem reminis-
cendi ab his quidem rebus quae memoria continentur procedere ad-
iunctis simul eis quae inde per recordationem cernendo exprimun-
tur, id est ex copulatione rei cuiusdam quam recordati sumus et ui-
sionis quae inde facta est in acie cogitantis cum recordati sumus.
Ipsa quae utrumque copulat uoluntas requirit et aliud quod quasi
uicinum est atque contiguum recordanti. Tot igitur huius generis
trinitates quot recordationes quia nulla est earum ubi non haec tria
sint, illud quod in memoria reconditum est etiam antequam cogite-
tur, et illud quod fit in cogitatione cum cernitur, et uoluntas utrum-
que coniungens et ex utroque ac tertia se ipsa unum aliquid com-
plens. An potius ita cognoscitur una quaedam in hoc genere trinitas
ut unum aliquid generaliter dicamus quidquid corporalium specie-
rum in memoria latet, et rursus unum aliquid generalem uisionem
animi talia recordantis atque cogitantis quorum duorum copulationi
tertia coniungitur copulatrix uoluntas ut sit hoc totum unum quid-
dam ex quibusdam tribus?

---

[84] adiunctis rebus: 바로 아래에서도 나오는 문구.

[85] ex copulatione rei ⋯ et visionis: 앞 장(5.9-6.10)에서 감각적 지각에서 의지 — 성령의
유비 — 가 어버이 비슷한 역할도 자식 비슷한 역할도 아님을 지적했고, 좀 더 내면적인 기억
활동에서는 적어도 다른 둘로부터 발생한다는(procedere) 점에 주목한다.

[86] 의지는 기억의 시선과 기억된 사물을 결합시키는 목적을 달성하여 안주하지 않는다(re-
quirit et aliud).

[87] 상기 작용(recordatio)의 숫자만큼 '여러' 삼위일체가 존재한다고 볼 것인가, 그렇지 않으
면 다음에 묻는 삼위일체 '하나'가 존재한다고 볼 것인가라는 질문을 다음 장에서 다룬다.

[88] duorum *copulationi* tertia *coniungitur copulatrix* voluntas: 신적 삼위일체에서 성령(사
랑)의 역할을 준비하는 논변이다.

상기해 냈음에 틀림없다. 만일 아무것도 기억나지 않았다면, 적어도 '어제'라는 시간은 [기억해 냈고], 그 시간에서도 '으레 저녁을 먹던 시각'을 [기억해 냈고], 그리고 '저녁을 먹는다'는 말이 무슨 뜻인지는 [기억해 냈음에 틀림없다]. 이런 것을 내가 전혀 기억해 내지 못했다면 어제 저녁에 무엇을 먹었는지 기억해 내고 싶은 마음이 생길 수 없는 까닭이다. 그러므로 상기해 내려는 의지는 기억으로 간직하고 있는 사물들로부터 발發함을 알 수 있고, 동시에 상기를 통해서 그곳으로부터 지각되면서 표출되는 사물들이 덧붙여짐을[84] 알 수 있다. 다시 말해서 우리가 상기해 낸 사물, 그리고 우리가 무엇인가를 상기해 냈을 때 사유하는 자의 시선에 발생하는 시각, [이 둘의] 결속에 의해서[85] [상기해 내려는 의지가] 발한다. 그런데 이 둘을 결속시키는 의지는 그 자체로 또 다른 무엇을 또한 탐색하게 마련인데 상기해 내는 주체에게 아주 가깝고도 지척에 있는 무엇이다.[86] 그러므로 이런 종류의 삼위일체들은 상기 작용의 숫자만큼 여럿이라고 하겠으니 이 세 요소가 존재하지 않는 한 상기 작용은 일체 없는 까닭이다. [여기서 말하는 세 요소란] 기억 속에 숨어 있는 그것 — 사유로 떠오르기 전에도 거기 존재하고 있었다 —, 의식되는 순간에 사유 속에 발생하는 그것, 그리고 양자를 결속시키는 의지를 말한다. 단 의지는 다른 두 요소로부터, 또 자기는 셋째 요소로서 하나의 단일체를 완성해 낸다. 그런데 이런 종류의 삼위일체 하나가 [존재한다고] 알아들어야 하는 것인가?[87] 그래서, 기억 속에 숨겨진 물체적 형상形象들이 무엇이든 그것을 전부 어떤 하나로 간주하고, 또 그러한 대상들을 상기해 내고 사유하는 지성의 전체적 시야도 어떤 하나로 간주하며, 그리고 이 둘의 결속에 더하여 [이 둘을] 결합시키는 의지를[88] 제삼의 요소로 간주하고서, 셋으로부터 이런 하나의 전체가 구성된다고 해야 하는 것일까?[89]

---

[89] hoc totum unum quidam: "이 전체가 하나의 일성(一性)이라고 말해야 하는 것일까?"

VIII. Sed quoniam non potest acies animi simul omnia quae memoria tenet uno aspectu contueri, alternant uicissim cedendo ac succedendo trinitates cogitationum, atque ita fit ista innumerabiliter numerosissima trinitas, nec tamen infinita si numerus in memoria reconditarum rerum non excedatur. Ex quo enim coepit unusquisque sentire corpora quolibet corporis sensu, etiam si posset adiungere quae oblitus est, certus ac determinatus profecto numerus foret quamuis innumerabilis. Dicimus enim innumerabilia non solum infinita sed etiam quae ita finita sunt ut facultatem numerantis excedant.

13. Sed hinc aduerti aliquanto manifestius potest aliud esse quod reconditum memoria tenet et aliud quod inde in cogitatione recordantis exprimitur, quamuis cum fit utriusque copulatio unum idemque uideatur, quia meminisse non possumus corporum species nisi tot quot sensimus et quantas sensimus et sicut sensimus (ex corporis enim sensu eas in memoria combibit animus); uisiones tamen illae cogitantium ex his quidem rebus quae sunt in memoria, sed tamen innumerabiliter atque omnino infinite multiplicantur atque uariantur. Vnum quippe solem memini quia sicuti est unum uidi; si uoluero autem duos cogito uel tres uel quotquot uolo, sed ex eadem memoria qua unum memini formatur acies multos cogitantis. Et tantum memini quantum uidi; si enim maiorem uel minorem me-

---

90 innumerabiliter numerosissima trinitas nec tamen infinita: '무한정한'($\check{\alpha}\pi\epsilon\iota\rho o\varsigma$, infinitum) 사물은 경험의 대상이 되지 못한다는, 고대 세계의 공리를 암시하면서 곧이어 innumerabile($\check{\alpha}\mu\epsilon\tau\rho o\varsigma$)의 두 의미를 제시한다.

사유의 다양한 명분

8.[12]. 그렇지만 정신의 시선이 기억에 간직되어 있는 모든 내용을 단 하나의 시야에다 단번에 일별—瞥할 수는 없으므로, 사유의 삼위일체들은 [하나씩] 번갈아 다가오고 물러가는 [양상을 띤다]. 그러다 보면 헤아릴 수 없이 수많은 삼위일체가 발생하는데, 그렇다고 기억에 간직된 사물들의 숫자를 넘지 못하는 한 무한하지는 않다.[90] 사람마다 그 시작에 있어서는 신체의 감관으로 물체들을 지각하며, 따라서 비록 이미 망각한 것을 다시 보태고보태고 하더라도, [우리가 말하는 삼위일체는] 분명히 일정한 숫자에 그칠 것이다. 그 수가 비록 무수하게 많다고는 하더라도 [분명히 일정한 숫자에 그칠 것이다]. 우리가 '무수하다'는 말을 쓸 때는 반드시 무한한 것만 가리키지 않고 비록 유한하더라도 수를 헤아리는 사람의 능력을 초과하는 경우도 가리킨다.

사유와 기억

8.13. 여기서 한 가지 보다 분명하게 밝힐 수 있는 것은 기억이 감추어 간직하고 있는 것 다르고 거기서 유래하되 상기해 내는 사람의 사유 속에 표출되는 것 다르다는 점이다. 비록 양자의 결속은 그 둘이 하나요 동일한 것처럼 보일지라도 말이다. 왜냐하면 우리가 물체들의 형상形象을 기억할 때는 우리가 지각하는 횟수만큼, 우리가 지각하는 정도만큼, 그리고 우리가 지각하는 양상대로만 기억할 수 있기 때문이다(정신이 그것들을 기억 속에 흡입할 때는 어디까지나 신체의 감관에 의거해서 흡입한다). 그에 비해서 사유하는 사람들의 시각은 기억에 잔존하는 사물로부터 유래하면서도, 숫자상으로 무수하고 아예 무한히 다수화하고 다양해진다. 내가 기억하는 것은 하나의 태양이다. 태양 하나가 존재하듯이 내가 본 태양도 하나인 까닭이다. 하지만 내가 원하기만 한다면 둘도 생각해 내고 셋도 생각해 내고 마음먹은 숫자만큼 생각해 낸다. 그러나 다수의 태양을 생각해 내는 사람의 [지성의] 시선이 형상화되는 것은 어디까지나 바로 그 기억, 내가 한 태양을 기억하는

mini quam uidi, iam non memini quod uidi et ideo nec memini. Quia uero memini, tantum memini quantum uidi. Vel maiorem tamen pro uoluntate cogito uel minorem. Et ita memini ut uidi, cogito autem sicut uolo currentem et ubi uolo stantem, unde uolo et quo uolo uenientem. Quadrum etiam mihi cogitare in promptu est cum rotundum meminerim, et cuiuslibet coloris cum solem uiridem numquam uiderim et ideo non meminerim, atque ut solem ita cetera. Hae autem rerum formae quoniam corporales atque sensibiles sunt, errat quidem animus cum eas opinatur eo modo foris esse quomodo intus cogitat uel cum iam interierunt foris et adhuc in memoria retinentur, uel cum aliter etiam quod meminimus non recordandi fide sed cogitandi uarietate formatur.

14. Quamquam saepissime credamus etiam uera narrantibus quae ipsi sensibus perceperunt. Quae cum in ipso auditu quando narrantur cogitamus, non uidetur ad memoriam retorqueri acies ut fiant uisiones cogitantium; neque enim ea nobis recordantibus sed alio narrante cogitamus. Atque illa trinitas non hic uidetur expleri quae fit cum species in memoria latens et uisio recordantis tertia uoluntate

---

⁹¹ memini ut vidi, cogito autem sicut volo: 기억과 의지의 사유의 차이로 두 기능의 구분 가능성에 접근한다.

⁹² 감각은 외부에서 지각하는 형상을 그대로 전달하기 때문에, 사물이 실제로 그 형상 그대로인지 아닌지는 지성이 판단하거나 수정해야 한다. 교부는 물속에 꺾여 보이는 노(櫓)를 예로 든다(이 책 15.12.21 참조).

⁹³ 환상(phantasia)이나 상상(imaginatio)의 경우에도, 표상과 실제와의 부합성은 지성이 판단할 문제다.

동일한 기억에 의해서다. 내가 기억하는 [태양의] 크기는 내가 [눈으로] 본 크기만큼이다. 내가 본 것보다 더 작다거나 더 크다고 기억한다면, 이미 내가 본 것을 기억하는 것이 아닌 셈이니까, 아예 내가 기억하는 것이 아니다. 내가 제대로 기억을 한다면, 내가 본 크기로 기억하는 까닭이다. 그러나 의지에 따라서는 [본 것보다] 더 크게 혹은 더 작게 생각해 내는 수도 있다. 내가 본 대로 기억한다. 하지만 나는 원하는 대로 생각한다.[91] 내가 마음먹기에 따라서 [태양이] 달려가는 것처럼 생각하기도 하고 내가 마음먹기에 따라서는 서 있는 것처럼 생각하기도 한다. 내가 마음먹은 곳에서 오는 것처럼 생각하기도 하고 내가 마음먹은 곳으로 가는 것처럼 생각하기도 한다. 내가 기억하는 태양은 둥글지만 나로서는 태양을 사각형으로 생각해 내는 일도 얼마든지 가능하다. 내가 초록색 태양을 볼 길이 없고 따라서 그런 색깔의 태양을 기억하고 있을 리가 없지만 나는 무슨 색으로든지 태양을 생각해 낼 수 있다. 태양을 그렇게 하듯이 여타의 사물들도 마찬가지다. 사물들의 이러한 형상形相들은 한사코 물체적이고 감각적인 형상들이기 때문에, 그것들이 내면에서 생각하는 것과 똑같은 방식으로 외부에 존재한다고 생각한다면 정신이 오류에 빠지는 것이다.[92] 이것은 외부에서는 그것들이 소멸되었는데도 기억에 아직 간직되어 있을 때도 그렇고, 우리가 기억하는 것과는 달리 형상을 만들어 내는 경우, 즉 기억에 충실하지 않고 생각의 변덕에 따를 경우에도 그렇다.[93]

8.14. 그럼에도 사람들이 감관으로 포착한 바를 이야기할 때 우리는 그들이 참말을 한다고 믿는 일이 아주 흔하다. 그런데 사람들이 이야기하는 바를 듣는 동안에 우리가 생각하는 바를 보면, [지성의] 시선이 반드시 기억으로 [시선을] 돌이키고 그 결과로, 생각하는 사람들의 시선이 생겨나는 것 같지는 않다. 그것들을 우리가 상기하면서 생각하는 것이 아니고 다른 사람이 이야기하는 가운데 생각하고 있는 것이다. 여기서는 [앞서 말한] 삼위일체, 즉 기억에 숨겨져 있는 형상形象, 상기해 내는 사람의 시각이 제

copulantur. Non enim quod latebat in memoria mea sed quod au-
dio, cogito cum aliquid mihi narratur. Non ipsas uoces loquentis di-
co ne quisquam putet in illam me exisse trinitatem quae foris in sen-
sibilibus et in sensibus agitur, sed eas cogito corporum species quas
narrans uerbis sonisque significat, quas utique non reminiscens sed
audiens cogito. Sed si diligentius consideremus, nec tunc exceditur
memoriae modus. Neque enim uel intellegere possem narrantem si
ea quae dicit et si contexta tunc primum audirem, non tamen gene-
raliter singula meminissem. Qui enim mihi narrat uerbi gratia ali-
quem montem silua exutum et oleis indutum, ei narrat qui memine-
rim species et montium et siluarum et olearum. Quas si oblitus es-
sem, quid diceret omnino nescirem et ideo narrationem illam cogi-
tare non possem. Ita fit ut omnis qui corporalia cogitat, siue ipse ali-
quid confingat, siue audiat aut legat uel praeterita narrantem uel fu-
tura praenuntiantem, ad memoriam suam recurrat et ibi reperiat mo-
dum atque mensuram omnium formarum quas cogitans intuetur.
Nam neque colorem quem numquam uidit neque figuram corporis
nec sonum quem numquam audiuit nec saporem quem numquam
gustauit nec odorem quem numquam olefecit nec ullam contrecta-
tionem corporis quam numquam sensit potest quisquam omnino co-

---

94 modus et mensura: 교부에게서 사물의 형이상학적 구성 요소 — 『신국론』 5.11: "그분에
게서 모든 양태와 모든 형상과 모든 질서(modus species ordo)가 존재한다. 그분에게서 척도
와 수량과 중량(mensura numerus pondus)이 존재한다" — 이면서도 인식론적으로는 기억에
간직된 형상들의 '한량과 한도'(물론 innumerabiles!)를 가리킨다.

95 『고백록』 10.8.15 참조: "내 하느님, 기억의 저 능력은 크기도 합니다. 너무나 큽니다. 광
활하고 무량한 지밀(至密)입니다. 과연 누가 그 밑바닥에까지 이른 적 있습니까? 엄연히 내
정신의 능력임에도 …"(앞의 각주 90 참조).

96 non potest quisquam omnino cogitare: 플라톤에게 경도된 교부의 조명설에도 불구하고
감각에 채취되지 않는 바는 지성에 존재하지 않는다는 실재론을 담은 명제다.

삼자라고 할 의지에 의해서 결합되는 [그런 삼위일체가] 구현되는 것 같지 않다. 나의 기억 속에 숨겨져 있던 것을 내가 생각하는 것이 아니고, 남이 나에게 뭔가 이야기해 줄 때 내가 듣고 있는 것을 생각하고 있다. 하지만 나는 지금 화자話者의 음성 자체를 두고 말하는 것이 아니다. 그렇지 않으면 혹자는 내가 밖으로 나가서 저 삼위일체 안으로, 밖에서 감각적 사물들 안에서와 감관들 안에서 발생하는 삼위일체로 들어간다고 여기게 된다. 내가 생각하는 것은 물체들의 저 형상形象들, 화자가 말과 음성으로 지시하는 형상들인데 그것들을 내가 기억해 내면서 생각하고 있는 게 아니고 [남의 말을] 들으면서 생각하고 있다는 점이다. 하지만 이런 경우에도 우리가 문제를 보다 진지하게 고찰한다면, 그것이 기억의 한계를 넘어서지 않는다. 그 사람이 하는 말을 처음 듣는다거나, 그 자리에서 처음으로 그런 줄거리를 듣는데도 이야기하는 사람의 말을 내가 이해할 수 있었다면 막연하게나마 낱낱의 토막말들을 내가 기억하고 있었던 까닭이다. 예컨대 누가 나한테 어떤 산을 두고 숲은 아예 없고 올리브 나무로만 덮인 산을 이야기한다면, 그의 이야기 상대인 나는 산들의 형상이며 숲들의 형상이며 올리브 나무들의 형상을 기억하고 있음에 틀림없다. 만약 내가 이런 것들을 아예 잊어버렸다면 그가 무슨 이야기를 하는지 내가 전혀 모를 것이고, 따라서 나로서는 그가 하는 이야기를 두고 생각한다는 일이 불가능할 것이다. 무릇 물체적 사물을 생각하는 사람은 누구나 스스로 무엇인가를 [눈앞에] 그려 내게 마련이다. 따라서 과거사를 이야기하거나 미래사를 예고하는 사람의 말을 듣거나 글을 읽을 경우에, 일단 자기 기억으로 소급할 것이며 거기서 발견해 낼 것이다. 자기가 생각하면서 바라보는 모든 형상形相들에 대한 양태와 척도를[94] 거기서 발견해 낼 것이다.[95] 한 번도 본 적 없는 색깔, 사람이 한 번도 본 적 없는 물체 모양, 한 번도 들어 본 적 없는 소리, 한 번도 맛본 적 없는 맛, 한 번도 맡아 본 적 없는 냄새, 한 번도 느껴 본 적 없는 촉각은 그 누구도 생각에 떠올릴 수 없는 법이다.[96] 감관으

gitare. At si propterea nemo aliquid corporale cogitat nisi quod sensit, quia nemo meminit corporale aliquid nisi quod sensit, sicut in corporibus sentiendi sic in memoria est cogitandi modus. Sensus enim accipit speciem ab eo corpore quod sentimus et a sensu memoria, a memoria uero acies cogitantis.

15. Voluntas porro sicut adiungit sensum corpori, sic memoriam sensui, sic cogitantis aciem memoriae. Quae autem conciliat ista atque coniungit, ipsa etiam disiungit ac separat, id est uoluntas. Sed a sentiendis corporibus motu corporis separat corporis sensus ne aliquid sentiamus aut ut sentire desinamus ueluti cum oculos ab eo quod uidere nolumus auertimus uel claudimus; sic aures a sonis, sic nares ab odoribus. Ita etiam uel os claudendo uel aliquid ex ore respuendo a saporibus auersamur. In tactu quoque uel subtrahimus corpus ne tangamus quod nolumus, uel si iam tangebamus, abicimus aut repellimus. Ita motu corporis agit uoluntas ne sensus corporis rebus sensibilibus copuletur. Et agit hoc quantum potest. Nam cum in hac actione propter conditionem seruilis mortalitatis difficultatem patitur, cruciatus est consequens ut uoluntati nihil reliqui fiat nisi tolerantia. Memoriam uero a sensu uoluntas auertit cum in aliud intenta non ei sinit inhaerere praesentia. Quod animaduertere facile est cum saepe coram loquentem nobis aliquem aliud cogitando non au-

---

97 in memoria est cogitandi modus: "기억하는 만큼 사유한다." modus의 번역은 각주 94 참조.

98 memoria: '생각', '의향', '의도'라는 뜻도 담고 있다.

로 지각한 것이 아니고는 사람은 물체적 사물을 아무것도 생각하지 못하고, 감각으로 지각한 것이 아니면 아무도 물체적 사물을 기억하지 못한다. 그렇다면 같은 이유로, 감각의 한계가 물체에 있듯이 사유의 경계는 기억에 있다.[97] 감관이 우리가 지각하는 물체로부터 형상形象을 받아들이듯이, 기억은 감관으로부터 [형상을 받아들이고] 사유의 시선은 기억으로부터 [형상을 받아들인다].

자유의지의 역할

8.15. 의지가 감관을 물체에 결속시키듯이, 의지는 또 기억을 감관에 결속시키고, 그리고 사유의 정곡을 기억에 결속시킨다. 그런데 의지가 양자를 융합시키고 결속시키듯이, 양자를 구분하고 분리하는 것도 바로 그것 즉 의지다. 하지만 감각할 물체로부터 신체의 감관을 분리하는 일, 우리가 아무것도 느끼지 않으려고 혹은 느끼던 것을 중단하려고 [감관을 감각적 사물로부터 단절하는 일은 의지가] 신체의 동작을 통해서 행한다. 우리가 보기 싫어하는 것에서 눈을 돌리거나 눈을 질끈 감는 동작이 그 예다. 마찬가지로 소리에서 귀를 막고 냄새에서 코를 막는다. 똑같이 [먹지 않으려고] 입을 다물거나 입에서 내뱉음으로써 맛을 피한다. 또 촉각에 있어서도 싫은 것을 만지지 않으려고 우리는 몸을 빼거나 이미 만지던 것이면 던지거나 밀쳐 버린다. 이처럼 의지가 신체의 동작을 써서, 신체의 감관이 물체들과 접속하지 못하게 작용한다. 단 능력이 미치는 한에서만 그렇게 할 수 있다. 이 작용을 수행함에 있어서 의지는 여러 가지 지장을 겪는데, 그런 것은 사멸死滅에 예속된 [인간] 조건으로 말미암은 것이고, 그 결과는 고통스러우며 의지로서는 인종忍從 외에 아무런 여지가 없다. 그럴 경우에도 의지는 기억[98]을 감관으로부터 돌려서 다른 것에 집중함으로써 [감관에] 현전하는 사물에 기억이 매달리게 버려두지 않는다. 이런 예는 간파하기 쉽다. 정작 누가 우리한테 무슨 말을 하고 있는데 우리는 딴생각을 하고 있어 그의 말을 듣고 있지 않는 것처럼 보이는 경우가 그렇다. 그런데 [듣

disse nobis uidemur. Falsum est autem; audiuimus enim sed non
meminimus subinde per aurium sensum labentibus uocibus alienato
nutu uoluntatis per quem solent infigi memoriae. Verius itaque di-
xerimus cum tale aliquid accidit: 'Non meminimus,' quam: 'Non au-
diuimus.' Nam et legentibus euenit et mihi saepissime ut perlecta
pagina uel epistula nesciam quid legerim et repetam. In aliud quip-
pe intento nutu uoluntatis non sic est adhibita memoria sensui cor-
poris quomodo ipse sensus adhibitus est litteris. Ita et ambulantes
intenta in aliud uoluntate nesciunt qua transierint. Quod si non ui-
dissent, non ambulassent aut maiore intentione palpando ambulas-
sent, praesertim si per incognita pergerent; sed quia facile ambu-
lauerunt, utique uiderunt. Quia uero non sicut sensus oculorum lo-
cis quacumque pergebant ita ipsi sensui memoria iungebatur, nullo
modo id quod uiderunt etiam recentissimum meminisse potuerunt.
Iam porro ab eo quod in memoria est animi aciem uelle auertere
nihil est aliud quam non inde cogitare.

IX 16. In hac igitur distributione cum incipimus ab specie corpo-
ris et peruenimus usque ad speciem quae fit in contuitu cogitantis,
quattuor species reperiuntur quasi gradatim natae altera ex altera,
secunda de prima, tertia de secunda, quarta de tertia. Ab specie quip-
pe corporis quod cernitur exoritur ea quae fit in sensu cernentis, et

---

99 기억에 '한도'(modus)를 설정하는 의지의 재량으로 미루어, 지성은 기억에 전적으로 좌
우되지는 않는다.

100 in contuitu cogitantis: acies animi를 '지성의 정곡' 혹은 '지성의 시선', '마음의 눈'으로
번역해 왔음. [조금 뒤에 나오는 in acie cogitantis(사유하는 자의 시선), in cogitantis in-
tuitu(사유하는 자의 시야) 참조.]

지 않았다는 것은] 거짓말이다. 우리가 [그 사람 말을] 듣기는 들었는데 단지 기억을 못할 따름이다. 그 사람의 목소리가 귀의 감관을 스치고 지나갔을 뿐이어서, 의지는 평소에 기억에 그 초점을 집중하기 마련인데 이 경우에는 의지의 초점이 딴 데 가 있었던 것이다. 그러니 이런 일이 일어날 때는 "우리가 못 들었다"고 말하기보다는 "기억이 안 난다"라는 말이 더 맞다. 이런 일은 책을 읽는 사람들에게 일어나는데 특히 내게도 아주 흔히 일어난다. 책 한 쪽이나 편지를 다 읽고서도 무엇을 읽었는지 몰라서 되풀이하는 경우가 많다. 이때는 의지의 초점이 딴 데 가 있어서 감각이 글자에 집중하는 만큼 기억이 신체의 감관에 집중하고 있지 않기 때문이다. 그와 마찬가지로 길을 걸으면서도 의지가 딴 데에 쏠려 있으면 후에 자기가 어디를 거쳐서 왔는지 모른다. 눈에 보이지 않았더라면 걸음을 옮기지 않았을 테고, 특히 알지 못하는 곳을 지나갔다면 조심을 더 해 발로 더듬듯이 걸음을 옮겼을 것임에 틀림없다. 그런데 무난히 걸음을 옮긴 것으로 미루어, 볼 것을 다 보았을 것이다. 그렇다면 눈의 감관은 거쳐 가던 장소에 단단히 결속되어 있었을 테지만 기억은 감관에 그처럼 매여 있지 않았던 셈이고, 따라서 자기가 본 것을, 심지어 이제 금방 보았던 대상마저도 기억해 두지 못했던 것이다. 간단히 말해서, 정신의 시선이 기억에 간직되어 있는 것으로부터 딴 데로 향하고 싶어 한다는 말은, 생각을 개진하되 기억에 간직되어 있는 것에서부터 [출발하지 않는다는] 말과 다름없다.[99]

형상形象은 형상으로부터 서로 생성된다

9.16. 우리는 물체의 형상形象으로부터 시작해서 사유하는 주체의 시야에[100] 형성되는 형상에까지 이르렀다. 이 작업에서 발견된 것이 네 가지 형상이다. 이 형상들은 하나가 다른 하나에서 차례로 발생하여 둘째는 첫째에서, 셋째는 둘째에서, 넷째는 셋째에서 발생했다. 지각되는 물체의 형상으로부터 지각하는 자의 감관感官에 생기는 형상이 발생하고, 그리고 이

ab hac ea quae fit in memoria, et ab hac ea quae fit in acie cogitantis. Quapropter uoluntas quasi parentem cum prole ter copulat: primo speciem corporis cum ea quam gignit in corporis sensu, et ipsam rursus cum ea quae ex illa fit in memoria, atque istam quoque tertio cum ea quae ex illa paritur in cogitantis intuitu. Sed media copula quae secunda est, cum sit uicinior, non tam similis est primae quam tertiae. Visiones enim duae sunt, una sentientis, altera cogitantis. Vt autem possit esse uisio cogitantis ideo fit in memoria de uisione sentientis simile aliquid quo se ita conuertat in cogitando acies animi, sicut se in cernendo conuertit ad corpus acies oculorum. Propterea duas in hoc genere trinitates uolui commendare, unam cum uisio sentientis formatur ex corpore, aliam cum uisio cogitantis formatur ex memoria. Mediam uero nolui quia non ibi solet uisio dici cum memoriae commendatur forma quae fit in sensu cernentis. Vbique tamen uoluntas non apparet nisi copulatrix quasi parentis et prolis. Et ideo undecumque procedat, nec parens nec proles dici potest.

X 17. At enim si non meminimus nisi quod sensimus neque cogitamus nisi quod meminimus, cur plerumque falsa cogitamus cum

---

[101] 교부가 의도적으로 '출산'(gignit)이나 '출생'(paritur) 등의 동사를 구사하고 있음에 유념해야 한다.

[102] visio sentientis / visio cogitantis: 이 책에서는 둘 다 '시각'으로 번역한다.

[103] quo se ita convertat in cogitando: 교부는 감각상(感覺像)이나 기억상(記憶像)을 향하는 작용 중에 동시적으로 발생하는 지성의 자기 회귀(conversio ad se)를 언급하고 있다.

[104] voluntas copulatrix quasi parentis et prolis: 앞의 각주 85와 88 참조.

[105] 의지는 양자를 연결시키는 역할을 할 뿐, 그 어느 요소의 어버이 혹은 자식이라 할 수는 없다. 이 책 15.27.48-50의 성령의 ('출생' 아닌) '발출' 참조.

형상에 의해서 기억에 생기는 형상이 발생하며, 또 이 형상에 의해서 사유하는 자의 시선에 생기는 형상이 발생한다. 이리하여 의지는 세 차례에 걸쳐 어버이 역할을 자녀 역할에 결속시킨다. 첫째로는 물체의 형상을 그것이 신체의 감관에 출산하는 형상에다 결속시키고, 그다음은 이 형상을 [감관에 발생하는] 바로 그 형상에 의해서 기억에 생성되는 형상에다 결속시키며, 셋째로는 바로 그 형상을 [기억에 간직되어 있는] 형상에 의해서 사유하는 자의 시야에 출생하는 형상에다 결속시킨다.[101] 그러나 중간의 결속, 곧 두 번째에 해당하는 결속은 첫 번째 결속과 더 가깝기는 하지만 비슷하기는 차라리 셋째와 더 유사하다고 하겠다. 시각은 둘이 있으니 하나는 지각하는 자의 것이고, 다른 하나는 사유하는 자의 것이다.[102] 사유하는 자의 시각이 존재할 수 있으려면, 일단 지각하는 주체의 시각에서 기인하여 [그것과] 유사한 어떤 것이 기억에 생겨나야 하고, 지성의 정곡은 사유를 하는 중에 다른 곳 아닌 이 유사상으로 시선을 돌려야 한다.[103] [사물을] 지각하면서 눈의 정곡이 물체로 시선을 돌리듯이 말이다. 그러므로 나는 여기서 두 가지 삼위일체를 언명하고자 했으니, 하나는 지각하는 자의 시각이 물체에 의해서 형상화될 때 발생하는 삼위일체고 또 하나는 사유하는 자의 시각이 기억에 의해서 형상화될 때 발생하는 삼위일체다. 그 대신 중간 위치의 삼위일체는 언급할 생각이 없었으니 지각하는 자의 감관에 발생하는 형상이 기억에 회부되는 [단계에서는 굳이] 시각이라고 부르지 않는 법이기 때문이다. 하지만 어디서든지 의지가 등장할 때는 어버이 노릇을 하는 요소와 자식 노릇을 하는 요소를 한데 결부시키는 경우가 발생한다.[104] 그러니까 의지는 어디서 유래하든지 간에 그것은 어버이라고 할 수도 없고 자식이라고 할 수도 없다.[105]

상상력에 관하여

10.17. 그런데 우리가 [감관으로] 지각한 것이 아니면 기억하지 못한다면, 기억에 간직한 것이 아니면 사유하지 못한다는 말도 [참이겠는데], 그

ea quae sensimus non utique falso meminerimus nisi quia uoluntas illa quam coniunctricem ac separatricem huiuscemodi rerum iam quantum potui demonstrare curaui formandam cogitantis aciem per condita memoriae ducit ut libitum est, et ad cogitanda ea quae non meminimus ex eis quae meminimus aliud hinc, aliud inde, ut sumat impellit? Quae in unam uisionem coeuntia faciunt aliquid quod ideo falsum dicatur quia uel non est foris in rerum corporearum natura uel non de memoria uidetur expressum cum tale nihil nos sensisse meminimus. Quis enim uidit cygnum nigrum? Et propterea nemo meminit. Cogitare tamen quis non potest? Facile est enim illam figuram quam uidendo cognouimus nigro colore perfundere quem nihilominus in aliis corporibus uidimus, et quia utrumque sensimus, utrumque meminimus. Nec auem quadrupedem memini quia non uidi, sed phantasiam talem facillime intueor dum alicui formae uolatili qualem uidi adiungo alios duos pedes quales itidem uidi. Quapropter dum coniuncta cogitamus quae singillatim sensa memini-

---

106 falsa cogitamus: '허위의 개념을 만들어 내다.' 감각과 기억은 외부 정보를 그대로 반영하므로 허위나 오류는 판단을 내리는 사유(cogitatio)를 이끌어 가는 의지에 기인한다는 이론을 교부가 소개한다.

107 voluntatem *coniunctricem ac separatricem*: 판단은 지성이 주어와 술어를 결합하거나 (coniugando, 긍정 판단) 분리하는(dividendo, 부정판단) 작업이지만 아우구스티누스는 주의론(主意論) 입장에서, 지성의 정곡(시선)을 좌우하는 의지를 부각시킨다.

108 formandam cogitantis aciem per abscondita memoriae *ducit ut libitum est*: 주의론에서 본 오류 발생의 첫째 근거.

109 [voluntas aciem mentis] aliud hinc, aliud inde *ut sumat impellit*: 주의론에서 본 오류 발생의 둘째 근거.

110 오류(허위)에 대한 관점은 '지성[판단]과 사물의 불합치'(non est foris in natura)이거나 '개념과 사물의 불합치'(non de memoria videtur expressum)로 나뉜다.

렇다면 우리가 허위의 것을 생각해 내는 일이 많은 까닭은 무엇인가?[106] 우리가 지각한 것에 대해서는 허위로 기억하는 일이 없는데 말이다. [그 이유를 설명하자면] 나는 내 능력이 닿는 데까지, 의지가 이런 사물들을 결합시키고 분리시키는 역할을 한다는 사실을 입증하려고 애썼다.[107] 다만 그 의지가 기억에 간직된 것들을 가지고 사유하는 자의 시선을 형상화하면서 [그 시선을] 자의대로 이끌어 간다는 것이다.[108] 또 우리 기억에 없는 사물들을 생각하게 만든답시고 우리가 기억하고 있는 요소들 가운데서 여기서 이런 것, 저기서 저런 것을 [자의로 선정하여] 받아들이도록 요구하는 데는 이유가 있다.[109] 이런 것들을 모조리 모아 단일한 시각으로 합쳐놓는다면 허위라고 일컬을 만한 무엇이 발생하는데 그 이유는 그것이 외부에, 즉 물체적 사물의 자연 본성 속에 존재하지 않기 때문일 수도 있고, 우리가 그런 사물을 지각한 기억이 결코 없어서 그것이 기억으로부터 표출된 것처럼 보이지 않기 때문일 수도 있다.[110] 검은 백조를 본 사람이 누가 있는가? 그래서 아무도 ['검은' '백조'를] 기억해 내지 못한다. 그러나 [검은 백조를] 생각해 내지 못할 사람이 어디 있겠는가? 그러니 우리가 저 ['백조'라는 새를] 보아서 알고 있는 이상, 거기에 다른 물체들에서 본 적이 있는 '검은색'을 덧씌우는 일은 아주 쉽다. 둘 다 우리가 감관으로 지각한 바 있고 둘 다 우리가 기억에 간직하고 있는 까닭이다. 네 발 달린 날짐승을 본 적이 없으므로 그런 날짐승을 나는 기억하지 못하지만, 내가 본 어떤 날짐승 형상에 다른 데서 본 발 두 개를 덧붙여서 그런 새를 상상해 내는 일은 아주 쉽다.[111] 여기서 하나씩 지각해서 기억하고 있는 바를 [꺼내어] 합성해서 우리가 사유하고 있는 이상, 우리는 기억하는 바를 사유하는 것

---

[111] Cf., *Retractationes* 2.15.2: "이 말을 하면서 나는 율법서 — 레위 11,20: '네 발로 걸으며 날개가 달린 동물은 모두 너희에게 혐오스러운 것이다' — 에서 네 발 달린 날짐승을 언급하고 있다는 사실을 기억하지 못했다. 여기서 메뚜기가 뛰어오르는데 사용하는 뒷다리 두 개는 발로 치지 않는다. 그뿐 아니라 이것들은 정하다고 부르고 뒷다리로 뛰어오르지 못하는 다른 부정한 것들, 예를 들어 풍뎅이와는 구분하고 있다. 그러니까 율법에서는 이런 것들이 모조리 네 발 달린 날짐승으로 불리고 있다." 곤충까지 '날짐승'(volatilia)으로 본 듯하다.

mus, uidemur non id quod meminimus cogitare, cum id agamus moderante memoria unde sumimus omnia quae multipliciter ac uarie pro nostra uoluntate componimus. Nam neque ipsas magnitudines corporum quas numquam uidimus sine ope memoriae cogitamus. Quantum enim spatii solet occupare per magnitudinem mundi noster obtutus, in tantum extendimus quaslibet corporum moles cum eas maximas cogitamus. Et ratio quidem pergit in ampliora, sed phantasia non sequitur. Sequitur quippe cum infinitatem quoque numeri ratio renuntiet, quam nulla uisio corporalia cogitantis apprehendit. Eadem ratio docet minutissima etiam corpuscula infinite diuidi; cum tamen ad eas tenuitates uel minutias peruentum fuerit quas uisas meminimus, exiliores minutioresque phantasias iam non possumus intueri, quamuis ratio non desinat persequi ac diuidere. Ita nulla corporalia nisi aut ea quae meminimus aut ex his quae meminimus cogitamus.

XI 18. Sed quia numerose cogitari possunt quae singillatim sunt impressa memoriae, uidetur ad memoriam mensura, ad uisionem uero numerus pertinere quia licet innumerabilis sit multiplicitas ta-

---

112 '기억을 합성하는 상상(coniuncta cogitamus quae singillatim sensa meminimus)은 기억에 상합하는 사유가 아닌 것처럼 보인다.'

113 사물의 크기를 세계라는 지평에 올려놓고(per magnitudinem mundi) 측량하는 것이 인간 지성의 본성이다.

114 ratio pergit in ampliora: 인간 지성은 세계라는 지평(magnitudo mundi)도 초월하여 '절대 지평'까지 나아간다는 설명으로 보인다.

처럼 보이지 않는다.[112] 그렇지만 여기서도 우리는 기억이 조정을 하는 가운데 그 작업을 하고 있을뿐더러, 우리가 우리 의지대로 다양하고 다채롭게 합성하는 그 모든 것을 사실상 [다름 아닌] 기억으로부터 끄집어내고 있다. 우리가 한 번도 본 적이 없는 거대한 물체마저도 기억의 작용 없이는 생각해 내지 못한다. 우리의 시야는 우주의 크기를 [척도로 삼아] 공간을 점유하는 버릇이 있어서 우리가 어떤 물체든지 그 덩어리를 최대로 확대하여 생각할 경우에는 [우주의 크기 전체를 채우는 것처럼] 상상한다.[113] 이성은 그 이상의 것으로 초월해 나가지만[114] 상상력은 [거기까지] 따라가지 않는다. 이성이 수의 무한을 공언하더라도 물체적 사물을 생각하는 사람의 시각은 아무리 해도 [무한이라는 수를] 포착할 방도가 없으므로 그런 결과가 온다. 또 같은 이성이 가르치기를, 아무리 미소한 물체라고 하더라도 무한히 분할할 수 있다고 한다. 하지만 정작 우리가 눈으로 보고서 기억하는 그 미립자 내지 소립자들에 도달하게 되면, 비록 이성으로서는 계속해서 분할하는 일을 멈추지 않더라도, 우리로서는 더 가늘고 더 미소한 표상을 관찰하는 일이 불가능하다. 그러므로 우리가 물체를 생각할 때는, 우리가 기억을 하는 물체나 우리가 기억하는 사물에서 비롯하는 물체 말고는 아무 물체도 생각하지 못한다.

수와 무게와 척도[115]

11.18. 그런데 하나씩 단수로 기억에 각인된 것들이 다수로 사유되는 일도 가능하다는 점에서 본다면 척도는 기억에 속하고 수는 시각에 속하는 것처럼 보인다.[116]▶ 저 시각들의 다수로 말할 것 같으면 무수하지만 기억

---

[115] 11권의 마지막 장(11.18)은 앞의 11.8.14에 언급된 '양태와 척도'(modus et mensura)를 계기로 mensura, numerus, pondus의 삼위일체론을 제시한다. 참조: 지혜 11,20: "당신께서는 모든 것을 척도와 수리와 무게로 안배하셨습니다"(omnia in mensura et numero et pondere disposuisti); 『성경』: "당신께서는 모든 것을 재고 헤아리고 달아서 처리하셨습니다."

lium uisionum, singulis tamen in memoria praescriptus est intransgressibilis modus. Mensura igitur in memoria, in uisionibus numerus apparet sicut in ipsis corporibus uisibilibus mensura quaedam est cui numerosissime coaptatur sensus uidendi, et ex uno uisibili multorum cernentium formatur aspectus ita ut etiam unus propter duorum oculorum numerum plerumque unam rem geminata specie uideat sicut supra docuimus. In his ergo rebus unde uisiones exprimuntur quaedam mensura est, in ipsis autem uisionibus numerus. Voluntas uero quae ista coniungit et ordinat et quadam unitate copulat, nec sentiendi aut cogitandi appetitum nisi in his rebus unde uisiones formantur adquiescens conlocat, ponderi similis est. Quapropter haec tria, mensuram, numerum, pondus, etiam in ceteris omnibus rebus animaduertenda praelibauerim.

Nunc interim uoluntatem copulatricem rei uisibilis atque uisionis quasi parentis et prolis, siue in sentiendo siue in cogitando, nec parentem nec prolem dici posse quomodo ualui et quibus ualui demonstraui. Vnde tempus admonet hanc eandem trinitatem in interiore homine requirere atque ab isto de quo tamdiu locutus sum animali

◀116 ad memoriam mensura, ad visionem vero numerus: mensura(척도)는 교부의 저서에서 modus(양태, 정도, 한계)와 자주 환치되므로, '만물에 일정한 한계를 부여하는 기준'으로, numerus(수)는 하나, 둘 하면서 '다수를 발생시키는 원리'로 개념 지어져 이하에 '성부'와 '성자'를 표상하는 유비로 바뀐다.

117 지성의 시각은 무수히 바뀔 수 있지만 항상 일정한 기억에 의해서 형상화되며, 차례로 다른 기억들에 의해서 형상화되더라도 그때마다 '한 가지 기억으로 형상화한 하나의 시각'에 그친다.

118 mensura quaedam: 물체가 가지는 '일정한 한계(테두리)'.

119 geminata specie: 촛불의 이중 잔상 효과에 관한 이 책 11.2.4 해설(각주 22) 참조.

120 『고백록』 13.9.10 참조: "나의 중심은 나의 사랑입니다. 사랑으로 어디로 이끌든지 그리로 내가 끌려갑니다"(pondus meum amor meus, eo feror quocumque feror).

속에서 각각의 시각에는 넘을 수 없는 한계가 규정되어 있는 까닭이다.[117] 그러므로 척도는 기억에 있고 시각에는 수가 등장하는데, 이것은 가시적 물체들에는 모종의 척도가 있음과 같다.[118] 다만 그 척도에 대해서도 보는 감각이 무수히 다양하게 반응하고, 따라서 단일한 가시적 사물로부터도 지각하는 사람들의 숫자만큼 다양한 시상視象이 형성되며, 심지어 한 사람에게 달린 눈의 숫자가 둘이기 때문에 단일한 사물이 쌍수雙數의 형상形象으로 나타나는 경우마저 있으니, 이 점에 관해서는 앞서 가르친 바 있다.[119] 말하자면 저 사물들 — 시각은 사물에 의해서 표상된다 — 에는 일종의 척도가 있는 데 반해 시각 자체에는 일종의 수가 있다. 그에 비해 의지는 무게와 흡사하다. 의지는 이 양자를 결속시키고 질서 짓고 한 단위로 결합시키는 것이어서 지각하려는 욕구든 사유하려는 욕구든 [욕구의 대상이 되는] 그 사물들 — 시각은 사물에서 기인하여 형상화된다고 말했다 — 속이 아니면 만족하여 [그 욕구를] 안정시키지 않는다는 점에서 무게와 흡사하다.[120] 따라서 이야기를 조금 앞지르자면, 이 셋, 즉 척도, 수 그리고 무게는 여타의 모든 사물들에서도 발견되어야 한다.[121]

일단 지금까지 내 힘이 미치는 한에서, 또 내 말이 먹히는 사람들을 대상으로, 내가 입증해 보이려고 한 바는 이것이다. 곧, 의지가 가시적 사물과 시각을 결속시킨다는 점에서는 [감관으로] 감지함에 있어서나 사유함에 있어서나 [가시적 사물과 시각이] 마치 어버이와 자식의 역할을 하지만, 의지 자체는 어버이라고 할 수도 없고 자식이라고 할 수도 없다는 것이다.[122] 시간이 촉박하니 내적 인간 안에서 이 삼위일체를 연구해야 하겠고, 동물적이고 육적인 인간으로부터 내면을 향해야겠다. 외적 인간이라고도 일컫는 동물적이고 육적인 인간에 대해서는 오랫동안 논했다.[123] 우

---

[121] 앞의 각주 115 참조.

[122] nec parentem nec prolem: 의지(사랑)는 양자를 결합시키는 요소다.

[123] 저자의 의도와는 달리 11권 전체가 외적 인간의 감각적 지각과 기억에서 발견되는 삼위일체를 논했다.

atque carnali qui exterior dicitur introrsus tendere. Vbi speramus in-
uenire nos posse secundum trinitatem *imaginem dei*, conatus nos-
tros illo ipso adiuuante quem omnia sicut res ipsae indicant, ita
etiam sancta scriptura *in mensura et numero et pondere* disposuisse
testatur.

리로서는 [내적 인간에게서] 삼위일체에 입각한 하느님의 모상을 발견해
내기 바라며,[124] 만물이 가리켜 보이는 하느님 친히 우리 노력을 보살펴 주
시기를 희망하는 바이다. 상황 자체가 보여 주듯이, 성경도 하느님은 만물
을 척도와 수와 무게로 안배하셨다고 증언한다.

---

[124] invenire nos posse secundum *trinitatem imaginem dei*: 성경의 계시(참조: 창세 1,27;
지혜 2,23; 집회 17,1)이기도 하고 이 책 후반부 전체(8-15권)의 목표이기도 하다.

I 1. Age nunc uideamus ubi sit quasi quoddam hominis exterioris interiorisque confinium. Quidquid enim habemus in animo commune cum pecore recte adhuc dicitur ad exteriorem hominem pertinere. Non enim solum corpus homo sexterior deputabitur sed adiuncta quadam uita sua qua exterior deputabitur sed adiuncta quadam uita sua qua compages corporis et omnes sensus uigent quibus instructus est ad exteriora sentienda. Quorum sensorum imagines infixae in memoria cum recordando reuisuntur res adhuc agitur ad exteriorem hominem pertinens. Atque in his omnibus non distamus a pecore nisi quod figura corporis non proni sed erecti sumus. Qua in re admonemur ab eo qui nos fecit ne meliore nostri parte, id est animo, similes pecoribus simus a quibus corporis erectione distamus. Non ut in ea quae sublimia sunt in corporibus animum proiciamus. Nam uel in talibus quietem uoluntatis appetere prosternere est ani-

---

¹ 첫 부분(1.1-4.4)에서는 인식에 판단을 내리는 오성(悟性)과 시간적 · 물질적 사물을 관장하는 이성(理性)을 구분하면서 남자에게서 여자가 나왔듯이 오성에서 이성이 나왔다는 유비를 쓴다. 지성 혹은 내적 인간은 영원한 진리를 관조한다.

² homo exterior, homo interior는 성경 용어(2코린 4,16)이지만 라틴어 용법[(e.g., mons summus('산꼭대기'); aqua summa('수면'); hiems summa('한겨울')]으로는 '인간 외부', '인간 내면'으로 알아들었다.

³ in animo: '정신'으로 번역해 왔으나 짐승과 공통된다는 문맥에서는 anima(영혼)와 동의어로 번역할 것이다. 참조: "영혼의 최상 등급을 가리켜 정신이라고 일컫는데 거기서는 오성이 두드러진다"(animae summum, quod vocatur animus, in quo intellegentia praeeminet, 『신국론』 7.23.1).

외적 인간과 내적 인간[1]

1.1. 자, 그러면 이제 '외적 인간'과 '내적 인간'의 경계가 어디에 있는지 살펴보기로 하자.[2] 우리가 영혼을 두고[3] 짐승과 공통으로 지니고 있는 것이면[4] 여전히 외적 인간에 속하는 것이라 할 만하고 그렇게 말하는 편이 옳다. 외적 인간이라고 하면 신체만 생각할 것이 아니고 거기에 덧붙여 어떤 생명도 고려해야 한다. 그 생명에서 신체의 구조와 모든 감관이 유래하며, [이 구조와 감관에 의해서] 인간은 외부 사물을 지각하게 구성되어 있다. [감관에 의해서] 지각된 사물들의 모상이 기억에 고정되어 있다가 그것을 상기할 때 우리에게 다시 보이는 일 역시 외적 인간에 해당하는 것으로 간주된다. 이 모든 점에서 신체의 형태가 엎드린 모습이 아니고 똑바로 서 있다는 점 외에는 우리가 짐승과 크게 다르지 않다. 그런 이유로 우리는 우리를 만든 분에게서 다음과 같은 충고를 받고 있으니 우리에게서 더 나은 부분, 다시 말해서 영혼을 가지고 짐승을 닮아서는 안 된다는 것이다. 신체의 직립直立으로도 우리는 짐승들과 거리를 두고 있다. 제아무리 숭고한 것이라 할지라도 물체들에다 영혼을 내던지라는 말이 아니다. [숭고한] 사물이라 할지라도 의지의 안식을 거기서 찾는다는 것은 결국 정신을 비하하는 짓이다.[5] 신체는 물체들 가운데서 숭고한 것을 향하도록, 즉

---

[4] commune cum pecore: Cicero, *Tusculanae disputationes* 1.9.19["정신은 영혼에서 나오는 말이다"(animus ab anima dicitur)] 참조.

[5] in sublimia proiciamus와 in sublimia prosternere 모두 동사(숙이다)와 객어(위에 있는 것)의 역설적 대비로 물질에 대한 애착 내지 숭배[점성술이나 성신(星辰) 숭배]를 암시한다.

mum. Sed sicut corpus ad ea quae sunt excelsa corporum, id est ad caelestia, naturaliter erectum est, sic animus quae substantia spiritalis est ad ea quae sunt in spiritalibus excelsa erigendus est non elatione superbiae sed pietate iustitiae.

II 2. Possunt autem et pecora et sentire per corporis sensus extrinsecus corporalia et ea memoriae fixa reminisci atque in eis appetere conducibilia, fugere incommoda. Verum ea notare ac non solum naturaliter rapta sed etiam de industria memoriae commendata retinere et in obliuionem iamiamque labentia recordando atque cogitando rursus imprimere ut quemadmodum ex eo quod gerit memoria cogitatio formatur, sic et hoc ipsum quod in memoria est cogitatione firmetur, fictas etiam uisiones hinc atque inde recordata quaelibet sumendo et quasi assuendo componere, inspicere quemadmodum in hoc rerum genere quae uerisimilia sunt discernantur a ueris, non spiritalibus sed ipsis corporalibus, haec atque huiusmodi, quamuis in sensibilibus atque in eis quae inde animus per sensum corporis traxit agantur atque uersentur, non sunt tamen rationis expertia nec hominibus pecoribusque communia. Sed sublimioris rationis est iudicare de istis corporalibus secundum rationes incorporales et sempiternas quae nisi supra mentem humanam essent, incom-

---

[6] corpus erectum est, animus erigendus est: 신체는 이미 직립이 되어 있는 만큼 정신은 스스로 고양시켜야 한다.

[7] non elatione superbiae, sed pietate iustitiae: 이하(8.13-14.21)에서, 인간에게서 하느님의 모상이 드러나지 못하게 만드는 죄(무지 · 정욕 · 오만)를 길게 다룬다.

[8] 곧이어 지성의 두 차원, 하위 지성과 상위 지성을 구분하고(3.3-4.4) 끝으로 지식과 지혜를 논하는(14.21-15.25) 준비로 이성의 기능을 일단 열거했다.

본성적으로 천체들을 향하도록 똑바로 세워져 있다. 그와 마찬가지로 정신 역시 영적 실체로서 영적 사물들 가운데서 숭고한 것을 향해서 고양되어야 마땅하다.[6] 그렇다고 오만불손으로 그렇게 하라는 말이 아니고 경건한 의덕義德으로 그렇게 하라는 말이다.[7]

영원한 이념에 대한 파악

2.2. 짐승들도 신체의 감관을 통해서 바깥으로부터 물체들을 지각할 수 있고, 그것을 기억에 간직했다가 상기할 수 있으며, 그것들 중에서 유익한 것은 추구하고 불편한 것은 피할 줄 안다. 그렇지만 짐승들은 다음과 같은 일은 못한다. 즉, [지각한 것들을] 유념하여 생각하거나, 본성적으로 기억에 새겨진 것을 간직할 뿐 아니라 노력해서 기억에 새겨 넣어 간직하거나, 점차적으로 망각으로 희미해져 갈 때 상기하고 사색하고 하면서 새삼 기억에 각인시킨다거나, 기억력이 구사하는 내용을 가지고 사유를 형성해 낼뿐더러 기억에 간직되어 있는 것을 사색에 의해서 더욱 강화시킨다거나, 여기저기서 채취한 기억들을 이것저것 엮어서 가상적인 영상들을 합성해 낼 뿐만 아니라, 그것들이 이런저런 유의 사물들과 유사하더라도 과연 진짜와는 어떻게 다른지 검토하기까지 하거나, 이런 작업을 정신적인 사물들에서만 아니고 심지어 물체들에서도 [그 진위를 살펴보거나] 하는 일은 하지 못한다. 이런 것들이나 이와 유사한 것들은 비록 감각적 사물들과, 또 영혼이 신체의 감관을 통해서 추출해 낸 사물들에서 형성되고 그리로 귀결되기는 하지만, 그렇다고 이성理性을 결한 무엇도 아니고 또 사람이나 짐승과 공통된 무엇도 아니다.[8] 그런데 이런 물체적 사물들을 두고 비물체적이고 영구적인 이념에 입각해서[9] 판단을 내리는 일은 상위 지성의 몫이다. 저 이념들이 인간 지성 위에 있지 않다면 결코 불변하는 무엇

---

[9] iudicare de istis corporalibus secundum rationes incorporales et sempiternas: '오성' (intellectus)의 기능으로 규정된다.

mutabiles profecto non essent, atque his nisi subiungeretur aliquid nostrum, non secundum eas possemus de corporalibus iudicare. Iudicamus autem de corporalibus ex ratione dimensionum atque figurarum quam incommutabiliter manere mens nouit.

III 3. Illud uero nostrum quod in actione corporalium atque temporalium tractandorum ita uersatur ut non sit nobis commune cum pecore rationale est quidem, sed ex illa rationali nostrae mentis substantia qua subhaeremus intellegibili atque incommutabili ueritati tamquam ductum et inferioribus tractandis gubernandisque deputatum est. Sicut enim in omnibus pecoribus non inuentum est uiro adiutorium simile illi nisi de illo detractum in coniugium formaretur, ita menti nostrae qua supernam et internam consulimus ueritatem nullum est ad usum rerum corporalium quantum naturae hominis sat est simile adiutorium ex animae partibus quas communes cum pecoribus habemus. Et ideo quiddam rationale nostrum non ad unitatis diuortium separatum sed in auxilium societatis quasi deriuatum in sui operis dispertitur officio. Et sicut una caro est duo-

---

¹⁰ 물체의 기본은 삼차원(三次元)과 일정한 형태이다(ex ratione dimensionum atque figurarum).

¹¹ ratio(이념)라는 용어가 교부에게서 다양하게 쓰인다: "ratio란 정신의 시선, 곧 정신이 스스로 진리를 관조하는 시선이기도 하고, 진리의 관상 자체를 지칭하기도 하고, 심지어 진리 자체를 가리키기도 한다"(ratio est aspectus animi, quo per seipsum verum intuetur, aut ipsa veri contemplatio, aut ipsum verum, *De immortalitate animae* 10).

¹² ex illa rationali nostrae mentis substantia: 아래 나오는 오성(悟性)과 대조되는 이성(理性)을 가리킨다.

이 될 수 없다. 또 우리에게 있는 무엇이 저 이념들에 종속되어 있지 않다면 우리가 저 이념들에 입각하여 물체적 사물들에 관해서 판단을 내리는 일도 불가능할 것이다. 왜냐하면 우리가 물체적 사물들에 관해서 판단을 내릴 때는 차원과 형태라는 이념에 입각해서[10] 판단하는데 그 이념이[11] 불변하게 항속한다는 사실을 지성이 알고 있기 때문이다.

단일한 지성에서 상위 이성과 하위 이성이 작용하고 있다

3.3. 그런데 우리의 저것, 물체적이고 시간적인 사물들을 다루는 행위에서 작용하는 저것은 짐승과 우리에게 공통된 것이 아니고 이성적인 무엇이다. 말하자면 우리 지성의 저 이성적 실체로부터 유래하는 무엇이다.[12] [이것으로 인해서] 우리가 아래로부터 가지적이고 불변하는 진리에 귀속함과 동시에 하위의 사물들을 지배하고 조정하는 일을 감당하는 것으로 간주되었던 것이다. 이것은 모든 짐승들 가운데는 사람과 비슷하여 사람을 도울 만한 자를 아무도 찾을 수 없었고 그에게서 뽑아내어 그의 배우자로 빚어진 [존재만이 그를 도울 수 있었던 것과] 흡사하다.[13] 이와 마찬가지로 상위의 내면적인 진리를 궁구하는 우리의 지성 역시, 인간의 자연 본성을 충족시키고자 물체 사물들을 사용하는 일을 하면서, 자기와 유사한 돕는 이를 전혀 만나지 못한다. 영혼의 부분, 우리가 짐승들과 공통으로 갖고 있는 영혼의 부분으로부터는 [만나지 못한다]. 우리의 이성적인 무엇은 [지성으로부터] 분할된 것이라기보다는 파생되었다고 하겠으니, 분할되어 [지성의] 단일성을 분리시킨다기보다는 [지성으로부터] 파생되어 결합을 돕는 이이며, 그 작용하는 역할에서 갈라질 따름이다.[14] 이처럼 남자

---

[13] 창세 2,20의 여자 창조를 인용하여 오성을 남자로, 이성을 남자 아래 있는 여자로 비유하여 상위와 하위를 가른다.

[14] non ad unitatis divortium separatum sed in auxilium societatis quasi derivatum: 직역하면 "[지성의] 일치를 결별시키는 이혼을 목적으로 한다기보다는 결합을 돕는 이로서 [지성으로부터] 파생하며, 그 작용하는 역할에서 갈라질 따름이다."

rum in masculo et femina, sic intellectum nostrum et actionem, uel consilium et exsecutionem, uel rationem et appetitum rationalem, uel si quo alio modo significatius dici possunt, una mentis natura complectitur ut quemadmodum de illis dictum est: *Erunt duo in carne una*, sic his dici possit: 'Duo in mente una.'

IV 4. Cum igitur disserimus de natura mentis humanae, de una quadam re disserimus, nec eam in haec duo quae commemoraui nisi per officia geminamus. Itaque cum in ea quaerimus trintatem, in tota quaerimus non separantes actionem rationalem in temporalibus a contemplatione aeternorum ut tertium aliquid iam quaeramus quo trinitas impleatur. Sed in tota natura mentis ita trinitatem reperiri opus est ut si desit actio temporalium cui operi necessarium sit adiutorium propter quod ad haec inferiora administranda deriuetur aliquid mentis, in una nusquam dispertita mente trinitas inueniatur, et facta iam ista distributione in eo solo quod ad contemplationem pertinet aeternorum non solum trinitas sed etiam *imago dei*; in hoc autem quod deriuatum est in actione temporalium, etiamsi trinitas possit, non tamen *imago dei* possit inueniri.

---

[15] 플라톤 식으로 지성의 상하를 논하다가 아리스토텔레스 식으로 사변 이성과 실천이성을 가르는 논변도 소개한다.

[16] duo in carne una, duo in mente una: 운각(韻脚)을 써서 창세 2,24에 빗대어 오성과 이성을 남자와 여자로 직유하여 그 단일성(una mentis natura)을 강조했다.

와 여자 둘이서 한 몸이듯이, 우리 오성과 행위, 또는 사려와 실행, 또는
이성과 이성적 욕구,[15] 그 밖에 달리 더 적절하게 의미를 나타낼 [비유를]
사용할 수 있다면 [그 두 가지 다] 지성의 단일한 본성을 구성한다. 그리하
여 저 둘을 두고 "둘이 한 몸을 이루리라"고 한 말 그대로 이 둘을 가리켜
"둘이 한 지성을 이룬다"고 할 수 있다.[16]

삼위일체와 하느님의 모상은 지성에서도 영원한 사물을 관조하는 부분에서만 발견된다

4.4. 우리가 인간 지성의 본성을 논할 때는 어디까지나 단일한 사물로
지성을 논하게 되며, 그것을 내가 방금 언급한 것처럼 둘로 나누어 말하는
경우는 [지성의] 기능들을 이중으로 설명할 때뿐이다. 따라서 지성에서 삼
위일체를 탐색할 때도 지성 전체에서 그것을 탐색하는 것이며, 시간적 사
물들을 상대로 하는 이성적 활동을 영원한 사물에 관한 관상觀想과 분리시
키고서 삼위일체를 채워 줄 제삼의 무엇을 찾아 나서는 것은 아니다.[17] 그
러므로 지성의 자연 본성 전체에서 삼위일체를 발견해 내야 하고, 시간적
사물들에 관한 활동이 필요한 경우에는 일종의 '돕는 이'가 작업을 해야 하
는데 그럴 경우에 지성의 어떤 부분이 파생되어 이 하위의 사물들을 주관
하기에 이른다. 그렇지만 시간적 사물들에 관한 [지성의] 활동이 전무한
순간에는 지성이 전혀 분산되지 않은 상태로 삼위일체가 발견된다. 그런
데 [지성이] 이미 분산되어 있을 경우에는 삼위일체만 아니고 '하느님의 모
상'까지도 발견되는데, 그곳은 [지성이] 영원한 사물들을 관조하는 부분뿐
이다. 시간적 사물들을 관장하고자 파생된 부분에서도 삼위일체는 발견될
수 있지만 '하느님의 모상'이 거기서 발견되지는 못한다.[18]

---

[17] 이성(actio rationalis)과 오성(contemplatio aeternorum) 그리고 제삼자로 삼위를 구성하
는 작업이 아니다.

[18] 이 책 14.2.3-3.5를 보면, 하위 지성에서도 특히 신앙 행위와 덕성 행위가 삼위일체를 함
의하는데 그 대상이 지성 자체와 동시적으로 존속하지는 않음을 지적한다.

V 5. Proinde non mihi uidentur probabilem afferre sententiam qui sic arbitrantur trinitatem imaginis dei in tribus personis quod attinet ad humanam naturam posse reperiri ut in coniugio masculi et feminae atque in eorum prole compleatur, quod quasi uir ipse patris personam intimet, filii uero quod de illo ita processit ut nasceretur, atque ita tertiam personam uelut spiritus dicunt esse mulierem quae ita de uiro processit ut non ipsa esset filius aut filia, quamuis ea concipiente proles nasceretur; dixit enim dominus de spiritu sancto quod *a patre procedat* et tamen filius non est. In huius igitur opinionis errore hoc solum probabiliter affertur quod in origine factae feminae secundum sanctae scripturae fidem satis ostenditur non omne quod de aliqua persona ita exsistit ut personam alteram faciat filium posse dici quandoquidem de uiri persona exstitit persona mulieris nec tamen eius filia dicta est. Cetera sane ita sunt absurda, immo uero ita falsa, ut facillime redarguantur. Omitto enim quale sit spiritum sanctum matrem filii dei putare et coniugem patris. Fortassis quippe respondeatur haec in carnalibus habere offensionem dum corporei conceptus partusque cogitantur. Quamquam et haec ipsa castissime cogitent quibus *mundis omnia munda sunt, immundis autem et infidelibus* quorum *polluta est et mens et conscientia* ita *nihil est*

---

¹⁹ 위에서 지성의 상하 작용을 남녀로 비유한 적이 있으나 하느님의 삼위일체가 남자와 여자 그리고 자식으로 표상되어서는 안 된다고 설명한다. 성경(1코린 11,7)에는 남자만 하느님의 모상이라고 하는 구절도 있다.

²⁰ a patre procedat: 요한 15,26. 교부의 저서에서는 성령의 기원을 두고 "성부께로부터 (때로는 '성부와 성자께로부터') 발(發)하다(procedit)"라는 표현이 쓰인다.

남자와 여자의 혼인 그리고 그들의 자녀에게서 하느님의 모상이 발견된다는 주장은 개연성이 적다[19]

5.5. 그런데 내가 보기에 인간 본성과 연관하여, 세 인격人格에서 하느님의 모상의 삼위일체가 발견된다는 주장, 즉 남자와 여자의 혼인 그리고 그들의 자녀에게서 [이 삼위일체가] 완결된다고 여기는 사람들의 주장은 개연성을 갖는 것으로 보이지 않는다. 남자는 성부의 위격을 표상하고, 성자의 위격은 태어남으로써 남자로부터 나오는 존재가 표상하고, 제삼의 위격 곧 성령의 위격은 여자가 표상한다는 말이다. 여자는 남자에게서 나왔고, 그러면서도 여자는 남자의 아들이나 딸이 아니며, 또 여자가 잉태함으로써 자식이 태어난다는 논리다. 주님이 성령에 관하여 "아버지로부터 나오는"[20] 분이라고 말씀하셨고, 그러면서도 [성령이 성부의] 아들은 아니기 때문이다. 이런 의견의 오류에서 그래도 한 가지만은 건질 만하다. 즉, 성경의 신앙이 제대로 보여 주는 바와 같이, 태초에 여자들이 생겼을 때 어떤 인격이 다른 인격을 만들어 내더라도, 다른 인격으로부터 유래하여 존재하는 것이 반드시 아들이라고 말할 수는 없다는 점이다. 여자의 인격이 남자의 인격으로부터 유래하여 존재하지만 남자의 딸이라고 부르지는 않았던 것이다.[21] 그 밖의 것은 하도 어처구니없는 자가당착이어서 거짓된 내용을 반박하기가 아주 쉽다. 성령이 하느님 아들의 어머니라고 여긴다든가 성부의 배필이라고 여기는 따위는 그냥 넘어가겠다.[22] 이런 대응에 대해서는, 신체적 잉태와 출산을 떠올리면서 육체적인 것들을 혐오하는 것이 아니냐는 반론이 나올 수 있겠다. 이런 일들도 아주 정결하게 생각해야 마땅하며 "깨끗한 사람들에게는 모든 것이 깨끗하다. 그러나 더럽고 믿지 않는 자들에게는, 그들의 정신과 양심마저 더러워진 사람들에게는 깨

---

[21] 아담에게서 하와가 나온 사실을 들어, '누구에게서 나온다'(procedit)는 말이 반드시 그의 아들이나 딸이 된다는 뜻은 아니라는 설명이다.

[22] Victorinus Afer(*Adversus Arium* 1.57.7)가 성령을 성자의 '어머니'로 언표하는 시도가 있음을 전했다(cf., Irenaeus, *Adversus haereses* 1.30.1).

mundum ut quosdam eorum etiam *de uirgine secundum carnem natus* Christum offendat. Sed tamen in spiritalibus illis summis, ubi non est aliquid uiolabile aut corruptibile nec natum *ex tempore* nec ex informi formatum, si qua dicuntur talia ad quorum similitudinem etiam ista inferioris creaturae genera quamuis longe remotissime facta sunt, non debent cuiusquam sobriam perturbare prudentiam ne cum uanum deuitat horrorem in perniciosum incurrat errorem. Assuescat in corporibus ita spiritalium reperire uestigia ut cum inde sursum uersus duce ratione ascendere coeperit, ut ad ipsam incommutabilem ueritatem per quam facta sunt ista perueniat, non secum ad summa pertrahat quod contemnit in infimis. Nec enim erubuit quidam uxorem sibi eligere sapientiam quia nomen uxoris in prole gignenda corruptibilem concubitum ingerit cogitanti, aut uero ipsa sapientia sexu femina est quia feminini generis uocabulo et in graeca et in latina lingua enuntiatur.

VI 6. Non ergo propterea respuimus istam sententiam quia timemus sanctam et inuiolabilem atque incommutabilem caritatem tamquam coniugem dei patris de illo exsistentem sed non sicut prolem

---

[23] 티토 1,15: "깨끗한 사람들에게는 모든 것이 깨끗하다. 그러나 더럽고 믿지 않는 자들에게는 깨끗한 것이라고는 하나도 없다. 오히려 그들의 정신과 양심마저 더러워졌다."

[24] nec ex informi formatum: "무형한 것에서 유형한 것으로 변질되는 일도 없으며."

[25] 마니교도들처럼 이런 것을 혐오하면 결국 육체를 악으로 보는 이원론에 떨어진다.

[26] 바로 다음 문장에 나오듯이 '여성'을 경멸한다고 '지혜'(sapientia: σοφία)라는 '여성'명사를 혐오하는 일은 없어야 한다.

끗한 것이라고는 하나도 없다"는 이유에서다.[23] '깨끗한 것이라고는 하나도 없는' 사람들 중의 일부에게는 그리스도가 육으로는 동정녀에게서 태어났다는 사실마저도 혐오스러울지 모른다. 저 신령하고 지고한 사물들에서는 짐짓 아무것도 파손되지 않고 아무것도 부패하지 않으며, 시간에서 출산되는 것 역시 하나도 없고, 무형無形의 것에서 형상화되는 것도[24] 아무것도 없음은 사실이다. 그렇지만 [출산이나 잉태로 생겨나는] 이 하위 피조계의 종자들도, 비록 까마득하게 거리가 있기는 하지만, 저것들과 유사하게 만들어졌다. 따라서 [잉태니 출산이니 하는 말 때문에] 사람의 건전한 슬기가 흔들리는 일이 없어야 할 것이니, 자칫 황당한 혐오감을 피한답시고 아주 해로운 오류에 부딪쳐서는 안 되는 까닭이다.[25] [건전한 인간이라면] 물질적 사물에서 영적 사물들의 흔적을 발견하는데 길들어 있어야 하고, 이성의 영도를 받아 그곳으로부터 위를 향하여 오르기 시작해야 한다. 그래야만 저 불변하는 진리, 이 [저급한 것들이] 생겨나게 한 저 불변의 진리에 도달하더라도, 아주 저급한 사물에서 경멸하던 무엇을 아주 숭고한 대상에까지 끌어다 붙이는 일이 없을 것이다.[26] 혹시 누가 '아내'라는 단어를 생각하면, 비록 자식을 낳기 위한 것이지만 타락하기 쉬운 잠자리를 연상한다고 해서 지혜를 아내로 택하는 일마저 부끄러워할 필요는 없다. '지혜'라는 명사의 성性이 그리스어로든 라틴어로든 여성이기 때문에 지혜의 성이 여자라면서 [부끄럽게 여길 필요는 없다].[27]

저런 주장을 배격해야 하는 이유

6.6. 우리가 저런 주장을 배척하는 이유는 성스럽고 불가침하고 불변하는 사랑을 하느님 아버지의 배필처럼 여기게 될까 두려워서가 아니다. 우리는 저 사랑이 하느님 아버지로부터 존재한다고 생각하지만 그렇다고

---

[27] 지혜 8,2 참조: "나는 지혜를 사랑하여 젊을 때부터 찾았으며 그를 아내로 맞아들이려고 애썼다."

ad gignendum uerbum *per quod facta sunt omnia* cogitare, sed quia eam falsam diuina scriptura euidenter ostendit. Dixit enim deus: *Faciamus hominem ad imaginem et similitudinem nostram*; paulo post autem dictum est: *Et fecit deus hominem ad imaginem dei. Nostram* certe quia pluralis est numerus non recte diceretur si homo ad unius personae imaginem fieret siue patris siue filii siue spiritus sancti, sed quia fiebat ad imaginem trinitatis propterea dictum est, *ad imaginem nostram.* Rursus autem ne in trinitate credendos arbitraremur tres deos cum sit eadem trinitas unus deus: *Et fecit*, inquit, *deus hominem ad imaginem dei*, pro eo ac si diceret, *ad imaginem suam.*

7. Sunt enim tales usitatae in illis litteris locutiones quas nonnulli, etiamsi catholicam fidem asserunt, non tamen diligenter aduertunt ut putent ita dictum, *Fecit deus ad imaginem dei*, quasi diceretur, 'Fecit pater ad imaginem filii,' sic uolentes asserere in scripturis sanctis deum dictum etiam filium quasi desint alia uerissima et manifestissima documenta ubi non solum *deus* sed etiam *uerus deus*

---

²⁸ 창세 1,26-27: faciamus hominem ad imaginem et similitudinem nostram ⋯ et fecit deus hominem ad imaginem dei. [Vulgata: et creavit deus hominem ad imaginem suam; ad imaginem dei creavit illum; masculum et feminam creavit eos.]

²⁹ 교부는 끝 구절 ad imaginem dei를 자주 '당신의 모습으로'(ad imaginem suam)라고 인용한다.

³⁰ 이 책 7.6.12에서 교부도 '삼위일체의 모상'이라는 말이 '각 위(位)의 모상'이라는 말과 상치되지 않는다는 설명을 했다. 말씀이 성부의 모상이시고 인간이 성자의 모상이라는 해석은 교부들의 창세기 주석에 널리 쓰이던 풍조였다.

[그분의] 자식이라고 생각하지는 않는다. [저 사랑이] 말씀을 낳을 분이라고, "모든 것이 그분으로 말미암아 생겨난" 그 말씀을 낳을 분이라고 생각하지 않는다. "모든 것이 그분으로 말미암아 생겨난" 그 말씀을 낳을 분으로 생각하지 않는다는 말이다. 성경은 이런 주장이 거짓임을 명백하게 보여 주는 까닭이다. 하느님이 "우리와 비슷하게 우리 모습으로 사람을 만들자"라고 하시고 조금 뒤에는 "하느님께서 하느님의 모습으로 사람을 만드셨다"[28]라는 말씀이 있기 때문이다. '우리'라는 말은 복수複數이기 때문에 사람이 만일 단일한 위격, 곧 성부나 성자나 성령만의 모상으로 만들어졌다면 ['우리와 비슷하게 우리 모습으로'라는 구절은] 바른 표현이 아닐 것이다. 그렇지만 사람은 삼위일체의 모상으로 만들어졌고, 그 때문에 "우리 모습으로"라는 말씀이 나왔다. 그러면서도 삼위일체를 세 분의 신처럼 믿는 일이 없게 하려고 삼위일체가 한 분 하느님이시기 때문에 "하느님께서 하느님의 모습으로 사람을 만드셨다"는 말씀이 나오니 "당신 모습대로"[29]라는 말씀과 마찬가지다.

6.7. 저 성경에서는 이런 어법이 흔히 나오는데 어떤 사람들은, 심지어 가톨릭 신앙을 내세우면서도 그것을 제대로 유념하지 않아서 "하느님이 하느님의 모습으로 [사람을] 만드셨다"는 말씀을 "아버지께서 아들의 모습으로 [사람을] 만드셨다"고 하는 말씀으로 알아듣는다.[30] 그리고는 성경에서마저 성자가 하느님이라고도 불린 적이 있다고 하면서 [이런 주장을 내세운다]. 정말 참되고 정말 분명한 다른 문서가 없기라도 하듯이, 즉 성자가 '하느님'이라고 일컬어질뿐더러 '참하느님'이라고 일컬어지는[31] [성경

---

³¹ 요한 17,3("영원한 생명이란 홀로 참하느님이신 아버지를 알고 아버지께서 보내신 예수 그리스도를 아는 것입니다")과 1요한 5,20(예수 그리스도 "이분은 참되신 하느님이시며 영원한 생명이십니다")을 조화시키는 문제가 있었다. 이 책 1.6.9에서 요한 1,1("말씀은 하느님과 함께 계셨는데 말씀은 하느님이셨다")을 주석하면서 다신교 사회에서 일컫는 '신'(deus)과 관사가 붙는 유일신 '하느님'(the God: 참하느님)의 차이를 논한 적 있다.

dictus est *filius*. In hoc enim testimonio dum aliud soluere intendunt sic se implicant ut expedire non possint. Si enim pater fecit ad imaginem filii ita ut non sit homo imago patris sed filii, dissimilis est patri filius.Si autem pia fides docet, sicuti docet, filium esse ad aequalitatem essentiae similem patri, quod *ad similitudinem* filii factum est necesse est etiam *ad similitudinem* patris factum sit. Deinde si hominem pater non *ad suam* sed ad filii fecit *imaginem*, cur non ait: *Faciamus hominem ad imaginem et similitudinem* 'tuam,' sed ait, *nostram*, nisi quia trinitatis imago fiebat in homine ut hoc modo esset homo *imago* unius ueri *dei* quia ipsa trinitas *unus uerus deus* est?

Locutiones autem sunt innumerabiles tales in scripturis, sed has protulisse suffecerit. Est in psalmis ita dictum: *Domini est salus, et super populum tuum benedictio tua* quasi alteri dictum sit, non ei de quo dixerat, *Domini est salus*. Et iterum: *A te*, inquit, *eruar a temptatione, et in deo meo transgrediar murum* quasi alteri dixerit, *A te eruar a temptatione*. Et iterum: *Populi sub te cadent in corde inimicorum regis* ac si diceret, *in corde inimicorum* 'tuorum'; ei quippe regi dixerat, in est, domino Iesu Christo, *Populi sub te cadent*, quem

---

³² "하느님이 하느님의 모상대로 사람을 만드셨다"(fecit deus hominem ad imaginem dei) 라는 구절은 사람이 누구의 모상인지 분명히 밝히고 있으나 이하에 인용되는 구절들은 어느 위격을 가리키는지 애매하다.

³³ 시편 3,9. 『성경』: "주님께만 구원이 있나이다! 당신 백성 위에 당신의 복을 내려 주소서."

³⁴ 앞 절은 제삼자에게, 뒷절은 하느님께 드리는 말씀처럼 들린다.

³⁵ 시편 18,30. 『성경』: "정녕 당신의 도움으로 제가 무리 속에 뛰어들고 제 하느님의 도움 으로 성벽을 뛰어넘나이다."

³⁶ 시편 45,6. 『성경』: "임금님의 화살은 날카롭게 원수들의 심장을 꿰뚫고, 민족들은 당신 발아래 쓰러지나이다."

구절이 없는 것처럼 저런 구절에서 성자의 신성을 입증하려고 애쓴다]. 이 구절로 다른 문제 하나를 해결하려는 의도를 갖고 있음에도 불구하고 저 사람들은 다른 문제에 사로잡히면 거기서 빠져나오지를 못한다. 만약 성부께서 성자의 모상대로 [사람을] 만드셨다면서 사람이 성부의 모상이 아니고 성자의 모상이라고 주장한다면 결국 성자는 성부와 비슷하지 않은 분이 되고 만다. 경건한 신앙이 가르치듯이, 그리고 실제로 그렇게 가르치고 있는데, 성자는 본질이 동등한 채 성부와 비슷한 분이요, 따라서 성자와 비슷하게 만들어진 것은 필히 성부와 비슷하게 만들어진 것이 아닐 수 없다. 그러니까 만약 성부께서 사람을 만드시면서 당신의 모상으로 만들지 않고 성자의 모상으로 만드셨다고 한다면 왜 "너와 비슷하게 너의 모습으로 사람을 만들자"라고 하시지 않고 "우리와 비슷하게 우리 모습으로 사람을 만들자"고 하셨겠는가? 결국 사람에게 삼위일체의 모상이 생기고, 삼위일체가 바로 참된 한 분 하느님이시므로, 그로써 사람이 한 분이신 참된 하느님의 모상이 된다는 말씀이 아니었겠는가?

성경에는 이와 흡사하게, [위격이 뚜렷이 구분되지 않는] 말씀들이 무수히 많은데[32] 다음 구절들을 꼽는 것만으로도 족하다. 시편에는 이런 말씀이 나온다. "구원은 주님의 것이로다! 당신의 백성 위에 당신의 축복이!"[33] 뒷절은 마치 딴 분에게, 즉 '구원은 주님의 것이로다!'라는 말을 건넨 상대가 아닌 듯하다.[34] 그런가 하면 "당신으로 말미암아 제가 유혹에서 벗어나고 내 하느님 안에서 제가 성벽을 넘나이다"[35]라는 구절도 있다. [뒷절에서] 말씀드리는 대상과는 다른 대상을 향해서 "당신으로 말미암아 제가 유혹에서 벗어나나이다"라고 말씀드리는 것처럼 들린다. 또 "백성들이 당신 발밑에 쓰러지나이다, 임금님의 원수들의 마음 속에서"라는 구절도 있는데[36] [뒷절은] '당신 원수들의 마음속에서'라는 말 같다. [그럴 경우에] 저 임금께, 다시 말해서 우리 주 예수 그리스도께 "백성들이 당신 발밑에 쓰러지나이다"라고 말씀드리고서는 "임금님의 원수들의 마음속에서"라는

regem intellegi uoluit cum diceret, *in corde inimicorum regis*. Rarius ista in noui testamenti litteris inueniuntur, sed tamen ad romanos apostolus: *De filio suo*, inquit, *qui factus est ei ex semine Dauid secundum carnem, qui praedestinatus est filius dei in uirtute secundum spiritum sanctificationis ex resurrectione mortuorum Iesu Christi domini nostri* tamquam de alio supra diceret. Quid est enim *filius dei praedestinatus ex resurrectione mortuorum Iesu Christi* nisi idem Iesus Christus *qui praedestinatus est filius dei*? Ergo quomodo hic cum audimus *filius dei in uirtute Iesu Christi*, aut *filius dei secundum spiritum sanctificationis Iesu Christi*, aut *filius dei ex resurrectione mortuorum Iesu Christi*, cum dici potuisset usitate, *in uirtute* 'sua,' aut *secundum spiritum sanctificationis* 'suae,' aut *ex resurrectione mortuorum* 'eius' uel *mortuorum* 'suorum,' non cogimur intellegere aliam personam sed unam eandemque, scilicet filii dei *domini nostri Iesu Christi*; ita cum audimus: *Fecit deus hominem ad imaginem dei*, quamuis posset usitatius dici, *ad imaginem suam*, non tamen cogimur aliam personam intellegere in trinitate, sed ipsam unam eandemque trinitatem qui est *unus deus, ad* cuius *imaginem factus est homo.*

---

[37] qui factus est ei: 그리스어역이나 불가타역에는 없지만 교부의 인용본에 나오는 ei라는 단어는 해석을 곤란하게 만든다.

[38] 로마 1,3-4. 『200주년』: "이 복음은 당신 아드님에 관한 것인데 그분은 인간적 출신에 따라서는 다윗의 가문에서 태어나셨고 죽은 이들 가운데서 부활하신 이후 거룩함의 영에 따라서 권능을 지닌, 하느님의 아들로 책봉되신 우리 주 예수 그리스도이십니다." 라틴어 문장상 부가어들의 배치가 의역을 요하는 구절이다.

구절도 바로 그 임금님께 드리는 말씀이 된다. 신약성경에서는 이런 식의 문장이 드물게 나타난다. 그렇지만 사도가 로마인들에게 하는 말이 있다. [이 복음은] "당신 아드님에 관한 것인데 그분은 육에 따라서는 다윗의 가문에서 그분에게[37] 태어나셨고, 거룩함의 영에 따라서는 권능 안에서, 하느님의 아들로 예정되신 분이십니다, 죽은 이들 가운데서 우리 주 예수 그리스도의 부활에 의해서."[38] 여기서도 첫머리에서 [언급한 분과는] 다른 분에 관하여 하는 말처럼 들린다. "죽은 이들 가운데서 예수 그리스도의 부활에 의해서 하느님의 아들로 예정되신 분"이라면 하느님의 아들로 예정되신 바로 그 예수 그리스도 말고 누구겠는가? 그렇다면 우리는 [이 구절을] "예수 그리스도의 권능을 지닌 하느님의 아들"이라고 알아듣거나 "예수 그리스도의 거룩함의 영에 따른 하느님의 아들"이라고 알아듣거나, 그것도 아니면 "죽은 이들 가운데서 예수 그리스도의 부활에 의한 하느님의 아들"이라고 알아듣게 되는데, 이럴 경우에 으레 [문제되는 글귀를] 제각기 "'당신의' 권능 안에서"라고 읽거나, "'당신의' 거룩함의 영에 따른"이라고 읽거나, "죽은 이들 가운데서 '그분의' 부활에 의한"이라고 읽거나 "'당신의' 죽은 이들의 [부활에 의한]"이라고 읽을 수 있을 것이다. [어떻게 읽든지 상관없이] 우리는 어쩔 수 없이 다른 인물이 아닌 똑같은 바로 그 인물, 곧 우리 주 예수 그리스도, 하느님의 아들이라는 인물로 알아듣게 된다. 그러므로 "하느님께서 하느님의 모습으로 사람을 만드셨다"는 구절을 우리가 듣고 으레 "당신의 모습으로"[39]라고 알아들을 수 있겠지만, 여기서도 우리는 어쨌거나 삼위 안에 있는 어느 한 위격을 생각하도록 강요를 받는 것은 아니고, 단일하고 동일한 삼위일체를 생각하게 된다. 그분은 한 분 하느님이시고 그분의 모습으로 사람이 지음 받은 것이다.

---

[39] 집회 17,1: "주님께서 사람을 흙에서 창조하시고 당신 모습으로 그들을 만드셨다"(secundum imaginem suam fecit illum).

8. *Quae cum ita sint*, si eandem trinitatis imaginem non in uno sed in tribus hominibus acceperimus, patre et matre et filio, non erat ergo *ad imaginem dei factus homo* antequam uxor ei fieret et antequam filium propagarent quia nondum erat trinitas. An dicit aliquis: 'Iam trinitas erat quia etsi nondum forma propria, iam tamen originali natura et mulier erat in latere uiri et filius in lumbis patris'? Cur ergo cum scriptura dixisset: *Fecit deus hominem ad imaginem dei*, contexuit dicens: *Fecit eum masculum et feminam, fecit eos et benedixit eos* (uel si ita distinguendum est: *Et fecit deus hominem*, ut deinde inferatur *ad imaginem dei fecit eum*, et tertia subiunctio sit *masculum et feminam fecit eos*; quidam enim timuerunt dicere: *Fecit eum masculum et feminam* ne quasi monstrosum aliquid intellegeretur sicuti sunt quos hermaphroditos uocant, cum etiam sic non mendaciter possit intellegi utrumque in numero singulari propter id quod dictum est: *Duo in carne una*)? Cur ergo, ut dicere coeperam, in natura hominis *ad imaginem dei* facta praeter *masculum et feminam* non commemorat scriptura? Ad implendam quippe imaginem trinitatis debuit addere et filium, quamuis adhuc in lumbis patris constitutum sicut mulier erat in latere. An forte iam

---

[40] "자기 지아비의 옆구리에서 생겨난 여자"(mulier facta de latere viri sui)는 교부가 여성의 종속 위치를 논하면서 자주 사용한다. 이하 7.9 참조: "남자의 옆구리에서 끄집어낸"(detracta de latere viri).

[41] 히브 7,10 참조: "멜키체덱이 아브라함을 만났을 때 레위는 아직 조상의 허리 속에 있었다."

[42] 교부는 보통 et fecit deus hominem ad imagionem dei라고 끊어 인용하지만 창세 1,27의 문장 전체는 다음과 같이 띄어 읽는다(et fecit deus hominem, ad imaginem dei fecit eum: masculum et feminam fecit eos. et benedixit eos deus: *De Genesi ad litteram* 3.19).

6.8. 사정이 그렇다면, 즉 삼위일체의 모상을 한 사람에게서가 아니라 세 사람에게서 받아들인다면, 아버지와 어머니와 아들에게서 받아들이지 않으면 안 된다면, 사람에게 아내가 생겨나기 전에는, 그리고 둘이서 아들을 낳기 전에는 사람이 하느님의 모습으로 만들어진 것이 아니리라. [아내가 생기고 자식이 생기기 전에는] 아직 삼위가 존재하지 않기 때문이다. 그러면 혹자는 "벌써 삼위가 존재했었다. 아직 고유한 형태를 취하지는 않았지만 이미 원초의 자연 속에 여자는 남자의 옆구리에,[40] 아들은 아버지의 허리 속에[41] 자리 잡고 있었다"고 대꾸하지나 않을까? 하지만 그럴 경우에 성경이 "하느님이 하느님의 모습으로 사람을 만드셨다"라고 하고서는 왜 거기에 굳이 덧붙여서 "하느님이 그를 만드셨다. 남자와 여자로 그들을 만드시고 복을 내리셨다"고 했을까?[42] (만약 [성경 구절을] 끊어서 "하느님이 사람을 만드셨다"라고 하고, 설명을 덧붙여 "하느님의 모습으로 그를 만드셨다"고 하고, 셋째로 덧붙여 "남자와 여자로 그들을 만드셨다"라고 읽는다고 하자.[43] 혹자는 "그를 남자와 여자로 만드셨다"라고 읽을까 두려웠다. 그렇게 읽는다면 괴물 같은 무엇으로 여겨질까, 소위 남녀추니라고 일컫는 사람으로 생각될까 꺼린 것이다. 하지만 그럴 경우에도 "둘이 한 몸을 이룬다"[44]는 말씀도 있으니까 [남자와 여자] 양자를 단수로 알아듣더라도 거짓말은 아니다.) 그러면 내가 꺼낸 말이지만, 하느님의 모상대로 만들어진 인간의 자연 본성에 관해서 성경은 어째서 "남자와 여자로" 만들었다는 말 외에는 설명을 붙이지 않을까? 여자가 아직 [남자의] 옆구리에 있었듯이 [아들이] 아직 아버지의 허리 속에 자리 잡고 있었을망정 삼위일체의 모상을 완결하는 의미에서라도 [남녀 외에도] 아들을 보탰어

---

[43] 『성경』(창세 1,27): "하느님께서는 이렇게 당신의 모습으로 사람을 창조하셨다. 하느님의 모습으로 사람을 창조하시되 남자와 여자로 그들을 창조하셨다. 하느님께서 그들에게 복을 내리며 말씀하셨다."

[44] duo in carne una(마태 19,5; 창세 2,24: erunt in carnem unam): 직역하면 '둘이 한 몸 안에'라고 해석되니까 fecit eum masculum et feminam이라는 독해가 굳이 남녀추니를 연상시키지는 않는다.

facta erat et mulier, et scriptura breui complexione constrinxerat quod postea quemadmodum sit factum diligentius explicaret, et propterea filius commemorari non potuit quia nondum erat natus? Quasi et hoc non poterat ea breuitate complecti spiritus suo loco postea natum filium narraturus, sicut mulierem de uiri latere assumptam suo postmodum loco narrauit et tamen hic eam nominare non praetermisit.

VII 9. Non itaque ita debemus intellegere *hominem factum* ad imaginem summae trinitatis, hoc est *ad imaginem dei*, ut eadem imago in tribus intellegatur hominibus praesertim cum apostolus uirum dicat esse imaginem dei, et propterea uelamentum ei capitis demat quod mulieri adhibendum monet ita loquens: *Vir quidem non debet uelare caput cum sit imago et gloria dei. Mulier autem gloria uiri est.* Quid ergo dicemus ad haec? Si pro sua persona mulier adimplet imaginem trinitatis, cur ea detracta de latere uiri adhuc ille imago dicitur? Aut si et una persona hominis ex tribus potest dici *imago dei*, sicut in ipsa summa trinitate et unaquaeque persona deus est, cur et mulier non est imago dei? Nam propterea caput uelare praecipitur quod ille quia *imago dei* est prohibetur.

---

⁴⁵ 이 구절 바로 다음(창세 1,28)에 "자식을 많이 낳고 번성하여라"라는 말씀이 나오고 여자의 창조는 창세 2장에 나오는 만큼 이 변명이 성립하지 않는다.

⁴⁶ '사람'(homo)이 아니고 '남자'[vir: '결혼한 아내로서의 여자'(mulier)에 대당하는 '남편'].

⁴⁷ 1코린 11,7.

⁴⁸ 만일 여자가 남자를 보충하여(adimplet) 남자가 하느님의 모상이 된다면, 여자가 이미 옆구리에서 떨어져 나간 마당에 남자는 하느님의 모상이 못 되는 것 아니냐는 물음이다.

야 했다. 혹시 여자는 벌써 생겨났지만 성경은 일이 어떻게 벌어지는지를 우선 짤막하게 요약해서 간추려야 했고 다음에 가서 더 자세하게 설명할 것이기 때문에, 또 아들은 아직 태어나지 않았기 때문에 아들을 언급할 수 없었을까? 이 말은 마치 [성경의 저자라 할] 성령이 아들이 태어나는 일은 다음에 적당한 자리에서 이야기할 터이므로 이 짤막한 요약문에 [아들에 관한 말까지] 담을 수는 없었다는 말과 마찬가지다. [성령이] 여자가 남자의 옆구리에서 취해지는 광경을 다음에 그 자리에 가서 이야기했듯이 말이다.[45] 그렇다면 이 자리에서 여자를 언급하는 일을 왜 빼놓지 않았을까?

여자는 하느님의 모상이 아닌가

7.9. 그러니까 사람이 지존하신 삼위일체의 모상대로 만들어졌다고 해서 [남자와 여자 그리고 자식] 세 사람에게서 발견하는 모상을 의미하는 것으로 이해해야만 하는 것은 아니다. 사도가 하느님의 모상은 남자라고[46] 하면서 그 이유로 여자는 반드시 머릿수건을 사용하라면서도 남자는 수건으로 머리를 가려서는 안 된다고 말하는 경우가 특히 그렇다. 사도는 이렇게 말한다. "그렇지만 남자는 머리를 가려서는 안 됩니다. 그는 하느님의 모상이요 영광이기 때문입니다. 그러나 여자는 남자의 영광입니다."[47] 이 말을 두고 우리는 뭐라고 할 것인가? 만일 여자가 자기 인격으로 삼위일체의 모상을 보충한다면, 여자를 남자의 옆구리에서 이미 끄집어내 버린 터에, 왜 아직도 남자가 모상이라고 불릴까?[48] 또 지존한 삼위일체에서 각 위가 하느님이라는 점에서, [남자와 여자 그리고 아들] 셋 중에서 사람의 인격 하나가 '하느님의 모상'이라고 일컬어질 수 있다면, 왜 여자도 하느님의 모상이 안 된다는 말인가? 남자가 하느님의 모상이기 때문에 머리를 가리는 것이 금지됨에 비해서 여자가 머리를 가리라는 명령을 받는 까닭은 [여자가 하느님의 모상이 아니라는 말처럼 들린다].

10. Sed uidendum est quomodo non sit contrarium quod dicit apostolus non mulierem sed uirum esse imaginem dei huic quod scriptum est in genesi: *Fecit deus hominem ad imaginem dei; fecit eum masculum et feminam; fecit eos et benedixit eos. Ad imaginem* quippe *dei* naturam ipsam humanam factam dicit quae sexu utroque completur, nec ab intellegenda imagine dei separat feminam. Dicto enim quod *fecit deus hominem ad imaginem dei, fecit eum*, inquit, *masculum et feminam*, uel certe alia distinctione, *masculum et feminam fecit eos*. Quomodo ergo per apostolum audiuimus uirum esse imaginem dei unde caput uelare prohibetur, mulierem autem non et ideo ipsa hoc facere iubetur nisi, credo, illud esse quod iam dixi cum de natura humanae mentis agerem, mulierem cum uiro suo esse *imaginem dei* ut una imago sit tota illa substantia; cum autem ad adiutorium distribuitur, quod ad eam ipsam solam attinet non est imago dei; quod autem ad uirum solum attinet *imago dei est* tam plena atque integra quam in unum coniuncta muliere? Sicut de natura humanae mentis diximus quia et si tota contempletur ueritatem, *imago dei est,* et cum ex ea distribuitur aliquid et quadam intentione deriuatur ad actionem rerum temporalium, nihilominus ex

---

[49] 사도의 말이 여자는 직접 하느님의 모상이 되지 못한다는 오해를 초래할 수 있는데 교부는 인간의 단일한 지성에 상하의 기능이 있다는 상징적 해석으로 답변한다.

[50] 앞의 각주 42-44의 띄어 읽기 참조.

[51] fecit *eum* masculum et feminam: 이 띄어 읽기는 질문에 대한 답변이기도 하다(앞의 각주 44 참조).

남자는 하느님의 영광이요 여자는 남자의 영광이라는 사도의 말을 어떻게 상징적이고
신비적으로 알아들을 것인가[49]

7.10. 사도가 여자가 아니고 남자가 하느님의 모상이라고 하는 말이 창
세기에 "하느님이 사람을 하느님의 모습으로 만드셨다. 그를 남자와 여자
로 만드셨다. 그들을 만드시고 그들에게 복을 내리셨다"[50]라고 쓰인 말과
어떻게 상반되지 않는지 살펴봐야 한다. "하느님의 모습으로"라는 글귀는
창조된 인간 본성 자체를 지칭하는데 그것은 양성兩性을 포함하고 따라서
'하느님의 모상'에서 여자를 배제하여 알아들어서는 안 된다. "하느님이
사람을 하느님의 모습으로 만드셨다"는 말씀을 하고 나서 "그를 남자와 여
자로 만드셨다"고 하는 까닭이다.[51] 혹은 달리 띄어 읽으면 "남자와 여자로
그들을 만드셨다"고 하는 까닭이다. 사도의 입에서 남자가 하느님의 모상
이라면서, 따라서 남자는 머리를 가리는 것을 금하고 여자는 금하지 않을
뿐더러 그렇게 하라고 명한다는[52] 말을 듣는 이유는 무엇이겠는가? 내가
보기에 인간 지성의 본성에 관해서 논할 때 이미 내가 말한 대로,[53] 여자는
자기 남자와 더불어 하느님의 모상이고 그래서 [여자라는] 실체實體 전체로
서는 단일한 모상이기[54] 때문이 아니고 무엇이겠는가? 그 대신 [여자가 남
자를] 돕는 이로 주어질 때는, [돕는 이의 역할이] 여자에게만 해당하기 때
문에 하느님의 모상은 아니다. 남자는 홀로 고찰하더라도 하느님의 모상
이고, 여자와 결합해서 하나가 될 때 못지않게 충만하고 온전한 [의미에서
하느님의] 모상이다. 이것은 인간 지성의 본성을 두고 우리가 한 말과 같
은데, [지성이] 전체로서 진리를 관조하고 있으면 하느님의 모상이다. 그
런데 무엇인가가 지성으로부터 분할되어 나와서 시간적 사물들을 관할하
는 데 집중한다면, [시간적 사물을 두고] 관찰한 진리에 문의하는 점으로

---

[52] 1코린 11,4-10 참조.

[53] 이 책 12.3.3 참조.

[54] ut una imago sit tota illa substantia: 위의 12.6.8(각주 44)과 연관시켜 '남녀가 한 실체로
서 하느님의 단일한 모상이다'라는 해석도 있다(Agaesse/Beschin/Hill).

qua parte conspectam consulit ueritatem *imago dei est*; ex qua uero intenditur in agenda inferiora non est imago dei. Et quoniam quantumcumque se extenderit in id quod aeternum est tanto magis inde formatur *ad imaginem dei*, et propterea non est cohibenda ut se inde contineat ac temperet, ideo *uir non debet uelare caput*. Quia uero illi rationali actioni quae in rebus corporalibus temporalibusque uersatur periculosa est nimia in inferiora progressio, debet habere potestatem super caput, quod indicat uelamentum quo significatur esse cohibenda. Grata est enim sanctis angelis sacrata et pia significatio. Nam deus non ad tempus uidet, nec aliquid noui fit in eius uisione atque scientia cum aliquid temporaliter ac transitorie geritur sicut inde afficiuntur sensus uel carnales animalium et hominum uel etiam caelestes angelorum.

11. In isto quippe manifesto sexu masculi et feminae apostolus Paulus occultioris cuiusdam rei figurasse mysterium uel hinc intellegi potest quod cum alio loco dicat ueram uiduam esse desolatam sine filiis et nepotibus, et tamen eam sperare debere in domino et persistere *in orationibus nocte et die*, hic dicat mulierem seductam in praeuaricatione factam saluam fieri *per filiorum generationem* et

---

[55] ex qua parte conspectam *consulit* veritatem: 지성이 감각으로 지각한 지상 사물의 진선미와 가치를 '판단하는' 것은 영원한 진리에 조명받아서다.

[56] *intenditur* in agenda inferiora: 짐승도 감각 대상에 집중할(intenditur) 줄 안다.

[57] se ex-tenderit: 앞의 in-tenditur와 반대말('확산하다').

[58] formatur ad imaginem dei: 인간존재의 가소성(可塑性)을 들어 교부가 이 책를 집필하는 인간학적 목표를 담은 구절이다.

[59] 1코린 11,7.

서는[55] 하느님의 모상이지만 하위의 사물들에 집중하고 있다는 점에서는[56] 하느님의 모상이 아니다. 또 지성이 영원한 사물로 자기를 연장시키면[57] 시킬수록 그만큼 하느님의 모상으로 정형定形된다.[58] 따라서 [하위의 사물에] 자기를 가두거나 멈추라고 통제받아서는 안 된다. 그래서 "남자는 머리를 가려서는 안 된다".[59] 물체적이고 시간적인 사물들을 향하는 저 이성 활동에서 열등한 사물로 너무 나아가는 일은 위험스럽기 때문에 [이성이라는] 머리 위에 권위를 가지고 있어야 하고 [머리에 쓰라는] 수건은 [이성이] 통제받아야 한다는 점을 상징한다. 이러한 상징적 의미는 성스럽고 경건한 것으로 거룩한 천사들이 반기는 것이기도 하다.[60] 하느님은 시간으로 보는 분이 아니고, 시간적으로 과정적으로 무슨 일이 일어난다고 해서 그분의 시선과 지식에 새로운 무엇이 첨가되는 일도 없다. 동물들과 사람들의 육적인 감관이 [대상으로부터] 영향을 받거나 천사들의 천상적 감관[61]이 거기에 영향을 받는 것과는 다르다.

7.11. 밖으로 드러나는 남성과 여성이라는 것에서 사도는 깊이 감추어진 어떤 사물의 신비를 상징한 것으로 알아들을 수 있다. 그래서 어느 대목에서는, 정말 과부는 자식도 손자도 없이 홀로 남은 사람이라고, 그러면서도 주님께 희망을 두고 "밤낮으로 기도에 항구할 것임에 틀림없다"[62]고 한다. 그렇지만 같은 성경에서, 여자는 죄를 범하여 속아 넘어갔으므로 "아들들의 출산을 통해서" 구원을 받는다고 한다. 다만 "[아들들이] 믿음

---

[60] 1코린 11,10 참조: "여자는 머리 위에 권위를 가지고 있어야 합니다. 천사들 때문입니다." 그 대신 "종말의 때 그리스도께서는 모든 지배와 모든 권력과 모든 권세를 없애실 것입니다"(1코린 15,24)라는 말을 염두에 두면 바로 다음 구절을 이해하기 쉽다.

[61] sensus caelestes angelorum: 모든 피조물이 물질성을 지니며, 신들은 영기 신체(靈氣身體, corpus aetherium), 천사와 정령은 공기 신체(空氣身體, corpus aerium)를 지닌다면 나름대로 감관도 있으리라는 스토아 학파의 설명이다(『신국론』 9.13.2 특히 각주 67 참조).

[62] 1티모 5,5 참조: "정말 과부로서 홀로 남은 이는 하느님께 희망을 두고 밤낮으로 항구히 간구와 기도를 드립니다."

addidit: *Si permanserint in fide et dilectione et sanctificatione cum sobrietate*. Quasi uero possit obesse bonae uiduae si uel filios non habuerit uel hi quos habuerit in bonis moribus permanere noluerint. Sed quia ea quae dicuntur opera bona tamquam filii sunt uitae nostrae secundum quam quaeritur cuius uitae sit quisque, id est quomodo agat haec temporalia, quam uitam graeci non ζωήν sed βίον uocant, et haec opera bona maxime in officiis misericordiae frequentari solent (opera uero misericordiae nihil prosunt siue paginis siue iudaeis qui Christo non credunt siue quibusque haereticis uel schismaticis ubi fides et dilectio et sobria sanctificatio non inuenitur), manifestum est quid apostolus significare uoluerit, ideo figurate ac mystice quia de uelando muliebri capite loquebatur, quod nisi ad aliquod secretum sacramenti referatur inane remanebit.

12. Sicut enim non solum ueracissima ratio sed etiam ipsius apostoli declarat auctoritas, non secundum formam corporis *homo factus est ad imaginem dei* sed secundum rationalem mentem. Cogitatio quippe turpiter uana est quae opinatur deum membrorum corporalium lineamentis circumscribi atque definiri. Porro autem nonne idem beatus apostolus dicit: *Renouamini spiritu mentis uestrae et induite nouum hominem, eum qui secundum deum creatus est*, et

---

[63] 1티모 2,15 참조: "아담이 속은 것이 아니라 여자가 속아 넘어가서 죄를 범하게 되었습니다. 그렇지만 여자는 아기를 낳음으로써 구원을 받을 것입니다. 다만 그들이 믿음과 사랑과 성덕에 항구하며 소박하게 살아가야 합니다."

[64] 라틴어로는 '생명'이든 '생활'이든 vita라고 하지만, 그리스인들은 '생명'은 ζωή, '생활'은 βίος로 구분했다.

과 사랑과 성덕에 소박함을 갖추고 항구한다면"이라는 말을 덧붙인다.[63] [이 두 구절을 본다면] 착한 과부에게는 아들들을 못 두었다는 것이 무슨 해가 될 수 있는 것처럼 말하는가 하면 그 대신 아들들을 둔 경우는 그 아들들이 마치 선한 행실에 항구하려 들지 않는다는 듯이 말한다. 하지만 선행이라는 것은 우리 인생의 아들들이나 마찬가지이고, 그에 비추어서 각자가 과연 어떤 인생을 영위하고 있는지, 이 현세적인 것들을 어떻게 관리하고 있는지 묻기에 이른다. [이런 의미의 인생을] 그리스인들은 $\zeta\omega\eta$라고 부르지 않고 $\beta\iota o\varsigma$라고 일컫는다.[64] 여기서 말하는 선업은 대개 자선 행위에서 실천되기 마련이다(하지만 이 자선 행위도 그리스도를 믿지 않는 이방인이나 유다인들에게는 아무 소용이 없고, 믿음과 사랑과 소박한 성덕을 찾아볼 수 없는 이단자들이나 열교자들에게도 아무 소용이 없다).[65] 사도가 [자기 말로] 무엇을 의미하고 싶어 했는지는 분명하다. 여자의 머리를 가려야 한다고 말하는 중이므로 [그가 하는 말은] 상징적이고 신비적인 의미를 담고 있다. 저런 구절은 어떤 숨은 비의秘義와 결부시키지 않으면 빈말에 그치고 만다.[66]

7.12. 그러므로 지극히 올바른 이성이 가르칠뿐더러 사도 자신의 권위 또한 명시하고 있듯이, "사람이 하느님의 모습으로 만들어졌다"는 것은 육체의 형상이 아니라 이성적 지성에 따라서 만들어졌다는 말이다. 하느님이 몸체와 지체의 외형으로 테두리가 정해지고 한계가 드러나는 분이라는 견해는 몹시 황당한 생각이다. 바로 그래서 똑같은 인물 복되신 사도가 말하지 않았던가? "여러분 지성의 영으로 쇄신되십시오. 그리고 새로운 인간을 입으십시오. 하느님에 따라 창조된 인간을 입으십시오."[67] 다른 데서

---

[65] 비판본(Mountain)도 이 대목을 괄호로 처리하여 교부의 글인지 의문시했고 다른 번역자(Hill) 역시 '완고한 필사본자'가 삽입한 것으로 본다.

[66] figurate ac mystice, secretum sacramenti 등은 코린토서의 '베일'이나 티모테오서의 '여자' 이야기에 자구적 해석을 경계하는 교부의 신중함을 드러낸다.

[67] 에페 4,23-24: "여러분 정신의 영으로 쇄신되어 진리의 의로움과 거룩함으로 하느님에 따라 창조된 새로운 인간을 입으십시오."

alibi apertius: *Exuentes uos*, inquit, *ueterem hominem cum actibus eius induite nouum qui renouatur in agnitionem dei secundum imaginem eius qui creauit eum*? Si ergo *spiritu mentis* nostrae renouamur, et ipse est nouus homo *qui renouatur in agnitionem dei secundum imaginem eius qui creauit eum*, nulli dubium est non secundum corpus neque secundum quamlibet animi partem sed secundum rationalem mentem ubi potest esse agnitio dei *hominem factum ad imaginem eius qui creauit eum*. Secundum hanc autem renouationem efficimur etiam *filii dei* per baptismum Christi, et *induentes nouum* hominem Christum utique induimus *per fidem*. Quis est ergo qui ab hoc consortio feminas alienet cum sint nobiscum gratiae cohaeredes et alio loco idem apostolus dicat: *Omnes enim filii dei estis per fidem in Christo Iesu. Quicumque enim in Christo baptizati estis Christum induistis. Non est iudaeus neque graecus, non est seruus neque liber, non est masculus et femina; omnes enim uos unum estis in Christo Iesu*? Numquidnam igitur fideles feminae sexum corporis amiserunt? Sed quia ibi *renouantur ad imaginem dei* ubi sexus nullus est, ibi *factus est homo ad imaginem dei* ubi sexus nullus est, hoc est *in spiritu mentis* suae. Cur ergo *uir* propterea *non debet caput uelare quia imago est et gloria dei, mulier autem debet quia gloria uiri est*, quasi mulier non *renouetur spiritu mentis*

---

[68] 콜로 3,9-10: "묵은 사람을 벗어 버리고 … 자기를 창조하신 분의 모상을 따라 새로워져 지식에 이르게 됩니다."

[69] 갈라 3,26-27 참조: "사실 여러분은 모두 그리스도 예수 안에서 믿음으로 말미암아 하느님의 아들이 되었습니다. 왜냐하면 그리스도 안으로 세례를 받은 여러분 모두가 그리스도를 입었기 때문입니다."

[70] quis est ergo qui ab hoc consortio feminas alienet?: 곧이어 인용하는 성경 구절과 더불어 이 토론에 대한 교부의 결론에 해당한다.

는 말을 더 명확히 한다. "묵은 사람을 그 행실과 함께 벗어 버리십시오. 그리고 새사람을 입으십시오. 이 새사람은 자기를 창조하신 분의 모상을 따라 하느님에 대한 지식으로 새로워집니다."[68] 그러니 "자기를 창조하신 분의 모상을 따라" 만들어진 인간은, 육에 따라서도 아니고, 지성의 아무 부분이나 말하는 것이 아니라 이성적 지성에 따라서, 곧 하느님에 대한 지식이 자리 잡을 수 있는 [지성에 따라서]임을 아무도 의심치 않을 것이다. 이러한 쇄신에 힘입어서 우리는 그리스도 안으로 세례를 받아 또한 "하느님의 아들이 되었다". 그리고 "새사람을 입어" 우리는 "믿음으로" 또한 그리스도를 입었다.[69] 여자들도 우리와 함께 은총의 공동상속자가 되는 마당에 이 공동운명으로부터 여자들을 감히 소외시키려는 사람이 누구겠는가?[70] 그래서 다른 대목에서 똑같은 사도가 이런 말을 한다. "사실 여러분은 모두 그리스도 예수 안에서 믿음으로 말미암아 하느님의 아들이 되었습니다. 왜냐하면 그리스도 안으로 세례를 받은 여러분 모두가 그리스도를 입었기 때문입니다. 이제는 유다인도 그리스인도 없고 종도 자유인도 없으며 남자도 여자도 없습니다. 여러분 모두가 그리스도 예수 안에서 하나이기 때문입니다."[71] 여자가 믿음을 가져서 육체의 성을 잃어버렸는가? [아니다!] 성性은 아무것도 아니기 때문에[72] [여자들이] "하느님의 모상을 따라 새로워진다". 성은 아무것도 아니기 때문에 [원초에] "사람이 하느님의 모습으로 만들어졌다"고 한다. 다시 말해서 자기 "지성의 영으로" [모상이 된다]. 그렇다면 "남자는 하느님의 모상이요 영광이기 때문에 머리를 가려서는 안 되고 여자는 남자의 영광이기 때문에" 머리를 가려야 한다는 말은 어찌 되는가?[73] 여자는 자기 "지성의 영으로 쇄신되지" 못했고 "자기

---

[71] 갈라 3,26-28.

[72] ubi sexus nullus est: '거기에는 성[성의 구분]은 없으므로'라는 번역도 가능하다.

[73] 1코린 11,7: "그렇지만 남자는 머리를 가려서는 안 됩니다. 그는 하느님의 모상이요 영광이기 때문입니다. 그러나 여자는 남자의 영광입니다."

suae, *qui renouatur in agnitionem dei secundum imaginem eius qui creauit eum*? Sed quia sexu corporis distat a uiro, rite potuit in eius corporali uelamento figurari pars illa rationis quae ad temporalia gubernanda deflectitur ut non maneat imago dei nisi ex qua parte mens hominis aeternis rationibus conspiciendis uel consulendis adhaerescit, quam non solum masculos sed etiam feminas habere manifestum est.

VIII 13. Ergo in eorum mentibus communis natura cognoscitur; in eorum uero corporibus ipsius unius mentis distributio figuratur.

Ascendentibus itaque introrsus quibusdam gradibus considerationis per animae partes unde incipit aliquid occurrere quod non sit nobis commune cum bestiis, inde incipit ratio ubi iam homo interior possit agnosci. Qui etiam ipse si per illam rationem cui temporalium rerum administratio delegata est immoderato progressu nimis in exteriora prolabitur consentiente sibi capite suo, id est non eam cohibente atque refrenante illa quae in specula consilii praesidet quasi uiri portione, inueteratur inter inimicos suos uirtutis inuidos daemones cum suo principe diabolo, aeternorumque illa uisio ab ipso etiam capite cum coniuge uetitum manducante subtrahitur ut lumen oculorum eius non sit cum illo, ac sic ab illa inlustratione ueritatis am-

---

[74] in eius corporali velamento: '여자의 몸이라는 수건으로'라는 번역도 가능하다.

[75] 이하(8.13-11.16)에서는 인간의 정신적 · 도덕적 타락이 절묘하게 묘사된다.

[76] ascendentibus introrsus quibusdam gradibus: '내면을 향해서 오르는 계단'은 플라톤 사상이 담긴 아우구스티누스의 고유한 표현이다. 사본에 따라서는 여기서 8장이 시작된다.

[77] inveteratur inter inimicos suos: 시편 6,8("저의 눈은 … 저의 모든 적들 때문에 어두워지나이다") 참조.

를 창조하신 분의 모상을 따라 하느님에 대한 지식으로 새로워지지" 못했단 말인가? 어쨌든 여자는 육체의 성에 있어서 남자와 다르기 때문에 자기 몸을 가리는 수건으로[74] 이성의 저 부분, 곧 시간적 사물들을 다스리기 위하여 아래로 향하는 부분을 상징할 수 있었고 그것이 당연했다. 그래서 인간의 지성은 영원한 이념들을 관조하거나 궁구하는 데 몰두하는 부분에서가 아니면 하느님의 모상으로 머물지 않는다. 그리고 이 부분을 남성들만 아니고 여성들 역시 갖추고 있음은 분명하다.

하느님의 모상으로부터의 이탈[75]

8.13. 그러므로 그들의 지성에서는 공통된 본성이 파악된다. 그러나 그들의 신체에서는 저 하나뿐인 지성의 [분할된] 배당이 상징되어 있다.

[8] 내면을 향해서 오르는 계단,[76] 영혼의 부분들을 거치면서 사고思考의 계단을 몇 개 오르노라면 거기서 무엇인가를, 우리로서는 짐승들과 공통되지 않은 무엇을 만나는 지점이 있는데 거기서부터 이성이 비롯하고, 바로 그 지점에서부터 '내적 인간'을 감지할 수 있다. 그런데 이 내적 인간이 저 이성을, 시간적 사물들의 관리감독이 맡겨진 이성을 구사하되, 절도 없는 진출로, 외적인 사물들을 향해 지나치게 뻗어 나간다면, 더구나 이것을 머리가 동조하고 만다면, 다시 말해서 저 이성을 제어하고 제동을 가하여야 할 머리, 마치 남자가 하는 몫처럼 사변思辨의 망대望臺를 장악해야 할 머리가 동조한다면, 결국 [내적 인간은] 적들 틈에서 묶어 버리고 말 것이다.[77] [여기서 말하는 적이란] 덕성을 질시하는 마귀들과 그 우두머리 악마를 가리킨다. 그렇게 되면 저 머리는 자기 배필과 더불어 금지된 과일을 먹어 영원한 사물을 관조하는 시력을 빼앗기고 그의 눈빛이 더 이상 그와 함께하지 않는다.[78] 그러면 둘 다 진리의 조명으로 벌거벗은 몸이 되고, 양

---

[78] illa visio subtrahitur: 시편 38,11("제 심장은 팔딱거리고 기운도 제게서 사라졌으며 저의 눈조차 빛을 잃었나이다") 참조.

bo nudati, atque apertis oculis conscientiae ad uidendum quam inhonesti atque indecori remanserint tamquam folia dulcium fructuum sed sine ipsis fructibus, ita sine fructu boni operis bona uerba contexunt ut male uiuentes quasi bene loquendo contegant turpitudiem suam.

IX 14. Potestatem quippe suam diligens anima a communi uniuerso ad priuatam partem prolabitur, et apostatica illa *superbia* quod *initium peccati* dicitur, cum in uniuersitate creaturae deum rectorem secuta legibus eius optime gubernari potuisset, plus aliquid uniuerso appetens atque id sua lege gubernare molita, quia nihil est amplius uniuersitate, in curam partilem truditur et sic aliquid amplius concupiscendo minuitur, unde et *auaritia* dicitur *radix omnium malorum*; totumque illud ubi aliquid proprium contra leges quibus uniuersitas administratur agere nititur per corpus proprium gerit quod partiliter possidet, atque ita formis et motibus corporalibus defectata, quia intus ea secum non habet, cum eorum imaginibus quas memoriae fixit inuoluitur et phantastica fornicatione turpiter inquina-

---

79 창세 3,7("그러자 그 둘은 눈이 열려 자기들이 알몸인 것을 알고, 무화과나무 잎을 엮어서 두렁이를 만들어 입었다") 참조.

80 악과 그 기원에 관한 교부의 오랜 논쟁에서 철학적 논변만 그럴싸하게 나열하던 철학자들을 염두에 둔 듯하다.

81 a communi universo ad privatam partem: 교부는 '신국'과 '지상국'을 구분하는 기준으로 '공동의 이익을 염두에 두는 사회적 사랑'(amor socialis)과 '공동선마저 자기 권세에 종속시키는 사사로운 사랑'(amor privatus)을 거론한 바 있다(*De Genesi ad litteram* 11.15).

82 집회 10,13("오만은 죄의 시작이다") 참조.

83 범죄 심리의 존재론적 귀결을 가리킨다: 잘못된 방향에서도 인간이 정작 추구하는 바는 '그 이상의 것'(*plus* aliquid universo, *amplius* universitate)인데 실제로 얻는 것은 '자기 비하'(in curam partilem *truditur, minuitur*)다.

심의 눈이 열려 자기들이 얼마나 부정직하고 치욕스러운 처지가 되었는지 알아보기에 이른다. 그리하여 그들은 다디단 열매를 맺는 나무의 잎새 같은, 하지만 정작 다디단 열매는 없는 그런 신세가 된다.[79] 따라서 선한 행실의 열매는 못 맺고 선한 말만 엮어 대는데, 악하게 살면서 말만 잘해도 자기 치부를 가릴 수 있다는 듯이 처신한다.[80]

9.14. 영혼이 창조계에서 통치자 하느님을 따른다면, 하느님의 법에 의해서 최상으로 통치를 받을 수 있을 것이다. 그렇지만 만일 영혼이 자기 능력에 애착하다 보면, 공동의 보편에서 사사로운 편파로 타락하게 된다.[81] 영혼이 창조계의 보편 속에서 통치자 하느님을 따르면 그분의 법에 의해서 다스림을 아주 잘 받을 수 있을 텐데도 배교에 상응하는 저 오만, "죄의 시작"이라고 일컬어지는 오만으로[82] 보편의 것 이상의 무엇을 탐하고 그것을 자기의 법대로 다스리려고 기도企圖하는 수가 있다. 그럴 경우에 실제로 창조계보다 더 보편적인 것은 아무것도 존재하지 않으므로 [영혼은] 되레 초조하게 편파적인 관심사로 끌어내려지고, 결국 그 이상의 무엇을 탐하다가 오히려 [영혼 자체가] 위축되는 결과를 빚는다.[83] 그래서 "욕심은 모든 악의 뿌리"라는 말이 있다.[84] 그러니까 보편을 다스리는 법칙을 거슬러 가면서까지, 저 전체를 사사로운 무엇으로 만들려는 행동을 시도할 경우에, 자기 몸이라는 것을 통해서 그 짓을 감행하게 된다. 하지만 [그런 영혼은] 그 몸이라는 것마저도 편파적으로만 소유할 따름이다. 그러다 보니 [영혼은] 물체적 형상과 운동을 즐기게 되고, 더구나 그런 것들은 [영혼의] 내부에다 소유하지는 못하는 것이어서, 그것들의 표상들, [영혼이] 기억에 고착시켜 놓은 표상들에 사로잡히게 마련이며, 따라서 환상으로 그것과 사통私通하면서 추잡하게 오염되어 간다.[85] 그리고 [영혼이] 자기 본분 전부

---

[84] avaritia radix omnium malorum: 1티모 6,10("욕심은 모든 악의 뿌리입니다") 참조.

[85] phantastica fornicatione: 교부의 눈에 피조물에 대한 인간 지성의 애착함이 '우상숭배'이듯이 물질에 대한 몰입은 상상으로 그치는 사통에 불과하다.

tur omnia officia sua ad eos fines referens quibus curiose corporalia ac temporalia per corporis sensus quaerit, aut tumido fastu aliis animis corporeis sensibus deditis esse affectat excelsior, aut coenoso gurgite carnalis uoluptatis immergitur.

X 15. Cum ergo bona uoluntate ad interiora ac superiora percipienda quae non priuatim sed communiter ab omnibus qui talia diligunt sine ulla angustia uel inuidia casto possidentur amplexu uel sibi uel aliis consulit, etsi fallatur in aliquo per ignorantiam temporalium quia et hoc temporaliter gerit et modum agendi non teneat quem debebat, *humana temptatio* est. Et magnum est hanc uitam sic degere quam uelut uiam redeuntes carpimus ut *temptatio* nos *non apprehendat nisi humana*. Hoc enim *peccatum extra corpus est* nec fornicationi deputatur, et propterea facillime ignoscitur. Cum uero propter adipiscenda ea quae per corpus sentiuntur propter experiendi uel excellendi uel contrectandi cupiditatem ut in his finem boni sui ponat aliquid agit, quidquid agit turpiter agit, et *fornicatur in corpus proprium peccans*, et corporearum rerum fallacia simulacra introrsus rapiens et uana meditatione componens ut ei nec diuinum aliquid nisi tale uideatur, priuatim auara fetatur erroribus et

---

⁸⁶ non privatim sed communiter: 교부의 용어 구사에서 privatus는 '사사로운'['공공의 것, 국가'(res publica)와 대비되는 '사유재산'(res privata: 『참된 종교』 112)]을 가리키면서도 어원상(동사 privo는 '~을 결하다, 박탈당하다') 공공 영역으로부터 소외되는 부정적 의미를 띤다.

⁸⁷ humana temptatio: 1코린 10,13("인간적인 것이 아니라면 유혹이 여러분을 붙잡지 않습니다") 참조.

⁸⁸ 1코린 6,18 참조: "사람이 저지른 죄는 무엇이나 그 몸 밖에서 한 짓이다."

⁸⁹ 라틴어 용법상 fines boni(선의 목적, 선의 종점)는 '최고선'(summum bonum)을 의미한다. 예컨대 키케로의 *De finibus bonorum et malorum*은 『최고 선악론』으로 번역된다.

를 그런 목적에다 결부시킴으로써 호기심이나 자만심이나 탐욕에 [사로잡
힌다]. 다시 말해서 호기심에 이끌려 신체의 감관으로 물질적이고 시간적
인 사물들을 탐닉하거나, 그렇게 하면서도 신체 감관에 [전적으로] 몰입하
는 다른 혼들보다 [자기가] 월등하다는 황당한 자만심에 부풀어 오르거나,
그렇지 않으면 아예 육욕의 진흙탕으로 가라앉는다.

극히 추루醜陋한 것을 향하여 타락하는 단계들

  10.15. [영혼이] 선한 의지로 내면적이고 고상한 것을 추구할 때, 그 대
상은 누구에게 사사로이 소유되는 것이 아니고 바로 그것들을 사랑하는
모든 이에 의해서 공동으로 소유되며,[86] 아무 옹색함도 없고 아무 시샘도
없이 순수한 포옹으로 소유되기에 이른다. 따라서 [같은 대상을 차지하라
고] 자신에게도 남들에게도 서로 권하기에 이른다. 일시적 사물들에 대한
무지로 말미암아 때로는 실수를 하더라도 마찬가지다. 일시적으로나마 그
런 사물들을 다룸은 어쩔 수 없는 일이다. 단지 [그것을 다루면서] 마땅히
지켜야 할 그 분수를 지키지 않는 탓으로 [생기는 실수이겠는데] 그야말로
'인간다운' 유혹이라고 하겠다. 이 [현세의] 삶을 그렇게 보내야 한다는
것, 즉 [고향으로] 돌아가는 사람들이 [돌아가는] 길처럼 여기고 살아야 한
다는 사실, 그렇더라도 "인간적인 것이 아니라면 유혹이 우리를 붙잡지 않
는다"는 사실 또한 대단한 것이다.[87] 이런 죄는 "몸 밖에서 한 짓이어서"[88]
음행에 견줄 바가 아닌지라 아주 쉽게 용서받는다. 그 대신 육체를 통해서
감지되는 것들에 애착하려 한다면, 그래서 그것들을 체험하고 만끽하고
음미하려는 욕심에서 그런 사물에다 아예 자기 최고선을 설정할[89] 지경이
되면 그는 그야말로 딴짓을 하는 셈이다. 무엇을 하든 추잡한 짓을 하는
것이다.[90]▶ "음행을 하는 자는 제 몸에다 죄를 짓는다."[91]▶ 내심 물질적 사
물들의 허상을 붙잡고 허황한 궁리를 하면서 그것들을 조합하다 보면 [그
렇게 되는데], 저런 것이 아니면 아무것도 신성한 무엇으로 보이지 않기에
이르고, 급기야 사사로운 것으로 탐욕스러워져 온갖 오류로 부패하고, 사

priuatim prodiga inanitur uiribus. Nec ad tam turpem et miserabi-
lem fornicationem semel ab exordio prosiliret, sed sicut scriptum
est: *Qui modica spernit paulatim decidet.*

XI 16. Quomodo enim coluber non apertis passibus sed squama-
rum minutissimis nisibus repit, sic lubricus deficiendi motus negle-
gentes minutatim occupat, et incipiens a peruerso appetitu similitu-
dinis dei peruenit ad similitudinem pecorum. Inde est quod nudati
stola prima *pelliceas tunicas* mortalitate meruerunt. Honor enim ho-
minis uerus est *imago et similitudo dei* quae non custoditur nisi ad
ipsum a quo imprimitur. Tanto magis itaque inhaeretur deo quanto
minus diligitur proprium. Cupiditate uero experiendae potestatis
suae quodam nutu suo ad se ipsum tamquam ad medium proruit. Ita

---

◄90 『재론고』 2.15.3에 이렇게 부연한다: "'사람이 저지른 죄는 무엇이나 그 몸 밖에서 한 짓
이다'라고 하는 사도의 말씀을 풀이하면서 [내가 제시한 설명은] 내게 흡족하지 못하다. 그 말
씀도 육체를 통해서 느끼는 바를 얻으려고 행동하여 그 일에다 자기의 최고선을 둔다고 해서
곧 음행을 뜻하는 것으로 알아들어야 한다고는 생각하지 않는다. [그런 것을 최고선으로 여김
은] 불법한 동침으로 저질러지는 저 음행보다도 훨씬 많은 죄악을 포함하기 마련이고, 사도는
이런 말을 했음에도 마치 저 음행을 두고 말한 것처럼 보였을 것이다."

◄91 1코린 6,18 참조: "음행을 하는 자는 제 몸에다 죄를 짓는다."

92 *privatim* avara fetatur erroribus, et *privatim* prodiga inanitur viribus: '신적인 것'(만유에게
공통된 향유 대상)을 등지고 일시적 사물에 치중함은 자기 파괴적 처신이다. privatim은 '사사
로이'라는 뜻과 '결손이 나는'이라는 뜻을 함께 갖는다(앞의 각주 81과 86 참조).

93 집회 19,1. 『성경』: "작은 것을 멸시하는 자는 점점 가난해진다."

94 창세 3,5 참조: "너희가 그것을 먹는 날, 너희 눈이 열려 하느님처럼 되어서(eritis sicut
deus) 선과 악을 알게 될 줄을 하느님께서 아시고 그렇게 말씀하신 것이다."

사로운 것으로 방탕해져 온갖 기력을 소진하고 만다.[92] 이처럼 추잡하고 가련한 음행으로 애초부터 단번에 치닫는 일은 없다. 성경에는 "작은 것을 멸시하는 자는 점차 타락하리라"[93]고 적혀 있다.

인간이 하느님과 같아지고 싶어 하다가는 최하의 사물, 짐승들이 즐기는 사물로 밀려난다

11.16. 구렁이는 성큼성큼 걸어서 나아가지 못하고 비늘을 아주 조금씩 움직여서 기어간다. 마찬가지로 타락해 가는 위태로운 움직임 역시 태만한 인간들을 아주 조금씩 사로잡으며 하느님과 같아지겠다는 그릇된 욕망에서 시작하여 짐승과 같아지는 지경에 도달한다.[94] 가장 좋은 옷을 벗어버린 인간들이 그 사멸死滅의 '가죽옷'을 얻어 입은 것도 지당했다.[95] 인간의 참된 영광은 '하느님과 비슷한 모상'[96]인데 이것은 그 모상을 새겨 받은 그분을 향하지 않는 한 간직되지 못한다.[97] 자기의 것을 적게 사랑할수록 그만큼 하느님께 더 많이 귀의하게 된다.[98] 자기 능력을 시험해 볼 욕심으로, 또 어느 정도 스스로 동의하고서, [하느님과 물질적 사물 사이의] 중간 지점으로 향한다면서,[99] 인간은 자기 자신에게로 거꾸러졌다. 그렇게 해서

---

[95] 창세 3,21: "주 하느님께서 사람과 그의 아내에게 가죽옷을 만들어 입혀 주셨다." 되찾은 아들의 비유(루카 15,11-32)를 교부는 간혹 원조의 타락과 관련시키는데(e.g., *Contra epistolam Permeniani* 2.32), 돌아온 아들에게 입히는 '가장 좋은' 옷(stola prima)을 아담이 본래 갖추고 있던 불멸성, 곧 '원초의' 의상(stola prima immortalitiatis et incorruptionis: *Contra Faustum manichaeum* 22.27)으로 설명한다.

[96] imago et similitudo Dei: "우리와 비슷하게 우리 모습으로." 창세 1,26-27; 3,21; 5,1; 9,6에 거듭 나오는 표현이다.

[97] [imago dei] non custoditur nisi *ad ipsum* a quo imprimitur: 인간이 '하느님의 모습대로 형상화된다'(formatur ad imaginem dei: 앞의 각주 58 참조)는 표현과 더불어 아우구스티누스 모상론의 핵심 사상이다.

[98] '자기 것'(proprium)은 '사사로운 것'(privatum)이어서 자기에게 결손을 가져오는(privatim) 결과를 초래한다(앞의 각주 86과 92 참조).

[99] ad se ipsum proruit: 인간이 자기 원형(原型)이신 하느님을 향하지(ad deum) 않고 자기 자신을 향하면 그것은 '자기가 자기에게로 거꾸러지는 타락'이다.

cum uult esse sicut ille sub nullo, et ab ipsa sui medietate poenaliter ad ima propellitur, id est ad ea quibus pecora laetantur; atque ita cum sit honmor eius similitudo dei, dedecus autem eius similitudo pecoris: *Homo in honore positus non intellexit; comparatus est iumentis insensatis et similis factus est eis.* Qua igitur tam longe transiret a summis ad infima nisi per medium sui? Cum enim neglecta caritate sapientiae quae semper eodem modo manet concupiscitur *scientia* ex mutabilium temporaliumque experimento, *inflat* non *aedificat*; ita praegrauatus animus quasi pondere suo a beatitudine expellitur, et per illud suae medietatis experimentum poena sua discit quid intersit inter bonum desertum malumque commissum, nec redire potest effusis ac perditis uiribus nisi gratia conditoris sui ad poenitentiam uocantis et peccata donantis. *Quis* enim infelicem animam *liberabit a corpore mortis huius* nisi *gratia dei per Iesum Christum dominum nostrum*? De qua gratia suo loco quando ipse praestiterit disseremus.

XII 17. Nunc de illa parte rationis ad quam pertinet scientia, id est cognitio rerum temporalium atque mutabilium nauandis uitae huius actionibus necessaria, susceptam considerationem quantum dominus adiuuat peragamus.

---

100 시편 49,13(불가타역) 참조. 『성경』: "사람은 영화 속에 오래가지 못하여 되살리는 짐승과 같다."

101 1코린 8,1("지식은 교만하게 하지만 사랑은 건설합니다") 참조. 지혜(sapientia)와 지식(scientia)의 대비는 이하 마지막 부분(13.21-15.24)에서 상론한다.

102 로마 7,24-25 참조: "나는 참 비참한 인간입니다. 누가 이 죽음의 몸에서 나를 구원하겠습니까? 그것은 우리 주 예수 그리스도를 통하여 이루어집니다."

저분처럼 자기는 그 누구 밑에도 들어가기 싫어하다가 결국 벌을 받아서 자기가 차지하는 중간으로부터 되레 가장 천한 위치로 쫓겨 간다. 달리 말하면, 짐승들이 즐기는 그런 사물로 쫓겨 간다. 하느님과 비슷함이 그에게 영예라면 짐승과 비슷함은 그의 수치에 해당한다. "사람은 영예로이 세워졌거늘 깨닫지 못했다. 지각없는 가축과 닮아졌고 그들과 비슷해졌다."[100] 최고에서 최하로 멀리 옮겨 가려면 자기라는 중간 위치를 거치지 않고 어떻게 이동하겠는가? 지혜는 항상 여일하게 존속하는 것인데 지혜에 대한 사랑을 소홀히 하면서 지식을 탐하면, 가변적이고 시간적인 사물들에 대한 경험을 토대로 삼는 지식은 교화하지 못하고 교만하게 만든다.[101] 그렇게 내리 눌린 정신은 아예 자기 무게로 말미암아 지복至福으로부터 추방당하며, 중간자라는 자기 위치를 체득하여 자기가 저버린 선과 자기가 범한 악 사이에 얼마나 큰 거리가 있는지를 배우는데 이 배움이 곧 자기에 대한 벌이 된다. 제아무리 힘을 쏟고 기진하더라도, 참회하게 부르시고 죄를 용서하시는 자기 조물주의 은총을 입지 못하면, 결코 [원래 위치로] 돌아갈 수 없음도 배운다. 누가 내 영혼을 "이 죽음의 몸에서 구하겠는가?" "우리 주 예수 그리스도를 통하여" 하느님의 은총이 아니면 누가 구하겠는가?[102] 이 은총에 관해서는 주님이 허락하신다면 적절한 기회에 논하기로 한다.[103]

원죄에 관한 상징적 해석. 내적 인간에게서 이루어진 일종의 비밀 혼인[104]

12.17. 그러면 이제 지식, 곧 시간적이고 가변적인 사물들에 관한 인식, 다시 말해서 현세 생활을 힘껏 영위하는 데 필요한 지식에 해당하는 부분, 이성이라는 그 부분에 관하여 고찰키로 하고 주님의 보우하심이 내리는 한에서 논구해 보자.

---

[103] 이 책 13권의 그리스도론(인간 모상의 회복)에서 다루어진다.

[104] 이하 12.17-14.21까지는 위에서 상위 지성[오성: 여기서는 '지혜의 이성'(ratio sapientiae)]과 하위 지성(이성)을 남자와 여자에 비견하던 논지를 다시 꺼낸다.

Sicut enim in illo manifesto coniugio duorum hominum qui primi facti sunt non manducauit serpens de arbore uetita sed tantummodo manducandum persuasit, mulier autem non manducauit sola sed uiro suo dedit et simul manducauerunt, quamuis cum serpente sola locuta et ab eo sola seducta sit, ita et in hoc quod etiam in homine uno geritur et dinoscitur, occulto quodam secretoque coniugio carnalis, uel ut ita dicam qui in corporis sensus intenditur sensualis animae motus, qui nobis pecoribusque communis est, seclusus est a ratione sapientiae. Sensu quippe corporis corporalia sentiuntur; aeterna uero et incommutabilia spiritalia ratione sapientiae intelleguntur. Rationi autem scientiae appetitus uicinus est quandoquidem de ipsis corporalibus quae sensu corporis sentiuntur ratiocinatur ea quae scientia dicitur actionis; si bene ut eam notitiam referat ad finem summi boni; si autem male ut eis fruatur tamquam bonis talibus in quibus falsa beatitudine conquiescat. Cum ergo huic intentioni mentis quae in rebus temporalibus et corporalibus propter actionis officium ratiocinandi uiuacitate uersatur carnalis ille sensus uel animalis ingerit quandam inlecebram fruendi se, id est tamquam bono quodam priuato et proprio non tamquam publico atque communi quod est incommutabile bonum, tunc uelut serpens alloquitur femi-

---

¹⁰⁵ 사본에 따라서는 여기서부터 12장이 시작된다.

¹⁰⁶ carnalis animae vel sensualis: 교부는 짐승도 가지는 생혼과 천사와 인간의 이성혼을 구분하여 부른다(e.g., sive sensualem cuius animalia participant, sive rationalem quam et angeli et homines habent: *De Genesi ad litteram* 5).

¹⁰⁷ 인식(cognitio), 지식(scientia), 이해(intellegentia, intellectus) 사이에 구분이 항상 명료한 것은 아니지만 여기서 구별을 시도한다.

¹⁰⁸ rationi autem scientiae appetitus vicinus est: '지혜의 이성'(ratio sapientiae)과 구분하여 '지식의 이성'을 꼽고 있다.

최초로[105] 만들어진 두 사람의 저 혼인을 놓고 보건대 뱀은 저 금지된 나무에서 열매를 따 먹은 것이 아니고 단지 따 먹으라고 꾀었을 따름이다. 그리고 여자는 혼자서만 먹은 것이 아니고 자기 남자에게도 주어 함께 먹었던 것이다. 여자 혼자서 뱀과 이야기했고 뱀한테서 여자 혼자 속았음에도 [열매는 둘이서 먹었다]. 이 일에 견주어 말하자면, 저 신비스럽고 비밀스러운 혼인, 단일한 한 사람에게서 다음과 같은 사실이 발생하고 또 파악된다. 육적인 영혼의 운동, 혹은 굳이 말하자면 육체의 감관으로 집중하는, 감각적 영혼[106]의 운동, 곧 짐승과 우리에게 공통으로 일어나는 이 운동은 지혜의 이성으로부터는 배제되어 있다. 신체의 감관으로는 물질적인 것들이 지각된다. 그런데 영원하고 불변하고 영적인 것들은 지혜의 이성에 의해서 이해된다.[107] 지식의 이성에 가까운 것이 욕구다.[108] 행동의 지식이라고 일컫는 것이 신체의 감관으로 감지되는 물질적 사물들에 관해서 추론을 하는 경우를 보면 [욕구는 지식의 이성에 가깝다]. [이 추론을] 잘한다면 [물질적 사물에 관한] 그 인식을 최고선의 목적으로 결부시킬 것이다. 만일 잘못한다면 그 사물들을 선 자체인 양 향유하고 그 사물들에서 가짜 진복眞福으로 안식을 얻으려 들 것이다. 지성의 이 지향이야[109] 행동의 직분 때문에, 시간적이고 물질적인 사물들을 상대로 활발한 추론을 하게 되어 있다. 그런데 저 육적인 감관 혹은 동물적인 감관이 지성의 이 지향에다 유혹을 던진다고 하자. 자기를 향유하라고 유혹한다고 하자. 자기를 공공적이고 공동적인 선 — 불변하는 선이다 — 처럼 향유하라는 것까지는 아니고 사사롭고 개인적인 선으로서 향유하라고 유혹한다고 하자.[110] 그럴 경우에는 [성경에서처럼, 감관은 지성에게] 마치 뱀이 여자에게 말을

---

[109] huic intentioni mentis: '지식의 이성'을 '욕구'라는 관점에서 본다면 '지성의 지향'이라고 일컬을 만하다.

[110] 교부의 선(善) 개념은 '공공적이고 공동적인 선'(bonum publicum atque commune)과 '사사롭고 개인적인 선'(bonum privatum et proprium)을 확연히 대립시킨다.

nam. Huic autem inlecebrae consentire de ligno prohibito manducare est. Sed iste consensus si sola cogitationis delectatione contentus est, superioris uero auctoritate consilii ita *membra* retinentur ut non *exhibeantur iniquitatis arma peccato*, sic habendum existimo uelut cibum uetitum mulier sola comederit. Si autem in consensione male utendi rebus quae per sensum corporis sentiuntur ita decernitur quodcumque peccatum ut si potestas sit etiam corpore compleatur, intellegenda est illa mulier dedisse uiro suo secum simul edendum inlicitum cibum. Neque enim potest peccatum non solum cogitandum suauiter uerum etiam efficaciter perpetrandum mente decerni nisi et illa mentis intentio penes quam summa potestas est membra in opus mouendi uel ab opere cohibendi malae actioni cedat et seruiat.

18. Nec sane cum sola cogitatione mens oblectatur inlicitis, non quidem decernens esse facienda, tenens tamen et uoluens libenter quae statim ut attigerunt animum respui debuerunt, negandum est esse peccatum sed longe minus quam si et opere statuatur implendum. Et ideo de talibus quoque cogitationibus uenia petenda est pectusque percutiendum atque dicendum: *Dimitte nobis debita nostra*, faciendumque quod sequitur atque in oratione iungendum: *sicut et nos dimittimus debitoribus nostris*. Neque enim sicut in illis duobus primis hominibus personam suam quisque portabat, et ideo si sola

---

[111] 로마 6,13 참조: "여러분의 지체를 불의의 무기로서 죄에 내맡기지 마시오."

[112] 죄악은 행위의 결과가 아니라 행위자의 의향으로 결정된다는 윤리학으로, 교부는 상상, 동의 그리고 행동으로 옮아가는 과정을 남녀 — 상위 지성과 하위 지성 — 의 포옹, 회임, 출산으로 비유한다.

거는 것과 흡사하다. 또 이 유혹에 동의한다면 그것은 금지된 나무 열매를 먹는 짓이다. 단 이 동의가 사유상의 재미로 그치고, 더 높은 권위를 가진 현려賢應가 "지체를 불의의 무기로서 죄에 내맡기지 말도록"[111] 말렸다면, 여자 혼자서 금지된 음식을 먹은 셈으로 여겨야 한다는 것이 내 생각이다. 그런데 만약 육체의 감관으로 지각하는 사물들을 악하게 사용하는데 [지성이] 동의한다면, 그래서 어떤 죄든 범하기에 이르고, 그럴 힘이 있어서 육체로도 [범죄를] 완성하기에 이른다면, 저 여자가 금지된 음식을 먹자마자 자기 남편에게도 주었다는 뜻으로 알아들을 만하다. 지체들이 움직이게 하는 데나 작용을 멈추게 하는 데 최고의 권한을 갖는 것은 지성의 저 지향이다. 따라서 달콤한 생각으로 범하는 죄든, 결연한 행동으로 범하는 죄든, 지성의 지향이 악한 행위에 양보하여 복종하는 일이 없는 한 지성에 의한 결단은 일어나지 않는다.[112]

12.18. 지성이 부정한 것을 생각하는 것만으로 쾌감을 맛보고 그것이 행동으로 옮겨지는 결정까지는 내리지 않았다고 하자. 그러면서도 마음에 들어서 그것을 붙잡아 두고 있고, 정신을 사로잡자마자 털어 버렸어야 할 것을 고의적으로 이리저리 굴리고 있다고 하자. 그럴 경우에 그것 역시 죄임은 부인할 방도가 없다. 물론 행동으로 완결하기로 작정하는 것에 비하면 훨씬 작은 죄이기는 하지만 말이다. 그러므로 이런 생각들에 대해서도 용서를 구해야 하고 가슴을 쳐야 하며 "우리 죄를 용서하소서!"라고 말씀 드려야 한다. 그리고 그 기도에 덧붙여 뒤따르는 말씀, 곧 "우리에게 잘못한 이를 우리가 용서하듯이"라는 말씀도 실천에 옮겨야 한다.[113] 물론 [우리 이야기는] 저 두 명의 첫 사람들에게서처럼 각자가 자기 인격을 지니고

---

[113] 마태 6,12 참조.

mulier cibum edisset inlicitum, sola utique mortis supplicio plec-
teretur; ita dici potest in homine uno si delectationibus inlicitis a
quibus se continuo deberet auertere cogitatio libenter sola pascatur,
nec facienda decernantur mala sed tantum suauiter in recordatione
teneantur, quasi mulierem sine uiro posse damnari. Absit hoc cre-
dere. Haec quippe una persona est, unus homo est, totusque dam-
nabitur nisi haec quae sine uoluntate operandi sed tamen cum uo-
luntate animum talibus oblectandi solius cogitationis sentiuntur es-
se peccata per mediatoris gratiam remittantur.

19. Haec itaque disputatio qua in mente uniuscuiusque hominis
quaesiuimus quoddam rationale coniugium contemplationis et actio-
nis, officiis per quaedam singula distributis tamen in utroque men-
tis unitate seruata, salua illius ueritatis historia quam de duobus pri-
mis hominibus, uiro scilicet eiusque muliere de quibus propagatum
est genus humanum, diuina tradit auctoritas ad hoc tantummodo
audienda est ut intellegatur apostolus imaginem dei uiro tantum tri-
buendo non etiam feminae, quamuis in diuerso sexu duorum homi-
num aliquid tamen significare uoluisse quod in uno homine quaere-
retur.

---

[114] quoddam rationale coniugium contemplationis et actionis: 앞의 각주 14 참조.

[115] historia는 '역사'(res gestae)도 '설화'(fabula)도 의미한다.

있어서 여자 혼자 금지된 음식을 먹었더라면 여자 혼자 죽음의 형벌을 받았을 그런 경우가 아니다. 한 사람의 경우는 [사정이 다르다]. 저 사람이 저 금지된 쾌락을 당장 생각에서 쫓아내 버렸어야 마땅함에도 불구하고 생각 속에 고의로 그것을 키우고 있다고 하자. 악한 행위로까지 결단하지는 않고 감미롭게 기억 속에만 간직하고 있다고 해서, [앞에 나온 예처럼] '남자'를 빼놓고 '여자' 혼자서 단죄받는 일이 가능한 것처럼 [생각해서는 안 된다]. 이따위는 믿지 말아야 한다. 여기에는 단일한 인격체가 있고 단일한 사람이 있으며, 그 인간 전체가 단죄를 받을 것이다. 정신이 그것을 행동으로 옮길 의지는 없었더라도 그것을 즐기려는 마음은 갖고 있었으므로 생각으로만 범한 죄라고 하더라도 죄라고 느끼는 이상, 중재자의 은총을 통해서 사함을 받지 않는 한 [인간 전체가 단죄를 받을 것이다].

12.19. 이 토론은 각 사람의 [단일한] 지성에서 관상과 행동 사이에 일종의 이성적 혼인理性的 婚姻이 [맺어져 있음을] 입증하려는 것이었다.[114] 또 각각의 이성에 다른 임무가 배당되어 있으면서도 양편 모두에게서 지성의 단일성은 보존되어 있음을 입증코자 한 것이었다. 또 성경의 권위가 우리에게 전해 주는 대로, 두 명의 첫 인간들에 대해서, 곧 남자와 그의 아내인 여자에 대해서 들려주는 저 진리의 사실史實, 그 둘에게서 인류가 번식해 왔다는 사실은 그대로 살아남는다.[115] 다만 [이 토론에서] 우리가 귀담아 들어야 할 바는, 사도가 왜 하느님의 모상을 여자에게도 해당시키지 않고 남자에게만 해당시켰느냐는 것이다. [사도는] 단일한 인간에게서 찾아내야 할 무엇을 두 사람의 이성異性에서부터 상징적으로 이끌어 내려고 했을 따름이라고 알아들어야 한다.[116]

---

[116] 사도가 인간의 지성과 감성의 구분을 아담[남자]과 하와[여자]의 차이로 설명하는 것은 어디까지나 상징적 시도(aliquid significare)였다는 풀이다.

XIII 20. Nec me fugit quosdam qui fuerunt ante nos egregii defensores catholicae fidei et diuini eloquii tractatores cum in homine uno cuius uniuersam animam bonam quendam paradisum esse senserunt duo ista requirerent, uirum mentem, mulierem uero dixisse corporis sensum. Et secundum hanc autem distributionem qua uir ponitur mens, sensus uero corporis mulier, uidentur apte omnia conuenire si considerata tractentur nisi quod in omnibus bestiis et uolatilibus scriptum est *non* esse *inuentum* uiro *adiutorium simile illi* et tunc est ei mulier facta de latere. Propter quod ego non putaui pro muliere sensum corporis esse ponendum quem uidemus nobis et bestiis esse communem, sed aliquid uolui quod bestiae non haberent, sensumque corporis magis pro serpente intellegendum existimaui qui legitur *spientior omnibus pecoribus terrae.* In eis quippe naturalibus bonis quae nobis et inrationabilibus animantibus uidemus esse communia uiuacitate quadam sensus excellit, non ille de quo scriptum est in epistula quae est ad hebraeos ubi legitur *perfectorum* esse *solidum cibum qui per habitum exercitatos habent sensus ad separandum bonum a malo* (illi quippe sensus naturae rationalis sunt ad intellegentiam pertinentes), sed iste sensus qui est quinquepertitus in corpore per quem non solum a nobis uerum etiam a bestiis corporalis species motusque sentitur.

---

[117] '선한 영혼 전체'(universa anima bona)를 '낙원'처럼 설정하고 그 안에서 남자와 여자가 어떻게 처신하고 타락하는지 묘사한 교부들 이야기다.

[118] Cf., Tertullianus, *De anima* 18; Ambrosius, *De Noe et arca* 92; Victorinus, *Adversus Arium* 1.62.

[119] 창세 2,20: "그러나 그는 사람인 자기에게 알맞은 협력자를 찾지 못하였다."

[120] 창세 3,1: "뱀은 주 하느님께서 만드신 모든 들짐승 가운데 가장 간교하였다."

13.20. 우리보다 앞서 가톨릭 신앙을 탁월하게 옹호하고 거룩한 말씀을 다루는 이들이 한 사람 안에서 선한 영혼 전체가[117] 일종의 낙원에 해당된다는 생각을 했음을 내가 모르지 않고, 또 그래서 단일한 인간에게서 저 두 가지를 찾아내려고 했으니, 곧 남자는 지성이요 여자는 육체의 감성이라는 말을 했다는 사실도 내가 모르지 않는다.[118] 그리고 남자를 지성으로, 여자를 육체의 감성으로 놓는 이 배분을 따르면, 우리가 다루는 내용을 적절히 취급하기만 한다면 모든 이야기가 척척 맞아들어가는 것처럼 보이기도 한다. 단지 모든 짐승들과 날짐승들 사이에서 "남자에게는 자기와 비슷한 도움이 발견되지 않았다"[119]고 기록된 글이 있고 그래서 옆구리에서 여자가 생겼다는 글이 있음은 문제다. 따라서 나는 여자를 육체의 감성으로 간주해야 한다고 생각한 적이 없으며, 감성이 우리에게나 짐승들에게나 공통된다는 사실은 우리 모두가 알고 있다. 내가 바랐던 것은 짐승들은 갖추지 못한 무엇을 여자에게서 발견하는 일이었다. 나로서는 차라리 뱀이 육체의 감성을 [상징하는 것으로] 알아들어야 한다고 여겼다. 뱀을 두고 "지상의 모든 들짐승 가운데 가장 지혜로웠다"[120]라고 말하는 구절이 나온다. 우리하고 이성이 없는 동물들하고 공통된다고 여기는 자연적인 선들 가운데서 감각은 그 활력에 있어서 탁월하다. [우리가 말하는 것은] 히브리인들에게 보낸 서간의 저 구절에 나오는 감각이 아니다. "딱딱한 음식은 성숙한 사람들을 위한 것입니다. 그들은 경험을 통해서 옳고 그른 것을 구별하는 훈련된 감각을 가지고 있습니다"[121][(히브리서에서 말하는) 저 감각은 이성적 자연 본성에서도 오성에 속하는 감각이다]. [우리 이야기는] 신체에 오관으로 자리 잡고 있는 그 감각이요 우리만 아니고 짐승들도 물체의 형상과 운동을 감지하는 그 감각이다.

---

[121] 히브 5,14: "경험을 통해서 옳고 그른 것을 구별하는 훈련된 의식."

21. Sed siue isto siue illo siue aliquo alio modo accipiendum sit quod apostolus uirum dixit imaginem et gloriam dei, mulierem autem gloriam uiri, apparet tamen cum secundum deum uiuimus, mentem nostram in inuisibilia eius intentam ex eius aeternitate, ueritate, caritate proficienter debere formari, quiddam uero rationalis intentionis nostrae, hoc est eiusdem mentis, in usum mutabilium corporaliumque rerum sine quo haec uita non agitur dirigendum, non ut conformetur *huic saeculo* finem constituendo in bonis talibus et in ea detorquendo beatitudinis appetitum, sed ut quidquid in usu temporalium rationabiliter facimus aeternorum adipiscendorum contemplatione faciamus per ista transeuntes, illis inhaerentes.

XIV. Habet enim et *scientia* modum suum bonum si quod in ea *inflat* uel inflare assolet aeternorum caritate uincatur, quae non inflat sed, ut scimus, *aedificat*. Sine scientia quippe nec uirtutes ipsae quibus recte uiuitur possunt haberi per quas haec uita misera sic gubernetur ut ad illam quae uere beata est perueniatur aeternam.

22. Distat tamen ab aeternorum contemplatione actio qua bene utimur temporalibus rebus, et illa sapientiae, haec scientiae deputa-

---

13.21. 이런 경우로 알아듣든 저런 경우로 알아듣든 혹은 사도가 "남자가 하느님의 모상이요 영광이며 여자는 남자의 영광이다"라고 하는 말대로 달리 알아듣든 상관없이, 우리가 하느님에 따라서 살아갈 때는, 우리 지성이 그분의 보이지 않는 사물들에 집중하게 되고, 그분의 영원과 진리와 사랑을 기준으로 진보함으로써 [우리의 지성이 그분의 모상대로] 틀림없이 형상화됨이 드러난다. 그렇더라도 우리의 이성적 지향, 곧 같은 그 지성의 일부는 어쩔 수 없이 가변적이고 물질적인 사물들을 사용하는 쪽으로 향하게 마련이고 또 그것 없이는 [현세의] 이 삶이 영위되지도 못한다. 그렇다고 우리가 "이 현세에 순응함으로써"[122] 그런 선에다 목적을 설정하고 왜곡되게 행복에 대한 열망을 그런 선으로 잘못 향하게 하려는 것은 아니다. 오히려 현세 사물들을 이용하는 일을 합리적으로 만듦으로써 우리가 희구하는 영원한 사물들을 관상하는 데 이르고, 저 일시적 사물들을 통해서 영원한 사물들에 귀의하는 경지에 이르게 만들기 위함이다.

지혜와 지식[123]

14.[21]. 지식으로 인해서 우쭐해진다거나 우쭐해지기 일쑤더라도 영원한 사물들에 대한 사랑에 의해서 제압해 나간다면, '지식'이란 것도 나름대로 좋은 양상을 갖는다. 우리가 알다시피 사랑은 건설하는 까닭이다.[124] 실상 지식 없이는 우리를 바르게 살게 만드는 덕성도 간직하지 못하는데, 가련한 현세 생활을 다잡아 참으로 행복한 그 삶, 영원한 삶에 도달케 만드는 것도 덕성이다.

지혜와 지식 사이에 무슨 차이가 있는가

14.22. 영원한 사물들을 대상으로 하는 관상과 현세 사물들을 잘 사용하는 행동 사이에는 거리가 있다. 전자는 지혜에 해당하고 후자는 지식에 해

---

[124] 1코린 8,1: "지식은 교만하게 하지만 사랑은 건설합니다." 이 책 12.11.16의 각주 101에서도 인용.

tur. Quamuis enim et illa quae sapientia est possit scientia nuncupari sicut et apostolus loquitur ubi dicit: *Nunc scio ex parte, tunc autem cognoscam sicut et cognitus sum*, quam scientiam profecto contemplationis dei uult intellegi quod sanctorum summum erit praemium; tamen ubi dicit: *Alii quidem datur per spiritum sermo sapientiae, alii sermo scientiae secundum eundem spiritum*, haec utique duo sine dubitatione distinguit, licet non ibi explicet quid intersit et unde possit utrumque dinosci. Verum scripturarum sanctarum multiplicem copiam scrutatus inuenio scriptum esse in libro Iob eodem sancto uiro loquente: *Ecce pietas est sapientia; abstinere autem a malis scientia est*. In hac differentia intellegendum est ad contemplationem sapientiam, ad actionem scientiam pertinere. 'Pietatem' quippe hoc loco posuit 'dei cultum,' quae graece dicitur θεοσέβεια; nam hoc uerbum habet ista sententia in codicibus graecis. Et quid est in aeternis excellentius quam deus cuius solius immutabilis est natura? Et quis cultus eius nisi amor eius quo nunc desideramus eum uidere credimusque et speramus nos esse uisuros, et quantum proficimus *uidemus nunc per speculum in aenigmate, tunc autem* 'in manifestatione'? Hoc est enim quod ait apostolus Paulus, *facie ad faciem*; hoc etiam quod Iohannes: *Dilectissimi, nunc filii dei sumus, et nondum apparuit quod erimus. Scimus quia cum apparuerit, similes ei erimus quoniam uidebimus eum sicuti est*. De his

---

[125] 1코린 13,12: "지금은 내가 인식한다 해도 단편적이지만 그때에는, 내가 온전히 알려진 것처럼, 나도 온전히 알게 될 것입니다."

[126] 1코린 12,8: "어떤 이에게는 영을 통하여 지혜의 말씀이 베풀어지는가 하면, 다른 이에게는 같은 영에 따라 인식의 말씀이 베풀어집니다."

[127] 욥 28,28: "보아라, 주님을 경외함이 곧 지혜며 악을 피함이 슬기다."

당한다. 지혜라는 것도 지식으로 불릴 수는 있다. 사도도 "지금은 내가 단편적으로 알고 있지만 그때는 내가 알려진 것처럼 나도 알 것입니다"[125]라는 말에서 그런 뜻을 피력하고 있기 때문이다. 사도는 자기가 [앎이라고 부르는] 지식을 하느님을 뵙는 관상으로 분명히 알아듣기를 바라며, 그 경지야말로 성인聖人들에게 오는 최고의 상급일 것이다. 그러나 "어떤 이에게는 영靈을 통하여 지혜의 말씀이 베풀어지고 다른 이에게는 같은 영에 따라 지식의 말씀이 베풀어진다"[126]고 할 때는 양자를 구별했음에 의심의 여지가 없다. 둘이 어떻게 구분되는지, 무엇에 근거해서 양자를 식별할 수 있는지에 대한 설명은 없지만 말이다. 그런데 나로서는 성경의 다양하고도 풍부한 내용을 살펴본 끝에 욥기에서 저 거룩한 인물이 이렇게 말하는 구절을 발견했다. "보라, 경건함이 곧 지혜이며, 악을 삼감이 지식이다."[127] 이 구분에서는 지혜는 관상에 속하고 지식은 활동에 속하는 것이라고 알아들어야 한다. 여기서 [욥은] 경건함을 하느님 경배로 간주했는데 그리스어로는 θεοσέβεια라고 한다. 그리스어 사본에는 그 문장이 바로 이 단어를 쓰고 있다. 영원한 사물들 가운데서 그 본성이 오로지 불변하는 하느님보다 탁월한 것이 무엇이겠는가? 그리고 하느님 경배란 하느님 사랑 아니고 무엇이겠는가? 그 사랑이 있어 지금은 그분을 뵙고 싶어 열망하고 우리가 그분을 뵈리라고 믿고 바라는 것이 아니겠는가? "지금은 우리가 거울을 통해 수수께끼로 보고 있지만 그때에는" 드러나게 보리라는 말 아니겠는가? 바오로 사도가 "얼굴과 얼굴을 마주 보리라"고 한 말이 이것이다.[128] 요한의 다음과 같은 말도 바로 그렇다. "사랑하는 여러분, 이제 우리는 하느님의 자녀들입니다. 우리가 어떻게 될는지 아직은 드러나지 않았습니다. 그렇지만 그것이 드러나면 우리가 그분을 닮게 되리라는 것을 알고 있습니다. 우리가 그분을 있는 그대로 뵈올 것이기 때문입니다."[129]▶ 내가 보

---

128 1코린 13,12: "사실 지금은 우리가 거울을 통해 수수께끼로 보고 있지만 그때에는 얼굴과 얼굴을 마주 볼 것입니다." 앞에서도 누차(30여 회) 인용되었지만 특히 이 책 제15권에서 주제를 이루는(25회 인용) 성경 구절이다.

atque huiusmodi sermo ipse mihi uidetur esse *sermo sapientiae. Abstinere autem a malis* quam Iob scientiam dixit esse rerum procul dubio temporalium est quoniam secundum tempus in malis sumus, a quibus abstinere debemus ut ad illa bona aeterna ueniamus. Quamobrem quidquid prudenter, fortiter, temperanter et iuste agimus ad eam pertinet scientiam siue disciplinam qua in euitandis malis bonisque appetendis actio nostra uersatur, et quidquid propter exempla uel cauenda uel imitanda et propter quarumque rerum quae nostris adcommodata sunt usibus necessaria documenta historica cognitione colligimus.

23. De his ergo sermo cum fit, eum scientiae sermonem puto discernendum a sermone sapientiae ad quam pertinent ea quae nec fuerunt nec futura sunt sed sunt, et propter eam aeternitatem in qua sunt et fuisse et esse et futura esse dicuntur sine ulla mutabilitate temporum. Non enim sic fuerunt ut esse desinerent aut sic futura sunt quasi nunc non sint, sed idipsum esse semper habuerunt, semper habitura sunt. Manent autem non tamquam in spatiis locorum fixa ueluti corpora, sed in natura incorporali sic intellegibilia praesto sunt mentis aspectibus sicut ista in locis uisibilia uel contrectabilia corporis

---

¹²⁹ 1요한 3,2.

¹³⁰ secundum tempus in malis sumus: '시간적(= 현세적) 사물'(temporalia)에 대한 '애착'을 악의 발원으로 간주하는 교부 사상을 참조할 것.

¹³¹ prudenter, fortiter, temperanter et iuste: 아리스토텔레스의 사추덕(四樞德)을 부사어로 열거했다.

¹³² historica cognitione: 자연사(自然史)만 아니고 계시의 역사도 '지식'(인식)에 속한다.

기에 이런 구절들이나 바로 이 말씀이 [조금 전에 말한] '지혜의 말씀'이다. '악을 삼감'을 지식이라고 일컫은 욥의 말은 현세 사물들에 관한 지식임에 의심의 여지가 없다. 우리가 악에 처해 있다면 그것은 시간과 관련되어 있기 때문이요[130] 선하고 영원한 저 사물에 도달키 위해서 우리더러 악을 삼가라고 한 것이기 때문이다. 우리가 무엇을 하든 지혜롭게, 용기 있게, 절도 있게, 정의롭게 행동한다면[131] 그것은 저 지식 혹은 규율에 해당하는 일이고 이 규율에 따라서 우리 행동이 악을 피하고 선을 추구하는 데로 향한다. 그리고 삼가야 할 본보기든 본받아야 할 본보기든, 사물들에 관해서 우리 행동거지에 준용해야 할 자료들은 우리가 역사적 인식을 통해서[132] 수집한다.

영원한 사물에 대한 인식이 이루어지는 것은 지혜를 통해서다

14.23. 이런 자료들에 관해서 말씀이 나올 때 나는 그것이 '지식의 말씀'이라고 여기며 '지혜의 말씀'과는 구분되어야 한다고 본다. 과거에 존재한 사물은 지혜에 속하지 않으며, 미래에 존재할 것도 지혜에 속하지 않고 오로지 현재 존재하는 것만이 지혜에 속한다. 그러면서도 그것들이 자리 잡고 있는 곳이 영원이라는 사실 때문에, 시간의 변화가 일체 없으면서도 그것들은 [과거에] 존재했고 [현재에] 존재하고 [미래에] 존재할 것이라는 표현을 쓰기는 한다.[133] 과거에 존재했다고 해서 존재하기를 그만둔다는 말이 아니고, 미래에 존재한다고 해서 지금은 존재하지 않는다는 말이 아니며, 동일한 존재를 항상 소유했고 항상 소유할 것이라는 뜻이다. [항상] 지속하지만 그렇다고 물체처럼 어느 일정한 공간에 고정된다는 말이 아니다. 공간에 있는 가시적이거나 감촉되는 사물들이 신체 기관에 현전하듯

---

[133] quae nec fuerunt, nec futura sunt, sed sunt … et fuisse et esse et futura esse dicuntur: 교부는 '영원'을 '모든 것이 동시에 전체로 현전하는 것'(simul totum esse praesens: 『고백록』 11.13)이라고 정의하지만 현상계에서는 시간적으로 풀어(secundum tempus) 언표하는 수밖에 없다.

sensibus. Non autem solum rerum sensibilium in locis positarum
sine spatiis localibus manent intellegibiles incorporalesque ratio-
nes, uerum etiam motionum in temporibus transeuntium sine tem-
porali transitu stant etiam ipsae utique intellegibiles, non sensibiles.
Ad quas mentis acie peruenire paucorum est, et cum peruenitur quan-
tum fieri potest, non in eis manet ipse peruentor, sed ueluti acies ip-
sa reuerberata repellitur et fit rei non transitoriae transitoria cogita-
tio. Quae tamen cogitatio transiens per disciplinas quibus eruditur
animus memoriae commendatur ut sit quo redire possit quae cogi-
tur inde transire, quamuis si ad memoriam cogitatio non rediret at-
que ibi quod commendauerat inuenieret, uelut rudis ad hoc sicut duc-
ta fuerat duceretur idque inueniret ubi primum inuenerat, in illa in-
corporea ueritate unde rursus quasi descriptum in memoria figeretur.
Neque enim sicut manet uerbi gratia quadrati corporis incorporalis
et immutabilis ratio sic in ea manet hominis cogitatio, si tamen ad
eam sine phantasia spatii localis potuit peruenire. Aut si alicuius
artificiosi et musici soni per moras temporis transeuntis numerosi-
tas comprehendatur sine tempore stans in quodam secreto altoque

---

[134] intellegibiles incorporalesque rationes: 시간적인 사물들은 그 '이념적 원형'을 통해서
초시간적으로 존재하거나 신의 영원한 시선(intuitus divinus)에서 그렇게 존재할 수 있다.

[135] 아우구스티누스는 『고백록』 9.10.24에서 지혜를 직관한 자신의 체험을, "마음에 일격
을 가하여 지혜에 일순간 닿았다"(attingimus eam modice toto ictu cordis)라고 표현한다.

[136] fit rei non transitoriae transitoria cogitatio: 초시간적 이념들을 사유하더라도 시간 속에
서 이루어지는 변전하는 사유에 불과하다.

[137] per disciplinas: 플라톤의 상기설과 연관하여 언급되는 '기하와 대수, 음악, 천문 등의
자유 학예들을 거치면서'.

[138] 지성의 정곡으로 직관한 이념을 기억의 어디에 남겼을 수 있으리라는 말 같다.

[139] 앞의 각주 134 참조.

이, 그것들은 비물체적인 자연 본성을 갖춘 채 지성의 시선에 가지적 사물로서 현전한다는 말이다. 공간 없이 지속하는 것은 어떤 장소에 놓인 감각적 사물들의 가지적이고 비물체적인 이념들만이 아니다.[134] 시간 속에 변전變轉하는 운동들의 [이념 역시] 그렇게 지속한다. [그런 이념들도] 시간적 변전 없이 지속하며 [이념으로서는] 가지적인 것이지 감각적인 무엇이 아니다. 그렇지만 지성의 정곡을 가지고 그러한 이념들에 도달하는 일은 소수만의 작업이다. 또 할 수 있는 데까지 힘껏 노력하여 거기 도달하더라도 도달한 인물이 거기에 머물지 못한다. [지성의] 정곡이 마치 퉁겨 나듯이 거기서 밀려나며,[135] 그러다 보니 [후에 생기는 것은] 변전하지 않는 사물에 대한 변전하는 사유에 불과하다.[136] 다만 이처럼 변전하는 사유가 정신을 훈련하는 학습들을 거치면서[137] 기억에 맡겨지고, 따라서 [지성의 정곡이 그곳을] 떠나지 않을 수는 없었지만 그곳으로 되돌아올 여지가 생길 수가 있다.[138] 그런데 만일 사유가 기억으로 돌아오는 것이 아니고, 그래서 [전에] 기억력에다 맡겼던 바를 되찾아내는 경우가 전혀 아니라고 하더라도, 사유는, 마치 무지한 초보자가 끌려오는 식으로 그리로 끌려와서는, 전에 [딴 곳에서] 곧 저 비물체적 진리에서 발견했던 바를 그곳에서 다시 발견하고는 거기서 모사품을 끄집어내듯이 하여 기억에다 그것을 각인시킨다.[139] 예를 들어 사각형 물체에 대한 비물체적이고 불변하는 이념이 [자체로] 존속하듯이 [그 이념에 관한] 인간의 사유가 그 이념 속에 존속하는 것은 아니다. 그렇지 않으면 [인간의 사유는] 공간의 표상表象 없이도 [사각형 물체의 이념에] 도달할 수 있었다는 말이 된다.[140] [다른 예를 들면] 시간 간격을 타고 흐르는 어떤 예술적인 음악 가락의 음률[141]을 포착하는 경

---

[140] 인간의 지성이 비물체적이고 불변하는 이념 속에 항상 머물고 이념이 지성에 항상 현전하여 공간이라는 표상 없이도 사각형을 사유해 낼 수 있는 것이 아니다.

[141] numerositas는 음계들이 빚어내는 '화음'(modulatio)과 '박자'에 따른 음의 장단 둘 다 의미한다(dimensio vocum rationalis ut corripiatur vel producatur syllaba: *De musica* 2.1). 결구(結句)의 운율[율격]을 가리키기도 한다(numerositas clausalrum:『그리스도교 교양』4.56).

silentio, tamdiu saltem cogitari potest quamdiu potest ille cantus audiri; tamen quod inde rapuerit etsi transiens mentis aspectus et quasi glutiens in uentre ita in memoria reposuerit, poterit recordando quodam modo ruminare et in disciplinam quod sic didicerit traicere. Quod si fuerit omnimoda obliuione deletum, rursus doctrina duce ad id uenietur quod penitus exciderat et sic inuenietur ut erat.

XV 24. Vnde Plato ille philosophus nobilis persuadere conatus est uixisse hic animas hominum et antequam ista corpora gererent, et hinc esse quod ea quae discuntur reminiscuntur potius cognita quam cognoscuntur noua. Retulit enim puerum quendam nescio quae de geometrica interrogatum sic respondisse tamquam esset illius peritissimus disciplinae. Gradatim quippe atque artificiose interrogatus uidebat quod uidendum erat dicebatque quod uiderat. Sed si recordatio haec esset rerum antea cognitarum, non utique omnes uel pene omnes cum illo modo interrogarentur hoc possent; non enim omnes in priore uita geometrae fuerunt cum tam rari sint in genere humano ut uix possit aliquis inueniri. Sed potius credendum est mentis intellectualis ita conditam esse naturam ut rebus intellegibilibus

---

142 rapuerit, glutiens, ruminare, in disciplinam traicere: 직관적 인식이 일반 지식에 이르는 과정을 음식 섭취에 비유했다.

우도 [그 음률이] 마치 시간 밖에 정지해 있는 무엇처럼, 내밀하고 심오한 침묵 속에 존재하는 무엇처럼 포착된다. 그럼에도 노래가 [시간 간격을 타고 흐르면서] 귀에 들려오는 동안에만 [초시간적인 음률이라는 것이] 사유의 대상이 될 수 있다. 그러니까 인간 지성의 시선은 잠시 스쳐 가는 것이면서도 무엇인가 덥석 물어 마치 배 속에 삼키듯이, 기억 속에다 저장해 두고, 그것을 상기해 내어 어떤 방식으로든 반추反芻하며, 이렇게 습득한 바를 지식에다 저장할 수 있는 듯하다.[142] 그러다 만약 [지성이] 그것을 전적으로 망각했을 경우에는, 지식의 인도를 받아서, 완전히 망실해 버렸던 대상으로 이끌려 가서 당초에 있던 모습 그대로 찾아내기에 이를 것이다.

플라톤과 피타고라스의 상기설을 반박함

15.24. 그래서인지 저 존귀한 철학자 플라톤은 인간들의 영혼들이 [저 이념들의 세계에] 살던 적이 있었고 지금의 신체를 갖추기 전에도 [거기에 살았다고] 설득시키려고 애썼다.[143] 그리하여 [거기서] 배우는 것들이 여기까지 잔존한다고, 따라서 무엇을 새로 배운다기보다는 이미 알던 바를 상기하는 것이라고 [주장했다]. 그래서 무슨 문제를 다루었는지는 모르겠지만, 어떤 아이한테 기하幾何 문제를 물었더니 마치 그 학문에 아주 정통한 것처럼 대답하더라는 예를 들기도 했다. 단계적으로 그리고 기술적으로 질문을 했더니 아이가 마땅히 보았어야 할 것을 보기에 이르렀고 자기가 본 대로 말하더라는 것이다. 하지만 이 기억이 전에 [배워서] 알고 있던 것들에 대한 기억이라면, 모든 사람, 적어도 거의 모든 사람이, 저런 식으로 질문을 받더라도 [그런 대답을] 못할 것이다. 전생에 모두가 기하학자는 아니었을 것이기 때문이다. [지금] 인류 가운데는 [기하학자가] 아주 드물뿐더러 누구 하나 제대로 찾아내기 힘들다는 점에서 하는 말이다. 그러니

---

[143] 플라톤은 영혼의 선재와 윤회(*Meno* 81d-84)를 논하고 이념 세계에서의 영혼의 선재(*Phaedo* 72e; *Phaedros* 249c-250)를 근거로 상기설을 주장하기도 했다.

naturali ordine disponente conditore subiuncta sic ista uideat in qua-
dam luce sui generis incorporea quemadmodum oculus carnis uidet
quae in hac corporea luce circumadiacent, cuius lucis capax eique
congruens est creatus. Non enim et ipse ideo sine magistro alba et
nigra discernit quia ista iam nouerat antequam in hac carne creare-
tur. Denique cur de solis rebus intellegibilibus id fieri potest ut be-
ne interrogatus quisque respondeat quod ad quamque pertinet disci-
plinam etiamsi eius ignarus est? Cur hoc facere de rebus sensibilibus
nullus potest nisi quas isto uidit in corpore constitutus aut eis qui
nouerant indicantibus credidit seu litteris cuiusque seu uerbis? Non
enim adquiescendum est eis qui samium Pythagoram ferunt recor-
datum fuisse talia nonnulla quae fuerat expertus cum hic alio iam
fuisset in corpore; et alios nonnullos narrant alii eiusmodi aliquid in
suis mentibus passos. Quas falsas fuisse memorias quales plerumque
experimur in somnis quando nobis uidemur reminisci quasi egerimus
aut uiderimus quod nec egimus omnino nec uidimus, et eo modo
affectas esse illorum mentes etiam uigilantium instinctu spirituum
malignorum atque fallacium quibus curae est de reuolutionibus ani-
marum falsam opinionem ad decipiendos homines firmare uel

---

¹⁴⁴ quae in hac corporea luce *circumadiacent*: 아우구스티누스의 조명설(이 책 4.2.4;
8.9.13; 9.7.12; 14.15.21 참조)에 따르면, 지성은 평소에(naturali ordine) 영원한 이념들을 직
관하는 것이 아니고 사물들이 그 이념들의 빛에 '빙 둘러 에워싸인 채 놓여 있음'(circum-ad-
iacent)을 보고서 그 사물들에 관한 진선미의 판단을 내린다. 빛을 보는 것이 아니라 빛 속에
서 사물을 볼 따름이다.

¹⁴⁵ *cuius lucis capax* eique congruens est *creatus*: 인식론의 배경을 영혼 선재설에서 창조
설로 옮기는 문장이다.

¹⁴⁶ Cf., Diels-Kranz (eds.), *Fragmente der Vorsokratiker* I, Empedocles, frag.129; Dioge-
nes Laertius, *De viribus illustribus* 8.4; Heraclides Pontius.

오히려 창조주의 섭리로, 오성적 지성의 본성이 자연적 차원에서는 가지적 사물들에 도달하되, 일종의 비물체적인 빛 속에서 그것들을 바라보도록 만들어져 있다고 믿어야 할 것 같다. 마치 신체의 눈이 지금의 물질적 빛 속에 에워싸인 채 놓여 있는 사물들을 바라보듯이 말이다.[144] [육안이 물질적] 빛을 수용하고 그 빛에 상응하게 창조되었음은 물론이다.[145] 가르쳐 주는 사람이 없이도 눈이 검은 것과 흰 것을 분간하는 것은 이 몸속에 눈이 창조되기 전에 벌써 그것들을 알고 있었기 때문이 아니다. [미리 알고 있었다면] 질문만 잘 받을 경우, 자기가 전혀 모르는 일, 또 어떤 학문에 속하는 것이라도 누구나 답변할 수 있을 텐데, 왜 군이 가지적인 사물들에 대해서만 그런 일이 일어날 수 있다는 말인가? 감각적 사물들에 대해서는 왜 이런 일을 아무도 해내지 못하는 것일까? [감각적 사물에 관해서는] 이 신체에 결합한 다음에 본인이 그런 사물들을 한 번 보았거나 그것을 알고 있던 사람들이 가리켜 주는 말을 믿었거나 누구의 글이나 말로 전해 주어서 믿은 경우가 아니고서는 알지 못하는 까닭은 무엇일까? 그러니 사모스 사람 피타고라스가 다른 신체 속에 깃들어 있을 때 경험했던 바를 이것저것 기억해 냈다는 이야기를 사람들이 전해 줄 때[146] 그런 이야기를 하는 사람들을 안심하고 믿어서는 안 된다. 그런가 하면 딴 사람들은 [신체가 없이] 자기 지성으로 그와 유사한 일을 겪었노라고 말하곤 한다. 이런 일들은 우리가 흔히 꿈에서 겪는 일과 비슷하게 거짓된 기억임에 틀림없다. [꿈을 꾸고 나서] 우리가 [실제로] 무엇을 보았거나 행동한 것처럼 기억한다고 보이는데 실은 우리가 행동한 바도 전혀 아니고 전혀 본 것도 아니다. 그와 마찬가지로 멀쩡하게 깨어 있으면서 [무엇을 보았노라는] 사람들의 지성 역시 사악하고 기만하는 혼령들의 술수에서 그런 영향을 받은 것이다. 악령들의 관심사라야 인간들을 기만하기 위하여 영혼의 윤회에 관한 거짓된 사상을[147] 다짐하거나 퍼뜨리는 데 있을 따름이다. [여기서 우

---

[147] de revolutionibus animarum *falsam opinionem*: 윤회설에 대한 교부의 분명한 입장이다.

serere, ex hoc conici potest quia si uere illa recordarentur quae hic in aliis antea positi corporibus uiderant, multis ac pene omnibus id contingeret quandoquidem ut de uiuis mortuos, ita de mortuis uiuos tamquam de uigilantibus dormientes et de dormientibus uigilantes sine cessatione fieri suspicantur.

25. Si ergo haec est sapientiae et scientiae recta distinctio ut ad sapientiam pertineat aeternarum rerum cognitio intellectualis, ad scientiam uero temporalium rerum cognitio rationalis, quid cui praeponendum siue postponendum sit non est difficile iudicare. Si autem alia est adhibenda discretio qua dinoscantur haec duo quae procul dubio distare apostolus docet dicens: *Alii quidem datur per spiritum sermo sapientiae, alii sermo scientiae secundum eundum spiritum*, tamen etiam istorum duorum quae nos posuimus euidentissima differentia est quod alia sit intellectualis cognitio aeternarum rerum, alia rationalis temporalium, et huic illam praeferendam esse ambigit nemo. Relinquentibus itaque nobis ea quae exterioris sunt hominis et ab eis quae communia cum pecoribus habemus introrsum ascendere cupientibus, antequam ad cognitionem rerum intellegebilium atque summarum quae sempiternae sunt ueniremus, temporalium rerum cognitio rationalis occurrit. Etiam in hac igitur

---

리가 추정할 수 있는 것은] 만일 영혼들이 이승에서 전에 다른 신체 속에
깃들어 있으면서 보았던 것을 진실로 상기해 낼 수 있다면, 다수 인간, 아
니 거의 모두에게 그런 일이 일어나야 하리라는 점이다. [그들의 주장에
따르면] 마치 깨어 있는 사람에게서 잠든 사람이 생기고 잠든 사람에게서
깬 사람이 생기듯이 끊임없이 산 사람에게서 죽은 사람이 생기고 죽은 사
람에게서 산 사람이 생기는 것으로 전제되는 까닭이다.

지혜와 지식의 올바른 구분. 지식에서는 어느 면에서 삼위일체가 드러난다

15.25. 그러므로 만약 이것이 지혜와 지식을 나누는 올바른 구분이라면,
즉 '지혜'에 해당하는 것은 영원한 사물들에 관한 오성적 인식이요, '지식'
에 해당하는 것은 시간적 사물들에 관한 이성적 인식이라고 [구분한다면],
무엇을 앞세우고 무엇을 뒤에 놓을지는 판단하기 어렵지 않다. 그 대신 만
일 다른 구분을 설정하고 그 구분에 따라서 이 둘을 가름해야 한다고 생각
해 보자. 사도가 가르침을 내리면서 "어떤 이에게는 영靈을 통하여 지혜의
말씀이 베풀어지는가 하면, 다른 이에게는 같은 영에 따라 지식의 말씀이
베풀어진다"[148]는 말을 하고 있으므로 이 둘 사이에는 거리가 있음에 틀림
없다. 또 우리가 분명하게 차이를 두는 저 둘, 곧 영원한 사물들에 관한 오
성적 인식이 다르고 시간적 사물들에 관한 이성적 인식이 다르다면, 후자
보다는 전자에 우선을 두어야 함은 아무도 의심을 안 한다. 그렇기는 하지
만 외적 인간의 것들을 버려두고서 우리가 짐승과 공통으로 갖고 있는 것
으로부터 [떨어져서] 내면적으로 향상하려는 열망을 갖게 되는 경우를 보
자. 그럴 경우 가지적이고 지고한 사물들 — 이것들은 영원하다 — 에 관
한 인식에 도달하기 전에 우리로서는 일단 현세적 사물들에 관한 이성적
인식을 만나게 된다.[149] 그리고 [현세적 사물에 관한 이 인식에서도] 우리

---

[149] 경험적으로 인간은 현세 사물에 대한 이성의 파악에 먼저 도달한다. 영원한 이념은 이
것들을 판단하는 빛이므로 인식 대상이라기보다 인식의 규범이라 부를 만하다.

inueniamus si possumus aliquam trinitatem sicut inueniebamus in sensibus corporis et in his quae per eos in animam uel spiritum nostrum imaginaliter intrauerunt, ut pro corporalibus rebus quas corporeo foris positas attingimus sensu intus corporum similitudines haberemus impressas memoriae ex quibus cogitatio formabatur tertia uoluntate utrumque iungente, sicut formabatur foris acies oculorum quam uoluntas ut uisio fieret adhibebat rei uisibili et utrumque iungebat etiam illic ipsa se admouens tertiam. Sed non est hoc coartandum in hunc libum ut in eo qui sequitur si deus adiuuerit conuenienter possit inquiri et quod inuentum fuerit explicari.

는 모종의 삼위일체를 발견하는데 [이 삼위일체는] 우리가 신체의 감관에서도 발견했던 것이고, 이 감관들을 통해서 우리 혼 혹은 영에 표상을 가지고 들어오는 것들에서도 발견했던 것이다.[150] [감각의 경우 삼위를 꼽자면] 먼저, 외부에 놓여 있어서 우리가 신체 감관으로 포착하는 물리적 사물들이 있고, 그다음, 그 사물들을 대신해서 우리가 내면에 간직하게 되는 유사상, 기억에 새겨진 물체의 유사상이 있고(사유는 그렇게 새겨진 유사상에 의해서 형상화된다), 셋째로는, 양자를 한데 결합시키는 의지가 있다. [그리고 후자의 경우] 눈의 시선이 외부 [사물에 의해서] 형상화되고, 또 시각이 발생하도록 의지가 눈의 시선을 가시적 사물로 향하게 만들고 양자를 결합시킨다. 그렇지만 이 논제는 이 책에 국한시켜서는 안 되겠고, 하느님의 도우심이 있다면, 다음에 나올 책에서 적절히 다룰 수 있었으면 한다. 우리가 여기서 발견한 내용을 거기서 더 철저히 규명할 수 있으리라 본다.

---

[150] 이 책 11권에서 감각적 지각 일반 특히 시각에서 발견되는 삼위일체를 논했다.

LIBER XIII

I 1. In libro superiore huius operis duodecimo satis egimus discernere rationalis mentis officium in temporalibus rebus, ubi non sola cognitio uerum et actio nostra uersatur, ab excellentiore eiusdem mentis officio quod contemplandis aeternis rebus impenditur ac sola cognitione finitur. Commodius autem fieri puto ut de scripturis sanctis aliquid interseram quo facilius possit utrumque dinosci.

2. Euangelium suum Iohannes euangelista sic orsus est: *In principio erat uerbum, et uerbum erat apud deum, et deus erat uerbum; hoc erat in principio apud deum. Omnia per ipsum facta sunt, et sine ipso factum est nihil. Quod factum est in ipso uita erat, et uita erat lux hominum, et lux in tenebris lucet, et tenebrae eam non comprehenderunt. Fuit homo missus a deo cui nomen erat Iohannes; hic uenit in testimonium ut testimonium perheberet de lumine ut omnes crederent per illum. Non erat ille lux sed ut testimonium perhiberet de lumine. Erat lux uera quae inluminat omnem hominem uenientem in hunc mundum. In mundo erat, et mundus per ipsum factus*

---

¹ 제13권 첫 부분(1.1-3.6)에서는 요한 복음 서언을 해설하면서 지식과 지혜를 구분하되, 지식이 비록 시간적 사물을 다루지만 그중에는 '그리스도 사건'이라는 역사적 사실도 포함됨을 언명한다.

제13권 _ 믿음은 지혜에 이르는 길

이 책의 의도[1]

1.1. 이 작품의 앞 책 제12권에서 우리는 시간적 사물에 대한 이성적 지성의 역할에 관해서 충분히 논했다.[2] 거기서는 우리 인식만 아니고 우리 행위도 작용하며, 바로 그 지성의 탁월한 역할, 곧 영원한 사물들을 관상하는 일에 종사하는 역할에서 비롯하여 단순한 지식에까지 이른다. 그런데 우선 [지혜와 지식] 양자를 보다 용이하게 구분하는 데 도움이 되게 하는 뜻에서, 성경에서 약간 삽입하는 것이 더 적절하리라고 생각된다.

요한 복음 서론에서 어떤 것은 지혜에 해당하고 어떤 것은 지식에 해당한다

1.2. 복음사가 요한은 자신의 복음서를 이렇게 시작한다. "한처음에 말씀이 계셨다. 그 말씀은 하느님과 함께 계셨다. 그 말씀은 또한 하느님이셨다. 이분이 한처음에 하느님과 함께 계셨다. 모든 것은 그분으로 말미암아 생겨났다. 생겨난 것치고 그분 없이 생겨난 것은 하나도 없다. 그분 안에 생명이 있었으니 그 생명은 사람들의 빛이었다. 빛이 어둠 속에 비치고 있다. 하지만 어둠은 그것을 받아들이지 않았다. 하느님께로부터 파견된 사람이 있었다. 그의 이름은 요한이었다. 그는 증언하러 왔는데, 빛에 관해 증언하여 자기로 말미암아 모두 믿게 하려는 것이었다. 그는 빛이 아니었다. 빛에 관해 증언하러 왔을 따름이다. 그 말씀은 세상에 오는 모든 사람을 비추는 참된 빛이셨다.[3]▶ 그분은 세상에 계셨다. 세상은 그분으로 말

---

[2] 『재론고』 2.15.1: "내가 그중 제12권을 미처 마치지 못한 터에 … 내가 책들을 출간하려고 할 때 응당 해야 하고 또 할 수 있을 만큼 손질을 못한 마당에 책들이 [내 손에서] 빠져나갔다. 그 사실을 발견하고서 … 나로서는 책을 발간하지 않고 붙들어 두기로 작정했으며, 나의 다른 소책자에서 그때 일어난 일을 이야기할 작정이었다."

est, et mundus eum non cognouit. In propria uenit, et sui eum non receperunt. Quotquot autem receperunt eum dedit eis potestatem filios dei fieri, his qui credunt in nomine eius; qui non ex sanguinibus neque ex uoluntate carnis neque ex uoluntate uiri, sed ex deo nati sunt. Et uerbum caro factum est et habitauit in nobis. Et uidimus gloriam eius, gloriam quasi unigeniti a patre, plenum gratiae et ueritatis.

Hoc totum quod ex euangelio posui in praecedentibus suis partibus habet quod immutabile ac sempiternum est, cuius contemplatio nos beatos facit; in consequentibus uero permixta cum temporalibus commemorantur aeterna. Ac per hoc aliqua ibi ad scientiam pertinent, aliqua ad sapientiam sicut in libro duodecimo praecessit nostra distinctio. Nam, *In principio erat uerbum, et uerbum erat apud deum, et deus erat uerbum; hoc erat in principio apud deum. Omnia per ipsum facta sunt, et sine ipso factum est nihil. Quod factum est in ipso uita erat, et uita erat lux hominum, et lux in tenebris lucet, et tenebrae eam non comprehenderunt*, contemplatiuam uitam requirit et intellectuali mente cernendum est. Qua in re quanto magis quisque profecerit tanto fiet sine dubitatione sapientior. Sed propter id quod ait, *lux lucet in tenebris, et tenebrae eam non comprehenderunt*, fide utique opus erat qua crederetur quod non uidetur. Tenebras quippe intellegi uoluit auersa ab huiusmodi luce eamque minus idonea contueri corda mortalium, propter quod adiungit et

---

◄3 『200주년』에는 "그 빛이 세상에 오셨다"는 글귀가 첨가된다.

4 요한 1,1-14.

미암아 생겨났다. 하지만 세상이 그분을 알아보지 못했다. 그분은 당신 땅에 오셨다. 하지만 당신의 사람들이 그분을 맞아들이지 않았다. 그러나 그분은 당신을 맞아들인 이들, 곧 당신의 이름을 믿는 이들에게는 모두 하느님의 자녀가 되는 권능을 주셨다. 이들은 혈통에서나 육욕에서나 남자의 욕망에서 난 것이 아니라 하느님에게서 난 것이다. 정녕 그 말씀은 육신이 되시어 우리 가운데서 거처하셨다. 우리는 그분의 영광을 보았다. 그 영광은 아버지로부터 오신 외아들다운 영광이다. 그분은 은총과 진리로 충만하셨다."[4]

복음서에 나온 이 본문 전부를 내가 소개한 것은 전반부에서 불변하고 영구한 것을 다루고 있고 그것을 관조함으로써 우리가 행복해지는 까닭이다. 후반부에서는 시간적인 것들과 섞여서 영원한 것들이 다루어지고 있다. 바로 그래서 그중 어떤 것은 지식에 해당하고 어떤 것은 지혜에 해당하니 앞의 제12권에서 우리 구분이 이미 나왔다. 그 이유는 이렇다.[5] "한처음에 말씀이 계셨다. 그 말씀은 하느님과 함께 계셨다. 그 말씀은 또한 하느님이셨다. 이분이 한처음에 하느님과 함께 계셨다. 모든 것은 그분으로 말미암아 생겨났다. 생겨난 것치고 그분 없이 생겨난 것은 하나도 없다. 그분 안에 생겨난 것은 생명이었다. 그 생명은 사람들의 빛이었다. 빛이 어둠 속에 비치고 있었다. 하지만 어둠은 그것을 받아들이지 않았다." 이 대목은 관상생활을 요구하고 오성적 지성으로 내용을 분별해야 한다. 사람이 이 일에 진보하면 할수록 더욱 지혜로워지리라는 데는 의심의 여지가 없다. 하지만 "빛이 어둠 속에 비치고 있었다. 하지만 어둠은 그것을 받아들이지 않았다"는 구절은 눈으로 보이지 않는 것을 믿는 신앙을 필요로 한다는 점을 보여 준다. 여기서 '어둠'이라는 말은 사멸할 인간들이 이 빛을 등지는 마음, 이 빛을 바라보는 능력이 없는 마음을 가리키고자 했고,

---

[5] 당시 수사학 수업은 고전 작가의 일정한 본문을 읽히고 그 내용을 한 구절씩 분석하면서 자기 이론을 전개하는 방법을 썼다. 여기서는 그리스도인들을 상대로 요한 복음 서론을 텍스트로 선정하여 분석 주해하고 있다.

dicit: *Fuit homo missus a deo cui nomen erat Iohannes; hic uenit in testimonium ut testimonium perheberet de lumine ut omnes crederent per illum.* Hoc iam temporaliter gestum est et ad scientiam pertinet quae cognitione historica continetur. Hominem autem Iohannem in phantasia cogitamus quae de humanae naturae notitia impressa est nostrae memoriae. Et hoc eodem modo cogitant siue qui ista non credunt siue qui credunt. Vtrisque enim notum est quid sit homo cuius exteriorem partem, id est corpus, per corporis lumina didicerunt; interiorem uero, id est animam, in se ipsis quia et ipsi homines sunt et per humanam conuersationem cognitam tenent, ut possint cogitare quod dicitur, *Fuit homo cui nomen erat Iohannes,* quia et nomina sciunt loquendo et audiendo. Quod autem ibi est, *missus a deo*, fide tenent qui tenent, et qui fide non tenent aut dubitatione ambigunt aut infidelitate derident. Vtrique tamen, si non sunt ex numero nimis insipientium qui dicunt *in corde suo: Non est deus*, haec audientes uerba utrumque cogitant, et quid sit deus et quid sit mitti a deo, et si non sicut res se habent, at certe sicut ualent.

3. Fidem porro ipsam quam uidet quisque in corde suo esse si credit, uel non esse si non credit, aliter nouimus; non sicut corpora

---

[6] 시편 14,1 참조: "어리석은 자, 마음속으로 '하느님은 없다' 말하네."

[7] et si non sicut res se habent, at certe sicut valent: 모든 '믿음'은 그 대상의 개연성에 관한 '선이해'(先理解)를 전제한다는 것이 교부의 이론이다.

그래서 "하느님께로부터 파견된 사람이 있었다. 그의 이름은 요한이었다. 그는 증언하러 왔는데, 빛에 관해 증언하여 자기로 말미암아 모두 믿게 하려는 것이었다"라는 구절이 덧붙여졌다. 이 사건은 시간적으로 발생한 것이요 따라서 역사적 인식을 담고 있어 '지식'에 해당한다. 우리는 여기서 상상으로 요한이라는 사람을 떠올리고 [그의] 인간 본성에 관해서는 우리 기억에 그 지식이 각인되어 있다. 그리고 이 상상은 저 사건을 믿는 사람들이든 믿지 않는 사람들이든 똑같은 방식으로 생각해 낸다. 양편 다에게 사람이 무엇인지는 알려져 있고, 인간의 외적 부분, 곧 신체가 어떻게 생겼는지는 신체의 안목을 통해서 배워 둔 바 있다. 그 대신 인간의 내적인 부분, 곧 자기들 안에 있는 영혼에 관해서 말하자면, 자기들도 인간인지라 또 인간 대화를 통해서 영혼이 무엇인지 아는 것으로 치부하고 있다. 그러므로 "이름이 요한이라는 사람이 있었다"는 구절이 무엇을 뜻하는지는 생각해 낼 수 있다. 이름을 발설하고 듣다 보면 이름이 무엇인지는 아는 까닭이다. 그렇지만 "하느님께로부터 파견된 사람"이라는 말은 수긍한다면 신앙으로 수긍하는 것이고, 신앙으로 수긍하지 않는다면 의심하거나 불신하여 비웃게 된다. 여하튼 양편 다, "마음속으로 '하느님은 없다'고 말하는" 어리석은 자들의 숫자에 드는 사람들이 아닌 바에야[6] 이 구절을 듣고서는 '하느님'이라는 말이 무슨 뜻인지, 하느님께로부터 '파견받는다'는 말이 무슨 뜻인지 두 가지를 다 헤아리게 된다. 그리고 그것이 사실 그대로는 아니더라도 그런 일이 있을 수 있겠다는 생각은 한다.[7]

우리 안에 있는 믿음을 어떻게 눈으로 보는가

1.3. 그런데 우리가 믿음이라는 것을 아는 방식은 다르다.[8] 믿는 사람은 그것이 자기 마음 안에 있는 것으로 보고, 믿지 않는 사람은 [자기 마음 안에] 그것이 있지 않음을 본다. 이 일은 육안으로 물체를 보는 것과는 같지

---

[8] '믿음'(fides, $\pi\iota\sigma\tau\iota\varsigma$)에 관한 섬세한 인식론적 관찰이 나온다.

quae uidemus oculis corporis et per ipsorum imagines quas memoria tenemus etiam absentia cogitamus; nec sicut ea quae non uidimus et ex his quae uidimus cogitatione utcumque formamus et memoriae commendamus quo recurramus cum uoluerimus ut illic ea, uel potius qualescumque imagines eorum quas ibi fiximus, similiter recordatione cernamus; nec sicut hominem uiuum cuius animam etiamsi non uidemus ex nostra conicimus, et ex motibus corporalibus hominem uiuum sicut uidendo didicimus intuemur etiam cogitando. Non sic uidetur fides in corde in quo est ab eo cuius est, sed eam tenet certissima scientia clamatque conscientia. Cum itaque propterea credere iubeamur quia id quod credere iubemur uidere non possumus, ipsam tamen fidem quando inest in nobis uidemus in nobis quia et rerum absentium praesens est fides, et rerum quae foris sunt intus est fides, et rerum quae non uidentur uidetur fides, et ipsa tamen temporaliter fit in cordibus hominum; et si ex fidelibus infideles fiunt, perit ab eis. Aliquando autem et rebus falsis adcommodatur fides; loquimur enim sic ut dicamus: 'Habita est ei fides, et decepit.' Qualis fides, si tamen et ipsa dicenda est fides, non culpabiliter de cordibus perit quando eam inuenta ueritas pellit. Optabiliter autem rerum uerarum in easdem res fides transit; non enim dicen-

---

[9] 제삼자의 의식에 관한 추정은 이 책 8.6.9에서도 언급했다.

[10] scientia(지식), conscientia(의식)라는 용어가 구사되었다.

[11] et rerum absentium praesens est fides, et rerum quae foris sunt intus est fides, et rerum quae non videntur videtur fides: 신앙에 관한 아름다운 서술로 꼽힌다.

않으며, 물체의 모상을 우리가 기억으로 간직하여 그 물체가 부재하는 중에도 우리가 생각하는 것과도 같지 않다. 그렇다고 우리가 본 적이 없는 것을 생각하는 방법과도 같지 않다. 이 경우에는 [우리가 본 적이 없지만] 우리가 이미 본 것들을 가지고 사유로 무엇인가를 형상화하여 기억에다 저장하고서는 마음이 내킬 때 이 기억으로 소급해서 앞의 경우와 비슷하게 상기하여 그것을 생각해 낸다. 이때는 우리가 기억에 고정시킨 그것, 혹은 더 정확하게 말해서 기억에 고정시킨 것의 모상 비슷한 것을 상기하는 셈이다. 또 이 일은 우리가 산 사람을 생각하는 것과도 같지 않다. 이 경우는 그 사람의 영혼을 우리가 못 보지만 우리 영혼으로 미루어 추정하며, 신체 운동을 보고서 그가 산 사람임을 눈으로 보고서 배우듯이, 우리가 생각을 하면서 [그가 산 사람임을] 통찰하는 것이다.[9] 그러니 믿음이라는 것은 마음속에 있는 것처럼 보이지도 않고 믿음을 지닌 그 사람에게도 보이지 않는다. 그럼에도 본인은 더할 나위 없이 확실한 지식으로 그 믿음을 견지하고 또렷한 의식을 가지고 믿음을 고백한다.[10] 믿으라는 명을 받는 것은 우리더러 믿으라고 명하는 대상을 눈으로 볼 수 없기 때문이고, 그럼에도 그 믿음이 우리 안에 있을 때 우리는 우리 안에서 믿음 그 자체를 본다. 그 이유는 믿음은 부재하는 사물들에 관한 믿음이면서 믿음 자체는 현전하기 때문이고, 외재하는 사물들에 관한 믿음이면서도 내재하는 까닭이며, 보이지 않는 사물들에 관한 믿음이면서도 보이기 때문이다.[11] 그러면서도 믿음 자체는 인간들의 마음속에 시간과 더불어 생겨나고, 또 신자信者에서 불신자不信者로 변하면 인간의 마음에서 믿음이 없어진다. 때로는 거짓된 사물에 믿음을 갖는 일도 생긴다. "그 사람에게 믿음이 있었는데 믿음이 그를 기만했다"고 말하는 경우가 그렇다. 그런 믿음이라면, 과연 그것도 믿음이라고 부를 만하다면 하는 말이지만, 진리가 발견되어 진리가 그런 믿음을 추방하고 나면 마음에서 사라질 테니까 탓이 없다. 그렇지만 더 바람직한 일은 참된 사물에 대한 믿음을 갖고 있다가 실제로 그 사물을 [보는 경지로] 옮겨 가는 것이다. 신앙으로 믿고 있던 바를 눈으로

dum est: 'Perit,' quando ea quae credebantur uidentur. Numquid enim adhuc fides dicenda est cum definita sit in epistula ad hebraeos fides dictumque sit eam esse *conuictionem rerum quae non uidentur*?

4. Deinde quod sequitur, *hic uenit in testimonium ut testimonium perhiberet de lumine ut omnes crederent per illum*, actio, ut diximus, temporalis est. Temporaliter enim testimonium perhibetur etiam de re sempiterna quod est intellegibile lumen. De quo *ut testimonium perheberet uenit* Iohannes qui *non erat lux sed ut testimonium perheberet de lumine*. Adiungit enim: *Erat lux uera quae inluminat omnem hominem uenientem in hunc mundum. In mundo erat, et mundus per eum factus est, et mundus eum non cognouit. In propria uenit, et sui eum non receperunt*. Haec uerba omnia qui latinam linguam sciunt ex rebus intellegunt quas nouerunt. Quarum aliquae nobis innotuerunt per corporis sensus sicut homo, sicut ipse mundus cuius tam euidentem magnitudinem cernimus, sicut eorumdem uerborum soni; nam et auditus sensus est corporis. Aliquae autem per animi rationem sicut id quod dictum est, *sui eum non receperunt*; intellegitur enim, 'non in eum crediderunt,' quod quid sit nullo corporis sensu sed animi ratione cognouimus. Ipsorum etiam uerborum non sonos sed significationes partim per corporis sensum, partim per animi rationem didicimus. Nec ea uerba nunc primum audiuimus, sed quae iam audieramus et non solum ipsa uerum etiam quae significarent cognita memoria tenebamus et hic agnouimus. Hoc enim no-

---

¹² 히브 11,1: "믿음은 바라는 것들의 실상이고 보이지 않는 사물의 근거다."

보게 되는 경우 신앙이 '사라졌다'고 하지는 않는다. 히브리서에서 신앙을 정의하여 "보이지 않는 것들에 대한 확신"[12]이라고 했는데, 과연 이런 경우도 그것을 아직 신앙이라고 불러야 할까?

요한의 같은 글에서도 어떤 것은 신체의 감관으로 인식하는 대상이고 어떤 것은 정신의 이성으로 인식하는 대상이다

1.4. 그다음 이런 구절이 따라 나온다. "그는 증언하러 왔는데, 빛에 관해 증언하여 자기로 말미암아 모두 믿게 하려는 것이었다." 앞서 말한 대로 이 [증언하는 일은] 시간적 행위에 해당한다. 물론 가지적 빛이라 할 영원한 사물을 놓고서 시간 속에서 증언을 하는 일이다. 그 빛에 관해서 "증언을 하러" 요한이 왔고 다만 "그는 빛이 아니었다. 그러나 빛에 관해 증언하러 왔을 따름이다". 그리고 다음 구절이 따른다. 그분은 "세상에 오는 모든 사람을 비추는 참된 빛이셨다. 그분은 세상에 계셨다. 세상은 그분으로 말미암아 생겨났다. 하지만 세상이 그분을 알아보지 못했다. 그분은 당신 땅에 오셨다. 하지만 당신의 사람들이 그분을 맞아들이지 않았다". 라틴어를 아는 사람들이라면 여기 나오는 단어들을 다 알아듣겠지만 그렇더라도 이미 알고 있는 바에 의거해서 이해한다. 그중 어떤 것은 신체의 감관들을 통해서 우리에게 알려져 있으니 예를 들어, '사람'이니 '세상'이니 하는 것이 그렇고 세상의 크기가 얼마만 한지도 분명하게 감지하며, 이 단어들의 소리를 들어도 알 것이니 청각 역시 신체의 감관이기 때문이다. 그렇지만 어떤 것은 정신의 이성으로 알아듣는 내용이니 예컨대 "당신의 사람들이 그분을 맞아들이지 않았다"라는 글귀가 그렇다. 뜻인즉 "그분을 안 믿었다"는 말인데 그 내용만은 신체 감관으로는 결코 모르고 정신의 이성으로 안다. 저 단어들의 소리 아닌 뜻으로 말할 것 같으면 일부는 신체의 감관으로, 일부는 정신의 이성으로 우리가 배운 것들이다. 저런 말들은 우리가 처음 듣는 것은 아니라 이미 들은 단어들이고,[13]▶ 단어만 안 것이 아니라 무엇을 의미하는지도 이해하고서 기억에 간직하고 있었는데 이 기회에 새

men disyllabum cum dicitur *mundus*, quoniam sonus est, res utique corporalis per corpus innotuit, id est per aurem; sed etiam quod significat per corpus innotuit, id est per oculos carnis. Mundus quippe in quantum notus est uidentibus notus est. At hoc uerbum quattuor syllabarum quod est 'crediderunt,' sono suo quoniam corpus est per aurem carnis inlabitur; quod autem significat nullo corporis sensu sed animi ratione cognoscitur. *Nisi* enim quid sit 'crediderunt' per animum nossemus, non *intellegeremus* quid non fecerint illi de quibus dictum est, *et sui eum non receperunt*. Sonus ergo uerbi forinsecus instrepit auribus corporis et attingit sensum qui uocatur auditus. Species quoque hominis et in nobis ipsis nobis nota est et forinsecus in aliis adest corporis sensibus, oculis cum uidetur, auribus cum auditur, tactui cum tenetur et tangitur. Habet etiam in memoria nostra imaginem suam, incorporalem quidem sed corpori similem. Mundi denique ipsius mirabilis pulchritudo forinsecus praesto est et aspectibus nostris et ei sensui qui dicitur tactus si quid eius attingimus. Habet etiam ipse intus in memoria nostra imaginem suam ad quam recurrimus cum eum uel septi parietibus uel etiam in tenebris cogitamus. Sed de his imaginibus rerum corporalium incorporalibus quidem, habentibus tamen similitudines corporum et ad uitam exterioris hominis pertinentibus, iam satis in undecimo libro locuti sumus.

◀13 당시에는 띄어쓰기가 없었으므로 낭독(lectio)으로 낱말과 문장을 끊어 읽었다.

14 mundus: mun-dus(두 음절).

15 crediderunt: cre-di-de-runt(네 음절).

16 species hominis: species는 인식론상의 '형태' 혹은 '형상'과 아름다운 '미모'라는 양의를 띤다(이하 mundi mirabilis pulchritudo 참조).

삼 인지한 것이다. [예를 들어] '세상'[14]이라는 두 음절 명사가 발설되었을 때 귀라는 신체 기관을 통해서 물체적 사물이 감지되었다. 그 말이 무엇을 뜻하는지도 신체 기관을 통해서, 즉 육안으로 감지되었다. '세상'이라는 것이 알려져 있다면 눈으로 보는 사람들에게 알려져 있는 것이다. '믿었다'라는 네 음절 단어[15]는 그 소리로 따진다면 물체적이어서 육체의 귀로 들려오는데 그 말이 무슨 뜻인지는 신체 감관으로는 결코 안 되고 정신의 이성으로 인식이 된다. '믿었다'는 말이 무엇인지 우리가 정신을 통해서 알고 있지 않았더라면 "당신의 사람들이 그분을 맞아들이지 않았다"는 구절에 나오는 인물들이 과연 무엇을 안 했다는 것인지 우리로서 알아들을 길이 없다. 낱말의 소리가 바깥으로부터 신체의 귀를 울리고 청각이라는 감관을 건드린다. 사람의 외관[16] 역시 우리에게 알려져 있다. 우리 안에 알려져 있고 또 바깥에서 다른 사람들에게도 신체의 감관에 현전하고 있다.[17] 즉 눈에 보이면 눈에 현전하고 귀에 들리면 귀에 현전하고 붙잡히고 만져지면 촉각에 현전하고 있다. 우리 기억에도 그 심상心象이 간직되어 있는데 [기억에 간직된 것은] 비록 비신체적이지만 물체와 유사한 심상이다.[18] 끝으로 세상의 경이로운 아름다움은 분명히 바깥으로부터 우리 시야에 현전하고 세상의 어떤 것을 우리가 감촉한다면 촉각이라고 부르는 감관에도 현전한다. 세상은 우리 기억 안에 자체의 심상을 간직하고 있고 그리고 우리가 사방 벽에 갇혀 있거나 깜깜한 어둠 속에서 [세상을] 생각할 때 우리는 그 심상으로 거슬러 올라간다. 그렇지만 물리적 사물들의 심상이나 비물체적 심상, 그러면서도 물체와 유사상을 지니고 또 '외적 인간'의 삶에 해당하는 심상에 관해서는 제11권에서 이미 충분히 논했다.[19]

---

[17] 감각적 사물은 그 형상(species, forma)을 통해서 감관에 '현전한다'(adest, praesto est).

[18] imaginem suam, incorporalem quidem, sed corpori similem: 기억의 심상(imago)은 물질적은 아니더라도 물체와 흡사한 구체성을 띤다.

[19] 제11권 전부가 '외적 인간'의 감각적 지각, 기억, 상상을 다루었다.

Nunc autem agimus de homine interiore et eius ea scientia, quae rerum est temporalium et mutabilium. In cuius intentionem cum assumitur aliquid etiam de rebus ad exteriorem hominem pertinentibus, ad hoc assumendum est ut aliquid inde doceatur quod rationalem adiuuet scientiam, ac per hoc rerum quas communes cum animantibus inrationabilibus habemus rationalis usus ad interiorem hominem pertinet, nec recte dici potest cum inrationalibus animantibus eum nobis esse communem.

II 5. Fides uero de qua in hoc libro aliquanto diutius disputare certa dispositionis nostrae ratione compellimur, quam qui habent fideles uocantur, et qui non habent infideles sicut hi qui *uenientem in propria* dei filium *non receperunt*, quamuis ex auditu in nobis facta sit, non tamen ad eum sensum corporis pertinet qui appellatur auditus quoniam non est sonus, nec ad oculos huius carnis quoniam non est color aut corporis forma, nec ad eum qui dicitur tactus quoniam corpulentiae nihil habet, nec ad ullum omnino sensum corporis quoniam cordis est res ista non corporis, nec foris est a nobis sed in intimis nobis, nec eam quisquam hominum uidet in alio sed unusquisque in semetipso, denique potest et simulatione confingi et putari esse in quo non est. Suam quisque igitur fidem apud se ipsum uidet; in altero autem credit eam esse, non uidet, et tanto firmius credit quanto fructus eius magis nouit quos operari solet *fides per dilectionem.*

---

[20] 로마 10,17("믿음은 들은 것에서 비롯하고 들은 것은 그리스도의 말씀을 통해서 옵니다") 참조.

[21] 갈라 5,6("사랑으로 행동하는 믿음") 참조.

지금은 '내적 인간'에 관하여 논하는 중이고 내적 인간이 시간적이고 가변적인 사물들에 관해서 가지는 지식을 논하는 중이다. 내적 인간의 지향이 어떤 사물에 멈출 때는, 비록 외적 인간에 상응하는 사물에서 멈추는 경우라도, 거기서 이성적 지식을 얻는 데 도움이 될 만한 무엇인가를 배우기 위함이다. 그렇다면 우리가 비이성적 동물들과 공통으로 대상을 삼는 사물일지라도 그것을 이성적으로 구사하는 일은 내적 인간에 해당한다. 우리가 이 점까지도 비이성적 동물들과 공통된다는 말은 잘못이다.

신앙은 마음의 것. 신앙인들의 믿음이 어떻게 하나일 수 있는가

2.5. 신앙에 관해서 우리가 이 책에서 어느 정도 길게 토론하는 수밖에 없었는데 이것은 우리 논구의 이치로 보아서 어쩔 수 없다. 신앙을 갖고 있는 사람들을 일컬어 신자라 하고 갖고 있지 않은 사람들은 비신자라고 하는데 "당신 땅에 오신 분", 곧 하느님의 아들을 "맞아들이지 않았다"고 지적받는 사람들이 이에 해당한다. 그런데 [신앙은] 비록 '들음'에서 생겨났지만[20] 신앙이 청각이라고 부르는 신체 감관에 속하는 것은 아니다. [신앙은] 소리가 아니기 때문이다. 그렇다고 육안에 속하는 것도 아니니 그것이 색채도 아니고 물체의 형태도 아니기 때문이다. 또 촉각이라는 감관에 속하지도 않으니 [신앙이라는 것은] 몸체를 전혀 갖고 있지 않은 까닭이다. 신체의 어떠한 감관에도 속하지 않으니 그것은 몸의 것이 아니고 마음의 것이기 때문이다. 또 우리 밖에 있지도 않으며 우리 내면에 있다. 사람들 가운데 누구도 신앙이라는 것을 다른 데서 볼 수는 없고 각자가 오직 자기 안에서 볼 따름이다. [신앙을 안 가졌으면서도] 가진 것처럼 시늉해서 겉꾸밀 수도 있고 [신앙이] 없는 사람에게 그것이 있는 것처럼 여겨질 수는 있다. 각자가 자기 자신에게서 자기 신앙을 본다. 다른 사람에게는 그것이 있으려니 하고 믿는 것이지 보지는 못한다. 그래서 그의 신앙의 열매들을 잘 알수록 그만큼 굳게 [그의 신앙을] 믿어 준다. 신앙은 보통 "사랑으로 행동하는" 까닭이다.[21]

Quamobrem omnibus de quibus euangelista subiungit et dicit: *Quotquot autem receperunt eum dedit eis potestatem filios dei fieri, his qui credunt in nomine eius, qui non ex sanguinibus neque ex uoluntate carnis neque ex uoluntate uiri, sed ex deo nati sunt*, fides ista communis est, non sicut aliqua corporis forma communis est ad uidendum omnium oculis quibus praesto est (ex ipsa quippe una omnium cernentium quodam modo informatur aspectus), sed sicut dici potest omnibus hominibus esse facies humana communis. Nam hoc ita dicitur ut tamen singuli suas habeant. Ex una sane doctrina impressam fidem credentium cordibus singulorum qui hoc idem credunt uerissime dicimus, sed aliud sunt ea quae creduntur, aliud fides qua creduntur. Illa quippe in rebus sunt quae uel esse uel fuisse uel futura esse dicuntur; haec autem in animo credentis est, ei tantum conspicua cuius est, quamuis sit et in aliis, non ipsa sed similis. Non enim numero est una sed genere; propter similitudinem tamen et nullam diuersitatem magis unam dicimus esse quam multas. Nam et duos homines simillimos cum uidemus, unam faciem dicimus et miramur amborum. Facilius itaque dicitur multas animas fuisse singulas utique singulorum de quibus legimus in actibus apostolorum quod eis fuerit *anima una*, quam ubi dixit apostolus, *una fides*, tot eas audet quisquam dicere quot fideles. Et tamen qui dicit: *O mulier, magna est fides tua*, et alteri: *Modicae fidei, quare dubi-*

---

[22] aliud sunt ea *quae* creduntur, aliud *fides qua* creduntur: '신앙 행위'(fides qua)와 '신앙 내용'(fides quae)을 구분하는 용어가 교부의 이 문장에서 비롯한다.

[23] non numero una sed genere: 당대 철학에서 '개체'(individuum)와 '종류' 혹은 '집합'(genus)을 구분하던 표현.

[24] 사도 4,32["신도들의 무리는 한마음 한정신(cor unum et anima una)이 되었다"] 참조.

그래서 복음사가는 다음과 같이 덧붙여 말했다. "그분은 당신을 맞아들인 이들, 곧 당신의 이름을 믿는 이들에게는 모두 하느님의 자녀가 되는 권능을 주셨다. 이들은 혈통에서나 육욕에서나 남자의 욕망에서 난 것이 아니라 하느님에게서 난 것이다." 저 신앙은 [사람들에게] 공통이다. 하지만 물체의 어떤 형상이 그 물체를 눈앞에 둔 사람들 모두의 눈에 공통으로 보이는 그런 식으로 공통된 것은 아니다[(물체의 경우는) 그것을 지각하는 모든 사람들의 시선이 그 단일한 형상에 의해서 형상화(形相化)된다]. 마치 모든 인간들에게 공통된 사람 얼굴이 있다는 말을 할 수 있는 것과 비슷하다. 그러나 이 경우에도 사람 각자가 자기 고유한 얼굴을 갖고 있다는 뜻에서 이런 말을 한다. 사람들이 동일한 것을 믿을 때, 믿는 사람들의 마음에 새겨진 신앙이 대체로 단일한 교리로 새겨진 신앙임은 참으로 맞는 말이다. 그렇더라도 믿는 내용 다르고 믿는 신앙 다르다.[22] 전자는 [현재에] 존재하거나 [과거에] 존재했거나 [미래에] 존재하게 되리라고 말하는 사물들 속에 있고, 후자는 믿는 사람의 정신 속에 있어서 신앙의 주체가 되는 사람에게만 똑똑히 보인다. 다른 사람들에게도 있겠지만 바로 그 신앙은 아니고 오직 유사할 뿐이다. [그 신앙이] 숫자상으로 하나가 아니고 종류상으로 하나일 따름이다.[23] 그 유사성 때문에, 그리고 조금도 차이가 없다는 이유로 우리는 그것을 많은 신앙이라고 하지 않고 한 신앙이라고 한다. 왜냐하면 우리가 아주 닮은 사람 둘을 볼 때 '한 얼굴'이라고 말하는데 사실은 두 사람을 두고 탄복을 하는 것이다. 그래서 사도행전에 어떤 사람들을 가리켜 그들이 "한 영혼"이 되었다는 말이 나옴에도 불구하고[24] 각 개인의 개별 영혼들인 만큼 여러 영혼이었다고 말하는 편이 더 쉽다. 또 사도가 "신앙이 하나"[25]라고 하는 경우에도, 신자들의 숫자만큼 신앙도 여럿인 이상, 이런 말은 쉽지가 않다. 또 "여인이여, 그대의 신앙이 크도다"[26]라고 하던 분이 다른

---

[25] 에페 4,5("주님도 한 분, 믿음도 하나, 세례도 하나입니다") 참조.

[26] 마태 15,28: "오, 부인, 당신의 믿음은 장합니다."

tasti?, suam cuique esse significat. Sed ita dicitur eadem credentium *fides una* quemadmodum eadem uolentium uoluntas una cum et in ipsis qui hoc idem uolunt sua uoluntas sit cuique conspicua, alterius autem lateat quamuis idem uelit, et si aliquibus signis sese indicet, creditur potius quam uidetur. Vnusquisque autem sui animi conscius non credit utique hanc esse suam sed plane peruidet uoluntatem.

III 6. Est quaedam sane eiusdem naturae uiuentis et ratione utentis tanta conspiratio ut cum lateat alterum quid alter uelit, nonnullae sint tamen uoluntatem omnium etiam singulis notae, et cum quisque homo nesciat quid homo alius unus uelit, in quibusdam rebus possit scire quid omnes uelint. Vnde illa cuiusdam mimi facetissima praedicatur urbanitas qui cum se promisisset in theatro quid in animo haberent et quid uellent omnes aliis ludis esse dicturum, atque ad diem constitutum ingenti exspectatione maior multitudo conflueret suspensis et silentibus omnibus, dixisse perhebetur:

Vili uultis emere et caro uendere.

---

[27] 마태 14,31: "신앙이 약한 사람, 왜 의심했습니까?"

[28] '같은 신앙'에서 '같은 의지'로 옮겨 가면서 만인이 행복을 추구하는 공통된 의지를 다루는 계기로 삼는다. "만인이 추구하는 행복이 헛된 꿈이 아니라면 신앙은 필요하다"는 결론에 이른다(3.6-6.9).

사람에게는 "신앙이 작은 사람아, 왜 의심하였느냐?"[27]라고 했으니 그들 각자가 나름대로의 신앙을 갖고 있음을 뜻했다. 단지 같은 것을 믿는 사람들의 "신앙이 하나"라는 말은 같은 것을 원하는 사람들의 의지가 하나라는 말과 비슷하다. 사람들이 똑같이 어느 한 가지를 원할 경우, 각 사람에게 자기 의지는 분명하게 보이지만, 서로가 같은 것을 원하면서도 다른 사람의 의지는 감추어져 있다. 다른 사람이 몇몇 표징으로 그 점을 드러낸다고 하더라도 그것은 우리가 믿는 것이지 보는 것은 아니다. 하지만 누구든지 자기 정신에 관해서는 확연하게 의식하고 있는 이상, 그게 자기 의지임을 '믿는다'기보다는 분명히 '본다'고 해야 한다.

어떤 의지는 모든 이에게 같다[28]

3.6. 그런가 하면 살아 있고 이성을 쓰는 본성을 똑같이 갖춘 경우에, 비록 하나가 원하는 바를 다른 편이 알 수 없을지라도, 어떤 원의는[29] 모두에게 공통되어 각자에게 알려지기도 한다. 다른 사람이 무엇을 원하는지를 누구나 알지는 못할지라도, 사람들 모두가 무엇을 원하는지는 몇 가지 점에 비추어 알아낼 수 있다는 말이다. 바로 여기서 어떤 무언극 배우의 아주 멋있는 애교가 유래한다. 그 배우는 모든 사람이 마음에 품고 있는 것, 모두가 바라는 것이 무엇인지 다음 공연 때 자기가 말해 보이겠노라고 관중에게 약속한 일이 있었다. 정한 날이 되자 크나큰 흥미를 가지고 훨씬 많은 군중이 모여들었고 모두 숨을 죽이고 입을 다물고 지켜보는 가운데 그가 이런 말을 했다고 한다.

여러분이 바라는 것은 싸게 사서 비싸게 파는 일이올시다.[30]

---

[29] voluntas: 지성의 결단력인 '의지'도, 단순히 '원의'도 의미한다.

[30] Ribbeck (ed.), *Mimorum incertorum fragmenta* 12. 저자 미상의 단편이다.

In quo dicto leuissimi scenici omnes tamen conscientias inuenerunt suas, eique uera ante oculos omnium constituta et tamen improuisa dicenti admirabili fauore plauserunt. Cur autem tam magna exspectatio facta est illo promittente omnium uoluntatem se esse dicturum nisi quia latent hominem aliorum hominum uoluntates? Sed numquid latuit ista istum? Numquid quemquam latet? Qua tandem causa nisi quia sunt quaedam quae non inconuenienter in aliis de se quisque coniciat compatiente uel conspirante uitio seu natura? Sed aliud est uidere uoluntatem suam, aliud quamuis certissima coniectura conicere alienam. Nam conditam Romam tam certum habeo in rebus humanis quam Constantinopolim, cum Romam uiderim oculis meis, de illa uero nihil nouerim nisi quod aliis testibus credidi.

Et mimus quidem ille uel se ipsum intuendo uel alios quoque experiendo *uili* uelle *emere et caro uendere* omnibus id credidit esse commune. Sed quoniam reuera uitium est, potest quisque adipisci eiusmodi iustitiam uel alicuius alterius uitii quod huic contrarium est incurrere pestilentiam qua huic resistat et uincat. Nam scio ipse hominem cum uenalis codex ei fuisset oblatus pretiique eius ignarum et ideo quiddam exiguum poscentem cerneret uenditorem, iustum pretium quod multo amplius erat nec opinanti dedisse. Quid si etiam sit quisquam tanta nequitia possessus ut uili uendat quae dimiserunt parentes et caro emat quae consumant libidines? Non est, ut opinor,

---

[31] 희극에서 사람들 간에 공감대가 형성되는 까닭은 악덕이나 숨은 본성에도 공통점이 있기 때문이다(compatiente vel conspirante vitio seu natura). 이런 현상이 타인의 '의지'에 대한 추정을 가능하게 한다.

[32] '자기 눈으로 보고서' 추정하는 믿음(역사)과 '남의 말만 듣고서' 추정하는 믿음의 차이로 '자기의 원의'에 대한 인식과 '타인의 원의'에 대한 인식이 다름을 방증한다.

정말 재치 있는 배우의 이 한마디에서 모두가 자기 속셈을 알아챘고, 모두가 보는 앞에서, 더구나 전혀 뜻밖의 말을 하는 사람 앞에서 그 속셈이 드러나자 일제히 열렬한 박수를 보냈다고 한다. 모든 사람이 마음에 품고 있는 의지가 무엇인지 자기가 말해 보이겠다고 저 배우가 약속하자 어째서 그처럼 대단한 기대가 생겨났을까? 다른 사람들의 의지가 감추어져 있기 때문이 아니었을까? 그렇더라도 그런 의지가 과연 저 배우 본인에게도 숨겨졌을까? 과연 누구에게나 감추어진 것일까? 모두가 공감하거나 공모하는 악덕이나 본성[31]이 없다면, 각자가 자기를 두고 인정하는 바가 다른 사람에게도 있으리라 추정하는 까닭이 무엇이고, [그 추정이] 경우에 어긋나지 않는 까닭이 무엇일까? 하지만 자기 의지를 발견하는 일 다르고, 제아무리 확실하게 추정한다고 할지라도 다른 사람의 의지를 추정하는 일은 엄연히 다르다. 우리가 인간 역사에서 콘스탄티노폴리스의 창건보다도 로마의 창건을 확실하게 알 수 있는 것이, 로마는 내 눈으로 보아 온 반면 저 도시에 관해서는 다른 목격 증인들의 말을 믿는 것 말고는 아무것도 알지 못하는 까닭이다.[32]

또 저 무언극 배우 역시 자기 자신을 살펴보았든 다른 사람들에게서 겪었든 간에 "싸게 사서 비싸게 팔고 싶어 함"이 사람 누구에게나 공통된 욕심이라고 믿었을 것이다. 그런데 [이런 욕심이] 정말 악덕에 해당하기 때문에 누구든지 [이 말을 들으면] 약간이나마 정의正義에 대한 [감각을] 얻을 수도 있거나, 그렇지 않으면 이 [악덕과] 정반대되는 또 다른 악덕의 해독害毒을 찾아가서 그 해독을 내세워 이 악덕을 이겨 내거나 맞서려는 수도 있겠다. 내가 아는 어떤 사람은 어떤 수사본手寫本이 헐값에 자기한테 나오자 파는 사람이 책값을 모르고 서푼에 내놓고 있음을 알아채고서는 정당한 값을 치러 주었다. [그가 치른] 값은 부르던 값보다 훨씬 많았고 [파는 사람이] 생각지도 못한 값이었다. 그런데 누가 악덕에 심하게 사로잡혀 있어서 부모가 남긴 [귀중한] 것들을 헐값에 팔아서는 자기 욕정을 채울 물건을 비싼 값에 사들인다고 하면 어떻게 되는가? 내 생각에 저런 사치스러

incredibilis ista luxuries, et si quaerantur tales reperiantur, aut etiam non quaesiti fortassis occurrant qui nequitia maiore quam theatrica propositione uel pronuntiationi theatricae insultent magno pretio stupra emendo, paruo autem rura uendendo. Largitionis etiam gratia nouimus quosdam emisse frumenta carius et uilius uendidisse suis ciuibus. Illud etiam quod uetus poeta dixit Ennius:

Omnes mortales sese laudarier optant,

profecto et de se ipso et de his quos expertus fuerat coniecit in aliis, et uidetur pronuntiasse hominum omnium uoluntatem. Denique si et mimus ille dixisset: '*Laudari* omnes uultis; nemo uestrum uult *uituperari,*' similiter quod esset omnium uoluntatis dixisse uideretur. Sunt tamen qui uitia sua oderint et in quibus sibi displicent ipsi nec ab aliis se laudari uelint, gratiasque agant obiurgantium beneuolentiae cum ideo uituperantur ut corrigantur. At si dixisset: '*Omnes beati esse* uultis; *miseri esse non* uultis,' dixisset aliquid quod nullus in sua non agnosceret uoluntate. Quidquid enim aliud quisquam latenter uelit, ab hac uoluntate quae omnibus et in omnibus satis nota est non recedit.

---

[33] largitionis causa: '식량 수급의 이유거나', (선거를 앞두고) '선심을 쓰거나'.

[34] 교부(*Epistola* 231.3에도 언급됨)의 인용 덕분에 후대에 전해진 글귀다(Vahlen ed., Ennius, *Annales*, frag.10).

[35] 희극 배우의 대사와 엔니우스의 명언을 빌려 '누구나 행복해지고 싶어 한다'는 보편 명제를 끄집어냈다.

운 방종이 전혀 믿기지 않는 일은 아닌 성싶다. 저런 사람들을 찾으면 [어렵지 않게] 발견이 되며 굳이 찾지 않아도 만날지 모른다. 저 연극에서 [밝혀진 악덕보다] 더한 악덕에 사로잡혀 저 연극 대사나 각본을 비웃기나 하듯이 사람들은 비싼 값에 음탕한 쾌락을 사들이면서 정작 자기 토지는 형편없는 값에 팔곤 한다. 그런 경우가 아니더라도 배급을 하려고[33] 양곡을 비싸게 사들여 자기 시민들에게 싸게 파는 사람들을 우리는 알고 있다. 옛 시인 엔니우스가 말한 저 유명한 글귀도 있다.

　　　죽을 인생들은 모두 칭송받고 싶어 하느니라.[34]

이 글귀는 [시인이] 자기 자신을 두고 하는 말이 아니라면 자기가 겪은 사람들을 두고서 그 밖에 다른 사람들에게도 추정하여 하는 말이겠지만, 모든 사람의 의지를 밝혀낸 것처럼 보인다. 저 무언극 배우 같으면 "여러분 모두가 칭송을 받고 싶어 하며 여러분 중 누구도 질책을 받고 싶어 하지 않소이다"라고 말했음 직하다. 이 말 역시 모든 이의 의지를 어느 정도 표방한 것으로 보인다. 그럼에도 자신의 악덕을 미워하는 사람들이 있으며 그 사람들에게는 [악덕을 지닌] 자기가 마음에 들지 않을뿐더러 자기 악덕을 두고 자기가 남에게서 칭송받는 일도 바랄 리 없다. [악덕은] 책망을 받으면서 바로잡히는 법이므로, [악덕을 두고] 자기들을 헐뜯는 사람들의 호의가 오히려 고맙기까지 하다. [저 무언극 배우가] "여러분 모두가 행복해지고 싶어 하며 불행해지고 싶어 하지 않소이다"라고 했다고 하자. 그럴 경우 자기 의지에 따르면 그 말을 인정하지 못하겠노라고 말할 사람은 아무도 없는 그런 내용을 발설한 셈이다. 사람마다 자기 속으로 남몰래 무엇을 바라는지 모르지만, 모든 사람에게 웬만큼 알려져 있고 모든 사람에게서 발견되는 이 원의願意를 거부하려는 사람은 아무도 없을 것이다.[35]

IV 7. Mirum est autem cum capessendae atque retinendae beatitudinis uoluntas una sit omnium, unde tanta exsistat de ipsa beatitudine rursus uarietas et diuersitas uoluntatum, non quod aliquis eam nolit, sed quod non omnes eam norint. Si enim omnes eam nossent, non ab aliis putaretur esse in uirtute animi, aliis in corporis uoluptate, aliis in utraque, et aliis atque aliis, alibi atque alibi. Vt enim eos quaeque res maxime delectauit ita in ea constituerunt uitam beatam. Quomodo igitur feruentissime amant omnes quod non omnes sciunt? Quis potest amare quod nescit, sicut iam de hac re in libris superioribus disputaui? Cur ergo beatitudo amatur ab omnibus nec tamen scitur ab omnibus? An forte sciunt omnes ipsa quae sit, sed non omnes sciunt ubi sit et inde contentio est? Quasi uero de aliquo mundi huius agatur loco ubi debeat quisque uelle uiuere qui uult beate uiuere, ac non ita quaeratur ubi sit beatitudo sicut quaeritur quae sit. Nam utique si in corporis uoluptate est, ille beatus est qui fruitur corporis uoluptate; si in uirtute animi, ille qui hac fruitur; si in utraque, ille qui fruitur utraque. Cum itaque alius dicit: 'Beate uiuere est uoluptate corporis frui,' alius autem: 'Beate uiuere est uirtute animi frui,' nonne aut ambo nesciunt quae sit beata uita aut non ambo sciunt? Quomodo ergo ambo amant eam si nemo potest

---

³⁶ non aliquis eam nolit, sed non omnes eam norint: 공통된 원의(non nolit)에도 불구하고 그 행복이 뭣인지는 모른다는 사실(non norint)이 이하(4.7-5.8)에서 토론된다. 행복론은 로마 철학에서는 물론 교부에게도 가장 중요한 철학 주제다(*De beata vita*).

³⁷ 이 명제(non potest amare quod nescit)는 이 책의 8.4-6; 9.3; 10.1-5에서 다뤘다.

4.7. 행복을 희구하고 얻으려는 의지가 모두에게 하나인데 그 행복 자체
에 대해서는 어디서 그토록 다양한 의지들이 비롯하는지 이상하기만 하
다. 누가 행복을 바라지 않아서가 아니고 행복이 무엇인지 모두가 알지는
못한다는 점에서 유래한다.[36] 만일 모두가 행복[이 무엇인지] 알았다면 혹
자는 정신의 덕성에 있다고 여기고, 혹자는 육체의 향락에 있다고 여기고,
다른 사람들은 양자에 있다고 여기고, 또 사람들에 따라서 여기 아니면 저
기에 있다고 여기는 일은 없을 것이다. 어떤 사물이 사람을 가장 즐겁게
해 주면 바로 그 사물에 행복한 삶을 설정하는 것이 사람이다. 그런데 모
두가 알지는 못하는 것을 모두가 열렬하게 사랑하는 까닭은 무엇일까? 알
지 못하는 바를 누가 사랑할 수 있는가? 이 문제에 관해서는 앞에 나온 책
들에서 내가 이미 토론한 바 있다.[37] 왜 행복이 모두에게 사랑받는데 행복
이 모두에게 알려져 있지는 않을까? 행복이 무엇인지는 모두가 알고 있는
데 행복이 어디에 있는지는 모두 아는 것은 아니어서 그럴까? 그래서 논란
이 생기는 것일까? [이런 질문은] 행복하게 살고 싶은 사람이라면 누구나
살고 싶어 하는 이 세상 어떤 곳을 두고 하는 말 같기도 하고, 행복이 무엇
이냐고 묻는다고 해서 반드시 행복이 어디 있느냐고 묻는 것은 아니라는
말 같기도 하다. 만약 육체의 쾌락에 [행복이] 있다면 육체의 쾌락을 누리
고 있는 사람이 행복하다. 정신의 덕성에 있다면 이 덕성을 향유하는 사람
이 행복하다. 양편에 있다면 행복한 것은 양편을 다 향유하는 사람이다.
그래서 어떤 사람은 "행복하게 산다는 것은 육체의 쾌락을 향유함이다"라
고 하고, 다른 사람은 "행복하게 삶은 정신의 덕성을 누림이다"라고 하는
것을 보면, 행복한 삶이 무엇인지 양편 다 모르거나 양편 다 아는 것은 아
닌 성싶다.[38] 그렇더라도 자기가 모르는 바를 아무도 좋아하지 못하는 법

---

[38] aut *ambo nesciunt* ⋯ aut *non ambo sciunt*: 행복을 '최고선'(finis bonorum)으로 바꾸어
『신국론』 19권(1-4장)에서 토론하기도 한다.

amare quod nescit? An forte falsum est quod pro uerissimo certissimoque posuimus, *beate uiuere omnes homines uelle*? Si enim beate uiuere est uerbi gratia secundum animi uirtutem uiuere, quomodo beate uiuere uult qui hoc non uult? Nonne uerius dixerimus: 'Homo iste non uult beate uiuere quia non uult secundum uirtutem uiuere, quod solum est beate uiuere'? Non igitur *omnes beate uiuere uolunt*, immo pauci hoc uolunt si non est beate uiuere nisi secundum uirtutem animi uiuere, quod multi nolunt.

Itane falsum erit unde nec ipse, cum academicis omnia dubia sint, academicus Cicero dubitauit qui cum uellet in Hortensio dialogo ab aliqua re certa de qua nullus ambigeret sumere suae disputationis exordium, *Beati certe*, inquit, *omnes esse uolumus*? Absit ut hoc falsum esse dicamus. Quid igitur? An dicendum est etiamsi nihil sit aliud beate uiuere quam secundum uirtutem animi uiuere, tamen et qui hoc non uult beate uult uiuere? Nimis quidem hoc uidetur absurdum. Tale est enim ac si dicamus: 'Et qui non uult beate uiuere beate uult uiuere.' Istam repugnantiam quis audiat, quis ferat? Et tamen ad hanc contrudit necessitas si et *omnes beate* uelle *uiuere* uerum est, et non omnes sic uolunt uiuere quomodo solum uiuitur beate.

---

[39] beate vivere omnes homines velle: Seneca, *Vita beata* 11. 앞의 11.6.10 각주 73 참조.

[40] Cicero, *Tusculanae disputationes* 5.10.28. 교부의 초기 저서 『아카데미아 학파 반박』 (*Contra Academicos*)은 이 보편 회의론을 논한다.

[41] *Hortensius*: 아우구스티누스가 청년기에 감화를 받은 키케로의 책으로 교부가 인용한 단편들만 전해 온다. 『고백록』 3.4.7 참조: "… 『호르텐시우스』라 일컫는 책으로서 철학에의 권유를 내용으로 하는 것이었습니다. 그런데 그 책이 내 성정을 아주 바꾸어 버렸습니다."

인데 두 편 다 행복한 삶을 좋아하는 것은 어찌 된 일일까? 우리는 아주 자신 있고 아주 확실하게 "누구나 행복하게 살고 싶어 한다"[39]라고 단언하는데 혹시 그게 틀렸을까? 예를 들어 정신의 덕성에 따라 살아감이 행복하게 사는 것이라면, [그렇게] 살고 싶지 않은 사람이 행복하게 살고 싶어 한다는 말이 어찌 가능하겠는가? 차라리 "덕성에 따라 사는 길만이 행복하게 사는 길인데 덕성에 따라 살고 싶어 하지 않기 때문에 그 사람은 행복하게 살고 싶지 않은 것이다"라고 하는 편이 정말이 아닐까? 그럼 모두가 행복하게 살고 싶은 것이 아니고 소수만이 행복하게 살고 싶은 것이 아닐까? 정신의 덕성에 따라 사는 것만이 행복하게 사는 것이라는데 그렇게 살고 싶지 않은 사람이 다수라서 하는 말이다.

아카데미아 학파의 키케로가 "우리 모두가 행복하게 살고 싶어 한다"고 단언하는 말도 거짓일까? 아카데미아 학파들에게는 모든 것이 의심스럽다.[40] 그런데 『호르텐시우스』라는 대화집을 보면[41] 키케로가 아카데미아 학파로서 아무도 의심을 걸지 않을 만큼 확실한 것이 과연 있느냐를 토론의 시발점으로 삼는데, 거기서 "확실히 우리 모두가 행복하게 살고 싶어 한다"고 단언하니까 하는 소리다.[42] 하지만 우리는 이 말이 거짓이라는 말을 절대 못한다. 그렇다면 어찌 되는가? 행복하게 사는 것은 정신의 덕성에 따라 사는 것 외에 아무것도 아니더라도, 그렇게 살고 싶지 않은 사람도 실은 행복하게 살고 싶어 하는 것만은 분명하다고 해야 하는가? 이 말역시 지나친 자가당착 같다. 이런 말은 결국 "행복하게 살고 싶지 않은 사람은 행복하게 살고 싶은 것이다"라고 하는 말과 마찬가지다. 이런 모순을 듣고서 누가 참겠는가? 그럼에도 한편으로는 "모든 사람이 행복하게 살고 싶어 한다"라는 말이 참이라면서, 그렇게 살아야만 행복하게 사는 것이면서 모두가 그렇게 살고 싶어 하지 않는다는 것도 참이라면, 필연적으로 이런 모순에 빠져들게 된다.

---

[42] 보편 회의론자가 무엇 — 만인의 행복 추구 — 을 '확실하다'고 단언함은 모순이다.

V 8. An forte illud est quod nos ab his angustiis possit eruere, ut quoniam diximus ibi quosque posuisse beatam uitam quod eos maxime delectauit (ut uoluptas Epicurum, uirtus Zenonem, sic alium aliquid aliud), nihil dicamus esse beate uiuere nisi uiuere secundum delectationem suam, et ideo falsum non esse quod *omnes beate uiuere* uelint quia omnes ita uolunt ut quemque delectat? Nam et hoc populo si pronuntiatum esset in theatro, omnes id in suis uoluntatibus inuenirent. Sed hoc quoque Cicero cum sibi ex aduerso proposuisset, ita redarguit ut qui hoc sentiunt erubescant. Ait enim: *Ecce autem non philosophi quidem sed prompti tamen ad disputandum omnes aiunt esse beatos qui uiuant ut ipsi uelint* (hoc est quod nos diximus, ut quosque delectat). Sed mox ille subiecit: *Falsum id quidem. Velle enim quod non deceat id est ipsum miserrimum, nec tam miserum est non adipisci quod uelis quam adipisci uelle quod non oporteat.* Praeclarissime omnino atque uerissime. Quis namque ita sit mente caecus et ab omni luce decoris alienus ac tenebris dedecoris inuolutus ut eum qui nequiter uiuit ac turpiter et nullo prohibente, nullo ulciscente, nullo saltem reprehendere audente, insuper et laudantibus plurimis quoniam sicut ait scriptura diuina: *Laudatur peccator in desideriis animae suae, et qui iniqua gerit benedicetur,*

---

[43] 키케로가 *De finibus bonorum et malorum*(『최고 선악론』)에서 수시로 인용하고 비판하는 내용이다(앞의 각주 36 참조).

[44] 아우구스티누스가 인용하는 『호르텐시우스』 구절이다(Müller (ed.), Cicero, *Hortensius*, frag.39).

[45] miserrimum: 라틴어 beatus(행복한)의 반대말은 miser(불행한, 가련한)다.

바라는 것을 모두 가진 사람이 아니면, 행복한 사람이 아니다. 또 무엇도 악하게 바라서는 안 된다

5.8. 우리가 이 [논리적] 애로에서 벗어날 수 있는 길은 (에피쿠로스가 쾌락에, 제논이 덕성에, 그리고 다른 인물은 다른 것에 행복한 삶을 설정했듯이) 각자가 자기를 제일 즐겁게 해 준 것에다 행복한 삶을 설정했다는 사실을 내세우는 것이 아닐까?[43] 자기 좋을 대로 사는 것이 아니면 아무도 행복하게 산다고 말할 수 없다는 점에서 "모든 사람이 행복하게 살고 싶어 한다"는 말이 거짓은 아닌 성싶다. 누구나 자기를 즐겁게 해 주는 쪽을 바라는 까닭이다. 이 말 역시 극장에서 백성 앞에 발설한다면 아마 모두가 자기 의지에서 바로 이 점을 인정하고도 남을 것이다. 하지만 키케로 역시 [이런 애로에 처하여] 자기 견해에 제기되는 반론으로 이런 의견을 제시하고서는 이것을 반박함으로써 이런 식으로 생각하는 사람들이 스스로 부끄러워하게 만든 적이 있다. 그는 이렇게 말한다. "철학자들만 아니고 토론할 자세가 서 있는 사람들이면 모두가 자기 원하는 대로 사는 사람이 행복한 사람이라고 한다"[44](이는 우리가 "자기를 즐겁게 해 주는" 대로 [사는 사람]이라고 한 말과 같다). 하지만 곧이어 이런 말을 덧붙였다. "그런데 이 말은 틀렸다. 온당하지 못한 것을 원하는 것 자체가 더할 나위 없이 불행한[45] 짓이며, 합당하지 못한 것을 성취하기를 원하는 짓에 비하면 차라리 원하는 바를 성취하지 못하는 것이 덜 불행한 일이다".[46] 정말로 명약관화하고 참으로 옳은 말이다. 어떤 사람이 악질적이고 추잡하게 살아가는데 아무도 말리지 않고 아무도 벌주지 않고 아무도 감히 꾸짖지 않으며, 심지어 성경에까지 "죄인이 자기 영혼의 욕심을 두고 칭송을 받고 악을 행하는 자가 축복을 받는다"[47]는 말이 나오듯이 오히려 [그를 두고] 무수한 사람들이 칭송을 한

---

[46] nec tam miserum est *non adipisci quod velis* quam *adipisci velle quod non oporteat*: 수사학적 기교를 담은 역설적 문장이다.

[47] 시편 10,3. 『성경』: "악인은 제 탐욕을 뽐내고 강도는 악담하며 주님을 업신여기나이다."

implet omnes suas facinorosissimas et flagitiosissimas uoluntates,
ideo beatum dicat quia uiuit ut uult cum profecto, quamuis et sic mi-
ser esset, minus tamen esset si nihil eorum quae perperam uoluisset
habere potuisset? Etiam mala enim uoluntate uel sola quisque mi-
ser efficitur, sed miserior potestate qua desiderium malae uoluntatis
impletur. Quapropter quoniam uerum est quod *omnes homines esse
beati* uelint idque unum ardentissimo amore appetant et propter hoc
cetera quaecumque appetunt, nec quisquam potest amare quod om-
nino quid uel quale sit nescit, nec potest nescire quid sit quod uelle
se scit, sequitur ut omnes beatam uitam sciant. Omnes autem beati
habent quod uolunt, quamuis non omnes qui habent quod uolunt
continuo sint beati; continuo autem miseri qui uel non habent quod
uolunt uel id habent quod non recte uolunt. Beatus igitur non est ni-
si qui et habet omnia quae uult et nihil uult male.

VI 9. Cum ergo ex his duobus beata uita constet atque omnibus
nota, omnibus cara sit, quid putamus esse causae cur horum duo-
rum quando utrumque non possunt, magis eligant homines ut om-
nia quae uolunt habeant quam ut omnia bene uelint etiamsi non

---

[48] 악한 의지는 의지 자체를 파괴하는 것이요, 악한 의지를 달성함은 자기 실현이 아니고
자기 파괴(miserior potestate qua desiderium malae voluntatis impletur)라는 것이 교부의 사
상이다.

[49] quid vel quale sit: "그 본질도 성질도 알지 못하면서."

[50] nec potest nescire quid sit quod velle se scit: 각주 44에 인용된 문헌의 내용과 같다.

[51] 이것은 교부의 *De beata vita*(2.10)에서 어머니 모니카의 발언으로 기록되어 있다: "좋
은 걸 바라고 그걸 갖는다면 행복하지. 못된 걸 바라면 갖는다고 해도 불행하다."

[52] nihil vult male: 창조계에는 악한 사물이 없고 의지도 자체는 선하므로, 교부는 악의 기
원을 '악하게 (잘못) 원함'(velle male)이라는 조심스러운 표현으로 설명한다. 물론 '악한 의
지'(mala voluntas)라거나 '악을 원하다'(nihil mali velle)라는 표현도 없지 않다.

다고 하자. 사악하기 그지없고 창피스럽기 그지없는 자기 원의를 모조리
채우는데, 그런 사람을 보고 자기 원하는 대로 사니까 행복하다고 말할 정
도로 정신이 맹목이고 모든 염치를 잃고 수치스러운 어둠에 사로잡힌 사
람이 과연 있을 수 있을까? 그는 [그런 원의를 가짐으로써 이미] 가련한 인
간이 되었거니와, 본인이 그릇되게 원하던 바를 아무것도 성취하지 못했
다면 차라리 덜 가련해졌을 것이다. 누구든 악한 의지 그 하나만으로도 이
미 가련한 인간이 되지만 악한 의지의 원의를 채우는 [능력이 있다면] 그
능력으로 인해서 더 가련한 인간이 된다.[48] "모든 사람이 행복해지고 싶어
한다"는 것도, 그 하나만을 극진한 사랑으로 추구한다는 것도, 그 밖의 모
든 것은 오로지 이 하나를 위해서 추구한다는 것도 참이다. 그렇지만 누구
든지 도대체 무엇인지도 모르고 어떤 것인지도 알지 못하면서[49] 무엇을 사
랑할 수는 없고, 동시에 자기가 원한다는 사실을 안다는 것이 무엇인지도
모를 수는 없으므로,[50] 모두가 행복한 삶이 무엇인지는 알고 있다는 결론
이 나온다. 자기가 원하는 바를 갖고 있는 사람이 모두 당장 행복해지는
것은 아니더라도 적어도 행복한 사람은 모두 자기가 원하는 바를 갖고 있
다. 자기가 원하는 바를 갖지 못하거나, 자기가 바르게 원하지 못한 그것
을 갖는 사람은 그 자체로 가련하다.[51] 그러므로 원하는 것을 모두 갖고 동
시에 아무것도 악하게 원하지 않는[52] 사람이 아니면 행복하지 않다.

행복의 첫째 조건: 인간이 올바로 살거나 아무런 악도 원하지 말아야 한다

6.9. 이 두 가지에 행복이 좌우된다. 이 점은 모두에게 알려져 있고 누구
에게나 소중하다. 그렇다면 사람들이 이 둘 다 갖지 못할 경우, 비록 갖지
못하더라도 모든 것을 올바로 원하기보다는[53] 차라리 그냥 자기가 원하는
바를 갖겠다는 편을 택하는데 우리는 그 까닭이 무엇이라고 생각하는가?

---

[53] bene velint: '선한 의지로 원하다'[= 선하게 의지(意志)하다]라는 의역도 있다.

habeant? An ipsa est prauitas generis humani ut cum eos non lateat
nec illum beatum esse qui quod uult non habet nec illum qui quod
male uult habet, sed illum qui et habet quaecumque uult bona et nul-
la uult male, ex his duobus quibus beata uita perficitur quando ut-
rumque non datur, id eligatur potius unde magis a beata uita recedi-
tur (longius quippe ab illa est quicumque adipiscitur male concupi-
ta quam qui non adipiscitur concupita), cum potius eligi debuerit uo-
luntas bona atque praeponi etiam non adepta quae appetit? Propin-
quat enim beato qui bene uult quaecumque uult, et quae adeptus cum
fuerit beatus erit. Et utique non mala sed bona beatum faciunt quan-
do faciunt. Quorum bonorum habet aliquid iam idque non parui aes-
timandum, eam ipsam scilicet uoluntatem bonam, qui de bonis quo-
rum capax est humana natura, non de ullius mali perpetratione uel
adeptione gaudere desiderat, et bona qualia et in hac misera uita es-
se possunt prudenti, temperanti, forti, et iusta mente sectatur et quan-
tum datur assequitur ut etiam in malis sit bonus, et finitis malis om-
nibus atque impletis bonis omnibus sit beatus.

VII 10. Ac per hoc in ista mortali uita erroribus aerumnisque ple-
nissima praecipue fides est necessaria qua *in deum* creditur. Non

---

[54] male vult: '악한 의지'(mala voluntas)를 동사화했다.

[55] 악은 악을 성취한(감행한) 자를 해친다는 명제를 배경으로 한다.

[56] voluntas bona: 곧이어 나오는 '선하게 원하는'(bene vult)을 명사화했다.

[57] "모든 죄는 당하는 자보다 행하는 자를 해친다"(magis facienti quam patienti obsit omne peccatum: *Enchiridion* 17)는 교부의 명제 참조.

[58] de *bonis quorum capax* est humana natura: 선한 창조주에게 창조된 선한 인간이므로 선을 희구하고 달성할 본성을 갖추었다, 원죄를 무릅쓴 지금은 은총이 필요하지만.

원하는 바를 갖지 못한 사람은 행복하지 않고 악하게 원하는 바를 갖는 사람도 행복하지 못하다는 사실을 사람들이 모르지 않는데, 또 선한 것을 원하여 무엇이든지 다 갖고 있거나 아무것도 악하게 원하지[54] 않는다는 이 두 가지 사실에 행복한 삶이 이루어진다는 것도 모르지 않는데, 이것이 둘 다 이루어지지 않을 경우, 사람들이 행복한 삶으로부터 멀어지는 길을 택하는 것은 인류의 사악함에 그 원인이 있는 것일까?(악하게 욕심낸 것을 성취한 사람은 욕심낸 것을 성취하지 못한 사람보다 행복한 삶으로부터 멀다).[55] 선한 의지[56]가 선택되어야 하고, 비록 욕구하는 바가 성취되지 못하더라도 그런 의지가 우선되어야 마땅함에도 불구하고 말이다. 무엇을 원하든지 선하게 원하는 사람은 행복한 사람에 가깝고, 정작 그것을 성취한다면 참으로 행복한 사람이 될 것이다. 물론 사람을 행복하게 만든다면 선한 것이 사람을 행복하게 만들지, 악한 것이 사람을 행복하게 만들지는 않는다.[57] 그 선한 것들 가운데 무엇을 이미 갖는다는 것, 특히 선한 의지를 갖는다는 것은 대수롭지 않게 볼 것이 아니다. 인간 본성은 선을 [추구할] 능력이 있기에[58] 과연 그 선들을 즐기고자 열망하는 사람, 악한 것이라면 그 무엇도 자행하거나 성취하여 즐기려고 하지 않는 사람은 행복한 사람이 된다. 또 현명하고 절도 있고 용맹하고 정의로운 지성을 가지고 저 선한 것들, 이 가련한 인생에서나마 발견되는 선한 것들을 추구한다면, 선한 것들이 주어지는 한도에서 획득하여 악의 틈에서라도 선한 사람이 된다면, 모든 악이 청산되고 모든 선이 완성될 때 그는 행복한 사람이 된다.

행복의 다른 조건: 사람이 원하는 바를 가져야 한다[59]

7.10. 바로 그런 이유로 이 사멸할 인생, 오류와 환난이 가득 찬 인생에서 신앙, "하느님을 믿는" 신앙[60]▶이 특히 요긴하다. 무릇 일체의 선은 하

---

[59] 이하에서(7.10-9.12) 교부는 원하는 것을 다 가지는 경지는 현세에서는 불가능하고 불사불멸에서만 가능하다는 결론을 유도하고, 따라서 철학으로는 참된 행복을 달성 못하고 신앙만이 달성한다는 명제로 나아간다.

enim quaecumque bona maximeque illa quibus quisque fit bonus et illa quibus fiet beatus, unde nisi a deo in hominem ueniant et homini accedant inueniri potest. Cum autem ex hac uita ab eo qui in his miseriis fidelis et bonus est uentum fuerit ad beatam, tunc erit uere quod nunc esse nullo modo potest ut sic homo uiuat quomodo uult. Non enim uolet male uiuere in illa felicitate aut uolet aliquid quod deerit aut deerit quod uoluerit. Quidquid amabitur aderit, nec desiderabitur quod non aderit. Omne quod ibi erit bonum erit, et summus deus *summum bonum* erit atque ad fruendum amantibus praesto erit, et quod est omnino beatissimum ita semper fore certum erit.

Nunc uero fecerunt quidem sibi philosophi sicut eorum cuique placuit uitas beatas suas ut quasi propria uirtute possent quod communi mortalium conditione non poterant, sic scilicet uiuere ut uellent. Sentiebant enim aliter beatum esse neminem posse nisi habendo quod uellet et nihil patiendo quod nollet. Quis autem non qualemcumque uitam qua delectatur et ideo beatam uocat uellet sic esse in sua potestate ut eam posset habere perpetuam? Et tamen quis ita est? Quis uult pati molestias quas fortiter toleret, quamuis eas uelit possitque tolerare si patitur? Quis uelit in tormentis uiuere etiam qui potest in eis per patientiam tenendo iustitiam laudabiliter uiuere? Transitura cogitauerunt haec mala qui ea pertulerunt uel cu-

---

◀60 in deum creditur: 라틴어 동사 credo는 단순한 대격을 목적어로 삼지 않고 in deum을 목적어로 삼기 때문에 자연히 fides qua(앞의 각주 22 참조)를 연상시킨다.

61 vivat quomodo vult: "의지(意志)하는 그대로 사는 삶."

62 summus deus summum bonum: 교부의 선(善) 이론을 요약한 글귀로 꼽힌다.

63 '지금 있는 대로 자족하고 인내하며 살자'고 주장해 온 에피쿠로스 학파는 종종 '원하는 대로 살아간다'(vivere ut vellent)는 비난을 받았다.

64 quas fortiter toleret: 문법상 목적문으로 해석된다.

느님이 아니면 딴 데서 발견할 수 없는 까닭이다. 더군다나 사람이 선해지는 선, 그리고 사람을 행복하게 만들 선은 하느님 아닌 딴 데서 사람 속으로 오거나 사람에게 다가오지 않는다. 그렇지만 이 불행 중에도 신실하고 선한 사람이라면 이 현세에서 벗어나 행복한 삶에 이를 경우에, 지금으로서는 도저히 이룰 수 없는 일, 곧 사람이 자기가 원하는 대로 살 수 있는[61] 경지가 이루어질 것이다. 저 행복 속에서는 악하게 살겠다는 의지가 생기지 않을 것이고, 부족한 것을 원하는 일도 없고 원하는 바가 부족한 일도 없을 것이다. 좋아하는 것은 다 있을 것이고 있지 않는 것을 바라는 일도 없을 것이다. 거기 있는 모든 것이 좋은 것이요, 지존한 하느님이 최고선最高善이 되실 것이며,[62] [하느님은] 당신을 사랑하는 이들이 당신을 향유하도록 그들에게 현존하실 것이며, 그러면서도 가장 큰 행복은 이 모든 것이 항상 확실하리라는 점이다.

그런데 지금 자기 좋을 대로 자기의 인생을 행복한 삶으로 만든 철학자들이 있다. 다시 말해서 사멸할 인간들에게 공통된 조건으로는 해낼 수 없겠지만, 자기 덕성으로 해낼 수 있다는 듯이, 즉 자기 원하는 대로 살아가는 것을 행복한 삶으로 삼은 사람들이 있다.[63] 그들은 원하는 바를 갖지 못하는 한, 또 싫어하는 바는 아무것도 겪지 않는 한 아무도 행복한 사람이 될 수 없다는 말을 달리 생각했었다. 하기야 어떤 삶이든지 자기를 즐겁게 만들고 그래서 행복하다고 부를 만한 삶이 자기 힘이 미치는 범위 안에 있기를 바라지 않을 사람이 누구겠는가? 그리고 그런 삶을 영구히 소유하기를 바라지 않을 사람이 누구겠는가? 그렇기는 하지만 과연 누가 실제로 그런 경지에 이르렀던가? 고생을 할 바에야 [차라리] 견뎌 내고 싶어 하고 실제로 견뎌 낼 수 있어도 고생 자체를 용감하게 견디겠다는 뜻에서[64] 고생을 자초하는 사람이 어디 있겠는가? 비록 형벌 중에서도 인내를 다하여 정의를[의리를] 지킴으로써 자랑스럽게 살아갈 수는 있더라도[65] ▶ 누가 형고 속에서 사는 그 자체를 바라겠는가? 사실 [이런 고생과 형벌을] 견뎌 낸 사람들은 이런 것들을 어디까지나 잠시 지나가는 것으로 여겼다. 자기들이

piendo habere uel timendo amittere quod amabant, siue nequiter
siue laudabiliter. Nam multi per transitoria mala ad permansura bo-
na fortiter tetenderunt. Qui profecto spe beati sunt etiam cum sunt
in transitoriis malis per quae ad bona non transitura perueniunt.

Sed qui spe beatus est nondum beatus est. Exspectat namque per
patientiam beatitudinem quam nondum tenet. Qui uero sine ulla spe
tali, sine ulla tali mercede cruciatur quantamlibet adhibeat toleran-
tiam, non est beatus ueraciter sed miser fortiter. Neque enim propte-
rea miser non est quia miserior esset si et impatienter miseriam sus-
tineret. Porro si ista non patitur quae nollet pati in suo corpore, ne
tunc quidem beatus habendus est quoniam non uiuit ut uult. Vt enim
alia omittam quae corpore inlaeso ad animi pertinent offensiones si-
ne quibus uiuere uellemus et sunt innumerabilia, uellet utique si pos-
set ita saluum atque incolume habere corpus et nullas ex eo pati mo-
lestias, ut id haberet in potestate aut in ipsius incorruptione corporis;
quod quia non habet ac pendet incerto, profecto non uiuit ut uult.
Quamuis enim per fortitudinem sit paratus excipere et aequo ferre
animo quidquid aduersitatis acciderit, mauult tamen ut non accidat et
si possit facit; atque ita paratus est in utrumque ut quantum in ipso
est alterum optet, alterum uitet, et si quod uitat incurrerit, ideo uo-

---

◀65 로마 사회에 퍼져 있던 스토아의 인고(忍苦) 철학을 언급하면서 그 허점을 분석한다.

66 vel cupiendo habere, vel timendo amittere quod amabant, sive nequiter sive laudabili-
ter: 사랑의 심리학이 간추려진 문장이다.

67 non est beatus veraciter sed miser fortiter: '불행 중에도 용감할 따름이다'라는 의미를
해학적으로 표현했다.

68 행복은 '싫은 것을 당하지 않는'(non patitur quae nollet) 소극적인 데 있지 않고 '원대로
사는'(vivit ut vult) 적극성에 있다.

69 불행과 고통을 견뎌 내기를(ferre) 바라지만 정작 당하기(pati)는 싫어한다.

사랑하던 것을 갖고 싶은 욕심으로 [견뎌 냈든] 그것을 잃을까 두려워서 [견뎌 냈든 상관없이 자기가 견뎌 낸] 것들은 잠시 지나가는 것으로 여겼다. [그 대상을] 그릇되게 사랑했느냐, 온당하게 사랑했느냐는 상관없다.[66] 많은 사람이 잠시 지나가는 악을 견디면서 항속할 선을 [얻으려고] 용감하게 돌진했다. 그런 사람들은 다름 아닌 희망을 품었기에 행복해한다. 잠시 지나가는 악을 겪으면서도 그 악을 통해서 사라지지 않을 선에 도달한다는 희망 말이다.

하지만 희망을 품었기에 행복한 사람은 아직 행복한 사람이 아니다. 인내를 가지고 자기가 아직 얻지 못한 행복을 기다리고 있을 따름이다. 그 대신 그런 희망이 전혀 없는 사람, 그런 보상이 전혀 없는 사람은 제아무리 인내를 발휘한다 한들 참으로 행복한 사람은 결코 아니고 그냥 용감하게 불행할 뿐이다.[67] 하지만 인내심 없이 불행을 견뎌 내는 사람은 더 불행한 법이니까 [용감하게 견뎌 내면] 불행하지 않다는 말은 아니다. 더구나 자기 신체로 당하기 싫어하던 바를 당하지 않는다고 해서 행복한 사람으로 여길 것도 아니다. 그것은 살고 싶은 대로 사는 것이 아니기 때문이다.[68] 신체에 손상을 주지 않더라도 영혼의 폐해를 끼치는 것들은 빼고 [말해 보자]. 우리가 겪지 않고서 살고 싶은 것들이 있고 숫자상으로도 무수하며, 할 수만 있다면 신체를 건강하고 온전하게 보전하고 싶고 신체에 아무런 곤란도 겪지 않으려는 것은 당연하다. [그런데 이렇게 되려면] 그럴 능력을 스스로 갖고 있거나 신체 자체가 불멸하는 상태에 있어야 한다. 하지만 인간은 그럴 능력을 갖고 있지 못할뿐더러 불확실한 처지에 놓여 있기 때문에 살고 싶은 대로 사는 것이 아니다. 무슨 역경이 닥치든지 용맹하게 그것을 받아들일 자세가 되어 있고 평온한 마음으로 감당할 자세가 되어 있다손 치더라도 사람은 그런 일이 제발 닥치지 않기를 더 바라고, 할 수만 있으면 [그 일이 닥치지 않게] 손을 쓴다. 심지어 양편 다 [감당할] 자세가 되어 있고 양편 다 본인에게 달려 있다고 하더라도, 하나는 바라고 하나는 피하려고 한다.[69] 피하던 것을 만난다면, 그래서 기꺼이 견뎌 낸다면,

lens ferat quia fieri non potuit quod uolebat. Ne opprimatur ergo sustinet, sed premi nollet. Quomodo ergo uiuit ut uult? An quia uolens fortis est ad ferenda quae nollet inlata? Ideo igitur id uult quod potest quoniam quod uult non potest. Haec est tota, utrum ridenda an potius miseranda, superborum beatitudo mortalium gloriantium se uiuere ut uolunt quia uolentes patienter ferunt quae accidere sibi nolunt. Hoc est enim aiunt quod sapienter dixit Terentius:

> *Quoniam non potest id fieri quod uis,*
> *Id uelis quod possis.*

Commode hoc dictum esse quis negat? Sed consilium est datum misero ne esset miserior. Beato autem quales se esse omnes uolunt non recte nec uere dicitur, *non potest fieri quod uis*. Si enim beatus est, quidquid uult fieri potest quia non uult quod fieri non potest. Sed non est mortalitatis huius haec uita, nec erit nisi quando et immortalitas erit. Quae si nullo modo dari homini posset, frustra etiam beatitudo quaereretur quia sine immortalitate non potest esse.

---

[70] ne opprimatur sustinet, sed premi nollet: 고통의 심리학.

[71] id vult quod potest quoniam quod vult non potest: 고통을 피할 능력은 없으니까 고통을 감내하겠다는 말 아니냐 — '오만한 사람들의 행복' — 는 조롱이다.

[72] se vivere *ut volunt* quia *volentes* patienter ferunt quae accidere sibi *nolunt*: velle 동사의 다양한 번역 — '원하다', '의지하다', '바라다', '하고 싶다' — 을 이용한 수사학적 장난이다.

[73] Terentius, *Andreia* 2.1.5-6. 교부의 초기 저서(*De beata vita* 4.25)에서도 인용한다.

자기가 바라던 대로 할 수 없었기 때문에 그냥 견딜 따름이다. 그것에 짓 눌리지 않으려고 견뎌 내기는 하지만, 당하는 것은 원치 않는다.[70] 그러니 '살고 싶은 대로 산다'는 말을 어떻게 하겠는가? 자기한테 닥치지 않기를 바랐던 것이지만 용감하게 견뎌 낼 의사가 있으니까 [살고 싶은 대로 산다는 말이] 되는 것일까? 그는 자기가 원하는 것은 얻을 수 없기 때문에 얻을 수 있는 것을 원하는 셈이다.[71] 바로 이것이 오만한 사람들의 행복 전부다. 웃어야 할지 측은하게 여겨야 할지 모르겠다. 자기에게 닥치기 원하지 않는 것이지만 [정작 닥치면] 원하면서 인내로 견뎌 내는 까닭에, 자기는 원하는 대로 살고 있노라고 자랑하는 사람들, 사멸할 인간들의 행복이다.[72] 그래서 테렌티우스가 현명하다고 일러 준 말이 이것이다.

> 그대가 바라는 바는 이루어질 수 없으니
> 그대가 이룰 수 있는 것이나 바라게나.[73]

이 말이 멋있다는 것을 누가 부정하겠는가? 하지만 이것은 불행한 사람에게 주는 교훈이요 더 불행지지 말라고 주는 교훈이다. 하지만 행복한 사람 — 모두가 행복한 사람이 되고 싶은 법이다 — 한테는 "그대가 바라는 바는 이루어질 수 없다"라는 말은 가당하지도 않고 참일 수도 없다. 정말로 행복한 사람이라면 그가 무엇을 원하든지 이루어질 수 있다. 이루어질 수 없는 것은 원하지 않기 때문이다. 그러나 이 사멸할 인생에서는 이런 처지가 오지 않는다. 불사불멸이 함께 존재할 때만 이런 처지가 올 것이고 또 가능할 것이다. 그런 처지가 인간에게 결코 주어지지 않는다고 할 것 같으면, 행복을 찾는 것 자체가 헛될 터이니, 불사불멸 없이는 행복은 있을 수 없는 까닭이다.[74]

---

[74] sine immortalitate non potest esse [beatitudo]: 당대의 철학적 행복론에 관한 교부의 종교적 행복론이요, 다음 장에서 개진되는 영혼불멸에 관한 '행복론적 증명'의 골간이다.

VIII 11. Cum ergo *beati esse omnes homines uolunt* si uerum uo-
lunt, profecto esse et immortales uolunt; aliter enim beati esse non
possunt. Denique et de immortalitate interrogati sicut de beatitu-
dine omnes eam se uelle respondent. Sed qualiscumque beatitudo
quae potius uocetur quam sit in hac uita quaeritur, immo uero fingi-
tur, dum immortalitas desperatur sine qua uera beatitudo esse non
potest. Ille quippe beate uiuit, quod iam superius diximus et astruen-
do satis fiximus, qui uiuit ut uult nec male aliquid uult. Nemo au-
tem male uult immortalitatem si eius humana capax est deo donan-
te natura; cuius si capax non est, nec beatitudinis capax est. Vt
enim homo beate uiuat oportet ut uiuat. Quem porro morientem ui-
ta ipsa deserit beata uita cum illo manere qui potest? Cum autem de-
serit, aut nolentem procul dubio deserit aut uolentem aut neutrum.
Si nolentem, quomodo est beata uita quae ita est in uoluntate ut non
sit in potestate? Cumque beatus nemo sit aliquid uolendo nec ha-
bendo, quanto minus beatus est qui non honore, non possessione, non
qualibet alia re, sed ipsa beata uita nolens deseritur quando ei nulla
uita erit? Vnde etsi nullus sensus relinquitur quo sit misera (propte-
rea enim beata uita discedit quoniam tota uita discedit), miser est
tamen quamdiu sentit quia scit se nolente consumi propter quod ce-

---

⁷⁵ si verum volunt: 사본에 따라 si vere volunt('정말 그렇게 바란다면')라고 읽힌다.

⁷⁶ beatitudo quae *vocetur* quam *sit*, immo vero *fingitur*: 라틴어의 구상적 표현이 돋보인다.

⁷⁷ 앞 장 곧 5.8-6.9에서 다루었다.

⁷⁸ si eius[immortalitatis] capax est deo donante natura: 불멸은 동물인 인간의 본성 자체의
속성은 아니지만 하느님이 그것을 선사하실 때 받아들일 능력은 인간에게 있다(capax).

⁷⁹ ut enim homo beate vivat oportet ut vivat: 『신국론』 14.25에 나오듯이, 참된 행복은 현
세 생활에서 얻지 못하므로 불사불멸만이 '원하는 대로 살고 싶다'는 소원을 이루어 준다.

불사불멸 없이는 행복이 있을 수 없다

8.11. "모든 사람이 행복해지고 싶어 한다"면, 그리고 그것이 참된 바람이라면,[75] 당연히 모두가 불사불멸하는 존재가 되고 싶어 한다. 그렇지 않고서는 행복해질 수가 없기 때문이다. 따라서 불사불멸에 관하여 질문을 받는다면, 행복에 관해서 질문을 받을 때나 마찬가지로, 자기는 불사불멸을 원하노라고 모두 대답한다. 하지만 불사불멸 없이는 참된 행복이 있을 수 없음에도 불구하고, [현세에서는] 이 불사불멸에 대해 절망하게 되다 보니, 현세에서 우리가 찾는 행복이 어떤 것이든지 상관없이, 그것은 실제 상의 행복이라기보다는 명목상의 행복일 터이므로, 그냥 행복이라고 가정假定할 따름이다.[76] 벌써 앞에서 말했고 거듭거듭 덧붙여서 단언한 바 있지만,[77] 원하는 대로 살고 무엇을 잘못 원하는 일이 없는 사람이 행복하게 사는 사람이다. 그런데 하느님이 선사하시어 인간 본성이 불사불멸을 누릴 능력이 있는 이상,[78] 불사불멸을 원하는 사람이 누구든지 결코 잘못 원하는 것이 아니다. 불사불멸을 누릴 능력이 없다면 행복을 누릴 능력도 없다. 사람이 행복하게 살려면 우선 살아 있어야 한다.[79] 죽어 가는 사람은 생명 자체로부터 버림받는 것인데 어떻게 그런 사람에게 행복한 삶이 남아 있겠는가? 생명이 누구를 버릴 때 [당사자는 생명으로부터] 버림받기 싫거나 버림받고 싶거나 무관심하거나 [셋 중의 하나일] 것이다. [생명으로부터 버림받기] 싫어하는 사람을 버린다면, [살고 싶은] 원의는 있는데 [살아남을] 능력은 없는 그런 삶이라는 말이고 따라서 어떻게 행복한 삶이겠는가? 무엇을 원하면서도 갖지 못한다면 아무도 행복해지지 못하는 법인데, [생명으로부터 버림받기] 싫어하면서도 버림받는다면, 더구나 영예라거나 소유라거나 다른 무엇이라면 모를까 생명 자체로부터 버림받고 그래서 그에게 아무 생명도 남아 있지 않다면 얼마나 행복하지 못한 사람이겠는가? [생명을 버린 다음에는] 불행하다고 느낄 의식이 아무것도 남지 않는다고 하더라도 (삶 전체로부터 떠나가니까 행복한 삶으로부터도 떠나는 것이므로) 의식이 있는 한에는 불행한 사람이다. 자기가 싫어함에도 불

tera et quod prae ceteris diligit. Non igitur potest uita et beata esse et nolentem deserere quia beatus nemo nolens fit, ac per hoc quanto magis nolentem deserendo miserum facit quae si nolenti praesto esset miserum faceret? Si autem uolentem deserit, etiam sic quomodo beata erat quam perire uoluit qui habebat? Restat ut dicant neutrum esse in animo beati, id est eum deseri a beata uita, cum per mortem deserit tota uita, nec nolle nec uelle, ad utrumque enim parato et aequo corde consistere. Sed nec ista beata est uita quae talis est ut quem beatum facit amore eius indigna sit. Quomodo enim est beata uita quam non amat beatus? Aut quomodo amatur quod utrum uigeat an pereat indifferenter accipitur? Nisi forte uirtutes quas propter solam beatitudinem sic amamus persuadere nobis audent ut ipsam beatitudinem non amemus. Quod si faciunt, etiam ipsas utique amare desistimus quando illam propter quam solam istas amauimus non amamus.

Deinde quomodo erit uera illa tam perspecta, tam examinata, tam eliquata, tam certa sententia, *beatos esse omnes homines uelle*, si ipsi qui iam beati sunt beati esse nec nolunt nec uolunt? Aut si uolunt

---

⁸⁰ beatus nemo nolens fit: 역설로 꾸며진 이 문장은, '원하는 대로 사는'(vivit ut vult) 삶이 행복하므로, '싫은데도 버림당하는'(nolentem deserere) 삶, 억지로 죽어야 하는 삶은 행복할 수 없다는 생각을 표현한 것이다.

⁸¹ 스토아 학파가 초연함(αὐτάρκεια, indifferentia)을 덕으로 내세워 행복이든 불행이든 평온하게 받아들이라고 권유하는 이론을 교부는 귀류법(歸謬法)으로 논박한다.

구하고 자신이 소멸되어 감을 인지하기 때문이고, 바로 삶 때문에 그 밖의 모든 것을 사랑하고 그 밖의 모든 것보다 삶을 더 사랑하는데도 불구하고 [바로 그 삶 자체를 버려야 함을 알기 때문에, 그는 불행하다]. 삶이란 행복한 삶이면서도 동시에 싫은데도 버림받을 수 있는 그런 것이 아니다. 싫으면서 행복해하는 사람은 아무도 없는 까닭이다.[80] [살기가] 싫은데도 삶이 이어진다면 그 삶은 본인을 불행하게 만드는 법인데, 하물며 본인이 [버림받기] 싫은데도 불구하고 삶이 그를 버린다면 그를 얼마나 불행하게 만들겠는가? [그러면 둘째 경우, 삶으로부터] 버림받고 싶어 하는 사람을 삶이 버린다고 하자. 자기가 지닌 삶을 차라리 잃어버렸으면 하는데 어떻게 그 삶이 행복한 삶이었겠는가? 그렇다면 [셋째로] 행복한 사람의 정신에서는 이 일에 무관심하다고 말하는 경우만 남는다. 다시 말해서 죽음을 통해 행복한 삶 전체로부터 버림받는데 그는 행복한 삶으로부터 버림받는 일을 싫어하지도 원하지도 않으며 각오를 한 채 평온한 마음으로 양편 다 인종忍從한다는 것이다. 하지만 그것도 행복한 삶은 아니니, 삶이 그 사람을 행복하게 만들어 줌에도 불구하고 정작 그 사람한테서 사랑을 받을 만한 가치가 없는 그런 삶이기 때문이다. 행복한 사람이 사랑하지 않는 그런 삶이 어떻게 행복한 삶이라는 말인가? 또 그것이 성하든 망하든 무관하게 받아들일 만한 사물이라면 어떻게 사랑하겠는가? 무릇 우리가 덕성을 사랑하는 것은 오로지 행복 때문인데 다름 아닌 그 덕성이 감히 우리를 설득하여 행복 자체는 사랑하지 말라고 타이르는 것이 혹시 아닐까? 만약 그렇다면, 행복 자체 때문에 우리가 덕성을 사랑했는데, 행복 자체를 우리가 사랑하지 않게 된다면, [행복 자체를 얻으려고 우리가 사랑하는] 덕성 또한 사랑하기를 그만두게 된다.[81]

이미 행복해진 사람이 행복해지는 게 싫지도 않고 행복해지고 싶지도 않다고 하자. 그렇다면 "모든 이가 행복해지고 싶어 한다"는 저 문장, 그토록 철저히 연구되고 그토록 철저히 검토되고 그토록 철저히 토론되고 더할 나위 없이 확실한 저 문장이 어떻게 참이겠는가? 행복해지고 싶어 한다

ut ueritas clamat, ut natura compellit cui summe bonus et immutabiliter beatus creator hoc indidit, si uolunt, inquam, beati esse qui beati sunt, beati non esse utique nolunt. Si autem beati non esse nolunt, procul dubio nolunt consumi et perire quod beati sunt. Nec nisi uiuentes beati esse possunt; nolunt igitur perire quod uiuunt. Immortales ergo esse uolunt quicumque uere beati uel sunt uel esse cupiunt. Non autem uiuit beate cui non adest quod uult; nullo modo igitur esse poterit uita ueraciter beata nisi fuerit sempiterna.

IX 12. Hanc utrum capiat humana natura quam tamen desiderabilem confitetur non parua quaestio est. Sed si fides adsit quae inest *eis* quibus *dedit potestatem* Iesus *filios dei fieri*, nulla quaestio est.

[IX] Humanis quippe argumentationibus haec inuenire conantes uix pauci magno praediti ingenio *abundantes otio* doctrinisque subtilissimis eruditi ad indagandam solius animae immortalitatem peruenire potuerunt. Cui tamen animae beatam uitam non inuenerunt stabilem, id est ueram. Ad miserias eam quippe uitae huius etiam post beatitudinem redire dixerunt. Et qui eorum de hac erubuerunt

---

82 sempiterna: aeterna(영원: 시작도 끝도 없음)와 구분하여 '시작이 있고 끝이 없음'을 '영구' 혹은 '영속'으로 표기한다(perpetua).

83 요한 1,12("그분은 당신을 맞아들이는 이들, 곧 당신의 이름을 믿는 이들에게는 모두 하느님의 자녀가 되는 권능을 주셨다") 참조.

84 사본에 따라서는 여기서부터 9장이 시작한다.

고 하자. 이것은 [만고의] 진리가 선언하는 바이고, 자연 본성이 추구하는 바이며, 최고로 선하시고 변함없이 복되신 창조주가 인간 본성에 심어 주신 바이기도 하다. 내 다시 말하거니와, 만약 행복한 사람이 행복해지고 싶어 한다면, 행복하지 못한 것은 의당 싫어진다. 그리고 행복하지 못한 것이 싫다면, 행복한 그 처지를 소진하거나 상실하는 일도 싫을 것임에 틀림없다. 또 살아 있지 않는 한 행복하지 못하다. 그러니 살아 있기를 상실하는 것도 싫다. 따라서 참으로 행복한 사람들이나 참으로 행복해지고 싶은 욕심이 있는 사람은 불사불멸하기를 바란다. 원하는 대상이 거기에 없다면 그는 행복하게 사는 것이 아니다. 그러므로 삶이 영구永久한[82] 것이 아닌 한 그 삶이 절대로 진정 행복할 수 없다.

신앙은 전인숙人이 불사불멸하리라고 가르치지만 인간적 논리로 하는 증명이 아니고 신성한 권위로 하는 약속이다

9.12. 이 [영구한 행복이] 바람직하다고 인정하더라도 과연 [영구한 행복이라는 것이 무엇인지] 인간 본성이 파악할 능력이 있느냐는 이야기는 작은 문제가 아니다. 그렇지만 신앙이라는 것이 있고, 예수께서 "하느님의 자녀가 되는 권능을 주신" 사람들에게 이 신앙이 갖추어져 있는 한, 전혀 문제가 안 된다.[83]

[9] 그 대신[84] 인간 논리로 여기에 도달하려고 노력한 사람들 가운데서는 소수만, 그것도 영혼의 불사불멸을 탐구하는 데까지만 도달할 수 있었다. 그것도 대단한 재능을 갖추고 "여가餘暇가 넉넉한" 사람들,[85] 치밀한 학문들을 연마한 사람들만 겨우 도달할 수 있었다. 하지만 영혼에 확고하고 행복한 삶, 그러니까 진정한 삶이 있음을 발견하지는 못했다. 더구나 [저 사람들은 후세에서] 행복을 누린 다음 현세의 불행으로 되돌아온다는 말까지도 했다. 저 인물들의 이런 사상에 부끄러움을 느낀 사람들은 영혼이

---

[85] abundantes otio: Cicero, *De oratore* 1.1.22.

sententia et animam purgatam in sempiterna beatitudine sine corpore conlocandam putarunt talia de mundi retrorsus aeternitate sentiunt ut hanc de anima sententiam suam ipsi redarguant, quod hic longum est demonstrare sed in libro duodecimo de ciuitate dei satis a nobis est quantum arbitror explicatum.

Fides autem ista totum hominem immortalem futurum, qui utique *constat ex anima et corpore*, et ob hoc uere beatum non argumentatione humana sed diuina auctoritate promittit. Et ideo cum dictum esset in euangelio quod Iesus dederit *potestatem filios dei fieri his qui receperunt eum*, et quid sit recepisse eum breuiter fuisset expositum dicendo *credentibus in nomine eius*, quoque modo filii dei fierent esset adiunctum, *quia non ex sanguinibus neque ex uoluntate carnis neque ex uoluntate uiri, sed ex deo nati sunt*, ne ista hominum quam uidemus et gestamus infirmitas tantam excellentiam desperaret ilico annexum est, *Et uerbum caro factum est et habitauit in nobis*, ut a contrario suaderetur quod incredibile uidebatur. Si enim natura *dei filius* propter filios hominum misericordia factus est *hominis filius* (hoc est enim, *uerbum caro factum est et habitauit in hominibus*), quanto est credibilius natura filios hominis gratia dei *fieri dei filios* et habitare in deo in quo solo et de quo solo esse pos-

---

[86] 『신국론』 12.17-20 참조. 영혼의 선재설, 플라톤의 상기설, 포르피리우스의 윤회설, 세계의 영원성 등이 다뤄진다.

[87] totum hominem immortalem futurum: 인류의 '영혼 불멸' 믿음에 대해서 '인간 불멸'의 신앙으로 응답하는 것이 그리스도교다.

[88] 요한 1,12 참조.

[89] 요한 1,13.

[90] 요한 1,14.

정화되고 나면 신체가 없이 영원한 행복에 놓여야 한다고 생각했다. 그러면서도 그들은 또한 세계의 영원성을 주장했는데 이 주장은 결국 영혼[의 영원한 행복에 관한] 이론을 스스로 붕괴시키는 결과를 초래한다. 이 점을 토론하는 데는 긴 시간이 필요하겠는데 우리로서는 『신국론』 제12권에서 이미 충분히 논할 만큼 논했다고 여기는 바이다.[86]

그런데 신앙은 인간 전체가 불사불멸하리라고[87] 약속하며, [후세에 불사불멸하는] 인간 역시 "영혼과 육신으로 구성되어 있다"고, 바로 그래서 진정으로 행복하리라고 약속하는데, 그것도 인간적 논증으로 하는 것이 아니라 신적 권위를 내세워 한다. 그러므로 복음서에서 "당신을 맞아들이는 이들에게는 모두 하느님의 자녀가 되는 권능을 주셨다"고 하는 말이 나오는 자리에서도, 그분을 맞아들였다는 말이 무슨 뜻이냐를 설명하여 "곧 당신의 이름을 믿는 이들에게"라고 제시되어 있다.[88] 그리고 어떤 방식으로 하느님의 자녀가 되는지에 관해서는 "이들은 혈통에서나 육욕에서나 남자의 욕망에서 난 것이 아니라 하느님에게서 난 것이다"[89]라고 덧붙였다. 또 우리가 눈으로 보고 지니고 다니는, 인간의 나약함으로 미루어 저 탁월한 처지를 [감히 차지하지는 못하리라고] 실망할까 보아서 저 글에 이런 글귀가 덧붙어 있다. "말씀이 육신이 되시어 우리 가운데서 거처하셨다." 정반대 [쪽을 보여 줌으로써] 도무지 믿기지 않는 것처럼 보이던 일을 [믿게] 설득하려는 참이다. 본성으로 '하느님의 아들'인 분이 자비심 때문에 사람의 아들들을 위해서 '사람의 아들'이 되었다면 ― "말씀이 육신이 되시어 우리 가운데서 거처하셨다"[90]는 말이 바로 그런 뜻이다 ― 본성으로 사람의 아들인 존재들이 하느님의 은총으로 '하느님의 아들들'이 된다거나 '하느님 안에 거처한다'는[91] 일은 얼마나 더 믿음직한가? 하느님 안에서만, 그리고 하느님으로 말미암아서만, 하느님의 불사불멸에 참여하게 됨으로써 우리

---

91 말씀이 육신이 되시어 '우리 가운데서 거처하신'(habitavit in nobis) 일은 우리가 '하느님 안에 거처하기'(habitare in deo) 위함이라는 말이다.

sint beati participes immortalitatis eius effecti, propter quod persuadendum *dei filius* particeps nostrae mortalitatis effectus est?

X 13. Eos itaque qui dicunt: 'Itane defuit deo modus alius quo liberaret homines a miseria mortalitatis huius ut unigenitum filium deum sibi coaeternum hominem fieri uellet induendo humanam animam et carnem mortalemque factum mortem perpeti?,' parum est sic refellere ut istum modum quo nos per *mediatorem dei et hominum hominem Christum Iesum* deus liberare dignatur asseramus bonum et diuinae congruum dignitati; uerum etiam ut ostendamus non alium modum possibilem deo defuisse cuius potestati cuncta aequaliter subiacent, sed sanandae nostrae miseriae conuenientiorem modum alium non fuisse nec esse oportuisse. Quid enim tam necessarium fuit ad erigendam spem nostram mentesque mortalium conditione ipsius mortalitatis abiectas ab immortalitatis desperatione liberandas quam ut demonstraretur nobis quanti nos penderet deus quantumque diligeret? Quid uero huius rei tanto isto indicio manifestius atque praeclarius quam ut *dei filius* immutabiliter bonus in se manens quod erat et a nobis pro nobis accipiens quod non erat praeter suae naturae detrimentum nostrae dignatus inire consortium prius sine ullo malo suo merito mala nostra perferret, ac sic iam credentibus

---

[92] dei filios ⋯ participes immortalitatis eius effecti ⋯ dei filius particeps nostrae mortalitatis effectus: 육화의 의미를 완벽한 대칭 문장으로 표현했다.

[93] 다음(10.13-14.18)에는 '하느님의 아들이 사람이 되었다'는 역사적(시간적) 사건을 고찰하면서 대속론(代贖論)을 수립하고 구원 경륜에서도 정의(正義)가 힘에 우선한다고 설명한다.

[94] 1티모 2,5("하느님은 한 분뿐이시고 하느님과 인간 사이의 중개자도 한 분뿐이시니 곧 인간 그리스도 예수이십니다") 참조.

[95] 이 책 4권의 전반부에 나오는, 예수 그리스도의 '중개자'(mediator) 역할 참조.

가 행복해질 수 있다. 바로 그 점을 깨우쳐 주려고 하느님의 아들이 우리의 사멸할 본성에 참여했던 것이다.[92]

말씀의 육화는 사멸할 인생들의 지성을 불사불멸에 관한 절망에서 구출했다[93]

10.13. 그런데 이렇게 말하는 사람들이 있다. "하느님이 죽음의 불행에서 인간을 해방하는데 그토록 다른 방도가 없었다는 말인가? 외아들이요 당신과 함께 영원한 하느님이 사람이 되었고 인간 영혼과 육신을 입어 사멸할 존재가 되었고 기어이 죽음을 무릅쓰는 것 외에 다른 방도가 없었다는 말인가?" 하느님은 그 방법으로 "하느님과 인간 사이의 중개자 인간 그리스도 예수"를 통해서 우리를 구원하는 것이 합당하다고 여기셨으므로,[94] 저 방법이 좋았고 신성한 품위에 합당했다는 주장만으로는 이 반론을 논박하기에 부족하다. 하느님의 권능에는 모든 것이 균등하게 종속되어 있는 까닭에 가능한 다른 방법이 없지는 않았다고 하는 답변도 충분치 못하다. 오히려 우리의 불행을 치유하는 데는 더 적절한 다른 방도가 없었고 다른 방도가 있을 필요도 없었다고 [답변해야 옳다]. 우리 희망을 일깨우는 일에서, 죽음의 조건에 내던져진 사멸할 인간들의 지성을 북돋는 일에서, 불사불멸에 대한 절망으로부터 해방시키는 일에서, 하느님은 우리를 얼마나 귀하게 여기시는가? 우리를 얼마나 사랑하시는가를 입증하는 것 말고 무엇이 필요했겠는가?[95] 이런 일을 두고 하느님의 아들이 스스로는 전에 계시던 대로 변함없이 선한 분으로 남아 있으면서도, 우리를 위하는 뜻에서 전에 없던 것을 우리한테서 받아들이는 일을 했으니, 즉 당신 본성에는 손해밖에 안 되지만 우리 본성을 함께하는 공동 운명 속으로 들어오기로 했으니[96] 그보다 더 분명하고 더 명료한 증거가 과연 무엇이 있었겠는가? 그래서 먼저 당신 공적으로는 아무런 악도 없는 분이 우리 악을 면

---

[96] inire consortium: '공동상속' 내지 '공동소유'를 뜻하는 법률 용어 consortium은 교부가 그리스도의 육화와 수난 등을 표현하는 데 즐겨(전집에서 150여 회) 사용하는 용어다.

quantum nos diligat deus et quod desperabamus iam sperantibus do-
na in nos sua sine ullis bonis meritis nostris, immo praecedentibus
et malis meritis nostris, indebita largitate conferret?

14. Quia et ea quae dicuntur merita nostra dona sunt eius. Vt enim
*fides per dilectionem operetur, caritas dei diffusa est in cordibus nos-
tris per spiritum sanctum qui datus est nobis.* Tunc est autem datus
quando est Iesus resurrectione clarificatus; tunc enim eum se mis-
surum esse promisit et misit quia tunc sicut de illo scriptum est et
ante praedictum: *Ascendit in altum, captiuauit captiuitatem, dedit
dona hominibus.* Haec dona sunt merita nostra quibus ad *summum
bonum* immortalis beatitudinis peruenimus. *Commendat autem*, in-
quit, apostolus, *caritatem suam deus in nobis quoniam cum adhuc
peccatores essemus, Christus pro nobis mortuus est. Multo magis ius-
tificati nunc in sanguine ipsius salui erimus ab ira per ipsum.* Ad-
huc addit et dicit: *Si enim cum inimici essemus, reconciliati sumus
deo per mortem filii eius, multo magis reconciliati salui erimus in
uita ipsius.*

---

[97] sine ullis bonis meritis nostris, immo praecedentibus et malis meritis nostris: 교부의 은
총론을 요약한 문장이다.

[98] 갈라 5,6("사랑으로 행동하는 믿음이 중요합니다") 참조.

[99] 로마 5,5.

[100] 에페 4,8; 시편 68,19 참조: "당신께서는 포로들을 거느리시고 높은 데로 오르셨으며 사
람들에게서 예물을 받으셨습니다."

저 짊어졌고, 그렇게 해서라도 하느님이 우리를 얼마나 사랑하는지 우리
가 믿게 만들고, [불사불멸에 대하여] 절망하던 우리가 이제 희망을 품게
만듦으로써, 우리의 선한 공로라고는 아무것도 없었고 미리 있던 공로라
고는 우리의 악밖에 없었음에도 불구하고,[97] 우리로서는 받을 자격이 없는
관서寬恕를 베풀어 당신의 선물을 우리에게 쏟아 주기로 작정했던 것이다.

우리 것이라고 하는 공로도 실상 하느님의 선물이다

10.14. 이런 말을 하는 까닭은 우리 것이라고 하는 공로도 실상은 그분
의 선물이기 때문이다. 왜냐하면 "믿음은 사랑으로 작용을 하고"[98] "우리
에게 주어진 성령을 통하여 하느님의 사랑이 우리 마음 안에 부어져 있기"
때문이다.[99] 그리고 [성령이] 주어진 것은 예수가 부활로 영광을 입었을 때
였다. 그때가 되면 그분을 당신이 보내겠다고 약속했고 실제로 보냈던 것
이다. 그리고 성경에 기록되고 예언되어 있던 대로 "그분은 높은 곳으로
올라가면서 포로들을 사로잡고 사람들에게 선물을 주셨다".[100] 바로 이 선
물이 우리 공로가 되었고[101] 이 공로로 우리는 불사불멸하는 행복이라는
최고선에 도달한다. 그래서 사도는 이렇게 설명했다. "하느님은 우리가 아
직 죄인으로 있을 동안 그리스도께서 우리를 위하여 죽으셨다는 것으로
우리를 향한 당신의 사랑을 증명하십니다. 그러므로 우리가 지금 그분의
피로 의롭게 된 이상 더욱더 확실히 그분을 통하여 진노로부터 구원받을
것입니다."[102] 또 한마디 덧붙여 이런 말을 한다. "우리가 하느님의 원수였
을 때 당신 아드님의 죽음을 통하여 하느님과의 화해를 얻었다면, 하물며
우리가 화해한 지금 그분의 생명에 의해 더욱더 확실히 구원받을 것이기
때문입니다."[103]

---

[101] haec dona sunt merita nostra: '우리 공로란 바로 이렇게 받은 선물이다'라는 번역도 가
능하다.

[102] 로마 5,8-9.

[103] 로마 5,10.

Quos *peccatores* dixit prius, hos posterius *inimicos* dei; et quos prius *iustificatos in sanguine* Iesu Christi, eos posterius *reconciliatos per mortem filii* dei; et quos prius *saluos ab ira per ipsum*, eos postea *saluos in uita ipsius*. Non ergo ante istam gratiam quoquo modo *peccatores*, sed in talibus peccatis fuimus ut *inimici essemus* dei. Superius autem idem apostolus nos *peccatores* et *inimicos* dei duobus identidem nominibus appellauit, uno uelut mitissimo, alio plane atrocissimo dicens: *Si enim Christus cum infirmi essemus adhuc iuxta tempus pro impiis mortuus est.* Quos *infirmos* eosdem *impios* nuncupauit. Leue aliquid uidetur infirmitas, sed aliquando talis est ut impietas nominetur. Nisi tamen infirmitas esset, medicum necessarium non haberet, qui est hebraice Iesus, graece σωτήρ, nostra autem locutione saluator. Quod uerbum latina lingua antea non habebat, sed habere poterat sicut potuit quando uoluit. Haec autem apostoli sententia praecedens ubi ait: *Adhuc cum infirmi essemus iuxta tempus pro impiis mortuus est*, cohaeret his duabus sequentibus quarum in una dixit *peccatores*, in alia *inimicos* dei, tamquam illis singulis reddiderit singula, *peccatores* ad *infirmos, inimicos* dei referens ad *impios*.

---

[104] 로마 5,6.

[105] 라틴어 infirmitas('허약함')는 '병'을 뜻하고, '허약자'는 곧 '병자'로 통했으므로 이런 비약이 가능하다.

[106] 히브리어 '예수'는 '야훼께서 구하신다[낫게 하신다]'는 뜻을 간직하고 있었으므로 라틴어 salus('건강, 구원'), 그리스어 σωτηρία('구출, 구원')와 상통한다.

사도는 앞 구절에서는 '죄인'이라고 하던 사람들을 뒤 구절에서는 '하느님의 원수'라고 부르며, 먼저는 그 사람들이 예수 그리스도의 '피로 의롭게 된' 사람이라고 했다가 다음에는 하느님의 '아드님의 죽음을 통하여 화해를 얻은' 사람이라고 한다. 또 먼저는 '그분을 통하여 진노로부터 구원받은' 사람들이라고 했고 다음에는 '그분의 생명에 의해 구원받은' 사람들이라고 한다. 그러니까 저 은총을 입기 전에는 우리가 그냥 '죄인'이었던 것이 아니고 '하느님의 원수'가 될 만큼 죄에 사로잡혀 있었다는 말이다. 똑같은 사도가 앞에서 여러 번 우리를 '죄인'이자 '하느님의 원수'라면서 두 단어를 사용하여 불렀는데 앞의 것은 아주 보드라운 말씨이고 뒤의 것은 분명히 아주 모진 말씨다. 그런가 하면 "실상 우리가 아직 약했을 때 그리스도께서는 정해진 때에 불경한 자들을 위하여 죽으셨습니다"[104]라는 말도 한다. '약한 사람'이라고 부르던 자들을 곧이어 '불경한 자들'이라고 불렀다. 허약함이라는 것은 가벼운 무엇처럼 보이지만 때로는 불경으로 불릴 정도에 이른다. 허약함이 없다면 의사가 필요치 않을 것이고,[105] 히브리어로는 '예수'라고 하고 그리스어로는 $\sigma\omega\tau\acute{\eta}\rho$라고 하며 우리 [라틴] 말로는 salvator라고 일컫는 분이 필요치 않을 것이다.[106] [salvator라는] 단어는 전에 라틴어에 없었으나 있을 수도 있었다. 굳이 그런 단어를 쓰고 싶을 때는 쓸 수 있었으니까 말이다.[107] 바로 앞에 나온 사도의 이 말씀, 곧 "우리가 아직 약했을 때 그리스도께서는 정해진 때에 불경한 자들을 위하여 죽으셨습니다"라는 구절은 곧이어 뒤따라 나오는 두 마디,[108] 곧 한 마디는 우리를 '죄인'이라 했고 다른 한 마디는 우리를 '하느님의 원수'라고 일컫은 내용과 맞아떨어진다. 마치 한 마디씩 [짝으로] 맞추어 '죄인'은 '약한 사람'과, '하느님의 원수'는 '불경한 자'와 병치시킨 듯하다.

---

[107] salvator는 동사 salvo, are와 함께 그리스도교 신조어였다. salveo, ere [salve, salvete]라는 동사는 있었다.

[108] 로마 5,6에 나오는 '약한 사람'과 '불경한 자'가 뒤에 나오는 '죄인'(8절), '하느님의 원수'(10절)라는 낱말과 병행을 이룬다.

XI 15. Sed quid est *iustificati in sanguine ipsius*? Quae uis est huius sanguinis obsecro ut in eo iustificentur credentes? Et quid est *reconciliati per mortem filii eius*? Itane uero cum irasceretur nobis deus pater uidit mortem filii sui pro nobis et placatus est nobis? Numquid ergo filius eius usque adeo nobis iam placatus erat ut pro nobis etiam dignaretur mori, pater uero usque adeo adhuc irascebatur ut nisi filius pro nobis moreretur non placaretur? Et quid est quod alio loco idem ipse doctor gentium: *Quid ergo*, inquit, *dicemus ad haec? Si deus pro nobis, quis contra nos? Qui filio proprio non pepercit sed pro nobis omnibus tradidit eum, quomodo non et cum illo omnia nobis donauit?* Numquid nisi iam placatus esset pater proprio filio non parcens pro nobis eum traderet? Nonne uidetur haec illi uelut aduersa esse sententia? In illa moritur pro nobis filius, et reconciliatur nobis pater per eius mortem; in hac autem tamquam *prior nos dilexerit* pater, ipse propter nos filio non parcit, ipse pro nobis eum tradit ad mortem. Sed uideo quod et antea pater dilexit nos non solum antequam pro nobis filius moreretur, sed antequam conderet mundum ipso teste apostolo qui dicit: *Sicut elegit nos in ipso ante constitutionem mundi.* Nec filius patre sibi non parcente pro nobis uelut inuitus est traditus quia et de ipso dictum est: *Qui me*

---

[109] doctor gentium: 베드로 사도가 유다인들에게 선교한 것과 달리 이방인들(gentes)에게 선교한 바오로 사도에게 교부들이 붙인 호칭이다.

[110] 로마 8,31-32.

[111] 에페 1,4.

11.15. 그렇다면 "그분의 피로 의롭게 되었다" 함은 무슨 뜻인가? 내가 묻는 말은 이것이다. 이 피의 힘이 무엇이기에 믿는 사람들이 의로워진다는 것인가? "당신 아드님의 죽음을 통하여 화해를 얻었다"는 말은 또 무엇인가? 하느님 아버지가 우리에게 진노하시다가 우리를 위한 당신 아드님의 죽음을 보고서 우리에게 [분노를] 거두셨다는 말인가? 그렇다면 당신의 아드님은 우리에게 이미 [분노를] 거두었기에 우리를 위하여 죽음까지 감수할 지경이었음에 비해서 아버지는 아직껏 분노를 품고 계셨고 아드님이 우리를 위하여 죽지 않았더라면 분노를 거두지 않으셨으리라는 말인가? 그러면 같은 서간에서 바로 그 이방인의 교사[109]가 한 말은 또 무엇인가? "우리가 이 점에 대해서 무어라고 말해야 하겠습니까? 하느님이 우리를 위해 계시다면 누가 우리를 적대하겠습니까? 당신의 친아드님을 아끼지 않으시고 오히려 우리 모두를 위해 그분을 넘겨주신 분이 어떻게 그 아드님과 함께 다른 모든 것을 우리에게 베풀어 주지 않으시겠습니까?"[110] 그럼 아버지가 미처 분노를 거두지 않으셨음에도 친아드님을 아끼지 않고 우리를 위해 그분을 넘겨주셨다는 말인가? 이 구절이 앞 구절과 상충되어 보이지 않는가? 앞에 나온 구절에서는 우리를 위하여 죽은 것은 아드님이고 그의 죽음을 통해서 우리와 화해한 분은 아버지이신데, 뒤에 나오는 구절에 따르면 먼저 우리를 사랑한 분은 아버지이시며 우리 때문에 아들을 아끼지 않으신 분도 아버지 그분이시고 우리를 위해 아드님을 죽음에 넘기신 분도 아버지이시다. 어떻든 내가 보기에 아버지는 아드님이 우리를 위해 죽기 전에만 우리를 사랑하셨을 뿐 아니라 세상을 만드시기 전에도 우리를 사랑하셨으니, 바로 이 점을 사도가 증언하고 있다. "그분은 세계를 창건하시기 전에 그분 안에서 우리를 뽑으셨습니다."[111] 아드님 역시 아버지께서 우리를 위해 당신을 아끼지 않고 [죽음에 넘기실 때 당신은 정작 싫음에도 불구하고 아버지의 뜻인지라] 억지로 넘겨지신 것이 아니니, 바로 그 아드님을 가리켜 "나를 사랑하고 나를 위해 당신 자신을 넘겨주신

dilexit et tradidit se ipsum pro me. Omnia ergo simul et pater et filius et amborum spiritus pariter et concorditer operantur. Tamen *iustificati* sumus *in Christi sanguine* et *reconciliati sumus deo per mortem filii eius*, et quomodo id factum sit ut potero etiam hic quantum satis uidebitur explicabo.

XII 16. Quadam iustitia dei in potestatem diaboli traditum est genus humanum peccato primi hominis in omnes utriusque sexus commixtione nascentes originaliter transeunte et parentum primorum debito uniuersos posteros obligante. Haec traditio prius in genesi significata est ubi cum serpenti dictum esset: *Terram manducabis*, homini dictum est: *Terra es et in terram ibis*. Eo quod dictum est *in terram ibis*, mors corporis praenuntiata est quia nec ipsam fuerat experturus si permansisset ut factus est rectus; quod uero uiuenti ait, *Terra es*, ostendit totum hominem in deterius commutatum. Tale est enim, *Terra es*, quale illud, *Non permanebit spiritus meus in hominibus istis quoniam caro sunt*. Tunc ergo demonstrauit ei traditum cui dictum

---

[112] 갈라 2,20.

[113] omnia ergo simul ⋯ pariter et concorditer operantur: 훗날 톨레도 공의회(675)는 "성삼 위는 존재에서도 작용에서도 불가분하다"(inseparabiles in eo quod sunt et in eo quod faciunt: DS 531)고 정의한다.

[114] 이 책 제4권에서 그리스도에 의한 인간의 구속(救贖)을 논했는데 그 부분을 보완한다.

[115] 하느님의 정의(正義)를 핵심으로 삼는 정치 신학인 '구속론'(redemptio: 팔려 간 것을 되사옴)에 따르면, 인간은 범죄 했으므로 악마에게 예속된 것이 정당했다. 그런 인간을 구해 내려면 정당한 몸값을 치러야 했다. 그런데 악마가 무죄한 그리스도를 죽게 함으로써 악마는 불의를 저질렀고, 그 희생자가 하느님의 아들이었으므로 악마는 자기에게 예속되어 있던 인류를 모조리 그리스도께 인계해야 했다.

분"[112]이라고 하는 말이 나오는 까닭이다. 그러므로 아버지도 아드님도, 또 두 분의 영도 동시에 동등하게 합심하여 모든 것을 역사하신다.[113] 그렇지만 우리가 "그리스도의 피로 의롭게 되었고" 또 "당신 아드님의 죽음을 통하여 하느님과의 화해를 얻은 것"만은 사실이다. 그럼 어떻게 그 일이 이루어졌는지 지금부터 내 힘이 닿는 데까지, 또 필요하다고 생각하는 만큼 설명해 보겠다.[114]

인류는 아담의 범죄 때문에 하느님의 의로운 심판을 받아 악마의 권세에 넘겨졌다

12.16. 인류가 악마의 권세에 넘겨진 것은 하느님의 정의正義에 의해서였다.[115] 첫 인간의 범죄가 양성의 교접으로 태어나는 모든 사람에게 원초적으로[116] 전달되고, 원조들의 죗값이 모든 후손에게 지워지고 있는 까닭이다. 이렇게 [인류가] '넘겨진' 사실이 맨 먼저 표현된 곳은 창세기인데, 여기서 뱀에게는 "너는 흙을 먹으리라"[117]는 말씀이 내리고 사람에게는 "너는 흙이니 흙으로 돌아가리라"는 말씀이 내린 것으로 되어 있다.[118] "흙으로 돌아가리라"는 말씀으로 인해서 육체의 죽음이 예고되었으니 본래 만들어졌던 올바른 인간으로 존속했더라면 죽음을 겪지 않았을 것이기 때문이다. 그 대신 살아 있는 사람에게 "너는 흙이다"라고 한 말씀은 인간 전체가 [전보다] 못한 존재로 변질했음을 보여 준다. "너는 흙이다"라는 말씀은 "저 사람들에게 나의 영이 영원히 머물지 않으리니 그들은 살덩어리일 따름이다"[119]라는 말씀과 같다. 그리하여 "너는 흙을 먹으리라"고 말씀한

---

[116] peccato primi hominis *originaliter* transeunte: 만인이 첫 인간 안에 수렴되어 있었으므로 "한 사람의 범행을 통해 모든 사람이 단죄에 이르렀다"(로마 5,18)는 교부의 원죄 사상이 originaliter(원초적으로)라는 어휘로 표현되어 있다.

[117] 창세 3,14: "네가 사는 동안 줄곧 배로 기어 다니며 먼지를 먹으리라."

[118] 창세 3,19: "너는 흙에서 나왔으니 흙으로 돌아가리라." [『성경』: "너는 먼지이니 먼지로 돌아가리라."]

[119] 창세 6,3: "사람들은 살덩어리일 따름이다. 나의 영이 그들 안에 영원히 머물러서는 안 된다."

fuerat: *Terram manducabis*. Apostolus autem apertius hoc praedicat ubi dicit: *Et uos cum essetis mortui delictis et peccatis uestris in quibus aliquando ambulastis secundum saeculum mundi huius, secundum principem potestatis aeris, spiritus eius qui nunc operatur in filiis diffidentiae in quibus et nos omnes aliquando conuersati sumus in desideriis carnis nostrae facientes uoluntates carnis et affectionum, et eramus natura filii irae sicut et ceteri.*

Filii diffidentiae sunt infideles, et quis hoc non est antequam fidelis fiat? Quocirca omnes homines ab origine sub principe sunt potestatis aeris *qui operatur in filiis diffidentiae.* Et quod dixit, 'ab origine,' hoc est quod dicit apostolus, *natura,* et se fuisse sicut et ceteros, natura scilicet ut est deprauata peccato non ut recta creata est ab initio. Modus autem iste quo traditus est homo in diaboli potestatem non ita debet intellegi tamquam hoc deus fecerit aut fieri iusserit, sed quod tantum permiserit, iuste tamen. Illo enim deserente peccantem peccati auctor ilico inuasit. Nec ita sane deus deseruit creaturam suam ut non se illi exhiberet deum creantem et uiuificantem et inter poenalia mala etiam bona malis multa praestantem; non enim *continuit in ira sua miserationes suas.* Nec hominem a lege suae potestatis amisit quando in diaboli potestate esse permisit quia nec ipse diabolus a potestate omnipotentis alienus est sicut neque a

---

[120] 에페 2,1-3.

[121] 불가타역의 filii dif-fidentiae는 어원상 '불신의 아들들'이므로 당연히 in-fideles 곧 '믿지 않는 사람들'로 비약했다.

[122] non tamquam fecerit aut fieri iusserit sed tantum permiserit: 피조물의 자유의지가 악용되었을 경우에 제1원인으로서의 하느님의 의지는 그런 작용을 '용인'(permissio)하는 선에서 그친다는 것이 교부의 답변이다.

그 상대에게 인간이 넘겨졌음을 [하느님이] 확인한 것이다. 사도는 이 점을 노골적으로 설교하여 이런 말을 했다. "여러분의 범행들과 죄들로 말미암아 죽었던 여러분은 한때 그 죄들 가운데서 이 세상의 풍조대로, 공중을 다스리는 지배자를 따라, 곧 불복종의 아들들 사이에서 지금도 작용하고 있는 악령을 따라 살아갔습니다. 그들 사이에서 우리도 모두 한때는 우리 육의 욕망 속에서 살았으며, 육과 생각의 욕구들을 행했고 또 나머지 사람들과 마찬가지로 본성적으로 진노의 자식들이었습니다."[120]

'불복종의 아들들'이란 믿지 않는 사람들인데[121] 과연 믿는 사람이 되기 전에 믿지 않는 사람이 아니었던 자가 누구겠는가? 그렇다면 원초부터 모든 사람이 "불복종의 아들들 사이에서 작용하고 있는", 공중을 다스리는 지배자 밑에 있다. 그리고 내가 '원초부터'라고 한 말은 사도가 '본성적으로'라고 하는 말과 똑같다. 사도도 자기가 나머지 사람들과 마찬가지였노라고 [자백하는 만큼] 이 본성은 죄로 타락한 본성이지, 처음에 올바로 창조된 그 본성이 아니다. 물론 인간이 악마의 권세에 넘겨진 저 방식을 따지자면, 마치 하느님이 그 일을 만들어 냈고 그렇게 되라고 명령한 것처럼 알아들어서는 안 되고, 단지 [하느님이] 그 일을 용인하되 정당한 사유로 용인한 것으로 알아들어야 한다.[122] 죄를 범하는 자를 하느님이 저버리자마자 죄의 장본인이 당장 그 자리로 쳐들어왔던 것이다.[123] 그렇다고 해서 하느님이 당신 피조물을 철저히 버린 것은 아니어서 당신이 여전히 창조하고 생명을 주는 하느님임을 피조물에게 보여 주고 있고, 비록 죄벌로 악을 당하지만 그 악과 더불어 많은 선을 베풀어 주는 분임을 보여 주고 있다. 그분은 "분노로 당신 자비를 거두는" 일이 없었기 때문이다.[124] 하느님은 사람이 악마의 권세 아래 있도록 허락했을 때도 사람을 당신 권세의 법에서 떼어 내지도 않았다. 왜냐하면 악마 자신마저도 전능한 분의 선성에

---

[123] illo enim deserente peccantem peccati auctor ilico invasit: 교부의 생각에 따르면, 은총 상태와 죄 사이에 중간 지역은 없다.

[124] 시편 77,10 참조: "하느님께서 불쌍히 여기심을 잊으셨나? 분노로 당신 자비를 거두셨나?"

bonitate. Nam et maligni angeli unde qualicumque subsisterent uita nisi per eum *qui uiuificat omnia*? Si ergo commissio peccatorum per iram dei iustam hominem subdidit diabolo, profecto remissio peccatorum per reconciliationem dei benignam eruit hominem a diabolo.

XIII 17. Non autem diabolus potentia dei sed iustitia superandus fuit. Nam quid omnipotente potentius, aut cuius creaturae potestas potestati creatoris comparari potest? Sed cum diabolus uitio peruersitatis suae factus sit amator potentiae et desertor oppugnatorque iustitiae (sic enim et homines eum tanto magis imitantur quanto magis neglecta uel etiam perosa iustitia potentiae student eiusque uel adeptione laetantur uel inflammantur cupiditate), placuit deo ut propter eruendum hominem de diaboli potestate non potentia diabolus sed iustitia uinceretur, atque ita et homines imitantes Christum iustitia quaererent diabolum uincere non potentia. Non quod potentia quasi mali aliquid fugienda sit, sed ordo seruandus est quo prior est iustitia. Nam quanta potentia potest esse mortalium? Teneant ergo mortales iustitiam; potentia immortalibus dabitur. Cui comparata quantalibet eorum hominum qui potentes uocantur in terra ridicula infirmitas inuenitur, et ibi *foditur peccatori fouea* ubi uidentur mali plu-

---

¹²⁵ 1티모 6,13.

¹²⁶ 그래서 '구속론'에서도, 성자의 죽음은 "악의 지배자에게 진 빚 때문이 아니라 사랑하고 용서하시는 아버지의 뜻대로"[propter voluntatem patris, non propter debitum mali principis: *Sermo*(Morin ed.) 17.2] 이루어진 사건이다.

¹²⁷ potestas는 '권세' 혹은 '권능', potentia는 '힘', '세력' 혹은 '세도'로 번역된다.

서 벗어나지 못하는 것처럼 그분의 권세에서 벗어나지 못하는 까닭이다. 악한 천사들이라 할지라도 "모든 것을 살리시는"[125] 분에 힘입지 않고서 과연 어떤 생명으로 존속하겠는가? 죄의 범행이 하느님의 의당한 분노를 자아내어 인간을 악마에게 복종시켰다면 죄의 용서는 하느님의 너그러운 화해를 입어 인간을 악마로부터 앗아 냈던 것이다.[126]

악마를 견제하는 데 하느님은 힘 아닌 정의를 발휘했다

13.17. 그런데 하느님이 악마를 견제하는 데는 힘[127]이 아니고 정의를 발휘해야 했다. 과연 전능한 분보다 더 강한 것이 무엇이겠으며 어느 피조물의 권세가 창조주의 권세에 비길 수 있는가? 그러나 악마는 전도顚倒된 악덕으로 인해 힘에 애착하는 자가 되었고 정의를 저버리는 자, 정의에 맞서는 자가 되었다(그러니까 인간들도 정의를 소홀히 하거나 혐오하는 그만큼 힘을 추구하고, 힘의 행사를 즐기거나 힘에 대한 탐욕에 불탈수록 악마를 더욱 모방하기에 이른다). 그러자 사람을 악마의 권세에서 앗아 내는 데도 악마가 힘으로 패하기보다는 정의로 패하게 만드는 편이 하느님의 마음에 들었다. 그러면 사람들도 그리스도를 모방해서 악마를 이기되 힘으로 하지 않고 정의로 이기는 길을 찾게 될 것이었다. 그렇다고 무슨 악을 피하듯이 힘을 피해야 한다는 말은 아니고 질서를 보존해야 한다는 말이니 질서에서는 정의가 첫자리를 차지하는 까닭이다.[128] 실상 사멸할 자들의 힘이 크면 얼마나 크겠는가? 따라서 [인간이] 사멸할 자들로 머무는 동안은 정의를 준수하고 그들이 불멸하는 존재가 되었을 때는 힘이 주어질 참이다. 그에 비하면, 지상에서 세력가라고 불리는 사람들의 힘이 얼마나 크든지 간에 결국 '우스꽝스러운 약함'에 불과한 것으로 드러날뿐더러, 악인들이 대단히 득세하는 것처럼 보이는 곳에도 결국 그곳에 "악인이 떨어질 구덩이가 파일"[129]▶ 따름이다.

---

[128] 힘(무력)을 행사하는 모든 명분이 '질서'에 있는데 그 질서는 '정의'에 기반해야 하므로 논리적으로 정의가 힘에 앞선다.

rimum posse. Cantat autem iustus et dicit: *Beatus homo quem tu erudieris, domine, et ex lege tua docueris eum ut mitiges eum a diebus malignis donec fodiatur peccatori fouea. Quoniam non repellet dominus plebem suam et haereditatem suam non derelinquet quoadusque iustitia conuertatur in iudicium, et qui habent eam omnes recto sunt corde.* Hoc igitur tempore quo differtur potentia populi dei *non repellet dominus plebem suam et haereditatem suam non derelinquet* quantalibet acerba et indigna ipsa humilis atque infirma patiatur *quoadusque iustitia* quam nunc habet infirmitas piorum *conuertatur in iudicium*, hoc est iudicandi accipiat potestatem, quod iustis in finem seruatur cum praecedentem iustitiam ordine suo fuerit potentia subsecuta. Potentia quippe adiuncta iustitiae uel iustitia accedente potentiae iudiciariam potestatem facit. Pertinet autem iustitia ad uoluntatem bonam, unde dictum est ab angelis nato Christo: *Gloria in excelsis deo et in terra pax hominibus bonae uoluntatis.* Potentia uero sequi debet iustitiam non praeire, ideo et in rebus secundis ponitur, id est prosperis; 'secundae' autem a 'sequendo' sunt dictae. Cum enim beatum faciant sicut superius disputauimus duae

----

◀129 시편 94편은 "보복하시는 하느님, 일어나소서. 언제까지나 악인들이 기뻐 뛰리이까?" 라는 호소에 대한 답변(곧이어 인용됨)이 담겨 있다.

130 quoadusque iustitia convertatur in iudicium: 『성경』: "정녕 재판이 정의로 돌아오리니."

131 시편 94,12-15.

132 iustitia quam nunc habet infirmitas piorum: '경건한 약자들 편에 정의가 있다'는 의미로 보인다.

133 cum praecedentem iustitiam ordine suo fuerit potentia subsecuta: '정의' → '힘'의 순서, 곧 정의에 따른 힘의 행사가 복원될 것이다.

134 potentia adiuncta iustitiae vel iustitia accedente potentiae iudiciariam potestatem facit: 올바른 '권력'에 관한 이상적 정의에 해당한다.

그 대신 의인은 이렇게 노래하고 또 말한다. "주님, 행복합니다, 당신께서 징계하시고 당신 법으로 가르치시는 사람! 악인이 떨어질 구덩이가 파일 때까지 불행의 날에도 그에게 평온을 주시기 위함입니다. 정녕 주님께서는 당신 백성을 물리치지 않으시고 당신 소유를 버리지 않으신다. 정의가 재판으로 돌아오리니[130] 마음 바른 이들이 모두 이를 따르리라."[131] 하느님의 백성의 힘이 미루어지는 동안도 "정녕 주님께서는 당신 백성을 물리치지 않으시고 당신 소유를 버리지 않으신다". 그 백성이 제아무리 비천하고 연약한 모습을 하고서 아무리 가혹하고 부당한 일들을 겪을지라도 "정의 ― 지금은 경건한 자들의 약함이 이 정의를 간직하고 있다[132] ― 가 재판으로 돌아오기까지", 다시 말해 그 백성이 재판하는 권한을 쥐기까지 [당신 백성을 물리치지 않으신다]. 이런 상황은 의인들에게 종말에 [닥치기로] 유보되어 있으니 그때 가면 본래의 질서대로 힘이 선행하는 정의를 뒤따를 것이다.[133] 정의에 기반한 힘 혹은 힘에 부합한 정의야말로 사법적 권력을 만들어 낸다.[134] 그리고 정의는 선한 의지에 속하는데 바로 그래서 그리스도가 태어났을 때 천사들의 입에서 "하늘 높은 곳에는 하느님께 영광, 땅에서는 선한 의지를 가진 인간들에게 평화"[135]라는 말이 나온 것이다. 모름지기 힘은 정의를 뒤따라야지 앞장서서는 안 된다.[136] 그래서 힘은 순조로운 사물에 자리 잡느니, 달리 말해, 소원대로 이루어지는 데에 자리 잡는다. 그 이유는 '순조롭다'라는 단어는 '뒤따르다'라는 동사에서 유래하기 때문이다.[137] 앞서 우리가 논한 대로[138] 두 가지가 인간을 행복하게 만드느

---

[135] 루카 2,14: "지극히 높은 곳에서는 하느님께 영광, 땅에서는 그분 마음에 드는 사람들에게 평화." hominibus bonae voluntatis($\epsilon\dot{\upsilon}\delta o\kappa\acute{\iota}\alpha\varsigma$)는 '마음이 착한' 사람들, '선한 의지를 갖춘' 사람들로 번역되어 왔다.

[136] potentia vero sequi debet iustitiam non praeire: 정의와 힘의 관계를 빈번히 거론한 교부가 이정표로 내세운 문장이다.

[137] 라틴어 어원상 res secundae[순조로운 일, 순경(順境)]는 동사 sequi(뒤따르다)에서 유래하므로, 힘의 행사가 '정의를 뒤따를' 경우에만 번영(res prosperae: 소원대로 되는)을 가져온다는 설명이다.

[138] 이 책 13.4.7-6.9('기억'에서 출현하는 삼위일체의 모상) 참조.

res, bene uelle et posse quod uelis, non debet esse illa peruersitas quae in eadem disputatione notata est ut ex duabus rebus quae faciunt beatum posse quod uelit homo eligat et uelle quod oportet negligat cum prius debeat habere uoluntatem bonam, magnam uero postea potestatem. Bona porro uoluntas purganda est a uitiis a quibus si uincitur homo, ad hoc uincitur ut male uelit, et bona iam uoluntas eius quomodo erit? Optandum est itaque ut potestas nunc detur sed contra uitia propter quae uincenda potentes esse nolunt homines et uolunt propter uincendos homines. Vtquid hoc nisi ut uere uicti falso uincant, nec sint ueritate sed opinione uictores? Velit homo prudens esse, uelit fortis, uelit temperans, uelit iustus, atque ut haec ueraciter possit potentiam plane optet, atque appetat ut potens sit in se ipso et miro modo aduersum se ipsum pro se ipso. Cetera uero quae bene uult et tamen non potest sicuti est immortalitas et uera ac plena felicitas desiderare non cesset et patienter exspectet.

XIV 18. Quae est igitur iustitia qua uictus est diabolus? Quae nisi iustitia Iesu Christi? Et quomodo uictus est? Quia cum in eo nihil

---

139 bene velle et posse quod velis: '선한 의지'(bona voluntas = bene velle)를 논하고 있다.

140 선한 의지(bona voluntas)는 '선하게 원함'(bene velle: 잘 원함)이므로 그 반대는 '악하게 원함'[(ut male velit(male velle: 잘못 원함)]이 된다. 아우구스티누스에게 의지 자체는 선한 하느님의 선한 피조물이므로 선한 의지를 악하게 사용(*male* velle)하는 데서 악이 발생한다.

141 vere victi falso vincant, nec sint veritate sed opinione victores?: 의지를 악용하는(= 죄를 범하는) 경우에 인간 의식에 발생하는 허위와 착각을 예리하게 관찰한 문장이다.

142 ut potens sit *in se ipso*, et miro modo *adversum se pro se ipso*: "'자신 안에'(in se ipso) 힘 있는 자는, 타락한 인간상으로 미루어, '자신의 궁극적 이익을 위해'(pro se ipso) '자기 자신에 맞서'(adversum se) 힘을 발휘할 수 있어야 한다."

143 악마가 무죄한 그리스도에게마저 죽음이라는 부채를 치르게 만든 것은 불의 — 권력 남용 — 였다. 악마가 무죄한 그리스도에게서 받아 낸 '초과 징수'는 악마에게 사로잡혔던 인

니, [하나는] 선하게 원하고 [둘은] 원하는 바를 할 수 있어야 한다는 점이다.[139] 바로 그 토론에서 지적한 바 있지만, 인간을 행복하게 만드는 이 두 가지 중에서 원하는 바를 할 수 있다는 편을 택하고 마땅한 것을 원하는 일을 소홀히 하는 가치 전도가 있어서는 안 된다. 먼저 선한 의지를 지녀야 하고, [원하는 바를 이루는] 큰 능력은 그다음에 얻어야 한다. 따라서 '선한 의지'라면 [다음과 같은] 악덕으로부터 정화되어야 할 것이니 이 악덕에 인간이 패배한다면 '악하게 원하는'[140] 꼴이 되어 패배에 이른다. 그러니 그의 선한 의지라는 것이 어떻게 존재할 수 있겠는가? 지금부터라도 능력이 주어지기를 바라야겠지만 악덕에 저항하는 능력으로 주어져야 할 것이다. 그런데 사람들은 악덕을 이기는 데 강한 사람이 되려고 하지는 않고 오히려 [다른] 사람들을 이기는 데 강한 사람이 되고 싶어 한다. 이것은 정말 패배한 사람들이 거짓으로 이기는 척하는 것 아니고 무엇이겠으며, 승리자라고 하지만 진실로 그런 것이 아니라 억지로만 그러하다는 뜻이 아니고 무엇이겠는가?[141] 사람은 현명해지고 싶겠고 용감해지고 싶겠고 절도 있는 사람이 되고 싶겠고 정의로워지고 싶겠고, 또 정말 이런 것들을 달성할 수 있기 위하여 당연히 [그럴 만한] 힘을 바라겠지만, 어디까지나 자기 자신 안에서 힘 있는 자가 되고 싶어 해야 마땅하고, 이상하게 들릴지 모르겠지만, 정말 자기 자신을 위한다면 자기 자신에 맞서 [힘 있는 자가] 되기를 바라야 한다.[142] 그 밖에 선하게 원하더라도 [자기 힘으로] 이룰 수 없는 것, 예를 들어 불사불멸이라든지 참되고 충만한 행복 같은 것은 그저 갈구하기를 그치지 말고 참을성 있게 기다릴 것이다.

그리스도의 죽음은 거저 베푼 죽음[143]

14.18. 그럼 악마가 패배한 그 정의란 도대체 어떤 정의인가? 예수 그리스도의 정의 아니고 무엇이겠는가? 또 [악마가] 어떻게 패배했던가? 그분

____

류— 그리스도가 취한 인간성으로 인해 모두 그리스도의 혈육들 — 에 대한 정당하고도 남음이 있는(aequissimo iure) 몸값이 되었다.

morte dignum inueniret, occidit eum tamen. Et utique iustum est ut
debitores quos tenebat liberi dimittantur in eum credentes quem si-
ne ullo debito occidit. Hoc est quod iustificari dicimur *in Christi san-*
guine. Sic quippe *in remissionem peccatorum* nostrorum innocens il-
le sanguis effusus est. Vnde se dicit in psalmis *in mortuis liberum;*
solus enim a debito mortis liber est mortuus. Hinc et in alio psalmo
dicit: *Quae non rapui tunc exsoluebam,* rapinam uolens intellegi
peccatum quia usurpatum est contra licitum. Vnde per os etiam car-
nis suae sicut in euangelio legitur dicit: *Ecce uenit princeps huius*
mundi et in me nihil inuenit, id est nullum peccatum, *sed ut sciant*
omnes, inquit, *quia uoluntatem patris mei facio, surgite, eamus hinc.*
Et pergit inde ad passionem ut pro debitoribus nobis quod ipse non
debebat exsolueret.

Numquid isto iure aequissimo diabolus uinceretur si potentia
Christus cum illo agere non iustitia uoluisset? Sed postposuit quod
potuit ut prius ageret quod oportuit; ideo autem illum esse opus
erat et hominem et deum. Nisi enim homo esset, non posset occidi;
nisi et deus esset, non crederetur noluisse quod potuit sed non po-

---

¹⁴⁴ 로마 5,9 참조: "우리가 지금 그분의 피로 의롭게 된 이상 더욱더 확실히 그분을 통하여 진노로부터 구원받을 것입니다."

¹⁴⁵ 콜로 1,13-14 참조: "그분은 우리를 어둠의 권세에서 건져 내어 당신 사랑하는 아드님의 나라로 옮겨 주셨습니다. 그분 안에서 우리는 속량, 곧 죄의 용서를 받았습니다."

¹⁴⁶ in mortuis liberum: 시편 88,6 참조(『성경』: "저는 죽은 이들 사이에 버려져, 마치 무덤에 누워 있는 살해된 자들과 같나이다").

¹⁴⁷ a debito mortis liber est mortuus: 앞의 시편 구절을 "죽음의 빚에서 '자유로운' 사망자"라는 의미로 해설한다.

¹⁴⁸ 시편 69,5 참조(『성경』: "제가 빼앗지도 않았는데 물어내라 하나이다").

에게서는 죽을 만한 일이 전혀 발견되지 않았음에도 그분을 죽였기 때문이다. 그러니 자기 밑에 붙잡아 둔 채무자들이 자유로운 몸으로 풀려남이 정당했다. 아무런 빚이 없는 분인데도 그분을 죽였으니 그분을 사람들이 믿을 때 [그 믿는 사람들이 풀려남은 정당했다]. 우리가 "그리스도의 피로" 의롭게 된다는 말이 이것이다.[144] 그리고 우리 "죄의 용서로" 저 무죄한 피가 흘렀던 것이다.[145] 그래서 시편을 보면 당신이 "죽은 자들 사이에서 자유로운 몸"[146]이라는 말을 한다. 그분 홀로 '죽음의 빚에서 자유로운 자로서 죽었기' 때문이다.[147] 또 그래서 다른 시편에서도 이렇게 말한다. "저는 제가 도둑질하지도 않은 것을 물어냈나이다."[148] 도둑질은 죄를 가리키는 것으로 이해할 만하니 정당한 몫에 어긋나게 차지한 것이기 때문이다. 그리고 그분이 당신 육성으로 하는 말도 복음서에 나온다. "세상의 두목이 오고 있습니다. 그는 내게서 아무것도 찾아내지 못합니다."[149] 다시 말해 아무 죄도 찾아내지 못한다. 하지만 말이 이렇게 이어진다. "그러나 내가 아버지의 뜻을 행하고 있다는 것을 모두 알아야 합니다. 일어나 여기서 떠납시다."[150] 그리고서 수난을 향하여 나아간다. 자기는 빚진 바 없으면서도 채무자인 우리를 위해 무엇을 물어내기 위함이다.

그런데 그리스도가 정의로써 악마를 청산하려고 하지 않고 힘으로써 청산하려고 했더라도, 과연 악마가 저처럼 지극히 공정한 법도로 패배한 결과가 되었을까? [설령 그랬을지 모르지만] 그분은 마땅한 것을 먼저 행하려고 [힘으로] 할 수 있었던 것을 뒤로 미루었다.[151] 바로 그래서 그분은 사람이자 하느님이어야 했다. 사람이 아니었더라면 죽임을 당할 수 없었을 테고, 하느님이 아니었더라면 할 수 있었는데도 하지 않았다는 점이 믿어

---

[149] 요한 14,30: "세상의 두목이 오고 있습니다. 그는 내게 대해서 아무런 권한도 없습니다."

[150] 요한 14,31: "그러나 내가 아버지를 사랑하고 있고 또 아버지께서 나한테 명하신 그대로 내가 행하고 있다는 것을 세상이 알아야 합니다. 일어나 여기서 떠납시다."

[151] postposuit quod potuit ut prius ageret quod oportuit: 당신의 신성(神性)이라는 위력이 있었으나 악마와 청산하는 자리에서 법정의(法正義)로 나섰다.

tuisse quod uoluit, nec ab eo potentiae praelatam fuisse iustitiam sed ei defuisse potentiam putaremus. Nunc uero humana pro nobis passus est quia homo erat; sed si noluisset, etiam hoc non pati potuisset quia et deus erat. Ideo gratior facta est in humilitate iustitia quia posset si noluisset humilitatem non perpeti tanta in diuinitate potentia, ac sic a moriente tam potente nobis mortalibus impotentibus et commendata est iustitia et promissa potentia. Horum enim duorum unum fecit moriendo, alterum resurgendo. Quid enim iustius quam *usque ad mortem crucis* pro iustitia peruenire? Et quid potentius quam resurgere a mortuis et in caelum cum ipsa carne in qua est occisus ascendere? Et iustitia ergo prius et potentia postea diabolum uicit, iustitia scilicet quia *nullum peccatum habuit* et ab illo est iniustissime occisus, potentia uero quia *reuixit mortuus numquam postea moriturus.* Sed potentia diabolum uicisset etiamsi ab illo non potuisset occidi, quamuis maioris sit potentiae etiam ipsam mortem uincere resurgendo quam uitare uiuendo. Sed aliud est propter quod iustificamur *in Christi sanguine* cum per remissionem peccatorum eruimur de diaboli potestate; hoc ad id pertinet quod a Christo iustitia diabolus uincitur non potentia. Ex infirmitate quippe quam

---

[152] noluisse quod potuit sed non potuisse quod voluit: 그리스도의 자발적 죽음을 가리키지만, "아버지께서 원하신다면(si vis) 이 잔을 제게서 거두어 주소서"(루카 22,42)라던 기도와 "당신께는 모든 것이 가능하오니(possibilia), 이 잔을 제게서 거두어 주소서"(마르 14,36)라던 기도도 암시하고 있다.

[153] in humilitate iustitia ⋯ in divinitate potentia: 능하신 분의 수난을 통한 구속 사업의 역설적 정황을 부각시키는 대구법이다.

[154] a moriente tam potente nobis mortalibus impotentibus: 앞의 각주와 동일한 대구법.

[155] 필리 2,8 참조.

[156] 2코린 5,21("하느님께서는 죄를 모르는 그분을 우리를 위하여 죄로 만드시고"); 1베드 2,22("그분은 죄를 범하지 않았으며 그분의 입에서는 거짓을 찾아볼 수 없었습니다") 참조.

지지 않았을 것이고 오히려 하고 싶었어도 하지 못했다고들 믿었을 것이다.[152] 우리는 그분이 원해서 힘보다 정의를 앞세웠다고 믿지 않고 그분에게 힘이 없었다고 생각했을 것이다. 과연 그분은 우리를 위해 정말 인간적 [고난들을] 겪었으니 당신이 인간이었기 때문이다. 그러나 원치 않았더라면 수난을 당하지 않을 수도 있었으니 당신이 또한 하느님이었기 때문이다. 그 결과 저 비하卑下에서 정의正義가 더 고마운 것이 되었으니, 신성에서 드러나는 위대한 능력으로 미루어 만일 그분이 원치 않았더라면 비하를 당하지 않을 수도 있었기 때문이다.[153] 그래서 그토록 능한 분이 죽어 감으로써 무력하여 사멸하는 우리에게[154] 정의가 현양되고 능력이 언약되는 결과가 왔다. [정의를 현양하고 능력을 언약하는] 이 둘 가운데 하나는 당신이 죽어 가면서 이루었고 다른 하나는 부활하면서 이루었다. 정의를 내세워 "십자가의 죽음에 이르기까지"[155] 나아가는 일보다 의로운 것이 과연 무엇이겠는가? 그리고 죽은 자들 가운데서 부활하고 죽음을 겪은 바로 그 육신을 지니고 하늘로 오르는 것보다 더 능력 있는 일이 무엇이겠는가? 따라서 그분은 먼저 정의로, 그다음 힘으로 악마를 이긴 것이다. 즉, 그분은 "아무 죄가 없었음에도"[156] 악마에게서 더할 나위 없이 불의하게 죽임을 당했으니 정의로 [악마를 이긴 것이고], [그다음] "죽은 자로서 되살아났고 그 뒤로는 결코 죽지 않을 것이므로"[157] 힘으로 [악마를 이긴 것이다]. 물론 악마에게 죽임을 당할 수 없다는 사실로 악마를 능력으로 이겼을 수도 있었다. 그렇지만 살아남음으로써 죽음을 피하는 것보다 부활함으로써 죽음을 이기는 일이 훨씬 큰 능력의 발로였던 것이다. 그러나 죄의 사함을 통해서 우리가 악마의 권세로부터 벗어날 때 "그리스도의 피로" 의롭게 된 것은 그것과 달리 [정의였다]. 이것은 악마가 능력에 의해서가 아니라 정의에 의해서 그리스도에게 패한다는 문제와 연관된다. 그리스도가 십자가

---

suscepit in carne mortali non ex immortali potentia crucifixus est Christus, de qua tamen infirmitate ait apostolus: *Quod infirmum est dei fortius est hominibus.*

XV 19. Non est itaque difficile uidere diabolum uictum quando qui ab illo occisus est resurrexit. Illud est maius et ad intellegendum profundius, uidere diabolum uictum quando sibi uicisse uidebatur, id est quando Christus occisus est. Tunc enim sanguis ille, quoniam eius erat *qui nullum habuit* omnino *peccatum, ad remissionem* nostrorum fusus est *peccatorum* ut quia eos diabolus merito tenebat quos peccati reos conditione mortis obstrinxit, hos per eum merito dimitteret quem nullius peccati reum immerito poena mortis affecit. Hac iustitia uictus et hoc uinculo uinctus est fortis ut uasa eius eriperentur quae apud eum cum ipso et angelis eius fuerant *uasa irae* et in *uasa misericordiae* uerterentur.

Haec quippe uerba ipsius domini Iesu Christi de caelo ad se facta cum primum uocatus est, narrat apostolus Paulus. Nam inter cetera quae audiuit etiam hoc sibi dictum sic loquitur: *Ad hoc enim tibi apparui ut constituam te ministrum et testem eorum quae a me uides, quibus etiam praeeo tibi liberans te de populo et de gentibus in quas ego mitto te aperire oculos caecorum ut auertantur a tenebris et potestate satanae ad deum ut accipiant remissionem peccatorum*

---

[158] 1코린 1,25: "하느님의 약한 것이 사람들보다 강합니다."

[159] 이어서(15.19-18.23) 속량(贖良)의 관점에서 본 그리스도의 죽음과 하느님의 정의, 육화의 신비에서 드러나는 여러 선물이 논의된다.

[160] merito, peccati reos, nullius peccati reum, immerito, poena mortis 등의 사법 용어를 구사하면서 구속론의 핵심을 진술했다.

에 달린 것은 그분이 죽을 육신에 받아들인 약함으로였지 불멸하는 능력으로가 아니었다. 단지 그 약함을 두고 사도는 "하느님의 약함이 사람들에게 더 강합니다"[158]라고 했다.

15.19. 그러므로[159] 악마한테서 죽임 당한 분이 부활했을 때 악마가 패배했음을 알아보기는 어렵지 않다. 자기가 이긴 것처럼 보이던 순간, 즉 그리스도가 죽임 당한 순간에 악마가 패했음을 본다는 것은 더 대단하고 이해하기에도 더 심오하다. 그러니까 저 피는, "아무 죄도 없는" 분이면서도 우리 "죄의 용서를 위해" 흘린 것이고, 또 악마는 유죄판결을 받은 인간들을 죽음의 처지에 묶고서 정당하게 그들을 사로잡고 있었지만, 아무 죄도 없는 이를 부당하게도 죽음의 형벌로 처형했기 때문에 그분으로 인해서 정당하게 그 사람들을 풀어놓아야 했다.[160] 이리하여 힘센 자가 저런 정의에 패하고 이런 사슬에 묶이자[161] 그자와 함께, 또는 그자의 천사들과 함께 그자 앞에 있던 그릇들을 털게 되었으니, 그렇게 함으로써 그 그릇들은 '진노의 그릇'에서 '자비의 그릇'으로 바뀌기에 이른다.[162]

바오로 사도는 자기가 처음으로 부르심을 받았을 때 주 예수 그리스도의 이 말씀이 어떻게 해서 하늘로부터 자기에게 내렸는지 [소상하게] 들려준다. "내가 네게 나타난 것은 너를 봉사자로 삼고 네가 나에게서 보는 사실의 증인으로 삼으려는 것이다. 나는 그 사실로 너를 인도하고 너를 이 백성과 이방인들에게서 구해 내겠다. 나는 너를 그들에게 보내어 소경들의 눈을 뜨게 하고 어둠과 사탄의 권세에서 하느님께로 돌아서게 하겠다. 그리하여 그들로 하여금 죄의 용서를 받고 성도들 가운데 한몫을 차지하

---

[161] victus … vinctus est fortis: 마태 12,29 참조("먼저 힘센 사람을 묶어 놓지 않고서는 누가 어떻게 힘센 사람의 집에 들어가서 그의 그릇[세간]들을 털 수[vasa eius diripere] 있겠습니까?").

[162] 로마 9,22-23 참조: "하느님은 … 파멸을 위해 만들어진 진노의 그릇들을(vasa irae) 큰 인내로써 참으셨으니 … 자비의 그릇들을(vasa misericordiae) 위해 당신 영광의 풍부함을 알려 주시기 위해서였습니다."

et sortem quae in sanctis et fidem quae in me est. Vnde et exhortans idem apostolus credentes ad gratiarum actionem deo patri: *Qui eruit nos*, inquit, *de potestate tenebrarum et transtulit in regnum filii caritatis suae, in quo habemus redemptionem in remissionem peccatorum.* In hac redemptione tamquam pretium pro nobis datus est sanguis Christi, quo accepto diabolus non ditatus est sed ligatus, ut nos ab eius nexibus solueremur, nec quemquam secum eorum quos Christus ab omni debito liber indebite fuso suo sanguine redemisset peccatorum retibus inuolutum traheret ad secundae ac sempiternae mortis exitium, sed hactenus morerentur ad Christi gratiam pertinentes, *praecogniti* et praedestinati et electi *ante constitutionem mundi* quatenus pro illis ipse mortuus est Christus carnis tantum morte non spiritus.

XVI 20. Quamuis enim et ipsa mors carnis de peccato primi hominis originaliter uenerit, tamen bonus eius usus gloriosissimos martyres fecit. Et ideo non solum ipsa sed omnia saeculi huius mala, dolores laboresque hominum, quamquam de peccatorum et maxime de peccati originalis meritis ueniant unde facta est et ipsa uita uinculo mortis obstricta, tamen et remissis peccatis remanere debuerunt cum

---

[163] 사도 26,16-18. 교부가 인용하는 성경 텍스트는 『200주년』과 적지 않은 차이가 난다 ("너를 봉사자로 삼고 네가 나를 본 사실과 또 내가 네게 나타내게 될 사실의 증인으로 삼으려는 것이다. ⋯ 나는 너를 그들에게 보내어 그들의 눈을 뜨게 하고 어둠에서 빛으로, 사탄의 권세에서 하느님께로 돌아서게 하겠다. 그리하여 그들로 하여금 나를 믿음으로써 죄를 용서받고 성도들 가운데 한몫을 차지하게 하겠다").

[164] 콜로 1,13-14. 불가타역에는 교부의 인용(redemptionem in remissionem peccatorum)에 나오는 전치사 in이 없다. 『200주년』: "그분 안에서 우리는 속량, 곧 죄의 용서를 받았습니다."

며 나에 대한 신앙을 받아들이게 하겠다.”[163] 또 같은 사도가 믿는 이들을
훈유하여 하느님 아버지께 감사를 드리라고 하면서 하는 말이 있다. “그분
은 우리를 어둠의 권세에서 건져 내어 당신이 사랑하는 아드님 나라로 옮
겨 주셨습니다. 그분 안에서 우리는 죄의 용서를 통해 속량을 받았습니
다.”[164] 이 속량贖良에서 그리스도의 피가 우리를 위한 값으로 치러졌고, 악
마는 그 값을 받고서 돈을 번 것이 아니라 결박이 되었으니, 이것은 우리
가 그자의 사슬로부터 풀려나기 위함이었다. 또 그리스도가 아무런 빚도
지지 않아 자유로운 몸임에도 불구하고 자기 피를 흘려 사람들을 속량한
이상, [악마가] 그 가운데 누구라도 죄의 그물에 사로잡아 두 번째 영원한
죽음의[165] 파멸로 끌어가는 일이 없게 하기 위함이었다. 이 사람들은 그리
스도의 은총에 속하고 “창세 이전부터 선정되고”[166] 예정되고 뽑힌 사람들
이므로[167] 그들이 죽는다면 어디까지나 그리스도가 그들을 위해서 육의 죽
음 — 영의 죽음은 아니었다 — 을 겪고 죽었기 때문이다.[168]

현세의 악은 뽑힌 자들에게 유익이 된다

16.20. 비록 육의 죽음 자체는 첫 인간의 범죄에서 기원하여 왔지만 이
죽음의 선용은 지극히 영광스러운 순교자들을 만들어 냈다. 그리고 죽음
뿐만 아니고 현세의 모든 악, 곧 인간 고통과 수고도 마찬가지다. 그것들
이 죗값으로 오고 특히 원죄의 값으로 오는 것이요 거기서 죽음이 생겼고
삶 자체가 죽음의 사슬에 매인 바 되었지만, 죄가 사해진 다음에도 여전히

---

[165] 묵시 21,8(“이것이 둘째 죽음이다”) 참조.

[166] 1베드 1,20: “창세 이전부터 선정되셨지만 이 마지막 때에 여러분을 위하여 나타나게
되셨습니다.”

[167] praecogniti et praedestinati et electi: 교부가 자주 병렬하는 어휘들이다(에페 1,4 참조:
“그분은 세계를 창건하시기 전에 그분 안에서 우리를 뽑으시어 당신 앞에서 거룩하고 나무랄
데 없도록 하셨습니다”).

[168] 교부의 여러 글에서 신앙인들의 죽음은 죗값이 아니고 그리스도 죽음의 모방과 참여일
따름이다(e.g., *De spiritu et littera* 24.40).

quibus homo pro ueritate certaret et unde exerceretur uirtus fide-
lium ut nouus homo per testamentum nouum inter mala huius saeculi
nouo saeculo praepararetur, miseriam quam meruit uita ista dam-
nata sapienter tolerans, et quia finietur prudenter gratulans, beatitu-
dinem uero quam liberata uita futura sine fine habitura est fideliter et
patienter exspectans. Diabolus enim a dominatu et a cordibus fide-
lium foras missus in quorum damnatione atque infidelitate licet dam-
natus etiam ipse regnabat, tantum pro conditione mortalitatis huius
aduersari sinitur quantum eis expedire nouit de quo sacrae litterae
personant per os apostolicum: *Fidelis deus qui non permittat uos
temptari supra id quod potestis, sed faciet cum temptatione etiam
exitum ut possitis sustinere.* Prosunt autem ista mala quae fideles
pie perferunt uel ad emendanda peccata uel ad exercendam proban-
damque iustitiam uel ad demonstrandam uitae huius miseriam ut
illa ubi erit beatitudo uera atque perpetua et desideretur ardentius et
instantius inquiratur. Sed circa eos ista seruantur de quibus aposto-
lus dicit: *Scimus quoniam diligentibus deum omnia cooperatur in
bonum, his qui secundum propositum uocati sunt. Quoniam quos
ante praesciuit, et praedestinauit conformes imagines filii eius ut
sit ipse primogenitus in multis fratribus. Quos autem praedesti-
nauit, illos et uocauit; et quos uocauit, ipsos et iustificauit; quos*

---

169 ut *novus* homo per testamentum *novum* ⋯ *novo* saeculo praepararetur: 고통의 새로운
차원을 세 차례 중복 어법(novus, novum, novo)으로 표현했다.

170 vita ista damnata(↔ 곧이어 나오는 liberata vita futura): 교부가 단 한 번 사용한 표현
이다.

171 sapienter(지혜롭게) tolerans ⋯ prudenter(현명하게) gratulans ⋯ fideliter(인내롭게) et
patienter(충실하게) exspectans: 당대의 사추덕(四樞德)이 초자연적 차원을 띠고 언급된다.

172 1코린 10,13.

남아 있어야 했다. 왜냐하면 그런 것들이 있어 인간이 진리를 탐색하고, 신앙인의 덕성이 단련되며, 현세의 악 한가운데서 새 세상을 위하여 새 계약에 따르는 새사람이 마련되는 까닭이다.[169] 단죄받은 이 삶[170]이 짊어진 불행을 지혜롭게 감당하고, 그런 삶이 결국 끝나리라는 사실을 두고 현명하게 기꺼워하며, 해방된 장래의 삶이 끝없이 간직할 행복을 충실하고 인내롭게 기다리는 가운데 [새사람이 생겨난다].[171] [과거에] 인간들이 단죄받고 불충했을 때 악마는 스스로도 단죄받은 몸이면서도 그들을 지배하고 있었다. [그러나 지금 악마는] 신앙인들에 대한 지배에서 추방당하고 신앙인들의 마음에서 밖으로 쫓겨났다. 그렇지만 이 사멸할 인생의 조건에서는, 악마가 신앙인들을 거스르는 일을 해도 좋다고 허용받고 있으니, 그것도 신앙인들에게 이익이 된다고 아시는 범위 내에서인데, 그분에 관해서는 성경이 사도의 입을 빌려 이런 말을 들려준다. "하느님은 신실하십니다. 그분은 여러분이 감당할 수 있는 것 이상으로 유혹을 당하도록 허용하지 않으실 것이며, 오히려 유혹과 함께 그것을 견뎌 낼 수 있도록 출구도 마련해 주실 것입니다."[172] 신앙인들이 저런 악들을 경건하게 감당해 낸다면 죄를 바로잡거나, 정의의 덕을 단련하고 증명해 보이거나, 현세 생활의 비참함을 보여 주는 이점이 있고, 그리하여 참되고 영구한 행복이 있는 곳을 더욱 열렬하게 동경하고 더욱 꾸준하게 탐색하기에 이른다. 하지만 이런 말은 사도가 언급하는 다음과 같은 사람들에게 해당될 것이다. "우리가 알기로, 모든 것이 하느님을 사랑하는 이들과 하느님의 계획에 따라 성도가 되도록 부르심을 받은 이들의 선을 위해 협력합니다.[173] 그분은 미리 알아 두신 이들을 당신 아드님의 모상과 같은 모습이 되도록 예정하셨습니다. 이는 그분이 많은 형제들 중에서 맏아들이 되시도록 하기 위함입니다. 하느님은 예정하신 이들을 또한 부르셨고, 부르신 이들을 또한 의롭게 하

---

[173] omnia [pl.] cooperatur [sg.] in bonum("모든 것이 선을 위해 협력합니다"): 교부의 인용구는 그리스어 *πάντα συνεργεῖ*를 그대로 직역하고 있으며 불가타역 등은 omnia cooperantur라고 수정되어 있다.

autem iustificauit, ipsos et glorificauit. Horum praedestinatorum nemo cum diabolo perit; nemo usque ad mortem sub diaboli potestate remanebit. Deinde sequitur quod iam supra commemoraui: *Quid ergo dicemus ad haec? Si deus pro nobis, quis contra nos? Qui filio proprio non pepercit sed pro nobis omnibus tradidit eum, quomodo non et cum illo omnia nobis donauit?*

21. Cur ergo non fieret mors Christi? Immo cur non praetermissis aliis innumerabilibus modis quibus ad nos liberandos uti posset omnipotens ipsa potissimum eligeretur ut fieret ubi nec de diuinitate eius aliquid imminutum est aut mutatum, et de humanitate suscepta tantum beneficii conlatum est hominibus ut a dei filio sempiterno eodemque hominis filio mors temporalis indebita redderetur qua eos a sempiterna morte debita liberaret? Peccata nostra diabolus tenebat et per illa nos merito figebat in morte. Dimisit ea ille qui sua non habebat, et ab illo immerito est perductus ad mortem. Tanti ualuit sanguis ille ut neminem Christo indutum in aeterna morte debita detinere debuerit qui Christum morte indebita uel ad tempus occidit. *Commendat ergo caritatem suam deus in nobis quoniam cum adhuc peccatores essemus, Christus pro nobis mortuus est. Multo magis iustificati nunc in sanguine ipsius salui erimus ab ira per ip-*

---

¹⁷⁴ 로마 8,28-30.　　　　　　　　　　　　　　　¹⁷⁵ 로마 8,31-32.

¹⁷⁶ 악마는 우리 죄를 차지한다는 점에서 당당하게 우리를 예속시키고 있었고 우리는 그의 권세하에서 죽음이라는 죗값을 치르고 있었으나 그 빚은 악마에게 치르는 것이 아니라 하느님과 체결된 빚이었다.

셨으며, 의롭게 하신 이들을 또한 영광스럽게 하셨습니다."[174] 예정된 이 사람들 가운데서는 아무도 악마와 더불어 멸망하지 않는다. 아무도 죽을 때까지 악마의 권세 아래 남아 있지 않을 것이다. 그리하여 내가 위에서 한데 언명한 일이 뒤따라 생긴다. "우리가 이 점에 대해 무어라고 말해야 하겠습니까? 하느님이 우리를 위해 계시다면 누가 우리를 적대하겠습니까? 당신의 친아드님을 아끼지 않으시고 오히려 우리 모두를 위해 그분을 넘겨주신 분이 어떻게 그 아드님과 함께 다른 모든 것을 우리에게 베풀어 주지 않으시겠습니까?"[175]

그분의 피로 우리가 의롭게 되는 데 그리스도의 죽음이 선택된 것은 아주 적절한 일이다

16.21. 그러니 그리스도의 죽음이 왜 일어나지 않겠는가? 전능한 분이 우리를 해방하는 데 쓸 수 있을 무수한 다른 방법들을 제쳐 두고 그리스도의 이 죽음을 왜 앞세우지 않겠으며 바로 그 죽음이 일어나도록 선택하지 않겠는가? 거기서는 그분의 신성神性에서 아무것도 훼손되거나 변경되지 않았고 그분이 취한 인성人性으로는 엄청난 혜택이 인간들에게 초래되었다! 하느님의 영원한 아드님이, 그리고 동시에 사람의 아들이 자기가 빚지지 않은 죽음, 현세적 죽음을 당하고 그 덕택에 인간들이 빚진 영원한 죽음으로부터 인간들을 구원할 수 있었으니까 말이다. 악마는 우리 죄를 손에 넣고 있었고, 그 죄 때문에 우리를 당당하게 죽음에 부쳐 두고 있었다.[176] 그래서 자기 죄가 없는 이가 부당하게도 악마에 의해서 죽음에 부쳐 짐으로써 죄를 청산했던 것이다. 그리스도가 죽음을 빚지지 않았음에도 불구하고 그리스도를 죽인 자는, 비록 그 죽음이 일시적으로 당한 죽음이기는 하지만, 그리스도의 덕을 입은 사람이라면 아무도 영원한 죽음, 인간들이 본래 빚졌던 영원한 죽음에 부치면 안 되었다. 그만큼 저 피는 가치가 컸던 것이다. "하느님은 우리가 아직 죄인으로 있을 동안 그리스도께서 우리를 위하여 죽으셨다는 것으로 우리를 향한 당신의 사랑을 증명하십니다. 그러므로 우리가 지금 그분의 피로 의롭게 된 이상 더욱더 확실히 그

sum. Iustificati, inquit, *in sanguine ipsius, iustificati* plane in eo quod a peccatis omnibus liberati, liberati autem a peccatis omnibus quoniam pro nobis est dei filius *qui nullum habebat* occisus. *Salui* ergo *erimus ab ira per ipsum, ab ira* utique dei quae nihil est aliud quam *iusta uindicta.* Non enim sicut hominis animi perturbatio est ira dei, sed illius ira est cui dicit alio loco sancta scriptura: *Tu autem dominus uirtutum cum tranquillitate iudicas.* Si ergo *iusta* diuina *uindicta* tale nomen accepit, etiam reconciliatio dei quae recte intellegitur nisi cum talis ira finitur? Nec inimici eramus deo nisi quemadmodum iustitiae sunt inimica peccata, quibus remissis tales inimicitiae finiuntur et reconciliantur iusto quos ipse iustificat. Quos tamen etiam inimicos utique dilexit quandoquidem *filio proprio non pepercit sed pro nobis omnibus, cum adhuc inimici essemus, tradidit eum.* Recte ergo apostolus secutus adiunxit: *Si enim cum inimici essemus, reconciliati sumus deo per mortem filii eius*, per quam facta est illa remissio peccatorum, *multo magis reconciliati salui erimus in uita ipsius*, in uita salui qui per mortem reconciliati. Quis enim dubitet daturum amicis uitam suam pro quibus inimicis dedit mortem suam? *Non solum autem*, inquit, *sed et gloriamur in deo per dominum nostrum Iesum Christum per quem nunc reconciliationem accepimus. Non solum*, ait, *salui erimus, sed et gloriamur*; nec in nobis sed *in deo*; nec per nos sed *per dominum nostrum Iesum Christum per quem nunc reconciliationem accepimus* secundum ea quae superius

---

[177] 로마 5,8-9.

[178] 2코린 5,21("죄를 모르는") 참조.

[179] 지혜 12,18. 『성경』: "당신께서는 힘의 주인이시므로 너그럽게 심판하시고 저희를 아주 관대하게 통솔하십니다."

분을 통하여 진노로부터 구원받을 것입니다.”[177] 사도는 “그분의 피로 의롭게 되었다”는 말을 하는데, 모든 죄에서 해방되었다는 점에서, “아무 죄도 없는”[178] 하느님의 아드님이 우리를 위해 죽임을 당했으므로 우리가 모든 죄에서 해방되었다는 점에서 분명히 ‘의롭게 되었다’는 것이다. 우리는 “확실히 그분을 통하여 진노로부터 구원받을” 것이다. 하느님의 진노란 “의로운 복수” 외에 다른 것이 아니다. 하느님의 진노는 인간 심정의 동요와는 같은 것이 아니며, 그분의 진노는 성경이 다른 대목에서 “당신께서는 권능의 주인이시므로 평온하게 심판하십니다”[179]라고 말씀드리는 그런 것이다. 하느님의 “의로운 복수”가 그런 이름을 갖는다면, 하느님의 화해 역시 제대로 알아들을 경우 저 진노가 끝나는 바로 그것이 아니고 무엇이겠는가? 우리가 하느님과 원수였다면 어디까지나 죄가 정의와 원수라는 정도에서 하는 말이었다. 그러니 어떤 사람들에게 죄가 사해지고 나면 그 원수도 끝나는 것이고 사람들을 의롭게 만드시는 의로운 분과 화해하게 된다. 그들이 원수였을 때도 그분은 사랑했으니 “우리가 아직 원수였을 때에도” “당신의 친아드님을 아끼지 않으시고 오히려 우리 모두를 위해 그분을 넘겨주신 분”[180]이기 때문이다. 그러므로 사도가 다음 말을 덧붙인 것은 참 옳았다. “우리가 하느님의 원수였을 때 당신 아드님의 죽음을 통하여 하느님과의 화해를 얻었다면” 다시 말해서 그 죽음을 통하여 저 죄 사함이 이루어졌다면, “하물며 하느님과 화해한 지금 그분의 생명에 의해 더욱더 확실히 구원받을 것입니다”.[181] 죽음을 통하여 화해한 우리가 생명에 의해 구원받는 것이다.[182] 저런 원수들을 위해 당신 죽음을 내놓은 분이 벗들을 위해 당신 생명을 내주리라는 것을 누가 의심하겠는가?[183] 그래서 사도는 이런

---

[180] 로마 5,10과 8,32 참조.　　　　　　　　　　　[181] 로마 5,10.

[182] in vita salvi qui per mortem reconciliati: 구원은 속량 외에도 생명이라는 적극적 측면을 띤다.

[183] 요한 15,13(“누가 자기 친구들을 위해서 자기의 목숨을 내놓는 것, 그보다 더 큰 사랑은 아무도 지니지 못합니다”) 참조.

disputata sunt. Deinde subiungit apostolus: *Propter hoc sicut per unum hominem peccatum in hunc mundum intrauit et per peccatum mors, et ita in omnes homines pertransiit in quo omnes peccauerunt,* et cetera, in quibus prolixius de duobus hominibus disputat; uno eodemque primo Adam per cuius peccatum et mortem tamquam haereditariis malis posteri eius obligati sumus; altero autem secundo Adam qui non homo tantum sed etiam deus est quo pro nobis soluente quod non debebat a debitis et paternis et propriis liberati sumus. Proinde quoniam propter unum illum tenebat diabolus omnes per eius uitiatam carnalem concupiscentiam generatos, iustum est ut propter hunc unum dimittat omnes per ipsius immaculatam gratiam spiritalem regeneratos.

XVII 22. Sunt et alia multa quae in Christi incarnatione, quae superbis displicet, salubriter intuenda atque cogitanda sunt. Quorum est unum quod demonstratum est homini quem locum haberet in rebus quas deus condidit quandoquidem sic deo coniungi potuit humana natura ut ex duabus substantiis fieret una persona ac per hoc iam ex tribus, deo, anima et carne, ut superbi illi maligni spiri-

---

[184] 로마 5,11.

[185] in quo omnes peccaverunt: 교부는 자기의 원죄 신학에 따라서 "그 사람[아담] 안에서 모든 이가 죄를 지었으므로"라고 해석한다(e.g., *Contra duas epistolas Pelagianorum* 4.4.7). 대개 그리스어대로 "모든 이가 죄를 지은 결과"(『200주년』)라고 번역한다.

[186] 로마 5,12.

말을 한다. "그뿐만이 아니라 우리는 우리 주 예수 그리스도를 통하여 하느님을 자랑까지 하고 있는데, 그분을 통하여 우리는 지금 화해를 얻었습니다."[184] 위에서 우리가 논한 바에 따르면, 우리를 자랑하는 것이 아니고 "하느님을 자랑하며" 우리를 통하여 화해를 얻은 것이 아니고 "우리 주 예수 그리스도를 통하여 우리가 지금 화해를 얻었다". 또 사도는 이런 말도 덧붙였다. "그러므로 죄가 한 사람을 통해 세상에 들어왔고 죄를 통해 죽음이 들어왔으며, 또한 이렇게 죽음은, 모든 이가 그 사람 안에서 죄를 지었으므로,[185] 모든 사람들에게 퍼졌습니다"[186] 등등. 그리고 두 인물에 관해서 길게 다룬다. 하나는 첫 아담으로, 그의 죄와 죽음을 통해서 우리는 그의 후손으로서 상속받은 것처럼 악에 매이게 되었다. 다른 하나는 둘째 아담으로, 사람일 뿐만 아니라 또한 하느님이어서 그럴 빚이 없으면서도 우리 대신에 그분이 변제해 준 덕분에 우리는 조상의 빚과 우리 자신의 빚으로부터 풀려난 것이다. 한 걸음 더 나아가 저 한 사람 때문에 악마가 모든 이를, 저 사람의 타락한 육적 욕망에서 태어난 모든 이를 붙들고 있었듯이, 이 한 분을 통해서 모든 이를, 이분의 하자瑕疵 없는 영적 은총에 의해서 다시 태어난 모든 이를 악마가 풀어놓는 것도 당연한 일이다.

육화의 다른 혜택들

17.22. 오만한 사람들에게는 그리스도의 육화가 마음에 들지 않겠지만, 그 육화에는 구원에 유익한 다른 많은 것들이 있으니 그것을 관찰하고 연구할 만하다. 그중 하나가 하느님이 지으신 사물들 가운데서 인간이 어떤 자리를 차지해야 할 것인지가 인간에게 지정되었다는 사실이다. 하느님께 인간 본성이 결합될 수 있어서 두 실체로부터 한 위격이 만들어지자,[187] 그리고 바로 이 점에서 하느님, 영혼과 육신 셋으로부터 [한 위격이 만들어

---

[187] ex duabus substantiis fieret una persona: 이런 형식문이 나오는 것은 교부가 이 책에서 substantia, essentia, natura 세 어휘를 동의어로 사용하기 때문이다.

tus qui se ad decipiendum quasi ad adiuuandum medios interponunt non ideo se audeant homini praeponere quia non habent carnem maxime quia et mori in eadem carne dignatus est ne ideo illi tamquam deos se coli persuadeant quia uidentur esse immortales. Deinde ut gratia dei nobis sine ullis praecedentibus meritis in homine Christo commendaretur quia nec ipse ut tanta unitate uero deo coniunctus una cum illo persona filius dei fieret ullis est praecedentibus meritis assecutus, sed ex quo esse homo coepit, ex illo est et deus, unde dictum est: *Verbum caro factus est*. Est etiam illud ut superbia hominis quae maximo impedimento est ne inhaereatur deo per tantam dei humilitatem redargui posset atque sanari. Discit quoque homo quam longe recesserit a deo, quod illi ualeat ad medicinalem dolorem, quando per talem mediatorem redit qui hominibus et deus diuinitate subuenit et homo infirmitate conuenit. Quod autem maius obedientiae nobis praeberetur exemplum qui per inobedientiam perieramus quam deo patri deus filius *obediens usque ad mortem crucis*? Quid praemium ipsius obedientiae ubi ostenderetur melius quam in carne tanti mediatoris quae ad uitam resurrexit aeternam?

---

[188] [una persona] ex tribus, deo, anima et carne: 그리스도의 인성(人性)에 영과 육 둘 다 포함됨을 강조한다.

[189] 사본에 따라서는 filius dei(하느님의 아들이)라는 문구로 주어를 보완하고 있다.

[190] 신인 중개자가 육신을 지녔으므로 중개자를 자처하는 악령이 신체가 없어서 인간보다 우월하다는 주장은 무너진다. 『신국론』 9권에서는 정령(악마)이 불멸하는 신체를 가진 존재처럼 소개되기도 한다.

[191] 육화의 또 다른 혜택이다.

[192] ex quo esse homo coepit, ex illo est et deus: 그리스도의 인성과 신성이 구분되는 시점이 없다(*Enchiridion* 36; *Enarrationes in Psalmos* 92.6).

[193] 요한 1,14.

지자]188 저 오만하고 사악한 영들은 인간을 돕는다면서 사실은 인간을 기만하려는 속셈으로 자기가 중간 존재라면서 끼어들기는 하지만, 육체가 없다는 이유로 자기를 사람들보다 감히 앞세우지는 못하게 되었으니, 또한189 그 육으로 죽음마저 불사했기 때문이다.190 또 자기들이 불사불멸하는 것처럼 보인다고 해서 우리더러 자기들을 신으로 숭배하라고 우길 수도 없게 되었다. 그다음으로는,191 인간 그리스도 안에서 하느님의 은총이 아무런 사전 공로도 없이 우리에게 나타났다는 점이다. 그리스도 역시 철저한 단일성으로 참하느님께 결합하여 하느님과 더불어 한 위격이 되고 하느님의 아들이 되었는데 사전의 어떤 공로가 있어서 그것을 성취한 것이 아니다. 다만 [그리스도가] 인간이기 시작한 바로 그 순간부터 또한 하느님이시다.192 그리하여 "말씀이 육신이 되셨다"는 말이 나왔다.193 그 밖에도,194 인간의 오만이 하느님께 귀의하는 데 가장 큰 장애물이었는데, 하느님의 그토록 철저한 비하를 통해서 인간의 오만이 퇴치되고 치유될 수 있었다는 점이다. 그리하여 인간은 자기가 하느님으로부터 얼마나 멀리 떨어져 있었는지 배우게 되었으며, 중개자를 통해서 [하느님께] 돌아가는 경우에는 [그 거리가] 인간에게는 약藥 같은 고통이 될 것이다. 저 중개자는 인간들에게 하느님으로서도 당신의 신성神性으로 보우保佑되고, 인간으로서도 약함으로 상통相通된다.195 그분은 "십자가의 죽음에 이르기까지 순종하셔서"196 하느님 아버지께 철저한 복종을 바치셨으니 불순종으로 말미암아 멸망하던 우리에게 이보다 더한 순종의 모범이 어디 있겠는가? 그러니 그 순종에 대한 보답으로 이토록 훌륭한 중개자의 육신이 영원한 생명으로 부활하셨으니 이보다 더 좋은 보답이 어디 보이겠는가? 악마는 자신

---

194 육화에서 얻는 셋째 교훈이다.

195 hominibus et deus divinitate *sub*venit et homo infirmitate *con*venit: 두 전치사(sub-, con-)로 성자의 강생(condescentia)을 잘 표현했다.

196 필리 2,8.

Pertinebat etiam ad iustitiam bonitatemque creatoris ut per eandem rationalem creaturam superarretur diabolus quam se superasse gaudebat, et de ipso genere uenientem quod genus origine uitiata per unum tenebat uniuersum.

XVIII 23. Poterat enim utique deus hominem aliunde suscipere in quo esset *mediator dei et hominum*, non de genere illius Adam qui peccato suo genus obligauit humanum, sicut ipsum quem primum creauit non de genere creauit alicuius. Poterat ergo uel sic uel alio quo uellet modo creare unum alium de quo uinceretur uictor prioris, sed melius iudicauit et de ipso quod uictum fuerat genere assumere hominem deus per quem generis humani uinceret inimicum, et tamen *ex uirgine* cuius conceptum spiritus non caro, fides non libido praeuenit. Nec interfuit carnis concupiscentia per quam seminantur et concipiuntur ceteri qui trahunt originale peccatum, sed ea penitus remotissima credendo non concumbendo sancta est fecundata uirginitas ut illud quod nascebatur ex propagine primi hominis tantummodo generis non et criminis originem duceret. Nascebatur namque non transgressionis contagione uitiata natura sed omnium talium

---

이 이성적 피조물을 패배시켰다고 좋아하던 참이었으므로, [그리스도라는] 이성적 피조물을 통해서 악마가 패배하게 한 것도 창조주의 정의와 선함에 상응하는 일이었다. 악마는 한 사람을 통해서 일어난 원초의 타락을 이유로 이 족속 전부를 손아귀에 쥐고 있었지만 바로 이 족속에서 나오는 인물에게서 악마가 패배를 당하는 것이다.[197]

하느님이 아들이 왜 아담의 족속과 동정녀에게서 인간을 취하셨는가

18.23. 하느님은 물론 다른 데서도 인간을 취할 수 있었고, 자기 범죄로 인류 전체를 속박한 적 있는 아담의 족속 아닌 다른 데서 [인간을 취하여] "하느님과 인간 사이의 중개자"[198]가 될 수도 있었다. 첫 인간을 창조할 때 [이미 있던] 다른 족속에서 창조하지 않았던 것처럼 말이다. 그러니까 당신 좋을 대로 이런저런 방도를 써서 어떤 인간 하나를 창조하여 첫 인간을 이긴 승자가 이 인간한테서 패배하게 할 수도 있었다. 하지만 패배를 당한 바로 그 족속에서 하느님이 인간을 취하고 바로 그 인간을 통해서 인류의 원수를 패배시키는 편이 더 좋다고 판단했다. 다만 "동정녀에게서" [취하기로 했으니][199] 동정녀의 잉태에는 육이 아닌 영, 욕망이 아닌 신앙이 선행했다. 원죄를 전수받는 그 밖의 인간들이 회임되고 수태될 때는 육의 욕망이 개입하지만 저 경우에는 육의 욕망마저도 끼어들지 않았다. 오히려 그것과는 까마득하게 거리가 멀었고 동침으로가 아니라 믿음으로[200] 성스러운 동정童貞이 수태를 했으니, 그렇게 함으로써 첫 인간의 소생에서 태어나는 이가 [첫 인간으로부터] 단지 족속의 근본만을 물려받았지 죄의 근본까지 물려받지는 않았던 것이다. 말하자면 [계명] 위반이 전염되어 타락한 인간 본성이 태어나게 된 것이 아니고, 저 모든 악덕의 유일무이한 치

---

[199] 그리스도는 인성을 취했지만, 동정 잉태로 인해서 인류에게 유전되던 업보(원죄)를 이미 벗어나 있었음을 역설한다.

[200] credendo non concumbendo.

uitiorum sola medicina. Nascebatur, inquam, homo nullum habens, nullum habiturus omnino peccatum, per quem renascerentur liberandi a peccato qui nasci non possent sine peccato. Quamuis enim carnali concupiscentia quae inest genitalibus membris bene utatur castitas coniugalis, habet tamen motus non uoluntarios quibus ostendit uel nullam se in paradiso ante peccatum esse potuisse uel non talem fuisse si fuit ut aliquando resisteret uoluntati. Nunc autem illam talem esse sentimus ut repugnans legi mentis etiam si nulla est causa generandi stimulos ingerat coeundi, ubi si ei ceditur, peccando satietur; si non ceditur, dissentiendo frenetur, quae duo aliena fuisse a paradiso ante peccatum, dubitare quis possit? Nam neque illa honestas faciebat aliquid indecorum neque illa felicitas patiebatur aliquid impacatum. Oportebat itaque ut ista carnalis concupiscentia nulla ibi esset omnino quando concipiebatur uirginis partus in quo nihil morte dignum fuerat inuenturus, et eum tamen occisurus auctor mortis auctoris uitae morte uincendus. Victor primi Adam et tenens genus humanum uictus a secundo Adam et amittens genus christianum liberatum ex humano genere ab humano crimine per eum qui non erat in crimine, quamuis esset ex genere, ut deceptor ille ab eo uinceretur genere quod uicerat crimine. Et hoc ita gestum est ut ho-

---

[201] per quem *renascerentur* liberandi *a peccato*, qui *nasci non* possent *sine peccato*: 육화의 신비는 애초부터 '죄에서 풀려나는 재생'과 결부되어 있었음을 대칭 문장으로 표현했다.

[202] 성생활을 경험한 교부는 발기가 대체로 불수의(不隨意) 운동임을 자주 언급한다.

[203] si ei ceditur, peccando satietur, si non ceditur, dissentiendo frenetur: 욕망과 의지의 관계를 예리하게 간파한 표현이다. 교부는 의지의 통제를 거의 받지 않는 성욕이야말로 인간의 타락을 보여 주는 대표적인 증상으로 간주했다.

[204] 정욕에 관한 아우구스티누스의 태도는 마니교의 영육 이원론보다도 스토아 지성인의 청교도 입장으로 평가된다.

료제가 태어나게 되어 있었다. 내가 하는 말이지만 죄 되는 것은 아무것도 없고 앞으로도 없을 사람이 태어나게 되어 있었다. 죄 없이는 출생할 길 없었던 인간들이 죄로부터 풀려나는데 그분을 통해서 재생하기로 되어 있었다.[201] 사람의 성기에 깃들어 있는 육적 욕망은 정숙한 혼인이 선하게 이용할 수도 있다고는 하지만, 그 자체가 의지에서 오지 않는 움직임을 갖고 있음을 보여 준다.[202] 이런 움직임은 낙원에서 죄짓기 전에는 아예 있을 수 없었거나, 만약 있었더라도 언젠가 의지에 저항하기도 할 그런 움직임은 적어도 아니었을 것이다. 지금 우리가 느껴 알기로 그 욕망은 지성의 법에 도전하여 자녀를 생산할 이유가 전혀 없는데도 성교를 하고 싶은 자극을 일으킨다. 또 그 욕망에 양보하면 죄를 짓고서야 만족을 하고 양보를 하지 않으면 반항을 무릅써야 제어가 된다.[203] 그러니 이런 두 가지 현상은 죄를 짓기 전에 낙원에 있을 때는 낯선 것이었음을 누가 의심할 수 있겠는가? [낙원에서는] 저 정숙함이 있어 수치스러운 무슨 짓을 하지 않았고 저 행복함이 있어 소란스러운 무엇을 겪지 않았을 것이다.[204] 그러니 동정녀의 소생이 회태될 때도 저따위 육적 욕망은 전혀 없었으니 따라서 그 소생에게서는 죽음에 합당한 무엇이 아무것도 발견되지 않을 참이었다. 다만 그를 죽임으로써, 죽음의 창시자가 생명의 창시자의 죽음에 의해서 패배하게 되어 있었다.[205] 첫째 아담을 이긴 승리자, 그래서 인간 족속을 손아귀에 넣고 있던 자가 둘째 아담에게서 패배하여 그리스도인 족속을 잃게 된다. 그리스도인 족속은 인간 족속 가운데서 인간 범죄로부터 해방되었으니, 그것은 비록 인간 족속에 속해 있었지만 인간 범죄에는 속하지 않았던 인물 덕택이었다. 이리하여 저 기만자欺瞞者가, 범죄로 이겨서 손아귀에 넣었던 바로 그 족속에 의해서 패하는 결과를 본다. 이 모든 일이 일어난 것은 사람이 스스로 뻐기지 못하고 "자랑하려는 자는 주님 안에서 자랑하도

---

[205] auctor mortis auctoris vitae morte vincendus: 사도 3,15("여러분은 생명의 창시자를 죽였지만 하느님께서는 죽은 자들 가운데서 그분을 일으키셨습니다") 참조.

mo non extollatur, sed *qui gloriatur in domino glorietur*. Qui enim uictus est homo tantum erat, et ideo uictus est quia superbe deus esse cupiebat; qui autem uicit et homo et deus erat, et ideo sic uicit *natus ex uirgine* quia deus humiliter, non quomodo alios sanctos regebat illum hominem, sed gerebat. Haec tanta dei dona et si qua alia sunt quae de hac re nobis et quaerere nunc et disserere longum est nisi *uerbum caro* fieret, nulla essent.

XIX 24. Haec autem omnia quae pro nobis *uerbum caro factum* temporaliter et localiter fecit et pertulit secundum distictionem quam demonstrare suscepimus ad scientiam pertinent non ad sapientiam. Quod autem uerbum est sine tempore et *sine loco* est patri coaeternum et *ubique totum*, de quo si quisquam potest quantum potest ueracem proferre sermonem, *sermo* erit ille *sapientiae*; ac per hoc *uerbum caro factum, quod est Christus Iesus et sapientiae thesauros habet et scientiae*. Nam scribens apostolus ad colossenses: *Volo enim uos scire*, inquit, *quantum certamen habeam pro uobis et pro his qui Laodiciae sunt et quicumque non uiderunt faciem meam in carne ut consolentur corda eorum copulati in caritate et*

---

[206] 2코린 10,17 참조.

[207] non *regebat* ⋯ sed *gerebat*: 두 음절(re-ge / ge-re)이 위치를 바꾸면서 의미를 달리하는 말장난이다.

[208] 다음 끝까지(19.24-20.26)는 '지혜'와 '지식'을 구분하고 내적 인간의 하위층에서 발견되는 소위 '신앙의 삼위일체'(기억의 간직 – 관상 – 사랑)를 소개한다.

록"[206] 하기 위함이었다. [악마에게] 패배한 자는 인간일 따름이었고 또 그
가 패배한 것은 오만하게도 하느님처럼 되고 싶었기 때문이었다. 그런데
[악마를] 패배시킨 분은 인간이기도 하고 하느님이기도 한 분이었으며,
"동정녀에게서 나서" 이겼고, 하느님이면서 겸손하게도 다른 성도들을 다
스리듯이 저 인간을 다스린 것이 아니라 저 인간을 당신이 취하셨기 때문
에[207] 이긴 것이다. 이것은 하느님의 크나큰 선물이고 그 밖에 다른 선물들
이 있더라도, "말씀이 육신이 되지" 않았더라면 절대로 없었을 선물이다.
이 일에 관하여 지금 연구하고 토론하는 일은 우리에게 너무 많은 시간이
걸리겠다.

우리 지식은 곧 그리스도이며, 우리 지혜 역시 그리스도다[208]

19.24. "육신이 되신 말씀"이 우리를 위하여 일정한 시간과 공간에서 행
하고 겪은 이런 모든 일은, 우리가 지금 논증하기로 채택한 구분에 따르면
'지식'에 속하지 '지혜'에 속하지 않는다. 시간이 없고 공간이 없는 말씀은
아버지와 더불어 영원하며 어디서나 전체로 계신다.[209] 이 분에 관하여, 누
가 그럴 능력이 있어, 하는 데까지 진실한 말을 발설할 수 있다면 그 말은
"지혜의 말씀"일 것이다. 또 바로 이것 때문에 "말씀이 육신이 되셨고" 이
분이 곧 그리스도 예수이며 "그분 안에 지혜와 지식의 모든 보화가 감추어
져 있다".[210] 실제로 사도가 콜로새인들에게 쓴 글에서 이런 말을 했다. "여
러분과 라오디케아 사람들, 그리고 내 얼굴을 직접 보지 못한 사람들을 위
하여 내가 얼마나 애쓰고 있는지 여러분은 알기 바랍니다. 이는 그들의 마
음이 위로를 받고 사랑으로 일치하여 풍부하고도 완전한 이해력에 이르며

---

[209] 신성의 무소부재(無所不在)를 교부는 '공간 없이 어디나 전체로 계심'(sine loco ubique
totum)으로 표현해 왔다. 이 책 5.1.2 참조.

[210] 콜로 2,3.

*in omnibus diuitiis plenitudinis intellectus ad cognoscendum myste-
rium dei quod est Christus in quo sunt omnes thesauri sapientiae et
scientiae absconditi.* Quatenus nouerat apostolus thesauros istos,
quantum eorum penetrauerat et in eis ad quanta peruenerat, quis
potest nosse? Ego tamen secundum id quod scriptum est: *Vnicui-
que autem nostrum datur manifestatio spiritus ad utilitatem; alii
quidem datur per spiritum sermo sapientiae, alii sermo scientiae se-
cundum eundem spiritum*, si ita inter se distant haec duo ut sapien-
tia diuinis, scientia humanis attributa sit rebus, utrumque agnosco in
Christo et mecum omnis eius fidelis. Et cum lego *uerbum caro fac-
tum est et habitauit in nobis*, in uerbo intellego uerum *dei filium*, in
carne agnosco uerum *hominis filium*, et utrumque simul in unam per-
sonam dei et hominis ineffabili gratiae largitate coniunctum. Prop-
ter quod sequitur ac dicit: *Et uidimus gloriam eius, gloriam quasi
unigeniti a patre, plenum gratiae et ueritatis.* Si gratiam referamus
ad scientiam, ueritatem ad sapientiam, puto nos ab illa duarum ista-
rum rerum distinctione quam commendauimus non abhorrere.

In rebus enim per tempus ortis illa summa gratia est quod homo
in unitatem personae coniunctus est deo; in rebus uero aeternis sum-
ma ueritas recte tribuitur dei uerbo. Quod uero idem ipse est *unige-
nitus a patre plenus gratiae et ueritatis*, id actum est ut idem ipse
sit in rebus pro nobis temporaliter gestis cui per eandem fidem mun-
damur ut eum stabiliter contemplemur in rebus aeternis. Illi autem

---

[211] 불가타역은 "하느님 아버지와 그리스도 예수의 신비"라고 읽힌다.

[212] 콜로 2,1-3.

[213] 1코린 12,7-8(『200주년』: '인식의 말씀').

하느님의 신비인 그리스도에 대한[211] 깨달음에 이르게 하기 위함입니다. 그분 안에 지혜와 지식의 모든 보화가 감추어져 있습니다."[212] 사도가 얼마만큼이나 저 보화를 알았고 얼마나 깊이 들어갔으며 과연 그중에서 어떤 신비에 도달했을지는 과연 누가 알겠는가? 내가 보기에는 성경에 기록된 대로다. "각자에게 영의 드러남이 베풀어지는 것은 유익을 위한 것입니다. 그리하여 어떤 이에게는 영을 통하여 지혜의 말씀이 베풀어지는가 하면, 다른 이에게는 같은 영에 따라 지식의 말씀이 베풀어집니다."[213] 만일 이 둘 사이에 거리가 있어 지혜는 신적인 사물들에 해당되고 지식은 인간적 사물에 해당된다고 할 것 같으면, 나는 그리스도 안에서 이것들을 둘 다 알아보며, 그리스도를 신앙하는 사람이면 모두 나와 생각이 같을 것이다. 또 내가 "말씀이 육신이 되시어 우리 가운데서 거처하셨다"라는 구절을 읽을 때 '말씀'이라는 단어로 나는 정말 '하느님의 아들'로 알아듣고, '육신'이라는 단어로는 정말 '사람의 아들'을 알아들으며, 은총의 불가사의한 베푸심으로 그 양자가 하느님이자 사람인 단일한 위격 안에 결합해 있다고 알아듣는다. 그래서 다음 구절이 뒤따라 나온다. "우리는 그분의 영광을 보았다. 그 영광은 아버지로부터 오신 외아들다운 영광이다. 그분은 은총과 진리로 충만하였다."[214] 여기서 우리가 은총을 '지식'에 연관시키고 진리를 '지혜'에 연관시킨다면 저 두 사물의 구분, 우리가 제시한 바 있는 그 구분에 상치되지 않는다고 여겨진다.

시간을 타고 발생한 사물들의 차원에서 인간이 위격의 단일성을 통해 하느님과 결합되었다는 것은 최고의 은총이다. 그 대신 영원한 사물들의 차원에서 최고의 진리는 당연히 하느님의 말씀에 해당한다. "아버지로부터 오신 외아들이고 은총과 진리로 충만하게" 존재하는 분, 똑같은 바로 그분이 우리를 위해서 시간 속에서 이루어지는 사물의 차원 속에 존재하시는 그런 일이 생긴 것이다.[215]▶ 그것은 우리가 같은 믿음을 통해서 그분

---

[214] 요한 1,14.

praecipui gentium philosophi qui *inuisibilia dei per ea quae facta sunt intellecta conspicere potuerunt*, tamen quia sine mediatore, id est sine homine Christo philosophati sunt, quem nec uenturum prophetis nec uenisse apostolis crediderunt, *ueritatem detinuerunt sicut de illis dictum est in iniquitate*. Non potuerunt enim in his rebus infirmis constituti nisi quaerere aliqua media per quae ad illa quae intellexerant sublimia peruenirent, atque ita in deceptores daemones inciderunt per quos factum est *ut immutarent gloriam incorruptibilis dei in similitudinem imaginis corruptibilis hominis et uolucrum et quadrupedum et serpentium*. In talibus enim formis etiam idola instituerunt siue coluerunt. Scientia ergo nostra Christus est, sapientia quoque nostra idem Christus est. Ipse nobis fidem de rebus temporalibus inserit; ipse de sempiternis exhibet ueritatem. Per ipsum pergimus ad ipsum, tendimus per scientiam ad sapientiam; ab uno tamen eodemque Christo non recedimus *in quo sunt omnes thesauri sapientiae et scientiae absconditi*. Sed nunc de scientia loquimur, post de sapientia quantum ipse donauerit locuturi. Nec ista duo sic accipiamus quasi non liceat dicere uel istam sapientiam quae

---

◄[215] idem ipse est ⋯ id actum est ut idem ipse sit ⋯: 문장의 이해와 번역이 쉽지 않으나 신성은 당신 본연의 존재 양식이고(est), 인성은 그분이 취한 새로운 존재 양식(sit)이요 우리에게는 지고한 은총이다.

[216] 로마 1,20 참조: "실상 그분의 보이지 않는 것들, 그분의 영원한 권능과 신성은 세상이 창조된 이래 피조물 안에서 이성적 성찰로써 인식되었습니다."

[217] 로마 1,18("진리를 불의로 짓누르는 인간들의 모든 불경과 불의") 참조. 피조물 안에서 드러나는 진리, 곧 창조주 하느님의 존재를 무시함은 불경만 아니고 불의이기도 하다.

[218] 로마 1,23. daemones는 통상 '악마'나 '마귀'로 번역되는데, '중개자' 역할이 부여될 때는 '정령'으로 번역하기도 한다(『신국론』 참조).

에게로 정화됨으로써 영원한 사물의 차원에서 그분을 영구히 관조하게 되리라는 것이었다. 이방인들의 지도적인 철학자들은 "창조된 것들을 통해서 하느님의 보이지 않는 것들을 인식하여 통찰할 수 있었는데"[216] 단지 중개자, 다시 말해서 인간 그리스도 없이 철학을 한 탓에, 그분이 오리라고 하던 예언자들 말도 믿지 않았고 그분이 왔다고 하던 사도들의 말도 믿지 않았다. 그러다 보니까 결국 그들을 두고 한 말 그대로, "진리를 불의로 짓누르는"[217] 짓을 하고 말았다. 이 가장 낮은 사물들 속에 놓여 있다 보니까, 자기들이 참으로 고귀하다고 깨달은 저 사물에 도달하겠다는 생각에서, [자기들을 도울] 어떤 중간 존재들을 찾지 않을 수 없었다. 또 그러다 보니까 기만하는 정령들의 손에 떨어졌고, 그 정령들 때문에 "불멸하시는 하느님의 영광을 썩어 없어질 사람과 새들과 네 발 짐승들과 길짐승들의 모양과 같은 표상과 바꾸었다".[218] 그리고는 그 표상들 중에서 우상을 만들어 내거나 섬기기에 이르렀다. 따라서 우리의 지식은 그리스도이고 우리의 지혜 역시 같은 인물 그리스도다. 바로 그분이 시간적 사물을 두고 우리에게 신앙을 심어 주고[219] 바로 그분이 영구한 사물을 두고는 진리를 보여 준다. 우리는 그분을 통해서 그분에게로 나아가느니 지식을 통해서 지혜로 향한다. 그렇더라도 우리가 단일하고 동일한 인물 그리스도에게서 멀어져 가는 것은 아니니[220] "그분 안에 지혜와 지식의 모든 보화가 감추어져 있기"[221] 때문이다. 하지만 지금은 우리가 먼저 '지식'을 논하고 '지혜'에 관해서는 후일에 그분이 허락하시는 만큼 이야기하기로 한다. 그렇더라도 이 둘을 [너무 철저히 구분하다가] 이 지혜가 인간적 사물들에 있는 양 말해서는 부당하다고 생각할 것도 아니고, 저 지식이 신적인 사물들에 있는 양

---

[219] fidem de rebus temporalibus: 구약의 구세사라든지 그리스도의 강생과 수난 등은 역사적 사건이어서 믿음의 대상이다.

[220] '그분을 통해서 그분에게로 나아간다'라는 표현 때문에 '그분에게 나아가려면 그분에게서 멀어지는 것이냐?'는 물음이 나올 만하다.

[221] 콜로 2,3 참조.

in rebus humanis est uel illam scientiam quae in diuinis. Loquendi enim latiore consuetudine utraque sapientia, utraque scientia dici potest. Nullo modo tamen scriptum esset apud apostolum, *alii datur sermo sapientiae, alii sermo scientiae*, nisi et proprie singulis nominibus haec singula uocarentur, de quorum distinctione nunc agimus.

XX 25. Iam itaque uideamus quid sermo iste prolixus effecerit, quid collegerit, quo peruenerit.

Beatos esse se uelle omnium hominum est, nec tamen omnium est fides qua cor mundante ad beatitudinem peruenitur. Ita fit ut per istam quam non omnes uolunt ad illam tendendum sit quam nemo potest esse qui nolit. *Beatos esse se uelle omnes* in corde suo uident, tantaque est in hac re naturae humanae conspiratio ut non fallatur homo qui hoc ex animo suo de animo conicit alieno; denique omnes id uelle nos nouimus. Multi uero immortales se esse posse desperant, cum id quod omnes uolunt, id est beatus, nullus esse aliter possit; uolunt tamen etiam immortales esse si possint, sed non credendo quod possint non ita uiuunt ut possint. Necessaria est ergo fides ut beatitudinem consequamur omnibus humanae naturae bonis, id est et animi et corporis. Haec autem fidem in Christo esse definitam qui in carne *resurrexit a mortuis non moriturus ulterius*, nec

---

222 1코린 12,8.

223 per istam *quam non omnes volunt* ad illam ⋯ *quam nemo* potest esse qui *nolit*: 행복과 그것을 얻는 수단(신앙) 사이의 미묘한 관계를 대칭적으로 표현했다.

224 immortales esse ⋯ beatus nullus esse aliter possit: 불사불멸이 참된 행복의 요건이라 는 주장은 교부의 행복론의 요체다. Cf., *De beata vita* 2.10;『자유의지론』 2.9.27.

말해서는 안 되는 것처럼 생각하지도 말자. 폭넓게 말하면 둘 다 지혜라 할 만하고 둘 다 지식이라 할 만하다. 다만 우리가 지금 구분을 짓고 있는 그 하나하나가 제각기 고유한 이름이 붙지 않는다면야 사도가 굳이 "어떤 이에게는 지혜의 말씀이, 다른 이에게는 지식의 말씀이 베풀어집니다"[222] 라는 말은 절대 하지 않았을 것이다.

이 책에서 논한 내용

20.25. 그러면 지금까지 이 장황한 연설이 과연 무엇을 이루어 냈고 무엇을 얻어 냈고 어디에 도달했는지 살펴보기로 하자.

"행복해지고 싶은 것"이 모든 이의 염원이라고는 하지만, 마음을 깨끗하게 만들어 행복에 이르게 만드는 신앙을 모두가 가지고 있지는 않다. 그러나 모두가 원하지는 않는 신앙을 가지고 아무도 싫어하지 않는 행복을 추구하는 것이 마땅하다.[223] 모든 이가 "행복해지고 싶다"는 욕구를 자기 마음에서 느끼며 이 일에 관한 한 인간 본성의 염원은 하도 커서, 자기 마음을 보고서 남의 마음을 헤아리는 데 실패할 사람은 아무도 없다. 또 모두가 그것을 바란다는 점을 우리는 알고 있다. 그렇지만 자기가 불사불멸할 수 있다는 데는 희망을 두지 않는 사람이 많다. 모든 이가 바라는 것, 즉 행복해지는 데 [불사불멸이 없으면] 달리는 아무도 행복할 수 없음에도 불구하고 말이다.[224] 그래도 그럴 수만 있다면 당연히 불사불멸하고 싶어 한다. 하지만 불사불멸할 수 있음을 믿지 않기 때문에 불사불멸하도록 살려고 하지 않는다.[225] 따라서 신앙은 우리가 행복을 얻는 데 필요하다. 인간 본성의 모든 선, 즉 영혼과 육신의 모든 면에서 행복을 얻는 데 필요하다. 그리고 이 신앙이 그리스도 안에 확정되어 있다는 사실 역시 같은 신앙의 대상이다. 그분은 육신으로 "죽은 자들 가운데서 일으켜지셔서 다시

---

[225] 구원받은 영생만이 행복한 불사불멸이고, 곧이어 지적하는 대로 단죄받은 영생은 끝없는 고통일 따름이다.

nisi per illum quemquam liberari a diaboli dominatu per remissio-
nem peccatorum, in cuius diaboli partibus necesse est esse miseram
uitam eandemque perpetuam, quae mors potius est dicenda quam
uita, eadem fides habet. De qua et in hoc libro sicut potui pro spa-
tio temporis disputaui, cum iam et in quarto libro huius operis
multa de hac dixerim, sed ibi propter aliud, hic propter aliud; ibi
scilicet ut ostenderem cur et quomodo Christus in plenitudine tem-
poris a patre sit missus propter eos qui dicunt eum qui misit et eum
qui missus est aequales natura esse non posse; hic autem ad distin-
guendam actiuam scientiam a contemplatiua sapientia.

26. Placuit quippe uelut gradatim ascendentibus in utraque requi-
rere apud interiorem hominem quandam sui cuiusque generis trini-
tatem sicut prius apud exteriorem quaesiuimus ut ad illam trinita-
tem quae deus est pro nostro modulo, si tamen uel hoc possumus,
saltem *in aenigmate* et *per speculum* contuendam exercitatiore in
his inferioribus rebus mente ueniamus. Huius igitur uerba fidei quis-
quis in solis uocibus memoriae commendauerit nesciens quid signi-
ficent (sicut solent qui graece nesciunt uerba graeca tenere memori-
ter, uel latina similiter uel cuiusque alterius linguae, qui eius ignari

---

[226] 로마 6,9 참조.

[227] 이 책 4.19.25-20.29에서도 인간에게 하느님의 모상을 회복하는 데 그리스도의 존재 의
의를 길게 설명했다.

[228] ad distinguendam activam scientiam a contemplativa sapientia: 현세에서 인간에게 하
느님의 모상을 회복하는 일은 신앙을 비롯한 지식의 활동이고, 그것이 성취된 다음에야 신적
사물에 관한 관상이 가능하다.

는 죽지 않으시고"[226] 죄 사함을 통해서 악마의 지배에서 해방되는 일도 그분에 힘입지 않고서는 아무도 이루지 못한다. 악마의 파당派黨에 들어간다는 것은 필연적으로 영원히 불행한 삶이 아닐 수 없고 그런 것은 삶이라기보다 차라리 죽음이라고 불러야 한다. 그 점에 관해서는 이 책에서도 내가 하는 데까지 넉넉한 시간을 내어 토론한 바 있다. 이 책 제4권에서도[227] 이 문제에 관해서는 많은 말을 했는데, 거기서는 다른 논거에서 이야기했고 이 권에서는 그와는 다른 논거에서 이야기했다. 말하자면 저 권에서는 그리스도가 왜 그리고 어떤 모양으로 때가 차서 아버지께로부터 보냄을 받았는지를 논했는데 보낸 분과 보냄을 받은 분이 본성에 있어서 동등할 수 없다고 주장하는 사람들 때문이었다. 그리고 이 권에서는 활동적 지식을 관상적 지혜로부터 구분하려고 이야기했다.[228]

신앙에서 관찰되는 삼위성

20.26. 나는 한 단계씩 올라가면서 내적 인간에 관하여 [지식과 지혜] 양편 다 탐구하는 편이 마음에 들었다. 앞서 우리가 외적 인간을 탐구할 때 드러난 일이지만 그 내적 인간에게서도 일종의 삼위일체를 탐구하려고 했다. 우리 역량이 닿는 대로 지성을 단련시켜 가면서[229] 적어도 이 하계의 사물에서나마 "거울을 통해 수수께끼"처럼 삼위일체이신 저 하느님[230]을 우리 나름대로 관조하는 경지에 이르고 싶은 것이다. 누가 설혹 이 신앙의 언어가 무엇을 의미하는지 알지 못한 채 그냥 소리로만 듣고 기억에 간직한다고 하자(그리스어를 알지 못하는 사람이 어떤 그리스 말을 암기하여 간직한다거나 라틴어나 그 밖의 다른 말도 그 말을 알지 못하는 사람이 기억에 간직하는 것처럼 말이다). 그

---

[229] 지식-지혜의 구분도 삼위일체론의 신비를 이해하려는 지적 훈련(ad illam trinitatem contuendam *exercitatiore* in his inferioribus rebus *mente*)으로 간주된다.

[230] ad illam trinitatem quae deus est: 이 책에서 이미 여러 번(1.5.8; 8.5.8; 9.1.1; 11.5.8; 12.15.25) 구사한 관용구다.

sunt), nonne habent quandam in suo animo trinitatem quia et in memoria sunt illi uerborum soni etiam quando inde non cogitat, et inde formatur acies recordationis eius quando de his cogitat, et uoluntas recordantis atque cogitantis utrumque coniungit? Nullo modo tamen dixerimus istum cum hoc agit secundum trinitatem interioris hominis agere sed potius exterioris quia id solum meminit et quando uult quantum uult intuetur quod ad sensum corporis pertinet qui uocatur auditus, nec aliud quam corporalium rerum, id est sonorum, tali cogitatione imagines uersat. Si autem quod uerba illa significant teneat et recolat, iam quidem aliquid interioris hominis agit, sed nondum dicendus uel putandus est uiuere secundum interioris hominis trinitatem si ea non diligit quae ibi praedicantur, praecipiuntur, promittuntur. Potest enim etiam ad hoc tenere atque cogitare ut falsa esse existimans conetur etiam redarguere. Voluntas ergo illa quae ibi coniungit ea quae memoria tenebantur et ea quae inde in acie cogitationis impressa sunt implet quidem aliquam trinitatem cum ipsa sit tertia, sed non secundum eam uiuitur quando illa quae cogitantur uelut falsa non placent. Cum autem uera esse creduntur et quae ibi diligenda sunt diliguntur, iam secundum trinitatem interioris hominis uiuitur; secundum hoc enim uiuit quisque quod diligit. Quomo-

---

231 quisquis commendaverit라는 본래의 단수 동사가 nonne habent라는 복수로 이어져 일부 사본은 habet로 수정한다.

232 외적 인간의 기억에서 삼위일체 흔적을 탐구해 온 작업(8-11권)을 회상하면서 마치 의미 없는 소리로서의 '삼위일체', 그것으로 형상화된 지성의 개념, 그런 소리와 개념을 결합시키는 의지 등을 연상한다.

233 tali cogitatione imagines versat: 인간 지성은 어떤 개념이 떠오르는 순간 그것을 매개로 그 개념을 발생시킨 사물의 표상으로 전회(conversio ad phantasmata)함으로써 인식의 객관성을 유지한다(그렇지 않으면 지성은 사물 자체가 아닌 개념과만 조우한다).

럴 경우에도 그의 정신 속에는 모종의 삼위성을 간직하고 있는 것이 아닐까?[231] 그가 사유를 하고 있지 않을 때도 기억에 이 단어의 음절이 존재하고, 그것에 근거하여 당사자의 기억의 정곡이 형상화되며, 기억하고 사유하는 자의 의지가 양자를 한데 결합시킬 테니까 말이다. 이 경우에 그가 내적 인간의 삼위성에 의거해서 그런 작용을 하고 있다고 말해서는 절대 안 되고 오히려 외적 인간의 삼위성에 의거해서 작용하고 있다고 말해야 한다.[232] 그 이유는 그가 그렇게 하고 싶을 때, 또 하고 싶은 만큼 정작 기억해 내고 직관하는 것이라고는 '청각'이라고 부르는 신체의 감관에 속하는 것뿐이요, 그의 사유에서 표상으로 전회轉回시키는 것이라고는 물체적 사물의 표상, 즉 소리의 표상 외에는 아무것도 아니기 때문이다.[233] 만약 저 단어들이 의미하는 바를 파악하고 상기한다면 이미 내적 인간의 무엇에 의거해서 작용하고 있다고 하겠다. 다만 [신앙의 말씀으로] 가르치고 명령하고 언약하는 바를 사랑하는 경지까지 도달한 경우가 아니면[234] 아직 은 [온전히] 내적 인간의 삼위성에 따라서 살고 있다고 말하거나 생각해서 는 안 된다. [신앙의 말씀이 의미하는 바를] 간직하고 사유한다고 하더라 도, 그것을 거짓말로 간주하고서 반박하려고 애쓰는 일도 있기 때문이다. 그러므로 의지가 기억으로 간직한 바와 거기서 유래하여 사유의 정곡에 각인된 바를 한데 결합하고 의지 자체가 제3의 요소가 되면 일종의 삼위일 체가 갖추어지기는 하지만, 정작 그것을 거짓말로 간주하여 마음에 들지 않는다면 그는 그 삼위일체에 따라서 살지 않는 것이다. 다만 [신앙의 언 어가] 참이라고 믿고 거기서 사랑할 바를 사랑하는 경우 그는 이미 내적 인간의 삼위일체에 의거하여 살고 있다. 사람마다 자기가 사랑하는 것에 의지하여 살아가는 까닭이다.[235] 그럼 모르면서 믿기만 하는 대상을 어떻

---

[234] 신앙의 삼위일체에서도 의지가 실천적이고 도덕적인 결단으로서 주도적 역할을 한다. 물론 의지는 신앙을 거부하는 결단이 될 수도 있다.

[235] secundum hoc enim vivit quisque quod diligit: 『고백록』 1.13.10의 저 유명한 "나의 중심은 나의 사랑"(amor meus pondus meum)을 연상시키는 명문이다.

do autem diligantur quae nesciuntur sed tantum creduntur? Iam quaestio ista tractata est in superioribus libris, et inuentum neminem diligere quod penitus ignorat; ex his autem quae nota sunt diligi quando diligi dicuntur ignota.

Nunc librum istum ita claudimus ut admoneamus quod *iustus ex fide uiuit, quae fides per dilectionem operatur* ita ut uirtutem quoque ipsae quibus prudenter, fortiter, temperanter, iusteque uiuitur omnes ad eandem referantur fidem; non enim aliter uerae poterunt esse uirtutes. Quae tamen in hac uita non ualent tantum ut aliquando non sit hic necessaria qualiumcumque remissio peccatorum, quae non fit nisi per eum qui sanguine suo uicit principem peccatorum. Ex hac fide et tali uita quaecumque notiones sunt in animo fidelis hominis cum memoria continentur et recordatione inspiciuntur et uoluntati placent, reddunt quandam sui generis trinitatem. Sed imago dei de qua in eius adiutorio post loquemur nondum in ipsa est, quod tunc melius apparebit cum demonstratum fuerit ubi sit, quod in futuro uolumine lector exspectet.

---

[236] 이 책 8.4.6-8; 9.3.3; 13.4.7-5.8 참조. 의지의 경향에는 지성의 선이해(先理解), 지성의 탐구에는 의지의 선취(先取)가 존재한다는 것이 교부의 지론이다.

[237] 갈라 3,11; 하바 2,4 참조.

[238] 갈라 5,6 참조.

게 사랑한다는 말인가? 이 질문은 앞 권에서[236] 벌써 다루었고, '전혀 모르는 바는 아무도 사랑하지 않는다'는 결론에 이르렀으며 모르는 바를 사랑한다고 말할 때는 '알려진 사물들에 준해서 사랑한다'는 사실을 발견했다.

이제 우리는 "의인은 믿음으로 살 것이요"[237] 이 믿음은 "사랑으로 행동하는 믿음"[238]이라는 훈계를 남기면서 이 권을 끝맺기로 하자. 그러면 제반 덕목, 사람이 현명하게, 용맹하게, 절도 있게, 정의롭게 살아가는 덕목들이 모조리 신앙과 결부될 것이니, 그렇게 되지 않는 한 참다운 덕목일 수 없는 까닭이다.[239] 하지만 현세 생명에서는 [이 덕목들이] 어떤 죄든지 간에 죄의 사함을 필요로 하지 않을 정도로 큰 힘을 발휘할 수는 없다. 또 죄의 사함은 자기 피를 흘려 죄인들의 우두머리를 패배시킨 분을 통하지 않고서는 이루어지지 않는다. 이 신앙으로 말미암아, 또 구체적인 삶에서 비롯하여, 믿음을 가진 인간의 정신 속에 어떤 개념이 깃들어 있든지 간에, 그 개념들이 기억에 간직되고 상기되어 관조되고 의지에 합치될 때는 그 나름대로 삼위일체를 구성한다. 그렇지만 그 속에 곧 하느님의 모상이 깃드는 것은 아니다.[240] 하느님의 모상에 관해서는 하느님의 보우하심이 있으면 차후에 말하기로 한다. 그 모상이 어디 있는지 입증해 보이고 나면 그 점이 더 잘 드러날 것인데, 독자는 다음 권을 기대해 주기 바란다.

---

[239] 앞의 각주 171 참조. 신앙의 대상(구세사)은 외적이고 시간적이지만 참된 행복에 대한 지식이기도 하고 계시에 바탕을 두므로 어느 면에서 신앙은 지혜에 속한다.

[240] 신앙 자체가 하느님의 모상은 아니니 영혼에 가장 좋은 것은 불사불멸의 경지에 도달한 경우이기 때문이다(14.2.4 참조).

I 1. Nunc de sapientia nobis est disserendum, non illa dei quae procul dubio deus est (nam sapientia dei filius eius unigenitus dicitur), sed loquemur de hominis sapientia, uera tamen quae secundum deum est et uerus ac praecipuus cultus eius est, quae uno nomine θεοσέβεια graece appellatur. Quod nomen nostri sicut iam commemorauimus uolentes et ipsi uno nomine interpretari 'pietatem' dixerunt, cum pietas apud graecos εὐσέβεια usitatius nuncupetur, θεοσέβεια uero quia uno uerbo perfecte non potest, melius interpretatur duobus ut dicatur potius 'dei cultus.'

Hanc esse hominis sapientiam, quod et in duodecimo huius operis uolumine iam posuimus, scripturae sanctae auctoritate monstratur in libro serui dei Iob ubi legitur dei sapientiam dixisse homini: *Ecce pietas est sapientia; abstinere autem a malis scientia* (siue etiam ut nonnulli de graeco ἐπιστήμη interpretati sunt, *disciplina*, quae utique a discendo nomen accepit, unde et scientia dici potest;

---

1 드디어 하느님의 참모상이 발견되는 관상, 곧 지혜의 관상을 다루게 된다. 그러나 교부는 첫머리(1.1-3.5)에서 13권 말미에서 다루던, 신앙의 삼위일체로 돌아가 그것이 하느님의 '한 시적인 모상'임을 길게 설명한다.

2 1코린 1,24("그리스도가 … 부르심을 받은 이들에게는 하느님의 능력이시며 하느님의 지혜이십니다")와 1,21("세상은 하느님의 지혜 안에서 하느님을 지혜로서 알아보지 못했습니다") 참조.

3 vera sapientia, verus cultus Dei: 이하에 다시 나오지만 칠십인역 욥기 28장 28절이 교부의 인용(ecce pietas est sapientia)과 불가타역(ecce timor Domini, ipsa est sapientia: "주님을 경외함이 곧 지혜다")이 달라 이 해설을 넣는다.

하느님을 예배함이 곧 지혜[1]

1.1. 이제 지혜에 관해서 토론할 차례다. '하느님의 지혜'에 관해서가 아니다. 하느님의 지혜는 곧 하느님임에 의심의 여지가 없다(하느님의 지혜는 곧 그분의 외아들이라고 불린다).[2] 우리가 이야기할 것은 '인간의 지혜'이며, 참다운 지혜, 하느님으로 말미암은 지혜인데 그것은 곧 하느님에 대한 참되고 으뜸가는 예배다.[3] 그것을 그리스어로는 한마디로 $\theta\epsilon o\sigma\acute{\epsilon}\beta\epsilon\iota\alpha$라고 일컫는다. 이미 언급한 대로,[4] 이 명사를 우리 학자들도 한마디로 해석하고 싶어서 pietas라고 했다. 그런데 pietas가 그리스인들에게는 $\epsilon\mathring{v}\sigma\acute{\epsilon}\beta\epsilon\iota\alpha$라는 말로 쓰이는 것이 상례이고,[5] $\theta\epsilon o\sigma\acute{\epsilon}\beta\epsilon\iota\alpha$는 [라틴어로] 한 단어로 완벽하게 표현하지 못하므로 두 단어로 번역하는 편이 더 나아서 dei cultus[하느님 예배]라고 한다.

이 책 제12권에서 이미 제시한 바 있지만, 인간의 이 지혜는 성경의 권위가 보여 준 적이 있다.[6] 하느님의 종 욥의 책에서 하느님의 지혜가 인간에게 이런 말을 건넸다. "보라, 경건敬虔이 곧 지혜이며, 악을 삼감이 지식이다."[7] (혹자는 그리스어 $\acute{\epsilon}\pi\iota\sigma\tau\acute{\eta}\mu\eta$를 disciplina라고 번역했는데, 이 [라틴어] 단어는 discere[배우다]에서 나오는 명사이기도 하므로 따라서 '지식'이라 해도 된다.[8]▶ 무엇이든지 배우는 것은 알기 위함이기 때문이다. 그렇

---

[4] 이 책 12.14.22 참조. $\theta\epsilon o$-$\sigma\acute{\epsilon}\beta\epsilon\iota\alpha$('하느님에 대한 예배')의 $\sigma\acute{\epsilon}\beta\epsilon\iota\alpha$는 '경외'(timor)와 '예배'(cultus)를 둘 다 의미한다.

[5] $\epsilon\mathring{v}$-$\sigma\acute{\epsilon}\beta\epsilon\iota\alpha$: 그리스어에서 본래 신에게 드리는 '경배'가 부모에게 드리는 '효성'(pietas erga parentes)으로 함께 쓰이자 그리스도인들은 $\theta\epsilon o$-$\sigma\acute{\epsilon}\beta\epsilon\iota\alpha$라는 용어를 따로 사용했다.

[6] 이 책 14.12.15-16에서도 다시 언급할 것이다.

[7] 욥 28,28. 『성경』: "보라, 주님을 경외함이 곧 지혜이며, 악을 피함이 슬기이니라." 교부는 '하느님의 지혜'께 돌리는데, 문맥상 정작 이 말을 건네시는 분은 '하느님'이시다.

ad hoc enim quaeque res discitur ut sciatur, quamuis alia notione in his quae pro peccatis suis mala quisque patitur ut corrigatur dici soleat *disciplina*. Vnde illud est in epistula ad hebraeos: *Quis enim est filius cui non det disciplinam pater eius?*, et illud euidentius in eadem: *Omnis uero disciplina ad tempus non gaudii uidetur esse sed tristitiae; postea uero fructum pacificum his qui per eam certaunt reddet iustitiae)*. Deus ergo ipse summa sapientia; cultus autem dei sapientia est hominis de qua nunc loquimur. Nam *sapientia huius mundi stultitia est apud deum*. Secundum hanc itaque sapientiam quae dei cultus est ait sancta scriptura: *Multitudo sapientium sanitas est orbis terrarum*.

2. Sed si de sapientia disputare sapientium est, quid agemus? Numquidnam profiteri audebimus sapientiam ne sit nostra de illa impudens disputatio? Nonne terrebimur exemplo Pythagorae qui cum ausus non fuisset sapientem profiteri, philosophum potius, id est amatorem sapientiae, se esse respondit, a quo id nomen exortum ita deinceps posteris placuit ut quantalibet de rebus ad sapientiam pertinentibus doctrina quisque uel sibi uel aliis uideretur excellere non nisi philosophus uocaretur? An ideo sapientem profiteri talium hominum

---

◄8 칠십인역 욥기의 구절에서 ἐπιστήμη를 교부가 인용하는 대로 scientia라고 번역하지 않고 disciplina[불가타역은 intellegentia('슬기')]라고 번역한 역본들도 있었다.

9 그 경우에 disciplina는 '규율'(規律), '교정'(矯正), '견책'(譴責)을 의미한다.

10 히브 12,7.11 참조.

11 1코린 3,19.

12 지혜 6,24. 『성경』: "현자가 많음은 세상의 구원이다."

지만 다른 개념에 따르면 누가 자기 죄과 때문에 바로잡기 위해서 무슨 악을 감수할 경우에 그것을 가리켜 disciplina라고 하는 것이 예사다.[9] 히브리서에 나오는 말이 바로 그렇다. "아버지가 견책하지 않는 아들이 어디 있겠습니까?" 그리고 같은 성경에서 말이 더 명확하게 나온다. "모든 견책이 지금은 기쁨이 아닌 슬픔으로 여겨지지만 나중에는 그것을 통하여 훈련된 사람들에게 의義의 평화로운 열매를 돌려줍니다."[10] 그러니 하느님께서는 친히 곧 최상의 지혜이시다. 그리고 하느님을 예배함이 인간의 지혜이니 우리가 지금 말하려는 것이 바로 이것이다. 그 이유는 "이 세상의 지혜가 하느님께는 어리석음이기 때문이다".[11] 그러므로 이 지혜, 곧 하느님 예배인 이 지혜에 따르면 성경에 "지혜로운 사람들의 무리는 온 세상의 건강함이다"[12]라는 말씀이 있다.

철학자란 지혜를 사랑하는 자

1.2. 지혜를 논하는 일이 지혜로운 자들의 몫이라면 우리가 할 일이 무엇이겠는가?[13] 우리가 감히 지혜를 공언하다가는 지혜를 논하는 우리의 토론이 불손한 짓이 되지나 않을까? 우리 역시 피타고라스의 귀감, 자기가 감히 현자賢者라고 공언하지 못하고 자기는 철학자라고, 즉 지혜를 사랑하는 사람일 따름이라고[14] 답변한 그의 귀감 때문에 [이런 말을 하기] 두려워해야 마땅할 것이 아닌가? 그의 말에서 후대인들에게 [철학이라는 이름이] 유래했고, 지혜에 관련된 사물들에 관한 학문에서 자기 스스로나 남들에게 제아무리 출중해 보였더라도 자기는 어디까지나 진리를 사랑하는 사람으로 불리는 것으로 만족했음이 드러난다. 그처럼 훌륭한 인물들 가운데서도 아무도 감히 현자로 불리기를 원치 않은 까닭은 아무런 죄가 없는 이

---

[13] de sapientia disputare sapientium est: cf., Müller (ed.), Cicero, *Hortensius*, p.326. 이 책 8.6.9에서 같은 방식으로 '정의'와 '의인'을 논한 바 있다.

[14] Cf., Cicero, *Tusculanae disputationes* 5.3.9: "그들은 스스로를 '지혜를 사랑하는 사람' (philosophus)이라고 불렀는데 이 말은 피타고라스 시대에 기원을 둔다."

nullus audebat quia sine ullo peccato putabant esse sapientem? Hoc autem nostra scriptura non dicit quae dicit: *Argue sapientem, et amabit te*; profecto enim iudicat habere peccatum quem censet arguendum. Sed ego nec sic quidem sapientem me audeo profiteri. Satis est mihi quod etiam ipsi negare non possunt, esse etiam philosophi, id est amatoris sapientiae, de sapientia disputare. Non enim hoc illi facere destiterunt qui se amatores sapientiae potius quam sapientes esse professi sunt.

3. Disputantes autem de sapientia definierunt eam dicentes: *Sapientia est rerum humanarum diuinarumque scientia*. Vnde ego quoque in libro superiore utrarumque rerum cognitionem, id est diuinarum atque humanarum, et sapientiam et scientiam dici posse non tacui. Verum secundum hanc distinctionem qua dixit apostolus: *Alii datur sermo sapientiae, alii sermo scientiae*, ista definitio diuidenda est ut rerum diuinarum scientia sapientia proprie nuncupetur, humanarum autem proprie scientiae nomen obtineat, de qua uolumine tertio decimo disputaui, non utique quidquid sciri ab homine potest in rebus humanis ubi plurimum superuacaneae uanitatis et noxiae curiositatis est huic scientiae tribuens, sed illud tantummodo quo fides saluberrima quae ad ueram beatitudinem ducit gignitur, nutritur, defenditur, roboratur. Qua scientia non pollent fideles plurimi, qua-

---

[15] 교부의 글에서 '아무런 죄가 없는 분'(sine ullo peccato)은 중개자 그리스도만을 가리키므로 영원한 말씀이 하느님의 지혜이시라는 결론에 이른다.

[16] 잠언 9,8.

[17] Cf., Cicero, *De officiis* 1.43.153: sapientia ⋯ rerum est divinarum et humanarum scientia. 스토아 학파의 정의로 소개된다.

만 현자라고 여겼기 때문이 아니었을까?[15] 그런데 우리 성경은 이런 이야기까지는 하지 않고 오히려 "지혜로운 이를 나무라라. 그가 너를 사랑하리라"[16]고 한다. 누구를 나무란다는 것은 그에게 죄가 있다고 판단하는 연유에서다. 나로서도 나 자신을 지혜로운 사람이라고 감히 공언하지 못하겠다. 적어도 지혜에 관해서 따진다는 것이 철학자의 일, 다시 말해서 지혜를 사랑하는 사람의 몫이라는 점만은 저 사람들도 부인하지 못한다는 점만으로도 내게는 족하다. 자신을 들어 지혜로운 사람이라고 하기보다는 지혜를 사랑하는 사람이라고 공언한 저 인물들이 [지혜에 관하여 따지는] 이런 일을 그만두지 않았기 때문이다.

지식과 지혜

1.3. 지혜에 관하여 따지는 사람들이 그것을 일컬어 "지혜란 인간사人間事와 신사神事에 관한 지식"이라고 정의했다.[17] 그래서 나도 앞 책에서[18] 두 사물에 관한 인식, 곧 신사와 인간사에 관한 인식이라고 했고 그것을 지혜라고 일컬을 수도, 지식이라고 일컬을 수도 있다는 점을 빼놓지 않았다. 또 사도가 "어떤 이에게는 지혜의 말씀이 베풀어지는가 하면, 어떤 이에게는 지식의 말씀이 베풀어집니다"[19]라는 말에서 구분하는 바에 따르자면 신사에 관한 지식은 지혜라 불러 손색이 없고 인간사에 관한 지식은 그냥 지식이라는 이름을 얻어 손색이 없다. 이에 관해서는 제13권에서 논했지만,[20] 사람이 인간사에 관하여 알게 되는 모든 것을 지식에 돌리지는 않았다. 거기서는 상당 분량이 쓸모없는 피상皮相과 해로운 호기심에 해당하기에 구원에 극히 요긴한 신앙, 참된 행복으로 이끌어 주는 신앙을 낳고 키우고 지켜 주고 강화하는 것만을 [지식으로 꼽았다].[21] ▶ 다수 신앙인들은

---

[18] 이 책 13.1.1 및 13.19.25에서 '지식'과 '지혜'를 구분하여 전자는 인간사에 관한 인식, 후자는 신사에 관한 인식처럼 설명했다.

[19] 1코린 12,8.

[20] 이 책 13.19.24("우리 지식은 곧 그리스도이며, 우리 지혜 역시 그리스도다") 참조.

muis polleant ipsa fide plurimum. Aliud est enim scire tantummodo quid homo credere debeat propter adipiscendam uitam beatam quae non nisi aeterna est, aliud autem scire quemadmodum hoc ipsum et piis opituletur et contra impios defendatur, quam proprio appellare uocabulo scientiam uidetur apostolus. De qua prius cum loquerer ipsam praecipue fidem commendare curaui, a temporalibus aeterna breuiter ante distinguens atque ibi de temporalibus disserens, aeterna uero in hunc librum differens, etiam de rebus aeternis fidem temporalem quidem et temporaliter in credentium cordibus habitare, necessariam tamen propter adipiscenda ipsa aeterna esse monstraui. Fidem quoque de temporalibus rebus quas pro nobis aeternus fecit et passus est in homine quem temporaliter gessit atque ad aeterna peruexit ad eandem aeternorum adeptionem prodesse disserui, uirtutesque ipsas quibus in hac temporali mortalitate prudenter, fortiter, temperanter et iuste uiuitur, nisi ad eandem licet temporalem fidem quae tamen ad aeterna perducit referantur, ueras non esse uirtutes.

II 4. Quapropter, quoniam sicut scriptum est: *Quamdiu sumus in corpore peregrinamur a domino; per fidem enim ambulamus non per speciem*, profecto quamdiu iustus *ex fide uiuit*, quamuis secun-

---

[21] 편집자에 따라 여기서부터 '신앙의 지식이란 무엇인가'라는 소제목을 붙여 사실상 '신학'을 논한다.

[22] 이 책 13.20.25-26 참조.

[23] de rebus aeternis *fidem temporalem* quidem et *temporaliter* in credentium cordibus habitare: 라틴어 temporalis가 '시간적' · '현세적' · '일시적'이라는 다의성을 띠어 이런 말장난이 가능하다.

[24] passus est in homine quem *temporaliter* gessit atque *ad aeterna* pervexit: 교부는 여러 각도에서 시간적(현세적) 사물에 대한 신앙을 영원한 사물의 향유와 연결시킨다.

신앙 자체에는 굳건하지만 이런 지식에는 굳건하지 못하다. 사람이 행복한 삶 — 영원한 삶이 아니면 결코 행복한 삶이 아니다 — 을 얻기 위해서 무엇을 믿어야 할지에 관해서만 아는 것과, 똑같은 그것으로 어떻게 경건한 사람들을 돕고 어떻게 하면 그것을 불경스러운 사람들로부터 보호할지 아는 것은 서로 다른데, 사도 역시 이것을 '지식'이라는 단어로 불러 손색이 없다고 여겼던 것으로 보인다. 내가 전에 이 지식을 두고 이야기할 때는, 먼저 주로 신앙 자체를 권유하는 데 주력했다. 나는 먼저 현세적 사물로부터 영원한 사물을 간략하게 구분했고, 이어서 시간적 사물들을 다루는 동시에 영원한 사물을 논하는 일은 이 책으로 미루었다.[22] 그러면서도 영원한 사물을 믿는 현세적 신앙이 믿는 사람들 마음속에 비록 잠시나마 깃들인다는 점을 역설했는데,[23] 다만 그런 현세적 신앙이라도 영원한 사물 자체를 손에 넣는 데는 유익하다는 점을 지적했다. 그러면서도 현세적 사물도 영원한 분이 우리를 위해서 만들었고, 영원한 분이 인간 안에서 수난을 당했으며, 바로 시간 속에서 그 인간을 입고서 영원한 데로 끌고 갔다는 점에서, 현세적 사물들에 관한 신앙도 바로 그 영원한 사물들을 손에 넣는 데 필요하다는 점을 설명했다. 또 우리가 이 사멸하는 시간에서 현명하고 용맹하고 절제 있고 정의롭게 살게 만드는 덕목들 역시 이 신앙, 이 현세적 신앙, 인간을 영원한 사물로 인도하는 이 신앙과 결부되지 않으면 참다운 덕목이 아니라는 점도 강조했다.[24]

신앙에서 드러나는 삼위일체. 그러나 아직 하느님의 모상은 아니다

    2.4. 성경에 적혀 있기를 "이 몸 안에 있는 동안에는 우리가 주님으로부터 떠나 있습니다. 우리는 믿음으로 살아가지 형상으로 살아가는 것이 아닙니다"[25]라고 했고 더구나 "의인은 믿음으로 살 것이다"[26]▶라는 말씀까지

---

[25] 2코린 5,6-7: "이 몸 안에 눌러 사는 동안에는 우리가 주님으로부터 떠나 살고 있습니다. 우리는 믿음으로 살아가지 보면서 살아가는 것이 아닙니다."

dum interiorem hominem uiuat, licet per eandem temporalem fidem ad ueritatem nitatur et tendat aeternam, tamen in eiusdem fidei temporalis retentione, contemplatione, dilectione nondum talis est trinitas ut dei iam imago dicenda sit ne in rebus temporalibus constituta uideatur quae constituenda est in aeternis. Mens quippe humana cum fidem suam uidet qua credit quod non uidet non aliquid sempiternum uidet. Non enim semper hoc erit, quod utique non erit quando ista peregrinatione finita qua peregrinamur a domino ut per fidem ambulare necesse sit species illa succedet per quam uidebimus *facie ad faciem*, sicut modo non uidentes, tamen quia credimus, uidere merebimur atque ad speciem nos per fidem perductos esse gaudebimus. Neque enim iam fides erit qua credantur quae non uidentur, sed species qua uideantur quae credebantur. Tunc ergo etsi uitae huius mortalis transactae meminerimus et credidisse nos aliquando quae non uidebamus memoriter recoluerimus, in praeteritis atque transactis deputabitur fides ista non in praesentibus rebus semperque manentibus, ac per hoc etiam trinitas ista quae nunc in eiusdem fidei praesentis ac manentis memoria, contuitu, dilectione consistit tunc transacta et praeterita reperietur esse, non permanens. Ex quo

---

[26] 로마 1,17. 교부는 이하에서 이 구절을 '신앙으로 구원받는다'는 본래 뜻보다도 '현세에서는 신앙에 의지하여 살아간다'는 의미로 설명한다.

[27] ad veritatem nitatur et tendat aeternam: 사본에 따라서는 tendat ad aeterna로 나오므로 '진리를 얻기로 힘쓰고 영원한 사물들을 지향해야 한다'는 번역이 된다.

[28] fidei retensione, contemplatione, dilectione trinitas: 13.20.26에서 논의를 시작한 '신앙의 삼위일체'를 이 절 끝에서 밝힌다.

[29] imago … ne in rebus temporalibus *constituta videatur* quae *constituenda est* in aeternis: 교부는 지성에 깃든 하느님의 모상만 정말 모상이고 그것은 영혼만큼 불멸하고 영원한 것임을 14권(2.4-12.16)에서 길게 상술한다.

나온다. 그러므로 비록 내적 인간에 따라 살아가더라도, 바로 이 현세적 신앙을 통해서 영원한 진리를 향하고 그 진리를 [얻기로] 힘써야 한다.[27] 단지 이 현세적 신앙의 견지, 관상, 향유 속에 삼위일체가 있기는 하지만[28] 아직은 하느님의 모상이라고 부를 만한 삼위일체는 아니다. 그것이 영원한 사물들에 자리 잡아야 하는데 [신앙에 정말 하느님의 모상이 있다고 한다면 그것이] 현세적 사물들에 자리 잡은 것처럼 보일 염려가 있다.[29] 인간 지성이 자기의 신앙 — 그것으로 보이지 않는 것을 지성이 믿는다 — 을 바라볼 때 영원한 무엇을 보는 것은 아니다. 물론 항상 그렇지는 않을 것이다. 우리가 [지금은] 주님으로부터 떠나 살고 있어 어쩔 수 없이 신앙에 의지하여 걷고 있지만 이 순례가 끝난 다음 저 형상이 나타나서 저 형상으로 "얼굴과 얼굴을 마주 보게" 될 즈음에는 당연히 그렇지 않을 것이다. 지금은 우리가 보지 못하면서도 믿는 만큼, 그때는 의당 보게 될 것이요, 우리가 신앙을 거쳐서 드디어 형상에 도달한 사실을 두고 기뻐할 것이다. 그때는 보이지 않는 것을 믿는 신앙은 더 이상 존재하지 않을 것이고, 믿던 바를 눈으로 보는 형상이 존재할 것이다.[30] 아마 이미 끝나 버린 이 죽을 인생을 그때도 우리가 기억할 것이고, 우리가 한때 눈으로 보지 못하던 것을 믿었다는 사실 역시 기억하는 뜻에서 다시 떠올리겠지만,[31] 그때 [기억에 떠올리는] 저 신앙은 지나갔고 끝나 버린 것들 사이에 들어 있지, [그때도] 현전하고 항상 영속하는 사물들 사이에 들어 있다고 간주되지는 않을 것이다. 그렇다면 기억과 직관과 사랑으로 성립하는 신앙의 삼위일체는 지금 현전하고 항속하는 신앙의 삼위일체이기는 하지만, 저때는 [이미] 끝났고 지나가 버린 무엇으로 나타날 것이며 항속하는 무엇처럼 나타나지는 않을 것이다. 그러므로 이런 삼위일체가 이미 하느님의 모상이라 할지라

---

[30] neque *fides* erit *qua credantur* quae *non videntur*, sed *species qua videantur* quae *credebantur*: 교부는 수사학적 수식으로 신앙과 직관의 경지를 대비시켰다.

[31] 1코린 13,13("이제는 믿음, 희망, 사랑, 이 세 가지가 남아 있습니다. 그러나 그중에 가장 위대한 것은 사랑입니다")에 따르면 신앙은 후세에도 영속한다.

colligitur ut si iam imago dei est ista trinitas, etiam ipsa non in eis quae semper sunt sed in rebus sit habenda transeuntibus.

III. Absit autem ut cum animae natura sit immortalis nec ab initio quo creata est umquam deinceps esse desitat, id quo nihil melius habet non cum eius immortalitate perduret. Quid uero melius in eius natura creatum est quam quod *ad* sui creatoris *imaginem* facta est? Non igitur in fidei retentione, contemplatione, dilectione, quae non erit semper, sed in eo quod semper erit inuenienda est quam dici oporteat imaginem dei.

5. An adhuc utrum ita se res habeat aliquanto diligentius atque abstrusius perscrutabimur? Dici enim potest non perire istam trinitatem etiam cum fides ipsa transierit quia sicut nunc eam et memoria tenemus et cogitatione cernimus et uoluntate diligimus, ita etiam tunc cum eam nos habuisse memoria tenebimus et recolemus et hoc utrumque tertia uoluntate iungemus, eadem trinitas permanebit (quoniam si nullum in nobis quasi uestigium transiens reliquerit, profecto nec in memoria nostra eius aliquid habebimus quo recurramus eam praeteritam recordantes atque id utrumque intentione tertia copulantes, et quod erat scilicet in memoria non inde cogitantibus nobis et quod inde cogitatione formatur).

---

[32] 아우구스티누스는 영혼의 기원에 대해서 영혼 창조설(creationismus)을 펴지만(*Epistola* 166.4.8) 원죄론을 옹호하기 위하여 영혼 유전설(traducianismus)도 원용한다(『자유의지론』 3.20.55-22.65 참조).

[33] intentione tertia: 곧 '의지로' '과거사'에 대한 기억을 견지하는 작업.

도 항상 존재하는 사물들 속에 들어 있지 않고 잠시 지나가는 사물들 속에 들어 있는 것으로 간주되어야 할 것이다.

난점의 해결

3.[4.] 영혼의 본성은 불사불멸하는 것이며 영혼이 창조된 순간부터 불사불멸하기를 중단하는 일이 결코 없다.[32] 따라서 영혼에게 더할 나위 없이 좋은 무엇이 영혼의 불사불멸과 더불어 존속하지 못하는 일이 있으리라는 생각은 아예 말아야 한다. 그렇다면 영혼의 본성에서 영혼이 자기 창조주의 모습대로 만들어졌다는 점보다 더 훌륭하게 창조된 것이 무엇이겠는가? 그러니까 하느님의 모상이라고 불러 마땅한 것이 무엇이든지 상관없이, [그 모상은] 신앙의 견지와 관조와 사랑에서 찾을 것이 아니다. 신앙은 항상 있을 것이 아니기 때문이다. [그 모상은] 항상 있을 것에서 찾아내야 한다.

3.5. 사실이 과연 그러한지 우리가 아직 더 철저히, 더 깊이 있게 파헤쳐야 할까? 신앙이 지나간다 하더라도 저 [신앙의] 삼위일체가 사라지는 것은 아니라고 말할 수 있다. 지금 우리가 신앙을 기억으로 견지하고 사유로 의식하며 의지로 사랑하는 까닭이다. 우리가 과거에 간직했던 것은 [미래에도] 우리가 기억으로 견지하고 [사유로] 음미하고 제삼의 요소인 의지로 이 양자를 결합시킬 테니까 똑같은 삼위일체가 여전히 존속할 것이다. (지나가 버리는 것이 우리에게 아무 자취도 남기지 않는다면, 우리가 그 사물에 관한 것을 기억에 전혀 간직하지 못할 테고, 따라서 기억으로 소급하여 그것을 '지나간 일'로서 상기하거나 제삼의 요소인 지향으로 양자를 결합시키는 일도[33] 불가능할 것이기 때문이다. 기억에 존재하는 것은 우리가 그것에 관해서 사유를 하고 있지 않을 때도 기억 속에 자리 잡고 있으며, 또 정작 우리가 [그것에 관해서] 사유를 할 때는 그것에 의거해서 [지성이] 형상화되는 법이다.)

Sed qui hoc dicit non discernit aliam nunc esse trinitatem quando praesentem fidem tenemus, uidemus, amamus in nobis; aliam tunc futuram quando non ipsam sed eius uelut imaginarium uestigium in memoria reconditum recordatione contuebimur, et duo haec, id est quod erat in memoria retinentis et quod inde imprimitur in acie recordantis, tertia uoluntate iungemus. Quod ut possit intellegi, sumamus exemplum de corporalibus rebus de quibus in libro undecimo satis locuti sumus, nempe ab inferioribus ad superiora ascendentes uel ab exterioribus ad interiora ingredientes primam reperimus trinitatem in corpore quod uidetur et acie uidentis quae cum uidet inde formatur et in uoluntatis intentione quae utrumque coniungit. Huic trinitati similem constituamus cum fides quae nunc inest nobis tamquam corpus illud in loco ita in nostra memoria constituta est, de qua informatur cogitatio recordantis sicut ex illo corpore acies intuentis, quibus duobus ut trinitas impleatur adnumeratur tertia uoluntas quae fidem in memoria constitutam et quandam eius effigiem in contuitu recordationis impressam conectit et iungit sicut in illa corporalis trinitate uisionis formam corporis quod uidetur et conformationem quae fit in cernentis aspectu coniungit intentio uoluntatis. Faciamus ergo corpus illud quod cernebatur interisse dilapsum nec eius remansisse aliquid in ullo loco ad quod uidendum recurrat aspectus. Numquid quia imago rei corporalis iam transactae atque praeteritae remanet in memoria unde informetur cogitantis obtutus

<hr>

34 이 책 11.2.2 이하에 사물을 지각할 경우 감관(시각)에 발생하는 삼위일체를 길게 다룬다.

35 *formam* in memoria constitutam et quandam eius *effigiem* in contuitu recordationis impressam: 사물 자체의 형상(forma)과 그것에 의해서 지성에 각인되는 형상[effigies('영상'): 곧 이어 conformatio('형상화' 또는 '동화')라는 용어를 쓴다]을 구분한다.

하지만 이런 말을 하는 사람은 현재 있는 [신앙의] 삼위일체가 다르고 미래에 있을 [신앙의] 삼위일체가 다르다는 점을 따로 구분하지 않고 있다. 우리 안에 현전하는 신앙을 견지하고 바라보고 사랑하는 동안에 지금 존재하는 삼위일체라는 것이 있고, 미래의 삼위일체, 곧 신앙 자체는 더 이상 존재하지 않고 기억에 새겨진, 신앙의 희미한 자취를 상기하여 바라볼 때 존재하는 삼위일체가 있다. [이 삼위일체에서는 신앙을] 견지한 사람의 기억 속에 있는 것, 그리고 거기서 상기해 내는 사람의 [지성의] 정곡에 각인되는 것, 우리는 이 두 가지를 제삼의 요소인 의지를 가지고 결합시킨다. 이 말을 알아듣기 위해서 물리적 사물로부터 예를 들어 보자. [물리적 사물에 관해서는] 이 책 제11권에서 충분히 논한 바 있다.[34] 다시 말해서 하위의 사물로부터 상위의 사물로 올라가고 외적 사물로부터 내적 사물로 들어가는 작업을 하면서, 우리는 물체에서 첫 번째 삼위일체를 발견해 냈다. 눈에 보이는 물체, 그 물체를 볼 때 보는 사람의 지성의 정곡을 형상화하면서 그 지성 속에 존재하는 것, 그리고 의지의 지향 속에 존재하는 것 즉 양자를 결합시키는 무엇 [셋이다]. 그러면 이런 삼위일체와 비슷한 삼위일체를 [신앙이라는 것에서] 구성해 보자. 우리 안에 내재하는 신앙은 우리 기억에서 마치 공간에 있는 물체와 흡사한 [역할을 하고], 관찰하는 사람의 지성이 저 물체에 의해서 형상화되듯이, 상기해 내는 사람의 사유가 [이 신앙에 의해서] 형상화되며, 이 두 가지로부터 삼위일체가 완결되려면, 셋째로 의지가 개입하여 기억 속에 구성되어 있는 신앙, [그 신앙을] 상기해 내는 시선에 각인되어 있는 영상, 이 둘을 한데 결합시킨다.[35] 물체에 대한 시각의 삼위일체에서, 눈에 보이는 물체의 형상과 지각하는 사람의 시야에서 이루어지는 형상화, 이 둘을 의지의 지향이 한데 결합시키는 것과 같다. 인지되는 물체를 사라지게 하고 어느 공간에도 그 흔적이 남지 않게 해서 그것을 보려고 해도 돌이켜 볼 시야가 전혀 없다고 해 보자. 그렇더라도 이미 지나가 버리고 사라져 버린 그 물리적 사물의 모상이 기억 속에는 남아 있고, 그것에 의거해서 사유하는 자의 시선[36]▶이 형상화

atque id utrumque tertia uoluntate iungatur, eadem trinitas esse dicenda est quae fuerat quando species in loco positi corporis uidebatur? Non utique, sed prorsus alia. Nam praeter quod illa erat extrinsecus, haec intrinsecus, illam profecto faciebat species praesentis corporis, hanc imago praeteriti. Sic et in hac re de qua nunc agimus et propter quam putauimus adhibendum illud exemplum, fides quae nunc in animo nostro est uelut illud corpus in loco dum tenetur, aspicitur, amatur quandam efficit trinitatem; sed non ipsa erit quando fides haec in animo sicut corpus illud in loco iam non erit. Quae uero tunc erit quando eam recordabimur in nobis fuisse, non esse, alia profecto erit. Hanc enim quae nunc est facit res ipsa praesens et animo credentis affixa, at illam quae tunc erit faciet rei praeteritate imaginatio in recordantis memoria derelicta.

6. Nec illa igitur trinitas quae nunc non est imago dei erit, nec ista imago dei est quae tunc non erit, sed ea est inuenienda in anima hominis, id est rationali siue intellectuali, imago creatoris quae immortaliter immortalitati eius est insita.

◀36 교부는 '지성의 시선(visio)'을 작동시키는 활동을 가리켜 obtutus(응시), contuitus(주시), aspectus(시야, 시선), intuitus(직시, 직관) 등의 다양한 어휘를 쓴다.

37 사물을 목격하는 시각의 삼위일체와 기억을 더듬는 상기의 삼위일체가 다름을 내세워 현세적 신앙과 후세의 신앙 — 기억으로서의 신앙 — 이 다름을 강조한다.

38 *res ipsa praesens* et animo credentis *affixa* ⋯ *rei praeteriti imaginatio* in recordantis memoria *derelicta*: 두 신앙의 차이를 세 쌍의 어구로 판명(判明)하게 구분하고 있다.

39 이 책 10권에서 지성에서 관찰하던 삼위일체로 돌아가 인간에게 있는 하느님 모상의 존재론적 성격을 강조한다. 삼위일체 하느님의 모상은 창조된 영혼에 첨가된 무엇이 아니고 지성의 구성적 요소이며 따라서 상실할 수 없다(4.6-7.10).

40 편집에 따라서는 4.6이 여기서부터 시작된다.

되며, 이 둘이 제삼자인 의지에 의해 결합하는 까닭에, 공간에 위치한 물체의 형상形象이 보일 때와 마찬가지로, 동일한 삼위일체라고 말해야 하지 않을까? 한데, 그렇지 않을뿐더러 아예 다르다.[37] 전자가 외면적이고 후자가 내면적이라는 점 말고도, 전자는 현존하는 물체의 형상이 만들어 내는 것이고 후자는 지나간 사물의 모상이 만들어 내는 것이다. 그래서 지금 논하는 이 사안과 연관 지어 말하면 ― 그리고 이 사안 때문에 이런 예를 들어야겠다고 생각하는데 ―, 지금 우리 정신에 자리 잡고 있는 신앙은, 공간에 놓인 물체가 그렇듯이, 견지되고 관찰되고 사랑받는 동안 일종의 삼위일체를 만들어 낸다. 그러나 물체가 공간에 있다가 더는 그 자리에 없을 때처럼 정신 안에 이 신앙이 더 이상 존재하지 않을 때는 바로 그런 삼위일체가 아닐 것이다. 한때 우리에게 신앙이 존재했었는데 그때 가서 더는 존재하지 않는다는 사실을 우리가 기억해 낼 때 생기는 삼위일체는 [지금 있는 신앙의 삼위일체와는] 전혀 다른 무엇일 것이다. 지금 있는 [신앙의 삼위일체는] 현존하는 사물이 만들어 내는 것이고 믿는 사람의 정신 속에 고정되어 있으나, 저때 있을 [삼위일체는] 지나간 사물에 관한 상상이 만들어 내는 것이고 상기해 내는 사람의 기억 속에 남아 있을 따름이다.[38]

하느님의 모상은 인간의 이성혼에서 발견되어야 한다. 하느님의 모상은 영혼의 불멸성에 의거하여 태생적으로 불멸하게 영혼에 새겨져 있다[39]

3.6. 그러니까[40] 지금은 아직 존재하지 않는 [미래의] 저 삼위일체가 하느님의 모상은 아닐 테고, 또 [지금 있다가] 저때는 존재하지 않을 [삼위일체가 하느님의 모상도] 아닐 텐데, 그렇더라도 [삼위일체 하느님의 모상은] 어디까지나 인간의 영혼에서 발견되어야 한다. 다시 말해 이성혼理性魂 혹은 오성혼悟性魂에서 창조주의 모상이 발견되어야 한다. 그 모상은 영혼의 불멸성에 불멸하게 새겨져 있다.[41]

---

[41] immortaliter immortalitati eius est insita: 신앙의 삼위일체가 하느님의 삼위일체의 본모상이 못 되는 이유를 이렇게 매듭짓는다.

IV. Nam sicut ipsa immortalitas animae secundum quendam modum dicitur (habet quippe et anima mortem suam cum uita beata caret quae uere animae uita dicenda est, sed immortalis ideo nuncupatur quoniam qualicumque uita etiam cum miserrima est numquam desinit uiuere), ita quamuis ratio uel intellectus nunc in ea sit sopitus, nunc paruus, nunc magnus appareat, numquam nisi rationalis et intellectualis est anima humana; ac per hoc si secundum hoc facta est *ad imaginem dei* quod uti ratione atque intellectu ad intellegendum et conspiciendum deum potest, profecto ab initio quo esse coepit ista tam magna et mira natura, siue ita obsoleta sit haec imago ut pene nulla sit siue obscura atque deformis siue clara et pulchra sit, semper est. Denique deformitatem dignitatis eius miserans diuina scriptura: *Quamquam*, inquit, *in imagine ambulat homo, tamen uane conturbatur; thesaurizat et nescit cui congregabit ea.* Non itaque uanitatem imagini dei tribueret nisi deformem cerneret factam. Nec tantum ualere illam deformitatem ut auferat quod imago est satis ostendit dicendo: *Quamquam in imagine ambulat homo.* Quapropter ex utraque parte ueraciter pronuntiari potest ista sententia, ut quemadmodum dictum est: *Quamquam in imagine ambulat homo, tamen uane conturbatur*, ita dicatur: 'Quamquam uane

---

[42] secundum quendam modum: 그리스도교에서는 (죄로 인한) '영혼의 죽음'을 자주 언명하기 때문에 부연하는 말이다.

[43] quo esse coepit tam magna et mira natura … haec imago semper est: 삼위일체의 모상은 자연 본성에 새겨진 것이므로 (범죄나 영원한 단죄로도) 제거되지 않는다.

[44] 시편 39,7. 『성경』: "인간은 한낱 그림자로 지나가고 부질없이 소란만 피우며 쌓아 놓나이다. 누가 그것을 거두어 갈지 알지도 못하는 채."

[45] 교부는 한때 "죄로 인하여 [하느님과의] 유사성의 흔적을 상실하여 인간은 단순한 피조물 이상이 아니다"(*De diversis quaestionibus 83*, 67.4)라는 입장을 표명했으나, 그 주장을 수정하여(*Retractationes* 1.26.2) 하느님의 모상을 상실하지 않아야만 '쇄신'(renovatio)이라는

4.[6]. [여기서 말하는] 영혼의 불사불멸은 특정한 의미에서[42] 하는 말이다(행복한 삶만이 참으로 영혼의 삶이라고 부를 만하므로 영혼도 나름대로는 죽음을 갖고 있다고 하겠다. 그렇더라도 영혼이 불멸한다고 말하는 연유는 어떤 삶이든, 즉 더할 나위 없이 비참한 삶이라고 하더라도 살아 있기를 중단하지 않는다는 뜻에서다). 그와 매한가지로 이성 혹은 오성이 지성 속에서 때로는 마비되기도 하고 때로는 미소한 것으로 드러나며 때로는 위대한 것으로 드러나더라도 인간 영혼이 이성적이고 오성적이기를 중단하는 일은 결코 없다. 따라서 하느님을 알아보고 관조하는 데 이성과 오성을 사용할 수 있도록 만들어졌다는 점에서 영혼이 하느님의 모상대로 생겨났다고 말한다면, 참으로 위대하고 참으로 놀라운 [영혼이라는] 자연 본성이 존재하기 시작하던 당초부터, 항상 [하느님의] 이 모상이 존재한다. 이 모상이 하도 약화되어서 거의 없거나 아주 희미하거나 심지어 비틀려 있다고 하더라도, 혹은 [정반대로 아주] 투명하고 아름답다고 하더라도 [어디까지나 하느님의 모상이다].[43] 그리고 그 존엄한 모상의 일그러짐을 보다 못해 이를 가엾게 여겨 성경은 이런 말을 한다. "인간은 모상을 하고서 거닐면서도 헛되이 혼란해져 있나이다. 보물을 쌓고 있으면서도 그것이 누구에게 모이는지 모르나이다."[44] 그 [모상의 형태가] 일그러졌다고 의식하지 않았더라면, 성경이 하느님의 모상에 '헛됨'이라는 말을 붙이지는 않았을 것이다. 또 이 형태의 일그러짐이 제아무리 심하더라도 [영혼이 하느님의] 모상이라는 사실 자체를 박탈해 버릴 정도로 심한 것이 아님은[45] "인간은 모상을 하고서 거니나이다"라는 말에서 충분히 드러난다.[46] 그러므로 이 문장은 어느 편에서부터 읽더라도 맞는 음독이 된다. "인간은 모상을 하고서 거닐면서도 헛되이 혼란해져 있나이다"라고 되어 있다. 그러면서도 "인간은 헛되이 혼란해져 있으면서도 모상을

____

말이 가능하며, 상실하고 없다면 이 시편이 죄인인 인간을 두고 '모상을 하고서 움직인다'라는 말을 못하리라고 보충한다.

[46] 시편 구절의 후반부 — "그런 보물을 가지고 있으면서도 그것이 누구에게 맞는지 모르나이다" — 도 14.14.19에서 '모상'에 맞추어 해석한다.

conturbatur homo, tamen in imagine ambulat.' Quamquam enim magna natura sit, tamen uitiari potuit quia summa non est; et quamquam uitiari potuerit quia summa non est, tamen quia summae naturae capax est et esse particeps potest, magna natura est.

Quaeramus igitur in hac imagine dei quandam sui generis trinitatem adiuuante ipso qui nos fecit *ad imaginem* suam. Non enim aliter possumus haec salubriter uestigare et secundum sapientiam quae ab illo est aliquid inuenire, sed ea quae in superioribus libris et maxime in decimo de anima humana uel mente diximus si lectoris uel memoria teneantur atque recolantur uel diligentia in eisdem locis in quibus conscripta sunt recenseantur, non hic desiderabit prolixiorem de rei tantae inquisitione sermonem.

7. Inter cetera ergo in libro decimo diximus hominis mentem nosse semetipsam. Nihil enim tam nouit mens quam id quod sibi praesto est, nec menti magis quidquam praesto est quam ipsa sibi. Et alia quantum satis uisum est adhibuimus documenta quibus hoc certissime probaretur.

V. Quid itaque dicendum est de infantis mente ita adhuc paruuli et in tam magna demersi rerum ignorantia ut illius mentis tenebras mens hominis quae aliquid nouit exhorreat? An etiam ipsa se nosse

---

[47] 교부는 quamquam과 tamen을 바꿔 읽어 보면서 타락이 본래의 모상을 박탈하지 않았다는 의미로 풀어 본다.

[48] magna natura sit, tamen vitiari potuit quia summa non est: 피조물(천사와 인간)의 타락의 '형이상학적 근거'(e.g., *De natura boni* 1.1)를 교부는 이렇게 제시한다.

하고서 거니나이다"라고 읽을 수 있다는 말이다.[47] 비록 위대한 자연 본성이지만 타락할 수 있었으니 최고의 자연 본성이 아니기 때문이다.[48] 또 최고의 자연 본성이 아니기 때문에 타락할 수 있었지만, 최고의 자연 본성을 받아들일 역량이 있고 최고의 자연 본성에 참여할 수 있으므로 여전히 위대한 자연 본성이다.[49]

그러므로 우리는 우리를 당신 모상대로 만든 분의 도움에 힘입어 하느님의 이 모상에서 그 나름대로 삼위일체를 찾아보기로 하자. 실상 우리로서는 이 탐구를 달리 건전하게 개진할 도리가 없을뿐더러, 그분으로부터 오는 지혜에 입각해 무엇을 발견할 재간도 없다. 그러나 독자가 여기서 [우리에게] 장황한 연설을 기대하지는 않으리라고 본다. 독자가 앞의 책들 특히 제10권에서 인간 영혼에 관하여 혹은 지성에 관하여 우리가 말한 것들을 기억에 간직하고 있거나, [적어도 기억을 더듬어] 상기해 내거나, 이 문제를 기록한 부분을 열성을 갖고 재독한다면, 비록 아주 중대한 사안을 다루는 연구라고 하더라도 장황한 연설을 요구하지는 않으리라고 본다.

4.7. 제10권에서는 여러 이야기 가운데서도, 인간의 지성이 자신을 인식한다는 점에 대해 말했다.[50] 지성이 자기에게 현전하는 것보다 더 잘 인식하는 대상이 없고, 지성 자체보다 지성에 더 잘 현전하는 것이 또 없다. 그리고 이 점을 아주 분명하게 다짐하는 뜻에서 다른 논지들도 충분하리만큼 살펴보았다.

어린이의 지성도 자신을 인식한다고 믿어야 할 것인가
5.[7]. 그러면 아직 어리고 사물에 관한 엄청난 무지에 잠겨 있는 어린이의 지성에 관해서는 뭐라고 말해야 하는가? 무엇인가 아는 인간의 지성이

---

[49] summae naturae capax est et esse particeps: 삼위일체를 관상할 수 있는 인간의 능력 (14.8.11: capax dei)에 모상으로서 인간의 위대함이 있다.

[50] 특히 10.7.9 참조.

credenda est, sed intenta nimis in eas res quas per corporis sensus tanto maiore quanto nouiore coepit delectatione sentire, non ignorare se potest sed cogitare se non potest? Quanta porro intentione in ista quae foris sunt sensibilia feratur uel hinc solum conici potest quod lucis huius hauriendae sic auida est ut si quisquam minus cautus aut nesciens quid inde possit accidere nocturnum lumen posuerit ubi iacet infans, in ea parte ad quam iacentis oculi possint retorqueri nec ceruix possit inflecti, sic eius inde non remouetur aspectus ut nonnullos ex hoc etiam strabones fieri nouerimus eam formam tenentibus oculis quam teneris et mollibus consuetudo quodam modo infixit. Ita et in alios corporis sensus quantum sinit illa aetas intentione se quasi coartant animae paruulorum ut quidquid per carnem offendit aut allicit hoc solum abhorreant uehementer aut appetant; sua uero interiora non cogitent nec possint admoneri ut hoc faciant quia nondum admonentis signa nouerunt ubi praecipuum locum uerba obtinent quae sicut alia prorsus nesciunt. Quod autem aliud sit non se nosse, aliud non se cogitare iam in eodem uolumine ostendimus.

8. Sed hanc aetatem omittamus quae nec interrogari potest quid in se agatur et nos ipsi eius ualde obliti sumus. Hinc tantum certos

---

라면 저런 지성이 봉착하는 엄청난 어둠을 두고 몹시 당황할 텐데, 어린이의 지성도 자체를 안다고 믿어야 할까? 다만 [어린이는] 신체의 감관을 통해서 사물들을 감지하기 시작하는 단계이고, 그런 사물들에 즐겨 몰두하다 보니까, 새로 [아는] 즐거움일수록 더 큰 즐거움이 되다 보니까 [어린이의 지성이] 자기를 모를 수는 없고 단지 자기를 두고 사유하지 못할 따름이 아닐까? [어린이의 지성이] 바깥에 있는 사물들을 향하여 얼마나 강력한 지향을 가지고 뻗어 나가던가! 이 사실만으로도 우리는 다음과 같이 추측할 수 있다. [어린이의 지성이 우리가 지금 바라보는] 이 빛을 받는 데 얼마나 욕심을 내는지 보자. 누가 약간 조심을 덜 하거나 그것 때문에 무슨 일이 일어날 수 있는지조차 모른 채 아기가 누워 있는 곳에 야간 조명을 놓아두는 경우가 있다. 누워 있는 아기의 눈이 그쪽으로 돌아가는데도 목을 그쪽으로 돌릴 수는 없는 곳에다 조명을 놓아둘 경우 말이다. 그럴 경우, 얼굴은 그쪽으로 못 돌리면서도 그토록 연약하고 그토록 여린 눈을 가지고 그쪽을 응시하는 모양을 취하다 보니까 어느 면에서 습관이 되어서 적지 않은 수가 사팔뜨기가 된다는 사실을 우리는 알 것이다. 신체의 다른 감관에 대해서도 마찬가지다. 그 나이가 그런 만큼 아기들의 영혼은 그 주의를 하도 좁은 범위에 국한시키므로 무엇이든지 몸뚱이를 조금만 거북하게 하거나 기분 좋게 만들어 주거나 하면 심하게 반발하거나 심하게 탐닉한다.[51] 아기들은 자기 내면에 있는 것들을 두고 사유하지 않거나 그렇게 하라고 아기들에게 충고할 수도 없으니 충고하는 사람으로부터 오는 신호를 아직 알아듣지 못하는 까닭이다. 그런 신호 가운데 언어가 단연 으뜸가는 자리를 차지하는데, 다른 신호와 마찬가지로 아기들은 언어도 전혀 못 알아듣는다. 자기를 인식하지 못한다는 것과 자기를 두고 사유하지 못한다는 것은 별개의 것임을 같은 책에서 입증한 바 있다.[52]

5.8. 하지만 그 나이에 무슨 일이 일어나는지 [아기들에게] 물을 수도 없고 그 나이에 관해서는 우리 자신도 까맣게 잊어버렸으니까 나이에 관해

nos esse suffecerit quod cum homo de animi sui natura cogitare potuerit atque inuenire quod uerum est, alibi non inueniet quam penes se ipsum. Inueniet autem non quod nesciebat sed unde non cogitabat. Quid enim scimus si quod est in nostra mente nescimus cum omnia quae scimus non nisi mente scire possimus?

VI. Tanta est tamen cogitationis uis ut nec ipsa mens quodam modo se in conspectu suo ponat nisi quando se cogitat, ac per hoc ita nihil in conspectu mentis est nisi unde cogitatur ut nec ipsa mens qua cogitatur quidquid cogitatur aliter possit esse in conspectu suo nisi se ipsam cogitando. Quomodo autem quando se non cogitat in conspectu suo non sit cum sine se ipsa numquam esse possit quasi aliud sit ipsa, aliud conspectus eius, inuenire non possum. Hoc quippe de oculo corporis non absurde dicitur. Ipse quippe oculus loco suo est fixus in corpore; aspectus autem eius in ea quae extra sunt tenditur et usque in sidera extenditur. Nec est oculus in conspectu suo quandoquidem non conspicit se ipsum nisi speculo obiecto unde iam locuti sumus. Quod non fit utique quando se mens in suo conspectu sui cogitatione constituit. Numquid ergo alia sua parte aliam suam

---

⁵³ 『고백록』 첫머리(1.6.7-20.31)에서 아우구스티누스는 (아들 아데오다투스를 키워 본 경험에 비추어) 아이의 심리를 예리하게 관찰하고 있다.

⁵⁴ inueniet autem non quod nesciebat sed unde non cogitabat: 플라톤의 인식론을 연상시키는데 이하 14.7.9에 다시 언급된다.

⁵⁵ 교부의 철학적 방법론이 지성에 대한 내성(內省)에 있음을 다시 강조한 의문문이다.

⁵⁶ 사유란 '지성이 지성 자체를 자기 시야(지평)에 내놓음'(ipsa mens se in conspectu suo ponat)으로 규정된다.

⁵⁷ 교부에게 지성(mens qua)은 사유의 주체이자 사유의 도구이며 방금 말한, 사유의 '지평'(conspectus)이다. 그러므로 모든 '대상 사유'는 지성 자체를 지평으로 삼는 활동이다.

서는 더 이상 언급하지 말자.[53] 인간이 자기 정신의 본성에 관해서 반성할 수 있다면, 그리고 그에 관해서 참된 무엇을 발견할 수 있다면, 그것을 자기 자신에게서가 아니면 다른 데서는 발견하지 못한다는 점을 확실히 다짐하는 것으로 만족하자. 그리고 인간이 발견해 내는 것은 모르고 있던 것이 아니고 그것에 대해 생각하고 있지 않던 것이다.[54] 우리가 아는 모든 것이 지성으로가 아니면 알 수 없는 마당에, 우리 지성 안에 있는 것을 우리가 모른다면 우리는 과연 무엇을 알겠는가?[55]

지성이 자기 자신을 사유할 때 그 속에 일종의 삼위일체가 존재한다

6.[8]. 사유의 힘은 하도 커서, 지성이 자체를 두고 사유할 때가 아니고서는, 지성 자체도 어느 모로든 자기 시야에 지성 자체를 내어놓지 않을 정도다.[56] 그 결과 지성이 자체를 사유하는 경우가 아니고서는 지성의 시야에 아무것도 존재하지 않는다. 무슨 대상을 생각하든지 지성으로 사유하므로, 지성이 자체의 시야에 존재한다는 것은 지성이 지성 자체를 생각하면서가 아니면 달리는 불가능하다.[57] 그렇지만 지성이 자기 자체를 두고 사유하지 않는 순간에 지성이 지성의 시야에 존재하지 않는 일이 어떻게 가능한지를 나는 찾아내지 못하겠다. 지성이 지성 자체가 없이는 결코 존재할 수 없는 터에, [이런 사고방식은] 마치 지성이라는 것 다르고 지성의 시야라는 것 다르기라도 하듯이 생각하는 짓이다. 이 설명을 신체의 눈에 해당시켜 논해도 모순은 아닐 성싶다. 눈 자체는 신체의 일정한 자기 자리에 박혀 있으며, 눈의 시선은 바깥에 있는 사물들을 향해 뻗어 나가고 심지어는 성좌星座까지도 뻗어 나간다. 그렇지만 눈이 거울을 마주 놓고서 자체를 바라보고 있지 않는 한, 눈이 자기 시야에 놓여 있는 것은 아니다. 이 이야기는 이미 한 바 있다.[58] 그런데 지성이 자기에 대한 사유를 가지고

---

[58] 이 책 9.3.3; 10.3.5 참조.

partem uidet cum se conspicit cogitando sicut aliis membris nostris qui sunt oculi alia nostra membra conspicimus quae in nostro possunt esse conspectu? Quid dici absurdius uel sentiri potest? Vnde igitur aufertur mens nisi a se ipsa, et ubi ponitur in conspectu suo nisi ante se ipsam? Non ergo ibi erit ubi erat quando in conspectu suo non erat quia hic posita, inde sublata est? Sed si conspicienda migrauit, conspectura ubi manebit? An quasi geminatur ut et illic sit et hic, id est et ubi conspicere et ubi conspici possit, ut in se sit conspiciens ante se conspicua? Nihil horum nobis ueritas consulta respondet quoniam quando isto modo cogitamus non nisi corporum fictas imagines cogitamus, quod mentem non esse paucis certissimum est mentibus a quibus potest de hac re ueritas consuli.

Proinde restat ut aliquid pertinens ad eius naturam sit conspectus eius, et in eam quando se cogitat non quasi per loci spatium sed incorporea conuersione reuocetur. Cum uero non se cogitat, non sit quidem in conspectu suo nec de illa suus formetur obtutus, sed tamen nouerit se tamquam ipsa sibi sit memoria sui. Sicut multarum

---

59 unde aufertur, ubi ponitur: 지성이 지성의 시야에 놓이거나 치워진다고 표현하더라도, 사실 주체와 대상이 동일하다.

60 사유의 주체이자 대상인 지성을 두고 물체의 장소 이동처럼 상상하면 이런 모순된 문장이 나온다.

61 si *conspicienda* migravit, *conspectura* ubi manebit: 해답은 아래 각주 64 참조.

62 *in se* sit *conspiciens* ante se conspicua: 아래 각주 64 참조.

63 aliquid pertinens ad eius naturam sit conspectus eius: conspectus mentis['지성의 시야', '지성의 지평'. aspectus mentis(지성의 시선)와 구분]는 지성의 우유(偶有) 가운데 하나가 아니고 지성의 본질(natura)이다.

64 *non* quasi *per loci spatium* sed *incorporea conversione* revocetur: 지성이 지성 자체를 시야에서 떼어 놓고 바라보는 것이 아니고 지성으로 전회하는(conversio ad se ipsam) 작용이다.

자기를 자기 시야에 설정했을 경우에는 그렇지가 않다. 그럼 지성이 사유를 하면서 자기를 바라보는 순간에는 지성의 한 부분이 다른 부분을 바라보는 것일까? 눈이라는 우리의 어떤 지체를 가지고 우리 시야에 들어올 수 있는 우리의 다른 지체를 바라보듯이 말이다. 하지만 이보다 더 부조리한 설명이 있을 수 있을까? 지성이 [지성의 시야에서] 치워진다면 지성 자체로부터가 아니면 어디로부터 치워진다는 말인가? 지성이 자기 시야에 놓인다면 지성 자체 앞이 아니고 어디에 놓이겠는가?[59] [이 말이 맞으면] 지성이 자기 시야에 있지 않았을 때는, 지성이 있던 곳에 더는 있지 않을 것이니, 여기 놓여 있다면 저기서는 치워졌을 것이기 때문이다.[60] 하지만 만일 지성이 [지성의 눈에] 보이기 위해서 [장소를 옮겨] 움직여 나갔다면, 지성 자체는 도대체 어디 남아 있을까?[61] 그렇지 않으면 쌍둥이가 되어 여기에도 있고 저기에도 있다는 말인가? 즉 바라볼 수 있는 위치에도 있고 동시에 바라보이는 위치에도 있어서, [지성] 자체에서는 바라보는 중이고 [지성] 앞에서는 바라보이는 중이라는 말인가?[62] 진리에 문의해도 진리가 우리에게 결코 이런 대답을 해 줄 리가 없다. 우리가 이런 식으로 생각할 때는 한사코 물체로부터 모조해 낸 모상을 생각하고 있는 까닭이다. 또 이런 문제를 두고 진리에 문의하는 일이 가능한 소수의 지성들에게는, 지성이라는 것이 이런 것이 아님이 매우 확실한 까닭이다.

그렇다면 지성의 시야라는 것은 지성의 본성에 해당하는 무엇이라는 결론이 남는다.[63] 그리고 지성이 지성 자체를 사유할 때는 공간의 거리를 통해서 하듯이 하지 않고 비물체적 전회轉回로 지성에 회귀回歸하는 것이다.[64] 그렇지만 지성이 지성 자체를 사유하고 있지 않을 때는 물론 지성이 자기 시야에 있지 않으며, 지성에 의해서 지성의 시선이 형상화되는 것도 아니다. 단지 [그 상태에서도] 지성이 자기를 안다면, 지성이 자기에게 자기에 대한 기억으로서 존재한다는 점에서다.[65] 이것은 여러 학문에 정통한 사람

---

[65] ipsa sibi sit memoria sui: 지성의 암묵적 자기 현전을 간결하게 담은 문장이다.

disciplinarum peritus ea quae nouit eius memoria continentur, nec est inde aliquid in conspectu mentis eius nisi unde cogitat; cetera in arcana quadam notitia sunt recondita quae memoria nuncupatur. Ideo trinitatem sic commendabamus ut illud unde formatur cogitantis obtutus in memoria poneremus, ipsam uero conformationem tamquam imaginem quae inde imprimitur, at illud quo utrumque coniungitur amorem seu uoluntatem. Mens igitur quando cogitatione se conspicit, intellegit se et recognoscit; gignit ergo hunc intellectum et cognitionem suam. Res quippe incorporea intellecta conspicitur et intellegendo cognoscitur. Nec ita sane gignit istam notitiam suam mens quando cogitando intellectam se conspicit tamquam sibi ante incognita fuerit, sed ita sibi nota erat quemadmodum notae sunt res quae memoria continentur etiamsi non cogitentur (quoniam dicimus hominem nosse litteras etiam cum de aliis rebus, non de litteris cogitat). Haec autem duo, gignens et genitum, dilectione tertia copulantur quae nihil est aliud quam uoluntas fruendum aliquid appetens uel tenens. Ideoque etiam illis tribus nominibus insinuandam mentis putauimus trinitatem, memoria, intellegentia, uoluntate.

---

⁶⁶ cetera *in arcana quadam notitia* sunt recondita: 이 책에서 이미 in memoria reconditum (11.7.12; 14.3.5) 혹은 reconditum memoria tenet(11.8.13)라는 표현을 사용해 왔다.

⁶⁷ 이 책 9.11.16; 10.10.13-16; 10.12.19 참조.

⁶⁸ illud unde formatur cogitantis obtutus, ipsa conformatio tamquam imago quae inde imprimitur, quo utrumque coniungitur: 지성 혹은 인식에서 이루어지는 삼위 요소를 앞에서처럼 인식론적으로 정리했다.

⁶⁹ intellecta conspicitur et intelligendo cognoscitur: 목격된 다음에 이해되는 것이 아니라 이해되어야만(intellecta) 목격 대상이 되고, 이해와 인식은 동시에(intellegendo) 발생한다.

⁷⁰ gignens, genitum: 신적 삼위일체에서는 genitor, genitus로 표기된다.

의 경우와 비슷하니, 그가 아는 바가 비록 그의 기억에 간직되어 있기는 하지만 그가 [당장] 사유하고 있는 내용이 아니면 그의 지성의 시야에 아무것도 존재하지 않는다. [그가 당장 사유하고 있는 것 외에] 다른 것들은 '은밀한 지식으로' 숨겨져 있다고 할 만하며[66] 이 [은밀한 지식을] '기억'이라고 일컫는다. 그래서 우리는 [여기서 다음 세 가지로] 삼위일체를 규정해 왔다.[67] 우리가 기억에 간직하고 있는 것으로서 그것에 의해서 사유하는 자의 시선이 형상화되는 것[68]이 [하나요], 마치 [그 결과로] 각인되는 형상처럼, 형상화 그 자체가 [다른 하나이며], [셋째는] 양자를 한데 결합시키는 것, 곧 사랑 또는 의지라는 무엇이다. 그래서 지성이 사유를 통해서 자체를 목격할 때는 지성 자체를 이해하고 지성 자체를 인식한다. 즉, 지성이 이런 이해와 자기 인식을 낳는다. 그런데 [지성 같은] 비물체적 사물은 [지성에 의해서] 이해된 다음에 [지성에] 목격되고, [지성이 뭔가를] 이해함과 동시에 인식된다.[69] 지성이 전에는 [지성] 자체에게 모르는 대상이기라도 했듯이, 사유를 하는 가운데 지성 자체를 이해했고 그렇게 이해한 지성 자체를 목격하는 식으로, 그렇게 지성이 자기 인식을 낳는 것이 아니다. 지성은 지성 자체에 인식되어 있으며, 이것은 마치 어떤 사물들이 [이미] 인식되어 기억에 저장되면 그 사물들에 관해서 사유를 하고 있지 않은 경우에도 [사물들은 이미 인식되어 있는 것과] 비슷하다(사람이 [문학을 알고 있으면] 문학에 관해서 생각하고 있지 않고 다른 사물에 관해서 생각하고 있을지라도, 우리는 그가 문학을 알고 있다고 말한다). 이 양자, 곧 [인식을] 낳는 자와 태어난 자가 제삼자인 사랑으로 결합하는데[70] 이 제삼자는 의지, 무엇인가 향유享有할 대상을 추구하고 지향하는 의지 외에 다른 것이 아니다. 그러므로 이 세 명사만으로도 우리는 지성의 삼위일체를 암시할 만하다고 생각했으니 곧 기억, 이해 그리고 의지가 그것이다.[71]

---

[71] mentis trinitatem, memoria, intellegentia, voluntate: 다른 데서도(*Epistola* ad Evodium 169.2.6) 지성의 이 삼위일체는 신적 삼위일체와 거리가 멀다고(insinuandam) 강조한다.

9. Sed quoniam mentem semper sui meminisse semperque se
ipsam intellegere et amare, quamuis non semper se cogitare discre-
tam ab eis quae non sunt quod ipsa est, circa eiusdem libri decimi
finem diximus, quaerendum est quonam modo ad cogitationem per-
tineat intellectus, notitia uero cuiusque rei quae inest menti etiam
quando non de ipsa cogitatur ad solam dicatur memoriam pertinere.
Si enim hoc ita est, non habebat haec tria ut et sui meminisset et se
intellegeret et amaret, sed meminerat sui tantum, et postea cum co-
gitare se coepit tunc se intellexit atque dilexit.

VII. Quapropter diligentius illud consideremus exemplum quod
adhibuimus ubi ostenderetur aliud esse rem quamque non nosse,
aliud non cogitare, fierique posse ut nouerit homo aliquid quod non
cogitat quando aliunde, non inde cogitat. Duarum ergo uel plurium
disciplinarum peritus quando unam cogitat, aliam uel alias etiam si
non cogitat nouit tamen. Sed numquid recte possumus dicere: 'Iste
musicus nouit quidem musicam sed nunc eam non intellegit quia
non eam cogitat; intellegit autem nunc geometricam, hanc enim nunc

---

[72] 이 책 10.12.19 참조.

[73] 지성 자체에 대한 지성의 인식에서는 사유(cogitatio), 인식(notitia), 이해(intellectus)를
통합해서 보아야 한다고 설명한다.

[74] 다시 말해서 '사유하지 않을 때는 어떤 사물에 관한 지식이 기억에만 속한다'고 가정한
다면.

[75] 이 책 10.5.7에서 '의학'을 생각하느라 '문법'을 생각하지 않는 경우를 예거했다(14.5.7
참조).

6.9. 그렇지만 제10권 말미에서 우리가 말한 대로,[72] 지성은 항상 자체를
기억하고 있고, 항상 자기 자체를 이해하고 사랑하고 있다. 비록 지성이
항상 자체를 지성이 아닌 다른 사물들과 구분된 무엇으로 생각하는 것은
아니더라도 말이다. 그러니 우리는 이해가 어떤 방식으로 해서 사유에 속
하는지 묻지 않을 수 없다.[73] 무슨 사물이든 지성 안에 내재하는 사물이면,
그것에 관해서 사유를 하고 있지 않을 때는 그것이 기억에만 속한다고 하
는 터에 말이다. 만일 이 말이 맞다면[74] 지성이 [항상] 자기 자체를 기억하
고 또 자기 자체를 [항상] 이해하고 사랑한다는 셋을 다 갖추지는 못할 것
이다. [우선은] 자체를 기억하고만 있었다가, 그다음에 지성 자체를 두고
사유하기 시작한 시점에서야 비로소 자체를 이해했고 사랑했다고 [말해야
할 것이다].

7.[9]. 그러니 우리로서는 어떤 사물을 전혀 모른다는 사실과 [그 사물에
관해서] 전혀 생각을 않고 있다는 것은 다르다는 점을 입증하려고 우리가
들었던 예를 다시 끄집어내 보자. 사람이 그것 아닌 딴것을 두고 생각하는
중이라면, 사람이 무엇을 생각하고 있지 않더라도 그것을 알고 있을 수 있
다는 점을 입증하려고 들었던 예 말이다.[75] 그 예를 보다 진지하게 살펴보
기로 하자. 두 학문 혹은 다수 학문에 정통한 사람은, 하나를 생각하고 다
른 하나 혹은 여럿을 생각하지 않을 경우에도, 다른 하나 혹은 여럿을 알
고는 있다. 그렇다고 해서 "저 음악가는 음악을 알기는 하지만 지금은 음
악을 이해하고 있지는 않다. 음악을 생각하고 있지 않기 때문이다. 그는
지금 기하학을 생각하고 있으므로 지금은 기하학을 이해하고 있다"[76]라는

---

[76] 로마인들에게 '이해하다'[알아듣다: intellegere = inter-legere: 속으로(서로) 읽다]는 어
원상 '알다'(nosse)보다는 '생각하다'(cogitare = cum-agitare: 함께 몰아가다)에 가깝다.

cogitat?' Absurda est quantum apparet ista sententia. Quid etiam illa si dicamus: 'Iste musicus nouit quidem musicam sed nunc eam non amat quando non eam cogitat; amat autem nunc geometrica quoniam nunc ipsam cogitat?' Nonne similiter absurda est? Rectissime uero dicimus: 'Iste quem perspicis de geometrica disputantem etiam perfectus est musicus. Nam et meminit eius disciplinae et intellegit et diligit eam, sed quamuis eam nouerit et amet, nunc illam non cogitat quoniam geometricam de qua disputat cogitat.'

Hinc admonemur esse nobis in abdito mentis quarundam rerum quasdam notitias, et tunc quodam modo procedere in medium atque in conspectu mentis uelut apertius constitui quando cogitantur; tunc enim se ipsa mens et meminisse et intellegere et amare inuenit etiam unde non cogitabat quando aliunde cogitabat. Sed unde diu non cogitauerimus et unde cogitare nisi commoniti non ualemus, id nos nescio quo eodemque miro modo si potest dici scire nescimus. Denique recte ab eo qui commemorat ei quem commemorat dicitur: 'Scis hoc sed scire te nescis; commemorabo et inuenies te scientem quod te nescire putaueras.' Id agunt et litterae quae de his rebus conscriptae sunt, quas res duce ratione ueras esse inuenit lector, non quas ueras esse credit ei qui scripsit sicut legitur historia, sed quas

---

77 음악가에게 음악 지식(notitia)은 잘 이해되어(intellecta) 기억에 자리 잡고 있다. 그러다 음악을 생각해 내는 순간 그 지식(notitia intellecta)이 대상화되고(procedere in medium) 지성의 시선에 떠오르며(in conspectu mentis costitui) 확실해질(velut apertius) 따름이다.

78 문장을 정리하면 "우리가 안다는 것을 우리가 모른다는 일이 어떻게 일어나는지 모르겠다"(nescio quomodo nos nescimus nos scire)가 된다. 기억에 저장된 지식(notitia intellecta)이 무지(nescientia)의 대상이 되는 연유를 모르겠다는 탄식이다.

말이 옳을까? 이런 생각이 부조리함은 그대로 드러난다. 그럼 이렇게 말하면 어떨까? "저 음악가는 음악을 알고는 있지만 음악을 생각하고 있지 않는 지금은 음악을 사랑하고 있지 않다. 그는 지금 기하학을 생각하고 있으므로 지금은 기하학을 사랑하고 있다." 이 말도 부조리하기는 별반 다르지 않지 않을까? 그 대신 "너는 저 사람이 기하학을 논하고 있는 모습을 보고 있는데 저 사람은 또한 완벽한 음악가이기도 하다. 왜냐하면 그는 [음악이라는] 이 학문을 기억도 하고 이해도 하고 사랑도 한다. 그런데 단지 음악을 알고 사랑하면서도 지금은 음악을 생각하고 있지 않으며 그가 토론 중인 기하학을 생각하고 있는 까닭이다"라고 한다면 우리는 정말 말을 제대로 하는 셈이다.

여기서 우리는 어떤 사물들에 관한 모종의 지식이 지성의 비밀 장소에 존재한다는 암시를 받고 있다. 그러다 그것들이 사유되면서 중심으로 나오고 지성의 시야에 보다 뚜렷하게 설정된다는 말이다.[77] 그제야 지성은 자체가 다른 것을 사유하고 있을 때는 미처 생각하고 있지 않던 것도 지성 자체가 기억하고 있고 이해하고 있고 사랑하고 있다는 사실을 깨닫는다. 그렇지만 만약 우리가 어떤 것을 오랫동안 생각하지 않은 경우나, 대단한 자극을 받지 않으면 우리가 생각해 내지 못하는 경우가 있음을 볼 때는, 우리가 무엇을 알고 있다는 것을 우리가 모르고 있다는 사실이 — 이런 표현이 가능하다면 하는 말이지만 참으로 신기하다 — 어떻게 가능한지 나로서는 도저히 모르겠다.[78] 끝으로, 다른 사람에게 무엇을 상기시키는 사람이라면 자기가 상기시킨 사람한테 이런 말을 하더라도 옳다. "당신은 이것을 알고 있지만 자기가 알고 있다는 사실을 모르고 있다. 그러니 내가 상기시켜 주겠다. 그러면 당신은 당신이 모른다고 생각하고 있던 것을 실제는 알고 있음을 깨달으리라." 이런 일은 문학도 해내는데, 사실에 관해서 기록되었고 읽는 사람이 이성의 지도를 받아 그 사실이 참이라고 깨닫는 경우다. 역사책을 읽듯이 그것을 쓴 사람을 보아서 그것이 참이라고 믿는 것이 아니라, 자기 편에서 보더라도 혹은 지성의 길잡이라 할 진리에

ueras esse etiam ipse inuenit siue apud se siue in ipsa mentis duce
ueritate. Qui uero nec admonitus ualet ista contueri magna caeci-
tate cordis tenebris ignorantiae demersus est altius, et mirabiliore
diuina ope indiget ut possit ad ueram sapientiam peruenire.

10. Propter hoc itaque uolui de cogitatione adhibere qualecumque
documentum quo posset ostendi quomodo ex his quae memoria
continentur recordantis acies informetur et tale aliquid gignatur ubi
homo cogitat quale in illo erat ubi ante cogitationem meminerat,
quia facilius dinoscitur quod tempore accedit et ubi parens prolem
spatio temporis antecedit. Nam si nos referamus ad interiorem men-
tis memoriam qua sui meminit et interiorem intellegentiam qua se
intellegit et interiorem uoluntatem qua se diligit, ubi haec tria simul
sunt et simul semper fuerunt ex quo esse coeperunt siue cogitaren-
tur siue non cogitarentur, uidebitur quidem imago illius trinitatis et
ad solam memoriam pertinere. Sed quia ibi uerbum esse sine cogi-
tatione non potest (cogitamus enim omne quod dicimus etiam illo
interiore uerbo quod ad nullius gentis pertinet linguam), in tribus
potius illis imago ista cognoscitur, memoria scilicet, intellegentia,
uoluntate.

---

[79] duce ratione ⋯ ipsa mentis duce veritate: 서구 철학에 입각한 교부의 주지주의를 표방
하는 문구다.

[80] tale aliquid gignatur ⋯ quale in illo erat: tale quale 대구법으로, 기억에 간직되어 있던
것과 지성에 형상화된 것이 사실상 동일하다는 것을 강조한다.

비추어 보더라도 그것이 참이라고 몸소 깨닫는 경우 말이다.[79] 다만 그런 일깨움을 받고서도, 마음의 엄청난 맹목으로 인해서 그것을 깨달을 힘이 없는 사람은 무지의 어둠에 깊이 잠겨 있고, 따라서 그가 참된 지혜에 이를 수 있으려면 더욱 놀라운 신적 활동을 필요로 한다.

7.10. 바로 이것 때문에 나는 사유에 관해서 [말하면서] 모종의 예를 들려고 했고, 그런 예를 사용해서 다음 사실, 즉 상기하는 당사자의 [지성의] 정곡이 기억에 간직된 것들에 의해서 어떻게 형상화되는지를 증명코자 했다. 사람이 사유를 개진하기 전에는 기억에 간직되어 있다가, 사유를 개진하면 기억에 간직되어 있던 바에 해당하는 무엇이 [지성에] 태어난다는 사실을 입증하고자 했다.[80] [전자가 후자보다] 시간상으로 선행한다는 점은 쉽사리 진단되는 까닭이다. 부모가 자식보다 시간 간격에서 선행하듯이 말이다. 다시 말해서 우리가 지성의 내면적 기억(이것으로 지성이 자체를 기억한다)에 눈을 돌리고, 지성의 내면적 이해(이것으로 지성이 자체를 이해한다)에 눈을 돌리고, 지성의 내면적 의지(이것으로 지성이 자체를 사랑한다)에 눈을 돌린다면, 거기서 기억 하나에만도 저 삼위일체의 모상이 해당하는 것처럼 보일 것이다. 이것들이 사유되든지 사유되지 않든지 상관없이, 이 셋이 동시에 존재하고, (이것들이 존재하기 시작할 때부터) 항상 동시에 존재했기 때문이다. 하지만 사유思惟 없이는 언어가 존재하지 못한다[81](우리가 발설하는 모든 것은 우리가 사유하고 있다. 우리가 내적 언어로 발설하는 경우도[82] 그런데, 그러한 내적 언어는 어느 민족의 언어에도 해당하지 않는다). 바로 이 셋에서 저 [삼위일체의] 모상이 인지되는 것이니, 말하자면 기억·이해·의지에서다.

---

[81] verbum esse sine cogitatione non potest: 지성(기억)이 사유를 개진해야만 언어가 발생한다. 사유가 개입하면 낳는 자와 태어난 자가 구분되어 신적 삼위일체의 모상이 더 선명해진다.

[82] illo interiore verbo: 서구 철학은 '개념'을 '내적 언어'라고 규정해 왔다.

Hanc autem nunc dico intellegentiam qua intellegimus cogitantes, id est quando eis repertis quae memoriae praesto fuerant sed non cogitabantur cogitatio nostra formatur, et eam uoluntatem siue amorem uel dilectionem quae istam prolem parentemque coniungit, et quodam modo utrisque communis est. Hinc factum est ut etiam per exteriora sensibilia quae per oculos carnis uidentur legentium ducerem tarditatem, in undecimo scilicet libro, atque inde cum eis ingrederer ad hominis interioris eam potentiam qua ratiocinatur de temporalibus rebus differens illam principaliter dominantem qua contemplatur aeterna. Atque id duobus uoluminibus egi, duodecimo utrumque discernens quorum unum est superius, alterum inferius quod superiori esse subditum debet; tertio decimo autem de munere inferioris quo humanarum rerum scientia salubris continetur ut in hac temporali uita id agamus quo consequamur aeternam quanta potui ueritate ac breuitate disserui, quandoquidem rem tam multiplicem atque copiosam, multorum atque magnorum disputationibus multis magnisque celebratam uno strictim uolumine inclusi, ostendens etiam in ipsa trinitatem sed nondum quae dei sit imago dicenda.

---

[83] intellegentiam qua intellegimus cogitantes: 앞과는 달리(각주 76 참조) 기억된 지식에 의해서 우리 사유가 형상화된 단계를 가리켜 '이해'로 규정한다. '오성'(intellectus)을 가리키기도 한다.

[84] 이 책 9.12.18 이래로 지성의 이중적 작용을 parens(어버이), proles(자식, 소생)로 자주 표기하여 신적 삼위일체에 비하고 있다(gignens, genitum 표기도 병행).

[85] legentium tarditatem: 지성인으로서 일반 독자를 고려하는 말이라기보다 원죄로 아둔해진 인간 지성의 상태를 암시하는 것으로 보인다.

[86] 사물과 표상, 기억과 개념을 parens - proles로 비유하는 일은 이 책 11권(2.2; 5.9; 7.11-12; 9.16; 11.18)에 자주 나왔다.

[87] qua ratiocinatur de temporalibus: 보통 ratio(이성)를 가리킨다.

그런데 지금 내가 말하는 이해라는 것은 우리가 사유하는 자로서 이해하는 그 작용이다.[83] 달리 말해, 기억에 현전해 있었지만 생각에 떠오르지 않다가 발견된 그 사물에 의해서 우리 사유가 형상화되는 경우를 가리킨다. 그리고 우리가 의지나 사랑이나 애정이라고 일컫는 것 역시 저 자식과 어버이를[84] 한데 결합시키며 어느 모로는 양자에게 공통된 무엇이기도 하다. 이것은 독자들의 둔감함을[85] 이끌어 가는 뜻에서 내가 이 책 제11권에서 육안에 보이는 감각적이고 외적인 사물을 예로 들어 [설명한] 점이기도 하다.[86] 그다음에는 독자들을 데리고 내적 인간의 저 능력, 시간적 사물들에 관해서 추론하는 능력[87]으로 들어갔다. 그 대신 주도적이고 지배적인 저 능력, 곧 영원한 사물을 관조하는 능력[88]을 [다루는 일은] 뒤로 미루었다. 나는 이 작업을 제12권과 제13권 두 권에서 해냈다. 제12권에서는 그 양자를 구분해서 하나가 상위이고 하나는 하위이며, 이 후자는 상위의 것에 종속되어야 한다는 말을 했다.[89] 제13권에서는 우리에게 유익한, 인간사에 관한 지식을 획득하는 하위 [능력의] 기능을 설명했으니 이 현세적 삶에서 그것을 수행함으로써 영원한 생명을 얻기 위함이었다.[90] 다만 내가 할 수 있는 한도에서 진지하고 간결하게 문제를 논했다. 나로서는 이처럼 다면적이고 내용이 풍부한 사안, 더구나 다수의 대단한 인물들이 다수의 대단한 토론을 거친 사안을 단 한 권의 서책에 집어넣은 적이 있고,[91] 그러면서 그 속에서 삼위일체라는 것이 보이기는 하지만 아직은 그것을 하느님의 모상이라고 말해서는 안 된다는 점을 제시했다.[92]

---

[88] qua contemplatur aeterna: 보통 intellectus(오성: intellegentia)로 호칭한다.

[89] 사실상 ratio와 intellectus의 구분이다.

[90] fides와 contemplatio의 구분이다.

[91] 초기 저서 De beata vita를 가리키는 듯하다(quo consequamur aeternam [vitam]).

[92] De beata vita 말미(4.35-36)에서 진리·행복·신성에의 참여가 이루어지는 삶의 삼위일체적 목적을 암시한다.

VIII 11. Nunc uero ad eam iam peruenimus disputationem ubi principale mentis humanae quo nouit deum uel potest nosse considerandum suscepimus ut in eo reperiamus imaginem dei. Quamuis enim mens humana non sit eius naturae cuius est deus, imago tamen naturae illius qua natura melior nulla est ibi quaerenda et inuenienda est in nobis quo etiam natura nostra nihil habet melius. Sed prius mens in se ipsa consideranda est antequam sit particeps dei et in ea reperienda est imago eius. Diximus enim eam etsi amissa dei participatione obsoletam atque deformem dei tamen imaginem permanere. Eo quippe ipso imago eius est quo eius capax est eiusque esse particeps potest, quod tam magnum bonum nisi per hoc quod imago eius est non potest.

Ecce ergo mens meminit sui, intellegit se, diligit se. Hoc si cernimus, cernimus trinitatem, nondum quidem deum sed iam imaginem dei. Non forinsecus accepit memoria quod teneret, nec foris inuenit quod aspiceret intellectus sicut corporis oculus, nec ista duo uelut

---

93 드디어 삼위일체론의 본론처럼 기억 · 이해 · 의지의 삼위일체를 제시하고 이 셋이 단일한 지성을 이루는 점에서 어느 모상보다 신적 삼위일체에 근사함을 역설한다(8.11-11.14).

94 "그보다 고귀한 자연 본성이 아무것도 없는(pua natura melior nulla est) 사물"은 하느님의 철학적 정의(定義)에 해당한다. natura는 '사물'(존재자)로도 번역되며[『참된 종교』 7.13: "모든 사물(res) 혹은 실체(substantia) 혹은 존재자(essentia) 혹은 자연 본성(natura)"], 하느님을 일컫기도 한다[이 책 15.1.1: "하느님은 창조된 자연 본성이 아니고(natura non creata) 창조하는 자연 본성(natura creatrix)이다"].

95 교부의 저서에서는 non de deo sed a (ex) deo(e.g., *De natura boni* 1.1)라는 문구로 표현된다. 피조물은 하느님께로부터 발한(de deo = 본질이 같은) 것이 아니라 하느님께 창조되었을 따름이다(a deo = 피조물이다).

96 외적 인간의 감각적 지각(6.10.11), 내적 인간의 기억(9-12권), 심지어 신앙 행위(13.20.26)에서 삼위일체의 모상을 논했으나 지성이야말로 본 모상이 깃든 곳임을 새삼 역설한다.

인간 지성의 주도적 능력에서 하느님 모상을 찾아야 한다[93]

8.11. 이제는 우리가 드디어 인간 지성의 주도적 능력을 토론하는 시점에 도달했고, 하느님을 인식하거나 적어도 인식할 수 있는 능력을 토론에 상정하여 바로 그 능력에서 우리가 하느님의 모상을 발견해야 할 것이다. 인간 지성은 비록 하느님이라는 자연 본성[94]과 같은 '사물'은 아니지만 그보다 고귀한 자연 본성이 아무것도 없는 바로 그 본성의 '모상'이다.[95] 따라서 우리의 자연 본성에 그보다 고귀한 것이 아무것도 없는 바로 거기서 [하느님의 모상을] 탐색하고 발견해 내야 한다.[96] 하지만 우선 지성 자체를 두고 고찰해야 한다. 지성이 하느님께 참여하기 이전의 모습으로[97] 지성 자체를 논해야 하고 또 그 속에서 하느님의 모상을 발견해야 한다. 그 모상이 하느님에 대한 참여를 상실한 다음에도, 비록 실추되고 변형된 양상이기는 하지만, 여전히 하느님의 모상으로 존속하고 있다고 이미 말했다.[98] 물론[99] 하느님을 수용할 만하다는 점과 하느님께 참여할 수 있다는 점에서 하느님의 모상이기는 하다. 그렇지만 하느님의 모상이라는 점이 아니면 이처럼 위대한 선익이 가능할 수 없다.[100]

자, 그러니 분명히 지성은 자기를 기억하고 자기를 이해하며 자기를 사랑한다. 이것을 우리가 감지한다면 우리는 삼위일체를 감지하는 것이고 [그 삼위일체는] 아직 하느님은 아니더라도 벌써 하느님의 모상이다. 여기서 기억이 간직하고 있는 것은 밖에서 받아들인 것이 아니다. 또 오성이 관조하고 있는 것 역시 육안으로 하듯이, 밖에서 발견한 것이 아니다. 그

---

[97] antequam sit particeps dei: 은총을 입어 하느님의 본성에 참여하는 상태 이전의 순자연적 차원에서의 지성을 가정해야만 죄로 타락한 이후에도 하느님의 모상이 인간에게 보전된다는 설명이 가능하다.

[98] 이 책 14.4.6 참조.

[99] 필사본에 따라 여기에 '지성은 하느님을 수용할 수 있다는 점에서 하느님의 모상이다'라는 절(節) 제목이 붙어 있다.

[100] 실제 인간에게서는 '모상'과 은총의 가용성(可用性: capax dei)' 간에 선후 관계가 없다.

formam corporis et eam quae inde facta est in acie contuentis uoluntas foris iunxit. Nec imaginem rei quae foris uisa est quodam modo raptam et in memoria reconditam cogitatio cum ad eam conuerteretur inuenit, et inde informatus est recordantis obtutus iungente utrumque tertia uoluntate, sicut in eis ostendebamus trinitatibus fieri quae in rebus corporalibus reperiebantur uel ex corporibus per sensum corporis introrsus quodam modo trahebantur, de quibus omnibus in libro undecimo disseruimus. Nec sicut fiebat uel apparebat quando de illa scientia disserebamus iam in hominis interioris opibus constituta, quae distinguenda fuit a sapientia, unde quae sciuntur uelut aduenticia sunt in animo, siue cognitione historica inlata ut sunt facta et dicta quae tempore peraguntur et transeunt uel in natura rerum suis locis et regionibus constituta sunt, siue in ipso homine quae non erant oriuntur aut aliis docentibus aut cogitationibus propriis sicut fides quam plurimum in libro tertio decimo commendauimus, sicut uirtutes quibus si uerae sunt in hac mortalitate ideo bene uiuitur ut beate in illa quae diuinitus promittitur immortalitate uiuatur.

Haec atque huiusmodi habent in tempore ordinem suum, in quo nobis trinitas memoriae, uisionis et amoris facilius apparebat. Nam quaedam eorum praeueniunt cognitionem discentium; sunt enim

---

[101] 이 책 11.2.2-4.7 참조. res visa, visio exterior, intentio로 구성되는 삼위일체.

[102] 이 책 12.14.22-23 참조. memoria intellectus, scientia, voluntas로 구성되는 삼위일체.

[103] in hominis interioris opibus(능력) 또는 operibus(작용)로 표기된다.

[104] 이 책 13.20.25 참조. scientia fidei, cogitatio, amor로 구성되는 삼위일체.

[105] bene vivitur ut beate vivatur: 교부의 윤리학은 수덕론(修德論)이 아니고 시종일관 행복론(幸福論)이다.

리고 그 둘을 의지가 바깥에서 결합시킨 것도 아니니, 물체의 형상과 그 형상으로 인해서 관조하는 자의 [지성의] 정곡에 만들어진 형상을 [의지가] 묶듯이 [그렇게 결합시킨 것이 아니다]. 그렇다고 지성이 밖에서 본 사물의 모상, 따라서 어느 모양으로든 기억에 은닉되고 간직된 모상이 있고, 사유가 그것으로 회귀하는 순간에 그 모상을 발견하는 것도 아니다. 그래서 상기해 내는 주체의 시선이 그 모상에 의해서 형상화되고, 그다음 의지가 제삼자로서 양자를 결합시키는 그런 [삼위일체가] 아니다. 이런 현상은 물체에서 발견되는 삼위일체에서 발생하고, 물체로부터 신체의 감관을 통해서 우리 내면에 끌어들이는 삼위일체에서 발생한다는 사실을 우리는 입증한 바 있고, 이 모든 이야기를 제11권에서 토론했다.[101] 그렇다고 우리가 앞에서 지식에 관해서 토론할 때 발생하거나 등장하던 [그런 삼위일체도 아니다].[102] 거기서는 우리가 지식을 내적 인간의 능력으로[103] 설정했고, 지혜와 구분해서 말해야 했다. 지식으로 얻는 것은 정신 속에 있기는 하지만 외래적인 무엇이다. 예컨대 역사적 인식으로 주입된 것, 다시 말해서 시간상으로 일어나고 변천하는 어록과 행적이라든지 대자연 속에 일정한 공간과 지역에 설정되어 있는 것이 그렇고, 사람 속에 있지 않다가 다른 사람들이 가르쳐 주거나 자기 사색을 통해서 생각해 내거나 하여 그 사람 속에 발생하는 무엇, 다시 말해서 신앙 같은 것이라든지 ─ 이것은 이 책 제13권에서 해설했다[104] ─, 그렇지 않으면 덕성 같은 것이 그런데, 진정한 덕성이라면 그에 힘입어서 우리가 이 사멸할 인생에서 선하게 살아 하느님이 언약한 저 불멸하는 생명에서 행복하게 살게 될 것이다.[105]

이것이나 이와 유사한 것들은 시간 속에서 자기 나름대로 순서를 지니고 있으니, 거기서는 기억과 시선과 사랑의 삼위일체가 무난하게 드러났다.[106] 그중 어떤 것은 배우는 사람들의 인식을 선행한다. 이것들은 인식되

---

[106] memoria sensibilis, visio exterior, volitio(이 책 11.3.6-9 참조)로 구성되는 삼위일체.

cognoscibilia et antequam cognoscantur suique cognitionem in discentibus gignant. Sunt autem uel in locis suis uel quae tempore praeterierunt, quamuis quae praeterierunt non ipsa sint sed eorum quaedam signa praeteritorum quibus uisis uel auditis cognoscantur fuisse atque transisse. Quae signa uel in locis sita sunt sicut monumenta mortuorum et quaecumque similia, uel in litteris fide dignis sicut est omnis grauis et approbandae auctoritatis historia, uel in animis eorum qui ea iam nouerunt (eis quippe iam nota, et aliis utique sunt noscibilia quorum scientiam praeuenerunt et qui ea nosse illis quibus nota sunt docentibus possunt). Quae omnia et quando discuntur quandam faciunt trinitatem specie sua quae noscibilis fuit etiam antequam nosceretur eique adiuncta cognitione discentis quae tunc esse incipit quando discitur ac tertia uoluntate quae utrumque coniungit. Et cum cognita fuerint, alia trinitas dum recoluntur fit iam interius in ipso animo ex his imaginibus quae cum discerentur sunt impressae in memoria et informatione cogitationis ad ea conuerso recordantis aspectu et ex uoluntate quae tertia duo ista coniungit.

Ea uero quae oriuntur in animo ubi non fuerunt sicut fides et cetera huiusmodi, etsi aduenticia uidentur cum doctrina inseruntur, non tamen foris posita uel foris peracta sunt sicut illa quae creduntur, sed intus omnino in ipso animo esse coeperunt. Fides enim non est

---

107 cognoscantur fuisse atque transisse: '역사 지식'에 관해서 논하려는 참이다.

108 역사적 지식(scientia naturalis)에서 관찰되는 species, cognitio, voluntas의 삼위일체.

109 '모상론'에서 관찰되는 삼위일체: imagines in memoria impressae, informatio cogitationis, voluntas.

110 omnino in animo esse: 교부는 '믿음'이란 믿는 대상에 대한 순간적이고 반성적인 검증을 거쳐 신빙성을 확인하는 지성의 행위가 전제되므로, 전적으로 지성의 것이라고 본다.

기 전에, 즉 배우는 사람들 안에 그런 사물 자체에 대한 인식을 낳기에 앞서 이미 가지적可知的이다. 그런가 하면 일정한 공간에 존재하는 것들도 있고 시간상으로 지나가 버린 것들도 있다. 후자의 경우 지나가 버린 사물 그 자체가 거기에 있는 것은 아니고 지나가 버린 사물들의 어떤 기호가 있을 따름이지만, 그런 기호들을 보고 듣고는 그 사물들이 [한때] 존재했음과 [이미] 지나가 버렸음이 [후차적으로] 인식된다.¹⁰⁷ 예컨대 그런 기호들은 고인에 관한 기념비나 이와 비슷한 것처럼 일정한 공간에 놓여 있기도 하고, 믿을 만한 문전으로 남아 있기도 하다. 무릇 모든 역사는 비중 있고 권위를 인정할 만한 저자에 의해서 기록되거나 이미 그 사건을 알고 있던 사람들의 마음에 새겨져 있거나 한다. (그리고 그 사람들에게 알려져 있다면 다른 사람들에게도 알려질 가능성이 있고, 따라서 그것들을 아는 지식에는 [이미 일어난 사건들이] 선행했고, [이미 알고 있던] 사람들이 가르쳐 줌으로써 [다른 사람들이] 그것들을 알 수 있다.) [지금 예거한] 이 모든 대상들은, 그것을 인식하여 지식으로 얻게 될 때마다 제각기 고유한 삼위일체를 구성한다. [먼저] 어떤 '형상'形象이 있어 그것이 인식되기 전에도 '가지적'이었고, [그다음에] 그것을 배워서 아는 사람의 '인식'이 거기에 덧붙여지는데 이 인식은 그것을 배우는 순간에 존재하기 시작하며, 셋째 요소인 '의지'가 양자를 한데 결합시킨다.¹⁰⁸ 그리고 그것이 인식된 다음 다시 상기되는 순간에는 또 다른 삼위일체가 발생한다. 이 경우에는 이미 내면에서, 또 정신 그 자체에서 이루어지는 삼위일체다. [먼저] 무엇을 배울 때 기억에 새겨진 '모상들', [그다음] 상기하는 당사자의 [지성의] 시선이 그 모상들로 회귀하면서 이루어지는 '사유의 형상화',¹⁰⁹ 그리고 셋째로 이 둘을 결합시키는 '의지'에 의해서 이루어지는 삼위일체다.

그 대신 신앙이나 그 밖의 것들처럼 아예 없다가 정신 속에 발생하는 것들은, 가르침에 의해서 내부에 새겨지니까 외래적인 것처럼 보일지라도, 믿음의 대상들처럼 바깥에 놓여 있거나 바깥에서 작용하는 무엇이 아니며, 내면에 또 전적으로 정신 자체 속에 존재하기 시작한다.¹¹⁰ 무릇 신앙

quod creditur, sed qua creditur, et illud creditur, illa conspicitur. Tamen quia esse coepit in animo qui iam erat animus antequam in illo ista esse coepisset, aduenticium quiddam uidetur et in praeteritis habebitur quando succedente specie iam esse destiterit, aliamque nunc trinitatem facit per suam praesentiam, retenta, conspecta, dilecta; aliam tunc faciet per quoddam sui uestigium quod in memoria praeteriens dereliquerit sicut iam supra dictum est.

IX 12. Vtrum autem etiam tunc uirtutes quibus in hac mortalitate bene uiuitur quia et ipsae incipiunt esse in animo qui cum sine illis prius esset, tamen animus erat, desinant esse cum ad aeterna perduxerint nonnulla quaestio est. Quibusdam enim uisum est desituras, et de tribus quidem, prudentia, fortitudine, temperantia cum hoc dicitur non nihil dici uidetur. Iustitia uero immortalis est et magis tunc perficietur in nobis quam esse cessabit. De omnibus tamen quattuor *magnus auctor eloquentiae Tullius* in Hortensio dialogo disputans: *Si nobis*, inquit, *cum ex hac uita migrauerimus, in beatorum insulis immortale aeuum, ut fabulae ferunt, degere liceret, quid opus esset eloquentia, cum iudicia nulla fierent; aut ipsis etiam uirtutibus?*

---

[111] illud creditur, illa conspicitur: '믿는 내용 혹은 대상'(fides quae)과 '믿는 행위'(fides qua)를 구분하고 있다.

[112] 이 책 13.20.25-26에서 현세의 신앙(믿음)과 후세의 신앙을 구분한 적이 있다.

[113] 신앙이 후세에서는 희미한 기억으로만 남는다는 이론에 대한 반문이다.

[114] magnus auctor eloquentiae Tullius: Lucanus(*Pharsalia* 7.62-63)의 문구인데 교부가 즐겨 쓰는 키케로의 호칭이다(『신국론』 10.1; 14.18; 『그리스도교 교양』 4.3.4).

이란 믿는 대상이 아니고 믿는 행위이며, 전자는 믿어지고 후자는 직관된다.[111] 하지만 [신앙이] 정신 속에서 존재하기 시작하는 만큼, 또 정신 안에 그 [신앙이] 존재하기 시작하기 전에도 정신은 이미 존재하고 있었으므로, 신앙이 외래적인 무엇처럼 보이기도 한다. 그리고 [다른] 형상形象이 뒤이어 나타나면서 앞의 것이 존재하기를 그치면 [신앙은] 마치 지나간 과거사에 속하는 무엇으로 간주되기도 한다. 여하튼 그것이 간직되고 관찰되고 사랑받는 한에는, [신앙] 자체의 현전을 통해서 구성하는 삼위일체가 있다. 그리고 위에서 벌써 논한 바 있지만[112] 기억 속에서 지나쳐 가면서 자취를 남기는 경우에는 그 자취를 통해서 또 다른 삼위일체를 구성한다.

영원한 세계로 인간을 인도한 다음에는 덕성들은 존재를 그치는가

9.12. 덕성德性들이 있어야 사멸하는 이 현세에서 선하게 산다고 하는데, 그것들도 [전에 없다가 언제부턴가] 정신에 존재하기 시작했고 전에 그것들 없이도 정신은 존재했으며 그때는 그냥 정신으로서 존재했을 것이다. 그렇다면 덕성들도 [인간을] 영원한 [세계로] 인도한 다음에는 존재를 그치는가 하는 문제가 나오는데, 이것도 쉽지 않은 문제다.[113] 혹자들에게는 그것들이 소멸될 것으로 보였다. 적어도 [사추덕四樞德 가운데서] 셋에 대해서, 곧 지혜·용기·절제에 대해서는 그런 말을 하는데 근거가 아주 없는 말은 아닌 듯하다. 다만 정의는 불멸하고, 존재하기를 그치기는커녕 그때 가면 우리 안에서 더욱 완성을 볼 것 같다. "위대한 웅변가 툴리우스"[114]는 넷 전부를 두고 『호르텐시우스 대화록』[115]에서 토론을 벌인다. 그의 말은 이렇다. "신화가 이야기하듯이, 만일 우리가 현세 생명을 떠나 행복한 사람들의 섬에서 불사의 연세를 누리도록 허용된다면, 재판이라는 것이 전혀 없을 텐데 웅변이 무슨 소용이 있겠으며, 저런 덕목들은 더구나 무슨

---

[115] 키케로의 *Hortensius. Hortensius dialogus*로 알려진 유실작으로 아우구스티누스의 언급(17회)과 인용문들이 전수되고 있다.

Nec enim fortitudine egeremus, nullo proposito aut labore aut periculo; nec iustitia, cum esset nihil quod appeteretur alieni; nec temperantia, quae regeret eas quae nullae essent libidines; nec prudentia quidem egeremus, nullo delectu proposito bonorum et malorum. Vna igitur essemus beati cognitione naturae et scientia, qua sola etiam deorum est uita laudanda. Ex quo intellegi potest, cetera necessitatis esse, unum hoc uoluntatis.

Ita ille tantus orator cum philosophiam praedicaret recolens ea quae a philosophis acceperat et praeclare ac suauiter explicans in hac tantum uita quam uidemus aerumnis et erroribus plenam omnes quattuor necessarias dixit esse uirtutes, nullam uero earum cum ex hac uita emigrabimus si liceat ibi uiuere ubi uiuitur beate, sed bonos animos sola beatos esse cognitione et scientia, hoc est contemplatione naturae in qua nihil est melius et amabilius ea natura quae creauit omnes ceteras instituitque naturas. Cui regenti esse subditum si iustitiae est, immortalis est omnino iustitia nec in illa esse beatitudine desinet sed talis ac tanta erit ut perfectior et maior esse non possit.

Fortassis et aliae tres uirtutes, prudentia sine ullo iam periculo erroris, fortitudo sine molestia tolerandorum malorum, temperantia sine repugnatione libidinum erunt in illa felicitate ut prudentiae sit nullum bonum deo praeponere uel aequare, fortitudinis ei firmissi-

---

[116] 키케로는 '지혜'[sapientia est rerum humanarum divinarumque scientia(Cicero, *De finibus bonorum et malorum* 2.12.37): 이 책 14.1.3에 인용]를 논하던 것으로 추정된다.

[117] Müller (ed.), Cicero, *Hortensius*, frag.50.

[118] philosophiam praedicaret: 아우구스티누스는 키케로가 독창적 철학자라기보다는 남의 '철학을 펴는 설교가'라고 보았다.

[119] natura quae creavit omnes ceteras instituitque naturas: '하느님'을 일컫는 natura이고 하느님에 대한 정의이기도 하다(앞의 각주 94 참조).

소용이 있겠는가? 우리한테는 용기도 필요치 않으리니 수고도 위험도 전혀 없을 터이기 때문이다. 정의도 필요치 않으리니 다른 사람에게서 탐낼 것이 아무것도 없을 터이기 때문이다. 절제도 필요치 않으리니 탐욕이 전혀 없는 마당에 무슨 탐욕을 다스리겠는가? 현명도 필요치 않으리니 선한 것들과 악한 것들 사이에서 선택과 결정이 전무할 터이기 때문이다. 자연에 대한 인식과 지식 하나로 우리는 행복할 테고 그 하나만으로도 신들의 삶을 칭송하고 남을 것이다. 그렇다면 나머지들은 필연必然에 속하고 이 하나만[116] 자유의지自由意志에 해당한다는 것을 깨달을 수 있다.”[117]

그는 탁월한 웅변가로서 철학자들에게서 받아들인 바를 [그대로] 수용하여 철학을 설교한 사람인데,[118] 미려하고 우아한 언변으로 설명하여 해설하기를, 우리가 보다시피 간난고초와 오류로 가득한 이승의 삶에서만 저 네 가지 [덕목이] 필요하다고, 그러나 우리가 이승을 떠나서 오롯이 행복하게 사는 곳에서 살기에 이른다면 [저 덕목] 가운데 어느 하나도 필요치 않으리라고 말했다. 거기서 선한 영혼들은 오로지 ‘인식’과 ‘지식’으로 행복하리라고, 다시 말해서 대자연을 관상하는 것만으로 행복하리라는 말도 했다. 사실 거기서는 그 밖의 모든 자연 사물을 창조하고 또한 질서 지어 준 자연 사물보다 훌륭하고 사랑스러운 것이 또 없다.[119] 따라서 만약 자연의 통치에 복속함이 정의의 몫이라면[120] 정의야말로 정말 불멸하는 것일 테고, 따라서 저 지복에서도 소멸하는 일은 없고 오히려 더 이상 완전하고 훌륭할 수 없을 만큼 훌륭하고 위대한 덕목으로 존속할 것이다.

아마 나머지 세 덕목도 저 지복에서 존속할지 모른다. 현명은 오류의 위험이 더 이상 없는 상태로, 용기는 더 이상 귀찮게 견뎌 내야 할 악이 없는 상태로, 절제는 정욕의 저항이 더 이상 없는 상태로 말이다. 그러면 현명은 그 어느 선도 하느님보다 앞세우거나 하느님과 동등하게 보는 일이 없

---

¹²⁰ cui regenti esse subditum si iustitiae est: 신학적 의미의 정의 규정이다. “자연 본성의 정의로운 질서로 … 영혼이 하느님께 복속하기에 이른다”(『신국론』 19.4.4).

me cohaerere, temperantiae nullo defectu noxio delectari. Nunc autem quod agit iustitia in subueniendo miseris, quod prudentia in praecauendis insidiis, quod fortitudo in perferendis molestiis, quod temperantia in coercendis delectationibus prauis non ibi erit ubi nihil omnino mali erit. Ac per hoc ista uirtutum opera quae huic mortali uitae sunt necessaria sicut fides ad quam referenda sunt in praeteritis habebuntur, et aliam nunc faciunt trinitatem, cum ea praesentia tenemus, aspicimus, amamus; aliam tunc factura sunt cum ea non esse sed fuisse per quaedam eorum uestigia quae praetereundo in memoria derelinquent reperiemus, quia et tunc trinitas erit cum illud qualecumque uestigium et memoriter retinebitur et agnoscetur ueraciter et hoc utrumque tertia uoluntate iungetur.

X 13. In omnium istarum quas commemorauimus temporalium rerum scientia quaedam cognoscibilia cognitionem interpositione temporis antecedunt sicut sunt ea sensibilia quae iam erant in rebus antequam cognoscerentur uel ea omnia quae per historiam cognoscuntur; quaedam uero simul esse incipiunt uelut si aliquid uisibile quod omnino non erat ante nostros oculos oriatur, cognitionem nostram utique non praecedit, aut si aliquid sonet ubi adest auditor, simul profecto incipiunt esse simulque desinunt et sonus et eius auditus. Verumtamen siue tempore praecedentia siue simul esse incipientia cognoscibilia cognitionem gignunt, non cognitione gignuntur.

---

¹²¹ sicut fides ad quam referenda sunt: "덕성의 업적은 신앙과 결부되어야 한다."

¹²² 신앙도 덕성도 삼위일체를 구성하지만 현재와 후세에 양상이 다르므로 신적 삼위일체의 참된 모상은 아니다.

¹²³ 이 책 제4권 서언과 14.1.1-3 참조.

게 하는 역할을 하고, 용기는 하느님께 더할 나위 없이 단단히 의탁하게 만드는 역할을 하고, 절제는 어떤 해로운 쾌락도 즐기지 않게 하는 역할을 하리라. 그렇지만 정의가 지금 수행하는, 불행한 사람들을 구제하는 일, 현명이 흉계를 사전에 예방하는 일, 용기가 시련을 견뎌 내는 일, 절제가 사악한 쾌락을 삼가게 하는 일은 저곳에서 존재하지 않으리라. 악이 전혀 존재하지 않을 테니까 말이다. 따라서 덕성들의 저런 업적은 과거지사에 속하는 것으로 간주되기에 이를 것이다. 그런 것들은 이 사멸할 인생에나 필요하다. 저런 업적을 결부시켜 마땅한 신앙이 그렇듯이 말이다.[121] 그리고 지금 우리가 [덕성의 업적들을] 현전하는 무엇으로 파악하고 관조하고 사랑하는 동안에 이루어지는 삼위일체는 별도의 것이고, 저것들이 더 이상 존재하지 않고 [과거에] 존재했던 것으로, 저것들이 지나가면서 기억에 남길 자취를 통해서 우리가 발견할 때 이루어지는 것은 또 다른 삼위일체다. 물론 그때도 모종의 삼위일체는 존재할 것이니, 그것이 무슨 자취든 기억으로 간직되고 진실하다고 인식되며 제삼의 의지가 이 양자를 결합시킬 테니까 말이다.[122]

지성의 삼위일체는 외래적인 무엇이 아니다

10.13. 우리가 언급해 온 저 모든 시간적 사물들에 관한 지식에서는[123] 시간 간격으로 볼 때 가지적 대상들이 인식을 선행한다. 감각적 대상은 지각되기 전에 사물들 안에 이미 있었고, 역사를 통해서 인식되는 것들도 모두 그렇다. 그런데 어떤 것들은 [인식과] 동시에 존재하기 시작한다. 어떤 가시적 현상은 우리 눈앞에 발생하기 전에는 결코 존재하지 않았고 따라서 그것이 적어도 우리 인식을 선행하지는 않는다. 혹은 듣는 사람이 있는 바로 그 자리서 무엇이 소리를 내는 경우가 있는데 그럴 때는 소리와 그 사람의 청각이 동시에 존재하기 시작하고 동시에 존재를 그친다. 그렇더라도 시간상으로 선행하든, 동시에 존재하기 시작하든 상관없이, 가지적인 것이 인식을 낳는 법이지, 가지적인 것이 인식에 의해서 태어나지는 않

Cognitione uero facta cum ea quae cognouimus posita in memoria recordatione reuisuntur, quis non uideat priorem esse tempore in memoria retentionem quam in recordatione uisionem et huius utriusque terita uoluntate iunctionem? Porro autem in mente non sic est; neque enim aduenticia sibi ipsa est quasi ad se ipsam quae iam erat uenerit aliunde eadem ipsa quae non erat, aut non aliunde uenerit sed in se ipsa quae iam erat nata sit ea ipsa quae non erat sicut in mente quae iam erat oritur fides quae non erat, aut post cognitionem sui recordando se ipsam uelut in memoria sua constitutam uidet quasi non ibi fuerit antequam se ipsam cognosceret, cum profecto ex quo esse coepit, numquam sui meminisse, numquam se intellegere, numquam se amare destiterit sicut iam ostendimus. Ac per hoc quando ad se ipsam cogitatione conuertitur fit trinitas in qua iam et uerbum possit intellegi. Formatur quippe ex ipsa cogitatione, uoluntate utrumque iungente. Ibi ergo magis agnoscenda est imago quam quaerimus.

XI 14. Sed dicet aliquis: 'Non est ista memoria qua mens sui meminisse perhibetur quae sibi semper est praesens; memoria enim

---

¹²⁴ 교부는 '기억'(memoria)과 그것을 끄집어내는 '상기'(想起, recordatio)를 구분하고 '상기'에 의해서 기억이 재생된다(revisi)'는 표현을 쓴다.

¹²⁵ 이 책 10.12.19; 14.6.8; 14.7.9-10; 14.8.11 참조.

¹²⁶ ad se ipsam cogitatione convertitur: 지성의 자기 사유는 지성의 '대상 인식'이 아니고 '자기 회귀'(自己回歸, conversio ad se ipsam)임을 교부는 거듭 강조하고 있다.

는다. 하지만 일단 인식이 생겨난 다음, 우리가 인식한 것이 기억에 놓여 있다가 상기에 의해서 재생될 경우는,[124] 기억에 새겨지는 저장이 상기에 의한 식견보다 시간상으로 먼저 존재한다는 사실을 누가 모르며, 또 이 양자의 결합은 제삼자인 의지에 의해서 이루어짐을 누가 모르겠는가? 그렇지만 지성에서는 그렇지 않다. 우선 지성은 지성 자체에게 외래적인 무엇이 아니다. 지성이 아직은 존재하지 않다가 마치 딴 데서 오듯이 이미 존재하던 지성 앞으로 다가오는 것이 아니다. 또 딴 데서 오지 않는다고 해서, 이미 존재하던 지성 안에 아직 존재하지 않던 신앙이 발생하듯이, 이미 존재하던 지성 안에 아직 존재하지 않던 지성이 탄생하는 것도 아니다. 혹은 자기에 대한 인식이 이루어진 다음에, 지성이 그 후에 상기를 하여 자기를 보게 되니까, 마치 자기가 자기 기억 속에 놓여 있던 것처럼 보이고, 따라서 지성이 자기를 인식하기 전에는 마치 거기에 아직 없었던 것처럼 [생각될지도 모르겠다]. 실상 [지성이] 존재하기 시작한 순간부터 지성이 자기를 기억하기를 결코 중지하지 않았고, 자기를 인식하기를 결코 중지하지 않았고, 자기를 사랑하기를 결코 중지하지 않았으며, 이 점에 관해서는 우리가 이미 논구한 바 있다.[125] 바로 그래서 지성이 사유를 통해서 자기에게로 회귀하는 순간에[126] 삼위일체가 발생하는데 거기서는 이미 '말'도 식별될 수 있다. 그러니까 그 사유 자체로부터 '말'이 형상화되며, 의지가 양자를 결합시킨다.[127] 따라서 거기서는 우리가 찾고 있는 [신적 삼위일체의] 모상이 더욱 선명하게 인식되어 마땅하다.

현전하는 사물들에 대한 기억도 존재하는가

11.14. 그러나 혹자는 이런 말을 할 것이다. "지성이 자기를 기억하는 것으로 보이는 기억은 기억이 아니다. 지성의 자기 기억은 항상 자기에게

---

[127] 지성의 자기 기억, 자기 이해, 자기 사랑이 삼위일체를 이룬다는 이전의 설명에 아우구스티누스는 지성의 사유 행위에서 발생하는 '말'과 그 주체인 '자기 기억'을 사랑이 결합시키는 도식을 새로 설정하고 있다.

praeteritorum est non praesentium.' Nam quidam cum de uirtutibus agerent in quibus est etiam Tullius in tria ista prudentiam diuiserunt, memoriam, intellegentiam, prouidentiam, memoriam scilicet praeteritis, intellegentiam praesentibus, prouidentiam rebus tribuentes futuris quam non habent certam nisi praescii futurorum, quod non est munus hominum nisi detur desuper, ut prophetis. Vnde scriptura sapientiae de hominibus agens: *Cogitationes*, inquit, *mortalium timidae, et incertae prouidentiae nostrae.*

Memoria uero de praeteritis et intellegentia de praesentibus certa est (sed praesentibus utique incorporalibus rebus, nam corporales corporalium praesentes sunt aspectibus oculorum). Sed qui dicit memoriam non esse praesentium attendat quemadmodum dictum sit in ipsis saecularibus litteris ubi maioris curae fuit uerborum integritas quam ueritas rerum:

nec talia passus Vlixes,
Oblitusue sui est Ithacus discrimine tanto.

Vergilius enim cum sui non oblitum diceret Vlixem, quid aliud intellegi uoluit nisi quod meminerit sui? Cum sibi ergo praesens esset, nullo modo sui meminisset nisi et ad res praesentes memoria pertineret. Quapropter sicut in rebus praeteritis ea memoria dicitur

---

[128] Cf., Cicero, *De inventione* 2.53.160.

[129] 지혜 9,14. 『성경』: "죽어야 할 인간의 생각은 보잘것없고 저희의 속마음은 변덕스럽습니다."

[130] maioris curae fuit verborum integritas quam veritas rerum: 올릭세스의 방랑기는 꾸며 낸 이야기고 교부로서는 oblitusve sui라는 문구를 인용할 뿐이라는 말이다.

현전하기 때문이다. 무릇 기억이란 과거 사물에 대한 것이지 현전하는 사물에 대한 것이 아니다." 혹자들이 덕성을 논할 때 (툴리우스[키케로]도 그중 한 사람인데) 예컨대 현명賢明을 다음 셋으로, 즉 기억記憶·이해理解·예측豫測으로 나누었다. 다시 말해서 과거 사물에 대해서는 기억, 현재 사물에 대해서는 이해, 미래 사물에 대해서는 예측을 두었다.[128] 그런데 미래사에 관해서 예지하는 사람들이 아닌 한 이런 예측을 갖춘 것이 아니니 [미래사의 예지는] 예언자들처럼 위로부터 베풀어 주지 않는 한 인간들의 책임이 아니다. 그래서 지혜서는 인간을 두고 말하면서 "죽어야 할 인간의 생각은 소심하고 우리의 예측은 불확실합니다"[129]라고 한다.

과거 사물에 대한 기억, 현재 사물에 대한 이해는 확실하다(다만 여기서 현재한다는 것들은 비물체적 사물들을 두고 하는 말이다. 물리적 사물들은 [지성 아닌] 물리적 육안의 시야에 현전할 따름이기 때문이다). 그렇지만 현재하는 사물들에 관한 기억은 존재하지 않는다고 말하는 사람은 세속 문학에서 언급하는 다음 말에 주의를 기울여야 할 것이다. 비록 사물의 진실성보다 용어의 상합성에 관심을 둔 문장이라고 하더라도 말이다.[130]

> 이런 일은 울릭세스도 당하지 않았느니
> 그토록 혹심한 위험 중에도 이타카 사람은 자기를 잊지 않았느니라.[131]

베르길리우스가 울릭세스는 '자기를 잊지 않았다'고 할 때는 [울릭세스가] '자기를 기억하고 있다'는 말 아니고 달리 무슨 뜻으로 알아듣기 바랐겠는가? [울릭세스 본인이] 자기에게 현전하는 이상, 기억이라는 것이 현전하는 사물 가운데 하나로 해당하지 않는다면, 자기를 기억하는 일은 도저히 불가능하리라. 과거 사물을 두고 그것을 회상하고 상기하는 능력을 기억

---

[131] Vergilius, *Aeneis* 3.628-629. 울릭세스의 동지 아카이메니데스가 아이네아스 일행을 만나 외눈박이 괴물(Cyclops)의 섬에 홀로 남게 된 사연을 이야기하는 중에 나온 구절이다.

qua fit ut ualeant recoli et recordari, sic in re praesenti quod sibi est mens memoria sine absurditate dicenda est qua sibi praesto est ut sua cogitatione possit intellegi et utrumque sui amore coniungi.

XII 15. Haec igitur trinitas mentis non propterea dei est imago quia sui meminit mens et intellegit ac diligit se, sed quia potest etiam meminisse et intellegere et amare a quo facta est. Quod cum facit sapiens ipsa fit. Si autem non facit, etiam cum sui meminit seque intellegit ac diligit, stulta est. Meminerit itaque dei sui *ad* cuius *imaginem* facta est eumque intellegat atque diligat. Quod ut breuius dicam, colat deum non factum cuius ab eo capax facta est et cuius esse particeps potest; propter quod scriptum est: *Ecce dei cultus est sapientia*, et non sua luce sed summae illius lucis participatione sapiens erit, atque ubi aeterna, ibi beata regnabit. Sic enim dicitur ista hominis sapientia ut etiam dei sit. Tunc enim uera est; nam si humana est, uana est. Verum non ita dei qua sapiens est deus; neque enim participatione sui sapiens est sicut mens participatione dei. Sed que-

---

[132] ut sua cogitatione possit intellegi: "자기 사유를 통해 지성이 지성 자체를 인식한다."

[133] 인간에게 있는 하느님의 최종적 모상은 지성의 자기 기억과 자기 이해와 자기 사랑의 삼위일체보다는 지성이 갖춘, 하느님에 대한 기억과 이해와 사랑의 삼위일체에서 찾아야 한다. 이하(14.12.15-15.21)에서 '지혜'가 그 삼위일체를 구현한다고 설명한다.

[134] 본시부터 은총을 받을 능력(capax dei)을 가지고 만들어지지 않았더라면 하느님께 참여하는 일(particeps dei)도 불가능하다. 단 지성이 원형이신 창조주(non factus)와 모상인 피조물(facta est)로서의 자기를 식별해야 한다(앞의 각주 49, 100 참조).

[135] 욥 28,28.

[136] ubi aeterna, ibi beata regnabit: '영원히 생존해야만 참으로 행복하다'라는 교부의 지론이다. '지성은 하느님의 지혜가 영원한 그곳에서 행복하게 군림하리라'로 번역될 수도 있다.

[137] 모상이 원형에 참여하는 지혜이므로 원형의 것이기도 하다.

이라고 말하듯이, 지성이 자기에게 현전한다는 점에 비추어, 현전하는 사물을 두고도 기억이라고 부른다고 해서 모순은 아니다. [기억에 의해서 지성이] 자기에게 현전하고, 자기에 대한 사유에 의해서 지성이 스스로 인식될 수 있으며,[132] 자기에 대한 사랑으로 양자가 결합될 수 있다고 해서 [모순은 아니다].

지성의 삼위일체는 하느님의 모상이니 그것으로 하느님을 기억하고 인식하고 사랑할 수도 있기 때문이고, 그 일을 하는 한 그 지성은 곧 지혜롭다[133]

12.15. 지성의 이 삼위일체는 따라서 하느님의 모상은 아니니 지성이 자기를 기억하고 인식하고 사랑하는 것이기 때문이다. 그렇지만 [지성이] 자기를 창조하신 분을 기억하고 인식하고 사랑하는 일은 가능하다. [지성이] 그 일을 하는 경우에는 [지성] 자체가 지혜롭다. 그 대신 그 일을 하지 않는다면 비록 자기를 기억하고 인식하고 사랑할지라도 어리석은 [지성이다]. 지성이 하느님을 기억한다면 '그분의 모상대로' 자기가 만들어졌다는 면에서 기억하는 것이고 그런 면에서 그분을 또한 인식하고 사랑한다. 간단히 말하자면 하느님을 창조받지 않은 분으로서 경외할 터인데 지성이 하느님을 받아들이게 창조되었고 하느님께 참여할 수 있는 존재로 창조되었다는 것이다.[134] 그래서 "보아라, 주님을 경외함이 곧 지혜다"[135]라는 말씀이 기록되어 있다. 그것도 자기에게서 오는 빛으로 지혜로워지는 것이 아니고 저 최상의 빛이신 분에게 참여함으로써 지혜로워질 것이며, 영원히 존속하게 될 그곳에서 행복하게 군림하기에 이를 것이다.[136] 그렇게 되면 그것은 인간의 지혜라고 하면서도 또한 하느님의 지혜이기도 하다.[137] 또 그럴 경우에만 참다운 지혜라고 하겠으니 인간적 지혜라면 허황한 것이기 때문이다. 다만 [인간의 지혜가] 하느님의 지혜라고 해서 그렇다고 하느님이 지혜로우신 그 정도까지 하는 말은 아니다. 지성이 하느님께 참여하여 지혜로워지듯이 하느님이 당신 자신에게 참여하여 지혜로워지는 분은 아니다.[138]▶ 그러나 [정의에 관해서 말하자면] 하느님 친히 의로우신

madmodum dicitur etiam iustitia dei non solum illa qua ipse iustus est sed quam dat homini cum iustificat impium, quam commendans apostolus ait de quibusdam: *Ignorantes enim dei iustitiam et suam iustitiam uolentes constituere iustitiae dei non sunt subiecti*, sic enim dici etiam de quibusdam potest: 'Ignorantes dei sapientiam et suam uolentes constituere sapientiae dei non sunt subiecti.'

16. Est igitur natura non facta quae fecit omnes ceteras magnas paruasque naturas eis quas fecit sine dubitatione praestantior, ac per hoc hac etiam de qua loquimur rationali et intellectuali quae hominis mens est ad eius qui eam fecit imaginem facta. Illa autem ceteris natura praestantior deus est, et quidem *non longe positus ab unoquoque nostrum* sicut apostolus dicit adiungens: *In illo enim uiuimus et mouemur et sumus*. Quod si secundum corpus diceret, etiam de isto corporeo mundo posset intellegi. Nam et in illo secundum corpus uiuimus et mouemur et sumus. Vnde secundum mentem quae facta est ad eius imaginem debet hoc accipi excellentiore quodam eodemque non uisibili sed intellegibili modo. Nam quid non est in ipso de quo diuine scriptum est: *Quoniam ex ipso et per ipsum et in ipso sunt omnia?* Proinde si in ipso sunt omnia, in quo tandem pos-

---

◀138 하느님은 '본질로' 지혜로우시다.

139 로마 10,3. 『200주년』: "그들은 하느님의 의로움을 모르고서 자기의 의로움을 세우려고 애를 씀으로써 하느님의 의로움에 복종하지 않았다."

140 natura는 '하느님'까지 포함하여 '사물'(res)을 뜻한다(앞의 각주 94, 95 참조).

141 사도 17,27-28 참조. In illo vivimus et movemur et sumus는 Cleanthes의 글귀(*Hymnus ad Iovem* 5)로 전해 온다.

그 정의뿐 아니라, 하느님이 불경스러운 인간을 의화義化시킬 때 인간에게 베푸시는 정의도 어느 면에서 '하느님의 정의'라고 한다. 사도 역시 이 점을 설명하면서 어떤 사람들을 두고 이런 말을 했다. "그들은 하느님의 정의를 무시하고 자기의 정의를 세우려고 애를 씀으로써 하느님의 정의에 복종하지 않았다."[139] 그렇다면 혹자를 두고는 "그들은 하느님의 지혜를 무시하고 자기의 지혜를 세우려고 애를 씀으로써 하느님의 지혜에 복종하지 않았다"는 말도 가능하겠다.

12.16. 그러므로 그 밖의 크고 작은 모든 자연 사물들을 만든 자연 사물은 창조되지 않은 자연 사물이고 또 자기가 만든 사물들보다 탁월한 존재임에 틀림없다.[140] 또 그렇기 때문에 [그 자연 사물은], 우리가 지금 말하는 바 인간의 지성인 이성적이고 오성적인 자연 사물보다 탁월한 존재이다. [인간의 지성은] 지성을 만든 분의 모상으로 만들어졌다고 하는 까닭이다. 여타의 모든 자연 사물보다 탁월한 자연 사물이 하느님임은 말할 나위가 없다. 그리고 사도의 말대로 "그분은 우리 각 사람에게서 멀리 계시지 않고" 그가 바로 이어서 덧붙이는 말처럼 "우리는 그분 안에서 살고 움직이며 존재한다".[141] 이 말이 만약 신체를 두고 하는 말이라면 저 물리 세계에 관해서 하는 말로도 알아들을 수 있다.[142] 이는 우리가 물리 세계 안에서 신체로 살고 움직이며 존재하는 까닭이다. 그런데 기분의 모상으로 만들어진 지성을 두고 하는 말이므로, 훨씬 탁월한 의미로, 그러니까 가시적이 아니고 가지적인 의미로 이 말을 받아들여야 한다. "그분으로부터 그분을 통해 그분을 위하여 모든 것이 있다"[143]고 신성하게 기록되어 있는 터에 그분 안에서 존재하지 않는 것이 과연 무엇이겠는가? 따라서 만일 모든 것이 그분 안에서 존재한다면, 살아 있는 모든 것이 자기들이 존재하는 그분 안

---

[142] secundum corpus … de isto corporeo mundo: 라틴어 corpus는 '신체'와 '물체'를 다 의미한다.

[143] 로마 11,36.

sunt uiuere quae uiuunt et moueri quae mouentur nisi in quo sunt?
Non tamen omnes cum illo sunt eo modo quo ei dictum est: *Ego sem-
per tecum*, nec ipse cum omnibus eo modo quo dicimus: 'Dominus
uobiscum.' Magna itaque hominis miseria est cum illo non esse si-
ne quo non potest esse. In quo enim est procul dubio sine illo non est,
et tamen si eius non meminit eumque non intellegit neque diligit,
cum illo non est. Quod autem quisque penitus obliuiscitur nec com-
moneri eius utique potest.

XIII 17. De uisibilibus rebus ad hanc rem sumamus exemplum.
Dicit tibi quispiam quem non recognoscis: 'Nosti me,' et ut commo-
neat dicit ubi, quando, quomodo tibi innotuerit. Omnibusque adhi-
bitis signis quibus in memoriam reuoceris si non recognoscis, ita
iam oblitus es ut omnis illa notitia penitus deleta sit animo, nihil-
que aliud restet nisi aut credas ei qui tibi hoc dicit quod aliquando
eum noueras, aut ne hoc quidem si fide dignus tibi esse qui loquitur
non uidetur. Si autem reminisceris, profecto redis in memoriam tu-
am et in ea inuenis quod non fuerat penitus obliuione deletum.

---

144 시편 73,23.

145 Dominus vobiscum: 성찬례 감사송(praefatio)의 문답은 지금이나 교부 시대나 똑같음
이 아우구스티누스의 글(*Sermo* 229.3)에서 확인된다.

146 *cum illo* non esse *sine quo* non potest esse: 전치사(cum, sine)의 배치가 탁월한 수사적
기법을 담고 있다.

147 인간 지성에 하느님에 대한 의식이 항존하는 상태(in deo, non sine deo)와, 은총에 힘입
어 의식적으로 하느님을 사유함(cum deo)을 구분한다.

에서가 아니면 누구 안에서 살아 있겠으며 움직이는 모든 것이 자기들이 존재하는 그분 안에서가 아니면 누구 안에서 움직일 수 있겠는가? 하지만 "저는 늘 당신과 함께 있나이다"[144]라는 말이 해당하는 이와 똑같은 방식으로 모든 이가 그분과 함께 있는 것은 아니다. 또 "주께서 여러분과 함께"[145]라고 하는 우리 어법 그대로 그분이 모든 이와 함께 있는 것도 아니다. 그러나 무릇 그분 없이는 아예 존재하지 못하는 것이 인간이므로, 그분과 함께 존재하지 않음은 인간에게 정말 커다란 불행이다.[146] 그분 안에서 존재함이 그분 없이 존재하는 것은 아니겠지만, 그분을 기억하지 못하고 그분을 인식하지 못하고 그분을 사랑하지 못한다면 그분과 함께 존재하지 못한다.[147] 하지만 누가 까맣게 잊고 있는 사실은 일깨워 주는 일도 불가능한 법이다.[148]

인간의 지성이 하느님을 잊거나 기억하는 일이 어떻게 가능한가

13.17. 가시적 사물에서 이 문제의 예를 들어 보자. 그대가 모르는 사람이 그대에게 "당신은 나를 알고 있소"라고 한다고 하자. 더구나 기억을 일깨워 주려는 뜻에서 언제, 어디서, 어떻게 그대를 알게 되었는지 말해 준다고 하자. 그대의 기억을 일깨워 줄 만한 표지를 모조리 들었는데도 그대가 그를 알아보지 못한다면 그대가 아주 까맣게 잊어버려 저런 지식이 마음에서 완전히 지워지고 만 셈이다. 이럴 경우에는 그대가 [할 만한 일은] 그대가 언제 자기를 알게 되었다고 이야기해 주는 사람의 말을 그냥 믿거나, 그렇지 않으면 그 말을 하는 사람이 믿을 만하지 않아 보여서 아예 그 말을 믿지 않거나 둘 중 하나이며 그 외에 다른 여지가 전혀 없다. 무엇이 상기되는 경우라면 그대는 그대의 기억으로 돌아갈 것이고, 거기서 망각으로 완전히 지워지지 않고 남은 무엇인가를 찾아내기에 이를 것이다.

---

[148] commoneri: 존재론상으로 항존하는 하느님 의식이, 죄로 타락한 지성에게는 은총이 '일깨워 주어야' 명료하게 떠오른다.

Redeamus ad illud propter quod adhibuimus humanae conuersationis exemplum. Inter cetera psalmus nonus: *Conuertantur*, inquit, *peccatores in infernum, omnes gentes quae obliuiscuntur deum.* Porro autem uicesimus primus: *Commemorabuntur*, inquit, *et conuertentur ad dominum uniuersi fines terrae.* Non igitur sic erant oblitae istae gentes deum ut eius nec commemoratae recordarentur. Obliuiscendo autem deum tamquam obliuiscendo uitam suam conuersae fuerant in mortem, hoc est in infernum. Commemoratae uero conuertuntur ad dominum tamquam reuiuiscentes reminiscendo uitam cuius eas habebat obliuio. Item legitur in nonagesimo tertio: *Intellegite nunc qui insipientes estis in populo, et stulti aliquando sapite. Qui plantauit aurem non audiet?*, et cetera. Eis enim dictum est qui deum non intellegendo de illo uana dixerunt.

XIV 18. De dilectione autem dei plura reperiuntur in diuinis eloquiis testimonia. Ibi enim et illa duo consequenter intelleguntur quia nemo diligit cuius non meminit et quod penitus nescit. Vnde illud est notissimum praecipuumque praeceptum: *Diliges dominum deum tuum.* Sic itaque condita est mens humana ut numquam sui

---

¹⁴⁹ 시편 9,18. 이하의 문맥으로 보아 멸망이란 곧 '하느님의 망각'으로 해석된다.

¹⁵⁰ 시편 22,28. 『성경』: "세상 끝이 모두 생각을 돌이켜 주님께 돌아오고 민족들의 모든 가문이 그분 앞에 경배하리라."

¹⁵¹ commemoratae: commemor는 본시 탈형 동사인데 교부는 마치 수동태 — '상기하도록 일깨움 받다' — 처럼 소개하고, 죄인에게도 남아 있는 하느님의 모상을 지성이 상기해 낼 힘이 없던 '표면적 망각'을 은총이 일깨워 주는 것으로 이하에 설명한다.

그러면 우리가 인간 언행에서 이런 예를 들게 된 본래의 취지로 돌아가자. 무엇보다도 시편 9편에 이런 말이 나온다. "악인들은 저승으로 물러갈지어다. 하느님을 잊은 민족들은 모두 물러갈지어다."[149] 그런데 시편 22편은 이런 말을 한다. "지상의 모든 변방들이 기억해 내고서 주님께 돌아오리라."[150] 저 민족들은 그러니까 상기시켜 주어도 기억을 못 해낼 만큼 주님을 완전히 잊어버린 것은 아니다. 하느님을 잊음으로써 그들은 자기 생명을 잊어버린 것이나 마찬가지여서 죽음으로, 다시 말해서 저승으로 물러간 셈이다. 그래도 상기시켜 주면[151] 주님께로 돌아오느니 마치 그들이 소생하여 망각으로 놓쳐 버린 생명을 기억해 냄과 비슷하다.[152] 시편 93편에도 "백성 중의 어리석은 자들아, 깨달아라. 미련한 자들아, 언젠가는 알아들어라. 귀를 심으신 분께서 듣지 못하신단 말이냐?" 등등의 구절이 나온다.[153] 이 구절은 하느님을 깨닫지 못하면서도 하느님에 관해 허황한 말을 하고 다닌 사람들 들으라고 한 말이다.

지성은 하느님을 사랑하지 않는 한 지성 자체를 올바로 사랑하지 못한다

14.18. 하느님 사랑에 관해서는 하느님 말씀에서도 많은 증언이 발견된다. 그 사랑에서 나머지 [기억과 인식] 두 가지가 저절로 이해되는데[154] 전혀 기억을 못하고 전혀 모르는 대상을 사랑하는 사람이 아무도 없는 까닭이다. 여기서 저 널리 알려졌고 가장 중요한 계명, "주 너의 하느님을 사랑하라"라는 말씀이 나온다. 인간의 지성은 자기를 기억하지 않는 순간이 결

---

[152] reminiscendo vitam cuius eas habebat oblivio: 여기서 '상기'는 과거사에 대한 것이 아니고 현재하는 인식에 대한 것이다. 하느님이 인간에게 당신 모상을 각인시키는 일은 항상 현재적인 사건이기 때문이다.

[153] 시편 94,8-9. 『성경』: "백성 중의 미욱한 자들아, 깨달아라. 미련한 자들아, 언제 알아들으려느냐? 귀를 심으신 분께서 듣지 못하신단 말이냐? 눈을 빚으신 분께서 보지 못하신단 말이냐?"

[154] 현세의 인간 조건에서는 기억 속에 삼위일체가 뚜렷이 형상화되지 않았으나 은총은 사랑을 분기시키고 오성을 밝히며 기억을 상기시킨다.

non meminerit, numquam se non intellegat, numquam se non diligat. Sed quoniam qui odit aliquem nocere illi studet, non immerito et mens hominis quando sibi nocet odisse se dicitur. Nesciens enim sibi uult male dum non putat sibi obesse quod uult, sed tamen male sibi uult quando id uult quod obsit sibi, unde illud scriptum est: *Qui diligit iniquitatem odit animam suam.* Qui ergo se diligere nouit deum diligit; qui uero non diligit deum etiam si se diligit, quod ei naturaliter inditum est, tamen non inconuenienter odisse se dicitur cum id agit quod sibi aduersatur et se ipsum tamquam suus inimicus insequitur. Qui profecto est error horrendus ut cum sibi omnes prodesse uelint, multi non faciant nisi quod eis perniciosissimum sit. Similem morbum mutorum animalium cum poeta describeret:

Dii, inquit, *meliora piis, erroremque hostibus illum!*
Discissos nudis laniabant dentibus artus.

Cum morbus ille corporis fuerit, cur dixit errorem nisi quia omne animal cum sibi natura conciliatum sit ut se custodiat quantum potest, talis ille erat morbus ut ea quorum salutem appetebant sua membra laniarent?

---

[155] ita condita est mens … numquam sui non meminerit: 은총에 의한 '쇄신'은 지성에 잔존하는 원초적 모상을 전제한다. 이 책에서 다뤄지기는 창조로 발원한 모상, 죄로 전도된 모상, 의화로 쇄신된 모상, 그리고 지복직관에서 완성된 모상이지만 전도된 모상 역시 원초적 모상과 비교해서 그렇게 파악된다.

[156] 미워하면 해치듯이, 무엇을 해친다는 것은 미워한다는 표시라는 말이다. 의지의 악용, 전도된 사랑에서 오는 인간의 범죄에 교부는 이런 심리적 해설을 붙인다.

[157] 시편 11,5(이 책 8.6에도 인용). 『성경』: "그분의 얼은 폭행을 사랑하는 자를 미워하시는도다."

코 없고, 자기를 인식하지 않는 순간이 결코 없으며, 자기를 사랑하지 않는 순간이 결코 없도록 만들어져 있다.[155] 하지만 누군가를 미워하는 사람은 그를 해치려고 애쓰듯이, 인간의 지성 역시 자기를 해치는 경우에는 실상 자기를 미워하는 셈이라는 말이 나오는데 까닭이 없지 않다.[156] 자기가 원하는 것이 자기에게 해가 된다고 여기지 않는 한, 그런 사람은 자기도 모르는 사이에 자신에게 악을 끼치고 싶어 하는 셈인데, 여하튼 자기에게 해로운 것을 원할 때는 실상은 자기에게 악을 끼치고 싶어 하는 셈이다. 그래서 "악행을 사랑하는 자는 자기 영혼을 미워하는 것이다"[157]라는 유명한 [성경] 구절이 나온다. 그렇다면 자기를 사랑할 줄 아는 사람은 하느님을 사랑하는 것이다. 그 대신 하느님을 사랑하지 않는 사람은, 비록 자신을 사랑한다 — 그것이야 본성적으로 타고난 것이다 — 고 할지라도 실상은 자신을 미워한다고 말해도 과언이 아니니, 자기에게 해되는 짓을 할뿐더러 마치 자기의 원수가 되어 자기 자신을 닦달하는 까닭이다. 자기에게 유익을 끼치는 것은 모든 이가 바라지만 많은 사람이 자기에게 극히 해로운 짓이 아니면 하지를 않으니 이것은 분명히 가공할 오류가 아닐 수 없다. 시인이 말 없는 짐승들을 예로 들어 묘사하는 것이 바로 그런 병폐다.

> 제신諸神이여, 경건한 자에게는 더 나은 것을 주시고
> 그런 오류일랑 적군에게나 주소서!
> 저것들은 맨 이빨로 제 사지를 뜯어 발기나이다.[158]

저 병폐가 단지 신체의 것이라면 왜 굳이 '오류'라고 말했겠는가? 모든 짐승이 본성적으로 자기 친화적이어서 하는 데까지 자기를 보존하려고 하는 터에, 사지의 건강을 추구하면서도 자기 사지를 물어뜯는 병폐이기에 그렇게 부르지 않았을까?

---

[158] Vergilius, *Georgica* 3.513-514.

Cum autem deum diligit mens et sicut dictum est consequenter eius meminit eumque intellegit, recte illi de proximo suo praecipitur ut eum sicut se diligat. Iam enim se non peruerse sed recte diligit cum deum diligit cuius participatione imago illa non solum est, uerum etiam ex uetustate renouatur, ex deformitate reformatur, ex infelicitate beatificatur. Quamuis enim se ita diligat ut si alterutrum proponatur, malit omnia quae infra se diligit perdere quam perire, tamen superiorem deserendo ad quem solum posset custodire fortitudinem suam eoque frui lumine suo, cui canitur in psalmo: *Fortitudinem meam ad te custodiam*, et in alio: *Accedite ad eum et inluminamini*, sic infirma et tenebrosa facta est ut a se quoque ipsa in ea quae non sunt quod ipsa et quibus superior est ipsa infelicius laberetur per amores quos non ualet uincere et errores a quibus non uidet qua redire. Vnde iam deo miserante poenitens clamat in psalmis: *Deseruit me fortitudo mea et lumen oculorum meorum non est mecum.*

19. Non tamen in his tantis infirmitatis et erroris malis amittere potuit naturalem memoriam, intellectum et amorem sui. Propter quod merito dici potuit quod supra commemoraui: *Quamquam in imagine ambulat homo, tamen uane conturbatur. Thesaurizat et ne-*

---

159 imago illa ⋯ ex vetustate *renovatur*, ex deformitate *reformatur*, ex infelicitate *beatificatur*: 교부가 삼위일체론에서 목표로 삼는 인간학적 의의가 간추려진 문장이다.

160 시편 59,10.『성경』: "저의 힘이시여, 당신만을 바라오니."

161 시편 34,6.『성경』: "주님을 바라보아라, 기쁨에 넘치고 너희 얼굴에 부끄러움이 없으리라."

162 이 책 10.5.7 및 12.9.14 참조. 자기애나 사물 애착도 선한 의지가 선한 하느님의 선한 사물들을 사랑하는 행위이므로, 궁극 선을 등진다(aversio)는 점에서 지탄받는다.

163 시편 38,11.『성경』: "기운도 제게서 사라졌으며 나의 눈조차 빛을 잃었나이다."

지성이 하느님을 사랑할 때, 그리고 앞서 말한 대로 그 결과 하느님을 기억하고 하느님을 인식할 때, 의당 그에게는 이웃에 관한 계명, 이웃을 자기 몸처럼 사랑하라는 계명이 내린다. 하느님을 사랑할 때는 자기를 비뚤어지게 사랑하지 않고 올바로 사랑하는 것이고, 하느님께 참여함으로써 그분의 모상이 되는 데 그치지 않고, 묵은 데서 새로워지고 비뚤어진 데서 쇄신되며 불행에서 행복해진다.[159] 자기를 무척 사랑하더라도 만일 양자택일에 부딪친다면, 자기보다 상위의 존재를 저버림으로써 멸망하기보다는 자기보다 하위의 것들을 비록 사랑하더라도 차라리 잃어버리기를 더 바랄 것이다. 사실 그분을 바라보아야만 자기 힘을 보전할 수 있고 그분을 자기의 광명으로 모셔 향유享有할 수 있을 것이다. 그분을 두고 시편에 이런 노래가 나온다. "당신을 향하여 나의 힘을 보전하리다."[160] 그리고 다른 시편에는 "그분을 향하라, 그러면 비추임을 받으리라"[161]는 구절도 나온다. [지성은] 하도 나약하고 어두워졌으므로 자칫하면 자기를 등지고 자기가 아닌 사물들, 그보다는 자기가 더 훌륭한 그런 대상에게로 가련하게 타락하게 된다. 그 대상에 대한 사랑 때문에 — 그런 사랑을 이겨 낼 힘이 없다 —, 거기서 초래되는 오류 때문에 — 이 오류를 벗어나서 어디로 돌아갈 것인지도 보이지 않는다 — 타락하는 것이다.[162] 그래서 하느님의 자비로우심에 힘입어 참회하는 자는 시편에서 이렇게 외친다. "내 힘이 이미 나를 저버렸으며 나의 눈빛이 나와 함께 있지 않나이다."[163]

지성이 하느님을 저버리면 나약하고 어두워지지만 여전히 모상으로 남는다

14.19. 그렇지만 이 나약과 오류의 온갖 악에도 불구하고 [지성이] 천성적인 자기 기억과 자기 인식과 자기 사랑을 상실할 수는 없었다. 그래서 앞서 내가 인용한[164] 말씀이 지당한 말씀이 될 수 있었다. "인간은 모상을 하고서 거닐면서도 헛되이 혼란해져 있나이다. 보물을 쌓고 있으면서도

---

[164] 이 책 14.4.6에서 이하에 나오는 시편 39,7을 인용했다(각주 44 참조).

scit cui congregabit ea. Cur enim *thesaurizat* nisi quia fortitudo eius deseruit eum per quam deum habens rei nullius indigeret? Et cur *nescit cui congregabit ea* nisi quia lumen oculorum eius non est cum eo? Et ideo non uidet quod ueritas ait: *Stulte, hac nocte animam tuam repetunt abs te. Haec quae praeparasti cuius erunt?* Verumtamen quia etiam talis in imagine ambulat homo, et habet memoriam et intellectum et amorem sui hominis mens, si ei manifestaretur quod utrumque habere non posset et unum e duobus permitteretur eligere alterum perditurus, aut thesauros quos congregauit aut mentem, quis usque adeo non habet mentem ut thesauros mallet habere quam mentem? Thesauri enim possunt mentem plerumque subuertere, et mens quae thesauris non subuertitur sine ullis thesauris facilius et expeditius potest uiuere. Quis uero ullos thesauros nisi per mentem poterit possidere? Si enim puer infans quamuis ditissimus natus, cum sit dominus omnium quae iure sunt eius, nihil possidet mente sopita, quonam tandem modo quisquam quidquam mente possidebit amissa? Sed de thesauris quid loquor quod eius quilibet hominum si talis optio proponatur mauult carere quam mente cum eos nemo praeponat, nemo comparet luminibus corporis quibus non aurum rarus quisque homo sed omnis homo possidet caelum? Per lumina enim corporis quisque possidet quidquid libenter uidet. Quis ergo si tenere utrum-

---

[165] 루카 12,20.

[166] "지성보다 차라리 재화를 가지고 싶어 할 만큼 지성 없는 사람이 누구겠는가?"

[167] mente sopita: '철이 들지 않으면' 혹은 '정신이 나간'.

[168] mente amissa: 재산을 지키려다 '제정신을 잃어버린'.

[169] 마태 6,22 참조: "눈은 몸의 등불입니다. 그러므로 당신의 눈이 맑으면 온몸이 밝을 것입니다."

그것이 누구에게 모이는지 모르나이다.” 그의 힘이 하느님을, 그분을 모실 때 부족할 게 아무것도 없는 하느님을 저버린 경우가 아니라면 무엇 때문에 ‘보물을 쌓겠는가?’ 또 그의 눈빛이 그분과 함께 있지 않기 때문이 아니면 ‘누구에게 모이는지 모른다’라는 말은 무엇 때문이겠는가? 바로 그래서 진리가 하는 다음 말씀을 제대로 못 보는 것이다. “어리석은 자야, 이 밤에 너에게서 네 영혼을 되찾아 간다. 그러면 네가 마련해 둔 것이 누구의 차지가 되겠느냐?”[165] 하지만 그런 사람도 [하느님의] 모상으로 거닐고 있으며, 그 사람의 지성도 자기 기억과 인식과 사랑은 간직하고 있다. 그런데 둘 다 가질 수는 없고 둘 중의 하나를 택일하여 갖도록 허용되고 다른 하나는 잃는 게 분명하다고 하자. 그가 모은 재화냐 정신이냐 할 때, 정신보다 재화를 갖고 싶어 할 만큼 정신없는 사람이 누구겠는가?[166] 사실 재화라는 것은 흔히도 정신을 무너뜨릴 수 있지만, 정신이 재화에 무너지지 않는다면 재화 없이도 더 용이하고 더 무난하게 살아갈 수 있다. 정신을 쓰지 않고 어떤 재화를 손에 넣을 수 있는 사람이 누구겠는가? 어떤 아기가 제아무리 부자로 태어났다고 하더라도, 법률상 자기에게 속하는 모든 재물의 주인이면서도 정신이 나간다면[167] 아무것도 소유하지 못하는 법이거늘, 아예 정신을 잃어버린[168] 사람이 무슨 수로 무엇을 소유한다는 말인가? 그렇지만 내가 재화를 두고 이야기를 하는 까닭이 무엇일까? [재화와 정신을 양자택일하라는] 그런 선택을 제안한다면 누구든지 정신이 없느니 차라리 재화가 없는 편을 택할 것이다. 정신보다 재화를 앞세울 사람은 아무도 없을 테니까, 심지어 재화를 몸의 등불에 견주는 사람도 아무도 없을 것이다.[169] 그 등불로 누구나 황금을 손에 넣는 경우는 드물지만 [그 등불이 성하다면] 누구나 천국을 차지할 수 있다.[170] 사람이 무엇을 좋다고 보아 손에 넣는 일은 몸의 등불에 힘입어서 한다. 그러니 [재화와 육안] 둘 다 손

---

[170] 마태 18,9 참조: “당신의 눈이 당신을 넘어지게 하거든 그것을 빼어 당신에게서 던지시오. 두 눈을 가지고 불타는 지옥에 던져지는 것보다는 애꾸눈으로 생명에 들어가는 편이 당신을 위해 낫습니다.”

que non possit et alterutrum cogatur amittere, non thesauros quam
oculos malit? Et tamen si ab eo simili conditione quaeratur utrum
oculos malit amittere an mentem, quis mente non uideat eum ocu-
los malle quam mentem? Mens quippe sine oculis carnis humana
est; oculi autem carnis sine mente belluini sunt. Quis porro non ho-
minem se malit esse etiam carne caecum quam belluam uidentem?

20. Haec dixi ut etiam tardiores quamuis breuiter commonerentur
a me in quorum oculos uel aures hae litterae uenerint quantum mens
diligat se ipsam etiam infirma et errans male diligendo atque sec-
tando quae sunt infra ipsam. Diligere porro se ipsam non posset si se
omnino nesciret, id est si sui non meminisset nec se intellegeret. Qua
in se imagine dei tam potens est ut ei cuius imago est ualeat inhae-
rere. Sic enim ordinata est naturarum ordine non locorum ut supra il-
lam non sit nisi ille. Denique cum illi penitus adhaeserit, unus erit
spiritus, cui rei attestatur apostolus dicens: *Qui autem adhaeret do-
mino unus spiritus est*, accedente quidem ista ad participationem
naturae, ueritatis et beatitudinis illius, non tamen crescente illo in
natura, ueritate et beatitudine sua. In illa itaque natura cum feliciter
adhaeserit immutabile uidebit omne quod uiderit. Tunc sicut ei diui-
na scriptura promittit satiabitur in bonis desiderium eius, bonis im-

---

¹⁷¹ 1코린 6,17.

¹⁷² ad participationem naturae, veritatis et beatitudinis illius: 인간의 존재(natura)와 인식
(veritas)과 행복(beatitudo)이 전적으로 하느님에게 있다(participatio)는 근거가 '모상'이다.

¹⁷³ 우리가 참여한다고 해서 하느님이 커지는 것이 아니다.

¹⁷⁴ immutabile videbit 이하가 사본에 따라서 immutabiliter vivit et videbit omne quod
viderit("지성이 보게 될 모든 것을 불변하게 살아가고 목격하게 되리라")라고 되어 있다.

아귀에 붙들고 있을 수가 없고 어쩔 수 없이 둘 중의 하나는 잃어버려야한다면, 눈보다 재산을 잃는 게 낫다고 여기지 않을 사람이 누구겠는가? 하지만 이와 비슷한 조건으로 눈을 잃겠느냐 지성을 잃겠느냐 묻는다면 [자기는] 지성보다 차라리 눈을 잃는 편이 낫다고 [여기고 있다는 사실을] 지성으로 못 깨달을 사람이 또 누구겠는가? 그런데 육안이 없더라도 지성은 인간의 지성이지만, 육안은 지성이 없으면 짐승의 눈일 따름이다. 사람치고 시각이 갖추어진 짐승이 되느니 차라리 육신으로 소경이 되는 편을 낫게 여기지 않을 사람이 누군가?

14.20. 내가 이런 말을 한 것은 깨달음이 늦는 사람들이라고 하더라도 만에 하나 그들의 눈과 귀에 이 글이 다다르게 될 경우를 생각해서, 짤막하게나마 다음 사실을 나한테서 일깨움 받게 하려는 뜻이다. 곧, 지성이 [자체를] 잘못 사랑하고 자기보다 열등한 것을 뒤쫓다 보니 나약해지고 방황하는 일이 있더라도, 지성이 자체를 얼마나 사랑하는지 모른다는 점을 깨우쳐 주려는 것이다. 자체를 전혀 모른다면, 다시 말해서 자체를 전혀 기억하지 못하고 자체를 전혀 인식하지 못한다면, 자체를 사랑하기도 아예 불가능할 것이다. 또 지성 자체에 있는 하느님의 모상은 하도 강력한 것이어서 자기가 모상을 딴 그분에게 합치할 힘도 있다. 그 모상은 대자연의 질서에서 자기 위에는 [하느님] 그분 외에는 아무도 없게 정해져 있다 (물론 공간상의 질서를 말하는 것이 아니다). 마침내 그분에게 철저하게 합치할 때 한 영이 되느니 이 일을 두고 사도는 이런 말을 했다. "주님과 합하는 사람은 그분과 한 영이 됩니다."[171] 지성이 그분의 본성과 진리와 행복에 참여하는 경지에[172] 다가가는데, 그렇다고 하느님도 본성과 진리와 행복에서 성장하는 것은 아니다.[173] 그리고 지성이 저 [하느님의] 본성에 행복스럽게 합치할 때 지성에게 보이는 모든 것이 불변하는 듯 보일 것이다.[174] 그리하여 성경에서 언약하듯이 지성의 소망은 온갖 선으로, 그것도 불변하는 선으로 채워질 것이다.[175]▶ 삼위일체로, 자기 하느님으로 채워질 것이다. 지

mutabilibus, ipsa trinitate deo suo cuius imago est, et ne uspiam deinceps uioletur erit in abscondito uultus eius tanta ubertate eius impleta ut eam numquam peccare delectet.

Se ipsam uero nunc quando uidet non aliquid immutabile uidet.

XV 21. Quod ideo certe non dubitat quoniam misera est et beata esse desiderat, nec ob aliud fieri sperat hoc posse nisi quia est mutabilis. Nam si mutabilis non esset, sicut ex beata misera sic ex misera beata esse non posset. Et quid eam fecisset miseram sub omnipotente et bono domino nisi peccatum suum et iustitia domini sui? Et quid eam faciet beatam nisi meritum suum et praemium domini sui? Sed et meritum eius gratia est illius cuius praemium erit beatitudo eius. Iustitiam quippe sibi dare non potest quam perditam non habet. Hanc enim cum homo conderetur accepit et peccando utique perdidit. Accipit ergo iustitiam propter quam beatitudinem accipere mereatur. Vnde ueraciter ei dicitur ab apostolo quasi de suo bono superbire incipienti: *Quid enim habes quod non accepisti? Si autem accepisti, quid gloriaris quasi non acceperis?*

◀175 시편 103,5("그분께서 네 한평생을 복으로 채워 주신다") 참조.

176 in abscondito vultus eius: 시편 31,21(『성경』: "당신 앞의 피난처에 그들을 감추시어") 참조.

177 시편 36,9(『성경』: "당신 집의 기름기로 흠뻑 취하고 당신께서는 그들에게 당신 기쁨의 강물을 마시게 하십니다") 참조.

178 편집에 따라서는 이 마지막 문장이 15장 첫머리를 이룬다.

179 quid eam *fecisset* miseram nisi ⋯ quid eam *faciet* beatam nisi ⋯: 인간 영혼이 느끼는 불행과 행복을 대비시켰다.

180 et meritum eius gratia est illius cuius praemium erit beatitudo eius: 아우구스티누스 은 총론의 핵심 문장. 후반부는 '그의 행복은 곧 그분의 상급이다'라고 번역할 수도 있다.

성은 바로 이 삼위일체 하느님의 모상이다. 그 모상이 다시는 유린되는 일이 없도록 그분 얼굴의 비밀스러운 처소에[176] 숨겨져 있을 것이고 또 그분의 풍요함으로 하도 가득 채워지는 바람에,[177] 그에게는 죄짓는 것이 결코 재미없을 것이다.

하지만 지금으로서는 지성이 자기를 불변한다고 여기지 않는다.[178]

죄인도 여전히 정의의 빛에 비추임 받는다

15.21. 이 점은 의심의 여지가 없으니 지성이 스스로 불행하다는 것과 행복해지기를 열망한다는 사실을 볼 때 그러하다. 또 자기가 가변적이기 때문이 아니라면, 저것이 이루어지를 바랄 리도 없다. 만일 가변적이 아니라면 행복했다가 불행해질 리도 없고 마찬가지로 불행하다가 행복해질 리도 없는 까닭이다. 그리고 전능하고 선한 주님 밑에 있는 처지인데도 자신의 죄와 자기 주님의 정의가 아니면 과연 무엇이 지성을 불행하게 만들었겠는가? 또 자신의 공로와 자기 주님의 상급이 아니면 무엇이 그를 행복하게 만들겠는가?[179] 그렇지만 그의 공로 역시 그분의 은총이니 그분의 상급이 곧 그의 행복이 될 것이기 때문이다.[180] [지성이] 자기에게 정의를 부여하기는 불가능하니 정의를 이미 잃어버려 더 이상 갖고 있지 못한 까닭이다.[181] 이 정의는 인간이 창조될 때 받았고 죄를 지으면서 응당 잃어버렸다. 따라서 [지성은] 정의를 받는 것이고 [받아들인] 정의로 말미암아 행복을 받을 자격이 생긴다.[182] 그러니 혹시 자기의 선을 두고 막 자랑을 하려고 나서는 사람에게 행한 사도의 말은 참이다. "그대가 받지 않은 것으로서 가진 것이 무엇입니까? 그리고 받았다면 왜 마치 받지 않은 것처럼 자랑합니까?"[183]▶

---

[181] 이 대목에서 언급하는 '정의'(iustitia)는 은총에 의한 의화(義化, iustificatio)를 전제하는 '의로움'을 함의한다.

[182] accipit ergo iustitiam propter quam beatitudinem accipere mereatur: 교부가 펠라기우스 논쟁과 반(半)펠라기우스 논쟁을 거쳐 옹호하려는 기본명제다.

Quando autem bene recordatur domini sui spiritu eius accepto, sentit omnino quia hoc discit intimo magisterio, non nisi eius gratuito effectu posse se surgere, nonnisi suo uoluntario defectu cadere potuisse. Non sane reminiscitur beatitudinis suae. Fuit quippe illa et non est, eiusque ista penitus oblita est, ideoque nec commemorari potest. Credit autem de illa fide dignis litteris dei sui per eius prophetas conscriptis narrantibus de felicitate paradisi atque illud primum et bonum hominis et malum historica traditione indicantibus. Domini autem dei sui reminiscitur. Ille quippe semper est, nec fuit et non est, nec est et non fuit, sed sicut numquam non erit ita numquam non erat. Et ubique totus est, propter quod ista in illo et uiuit et mouetur et est, et ideo eius reminisci potest.

Non quia hoc recordatur quod eum nouerat in Adam aut alibi alicubi ante huius corporis uitam aut cum primum facta est ut insereretur huic corpori; nihil enim horum omnino reminiscitur; quidquid horum est obliuione deletum est. Sed commemoratur ut conuertatur ad dominum, tamquam ad eam lucem qua etiam cum ab illo auerteretur quodam modo tangebatur. Nam hinc est quod etiam impii cogitant aeternitatem et multa recte reprehendunt recteque laudant

---

¹⁸³ 1코린 4,7.

¹⁸⁴ 은총의 주도적 역할을 '주님의 영을 받은'(spiritu eius accepto), '내면의 가르침'(intimo magisterio), '거저 베푸는 효험'(eius gratuito effecto) 세 문구로 부각시킨다.

¹⁸⁵ 하느님 은총[eius gratuito effectu(affectu)]과 인간의 타락한 의지(suo voluntario defectu)를 극명하게 대조했다.

¹⁸⁶ ubique totus: 하느님의 편재(遍在)를 나타내는 교부의 고유한 표현(ubique praesens, ubique totus, ac semper praesens: *Ad Simplicianum* 2.6).

¹⁸⁷ 사도 17,28(앞의 각주 144) 참조.

그런데 [지성이] 자기 주님의 영을 받은 후 자기 주님을 기억해 낸다면, 내면의 가르침에서 이것을 배우리니, 주님의 '거저 베푸는 효험'을 입지 않으면 자기를 일으켜 세울 수 없다는 것이 [하나요][184] 자기의 '고의적 결함'이 아니고서는 타락할 수 없었다는 것이 [다른 하나다].[185] 그 대신 자기의 [원초의] 행복은 전혀 기억해 내지 못한다. 그 행복이 존재하기는 했지만 [지금은] 존재하지 않으며 따라서 그 행복을 완전히 잊어버려 상기해 낼 수 없다. 그렇지만 자기 하느님의 예언자들을 통해서 기록된, 하느님의 글은 믿을 만하고, 그 글에서 낙원의 행복에 관해서, 인간의 원초적 선과 악에 관해서 역사적 전승으로 이야기해 주는 바를 믿기에 이른다. 그렇더라도 [지성이] 자기 주님은 기억해 낸다. 그분은 항상 존재하는 분이니, [과거에] 존재했으나 [지금은] 존재하지 않는 그런 분이 아니고, [지금은] 존재하지만 [과거에는] 존재하지 않았던 그런 분도 아니며, 앞으로도 존재하지 않는 순간이 없듯이 과거에도 존재하지 않은 그런 순간이 결코 없었다. 또 그분은 어디나 전체로 존재하므로[186] 지성 역시 그분 안에서 살고 움직이고 존재하며,[187] 따라서 그분을 기억해 낼 수 있는 것이다.

[한 인간의 지성이] 아담 안에서 하느님을 알았기 때문에 그분을 기억하는 것이 아니고 자기 육신 생명에 오기 전에 다른 어떤 곳에서 그분을 알았기 때문도 아니며 창조된 후 이 육신에 들어오기 전에 그분을 알았기 때문도 아니다.[188] 이런 것들은 아무것도 기억해 내지 못한다. 이런 것들은 모조리 망각 속으로 지워지고 말았다. 그러나 주님을 상기함은 그분께 돌아서기 위함이니,[189] 이것은 마치 빛을 등지고 있을 때라도 어느 모로든 빛에 닿고 있었으며 따라서 [주님을 상기함은] 빛을 향해 돌아서는 것과 흡사하다. 불경한 사람들마저도 영원을 생각한다거나 인간들의 행동거지에

---

[188] 아우구스티누스는 영혼의 시원에 관한 여러 이론(예: 『자유의지론』 3.20.55-22.65)을 두고 자기 입장을 유보한다.

[189] 시편 22,27-28("그분을 찾는 이들은 … 세상 끝이 모두 생각을 돌이켜 주님께 돌아오리니") 참조.

in hominum moribus.

Quibus ea tandem regulis iudicant nisi in quibus uident quemadmodum quisque uiuere debeat etiamsi nec ipsi eodem modo uiuant? Vbi eas uident? Neque enim in sua natura, cum procul dubio mente ista uideantur, eorumque mentes constet esse mutabiles, has uero regulas immutabiles uideat quisquis in eis et hoc uidere potuerit; nec in habitu suae mentis cum illae regulae sint iustitiae, mentes uero eorum esse constet iniustas. Vbinam sunt istae regulae scriptae, ubi quid sit iustum et iniustus agnoscit, ubi cernit habendum esse quod ipse non habet? Vbi ergo scriptae sunt, nisi in libro lucis illius quae ueritas dicitur unde omnis lex iusta describitur et in cor hominis qui operatur iustitiam non migrando sed tamquam imprimendo transfertur, sicut imago ex anulo et in ceram transit et anulum non relinquit? Qui uero non operatur et tamen uidet quid operandum sit, ipse est qui ab illa luce auertitur, a qua tamen tangitur. Qui autem nec uidet quemadmodum sit uiuendum excusabilius quidem peccat quia non est transgressor legis incognitae, sed etiam ipse splendore aliquotiens ubique praesentis ueritatis attingitur quando admonitus confitetur.

---

190 nec in habitu suae mentis: habitus는 교부가 꼽는 우유(偶有)의 범주 가운데 하나지만 (이 책 5.5.6 참조) 여기서는 덕과 결부된다. *De diversis quaestionibus 83*, 31.1: virtus est animi habitus naturae modo atque rationi consentaneus["덕이란 본성 및 이성과 한데 조화되는, 영혼의 성상(性狀)"].

191 사본에 따라서 incognitae 대신 cognitae가 나오므로 '법을 알고서 범하는 것이 아니므로 죄를 짓더라도 변명의 여지가 많다. 그러나 그 역시 어디나 현전하는 진리의 광채에 몇 번쯤은 닿은 적이 있는 까닭에 훈계를 받으면 [죄를 지었노라고] 고백하게 된다'는 번역이 가능하다.

서 다수의 것을 올바로 질책하고 올바로 칭송함도 여기서 유래한다.

　그러면 사람들은 어떤 규범에 따라 이것들을 판단하는 것일까? 자기들이 규범에 따라 살지는 못할지언정 사람이 어떤 규범에 따라 살아야 할 것인지는 알고 있는 것이 아닐까? 그러면 어디서 저런 규범들을 보는 것일까? 자기의 본성 속에 그것이 보이는 것은 아니다. 자기 지성에 그것이 보이는 데는 의심의 여지가 없지만 인간들의 지성들이 가변적임은 분명하다. 그런데 이 규범들이 불변함은 누구나 안다. [누구든지 이런 규범들을 보는 사람은 이것들이 불변한다는] 이 사실을 규범에서 볼 수 있을 것이다. 그렇다고 이것이 자기 지성의 성상性狀에 깃들어 있는 것도 아니니[190] 예를 들어 정의正義의 규범들일 경우에 [그 규범을 보는] 사람들의 지성이 의롭지 못함은 확실하기 때문이다. 그러면 도대체 어디에 이 규범들이 기록되어 있으며, 불의한 인간마저도 무엇이 정의로운지를 어디서 인지하며, 자기가 갖추지 못한 것을 갖추어야 한다는 생각을 어디서 감지하는 것일까? 진리라고 일컫는 저 빛의 서책이 아니면 어디에 기록되어 있겠는가? 모든 정의로운 법이라면 저기서 옮겨 쓰는 것이고, 정의를 실천하는 인간의 마음속으로 옮겨지는 것도 저기서 비롯한다. 옮겨진다고 하더라도 그냥 이동되는 것이 아니라 마음속에 각인되느니 마치 반지에 새겨진 조상彫像이 밀초에 옮겨지면서도 반지를 떠나지 않는 것과 흡사하다. 그 대신 [정의를] 행하지는 않고 무엇을 행해야 하는지 알기만 하는 사람은 저 빛을 등지기는 하지만 그래도 저 빛에 닿는 사람이다. 그리고 어떻게 살아야 할 것인지 아예 모르는 사람은 변명의 여지가 더 많으나 [여전히] 죄를 짓는 것이다. 그가 법을 모른 채 위반하기 때문이 아니고[191] 그 사람 역시 어디나 현전하는 진리의 광채에 몇 번쯤은 닿은 적이 있는 까닭이다. 훈계를 받으면 [죄를 지었노라고] 고백하기도 하는 것으로 미루어 그렇다.

XVI 22. Qui uero commemorati conuertuntur ad dominum ab ea deformitate qua per cupiditates saeculares conformabantur huic saeculo reformantur ex illo audientes apostolum dicentem: *Nolite conformari huic saeculo sed reformamini in nouitate mentis uestrae*, ut incipiat illa imago ab illo reformari a quo formata est; non enim reformare se ipsam potest sicut potuit deformare. Dicit etiam alibi: *Renouamini spiritu mentis uestrae et induite nouum hominem qui secundum deum creatus est in iustitia et sanctitate ueritatis*. Quod ait, *secundum deum* creatum, hoc alio loco dicitur, *ad imaginem dei*. Sed peccando iustitiam et sanctitatem ueritatis amisit, propter quod haec imago deformis et decolor facta est; hanc recipit cum reformatur atque renouatur.

Quod autem ait, *spiritu mentis uestrae*, non ibi duas res intellegi uoluit quasi aliud sit mens, aliud spiritus mentis, sed quia omnis mens spiritus est, non autem omnis spiritus mens est. Est enim spiritus et deus qui renouari non potest quia nec ueterescere potest. Dicitur etiam spiritus in homine qui mens non sit, ad quem perti-

---

¹⁹² 14권의 마지막(16.22-19.26)은 인간 안에 삼위일체 하느님의 모상이 갱신되는 문제를 논한다. 이 과업은 일평생 계속되며 하느님과 '얼굴과 얼굴을 마주 보는' 경지에서 완성된다.

¹⁹³ commemorati convertuntur: 앞의 각주 151 참조.

¹⁹⁴ reformantur: 보통 '쇄신되다'라고 번역되지만 본뜻은 '본디 형상을 되찾다'이므로 '재(re)-형성되다(formari)'에 가깝다.

¹⁹⁵ 로마 12,2. 『200주년』: "여러분은 이 현시대에 순응하지 말고 오히려 사고방식의 쇄신으로 변형되시오."

¹⁹⁶ illa imago *ab illo reformari a quo formata est*: 창조주의 경륜에서 자연과 은총은 연속성이 있다. 또 자연과 은총은 지금 성취되고 있는 무엇이다.

¹⁹⁷ 에페 4,23-24 참조: "여러분 정신의 영으로 쇄신되어 진리의 의로움과 거룩함으로 하느님에 따라 창조된 새로운 인간을 입으십시오."

16.22. 일깨움을 받고 주님께 회심하는 사람들은[193] 저 기형畸形으로부터 벗어나 재형성된다.[194] 저 기형으로 인해 사람들은 세속적 탐욕을 거쳐 이 세상에 영합하던 참이었는데, 사도의 다음 말씀을 듣고서 그 기형으로부터 벗어나 재형성된다. "여러분은 이 세속에 영합하지 말고 여러분 지성의 새로움을 가지고 재형성되시오."[195] 당초에 이 모상을 형성하신 분에 의해서 이 모상이 재형성되기[196] 시작한다는 말이다. 다만 스스로 자기를 기형화할 수 있었던 것처럼 스스로 자기를 재형성할 수 있는 것은 아니다. 그래서 다른 대목에는 이런 말씀이 있다. "여러분 지성의 영으로 재형성되어 진리의 의로움과 거룩함으로 하느님에 따라 창조된 새로운 인간을 입으십시오."[197] '하느님에 따라' 창조되었다는 말을 다른 데서는 '하느님의 모상대로' 창조되었다고 한다.[198] 그러나 죄를 지음으로써 '진리의 의로움과 거룩함'을 상실했고 그 일로 말미암아 이 모상이 기형이 되고 변색되고 말았다. 그러다 재형성되고 새로워지면 이 모상을 되받게 된다.

'여러분 지성의 영으로'라는 말 때문에[199] 사도가 둘이 따로 있는 것처럼, 곧 '지성'이 따로 있고 '지성의 영'이 따로 있는 것처럼 알아들으라는 것은 아니었다. 단지 모든 지성이 영이지만 모든 영이 지성은 아니다.[200] 하느님도 영이지만[201] 새로워질 수 없는 분이니 하느님은 낡아질 수도 없는 까닭이다.[202] 사람에 대해서도 지성이 아닌 '영'이라는 말을 한다.[203] 신체의

---

[198] 바오로의 secundum deum과 창세기(1,27; 5,1; 9,6)의 ad imaginem dei를 등치시킨다.

[199] spiritu mentis vestrae: 노파심에서인지 돌연 spiritus에 관한 긴 부연 설명에 들어간다.

[200] omnis mens spiritus est, non autem omnis spiritus mens est: 이 책에서는 '지성'과 '영'은 동의어다. 그러나 교부는 인간을 육체($\sigma\tilde{\omega}\mu\alpha$)와 영($\pi\nu\epsilon\hat{\upsilon}\mu\alpha$)과 오성($\nuο\hat{\upsilon}s$), 셋으로 나누는 포르피리우스의 분류(『신국론』 10.9.2: '영성혼, 지성혼, 이성혼' 참조)도 소개하고 '영'을 이성혼의 일부로 정의하기도 한다.

[201] 요한 4,24("하느님은 영이십니다") 참조.

[202] '새로워지다'(renovare: re-novum)의 반대어는 '낡아지다'(veterescere: vetus-)이다.

[203] spiritus in homine qui mens non sit: '혼'(魂)과 구분하여 '영'(靈)이나 '얼'로 번역하면 어떨지 모르겠다.

nent imaginationes similes corporum, de quo dicit ad corinthios ubi dicit: *Si autem orauero lingua, spiritus meus orat; mens autem mea infructuosa est*. Hoc enim ait quando id quod dicitur non intellegitur quia nec dici potest nisi corporalium uocum imagines sonum oris in spiritus cogitatione praeueniant. Dicitur et hominis anima spiritus, unde est in euangelio: *Et inclinato capite tradidit spiritum*, quo significata est mors corporis anima exeunte. Dicitur spiritus etiam pecoris, quod in ecclesiaste libro Salomonis apertissime scriptum est ubi ait: *Quis scit spiritus filiorum hominis si ascendet ipse sursum et spiritus pecoris si descendet ipse deorsum in terram?* Scriptum est etiam in genesi ubi dicit diluuio mortuam uniuersam carnem *quae habebat in se spiritum uitae*. Dicitur spiritus etiam uentus, res apertissime corporalis, unde illud est in psalmis: *Ignis, grando, nix, glacies, spiritus tempestatis*. Quia ergo tot modis dicitur spiritus, spiritum mentis dicere uoluit eum spiritum quae mens uocatur. Sicut ait etiam idem apostolus: *In exspoliatione corporis carnis*. Non duas utique res intellegi uoluit quasi aliud sit caro, aliud corpus carnis, sed quia corpus multarum rerum nomen est quarum nulla caro est (nam multa sunt excepta carne corpora caelestia et cor-

---

[204] 1코린 14,14. 『200주년』: "내가 이상한 언어로 기도를 드린다면 나의 영은 기도 중에 있겠지만 나의 정신에는 아무런 결실도 없습니다."

[205] 어떤 사물을 두고 사유에 '지성의 언어'(verbum mentis), 곧 개념이 형성되면, 그 개념과 구체적 사물을 연결하는 '단어'(corporalium vocum imagines)가 형성되고 드디어 목청으로 '발성'(sonus oris)된다.

[206] 요한 19,30.

[207] 코헬 3,21.

[208] 창세 7,22("코에 숨이 붙어 있는 것들은 모두 죽었다") 참조.

영상들과 흡사한, 영상들이 이 영에 해당하는데 이에 관해서는 코린토서에서 이런 말을 한다. "내가 언어로 기도를 드린다면 나의 영이 기도하겠지만 나의 지성은 결실을 내지 못합니다."[204] 누가 하는 말을 남이 알아듣지 못할 때를 두고 이런 말을 한다. 하지만 영의 사고 활동에서 입에서 나오는 소리에 물리적 단어의 영상이 선행하지 않으면 무슨 말을 한다는 것 자체가 불가능하다.[205] 인간의 영혼도 영이라 한다. 그래서 복음에 "그리고서 그분께서는 머리를 숙이시며 영을 넘겨주셨다"[206]는 구절이 있다. 이 말은 영혼이 떠나면서 일어난 신체의 죽음을 의미했다. 그런가 하면 '짐승의 영'이라는 말도 나온다. 솔로몬의 코헬렛에 "인간의 아들들의 영이 그 자체 위로 올라가는지, 짐승의 영이 그 자체 아래로, 땅으로 내려가는지 누가 알리요?"[207] 또 창세기에도 대홍수로 모든 살덩어리, "스스로 생명의 영을 갖고 있던" 모든 살덩어리가 죽었다[208]는 말을 한다. 그런가 하면 바람도 영이라 한다. 바람이 물리적 사물임은 아주 명백하다. 그래서 시편을 보면 "불이며 우박, 눈이며 안개, 폭풍의 영"[209]이라는 말이 있다. 그러니 '영'이라는 말이 여러 모양으로 쓰이며, [사도가 앞에서] '지성의 영'이라고 한 것은 지성이라 불리는 그 영을 말하고 싶어서였다.[210] 같은 사도가 "육신의 몸을 벗다"[211]라는 표현을 쓰는 것과 흡사하다. 물론 이 경우에도 두 가지가 따로 있는 것처럼 알아들으라는 말은 아니었다. '육신'이 따로 있고 '육신의 몸'이 따로 있다고 알아들으라는 말은 아니었다. '몸'[212]이라는 것이 많은 사물을 가리키는 명사지만 '육신'이 아닌 사물들도 많다(육신 말고도 천상과 지상의 물체가 얼마든지 있다). 그래서 '육신의 몸'이란 '육신인 몸'을 말하

---

[209] 시편 148,8("불이며 우박, 눈이며 안개, 그분 말씀을 수행하는 거센 바람아, 주님의 이름을 찬양하라!") 참조.

[210] spiritum mentis dicere … eum spiritum quae mens vocatur: 교부는 일단 '지성'과 '영'을 동일시하고 본론으로 들어갈 참이다.

[211] 콜로 2,11("육신의 몸을 벗어 버리는 그리스도의 할례") 참조.

[212] 라틴어 corpus는 '물체'와 '몸'(신체)을 동시에 뜻하며, '육신'(caro)으로도 표기한다.

pora terrestria), corpus carnis dixit, corpus quae caro est. Sic itaque spiritum mentis eum spiritum quae mens est. Alibi quoque apertius etiam imaginem nominauit, scilicet aliis uerbis idipsum praecipiens: *Exspoliantes uos*, inquit, *ueterem hominem cum actibus eius induite nouum hominem qui renouatur in agnitione dei secundum imaginem eius qui creauit eum.* Quod ergo ibi legitur: *Induite nouum hominem qui secundum deum creatus est*, hoc isto loco: *Induite nouum hominem qui renouatur secundum imaginem eius qui creauit eum.* Ibi autem ait, *secundum deum*; hic uero, *secundum imaginem eius qui creauit eum.* Pro eo uero quod ibi posuit, *in iustitia et sanctitate ueritatis*, hoc posuit hic, *in agnitione dei.* Fit ergo ista renouatio reformatioque mentis secundum deum uel secundum imaginem dei. Sed ideo dicitur *secundum deum* ne secundum aliam creaturam fieri putetur; ideo autem *secundum imaginem* dei ut in ea re intellegatur fieri haec renouatio ubi est imago dei, id est in mente, quemadmodum dicimus secundum corpus mortuum, non secundum spiritum, eum qui de corpore fidelis et iustus abscedit. Quid enim dicimus 'secundum corpus mortuum' nisi corpore uel in corpore, non anima uel in anima mortuum? Aut si dicamus: 'Secundum corpus est pulcher,' aut: 'Secundum corpus fortis, non secundum animum,' quid est aliud quam, 'Corpore non animo pulcher aut fortis est?' Et innumerabiliter ita loquimur. Non itaque sic intellegamus *secundum*

---

[213] 콜로 3,9-10. 『200주년』(끝 구절): "자기를 창조하신 분을 따라 새로워져 지식에 이르게 됩니다."

[214] 앞의 각주 200과 203 참조.

[215] ubi est imago, id est in mente: 이 책의 감각, 기억 일반, 신앙에서 논한 삼위일체는 이 차적이었다.

는 것이다. 마찬가지로 '지성의 영'이라고 하면 '지성인 영'을 말하는 것이다. 다른 대목에서도 [사도는] 모상을 두고 더 노골적으로 언급했다. 그리고 같은 훈유를 말을 바꿔서 내린다. "묵은 사람을 그 행실과 함께 벗어 버리십시오. 그리고 새사람을 입으십시오. 이 새사람은 자기를 창조하신 분의 모상을 따라 하느님에 대한 지식으로 새로워집니다."[213] 앞에서는 "하느님에 따라 창조된 새로운 인간을 입으십시오"라고 했고, 여기서는 "새사람을 입으십시오. 이 새사람은 자기를 창조하신 분의 모상을 따라 새로워집니다"라고 했다. 저기서는 '하느님에 따라서'라고 했는데 여기서는 '자기를 창조하신 분의 모상을 따라서'라고 했다.[214] 그리고 저기서 한 '진리의 의로움과 거룩함으로'라는 말 대신에 여기서는 '하느님에 대한 지식으로'라고 했다. 그러니까 지성의 쇄신이나 재형성은 '하느님에 따라서' 혹은 '하느님의 모상에 따라서' 이루어지는 것이다. [하느님 아닌] 다른 피조물에 따라서 이루어지는 것으로 생각하지 않도록 '하느님에 따라서'라고 했고, 이 쇄신이 하느님의 모상이 있는 곳, 다시 말해서 지성에서[215] 이루어진다는 것으로 알아들으라는 뜻에서 하느님의 '모상에 따라서'라고 했다. 충실하고 의로운 사람으로 몸을 떠나는 사람을 우리가 '몸에 따라서는 죽었다'고 하지, '영에 따라서 죽었다'고 하지 않는 것과도 같다. 우리가 '몸에 따라서 죽은 사람'이라고 하면 영혼으로, 영혼에서 죽은 것이 아니라 몸으로, 몸에서 죽었다는 말 아니고 무엇인가? '몸에 따라서 아름답다'라고 하거나 '정신에 따라서가 아니고 몸에 따라서 튼튼하다'라고 하는 경우, '정신이 아니라 몸으로 [보아] 아름답거나 튼튼하다'는 말 아니고 무엇인가?[216] 우리가 이런 식으로 쓰는 어법은 무수히 많다. 그러므로 '자기를 창조하신 분의 모상을 따라서'라는 표현을 두고, 다른 모상이 따로 있어서 그 모상에 따라

---

[216] mortuus secundum corpus, corpore, in corpore: 필요상 직역을 했으나 '몸으로 보아서, 몸으로, 몸에서 죽었다'라고 풀이해도 무난하다.

imaginem eius qui creauit eum quasi alia sit imago secundum quam renouatur, non ipsa qua renouatur.

XVII 23. Sane ista renouatio non momento uno fit ipsius conuersionis sicut momento uno fit illa in baptismo renouatio remissione omnium peccatorum; neque enim uel unum quantulumcumque remanet quod non remittatur. Sed quemadmodum aliud est carere febribus, aliud ab infirmitate quae febribus facta est reualescere, itemque aliud est infixum telum de corpore demere, aliud uulnus quod eo factum est secunda curatione sanare. Ita prima curatio est causam remouere languoris, quod per omnium fit indulgentiam peccatorum; secunda ipsum sanare languorem, quod fit paulatim proficiendo in renouatione huius imaginis. Quae duo demonstrantur in psalmo ubi legitur: *Qui propitus fit omnibus iniquitatibus tuis*, quod fit in baptismo; deinde sequitur: *Qui sanat omnes languores tuos*, quod fit cotidianis accessibus cum haec imago renouatur. De qua re apostolus apertissime locutus est dicens: *Et si exterior homo noster corrumpitur, sed interior renouatur de die in diem. Renouatur* autem *in agnitione dei*, hoc est *in iustitia et sanctitate ueritatis*, sicut sese habent apostolica testimonia quae paulo ante memoraui.

In agnitione igitur dei iustitiaque et sanctitate ueritatis qui de die

---

[217] alia sit imago *secundum quam* renovatur, non ipsa *qua* renovatur: secundum quam이나 qua나 '하느님의 모상'을 가리킨다.

[218] non ipsa *qua* renovatur에서 qua 대신 quae로 표기된 사본이 있어 '지성과는 별도의 모상이 따로 있어서 그 모상에 따라서 지성이 새로워지는 것처럼 알아듣고, 따라서 지성 자체가[quae] 새로워지는 것은 아닌 것처럼 알아듣지는 말자'(Matthews)라는 번역도 나온다.

쇄신이 이루어지는 것이지[217] [하느님의 모상에 따라] 본래의 모상이 새로 워지는 것이 아니라고[218] 이해하지는 말자.

하느님의 모상이 일상의 접근을 통해서 어떻게 쇄신되는가

17.23. 물론 이 쇄신은 회심回心하는 한 순간에 이루어지지 않는다. 세례 에서는 모든 죄의 사함으로 단 한 순간에 쇄신이 이루어지고 아무리 미소 한 죄라도 사함을 받지 않고 남는 것이 하나도 없는데 [이 쇄신의 경우는 다르다]. [이 둘은] 몸에 열을 없애는 것하고 열로 생긴 허약함에서 소생하 는 것이 다르듯이, 또 몸에 박힌 화살을 뽑아내는 것하고 화살로 생긴 상 처를 다시 치유하여 낫는 것이 다르듯이 [차이가 난다]. 그처럼 첫 번째 치 유는 상처의 원인을 제거하는 일인데 이것은 모든 죄의 관서寬恕로 이루어 지고, 두 번째 치유는 상처 자체를 낫게 하는 일인데 저 모상의 쇄신 가운 데 서서히 이루어진다. 이 두 가지 일이 시편에 나오는데 그 구절은 먼저 "네 모든 죄악들을 용서하시는 분"이라고 하는데 이 일은 세례에서 이루어 지고, 곧이어 "네 모든 상처를 낫게 하시는 분"이라고 하며 나날이 성장하 면서 저 모상이 새로워지는 것을 말한다.[219] 이 일에 관해서는 사도가 아주 분명하게 건네는 말이 있다. "비록 우리의 외적 인간은 썩어 가고 있지만 우리의 내적 인간은 나날이 새로워집니다."[220] 새로워지는 것은, 조금 앞에 서 내가 인용한 사도의 증언대로, "하느님에 대한 지식으로" 다시 말해서 "진리의 의로움과 거룩함으로" 이루어지는 일이다.

그러므로 '하느님에 대한 지식으로', 곧 '진리의 의로움과 거룩함으로'

---

[219] 시편 103,2-3 참조(『성경』: "네 모든 잘못을 용서하시고 네 모든 아픔을 낫게 하시는 분").

[220] 2코린 4,16.

in diem proficiendo renouatur transfert amorem a temporalibus ad
aeterna, a uisibilibus ad intellegibilia, a carnalibus ad spiritalia, at-
que ab istis cupiditatem frenare atque minuere illisque se caritate
alligare diligenter insistit. Tantum autem facit quantum diuinitus
adiuuatur Dei quippe sententia est: *Sine me nihil potestis facere*. In
quo prouectu et accessu tenentem mediatoris fidem cum dies uitae
huius ultimus quemque compererit, perducendus ad deum quem co-
luit et ab eo perficiendus excipietur ab angelis sanctis, incorruptibi-
le corpus in fine saeculi non ad poenam sed ad gloriam recepturus.
In hac quippe imagine tunc perfecta erit dei similitudo quando dei
perfecta erit uisio. De qua dicit apostolus Paulus: *Videmus nunc per
speculum in aenigmate, tunc autem facie ad faciem*. Item dicit: *Nos
autem reuelata facie gloriam domini speculantes in eandem imagi-
nem transformamur de gloria in gloriam tamquam a domini spiritu*;
hoc est quod fit de die in diem bene proficientibus. **[24]** Apostolus
autem Iohannes: *Dilectissimi*, inquit, *nunc filii dei sumus, et non-
dum apparuit quod erimus. Scimus quia cum apparuerit similes ei
erimus quoniam uidebimus eum sicuti est*.

---

[221] tantum facit quantum divinitus adiuvatur: 인간의 모든 적극적 성취는 은총의 보우를
입은 결과라는 것이 교부의 은총론이다.

[222] 요한 15,5 참조.

[223] 마태 25,46("이자들은 영원한 벌을 받으러 갈 것이고, 의인들은 영원한 삶을 누리러 갈
것입니다") 참조.

[224] in hac imagine perfecta erit dei similitudo quando dei perfecta erit visio: 펠라기우스
논쟁에서 아우구스티누스는 '세례로 죄의 온전한 사함이 온다', '단, 내적 쇄신은 평생 진행된
다', '하느님의 지복직관에서 세례의 효과가 완성된다'라는 3단계를 상정하고 있다.

[225] 1코린 13,12. 이 책에서 교부가 70여 회 직간접 인용하며 특히 15권에서만 28회 인용하
는 기조 문장이다.

[226] gloriam domini speculantes: 이 책 15.8.14에 나오는 아우구스티누스의 해설 참조.

나날이 진보하며 새로워지는 사람은, 자기 사랑을 현세적인 것에서 영원한 것으로, 가시적인 사물에서 가지적인 사물로, 육적인 것에서 영적인 것으로 옮겨 가며, 앞의 사물들에 대한 탐욕을 삼가고 줄이면서 사랑을 갖고 자신을 뒤에 말한 사물들에 결부시키고자 열심히 노력한다. 그리고 하느님의 보우하심을 입으면 입을수록 그 일을 많이 성취한다.[221] 하느님의 생각은 이렇다. "나 없이는 너희가 아무것도 할 수 없다."[222] 그러한 진보와 성장 중에서 중개자께 대한 신앙을 지닌 채 이 생애의 마지막 날을 맞는 사람은 천사들에게 영접을 받아 자기가 섬기던 하느님께로 인도되고, 하느님께 완성을 볼 것이요, 세상이 끝날 즈음에는 불멸하는 몸을 얻어 벌을 받는 데가 아니라 영광에 받아들여질 것이다.[223] 그리하여 하느님에 대한 완전한 관상觀想에 이르면 바로 이 모상 속에 깃든 하느님과의 비슷함이 완전한 경지에 이를 것이다.[224] 이에 관해서는 바오로 사도가 하는 말이 있다. "사실 지금은 우리가 거울을 통해 수수께끼로 보고 있지만 그때에는 얼굴과 얼굴을 마주 볼 것입니다."[225] 또 이런 말도 했다. "우리는 모두 너울을 벗은 얼굴로 주님의 영광을 바라보는 가운데[226] 바로 같은 모상으로 모습이 바뀔 것이니, 영이신 주님으로 말미암아 영광에서 영광으로 모습이 바뀔 것입니다."[227] [24] 사도[228] 요한도 이런 말을 했다. "사랑하는 여러분, 이제 우리는 하느님의 자녀들입니다. 그러나 우리가 어떻게 될는지 아직은 드러나지 않았습니다. 그렇지만 그것이 드러나게 되면 우리는 그분을 있는 그대로 뵈올 것이기 때문에 우리가 그분을 닮게 되리라는 것은 알고 있습니다."[229]

---

[227] 2코린 3,18. in eandem imaginem tranformamur: 인간이 창조되면서 갖추고 있는 모상이 원형의 모상으로 '변형되는' 점을 de gloria in gloriam으로 재강조한다.

[228] 24절이 여기서 시작하는 편집본이 많다.

[229] 1요한 3,2. 『200주년』: "그렇지만 드러나게 되면 우리가 그분을 닮게 되리라는 것은 알고 있습니다. 사실 우리는 그분을 있는 그대로 뵈올 것이기 때문입니다."

XVIII 24. Hinc apparet tunc in ista imagine dei fieri eius plenam similitudinem quando eius plenam perceperit uisionem, quamquam possit hoc a Iohanne apostolo etiam de immortalitate corporis dictum uideri. Et in hac quippe similes erimus deo sed tantummodo filio quia solus in trinitate corpus accepit in quo mortuus resurrexit atque id ad superna peruexit. Nam dicitur etiam ista imago filii dei in qua sicut ille immortale corpus habebimus conformes facti in hac parte non patris imaginis aut spiritus sancti sed tantummodo filii quia de hoc solo legitur et fide sanissima accipitur: *Verbum caro factum est.* Propter quod apostolus: *Quos ante*, inquit, *praesciuit et praedestinauit conformes imaginis filii sui ut sit ipse primogenitus in multis fratribus. Primogenitus* utique *a mortuis* secundum eundem apostolum; qua morte seminata est caro eius in contumelia, resurrexit in gloria. Secundum hanc imaginem filii cui per immortalitatem conformamur in corpore etiam illud agimus quod item dicit idem apostolus: *Sicut portauimus imaginem terreni portemus et imaginem eius qui de caelo est*, ut scilicet qui secundum Adam mortales fuimus secundum Christum immortales nos futuros esse fide uera et spe certa firmaque teneamus. Sic enim nunc eandem imaginem portare possumus, nondum in uisione sed in fide, nondum in re sed in spe. De corporis quippe resurrectione tunc loquebatur apostolus cum haec diceret.

---

[230] 로마 8,29. [231] 콜로 1,18 참조.

[232] 1코린 15,49. 『200주년』: "우리가 흙으로 빚어진 그 사람의 형상을 지녔듯이 장차는 천상의 그 사람의 형상을 지니게 될 것입니다."

모상을 온전히 닮는 일은 지복직관에서 이루어지겠지만 육체의 불사불멸이라는 경지에서도 우리는 아드님을 닮을 것이다

18.24. 이 구절대로라면 [인간이 갖춘] 하느님의 저 모상에 하느님을 온전히 닮는 일이 이루어지는 것은 하느님을 온전히 뵙는 경지에서다. 요한 사도가 한 말에 따르면 이것은 육체의 불사불멸에도 적용시킬 수 있는 것으로 보인다. 그리고 육체의 불사불멸에서도 우리가 하느님을 닮겠지만 오직 성자를 닮을 따름이니 삼위일체 가운데 [성자 홀로] 육체를 취했고 그 육체로 죽었다가 부활했으며 천상으로 그 육체를 옮겨 간 이도 [성자뿐이기 때문이다]. 우리가 [그 덕을 입어] 불사불멸하는 몸을 지니게 되는 것은 하느님 아들의 저 모상이다. 이 점에서 우리는 아버지의 모상과 같아지는 것도 아니고 성령의 모상과 같아지는 것도 아니며 오로지 성자의 모상과 같아진다. "말씀이 살이 되셨다"는 구절은 성자에 대해서만 읽히는 구절이고 확고한 신앙으로 받아들이는 것도 성자에 대해서뿐이기 때문이다. 그래서 사도는 이런 말을 했다. "그분은 미리 알아두신 이들을 당신 아드님의 모상과 같은 모습이 되도록 예정하셨습니다. 이는 그분이 많은 형제들 중에서 맏아들이 되시도록 하기 위함입니다."[230] 물론 이 '맏아들'이란 사도의 말대로는 "죽은 이들 가운데서 맏이"[231]라는 뜻이다. 그의 육신이 수치스럽게 씨앗처럼 땅속에 심겼다가 영광스럽게 부활한 그 죽음을 일컫는다. 성자의 이 모상에 따라서 우리는 몸에도 불사불멸을 입어 성자께 동화되며, 사도가 한 저 말도 실현됨을 본다. "우리가 지상 인간의 모상을 지니고 있듯이 하늘로부터 오신 그분의 모상도 지니도록 합시다."[232] 다시 말해서 우리가 아담에 따라서는 사멸할 인간이었지만 그리스도에 따라서는 불사불멸하는 인간이 되리라는 것을 참된 믿음과 뚜렷한 신앙으로 간직하도록 하자. 그러면 지금부터도 저 모상을 지니는 일이 가능하니 다만 아직은 직관으로 그런 것이 아니고 믿음으로 그럴 뿐이고, 아직은 실제로 그런 것이 아니고 희망으로 그럴 따름이다. 사도가 이런 말을 할 때는 육체의 부활을 염두에 둔 것이었다.

XIX 25. At uero illa imago de qua dictum est: *Faciamus hominem ad imaginem et similitudinem nostram*, quia non dictum est, ad 'meam' uel 'tuam,' ad imaginem trinitatis factum hominem credimus, et quanta potuimus inuestigatione comprehendimus. Et ideo secundum hanc potius et illud intellegendum est quod ait apostolus Iohannes: *Similes ei erimus quoniam uidebimus eum sicuti est*, quia et de illo dixit de quo dixerat: *Filii dei sumus*. Et immortalitas carnis illo perficietur momento resurrectionis de quo ait apostolus Paulus: *In ictu oculi, in nouissima tuba et mortui resurgent incorrupti et nos immutabimur. In* ipso namque *ictu oculi* ante iudicium resurget in uirtute, in incorruptione, in gloria corpus spiritale quod nunc seminatur in infirmitate, corruptione, contumelia corpus animale. Imago uero quae *renouatur* in spiritu mentis *in agnitione dei* non exterius sed interius *de die in diem*, ipsa perficietur uisione quae *tunc* erit post iudicium *facie ad faciem, nunc* autem proficit *per speculum in aenigmate*. Propter cuius perfectionem dictum intellegendum est: *Similes ei erimus quoniam uidebimus eum sicuti est*. Hoc enim donum tunc nobis dabitur cum dictum fuerit: *Venite, benedicti patris mei, possi-*

---

[233] 창세 1,26.

[234] 앞의 각주 232 참조.

[235] 1요한 3,2: "이제 우리는 하느님의 자녀들입니다."

[236] de illo dixit de quo dixerat: 육신 부활과 불사불멸에 비추어 본 '모상의 완성'과 삼위일체의 관상에 이른 '모상의 완성'을 구분하지만, 역자마다 해석이 다양하다.

[237] 1코린 15,52.

[238] corpus spiritale, corpus animale: "생물의 몸으로 지금 심기지만 영적인 몸으로 부활할 것이다." 교부는 1코린 15,42-44를 이 한 문장으로 간추리고 있다.

하느님에 대한 지식으로 모상이 새로워지지만 하느님을 뵈면 완성에 이른다

19.25. "우리와 비슷하게 우리 모습으로 사람을 만들자"[233]라고 말씀한 저 모상에 관해서 말하자면, '너의 모습으로'라고 하지도 않고 '나의 모습으로'라고도 하지 않았으므로 우리는 삼위일체의 모상대로 사람이 만들어졌다고 믿는다. 이 점은 우리가 지금까지 한 연구를 통해 이해할 만큼 이해했다. 그리고 사도 요한의 말도 이 연구에 입각해서 알아들어야 한다. "우리는 그분을 있는 그대로 뵈올 것이기 때문에 우리가 그분을 닮게 되리라는 것은 알고 있습니다."[234] 사도가 그분을 두고 "우리는 하느님의 아들들입니다"[235]라고 한 것도, 사실 [삼위일체 하느님을] 가리켜 하는 말이기 때문이다.[236] 또 육신의 불사불멸 역시 부활의 그 순간에 이루어질 것이며 이 점을 두고 바오로 사도는 이런 말을 했다. "눈 깜박할 사이에, 마지막 나팔소리에 죽은 이들도 썩지 않는 이들로 일으켜질 것이고 우리도 변화할 것입니다."[237] 바로 그 순간, 눈 깜박할 사이에 심판에 앞서 강한 것으로, 썩지 않는 것으로, 영광스러운 것으로 신령한 몸이 되어 부활할 것이다. 지금 약한 것으로, 썩을 것으로, 천한 것으로 생물의 몸으로서 씨 뿌려지지만 말이다.[238] 그에 비해서 저 모상은 지성의 영 안에서 하느님을 아는 지식으로, 겉으로가 아니라 내면에서 날마다 새로워진다.[239] 다만 완성에 이르는 것은 저때 가서, 심판 후에 [하느님과] 얼굴과 얼굴을 마주 볼 때이며, 지금은 거울을 통해 어렴풋이 보면서 나아가고 있을 따름이다. "우리는 그분을 있는 그대로 뵈올 것이기 때문에 그분을 닮게 될 것입니다"라는 말씀 역시 그러한 완성을 염두에 두고 한 것으로 알아들을 만하다. 우리가 이런 선물을 받게 되는 것은 "내 아버지의 축복을 받은 사람들아, 와서 창세 때부터 너희를 위하여 마련한 나라를 상속받아라"[240]라는 말씀을 듣고

---

[239] 참조: 에페 4,23-24("여러분 정신의 영으로 쇄신되어 … 새로운 인간을 입으십시오"); 콜로 3,10("새사람은 자기를 창조하신 분의 모상을 따라 새로워져 지식에 이르게 됩니다"); 2 코린 4,16("우리의 내적 인간은 나날이 새로워집니다").

[240] 마태 25,34.

dete paratum uobis regnum. Tunc quippe tolletur impius ut non uideat claritatem domini quando ibunt sinistri in supplicium aeternum euntibus dextris in uitam aeternam. *Haec est autem*, sicut ait ueritas, *uita aeterna ut cognoscant te*, inquit, *unum uerum deum et quem misisti Iesum Christum.*

26. Hanc contemplatiuam sapientiam, quam proprie puto in litteris sanctis ab scientia distinctam sapientiam nuncupari dumtaxat hominis, quae quidem illi non est nisi ab illo cuius participatione uere sapiens fieri mens rationalis et intellectualis potest, Cicero commendans in fine dialogi Hortensii: *Quae nobis*, inquit, *dies noctesque considerantibus acuentibusque intellegentiam quae est mentis acies cauentibusque ne quando illa hebescat, id est in philosophia uiuentibus, magna spes est, aut si hoc quod sentimus et sapimus mortale et caducum est, iucundum nobis perfunctis muneribus humanis occasum neque molestam exstinctionem et quasi quietem uitae fore; aut si ut antiquis philosophis hisque maximis longeque clarissimis placuit aeternos animos ac diuinos habemus sic existimandum est, quo magis hi fuerint semper in suo cursu, id est in ratione et inuestigandi cupiditate, et quo minus se admiscuerint atque implicauerint hominum uitiis et erroribus, hoc his faciliorem ascensum et reditum in caelum fore.* Deinde addens hanc ipsam clausulam repetendoque sermonem finiens: *Quapropter*, inquit, *ut aliquando ter-*

---

[241] 이사 26,10("악인은 주님의 위엄을 보지 못하리라") 참조.

[242] 마태 25,46 참조. 　　　　　　　　[243] 요한 17,3.

[244] contemplativa sapientia: 이 책 12.14.22에서 지혜를 이렇게 규정한 바 있다.

나서다. 그때 불경한 사람은 제외되어서 주님의 환한 모습을 보지 못할 것이니,[241] 왼편에 있는 사람들은 영원한 벌을 받으러 가고 오른편에 있는 사람들은 영원한 삶을 누리러 갈 것이기 때문이다.[242] 그래서 진리이신 분은 이런 말씀을 했다. "영원한 생명이란 이것입니다. 그들이 오직 한 분, 참된 하느님이신 당신을 알고 또한 당신께서 파견하신 예수 그리스도를 아는 것입니다."[243]

완전한 지혜는 참된 행복에 있다

19.26. 관상觀想에 이른 이 지혜를 성경에서는 지식과는 구분해서 지혜라고 부른다는 것이 내 생각이다.[244] 물론 인간의 지혜이기는 하지만 인간이 그분으로부터 받지 않는 한 소지하지 못하는 것이고, 인간의 이성적이고 오성적인 지성은 그분에게 참여하는 한에서만 지혜로워진다. 키케로는 『호르텐시우스 대화록』 끝 대목에서 이런 말을 한다.[245] "우리는 밤낮으로 이런 사정들을 궁구하고 우리 오성, 곧 지성의 정곡을 갈고닦으며 오성이 무디어지지 않도록 조심을 다한다. 다시 말해서 철학으로 살아가면 저리 되지 않을까 하는 크나큰 희망을 품고 있다. 다시 말해서 우리가 감각하고 인식하는 바가 비록 사멸하고 일시적인 것이라 할지라도, 우리가 인간다운 본분을 다하는 한 [우리의] 몰락도 유쾌한 무엇이 되지, 괴로운 소멸이 되지는 않을 것이며 오히려 삶의 휴식처럼 되리라는 희망 말이다. 혹은 옛 철인들, 그중에서도 가장 출중하고 위대한 철인들이 말하듯이, 우리에게는 영원하고 신성한 영혼이 있다는 것이다. 따라서 인간들이 자기 행로에 더욱 매진할 때, 달리 말하면 이성에, 탐구하는 욕구에 더욱 몰두하고 인간들의 악덕과 오류에 그만큼 덜 젖고 덜 말려들수록 하늘을 향하는 상승과 귀환이 그만큼 용이하리라고 여겨야 한다." [키케로는] 여기에 다음과 같은 단서를 달아서 전체를 간추려 말을 맺는다. "하여간 이야기를 끝내자

---

[245] Müller (ed.), Cicero, *Hortensius*, frag.97.

minetur oratio, si aut exstingui tranquille uolumus cum in his arti-
bus uixerimus, aut si ex hac in aliam haud paulo meliorem domum
sine mora demigrare, in his studiis nobis omnis opera et cura po-
nenda est.

Hic miror hominem tanti ingenii perfunctis muneribus humanis hominibus in philosophia uiuentibus quae contemplatione ueritatis beatos facit iucundum promittere occasum *si hoc quod sentimus et sapimus mortale et caducum est*, quasi hoc moriatur et intercidat quod non diligebamus uel potius quod atrociter oderamus ut iucundus nobis sit eius occasus. Verum hoc non didicerat a philosophis quos magnis laudibus praedicat, sed ex illa noua academia ubi ei dubitare etiam de rebus manifestissimis placuit ista sententia redolebat. A philosophis autem sicut ipse confitetur, *maximis longeque clarissimis*, aeternos esse animos acceperat. Aeterni quippe animi non inconuenienter hac exhortatione excitantur ut in suo cursu reperiantur cum uenerit uitae huius extremum, id est in ratione et inuestigandi cupiditate, minusque se admisceant atque implicent hominum uitiis et erroribus ut eis facilior sit regressus ad deum. Sed iste cursus qui constituitur in amore atque inuestigatione ueritatis non sufficit miseris, id est omnibus cum ista sola ratione mortalibus sine fide mediatoris, quod in libris superioribus huius operis, maxime in quarto et tertio decimo quantum potui demonstrare curaui.

---

[246] philosophia quae contemplatione veritatis beatos facit: 교부는 고전적으로 철학을 정의하고 있다.

[247] 이 학파의 회의론에 대해서는 교부가 『아카데미아 학파 반박』(*Contra Academicos*)이라는 단행본을 집필했다.

면, 우리가 한평생 이 학문에 정진한 뒤 편안히 사라지고 싶다면, 또는 현세를 떠나되, 다른 데로 떠돌지 않고, 곧바로 더할 나위 없이 좋은 거처로 옮겨 가고 싶다면, 우리로서는 이 학문에 모든 노력과 정성을 기울이지 않으면 안 된다.”

여기서 나는 저런 재능을 갖추었을 인간을 깊이 경탄한다. 그런 재능은 인간다운 본분을 다하고 철학으로 살아가는 사람에게 유쾌한 종말을 약속해 준다. 무릇 철학이란 진리를 관조하면서 인간을 행복하게 만드는 것이다.[246] [앞서 말한 대로] “우리가 감각하고 인식하는 바가 사멸하고 일시적인 것이라면” 차라리 그것이 죽어 없어지고 우리가 애지중지하지 않는 대상이어야 하고, 아니 심히 증오하던 대상이 소멸하는 것이 [기분 좋은 일이듯이] 그 대상의 몰락 역시 우리에게는 유쾌한 무엇이어야 마땅하다. 다만 이 사상은 그가 극진한 찬사를 바치던 저 철학자들에게서 배운 것이 아니었고, 신아카데미아 학파, 더없이 명백한 사실마저 의심하기를 즐기는 사람들에게서 풍기는 가르침이었다.[247] 그가 인정하고 “가장 출중하고 위대한 철인들”로 고백하는 철학자들한테서는 영혼이 영원하다는 사상을 받아들였다.[248] 영원한 영혼들이 이런 식의 격려를 받는다는 사실이 부당하지는 않다. 현세 생명의 최후가 닥칠 때 사람들이 자기 인생의 여정에서 자신이 이성에, 탐구하는 욕구에 보다 더 몰두하고 인간들의 악덕과 오류에 그만큼 덜 젖고 덜 말려들고 있음을 발견한다면, 그런 인간들로서는 신에게로 돌아가는 길이 한결 수월할 것이다. 하지만 불행한 인생들, 다시 말해서 이성을 갖추었지만 중개자에 대한 신앙이 없이 죽을 인생들 모두에게는 진리에 대한 사랑과 탐구로 성립하는 이 여정만으로는 충분하지 않다. 이 점에 관한 한, 내가 앞에서, 특히 이 저서의 제4권과 13권에서 내 능력이 닿는 한에서 증명해 보였다.

---

[248] Cf., Plato, *Timaeus* 42-43; *Phaedrus* 24; *Respublica* 611a-b.

LIBER XV

I 1. Volentes in rebus quae factae sunt ad cognoscendum eum a quo factae sunt exercere lectorem iam peruenimus ad eius imaginem quod est homo in eo quo ceteris animalibus antecellit, id est ratione uel intellegentia, et quidquid aliud de anima rationali uel intellectuali dici potest quod pertineat ad eam rem quae mens uocatur uel animus. Quo nomine nonnulli auctores linguae latinae id quod excellit in homine et non est in pecore ab anima quae inest et pecori suo quodam loquendi mores distinguunt. Supra hanc ergo naturam si quaerimus aliquid et uerum quaerimus, deus est, natura scilicet non creata, sed creatrix. Quae utrum sit trinitas non solum credentibus diuinae scripturae auctoritate, uerum etiam intellegentibus aliqua si possumus ratione iam demonstrare debemus. Cur autem 'si possumus' dixerim res ipsa cum quaeri disputando coeperit melius indicabit.

II 2. Deus quippe ipse quem quaerimus adiuuabit, ut spero, ne sit infructuosus labor noster et intellegamus quemadmodum dictum sit

---

¹ 서문(1.1-2.3)에서 교부는 지금까지의 모든 논의가 삼위일체 자체를 인식하기 위한 '지성의 훈련'이었다고 밝힌다(10.12.19; 11.1.1; 13.20.26; 14.7.10에서도 천명했다).

² 교부는 이 책에서 인간의 고유한 영혼은 주로 animus('정신'으로 번역해 왔다), 짐승과 공통된 관점에서는 주로 anima(영혼, 혼백)라는 용어를 쓴다.

³ natura non creata sed creatrix: '삼위일체 하느님'까지 포함해서 모든 '존재자'를 교부는 natura(φύσις)라고 부른다. 이 책에서는 natura를 '자연 사물'로 번역하고 실체(substantia)나 존재(essentia)와 병치되는 경우 '자연 본성' 또는 '본성'으로 번역했다.

제15권 _ 창조주의 모상대로 만들어진, 위대한 영혼

교부는 독자들이 삼위일체를 이성으로 알아듣도록 창조계에서 지성의 훈련을 돕는다[1]

1.1. 우리는 독자가 피조물로부터 출발해서 그것을 만든 분을 인식하는 데 이르도록 훈련하고 싶었는데 적어도 지금 그분의 모상에까지는 당도했다. 인간이 다른 동물들보다 월등한 존재인 것은 이성 혹은 오성에 의해서이며, 이성혼理性魂 혹은 오성혼悟性魂에 관해서 다른 무슨 말을 하든지 결국 지성 혹은 정신이라고 일컫는 그 사물을 두고 하는 말이다. 일부 라틴어 학자들은 이 용어를 가지고 사람에게 있는 탁월한 무엇이자 짐승 안에는 없는 무엇을 가리키며 짐승에게도 있는 혼백魂魄과는 어법상 구분해서 말한다.[2] 그러므로 우리가 [정신이라는] 이 자연 사물 위에 있는 무엇을 찾는다면, 또 참된 무엇을 찾는다면 [그 위에는] 하느님이 있으며 그분은 창조된 자연 사물이 아니고 창조하는 자연 사물이다.[3] 그 자연 사물이 삼위일체인지를 이제 우리가 증명해 내야 할 참이다. 믿는 이들에게 신성한 경전의 권위를 가지고 증명하는 일뿐 아니고 [지성으로] 이해하려는 사람들에게도 할 수만 있다면, 일종의 이성을 사용하여[4] 증명해 보여야 한다. 내가 어째서 '할 수만 있다면'이라는 문구를 썼는지는, 우리가 토론을 하면서 논증을 시작하다 보면, 사안 자체가 잘 설명해 줄 것이다.

하느님은 불가해한 존재이지만 반드시 찾아야 할 분이다. 그분을 찾음은 발견해서 흐뭇하기 위함이고 그분이 발견됨은 더 열성껏 찾게 만들기 위함이다

2.2. 내가 바라기로는, 우리가 찾는 하느님은 우리 수고가 헛되지 않게 우리를 도우실 것이며, 그래야만 우리 수고가 결실 없는 것이 되지 않고,

---

[4] aliqua ratione: 본격적으로 '합리적 논증'에 돌입하겠다는 교부의 선언이다.

in psalmo sancto: *Laetetur cor quaerentium dominum. Quaerite dominum et confirmamini; quaerite faciem eius semper.* Videtur enim quod semper quaeritur numquam inueniri, et quomodo iam laetabitur et non potius contristabitur cor quaerentium si non potuerint inuenire quod quaerunt? Non enim ait: *Laetetur cor* 'inuenientium' sed *quaerentium dominum.* Et tamen deum dominum inueniri posse dum quaeritur testatur Esaias propheta cum dicit: *Quaerite dominum et mox ut inueneritis inuocate eum, et cum appropinquauerit uobis derelinquat impius uias suas et uir iniquus cogitationes suas.* Si ergo quaesitus inueniri potest, cur dictum est: *Quaerite faciem eius semper?* An et inuentus forte quaerendus est? Sic enim sunt incomprehensibilia requirenda ne se existimet nihil inuenisse qui quam sit incomprehensibile quod quaerebat potuerit inuenire. Cur ergo sic quaerit si incomprehensibile comprehendit esse quod quaerit nisi quia cessandum non est quamdiu in ipsa incomprehensibilium rerum inquisitione proficitur, et melior meliorque fit quaerens tam magnum bonum quod et inueniendum quaeritur et quaerendum inuenitur? Nam et quaeritur ut inueniatur dulcius et inuenitur ut quaeratur auidius. Secundum hoc accipi potest quod dictum est in libro ecclesiastico dicere sapientiam: *Qui me manducant adhuc esurient et qui bibunt me adhuc sitient.* Manducant enim et bibunt quia in-

---

⁵ 시편 105,3-4. 『성경』: "주님을 찾는 이들의 마음은 기뻐할지어다. 주님과 그 권능을 구하여라. 언제나 그 얼굴을 찾아라."

⁶ 이사 55,6-7. 『성경』: "만나뵐 수 있을 때에 주님을 찾아라. 가까이 계실 때에 그분을 불러라. 죄인은 제 길을, 불의한 사람은 제 생각을 버리고 주님께 돌아오너라."

⁷ 동사 re-quirerere(다시 찾다, 탐구하다)는 삼위일체 같은 신묘한 대상에 관한 지성의 자세를 드러내므로 교부가 여기서 거듭 쓴다.

거룩한 시편에 "주님을 찾는 이들의 마음은 기뻐하리라. 주님을 찾고 확인하여라. 언제나 그 얼굴을 찾아라"[5]라는 말씀을 알아듣기에 이를 것이다. 그런데 [이 시편 구절처럼] 언제나 찾는다는 말은 결코 발견하지 못하리라는 말처럼 들린다. 찾는 것을 발견하지 못할 경우 어떻게 마음이 기뻐한다는 말인가? 되레 슬퍼하지 않겠는가? [성경 구절이 주님을] "발견하는 사람들의 마음은 기뻐하리라"라고 하지 않고 "찾는 이들의 마음은 기뻐하리라"라고 했기 때문이다. 하지만 주 하느님을 찾는 한 발견할 수 있음은 이사야가 다음 말에서 증언한다. "주님을 찾아라. 그분을 불러 머지않아 발견하도록 하라. 그분이 너희에게 가까이 다가오실 때에, 악인은 제 길을, 불의한 사람은 제 생각을 버려라."[6] 그럼 찾으면 뵈올 수 있는데 어째서 "언제나 그 얼굴을 찾아라"라는 말씀을 했을까? 뵙고 나서도 더 열렬히 찾아야 한다는 말일까? 찾던 대상을 찾아낼 수는 있었는데 그것이 무엇인지 이해할 수가 없다면, 그 사람은 자기가 아무것도 찾아내지 못했다고 여기지 않으려는 이상, 불가해한 그것을 다시 찾아야[7] 할 처지가 된다. 그럼 찾는 대상이 불가해한 것임을 이해한다면 무엇 때문에 [다시] 찾는 것일까? 불가해한 그 사물들에 관한 탐구를 지속하고 있는 한에는 찾는 일을 중단해서는 안 되기 때문이 아닐까? 그 대상이 하도 위대한 선이어서 찾는 사람이 오히려 갈수록 선해지기 때문이 아닐까? 하도 위대한 선이어서 [반드시] 발견하겠다고 찾아야 하며 반드시 찾아야 할 대상임을 발견하는 것이 아닐까? 말하자면 찾게 만드는 것은 발견해서 흐뭇하기 위함이고 발견되는 것은 더욱 열성껏 찾게 만들기 위함이다.[8] "나를 먹는 이들은 더욱 배고프고 나를 마시는 이들은 더욱 목마르리라"[9]는 집회서의 말씀은 바로 이런 뜻으로 받아들일 만하다. 찾아냈으니까 먹고 마실 테고, 아직도 배고프고

---

[8] et quaeritur ut inveniatur dulcius et invenitur ut quaeratur avidius: 바로 인용되는 집회서 말씀과 더불어 신적 진리를 대하는 '탐구의 신비신학'이라고 일컬을 만하다.

[9] 집회 24,21.

ueniunt, et quia esuriunt ac sitiunt adhuc quaerunt. Fides quaerit, intellectus inuenit; propter quod ait propheta: *Nisi credideritis, non intellegetis*. Et rursus intellectus eum quem inuenit adhuc quaerit: *Deus* enim *respexit super filios hominum*, sicut in psalmo sacro canitur, *ut uideret si est intellegens aut requirens deum*. Ad hoc ergo debet esse homo intellegens ut requirat deum.

3. Satis itaque remorati fuerimus in his quae deus fecit ut per ea cognosceretur ipse qui fecit: *Inuisibilia enim eius a creatura mundi per ea quae facta sunt intellecta conspiciuntur*. Vnde arguuntur in libro sapientiae qui *de his quae uidentur bona non potuerunt scire eum qui est neque operibus attendentes agnouerunt artificem, sed aut ignem aut spiritum aut citatum aerem aut gyrum stellarum aut uiolentiam aquarum aut luminaria caeli rectores orbis terrarum deos putauerunt. Quorum quidem si speciei delectati haec deos putauerunt, sciant quanto dominator eorum melior est; species enim generator creauit ea. Aut si uirtutem et operationem eorum mirati sunt, intellegant ab his quanto qui haec constituit fortior est. A magnitudine enim speciei et creaturae cognoscibiliter poterit horum creator uideri*. Haec de libro sapientiae propterea posui ne me fidelium

---

[10] fides quaerit, intellectus invenit: 아우구스티누스의 '철학적 신학'을 대표하는 표어로 알려져 있다.

[11] 이사 7,9(이 책 7.6.12에도 인용). 아우구스티누스 인식론에서 '신앙'과 '인식'의 선후 관계를 규정하는 문장으로 그의 전집에서 50여 회 인용된다.

[12] 시편 14,2(= 53,3). 『성경』: "주님께서는 하늘에서 사람들을 굽어살피시는도다. 그 누가 깨달음 있어 하느님을 찾는지 보시려고."

[13] ad hoc debet esse homo intellegens ut quaerat deum: 15권은 인간의 능력이 미치는 한에서 더없이 예리한 신학적 고찰로, 철학과 신학을 병용하는 방법론으로 지혜라 일컫는 신 인식의 경지로 독자를 인도한다.

목마른 것은 아직 찾고 있기 때문일 것이다. 신앙은 찾고 지성은 발견한다.[10] 그래서 예언자는 "너희가 믿지 아니하면 이해하지 못하리라"라고 말했다.[11] 무릇 지성은 이미 깨달은 [그 대상을] 더 탐구한다. 거룩한 시편에서 "주님께서는 사람의 아들들을 굽어살피시는도다. 그 누가 하느님을 깨닫거나 찾는 사람이 있는지 보시려고"[12]라고 노래하는 구절 그대로다. 인간이란 하느님을 깨달을수록 찾게 되어 있는 존재다.[13]

피조계에서 삼위일체의 흔적을 찾음은 헛일이 아니다

2.3. 하느님이 만든 것에 관해서 우리는 상당히 긴 이야기를 했고 그것들을 통해서 우리는 그것을 만든 분을 인식하는 데 마음을 썼다.[14] "실상 그분의 보이지 않는 것들은 세상이 창조된 이래 피조물들을 통하여 인식되어 파악되었습니다."[15] 그래서 지혜서에서는 이렇게 논증을 편다. "그들은 눈에 보이는 좋은 것들을 보면서도 존재하시는 분을 보지 못하고 작품에 주의를 기울이면서도 그것을 만든 장인을 알아보지 못했다. 오히려 불이나 바람이나 빠른 공기, 별들의 무리나 거친 물, 하늘의 빛물체들을 세상을 통치하는 신들로 여겼다. 그 아름다움을 보는 기쁨에서 그것들을 신으로 생각했다면 그것들의 통치자는 얼마나 훌륭하신지 그들은 알아야 한다. 아름다움을 만드신 분께서 그것들을 창조하셨기 때문이다. 또 그것들의 힘과 작용에 감탄했다면 바로 그것들을 보고 그것들을 제정한 분은 얼마나 위대한 분인지 알아보아야 한다. 피조물의 웅대함과 아름다움으로 미루어 보아 그 창조자를 알 수 있을 것이다."[16] 내가 지혜서에서 [이 글을

---

[14] 교부는 이 책에서 '하느님이 창조하신 인간의 지성'의 삼위론적 구조(mens, notitia, amor)를 관찰하면서 '창조자 하느님의 삼위일체'에 접근하는 방법을 구사했다(이하 끝 문장 참조).

[15] 로마 1,20. 『성경』: "실상 그분의 보이지 않는 것들, 그분의 영원한 권능과 신성은 세상이 창조된 이래 피조물 안에서 이성적 성찰로써 인식되었습니다."

[16] 지혜 13,1-5.

quispiam frustra et inaniter existimet in creatura prius per quasdam sui generis trinitates quodam modo gradatim donec ad mentem hominis peruenirem quaesisse indicia summae illius trinitatis quam quaerimus cum deum quaerimus.

III 4. Sed quoniam diserrendi et ratiocinandi necessitas per quattuordecim libros multa nos compulit dicere quae cuncta simul aspicere non ualemus ut ad id quod apprehendere uolumus ea celeri cogitatione referamus, faciam quantum domino adiuuante potuero ut quidquid in singulis uoluminibus ad cognitionem disputatione perduxi remota disputatione breuiter congeram, et tamquam sub uno mentis aspectu non quemadmodum res quaeque persuasit sed ipsa quae persuasa sunt ponam ne tam longe sint a praecedentibus consequentia ut obliuionem praecedentium faciat inspectio consequentium, aut certe si fecerit, cito possit quod exciderit relegendo recolligi.

5. In primo libro secundum scripturas sanctas unitas et aequalitas summae illius trinitatis ostenditur. In secundo et tertio et quarto eadem, sed de filii missione et spiritus sancti diligenter quaestio per-

---

¹⁷ 이어서(3.4-5) 14권까지 달성한 삼위일체론의 토론 결과를 간추린다.

¹⁸ 전반부 7권에서는 하느님의 삼위를 이루는 요소들의 동등성을 부각시키는 데 주력했고 후반부에서는 인간 지성에서 삼위일체의 유비들을 하나씩 다루었다. 그러나 지성의 기능에

길게] 인용한 것은 신자들 가운데 어떤 사람이 나의 노력을 두고 무익하고 헛되다고 여기는 일이 없게 하려는 뜻에서다. 다시 말해서 먼저 창조계에 는 그 나름대로 삼위일체들이 있다는 것, 그것들을 통해서 점차 인간의 지 성까지 소급하여 올라감으로써 마침내 저 지존한 삼위일체의 흔적을 창조 계에서 내가 찾았다는 사실, 우리가 하느님을 찾음으로써 결국은 삼위일 체를 찾는다는 사실을 [무익한 노력으로 여겨서는 안 된다는 말이다].

앞의 열네 권에서 알아내려고 토론한 바를 짤막하게 간추린다[17]

3.4. 그렇지만 토론하고 논증할 필요로 말미암아 [이 책에서] 나는 무려 14권이나 되는 서책을 써 가면서 많은 이야기를 하지 않으면 안 되었다. 그 많은 내용을 한꺼번에 일목요연하게 죄다 늘어놓을 능력은 우리에게 없다. 다만 우리가 파악하고 싶어 하는 내용을 머리로 일별하면서 대강 언 급해 보기로 한다. 주님의 보우를 입어 할 수 있는 데까지 해 보겠는데, 토 론은 다 제쳐 두고 각 권에서 내가 파악하고 싶어서 토론을 거쳐 생각을 가다듬어 갔던 내용을 짧게 간추리려고 한다. 주장을 펴는 데 구사한 논지 들을 제시하려는 것이 아니고 그렇게 해서 입증해 낸 결론들을 지성의 단 일한 시각으로 일별하되, 결론이 서론으로부터 너무 동떨어지지 않게, 즉 결론을 검토하다 서론을 잊어버리는 일이 없게 할 참이다. 그러다 뭔가 잊 어버리는 일이 생긴다면 적어도 책을 다시 읽으면서 잊어버린 것을 빨리 상기해 내면 그것으로 족하겠다.[18]

3.5. 이 책 제1권에서는 성경에 준거하여 저 위대한 삼위일체의 단일성 과 동등성이 증명된다. 그리고 제2권, 제3권 그리고 제4권에서는 같은 삼 위일체를 논하되, 성자의 파견과 성령의 파견에 관하여 진지하게 다루면

서 관찰되는 삼위일체에서는 비유사성, 비동등성이 자꾸 드러났다. 성령의 논의가 나오면서, 신적 발출들을 다루면서 '본질의 어떤 속성이 한 위격에만 귀속된다는 것은 비동등성을 초래 하는 것이 아닌가?' 하는 의문이 발생한다.

tractata tres libros fecit, demonstratumque est non ideo minorem mittente qui missus est quia ille misit, hic missus est cum trinitas quae per omnia aequalis est pariter quoque in sua natura immutabilis et inuisibilis et ubique praesens inseparabiliter operetur.

In quinto propter eos quibus ideo uidetur non eandem patris et filii esse substantiam quia omne quod de deo dicitur secundum substantiam dici putant, et propterea gignere et gigni uel genitum esse et ingenitum quoniam diuersa sunt contendunt substantias esse diuersas, demonstratur non omne quod de deo dicitur secundum substantiam dici sicut secundum substantiam dicitur bonus et magnus et si quid aliud ad se dicitur, sed dici etiam relatiue, id est non ad se sed ad aliquid quod ipse non est, sicut pater ad filium dicitur uel dominus ad creaturam sibi seruientem; ubi si quid relatiue, id est ad aliquid quod ipse non est, etiam ex tempore dicitur sicuti est: *Domine, refugium factus es nobis*, nihil ei accidere quo mutetur sed omnino ipsum in natura uel essentia sua immutabilem permanere.

In sexto quomodo dictus sit Christus ore apostolico dei uirtus et dei sapientia sic disputatur ut differatur eadem quaestio diligentius retractanda, utrum a quo est genitus Christus non sit ipse sapientia sed tantum sapientiae suae pater, an sapientia sapientiam genuerit. Sed quodlibet horum esset etiam in hoc libro apparuit trinitatis aequali-

---

[19] 성부가 성자를 '파견함'이 성부의 자연 본성(본질)에 부가되는 우유적 범주가 아니다. 파견이 '우유적 행위'라면 성자는 파견받았다는 점에서 성부에게 종속된다는 요지다.

[20] secundum substantiam: 아래 나오는 relative(상관적으로), ad aliquid(타자와 관련시켜)와 대당되는 개념으로 해설했다.

[21] 시편 90,1.

[22] 1코린 1,24 참조: "그리스도가 … 부르심을 받은 이들에게는 유다인이나 헬라인을 막론하고 하느님의 능력이시며 하느님의 지혜이십니다."

서 세 권의 책을 이루었다. 아울러 파견을 받았다고 해서 파견한 분보다 못하지 않음을 증명했다. 모든 면에서 동등한 삼위일체가 그 자연 본성에 있어서 똑같이 불변하고 비가시적이고 어디나 현존하며 불가분하게 함께 활동한다는 [전제하에서] 성부는 파견하고 성자는 파견받았기 때문이다.[19]

그리고 제5권에서는 성부의 실체와 성자의 실체가 동일하다고 여기지 않는 사람들 때문에 [글을 썼다]. 하느님께 관하여 언표하는 바는 모조리 '실체에 준해서' 언표한다고 생각하면서[20] 그들은 '낳다'라는 것과 '나다'라는 것 다르고, '태어난 자'라는 것과 '태어나지 않는 자'라는 것이 다르고, 따라서 양자가 다른 실체라고 주장한다. [나의 논지는] 하느님께 관하여 언표하는 모든 것이 [반드시] '실체에 준해서' 언표하는 것이 아니다, 하느님이 선하다, 위대하다거나 그 밖에 하느님 자신과 관련시켜 무슨 언표를 할 때처럼 실체에 준해서 언표하는 것은 아니다라는 것이었다. 오히려 [하느님에 관해서] 상관적으로 언표하는 수도 있다고, 다시 말해서 자신과 관련시켜 언표하는 것이 아니고 자신이 아닌 타자와 관련시켜서 언표하는 경우도 있으니 아들과 관련시켜 아버지라고 언표되고 당신을 섬기는 피조물과 관련시켜 주님이라고 언표되는 경우가 그 예라고 했다. 만일 상대적으로, 곧 자신이 아닌 타자와 관련시켜 언표하는 경우에는 [하느님이] 시간에 입각하여 언표하는 일도 있으니 예컨대 "주님, 저희에게 안식처가 되셨나이다"[21]라고 하는 구절이 그렇다. [하느님을] 변화시킬 무엇도 그분에게 닥치지 않고 당신의 본성에서나 본질에서나 그분은 불변하는 분으로 항속하지만 [이 구절처럼 시간 속에 무슨 일이 일어나는 것처럼 언표되기도 한다].

제6권에서는 그리스도가 '하느님의 능력'이요 '하느님의 지혜'라는 말이 어떻게 사도의 입에서 나왔는지 토론한다.[22] 그리고 그리스도를 낳은 분 자신은 지혜가 아니고 그리스도의 지혜의 아버지일 따름이냐, 그렇지 않으면 지혜가 지혜를 낳느냐는 의문은 별개로 한다. 이 둘 중 어느 것이 [옳든지 간에] 이 책에서도 삼위일체의 동등성은 [분명하게] 나타났고 삼중三

tas, et non deus triplex sed trinitas; nec quasi aliquid duplum esse patrem et filium ad simplum spiritum sanctum ubi nec tria plus aliquid sunt quam unum horum. Disputatum est etiam quomodo possit intellegi quod ait Hilarius episcopus: *Aeternitas in patre, species in imagine, usus in munere.*

In septimo quaestio quae dilata fuerat explicatur ita ut deus qui genuit filium non solum sit pater uirtutis et sapientiae suae sed etiam ipse uirtus atque sapientia, sic et spiritus sanctus; nec tamen simul tres sint uirtutes aut tres sapientiae sed una uirtus et una sapientia sicut unus deus et una essentia. Deinde quaesitum est quomodo dicantur una essentia, tres personae, uel ut a quibusdam graecis, una essentia, tres substantiae; et inuentum est elocutionis necessitate dici ut aliquo uno nomine enuntiaretur cum quaeritur quid tres sint, quos tres esse ueraciter confitemur, patrem scilicet et filium et spiritum sanctum.

In octauo ratione etiam reddita intellegentibus clarum est in substantia ueritatis non solum patrem filio non esse maiorem, sed nec ambos simul aliquid maius esse quam solum spiritum sanctum, aut quoslibet duos in eadem trinitate maius esse aliquid quam unum, aut omnes simul tres maius aliquid esse quam singulos. Deinde per ueritatem quae intellecta conspicitur et per bonum summum a quo

---

[23] non triplex sed trinitas: 이 책 6.7.9 참조.

[24] simplum, duplum: 이 책 6.3.4 참조. 어원상 하느님에게 unus, trinus라는 용어는 가하지만 simplum, triplex라는 용어는 불가하다.

[25] Cf., Hilarius, *De Trinitate* 2.1.1(이 책 6.10.11의 각주 94 참조). 첫 구절은 infinitas in aeterno로 아우구스티누스에게서 aeternitas in patre로 인용된다.

[26] una essentia vel substantia, tres personae (a latinis) vel ⋯ una essentia, tres substantiae (a graecis): 이 책 7.4.7 참조.

重이 아니라 삼위三位임이 밝혀졌다.[23] 아울러 성부와 성자는 이중二重의 무엇으로서 간단한 성령과 [관련을 맺는 그런 존재가] 아니다.[24] [삼위일체에서는] 저 셋이 셋 중 어느 하나보다 더 많은 무엇이 아니기 때문이다. 그리고 "영원永遠은 성부께, 형상形象은 모상에게, 소용所用은 선물에게"라는 힐라리우스 주교의 말을 어떻게 이해할지도 논의했다.[25]

제7권에서는 [앞에서] 미룬 문제를 다루는데, 성자를 낳은 하느님이 [성자의] 능력과 지혜의 아버지만 되는 것이 아니고 당신도 곧 능력이요 지혜이며, 성령도 마찬가지라는 설명이다. 그렇다고 해서 세 능력이거나 세 지혜는 아니고, 한 분 하느님, 한 본질이듯이 오직 한 능력이고 한 지혜이다. 그다음에는 어떻게 해서 '한 본질에 세 위격'이라는 말을 하는지, 또 어떤 그리스인들이 쓰듯이 '한 본질에 세 실체'라는 말을 하는지 따졌다.[26] 그리고 우리가 정말 셋이라고 고백하는 대상, 즉 아버지와 성자와 성령이라는 그 셋이 과연 무엇이냐를 따질 경우에 그것을 어떤 명사 하나로 표현해야 하는 언어상의 필요에서[27] 이런 설명이 나온다는 점이 발견되었다.

제8권에서는 알아들을 만한 사람들에게 그만한 이치를 제시하여 [다음과 같은 사실이] 분명하다고 밝혔으니, 진리의 실체에 있어서[28] 성부가 성자보다 더 크지 않을뿐더러, [성부와 성자] 양자가 성령 혼자보다 더 큰 무엇도 아니고, 삼위일체 속에서 어느 둘이 다른 하나보다 더 큰 무엇이 아니요, 심지어 셋 전부가 그중 하나보다 더 큰 무엇이 아님이 분명하다는 점이었다. 그다음에 [나는] 하느님이라는 자연 사물,[29] 비물체적일 뿐만 아니고 또한 불변하는 자연 사물을 일정한 한도에서나마 [인간의 이성이] 인식하는 방도를 일러 주었다. [그 방도는] 진리를 통해서(진리는 [인간 지성으로]

---

[27] locutionis necessitate: 교부는 자기 전집에서 essentia vel substantia로 확정해 쓰지만 persona와 substantia를 그냥 용어 문제라 본다(7.6.11: genus essentia, species *substantia sive persona*; trinitatem dicimus *tres personas vel substantias*, unam essentiam et unum deum).

[28] in substantia veritatis: '하느님의 실체에서는.' '진리'는 하느님을 일컬어 교부가 즐겨 쓰는 별칭이다(이 책 8.1.2 참조).

[29] natura quod est deus: 이 책 14.8.11의 각주 94, 119, 140 참조.

est omne bonum et per iustitiam propter quam diligitur animus iustus ab animo etiam nondum iusto ut natura non solum incorporalis
uerum etiam immutabilis quod est deus quantum fieri potest intellegeretur admonui, et per caritatem quae in scripturis sanctis deus
dicta est, per quam coepit utcumque etiam trinitas intellegentibus
apparere sicut sunt amans et quod amatur et amor.

In nono ad imaginem dei quod est homo secundum mentem peruenit disputatio, et in ea quaedam trinitas inuenitur, id est mens et notitia qua se nouit et amor quo se notitiamque suam diligit, et haec
tria aequalia inter se et unius ostenduntur esse essentiae.

In decimo hoc idem diligentius subtiliusque tractatum est atque
ad id perductum ut inueniretur in mente euidentior trinitas eius, in
memoria scilicet et intellegentia et uoluntate. Sed quoniam et hoc
compertum est quod mens numquam esse ita potuerit ut non sui meminisset, non se intellegeret et diligeret, quamuis non semper se
cogitaret, cum autem cogitaret non se a corporalibus rebus eadem cogitatione discerneret, dilata est de trinitate cuius haec imago est disputatio ut in ipsis etiam corporalibus uisis inueniretur trinitas et distinctius in ea lectoris exerceretur intentio.

In undecimo ergo electus est sensus oculorum in quo id quod inuentum esset etiam in ceteris quattuor sensibus corporis et non dictum posset agnosci, atque ita exterioris hominis trinitas primo in his

---

[30] 하느님과 등치되는 가치로 '진리', '최고선', '정의', '사랑'이 열거된다.

[31] per caritatem quae ⋯ deus dicta est: 1요한 4,8("하느님은 사랑이십니다")에 근거하지만
뉘앙스가 다르다.

[32] trinitas ⋯ amans et quod amatur et amor: 이 책 8.10.14; 9.2.2; 9.5.8에 같은 표현이 나
온다.

인식되고 관조된다), 최고선을 통해서(선한 모든 것이 이 최고선에 의해서 존재한다), 정의를 통해서(어느 영혼이 아직 스스로 의로운 영혼이 못 되었으면서도 의로운 영혼을 사랑한다면 바로 이 정의에 입각해서다), 그리고 사랑을 통해서다.[30] 성경에서는 사랑을 곧 하느님이라고 칭했고[31] 이해력을 가진 존재들에게 삼위일체가 나타나는 것도 바로 그 사랑을 통해서이니, [삼위일체가] 사랑하는 이와 사랑받는 대상 그리고 사랑으로서 나타난다.[32]

제9권에서는 토론이 하느님의 모상, 즉 지성으로 보는 인간[33]에 도달했다. 그리고 거기서 일종의 삼위일체가 발견되는데, 지성과 (지성이 자체를 아는) 인식과 (지성이 자체와 자체에 대한 지식을 사랑하는) 사랑이 그것이다. 이 셋이 자기들끼리 동등할뿐더러 한 본질에 속함이 입증된다.

제10권에서는 똑같은 주제를 더 철저하고 치밀하게 다루었으며 그러면서도 지성에 그 삼위일체가 더욱 명료하게 발견된다는 결론에 이르렀다. 즉, [지성에서 발견되는] 기억과 이해와 의지에서다. 하지만 지성이 자체를 기억하지 않은 채, 자체를 인식하고 사랑하지 않은 채 존재할 수 없음이 또한 밝혀졌다. 비록 지성이 항상 자체를 생각하는 것은 아니고, 또 사유를 하더라도 그 사유를 가지고 자체를 물리적 사물로부터 분리하는 것도 아니더라도 말이다. 다만 [지성의 이 삼위일체는 하느님의] 저 삼위일체의 모상에 불과한데, 저 삼위일체에 관한 토론은 뒤로 미루었다. 그래야만 이 물리적 사물들을 보고서 일종의 삼위일체를 발견하고, [신적 삼위일체의 모상이 되는] 그 삼위일체에서 독자의 정신 집중이 더욱 뚜렷하게 단련될 것이기 때문이다.[34]

제11권에서는 눈의 감각을 선정했다. 시각에서 발견되는 것이 신체의 다른 네 감관에서도 발견된다는 것은 새삼 말할 나위가 없기 때문이다. 그리하여 외부에서 감지되는 사물들에 의해서 외적 인간의 삼위일체가 먼저

---

[33] imago dei quod est homo secundum mentem: 이 기본 사상(6.9.10; 12.7.12; 15.7.11 참조) 때문에 교부는 이 책에서 줄곧 지성을 분석하면서 신적 삼위일체를 탐구한다.

[34] lectoris exercetur intentio: 앞의 각주 1 참조.

quae cernuntur extrinsecus, ex corpore scilicet quod uidetur et forma quae inde in acie cernentis imprimitur et utrumque copulantis intentione uoluntatis, apparuit. Sed haec tria non inter se aequalia nec unius esse substantiae claruerunt. Deinde in ipso animo ab his quae extrinsecus sensa sunt uelut introducta inuenta est altera trinitas ubi apparerent eadem tria unius esse substantiae, imaginatio corporis quae in memoria est et inde informatio cum ad eam conuertitur acies cogitantis et utrumque coniungens intentio uoluntatis. Sed ideo et ista trinitas ad exteriorem hominem reperta est pertinere quia de corporibus inlata est quae sentiuntur extrinsecus.

In duodecimo discernenda uisa est sapientia ab scientia, et in ea quae proprie scientia nuncupatur quia inferior est prius quaedam sui generis trinitas inquirenda, quae licet ad interiorem hominem iam pertineat, nondum tamen imago dei uel appellanda sit uel putanda. Et hoc agitur in tertio decimo per commendationem fidei christianae. In quarto decimo autem de sapientia hominis uera, id est dei munere in eius ipsius dei participatione donata, quae ab scientia distincta est disputatur, et eo peruenit disputatio ut trinitas appareat in imagine dei quod est homo secundum mentem quae *renouatur in agnitione dei secundum imaginem eius qui creauit* hominem ad imaginem suam et sic percipit sapientiam ubi contemplatio est aeternorum.

---

[35] 감각적 지각의 둘째 요소는 forma in acie cernentis, 기억의 둘째 요소는 주체의 능동성을 반영하듯 informatio cum ad eam convertitur acies cogitantis로 지적된다.

[36] dei munere in eius ipsius dei participatione donata: '지식'과는 달리 '지혜'는 은총의 선물임을 교부는 항상 강조한다.

[37] 앞의 각주 33 참조.

드러났는데, 그것은 물체 곧 눈에 보이는 것에 의해서, 그다음 그 물체로 부터 지각하는 [감관의] 예봉에 각인되는 형상形相에 의해서, 마지막으로 양자를 결부시키는, 의지의 지향에 의해서 이루어지는 [삼위일체다]. 그렇지만 이 셋이 서로 동등한 것도 아니고 단일한 실체의 것들도 아님이 분명해졌다. 그리고 외부로부터 지각된 것들에 의해서 지성 안에 도입된 듯한, 또 다른 삼위일체가 발견되었다. 기억에 잔존하는, 물체의 표상, 사유자의 [지성의] 예봉이 그것을 향하여 회귀할 때 발생하는 형상화形象化[35] 그리고 양자를 결합시키는 의지의 지향이 그것인데, 이 경우에는 그 셋이 단일한 실체를 이루는 것임이 뚜렷하게 드러났다. 하지만 이 삼위일체 역시 외적 인간에 속한다는 사실이 밝혀졌는데 외부에서 감지되는 물체로부터 들여온 까닭이다.

제12권에서는 지혜가 지식으로부터 구분되어야 할 것으로 보았다. 그야 말로 지식이라고 일컫는 것은 [지혜보다] 하위이기는 하지만 거기서도 나름대로 삼위일체를 찾아내야 한다고 보았다. 그 삼위일체가 아직은 하느님의 모상이라고 불릴 것도 아니고 그렇게 간주될 것도 아니기는 하지만 이미 내적 인간에 속한다. 또 이 문제는 제13권에서도 다뤄야 했는데 그리스도교 신앙을 천명하면서 논의를 했다. 이 주제는 제14권에서도 다루면서 인간의 참된 지혜, 다시 말해 하느님께 참여할 때 하느님의 선물로 주어지는 바로 그 지혜에 관해서 토론했다.[36] 그 점에서 지혜는 지식으로부터 구분된다. 바로 거기서는 우리의 토론이 하느님의 모상, 곧 지성으로 보는 인간에게서 삼위일체가 나타난다는 결론에 도달했다.[37] 이 지성은 당신의 모상대로 사람을 창조하신 분의 모상을 따라 "하느님에 관한 지식으로 새로워진다".[38] 그리하여 영원한 사물에 대한 관상이 이루어지는 곳에서 지혜를 터득하기에 이른다.[39]▶

---

[38] in agnitione dei: 콜로 3,10("이 새사람은 자기를 창조하신 분의 모상을 따라 새로워져 지식에 이르게 됩니다") 참조. 이 책에서만도 이 구절을 20여 회 인용하지만 불가타역(in agnitionem) 등에는 dei('하느님에 관한')라는 단어가 없다.

IV 6. Iam ergo in ipsis rebus aeternis, incorporalibus et immutabilibus in quarum perfecta contemplatione nobis beata quae non nisi aeterna est uita promittitur trinitatem quae deus est inquiramus. Neque enim diuinorum librorum tantummodo auctoritas esse deum praedicat, sed omnis quae nos circumstat, ad quam nos etiam pertinemus, uniuersa ipsa rerum natura proclamat habere se praestantissimum conditorem qui nobis mentem rationemque naturalem dedit qua uiuentia non uiuentibus, sensu praedita non sentientibus, intellegentia non intellegentibus, immortalia mortalibus, impotentibus potentia, iniustis iusta, speciosa deformibus, bona malis, incorruptibilia corruptibilibus, immutabilia mutabilibus, inuisibilia uisibilibus, incorporalia corporalibus, beata miseris praeferenda uideamus. Ac per hoc quoniam rebus creatis creatorem sine dubitatione praeponimus, oportet ut eum et summe uiuere et cuncta sentire atque intellegere, et mori, corrumpi mutarique non posse; nec corpus esse sed spiritum omnium potentissimum, iustissimum, speciosissimum, optimum beatissimumque fateamur.

V 7. Sed haec omnia quae dixi et quaecumque alia simili more locutionis humanae digne de deo dici uidentur et uniuersae trinitati

---

◄39 et sic percepit sapientiam: 일반 지식과는 달리(각주 36 참조) '하느님에 대한 지식'은 지혜를 터득하는 준비로 간주된다.

40 다음 장(4.6-7.13)에서는 로마 1,20에 따라 창조계로부터 삼위일체에 대한 참인식에 이를 수 있는지 논하고 하느님에게는 모든 속성이 실체와 동일하고 삼위에 공히 해당하므로 이 길이 성립하지 않는다고 결론짓는다.

41 beata quae non nisi aeterna est: 일시적으로 끝나 버릴 삶은 결코 '행복한 삶'이 아니라는 것이 교부의 첫 저서(*De beata vita*)부터 일관된 주장이다.

대자연은 탁월한 창조주가 계시다고 선언한다[40]

4.6. 그러므로 영원하고 비물체적이고 불변하는 사물들에서 하느님이신 삼위일체를 궁구하기로 하자. 그런 사물들을 관상하는 데서 행복한 삶이 오기로 언약되어 있고 그 삶은 영원한 삶이 아닐 수 없다.[41] 하느님이 존재한다는 것은 성경의 권위만 설교하는 바가 아니며, 우리를 에워싸고 우리가 속하는 대자연[42] 자체가 지극히 탁월한 창조주를 모시고 있노라고 외치고 있다.[43] 창조주는 우리에게 자연적 지성과 이성을 베풀어 주었고 그 능력 덕택에 우리는 무생물보다는 생물을 낫게 여기고, 감각이 없는 것들보다는 감각을 갖춘 존재들을, 인식하지 못하는 것들보다는 인식하는 능력을 갖춘 존재들을, 사멸하는 것들보다는 불멸하는 것들을 훌륭하다고 여긴다. 무력한 것보다는 힘 있는 것을, 불의한 것보다는 의로운 것을, 악한 것보다는 선한 것을, 썩는 것보다는 불후의 것을, 변하는 것보다는 불변하는 것을, 눈에 보이는 것보다는 보이지 않는 것을, 물리적인 것보다는 비물체적인 것을, 가련한 것보다는 행복한 것을 낫게 여겨야 한다고 본다. 바로 이 점에서 우리는 피조물들보다는 창조주를 앞세우는 데 의심의 여지가 없으며 그분은 최고로 살아 있고, 모든 것을 지각하고 인식하며, 죽거나 썩거나 변할 수가 없는 분이어야 한다. 그분은 물체일 수 없고 영이지만 모든 영들 가운데 가장 능력 있고 가장 의롭고 가장 아름답고 가장 선하며 가장 행복한 영이라고 고백하자.

다수의 속성들을 소수로 줄여 적용해 본다

5.7. 그런데 내가 말한 모든 내용이나 그 밖에 인간 언어상으로 어슷비슷해서 하느님께 관하여 서술할 만하다고 보이는 모든 이야기들은 한 분

---

[42] '대자연'을 가리켜 omnis universa rerum natura라는 표현을 쓴다(Cf., *Tractatus in Ioannis Evangelium* 1.13).

[43] 『자유의지론』(2.3.7-15.40)에 '진리로부터의 신 존재 증명'이 상세히 나온다.

qui est unus deus et personis singulis in eadem trinitate conueniunt. Quis enim uel unum deum, quod est ipsa trinitas, uel patrem uel filium uel spiritum sanctum audeat dicere aut non uiuentem aut nihil sentientem uel intellegentem, aut in ea natura qua inter se praedicantur aequales quemquam eorum esse mortalem siue corruptibilem siue mutabilem siue corporeum? Aut quisquam ibi neget aliquem potentissimum, iustissimum, speciosissimum, optimum, beatissimum? Si ergo haec atque huiusmodi omnia et ipsa trinitas et in ea singuli dici possunt, ubi aut quomodo trinitas apparebit?

Redigamus itaque prius haec plurima ad aliquam paucitatem. Quae uita enim dicitur in deo ipsa est essentia eius atque natura. Non itaque deus uiuit nisi uita quod ipse sibi est. Haec autem uita non talis est qualis inest arbori ubi nullus intellectus, nullus est sensus. Nec talis qualis inest pecori; habet enim uita pecoris sensum quinquepertitum sed intellectum habet nullum, at illa uita quae deus est sentit atque intellegit omnia, et sentit mente, non corpore quia spiritus est deus. Non autem sicut animalia quae habent corpora per corpus sentit deus; non enim ex anima constat et corpore, ac per hoc simplex illa natura sicut intellegit sentit, sicut sentit intellegit, idemque sensus qui intellectus est illi. Nec ita ut aliquando esse desistat aut coeperit; immortalis est enim. Nec frustra de illo dictum est quod

---

⁴⁴ ipsa trinitas et in ea singuli: 이 책에서 (singulae) personae('각 위격')라는 용어 대신 남성명사 singuli('각자')가 자주 구사된다.

⁴⁵ illa vita quae deus est: 바로 위에 나오는 문구, "하느님 자신이 당신에게 생명이시다" (vita quod ipse sibi est)처럼, 하느님이심과 생명이 동일하다.

⁴⁶ 요한 4,24("하느님은 영이십니다") 참조.

⁴⁷ simplex illa natura: '저 단순한 자연 사물은.'

하느님이신 삼위일체 전체에 언표되는 것으로 보이기도 하고, 동일한 삼위일체 안에서 각 위격에 수렴되기도 한다. 삼위일체이신 한 분 하느님, 혹은 [각 위격으로 말하는] 성부나 성자나 성령이 살아 계시는 분이 아니라거나 아무것도 감지하지 못하고 인식하지 못하는 분이라고 감히 말할 사람이 누구겠는가? [세 위격이] 같은 본성을 두고 서로 동등하게 서술되는데 어느 한 위격이 사멸한다거나 부패한다거나 가변적이라거나 물체적이라고 말할 사람이 누구겠는가? 어느 위격도 가장 능력 있고 가장 의롭고 가장 아름답고 가장 선하며 가장 행복한 분임을 누가 감히 부인하겠는가? 이 모든 [속성], 이런 모든 [속성이] 삼위일체 자체에도 언표될 수 있고, 또 그 안에 있는 각자에게도⁴⁴ 언표될 수 있다면 삼위일체는 과연 어디서, 아니 어떻게 드러날까?

그러므로 이 많은 [속성들을] 몇몇 소수로 간추려 보기로 하자. 생명이라고 하는 것은 하느님에게 있어서 그분의 존재 자체요 본성이다. 그러므로 하느님이 살아 계시다는 것은, 하느님 자신이 당신에게 생명이시라는 뜻에서만 하는 말이다. 이 생명은 한 그루의 나무에 생명이 깃들어 있다는 것과는 같지 않으니, 거기에는 오성도 일체 없고 감각도 일체 없다. 또 짐승에게 깃들어 있는 생명과도 같지 않다. 짐승의 생명은 다섯으로 나뉜 감관을 갖고 있으나 오성은 전혀 못 갖추었다. 그러나 하느님이라는 저 생명은⁴⁵ 모든 것을 지각하고 인식하며, 하느님은 영이시기⁴⁶ 때문에 신체로 지각하지 않고 지성으로 지각한다. 신체를 가진 동물과는 달리 하느님은 신체를 통해서 지각하는 분이 아니다. 영혼과 육신으로 구성되지 않았다는 점 때문에 저 단순한 본성은⁴⁷ 인식하듯이 지각하고 지각하듯이 인식하며, 그분에게는 감각이나 오성이나 동일하다. 그렇다고 [그분이] 언제는 존재하기를 멈추었다가 언제는 존재하기 시작하는 것도 아니다.⁴⁸ 불사불멸하기 때문이다. 하느님에 관해서 그분 홀로 불사불멸을 갖고 있다는 언표도

---

⁴⁸ 개개의 감관과 지성은 작용하다가 작용하지 않다가 한다.

solus habeat immortalitatem. Nam immortalitas eius uere immortalitas est in cuius natura nulla est commutatio. Ipsa est etiam uera aeternitas qua est immutabilis deus sine initio, sine fine, consequenter et incorruptibilis. Vna ergo eademque res dicitur siue dicatur aeternus deus siue immortalis siue incorruptibilis siue immutabilis, itemque cum dicitur uiuens et intellegens quod est utique sapiens, hoc idem dicitur. Non enim percepit sapientiam quia esset sapiens, sed ipse sapientia est. Et haec uita eademque uirtus siue potentia, eademque species qua potens atque speciosius dicitur. Quid enim potentius et speciosius sapientia quae *attingit a fine usque in finem fortiter et disponit omnia suauiter*? Bonitas etiam atque iustitia numquid inter se in dei natura sicut in eius operibus distant tamquam duae diuersae sint qualitates dei, una bonitas, alia iustitia? Non utique. Sed quae iustitia ipsa bonitas, et quae bonitas ipsa beatitudo. Incorporalis autem uel incorporeus ideo dicitur deus ut spiritus credatur uel intellegatur esse, non corpus.

8. Proinde si dicamus: 'Aeternus, immortalis, incorruptibilis, immutabilis, uiuus, sapiens, potens, speciosus, iustus, bonus, beatus, spiritus,' horum omnium nouissimum quod posui quasi tantummo-

---

49 1티모 6,16("그분만이 불사불멸하시고 가까이할 수 없는 빛 속에 사시는도다") 참조.

50 교부의 저서에서는 '영원', '불변', '불사불멸'이 서로 호환된다. "참된 영원이란 참된 불사불멸이며 그것은 저 지고한 불변이다"(vera aeternitas, quae vera immortalitas, hoc est illa summa incommutabilitas: *De natura boni* 39).

51 potens atque *speciosius*: '더 능력 있고 더 아름다운'(potentius et speciosius)이라는 구절이 뒤따라 나오므로 비교급 아닌 원급(speciosus)이어야 한다.

52 지혜 8,1. 『성경』: "지혜는 세상 끝에서 끝까지 힘차게 퍼져 가며 만물을 훌륭히 다스린다."

헛소리가 아니다.[49] 왜냐하면 그분의 불사불멸이야말로 실로 불사불멸이라 하겠으니 그분의 본성에는 일체 변화가 없는 까닭이다. 그것이 참된 영원함이니 그 영원함에 의해서 하느님이 시작도 없고 끝도 없어 불변하는 분이요 그 결과로 또한 불후의 존재이기도 하다. 영원한 하느님, 불사불멸하는 하느님, 불후의 하느님, 불변하는 하느님이라는 말은 한 가지요 똑같고 또 그렇게 언표되어야 한다.[50] 마찬가지로 살아 있고 인식하는 분, 따라서 지혜로운 분이라는 말도 똑같은 말이다. 하느님은 지혜를 습득하여 그것으로 지혜로워지는 것이 아니라 하느님이 지혜 자체다. 이 생명은 또한 능력이자 권능이기도 하며, 동시에 아름다움이기도 하여 그것으로 능력 있고 아름다운 분이라고 한다.[51] 지혜보다 더 능력 있고 더 아름다운 것이 무엇이겠는가? 지혜는 "끝에서 끝까지 힘차게 퍼져 가며 만물을 아름답게 배치한다".[52] 그렇다면 그분의 업적에서 선함과 의로움이 서로 다르듯이 그분의 본성에서도 서로 다르기라도 할까? 마치 하느님의 속성이 별다른 두 가지가 있기라도 하는 것처럼, 하나는 선함이고 다른 하나는 의로움인 것처럼 그렇게 서로 다르겠는가? 물론 그렇지 않다. [그분의] 의로움은 선함 그 자체이며 [그분의] 선함은 행복 자체다. 하느님을 비육체적 혹은 비물체적이라고 일컫는 경우도 그분이 물체가 아니고 영임을 믿거나 인식하게 하기 위함이다.[53]

속성에 입각하여 하느님께 서술되는 바는 또한 하느님의 본질에 관한 서술로 이해되어야 한다

5.8. 그래서 우리가 하느님께 관해서 "영원하다, 불사불멸하다, 썩지 않는다, 비물체적이다, 불변하다, 살아 있다, 지혜롭다, 능하다, 아름답다, 의롭다, 선하다, 복되다, 영이다"라는 서술을 할 때[54]▶ 이 모든 서술 가운

---

[53] ut spiritus non corpus: 하느님에게 in-corporalis, in-corporeus라는 부정어(否定語)를 구사함은 하느님이 '비실체'(in-substantia)라는 말이 아니고 (물체 아닌) '영'이라는 뜻이다.

do uidetur significare substantiam, cetera uero huius substantiae qualitates; sed non ita est in illa ineffabili simplicique natura. Quidquid enim secundum qualitates illic dici uidetur secundum substantiam uel essentiam est intellegendum. Absit enim ut spiritus secundum substantiam dicatur deus et bonus secundum qualitatem, sed utrumque secundum substantiam. Sic omnia cetera quae commemorauimus unde in superioribus libris multa iam diximus. De quattuor igitur primis quae modo a nobis enumerata atque digesta sunt id est aeternus, immortalis, incorruptibilis, immutabilis, unum aliquid eligamus quia unum quattuor ista significant sicut iam disserui, ne per multa distendatur intentio, et illud potius quod positum est prius, id est aeternus. Hoc faciamus et de quattuor secundis quae sunt uiuus, sapiens, potens, speciosus. Et quoniam uita qualiscumque inest et pecori cui sapientia non inest, duo uero ista, sapientia scilicet atque potentia, ita sunt inter se in homine comparata ut sancta scriptura diceret: *Melior est sapiens quam fortis*, speciosa porro etiam corpora dici solent; unum ex his quattuor quod eligimus sapiens eligatur, quamuis haec quattuor in deo non aequalia dicenda sint; nomina enim quattuor, res autem una est. De tertiis uero ultimis quattuor, quamuis in deo idem sit iustum esse quod bonum, quod beatum, idemque

---

◀54 인간이 지식이나 지혜를 통해서 인식하는 완전성들을 하느님께 돌리지만 하도 많아서 일단 이 12개로 줄이고 다음에는 '영원하다, 지혜롭다, 복되다' 셋을 꼽아 삼위일체에 대비시켜 본다. 하느님의 단순함은 거기서도 멈추지 못하므로 교부는 '지혜롭다', 곧 존재 자체인 지혜로 줄인다. 그 안에서는 삼위일체가 보인다.

55 이 책에서 5권(5.1.2-2.3) 외에도 누차(6.1.2; 6.4.6; 6.6.8; 7.1.1; 7.6.11) 이 문제를 해설했다.

56 15권 4.6에서 이 네 속성을 한꺼번에 열거했다.

57 지혜 6,1-11 참조. 교부의 인용본에만 이 구절이 나온다.

데 내가 마지막으로 내놓은 한 마디만 하느님의 실체를 가리키는 것으로 보이고 그 나머지는 모조리 이 실체의 속성들을 가리키는 것처럼 보인다. 그러나 저 불가형언하고 단순한 자연 본성에서는 그렇지 않다. 거기서는 속성에 입각하여 말하는 것처럼 보이는 모든 것이 실체 혹은 존재에 입각해서 말하는 것으로 이해되어야 한다. 그러므로, '하느님은 영이다'라는 말은 하느님의 실체에 따라 하는 말이고 '하느님이 선하다'라는 말은 속성에 따라 하는 말이라 여기면 절대 안 된다. 양편 다 실체에 따라서 하는 말이다. 위에서 우리가 열거했고 앞의 여러 권에서[55] 이미 장황하게 설명한 그 밖의 모든 말도 같은 방식으로 알아들어야 한다. 우리가 방금 열거하여 구분한 것 중에 처음 나오는 네 가지, 다시 말해서 '영원하다', '불사불멸하다', '썩지 않다', '불변하다' 가운데 어느 하나를 택해 보자. 저 넷이 어느 하나를 가리킨다는 말은 이미 했지만,[56] 여러 말을 하다가 주의가 분산되어서는 안 된다는 의미에서 맨 먼저 열거한 '영원하다'라는 말을 택하기로 하자. 그리고 두 번째로 나오는 넷, 즉 '살아 있다', '지혜롭다', '능하다', '아름답다'라는 말에 대해서도 같은 작업을 해 보자. 그리고 지혜가 깃들어 있지 않은 짐승에게도 모종의 생명은 깃들어 있고 그다음 나오는 둘, 곧 지혜와 능력은 인간에게서 서로 연관이 있어 성경에서도 "능한 자가 되느니 지혜로운 자가 낫다"[57]라는 말이 나올 정도다. '아름답다'라는 말은 물체에도 적용된다. 이 넷 중 하나를 꼽는다면, '지혜롭다'라는 말이 꼽힐 것이다.[58] 비록 하느님에게서 이 네 술어가 동등한 것으로 언표되는 것은 아니더라도 말이다.[59] 단어는 넷이지만 사실은 하나다. 마지막으로 나오는 세 번째 넷을 꼽는다면, 하느님께는 의로운 것이 곧 선한 것이고 행복한

---

[58] 두 번째 조합 가운데 '지혜롭다'를 꼽는 이유는 '살아 있다', '아름답다'는 물체나 짐승에도 해당하고 성경이 능력보다 지혜를 앞세우므로 '지혜롭다'가 남는다고 설명한다.

[59] in deo *non aequalia* dicenda sint: "넷은 '동등'하다기보다 '단일'한 것으로 언표된다"는 뜻인 듯하다. 사본에 따라서는 *non inaequalia*로 나오므로 '하느님에게서 이 네 술어가 동등하지 않게 언표되는 것은 아니다'라고 해석된다.

spiritum esse quod iustum et bonum et beatum esse, tamen quia in hominibus potest esse spiritus non beatus, potest et iustus et bonus nondum beatus, qui uero beatus est profecto et iustus et bonus et spiritus est; hoc potius eligamus quod nec in hominibus esse sine illis tribus potest, quod est beatus.

VI 9. Num igitur cum dicimus: 'Aeternus, sapiens, beatus,' haec tria sunt trinitas quae appellatur deus? Redigimus quidem illa duodecim in istam paucitatem trium, sed eo modo forsitan possumus et haec tria in unum aliquid horum. Nam si una eademque res in dei natura potest esse sapientia et potentia aut uita et sapientia, cur non una eademque res esse possit in dei natura aeternitas et sapientia aut beatitudo et sapientia? Ac per hoc sicut nihil intererat utrum illa duodecim an ista tria diceremus quando illa multa in istam redegimus paucitatem, ita nihil interest utrum tria ista dicamus an illud unum in cuius singularitate duo cetera similiter redigi posse monstrauimus.

Quis itaque disputandi modus, quaenam tandem uis intellegendi atque potentia, quae uiuacitas rationis, quae acies cogitationis ostendet, ut alia iam taceam, hoc unum quod sapientia dicitur deus quomodo sit trinitas? Neque enim sicut nos de illo percipimus sapientiam ita deus de aliquo, sed sua est ipse sapientia quia non est aliud sapientia eius, aliud essentia cui hoc est esse quod sapientiam

---

⁶⁰ 이 책 13.4.7-6.9에서 설명하듯이, '의롭고' '선하고' 영원한 생명(영)에 들어가야 인간이 참으로 '행복하다'.

것이지만 사람들에게서는 영이 행복하지 않을 수도 있고 의롭고 선하면서
도 행복하지 못할 수 있다. 다만 행복한 사람이라면 또한 반드시 의롭고
선하고 또 영이라야 한다.[60] 그러므로 우리 같으면 다른 셋이 없으면 인간
에게 생겨나지 않는 것, 다시 말해서 '복되다'를 꼽겠다.

**하느님의 단순성에 삼위일체가 있음이 단지 믿음의 대상일 뿐 아니라 어떻게 이해의
대상도 되는가**

6.9. 그러면 우리가 '영원하다', '지혜롭다', '복되다'라고 말할 때 그 셋이
하느님이라고 일컬어지는 삼위일체일까? 우리로서는 저 열두 낱말을 셋으
로 간추렸는데 또다시 이 셋을 그중 하나로 환원시킬 법하다. 만일 하느님
의 본성에서 지혜와 능력 혹은 생명과 지혜가 동일한 한 사물일 수 있다
면, 영원과 지혜, 또는 행복과 지혜는 어째서 하느님의 본성에서 동일한
한 사물일 수 없단 말인가? 또 바로 그래서 저 많은 수를 이 작은 수로 간
추리는 경우에 우리가 열두 속성을 말하든 [그것을 간추려] 세 속성을 말
하든 아무 상관 없다면, 그와 마찬가지로 우리가 셋을 이야기하든, 그 하
나를 이야기하든 아무 상관이 없을 듯하다. 그 하나의 단일성에 입각하여
나머지 둘이 환원될 수 있음을 우리가 입증한 이상 말이다.

그럼 도대체 어떤 논리학, 도대체 어떤 이해력과 능력, 도대체 어떤 활
달한 이성, 도대체 어느 예리한 사유가 있어, '지혜'라고 부르는 이 하나 —
다른 이야기들은 아예 입을 다물겠다 —, 즉 하느님이라고 언표되는 이 지
혜가 어떻게 해서 삼위일체인지를 과연 증명해 보일 수 있을까?[61] 더구나
하느님은, 우리가 하느님으로부터 지혜를 얻듯이, 타자에게서 지혜를 얻
는 것이 아니고 하느님 자신이 당신의 지혜이시다. 하느님의 지혜와 하느
님의 존재가 다르지 않기 때문이다. 하느님에게는 존재함이 바로 지혜로

---

[61] hoc unum quod sapientia dicitur deus quomodo sit trinitas: 이 절 끝 문장에서 뜻이 더
분명하게 드러난다. 참조: "하느님이라고 일컫는 다른 속성들을 입에 올리지 않더라도, '지
혜'라는 이 하나의 속성이 또한 삼위일체라는 것을 어떻게 증명해 보일 수 있겠는가?"(Hill).

esse. Dicitur quidem in scripturis sanctis Christus dei uirtus, et dei sapientia, sed quemadmodum sit intellegendum ne patrem filius uideatur facere sapientem in libro septimo disputatum est, et ad hoc ratio peruenit ut sic sit filius sapientia de sapientia quemadmodum *lumen de lumine, deus de deo.* Nec aliud potuimus inuenire spiritum sanctum nisi et ipsum esse sapientiam, et simul omnes unam sapientiam sicut unum deum, unam essentiam. Hanc ergo sapientiam quod est deus, quomodo intellegimus esse trinitatem? Non dixi: 'Quomodo redimus?' (nam hoc inter fideles non debet habere quaestionem), sed si aliquo modo per intellegentiam possumus uidere quod credimus, quis iste erit modus?

10. Si enim recolamus ubi nostro intellectui coeperit in his libris trinitas apparere, octauus occurrit. Ibi quippe ut potuimus disputando erigere temptauimus mentis intentionem ad intellegendam illam praestantissimam immutabilemque naturam quod nostra mens non est. Quam tamen sic intuebamur ut nec longe a nobis esset et supra nos esset, non loco sed ipsa sui uenerabili mirabilique praestantia ita ut apud nos esse suo praesenti lumine uideretur. In qua tamen nobis

---

[62] cui hoc est *esse* quod *sapientem esse*: '그분에게는 지혜롭다는 것과 존재한다는 것이 동일하다'는 뜻도 된다.

[63] 1코린 1,24(부르심을 받은 이들에게는 그리스도가 "하느님의 능력이시며 하느님의 지혜이십니다") 참조.

[64] 이 책 7.1.1-3.6 참조.

[65] 니케아 신경(DS 125)의 간접 인용이다.

[66] per intellegentiam videre quod credimus: 아우구스티누스는 평생 '이해를 추구하는 신앙'(fides quaerens intellectum)을 도모했다.

운 분으로 존재함이기 때문이다.[62] 성경을 보면 그리스도가 하느님의 능력이라고, 또 하느님의 지혜라고 한다.[63] 그렇다고 해서 아들이 아버지를 지혜롭게 만든다는 뜻으로 알아들어서는 안 된다고 이미 제7권에서 논한 바 있다.[64] 바로 그래서 "빛으로부터 나신 빛이시요 하느님으로부터 나신 하느님"[65]이라고 하듯이, 성자는 지혜로부터 나신 지혜라는 이치에 이른다. 아울러 성령에 관해서도 성령 자신이 곧 지혜 자체라는 생각 외에 우리로서는 딴생각을 하지 못했다. 그리고 [성부, 성자, 성령] 모두 한 하느님이고 한 존재이듯이 또한 한 지혜다. 그러면 하느님이라는 이 지혜가 곧 삼위일체라는 점은 우리가 어떻게 이해할 것인가? 나는 "우리가 어떻게 믿을 것인가?"라고 하지 않았다(믿는 이들 사이에서는 여기에 의문을 달아서는 안 되는 까닭이다). 우리가 믿는 바를 이해를 통해서 파악하는 어떤 방도가 있다면 그 방도가 무엇일까라고 했다.[66]

인간 내면에 깃든 삼위일체의 그림자

6.10. 이 책에서 삼위일체가 우리 오성에 등장하기 시작한 것이 어느 대목이었는지 돌이켜 보면 제8권을 꼽을 수 있다. 거기서 우리는 힘껏 토론하면서 지성의 지향에 집중하여 한 가지 사물을 인식하려고 노력했다. 더할 나위 없이 탁월하고 불변하는 자연 본성을 인식하려는 노력이었는데, 그 대상이 곧 우리 지성은 아니라는 사실을 파악했다. 그러면서도 그것이 우리에게서 멀리 떨어져 있지 않다는 사실을 직관하고, 또한 그것이 우리 위에 있다는 사실을 직관하는데, 더구나 공간상으로 우리 위에 있는 것이 아니라 그것 자체의 존귀하고 경이로운 탁월함으로 우리 위에 있음을 직관하는데, 현전하는 자기 빛살로 우리 가까이 있는 것처럼 보인다.[67] 그런

---

[67] apud nos esse suo praesenti lumine videretur: 『자유의지론』(2.15.39)에는 '지성보다 상위의 존재'를 향하여 '지성 자체를 초월하는' 지성의 역동성(力動性)에서 신 존재를 발견하는 논증이 나온다.

adhuc nulla trinitas apparebat quia non ad eam quaerendam in fulgore illo firmam mentis aciem tenebamus; tantum quia non erat aliqua moles ubi credi oporteret magnitudinem duorum uel trium plus esse quam unius cernebamus utcumque. Sed ubi uentum est ad caritatem quae in sancta scriptura deus dicta est eluxit paululum trinitas, id est amans et quod amatur et amor. Sed quia lux illa ineffabilis nostrum reuerberabat obtutum et ei nondum posse contemperari nostrae mentis quodam modo conuincebatur infirmitas, ad ipsius nostrae mentis secundum quam factus est homo *ad imaginem dei* uelut familiariorem considerationem reficiendae laborantis intentionis causa inter coeptum dispositumque refleximus, et inde in creatura quod nos sumus ut inuisibilia dei per ea quae facta sunt conspicere intellecta possemus immorati sumus a nono usque ad quartum decimum librum.

Et ecce iam quantum necesse fuerat aut forte plus quam necesse fuerat exercitata in inferioribus intellegentia ad summam trinitatem quae deus est conspiciendam nos erigere uolumus nec ualemus. Num enim sicut certissimas uidemus trinitates, siue quae forinsecus de rebus corporalibus fiunt, siue cum ea ipsa quae forinsecus sensa sunt cogitantur; siue cum illa quae oriuntur in animo nec pertinent ad corporis sensus sicut fides, sicut uirtutes quae sunt artes agendae uitae manifesta ratione cernuntur et scientia continentur; siue cum mens

---

[68] caritatem quae deus dicta est: 앞의 각주 31 참조.

[69] 로마 1,20("그분의 보이지 않는 것들은 … 피조물 안에서 이성적 통찰로써 인식되었습니다") 참조.

데 거기서는 아직 아무런 삼위일체도 우리에게 나타나지 않았다. 그 광휘 속에서 우리가 정작 그 삼위일체를 찾을 생각으로 지성의 예봉을 그 대상에다 강력하게 견지하지 않았던 것이다. 다만 거기서 그 대상이 [질량을 갖는] 덩어리는 아니어서 둘 혹은 셋의 크기가 하나의 크기보다 더하다고 믿어야 한다고는 감지하지 않았다. 하지만 사랑에 이르러서는, 성경에서 사랑이 곧 하느님이라고 하므로,[68] 어느 정도 삼위일체가 밝히 드러났다. 곧, 사랑하는 이, 사랑받는 대상, 그리고 사랑 자체가 드러났다. 그렇더라도 형언할 수 없는 저 빛이 [하도 강하여] 우리의 시선을 [딴 데로] 돌리게 만들며, 우리 지성의 허약함이 아직은 그 빛을 견뎌 낼 수 없음을 어느 정도 깨우쳐 준 터였다. 이리하여 지성에 입각해 보면 인간이 "하느님의 모습으로 만들어졌다"는 생각에 따라, 우리 지성에 좀 더 친숙한 연구로 돌렸다. 우리가 이미 논하기 시작한 내용과 논하려고 작정한 것 사이에서 [지성의] 지향이 너무 힘들어하기 때문에 그것을 쉽게 하는 뜻에서였다. 그러다 보니까 우리는 제9권에서부터 14권까지 우리 자신이라는 피조물에다 시선을 멈추었던 것이다. 하느님의 보이지 않는 것들이 창조된 사물들을 통해서 인식되어 우리가 관조할 수 있으리라는 생각에서였다.[69]

그런데 이 하위의 사물을 두고 우리의 이해력이 필요한 만큼, 아니 어쩌면 필요 이상으로 훈련을 쌓은 지금에 와서 우리는 우리 지성을 하느님이라는 지고한 삼위일체를 관상하는 데로 들어 올리기 원한다. 원하기는 하는데 그럴 힘이 없다. 오히려 우리는 아래와 같은 경우에 삼위일체들을 아주 확실하게 보는 것이 아닐까? 말하자면 물체들로부터 유래하여 외부에서 만들어지는 무엇이라든지, 외부에서 지각된 사물을 우리가 사색하는 경우가 그렇다. 혹은 정신에 발생하기는 하는데 신앙 또는 '삶을 영위하는 예술'이라 할 덕성처럼,[70] 신체의 감관에 속하지 않아서 이성에 의해서 감지되고 지식에 의해서 유지되는 경우가 그렇다. 혹은 우리가 무엇을 알더

---

[70] virtutes quae sunt artes agendae vitae: 『신국론』 19.3; *Epistola* 167.4; *Enarrationes in Psalmos* 83.11에도 나오는 '덕성'(virtus)의 정의다.

ipsa qua nouimus quidquid nosse nos ueraciter dicimus sibi cognita est uel se cogitat; siue cum aliquid quod ipsa non est, aeternum atque incommutabile conspicit; num ergo sicut in his omnibus certissimas uidemus trinitates quia in nobis fiunt uel in nobis sunt, cum ista meminimus, aspicimus, uolumus ita uidemus etiam trinitatem deum quia et illic intellegendo conspicimus tamquam dicentem et uerbum eius, id est patrem et filium, atque inde procedentem caritatem utrique communem, sanctum scilicet spiritum? An trinitates istas ad sensus nostros uel animum pertinentes uidemus potius quam credimus, deum uero esse trinitatem credimus potius quam uidemus? Quod si ita est, profecto aut inuisibilia eius per ea quae facta sunt nulla intellecta conspicimus, aut si ulla conspicimus, non in eis conspicimus trinitatem, et est illic quod conspiciamus, est quod etiam non conspectum credere debeamus. Conspicere autem nos immutabile bonum quod nos non sumus liber octauus ostendit, et quartus decimus cum de sapientia quae homini ex deo est loqueremur admonuit. Cur itaque ibi non agnoscimus trinitatem? An haec sapientia quae deus dicitur non se intellegit, non se diligit? Quis hoc dixerit? Aut quis est qui non uideat ubi nulla scientia est nullo modo esse sapientiam? Aut uero putandum est sapientiam quae deus est scire alia et nescire se ipsam, uel diligere alia nec diligere se ipsam? Quae siue dici siue credi stultum et impium est. Ecce ergo trinitas, sapientia

---

71 cum ista meminimus, aspicimus, volumus: 방금 열거한 네 가지 인식 활동에서 이 세 측면이 전부 관찰되었다.

72 감각적 지각이나 오성적 인식은 지상적 차원에 속하므로 '본다'고 말하는 편이 옳다.

73 '보다'(videre)와 '관조하다'(conspicere)는 차원이 다르다.

74 이 책 8.3.4-5 참조.　　　　　　　75 이 책 14.19.25-26 참조.

라도, 우리가 진실로 안다고 말하는 것이라면 반드시 지성으로 아는데, 그 지성이 지성 자체에 알려지거나 지성이 자체를 사유하는 경우가 그렇다. 혹은 지성이 아니면서 영원하고 불변하는 무엇, 그런 것을 지성이 관조하는 경우가 그렇다. 이 모든 경우에서 우리는 아주 확실하게 삼위일체를 본다. 그렇다면 이것들을 우리가 기억하고 관찰하고 의욕할 때마다[71] 우리는 삼위일체 하느님을 또한 기억하고 관찰하고 의욕하는 것일까? 그때마다 거기서 우리는 말을 발설하는 분, 그리고 그분의 말씀 — 즉 성부와 성자 —, 그리고 거기서 발하는 사랑, 두 분에게 공통되는 사랑, 다시 말해서 성령을 기억하고 관찰하고 의욕하는 것일까? 그보다는 우리 감관에 속하거나 우리 정신에 속하는 저 삼위일체는 우리가 믿는다기보다는 차라리 본다고 해야 맞고, 하느님이 삼위일체라는 사실은 본다기보다는 차라리 믿는다고 해야 하지 않을까?[72] 만일 그렇다면, 하느님의 보이지 않는 것들이 창조된 사물들을 통해서 인식되어 우리가 관조할 것은 아무것도 없거나,[73] 만약 우리가 무엇인가 관조하더라도 그 속에서 삼위일체를 관조하지는 못하거나 둘 중의 하나이겠다. [후자의 경우] 우리가 관조하는 무엇이 있기는 하지만, 우리에게 관조되지 않는 것은 우리가 결국 믿어야 한다는 말이 된다. 우리 스스로 불변하는 선이 아니면서도 불변하는 선善을 관조하고 있다는 사실은 이 책 제8권이 입증해 주었다.[74] 또 하느님에게서 비롯하여 인간에게 유래하는 지혜를 우리가 논하는 마당에서 이 책 제14권이 이 사실을 다시 한 번 일깨워 주었다.[75] 그렇다면 우리가 왜 거기서 삼위일체를 파악하지 못하는 것일까? 하느님이라 일컫는 이 지혜가 자체를 인식하지 못하고 자체를 사랑하지 못하는 것일까? 하지만 감히 이런 말을 할 사람이 누구겠는가? 아무런 지식이 없는 곳에는 지혜 또한 도대체 있을 수 없음을 누가 모르겠는가? 아니면 하느님이라 일컫는 지혜가 다른 것들은 아는데 지혜 자체는 알지 못한다고, 다른 것들은 사랑하는데 지혜 자체는 사랑하지 않는다고 생각해야 하는가? 이따위 말을 하거나 그렇게 믿는다는 것은 어리석고 불경스러운 짓이다. 그러니 거기에는 삼위일체가 분명 있으니

scilicet et notitia sui et dilectio sui. Sic enim et in homine inuenimus trinitatem, id est mentem et notitiam qua se nouit et dilectionem qua se diligit.

VII 11. Sed haec tria ita sunt in homine ut non ipsa sint homo. *Homo est* enim sicut ueteres definierunt *animal rationale, mortale.* Illa ergo excellunt in homine, non ipsa sunt homo. Et una persona, id est singulus quisque homo, habet illa tria in mente uel mentem. Quod si etiam sic definiamus hominem, ut dicamus: 'Homo est substantia rationalis constans ex anima et corpore,' non est dubium hominem habere animam quae non est corpus, habere corpus quod non est anima. Ac per hoc illa tria non homo sunt sed hominis sunt uel in homine sunt. Detracto etiam corpore si sola anima cogitetur, aliquid eius est mens tamquam caput eius uel oculus uel facies, sed non haec ut corpora cogitanda sunt. Non igitur anima sed quod excellit in anima mens uocatur. Numquid autem possumus dicere trinitatem sic esse in deo ut aliquid dei sit nec ipsa sit deus? Quapropter singulus quisque homo qui non secundum omnia quae ad naturam pertinent eius sed secundum solam mentem imago dei dicitur

---

[76] ecce ergo trinitas, sapientia scilicet et notitia sui et dilectio sui: 앞에서 '하느님의 지혜'를 누차 언급하면서도 유보했던 결론이다.

[77] homo, animal rationale, mortale: 고전적 정의(Cicero, *Academia posterior* 2.7.21; Quintilianus, *Institutiones oratoriae* 7.3.15)이며 아우구스티누스도 전집에서 자주 쓴다(이 책 7. 4.7 참조).

[78] una persona, id est singulus quisque homo: singulus는 하느님의 위격에도 쓰고 있다(앞의 각주 44 참조).

[79] habet illa tria: 인간적 삼위일체와 신적 삼위일체 사이의 근본적 차이는 전자는 '삼위를 가지고 있고'(habere) 후자는 '삼위로 존재한다'(esse)는 점이다. 인간에게서 목격되는, 존재와 소유의 이 차이는 인간 실존의 시간성에서 온다.

곧 지혜와 [지혜의] 자기 인식과 [지혜의] 자기 사랑이 그것이다.[76] 마찬가지로 우리는 인간에게서도 삼위일체를 발견할 수 있으니 다시 말하자면 지성과 [지성이] 자체를 아는 인식과 [지성이] 자체를 사랑하는 사랑이 그것이다.

피조물에서 보는 삼위일체의 희미한 자취는 매우 불완전하고 부적합하다

7.11. 그렇지만 인간에게 [지성과 자기 인식 및 자기 사랑] 셋이 존재하는 양상은 그것들이 인간 자체가 되는 그런 것은 아니다. 옛사람들이 정의하던 대로 "인간은 이성적이고 사멸하는 동물"이다.[77] 저것들이 인간에게서 탁월한 것들이기는 하지만 인간 자체는 아니다. 그리고 한 인격 곧 인간 개인이[78] '지성에 저 셋을 갖고 있다'라고 하거나, 혹은 '지성을 갖고 있다'라고 해야 한다.[79] 설령 우리가 하는 말대로 인간을 정의하여 "인간은 영혼과 육체로 구성된 이성적 실체다"[80]라 할지라도 인간이 육체 아닌 영혼을, 영혼 아닌 육체를 갖고 있음에는 의심의 여지가 없다. 바로 그런 뜻에서 저 셋이 곧 인간은 아니고 단지 인간의 것이거나 인간 안에 있는 것들이다. 육체를 제거하고 영혼만 생각한다고 하더라도, 눈이나 얼굴이 육체의 무엇이지 육체 자체라고 생각해서는 안 되듯이, 지성은 영혼의 무엇일 따름이다. 그러므로 영혼을 지성이라고 부르지 않고 영혼에서 탁월한 그것을 지성이라고 부른다. 그럼 하느님 안에 삼위일체가 있다고 우리가 말할 때 그것이 하느님의 무엇이기는 한데 그것이 곧 하느님은 아니라는 식으로 말하는 어법이 가당할까? 인간 각자는 그의 자연 본성에 해당하는 모든 것에 입각해서 하느님의 모상이라고 하지 않고 오로지 그의 지성에 입각해서 하느님의 모상이라고 한다. 따라서 인간 각자는 하나의 인격이

---

[80] homo est substantia rationalis constans ex anima et corpore: 라틴 학자들의 전통적인 정의였다(e.g., Cicero, *De finibus bonorum et malorum* 5.12.34; Lactantius, *Institutiones* 7.5.16). 다만 교부는 substantia rationalis를 '영혼'을 가리키는 데 주로 쓴다(『자유의지론』 3.25.74; 『참된 종교』 23.44 참조).

una persona est et imago est trinitatis in mente. Trinitas uero illa cuius imago est nihil aliud est tota quam deus, nihil aliud est tota quam trinitas. Nec aliquid ad naturam dei pertinet quod ad illam non pertineat trinitatem, et tres personae sunt unius essentiae non sicut singulus quisque homo una persona.

12. Itemque in hoc magna distantia est quod siue mentem dicamus in homine eiusque notitiam et dilectionem, siue memoriam, intellegentiam, uoluntatem, nihil mentis meminimus nisi per memoriam nec intellegimus nisi per intellegentiam nec amamus nisi per uoluntatem. At uero in illa trinitate quis audeat dicere patrem nec se ipsum nec filium nec spiritum sanctum intellegere nisi per filium, uel diligere nisi per spiritum sanctum, per se autem meminisse tantummodo uel sui uel filii uel spiritus sancti; eodemque modo filium nec sui nec patris meminisse nisi per patrem, nec diligere nisi per spiritum sanctum, per se autem non nisi intellegere et patrem et se ipsum et spiritum sanctum; similiter et spiritum sanctum per patrem meminisse et patris et filii et sui, et per filium intellegere et patrem et filium et se ipsum, per se autem non nisi diligere et se et patrem et filium, tamquam memoria sit pater et sua et filii et spiritus sancti, filius autem intellegentia et sua et patris et spiritus sancti,

---

⁸¹ trinitas ⋯ nihil aliud est tota quam deus, nihil aliud est tota quam trinitas: 인간에게서 '지성 · 인식 · 사랑'은 인간의 일부이지만 '삼위일체'와 '하느님'은 외연이 똑같을 뿐 '하느님의 일부'가 아니다.

⁸² ad naturam dei는 '하느님이라는 사물'로도 번역할 수 있다.

⁸³ persona(인격)에 있어서 하느님(tres personae unius essentiae)의 경우와 인간(singulus homo una persona)의 경우는 사뭇 다르다.

고 지성으로 삼위일체의 모상이 된다. 그 대신 인간이 그 모상을 받는 삼위일체는 그 전체가 하느님 외에 다른 것이 아니고 그 전체가 삼위일체 외에 다른 것이 아니다.[81] 저 삼위일체에 속하지는 않으면서 하느님의 본성에 속하는 것이라고는 아무것도 없다.[82] 또 한 존재의 세 위격이므로 인간 각자가 하나의 인격인 경우와 다르다.[83]

7.12. 그 밖에도 여기서는 아주 큰 차이가 있다. 우리가 인간에게서 지성을 이야기하거나 지성에 대한 인식과 지성에 대한 사랑을 이야기하는 경우, 혹은 달리 기억·인식·의지를 이야기하는 경우,[84] 정작 우리가 지성을 기억하는 것은 기억을 통해서 기억할 따름이고 우리가 지성을 인식하는 것은 인식을 통해서 인식할 따름이며 우리가 지성을 사랑하는 것은 의지를 통해서 사랑할 따름이다. 하지만 저 삼위일체에서 성부가 성자를 통하지 않으면 당신을 인식하지 못하고 성자를 인식하지 못하며 성령을 인식하지 못한다는 말을 누가 감히 하겠는가? 성령을 통하지 않으면 [당신과 성자와 성령을] 사랑하지 못한다는 말을 누가 감히 하겠는가?[85] 당신을 통하더라도 당신만 기억하거나 성자만 기억하거나 성령만 기억한다는 말을 누가 감히 하겠는가? 마찬가지로 성자는 성부를 통하지 않으면 당신도 성부도 기억하지 못한다고, 당신을 통해서는 성부든 당신이든 성령이든 인식하는 데서 그친다고, 성령 역시 성부를 통해서 성부든 성자든 당신이든 기억하고 성자를 통해야만 성부도 성자도 당신도 인식한다고, 당신을 통한다면 성부도 성자도 당신도 그냥 사랑할 따름이라는 말을 누가 감히 하겠는가? 마치 성부는 당신과 성자와 성령에 대한 기억일 따름이라고, 또 성자는 당신과 성부와 성령에 대한 인식일 따름이라고, 또 성령은 당신과

---

[84] 9권에서 mens, notitia, dilectio의 삼위일체, 12권에서 memoria, intellegentia, voluntas 의 삼위일체를 논했다.

[85] 인간에게서는 이 셋이 일정하게 구분되는 능력들이지만 하느님에게서는 그것들이 존재의 완전성들이며 셋 전부가 함께 각 위격의 것으로 이해되어야 한다.

spiritus uero sanctus caritas et sua et patris et filii?

Quis haec in illa trinitate opinari uel affirmare praesumat? Si enim solus ibi filius intellegit et sibi et patri et spiritui sancto, ad illam reditur absurditatem ut pater non sit sapiens de se ipso sed de filio, nec sapientia sapientiam genuerit sed ea sapientia pater dicatur sapiens esse quam genuit. Vbi enim non est intellegentia nec sapientia potest esse, ac per hoc si pater non intellegit ipse sibi sed filius intellegit patri, profecto filius patrem sapientem facit. Et si hoc est deo esse quod sapere et ea illi essentia est quae sapientia, non filius a patre, quod uerum est, sed a filio potius habet pater essentiam, quod absurdissimum atque falsissimum est. Hanc absurditatem nos in libro septimo discussisse, conuicisse, abiecisse certissimum est. Est ergo deus pater sapiens ea qua ipse sua est sapientia, et filius sapientia patris de sapientia quod est pater de quo est genitus filius. Quocirca consequenter est et intellegens pater ea qua ipse sua est intellegentia; neque nim esset sapiens qui non esset intellegens. Filius autem intellegentia patris de intellegentia genitus quod est pater. Hoc et de memoria non inconuenienter dici potest. Quomodo est enim sapiens qui nihil meminit, uel sui non meminit? Proinde quia sapientia pater, sapientia filius, sicut sibi meminit pater ita et filius; et sicut sui et filii meminit pater memoria non filii sed sua, ita sui et

---

[86] 신적 완전성(속성) 12개를 3개로 단축하고 '지혜' 하나로 수렴했는데 이 지혜는 자기를 인식하고 자기를 사랑한다. 다만 지혜, 지혜의 자기 인식, 지혜의 자기 사랑이 성부 · 성자 · 성령은 아니다. 위격은 신성의 기능들이 아니고 함께 신성 자체라는 설명이 뒤따른다.

[87] hoc est deo esse *quod sapere*, illi *essentia est quae sapientia*: 인간에서는 셋이 자아라는 주체로 환원되지만 신적 삼위일체에서는 셋이 하느님의 '존재'(esse, essentia)와 단일하다.

[88] 이 책 7.1.1-3.4 참조.

성부와 성자에 대한 사랑일 뿐이라고 말할 사람이 누구겠는가?

저 삼위일체를 두고 감히 이런 의견을 갖거나 주장할 사람이 누구겠는가? 삼위일체에서 성자만 인식을 한다고, 당신에 대해서든 성부에 대해서든 성령에 대해서든 [성자만 인식을 갖고 있다고 말한다면] 성부는 스스로 지혜로운 분이 아니고 성자에 의거해서 지혜로운 분이라는 저 터무니없는 주장으로 돌아가 버린다. 지혜가 지혜를 낳은 것이 아니라 당신이 낳은 저 지혜에 의해서 성부가 지혜로워진다는 [어처구니없는 주장으로] 돌아가고 만다.[86] 인식이 없는 곳에는 지혜 또한 있을 수 없는 까닭이며 그래서 성부는 당신을 알지 못하는데 성자는 성부를 안다면 바로 성자가 성부를 지혜로운 분으로 만든다는 말이 된다. 그리고 하느님에게 있음과 앎이 동일하다면, 또 그분에게는 존재함이 곧 지혜로움이라면[87] [저 말대로 한다면] 성자가 성부에게서 존재를 받는 것 — 이 말은 진실이다 — 이 아니고 오히려 성부가 성자에게서 존재를 받는 셈인데 이것은 극히 모순되고 극히 거짓된 주장이다. 이런 황당한 소리를 제7권에서 우리가 토론하고 반박하고 배척했음이 분명하다.[88] 그러므로 성부 하느님은 당신이 곧 당신의 지혜라는 뜻에서 지혜로운 분이고, 성자가 지혜가 됨은 지혜 자체인 성부의 지혜에 의해서이며, 그리고 성부에게서 낳음 받은 성자라는 점에서다. 거기서 나오는 결론은 성부가 인식을 함은 당신이 곧 당신의 인식이라는 뜻에서 하는 말이니 인식을 못하는 자는 지혜로운 자도 아니기 때문이다. 그 대신 성자는 성부의 인식이며, 성부인 인식으로부터 태어난 성자라는 점에서 [인식이라고 한다]. 이 설명을 기억에 대해서 적용을 하더라도 무리하지 않다. 아무것도 기억하지 못하고 또 자신을 기억하지 못하는 존재가 어떻게 지혜롭다고 하겠는가? 성부가 지혜이고 성자도 지혜이듯이 성부가 스스로 기억함과 마찬가지로[89] 성자도 기억을 한다. 성부가 당신과 성자를 기억하시는 이상, 그 기억은 성자의 기억이 아니고 당신의 기억이다. 마찬

---

[89] 원문이 sui meminit('당신을 기억한다')가 아니라 sibi meminit다.

patris meminit filius memoria non patris sed sua. Dilectio quoque ubi nulla est quis ullam dicat esse sapientiam? Ex quo colligitur ita esse patrem dilectionem suam ut intellegentiam et memoriam suam. Ecce ergo tria illa, id est memoria, intellegentia, dilectio seu uoluntas in illa summa et immutabili essentia quod est deus, non pater et filius et spiritus sanctus sunt, sed pater solus. Et quia filius quoque sapientia est genita de sapientia, sicut nec pater ei nec spiritus sanctus intellegit sed ipse sibi, ita nec pater ei meminit nec spiritus sanctus ei diligit sed ipse sibi; sua enim est et ipse memoria, sua intellegentia, sua dilectio, sed ita se habere de patre illi est de quo natus est. Spiritus etiam sanctus quia sapientia est procedens de sapientia non patrem habet memoriam et filium intellegentiam et se dilectionem; neque enim sapientia esset si alius ei meminisset eique alius intellegeret ac tantummodo sibi ipse diligeret; sed ipse habet haec tria et ea sic habet ut haec ipsa ipse sit. Verumtamen ut ita sit inde illi est unde procedit.

13. Quis ergo hominum potest istam sapientiam qua nouit deus omnia ita ut nec ea quae dicuntur praeterita ibi praetereant, nec ea quae dicuntur futura quasi desint exspectentur ut ueniant, sed et praeterita et futura cum praesentibus sint cuncta praesentia; nec sin-

---

[90] tria illa ⋯ pater solus: 기억, 인식, 사랑의 유비로 삼위일체를 설명하면서, 인간에게서처럼 별개의 기능으로 간주하여 각 위격에 돌려서는 안 되고 각 위격이 지혜이자 인식하는 지혜이자 사랑하는 지혜다.

[91] sed ita se habere, *de patre illi est*, de quo natus est: 쉼표를 넣어 읽으면(Beschin) 이해하기 좀 더 쉬워진다. 성자의 성부에 대한 관계는 기원(태어남)의 문제이지 차이의 문제가 아니다.

가지로 성자는 당신과 성부를 기억하는데 이것도 성부의 기억이 아니라 당신의 기억이다. 그리고 사랑이 전혀 없는 곳에 지혜가 있다는 말을 할 사람이 누군가? 그리하여 성부는 곧 당신의 인식이고 당신의 기억이듯이 또한 당신의 사랑이라는 결론이 나온다. 그러니까 저 셋, 다시 말해서 하느님이라는 저 지존하고 불변하는 존재 안에 있는 기억, 인식, 그리고 사랑 혹은 의지가 [제각기] 성부이고 성자이고 성령인 것이 아니라, 성부일 따름이다.[90] 또 성자 역시 지혜, 곧 지혜로부터 태어난 지혜이므로, 성부가 성자를 인식하고 성령이 성자를 인식하는 것이 아니라 성자가 당신을 인식하며, 마찬가지로 성부는 성자를 기억하고 성령은 성자를 사랑하는 것이 아니라 성자가 당신을 [기억하고 사랑한다]. 성자 또한 당신의 기억이고 당신의 인식이며 당신의 사랑이다. 다만 성자가 그러한 것은 당신이 태어난 성부로부터 당신에게 받아서 존재하는 한에서다.[91] 성령 역시 지혜로부터 발發하는 지혜라고 해서 그 때문에 기억으로 성부를 갖고 인식으로 성자를 가지며 사랑으로는 당신을 갖는 것이 아니다. 다른 이가 당신을 기억해 주고 다른 이가 당신을 인식해 줄 때 비로소 [성령이] 지혜가 되고 당신으로서는 당신을 사랑하는 일로 그친다고 [생각해서는 안 된다]. 오히려 성령이 이 셋을 다 갖고 있으며, 당신이 바로 이 셋이라는 뜻에서 이 셋을 갖고 있다는 말을 한다. 단지 당신이 발하여 나온 한에서 당신에게 그것들이 존재한다는 점에서 그렇다.[92]

7.13. 하느님이 모든 것을 아는 저 지혜를, 그리고 지나갔다고 일컫는 것도 거기서는 지나간 것이 아니고 닥쳐온다고 일컫는 것도 거기서는 마치 아직 없는 것처럼 닥쳐오기를 기다리는 것이 아님을 어떤 인간이 깨닫겠는가? 오히려 지나간 것도 닥쳐올 것도 현존하는 것과 더불어 모든 것이

---

[92] ita sit inde illi est unde procedit: 성령도 기원(발함)의 문제만 빼고 나머지는 두 위와 동등하다(앞의 각주 91 참조).

gula cogitentur et ab aliis ad alia cogitando transeatur, sed in uno conspectu simul praesto sint uniuersa; quis, inquam, hominum comprehendit istam sapientiam eandemque prudentiam eandemque scientiam quandoquidem a nobis nec nostra comprehenditur? Ea quippe quae uel sensibus uel intellegentiae nostrae adsunt possumus utcumque conspicere; ea uero quae absunt et tamen adfuerunt per memoriam nouimus, quae obliti non sumus. Nec ex futuris praeterita sed futura ex praeteritis non tamen firma cognitione conicimus. Nam quasdam cogitationes nostras quas futuras uelut manifestius atque certius proximas quasque prospicimus memoria faciente id agimus cum agere ualemus quantum ualemus, quae uidetur non ad ea quae futura sunt sed ad praeterita pertinere. Quod licet experiri in eis dictis uel canticis quorum seriem momoriter reddimus; nisi enim praeuideremus cogitatione quod sequitur non utique diceremus. Et tamen ut praeuideamus non prouidentia nos instruit sed memoria. Nam donec finiatur omne quod dicimus siue canimus nihil est quod non prouisum prospectumque proferatur. Et tamen cum id agimus non dicimur prouidenter sed memoriter canere uel dicere, et qui hoc in multis ita proferendis ualent plurimum, non solet eorum prouidentia sed memoria praedicari.

---

[93] et praeterita et futura cum praesentibus sint cuncta praesentia: 신적 지혜에는 '지나감', '다가옴'이 없는데 우리의 기억은 과거에 대한 능력이지 미래에 대한 능력이 아니다. 단 이하 에서 노래를 예로 들어 인간 기억이 시간의 3차원을 수렴하는 신비를 관찰한다.

[94] in uno conspectu simul praesto sint universa: 인간 지성[11.8.12: "정신의 시선이 기억 에 간직된 모든 내용을 단 하나의 시야에다 단번에 일별할 수는 없다"(simul omnia quae tenet memoria uno aspectu contueri)]과 달리 신의 지성에는 한순간에 모든 것이 존재한다.

현존함을 [과연 누가 깨닫겠는가]?[93] 또한 [사물을] 하나씩 생각하면서 이런 사물들에서 저런 사물들로 생각이 옮겨 가는 일도 없고 단 한 번의 시선에 동시에 모든 것이 한데 존재한다는 점[94] 역시 [누가 알아듣겠는가?] 내 묻거니와 우리로서는 우리 지혜도 파악하지 못하는 터에 저 지혜가 여일하게 [미래사에 대한] 예견이기도 하고 여일하게 [과거사에 대한] 지식이기도 함을[95] 누가 알아듣겠는가? 우리는 감관에 있거나 우리 의식에 현전하는 것들이야 어떻게든지 간파할 수 있다. 그런데 과거에 현전했지만 지금은 부재하는 것들이라면 잊어버리지만 않았다면 기억을 통해서 안다. 또 미래로부터 과거를 추정하지는 못하고 과거로부터 미래를 추정하기는 하는데 확고한 인식을 가지고 추정하는 것은 아니다. 우리의 어떤 생각을 보면 마치 미래사처럼 떠올리고 아주 가까운 일처럼 보다 뚜렷하고 보다 확연히 떠올리기도 한다. 우리에게 그럴 능력이 있을 때, 우리 능력이 미치는 한에서, 기억을 작동시켜서 그렇게 떠올린다. 그런데 그 기억이란 본래 닥쳐올 일에 해당하는 것이 아니고 지나간 일에 해당하는 것으로 보인다. 이것은 연달아 기억에 떠오르는 대사나 노래에서 경험하는 것이다. [그런 대사나 노래에서] 뒤따라 나올 대목을 우리가 생각으로 미리 보지 못하는 한 아예 발설하지도 못하는 법이다. 단지 우리가 무엇을 미리 본다면 그것은 예견이 우리한테 가르쳐 주는 것이 아니라 기억이 가르쳐 주는 것이다. 하지만 [그 대사나 노래가] 끝나기까지 우리가 읊고 노래하는 것 전부는 미리 보고 앞서 본 것이 아니면 아예 발설조차 안 된다. 그러면서도 정작 그 행동을 할 때 우리는 미리 보고 [대사를] 읊는 것이 아니라 기억을 더듬어 대사를 읊거나 노래를 부르고 있는 것이다. 또 이런 데서 많은 양의 [대사나 노래를] 읊을 줄 아는 경우라도 기억력이 좋다고 칭송을 받는 것이 예사지 예견력이 좋다고 칭송받는 법이 아니다.

---

[95] prudentia(← providentia, praevidere 미래에 대한 예지)와 scientia(과거사에 대한 지식)를 구분했다.

Fieri ista in animo uel ab animo nostro nouimus et certissimi sumus. Quomodo autem fiant quanto attentius uoluerimus aduertere
tanto magis noster et sermo succumbit et ipsa non perdurat intentio
ut ad liquidum aliquid nostra intellegentia etsi non lingua perueniat.
Et putamus nos utrum dei prouidentia eadem sit quae memoria et intellegentia qui non singula cogitando aspicit sed una, aeterna et immutabili atque ineffabili uisione complectitur cuncta quae nouit, tanta mentis infirmitate posse comprehendere? In hac igitur difficultate et angustiis libet exclamare ad deum uiuum: *Mirificata est scientia
tua ex me; inualuit, et non potero ad illam.* Ex me quippe intellego
quam sit mirabilis et incomprehensibilis scientia tua qua me fecisti
quando nec me ipsum comprehendere ualeo quem fecisti, et tamen *in
meditatione mea exardescit ignis* ut quaeram faciem tuam semper.

VIII 14. Incorporalem substantiam scio esse sapientiam et lumen
esse in quo uidentur quae oculis carnalibus non uidentur, et tamen
uir tantus tamque spiritalis: *Videmus nunc*, inquit, *per speculum in
aenigmate, tunc autem facie ad faciem.* Quale sit et quod sit hoc

---

[96] 인간 지성에서 삼위일체의 유사성을 발견할수록 양자 사이의 비유사성이 돋보이며, 갈
수록 그 모상은 차라리 수수께끼로 드러남을 암시한다.

[97] 시편 139,6 『성경』: "저에게는 너무나 놀라운 당신의 예지, 너무 높아 저로서는 어찌할
수 없나이다."

[98] 시편 39,4 『성경』: "내 마음이 속에서 달아오르며 탄식으로 울화가 치밀었나이다."

[99] 교부의 생애는 "인간이란 그 자체가 크나큰 심연"(grande profundum est ipse homo: 『고
백록』 4.14.22)이라는 경탄에서 비롯하여 그 근원을 향해 '끝없이 타오르는 불꽃'(exardesct
ignis)으로 평가된다.

[100] "피조물 안에서 이성적 성찰로써"(로마 1,20) 삼위일체에 접근하던 연구를 이 부분(8.
14-11.20)에서는 "거울을 통해 수수께끼로"(1코린 13,12) 접근하는 태도로 바꿔 이 성경 구
절을 해설한다.

우리 정신에서 일어나는 일, 우리 정신에 의해서 발생하는 일도 그렇다는 사실을 우리가 알고 있고 또 그렇다고 확신한다. 그렇지만 정작 그 일이 어떻게 이루어지고 있는지는 우리가 보다 철저하게 주의를 기울이려 할수록 우리 언어가 압도되어 버린다. 우리의 주의력 자체도 [팽팽하게] 지속을 못하여 언어는 말할 나위도 없고 우리 이해력 또한 명료한 무엇에 도달하지 못한다. 그렇다면 하느님의 예견이 과연 하느님의 기억과 이해와 동일한 것인지를 우리처럼 허약한 지성으로 파악할 수 있다고 여기는 것일까?[96] 하느님은 하나씩 생각하면서 각각의 사물들을 주시하는 분이 아니고, 당신이 아는 모든 것을 단 한 번의 영원하고 불변하고 형언할 수 없는 시선으로 파악하니까 하는 말이다. 이런 어려움과 난감한 지경에서 우리로서는 살아 계신 하느님께 다음과 같이 부르짖어야 마땅하다. "'저에게는 당신의 지식이 놀랍기만 하나이다. 하도 기운이 왕성하여 저로서는 거기에 도달할 수가 없겠나이다.'[97] 제가 깨닫는 것은 당신의 지식, 당신이 나를 만드신 지식이 얼마나 놀랍고 불가해하느냐는 것입니다. 내가 나 자신을, 당신이 만드신 나를 이해하지 못한 터이기 때문입니다. 그래서 '나의 명상 중에 불길이 솟구쳐'[98] 당신의 얼굴을 항상 찾습니다."[99]

하느님에 대한 인식은 "거울을 통해 수수께끼로" 얻는 인식일 따름이다[100]

8.14. 지혜라는 것이 비물체적 실체임을 나는 알며, 육안으로 보이지 않는 사물을 보게 해 주는 빛[101]이라는 것도 알고, [이것을 두고] 저렇게 위대하고 영성 깊은 인물마저 "사실 지금은 우리가 거울을 통해 수수께끼로 보고 있지만 그때는 얼굴과 얼굴을 마주 볼 것입니다"라는 말을 했다는 사실

---

[101] lumen *in quo videntur* quae oculis carnalibus non videntur: 교부의 소위 조명설(照明說)에서 '지혜' 혹은 '진리'는 인식의 직접 대상이 아니고 "당신 빛으로 저희는 빛을 봅니다"(in lumine tuo videmus lumen: 시편 36,10)라는 구절대로(『고백록』 13.16.19 참조) 지성이 궁극적인 것을 보고 판단케 해 주는 빛 혹은 인식의 규제적 원리다.

speculum si quaeramus, profecto illud occurrit quod in speculo nisi imago non cernitur. Hoc ergo facere conati sumus ut per hanc imaginem quod nos sumus uideremus utcumque a quo facti sumus tamquam *per speculum*. Hoc significat etiam illud quod ait idem apostolus: *Nos autem reuelata facie gloriam domini speculantes in eandem imaginem transformamur de gloria in gloriam tamquam a domini spiritu.*

Speculantes dixit, *per speculum* uidentes, non de specula prospicientes. Quod in graeca lingua non est ambiguum unde in latinam translatae sunt apostolicae litterae. Ibi quippe speculum ubi apparent imagines rerum ab specula de cuius altitudine longius aliquid intuemur etiam sono uerbi distat omnino. Satisque apparet apostolum ab speculo, non ab specula dixisse *gloriam domini speculantes*. Quod uero ait, *in eandem imaginem transformamur*, utique imaginem dei uult intellegi *eandem* dicens, istam scilicet id est quam speculamur, quia eadem imago est et gloria dei sicut alibi dicit: *Vir quidem non debet uelare caput cum sit imago et gloria dei*, de quibus uerbis iam in libro duodecimo disseruimus. *Transformamur* ergo dixit, de for-

---

[102] 1코린 13,12. 제15권에서만 해도 25회가량 인용된다. in aenigmate: 이하에 '수수께끼, 우의, 뜻이 모호한 유비' 등으로 번역된다.

[103] in speculo nisi imago non cernitur: 사물의 imago는 '표상'으로도 번역해 왔다. 여기서부터는 우리에게 있는 하느님 모상이 수수께끼처럼 설정되고, 하느님께로부터 받은 존재로 우리가 하느님의 불가해함에 참여하지만 이 모상(영상, 표상)은 원형 곧 신적 단일성과는 너무도 닮지 않았음이 강조된다.

[104] 2코린 3,18: "우리는 모두 너울을 벗은 얼굴로 주님의 영광을 바라보는 가운데 바로 같은 모상으로 모습이 바뀔 것이니 영이신 주님으로 말미암아 영광에서 영광으로 모습이 바뀔 것입니다."

[105] 라틴어에서 speculum(거울: 당시에는 구리판을 갈고 닦아 만들어 거기에 영상이 어른거렸다)과 specula(망대)는 의미가 달랐다. 따라서 speculantes는 per speculum videntes('거울을 통해서 보다')라는 뜻이지, de specula prospicientes('망대에서 조망하다')라는 뜻이 아니다.

도 나는 안다.[102] 이 거울이 어떤 거울이고 무슨 거울인지 우리가 따진다면 적어도 거울에서는 영상影像 말고는 보이는 것이 없다는 점은 확실해진다.[103] 그래서 우리는 갖은 노력을 다하면서 힘써 왔다. 우리가 바로 우리를 지으신 분의 모상인데 우리로서는 이 모상을 통해서, 마치 '거울을 통해서' 보듯이 우리를 지으신 바로 그분을 어떻게 해서든지 뵙겠다고 노력한 것이다. 같은 사도가 행한 다음 말씀도 바로 그런 뜻이다. "우리는 모두 드러난 얼굴로 주님의 영광을 바라보는 가운데 바로 같은 모상으로 모습이 바뀔 것이니 마치 주님의 영으로 말미암듯 영광에서 영광으로 모습이 바뀔 것입니다."[104]

사도는 '바라본다'고 하면서 '거울을 통해서' 본다고 했지 '망대에서 바라본다'고 하지 않았다.[105] 그리스어에서는 이 대목에 모호한 구석이 없다. 사도 서간은 그리스어에서 라틴어로 번역된 것이다. 그리스어에서는 사물의 영상이 나타나는 '거울'과 높은 데서 멀리 바라보는 '망대'는 어휘상 거리가 엄연하다.[106] 그래서 [성경에서] "주님의 영광을 바라본다"는 말은 거울에서 보지, 망대에서 보는 것이 아님이 분명하게 드러난다. 그다음에 우리가 "바로 같은 모상으로 모습이 바뀔 것이다"라는 구절에서도 '같은'이라는 낱말 때문에 응당 하느님의 모상을 뜻하는 것으로 알아들어야 마땅하다.[107] 우리가 바라보는 대상이 저 모상이기 때문이고, 다른 대목에 "남자는 머리를 가려서는 안 됩니다. 그는 하느님의 모상이요 영광이기 때문입니다"[108]라는 말씀이 있듯이 거기서는 하느님의 모상과 하느님의 영광이 동일하다. 이 용어들에 관해서는 이미 제12권에서 다루었다.[109] 그리고 "우리는 모습이 바뀔 것이다"라고 했다. 우리가 형상에서 형상으로 바뀔 터인

---

[106] 그리스어로는 *κάτοπτρον*('거울' → *κατοπτρίζω*: '거울에 어른거리다')은 *σκοπιά*('망대' ← *σκοπέω*: '바라보다')와 현저하게 다르다.

[107] in eandem imaginem transformamur: 이 책을 집필하는 교부의 의도가 인간의 이 '변형'을 성취하는 데 있다.

[108] 1코린 11,7.　　　　　　　　　　　[109] 이 책 12.7.9-12 참조.

ma in formam mutamur atque transimus de forma obscura in formam lucidam, quia et ipsa obscura imago dei est, et si imago, profecto etiam et gloria in qua homines creati sumus praestantes ceteris animalibus. De ipsa quippe natura humana dictum est: *Vir quidem non debet uelare caput cum sit imago et gloria dei*. Quae natura in rebus creatis excellentissima cum a suo creatore ab impietate iustificatur a deformi forma formosam transformatur in formam. Est quippe et in ipsa impietate quanto magis damnabile uitium tanto certius natura laudabilis. Et propter hoc addidit *de gloria in gloriam*, de gloria creationis in gloriam iustificationis. Quamuis possit hoc et aliis modis intellegi quod dictum est *de gloria in gloriam*: de gloria fidei in gloriam speciei, de gloria qua filii dei sumus in gloriam qua *similes ei erimus quoniam uidebimus eum sicuti est*. Quod uero adiunxit, *tamquam a domini spiritu*, ostendit gratia dei nobis conferri tam optabilis transformationis bonum.

IX 15. Haec dicta sunt propter quod ait apostolus *nunc per speculum* nos uidere. Quia uero addidit *in aenigmate*, multis hoc incognitum est qui eas litteras nesciunt in quibus est doctrina quaedam

---

[110] iustificatur a de*formi forma formo*sam trans*forma*tur in *formam*: 교부의 수사학적 말장난이 현란하다.

[111] 로마 속담에 corruptio optimi pessima(최선이 부패하면 최악이다)라는 말이 있다.

[112] de gloria fidei in gloriam speciei: "하느님을 믿는 영광에서 하느님을 직관하는 영광으로."

[113] 1요한 3,2 참조.

[114] 2코린 3,18 참조.

[115] 의화의 영광이 일그러졌던 모상을 원래대로 재현하고 창조 때의 영광을 자연 본성에 되돌려 준다. 다만 지성이 죽을 육체와 죄의 자취에서 풀려나서 완전한 동등성을 회복하여 지복직관에 이르기까지는 사실 온전한 모상이 되지 못한다(15.25.45 참조).

데 어두운 형상에서 환한 형상으로 바뀔 것이다. 물론 어두운 모상이라도 하느님의 모상임은 틀림없다. [하느님의] 모상이라면 또한 하느님의 영광이요, 우리가 창조되면서 다른 짐승들을 월등하게 초월한 것은 바로 이 영광으로다. 바로 그 인간 본성 자체를 두고 "남자는 머리를 가려서는 안 됩니다. 그는 하느님의 모상이요 영광이기 때문입니다"라는 말이 나온 것이다. 그 본성은 피조물 가운데 참으로 출중하며, 더구나 자기의 창조주에 의해 불경죄에서 벗어나 의화義化되고 일그러진 형상에서 아리따운 형상으로 변모된다면 [더할 나위가 없다].[110] 또 그 불경죄에서 그가 지닌 악덕이 심한 단죄를 받을 만하다는 것은 그만큼 [본래의] 자연 본성이 칭송할 만하다는 말도 된다.[111] 바로 그래서 "영광에서 영광으로" [형상이 바뀌리라는] 말을 했다. 창조의 영광에서 의화의 영광으로 [변모한다는 뜻이다]. 물론 "영광에서 영광으로"라는 말마디를 다른 여러 방식으로 알아들을 수도 있다. 신앙의 영광에서 형상의 영광으로,[112] 혹은 우리가 [지금] 하느님 자녀라는 그 영광에서 "우리가 그분을 닮게 될 것이요 그분을 있는 그대로 뵈올"[113] 그 영광으로 [변모한다는 뜻으로 알아들을 만하다]. "마치 주님의 영으로 말미암듯"[114]이라고 덧붙인 말은 참으로 갈구할 만한 선, 이 변모의 선이 하느님의 은총으로 부여된다는 점을 보여 준다.[115]

수수께끼는 애매한 우의[116]

9.15. 이런 이야기들은 사도가 '지금은 거울을 통해서' 본다는 말을 했기 때문에 나온 말들이다. 그런데 사도는 '수수께끼로' 본다는 말을 덧붙였다. 수사학 어법[117]이 통용되는 문학 분야를 모르는 사람들이라면 이 단어가

---

[116] aenigma est obscura allegoria: 이하에 지성이 하느님의 모상이라는 사실과 더불어, 모상은 원형을 지시하므로 지성은 하느님에게 결속된다는 신비(수수께끼)를 담고 있음을 allegoria 개념을 가지고서 설명한다.

[117] doctrina de locutionum modis: 그리스인들은 rhetorica, 로마인들은 ars dicendi라고 불렀다.

de locutionum modis quos graeci 'tropos' uocant eoque graeco uocabulo etiam nos utimur pro latino. Sicut enim 'schemata' usitatius dicimus quam 'figuras' ita usitatius 'tropos' quam 'modos.' Singulorum autem modorum siue troporum nomina ut singulis singula referantur difficillimum est et insolentissimum latine enuntiare. Vnde quidam interpretes nostri quod ait apostolus, *quae sunt in allegoria*, nolentes graecum uocabulum ponere circumloquendo interpretati sunt dicentes, 'quae sunt *aliud ex alio* significantia'.

Huius autem tropi, id est allegoriae, plures sunt species in quibus est etiam quod dicitur aenigma. Definitio autem ipsius nominis generalis omnes etiam species complectatur necesse est. Ac per hoc sicut omnis equus animal est, non omne animal equus est, ita omne aenigma allegoria est, non omnis allegoria aenigma est. Quid est ergo allegoria nisi tropus ubi ex alio aliud intellegitur, quale illud est ad thessalonicenses: *Itaque non dormiamus sicut et ceteri sed uigilemus et sobrii simus. Nam qui dormiunt nocte dormiunt, et qui inebriantur nocte ebrii sunt; nos autem qui diei sumus sobrii simus*? Sed haec allegoria non est aenigma. Nam nisi multum tardis iste sensus in promptu est. Aenigma est autem ut breuiter explicem obscura allegoria sicuti est: *Sanguisugae tres erant filiae*, et quaecum-

---

[118] 수사학에서 *schema*(figurae)는 문장의 수식(서술문을 의문문, 감탄문으로 바꾸는 일, 전칭명제와 특칭명제의 호환, 부정문과 긍정문의 호환)을, *tropus*(modus)는 어휘상의 우의 ('지붕' → 집, '꽃다운' 나이 → 한창 젊은 나이)를 가리킨다.

[119] *quae sunt in allegoria*: 갈라 4,24 참조.

[120] *quae sunt aliud ex alio significantia*: Ambrosiaster(4세기 말)의 글(*Commentarium in Epistolam beati Pauli ad Galatas* 4.24)이 전해 온다.

[121] allegoria tropus ubi ex alio aliud intellegitur: 오랫동안 수사학 교수를 지낸 아우구스티누스가 내리는 정의다.

다수에게 생소할 것이다. 그리스인들은 이것을 *tropos*(τρόπος)라고 부르며, 우리는 이 그리스어 단어를 그대로 라틴어로 쓰고 있다. 우리가 [삼단논법의] 격格으로 figurae보다는 통례적으로 schemata라는 말을 쓰고, [논리학에서] 격식格式을 가리켜 modus보다는 통례적으로 tropus라는 말을 쓰는 것과 흡사하다.[118] 각각의 modus 혹은 tropus의 명칭들을 각각의 경우에 맞추어 가면서 라틴어로 정하고 발음하기는 너무 어렵고 생경하기조차 하다. 그래서 사도가 "이것은 우의寓意로 표현된 것입니다"[119]라고 한 문장을 우리네 어떤 번역가들은 그리스어 단어로 표현하기 싫어서 "이것은 하나로 다른 것을 의미하는 것입니다"라고 에둘러 번역했다.[120]

이 유비 혹은 우의의 종류는 다수이며 수수께끼라고 하는 것도 그 속에 들어 있다. 이 명사의 일반적인 정의는 필히 사실상 [유비의] 모든 종류를 다 포함하는 수밖에 없다. 바로 그래서 모든 말은 동물이지만 모든 동물이 말은 아니듯이, 모든 수수께끼가 우의이지만 모든 우의가 수수께끼는 아니다. 그렇다면 우의란 하나로 다른 것을 의미하는 유비가 아니고 무엇인가?[121] 테살로니카인들에게 보낸 편지에서 하는 말 그대로다. "그러므로 우리는 나머지 사람들처럼 잠자지 말고 깨어 있으며 정신을 차립시다. 잠자는 자들은 밤에 자고 취하는 자들도 밤에 취합니다. 그러나 우리는 대낮에 속하는 사람들로서 정신을 차립시다."[122] 하지만 이 우의는 수수께끼가 아니다. 눈치가 아주 없는 사람이 아니라면 문장 뜻이 당장 떠오른다. 수수께끼란 간단히 설명하자면 "거머리에게는 세 딸이 있었다"[123]라는 문장이나 이와 흡사한 말들처럼 뜻이 애매한 우의이다.[124] 그런데 사도가 우의

---

[122] 1테살 5,6-8. '잠자는 사람', '취한 사람' 등은 정신 상태를 가리키므로 우의가 된다.

[123] 잠언 30,15-16 참조. 『성경』: "거머리에게는 딸이 둘 있는데 '더 주세요! 더 주세요!' 하고 보챈다. 배부를 줄 모르는 것이 셋 있으니 ⋯."

[124] aenigma est obscura allegoria: Quintilianus(*Institutiones oratoriae* 8.6.52)의 정의.

que similia. Sed ubi allegoriam nominauit apostolus non in uerbis eam reperit sed in facto cum ex duobus filiis Abrahae, uno de ancilla, altero de libera, quod non dictum sed etiam factum fuit duo testamenta intellegenda monstrauit. Quod antequam exponeret obscurum fuit. Proinde allegoria talis, quod est generale nomen, posset specialiter aenigma nominari.

16. Sed quia non soli qui eas litteras nesciunt quibus discuntur tropi quaerunt quid dixerit apostolus *nunc in aenigmate* nos uidere, uerum etiam qui sciunt, tamen quod sit illud aenigma ubi nunc uidemus, nosse desiderant; ex utroque una est inuenienda sententia, et ex illo scilicet quod ait, *uidemus nunc per speculum*, et ex isto quod addidit, *in aenigmate*. Vna est enim cum tota sic dicitur: *Videmus nunc per speculum in aenigmate*. Proinde quantum mihi uidetur sicut nomine speculi imaginem uoluit intellegi, ita nomine aenigmatis quamuis similitudinem tamen obscuram et ad perspiciendum difficilem. Cum igitur speculi et aenigmatis nomine quaecumque similitudines ab apostolo significatae intellegi possint quae accommodatae sunt ad intellegendum deum eo modo quo potest, nihil tamen est adcommodatius quam id quod imago eius non frustra dicitur.

라고 이름 붙인 저 이야기는 단어를 두고 하는 말이 아니라 사실을 두고 하는 말이다. 즉, 아브라함의 두 아들, 종인 여자에게서 난 아들과 자유인 인 여자에게서 난 아들을 두고 이야기하면서 어떤 단어가 아니라 한 사건 을 [구약과 신약] 두 계약으로 알아들어야 함을 가리켰던 것이다. 이 사건 은 설명이 나오기 전에는 뜻이 모호했다.[125] 따라서 이런 우의는 일반적인 명칭으로는 우의이지만 특칭하면 수수께끼라고 명명할 수 있다.

사도는 거울로 모상을 의미하고 수수께끼라는 말로는 비슷한 모습, 그것도 모호한 모습을 의미하려고 했다

9.16. "지금은 수수께끼로 보고 있다"라는 사도의 말이 무슨 뜻인지 묻는 이는, 유비라는 것을 배우는 문전文典들을 모르는 사람들만이 아니다. 그런 것을 배워 아는 사람들도 우리가 지금 보고 있다는 수수께끼가 무엇을 뜻하는지 알고 싶어 한다. 두 구절, 즉 "지금은 우리가 거울을 통해 보고 있다"라는 말과, 뒤에 덧붙여진 "수수께끼로 보고 있다"라는 말, 이 양자에 통하는 단일한 답변을 찾아내야 한다. 문장 전체는 "지금은 우리가 거울을 통해 수수께끼로 보고 있습니다"라고 되어 있으므로, [뜻은] 하나다. 내가 보기에 사도는, 거울이라는 단어는 '모상'을 뜻하는 것으로, 수수께끼라는 단어는 '비슷함'을 뜻하는 것으로 알아듣기 바랐다.[126] [후자가] 모호하고 알아보기 힘들기는 하다. 하지만 거울과 수수께끼라는 단어가 사도가 의미하는 '비슷함'이라면 그것이 가능한 대로 하느님을 인식하는 데 적절한 범위 내에서 무엇이든 다 해당한다고 이해할 수도 있겠다. 그렇더라도 '그분의 모상'이라는 말이 함부로 언표되는 경우가 아니라면 ['비슷함'이라는] 말을 써도 아주 부적합하지는 않다고 하겠다.

---

[126] 창세 1,26["우리와 비슷하게 우리 모습으로(ad imaginem et similitudinem nostram) 사람을 만들자"]을 중언법(重言法)으로 알아듣지 않고 두 어휘의 지시 대상이 다르다는 해석은 교부들에게 흔한 논제였다.

Nemo itaque miretur etiam in isto uidendi modo qui concessus est huic uitae, *per speculum* scilicet *in aenigmate*, laborare nos ut quomodocumque uideamus. Nomen quippe hic non sonaret aenigmatis si esset facilitas uisionis. Et hoc est grandius aenigma ut non uideamus quod non uidere non possumus. Quis enim non uidet cogitationem suam? Et quis uidet cogitationem suam (non oculis carnalibus dico sed ipso interiore conspectu)? Quis non eam uidet, et quis eam uidet? Quandoquidem cogitatio uisio est animi quaedam siue adsint ea quae oculis quoque corporalibus uideantur uel ceteris sentiantur sensibus, siue non adsint et eorum similitudines cogitatione cernantur; siue nihil eorum sed ea cogitentur quae nec corporalia sunt nec corporalium similitudines sicut uirtutes et uitia, sicut ipsa denique cogitatio cogitatur; siue illa quae per disciplinas traduntur liberalesque doctrinas; siue omnium istorum causae superiores atque rationes in natura immutabili cogitentur; siue etiam mala et uana ac falsa cogitemus uel non consentiente sensu uel errante consensu.

---

[127] 유리 뒤에 수은을 바른 지금의 거울과 달리, 옛날의 거울은 구리판을 반질반질하게 닦아 만든 것이어서 거기 어른거리는 영상을 바라보는 일 자체가 힘들었다.

[128] "모세는 분명하게 주님을 뵙지 수수께끼나 허깨비를 통해서 주님을 뵙는 것이 아니다"(palam et non per aenigmata et figuras Dominum videt: 민수 12,8)라는 성경 구절처럼 아우구스티누스는 '수수께끼'라는 말마디로 '꿈에 보는 어둑하고 희끄무레한 영상'(obscuritates et aenigmata somniorum: Cicero, *De divinatione* 2.64)을 가리키므로 자꾸 시각적인 설명에 치중한다.

[129] grandius aenigma ut non videamus quod non videre non possumus: 하느님의 모상인 지성이 봐야 할 것을 다 보지 못한다는 사실, 하느님이 그 사물에서 보여 주려는 의미를 제대로 파악하지 못한다는 사실이 교부에게는 수수께끼였다.

그러므로 이승에서 우리에게 허용된 것이라고는 "거울을 통해서 수수께끼로" 보는 방법뿐이므로, 어떻게 해서든지 보려고 하면 우리가 그만한 고생을 해야 한다 하더라도 아무도 이를 이상히 여기지 말 것이다.[127] 보기가 그토록 쉽다면야 굳이 '수수께끼'라는 낱말을 쓰지 않았을 것이다.[128] 오히려 못 보고 지나칠 수 없는 것을 우리가 못 본다는 것이 더 큰 수수께끼다.[129] 또 자기 생각을 못 보는 사람이 누군가? 또 자기 생각을 보는 사람은 누군가?(나는 육안이 아니라 내면의 시선에 대해 말하고 있다). 누구는 못 보고 누구는 보는 것일까? 사실 생각이라는 것은 영혼을 바라보는 일종의 시선이다.[130] [그 시선의 대상으로는] 육안에 보이거나 그 밖의 다른 감관들에 감지되는 무엇이 현전하기도 한다. 또 그것이 현전하지는 않고 그것들의 유사상을 사유로 지각하는 것일 수도 있다. 혹은 이런 종류가 전혀 아니고 생각에 떠오르는 것들이 물체적인 것들이 아니거나, 덕성이나 악덕처럼 아예 물리적 사물의 유사상이 아닌 경우나, 끝으로 생각 자체가 생각되는 경우도 있다. 그런가 하면 학문 또는 자유 학예라는 것을 통해서 전수받는 것들일 수도 있다.[131] 그렇지 않으면 이 모든 사물들의 궁극 원인이요 이념이 불변하는 본성대로 생각에 떠오르는 수도 있다.[132] 심지어 악하고 허황하고 거짓된 것들을 생각에 떠올리는 수도 있는데 그 의미에 동의하지 않으면서 그런 생각을 할 수도 있고 잘못 붙좇으면서 그런 생각을 할 수도 있다.

---

[130] cogitatio visio est animi quaedam: "사유는 영혼의 시선이다." "사유에서 우리는 우리 지성 자체를 바라본다"(Matthews). 보통은 지성이 기억에 저장되어 있는 것으로 회귀하는 경우를 가리킨다(cum reflexa est cogitatio ad id quod erat in memoria: *Tractatus in Ioannis Evangelium* 23.11). 이 책 11.6 참조.

[131] 당시 자유 학예(artes liberales)라면 보통 3과(trivium: 문법 · 변증법 · 수사학), 4학(quadrivium: 대수학 · 기하학 · 천문학 · 음악)을 가리켰다.

[132] causae superiores atque rationes: 달리는 '모든 사물의 인과적 이념'(causales rationes omnium rerum: *De Genesi ad litteram* 9.18)이라고도 한다.

X 17. Sed nunc de his loquamur quae nota cogitamus et habemus in notitia etiam si non cogitemus, siue ad contemplatiuam scientiam pertineant quam proprie sapientiam, siue ad actiuam quam proprie scientiam nuncupandam esse disserui. Simul enim utrumque mentis est unius et imago dei una. Cum uero de inferiore distinctius et seorsus agitur tunc non est uocanda imago dei quamuis et tunc in ea nonnulla reperiatur similitudo illius trinitatis, quod in tertio decimo uolumine ostendimus. Nunc ergo simul de uniuersa scientia hominis loquimur in qua nobis nota sunt quaecumque sunt nota, quae utique uera sunt alioquin nota non essent. Nemo enim falsa nouit nisi cum falsa esse nouit. Quod si nouit, uerum nouit; uerum est enim quod illa falsa sint. De his ergo nunc disserimus quae nota cogitamus et nota sunt nobis etiam si non cogitentur a nobis. Sed certe si ea dicere uelimus, nisi cogitata non possumus. Nam etsi uerba non sonent, in corde suo dicit utique qui cogitat.

Vnde illud est in libro sapientiae: *Dixerunt apud se cogitantes non recte*. Exposuit enim quid sit, *dixerunt apud se*, cum addidit *cogitantes*. Huic simile est in euangelio quod quidam scribae cum audissent a domino dictum paralytico: *Confide, fili, remittuntur tibi*

---

[133] sapientia(contemplativa scientia), activa scientia에 관한 상론은 이 책 13권 참조.

[134] 이 책 13.20.26 및 12.4.4 참조.

[135] 허위는 존재하지 않으므로 인간 지성에 알려질 수 없다는 것이 교부의 본 주장이다. 따라서 허위에 관한 인식은 '그것은 허위다'라는 명제에 대한 참인식이다.

[136] 지혜 2,1 참조. 『성경』: "그들은 옳지 못한 생각으로 저희끼리 이렇게 말한다."

[137] 지성이 '생각을 한다'는 것은 지성이 '자체에게 무엇인가 언표하는' 행위다.

[138] 마태 9,1-8 기적 사화 참조. 생각에서 말이 발생하는 과정, 곧 '사유'에서 '언어'가 발생하는 과정을 해설하므로 그 용어를 써서 번역했다.

10.17. 하지만 지금 우리가 언급하는 대상은 우리에게 이미 알려진 것으로서 우리가 생각에 떠올리는 것들이다. 또 우리가 그것들을 생각에 떠올리지 않고 있을지라도 앎으로 간직하고 있는 것들이다. 그것이 그야말로 지혜라고 불릴 만한 관상적 지식에 해당하든, 글자 그대로 지식이라고 불릴 만한 현실적 지식에 속하든 상관없다. 이 점에 관해서는 내가 이미 논한 바 있다.[133] 양편 다 단일한 지성의 작용이고 양편 다 하느님의 단일한 모상이다. 단지 하위 지성에 관해서 별도로 특정하게 논한다면 그때는 하느님의 모상이라고 부를 필요는 없다. 비록 그 [하위 지성에서도] 저 삼위일체의 어떤 유사성은 발견되지만 말이다. 이에 대해서는 제13권에서 우리가 논했다.[134] 지금은 인간의 지식 일반에 관해서 이야기하는 중이고, 그 지식에서 본다면 어떻게 알려졌든 간에 우리에게 알려져 있다는 관점에서 다루고 있다. 또 알려졌다는 점에서는 참이기도 하니 그렇지 않으면 아예 알려지지도 않았을 것이기 때문이다. 무엇이 허위임을 알지 않는 한 아무도 허위라는 것을 알 수 없다. 만일 안다면 또한 참을 알고 있으니 그것이 허위라는 말은 참이기 때문이다.[135] 지금 우리가 논하는 것은 우리가 알고서 생각에 떠올리는 것들에 관해서이며, 당장 우리가 생각에 떠올리지 않더라도 우리에게 알려져 있는 것들에 관해서다. 그렇지만 우리가 그것을 언표하고자 한다면 생각에 떠올라 있지 않는 한 언표하지 못한다. 생각을 하는 사람은 비록 음성으로 발설하지 않더라도 내심으로는 언표하고 있는 까닭이다.

그래서 지혜서에 이런 말이 나온다. "그들은 옳지 못하게 생각을 하면서 자기 스스로에게 언표를 했다."[136] 그는 '자기 스스로에게 언표를 했다'는 말이 무슨 뜻인지는 '생각을 하면서'라는 말을 앞에 붙여서 설명한 것이다.[137] 복음서에도 이와 비슷한 문구가 있으니 예수께서 반신불수에게 하시는 말씀을 듣고 율사들 몇몇이 보인 바가 그렇다.[138] [예수께서 반신불수에게] "안심하시오. 아들아, 그대의 죄가 사해졌소"라고 하시는 말씀을 듣

peccato tua. Dixerunt intra se: Hic blasphemat. Quid est enim, *Di-
xerunt intra se*, nisi cogitando? Denique sequitur: *Et cum uidisset
Iesus cogitationes eorum dixit: Vtquid cogitatis mala in cordibus
uestris?* Sic Matthaeus. Lucas autem hoc idem ita narrat: *Coeperunt
cogitare scribae et pharisaei dicentes: Quis est hic qui loquitur blas-
phemias? Quis potest dimittere peccata nisi solus deus? Vt cog-
nouit autem Iesus cogitationes eorum respondens dixit ad illos:
Quid cogitatis in cordibus uestris?* Quale est in libro sapientiae, *di-
xerunt cogitantes*, tale hic est, *cogitauerunt dicentes.* Et illic enim
et hic ostenditur intra se atque in corde suo dicere id esse cogitando
dicere. *Dixerunt quippe intra se*, et dictum est eis: *Quid cogitatis?*
Et de illo diuite cuius uberes fructus ager attulit ait ipse dominus:
Et cogitabat intra se dicens.

18. Quaedam ergo cogitationes locutiones sunt cordis ubi et os
esse dominus ostendit cum ait: *Non quod intrat in os coinquinat
hominem, sed quod procedit ex ore, hoc coinquinat hominem.* Vna
sententia duo quaedam hominis ora complexus est, unum corporis,
alterum cordis. Nam utique unde illi hominem putauerant inquinari
in os intrat corporis; unde autem dominus dixit inquinari hominem

---

¹³⁹ 마태 9,4. 『200주년』: "그런데 예수께서는 그들의 속마음을 아시고 말씀하셨다. '어찌하
여 여러분의 마음속에 악한 뜻을 품습니까?'"

¹⁴⁰ 루카 5,21-22 참조. 『200주년』(끝 절): "왜 여러분의 마음속에 그따위 생각을 품습니
까?"

¹⁴¹ dixerunt cogitantes, cogitaverunt dicentes: 두 구절에서 교부는 사유와 언어가 발생하
는 선후 관계를 설명한다.

¹⁴² 루카 12,17. 『200주년』: "그는 속으로 … 하면서 궁리하였다."

고 "율사들 몇몇이 자기네 속으로 언표했다. '이자가 하느님을 모독하는구나.'" '자기네 속으로 언표했다'는 것은 '생각을 함으로써' 그렇게 하지 않았다면 달리 무엇이겠는가? 그래서 다음에 이런 구절이 따라 나온다. "그런데 예수께서는 그들의 생각을 보시고 말씀하셨다. '어찌하여 여러분의 마음속에 악한 것을 생각합니까?'"[139] 이렇게 다룬 것은 마태오였다. 그런데 루카는 같은 이야기를 다음과 같이 전한다. "그러니까 율사들과 바리사이들이 생각하기 시작하면서 언표했다. '이자가 누구인데 모독하는 말을 하는가? 하느님 단 한 분 아니고서야 누가 죄를 사할 수 있는가?' 예수께서는 그들의 생각을 알아채시고 그들을 향하여 대답하셨다. '여러분의 마음속으로 무슨 생각을 하고 있습니까?'"[140] 그러니까 지혜서에서는 "그들은 생각을 하면서 언표를 했다"라고 했는데 같은 내용을 여기서는 "언표를 하면서 생각했다"라고 말한 셈이다.[141] 저기서나 여기서나 속으로 또 마음속으로 언표한다는 것은 곧 사유를 하면서 언표한다는 뜻임을 보여 준다. 그래서 "그들은 자기네 속으로 언표했다"는 구절이 나오고 이어서 그들에게 "무슨 생각을 하고 있느냐?"는 물음이 갔다. 논밭이 풍성한 소출을 내준 저 부자에 관해서도 같은 표현을 하고 있다. 그 주인은 "자기 속으로 언표하면서 생각했다".[142]

10.18. 그러므로 어떤 사유는 곧 마음의 언어이며, 주님이 하시는 다음 말씀은 [사유가 곧] 입이라는 사실을 주님이 보여 준 것이다. "입으로 들어가는 것이 사람을 더럽히지 않습니다. 도리어 입에서 나오는 것이야말로 사람을 더럽힙니다."[143] 그러니까 여기서는 한 문장으로 사람의 두 입을 포함시키신 셈이니 하나는 육신의 입이고 다른 하나는 마음의 입이다. 저 사람들은 육신의 입으로 들어가는 것이 사람을 더럽힌다고 여겼는데 주님은 마음의 입에서 나오는 것이 사람을 더럽힌다고 말씀한 것이다. 그리고 당

---

[143] 마태 15,11.

de cordis ore procedit. Ita quippe exposuit ipse quod dixerat. Nam paulo post de hac re discipulis suis: *Adhuc et uos*, inquit, *sine intellectu estis? Non intellegitis quia omne quod in os intrat in uentrem uadit et in secessum emittitur?* Hic certe apertissime demonstrauit os corporis. At in eo quod sequitur os cordis ostendens: *Quae autem procedunt*, inquit, *de ore de corde exeunt et ea coinquinant hominem. De corde enim exeunt cogitationes malae*, et cetera. Quid hac expositione lucidius? Nec tamen quia dicimus locutiones cordis esse cogitationes ideo non sunt etiam uisiones exortae de notitiae uisionibus quando uerae sunt. Foris enim cum per corpus haec fiunt aliud est locutio, aliud uisio; intus autem cum cogitamus utrumque unum est. Sicut auditio et uisio duo quaedam sunt inter se distantia in sensibus corporis, in animo autem non est aliud atque aliud uidere et audire. Ac per hoc cum locutio foris non uideatur sed potius audiatur, locutiones tamen interiores, hoc est cogitationes, uisas dixit a domino sanctum euangelium, non auditas. *Dixerunt*, inquit, *intra se: Hic blasphemat*, deinde subiunxit: *Et cum uidisset Iesus cogitationes eorum*. Vidit ergo quod dixerunt. Vidit enim cogitatione sua cogitationes eorum quas illi soli se putabant uidere.

19. Quisquis igitur potest intellegere uerbum non solum antequam sonet, uerum etiam antequam sonorum eius imagines cogitatione

---

144 마태 15,16-17. 『200주년』: "여러분마저 아직까지도 우둔합니까? 여러분은 알아듣지 못한단 말입니까? 입으로 들어가는 것은 …."

145 마태 15,18-19.

146 visiones exortae de notitiae visionibus: 이미 알고 있는 것을 지성이 기억하며 사유하는 데서 생겨나는 관조.

신이 한 말씀을 친히 풀어 주었다. 조금 뒤에 그 일을 두고 당신 제자들에게 하는 말씀이 있다. "여러분은 아직도 깨달음이 없습니까? 입으로 들어가는 것은 무엇이든지 배 속으로 들어가서 뒷간으로 배설됨을 여러분은 알아듣지 못합니까?"[144] 여기서는 분명히 육신의 입을 두고 설명한 것이다. 그러나 뒤이어 오는 구절에서는 마음의 입을 가리켜 보인다. "그러나 입에서 나오는 것은 마음에서 나오는데 그것이 사람을 더럽힙니다. 사실 마음에서 악한 생각이 나옵니다."[145] 이런 설명보다 분명한 것이 어디 있겠는가? 그런데 사유라는 것이 마음의 언어라고 말한다고 해서, 지식을 보는 데서 유래하는 관조가 아니라는 말은 아니다.[146] 적어도 그것이 참된 지식일 때는 말이다. 그 대신 신체를 통해서 밖에서 이것이 이루어질 경우에는 '언어'라는 것 다르고 '관조'라는 것 다르다. 단 내면에서 우리가 사유할 경우에는 양자가 하나다. 신체의 감관에서는 들음과 봄이 서로 거리가 있지만, 정신에서는 보는 것 다르고 듣는 것 다르지 않다. 그리고 밖에서 하는 언어는 보인다기보다는 들린다고 하겠지만, 거룩한 복음서는 내면의 언어 곧 사유는 주님께 보였다고 했지 들렸다고 하지 않았다. 그래서 "몇몇이 자기네 속으로 언표했다. '이자가 하느님을 모독하는구나'"라는 말이 나오고 이에 덧붙여 "그런데 예수께서는 그들의 생각을 보셨다"고 한다. 그들이 언표하는 바를 보셨다는 뜻이다. 당신 생각으로 그들의 생각을 보신 것이다. 그 사람들은 자기들만 자기들 생각을 본다고 여겼는데 말이다.

마음속으로 하는 언어는, 참인 한, 어느 한 나라의 국어에 속하지 않는다

10.19. 언어가[147] 소리로 나기 전만 아니고 말소리의 표상[148]이 사유에 잡히기 전에도 혹시 누가 말을 알아들을 수 있는가? [그 단계라면] (말은 어

---

[147] 앞 절까지 locutio(발설)로 표기되다가 여기서부터 verbum(언어, 단어, 말, 말씀)으로 바뀐다. lingua(혀)는 특정 민족의 고유한 국어(라틴어, 그리스어 등)를 가리킨다.

[148] sonorum eius imagines: '개념'이 '내적 언어'로 분화된 단계를 상정하는 표현이다(이 책 13.20.26 각주 233 참조).

uoluantur (hoc est enim quod ad nullam pertinet linguam, earum scilicet quae linguae appellantur gentium quarum nostra latina est), quisquis, inquam, hoc intellegere potest iam potest uidere *per* hoc *speculum* atque *in* hoc *aenigmate* aliquam uerbi illius similitudinem de quo dictum est: *In principio erat uerbum, et uerbum erat apud deum, et deus erat uerbum.*

Necesse est enim cum uerum loquimur, id est quod scimus loquimur, ex ipsa scientia quam memoria tenemus nascatur uerbum quod eiusmodi sit omnino cuiusmodi est illa scientia de qua nascitur. Formata quippe cogitatio ab ea re quam scimus uerbum est quod in corde dicimus, quod nec graecum est nec latinum nec linguae alicuius alterius, sed cum id opus est in eorum quibus loquimur perferre notitiam aliquod signum quo significetur assumitur. Et plerumque sonus, aliquando etiam nutus, ille auribus, ille oculis exhibetur ut per signa corporalia etiam corporis sensibus uerbum quod mente gerimus innotescat. Nam et innuere quid est nisi quodam modo uisibiliter dicere? Est in scripturis sanctis huius sententiae testimonium. Nam in euangelio secundum Iohannem ita legitur: *Amen, amen dico uobis quia unus ex uobis tradet me. Aspiciebant ergo ad inuicem discipuli haesitantes de quo diceret. Erat ergo unus ex discipulis eius in sinu Iesu quem diligebat Iesus. Innuit ergo huic Simon Petrus et dicit ei: Quis est de quo dicit?* Ecce innuendo dixit quod sonando di-

---

149 ‘언어’[성자]가 ‘사유’[성부]와 동시에 발생함을 설명하려고 인간 지성(‘거울’이자 ‘수수께끼’)에서도 ‘내적 언어’(verbim interius)는 일정한 언어권의 단어나 소리(verbum exterius)로 발설되기 전에 이미 발생하는 점에 착안한다.

150 ‘전적으로 존재 양상이 같다’(eiusmodi sit omnino)라는 뜻으로 이해된다.

151 verbum quod in corde dicimus: ‘내적 언어’ 혹은 ‘개념’ 바로 다음 단계를 가리킨다.

느 국어에도 속하지 않으니, 즉 우리 국어를 라틴어라고 하는 식으로 제 민족의 언어라고 일컫는 것들 가운데 어느 하나에도 속하지 않는다.) 내가 하려는 말은, 누가 이것을 알아들을 수 있다면, 소위 '이 거울을 통해서' 또 '이 수수께끼로' 저 말씀의 어떤 유사상을 또한 볼 수 있으리라는 것이다.[149] "한처음에 말씀이 계셨다. 그 말씀은 하느님과 함께 계셨다. 그 말씀은 또한 하느님이셨다"라고 일컫는 그 말씀을 두고 하는 이야기다.

우리가 참을 말할 때, 곧 우리가 아는 바를 말할 때는 언어는 필히 우리가 기억으로 간직하고 있는 지식 그 자체로부터 출생한다. 무릇 언어는 그 언어가 출생하는 지식과 전적으로 동일하다.[150] 우리가 아는 사물에 의해서 형상화된 사유가 곧 언어, 우리가 마음속으로 발설하는[151] 언어이며, 그 언어는 그리스어도 아니고 라틴어도 아니며 다른 어느 민족의 국어도 아니다. 그 대신 우리가 이야기를 나누는 상대편의 지식에 그것을 전달할 필요가 있을 때는 아무래도 그 의미를 나타내는 어떤 기호를 채택한다. 그리고 흔히는 소리가, 때로는 동작이 쓰이는데 전자는 귀에, 후자는 눈에 전달된다. 이렇게 해서 우리가 지성으로 출생시키는 언어가 신체적 기호를 통해서 신체의 감관에 알려지는 것이다. 고개를 끄덕이는 짓 역시 어느 면에서 눈에 보이게 발설하는 것 아니고 무엇인가? 이런 생각은 성경에서도 증언이 나온다. 요한 복음서에는 이런 대목이 있다. "진실히 진실히 여러분에게 말합니다. 여러분 중의 한 사람이 나를 넘겨줄 것입니다. 제자들은 누구를 두고 말씀하시는지 몰라 어리둥절하여 서로 쳐다보았다. 제자들 가운데 한 사람이 예수의 품에 자리 잡고 있었는데[152] 그는 예수께서 사랑하시던 이였다. 시몬 베드로가 그에게 고갯짓을 하여 '누구를 두고 하시는 말씀인가?' 하고 그에게 말했다."[153] 보다시피 [베드로는] 고갯짓을 하여 감

---

[152] 사본에는(불가타역도) *recumbens* … *in sinu Iesu*('예수의 품 쪽에 비스듬히 누워 있었는데.' 요한 13,23. 『200주년』: '예수의 품에 기대듯이 자리 잡고 있었는데')라고 나온다.

[153] 요한 13,21-24. 『200주년』(끝 절): "시몬 베드로가 그에게 고갯짓을 하여 그분께서 말씀하신 자가 누구인지 여쭈어 보라고 하였다."

cere non audebat. Sed haec atque huiusmodi signa corporalia suie
auribus siue oculis praesentibus quibus loquimur exhibemus. In-
uentae sunt etiam litterae per quas possemus et cum absentibus con-
loqui, sed ista signa sunt uocum, cum ipsae uoces in sermone nos-
tro earum quas cogitamus signa sint rerum.

XI 20. Proinde uerbum quod foris sonat signum est uerbi quod
intus lucet cui magis uerbi competit nomen. Nam illud quod pro-
fertur carnis ore uox uerbi est, uerbumque et ipsum dicitur propter
illud a quo ut foris appareret assumptum est. Ita enim uerbum nos-
trum uox quodam modo corporis fit assumendo eam in qua mani-
festetur sensibus hominum sicut *uerbum* dei *caro factum est* assu-
mendo eam in qua et ipsum manifestaretur sensibus hominum. Et
sicut uerbum nostrum fit uox nec mutatur in uocem, ita *uerbum* dei
caro quidem *factum est*, sed absit ut mutaretur in carnem. Assu-
mendo quippe illam, non in eam se consumendo, et hoc nostrum
uox fit et illud caro factum est.

Quapropter qui cupit ad qualemcumque similitudinem dei uerbi
quamuis per multa dissimilem peruenire non intueatur uerbum nos-
trum quod sonat in auribus nec quando uoce profertur nec quando

---

[154] 문자(litterae)는 음성(vox)의 기호이고, 음성은 사유된 사물(res cogitatae)의 기호다.

[155] cui magis verbi competit nomen: 곧 나오는 설명대로 라틴어 verbum은 '말소리', 그리
스어 λόγος(← λέγω: 발설하다)는 '말마디'나 '말속' 혹은 '말뜻'을 연상케 한다.

히 소리 내어 할 수 없는 말을 발설한 셈이다. 그러니까 이 신체적 기호 또는 이런 식의 신체적 기호는 우리가 그 자리에서 이야기를 나누는 사람들에게 귀나 눈에 전달하는 기호다. 문자도 발명되었으며 그 덕분에 우리는 그 자리에 없는 사람들과도 이야기를 나눌 수 있게 되었다. 하지만 문자는 음성의 기호이며, 우리 말로 통하는 음성은 우리가 사유하고 있는 사물의 기호다.[154]

우리의 내적 언어에서 하느님 말씀의 유사점을 찾아볼 만하다. 단, 그 유사점에 엄청난 상이점도 있다

11.20. 그러므로 밖에서 소리를 내는 언어는 안에서 빛을 내는 언어의 기호다. 그리고 언어라는 명사는 [후자에] 더 상응한다.[155] 육신의 입으로 발설되는 것은 '말소리'라고 하겠고 그나마 말이라고 언표되는 까닭은, 그것이 취하여 밖으로 드러내려는 것 때문이다. 따라서 우리 언어는 어떻게든 신체의 음성이 되고 음성을 취함으로써 사람들의 감관에 자체를 드러낸다. 마찬가지로 하느님의 말씀도 살이 되고 살을 취함으로써 말씀 자체를 사람들의 감관에 드러내었다.[156] 또 우리 언어가 음성이 되어도 음성으로 변해 버리지는 않는 것처럼, 하느님의 말씀 역시 살이 되어서도 살로 바뀌는 일은 절대 없다. 살을 취하더라도 자기를 살로 소진하는 일이 없다. 그렇게 우리 언어는 음성이 되고 저 말씀은 살이 되었다.

[인간의 언어가] 비록 여러 면에서 [하느님 말씀과] 닮지 않았다고 하더라도, 누가 만일 [인간의 언어에서] 하느님 말씀과 비슷한 어떤 유사성을 발견하고 싶어 한다고 하자. 그렇다면 그냥 귓전에 울리는 우리 언어를 응시해서는 안 된다. 그것이 음성으로 발설되든 침묵 중에 생각에 떠오르든

---

[156] 아우구스티누스는 언어의 발생과 말씀의 육화를 완벽한 병행구로 처리하고 있다.
verbum nostrum vox corporis fit assumendo eam in qua manifestatur sensibus hominum.
verbum dei   caro factum est assumendo eam in qua manifestaretur sensibus hominum et ipsum.

silentio cogitatur. Omnium namque sonantium uerba linguarum etiam in silentio cogitantur, et carmina percurruntur animo tacente ore corporis, nec solum numeri syllabarum uerum etiam modi cantilenarum cum sint corporales et ad eum qui uocatur auditus sensum corporis pertinentes per incorporeas quasdam imagines suas praesto sunt cogitantibus et tacite cuncta ista uoluentibus. Sed transeunda sunt haec ut ad illud perueniatur hominis uerbum per cuius qualemcumque similitudinem sicut *in aenigmate* uideatur utcumque dei uerbum. Non illud quod factum est ad illum uel illum prophetam (et de quo dictum est: *Verbum autem dei crescebat et multiplicabatur*, et de quo iterum dictum est: *Igitur fides ex auditu, auditus autem per uerbum Christi*, et iterum: *Cum accepissetis a nobis uerbum auditus dei, accepistis non ut uerbum hominum sed sicuti est uere uerbum dei*. Et innumerabilia similiter in scripturis dicuntur de dei uerbo quod in sonis multarum diuersarumque linguarum per corda et ora disseminatur humana. Ideo autem uerbum dei dicitur quia doctrina diuina traditur, non humana). Sed illud uerbum dei quaerimus qualitercumque per hanc similitudinem nunc uidere de quo dictum est: *Deus erat uerbum*; de quo dictum est: *Omnia per ipsum facta sunt; de quo dictum est: Et uerbum caro factum est*; de quo dictum est: *Fons sapientiae uerbum dei in excelsis*.

---

[157] 의역: "우리는 입을 다물고서도 모든 언어에 들어 있는 단어들을 소리 낼 수 있다. 시구도 입술을 움직이지 않은 채 머릿속으로 읊을 수 있다. 음절들의 박자만 아니고 가요의 가락까지도 속으로 읊을 줄 안다"(Beschin).

[158] 사도 6,7(『200주년』: "하느님의 말씀이 퍼져 나가 예루살렘에서는 제자들의 수효가 부쩍 늘어났다").

[159] 로마 10,17.   [160] 1테살 2,13.

[그런 언어를 생각해서는 안 된다]. 무릇 소리로 나는 모든 언어의 말들은 비록 침묵을 지키더라도 생각에 떠오르는 법이다. 그리고 가요歌謠는 비록 육신의 입을 다물고 있더라도 정신으로 두루 읊게 마련이다. 음절의 박자만 아니고 노랫가락까지도 [속으로 흥얼거리게 된다].[157] [그런 것들이] 비록 물체적인 무엇인 데다가 청각이라고 일컫는 신체 감관에 속하기는 하지만, 그것을 생각하고 있거나 입을 다문 채 저것을 죄다 속으로 읊고 있는 당사자들에게는 일종의 비물체적인 표상을 거쳐서 현전하는 까닭이다. 하지만 우리는 이것들을 극복해서 인간의 저 언어에 도달해야만 한다. 그래서 인간의 말이 띠는 저 유사성을 거쳐서 비록 '수수께끼로나마' 하느님의 말씀을 보는 경지에 이르러야 한다. 나는 이 예언자 혹은 저 예언자에게 건네진 말씀을 이야기하는 것이 아니다. (이런 말씀을 두고는 "하느님의 말씀이 자라났고 늘어났다"[158]라는 구절이 나오고, 또한 "믿음은 들음에서 비롯하고 들음은 그리스도의 말씀을 통해서 온다"[159]라는 구절도 있으며, 나아가서는 "여러분이 우리로부터 하느님의 말씀을 듣고 받아들였을 때 여러분은 그것을 사람의 말로 받아들이지 않고 정말 하느님의 말씀으로 받아들였다"[160]라는 구절도 나온다. 성경에는 이런 식으로 하느님의 말씀에 관하여 언급하는 구절이 헤아릴 수 없이 많이 나온다. 이 말씀은 인간의 마음과 입을 통해서 많고도 다양한 언어의 소리로 퍼져 나가고 있다. 그것을 '하느님의 말씀'이라고 하는 까닭은 그 말씀으로 인간적 가르침이 아니고 신적인 가르침이 전해지기 때문이다.) 그러나 우리가 [인간 언어의] 이 유사성을 통해서 탐구하려는 하느님의 말씀은 "말씀은 또한 하느님이셨다"라고 일컫는 바로 그 말씀이다. 그 말씀에 관해서는 "모든 것은 그분으로 말미암아 생겨났다"라는 구절도 있다. 또 그 말씀을 두고는 "그 말씀은 육신이 되셨다"라고도 하고,[161] "지혜의 근원은 드높은 곳에 계시는 하느님의 말씀이다"[162]라고도 한다.

---

[161] 요한 1,1.3.14 참조. [162] 집회 1,5.

Perueniendum est ergo ad illud uerbum hominis, ad uerbum rationalis animantis, ad uerbum non de deo natae sed a deo factae imaginis dei, quod neque prolatiuum est in sono neque cogitatiuum in similitudine soni quod alicuius linguae esse necesse sit, sed quod omnia quibus significatur signa praecedit et gignitur de scientia quae manet in animo quando eadem scientia intus dicitur sicuti est. Simillima est enim uisio cogitationis uisioni scientiae. Nam quando per sonum dicitur uel per aliquod corporale signum, non dicitur sicuti est sed sicut potest uideri audiriue per corpus. Quando ergo quod est in notitia hoc est in uerbo, tunc est uerum uerbum et ueritas qualis exspectatur ab homine ut quod est in ista, hoc sit et in illo; quod non est in ista, non sit et in illo. Hic agnoscitur: *Est, est; non, non.* Sic accedit quantum potest ista similitudo imaginis factae ad illam similitudinem imaginis natae qua deus filius patri per omnia substantialiter similis praedicatur.

---

[163] *non de deo natae sed a deo factae* imaginis dei: 교부가 성자(de deo)와 인간(a deo)을 구분하는 전형적인 문구인데 여기서는 imago dei de deo nata, imago dei a deo facta로 더할 나위 없이 뚜렷이 표현한다.

[164] 앎이 말을 낳으므로, 지성의 말은 발설되기 전부터 앎 속에 선재한다. 말은 앎과 똑같은 내면성, 자연 본성을 가진다.

[165] 바로 앞 구절대로 말은 앎을 그대로 재현하고(dicitur sicuti est) 정신 언어인 사유는 앎과 외연이 같다(simillima).

[166] quod est in notitia, hoc sit et in verbo: "진리는 있는 그대로의 존재"(veritas inquantum essentia est: *De immortalitate animae* 19)에서 "진리란 있는 그대로 드러남"(veritas ipsa est quae illud ostendit sicut est: 『참된 종교』 66)을 거쳐 드디어 언표적 진리에 이른다.

[167] est, est; non, non: 마태 5,37("여러분은 말을 할 때, '예' 할 것은 '예' 하고 '아니요' 할 것은 '아니요' 하시오") 참조. 라틴어 sum 동사는 절대 용법 — '있는 것은 있고, 있지 않는 것은 있지 않다' — 과 계사(繫辭) 용법 — '그런 것은 그렇다, 아닌 것은 아니다' — 을 겸하므로 아래와 같은 수사학적 비약이 가능해진다.

그러니까 [우리로서는 먼저] 사람의 저 말, 이성적 동물의 말, 하느님의 모상의 말 — 이 모상은 하느님께로부터 나지 않고 하느님께 창조된 모상이다[163] — 에 도달해야 한다. [여기서 언급되는 '말'은 비록 사람의 말이지만] 소리로 발설되지 않는 말, 사유에 해당하지만 소리의 유사성을 갖추고 떠오르는 것이 아닌 말 — 따라서 어느 한 가지 언어의 소리가 되어야 할 필요가 없다 —, 그 의미를 표시하는 모든 기호들보다 선재하는 말, 정신 속에 머물러 있는 앎으로부터 출생하고 바로 앎이 존재하는 그대로 내면에서 발설되는 그 말이다.[164] 사유의 시선은 지식의 시선과 아주 흡사한 까닭이다.[165] 왜 그런가 하면, [그 말이] 소리로 발설되거나 다른 물리적 기호로 발설될 경우에, 존재하는 그대로 발설되는 것이 아니고 신체를 통해서 보거나 들을 수 있는 [한도 내에서] 발설되는 까닭이다. 그러므로 지식에 존재하는 그것이 그대로 말에도 존재한다. 또 그럴 때만 [그 말이] 참이며, 그럴 때만 인간이 기대하는 그대로의 진리가 존재한다. 왜냐하면 지식에 존재하는 그것이 그대로 말에 존재하고,[166] 지식에 존재하지 않는 것은 말에도 존재하지 않는 까닭이다. 바로 여기서 "있는 것은 있고, 있지 않는 것은 있지 않다"라는 말씀이 이해된다.[167] 여기서 [하느님으로부터] 창조된 모상이 갖는 유사성이 [하느님으로부터] 출생한 모상이 갖는 유사성에 힘닿는 데까지 접근하기에 이르며,[168] 그 모상으로 성자 하느님이 모든 면에서 성부와 실체적으로 비슷하다는 서술이 나온다.[169]

---

[168] similitudo imaginis: 앞의 각주 126(similitudo와 imago라는 중언법) 참조. similitudo(유사)라는 범주가 완전하면(simillima) 동등(aequalitas)에 해당한다는 것이 교부의 생각이므로 성자와 성부의 관계에도 이 범주가 자주 쓰인다.

[169] per omnia substantialiter similis: 아리우스파 논쟁에서 similis(ὅμοιος)는 문제가 있는 어휘이지만 아우구스티누스도 이 형용사를 자주 쓴다(예: "성부와 한 실체이고 … 모든 점에서 성부와 유사하다"(unius cum patre substantiae est … per omnia patri similis est): *Contra Maximinum Arrianum* 2.15.3).

Animaduertenda est in hoc aenigmate etiam ista uerbi dei simili-
tudo quod sicut de illo uerbo dictum est: *Omnia per ipsum facta
sunt*, ubi deus per unigenitum uerbum suum praedicatur uniuersa
fecisse, ita hominis opera nulla sunt quae non prius dicantur in corde.
Vnde scriptum est: *Initium omnis operis uerbum*. Sed etiam hic cum
uerum uerbum est, tunc est initium boni operis. Verum autem uer-
bum est cum de scientia bene operandi gignitur ut etiam ibi serue-
tur: *Est, est; non, non*, ut si est in ea scientia qua uiuendum est, sit et
in uerbo per quod operandum est; si non, non; alioquin mendacium
erit uerbum tale, non ueritas, et inde peccatum, non opus rectum.
Est et haec in ista similitudine uerbi nostri similitudo uerbi dei quia
potest esse uerbum nostrum quod non sequatur opus; opus autem esse
non potest nisi praecedat uerbum sicut uerbum dei potuit esse nulla
exsistente creatura; creatura uero nulla esse posset nisi per ipsum
per quod facta sunt omnia. Ideoque non deus pater, non spiritus
sanctus, non ipsa trinitas, sed solus filius quod est *uerbum* dei *caro
factum est* quamuis trinitate faciente, ut sequente atque imitante
uerbo nostro eius exemplum recte uiueremus, hoc est nullum ha-
bentes in uerbi nostri uel contemplatione uel operatione mendacium.
Verum haec huius imaginis est quandoque futura perfectio. Ad haec
consequendam nos erudit magister bonus fide christiana pietatisque

---

[170] 말씀의 역할(omnia per ipsum facta sunt)로 보아 언어는 행위의 필요조건이다. 행위가
따르지 않는 언어가 있을 수 있으나, 사유라는 내적 언어 없이 행위는 없다.

[171] 집회 37,16("말은 만사의 시작이고 모든 행동에는 계획이 앞선다") 참조.

[172] 말씀의 존재는 피조물에 매이지 않으나 피조계는 말씀 없이 존재하지 못한다.

[173] 그의 저서 『교사론』(*De Magistro*)의 핵심이기도 하다.

이 수수께끼에서 우리가 유의해야 할 것이 하느님 말씀의 어떤 유사성이다. 저 말씀을 두고 "모든 것은 그분으로 말미암아 생겼다"라는 구절이 있는 까닭이다. 하느님이 당신 말씀인 외아들을 통해서 모든 것을 만들었다고 서술되는 이상, 인간의 행업치고 마음에서 먼저 발설되지 않은 것은 아무것도 없다.[170] 그래서 "모든 행업의 시작은 말이다"[171]라는 구절이 나왔다. 하지만 여기서도 말이 참일 때라야 선한 행업의 시작이 된다. 참말이라는 것은 선하게 행동하겠다는 지식으로부터 태어나는 까닭이다. 여기서도 "있는 것은 있고 있지 않는 것은 있지 않다"라는 말씀이 쓸모가 있겠다. 왜 그런가 하면 그에 따라 살아가야 할 저 지식에 있는 무엇이라면 그에 따라 행동해야 할 말에도 있을 것이기 때문이다. 마찬가지로 [저 지식에] 없는 무엇이라면 [말에도] 없을 것이다. 그렇지 않으면 그런 말은 거짓말이고 진리가 아니며 거기서는 죄악이 나오고 바른 행업이 나오지 않을 것이다. 그런데 우리말이 갖는 이런 유비에는 하느님 말씀의 유비도 존재한다. 무슨 얘긴가 하면, 우리의 말에는 행업이 따르지 않은 말도 있을 수 있다. 그런데 말이 선행하지 않으면 행업이 존재하지 못한다. 피조물이 아무것도 존재하지 않을 때도 하느님의 말씀은 존재할 수 있었지만, 그 말씀으로 말미암지 않고는 어느 피조물도 존재할 수 없었기 때문이다.[172] 모든 것은 그분으로 말미암아 생겨났다. 그러므로 말씀, 곧 "살이 되셨다"라는 말씀은 성부 하느님도 아니고 성령도 아니고 삼위일체 자체도 아니고 오로지 성자다. 물론 이 일을 이룩한 것은 삼위일체이지만 말이다. 이것은 우리의 말이 그분의 모범을 따르고 본받음으로써 우리가 올바로 살아가기 위함이었다. 다시 말해서 우리의 말의 관상에도 실천에도 일체 거짓이 없어야 한다는 뜻이다. 그러나 이것은 저 모상의 완성에 해당하고 그 완성은 장차 이루어질 일이다. 이 완성을 얻게 해 주려고 착한 스승이[173] 우리를 훈육하느니 그리스도교 신앙과 경건한 교리로 훈육한다.[174] 그리하여 우리

___

[174] 인간이 갖춘 모상에서 말씀의 육화와 가르침의 명분을 찾는다. 그 모상을 모호한 유사성에서 명료하고 영광스러운 유사성으로 변화하게 만드는 데 의의가 있다.

doctrina ut *reuelata facie* a legis uelamine quod est umbra futuro-
rum *gloriam domini speculantes*, per speculum scilicet intuentes, *in
eandem imaginem transformemur de gloria in gloriam tamquam a
domini spiritu* secundum superiorem de his uerbis disputationem.

21. Cum ergo hac transformatione ad perfectum fuerit haec imago
renouata *similes* deo *erimus quoniam uidebimus eum* non per spe-
culum sed *sicuti est*, quod dicit Paulus apostolus, *facie ad faciem*.
Nunc uero *in* hoc *speculo, in* hoc *aenigmate*, in hac qualicumque
similitudine quanta sit etiam dissimilitudo quis potest explicare?
Attingam tamen aliqua ut ualeo quibus id possit aduerti.

XII. Primo ipsa scientia de qua ueraciter cogitatio nostra formatur
quando quae scimus loquimur, qualis aut quanta potest homini pro-
uenire quamlibet peritissimo atque doctissimo? Exceptis enim quae
in animum ueniunt a sensibus corporis in quibus tam multa aliter
sunt quam uidentur ut eorum uerisimilitudine nimium constipatus
sanus sibi uideatur esse qui insanit (unde academica philosophia

---

[175] speculantes ⋯ per speculum scilicet intuentes: '바라다보다'(speculo)를 어원대로 '거울
을 들여다보다'라고 풀이한다.

[176] 2코린 3,18. 『200주년』: "우리는 모두 너울을 벗은 얼굴로 주님의 영광을 바라보는 가
운데 바로 같은 모상으로 모습이 바뀔 것이니 영이신 주님으로 말미암아 영광에서 영광으로
모습이 바뀔 것입니다."

[177] 1요한 3,2-3("우리가 어떻게 될는지 아직은 드러나지 않았습니다. 그렇지만 드러나게
되면 우리가 그분을 닮게 되리라는 것은 알고 있습니다. 사실 우리는 그분을 있는 그대로 뵈
올 것이기 때문입니다") 참조.

는 율법의 너울, 장차 올 것들의 그림자인 율법의 너울을 "벗은 얼굴로 주
님의 영광을 살펴볼 것이며", 다시 말해서 거울을 들여다보듯이 살펴볼 것
이며[175] 그러면 우리는 "바로 같은 모상으로 모습이 바뀔 것이니 주님의 영
으로 말미암아 영광에서 영광으로 모습이 바뀔 것이다".[176]

[11].21. 그런 변모에 의해서 완전해져 이 모상이 새로워지면 "우리는
하느님과 비슷해질 것이고" 거울을 통해서 보는 것이 아니라 바오로 사도
가 하는 말대로 "그분을 있는 그대로 뵈올 것이고"[177] "얼굴과 얼굴을 마주
볼 것이다".[178] 그런데 지금은 우리가 이 '거울을 통해', 이 '수수께끼로', 일
종의 유사성을 통해서 [보는 만큼 원형과는] 얼마나 차이가 날지 누가 설
명할 수 있겠는가? 다만 내 힘이 미치는 한도에서 어디서 그런 [상이성을]
감지할 수 있는지 살펴보겠다.[179]

아카데미아 학파의 철학

12.[21]. 무엇보다 먼저, 우리가 아는 바를 말로 할 때를 살펴보면, 생각
은 지식으로부터 형성된다는 것이 사실인데, 그 지식이라는 것이 과연 어
떤 성질의 것일까? 아주 전문적이고 아주 박식한 사람이라 할지라도 과연
어느 정도의 지식에 당도할 수 있는 것일까? 신체의 감관으로부터 정신에
도달하는 것들은 빼놓고 보자. 왜냐하면 그중에는 보이는 것과는 달리 존
재하는 것이 하도 많기 때문이다.[180] 저것들의 그럴듯한 겉모습에 하도 깊
이 홀리다 보면 정신이 나간 사람도 자기가 성한 사람이라고 여길 정도다.
(그러다 보니까 아카데미아 학파의 철학은 모든 것을 의심하다가 더욱더

---

[178] 1코린 13,12 참조.

[179] 이하(12.21-16.26)에서 영원한 말씀의 탄생과 인간 언어의 발생을 비교하여, 거울을 통
해서 수수께끼로 보이는 모상이 원형과 차이 나는 면을 집중 관찰한다.

[180] aliter sunt quam videntur: 회의론의 첫째 과녁이다.

sic inualuit ut de omnibus dubitans multo miserius insaniret), his ergo exceptis quae a corporis sensibus in animum ueniunt, quantum rerum remanet quod ita sciamus sicut nos uiuere scimus? In quo prorsus non metuimus ne aliqua uerisimilitudine forte fallamur quoniam certum est etiam eum qui fallitur uiuere, nec in eis uisis habetur hoc quae obiciuntur extrinsecus ut in eo sic fallatur oculus quemadmodum fallitur cum in aqua remus uidetur infractus et nauigantibus turris moueri et alia sexcenta quae aliter sunt quam uidentur, quia nec per oculum carnis hoc cernitur.

Intima scientia est qua nos uiuere scimus ubi ne illud quidem academicus dicere potest: 'Fortasse dormis et nescis et in somnis uides.' Visa quippe somniantium simillima esse uisis uigilantium quis ignorat? Sed qui certus est de suae uitae scientia non in ea dicit: 'Scio me uigilare,' sed: 'Scio me uiuere.' Siue ergo dormiat siue uigilet, uiuit. Nec in ea scientia per somnia falli potest quia et dormire et in somnis uidere uiuentis est. Nec illud potest academicus aduersus istam scientiam dicere: 'Furis fortassis et nescis quia sanorum uisis simillima sunt etiam uisa furentium, sed qui furit uiuit.' Nec contra academicos dicit: 'Scio me non furere,' sed: 'Scio me uiuere.' Numquam ergo falli nec mentiri potest qui se uiuere dixerit scire. Mille

----

[181] '아카데미아 학파의 철학'은 Arcesilaus, Carneas 등이 주창한 소위 신아카데미아 학파를 일컫는데, 그도 한때 이 사상에 경도된 적 있다(『고백록』 5.10.19). 이 책 14.19.26 각주 247 참조.

[182] 교부는 『신국론』 11.26에서 '내가 속는다면 나는 존재한다'(si fallor sum)는 명제에 도달했다.

[183] 감관의 소여에 판단을 내리는 일 — 물속에 꺾여 보이는 노의 영상을 빛의 굴절이라고 수정하는 기능 — 은 지성의 역할이므로 감각을 핑계로 회의론을 주장할 수 없다(『참된 종교』 29.53 및 33.61 참조).

[184] 마지막 문구 — '사람이 미쳤다면 그는 살아 있다' — 를 혹자(Mountain, Arias)는 아카데미아 학파의 발언으로 간주하여 인용구 안에 넣지만 대개는 교부의 발언으로 간주한다.

가련한 처지로 빠지는 정신 나간 짓을 했다.)[181] 그런데 신체의 감관으로부터 정신에 도달하는 것을 제외한다면, 우리가 살아 있음을 알듯이 [그만큼 확실하게] 아는 것은 과연 어느 정도 남을까? 그렇더라도 우리가 비록 그럴듯한 겉모습에 속지나 않을까 두려워하지는 않으니 속는 사람도 살아 있음은 확실하기 때문이다.[182] 바깥으로부터 투사되어 눈에 보이는 것들을 두고도 [우리가 속지나 않을까 두려워하지 않는다]. 물속에 있는 노櫓가 꺾여 보인다거나, 배를 타고 가는 사람들에게 [자기가 움직이는 것이 아니라 물가의] 성탑이 움직이는 것처럼 보인다거나, 그 밖에도 보이는 것과 실제로 있는 것이 다른 경우가 무수하지만 [우리가 염려를 하지 않는데] 그 이유는 이것들을 식별하는 것은 육신의 눈이 아니기 때문이다.[183]

우리가 살아 있음을 아는 지식은 내적인 지식인데 이것을 두고 아카데미아 학파가 하는 저 유명한 말, "아마도 그대는 잠을 자고 있다. 그러면서도 그 사실을 모른다. 그러니 혹시 그대는 꿈에서 보고 있는지도 모른다"라는 말을 해서는 안 된다. 꿈꾸는 사람들이 보는 것이 깨어 있는 사람들이 보는 것과 매우 비슷하다는 것을 누가 모르는가? 하지만 자기 생명에 관한 의식을 갖고 있는 사람은 그런 의식 중에서 "내가 깨어 있음을 안다"라고 말하지 않고 "내가 살아 있음을 안다"라고 한다. 잠을 자든 깨어 있든 그는 살아 있다. 꿈 때문에 [자기가 살아 있다는] 의식을 두고 속는 일은 불가능하니 자는 일도, 꿈속에서 무엇을 보는 일도 살아 있는 사람의 일이기 때문이다. 그러니까 아카데미아 학파라고 하더라도 사람의 저 의식을 두고 논지를 펴서는 안 된다. "아마도 그대는 미쳤다. 그러고도 그 사실을 모른다. 미친 사람들이 보는 것도 성한 사람들이 보는 것과 아주 흡사한 까닭이다." 사람이 미쳤다면 그는 살아 있다.[184] 하지만 아카데미아 학파에 반박하더라도 "내가 미치지 않았음을 나는 안다"라고 하지는 않는다. "내가 살아 있음을 안다"라고 할 따름이다. 그러므로 자기가 살아 있음을 안다고 말하는 사람은 절대 속을 수도 없고 거짓말을 할 수도 없다. "내가 살

itaque fallacium uisorum genera obiciantur ei qui dicit: 'Scio me uiuere.' Nihil horum timebit quando et qui fallitur uiuit.

Sed si talia sola pertinent ad humanam scientiam, perpauca sunt nisi quia in unoquoque genere ita multiplicantur ut non solum pauca non sint, uerum etiam reperiantur per infinitum numerum tendere. Qui enim dicit: 'Scio me uiuere,' unum aliquid scire se dicit. Proinde si dicat: 'Scio me scire me uiuere,' duo sunt. Iam hoc uero quod scit haec duo tertium scire est. Sic potest addere et quartum et quintum et innumerabilia si sufficiat. Sed quia innumerabilem numerum uel comprehendere singula addendo uel dicere innumerabiliter non potest, hoc ipsum certissime comprehendit ac dicit, et uerum hoc esse et tam innumerabile ut uerbi eius infinitum numerum non possit comprehendere ac dicere.

Hoc et in uoluntate certa similiter aduerti potest. Quis est enim cui non impudenter respondeatur, 'forte falleris,' dicenti: 'Volo beatus esse?' Et si dicat: 'Scio me hoc uelle et hoc me scire scio,' iam his duobus et tertium potest addere quod haec duo sciat; et quartum quod haec duo scire se sciat, et similiter in infinitum numerum pergere. Item si quispiam dicat: 'Errare nolo,' nonne siue erret siue non

----

¹⁸⁵ 일찍이 *Contra academicos* 3.11.26-12.27에서도 다루었다(앞의 각주 182 참조).

¹⁸⁶ 유한수를 보탠 결과는 항상 유한수이며, '내가 살아 있다'는 명제에 '안다'를 붙여 제아무리 확대하더라도 그런 명제를 무수히 반복하는 일은 불가능하다.

¹⁸⁷ verbi eius infinitus numerus가 사본에 따라서는 veri eius infinitus numerus('그 진리의 무량한 수')로 나온다.

¹⁸⁸ 무한한 수가 존재함을 인식하는 지성은 수의 무한한 조합을 초월해 있는 셈이다. 이것은 의지의 작용에서도 관찰된다.

아 있음을 안다"고 하는 사람 눈앞에 오만 가지 종류의 착각을 제시할 수 있을 것이다. 그러나 속는 사람도 살아 있다는 사실 때문에 그는 그중 어느 것도 두려워하지 않는다.[185]

[이렇게 확실한 것만] 인간 지식에 속한다면 [인간이 확실하게 아는 것은] 참 적다고 하겠다. 하지만 한 가지 유類마다 [그런 인식 대상이] 곱절로 늘어나기 때문에 그것들이 적기는커녕 무한한 숫자로 늘어남을 본다. "내가 살아 있음을 안다"고 하는 사람은 자기가 무엇인가 한 가지를 알고 있다는 말을 하고 있다. 그러므로 "내가 살아 있음을 알고 있음을 내가 안다"고 말한다면 벌써 두 가지다. 그리고 이 두 가지를 안다는 것은 셋째를 안다는 말이다. 그래서 넷째, 다섯째를 덧붙여 나가다 보면, 필요한 경우, 무량한 숫자를 보탤 수 있다. 그러나 단수單數를 보태서는 무량수無量數를 파악함이 불가능하고, [어떤 숫자를] 무수하게 [반복해서] 발설하는 일도 불가능하다.[186] 하지만 [이렇게 명제가 무수하게 이어진다는] 사실이 정말이라는 것만은 아주 확실하게 파악하고 발설한다. 또 이런 말의 무량한 수라는 것은[187] 파악할 수도 없고 발설할 수도 없을 만큼 헤아릴 수 없다는 사실만은 아주 확실하게 파악하고 발설한다.[188]

이와 비슷하게 확고한 의지에서도 같은 현상을 간파할 수 있다.[189] "나는 행복해지고 싶다"라는 말을 하는 사람에게 "당신은 속는지도 모른다"라고 대꾸할 만큼 어리석은 사람이 누군가? 그리고 누군가 "나는 내가 이것을 바란다는 사실을 알고 또 그 사실을 내가 알고 있음을 안다"라는 말을 한다고 하자. 그러면 두 가지 사실에다 그 두 가지 사실을 알고 있다는 셋째를 덧붙일 수 있다. 그리고 두 가지 사실을 자기가 알고 있음을 안다는 넷째를 또 덧붙일 수 있고 그래서 무량한 수까지도 이어 나갈 수 있다. 또한 누가 "나는 그르치기 싫다"라는 말을 하는 경우 그가 그르치든 그르치지

---

[189] 교부의 생각에 따르면, 인간은 사유와 회의를 거듭하면서 더 나은 인식에 도달하는 것이 아니라, 지성의 앎과 더 많이 알려는 의지의 변증법적 활동을 거치면서 보다 나은 앎에 이른다.

erret, errare tamen eum nolle uerum erit? Quis est qui huic non impudentissime dicat: 'Forsitan falleris,' cum profecto ubicumque fallatur, falli se tamen nolle non fallitur. Et si hoc scire se dicat, addit quantum uult rerum numerum cognitarum et numerum esse perspicit infinitum. Qui enim dicit: 'Nolo me falli et hoc me nolle scio et hoc me scire scio,' iam etsi non commoda elocutione potest hinc infinitum numerum ostendere. Et alia reperiuntur quae aduersus academicos ualeant qui nihil ab homine sciri posse contendunt.

Sed modus adhibendus est praesertim quia opere isto non hoc suscepimus. Sunt inde libri tres nostri primo nostrae conuersionis tempore scripti, quos qui potuerit et uoluerit legere lectosque intellexerit, nihil eum profecto quae ab eis contra perceptionem ueritatis argumenta multa inuenta sunt permouebunt. Cum enim duo sint genera rerum quae sciuntur, unum earum quae per sensum corporis percipit animus, alterum earum quae per se ipsum, multa illi philosophi garrierunt contra corporis sensus; animi autem quasdam firmissimas per se ipsum perceptiones rerum uerarum, quale illud est quod dixi: 'Scio me uiuere,' nequaquam in dubium uocare potuerunt. Sed absit a nobis ut ea quae per sensus corporis didicimus uera esse dubitemus. Per eos quippe didicimus caelum et terram et ea quae in eis nota sunt nobis quantum ille qui et nos et ipsa condidit in-

---

¹⁹⁰ 감각과 타인의 증언을 토대로 습득한 인식은 변화와 오류에 노출될 수 있지만 우리 내면에 타고난 항속적이고 의심 없는 인식도 있다. '나는 살아 있다, 나는 행복과 진리를 원한다'는 확실한 명제가 대표적이다.

¹⁹¹ *Contra accademicos*의 집필 연대(386~387년)는 회심 직후 밀라노 근처 Cassiciacum에 은둔하던 시기였다.

않든 간에 그르치기 싫어한다는 점만은 진실이 아니겠는가? 그런 사람에게 "당신은 속는지도 모른다"라는 말을 할 만큼 정말 뻔뻔스러운 사람이 누구겠는가? 설령 그 사람이 매사에 속기만 한다고 치더라도 본인이 속기 싫어한다는 마음만은 속는 것이 아니다. 본인이 그 사실을 알고 있다는 말을 한다면, 그는 이미 알고 있는 사실이 얼마나 많든 상관없이 거기에다 하나를 더 덧붙이는 것이고 거기서 무한한 숫자가 존재함을 감지하고 있는 셈이다. 그리고 누군가 "나는 속기 싫다. 그리고 그것이 싫다는 사실을 나는 알고 있다. 그리고 내가 그 사실을 알고 있음을 나는 안다"는 말을 한다면, 표현이 좀 어색하기는 하지만 여기서부터 헤아릴 수 없는 숫자로 뻗어 나갈 가능성이 있다. 사람은 아무것도 알 수 없다고 우기는 아카데미아 학파를 반박하는 데 유리한 논지들은 그 밖에도 여럿 발견된다.[190]

그러나 여기서 한도를 지켜야겠으니 특히 이 책에서 우리가 다루는 주제가 그것이 아니라는 이유 때문에도 그렇다. 그 주제에 관해서는 우리의 회심回心 초기에 집필한[191] 세 권짜리 책이 있으니 그것을 읽을 능력이 닿거나 그럴 의사가 있는 사람, 또는 읽고 이해한 사람이라면, 진리의 포착에 관해서 [의심하는] 사람들이 지어낸 허다한 논지들에 그다지 흔들리지 않을 것이다. 알려지는 사물의 종류가 둘이 있으니 하나는 신체의 감관을 통해서 정신이 포착하는 것들이고 다른 하나는 그 자체로 파악되는 것들인데 저 철학자들은 주로 신체의 감관을 두고 시비를 걸었다. 그런데 정신이 그 자체로 진실한 사물들을 아주 확고하게 파악하는 경우, 예를 들어 "내가 살아 있음을 나는 안다"와 같은 사실은 결코 의문에 붙일 수 없었다. 그렇더라도 신체의 감관을 통해서 우리가 배운 바를 의심하는 일은 결코 있어서는 안 된다. 우리는 감관을 통해서 하늘과 땅을 배웠으며 천지에 포함되어 있는 것들이 우리에게 알려지는 것은 우리를 창조하고 또한 그것들도 창조한 분이 우리가 인식하기 바라는 한에서 우리에게 알려진다.[192]

---

[192] 창조 사상에 기초한 인식론은 감관을 이유로 회의론에 빠지지 않는다.

notescere nobis uoluit. Absit etiam ut scire nos negemus quae testimonio didicimus aliorum; alioquin esse nescimus oceanum; nescimus esse terras atque uerbes quas celeberrima fama commendat; nescimus fuisse homines et opera eorum quae historica lectione didicimus; nescimus quae quotidie undecumque nuntiantur et indiciis consonis constantibusque firmantur; postremo nescimus in quibus locis uel ex quibus hominibus fuerimus exorti, quia haec omnia testimoniis credidimus aliorum. Quod si absurdissimum est dicere, non solum nostrorum uerum etiam et alienorum corporum sensus plurimum addidisse nostrae scientiae confitendum est.

22. Haec igitur omnia, et quae per se ipsum et quae per sensus sui corporis et quae testimoniis aliorum percepta scit animus humanus, thesauro memoriae condita tenet. Ex quibus gignitur uerbum uerum quando quod scimus loquimur, sed uerbum ante omnem sonum, ante omnem cogitationem soni. Tunc enim est uerbum simillimum rei notae, de qua gignitur et imago eius quoniam de uisione scientiae uisio cogitationis exoritur, quod est uerbum linguae nullius, uerbum uerum de re uera, nihil de suo habens sed totum de illa scientia de qua nascitur. Nec interest quando id didicerit qui quod scit loquitur (aliquando enim statim ut discit hoc dicit), dum tamen uerbum sit uerum, id est de notis rebus exortum.

---

[193] oceanum: 당시에는 대서양(mare Atlanticum)을 지칭했다.

[194] 12장 첫머리에서는 '신체의 감관으로부터 정신에 도달하는 것들은 빼놓고 아주 전문적이고 아주 박식한 사람이 도달할 만한 지식'을 논하자고 제안했다.

[195] de qua gignitur et imago eius: '알려진 사물'의 '말'과 '모상'이 동일시된다.

[196] 앞의 각주 170, 171 참조.

그 밖에 다른 사람들의 증언을 듣고 우리가 배운 대상도 우리가 알지 못한다고 부인하는 일이 있어서는 안 된다. 그렇지 못하면 [우리가 보지 못한] 대양大洋[193]을 결코 알지 못할 것이다. 저토록 명성이 자자한 땅들과 도시들도 알지 못할 것이다. 역사 공부를 통해서 우리가 배운 인물들과 업적이 과연 존재했는지도 알지 못할 것이다. 날마다 사방에서 우리에게 당도하는 소식들, 그리고 사리에 맞고 일관성 있어서 [사실로] 확인되는 소식들도 알 길이 없을 것이다. 마지막으로는 우리가 태어난 고장과 선조들에 관해서도 알지 못할 것이니 이 모두 다른 사람들이 들려주는 말을 믿고서 아는 까닭이다. 이런 이야기들을 하는 것이 참으로 어처구니없다면 우리로서는 우리들의 신체 감관만 아니고 타인들의 신체 감관도 우리 지식에 참으로 많은 것을 보태 주었다고 고백하지 않으면 안 된다.[194]

우리의 지식이 하느님의 지식과 판이하듯이 우리의 말도 하느님의 말씀과 판이하다

12.22. 그러니까 이 모든 것, 그 자체로 파악되는 것, 자기 신체의 감관을 통해서 파악되는 것, 그리고 다른 사람들의 증언으로 파악되는 것을 인간 정신은 알고, 기억의 보고에 간직하여 보존하고 있다. 그리고 우리가 아는 바를 말할 때 참된 말이 탄생하는데 그것은 모든 소리에 앞서는 말이고 소리에 대한 모든 생각에도 앞서는 말이다. 바로 그래서 말은 알려진 사물과 극히 흡사하다. [알려진 사물에서] 그것의 모상도 탄생하는데[195] 지식의 시선에서 사유의 시선이 발생하는 까닭이다.[196] 이것은 어느 국어에도 속하지 않은 말이고, 참된 사물로부터 나온 참된 말이며, 자체로부터는 아무것도 받지 않고 전적으로 그것을 탄생시키는 지식으로부터 유래하는 말이다.[197] 알아서 말을 하는 사람이 그것을 언제 배웠느냐는 아무 상관 없다(때로는 배우는 즉시 말한다). 말이 참이기만 하면 된다. 즉, 알려진 사물로부터 유래하는 말이기만 하면 된다.

---

[197] 교부는 요한 17,7("그들은 당신께서 제게 주신 모든 것이 당신에게서 비롯한다는 것을 알았습니다")을 염두에 두고 있음이 이하 13장에서 드러난다.

XIII. Sed numquid deus pater de quo natum est uerbum de deo deus, numquid ergo deus pater in ea sapientia quod est ipse sibi alia didicit per sensum corporis sui, alia per se ipsum? Quis hoc dicat qui non animal rationale sed supra animam rationalem deum cogitat quantum ab eis cogitari potest qui eum omnibus animalibus et omnibus animis praeferunt, quamuis *per speculum* et *in aenigmate* coniciendo uideant, nondum *facie ad faciem sicuti est*? Numquid deus pater ea ipsa quae non per corpus quod ei nullum est sed per se ipsum scit aliunde ab aliquo didicit aut nuntiis uel testibus ut ea sciret indiguit? Non utique. Ad omnia quippe scienda quae scit sufficit sibi illa perfectio. Habet quidem nuntios, id est angelos, non tamen qui ei quae nescit annuntient (non enim sunt ulla quae nesciat), sed bonum eorum est de operibus suis eius consulere ueritatem, et hoc est quod ei dicuntur nonnulla nuntiare, non ut ipse ab eis discat sed ut ab illo ipsi per uerbum eius sine corporali sono. Nuntiant etiam quod uoluerit ab eo missi ad quos uoluerit totum ab illo per illud uerbum eius audientes, id est in eius ueritate inuenientes quid sibi faciendum, quid, quibus, quando nuntiandum sit.

Nam et nos oramus eum, nec tamen necessitates nostras docemus eum. *Nouit enim*, ait uerbum eius, *pater uester quid uobis necessarium sit priusquam petatis ab eo*. Nec ista ex aliquo tempore cog-

---

13.[22]. 그러면 성부 하느님, 그분에게서 말씀, 곧 하느님으로부터 하느님이 탄생했다면 성부 하느님이 저 지혜에 있어서 무엇을 배우기라도 했다는 말인가?[198] [하느님] 자신이 스스로에게 지혜 자체인데 그 지혜에 있어서 그분이 더러는 당신 신체 감관을 통해서 배웠고, 더러는 당신 스스로 배우기라도 했다는 말인가? 하느님은 이성적 동물이 아니고 이성혼보다 상위에 있는 분이라고 생각하는 사람치고 누가 감히 이런 말을 하겠는가? 비록 하느님을 "거울을 통해서" 그리고 "수수께끼로" 추측할 따름이고 "얼굴과 얼굴을 마주 보는" 처지가 아니라 할지라도, 하느님을 모든 동물보다, 모든 영혼보다 앞세우는 사람들이 하는 생각인데 [감히 이런 말을 하겠는가]? 그리고 성부 하느님께는 신체라는 것이 도무지 없으니까 그분이 아는 것은 신체를 통해서 알지 않고 당신 스스로 알 텐데, 그렇다면 그런 것을 다른 데서 타자로부터 배웠거나 그런 것을 아는 데 사자使者나 증인이 필요할까? 물론 아니다. 그분이 아는 것 전부를 아는 데 그분에게는 [당신의] 저 완전성으로 충분하다. 그분도 사자, 곧 천사들을 거느리지만 하느님이 모르는 것을 알려 드리는 존재들이 아니다(그분이 모르는 것은 아무것도 없다). 오히려 [천사들이] 자기 활동을 하면서 그분의 진리를 궁리하는 것 자체가 천사들의 선익이다. 천사들이 그분에게 무엇인가 아뢴다는 언표가 있지만 하느님이 천사들에게서 무엇을 배워 안다는 뜻이 아니고, 육성이 없이 그분의 말씀을 통해서, 천사들이 하느님께 가르침을 받는다는 뜻이다. 물론 자기들을 파견한 분이 원하는 바를 하느님이 원하는 상대방에게 전하기도 한다. 하지만 전적으로 하느님의 저 말씀을 통해서 하느님께 듣고서 전달한다. 자기들이 무엇을 해야 할지, 무엇을, 누구에게, 언제 전달해야 하는지는 오직 저 [말씀의] 진리에서 발견해 낸다.

우리도 기도를 하여 [하느님께 말씀을 드리지만] 우리에게 필요한 것이 무엇인지 하느님께 가르쳐 드리는 것이 아니다. "여러분이 그분께 청하기도 전에 여러분의 아버지께서는 여러분에게 무엇이 필요한지 알고 계십니

nouit ut nosset, sed futura omnia temporalia atque in eis etiam quid et quando ab illo petituri fueramus et quos et de quibus rebus uel exauditurus uel non exauditurus esset sine initio ante praesciuit. Vniuersas autem creaturas suas et spiritales et corporales non quia sunt ideo nouit, sed ideo sunt quia nouit. Non enim nesciuit quae fuerat creaturus. Quia ergo sciuit creauit, non quia creauit sciuit. Nec aliter ea sciuit creata quam creanda; non enim eius sapientiae aliquid accessit ex eis, sed illis exsistentibus sicut oportebat et quando oportebat illa mansit ut erat. Ita et scriptum est in libro ecclesiastico: *Antequam crearentur omnia nota sunt illi, sic et postquam consummata sunt. Sic*, inquit, non aliter; et *antequam crearentur et postquam consummata sunt sic ei nota sunt.*

Longe est igitur huic scientiae scientia nostra dissimilis. Quae autem scientia dei est ipsa et sapientia, et quae sapientia ipsa essentia siue substantia quia in illius naturae simplicitate mirabili non est aliud sapere, aliud esse, sed quod est sapere hoc est et esse sicut et in superioribus libris saepe iam diximus. Nostra uero scientia in rebus

---

[199] 마태 6,8.

[200] sine initio ante praescivit: 하나씩 차례로 알고 한 사물을 차츰 더 명료하게 알아 감은 시간의 차원을 가지는 존재에 해당하는 인식이고, 영원한 존재는 동시에 모든 것을 전체로 (simul omnia totaliter) 인식한다.

[201] non quia sunt ideo novit, sed ideo sunt quia novit: 신은 피조물들에게 존재를 부여함으로써 그것들을 인식하므로 신의 지성이 (신에게 인지되는) 사물의 존재근거다.

[202] quia ergo scivit creavit non quia creavit scivit: 신은 창조주로서 당신 안에서 피조물들을 즉각적으로 인식하므로 그 인식은 습득되거나 후속적인 인식이 아니다.

[203] 집회 23,20. 『성경』: "만물은 창조되기 전에 이미 그분께 알려졌고 창조가 끝난 후에도 그러하다."

다."[199] 그것도 어느 일정한 시점에 그분이 인지하여 알게 되는 것이 아니고, 만사를 시작이 없이 미리 예지한다.[200] 시간적으로 이루어질 모든 장래사를 알고, 또 그 시간 속에서 우리가 무엇을 언제 당신에게 청할지도 알며, 또 누구한테, 무슨 일을 두고 당신이 들어주거나 들어주지 않을지도 안다. 당신의 모든 피조물들, 영적이든 물체적이든 모든 피조물들을 아는데, 그것들이 존재하니까 비로소 아는 것이 아니고 당신이 아니까 그것들이 비로소 존재한다.[201] 또 당신이 장차 창조할 것이어서 [미처] 모르는 일도 없었다. 당신이 아니까 창조했지, 당신이 창조하니까 알게 된 것이 아니었다.[202] 창조를 하고 나서는 당신이 창조하기 전에 그것들을 알던 것과는 다르게 아는 일도 없었다. 또 창조된 것들 덕분에 그분의 지혜에 무엇이 첨가되는 일도 없었다. 필요한 대로, 필요한 때 그것들은 존재하게 되었고 그분의 지혜는 이전에 존재하던 것과 마찬가지로 항상 그대로 존속했다. 그래서 집회서에는 이런 대목이 적혀 있다. "만물은 창조되기 전에 이미 그분께 알려졌고 그와 마찬가지로 끝마쳐진 후에도 그러하다."[203] 말씀인 즉 '그와 마찬가지요' 다르지 않다는 것이다.[204] "창조되기 전에도, 끝마쳐진 후에도 똑같이 그분께 알려졌다."

그러므로 우리 지식은 이 지식과 아주 다르다. 하느님의 지식을 이루는 것은 그대로 지혜이며, 지혜를 이루는 것은 그대로 하느님의 존재 혹은 실체다.[205] 그 까닭은 저 [신적] 자연 본성의 놀라운 단순성에서는 아는 것 다르고 존재하는 것 다르지 않기 때문이니, 안다는 바로 그것이 존재하는 그것이기도 하다. 이 점에 관해서는 앞의 여러 책에서 우리가 벌써 빈번히 언급한 바 있다.[206] 그 대신 우리의 지식은 허다한 사물들에 관한 것이어서

---

[204] 불가타역(23,29)에는 antequam crearentur, omnia sunt agnita, sic et, postquam perfecta sunt, respicit omnia("창조되기 전에도 모든 것이 인지되었고, 마찬가지로 완결된 후에도 모든 것을 돌아보신다")라고 나온다.

[205] quae sapientia ipsa essentia sive substantia: 이 책 6.5.7 참조.

[206] 이 책 5, 6, 7권에서 자주 다루었다.

plurimis propterea et amissibilis est et receptibilis quia non hoc est nobis esse quod scire uel sapere, quoniam esse possumus etiam si nesciamus neque sapiamus ea quae aliunde didicimus. Propter hoc sicut nostra scientia illi scientiae dei, sic et nostrum uerbum quod nascitur de nostra scientia dissimile est illi uerbo dei quod natum est de patris essentia (Tale est autem ac si dicerem, 'de patris scientia, de patris sapientia'; uel quod est expressius, 'de patre scientia, de patre sapientia').

XIV 23. Verbum ergo dei patris unigenitus filius per omnia patri similis et aequalis, deus de deo, lumen de lumine, sapientia de sapientia, essentia de essentia, est hoc omnino quod pater, non tamen pater quia iste filius, ille pater. Ac per hoc nouit omnia quae nouit pater, sed ei nosse de patre est sicut esse. Nosse enim et esse ibi unum est. Et ideo patri sicut esse non est a filio ita nec nosse. Proinde tamquam se ipsum dicens pater genuit uerbum sibi aequale per omnia. Non enim se ipsum integre perfecteque dixisset si aliquid minus aut amplius esset in eius uerbo quam in ipso. Ibi summe illud agnoscitur, *est, est; non, non.* Et ideo uerbum hoc uere ueritas

---

207 본질과 속성이 동일할 만큼 단순한 신에게는 소유 속격 de patris scientia나 동격 보어 de patre scientia나 같다.

208 omnino quod pater, non tamen pater: 위격의 동등성이 위격의 동일성은 아니다. 두 위격 사이의 동일성은 하느님이라는 실체 혹은 존재에서 이루어진다.

209 ei nosse de patre est sicut esse: 성부와 성자의 동등성을 옹호하면서도 성자의 존재론적 기원을 설명하여 삼위의 구분을 해설하려는 교부의 노력이 나타난다.

잃어버리기도 하고 획득하기도 한다. 안다 혹은 깨닫는다 함이 우리에게는 곧바로 존재에 해당하지 않는 까닭이다. 다른 사물에서 배우는 그것을 알지 못하고 깨닫지 못하더라도 우리는 여전히 존재할 수 있기 때문이다. 바로 그래서 우리의 지식이 하느님의 저 지식과 사뭇 다르듯이 우리의 지식에서 탄생하는 우리의 말도 성부의 존재에서 탄생하는 하느님의 저 말씀과 사뭇 다르다. (내가 "성부의 지식에서, 성부의 지혜에서"라고 하는 경우, 혹은 좀 더 명료하게 "지식인 성부에게서, 지혜인 성부에게서"라고 하는 경우 바로 이런 뜻으로 하는 말이다.)[207]

하느님의 말씀은 모든 점에서 성부와 동등하시다

14.23. 하느님의 말씀, 곧 성부의 외아들은 모든 점에서 성부와 비슷하고 동등하다. 하느님으로부터 나신 하느님, 빛으로부터 나신 빛, 지혜로부터 나신 지혜, 존재로부터 나신 존재다. 다시 말해서 성부와 전적으로 같은데 그렇다고 성부는 아니다.[208] 당신은 성자이고 저분은 성부이기 때문이다. 그래서 성부가 알듯이 그분도 모든 것을 아는데, 단지 그분의 존재함이 그렇듯이 그분에게 앎은 성부께로부터 기원한다.[209] 다만 여기서도 존재함과 앎은 하나다. 그런데 성부께 존재함이 성자로부터 기원하지 않듯이 앎 역시 마찬가지다. [성부는] 스스로를 언표함으로써 성자를 낳았다.[210] 당신과 모든 점에서 동등한 성자를 낳았다. 만약 당신의 말씀에 당신에게 있는 것보다 무엇인가 덜 혹은 더 있었다면 스스로를 전적으로 또 완전하게 언표한 셈이 아닐 것이다. 바로 여기서야말로 "있는 것은 있고, 있지 않는 것은 있지 않다"라는 저 구절이 최고로 드러난다.[211] 그리고 이 '말씀'이 정말 진리인 까닭은 앎에 존재하는 것은 무엇이든지 그 앎으로부

---

[210] se ipseum dicens pater genuit verbum: 사유와 언어(그리고 사랑)로 삼위일체를 해설하는 교부는 '말씀'인 성자가 출생하는 근거를 '스스로를 언표하는'(seipsum dicens) 성부의 행위에서 찾아낸다.

[211] 앞의 각주 167 참조.

est quoniam quidquid est in ea scientia de qua est genitum et in ipso est; quod autem in ea non est nec in ipso est. Et falsum habere aliquid hoc uerbum numquam potest quia immutabiliter sic se habet ut se habet de quo est. *Non* enim *potest filius a se facere quidquam nisi quod uiderit patrem facientem.* Potenter hoc non potest, nec est infirmitas ista sed firmitas quia falsa esse non potest ueritas. Nouit itaque omnia deus pater in se ipso, nouit in filio, sed in se ipso tamquam se ipsum, in filio tamquam uerbum suum quod est de his omnibus quae sunt in se ipso. Omnia similiter nouit et filius, in se scilicet tamquam ea quae nata sunt de his quae pater nouit in se ipso, in patre autem tamquam ea de quibus nata sunt quae ipse filius nouit in se ipso. Sciunt ergo inuicem pater et filius, sed ille gignendo, ille nascendo. Et omnia quae sunt in eorum scientia, in eorum sapientia, in eorum essentia unusquisque eorum simul uidet, non particulatim aut singillatim uelut alternante conspectu hinc illuc et inde huc et rursus inde uel inde in aliud atque aliud ut aliqua uidere non possit nisi non uidens alia, sed ut dixi simul omnia uidet quorum nullum est quod non semper uidet.

24. Verbum autem nostrum, illud quod non habet sonum neque

---

212 요한 5,19.

213 potenter hoc non potest: "이것은 능력이 있기 때문에 못하는 것이다." 전선한 하느님이 '악을 행하지 못함'은 무능력의 표시가 아니고 능력의 표시다.

214 sciunt ⋯ ille gignendo, ille nascendo: 성부의 앎은 곧바로 말씀을 낳고, 성자의 앎은 말씀으로 태어남과 동시에 발생함을 동명사(-ndo)로 처리했다.

215 simul omnia videt quorum *nullum est* quod *non semper videt*: 앞의 각주 200-204 참조.

터 탄생한 말씀 속에도 존재하기 때문이다. 따라서 그 앎에 존재하지 않는 것은 말씀 자체에도 존재하지 않는다. 또 이 말씀으로서는 무슨 거짓을 갖는 일이 절대 불가능하다. 그 이유는 이 말씀이 유래한 분이 불변하게 존재하듯이 [말씀도] 불변하게 존재하는 까닭이다. 그래서 "아들은 아버지께서 하시는 것을 보지 않고서는 아무것도 스스로 할 수 없다".212 [아들이 아무것도 스스로] '할 수 없다'는 말은 능력의 표시이다.213 이것은 무력함이 아니고 오히려 유력함이니 마치 진리가 '허위가 될 수 없음'과 비슷하다. 그러므로 성부 하느님은 모든 것을 당신 안에서 알고 성자 안에서 안다. 다만 당신 안에서는 당신 스스로를 알듯이 알고, 성자 안에서는 당신의 말씀을 알듯이 안다. [그 말씀은] 당신 안에 있는 모든 것으로부터 유래한 말씀이다. 성자 역시 모든 것을 이와 비슷하게 안다. [성자가] 당신 안에서 아는 것은 성부가 당신 자신 안에서 아는 바로 그것으로부터 탄생한 것으로서 안다. 성부 안에서 아는 것은 성자가 당신 자신 안에서 친히 아는 것들을 탄생시킨 바로 거기로부터 유래하여 안다는 말이다. 그러므로 아버지와 아들은 서로 아는데 전자는 낳으면서 알고 후자는 태어나면서 안다.214 또 그분들의 지식에 있는 모든 것, 그분들의 지혜에 있는 모든 것, 그분들의 존재에 있는 모든 것은 그분들 각자가 동시에 본다. 부분적으로 따로따로 보는 것이 아니고, 여기서 저기로 시선을 돌리고 저기서 여기로 시선을 돌리고 또다시 여기서 저기로 시선을 돌리면서 하나씩 바라보는 것도 아니며, 또 이쪽에서는 다른 것을 보고 저쪽에서는 다른 것을 보는 것도 아니고, 그래서 하나를 바라보는 일을 중단하지 않는 한 다른 것은 못 보는 것도 아니다. 내가 이미 말했지만 모든 것들을 동시에 보며, 그중에서 그분이 항상 보지 않는 것은 아무것도 존재하지 않는다.215

우리의 말과 하느님의 말씀은 얼마나 서로 다른가. 우리의 말은 항상 참이지도 않고 항속하지도 않는다

　　[14].24. 우리의 말 역시 소리가 없고 소리에 대한 생각도 없는 말, 어떤

cogitationem soni, sed eius rei quam uidendo intus dicimus, et ideo nullius linguae est atque inde utcumque simile est in hoc aenigmate illi uerbo dei quod etiam deus est quoniam sic et hoc de nostra nascitur quemadmodum et illud de scientia patris natum est. Nostrum ergo tale uerbum quod inuenimus esse utcumque illi simile, quantum sit etiam dissimile sicut a nobis dici potuerit non pigeat intueri.

XV. Numquid uerbum nostrum de sola scientia nostra nascitur? Nonne multa dicimus etiam quae nescimus? Nec dubitantes ea dicimus sed uera esse arbitrantes. Quae si forte uera sunt, in ipsis rebus de quibus loquimur non in uerbo nostro uera sunt quia uerbum uerum non est nisi quod de re quae scitur gignitur. Falsum est ergo isto modo uerbum nostrum non cum mentimur sed cum fallimur. Cum autem dubitamus nondum est uerbum de re de qua dubitamus, sed de ipsa dubitatione uerbum est. Quamuis enim non nouerimus an uerum sit unde dubitamus, tamen dubitare nos nouimus, ac per hoc cum hoc dicimus uerum uerbum est quoniam quod nouimus dicimus. Quid quod etiam mentiri possumus? Quod cum facimus utique uolentes et scientes falsum uerbum habemus ubi uerum uerbum est mentiri nos; hoc enim scimus. Et cum mentitos nos esse

---

216 교부는 단순 파악(simplex apprehensio)과 내적 언어, 곧 개념(con-ceptus) 형성, 그리고 일정한 국어로 발설된 언어(verbum exterior)의 단계를 제각기 구분한다.

217 이하에 두 언어의 비유사성을 여러 각도에서 검토한다.

218 인간에게 진리는 사물과 앎(판단) 사이의 대응(adaequatio rei et iudicii)에 있는데 이 대응성에서는 사물이 본(本)이고 판단은 말(末)이다.

219 falsum est verbum nostrum non cum mentimur sed cum fallimur: '우리가 참말이라고 여기면서 하는 이야기'라면, 우리는 개연성을 내세웠다가 '기대에 어긋난'(fallimur → falsum) 경우라고 하겠다.

사물을 보면서 내면에서 발설하는 말이 있다.[216] 그 말은 어느 국어에도 해당하지 않으며 그 점에서 이 '수수께끼로 보는' 하느님의 저 말씀 ― 그리고 하느님이기도 하다 ― 과 흡사하기도 하다. 저 말씀이 성부의 앎에서 탄생했듯이 우리의 말도 우리의 앎에서 탄생하는 까닭이다. 단지 우리의 말에 저 말씀과 어느 면에서 흡사함이 있음을 발견하기는 하지만, 그에 못지 않게 [저 말씀과는] 얼마나 다른지도 힘닿는 데까지 우리 입으로 언표할 수 있겠으며 또 그 점을 깨달았다고 부끄러워할 일도 아니다.[217]

우리의 가변적인 말은 하느님의 불변하고 영원한 말씀과 얼마나 다른가

15.[24]. 그렇다면 우리의 말은 우리의 앎에서만 탄생하는 것일까? 우리는 모르는 것을 두고도 많은 말을 하지 않던가? 그것도 그냥 의구심을 품은 채 하는 말이 아니라 참이라고 여기면서 말한다. 그리고 만약 그것이 참이라면 우리가 발설하는 그 사물에 근거해서 참이지, 우리의 말에 근거해서 참이 되는 것이 아니다.[218] 왜냐하면 참말은 알려진 그 사물에서가 아니면 탄생하지 않는 까닭이다. 따라서 이런 경우에 따르면 우리의 말이 거짓이 되는 것은 우리가 거짓말을 해서가 아니고 우리가 속아서다.[219] 그 대신 우리가 의심을 품고 있을 때는 우리가 의심하는 그 사실에 관해서는 아직 말이 없지만 그 의심 자체에 관해서는 말이 있다. 의심을 하는 그것이 참인지는 아직 알지 못하지만 적어도 우리가 의심한다는 것은 알며, 따라서 우리가 [의심한다는] 그 사실을 말할 때는 참이다. 우리가 아는 바를 말로 하기 때문이다. 그렇다면 우리가 거짓말까지 할 수 있다는 사실은 어찌 되는가? 우리가 그 짓을 할 경우, 우리는 원해서 알면서 거짓된 말을 [입에] 올리는 셈인데 그 경우에도 우리가 거짓말을 하고 있다는 것은 참이고 이 점을 우리가 알고 있다.[220] 우리가 거짓말을 했노라고 자백할 경우에도

---

[220] 거짓말의 이 역설적 모순을 교부는 『거짓말』(*De mendacio*)에서 별도로 다루었다.

confitemur uerum dicimus; quod scimus enim dicimus. Scimus namque nos esse mentitos. Verbum autem illud quod est deus et potentius est nobis hoc non potest. *Non* enim *potest facere quidquam nisi quod uiderit patrem facientem.* Et non a se ipso loquitur sed a patre illi est omne quod loquitur cum ipsum pater unice loquitur. Et magna illius uerbi potentia est non posse mentiri quia non potest esse illic *est et non* sed *est, est; non, non.*

'At enim nec uerbum dicendum est quod uerum non est.' Sic ita libens assentior. Quid cum uerum est uerbum nostrum et ideo recte uerbum uocatur, numquid sicut dici potest uel uisio de uisione uel scientia de scientia, ita dici potest essentia de essentia sicut illud dei uerbum maxime dicitur maximeque dicendum est? Quid ita? Quia non hoc est nobis esse quod nosse. Multa quippe nouimus quae per memoriam quodam modo uiuunt, ita et obliuione quodam modo moriuntur, atque ideo cum illa iam non sint in notitia nostra, nos tamen sumus, et cum scientia nostra animo lapsa perierit a nobis, nos tamen uiuimus.

25. Illa etiam quae ita sciuntur ut numquam excidere possint quoniam praesentia sunt et ad ipsius animi naturam pertinent ut est illud quod nos uiuere scimus; manet enim hoc quamdiu animus manet, et quia semper manet animus et hoc semper manet; id ergo

---

[221] quid ita? '왜 그러냐?'(quid ni?: 왜 안 그러냐?)는 뜻이지만 앞 문장이 numquid(부정적 답을 구하는 의문사)였으므로 '물론 아니다'가 전제된다.

[222] non hoc est nobis esse quod nosse: 우리의 인식은 습득된 것이고 생성 중에 있으며 더구나 기억과 망각을 거듭하므로 존재와 인식 사이에 늘 괴리가 있다.

[223] nos vivere scimus는 교부의 여러 저서에서 자명한 명제로 간주된다(이 책 15.12.21 특히 각주 184-185 참조).

우리는 참말을 한다. 우리가 아는 바를 말로 표현하기 때문이다. 우리가 거짓말을 했다는 사실을 우리가 알고 있는 까닭이다. 그렇지만 저 말씀은 하느님이고 또 우리보다 강한 분이므로 이런 일을 못한다. "아들은 아버지께서 하시는 것을 보지 않고서는 아무것도 스스로 할 수 없기" 때문이다. [말씀은] 스스로 말하지 않고 그분이 하는 모든 말은 성부께로부터 하는 말이니 성부는 오로지 그 말씀만을 발설하는 까닭이다. 거짓말을 못한다는 것은 저 말씀의 위대한 능력이기도 하니 저기서는 "있으면서 있지 않는 일"은 불가능하고 오직 "있는 것은 있고, 있지 않는 것은 있지 않다".

"하지만 참이 아닌 말은 말이라고 언표해서는 안 된다." 나도 기꺼이 그렇게 주장하겠다. 그럼 우리의 말이 참일 때, 그래서 제대로 말이라고 언표될 때는 어찌 되는가? 그럴 경우에는 봄으로부터 나온 봄이요 앎으로부터 나온 앎이라 할 수 있듯이, 존재로부터 나온 존재라 할 수 있기라도 하다는 말인가?(이런 언표야 하느님의 저 말씀에 최고도로 해당하고 마땅히 저 말씀에 최고도로 해당시켜야 하지만 말이다). [물론 아니다.] 왜 그런가?[221] 이유인즉, 우리에게는 존재함이 곧 앎은 아니기 때문이다.[222] 우리는 많은 것을 아는데 그것들이 기억을 통해서 살아남는가 하면 망각으로 어느 면에서 죽어 가기도 한다. 또 [우리가 알던] 그것이 우리 앎에 더 이상 존재하지 않는데도 우리는 존재하고, 우리의 앎이 정신으로부터 이탈하면 우리에게서 망실되어 버리는데도 우리는 여전히 살아 있기도 하다.

우리의 말은 영속하지도 않는다

[15.]25. 그러나 일단 알려져 절대로 망실될 수 없는 것들은 [언제나 지성에] 현전하고 정신 자체의 본성에 속하니, 우리가 살아 있음을 아는 경우가 그렇다.[223] 그리고는 지성이 존속하는 한 그것도 존속하며, 정신이 항상 존속하니까 그것도 항상 존속한다. 그런 것이나 이와 유사한 것들이 만

et si qua reperiuntur similia in quibus imago dei potius intuenda est, etiamsi semper sciuntur, tamen quia non semper etiam cogitantur, quomodo de his dicatur uerbum sempiternum, cum uerbum nostrum nostra cogitatione dicatur, inuenire difficile est. Sempiternum est enim animo uiuere, sempiternum est scire quod uiuit, nec tamen sempiternum est cogitare uitam suam uel cogitare scientiam uitae suae quoniam cum aliud atque aliud coeperit, hoc desinet cogitare quamuis non desinat scire. Ex quo fit ut si test esse in animo aliqua scientia sempiterna, et sempiterna esse non potest eiusdem scientiae cogitatio, et uerbum uerum nostrum intimum nisi nostra cogitatione non dicitur, solus deus intellegatur habere uerbum sempiternum sibique coaeternum. Nisi forte dicendum est ipsam possibilitatem cogitationis, quoniam id quod scitur etiam quando non cogitatur potest tamen ueraciter cogitari, uerbum esse tam perpetuum quam scientia ipsa perpetua est. Sed quomodo est uerbum quod nondum in cogitationis uisione formatum est? Quomodo erit simile scientiae de qua nascitur si eius non habet formam et ideo iam uocatur uerbum quia potest habere? Tale est enim ac si dicatur ideo iam uocandum esse uerbum quia potest esse uerbum.

Sed quid est quod potest esse uerbum et ideo iam dignum est uerbi nomine? Quid est, inquam, hoc formabile nondumque formatum nisi quiddam mentis nostrae quod hac atque hac uolubili quadam motione iactamus cum a nobis nunc hoc, nunc illud sicut inuentum

---

[224] 인간 언어는 사유할 때만 발설되므로, 인식되어 있더라도 항상 지성에 현전하여 항상 사유되지 않는 것이면 '살아 있다'라는 자기 의식도 '영속하는 말'(verbum sempiternum)이 아니므로 신적 말씀과 견줄 수 없다.

일 발견되면 거기서는 하느님의 모상을 더 잘 관찰할 만하다. 그렇기는 하더라도, 그것들이 항상 알려져 있기는 하지만 항상 사유되고 있지는 않으므로, 어떻게 이런 것들에 관해서 영속하는 말이 발설될 것인지는 설명하기 힘들다. 우리의 말은 우리 사유에 힘입어 발설된다는 사실 때문이다.[224] 정신에게 살아 있다는 것은 영속하는 사실이요 정신이 살아 있음을 안다는 사실 역시 영속하지만, 자기 생명을 생각하는 일은 영속하지 않고, 자기 생명에 대한 앎을 생각하는 일 역시 영속하지 않다. 왜냐하면 다른 무엇을 생각하기 시작하자마자, 비록 그것을 안다는 사실은 중단되지 않지만 그것을 생각하는 일은 중단되는 까닭이다. 그리하여 정신에 영속하는 앎이 존재할 수 있고 그러면서도 그 영속하는 앎에 대한 생각은 영속할 수 없다면, 또 우리의 내면적 언어는 어디까지나 우리의 생각에서만 발설되는 것이라면, 하느님 홀로 영속하고 당신과 함께 영원한 말씀을 지닐 수 있다고 이해할 만하다. 그런데 알고 있는 것이 비록 생각에 떠오르지 않고 있어도 정말로 생각에 떠오를 수 있다는 사실을 들어 사유의 가능성이라는 것 역시 일종의 말이라고 해야 할지도 모르겠다. 따라서 앎 자체가 영구하듯이 말도 영구하다고 해야 할지 모르겠다. 하지만 사유의 시선 속에 아직 형상화되지 않은 것이 어떻게 말이라 할 수 있는가?[225] 앎의 형상을 아직 갖추지 않은 터에, 바로 그 앎으로부터 탄생한다는 말이 어떻게 앎과 비슷하다고 하겠는가? [장차 앎의] 형상을 갖출 수 있다는 사실만으로 진작에 말이라고 불러도 되는가? 이것은 마치 말이 될 수 있다는 사실만으로 미리 말이라고 불러야 한다고 주장하는 셈이다.

하지만 도대체 말이 될 수 있다는 것과 따라서 진작에 말이라는 이름을 얻을 만하다는 것은 무슨 얘긴가? 내가 묻는 말은, 형상을 갖출 수 있지만 아직 형상을 갖추지 않은 그것이 다름 아닌 우리 지성의 무엇이 아니냐는 이야기다. 우리가 끊임없이 이런저런 동요에 까불리면서 때로는 이것을

---

[225] 여기서 교부는 언어를 in cogitationis visione formatum[사유의 시선(지평) 속에 형상화된 것]이라고 규정한다.

fuerit uel occurrerit cogitatur? Et tunc fit uerum uerbum quando illud quod nos dixi uolubili motione iactare ad id quod scimus peruenit atque inde formatur eius omnimodam similitudinem capiens ut quomodo res quaeque scitur sic etiam cogitetur, id est sine uoce, sine cogitatione uocis quae profecto alicuius linguae est sic in corde dicatur. Ac per hoc etiam si concedamus, ne de controuersia uocabuli laborare uideamur, iam uocandum esse uerbum quiddam illud mentis nostrae quod de nostra scientia formari potest etiam priusquam formatum sit quia iam ut ita dicam formabile est, quis non uideat quanta hic sit dissimilitudo ab illo dei uerbo quod in forma dei sic est ut non ante fuerit formabile postque formatum, nec aliquando esse possit informe, sed sit forma simplex et simpliciter aequalis ei de quo est et cui mirabiliter coaeterna est?

XVI. Quapropter ita dicitur illud dei uerbum ut dei cogitatio non dicatur ne aliquid esse quasi uolubile credatur in deo, quod nunc accipiat, nunc recipiat formam ut uerbum sit eamque possit amittere atque informiter quodam modo uolutari. Bene quippe nouerat uerba et uim cogitationis inspexerat locutor egregius qui dixit in carmine:

---

[226] 인간의 언어는 사유를 온전하게 재현하지 못한다. 그런데 시간성에서 기인하는, 존재와 인식의 이 균열은 인간으로 하여금 의식의 지평을 부단히 넘어가게 만드는 추동력이기도 하다.

[227] dei verbo quod in forma dei: 필리 2,6("그분은 하느님의 모습을 지니셨으나 하느님과 같음을 마치 노획물처럼 여기지 않으시고") 참조.

[228] 존재와 인식의 간극을 메우려는 지적 노력은 신적 언어와 인간 언어 사이의 비유사성을 부각시킴과 동시에 피조물이 창조주에게 매이는 존재론적 종속을 보여 준다.

때로는 저것을 만나거나 발견하고 그때마다 [이것 아니면 저것을] 생각하지 않던가?[226] 그리고 내가 말한 것처럼 참다운 말이 이루어지는 것은 우리가 끊임없는 동요에 까불리다가 우리가 알고 있는 것에 당도할 때, 그래서 그것에 의해서 형상을 갖추기에 이를 때, 이리하여 그것의 완전무결한 유사상을 내포하게 될 때, 알려진 그 사물이 알려진 그대로 또한 사유에 떠오를 때, 그리고 소리가 없이 심중에서 발설되는 때다. [심중에서 발설된다고 함은] 소리란 그야말로 어떤 일정한 국어에 속하는 것이니까 음성에 대한 생각마저 없다는 뜻이다. 우리가 낱말을 갖고 다투면서 고생하는 것처럼 보이지 않기 위해서, 우리 지성의 저것도 이미 말이라고 불러야 한다는 주장에 양보한다고 치자. 저것이 형상을 갖추기 이전이라도, 즉 이미 형상화될 만한 것이므로, 그것이 형상을 갖추기 이전이라도, 우리의 앎에 의해서 형상화될 수 있다는 이유로 이미 말이라고 불러야 한다고 하자. 그렇더라도 이 말이라는 것이 하느님의 저 말씀과 얼마나 다른지를 몰라볼 사람이 누구겠는가? [하느님의 저 말씀은] 하느님의 형상 안에 있으며,[227] 전에 형상을 갖출 만하다가 후에 형상을 갖춘 그런 존재가 아니며, 따라서 언제는 무형하게 존재할 수 있는 그런 분이 아니다. 그분은 [하느님의] 단순한 형상이고, 당신의 존재가 유래하는 그분과 순전하게 동등하며, 놀랍게 그분과 더불어 영원하다.[228]

하느님께도 변전變轉이 있다고 믿어야 하는가

16.[25]. 그래서 [저분을] '하느님의 말씀'이라고 일컫지만 '하느님의 생각'이라고는 하지 않는다. 그랬다가는 변전하는 무엇이 하느님께 있는 것처럼 믿지나 않을까 해서다. 이제는 형상을 받아들여 형상을 갖추어 말씀이 되고, 저제는 그 형상을 잃어버릴 수도 있고 어느 모로 형상 없이도 변전할 수 있는 무엇처럼 생각하지나 않을까 해서다. 저 위대한 변사辯士는 말이 무엇인지 잘 알았고 생각의 힘이 무엇인지도 잘 알았으므로 시가詩歌에서 다음과 같이 읊었다.

secumque uolutat

Euentus belli uarios;

id est, cogitat. Non ergo ille dei filius cogitatio dei sed uerbum dei dicitur. Cogitatio quippe nostra perueniens ad id quod scimus atque inde formata uerbum nostrum uerum est. Et ideo uerbum dei sine cogitatione dei debet intellegi ut forma ipsa simplex intellegatur, non aliquid habens formabile quod esse etiam possit informe. Di cuntur quidem etiam in scripturis sanctis *cogitationes dei* sed eo locutionis modo quo ibi et obliuio dei dicitur, quae utique ad pro-prietatem in deo nulla est.

26. Quamobrem cum tanta sit nunc in isto aenigmate dissimili-tudo dei et uerbi dei in qua tamen nonnulla similitudo comperta est, illud quoque fatendum est quod etiam cum *similes ei erimus* quan-do *eum uidebimus sicuti est* (quod utique qui dixit hanc procul du-bio quae nunc est dissimilitudinem attendit), nec tunc natura illi eri-mus aequales. Semper enim natura minor est faciente quae facta est.

---

[229] Vergilius, *Aeneis* 10.159-160.

[230] 생각을 형용하는 '머리를 굴린다'(volutat: '생각을 한다')는 단어를 하느님께 적용하면 자칫 그분이 '변전하는'(volubilis ← volutat) 분으로 오해받는다.

[231] 예: 미카 4,12("그들은 주님의 생각을 알지 못한다." 『성경』: "그들은 주님의 뜻을 알지 못한다") 참조.

[232] 예: 이사 49,14-15("'나의 주님께서 나를 잊으셨다.' … 여인이 제 몸에서 난 아기를 … 잊는다 하더라도 나는 너를 잊지 않는다") 참조.

[233] proprietas는 하느님 혹은 각 위의 '속성'(이 책 3.11.27; 4.20.29; 9.1.1 참조)을 지시하는 용어로 썼다.

> 전쟁의 갖가지 결말을 두고
> 이리저리 머리를 굴리고 있더라.[229]

한마디로 생각을 하고 있었다.[230] 그래서 하느님의 저 아드님은 '하느님의 생각'이라고 일컬어지지 않고 '하느님의 말씀'이라고 일컬어진다. 우리의 생각이 우리가 알고 있는 그것에 도달하여 그것에 의해서 형상화된다면, 우리의 말은 참이 된다. 그렇다면 하느님의 말씀은, 하느님의 생각이라는 것과 결부시키지 말고 이해해야 한다. [하느님의 말씀은] 단순한 형상이며, 따라서 형상화될 만한 무엇을 지녔거나 무형하게 존재할 수도 있는 분으로 알아들어서는 안 된다. 물론 성경에마저 '하느님의 생각'이라는 말이 나오기는 한다.[231] 같은 어법으로 '하느님의 망각'이라는 말도 나오는데[232] 둘 다 하느님께 있는 고유한 속성[233]과는 아무 상관 없다.

우리가 궁극에 비록 하느님과 비슷해지기는 하겠지만 우리의 말이 하느님의 말씀과 동등해지지는 않는다

　[16].26. 그러므로 [우리의 인식과 언어에서 드러나는] 저 수수께끼에는 하느님 및 하느님의 말씀으로부터의 비유사성이 현저하게 드러나면서도, 그 비유사성에서 상당한 유사성도 발견된다.[234] 따라서 "우리가 그분을 있는 그대로 뵈올" 때는 "우리가 그분을 닮게 되리라"[235]고 해야 하겠지만 ─ 물론 이 말을 한 인물은 지금 있는 비유사성을 염두에 두었다 ─ 우리가 그때도 자연 본성으로 그분과 동등해지리라는 말은 아니다. 창조된 자연 본성은 창조하는 자연 본성보다 언제나 더 못한 것으로 남는다.[236] 그렇다

---

[234] 하느님의 모상인 지성의 수수께끼는 비록 모호하지만 하느님의 유사성이 분명하고 그 엄청난 거리감(비유사성)에도 불구하고 부단히 하느님과의 결속을 추구하는 신비에 있다.

[235] 1요한 3,2-3 참조.

[236] semper natura minor est facente quae facta est: 아우구스티누스가 창조주와 피조물을 규정하는 전형적 문장이다(예: 『참된 종교』 18.35; *De immortalitate animae* 8.14).

Et tunc quidem uerbum nostrum non erit falsum quia neque men-
tiemur neque fallemur. Fortassis etiam non erunt uolubiles nostrae
cogitationes ab aliis in alia euntes atque redeuntes, sed omnem scien-
tiam nostram uno simul conspectu uidebimus. Tamen cum et hoc
fuerit, si et hoc fuerit, formata erit creatura quae formabilis fuit ut
nihil iam desit eius formae ad quam peruenire deberet; sed tamen
coaequanda non erit illi simplicitati ubi non formabile aliquid for-
matum uel reformatum est sed forma. Neque informis neque for-
mata ipsa ibi aeterna est immutabilisque substantia.

XVII 27. Satis de patre et filio quantum *per* hoc *speculum* atque
in hoc *aenigmate* uidere potuimus locuti sumus.

Nunc de spiritu sancto quantum deo donante uidere conceditur
disserendum est. Qui spiritus sanctus secundum scripturas sanctas
nec patris est solius nec filii solius sed amborum, et ideo commu-
nem qua inuicem se diligunt pater et filius nobis insinuat caritatem.
Vt autem nos exerceret sermo diuinus non res in promptu sitas sed
in abdito scrutandas et ex abdito eruendas maiore studio fecit in-
quiri. Non itaque dixit scriptura: 'Spiritus sanctus caritas est,' quod

---

[237] omnem scientiam uno simul conspectu videbimus: 인간의 인식도 하느님의 인식 방식
(in uno conspectu simul omnia totaliter: 앞의 각주 94, 200, 215 참조)을 닮는다.

[238] formata quae formabilis: 변화가 전무한 하느님의 지성과 달리 인간에게는 가능태(for-
mabilis)와 그 현실태화(formata)라는 '변화'가 전제된다.

[239] 인간 지성의 주의(intentio)가 한 사물에서 다른 사물로 옮겨 가면 그 사물에 의해서 재
형상화된다(reformatum).

[240] neque informis neque formata: 순수한 형상에게는 '형상을 갖추지 않은'[informis가 당
대인들에게는 '제일질료'(prima materia)를 연상시켰다] 단계도, 타자에 의해 형상화되는 피
동성도 없다.

고 저때 우리의 말이 거짓말이 되는 것은 아니니 저때는 우리가 거짓말을 하지도 않고 속는 일도 없을 것이기 때문이다. 저때는 우리의 생각도 이 일에서 저 일로 오가면서 변전하지 않고 우리가 갖고 있는 모든 지식을 한 꺼번에 일별—瞥하게 될 것이다.[237] 단지 이런 일이 이루어질 때도, 설령 이 루어진다고 할지라도, [우리 지성은] 어디까지나 피조물로서 전에는 형상 을 취할 수 있었다가 드디어 형상을 갖춘[238] 그런 것이리라. 물론 저때는 [지성이] 도달하지 않으면 안 되었던 그 형상에서 아무것도 빠진 것이 없 으리라. 그렇지만 저 순수한 형상, 형상을 취할 수 있는 무엇이었다가 형 상을 취했거나 형상을 재취한[239] 무엇이 아니라 그냥 형상일 뿐인 저 단순 성과 같아지지는 않는다. [저 순수한 형상은] 무형하거나 [후차적으로] 형 상화된 것이 아니요[240] 그 자체로 영원하고 불변하는 실체이다.

사랑은 세 위에 공통된다[241]

17.27. 성부와 성자에 관해서는, 우리가 "이 거울을 통해" 그리고 "이 수 수께끼로" 볼 수 있는 범위 내에서 어지간히 이야기를 했다.

지금은[242] 성령에 관해서, 하느님이 보우하여 허락하는 범위 내에서 논 할 차례다. 성경에 따르면 성령은 성부의 영만도 아니고 성자의 영만도 아 니며 두 분의 영이다.[243] 그래서 성부와 성자가 서로 사랑하는 상호 간의 사랑처럼 우리에게 보인다. 하지만 하느님의 말씀은 우리를 단련시키려는 뜻에서 사물이 겉으로 드러나게 하지 않고 숨겨져 있어 우리가 찾도록, 보 다 큰 노력을 기울여 깊숙한 데서 꺼내 오도록 만들었다. 그래서 성경은 "성령은 사랑이시다"라고 하지 않았다. 그렇게 말했더라면 문제의 상당 부

---

[241] 이 단원(17.27-20.39)에서는 인간에게 있는 '모상'과 성부와 성자에게서 이루어지는 성 령의 '발출'을 비교한다. 다만 양자의 비교보다는 제3위께 귀속하는 명칭들(특히 '선물')에 설 명을 치중한다.

[242] 사본에 따라서는 여기서부터 17장이 시작한다.

[243] 마태 10,20("여러분 아버지의 영이 여러분 안에서 말씀하시는 것입니다")과 갈라 4,6 ("하느님께서 당신 아드님의 영을 우리 마음 안에 보내셨습니다") 참조.

si dixisset non paruam partem quaestionis istius abstulisset, sed dixit: *Deus caritas est*, ut incertum sit et ideo requirendum utrum deus pater sit caritas, an deus filius, an deus spiritus sanctus, an deus ipsa trinitas. Neque enim dicturi sumus non propterea deum dictam esse caritatem quod ipsa caritas sit ulla substantia quae dei digna sit nomine, sed quod donum sit dei sicut dictum est deo: *Quoniam tu es patientia mea*. Non utique propterea dictum est quia dei substantia est nostra patientia, sed quod ab ipso nobis est sicut alibi legitur: *Quoniam ab ipso est patientia mea*. Hunc quippe sensum facile refellit scripturarum ipsa locutio. Tale est enim *tu es patientia mea* quale est *domine, spes mea* et *deus meus misericordia mea* et multa similia. Non est autem dictum 'domine, caritas mea' aut 'tu es caritas mea' aut 'deus, caritas mea,' sed ita dictum est: *Deus caritas est* sicut dictum est: *Deus spiritus est*. Hoc qui non discernit intellectum a domino, non expositionem quaerat a nobis; non enim apertius quidquam possumus dicere.

28. *Deus* ergo *caritas est*. Vtrum autem pater an filius an spiritus sanctus an ipsa trinitas quia et ipsa non tres dii sed deus est unus,

---

244 1요한 4,8.16 참조.

245 이 책 5권에서도 다뤘지만, 신적 명칭은 세 위 모두에게 실체상으로(substantialiter) 해당하여 세 위에 공통적으로(universaliter, communiter) 해당시켜야 하는 명칭들(하느님, 영, 사랑, 지혜)과 세 위 사이의 관계(relative)를 나타내어 각 위에 고유하게(proprie) 해당하는 명칭(아버지, 아들, 말씀, 보증)을 구분함은 치밀한 학문적 접근을 요한다. 15권 후반부가 이 연구에 할당된다.

246 신적 명칭으로서 하느님이 우리 피조물과 공유하는 관계를 언표하는 것들 가운데 '아버지 · 창조주 · 주님 · 모상의 원형'은 전체로 본 삼위일체에 해당하고 '구세주 · 위로자 · 보증' 등은 각 위에 해당한다.

분이 제거되었을 것이다. 하지만 [엄연히 성경은] "하느님은 사랑이시다"라고 했다.[244] 성부 하느님이 사랑인지, 성자 하느님이 사랑인지, 아니면 성령 하느님이 사랑인지, 그것도 아니면 삼위일체 자체인 하느님이 사랑 자체인지는 불확실해서 우리로서는 연구해야 한다.[245] 우리가 하느님이 사랑이라고 말할라치면 사랑이 아무런 실체도 아니고 — 실체만이 하느님의 명칭으로서 합당하다 — 사랑만이 하느님의 선물이기 때문에 그렇게 말하는 것이 아니다.[246] 후자의 경우는 우리가 하느님께 "당신은 나의 인내이시나이다"[247]라고 말씀드리는 것과 흡사하다. 그렇다고 우리의 인내가 곧 하느님의 실체라는 말은 아니다. 다른 대목에서 "나의 인내는 그분에게서 오느니!"라는 구절이 나오듯이[248] 그분에게서 우리에게 [인내가 유래한다는 뜻이다]. 그러니 우리가 앞서 열거한 의미는 성경 자체의 말씀에 비추어 쉽게 배제된다.[249] "당신은 나의 인내이시나이다"라는 구절은 "주여, 나의 희망이시여, 내 하느님, 나의 자비이시여"라는 구절이나 이와 비슷한 여러 구절과 같은 뜻이다. 그래서 [성경은] "주여, 나의 사랑이시여"라고 하지도 않았고, "당신은 나의 사랑이시나이다"라고도 하지 않았고, "하느님, 내 사랑이시여"라고도 하지 않았으며 오직 "하느님은 영이시다"라고 하는 말 그대로 "하느님은 사랑이시다"라고 했다.[250] 이것도 구분하지 못하겠거든 주님께 이해를 구할 것이지 우리에게 설명을 요구하지 말 것이다. 우리는 이보다 더 분명하게 말해 줄 수가 없기 때문이다.

17.28. 그러므로 "하느님은 사랑이시다". 다만 성부가 사랑인지 성자가 사랑인지 성령이 사랑인지 그렇지 않으면 삼위일체가 곧 사랑인지가 물음

---

[247] tu es patientia mea: 시편 71,5(『성경』: "주 하느님, 당신께서는 저의 희망이시나이다").

[248] 시편 62,6. 『성경』: "내 영혼아, 오직 하느님을 향해 말 없이 기다려라, 그분에게서 나의 희망이 오느니."

[249] 인내가 하느님의 선물이라는 뜻으로 하느님은 사랑이라고 생각하는 해석은 배척된다.

[250] 나와 관련시킨 상관적 언술이 아니라 절대적 명제로서 하느님을 기술했다.

hoc quaeritur. Sed iam in hoc libro superius disputaui non sic accipiendam esse trinitatem quae deus est ex illis tribus quae in trinitate nostrae mentis ostendimus ut tamquam memoria sit omnium trium pater et intellegentia omnium trium filius et caritas omnium trium spiritus sanctus, quasi pater non intellegat sibi nec diligat, sed ei filius intellegat et spiritus sanctus ei diligat, ipse autem et sibi et illis tantum meminerit; et filius nec meminerit nec diligat sibi, sed meminerit ei pater et diligat ei spiritus sanctus, ipse autem et sibi et illis tantummodo intellegat; itemque spiritus sanctus nec meminerit nec intellegat sibi, sed meminerit ei pater et intellegat ei filius, ipse autem et sibi et illis non nisi diligat; sed sic potius ut omnia tria et omnes et singuli habeant in sua quisque natura. Nec distent in eis ista, sicut in nobis aliud est memoria, aliud intellegentia, aliud dilectio siue caritas; sed unum aliquid sit quod omnia ualeat sicut ipsa sapientia, et sic habetur in uniuscuiusque natura ut qui habet hoc sit quod habet sicut immutabilis simplexque substantia. Si ergo haec intellecta sunt et quantum nobis in rebus tantis uidere uel coniectare concessum est uera esse claruerunt, nescio cur non sicut sapientia et pater dicitur et filius et spiritus sanctus, et simul omnes non tres sed una sapientia, ita et caritas et pater dicatur et filius et spiri-

---

251 이 책 15.7.11-13 참조.

252 omnia tria et omnes et singuli habeant in sua quisque natura: natura가 '자연 본성' 외에 '사물'도 지칭하기는 하지만, 삼위가 단일한 신적 본성(una natura divina)을 가진다는 신앙 명제에서는 각 위가 별도의 본성을 가지는 듯한(in sua quisque natura) 표현이 두 번씩이나 등장하여 당혹스럽다. 그래서인지 어떤 수사본은 natura를 persona라고 수정했다.

253 '말씀'을 '하느님의 지혜'라고도 하지만 '지혜'라는 이 명칭은 성자의 배타적이고 상관적 속성이라기보다는 신적 본질의 공통된 속성(= 실체) 가운데 하나다.

254 qui habet hoc sit quod habet: 신에게서는 habere(속성)는 곧 esse(존재요 본질)다.

에 부쳐진다. 삼위일체 역시 세 분 하느님이 아니고 하느님은 한 분이기 때문이다. 그렇지만 이 책의 앞부분에서[251] 이미 토론을 거치기는 했지만 하느님인 삼위일체를 우리 지성의 삼위성에서 발견되는 저 세 가지를 가지고 [그대로] 알아들으려고 해서는 안 된다. 즉, 기억은 삼위 전부의 아버지이고 인식은 삼위 전부의 아들이며 사랑은 삼위 전부의 성령이라고 알아들어서는 안 된다. 그래서 마치 성부는 당신을 인식하거나 사랑하지 못하며 성자가 성부를 인식하고 성령이 성부를 사랑한다는 식으로 알아들어서는 안 된다. 또 성부가 당신과 두 분을 기억만 하고 성자는 당신을 기억도 못 하고 사랑도 못 하여 성부가 그를 기억하고 성령이 그를 사랑한다고, 성자는 당신과 다른 두 분을 인식할 따름이라고, 마찬가지로 성령은 당신을 기억도 못 하고 인식도 못 하여 성부가 그를 기억하고 성자가 그를 인식하며 성령은 당신과 다른 두 분을 사랑할 따름이라고 알아들어서는 안 된다. 그보다는 세 능력을 모두 그리고 각자가 자기의 본성에서 제각기 지니고 있다고 알아야 한다.[252] 그 능력들이 세 분에게서 우리한테서처럼 구분된다고, 기억 다르고 인식 다르고 사랑 혹은 애덕 다르다고 생각하면 안 된다. 오히려 전적으로 하나이고, 지혜처럼 그 하나가 [셋] 전부의 가치를 지니며,[253] 각자의 본성에 갖고 있는데, 그것을 갖고 있는 이는 갖고 있는 바로 그것의 존재가 되고[254] 불변하고 단순한 실체처럼 된다.[255] 그러므로 만일 이것을 이해한다면, 또 저처럼 위대한 사안을 간파하고 추측하는 일이 우리에게 허용된다면, 이것이 진리임이 밝혀지는 셈인데, 그렇다면 성부가 곧 사랑이라 일컬어지고 성자가 그렇게 일컬어지고 성령이 그렇게 일컬어지며 그러면서도 동시에 모두가 함께 한 사랑이라고 해서는 왜 안 되는지 나는 알지 못하겠다. 성부가 곧 지혜라 일컬어지고 성자가 곧 지혜라 일컬어지고 성령이 곧 지혜라 일컬어지며, 그러면서도 동시에 모두가

---

[255] immutabilis simplexque substantia: 신의 모든 속성과 작용을 이 실체 개념이 한데 수렴한다.

tus sanctus, et simul omnes una caritas. Sic enim et pater deus et filius deus et spiritus sanctus deus, et simul omnes unus deus.

29. Et tamen non frustra in hac trinitate non dicitur uerbum dei nisi filius, nec donum dei nisi spiritus sanctus, nec de quo genitum est uerbum et de quo procedit principaliter spiritus sanctus nisi deus pater. Ideo autem addidi, principaliter, quia et de filio spiritus sanctus procedere reperitur. Sed hoc quoque illi pater dedit (non iam exsistenti et nondum habenti), sed quidquid unigenito uerbo dedit gignendo dedit. Sic ergo cum genuit ut etiam de illo donum commune procederet et spiritus sanctus spiritus esset amborum. Non est igitur accipienda transeunter sed diligenter intuenda inseparabilis trinitatis ista distinctio. Hinc enim factum est ut proprie dei uerbum etiam dei sapientia diceretur, cum sit sapientia et pater et spiritus sanctus. Si ergo proprie aliquid horum trium caritas nuncupanda est, quid aptius quam ut hoc sit spiritus sanctus? Vt scilicet in illa simplici summaque natura non sit aliud substantia et aliud caritas, sed substantia ipsa sit caritas et caritas ipsa substantia siue in patre siue in filio siue in spiritu sancto, et tamen proprie spiritus sanctus caritas nuncupetur.

---

[256] de quo procedit *principaliter* spiritus sanctus: 성자의 '탄생'도 일종의 '발함'(processus) 이고, 또 성령은 '성부께로부터 성자를 통하여'(a patre per filium) 발한다는 명제를 염두에 두고 있다(15.26.47-27.48 재론). 교부는 앞에서(5.14.15) "성부와 성자는 성령의 [단일한] 원리이지 두 원리가 아니다"(patrem et filium principium esse Spiritus Sancti, non duo principia) 라고 분명히 밝혔다.

[257] non accipienda transeunter sed diligenter intuenda: 삼위일체론을 탐구하는 교부의 학구적 자세를 나타낸다.

세 지혜가 아니고 함께 한 지혜이듯이 말이다. 그와 매한가지로 성부가 하느님이요 성자가 하느님이요 성령이 하느님이며 그러면서도 모두가 함께 한 하느님이다.

그러나 고유하게는 말씀이 하느님의 지혜라고 일컬어지듯이 성령이 고유하게 사랑이라고 일컬어진다

17.29. 하지만 이 삼위일체에서 성자만 '하느님의 말씀'이라 일컫고, 성령만 '하느님의 선물'이라 일컬으며, 말씀이 태어나고 성령이 주로 발하는 대상이 성부 하느님이라고 일컬음도 부질없이 하는 말이 아니다. 내가 '주로'라는 말을 덧붙인 것은 성령은 성자로부터도 발출함이 드러나는 까닭이다.[256] 다만 [성자로부터 성령이 발하는] 이것 역시 성부께서 준 것이며 (그렇다고 이미 존재하면서도 아직 그것을 갖지 못한 분에게 준 것은 아니니) 외아들인 말씀에게 준 모든 것은 [외아들을] 낳으면서 바로 주었기 때문이다. 따라서 그를 낳으면서 그에게서 공통의 선물이 발하고 성령이 양자의 영이 될 수 있도록 그렇게 낳으신 것이다. 그러므로 불가분한 삼위일체의 저런 구분은 그냥 수긍하고 지나칠 것이 아니라 진지하게 숙고하여야 한다.[257] 성부도 지혜라고 일컫고 성령도 지혜라고 일컬으면서도 하느님의 말씀이 고유하게 하느님의 지혜라고도 일컫는 까닭이 여기서 유래했다. 이 셋 중에서 고유하게 사랑을 일컬어야 한다면 성령 말고 누가 더욱 적절하겠는가? 저 단순하고 지존한 본성에서는 실체가 다르고 사랑이 다르고 하지 않으며, 실체 자체가 사랑이고 사랑 자체가 곧 실체이며, 이것은 성부에게서도 그렇고 성자에게서도 그렇고 성령에게서도 그렇다. 단지 고유하게는 성령이 사랑이라고 일컬어진다.[258]

---

[258] 하느님이 사랑이고 실체로서의 사랑은 세 위에 그대로 귀속되지만, '성부와 성자가 서로 사랑하는' 공통된 사랑은 성령에게 귀속된다.

30. Sicut legis nomine aliquando simul omnia ueteris instrumenti sanctarum scripturarum significantur eloquia. Nam ex propheta Esaia testimonium ponens apostolus ubi ait: *In aliis linguis et in aliis labiis loquar populo huic*, praemisit tamen: *In lege scriptum est*. Et ipse dominus: *In lege*, inquit, *eorum scriptum est quia oderunt me gratis*, cum hoc legatur in psalmo. Aliquando autem proprie uocatur lex quae data est per Moysen, secundum quod dictum est: *Lex et prophetae usque ad Iohannem*, et: *In his duobus praeceptis tota lex pendet et prophetae*. Hic utique proprie lex appellata est de monte Sina. Prophetarum autem nomine etiam psalmi significati sunt, et tamen alio loco ipse saluator: *Oportebat*, inquit, *impleri omnia quae scripta sunt in lege et in prophetis et in psalmis de me*. Hic rursus prophetarum nomen exceptis psalmis intellegi uoluit. Dicitur ergo lex uniuersaliter cum prophetis et psalmis, dicitur et proprie quae per Moysen data est. Item dicuntur communiter prophetae simul cum psalmis, dicuntur et proprie praeter psalmos. Et multis aliis exemplis doceri potest multa rerum uocabula et uniuersaliter poni et proprie quibusdam rebus adhiberi nisi in re aperta uitanda sit longitudo sermonis. Hoc ideo dixi ne quisquam propterea nos inconuenienter existimet caritatem appellare spiritum sanctum quia et deus pater et deus filius potest caritas nuncupari.

---

[259] 1코린 14,21. 『200주년』: "율법에 '내가 다른 나라 혀들과 다른 나라 사람들의 입술로 이 백성에게 말하리니 그들은 역시 내 말을 듣지 않으리라' 라고 기록되어 있습니다."

[260] 요한 15,25. 시편 35,19; 69,5 참조.

[261] 마태 11,13. 『200주년』: "사실 모든 예언자들과 율법은 요한에 이르기까지 예언했습니다."

[262] 마태 22,40.

17.30. 예를 들어 '율법'이라는 명사로 때로는 구약의 성경들의 모든 말씀을 의미하기도 한다. 그래서 사도는 이사야 예언자에게서 증언을 끌어내어 "내가 다른 혀들과 다른 입술들로 이 백성에게 말하리니"라고 하면서 "율법에 기록되어 있습니다"라고 첫머리를 달았다.[259] 또 주님 친히 "그들의 율법에 '그들이 공연히 나를 미워했다'라고 기록되어 있습니다"라는 말씀을 했는데 그 구절은 시편에 나온다.[260] 다른 데서는 모세를 통해서 주어진 바로 그것이 율법이라고 일컬어지기도 하여 "사실 모든 예언자들과 율법은 요한에 이르기까지였습니다"[261]라는 말이 나오고, "율법과 예언자들은 다 이 두 계명에 달려 있습니다"[262]라는 말씀도 있다. 여기서는 시나이 산에서 내려진 것을 고유하게 율법이라고 일컫고 있다. '예언자들'이라는 말로는 시편도 뜻하는데 다른 대목에서는 구세주께서 친히 이런 말씀을 하신다. "나에 관해서 모세의 율법과 예언자들과 시편에 기록된 모든 것들이 이루어지게 마련입니다."[263] 여기서는 예언자들이라는 말을 시편을 빼고서 알아듣기 바란 것이다. 그러니까 율법이라고 하면 일반적으로는 예언자들과 시편을 통칭하고, 고유하게는 모세를 통해서 내려진 것을 일컬었다. 또 예언자들이라고 하면 통상적으로는 시편과 함께 일컬었고 고유하게는 시편을 빼고 일컬었다. 그 밖의 다른 많은 예에서 사물을 가리키는 많은 단어들이 일반적으로도 쓰이고 고유하게 특정한 사물들에 쓰인다는 사실을 배울 수 있다. 이것은 하도 분명한 사실이어서 긴 이야기는 피해야겠다. 내가 이 이야기를 꺼낸 것은 성부 하느님도 성자 하느님도 사랑이라고 일컬어질 수 있다고 해서 사랑이 성령이라고 일컫는 사실이 부적절하다는 생각을 하는 일이 없기 바라서다.[264]

---

[263] 루카 24,44. (구약)성경을 '율법'(tora), '예언서'(nebiim) 그리고 '시편'(chetubim)으로 삼분하여 지칭함은 랍비 문학의 전통이었다.

[264] 교부는 '율법'이라는 명칭이 구약 전부를 나타내기도 하고 구약의 일부를 나타내기도 하듯이 '사랑'으로 삼위일체 전부를 가리키기도 하고 성령도 가리키는 그런 경우가 아니며, 또 이미 성부와 성자를 지칭했으니 성령은 지칭 못하는 경우도 아니라는 설명이다.

31. Sicut ergo unicum dei uerbum proprie uocamus nomine sapientiae, cum sit uniuersaliter et spiritus sanctus et pater ipse sapientia, ita spiritus proprie nuncupatur uocabulo caritatis, cum sit et pater et filius uniuersaliter caritas. Sed dei uerbum, id est unigenitus dei filius, aperte dictus est dei sapientia ore apostolico ubi ait: *Christum dei uirtutem et dei sapientiam.* Spiritus autem sanctus ubi sit dictus caritas inuenimus si diligenter Iohannis apostoli scrutemur eloquium, qui cum dixisset: *Dilectissimi, diligamus inuicem quia dilectio ex deo est*, secutus adiuxit: *Et omnis qui diligit ex deo natus est. Qui non diligit non cognouit deum quia deus dilectio est.* Hic manifestauit eam se dixisse dilectionem deum quam dixit ex deo. Deus ergo ex deo est dilectio. Sed quia et filius ex deo patre natus est et spiritus sanctus ex deo patre procedit, quem potius eorum hic debeamus accipere dictum esse dilectionem deum merito quaeritur. Pater enim solus ita deus est ut non sit ex deo, ac per hoc dilectio quae ita deus est ut ex deo sit aut filius est aut spiritus sanc-

---

[265] proprie: 어느 속성이 어느 위격에 '귀속'(appropriatio)함을 나타내는 용어.

[266] 다수의 사본에는 '성령'(spiritus sanctus)으로 나온다.

[267] 1코린 1,24 참조.

[268] 아래 논지는 이렇다: 하느님은 사랑이다. 사랑은 하느님의 것이므로 '하느님으로부터 온 하느님'(deus ex deo)이다. 성부께는 제외되는 명칭이니 성부는 발출하지 않은 분이기 때문이다. 성자와 성령에게는 동등하게 해당한다. 그러나 사랑은 하느님이 우리 안에 머물고 우리가 하느님 안에 머물게 만든다. 그리고 이것은 하느님이 우리에게 성령을 주심으로써 실현된다. 따라서 사랑은 고유하게 성령에게 귀속된다. 성삼위 내부의 관계(relatio)에서 논의가 시작된 사랑이 인류에 대한 구원 경륜(oeconomia)에 입각해서 해설되고 있다.

[269] 1요한 4,7-8. 성령을 사랑으로 직접 호칭하는 구절이 없으므로 1요한 4,13까지 확대해서 간접 해석한다.

17.31. '일반적으로는' 성령도 지혜이고 성부 자신도 지혜임에도 불구하고 '고유하게는'[265] 하느님의 유일한 말씀을 우리가 지혜라는 이름으로 부르듯이, 마찬가지로 일반적으로 성부도 성자도 사랑임에도 불구하고 우리는 영靈[266]을 고유하게 사랑이라는 이름으로 부른다. 하느님의 말씀, 즉 하느님의 외아들을 사도가 명시적으로 하느님의 지혜라고 부르는 구절이 있는데 거기서는 "하느님의 능력이시며 하느님의 지혜이신 그리스도"[267]라고 한다. 성령이 어디서 사랑이라고 일컬어지는지는 우리가 요한 사도의 말을 면밀하게 검토한다면 발견하게 된다.[268] 사도가 "사랑하는 여러분, 서로 사랑합시다. 사실 사랑은 하느님으로부터 옵니다"라는 말을 하고서 다음 말을 덧붙였다. "사랑하는 모든 이는 하느님에게서 태어났습니다. 사랑하지 않는 자는 하느님을 모릅니다. 하느님은 사랑이시기 때문입니다."[269] 여기서 사도는 '하느님으로부터 온다'고 자기가 말한 그 사랑이 곧 하느님임을 분명하게 밝히고 있다. 그러니까 사랑은 하느님으로부터 온 하느님이다. 하지만 성자 또한 하느님 아버지로부터 났고 성령은 하느님 아버지로부터 발하므로, "하느님은 사랑이시다"라는 말을 그중 누구에게 우선적으로 돌려야 마땅하냐는 물음이 나온다. 하느님으로부터 온 하느님이 아닌 분은 성부뿐이고, 따라서 사랑은 하느님으로부터 온 하느님이므로, 사랑은 성자이거나 성령이라는 말이 된다. 하지만 뒤따라 나오는 글에서 [요한 사도가] 하느님의 사랑을 상기시킬 때는, 그것도 우리가 하느님을 사랑하는 사랑이 아니라 하느님이 우리를 사랑하신 사랑, 곧 "그분이 우리를 사랑하셔서 당신의 아들을 우리 죄 때문에 속죄의 제물로 보내신"[270] 그 사랑을 이야기한다. 바로 그래서 우리도 서로 사랑하라고, 그래서 하느님이 우리 안에 머물게 하라고 타이르면서 하느님은 사랑이라고 정의했다. 그

---

[270] 1요한 4,10: "그 사랑이란 이것입니다. 곧, 우리가 하느님을 사랑했다는 것이 아니라 오히려 그분이 우리를 사랑하셔서 당신의 아들을 우리 죄 때문에 속죄의 제물로 보내셨다는 것입니다."

tus. Sed in consequentibus cum dei dilectionem commemorasset, non qua nos eum sed qua *nos ipse dilexit et misit filium suum litatorem pro peccatis nostris*, et hinc exhortatus esset ut et nos inuicem diligamus atque ita deus in nobis maneat quia utique dilectionem deum dixerat, statim uolens de hac re apertius aliquid eloqui: *In hoc*, inquit, *cognoscimus quia in ipso manemus et ipse in nobis quia de spiritu suo dedit nobis*. Sanctus itaque spiritus de quo dedit nobis facit nos in deo manere et ipsum in nobis. Hoc autem facit dilectio. Ipse est igitur deus dilectio. Denique paulo post cum hoc ipsum repetisset atque dixisset: *Deus dilectio est*, continuo subiecit: *Et qui manet in dilectione in deo manet, et deus in eo manet*, unde supra dixerat: *In hoc cognoscimus quia in ipso manemus et ipse in nobis quia de spiritu suo dedit nobis*. Ipse ergo significatur ubi legitur: *Deus dilectio est*. Deus igitur spiritus sanctus qui procedit ex deo cum datus fuerit homini accendit eum in dilectionem dei et proximi, et ipse dilectio est. Non enim habet homo unde deum diligat nisi ex deo. Propter quod paulo post dicit: *Nos diligamus quia ipse prior dilexit nos*. Apostolus quoque Paulus: *Dilectio*, inquit, *dei diffusa est in cordibus nostris per spiritum sanctum qui datus est nobis*.

XVIII 32. Nullum est isto dei dono excellentius. Solum est quod diuidit inter filios regni aeterni et filios perditionis aeternae. Dantur

---

[271] 1요한 4,13.

[272] ipse est igitur deus dilectio: 앞에 나온 deus ergo ex deo est dilectio("사랑은 하느님으로부터 온 하느님이다")와 더불어 '하느님은 사랑이다'라는 명제는, 주어와 보어의 위치가 일정하지 않은 라틴어의 특성으로 인해서 '사랑은 하느님이다'라는 명제로 이해된다.

[273] 1요한 4,16.

리고 그 말을 더 명료하게 설명하는 뜻에서 곧이어 이런 말을 덧붙였다. "우리가 그분 안에 머무르고 그분이 우리 안에 머물러 계심을 우리가 아는 것은 그분이 당신 영에서 우리에게 [한몫을] 주셨기 때문입니다."[271] 하느님이 우리에게 [한몫을] 주신 그 성령이 우리로 하여금 하느님 안에 머물고 하느님이 우리 안에 머물게 만든다. 사랑이 그 일을 해낸다. 그러므로 바로 그분이 사랑인 하느님이시다.[272] 그런 이유로 조금 뒤에 같은 말을 되풀이해서 "하느님은 사랑이십니다"라는 말을 했을 때도 곧장 "사랑 안에 머무는 사람은 하느님 안에 머물러 있고 하느님도 그 사람 안에 머물러 계십니다"[273]라고 덧붙였다. 위에서 "우리가 그분 안에 머무르고 그분이 우리 안에 머물러 계심을 우리가 아는 것은 그분이 당신 영에서 우리에게 [한몫을] 주셨기 때문입니다"라는 말을 한 것도 그런 뜻에서였다. 그러므로 하느님이면서도 하느님으로부터 발한 성령은 인간에게 주어지고 나면 하느님 사랑과 이웃 사랑으로 인간을 불태운다. 당신이 사랑이기 때문이다. 따라서 인간은 하느님께로부터가 아니면 하느님을 사랑하는 바탕을 갖지 못한다.[274] 바로 그래서 조금 뒤에 이런 말이 나온다. "그분이 우리를 먼저 사랑하셨기 때문에 우리는 사랑해야 합니다."[275] 바오로 사도도 "우리에게 주신 성령을 통하여 하느님의 사랑이 우리 마음 안에 부어져 있습니다"[276]라는 말을 한다.

성령은 하느님의 선물

   18.32. 하느님의 저 선물보다 탁월한 것은 아무것도 없다.[277]▶ 영원한 나라의 자식들과 영원한 멸망의 자식들을 구분하는 것은 이것뿐이다.[278]▶ 다

---

[274] non enim habet homo unde deum diligat nisi ex deo: 교부는 하느님을 사랑하게 만드는 은총이 삼위일체의 존재론적 구성에서 유래한다는 경지까지 독자를 이끌고 왔다.

[275] 1요한 4,19. 『200주년』: "우리가 사랑하는 것은 그분이 우리를 먼저 사랑하셨기 때문입니다."

[276] 로마 5,5.

et alia per spiritum munera, sed sine caritate nihil prosunt. Nisi ergo tantum impertiatur cuique spiritus sanctus ut eum dei et proximi faciat amatorem, a sinistra non transfertur ad dextram. Nec spiritus proprie dicitur donum nisi propter dilectionem quam qui non habuerit si linguis hominum loquatur et angelorum, sonans aeramentum est et cymbalum tinniens; et si habuerit prophetiam et scierit omnia sacramenta et omnem scientiam et habuerit omnem fidem ita ut montes transferat, nihil est; et si distribuerit omnem substantiam suam et si tradiderit corpus suum ut ardeat, nihil ei prodest. Quantum ergo bonum est sine quo ad aeternam uitam neminem bona tanta perducunt? Ipsa uero dilectio siue caritas (nam unius rei est nomen utrumque), si habeat eam qui non loquitur linguis nec habet prophetiam nec omnia scit sacramenta omnemque scientiam nec distribuit omnia sua pauperibus uel non habendo quod distribuat uel aliqua necessitate prohibitus, nec tradit corpus suum ut ardeat si talis passionis nulla temptatio est, perducit ad regnum ita ut ipsam fidem non faciat utilem nisi caritas. Sine caritate quippe fides potest quidem esse sed non et prodesse. Propter quod et apostolus Paulus: *In Christo*, inquit, *Iesu neque circumcisio aliquid ualet neque praeputium, sed fides quae per dilectionem operatur*, sic eam discernens ab ea fide qua et daemones credunt et contremescunt.

◀277 '선물'(donum)로서의 성령은 5권(5.11.12-16.17 및 5.19.33-36)에서 이미 논했다. 이럴 경우 성령은 다시 구원 경륜(oeconomia)에 입각하여 고유한 속성을 부여받는다.

◀278 요한 3,5("누구든지 물과 성령으로 나지 않으면 하느님의 나라에 들어가지 못합니다") 참조.

279 '왼편과 오른편'은 '멸망할 사람들과 구원받은 사람들'(마태 25,31-45 참조)을 가리킨다.

280 이하는 1코린 13,1-3 참조.

른 선물들도 영을 통해서 주어지지만 사랑 없이는 아무 소용이 없다. 성령이 그에게 베풀어져 하느님을 사랑하는 사람, 이웃을 사랑하는 사람으로 만들어 주지 않으면, 왼편으로부터 오른편으로 옮겨 가지 못한다.[279] 사랑 때문이 아니라면 성령이 아예 선물이라고 일컬어지지도 않는다. 사랑을 갖지 않은 사람은, 사람들의 언어와 천사들의 언어로 말한다 할지라도 소리 나는 징이나 요란한 꽹과리가 된다.[280] 예언을 가지고 있고 모든 신비를 알고 모든 지식을 갖고 있으며 산을 옮길 만한 모든 믿음을 가지고 있다 할지라도 아무것도 아니다. 자기 재산을 모두 희사하고 자기 몸마저 내주어 불살라지게 한다 할지라도 자기에게 조금도 이로울 것이 없다. 그것이 얼마나 큰 선이면, 그것이 없으면 모든 선들이 있어도 사람을 영원한 생명으로 인도하지 못하겠는가? 그러므로 사람들의 온갖 언어로 말할 줄 모른다 할지라도, 예언을 가지고 있지 못하고 모든 신비를 알지 못하고 모든 지식을 가지고 있지 않다고 할지라도, 자기 재산을 모두 가난한 사람들에게 희사하지 않고 그럴 만한 재산도 없거나 다른 곤란한 사정으로 그런 짓을 금지당했다고 할지라도, 그리고 자기 몸을 내주어 불사르게 할 만한 수난의 유혹이 전혀 없어서 그렇게 하지 못한다 할지라도, 저 사랑 혹은 애덕 — 이 둘 다 같은 한 사물의 이름이다 — 이 있다면, 이것은 그 사람을 [영원한] 나라에 인도한다. 그리하여 사랑이 없으면 신앙도 소용이 없어지고 만다. 사랑 없이도 신앙이 존재할 수는 있지만 이익을 끼치지 못한다. 그래서 사도마저도[281] "그리스도 예수 안에서는 할례나 비할례가 중요한 것이 아니라 사랑으로 행동하는 믿음이 중요합니다"[282]라고 했다. 이렇게 사도는 마귀들도 믿고 또 두려워하는 그런 믿음과[283] [사랑으로 행동하는] 믿음을 구분하고 있다. 그러므로 하느님으로부터 오고 또한 하느님인 사

---

[281] et apostolus Paulus: 특히 로마서에서 사도가 '믿음'이 의화(義化)를 가져다줌을 극구 강조했으므로 '사랑으로 행동하는 믿음'은 특이하게 들렸다.

[282] 갈라 5,6.

[283] 야고 2,19("귀신들도 믿으며 무서워 떤다") 참조.

Dilectio igitur quae ex deo est et deus est proprie spiritus sanctus est per quem diffunditur in cordibus nostris dei caritas per quam nos tota inhabitet trinitas. Quocirca rectissime spiritus sanctus, cum sit deus, uocatur etiam donum dei. Quod donum proprie quid nisi caritas intellegenda est quae perducit ad deum et sine qua quodlibet aliud dei donum non perducit ad deum?

XIX 33. An et hoc probandum est donum dei dictum esse in sacris litteris spiritum sanctum? Si et hoc exspectatur, habemus in euangelio secundum Iohannem domini Christi uerba dicentis: *Si quis sitit, ueniat ad me et bibat. Qui credit in me sicut dicit scriptura flumina de uentre eius fluent aquae uiuae.* Porro euangelista secutus adiunxit: *Hoc autem dixit de spiritu quem accepturi erant credentes in eum.* Vnde dicit etiam Paulus apostolus: *Et omnes unum spiritum potauimus.* Vtrum autem donum dei sit appellata aqua ista quod est spiritus sanctus hoc quaeritur. Sed sicut hic inuenimus hanc aquam spiritum sanctum esse, ita inuenimus alibi in ipso euangelio hanc aquam dei donum appellatam. Nam dominus idem quando cum samaritana muliere ad puteum loquebatur cui dixerat: *Da mihi bibere,* cum illa respondisset quod iudaei non couterentur samaritanis, *respondit Iesus et dixit ei: Si scires donum dei et quis est qui dicit tibi: Da mihi bibere, tu forsitan petisses ab eo et dedisset tibi aquam uiuam. Dicit ei mulier: Domine, neque in quo haurias habes et pu-*

---

284 로마 5,5("우리에게 주어진 성령을 통하여 하느님의 사랑이 우리 마음 안에 부어져 있다") 참조.

285 가장 탁월한 의미의 선물은 곧 사랑이니까 선물이라는 명칭이 성령에게 돌아간다. 인간을 하느님께 이끌어 가고 하느님이 인간에게 오는 길이야말로 성령이다(15.18.32 참조).

랑은 곧 성령이며 성령을 통해서 우리 마음에 하느님의 사랑이 부어지고[284] 그 사랑으로 인하여 우리에게 삼위일체가 거처한다. 바로 그래서 성령은 하느님이면서도 하느님의 선물이라고도 일컬어지는데 참으로 지당한 말이다. 그런 선물을 사랑 아니고 무엇이라고 알아들어야겠는가? 그것만이 사람을 하느님께 인도하고, 그것 없이는 하느님의 무슨 선물도 사람을 하느님께 인도하지 못하는 터에 말이다.[285]

성령이 하느님의 선물임은 성경에서 입증된다

19.33. 성령이 하느님의 선물이라고 일컬어진 사실도 굳이 성경에서 입증해야 하는 것일까? 그런 요구를 해 온다면 요한 복음서에도 다음과 같은 주 그리스도의 말씀이 나온다. "누가 목마르거든 내게로 와서 마시시오. 나를 믿는 이는 성경이 말한 바대로 생수의 강이 그의 속에서 흐를 것입니다." 바로 곧이어 복음사가는 이런 말을 덧붙였다. "그분께서는 당신을 믿는 이들이 받게 될 영을 두고 이렇게 말씀하셨다."[286] 바오로 사도가 하는 다음 말도 그렇다. "우리는 모두 한 영을 마셨습니다."[287] 다만 성령인 이 물이 과연 하느님의 선물이라고 일컬을 만하냐는 물음이 나온다. 여기서 이 물이 성령이라는 말이 나오듯이, 같은 복음서의 다른 대목에서는 이 물이 하느님의 선물이라고 일컬어지는 구절이 있음을 발견하게 된다. 바로 주님이 사마리아 여자와 우물가에서 이야기를 나눌 때 "나에게 마실 물을 주시오"라고 했고 여자가 유다인들은 사마리아 사람들과 상종하지 않지 않느냐고 대꾸했을 때 "예수께서는 대답하여 그에게 말씀하셨다. '만일 당신이 하느님의 선물을 알고 또 '나에게 마실 물을 주시오' 하고 당신에게 말한 사람이 누구인지를 알았더라면 오히려 당신이 그에게 청했을 것이고 그는 당신에게 생수를 주었을 것입니다.' 여인이 그분에게 말했다. '주님, 당신은 두레박도 가지고 계시지 않은 데다 이 우물은 깊습니다. 그런데 당

---

[286] 요한 7,37-38.39.
[287] 1코린 12,13.

teus altus est. Vnde ergo habes aquam uiuam?, et cetera. Respondit Iesus et dixit ei: Omnis qui biberit ex aqua hac sitiet iterum; qui autem biberit ex aqua quam ego dabo ei non sitiet in aeternum, sed aqua quam dabo ei fiet in eo fons aquae salientis in uitam aeternam. Quia ergo haec aqua uiua sicut euangelista exposuit spiritus sanctus est, procul dubio spiritus donum dei est de quo hic dominus ait: *Si scires donum dei et quis est qui dicit tibi: Da mihi bibere, tu forsitan petisses ab eo et dedisset tibi aquam uiuam.* Nam quod ibi ait: *Flumina de uentre eius fluent aquae uiuae,* hoc in isto loco: *Fiet,* inquit, *in eo fons aquae salientis in uitam aeternam.*

34. Paulus quoque apostolus: *Vnicuique,* inquit, *nostrum datur gratia secundum mensuram donationis Christi,* atque ut donationem Christi sanctum spiritum ostenderet secutus adiunxit: *Propter quod dicit: Ascendit in altum, captiuauit captiuitatem, dedit dona hominibus.* Notissimum est autem dominum Iesum cum post resurrectionem a mortuis ascendisset in caelum dedisse spiritum sanctum quo impleti qui crediderant linguis omnium gentium loquebantur. Nec moueat quod ait *dona,* non donum; id enim testimonium de psalmo posuit. Hoc autem in psalmo ita legitur: *Ascendisti in altum, captiuasti captiuitatem, accepisti dona in hominibus.* Sic enim plures codices habent et maxime graeci, et ex hebraeo sic interpre

---

²⁸⁸ 요한 4,7-14 참조.

²⁸⁹ 에페 4,7-8 참조. captivavit captivitatem에서 captivitas는 '포로'도 '포로 신세'도 의미하므로 '악마의 포로를 당신이 포로로 잡아 당신 것으로 삼았다'(시편)는 뜻도, 이 절 끝에 나오는 대로 '인류를 사로잡은 악마를 사로잡았다'는 뜻도 된다.

²⁹⁰ 사도 2,4 참조.

신은 어디서 생수를 마련하시겠습니까?" 등등. "예수께서 대답하시어 그
녀에게 말씀하셨다. '이 물을 마시는 이는 누구나 다시 목마를 것입니다.
그러나 내가 주는 물을 마시는 이는 영원히 목마르지 않을 것입니다. 내가
줄 물은 오히려 그 사람 안에서 샘이 되고 그 샘물은 영원한 생명으로 솟
아 나올 것입니다.'"[288] 복음사가가 설명하듯이 이 생명수는 성령이므로 성
령이 하느님의 선물임은 의심의 여지가 없다. 여기에 관해서는 주님이 이
대목에서 "만일 당신이 하느님의 선물을 알고 또 '나에게 마실 물을 주시
오' 하고 당신에게 말한 사람이 누구인지를 알았더라면 오히려 당신이 그
에게 청했을 것이고 그는 당신에게 생수를 주었을 것입니다"라고 하는 말
씀이 있다. 다른 데서는 "생수의 강이 그의 속에서 흐를 것입니다"라고 했
는데 여기서는 "그 사람 안에서 샘이 되고 그 샘물은 영원한 생명으로 솟
아 나올 것입니다"라고 말씀한 것이다.

19.34. 바오로 사도도 "우리 하나하나에게는 그리스도께서 선사하시는
분량대로 은총이 주어져 있습니다"라고 하여 그리스도의 선사함이 성령임
을 제시했고 뒤이어 이런 말도 했다. "그분은 높은 곳으로 올라가시면서
포로를 사로잡으시고 사람들에게 선물들을 주셨도다."[289] 주 예수께서 죽
은 이들 가운데서 부활하여 하늘에 오른 다음에 성령을 주었고 성령으로
가득 찬 사람들은 모든 민족들의 언어를 말했다는 사실은 아주 잘 알려져
있다.[290] '선물' 대신에 '선물들'이라는 [복수가] 나온다고 해서 동요할 것은
없다.[291] 그것은 시편에서 인용한 증언이기 때문이다. 시편을 보면 이 구절
이 이렇게 나온다. "당신께서는 포로들을 거느리시고 높은 데로 오르셨으
며 사람들 속에서 선물들을 받으셨나이다."[292] 대부분의 성경 사본들 특히
그리스어 사본들에 이렇게 나오고 히브리어에서 그렇게 번역한 것이다.

---

[291] 성령을 '선물'이라고 부르는 중이므로 '선물들'은 혼란을 초래할 법하다.

[292] 시편 68,19. 『성경』: "사람들에게서 예물을 받으셨나이다."

tatum habemus. *Dona* itaque dixit apostolus quemadmodum propheta, non donum; sed cum propheta dixerit, *accepisti in hominibus*, apostolus maluit dicere, *dedit hominibus*, ut ex utroque scilicet uerbo, uno prophetico, apostolico altero, quia in utroque est diuini sermonis auctoritas, sensus plenissimus redderetur. Vtrumque enim uerum est, et quia dedit hominibus et quia accepit in hominibus. Dedit hominibus tamquam caput membris suis; accepit in hominibus idem ipse utique in membris suis, propter quae membra sua clamauit de caelo: *Saule, Saule, quid me persequeris?*, et de quibus membris suis ait: *Quando uni ex minimis meis fecistis, mihi fecistis.* Ipse ergo Christus et dedit de caelo et accepit in terra. Porro autem dona ob hoc ambo dixerunt et propheta et apostolus quia per donum quod est spiritus sanctus in commune omnibus membris Christi multa dona quae sint quibusque propria diuiduntur. Non enim singuli quique habent omnia, sed hi illa, alii alia, quamuis ipsum donum a quo cuique propria diuiduntur omnes habeant, id est spiritum sanctum. Nam et alibi cum multa dona commemorasset: *Omnia*, inquit, *haec operatur unus atque idem spiritus diuidens propria unicuique prout uult.* Quod uerbum et in epistula quae ad hebraeos est inuenitur ubi scriptum est: *Attestante deo signis et ostentis et uariis uirtutibus et spiritus sancti diuisionibus.* Et hic cum dixisset, *ascendit in altum, captiuauit captiuitatem, dedit dona hominibus: Quod autem*

---

293 sensus plenissimus: 성경의 '충만한 의미'(sensus plenior)란 성경 저술가가 의도한 것보다는 더 깊은 의미, 여기처럼 두 마디가 그리스도의 행적과 결부되면 '충만한 의미'를 띤다.

294 방금 인용된 dedit *hominibus*, accepit *in hominibus*를 병행구처럼 보충 해설한다.

295 사도 9,4.　　　　　296 마태 25,40.

297 1코린 12,11.　　　　298 히브 2,4.

그래서 사도도 [시편을 지은] 예언자와 더불어 ‘선물들’이라고 하고 ‘선물’
이라고 하지 않았다. 그리고 예언자는 “사람들 속에서 선물들을 받으셨도
다”라고 했음에 비해서 사도는 “사람들에게 선물들을 주셨도다”라고 하는
편이 더 났다고 여겼다. 그래서 두 말마디, 즉 한 마디는 예언자의 말이고
한 마디는 사도의 말인데, 두 말마디 다에 하느님 말씀의 권위가 있으므
로, 예언자의 말과 사도의 말에서 [두 마디의] 극히 충만한 의미[293]가 드러
나는 것이다. 그리고 사람들에게 주기도 했고 사람들 속에서 받기도 했으
므로 둘 다 참말이다. 사람들에게 주었다는 것은 우두머리로서 당신의 지
체들에게 주었기 때문이고, 사람들 속에서 받았다는 말은 당신도 자기 지
체들 속에서 받은 까닭이다.[294] 바로 [당신의] 그 지체들 때문에 그분은 하
늘에서 “사울아, 사울아, 네가 왜 나를 박해하느냐?”[295]고 외쳤고, 그 지체
들을 두고 “너희가 나의 형제들인 이 가장 작은 이들 가운데 하나에게 해
주었을 때마다 나에게 해 준 것이다”[296]라고 말씀하셨다. 그러므로 그리스
도 바로 그분이 [선물을] 하늘에서 주기도 했고 땅에서 받기도 했다. 또 그
런 이유로 예언자도 사도도 선물이라는 말을 했으니, 성령이라는 선물이
그리스도의 모든 지체들에게 공통됨으로써 많은 선물들이 되어 각자에게
자기 것처럼 나뉘는 까닭이다. 각자가 모든 선물들을 갖추었기 때문이 아
니고, 이 사람들은 이런 선물들, 딴 사람들은 다른 선물들을 갖추어도 선
물 자체, 그분에게서 각자에게 고유한 선물들이 분배되어 모두 갖추게 되
는 바로 그분, 곧 성령은 동일하기 때문이다. 다른 대목에서 많은 선물을
언급하는 데서도 그런 말이 나온다. “이 모든 것은 같은 한 영이 일하시는
것이며 원하시는 대로 각자에게 그 나름의 은사를 배분하십니다.”[297] 같은
말이 히브리인들에게 보낸 서간에도 나오는데 이렇게 기록되어 있다. “하
느님께서도 표징과 기적과 여러 가지 권능을 통하여, 그리고 당신 뜻을 따
라 나누어 주시는 성령의 선물을 통하여 뒷받침해 주셨습니다.”[298] “그분은
높은 곳으로 올라가시면서 포로를 사로잡으시고 사람들에게 선물들을 주
셨도다”라는 말을 할 때도, “그런데 올라가셨다는 것은 땅의 낮은 데로 먼

ascendit, ait, *quid est nisi quia et descendit in inferiores pares ter-rae? Qui descendit ipse est et qui ascendit super omnes caelos ut adimpleret omnia. Et ipse dedit quosdam quidem apostolos, quosdam autem prophetas, quosdam uero euangelistas, quosdam autem pastores et doctores*. Ecce quare dicta sunt dona. Quia sicut alibi dicit: *Numquid omnes apostoli, numquid omnes prophetae?*, et cetera; hic autem adiunxit: *Ad consummationem sanctorum in opus ministerii, in aedificationem corporis Christi*. Haec est domus quae sicut psalmus canit aedificatur post captiuitatem quoniam qui sunt a diabolo eruti a quo captiui tenebantur, de his aedificatur corpus Christi, quae domus appellatur ecclesia. Hanc autem *captiuitatem* ipse *captiuauit* qui diabolum uicit. Et ne illa quae futura erant sancti capitis membra in aeternum supplicium secum traheret, eum iustitiae prius deinde potentiae uinculis alligauit. Ipse itaque diabolus est appellata captiuitas quam captiuauit qui *ascendit in altum* et *dedit dona hominibus* uel accepit in hominibus.

35. Petrus autem apostolus sicut in eo libro canonico legitur ubi scripti sunt actus apostolorum, loquens de Christo commotis corde iudaeis et dicentibus: *Quid ergo faciemus, fratres? Monstrate nobis*, dixit ad eos: *Agite poenitentiam et baptizetur unusquisque uestrum in nomine Iesu Christi in remissionem peccatorum, et accipietis donum spiritus sancti*. Itemque in eodem libro legitur Simonem ma-

---

²⁹⁹ 에페 4,8-11.   ³⁰⁰ 1코린 12,29.

³⁰¹ 에페 4,12. 『200주년』: "그것은 섬기는 일을 하고 그리스도의 몸을 건설하도록 성도들을 준비시키기 위한 것이었습니다."

저 내려오셨다는 것이 아니고 무엇입니까? 내려오셨던 분은 만물을 충만
케 하시려고 모든 만물보다 훨씬 높이 올라가신 바로 그분이십니다. 또한
바로 그분께서 어떤 이들은 사도로, 어떤 이들은 예언자로, 어떤 이들은
복음 전파자로, 어떤 이들은 목자와 교사로 주셨습니다"[299]라고 했다. 바로
이래서 '선물들'이라고 했던 것이다. 다른 데서는 "모두가 다 사도들이란
말입니까? 모두가 다 예언자들이란 말입니까?"[300] 등의 말을 하고는 이렇
게 덧붙였다. "그것은 섬기는 일로, 그리스도의 몸을 건설하는 일로 성도
들을 완성시키기 위함이었습니다."[301] 바로 이것이 유배 후에 지어지리라
고 시편이 노래하는 집이다.[302] 악마에게 포로로 잡혀 있던 사람들을 악마
에게서 빼앗아 바로 그 사람들로 그리스도의 몸이 건설되며, 그 집이 곧
교회라고 일컬어진다. 악마를 물리친 바로 그분이 이 "포로를 사로잡으셨
다".[303] 장차 성스러운 머리의 지체가 될 이들을 [악마가] 영원한 형벌로 데
려가는 일이 없도록 그자를 먼저 정의의 사슬로, 다음에는 권능의 사슬로
묶어 놓으셨다.[304] 그래서 악마 자신이 포로라고 불렸는데 "높은 곳으로 올
라가신" 분이 그 포로를 사로잡았고, "사람들에게 선물들을 주셨거나" 사
람들 속에서 선물을 받았던 것이다.

19.35. 베드로 사도 역시, 사도들의 행적이 기록된 저 정전正典에 나오듯
이, 그리스도에 관해서 마음속에 깊은 감명을 받고서 "형제들이여, 우리는
어떻게 해야겠습니까?"라고 물어 오는 유다인들에게 이렇게 말했다. "여
러분은 회개하고 각자 예수 그리스도의 이름으로 세례를 받아 죄를 용서
받으시오. 그러면 여러분은 성령의 선물을 받게 될 것입니다."[305] 같은 책

---

[302] 시편 127과 128은 귀양살이가 끝나고 주님의 집이 지어지는 기쁨을 노래한다.

[303] 에페 4,8.

[304] 이 책 13.13.17의 대속론(代贖論)에서 악마와 그리스도의 거래 관계를 다룬 바 있다.

[305] 사도 2,37-38.

gum apostolis dare uoluisse pecuniam ut ab eis acciperet potestatem qua per impositionem manus eius daretur spiritus sanctus. Cui Petrus idem: *Pecunia*, inquit, *tua tecum sit in perditionem quia donum dei aestimasti te per pecuniam possidere.* Et alio eiusdem libri loco cum Petrus Cornelio et eis qui cum illo fuerant loqueretur annuntians et praedicans Christum ait scriptura: *Adhuc loquente Petro uerba haec cecidit spiritus sanctus super omnes qui audiebant uerbum, et obstupuerunt qui ex circumcisione fideles simul cum Petro uenerant quia et in nationes donum spiritus sancti effusum est. Audiebant enim illos loquentes linguis et magnificantes deum.* De quo facto suo quod incircumcisos baptizauerat quia priusquam baptizarentur ut nodum quaestionis huius auferret in eos uenerat spiritus sanctus, cum Petrus postea redderet rationem fratribus qui erant Hierosolymis et hac re audita mouebantur ait post cetera: *Cum coepissem autem loqui ad illos, cecidit spiritus sanctus in illos sicut et in nos in initio, memoratusque sum uerbi domini sicut dicebat: Quia Iohannes quidem baptizauit aqua, uos uero baptizabimini spiritu sancto. Si igitur aequale donum dedit illis sicut et nobis qui credidimus in dominum Iesum Christum, ego quis eram qui possem prohibere deum non dare illis spiritum sanctum?* Et multa alia sunt testimonia scripturarum quae concorditer attestantur donum dei esse spiritum sanctum in quantum datur eis qui per eum diligunt deum. Sed nimis longum est cuncta colligere. Et quid eis satis est quibus haec quae diximus satis non sunt?

---

[306] 사도 8,18-19 참조.　　　　　[307] 사도 8,20.

에는 손을 얹어 성령을 받게 하는 능력을 사도들에게서 받아 내려고 마술사 시몬이 사도들에게 돈을 주려고 했던 이야기가 나온다.[306] 그에게 베드로는 이렇게 말한다. "당신은 돈으로 하느님의 선물을 살 작정을 했으니 당신 돈은 당신과 함께 망해야 할 것이오."[307] 그 책의 다른 대목을 보면, 베드로가 코르넬리우스 및 그와 함께 있던 사람들에게 말을 하면서 그리스도를 전파하고 설교하는데, 성경은 이렇게 전한다. "아직 베드로가 이런 말을 하고 있을 때 이 말을 들은 모든 이들에게 성령이 내렸다. 그러자 베드로와 함께 왔던 할례 받은 신자들은 깜짝 놀랐다. 성령의 은혜가 이방인들에게까지 쏟아졌기 때문이다. 사실 그들은 이방인들이 기이한 언어로 말하고 하느님을 찬양하는 것을 들었던 것이다."[308] 성령이 [할례 받지 않은 사람들에게 세례를 주는] 이 문제의 매듭을 풀어 주시려고 그들이 채 세례를 받기도 전에 그들에게 내렸던 것이다. 훗날 할례 받지 않은 사람들에게 세례를 준 그 사건을 두고 예루살렘에 있다가 그 이야기에 동요하던 형제들에게 베드로가 이유를 설명하는데 이렇게 말을 맺는다. "내가 그들에게 말하기 시작하자 성령이 처음에 우리에게 내리셨던 것과 같이 그들 위에도 내리셨습니다. 그래서 나는 '요한은 물로 세례를 베풀었지만 여러분은 성령으로 세례를 받을 것입니다' 하신 주님의 말씀이 생각났습니다. 이와 같이 하느님께서 주 예수 그리스도를 믿게 된 우리에게 주신 것과 똑같은 선물을 주셨는데 내가 누구이기에 하느님을 가로막을 수 있었겠습니까?"[309] 그 밖에도 성령이 하느님의 선물임을 한결같이 증언하는 성경의 다른 증언들이 많이 있다. 그 선물이 주어지고 그들이 성령을 통해서 하느님을 사랑하게 된다는 것이다. 하지만 그런 구절들을 모조리 꼽자면 너무 긴 이야기가 되겠다. 하기야 여태까지 우리가 말한 것으로도 족하지 못하다는 사람들이야 무엇을 가지고 만족하겠는가?

---

[308] 사도 10,44-46.   [309] 사도 11,15-17.

36. Sane admonendi sunt quandoquidem donum dei iam uident dictum spiritum sanctum ut cum audiunt *donum spiritus sancti*, illud genus locutionis agnoscant quod dictum est *in exspoliatione corporis carnis*. Sicut enim corpus carnis nihil aliud est quam caro, sic donum spiritus sancti nihil aliud est quam spiritus sanctus. In tantum ergo donum dei est in quantum datur eis quibus datur. Apud se autem deus est etsi nemini detur quia deus erat patri et filio coaeternus antequam cuiquam daretur. Nec quia illi dant, ipse datur, ideo minor est illis. Ita enim datur sicut dei donum ut etiam se ipsum det sicut deus. Non enim dici potest non esse suae potestatis de quo dictum est: *Spiritus ubi uult spirat*, et apud apostolum quod iam supra commemoraui: *Omnia autem haec operatur unus atque idem spiritus diuidens propria unicuique prout uult*. Non est illic conditio dati et dominatio dantium sed concordia dati et dantium.

37. Quapropter sicut sancta scriptura proclamat: *Deus caritas est*, illaque ex deo est et in nobis id agit ut in deo maneamus et ipse in nobis, et hoc inde cognoscimus quia de spiritu suo dedit nobis, ipse spiritus eius est deus caritas. Deinde si in donis dei nihil maius est caritate et nullum est maius donum dei quam spiritus sanctus, quid

---

[310] 콜로 2,11 참조.

[311] non esse suae potestatis: 로마인의 법리상 노예는 자기 몸에 대한 처분권이 없었다.

[312] 요한 3,8. 『200주년』: "바람은 불고 싶은 곳으로 붑니다."

[313] 1코린 12,11(앞의 19.34 참조).

[314] non dominatio sed concordia dati et dantium: 이 책 후반부에서 삼위를 규명하면서 '출생', '파견' 등이 '종속'을 가리키지 않고 '기원'이나 '상호성'을 가리킨다고 극구 강조한다.

19.36. 성령이 하느님의 선물이라고 하는 말을 듣는 사람들에게는 '성령의 선물'이라는 말을 들을 때 이런 어법이 그것이 "육신의 몸을 벗어 버린다"[310]는 투의 어법과 같음을 깨닫도록 조언해 줄 필요가 있다. 육신의 몸이 육신 외에 아무것도 아니듯이 성령의 선물 역시 성령 외에 다른 무엇이 아니다. 그러니까 [성령이] 사람들에게 주어지는 면에서는 하느님의 선물이다. 스스로는 하느님이고 아무에게도 주어지지 않을지라도 하느님이다. 누구에게 주어지기 전에도 성부와 성자와 함께 영원한 하느님이기 때문이다. 성부와 성자가 주어서 성령이 주어진다고 해서 그분들보다 못한 것이 아니다. 그분이 하느님의 선물로 주어질 때도 또한 하느님으로서 스스로를 주는 것이다. [성령이 주어진다고 해서] 당신에 대한 처분권이 없다는 말은 안 된다.[311] "영은 불고 싶은 곳으로 분다"[312]라는 말씀이 있다. 앞에서도 인용했지만 사도의 말에도 "이 모든 것은 같은 한 영이 일하시는 것이며 원하시는 대로 각자에게 그 나름의 은사를 배분하십니다"[313]라는 구절이 있다. 여기서는 주어지는 분의 종속과 주는 분들의 지배라는 관계가 있는 것이 아니고 주어지는 분과 주는 분들 사이에 융합이 있다.[314]

성령은 성부와 성자의 형언할 수 없는 친교다

19.37. 그러므로 성경에서 "하느님은 사랑이시다"라고 공언하듯이, 그 사랑이 하느님으로부터 오고 우리 속에서 작용을 하여 우리로 하여금 하느님 안에 머물고 하느님이 우리 안에 머물게 만들며 이러한 [현존으로] 미루어 하느님이 당신 성령으로부터 우리에게 주었음을 알고 성령이 사랑인 하느님임을 또한 알게 된다.[315] 그리하여 하느님의 선물들 가운데 사랑보다 더 큰 것이 아무것도 없고, 성령보다 큰 하느님의 선물이 없다면, 성

---

[315] 교부의 삼위일체론은 세 위가 한 실체라는 점(consubstantialitas)보다는 세 위의 친교(communio)에 주안점이 있으므로 성령의 고유함은 성부와 성자 사이의 융합(concordia)에 있다. '사랑' 역시 추상적 무엇이 아니고 '사랑하는 이'와 '사랑받는 이' 사이의 실체적 관계로 이해된다.

consequentius quam ut ipse sit caritas quae dicitur et deus et ex deo? Et si caritas qua pater diligit filium et patrem diligit filius ineffabiliter communionem demonstrat amborum, quid conuenientius quam ut ille proprie dicatur caritas qui spiritus est communis ambobus? Hoc enim sanius creditur uel intellegitur ut non solus spiritus sanctus caritas sit in illa trinitate, sed non frustra proprie caritas nuncupetur propter illa quae dicta sunt. Sicut non solus est in illa trinitate uel spiritus uel sanctus quia et pater spiritus et filius spiritus, et pater sanctus et filius sanctus, quod non ambigit pietas; et tamen ipse non frustra proprie dicitur spiritus sanctus. Quia enim est communis ambobus, id uocatur ipse proprie quod ambo communiter. Alioquin si in illa trinitate solus spiritus sanctus est caritas, profecto et filius non solius patris uerum etiam spiritus sancti filius inuenitur. Ita enim locis innumerabilibus dicitur et legitur filius unigenitus dei patris ut tamen et illud uerum sit quod apostolus ait de deo patre: *Qui eruit nos de potestate tenebrarum et transtulit in regnum filii caritatis suae.* Non dixit, 'filii sui,' quod si diceret, uerissime diceret quemadmodum quia saepe dixit uerissime dixit; sed ait, *filii caritatis suae.* Filius ergo est etiam spiritus sancti si non est in illa trinitate caritas dei nisi spiritus sanctus. Quod si absurdissimum est, restat ut non solus ibi sit caritas spiritus sanctus, sed propter illa de quibus satis

---

[316] 퍽 길게 다룬 성령론을, '성령은 가장 큰 선물이다', '사랑은 가장 큰 선물이다', '따라서 성령은 사랑이다'라고 간결하게 처리한다.

[317] '친교'(communio)는 형용사 '공통된'(communis)에서 유래했다.

[318] quia est communis ambobus, id vocatur ipse proprie quod ambo communiter: 신적 본질의 모든 명칭들은 '실체'에 공통되므로 다른 두 위에 공통(communis)되면서도 두 위의 친교(communio)인 제3위에게 고유한 것으로 간주될 수 있다. 따라서 spiritus(영)든 sanctus(거룩한)든 다른 두 위에 공통되면서도 제3위의 고유 명칭이 된다.

령이 바로 사랑 — 하느님이면서 하느님으로부터 오는 사랑 — 이라는 결론 말고 무슨 결론이 나오겠는가?[316] 사랑은, 성부께서 성자를 사랑하고 성자께서 성부를 사랑하는 사랑이므로, 두 분 사이의 친교를 불가형언하게 보여 주는 것이 사랑이라면, 두 분에게 공통되는 영이 사랑이라고 일컬어지는 것보다 적절한 말이 또 어디 있겠는가?[317] 따라서 저 삼위일체에서 성령만 사랑이라는 말이 아니고 위에서 설명한 내용 때문에 성령이 고유하게 사랑이라고 일컬어진다고 믿고 이해하는 것이야말로 참으로 온당한 일이다. 저 삼위일체에서 성령만 영이거나 거룩한 분이 아니고 성부도 영이요 성자도 영이며, 성부도 거룩하고 성자도 거룩함은 [건전한] 신심이라면 의심치 않는다. 그러면서도 그분이 고유하게 '거룩한 영'이라고 일컬어짐은 괜한 일이 아니다. 성령은 두 분에게 공통되므로 두 분이 공통되게 일컬어지는 그것이 그분에게는 고유하게 일컬어지는 것이다.[318] 그렇지 않고 저 삼위일체에서 성령만이 사랑이라면 다름 아닌 성자 역시 성부만의 아들이 아니고 성령의 아들도 된다는 결론이 나온다. 사실 성경의 무수한 대목에서 성자는 성부의 외아들이라는 말을 듣고 읽을 수 있는데 그런 구절들은 사도가 하느님 아버지를 두고 하는 다음 말과 합치하지 않으면 안 된다. "그분은 우리를 어둠의 권세에서 건져 내어 당신 사랑의 아드님 나라로 옮겨 주셨습니다."[319] 사도가 "당신 아드님 나라"라고 했더라면 지극히 옳았고 다른 데서 옳게도 아주 빈번하게 그런 말을 했음에도 불구하고 그렇게 말하지 않고 "당신 사랑의 아드님 나라"라고 했다. 그러므로 저 삼위일체 안에서 성령 외에는 하느님의 사랑이 아니라고 한다면, 성자는 또한 성령의 아들도 된다.[320] 그런 생각이 형편없는 자가당착이라면 남은 이야기는 삼위일체에서 성령만 사랑이 아니라는 것이며, 그러면서도 내가 이미 충분하리만큼 개진한 그런 논지를 근거로 성령이 고유하게 사랑이라

---

[319] 콜로 1,13. 『200주년』: "그분은 우리를 어둠의 권세에서 건져 내어 당신 사랑하는 아드님 나라로 옮겨 주셨습니다."

[320] 이 성경 구절의 filii caritatis suae는 '당신 사랑(성령)의 아드님'으로 오해될 수 있다.

disserui proprie sic uocetur. Quod autem dictum est, *filii caritatis suae*, nihil aliud intellegatur quam filii sui dilecti, quam filii post-remo substantiae suae. Caritas quippe patris quae in natura eius est ineffabiliter simplici nihil est aliud quam eius ipsa natura atque substantia ut saepe iam diximus et saepe iterare non piget. Ac per hoc filius caritatis eius nullus est alius quam qui de substantia eius est genitus.

XX 38. Quocirca redenda est dialectica Eunomii a quo eunomiani haeretici exorti sunt. Qui cum non potuisset intellegere nec credere uoluisset unigenitum dei uerbum per quod facta sunt omnia filium dei esse natura, hoc est de substantia patris genitum, non naturae uel substantiae siue essentiae dixit esse filium sed filium uoluntatis dei, accidentem scilicet deo, uolens asserere uoluntatem qua gigne-ret filium; uidelicet ideo quia nos aliquid aliquando uolumus quod antea non uolebamus, quasi non propter ista mutabilis intellegatur nostra natura, quod absit ut in deo esse credamus. Neque enim ob aliud scriptum est: *Multae cogitationes in corde uiri; consilium au-tem domini manet in aeternum*, nisi ut intellegamus siue credamus sicut aeternum deum, ita aeternum eius esse consilium, ac per hoc

---

[321] 사랑을 하느님의 본질(natura atque substantia)이라고 규정한 이상, '당신 사랑의 아드님'은 '당신 성령의 아드님'으로 알아들을 것이 아니라 '당신 실체에서 태어난 분'(de substantia eius genitus)으로 알아들어야 한다.

[322] Eunomius: 교부가 전집에서 20여 회 언급하는 아리우스파 논객(† 394)으로, 카파도키아 신학자들의 반박을 받았다. 바실리우스의 『에우노미우스 반박』(*Adversus Eunomium*)과 에우노미우스의 『변론』(*Apologia*) 및 『신앙고백』(*Professio fidei*)에 그의 교리가 단편적으로 전해 온다. 그의 추종자들은 Eunomiani 또는 Anomoeani라고 불렸다.

고 일컬어진다는 것이다. 따라서 '당신 사랑의 아드님'이라는 말은 '당신이 사랑하는 아드님'이라는 말 외에 다른 뜻으로 알아들을 필요가 없으며 결국 '당신 실체의 아드님'이라는 말 외에 다른 것이 아니다. 아버지의 사랑, 형언할 수 없이 단순한 본성 안에 존재하는 그 사랑은 그분의 본성이요 실체와 다른 것이 전혀 아니며 이 점은 이미 여러 번 말했거니와 아무리 거듭 말해도 싫증이 나지 않는다. 따라서 이 점으로 미루어 당신 사랑의 아드님은 그분의 실체에서 태어난 분 외에 다른 존재가 아니다.[321]

에우노미우스의 사상을 논박함

20.38. 그런 면에서 '에우노미아니'라는 이단자들을 낸 에우노미우스의 변론은 웃음을 자아낸다.[322] 그는 하느님의 외아들인 말씀 — 그를 통해서 만물이 생겨났다 — 이 본성상 하느님의 아들임을, 다시 말해서 성부의 실체에서 출생한 분임을 이해하지 못했고 믿을 마음도 없었으므로, [말씀이] 하느님의 본성 혹은 실체 혹은 본질의 소산인 아들이 아니고 하느님의 의지의 소산인 아들이라고 주장했다.[323] 달리 말하면 하느님께 우유적偶有的인 것이 있다고, 아들을 낳은 그 의지는 우유적인 무엇이라고 주장하고 싶었던 것이다. 우리가 전에는 원하지 않던 무엇을 언젠가 원하는 일이 있듯이 말이다. 그렇다고 그것 때문에 우리 본성이 가변적이라고 이해할 것은 아니며, 따라서 하느님께 가변적인 본성이 있다고 믿음은 절대 가당치 않다고도 했다. "사람의 마음속에 많은 생각들이 있어도 주님의 생각만은 영원히 남는다"[324]라는 말씀도 다른 이유로 기록된 것이 아니라는 것이다. 하느님이 영원하시듯이 그분의 생각도 영원하다고 깨닫고 믿으라는 것이다.

---

[323] non naturae vel substantiae vel essentiae esse filium sed filium voluntatis dei: 이 책 5. 6.7-8.9에서 설명했다.

[324] 잠언 19,21. 『성경』: "사람의 마음속에 많은 계획들이 있어도 오로지 주님의 뜻만이 이루어진다."

immutabile sicut ipse est. Quod autem de cogitationibus, hoc etiam de uoluntatibus uerissime dici potest: 'Multae uoluntates in corde uiri; uoluntas autem domini manet in aeternum.' Quidam ne filium consilii uel uoluntatis dei dicerent unigenitum uerbum, ipsum consilium seu uoluntatem patris idem uerbum esse dixerunt. Sed melius quantum existimo dicitur consilium de consilio et uoluntas de uoluntate sicut substantia de substantia, sapientia de sapientia, ne absurditate illa quam iam refellimus filius patrem dicatur facere sapientem uel uolentem si non habet pater in substantia sua consilium uel uoluntatem.

Acute sane quidam respondit haeretico uersutissime interroganti utrum deus filium uolens an nolens genuerit, ut si diceretur, 'nolens,' absurdissima dei miseria sequeretur; si autem, 'uolens,' continuo quod intendebat uelut inuicta ratione concluderet non naturae esse filium sed uoluntatis. At ille uigilantissime uicissim quaesiuit ab eo utrum deus pater uolens an nolens sit deus, ut si responderet, 'nolens,' sequeretur illa miseria quam de deo credere magna insania est; si autem diceret, 'uolens,' responderetur ei: 'Ergo et ipse uoluntate sua deus est non natura.' Quid ergo restabat nisi ut obmutesceret et sua interrogatione obligatum insolubili uinculo se uideret? Sed uolun-

---

[325] 그리스어 βουλή는 '생각'(cogitatio)도 되고 '뜻'(voluntas)도 된다.

[326] Gregorius Nazianzenus(*Oratio* 29.6)가 전해 주는 이론이다.

[327] 교부는 다른 저작(*Contra sermonem Arianorum* 1.2-2.3)에서 나지안주스의 그레고리우스를 인용하여 이 이론을 반박한다.

즉, 하느님이 그러하시듯이 그분의 생각도 불변한다. 생각에 대해서 하는 말은 뜻에 대해서도 아주 진실하게 들어맞는다고 하겠다. "사람의 마음속에 많은 뜻이 있어도 오로지 주님의 뜻만이 영원히 남는다."[325] [이러다 보니까] 어떤 이들은 외아들인 말씀이 하느님의 생각이나 의지의 소산인 아들이라는 말을 않겠다는 뜻에서 성부의 생각이요 의지가 바로 그 말씀이라는 말을 했다.[326] 그렇지만 나는 [외아들인 말씀은] 실체에서 나온 실체요 지혜에서 나온 지혜임과 매한가지로 생각에서 나온 생각이요 뜻에서 나온 뜻이라고 하는 편이 훨씬 낫다고 여긴다. 그래야만 마치 성부는 당신의 실체에 생각이나 의지가 없는 분처럼 여기는 생각, 그래서 성자가 성부를 지혜롭게 만들고 뜻하게 만든다는 어처구니없는 생각, 우리가 이미 배격한 생각에 떨어지지 않는다.

그러면 하느님이 원해서 아드님을 낳았느냐, 원치 않는데도 낳았느냐 하고 아주 교묘한 질문을 해 오는 이단자에게 혹자는 상당히 날카로운 답변을 내놓은 적이 있다.[327] 만일 원치 않는데도 낳았다고 할라치면 하느님이 [원치 않는 일을 해야 하는] 가련한 처지라는 얼토당토않은 결과가 뒤따르고, 원해서 낳았다고 한다면 당장 성자가 본성의 소산이 아니고 의지의 소산이라는 결론을 내릴 참이다. 이단자가 의도하는 바는 이것이며, 마치 반박할 수 없는 이론을 갖고 있는 양 [허세를 부리게 만들 것이다]. 이에 대해 저 인물은 아주 조심스럽게 접근하여, 그러면 하느님 아버지께서는 원해서 하느님이냐, 원치 않는데도 하느님이냐라고 반문했다. 만일 원치 않는데도 그렇다고 답변할라치면 앞서 말한 가련한 처지가 따르고 하느님을 두고 그런 것이 있다고 믿는다면 지독히 어리석은 짓이 된다. 만약 원해서 그렇다는 대답이 나온다면 "그렇다면 하느님도 본성이 아니고 당신 의지로 하느님이시다"라는 대꾸가 [이 편에서] 나올 것이다. 이렇게 되면 [이단자에게는] 자기가 입을 다물어야 하고 자기가 던진 질문에 오히려 끊어지지 않는 올가미처럼 꽁꽁 묶인 처지가 되어 있음을 깨닫는 일 외에 무엇이 남겠는가? 그렇지만 하느님의 의지라는 것 역시 삼위일체 안에서

tas dei si et proprie dicenda est aliqua in trinitate persona, magis hoc nomen spiritui sancto competit sicut caritas. Nam quid est aliud caritas quam uoluntas?

39. Video me de spiritu sancto in isto libro secundum scripturas sanctas hoc disputasse quod fidelibus sufficit iam scientibus deum esse spiritum sanctum nec alterius substantiae nec minorem quam est pater et filius, quod in superioribus libris secundum easdem scripturas uerum esse docuimus. De creatura etiam quam fecit deus quantum ualuimus admonuimus eos qui rationem de rebus talibus poscunt ut inuisibilia eius per ea quae facta sunt sicut possent intellecta conspicerent, et maxime per rationalem uel intellectualem creaturam quae facta est *ad imaginem dei*, per quod uelut speculum quantum possent, si possent, cernerent trinitatem deum in nostra memoria, intellegentia, uoluntate. Quae tria in sua mente naturaliter diuinitus instituta quisquis uiuaciter perspicit et quam magnum sit in ea unde potest etiam sempiterna immutabilisque natura recoli, conspici, concupisci (reminiscitur per memoriam, intuetur per intellegentiam, amplectitur per dilectionem), profecto reperit illius summae trinitatis imaginem. Ad quam summam trinitatem reminiscendam, uidendam, diligendam ut eam recordetur, eam contempletur, ea delectetur totum debet referre quod uiuit. Verum ne hanc imagi-

---

[328] quid est aliud caritas quam voluntas?: 이하 15.21.41에서 '사랑'이 하느님의 실체이면서도 성령에게 귀속됨을 다시 설명한다.

[329] 이 책 15권의 17.28부터 20.38까지.

[330] 성경과 신학 이론으로 삼위일체를 논한 이 책 전반부(특히 1-4권)를 가리킨다.

고유하게 어떤 위격이라고 해야 한다면 이 명칭은 분명히 사랑처럼 성령께 해당한다. 사랑이란 의지 아니고 무엇인가?[328]

지금까지 언급한 내용: 삼위일체의 모상인 인간은 삼위일체를 기억하고 관조하고 사랑하는 데 오롯이 자신을 몰입해야 한다

20.39. 내 생각에는 이 책에서 성령에 관하여 성경에 근거해서 이 문제를 토론해 왔는데[329] 성령이 하느님임을 알고 성부와 성자와 다른 실체가 아니고 두 분보다 낮은 분도 아님을 알고 있는 신자들에게는 이것으로 이미 충분하다. 방금 말한 내용이 참됨은 앞의 서책들에서 똑같은 성경에 근거해서 우리가 가르친 바이기도 하다.[330] 하느님이 만든 창조계를 두고는, 저런 사물들의 [존재] 명분을 묻는 사람들에게 우리 힘이 미치는 대로 사람들을 훈유해 왔다, 창조된 것들을 통해서 할 수 있는 데까지 하느님의 보이지 않는 것들을 인식하여 관조하라고. 특히 하느님의 모상에 따라 만들어진 이성적이고 오성적인 피조물들을 통해서, 가능하다면 우리 능력이 미치는 한에서, 거울을 통해서 보듯이 우리 기억과 이해와 의지에서 삼위일체 하느님을 인식하라고 훈유했다.[331] 이 셋이 하느님에 의해서 각자의 지성에 자연스럽게 갖추어져 있음은 누구든지 생생히 직감한다. 또 그 지성으로 영원하고 불변하는 자연 본성이 감지되고 관조되고 희구된다는 사실 — 기억을 통해서 상기되고 이해를 통해서 관조되며 사랑으로 포옹하게 된다 — 이 얼마나 위대한 것인지 깨닫게 되며, 저 지존한 삼위일체의 모상을 다름 아닌 그 지성에서 발견한다. 저 삼위일체를 상기하고 관조하고 사랑하려면 살아 있는 존재가 삼위일체를 상기해 내고 삼위일체를 관조하고 삼위일체를 사랑하는 데 자기 전체를 연관시키지 않으면 안 된다.[332]▶ 그리고 나는 저 삼위일체에 의해서 만들어진 이 모상, 그러나 자신

---

[331] invisibilia eius per ea quae facta sunt: 로마 1,20에 입각한, 신지학(神智學)의 기본 방법론이고 이 책 후반부의 작업은 '우리 기억과 이해와 의지에서 삼위일체 하느님을 인식'하는 치밀한 정식 작업(exercitatior mentis acies: 9.12.17)이었다.

nem ab eadem trinitate factam, et suo uitio in deterius commutatam ita eidem comparet trinitati ut omni modo existimet similem, sed potius in qualicumque ista similitudine magnam quoque dissimilitudinem cernat quantum satis esse uidebatur admonui.

XXI 40. Sane deum patrem et deum filium, id est deum genitorem qui omnia quae substantialiter habet in coaeterno sibi uerbo suo dixit quodam modo, et ipsum uerbum eius deum qui nec plus nec minus aliquid habet etiam ipse substantialiter quam quod est in illo qui uerbum non mendaciter sed ueraciter genuit, quemadmodum potui, non ut illud iam *facie ad faciem*, sed per hanc similitudinem *in aenigmate* quantulumcumque coniciendo uideretur in memoria et intellegentia mentis nostrae significare curaui, memoriae tribuens omne quod scimus etiamsi non inde cogitemus, intellegentiae uero proprio modo quandam cogitationis informationem. Cogitando enim quod uerum inuenerimus, hoc maxime intellegere dicimur et hoc quidem in memoria rursus relinquimus. Sed illa est abstrusior profunditas nostrae memoriae ubi hoc etiam primum cum cogitaremus inuenimus et gignitur intimum uerbum quod nullius linguae sit tam-

---

◀332 특히 이 책 10.11.17; 14.6.8; 15.7.11-13 참조.

333 이제는(21.40-27.49) 인간 모상이 삼위일체와 가지는 비유사성을 다시 논하고, 두 위격의 발출(發出)을 다시 설명하며, 성령이 성부로부터 발(發)했음에도 성부로부터 출생했다는 표현을 쓰지 않는 이유를 찾다가 filioque라는 표현에 일리가 있음을 제시한다.

334 per hanc similitudinem in aenigmate quantulumcumque coniciendo: '수수께끼로 비슷하게만 … 추측해서 보는 정도에서'라는 문구는 삼위일체에 관한 인간 인식의 한계를 잘 표명한다.

의 악덕으로 인해서 전보다 나쁘게 변질된 모상을 두고 삼위일체 자체와 마치 모든 면에서 비슷하기라도 한 것처럼 삼위일체와 비교하지는 말라고 충고했다. 어느 정도의 유사성에서 그만큼 큰 상이성도 분별해 내기에 충분할 만큼 끈질기게 충고했다.

우리 기억과 우리 인식에 새겨진 성부와 성자의 유사성[333]

21.40. 나는 성부 하느님과 성자 하느님을 얼마만큼이라도 가리켜 보이려고 애썼다. 다시 말해서 아버지 하느님, 곧 당신이 실체적으로 갖고 있는 모든 것을 당신과 더불어 영원한 그 말씀에게 어느 모론가 발설한 아버지를 가리켜 보이고, 그분의 말씀 자체인 하느님, 곧 거짓으로 말씀을 낳지 않고 진실로 낳으신 분에게 있는 것보다 실체적으로 더 갖거나 덜 갖지 않은 분을 어떻게 해서든지 가리켜 보이려고 애썼다. 그렇지만 "얼굴과 얼굴을 마주 보는" 것이 아니라 "수수께끼로" 비슷하게만 보고 있음과 우리 지성의 기억과 인식으로부터 추측해서 보는 정도에서 그침도 [나는 잘 안다].[334] 다만 우리가 당장 생각은 하지 않더라도 우리가 알고 있는 모든 것을 기억에 돌리고 그 대신 정식으로 사유의 형상화라 할 것은 인식에 해당시켰다. 우리가 무엇을 생각하여 진리임을 확인한다면 그것으로 우리는 그것을 가장 훌륭하게 인식하고 있다고 할 만하며, 그것을 우리가 다시 기억에 남겨 간직한다. 그렇지만 [무엇을 생각하면서 진리임을 확인하는 일은] 우리 기억의 훨씬 심원한 깊이이며[335] 우리가 사유를 행하면서 맨 처음 발견하는 것이기도 한다.[336] [사유를 하면서 처음으로 발견할 때] 또한 내면적 언어가 발생한다. 그 언어는 그 어느 국어에도 속하지 않으면서 지식

---

[335] abstrusior profunditas nostrae memoriae: 교부는 인간이 명석판명하게 인식하는 것보다 훨씬 많은 것을 지성에 기억하고 있으며, 그 모두가 한꺼번에 사유로 형상화(cogitationis informatio)되지 않음은 인간의 고유한 인식 조건이라고 설명한다.

[336] etiam primum invenimus: 사유와 동시에 발생하는 진리 파악은 지성이나 자아처럼 원천적이다.

quam scientia de scientia et uisio de uisione et intellegentia quae
apparet in cogitatione de intellegentia quae in memoria iam fuerat
sed latebat, quamquam et ipsa cogitatio quandam suam memoriam
nisi haberet, non reuerteretur ad ea quae in memoria reliquerat cum
alia cogitaret.

41. De spiritu autem sancto nihil *in* hoc *aenigmate* quod ei simile
uideretur ostendi nisi uoluntatem nostram, uel amorem seu dilec-
tionem quae ualentior est uoluntas, quoniam uoluntas nostra quae
nobis naturaliter inest sicut ei res adiacuerint uel occurrerint quibus
allicimur aut offendimur ita uarias affectiones habet. Quid ergo est?
Numquid dicturi sumus uoluntatem nostram quando recta est nesci-
re quid appetat, quid deuitet? Porro si scit profecto inest ei sua quae-
dam scientia, quae sine memoria et intellegentia esse non possit.
An uero audiendus est quispiam dicens caritatem nescire quid agat
quae non agit perperam? Sicut ergo inest intellegentia, inest dilec-
tio illi memoriae principali in qua inuenimus paratum et recondi-
tum ad quod cogitando possumus peruenire quia et duo ista inueni-
mus ibi quando nos cogitando inuenimus et intellegere aliquid et

---

³³⁷ 사유, 인식, 기억의 연결 고리는 인간 지성의 가장 심원한 영역에 속한다.

³³⁸ voluntatem vel amorem seu dilectionem: 구분 없이 쓰지만 굳이 amor와 dilectio를 구
분한다면 '선에 대한 애정'(dilectio vel caritas nisi amor boni: 8.10.14)이라고 정의한 적이 있
고, 의지와 사랑을 호환하는 일은 이 책에서 흔하다(14.6.8: amorem seu voluntatem; 14.7.
10: voluntatem sive amorem vel dilectionem).

³³⁹ 무엇이 선이고 악인지 알거나, 하나가 다른 것보다 더 선한 것인 줄 안다면 의지에는 선
택의 여지가 없다는 소위 '무차별(indifferentia) 이론'을 가리킨다.

으로부터 나온 지식, 직관으로부터 나온 직관, 인식으로부터 나온 인식과 같다. 그런데 그 인식은 이미 기억 속에 존재했지만 감추어져 있던 어떤 인식에 관한 사유에서 모습을 드러낸다. 물론 사유 자체도 자기 나름의 어떤 기억을 간직하고 있지 않았더라면 저 대상으로, 즉 다른 것을 사유하는 동안에 기억에 남겨 두고 있던 그것으로 돌아오지 못할 것이다.[337]

의지에 나타나는 성령의 모상

21.41. 성령에 관한 한, 이 "수수께끼로나마" 비슷하다고 보여 주는 것이라고는 우리 의지 혹은 애정 혹은 사랑[338]밖에 없다(사랑이란 보다 강한 의지 외에 다른 것이 아니다). 물론 우리의 의지야 우리에게 자연 본성으로 심어져 있는 것으로서, 의지 가까이 있거나 의지와 조우하는 사물들이 있게 마련이고, 우리로서는 그 사물들에 매혹당하거나 혐오하면서, 의지가 다양한 감정을 품게 된다. 그래서 어떻다는 말인가? 우리 의지가 올바르기만 하다면 무엇을 욕구해야 하고 무엇을 기피해야 하는지 아예 모른다고 말할 셈인가?[339] 만일 무엇인가 안다면 그 의지에는 자체의 지식이 있을 것이고 지식은 또한 기억과 인식 없이는 존재하지 못한다. 그것도 아니라면, 사랑은 그릇되게 행동하지 않으므로[340] 자체가 무엇을 행하고 있는지 아예 모른다고 주장하는 사람의 말을 들어야 하는 것일까? [인간의] 주된 능력인 기억에는[341] 인식이 내재하듯이 사랑 또한 내재한다. 우리가 사유함으로써 도달할 수 있는 대상들은 기억에 준비되어 있고 저장되어 있음을 우리는 발견한다.[342] 그 이유를 말한다면, 우리가 사유를 함으로써 우리가 무엇인

---

[340] caritatem …quae non agit perperam: 교부는 1코린 13,4를 "사랑은 잘못 [그릇되게] 행동하지 않는다"라고 해독한다. 불가타역은 non agit superbe(사랑은 교만하지 않습니다)라고 수정했다.

[341] illi memoriae principali: 기억은 인식과 의지가 발생하는 원리라는 주장은 성부는 성자와 성령이 발출하는 원리(principium)라는 설명으로 건너간다.

[342] 두 용어는 invenire(발견하다)와 pervenire(도달하다)의 역동적 차이를 암시하는 듯하다. invenire를 인식론적으로 의역하여 '의식하다'로 옮겨 본다.

amare quae ibi erant et quando inde non cogitabamus. Et sicut inest memoria, inest dilectio huic intellegentiae quae cogitatione formatur, quod uerbum uerum sine ullius gentis lingua intus dicimus quando quod nouimus dicimus. Nam nisi reminiscendo non redit ad aliquid, et nisi amando redire non curat nostrae cogitationis intuitus. Ita dilectio quae uisionem in memoria constitutam et uisionem cogitationis inde formatam quasi parentem prolemque coniungit, nisi haberet appetendi scientiam quae sine memoria et intellegentia non potest esse, quid recte diligeret ignoraret.

XXII 42. Verum haec quando in una sunt persona sicut est homo potest nobis quispiam dicere: 'Tria ista, memoria, intellectus et amor mea sunt, non sua; nec sibi sed mihi agunt quod agunt, immo ego per illa. Ego enim memini per memoriam, intellego per intellegentiam, amo per amorem. Et quando ad memoriam meam aciem cogitationis aduerto ac sic in corde meo dico quod scio uerbumque ue-

---

³⁴³ et duo ista: 인식과 사랑이라는 '저 두 능력'이라면 duas istas로 표기되었을 것이다.

³⁴⁴ 성령이 사랑을 표상한다고 해서 기억과 인식을 결(缺)했다고 생각할 필요는 없다. 사랑이 하느님에게서는 하나의 '위격'이고 우리 안에서는 그렇지 않다는 비유사성을 암시할 뿐이다.

³⁴⁵ nostrae cogitationis intuitus: 둘째 위격을 유비하는 데 쓰여 왔다.

³⁴⁶ 인식을 기억 속에 설정된 시선('성부')과 거기서 형상화된 시선('성자')을 한데 결합하는 사랑('성령')으로 분석한다.

³⁴⁷ 교부는 기억, 인식, 사랑이 서로서로 내재(inesse)함을 강조하여 성삼위의 일체를 귀납하려고 한다.

가를 의식하는 순간에, 우리가 무엇인가를 인식하고 있음도 의식하고, 우리가 당장 그것들을 사유에 떠올리지 않는 동안에도 거기 있었던 것을 사랑하고 있음도 우리는 의식할 때 그 자리에서 저 둘을[343] 또한 의식하는 까닭이다. 그리고 사유에 의해서 형상화되는 인식에 기억이 내재하듯이 사랑 또한 이 인식에 내재한다.[344] 우리가 아는 바를 발설할 때, 그 어느 민족의 국어도 사용하지 않은 채 내심에서 발설할 때, 우리는 참된 말을 발설한다. 우리 사유의 시선[345]은 무엇인가 상기해 내지 않으면 어떤 것으로 향하지 않으며, 또 사랑하지 않으면 그것으로 향하려는 관심이 없다. 마찬가지로 사랑은 기억 속에 설정되어 있는 시선[346]과 [거기서부터] 형상화된 사유의 시선을 마치 부모와 자식처럼 결합시키는 역할을 한다. 그리고 이 사랑은 추구할 것에 대한 지식(이 지식은 기억과 인식이 없이는 존재하지 못한다)이 없으면 사랑은 무엇을 제대로 사랑할 것인지 알지 못할 것이다.[347]

그러나 인간에게 있는 삼위일체는 하느님이라는 삼위일체와 얼마나 다른가

22.42. 그러나 이것들이 인간처럼 한 인격 안에[348] 존재할 때 혹자는 우리한테 이런 말을 할지 모르겠다. "저 셋,[349] 곧 기억, 오성과 사랑은 내 것이지 [기억, 오성, 사랑] 자체들의 것이 아니다. 작용을 하더라도 그것들 좋으라고 하는 게 아니고 나 좋으라고 한다. 아니 내가 그것들을 통해서 활동한다. 기억을 통해 내가 상기하고 오성을 통해 내가 인식하며 사랑을 통해 내가 사랑한다.[350] 또 내가 내 사유의 예봉을 나의 기억으로 돌릴 때, 그래서 내 마음속에서 내가 아는 바를 발설할 때는 나의 지식으로부터 참

---

[348] in una persona: 하느님에게는 '위격'(位格)으로, 인간에게는 '인격'(人格)으로 구분.

[349] tria ista: tria와 tres의 대당. 이 능력들은 지성의 것이지만 세 자아, 세 위격을 이루지는 않고 단일한 인격을 이룰 따름이다.

[350] ego per illa: 사랑이 하느님에게서는 실체이지만 우리에게서는 실체 전체가 아니고 단일 실체의 셋째 기능일 따름이다. 존재와 작용의 이런 구분은 인간에게 있는 하느님 모상이 생성 중에 있음을 시사한다.

rum de scientia mea gignitur, utrumque meum est et scientia utique et uerbum. Ego enim scio, ego dico in emo corde quod scio. Et quando in memoria mea cogitando inuenio iam me intellegere, iam me amare aliquid, qui intellectus et amor ibi erant et antequam inde cogitarem, intellectum meum et amorem meum inuenio in memoria mea quo ego intellego, ego amo, non ipsa. Item quando cogitatio mea memor est et uult redire ad ea quae in memoria reliquerat eaque intellecta conspicere atque intus dicere, mea memoria memor est et mea uult uoluntate, non sua. Ipse quoque amor meus cum meminit atque intellegit quid appetere debeat, quid uitare, per meam, non per suam memoriam meminit. Et per intellegentiam meam, non suam, quidquid intellegenter amat intellegit.'

Quod breuiter dici potest: 'Ego per omnia illa tria memini, ego intellego, ego diligo, qui nec memoria sum nec intellegentia nec dilectio, sed haec habeo.' Ista ergo dici possunt ab una persona quae habet haec tria, non ipsa est haec tria. In illius uero summae simplicitate naturae quae deus est, quamuis unus sit deus, tres tamen personae sunt, pater et filius et spiritus sanctus.

[43] Aliud est itaque trinitas res ipsa, aliud imago trinitatis in re alia. Propter quam imaginem simul et illud in quo sunt haec tria imago dicitur, sicut imago dicitur simul et tabula et quod in ea pictum

---

351 trinitas res ipsa: '구체 존재자로서의 삼위일체.'

352 aliud trinitas res ipsa, aliud imago trinitatis in re alia: 인간 지성을 관찰하여 삼위일체의 모상을 찾고 있지만 그것은 유사성(similitudo)이지 동일성은 아니다. 단지 모상이 원형인 하느님을 향하고 원형을 더욱 닮아 간다면 신적 존재와의 근본 관계는 유지된다.

된 말이 탄생하는데, 이때 지식도 말도 둘 다 나의 것이다. 알고 있는 것이 나이기 때문이고, 내가 아는 바를 내 마음속에서 발설하는 것도 나이기 때문이다. 또 내가 생각을 떠올리면서, 내가 이미 무엇을 인식하고 있음을, 내가 이미 무엇을 사랑하고 있음을 나의 기억 속에서 의식할 때 — 저 인식과 사랑은 이미 거기 있었고, 그에 관한 생각을 내가 떠올리기 전에 [벌써 거기 있었다] —, 어디까지나 내 인식과 내 사랑을 내 기억에서 내가 의식하고 있는 것이며, 그것에 힘입어 내가 인식하고 내가 사랑하는 것이지 그것들이 [인식하고 사랑하는 것은] 아니다. 또 나의 사유가 [무엇을] 기억할 때, 그리고 [나의 사유가] 기억에 남겨 둔 것으로 돌아가고 싶어 하고 인식한 것을 관조하고 싶어 하고 내면에서 발설하고 싶어 할 때, 어디까지나 나의 기억으로 기억하고 나의 의지로 원하는 것이지 [사유 자체가 자기 힘으로 기억하고 원하는 것은 아니다]. 또한 나의 사랑이 무엇을 욕구해야 하고 무엇을 기피해야 할지 기억하고 인식할 때 나의 기억을 가지고 작용하는 것이지 자체의 기억을 가지고 작용하는 것이 아니다. 또 무엇이든지 인식하고서 사랑할 때는 내 인식을 가지고 인식하지 자체의 인식을 가지고 인식하는 것은 아니다.”

간추리면 이렇다. “저 세 가지 전부를 가지고 내가 기억하고 내가 인식하고 내가 사랑한다. 그렇지만 내가 기억은 아니고 인식도 아니고 사랑도 아니며 내가 이것들을 갖고 있을 따름이다.” 한 인격, 이 셋을 갖고 있는 인격에 의해서 이런 말이 발설되었지만 그가 곧 이 셋은 아니다. 그 대신 하느님이라는 저 지존한 본성의 단순함에서는 한 분 하느님이면서도 세 위, 곧 성부와 성자와 성령이 계시다.

그 차이의 분석

[22].43. 그러니 삼위일체라는 사물 자체[351]가 다르고 다른 사물에 깃들어 있는 삼위일체의 모상이 다르다.[352] [그 사물에 깃들어 있는] 모상 때문에 이 셋이 깃든 사물마저 모상이라고 일컫는데, 이것은 판자도, 판자에

est, sed propter picturam quae in ea est simul et tabula nomine imaginis appellatur.

XXIII. Verum in illa summa trinitate quae incomparabiliter rebus omnibus antecellit tanta est inseparabilitas ut cum trinitas hominum non possit dici unus homo, illa unus deus et dicatur et sit, nec in uno deo sit illa trinitas, sed unus deus. Nec rursus quemadmodum ista imago quod est homo habens illa tria una persona est ita est illa trinitas, sed tres personae sunt, pater filii et filius patris et spiritus patris et filii. Quamuis enim memoria hominis et maxime illa quam pecora non habent, id est qua res intellegibiles ita continentur ut non in eam per sensus corporis uenerint, habeat pro modulo suo in hac imagine trinitatis incomparabiliter quidem imparem sed tamen qualemcumque similitudinem patris, itemque intellegentia hominis quae per intentionem cogitationis inde formatur quando quod scitur dicitur et nullius linguae cordis uerbum est habeat in sua magna disparilitate nonnullam similitudinem filii, et amor hominis de scientia procedens et memoriam intellegentiamque coniungens tamquam parenti prolique communis, unde nec parens intellegitur esse nec proles, habeat

---

[353] 판화(版畵)의 경우 거기 그려진 그림(pictura)도 화상(畵像)이라 하고, 그림이 그려진 판자(tabula)도 화상이라고 부르듯, 인간의 지성을 하느님의 모상이라고 하고 지성을 갖춘 인간을 모상이라고도 한다.

[354] nec in uno deo est illa trinitas, sed unus deus: 아우구스티누스 삼위일체 신학의 기준으로 여겨지는 명제다. 인간 삼위일체(unius et tria)와 신적 삼위일체(unus et tres)의 차이는 인간 능력이 결코 위격의 차원까지 오르지 못한다는 점에 있다.

[355] res intellegibiles: 감각적 사물과 대비되는 천사나 영혼(illas intellegibiles animas substantias: *De duabus animabus* 7)을 가리키기도 하고 지성에 갖추어진 진선미 이념 — 플라톤의 선천적 이념론에서 유래하지만 교부는 그것이 하느님의 지성에서 기인한다고 설명한다 — 등을 가리키기도 한다.

그려진 것도 똑같이 모상이라고 일컫지만,[353] 판자 역시 모상이라는 이름으로 일컫는 까닭은 그 판자에 있는 그림 때문인 것과 흡사하다.

23.[43]. 그런데 비교할 수 없을 만큼 모든 사물을 능가하는 저 지존한 삼위일체 안에는 참으로 위대한 불가분성이 있기 때문에, 인간들이 [지닌 능력들의] 삼위성은 감히 한 인간이라고 일컬을 수 없지만, 저 삼위일체는 한 분 하느님이라고 일컫고 또 그렇게 존재하며, 한 분 하느님 안에 저 삼위일체가 존재한다기보다는 [삼위일체가 곧] 한 분 하느님이다.[354] 다시 말하지만 [하느님이라는] 저 삼위일체는 인간이라는 저 모상과는 같지 않다. 인간은 저 셋을 갖고도 한 인격이기 때문이다. [하느님은] 세 위격이며 성자의 아버지, 성부의 아들, 성부와 성자의 성령이다. '인간의 기억'이 성부와 유사하기는 하다. 각별히 짐승들은 갖추고 있지 않은 그 기억에, 신체 감관을 통해서 도달하지 않는 '가지적可知的 사물들'[355]이 포함되어 있다는 점에서 삼위일체의 이 모상에는 (비록 전혀 비교가 안 되고 훨씬 뒤떨어지기는 하지만) 성부의 유사상[356]이 어느 정도 갖추어져 있다. 그와 마찬가지로 '인간의 인식'도 성자와 유사성을 갖는다. 아는 바를 발설할 때 사유의 지향성을 거쳐서[357] 마음의 말 — 이 말은 어느 국어에도 해당하지 않는다 — 이 형상화된다는 점에서 (비록 커다란 차이가 남에도 불구하고) 어느 모로 성자의 유사상을 갖고 있다. '인간의 사랑' 또한 성령의 유사성을 갖는다. 사랑은 지식에서 발하고, 마치 부모와 자식에게 공통된 존재로서[358] — 그래서 부모도 아니고 자식이라고 생각할 것도 아니다 — 기억과 인식을 결합시킨다는 점에서, (아주 뒤떨어지기는 하지만) 성령의 유사성을 그

---

[356] similitudo: '유사성'이지만 여기서는 '유사상'(類似像)으로 옮겨 본다.

[357] per intentionem cogitationis: '사유가 일정한 대상으로 그 예봉을 집중하면서.'

[358] parenti prolique communis: 교부가 성령의 발출을 '출생'이라고 부르지 않는 이유가 이 prolique[filioque]에 있다.

in hac imagine aliquam licet ualde imparem similitudinem spiritus sancti; non tamen sicut in ista imagine trinitatis non haec tria unus homo sed unius hominis sunt, ita in ipsa summa trinitate cuius haec imago est unius dei sunt illa tria, sed unus deus est et tres sunt illae, non una persona.

Quod sane mirabiliter ineffabile est uel ineffabiliter mirabile, cum sit una persona haec imago trinitatis, ipsa uero summa trinitas tres personae sint, inseparabilior est illa trinitas personarum trium quam haec unius. Illa quippe in natura diuinitatis, siue id melius dicitur deitatis, quod est hoc est, atque incommutabiliter inter se ac semper aequalis est, nec aliquando non fuit aut aliter fuit, nec aliquando non erit aut aliter erit.

Ista uero tria quae sunt in impari imagine, etsi non locis quoniam non sunt corpora, tamen inter se nunc in ista uita magnitudinibus separantur. Neque enim quia moles nullae ibi sunt ideo non uide-mus in alio maiorem esse memoriam quam intellegentiam, in alio contra; in alio duo haec amoris magnitudine superari siue sint ipsa duo inter se aequalia siue non sint. Atque ita a singulis bina et a bi-nis singula et a singulis singula maioribus minora uincuntur. Et quan-do inter se aequalia fuerint ab omni languore sanata, nec tunc ae-

---

359 similitudo에 impar sed qualiscumque, in sua magna disparitate nonnulla, aliqua valde impar라는 부가어를 거듭 첨가하여, 인간 지성에서 발견되는 모상과 원형과의 거리를 강조한다.

360 divinitas sive id melius dicitur deitatis: 앞에(1.8.15; 4.20.29) 나온 용어. 양자를 구분하는 듯한 표현도 없지 않다: cum patre filius divinitatis aequalitatem ⋯ ad unitatem deita-tis(*Sermo* 47.21); una est in trinitate substantia deitatis ⋯ unum nomen divinitatis(*Sermo* 215.8).

361 quod est hoc est: 로마인들의 구상 어법으로 미루어서 '본질이 곧 존재이고'라는 의역까지도 무리하지 않다.

모상에서 발견한다.[359] 하지만 삼위일체의 저 모상에서는 이 셋이 한 인간이 아니고 오직 한 인간의 것이다. 다만 저 모상이 유래한 지존한 삼위일체에서는 저 셋이 한 분 하느님의 것이면서 또한 한 분 하느님이고, 그러면서도 세 위격이지 한 위격이 아니다.

이것이야말로 정말 신묘하게도 불가형언하다거나 형언할 수 없게 신묘하다고 할 것이다. 삼위일체의 이 모상은 한 인격임에 비해서 저 지존한 삼위일체는 세 위격인 까닭이다. 저 삼위일체는 세 위격의 것이면서도 한 위격의 이것보다 훨씬 불가분하다. 저 [삼위일체는] 신성神性 혹은 더 정확하게 말해서 신격神格의[360] 본성 속에서, 존재하는 그대로 존재하고,[361] 불변하게 서로 간에 항상 동등하며, 언제는 존재하지 않았거나 달리 존재했거나 하는 일도 없었고 언제는 존재하지 않거나 달리 존재할 일도 없을 것이다.

그 대신 그에 미치지 못하는 모상 속에 있는 이 셋은 서로 분리된다. [이 셋이] 물체가 아니므로 공간상으로 분리되는 것은 아니지만 지금 현세 생활에서 크기에 의해서 분리된다.[362] [이 셋에는] 부피가 일체 없기는 하지만 어떤 사람에게서는 기억이 인식보다 더 크고 다른 인간에게서는 그 반대라는 것을 우리가 못 보지는 않으며, 또 어떤 사람에게서는 [기억과 인식] 둘이 서로 동등하든 동등하지 못하든 상관없이 [기억과 인식] 이 둘이 그 크기에 있어서 사랑에 의해 추월됨을 우리가 목도한다. 그러다 보면 [셋 중의] 둘씩이 하나보다 못하거나, 하나씩이 둘보다 못하거나, 각기 하나가 다른 하나씩보다 못하거나, 더 작은 것이 더 큰 것보다 못하거나 한다.[363] 또 모든 결함에서 개선됨으로써 [이 셋이] 서로 동등한 경지에 이를지라도, 은총 덕택에 변하지 않게 되는 사물이 본성상 불변하는 사물과 동

---

[362] 설명은 잇따라 나온다.

[363] 지성의 세 기능이 완전할 경우는 전적으로 동등하지만(이 책 9.4.4-5.8 및 10.11.18 참조), 불완전하게 작용한다면 이처럼 '크기의 차이'가 난다.

quabitur rei natura immutabili ea res quae per gratiam non mutatur quia non aequatur creatura creatori, et quando ab omni languore sanabitur mutabitur.

44. Sed hanc non solum incorporalem uerum etiam summe inseparabilem uereque immutabilem trinitatem cum uenerit uisio quae *facie ad faciem* nobis promittitur, multo clarius certiusque uidebimus quam nunc eius imaginem quod nos sumus. *Per* quod tamen *speculum* et *in* quo *aenigmate* qui uident sicut in hac uita uidere concessum est non illi sunt qui ea quae digessimus et commendauimus in sua mente conspiciunt, sed illi qui eam tamquam imaginem uident ut possint ad eum cuius imago est quomodocumque referre quod uident et *per imaginem* quam conspiciendo uident etiam illud uidere coniciendo quoniam nondum possunt *facie ad faciem.* Non enim ait apostolus: 'Videmus nunc speculum,' sed: 'Videmus *per speculum.*'

XXIV. Qui ergo uident suam mentem quomodo uideri potest et in ea trinitatem istam de qua multis modis ut potui disputaui, nec tamen eam credunt uel intellegunt esse imaginem dei. Speculum

---

³⁶⁴ quando ab omni languore sanabitur, mutabitur: 본성상 변하는 사물이 은총에 의해 불변하게 됨도 일종의 변화다.

³⁶⁵ visio: 모상과 원형의 비교에서 어떤 직관[봄]이 발생한다. 그 봄은 거울을 들여다보는 일이므로, 자기에게서 하느님을 보는 것도 아니고 모상에서 하느님을 보는 것도 아니며 모상 저편을 바라보는 입장이다.

³⁶⁶ imaginem quod nos sumus: 앞의 각주 359 참조.

등해지지는 못할 것이다. 그 이유를 든다면, 피조물이 창조주와 동등해지지 못하는 까닭이요, 모든 결함에서 개선되는 경우도 [피조물로서는] 변하는 것이기 때문이다.[364]

모상은 일종의 거울이라고 이해함 직하다

23.44. 그렇더라도 우리에게 언약된 대로 "얼굴과 얼굴을 마주" 보는 관상의 경지[365]가 도래하면, 비물체적일뿐더러 최고로 불가분하며 불변하는 저 삼위일체라고 하더라도, 지금 우리가 저 [삼위일체의] 모상 — 그 모상은 다름 아닌 우리다[366] — 을 보고 있는 것보다는 훨씬 더 명료하고 더 분명하게 보게 될 것이다. 하지만 지금 "거울을 통해 수수께끼로" 보는 — 현세 생활에서 볼 수 있게 허용된 것은 이 정도다 — 사람들은 지성을 모상으로 간주하고서 바라보는 사람들이다. 우리가 [여태까지 사변적으로] 지적하고 해설한 바를 지성에서 관찰해 내는 그런 사람들이 아니고, [지성을 하나의 모상으로 간주하는 까닭에] 자기 능력을 발휘하여 자기들이 보는 것을, 그 모상이 유래한 그분과 연관 지어서 보는 사람들이다.[367] 아직은 "얼굴과 얼굴을 마주" 볼 수 없는 까닭에 모상을 바라보고, 그 모상을 통해서 추정을 행하면서 다른 무엇을 보도록 [노력하는 사람들이다]. 사도도 "지금은 우리가 거울을 본다"고 하지 않고 "거울을 통해 본다"고 했으니까 말이다.

24.[44]. 그런데 자기 지성을 할 수 있는 데까지 [진지하게] 관찰하고, 내가 힘닿는 대로 다양하게 제시해 온 저 삼위일체를 거기서 발견하면서도 정작 그것이 하느님의 모상임은 믿지 않거나 이해하지 못하는[368] 사람들이

---

[367] 자기 존재를 관계의 문제, 시원의 관계 문제와 연관 지어 '피조물'(esse creatum)로 규정하는 사람만 이 책의 논지를 따를 수 있다.

[368] nec credunt vel intellegunt: "너희가 믿지 않으면 이해하지 못하리라"(nisi credideritis non intellegetis: 이사 7,9. 이 책 7.6.12; 15.2.2 참조)는 구절을 연상시킨다.

quidem uident, sed usque adeo non uident per speculum qui est *per speculum nunc* uidendus ut nec ipsum speculum quod uident sciant esse speculum, id est imaginem. Quod si scirent, fortassis et eum cuius est hoc speculum per hoc quaerendum et per hoc utcumque interim uidendum esse sentirent *fide non ficta* corda mundante ut *facie ad faciem* possit uideri qui *per speculum nunc* uidetur. Qua fide cordium mundatrice contempta quid agunt intellegendo quae de natura mentis humanae subtilissime disputantur nisi ut ipsa quoque intellegentia sua teste damnentur? In qua utique non laborarent et uix ad certum aliquid peruenirent nisi poenalibus tenebris inuoluti et onerati corpore corruptibili quod aggrauat animam. Quo tandem merito inflicto malo isto nisi peccati? Vnde tanti mali magnitudine admoniti sequi deberent agnum *qui tollit peccatum mundi*.

XXV. Ad eum namque pertinentes etiam longe istis ingenio tardiores quando fine uitae huius resoluuntur a corpore ius in eis retinendis non habent inuidae potestates. Quas ille agnus sine ullo ab

---

³⁶⁹ 자기 안에 있는 ‘하느님의 모상’을 보려면 지성은 자기가 모상임을 먼저 알아야 하고 곧 이어 그 원형인 하느님을 향하여 돌아서야 한다. 단지 지식의 대상에 붙잡혀 있으면 인간은 지성의 삼위일체는 파악하지만 거기서 신적인 삼위일체의 모상까지 보지는 못한다.

³⁷⁰ 1티모 1,5(“설교의 목표는 깨끗한 마음과 고운 양심과 거짓 없는 믿음에서 우러나오는 사랑입니다”)와 사도 15,9(“믿음으로 그들의 마음을 깨끗하게 하셔서”) 참조.

³⁷¹ 지혜 9,15(전집에서 74회 인용. 이 책에 7회) 참조: “썩어 없어질 육신이 영혼을 무겁게 하는”(corpus enim, quod corrumpitur aggravat animam).

³⁷² 교부는 “종교 문제에서 철학을 개진할 줄 모르거나 철학에서 종교적 처신을 할 줄 모르는”(『참된 종교』 7.12) 것은 호기심(curiositas)에만 사로잡힌 증거라고 비난했다.

있다. 거울은 보지만 아직까지는 거울을 통해서 보지는 못하는 것이다. "지금은 거울을 통해서" 봐야 할 분을 못 보는 것이다. 또 자기들이 보는 거울 자체가 거울인지를, 곧 [다른 것의] 모상인지도 알아보지 못한다.[369] 만약 알았더라면, 거울이 그분 모습의 거울이므로 그 거울을 통해 그분을 보려고 애쓸 것이며, 거울을 통해서 비록 잠정적으로 보는 대상일지라도 마음을 정하게 해 주는 "거짓 없는 믿음"으로[370] 보아야 함을 깨달았을 것이다. 그래야만 지금 거울을 통해 보는 그분을 [언젠가] "얼굴과 얼굴을 마주" 보듯이 볼 수 있을 것이다. 마음을 정하게 해 주는 그 믿음을 경시한다면, 인간 정신의 본성에 관하여 지극히 치밀하게 토론을 한들 자기가 달성한 그 인식을 증거로 삼아 오히려 스스로 단죄받는 일 말고 무슨 대가가 있겠는가? 그런 인식을 가지고는 힘들여 모종의 확실한 지식을 얻을지 몰라도 저 어두운 형벌에 처해져서 영혼을 무겁게 짓누르는, 부패할 육신을 짊어진 채 고생할 것이 아닌가?[371] 그리고 죄 때문이 아니라면 무슨 값으로 이런 악을 당하겠는가?[372] 저런 해악이 얼마나 큰지 모른다는 사실에서 훈계를 얻는다면 사람들은 모름지기 "세상의 죄를 치워 없애시는" 어린양을 따라가야만 한다.[373]

25.[44]. [바른 신앙은, 비록 비물체적 사물에 관해서 논할 능력이 없는 사람들일지라도 얼마든지 행복하게 만든다]. 그에게 속하는 사람들은 [지성의 인식에 관하여 추상적으로 논구할] 재능이 훨씬 뒤진 경우라 할지라도 현세 생활이 끝나고 육체에서 놓여날 즈음에는 질시하는 권세가 그들을 붙잡아 둘 권리가 더 이상 없을 것이다.[374] 저 어린양은 아무 죗값도 없

---

[373] 요한 1,29("보라, 세상의 죄를 치워 없애시는 하느님의 어린양이시다")와 묵시 14,4("그들은 어린양이 가는 곳이면 어디든지 따라다니는 이들이다") 참조.

[374] 교부는 콜로 2,14-15(그리스도가 죽음의 빚 문서를 치워 없애서 인간을 사로잡던 '권력들과 권세들을 무력화시켰다')를 해설하면서 이 권세란 "우리를 질시하는 악마적 권세를 지칭하던 말"(*Contra Faustum manichaeum* 16.29)이라고 밝힌다.

eis peccati debito occisus non potentia potestatis priusquam iustitia sanguinis uicit. Proinde liberi a diaboli potestate suscipiuntur ab angelis sanctis a malis omnibus liberati per mediatorem dei et hominum hominem Christum Iesum, quoniam consonantibus diuinis scripturis et ueteribus et nouis et per quas praenuntiatus et per quas annuntiatus est Christus, *non est aliud nomen sub caelo in quo oportet homines saluos fieri.* Constituuntur autem purgati ab omni contagione corruptionis in placidis sedibus donec recipiant corpora sua, sed iam incorruptibilia quae ornent non onerent. Hoc enim placuit optimo et sapientissimo creatori ut spiritus hominis deo pie subditus habeat feliciter subditum corpus et sine fine permaneat ipsa felicitas.

45. Ibi ueritatem sine ulla difficultate uidebimus eaque clarissima et certissima perfruemur. Nec aliquid quaeremus mente ratiocinante, sed contemplante cernemus quare non sit filius spiritus sanctus, cum de patre procedat. In illa luce nulla erit quaestio. Hic uero ipsa experientia tam mihi apparuit esse difficilis, quod et illis qui haec diligenter atque intellegenter legent procul dubio similiter appare-

---

375 potentia potestatis priusquam iustitia sanguinis: '먼저 당신 피로 정의 문제를 해결한 연후에 당신의 권능을 발휘하여 악마를 제압했다'라는 의미. 이 책 13.17.22-18.23에서 대속론(代贖論)에 입각하여 그리스도의 '피값'을 해설한 바 있다.

376 1티모 2,5("하느님과 인간 사이의 중개자도 한 분뿐이시니 곧 인간 그리스도 예수이십니다") 참조.

377 *suscipiuntur* ab angelis sanctis a malis omnibus malis *liberati*: 노예가 모든 책무에서 석방되어(liberati) 자유인으로 로마 사회에 받아들여지는(suscipi) 법률 용어들이다.

으면서도 저 사람들한테 죽임 당함으로써 저 권세를 물리쳤는데 먼저 피의 정의로 하기 전에는 권세의 위력으로 물리치지 않았다.[375] 그리고 나면 저 사람들은 악마의 권세에서 풀려난 자유인으로서 하느님과 사람의 중개자이신 인간 그리스도 예수를 통해[376] 모든 악에서 해방되어 거룩한 천사들에게 받아들여진다.[377] 신구약성경들이 한목소리를 내듯이 그리스도는 [구약]성경들을 통하여 예고되었고 [신약]성경들을 통하여 선포되었으니, "사실 사람들에게 주어진 이름 가운데 우리가 의지하여 구원받아야 할 또 다른 이름은 하늘 아래 없다".[378] 그 사람들은 부패의 모든 오염으로부터 정화되어 [부활해서] 자기 몸을 돌려받을 때까지 평온한 자리에 자리 잡는다. 그 몸은 이미 썩지 않는 몸이므로 그들에게 영예가 되지 짐이 되는 일이 없을 것이다.[379] 인간의 영이 하느님께 경건하게 복속함으로써 몸 또한 [영에게] 행복하게 복속하고 그럼으로써 그 행복 자체가 끝없이 이어지는 일이 지극히 선하고 지극히 지혜로운 창조주의 마음에 들었던 것이다.

관상의 경지에서는 성령이 왜 성부와 성자에게서 출생함으로써 발하지 않는지 별 어려움 없이 보게 될 것이다

[25].45. 거기서 우리는 아무런 어려움이 없이 진리를 보게 될 것이며 지극히 밝고 지극히 확고한 진리를 향유하기에 이를 것이다. 그때는 지성으로 추론하여 무엇을 탐구하는 것이 아니라 직관하여 깨달을 것이니,[380] 성령이 성부에게서 발하면서도 왜 아들이 아닌지 깨달을 것이다. 저 빛 속에서는 아무런 의문의 여지도 없을 것이다. 그러나 여기서는 [설명을 하려는] 나의 시도 자체도 아주 힘들어 보였을 뿐만 아니라, 열심히 또 이해력

---

³⁷⁸ 사도 4,12.

³⁷⁹ quae ornent non onerent: 부활한 육신의 가치를 평가한다(앞의 각주 371 참조).

³⁸⁰ 교부의 인식론은 이성의 추론(ratiocinante)보다는 오성의 직관(contemplante)에 비중을 둔다.

bit, ut cum me in secundo huius operis libro alio loco inde dicturum esse promiserim, quotienscumque in ea creatura quae nos sumus aliquid illi rei simile ostendere uolui, qualemcumque intellectum meum sufficiens elocutio mea secuta non fuerit, quamuis et in ipso intellectu conatum me senserim magis habuisse quam effectum, et in una quidem persona quod est homo inuenisse imaginem summae illius trinitatis, et in re mutabili tria illa ut facilius intellegi possint etiam per temporalia interualla maxime in libro nono monstrare uoluisse. Sed tria unius personae non sicut humana poscit intentio tribus illis personis conuenire potuerunt sicut in hoc libro quinto decimo demonstrauimus.

XXVI. Deinde in illa summa trinitate quae deus est interualla temporum nulla sunt per quae possit ostendi aut saltem requiri utrum prius de patre natus sit filius et postea de ambobus processerit spiritus sanctus quoniam scriptura sancta spiritum eum dicit amborum. Ipse est enim de quo dicit apostolus: *Quoniam autem estis filii, misit deus spiritum filii sui in corda nostra*, et ipse est de quo dicit idem filius: *Non enim uos estis qui loquimini, sed spiritus patris uestri qui loquitur in uobis*. Et multis aliis diuinorum eloquiorum

---

381 이 책 2.3.5 참조. 이 작업은 이 책 전체의 목표이기도 하다.

382 tria illa: 신적 삼위를 가리킬 때 tria, tres를 겸용해 왔지만 앞의 각주 349-350과 354로 미루어 '인간 지성의 기억, 인식, 사랑'을 가리킨다.

383 per temporalia intervalla: temporum spatia, intervalla temporum. 인간 지성의 기억, 인식(발설), 사랑의 발생과 소멸에서 관찰되는 시간적 간극과 차등.

을 다해 이 글을 읽는 사람들에게도 어려워 보일 것임은 의심의 여지가 없다. 이 책의 제2권에서 내가 다른 대목에서 이야기하겠노라고 약속한 바도 있지만, 나는 우리 인간이라는 피조물 속에 [삼위일체라는] 저 사물과 비슷한 무엇이 있음을 입증해 보이려고 애썼다.³⁸¹ 그런데 그런 마음을 먹을 때마다 내가 모종의 인식을 얻기는 얻었는데 [그것을 표현함에 있어서] 나의 언사言事가 충분할 만큼 따르지 못했다고 느끼고, 그런 인식을 얻는 데 마저도 내 나름대로 상당히 큰 노력을 기울이기는 했지만 제대로 성과를 거두지 못했다고 느낀다. 그리고 내가 인간이라는 단일한 인격에서 저 지존한 삼위일체의 모상을 발견했음도 사실이지만, 나는 특히 [이 책] 제9권에서 [인간이라는] 가변적인 사물 속에 있는 저 셋을³⁸² 보다 쉽게 알아들을 수 있게 하려고 시간의 간격까지³⁸³ 예거하면서 증명해 보이려고 애썼다.³⁸⁴ 하지만 이 제15권에서도 입증한 것처럼, [나의] 인간적인 의도가 상정한 만큼은 [인간이라는] 한 인격이 갖춘 저 셋이 저 삼위와 적절하게 맞아 떨어지지는 못했다.

  26.[45].³⁸⁵ 그런데 하느님이라는 저 지존한 삼위일체에는 시간의 간격이 전혀 없다. 그 시간 간격을 가지고 성자가 먼저 성부에게서 탄생하셨고 그다음에 성령이 두 분에게서 발하셨는지 입증할 만한, 아니면 적어도 그랬을 것으로 요구할 만한 자료가 없다. 성경은 [성령이] 두 분의 영이라고 말한다. 성령에 관해서 사도가 "그렇기 때문에 하느님께서는 당신 아드님의 영을 우리 마음 안에 보내 주셨습니다"³⁸⁶라는 말을 했고, 바로 성령에 관해서 다름 아닌 성자가 "사실 여러분이 말하는 것이 아니라 여러분 아버지의 영이 여러분 안에서 말씀하시는 것입니다"³⁸⁷라고 했다. 그 밖에도 하

---

³⁸⁴ 이 책 9.7.9-10 참조.
³⁸⁵ 이하에 성령의 교의가 몇 가지 간추려진다.
³⁸⁶ 갈라 4,6.
³⁸⁷ 마태 10,20.

testimoniis comprobatur patris et filii esse spiritum qui proprie dicitur in trinitate spiritus sanctus, de quo item dicit ipse filius: *Quem ego mitto uobis a patre*, et alio loco: *Quem mittet pater in nomine meo*. De utroque autem procedere sic docetur quia ipse filius ait: *De patre procedit*, et cum resurrexisset a mortuis et apparuisset discipulis suis, insufflauit et ait: *Accipite spiritum sanctum*, ut eum etiam de se procedere ostenderet, et ipsa est *uirtus* quae *de illo exibat* sicut legitur in euangelio, *et sanabat omnes*.

46. Quid uero fuerit causae ut post resurrectionem suam et in terra prius daret et de caelo postea mitteret spiritum sanctum, hoc ego existimo quia per ipsum donum diffunditur caritas in cordibus nostris qua diligamus deum et proximum secundum duo illa praecepta *in* quibus *tota lex pendet et prophetae*. Hoc significans dominus Iesus bis dedit spiritum sanctum, semel in terra propter dilectionem proximi et iterum de caelo propter dilectionem dei. Et si forte alia ratio reddatur de bis dato spiritu sancto, eundem tamen spiritum datum cum insufflasset Iesus de quo mox ait: *Ite, baptizate gentes in nomine patris et filii et spiritus sancti*, ubi maxime commendatur haec trinitas, ambigere non debemus. Ipse est igitur qui etiam de caelo datus est die pentecostes, id est post dies decem quam dominus ascendit in caelum.

---

³⁸⁸ 요한 15,26과 14,26 참조.　　　　　　　　³⁸⁹ 요한 20,22.

³⁹⁰ 루카 6,19(예수님 "그분에게서 힘이 나와 모든 사람을 고쳐 주었다") 참조. 성경에서 virtus dei는 그리스도를 가리키지만(Christus, virtus dei et dei sapientia: 1코린 1,24) 성령을 가리키기도 한다(루카 1,35: "성령이 당신에게 내려오실 것이니, 곧 지극히 높으신 분의 힘 [virtus altissimi]이 당신을 감싸 주실 것입니다").

느님 말씀의 다른 수많은 증언으로 그분이 성부와 성자의 영임이 입증된다. 다만 삼위일체에서는 성령이라는 고유한 이름으로 불리는데 성자 친히 그분을 두고 "내가 아버지께로부터 여러분에게 보낼 영"이라고 하는가 하면 다른 대목에서는 "아버지께서 내 이름으로 보내 주실 성령"이라고 한다.[388] 그리고 성령이 두 분에게서 발한다는 것은 "아버지께로부터 나오는 [영]"이라는 말씀과 당신이 죽은 이들 가운데서 부활했을 때 제자들에게 나타나서, 성령이 당신에게서도 발한다는 것을 보여 주려고, 제자들에게 숨을 불어넣으시며 "성령을 받으시오"[389]라고 한 말씀으로 가르침을 내린다. 또 복음서에도 나오듯이 "모든 사람을 고쳐 준" 그 "힘"이 다름 아닌 "그분에게서 나왔다".[390]

주 예수는 하느님으로서 성령을 주었지만 사람으로서는 받기도 했다

[26].46. 그런데 당신의 부활 후에 먼저 지상에서 성령을 주었으면서 그 다음 하늘에서도 성령을 보낸 것은 무슨 까닭일까? 내 생각에는 "율법과 예언자들이 달린 두 계명"[391] 곧 우리가 하느님과 이웃을 사랑하는 그 사랑이 저 선물을 통해서 우리 마음에 부어지기 때문이다. 그런 뜻에서 주 예수는 성령을 두 번 주었으니 지상에서 이웃 사랑 때문에 한 번 주었고 하느님 사랑 때문에 하늘에서 다시 주었다. 만일 성령이 두 번 내린 다른 이유도 있을 법하다면, 숨을 불어넣으시면서 성령을 준 지 얼마 안 되어 당신이 할 말씀, "여러분은 가서 아버지와 아들과 성령의 이름으로 그들에게 세례를 베푸시오"[392]라는 말씀이겠다. 삼위일체가 가장 명료하게 언급되는 것이 이 대목이자, 이 말씀으로 [이미 준 것과] 같은 성령을 가리킨다는 점을 우리가 의심해서는 안 된다. 그렇게 하고도 주님이 하늘로 오른 지 열흘 뒤 오순절 날에 하늘에서 성령이 다시 내렸던 것이다.

---

[391] 마태 22,40("율법과 예언자들은 다 이 두 계명에 달렸습니다") 참조.

[392] 마태 28,19 참조.

Quomodo ergo deus non est qui dat spiritum sanctum? Immo quantus deus est qui dat deum? Neque enim aliquis discipulorum eius dedit spiritum sanctum. Orabant quippe ut ueniret in eos quibus manum imponebant, non ipsi eum dabant. Quem morem in suis praepositis etiam nunc seruat ecclesia. Denique et Simon magus offerens apostolis pecuniam, non ait: *Date et mihi hanc potestatem ut 'dem spiritum sanctum,'* sed: *cuicumque,* inquit, *imposuero manus accipiat spiritum sanctum,* quia neque scriptura superius dixerat: 'Videns autem Simon quod apostoli darent spiritum sanctum,' sed dixerat: *Videns autem Simon quod per impositionem manuum apostolorum datur spiritus sanctus.*

Propter hoc et dominus ipse Iesus spiritum sanctum non solum dedit ut deus sed etiam accepit ut homo, propterea dictus est plenus gratia. Et manifestius de illo scriptum est in actibus apostolorum: *Quoniam unxit eum deus spiritu sancto,* non utique oleo uisibili sed dono gratiae quod uisibili significatur unguento quo baptizatos ungit ecclesia. Nec sane tunc unctus est Christus spiritu sancto quando super eum baptizatum uelut columba descendit; tunc enim corpus suum, id est ecclesiam suam, praefigurare dignatus est in qua praecipue baptizati accipiunt spiritum sanctum. Sed ista mystica et inuisibili unctione tunc intellegendus est unctus quando *uerbum* dei *caro factum est,* id est quando humana natura sine ullis praecedentibus

---

393 praepositus는 교부가 '교회 지도자'를 칭하여 자주 쓰는 용어다. 교회의 권위는 성령을 부르고(invocamus) 은총의 수여를 상징하는 안수나 도유를 행하며 그 결과는 하느님에 의해서 이루어진다.

394 사도 8,15-19 참조.

395 요한 1,14("그분은 은총과 진리로 충만하셨다") 참조.

그러니 성령을 준 분이 어찌 하느님이 아니겠는가? 또 하느님을 준 분은 얼마나 위대한 하느님인가? 실상 그분의 제자 누구도 성령을 준 일이 없다. 자기들이 손을 얹은 그 사람들에게 성령이 오도록 기도했을 따름이지 자기들이 성령을 사람들에게 준 것이 아니다. 지금도 교회는 그 지도자들에게서[393] 그런 관습을 보존하고 있다. 마술사 시몬도 사도들에게 돈을 갖다 주면서 "나에게 이 권능을 주어 내가 성령을 베풀게 해 주십시오"라고 부탁하지는 않았고 "내가 손을 얹는 사람마다 성령을 받도록 해 주십시오"라고 했다. 성경도 앞 대목에서 "시몬은 사도들이 성령을 주는 것을 보고"라고 하지 않고 "시몬은 사도들의 안수로 영이 주어지는 것을 보고"라고 했다.[394]

바로 그런 뜻에서 주 예수는 하느님으로서 몸소 성령을 주었을 뿐 아니라 인간으로서 성령을 받기도 했다. 그래서 그분이 은총이 충만했다는 말이 나온다.[395] 또 이에 관해서는 사도행전에 더 분명한 구절이 나온다. "하느님께서 어떻게 그분을 성령으로 기름부으셨는지"[396] 이야기하는데, 물론 눈에 보이는 기름이 아니라 은총의 선물로 [기름부었다는 말이고] 교회가 세례 받은 사람들에게 눈에 보이는 기름을 발라 줄 때도 [이 은총의 선물을] 상징한다. 그렇다고 그리스도가 세례를 받고 성령이 비둘기 모양으로 그분 위에 내려오던 그 시각에 가서야 기름부음을 받은 것은 아니다.[397] 그때는 그분이 당신의 몸, 곧 당신의 교회를 예시하고자 했을 뿐이니[398] 교회 안에서 특히 세례 받은 이들이 성령을 받는 까닭이다. 그러나 그분이 저 신비적이고 눈에 안 보이는 도유塗油로 기름부음을 받은 것은 "말씀이 살이 되셨을" 바로 그때, 곧 인성人性이 선행先行하는 선공善功이 아무것도 없

---

[396] 사도 10,37-38("여러분은 알고 있습니다. … 나자렛 출신 예수를 하느님께서 어떻게 성령과 능력으로 기름부으셨는지를 말입니다") 참조.

[397] 루카 3,22; 마태 3,16 참조. 이하에 설명하듯이, 인간 예수가 세례 때 비로소 그리스도로 인정받기 시작했다는 양자설(養子說)을 염두에 둔 설명이다.

[398] 세례의 순간 그리스도는 성령을 받는데 그것은 교회의 도유를 예표한다. 그리스도는 단 한 번에 그리고 영구히 당신 교회에 성령을 주었다.

bonorum operum meritis deo uerbo est in utero uirginis copulata ita ut cum illo fieret una persona. Ob hoc eum confitemur natum de spiritu sancto et uirgine Maria. Absurdissimum est enim ut credamus eum cum iam triginta esset annorum (eius enim aetatis a Iohanne baptizatus est) accepisse spiritum sanctum, sed uenisse ad illud baptisma sicut sine ullo omnino peccato ita non sine spiritu sancto. Si enim de famulo eius et praecursore ipso Iohanne scriptum est: *Spiritu sancto replebitur iam inde ab utero matris suae*, quoniam quamuis seminatus a patre, tamen spiritum sanctum in utero formatus accepit, quid de homine Christo intellegendum est uel credendum cuius carnis ipsa conceptio non carnalis sed spiritalis fuit? In eo etiam quod de illo scriptum est, quod acceperit a patre promissionem spiritus sancti et effunderit utraque natura monstrata est, et humana scilicet et diuina. Accepit quippe ut homo, effudit ut deus. Nos autem accipere quidem hoc donum possumus pro modulo nostro; effundere autem super alios non utique possumus, sed ut hoc fiat deum super eos a quo id efficitur inuocamus.

47. Numquid ergo possumus quaerere utrum iam processerat de patre spiritus sanctus quando natus est filius, an nondum processe-

---

[399] sine ullis praecedentibus bonorum operum meritis: 나자렛 예수의 공적을 보고 하느님이 그분을 "주님과 그리스도로 삼으셨다"(사도 2,36)는 양자설에 답하는 글귀다.

[400] humana natura ⋯ deo verbo est ⋯ copulata: 육화에서 성령의 역할이 그리스도의 인성을 말씀의 위격에 합치하는 일로 언급된다(이 책에서 copula는 주로 의지가 지성과 인식을 결합하는 역할을 가리켰다).

[401] de spiritu sancto et virgine Maria: 아우구스티누스가 설교집(*Sermo* 213)에서 전해 주는 소위 '아프리카 신경'(Symbolum africanum: DS 14)의 구절로 그가 즐겨 쓰는 표현이다. 교부의 글에는 de spiritu sancto ex [a] virgine Maria도 나온다(e.g., *Sermo* 92.3; 233.4; *Contra Iulianum imperf.* 6.34; 이 책 2.6.11).

으면서도[399] 동정녀 태중에서 하느님인 말씀과 결합하여 말씀과 더불어 한 위격이 되던 순간이었다.[400] 바로 이런 이유로 우리는 그분이 성령과 동정 마리아에게서 태어났다는 신앙고백을 한다.[401] 그러니 그분이 서른 — 요한에게 세례 받은 나이가 그랬다 — 이 다 되어서야[402] 성령을 받았다고 믿는다는 것은 전혀 터무니없는 일이다. 그분은 세례를 받으러 올 때 아무 죄 없이 왔지만 성령 없이도 오지 않았다. 그분의 종이자 선구자인 요한을 두고도 "제 어머니의 태중에서부터 성령으로 가득 찰 것입니다"[403]라고 적혀 있었다면, 즉 그는 비록 아버지가 씨를 뿌렸지만 태중에 만들어지자마자 성령을 받았다면, 인간 그리스도를 두고는, 더구나 그분의 육신의 잉태마저 육적이 아니고 영적인 터에, 무엇이라고 믿고 이해해야 마땅하겠는가? 그분에 관하여 기록된 말씀에 따르면 그분에게는 성령에 대한 약속이 성부께로부터 있었고 [실제로 영을] 쏟아 주었으며,[404] 그렇게 해서 그분의 양성兩性 곧 신성神性과 인성人性이 드러났다.[405] 인간으로서는 [성령을] 받았고 하느님으로서는 성령을 쏟아 주었다. 우리도 우리 그릇대로 이 선물을 받을 수는 있지만 다른 사람들 위에 쏟아 줄 수는 없으며, 단지 그것을 행할 수 있는 하느님께 그 사람들 위에 그 일이 이루어지도록 전구轉求할 따름이다.

성령은 성부와 성자에게서 발하지만 원리적으로[406]▶ 성부에게서 발한다

26.47. 그렇다면 성자가 출생하셨을 때는 성령이 이미 발했는가, 그렇지 않으면 아직 발하지 않았다가 성자가 출생한 다음에 두 분에게서 발했는

---

[402] 루카 3,23("예수께서는 서른 살가량 되어 전도하기 시작하셨는데 사람들은 그분을 요셉의 아들로 여겼다") 참조.

[403] 루카 1,15 참조.

[404] 사도 2,33("그분은 아버지께로부터 성령의 약속을 받으신 다음에, 여러분이 보고 듣는 이 성령을 쏟아 주셨습니다") 참조.

[405] utraque natura … et humana … et diuina: "양 본성이 드러났으니 인간적 본성과 신적 본성이다."

rat et illo nato de utroque processit ubi nulla sunt tempora sicut
potuimus quaerere ubi inuenimus tempora uoluntatem prius de hu-
mana mente procedere ut quaeratur quod inuentum proles uocetur,
quia iam parta seu genita uoluntas illa perficitur eo fine requiescens
ut qui fuerat appetitus quaerentis sit amor fruentis qui iam de utro-
que, id est de gignente mente et de genita notione, tamquam de pa-
rente ac prole procedat? Non possunt prorsus ista ibi quaeri ubi ni-
hil ex tempore inchoatur ut consequenti perficiatur in tempore.
Quapropter qui potest intellegere sine tempore generationem filii de
patre intellegat sine tempore processionem spiritus sancti de utro-
que. Et qui potest intellegere in eo quod ait filius: *Sicut habet pater
uitam in semetipso sic dedit filio uitam habere in semetipso*, non si-
ne uita exsistenti iam filio uitam patrem dedisse sed ita eum sine
tempore genuisse ut uita quam pater filio gignendo dedit coaeterna
sit uitae patris qui dedit, intellegat sicut habet pater in semetipso ut
et de illo procedat spiritus sanctus sic dedisse filio ut de illo proce-

---

◂406 principaliter: '원천적으로', '근원적으로'. 아래 각주 415 참조.

407 후반부(8-15권) 내내 사변적으로 삼위일체론을 다뤘으면서도 책을 마무리할 무렵 성령
의 발출에 관하여 제대로 다루지 않았다는 느낌이 들었는지 특별히 한 번 더(26.47-27.48) 사
변적 고찰을 보탠다.

408 tempora를 tempore로 고쳐 읽으면[사본 S: Hill] "우리가 질문을 제기할 수 있었던 것은
인간 지성으로부터 의지가 시간상으로 먼저 발하는지를 우리가 의식하는 영역이며 그렇게
의식한 대상이면 '자식'이라고 부를 만하냐를 따지려는 것이었다"라는 해석이 나온다.

409 quia: 여러 사본이 qua로 수정하여 '자식'을 선행사로 삼는다. 인식되지 않으면 욕구되
지 않는다(nihil cupitur nisi conoscitur)는 원칙과 연관된다.

410 성령의 발출 역시 존재의 기원이라는 점에서 '탄생'과 흡사해 보인다. 그러나 의지의 발
로는 말씀에서처럼 '형상의 재생'이 없고 욕구하던 바를 향유하는 안식이 있을 따름이다.

411 지성에서 성자의 탄생과 성령의 발출을 추정할 수 있지만 시간을 전제하는 추측이므로
신빙성이 작다.

가 하는 물음을 과연 제기할 수 있을까?[407] 거기에는 시간이라는 것이 전혀 없는데도 말이다. 우리가 인간 지성으로부터 의지가 먼저 발생하느냐고 물을 수 있었던 것은 어디까지나 우리가 시간을[408] 의식하는 영역에서다. 일단 그렇게 의식되면 그것이 자식이라고 일컬을 만하지 않느냐고 따지려는 것이다. 왜냐하면[409] [그럴 경우에는] 의지가 일단 출생 혹은 탄생하고 나면, 저 의지는 그 종국에서 완료되어 안식을 얻을 테고, 그러면 탐구하는 자로서의 욕구였던 것이 향유하는 자로서의 사랑이 되는 것이 아니냐고 [물을 생각이다].[410] 그러면 이 사랑은 이미 양편에서, 즉 출생시키는 지성과 출생한 인식에서 유래하는, 다시 말해서 어버이에게서와 자식에게서 발하는 모양이 되는 것이 아니냐는 말이다. 하지만 시간으로 시작하거나 그다음 후속 결과로 시간에서 완결을 보는 그런 현상이 전혀 없는 [삼위일체에서는 성자와 성령의 선후를 묻는] 저런 물음을 제기하는 일부터가 불가능하다.[411] 그러므로 성부로부터 성자의 탄생이라는 것을 시간의 [개념] 없이[412] 이해할 능력이 있는 사람이라면 성령이 두 분으로부터 발출함도 시간의 [개념] 없이 이해하도록 노력해 보시라. 또 성자가 "아버지께서 자기 자신 안에 생명을 가지고 계신 것처럼 그렇게 아들에게도 생명을 주셔서 그 안에 생명을 가지게 하셨습니다"[413]라고 한 말씀이 이미 존재했지만 아직 생명 없이 존재하는 아들에게 아버지가 생명을 주었다는 뜻이 아님을 이해한 사람이라면, 또 마찬가지로 아버지가 시간이 없이 성자를 낳았음도 알아들을 만한 사람이라면, 그 생명은 아들을 낳으면서 준 것이므로 생명을 준 아버지의 생명과 함께 영원한 것임도 알아듣도록 하시라. 아버지가 자기 자신 안에 생명을 갖고 있고 당신에게서 성령이 발하듯이, 아들에게 [생명을 줄 때도] 같은 성령이 아들에게서도 발하게끔 그렇게 주

---

⁴¹² sine tempore: '시간 없이', '무시간적으로'.

⁴¹³ 요한 5,26.

dat idem spiritus sanctus et utrumque sine tempore, atque ita dictum spiritum sanctum de patre procedere ut intellegatur quod etiam procedit de filio, de patre esse filio. Si enim quidquid habet de patre habet filius, de patre habet utique ut et de illo procedat spiritus sanctus. Sed nulla ibi tempora cogitentur quae habent prius et posterius quia ibi omnino nulla sunt.

Quomodo ergo non absurdissime filius diceretur amborum cum sicut filio praestat essentiam sine initio temporis, sine ulla mutabilitate naturae de patre generatio, ita spiritui sancto praestet essentiam sine ullo initio temporis, sine ulla mutabilitate naturae de utroque processio? Ideo enim cum spiritum sanctum genitum non dicamus, dicere tamen non audemus ingenitum ne in hoc uocabulo uel duos patres in illa trinitate uel duos qui non sunt de alio quispiam suspicetur. Pater enim solus non est de alio, ideo solus appellatur ingenitus, non quidem in scripturis sed in consuetudine disputantium et de re tanta sermonem qualem ualuerint proferentium. Filius autem de patre natus est, et spiritus sanctus de patre principaliter, et ipso sine ullo interuallo temporis dante, communiter de utroque pro-

---

414 하느님께는 시간이 없으므로 성부의 존재도, 성자의 탄생도, 성령의 발출도 함께 영원하다. 따라서 성령의 발출이 성자의 탄생보다 후속적은 아니다.

415 quod etiam procedit de filio, de patre esse filio: 제목에 나오는 principaliter의 본뜻이 여기서 드러난다.

416 filio praestat essentiam de patre generatio: 영원한 탄생과 존재가 동일하므로.

417 '성령의 원리는 성부와 성자라고 말해야 옳다. 그러나 두 원리라고 하면 안 된다'(이 책 5.14.15)는 명제와 '원천적으로 성부에게서 발한다'는 명제를 공존시키면 '성령이 성부와 성자의 아들이다'라는 명제가 배제된다.

418 genitus, ingenitus: ingenitus는 성부께만 해당한다(이 책 5.6.7-7.8 참조). 부정 명칭(ingenitus)이므로 하느님에게서도 '관계'를 나타내지 '실체'를 나타내지는 않는다.

었다. 둘 다 시간 없이 이루어진다.[414] 그래서 성령이 성부께로부터 발한다는 그 말은 또한 성자로부터도 발하는 그것이 성부로부터 유래하여 성자에게 존재한다는 뜻으로 알아들어야 한다.[415] 성자가 무엇이든 갖고 있다면 성부께 받아서 갖고 있으며 당신에게서 성령이 발하는 그것도 성부께로부터 받아서 갖고 있다. 그렇지만 거기에는 '먼저'나 '뒤'라는 시간을 생각할 수가 없으니, 이는 시간이 전혀 없기 때문이다.

따라서 [성령이] 두 분의 아들이라고 하는 말은 참으로 자가당착이 왜 아니겠는가? 성부로부터의 탄생이 성자에게 존재를 부여했고[416] 그 일은 시간의 시작도 없고 본성의 변화도 일체 없이 이루어졌는데 말이다. 또 두 분으로부터의 발출이 성령에게 존재를 부여했고 그 일은 시간의 시작도 없고 본성의 변화도 없이 이루어졌는데 말이다.[417] 그래서 성령을 '태어난 분'이라고 부르지 않고 그렇다고 '태어나지 않은 분'이라고도 감히 말 못하는 것이[418] 그랬다가는 혹자가 이 명사로 인해서 저 삼위일체 안에 두 아버지가 계시다고 하거나 다른 분으로부터 유래하지 않은 분이 둘이 있지나 않나 생각할 것이기 때문이다.[419] 성부 홀로 다른 분으로부터 유래하지 않으며 따라서 성부 홀로 태어나지 않은 분이라 불린다. 이것은 성경에 그렇게 나오기 때문이 아니고, [삼위일체라는] 그토록 위대한 사안을 토론하고 할 수 있는 데까지 언어로 표현해 보려는 사람들의 관습에 근거해서 하는 말이다.[420] 그 대신 성자는 성부께 태어나고, 성령은 원천적으로는 성부께로부터 발하고, 시간의 간격이 전혀 없이, 성부가 베푸심에 따라서, 공통되게는 두 분으로부터 발한다.[421] [성령이] 성부와 성자의 아들이라는 말

---

[419] 각주 417에 따르면 '두 원리' 곧 duo patres, duo qui non sunt de aliquo 명제도 배제된다.

[420] non in scripturis sed in consuetudine disputantium: 삼위일체에 관한 교의적 명제들이 성경의 명확한 구절에서 나온 것이라기보다는 대부분 이 신비를 알아들으려는 지성적 노력의 소산임을 교부는 인정한다.

[421] de patre *principaliter, communiter* de utroque procedit: 성령이 성부와 성자로부터 파견받은 사실(앞의 24.45-26.46 참조)로 구원 경륜의 차원에서 내리는 결론이다. 그리스도는 하느님이고 그분이 하느님인 성령을 보냄을 앞에서 강조했다(4.20.29; 4.21.32).

cedit. Diceretur autem filius patris et filii si, quod abhorret ab omnium sanorum sensibus, eum ambo genuissent. Non igitur ab utroque est genitus sed procedit ab utroque amborum spiritus.

XXVII 48. Verum quia in illa coaeterna et aequali et incorporali et ineffabiliter immutabili atque inseparabili trinitate difficillimum est generationem a processione distinguere, sufficiat interim eis qui extendi non ualent amplius id quod de hac re in sermone quodam proferendo ad aures populi christiani diximus dictumque conscripsimus. Inter cetera enim cum per scripturarum sanctarum testimonia docuissem de utroque procedere spiritum sanctum: *Si ergo*, inquam, *et de patre et de filio procedit spiritus sanctus, cur filius dixit: De patre procedit? Cur, putas, nisi quemadmodum solet ad eum referre et quod ipsius est de quo et ipse est? Vnde illud est quod ait: Mea doctrina non est mea sed eius qui me misit. Si igitur hic intellegitur eius doctrina quam tamen dixit non suam sed patris, quanto magis illic intellegendus est et de ipso procedere spiritus sanctus ubi sic ait: De patre procedit, ut non diceret: 'De me non procedit?' A quo autem habet filius ut sit deus (est enim de deo deus), ab illo habet utique ut etiam de illo procedat spiritus sanctus, ac per hoc spiritus*

---

⁴²² 이하 교부는 자기가 쓴 『요한 복음 강해』(*Tractatus in Ioannis Evangelium* 99.8-9)를 길게 인용한다.

⁴²³ 요한 15,26("내가 아버지로부터 여러분에게 보낼 협조자, 곧 아버지로부터 나오는 진리의 영이 오시면, 그분은 나에 관해 증언할 것입니다") 참조.

⁴²⁴ de quo et ipse est: '당신의 존재마저 유래하는 그분.'

이 나올 법하지만 두 분이 성령을 낳았으리라는 표현은 온건한 사람들의 상식에 가공스럽다. 따라서 성령은 두 분으로부터 태어난 분이 아니고 두 분의 영으로서 두 분으로부터 발한다.

출생을 발출로부터 구분하기는 매우 어렵다

27.48. 함께 영원하고 동등하고 비물체적이고 형언할 수 없게 불변하고 불가분한 저 삼위일체에서 출생과 발출을 구분하는 일은 아주 어렵다. 그러니 우리가 이 사안에 관해서 그래도 사람들의 귀에 들리게 모종의 설교로 표현했다가 뒤에 글로 쓴 것이 있는데 [논의를] 더 이상 확대할 능력이 없는 사람들은 당분간 그것으로 만족하기 바란다.[422] 나로서는 다른 무엇보다도 성경의 증언에 근거해서 성령이 두 분으로부터 발한다는 사실을 가르쳐 왔다. 내가 한 말은 이렇다. "성령이 성부에게서도 성자에게서도 발한다면 무엇 때문에 성자가 [성령에 관하여] '아버지로부터 나오는'[423] 분이라는 말을 했을까? 그대라면 성자는 당신의 것마저도 당신이 유래하여 존재하는 그분의[424] 것으로 돌리면서 말씀하는 것이 상례였다는 이유 말고 달리 무슨 이유가 있었겠느냐고 생각지 않겠는가? 바로 그래서 '내 가르침은 내 것이 아니라 나를 보내신 분의 것입니다'[425]라는 말씀이 있다. 바로 당신이 말씀하고 있는 당신의 가르침이 당신 것이 아니라 성부의 것이라고 알아들어야 한다면 [성령을] '아버지로부터 나오는' 분이라고 하는 말씀이야말로 그분이 '나에게서는 나오지 않는다'고 알아들을 것이 아니라 성령이 또한 당신에게서도 나온다는 뜻으로 알아들어야 하지 않겠는가? 하느님 되심을 성자가 [성부께로부터] 받았다면 — 성자는 하느님으로부터 나온 하느님이다[426] — 또한 당신으로부터 성령이 발하심도 그분에게서 받

---

[425] 요한 7,16.

[426] de deo deus라는 표현이 성자의 신성을 나타내는 정통 문구라면 de patre(procedit)라는 표현도 마찬가지라는 설명이다.

sanctus ut etiam de filio procedat sicut procedit de patre ab ipso habet patre. Hic utcumque etiam illud intellegitur quantum a talibus quales nos sumus intellegi potest cur non dicatur natus esse sed potius procedere spiritus sanctus quoniam si et ipse filius diceretur, amborum utique filius diceretur, quod absurdissimum est. Filius quippe nullus est duorum nisi patris et matris. Absit autem ut inter deum patrem et deum filium tale aliquid suspicemur quia nec filius hominum simul et ex patre et ex matre procedit, sed cum in matrem procedit ex patre non tunc procedit ex matre, et cum in hanc lucem procedit ex matre non tunc procedit ex patre. Spiritus autem sanctus non de patre procedit in filium et de filio procedit ad sanctificandam creaturam, sed simul de utroque procedit, quamuis hoc filio pater dederit ut quemadmodum de se ita de illo quoque procedat. Neque enim possumus dicere quod non sit uita spiritus sanctus cum uita pater, uita sit filius. Ac per hoc sicut pater cum habeat uitam in semetipso dedit et filio habere uitam in semetipso, sic ei dedit uitam procedere de illo sicut procedit et de ipso.

Haec de illo sermone in hunc librum transtuli sed fidelibus non infidelibus loquens.

---

[427] ab ipso habet patre: 바로 위의 문장처럼 '성자로부터 성령이 발하심도 성자가 성부께 받듯이' 각도를 달리하여 '성령이 성부에게서 발하듯이 또한 성자로부터 발하는 것도 [성령이] 성부께 받아서 그렇게 된다'라는 번역도 가능하다.

[428] 아버지가 어머니에게 수태시키는 때(in matrem ex patre)와 모태에서 출산할 때(ex matre)는 제각기 다른 시각이라는 설명이다.

[429] 요한 5,26(앞의 각주 423 참조).

[430] 자기의 강론이나 연설 심지어 학문적 대담이나 공개 토론마저도 속기사를 고용하여 기록하고 정서하기 전에 수정했으며, 자기 모든 저작을 충실히 간직하고 있던 아우구스티누스로서는 여러 저서에서 다른 저작을 길게 원문대로 인용하곤 한다.

지 않았겠는가? 그래서 성령이 성부에게서 발하듯이 또한 성자로부터도 발하는 것은 [성자가] 성부께 받아서 그렇게 되는 것이다.[427] 여기서 왜 성령이 태어난다고 하지 않고 발한다고 하는지를 어느 정도 알아듣겠는데 그것도 우리 같은 사람들이 알아들을 만한 선에서 알아듣는 셈이다. 만약 성령도 아들이라고 일컬어진다면 [성부와 성자] 두 분의 아들로 일컬어질 것이고 그것은 불합리하기 짝이 없는 말이다. 본시 아들은 두 사람의 소생이지만 어디까지나 아버지와 어머니의 소생이다. 하느님 아버지와 하느님 아들 사이에 [또 다른 아들이 태어난다는 것은] 상상하기도 불측한 일이다. 인간들의 아들마저도 아버지와 어머니에게서 동시에 나온다고 하지 않는다. 아버지에게서 어머니에게로 나오는 바로 그 순간에 어머니에게서도 나오는 것이 아니고, 어머니에게서 이 세상의 빛을 보러 나오는 바로 그 순간에 아버지에게서 나오는 것이 아니다.[428] 그 대신 성령은 성부께로부터 성자에게로 발하고, 그다음 피조계를 성화시키려고 성자에게서 발하는 것이 아니다. 동시에 두 분에게서 발한다. 비록 당신에게서 성령이 발하듯이 성자에게서도 발하게, [그럴 능력을] 성자에게 주신 분이 성부라 할지라도 말이다. 그러므로 성부가 생명이고 성자도 생명이므로 성령은 생명이 아니라고 말하는 일은 불가능하다. 성부가 당신 안에 생명을 가지고 있는 것처럼 그렇게 성자에게도 생명을 주어서 그 안에 생명을 가지게 했듯이,[429] 생명을 성자에게 줄 때 자신에게서 [성령이] 발하듯이 그분에게서도 [성령이] 발하게 그렇게 준 것이다.”

이 글은 내가 저 강연에서 한 말을 이 책에다 옮겨 적었는데[430] [그때는] 믿지 않는 사람들이 아니라 믿는 사람들에게 한 발언이었다.[431]

---

431 이 책은 신앙인이면서도 신앙보다 이성에 의지하려는 사람들을 상대하므로(1.1.1 참조: “삼위일체에 관하여 논하는 이 글을 읽을 사람들은 무엇보다도 먼저 우리의 붓이, 신앙의 출발점을 무시하면서 이성에 대한 미숙하고 비뚤어진 사랑에 속는 사람들의 모략중상을 겨냥하여 경계하는 데 있음을 알아 둘 것이다.”) 그런 독자들을 ‘믿지 않는 사람’이라고 부른다.

49. Verum si ad hanc imaginem contuendam et ad uidenda ista quam uera sint quae in eorum mente sunt nec tria sic sunt ut tres personae sint sed omnia tria hominis sunt quae una persona est minus idonei sunt, cur non de illa summa trinitate quae deus est credunt potius quod in sacris litteris inuenitur quam poscunt liquidissimam reddi sibi rationem quae ab humana mente tarda scilicet infirmaque non capitur? Et certe cum inconcusse crediderint scripturis sanctis tamquam ueracissimis testibus, agant orando et quaerendo et bene uiuendo ut intellegant, id est ut quantum uideri potest uideatur mente quod tenetur fide. Quis hoc prohibeat? Immo uero ad hoc quis non hortetur? Si autem propterea negandum putant ista esse quia ea non ualent caecis mentibus cernere, debent et illi qui ex natiuitate sua caeci sunt esse solem negare. *Lux* ergo *lucet in tenebris*, quod si eam tenebrae non comprehendunt, inluminentur dei dono prius ut sint fideles et incipiant esse lux in comparatione infidelium, atque hoc praemisso fundamento aedificentur ad uidenda quae credunt ut aliquando possint uidere. Sunt enim quae ita creduntur ut uideri iam omnino non possint. Non enim Christus iterum in cruce uidendus est, sed nisi hoc credatur quod ita factum atque uisum est ut

---

[432] 교부는 이 책 전반부(1-7권)에서는 성경에 입각하여 삼위일체를 논증했다.

[433] mente tarda infirmaque: 이 책 후반부에서 지적 훈련을 받은 지성인들을 상대로 어려운 이론을 전개해 왔지만(opus laboriosum: 14.1.3) 삼위일체의 신비를 이성적으로 완벽하게 재구성하는 일은 교부도 체념했다는 말이다.

[434] ut quantum videri potest videatur mente quod tenetur in fide: '신앙의 지식(이해)'에 관한 나름대로의 정의에 해당한다.

이런 연구에서는 신앙의 규칙을 엄정히 지켜야 한다. 정말 이해하려면 우선 기도하고 탐구하고 또한 선하게 살아야 한다

27.49. [삼위일체를 믿지 않는 사람들이] 이런 모상을 헤아리는 데나, 자기들의 지성 안에 있는 [세 능력이] 매우 실제적인 것이라는 점을 깨닫는 데나, 그것들이 세 위격을 이루는 식으로 셋이 아니고 그 전부가 한 인격체인 인간의 세 [능력]임을 제대로 파악하는 데나 적성을 덜 갖추었다고 하자. 그렇다면 하느님이라는 저 지존한 삼위일체에 관하여 차라리 성경에서 발견되는 것을 토대로 믿지 않는 까닭은 무엇일까?[432] 아주 명료한 이치를 얻어 내려고 애쓰지만 인간 지성이란 둔하고 취약하여 그것을 차마 수용하지 못하는 터에 말이다.[433] 물론 성경을 아주 진실한 증언으로 굳건하게 믿는다면 기도하고 탐구하고 선하게 사는 것으로 처신해야 할 것이다. 그렇게 함으로써 이해하기에 이르러 신앙으로 견지하는 바를 지성으로 볼 수 있는 경지에 이를 것이다.[434] 누가 그것을 말리겠는가? 되레 그렇게 하라고 권유하지 않을 사람이 누구겠는가? 그리고 만약 지성이 눈멀어 이런 내용이 파악되지 않으므로 [이런 내용을] 부정해야 한다고 여기는 사람들이 있다면, 나면서부터 소경인 사람들은 아예 태양이 존재한다는 것도 부정해야 한다는 말이나 마찬가지다. 그런데 "빛이 어둠 속에 비치고 있다." 어둠이 그것을 받아들이지 않는다면[435] 먼저 하느님의 빛으로 비추임 받아 신앙인이 되어야 하겠고 나아가서는 믿지 않는 사람들과 견주어 스스로 빛이 되기 시작해야 마땅할 것이다. 이런 토대를 먼저 놓은 다음에 자기가 믿는 바를 [지성으로 이해하고] 보도록 건물을 쌓아 올려 언젠가는 그것을 보도록 할 것이다. 그런데 이미 더 이상 볼 수 없으리라고 믿는 것들이 있다. [예컨대] 그리스도가 다시 십자가에 못 박히는 장면은 다시 못 볼 것이다. 하지만 [그리스도가 십자가에 못 박힌 사건이] 일어났고 실제로 목격되었다는 것을 믿지 않는다면, 그래서 그런 일이 일어날 수 있다는

---

[435] 요한 1,5("빛이 어둠 속에 비치고 있다. 하지만 어둠은 그것을 받아들이지 않았다") 참조.

futurum ac uidendum iam non speretur, non peruenitur ad Christum qualis sine fine uidendus est. Quantum uero attinet ad illam summam, ineffabilem, incorporalem immutabilemque naturam per intellegentiam utcumque cernendam, nusquam se melius regente dumtaxat fidei regula acies humanae mentis exerceat quam in eo quod ipse homo in sua natura melius ceteris animalibus, melius etiam ceteris animae suae partibus habet, quod est ipsa mens cui quidam rerum inuisibilium tributus est uisus, et cui tamquam in loco superiore atque interiore honorabiliter praesidenti iudicanda omnia nuntiant etiam corporis sensus, et qua non est superior cui subdita regenda est nisi deus.

50. Verum inter haec quae multa iam dixi et nihil illius summae trinitatis ineffabilitate dignum me dixisse audeo profiteri, sed confiteri potius mirificatam scientiam eius ex me inualuisse nec potuisse me ad illam. O tu, anima mea, ubi te esse sentis, ubi iaces aut ubi stas donec ab eo qui propitius factus est omnibus iniquitatibus tuis sanentur omnes languores tui? Agnoscis te certe in illo esse stabulo quo samaritanus ille perduxit eum quem reperit multis a latronibus inflictis uulneribus semiuiuum. Et tamen multa uera uidisti, non his

---

⁴³⁶ 십자가 사건 같은 역사적 사실마저도 증언을 통한 믿음의 대상이 되는 경우가 많다.

⁴³⁷ se melius regente fidei regula acies humanae mentis exerceat: 아우구스티누스가 일평생 구사한 학문적 방법론이다.

⁴³⁸ 제아무리 믿음이 중하더라도 믿음의 내용에 관한 예단적 판단을 내리는 것은 역시 지성이고 그 위에는 하느님밖에 없다.

⁴³⁹ 시편 139,6("저에게는 너무나 신비한 당신의 예지, 너무 높아 저로서는 어찌할 수 없습니다")을 연상시킨다. 이어서 자기 영혼에 바치는 '독백' 형식의 글이 나온다.

것과 그런 일을 보게 되리라는 기대도 품지 않게 된다면, 인간은 그리스도에게 도달하지 못하고 영원히 뵈올 분으로 [믿지도 못할 것이다].[436] 그러나 [삼위일체라는] 저 지존하고 형언할 수 없고 비물체적이고 불변하는 [자연] 본성을 이해를 통하여 확실하게 관조하려면 모름지기 신앙의 규범이 다스리는 가운데, 인간 지성의 예봉이 자기를 최선으로 단련해 주는 길밖에 없다.[437] 저 능력으로 인간은 자기 본성에 있어서 다른 동물들보다 훌륭한 면을 지닐뿐더러 자기 영혼의 다른 부분들보다도 훌륭한 점을 지니는데 그것이 바로 지성이다. 눈으로 볼 수 없는 사물들을 일부나마 보는 시선이 바로 지성에 허용되어 있고, 지성은 보다 높고 보다 내면적인 공간에 주심主審으로서 영예롭게 자리 잡고 있어서 육체의 감관들도 판단을 내려야 할 대상들을 모두 이 지성 앞에 보고하며, 그보다 상위의 것으로서 지성이 복종하고 통솔받을 대상이라고는 하느님 외에 없다.[438]

이 난해한 문제의 해법: 사랑은 인식에서 나오지만 인식의 모상은 아니다

27.50. 지금까지 내가 많은 이야기를 했음에도 불구하고 저 지존한 삼위일체의 불가형언함에 합당한 이야기는 아무것도 못했다고 감히 자백하는 바이다. 그렇지만 그에 관한 신묘한 지식이 내게는 너무도 힘에 부쳤고 나로서는 그 지식에 도달할 능력이 없었음도 고백하는 바이다.[439] "오 내 영혼이여, 그대의 모든 행악에 대해 너그러운 분이 되어 그대의 모든 상처를 낫게 해 주실 만한 분으로부터 떨어져 그대는 여태까지 어디 있다고 느끼며 어디에 누워 있으며 어디에 서 있는가?[440] 그대는 자기가 저 여인숙에 누워 있음을 알 것이다. 강도 맞아 수많은 상처를 입고 반쯤 죽은 사람을 저 사마리아 사람이 발견하고 데려온 그 여인숙 말이다.[441] 또 그대는 많은

---

[440] 시편 103,2-3("그분께서 해 주신 일 하나도 잊지 마라. 네 모든 잘못을 용서하시고 네 모든 아픔을 낫게 하시는 분") 참조.

[441] 루카 10,30-34 참조. 교부들은 강도 맞아 상처 입은 사람을 죄 많은 인류로, 착한 사마리아 사람을 그리스도로 표상하여 설교했다.

oculis quibus uidentur corpora colorata, sed eis pro quibus orabat qui dicebat: *Oculi mei uideant aequitatem.* Nempe ergo multa uera uidisti eaque discreuisti ab illa luce qua tibi lucente uidisti. Attolle oculos in ipsam lucem et eos in ea fige si potes. Sic enim uidebis quid distet natiuitas uerbi dei a processione doni dei propter quod filius unigenitus non de patre genitum, alioquin frater eius esset, sed procedere dixit spiritum sanctum. Vnde cum sit communio quaedam consubstantialis patris et filii amborum spiritus, non amborum, quod absit, dictus est filius. Sed ad hoc dilucide perspicueque cernendum non potes ibi aciem figere. Scio, non potes. Verum dico, mihi dico, quid non possim scio. Ipsa tibi tamen ostendit in te tria illa in quibus te summae ipsius quam fixis oculis contemplari nondum uales imaginem trinitatis agnosceres. Ipsa ostendit tibi uerbum uerum esse in te quando de scientia tua gignitur, id est quando quod scimus dicimus, etsi nullius gentis lingua significantem uocem uel proferamus uel cogitemus; sed ex illo quod nouimus cogitatio nostra formetur, sitque in acie cogitantis imago simillima cognitionis eius quam memoria continebat, ista duo scilicet uelut parentem ac prolem tertia uoluntate siue dilectione iungente. Quam quidem uoluntatem de cognitione procedere (nemo enim uult quod omnino quid uel quale sit nescit),

---

⁴⁴² 시편 17,2. 『성경』: "당신 눈으로 올바른 것을 보아 주소서."

⁴⁴³ ab illa luce qua tibi lucente vidisti: 교부의 조명설(照明說)에 관해서는 앞의 각주 101 참조.

⁴⁴⁴ 요한 15,26("아버지로부터 나오는 진리의 영[spiritum veritatis, qui a patre procedit]": 앞의 각주 423) 참조.

⁴⁴⁵ communio quaedam consubstantialis: 이 책 6.5.7의 각주 59에서도 사용한 표현이다.

⁴⁴⁶ *te* imaginem trinitatis agnosceres: 사본에 따라서는 te 대신 tu로 나온다.

진리를 보았다. 그것도 채색된 물체를 보는 이 눈으로 본 것이 아니고 '나의 눈이 공평을 보게 해 주소서'[442]라고 기도하던 인물이 말하던 그 눈으로 본 것이다. 그대는 많은 진리를 보았고 저 빛으로 분별해 냈다. 저 빛이 그대를 비추어 주는 가운데 그대는 보았다.[443] 저 빛으로 눈을 들고, 할 수 있거든 저 빛에 눈을 고정하라. 그러면 하느님 말씀의 출생과 하느님 선물의 발출이 어떻게 다른지 보리라. 그것 때문에 외아들이신 성자께서 성령은 성부께로부터 나신 분이 아니고 발하신다는[444] 말씀을 하셨으며, 그렇지 않으면 [성령이] 성자의 형제가 되고 말았으리라. 성령은 성부와 성자 사이와 실체를 함께하는 어떤 친교[445]이므로 두 분의 영이시지만 두 분의 아들 — 말도 안 되는 소리다 — 은 아니다. 그러나 이것을 명료하고 확연하게 파악하려고 거기에 [지성의] 예봉을 집중하는 일은 불가능하다. 내가 알거니와 그대로서는 불가능하다. 내 말은 참이니 나 스스로에게 하는 말이거니와 나에게 그것이 불가능하다는 것을 내가 알고 있는 까닭이다. 하지만 저 빛이 그대에게서 저 세 가지 [능력은] 보여 주고 그 능력에서 그대는 그대 자신을 저 지존한 삼위일체 자체의 모상으로서 인지할 것이다.[446] 지금은 [삼위일체에] 시선을 집중한 채 관상할 능력이 그대에게 없겠지만 적어도 그 모상은 인지할 수 있다. 저 빛은 그대의 지식에서 말이 태어날 때, 즉 우리가 아는 바를 발설하는 순간에, 그대 안에 참된 말이 존재함을 그대에게 보여 준다. 물론 어느 일정한 민족의 국어로 우리가 그 말에 의미를 담아 발음하거나 생각해 내는 것은 아니더라도 말이다." [우리가 하고 싶은 말은] 단지 우리가 알고 있는 것으로부터 우리 사유가 형상화된다는 점과, 사유하는 사람의 [지성의] 예봉 속에는 그의 사유와 아주 흡사한 모상이 존재한다는 점이다. 기억이 간직하고 있던 사유와 아주 흡사한 모상이 존재하게 된다는 것이다. 그리고 제3자인 의지 혹은 사랑이 그 둘 [곧 기억과 사유를] 부모와 자식처럼 한데 결합시킨다. 그 의지는 비록 인식으로부터 발하지만 — 무엇인지 모르고 어떤 것인지 모르는 대상은 아무도 원하지 않는 법이다 — 인식의 모상은 아니라는 사실[447]▶을 간파하고 구분

non tamen esse cognitionis imaginem, et ideo quandam in hac re intellegibili natiuitatis et processionis insinuari distantiam quoniam non hoc est cogitatione conspicere quod appetere uel etiam perfrui uoluntate, cernit discernitque qui potest. Potuisti et tu quamuis non potueris neque possis explicare sufficienti eloquio quod inter nubila similitudinum corporalium quae cogitationibus humanis occursare non desinunt uix uidisti.

Sed illa lux quae non est quod tu et hoc tibi ostendit aliud esse illas incorporeas similitudines corporum et aliud esse uerum quod eis reprobatis intellegentia contuemur. Haec et alia similiter certa oculis tuis interioribus lux illa monstrauit. Quae igitur causa est cur acie fixa ipsam uidere non possis nisi utique infirmitas, et quis eam tibi fecit nisi utique iniquitas? Quis ergo sanat omnes languores tuos nisi qui propitius fit omnibus iniquitatibus tuis? Librum itaque istum iam tandem aliquando precatione melius quam disputatione concludam.

XXVIII 51. Domine deus noster, credimus in te patrem et filium et spiritum sanctum. Neque enim diceret ueritas: *Ite, baptizate gentes in nomine patris et filii et spiritus sancti* nisi trinitas esses. Nec baptizari nos iuberes, domine deus, in eius nomine qui non est dominus

---

◀447 의지를 기억의 모상인 인식의 모상이라고 일컫지 않는다.

448 eis reprobatis: 교부는 진리의 궁극적 관조는 현상적 인식을 초월하는 비약에 있음을 거듭 강조한다.

449 시편 103,2-3(앞의 각주 440 참조).

450 원저의 소제목 목록(Breviculus)에는 28장이 안 나온다. 최종 편집본도 27장으로 끝난 듯하다.

하는 사람이라면, 이 가지적 사물에서도 출생과 발출의 어떤 차이가 감지됨을 간파할 수 있을 것이다. 왜냐하면 의지로 무엇을 욕구하거나 향유하는 것은 사유로 관조하는 것과 같지 않기 때문이다. 그럴 능력이 있는 사람이라면 이런 현상을 식별하고 구분할 만하다. [이런 것은] 그대가 인간 사유에 끊임없이 부딪쳐 오는 물체들의 유사상을 이용해서 안개처럼 겨우겨우 보아 왔을 것이다. 또 그대가 [그처럼 어렵사리] 본 것을 언어로 충분히 설명을 못했을 것이고 지금도 못할 것이다.

그러나 저 빛 — 그대가 그 빛은 아니다 — 이 그대에게 보여 주리라. 물체들의 비물체적 유사상이라는 것 다르고, 저런 유사상들을 제쳐 내고서[448] 우리가 오성으로 관조하기에 이르는 진리라는 것 다름을 보여 주리라. 물론 이것이나 그 밖에도 이와 비슷한 것들이 확실하다고 그대 내면의 눈에 보여 준 것도 저 빛이었다. 그러면 [지성의] 예봉을 고정하고도 저 빛을 못 보게 만든 이유는 [지성의] 취약성 아니고 무엇이겠는가? 그리고 죄악이 아니면 무엇이 그대에게 이 취약함을 만들어 주었겠는가? 또 그대의 모든 무기력함을 치유해 줄 분은 그대의 모든 행악에 너그러워진 분이 아니고 누구겠는가?[449] 그런 이유에서 나는 마침내 이 책을 맺을까 하는데 토론보다는 일종의 기도로 매듭지을까 한다.

기도. 책의 결론. 너무 많은 말을 한 데 대한 후회와 변명[450]

28.51. 주 나의 하느님, 우리는 당신에게서 성부와 성자와 성령을 믿습니다. 당신께서 삼위일체가 아니시면 "여러분은 가서 아버지와 아들과 성령의 이름으로 그들에게 세례를 베푸시오"[451]라는 말씀이 진리가 아닐 것입니다. 주 하느님, 또 우리가 주 하느님 아닌 누구의 이름으로 세례 받으라고 명하지 않으실 것입니다. 또한 삼위일체이시지만 한 분 주 하느님이

---

[451] 마태 28,19.

deus. Nec diceretur uoce diuina: *Audi, Israhel: Dominus deus tuus deus unus est* nisi trinitas ita esses ut unus dominus deus esses. Et si tu deus pater ipse esses et filius uerbum tuum Iesus Christus ipse esses et donum uestrum spiritus sanctus, non legeremus in litteris ueritatis: *Misit deus filium suum*, nec tu, unigenite, diceres de spiritu sancto: *Quem mittet pater in nomine meo*, et: *Quem ego mittam uobis a patre*. Ad hanc regulam fidei dirigens intentionem meam quantum potui, quantum me posse fecisti, quaesiui te et desideraui intellectu uidere quod credidi et multum disputaui et laboraui. Domine deus meus, una spes mea, exaudi me ne fatigatus nolim te quaerere, sed quaeram faciem tuam semper ardenter. Tu da quaerendi uires, qui inueniri te fecisti et magis magisque inueniendi te spem dedisti. Coram te est firmitas et infirmitas mea; illam serua, istam sana. Coram te est scientia et ignorantia mea; ubi mihi aperuisti suscipe intrantem; ubi clausisti aperi pulsanti. Meminerim tui; intellegam te; diligam te. Auge in me ista donec me reformes ad integrum.

---

452 신명 6,4. 『성경』: "주 우리 하느님께서는 한 분이신 주님이시다."

453 요한 3,17 참조.

454 삼위일체가 곧 성부요 삼위일체가 곧 성자요 삼위일체가 곧 성령이라는 주장은 사벨리우스 이단(Sabellianism)의 경향이다.

455 요한 14,26 참조.

456 요한 15,26 참조.

457 시편 105,3-4("주님을 찾는 이들의 마음은 기뻐하여라. 주님과 그 권능을 구하여라. 언제나 그 얼굴을 찾아라") 참조.

458 tu da quaerendi vires, qui inveniri te fecisti, et magis magisque inveniendi te spem dedisti: 『고백록』 1.1.1("당신을 향하도록 우리를 만드셨으므로 당신 안에 쉬기까지는 우리 마음이 안달을 합니다")과 더불어 교부의 하느님 찾기(神智學)의 명구로 꼽힌다.

459 묵시 3,7-8("당신이 여시면 닫을 자가 없고, 당신이 닫으시면 열 자가 없는 분이 이렇게 말씀하셨다. … 네 앞에 아무도 닫을 수 없는 문을 열어 두었다") 참조.

아니시라면 하느님의 목소리로 "이스라엘아, 들으라. 주 너의 하느님께서는 한 분이신 하느님이시다"[452]라는 말씀이 내리지 않았을 것입니다. 또 [삼위일체이신 하느님] 당신께서 곧 하느님 아버지이시라면, 당신께서 성자 곧 당신의 말씀 예수 그리스도이시라면, 당신께서 곧 두 분의 선물이신 성령이시라면 "하느님께서 당신 아드님을 보내셨다"[453]라는 말씀을 우리가 진리의 서책에서 읽게 되었을 리도 만무합니다.[454] 외아드님이시여, 당신께서 성령을 두고 "아버지께서 내 이름으로 보내 주실"[455] 분이라거나 "내가 아버지께로부터 보낼"[456] 분이라는 말씀도 하셨을 리 없습니다. 이러한 신앙의 규범으로 나의 의향을 이끌어 나가면서, 내가 할 수 있는 데까지, 내가 할 만하게 당신께서 만들어 주신 데까지 [내 의향을 이끌어 나가면서] 나는 당신을 탐구했고, 내가 믿는 바를 오성으로 뵙고자 열망했으며, 그러느라 많은 토론을 하고 많은 수고를 기울였습니다. 주 나의 하느님, 내 유일한 희망이시여, 빌건대 내가 기진하여 당신을 탐구하기 싫어하는 일이 없게 하시고 항상 열렬히 당신 얼굴을 찾게 해 주십시오.[457] 당신께서 발견되게 만드신 분은 당신이시고, 가면 갈수록 당신을 더욱더 찾아내리라는 희망을 주셨으니, 찾아갈 힘 또한 당신께서 주십시오.[458] 내 힘도 무력함도 당신 앞에 놓여 있습니다. 앞의 것은 보전하시고 뒤의 것은 낫게 하십시오. 내 앎도 무지함도 당신 앞에 놓여 있습니다. 나에게 열어 주신 곳에는 또한 내가 들어가게 받아 주십시오. 닫으신 곳은 두드리는 자에게 열어 주십시오.[459] 당신을 기억하게 해 주십시오. 당신을 이해하게 해 주십시오. 당신을 사랑하게 해 주십시오.[460] 당신께서 나를 온전히 고치시기까지 내 안에 이럴 [능력]들을 키워 주십시오.

---

[460] "내가 당신을 기억하여지이다! 내가 당신을 이해하여지이다! 내가 당신을 사랑하여지이다!"라는 희구문(希求文)이다.

Scio scriptum esse: *In multiloquio non effugies peccatum*. Sed utinam praedicando uerbum tuum et laudando te tantummodo loquerer. Non solum fugerem peccatum sed meritum bonum adquirerem quamlibet multum sic loquerer. Neque enim homo de te beatus peccatum praeciperet germano in fide filio suo cui scripsit dicens: *Praedica uerbum; insta opportune, importune*. Numquid dicendum est istum non multum locutum qui non solum opportune uerum etiam importune uerbum tuum, domine, non tacebat? Sed ideo non erat multum quia tantum erat necessarium. Libera me, deus meus, a multiloquio quod patior intus in anima mea misera in conspectu tuo et confugiente ad misericordiam tuam. Non enim cogitationibus taceo etiam tacens uocibus. Et si quidem non cogitarem nisi quod placeret tibi, non utique rogarem ut me ab hoc multiloquio liberares. Sed multae sunt cogitationes meae tales quales nosti *cogitationes hominum quoniam uanae sunt*. Dona mihi non eis consentire, et si quando me delectant, eas nihilominus improbare nec in eis uelut dormitando immorari. Nec in tantum ualeant apud me ut aliquid in opera mea procedat ex illis, sed ab eis mea saltem sit tuta sententia, tuta conscientia te tuente. Sapiens quidam cum de te loqueretur in libro suo qui ecclesiasticus proprio nomine iam uocatur: *Multa*, inquit, *dicimus et non peruenimus, et consummatio sermonum uni-*

---

461 잠언 10,19. 『성경』: "말이 많은 데에 허물이 없지 않다."

462 2티모 4,2.

463 시편 94,11. 『성경』: "주님께서는 알고 계시도다, 사람들의 생각을, 그들은 허황됨을."

464 mea Sit TuTa SenTenTia, TuTa conScienTia, Te Tuente: S와 T 자로 구성된 음절로 혀 짧은 소리를 흉내 내어 주님께 빌고 있다.

465 집회 43,27 참조. 『성경』: "우리가 아무리 많은 말로 이야기해도 미치지 못하니 '그분께서는 전부이시다'라고 말할 수밖에 없다."

"말이 많은 데는 죄를 피하지 못하리라"[461]라고 기록되어 있음을 내가 압니다. 오로지 당신 말씀을 설교하고 당신을 찬미해서만 말을 하기가 소원입니다. 그렇게 하면 말을 많이 하더라도 죄를 피하기만 하지 않고 되레 선한 공덕을 얻고자 합니다. 당신으로 해서 지복에 이른 저 인물도 신앙 안에 정말 자기 아들 같은 사람에게 "말씀을 선포하십시오. 기회가 좋든지 나쁘든지 꿋꿋하십시오"[462]라고 했으며 그렇다고 해서 죄에 떨어지지는 않았을 것입니다. 주님, 기회가 좋을 때뿐만 아니고 나쁠 때도 당신의 말씀을 두고 입을 다물지 못한 저 사람이 말을 많이 안 했다고 해야 하겠습니까? 그것이 많은 말이 아니었다면 그만큼 필요했기 때문입니다. 내 하느님, 수다스러움에서 나를 구해 주십시오. 내 영혼 저 속 깊이에서 이 [병을] 앓고 있으며, 당신 면전에 너무도 가련하여 당신의 자비로 피난하는 영혼입니다. 나는 목청을 다물지라도 생각을 다물지는 못합니다. 내가 당신 마음에 드는 일만을 생각한다면야 수다스러움에서 나를 구해 주십사 빌지도 않겠습니다. 하지만 내 많은 생각이란 "사람들의 생각이 허황됨을" 당신은 아신다는 그런 것들입니다.[463] 나로 하여금 그런 생각들에 동조하게 하지 마시고, 행여 그것들이 나를 즐겁게 할라치면 그것들을 한사코 거절하게 하시며, 잠에 취한 양 그리로 가라앉지 않게 해 주십시오. 그것들이 나에게 힘을 뻗쳐 거기서 무엇이든 혹시라도 내 행업으로 발동하는 일이 없게 하시며, 당신의 보우하심을 입어, 나의 사상이 그런 것들로부터 안전하고 나의 양심이 그런 것들로부터 안전하게 해 주십시오.[464] 어느 현자는 옛적에 그야말로 집회서라는 명칭으로 불리는 자기 책에서 당신을 들어 말하면서 이런 말을 합니다.[465] "우리가 아무리 많은 말로 이야기해도 이르지 못하니 그분이야말로 모든 언어의 보편적 총괄이시다."[466] 그러므

---

[466] et consummatio sermonum universa est ipse: 새 불가타역은 칠십인역에 따라서 consummatio autem sermonum: 'ipse est omnia'("모든 언어의 총괄 요약은 이 한마디이니 '그분이 모든 것이로다!'")라고 번역하는데, 교부도 이 구절을 그런 뜻으로 풀이한다.

uersa est ipse. Cum ergo peruenerimus ad te, cessabunt *multa* ista quae *dicimus et non peruenimus*, et manebis unus *omnia in omnibus*, et sine fine dicemus unum laudantes te in unum et in te facti etiam nos unum. Domine deus une, deus trinitas, quaecumque dixi in his libris de tuo agnoscant et tui; si qua de meo, et tu ignosce et tui. Amen.

<hr>

467 1코린 15,28("그리하여 하느님께서는 모든 것 안에서 모든 것이 되실 것입니다") 참조.

468 sine fine dicemus *unum* laudantes te *in unum* et in te facti etiam nos *unum*: 앞의 각주 466의 ipse est omnia를 세 번의 unum으로 간추리고 있다.

로 우리가 당신께 이를 때 "우리가 이야기를 하고 또 해도 이르지 못하는" 그 많은 말은 멈출 것입니다. 그러면 당신만 남으시어 "모든 것 안에 모든 것"[467]이 되실 것입니다. 그때는 우리도 끝없이 하나만을 이야기할 것이며 하나같이 당신을 찬미하겠습니다, 당신 안에 우리 또한 하나 되어.[468] 유일하신 주 하느님이시여, 삼위일체 하느님이시여, 내가 이 책에서 이야기한 것에서 무엇이든지 당신 것이면 당신의 사람들도 그렇게 알아보게 해 주십시오. 그리고 혹시 내 것이면 당신께서 나를 용서하시고 당신의 사람들도 나를 용서하게 해 주십시오.[469] 아멘.[470]

---

[469] **de tuo**   **agnoscant et tui**
si qua **de meo** et tu **ignosce**   **et tui**:
   라틴어 수사학상으로 de tuo와 de meo, agnoscant와 ignosce, 두 번의 et tui가 절묘한 대칭을 이룬다.

[470] 대부분의 사본에 '성 아우구스티누스 주교의 삼위일체론 제15권 완결'(Explicunt XV libri Sancti Augustini Episcopi de Trinitate)이라는 발문(跋文)이 붙는다.

XV 1. Libros *De Trintate*, quae Deus est, quindecim scripsi per aliquot annos. Sed cum eorum duodecimum nondum perfecissem, et eos diutus tenerem quam possent sustinere qui vehementer illos habere cupiebant, subtracti sunt mihi minus emendati quam deberent ac possent, quando eos edere voluissem. Quod posteaquam comperi, quia et alia eorum apud / nos exemplaria remanserant, statueram eos iam ipse non edere sed sic habere, ut in alio aliquo opusculo meo quid mihi de his evenerit dicerem. Urgentibus tamen fratribus, quibus resistere non valui, emendavi eos, quantum emendandos putavi et complevi et edidi, adiungens eis a capite epistolam quam scripsi ad venerabilem Aurelium episcopum Cartaginensis Ecclesiae, quo tamquam prologo exposui et quid accidisset, et quid facere mea cogitatione voluissem, et quid fratrum caritate compelente fecissem.

---

[1] 412년경에 보낸 서한(*Epistola* 143 ad Marcellinum 4)에는 『삼위일체론』이 이미 보급되고 있음을 교부의 입으로 언명하고 있다.

재론고 2.15.1-3

15.1. 삼위일체이신 하느님에 관하여 나는 여러 해에 걸쳐 15권의 책을 썼다. 그런데 내가 그중 제12권을 미처 마치지 못한 터에, 그 책을 입수하기를 간절히 바라던 사람들이 기다리고 있기에는 내가 너무 오랫동안 그 책들을 붙들고 있었던 까닭인지, 내가 책들을 출간하려고 할 때 응당 해야 하고 또 할 수 있을 만큼 손질하지도 못한 마당에 책들이 [내 손에서] 빠져 나갔다.[1] 나는 그 사실을 발견하고서 그 책의 다른 사본들이 우리에게 남아 있었으므로, 나로서는 책을 발간하지 않고 붙들어 두기로 작정했으며, 나의 다른 소책자에서 그때 일어난 일을 이야기할 작정이었다. 그렇지만 형제들이 독촉하고 나로서도 그들에게 버틸 힘이 없어서, 수정되어야 한다고 생각한 만큼만 수정을 가하고 책을 완성하여 발간했다. 그리고 카르타고 교회의 주교, 존경하는 아우렐리우스에게 써 보낸 서간을 서두에 첨가했고[2] 그것으로 머리말을 삼았으며 무슨 일이 일어났는지, 나로서 무엇을 할 생각이었는지, 그리고 형제들에 대한 사랑에 밀려 무엇을 어떻게 했는지 거기 서술했다.

---

[2] 이 서간(*Epistola* 174 ad Aurelium)은 아우구스티누스의 이 언급에 따라서 이 책의 서문으로 맨 앞에 수록되었다.

XV 2. In quorum libro undecimo, cum de corpore visibili agerem, dixi: *Quocirca id amare alienari est.* Quod secundum eum amorem dictum est, quo aliquid sic amatur, ut eo fruendo existimet beatum se esse qui hoc amat. Nam non est alienari in laudem Creatoris amare speciem corporalem, ut ipso Creatore fruens quisque vere beatus sit. Itemque in eodem ubi dixi: *Nec avem quadrupendem memini, quia non vidi, sed phantasiam talem facillime intueor, dum alicui formae volatili qualem vidi adiungo alios duos pedes, quales itidem vidi,* haec dicens non potui recolere volatilia quadrupedia quae lex commemorat. Neque enim computat in pedibus duo posteriora crura quibus locustae saliunt, quas dicit mundas et ideo discernit / ab immundis talibus volatilibus, quae non saliunt illis cruribus, sicut sunt scarabaei. Omnia quippe huiusmodi volatilia quadrupedia vocantur in lege.

XV 3. In duodecimo, velut *expositio verborum Apostoli, ubi ait:* *"Ome peccatum quodcumque fecerit homo extra corpus est"*, non mihi satisfacit; nec sic puto intellegendum quod dictum est: *Qui autem fornicatur in corpus proprium peccat,* tamquam ille hoc faciat, qui propter adipiscenda ea quae per corpus sentiuntur, ut in his

---

[3] 이 책 11.5.9.

[4] 이 책 11.10.17.

[5] 레위 11,20 참조: "네 발로 걸으며 날개가 달린 동물은 모두 너희에게 혐오스러운 것이다."

[6] 레위기가 '날짐승'에 관하여 규정을 하면서도 "네 발로 걸으며 날개가 달린 모든 벌레 … 각종 메뚜기와 각종 방아깨비, 각종 누리와 각종 귀뚜라미"(21-22절)를 언급하여 날벌레도 '날짐승'으로 여기고 있음을 보여 준다.

15.2. 그 책 제11권에서 가시적 물체에 관해서 다루면서 나는 "바로 그래서 그것을 사랑함은 곧 소외疏外가 된다"라는 말을 했다.[3] 거기서 내가 하는 말은, 무엇을 사랑하되 그것을 향유함으로써 그것을 사랑하는 사람이 스스로 행복하다고 여길 만큼 [사랑하는] 그런 사랑을 두고 한 말이다. 물체적 형상을 사랑하되 창조주 하느님에 대한 찬미로 사랑함은 소외되는 일이 아니다. 누구든지 창조주를 향유함으로써 참으로 행복해지는 까닭이다. 그리고 같은 대목에서 나는 이런 말을 했다. "네 발 달린 날짐승을 본 적이 없으므로 그런 날짐승을 나는 기억하지 못하지만, 내가 본 어떤 날짐승 형상에 다른 데서 본 발 두 개를 덧붙여서 그런 새를 상상해 내는 일은 아주 쉽다."[4] 이 말을 하면서 나는 율법서에서 네 발 달린 날짐승을 언급하고 있다는 사실을 기억하지 못했다.[5] 여기서 메뚜기가 뛰어오르는 데 사용하는 뒷다리 두 개는 발로 치지 않는다. 그뿐 아니라 이것들은 정하다고 부르고 뒷다리로 뛰어오르지 못하는 다른 부정한 것들, 예를 들어 풍뎅이와는 구분하고 있다. 그러니까 율법에서는 이런 것들이 모조리 네 발 달린 날짐승으로 불리고 있다.[6]

15.3. 제12권에서는[7] "사람이 저지른 죄는 무엇이나 그 몸 밖에서 한 짓이다"라고 하는 사도의 말씀[8]을 풀이하면서 [내가 제시한 설명은] 내게 흡족하지 못하다. "음행을 하는 자는 제 몸에다 죄를 짓는다"고 한 말씀도 육체를 통해서 느끼는 바를 얻으려고 행동하여 그 일에다 자기의 최고선을 둔다고 해서[9] 곧 음행을 뜻하는 것으로 알아들어야 한다고는 생각하지 않

---

[7] 이 책 12.10.15.

[8] 1코린 6,18 참조..

[9] in his finem boni sui: 키케로(*De finibus bonorum et malorum*)의 어법에 따르면, fines boni(선의 목적)는 '최고선'(summum bonum)을 의미한다.

finem boni sui ponat, aliquid agit. Hoc enim longe plura peccata complectitur, quam illa fornicatio quae concubitu perpetratur illicito, de qua locutum, cum hoc diceret, Apostolum apparet.

---

[10] fornicatio의 뜻은 *Retractationes* 1.19.6에서도 상론한 바 있다. "아내를 버리는 자는 누구나 그 여자가 간음하게(fornicari) 만드는 것이다. 또 버림받은 여자와 혼인하는 자도 간음하는 것이다"(마태 5,32)라는 구절을 "당신을 떠나 음행하는(fornicari) 자를 당신께서는 없애 버리십니다"(시편 73,27)라는 구절과 비교하여 이 단어가 종교적 우의(寓意)를 담기도 한다고 설명한다.

는다. [그런 것을 최고선으로 여김은] 불법한 동침으로 저질러지는 저 음행보다도 훨씬 많은 죄악을 포함하기 마련이고, 사도는 이런 말을 했음에도 마치 저 음행을[10] 두고 말한 것처럼 보였을 것이다. 이 저작은 후대에 그 첫머리에 첨가한 서간을 제외하고 나면 "삼위일체에 관하여 논하는 이 글을 읽을 사람은"이라는 구절로 시작한다.[11]

---

[11] '서문'(Prologus)을 제외한 본문 1.1.1 첫 문장 참조.

BREVICULUS

LIBER I

요약문

제1권

1. 하느님께 관하여 거짓 의견을 갖는 사람들이 지니는 오류의 세 가지 원인.

2. 거룩한 삼위일체에 관하여 논하는 순서.

3. 독자들의 판단은 다양하고 이해하는 능력도 천차만별하다.

4. 가톨릭 학자들은 거룩한 삼위일체의 고유한 교리가 무엇이라고 생각하는가.

5. 삼위일체에 관하여 논구하는 사람들을 당혹하게 하는 문제들.

6. 하나요 유일하고 참된 하느님이신 성부와 성자와 성령의 단일성.

7. 하느님의 외아들은 종의 형상을 취한 점에서 성부보다 낮다고 말하며 하느님
   의 형상으로서는 성부와 동등하다.

8. 성자가 성부께 굴복해야 한다고 말하는 그 굴복.

9. 그리스도가 종의 형상을 하고 아버지께로 올라간 것이 믿는 이들에게 얼마나
   이로운가.

10. 성자는 어떻게 나라를 성부께 넘겨드릴 것인가.

11. 때로는 성자가 성부와 동등하다 하고 때로는 더 작다 하는 말을 어떻게 분별해
    서 이해할 것인가.

12. 성부께서 아시는 날과 시를 성자는 모른다고 말한 까닭.

13. 하느님의 아들과 사람의 아들은 영광 중에서도 비천한 [인성]에서도 단일한 위
    격을 이룬다.

LIBER II

I.   De regulis secundum quas scriptura de patre et filio loquitur.

II.   De his scripturae locis de quibus dubium est an propter assumptam creaturam *minorem patre* indicent filium, an uero hoc tantum quod licet *aequalem patri*, tamen quia *de patre* sit doceant.

III.   De his quae spiritum sanctum non minorem patre indicant sed tantum quod *de patre procedit*.

IV.   De clarificatione qua et pater filium glorificat et filius patrem.

V.   Quomodo intellegenda sit missio siue filii siue spiritus sancti.

VI.   Quid sit quod nusquam legitur pater maior spiritu sancto aut spiritus sanctus minor patre.

VII.   Propositio quaestionis de multimodis apparitionibus dei quarum quaedam missiones appellantur, cum pater missus non queat dici, sed aut filius aut spiritus sanctus cooperante tamen in omnibus trinitate.

VIII.   De his qui naturam uerbi dei uisibilem putauerunt.

IX.   De his qui filium uolunt etiam ante carnis assumptionem fuisse mortalem ut *solus* pater *immortalitatem* habere credatur.

X.   An indiscrete deus trinitas patribus apparuerit an aliqua ex trinitate persona.

XI.   De tribus uiris Abrahae uisis cum quibus sicut cum domino deo loquitur.

XII.   De duobus angelis qui humana forma apparuerunt Loth et in quibus dominus singulariter appellatur.

XIII.   De uisione Moysi qua deum uidit *in Choreb* per ignem *in rubo*.

LIBER III

14. 이스라엘의 이집트 탈출에서 보인 하느님의 발현.

15. 시나이 산에서 모세 앞에 행하신 하느님의 행적.

16. 하느님께서 당신 실체로 모세에게 나타나신 것인가, 눈에 보이는 피조물을 통해서 나타나신 것인가.

17. 모세에게 "내가 너를 이 바위 위에 세워 놓겠다. 내 손바닥을 거두면 네가 내 등을 볼 수 있을 것이다"라고 하신 말씀은 주 예수 그리스도의 위격을 두고 하신 말씀으로 알아들어야 한다.

18. 성부의 위격도 성자의 위격도 신체의 형상을 하고 다니엘에게 나타나신 현시.

<h2 align="center">제3권</h2>

1. 하느님이 사람들에게 보이실 적에는 피조물의 형상을 취하여 하느님 친히 나타나신 것인가, 아니면 천사들이 하느님의 역할을 하며 발언한 것인가.

2. 피조물의 통상적 변모든 예외적 변모든 창조주의 권능과 판단 밖에서 일어나지 않는다.

3. 이성적 행위들의 제반 원인이 하느님의 지존한 뜻에서 내려옴을 보여 주는 예.

4. 거룩한 천사들의 복종 위에 군림하는, 하느님의 섭리.

5. 하느님의 활동으로 창조계 전체가 관리되며 기사奇事들도 많지만 그것도 하느님의 활동으로 통상의 질서에 편입된다.

6. 하느님이 살을 가진 모든 피조물에게 모체의 자궁에서 생명을 주시는 것으로 알려져 있다.

7. 요술사들의 술수로 일어나는 기적.

8. 신체를 갖고 있는 피조물들에게서 보는 발생적 인과因果도 창조주께서 세상에 편입하신 것이다.

IX.   De significationibus quae ad manifestandam uoluntatem dei siue *per angelos* siue per homines ministrantur.

X.   Essentiam trinitatis numquam oculis apparuisse mortalium sed per subiectam sibi creaturam significasse quae uoluit.

LIBER IV

I.   De *gratia* dei qua sibi humanum genus reconciliat ut *quod perierat* saluetur.

II.   De incarnatione uerbi ut *participes* eius esse possemus.

III.   De simplo saluatoris nostri quod ad duplum nostrum concurrit et congruit.

IV.   De ratione simpli ad duplum per numerum ternarium atque senarium.

V.   De *quadraginta ei sex annis* aedificationis dominici corporis.

VI.   De triduo quo impleto *dominus resurrexit.*

VII.   De signis et praefigurationibus quae aduentum domini praecesserunt.

VIII.   De filio dei qui et *in forma dei* et in *forma serui* una persona est.

IX.   De unitate ecclesiae in deo per geminam dilectionem cui formam praebet *unitas* patris et filii et spiritus sancti.

X.   De mediatore ad mortem diabolo et mediatore *ad uitam* Iesu Christo.

XI.   De facilitate ludificationum quibus homines immundi spiritus fallunt.

XII.   De falsis et deceptoriis purgationibus.

XIII.   Mortem Christi non fuisse necessitatis nostrae sed uoluntatis suae ac potestatis.

9. 천사들을 통해서든 사람들을 통해서든 하느님의 뜻을 드러내는 데 사용되는 상징들.

10. 삼위일체의 존재는 죽을 인간들의 눈에 결코 나타난 적이 없었고, 오직 당신에게 복속하는 피조물을 통해서 당신이 원하시는 바를 상징적으로 표상하셨다.

<h2 style="text-align:center">제4권</h2>

1. 하느님께서 은총으로 인류를 당신과 화해시키시어 멸망할 인류가 구원받게 하신다.

2. 말씀의 육화는 우리로 하여금 말씀에 참여할 수 있게 만든다.

3. 우리 구세주의 한 번[죽음]이 우리의 두 번[죽음]에 상응하였고 상쇄시켰다.

4. 이처럼 한 번이 두 번에 갖는 비율은 삼수三數와 육수六數를 통해서 드러난다.

5. 주님의 몸이 건설되는 데 드러난 46년.

6. 사흘을 채우고 주님이 부활하였다.

7. 주님의 내림에 선행한 표지標識와 예형豫型.

8. 하느님의 아들은 하느님의 형상으로도 종의 형상으로도 단일한 위격位格이다.

9. [하느님 사랑과 인간 사랑이라는] 쌍둥이 사랑으로 하느님 안에서 이루어지는 교회의 일치. 성부와 성자와 성령의 일치가 이 일치에 형태를 부여한다.

10. 죽음으로 이끄는 중개자 악마와 생명으로 이끄는 중개자 예수 그리스도.

11. 더러운 영들이 인간을 기만하기 쉬운 갖가지 우롱.

12. 거짓이고 기만적인 정화의식淨化儀式.

13. 그리스도의 죽음은 우리처럼 필연의 결과가 아니고 당신의 자유의지와 권능의 결과였다.

XIV.   De sacrificio perfecto et uero quod ipse pro nobis saluator effectus est.

XV.   De his qui sibi purgationem de uirtute propria pollicentur.

XVI.   Sapientes mundi nec resurrectionis ueritatem cognoscere nec futurorum ordinem scire potuisse, quamuis et ipsi uaticinia habere uideantur.

XVII.   Vnde apud impios possint quaedam futura praesciri.

XVIII.   De fide qua credimus temporaliter gesta et ueritate quae reddet aeterna.

XIX.   De missione filii dei qua in *forma serui patre* factus est *minor*, cum *in forma dei patri* permaneret *aequalis*.

XX.   Non esse contra aequalitatem patris et filii si etiam secundum coaeternam patri diuinitatem intellegatur filius missus.

XXI.   De sensibili demonstratione spiritus sancti et de coaeterna unitate trinitatis.

LIBER V

I.   Quam modeste ac sobrie debeat homo cui etiam suae mentis natura inexplicabilis est de dei substantia cogitare.

II.   De incommutabili essentia quod solus est deus.

III.   Contra arrianorum argumentationem, an in deo ingeniti et geniti appellatio substantiarum indicet diuersitatem.

IV.   De accidentibus siue separabilibus siue inseparabilibus quae in deo quia mutabilis non est esse non possunt.

V.   Quae in deo ad aliquid dicuntur non secundum substantiam dici nec tamen esse accidentia sed relatiua incommutabilia.

14. 그분이 거행한 완전하고 참다운 제사. 그 제사로 그분은 우리를 위한 구세주가 되었다.

15. 제 힘으로 자기에게 정화를 이루어 낸다고 믿는 사람들.

16. 세상의 현자들은 부활의 진리도 알지 못하고, 미래사의 질서에 관해서도 알아 내지 못하였다. 그럼에도 그들에게도 예언 주술이 있는 것처럼 보인다.

17. 불경한 자들 사이에서도 미래사를 예지하는 일이 어떻게 일어나는가.

18. 일시적으로 일어나지만 진리를 담은 사건들을 우리는 신앙으로 믿는데, 그렇게 하면 진리가 그 사건들을 영원한 무엇으로 만든다.

19. 하느님 아들의 파견. 그 파견에 의해서 그분은 종의 형상으로는 성부보다 작은 분이 되었고, 하느님의 형상으로는 여전히 성부와 동등한 분으로 머문다.

20. 성자가 성부와 함께 영원한 그 신성에 의거하여 파견받았다는 뜻으로 알아듣더라도, 그것이 성부와 성자의 동등에 상반되지 않는다.

21. 감각으로 감지되는 성령의 발현, 성삼위의 함께 영원한 일체성.

제5권

1. 인간은 자기의 지성도 해득할 수 없는 처지이므로 하느님의 실체에 관해서 사유할 때는 얼마나 겸손하고 진지하게 임해야 하는가.

2. 불변하는 존재자는 하느님뿐.

3. '태어나지 않은 분'과 '태어난 분'이라는 호칭이 하느님 안에서 실체의 차이를 가리키지 않느냐는, 아리우스파의 논지를 반박함.

4. [실체로부터] 분리되는 우유든 분리되지 않는 우유든 하느님에게 존재할 수 없다. 하느님은 변하는 분이 아닌 까닭이다.

5. 하느님에 관해서 상관적으로 언표되는 것들은 실체에 따라 언표되는 것이 아니지만 그렇다고 우유적인 것도 아니다. 그것들은 상대적이면서도 불변한다.

6. 성부라고 일컫는, '태어나지 않은 분'은 자기 자신과 연관된, 곧 실체적으로 언표하는 것들 사이에 넣을 수 있는가.

7. 어느 어법에서든 부정사不定詞는 어떤 사물이 '그런 것이다'가 아니라 '그런 것이 아니다'를 기술한다.

8. 신격神格의 삼위일체 안에서 무엇이든지 하느님 자신과 연관시켜 언표하는 것은 어느 위격位格이냐에 상관없이 공통되고, 하나이며 동일한 실체를 지시한다.

9. 무슨 필요에서 삼위일체 안에 세 위격을 언표해야 하는가.

10. 어떻게든지 크다고 하는 것은 참다운 크기에 참여함으로써 크다.

11. 성부라고 언표하든 성자라고 언표하든 성령이라고 언표하든 고유하게 언표하는 것은 무엇이든지 관계적으로 언표하는 것이지 실체적으로 언표하는 것이 아니다.

12. 관계를 나타내면서도 상관적으로 호환하여 언표할 수는 없는 관계사關係詞.

13. 삼위일체 하느님을 세 원리라고 언표하지 않고 한 원리라고 언표한다. 성부와 성자와 성령이 한 분 하느님이신 것처럼 한 분 창조주이시기 때문이다.

14. 삼위일체에서 어떻게 성부는 성자에게 원리가 되고 어떻게 성부와 성자는 성령에게 원리가 되는가.

15. 어떻게 해서 마치 성령은 자체로 존재하기보다도 항상 선물로서 존재하였다는 듯이 [우리에게] 주어지기 전에도 선물이라는 명칭으로 인식될 수 있었는가.

16. 관계적 호칭 가운데 하느님께 해당하지 않으므로 하느님께는 연관되지 않고 피조물에게 연관되어야 하는 호칭들.

LIBER VI

I.   De eo quod apostolus ait: *Christum dei uirtutem et dei sapientiam.*

II.   De patre et filio hoc solum non dici illud de illo quod non simul ambo sunt; *deus* enim *de deo*, bonus de bono, uirtus de uirtute quod simul sunt recte dicitur; pater autem de patre aut filius de filio quod non ambo simul sunt non potest dici.

III.   De unitate filii cum patre et nostra inuicem nobiscum.

IV.   Pares in quacumque uirtute non posse in ceteris esse dissimiles, ac si haec aequalitas in animis reperiatur humanis, multo incomparabilius eam manere in incommutabili aeternaque substantia quod est deus trinitas.

V.   De spiritus sancti unitate cum patre et filio.

VI.   De natura corporea et creatura spiritali, quod simplices non sint quia nec incommutabiles.

VII.   De simplici et incommutabili essentia dei quamuis multipliciter secundum substantiam nominetur.

VIII.   Trinitatem deitatis nullo modo triplicem esse dicendam quia nec tria ibi plus sunt quam unum nec unum minus quam tria.

IX.   De solo uero deo patre et filio et spiritu sancto.

X.   De sententia sancti Hilarii qua in trinitate personarum proprietatem intellegitur demonstrasse.

1. "그리스도는 하느님의 능력이며 하느님의 지혜"라고 한 사도의 말.

2. '무엇이 무엇으로부터 나온다'는 언표 가운데 두 분에게 동시에 해당하지 않는 그것은 '아버지'와 '아들'뿐이다. '하느님으로부터 나온 하느님', '선한 분으로부터 나온 선한 분', '능력으로부터 나온 능력' 등은 동시에 언표해도 옳다. 그러나 '아버지로부터 나온 아버지', '아들로부터 나온 아들'은 두 분 다에게 똑같이 해당하지 않으므로 그런 언표는 있을 수 없다.

3. 성자가 성부와 이루는 일치와 우리가 서로 이루는 일치.

4. 어떤 능력에서든 동등한 이들은 그 밖의 면에서 상이할 수 없다. 또 만일 인간 정신들에서 동등함이 발견된다면, 삼위일체 하느님이라는 저 불변하고 영원한 실체에서야말로 훨씬 비견할 데 없이 그 동등함이 존속하여야 옳다.

5. 성령이 성부와 성자와 이루는 일치.

6. 신체적身體的 자연 사물과 영신적靈神的 피조물. 이것들은 불변하지 않으므로 단순하지도 않다.

7. 단순하고 불변하는 하느님의 존재. 하느님의 실체와 연관하여 비록 다양하게 호칭될지라도 그 존재는 단순하고 불변하다.

8. 신격의 삼위일체를 삼중적인 무엇으로 언표해서는 절대로 안 된다. 거기서는 셋이 하나보다 많다는 뜻이 아니고 하나가 셋보다 적다는 뜻도 아니다.

9. 홀로 참된 하느님, 성부와 성자와 성령.

10. 삼위일체에서 각 위격들의 고유한 속성을 증명했다는 성 힐라리우스의 이론.

LIBER VII

LIBER VIII

제7권

1. 하느님에 관하여 관계적으로 언표하지 않고 자체와 연관하여 언표하는 내용이면 무엇이든지 삼위일체 안의 각 위격에 해당하는가.
2. 성부와 성자의 '존재'를 의미하는 그것은 관계적 언표가 아니다. 타자와 연관하지 않고 자체와 연관하여 언표하는 것들은 두 분 다 해당한다.
3. 하느님께로부터 태어난 지혜 혹은 창조받은 지혜.
4. 말로 형언할 수 없는 삼위일체에 관하여 그리스인들과 라틴인들은 무슨 말을 해야 했던가.
5. 실체와 존재.
6. 단일한 존재의 세 위격.

제8권

1. 삼위일체의 차이 없는 크기. 삼위일체에서는 삼위일체가 합쳐서 각각의 개별 위격보다 더 크지 않다.
2. 삼위일체 하느님이신 진리의 존재. 진리의 존재에 관해서는 신체적이고 가변적인 것은 아무것도 염두에 두지 말아야 한다.
3. 참되고 지존하고 유일한 선.
4. 신앙을 통한 하느님 사랑.
5. 주님이요 우리 구세주이신 예수 그리스도의 육화肉化의 비사秘事.

6. 우리가 만나 본 적 없는 성자들에게서 우리는 무엇을 사랑할 것인가.
7. 참된 사랑.
8. 형제를 사랑하는 사람은 하느님을 사랑할 것이다. 사랑하는 사람은 사랑 자체를 사랑하는 것이니 사랑은 하느님에게서 말미암고 하느님인 까닭이다.

9. 의인을 사랑하게 만드는 바로 그 [정의의] 형상에 의거해서 하느님이 사랑받으셔야 한다. 무릇 형상이 사랑을 촉발하면서 형상 자체가 사랑받지 않을 수 없는 까닭이다. 또 바로 그 형상이 하느님이시니 하느님은 사랑이시기 때문이다.
10. 사랑하는 이와 사랑받는 자와 사랑.

제9권

1. 하느님을 항상 찾아야 한다.
2. 사랑하는 이와 사랑받는 자와 사랑은 셋이 아닌가. 누가 다른 이 아닌 자기를 사랑한다면 둘이 아니겠는가.
3. 지성으로서는 자기 인식이 자기 자신 아닌 딴 곳에 있을 수 없다.
4. 영혼에 지성과 자기 인식과 사랑 셋이 있는데 이것들은 하나여야 한다.

5. 지성과 인식과 사랑은 각기 자기 안에 있으면서 모두가 모두 안에 있다.

6. 인식으로 지성은 자기를 아는 일뿐 아니라, 정상적으로는, 또한 다른 지성들을 알 수 있다.
7. 지성이 영원한 진리로부터 배태胚胎하는 말.
8. 피조물을 사랑할 때는 어떠한 사랑으로 사랑해야 마땅한가.
9. 영적 사물들에 대한 사랑과 육적 사물들에 대한 사랑은 어느 점에서 다른가.
10. 인식이 파악하는 모든 것이 배태된다고는 할 수 없다.
11. 배태된 인식은 지성과 유사성을 지니며, 인식되는 것이 지성보다 더 낮은 자연 본성의 것도 아니고 더 높은 자연 본성의 것도 아니면, 지성과 동등함을 갖는다.

12. 지성의 인식이 지성의 자식이듯이 사랑 역시 같은 출산의 결과라고 하면 왜 안 되는가.

LIBER X

I. De studiis discere amantium quod ignorant, quod tamen non experent scire si penitus ignorarent.

II. Quibus causis amari uideantur incognita cum ipsa scientia eorum quae nesciuntur expetitur.

III. An incognita sibi sit mens cum se quaerit ut nouerit.

IV. De propriis mentis quae non potest ignorare.

V. In quo mens *nosse se* debeat et a quibus abstinere ne eis quasi propriis delectetur atque ita se minus nouerit.

VI. In quibus mens de se cogitans possit errare.

VII. De opinionibus eorum qui mentem aliquid praecipuum corporis esse senserunt.

VIII. Quod mens *nosse se* quaerens nihil de se corporeum debeat cogitare.

IX. Quomodo mens cognoscat se ipsam.

X. Quod mens *nosse se* cupiens nihil eorum de se opinari debeat de quibus scit esse dubitandum.

XI. De memoria, intellegentia et uoluntate in quibus habet in se quandam imaginem diuinae trinitatis.

XII. De quaerenda imagine trinitatis etiam in his quae anima ex corporis sensibus concipit.

1. 모르는 바를 배우기를 좋아하는 사람들의 노력. 하지만 만일 전혀 모른다면 알려고 욕심내지도 않을 것이다.

2. 알지 못하는 사물들에 대해 앎을 추구하는 경우, 도대체 어떤 이유로 모르는 바를 사랑하는 것일까.

3. 지성이 자기를 알고 싶어 찾는 경우, 지성은 과연 [전적으로] 자기에게 알려지지 않은 것일까.

4. 지성이 모를 수 없는 지성의 속성들.

5. 지성은 어디까지 자기를 알아야 하고 어떤 것에서 자기를 삼가야 하는가. 어떤 것을 자기 것처럼 향유하다가는 정작 자기를 덜 아는 것으로 그치게 된다.

6. 지성이 자기에 관하여 사유하다가 어떤 경우에 그르치는가.

7. 지성을 물체에 버금가는 무엇이라고 여기는 사람들의 의견.

8. 지성이 자기를 알려고 찾는다면서 자기에 대해서 물체적인 무엇을 생각해서는 안 된다.

9. 지성은 어떻게 자기 자신을 아는가.

10. 지성이 자기를 알고 싶어 하는 이상, 지성이 자기가 과연 아는지 의심을 품어야 한다고 생각하는 것들이 있다면, 지성 자체를 두고는 그중 어느 것도 생각하지 말아야 한다.

11. 기억, 이해 그리고 의지는 신적 삼위일체의 어느 모상을 자기에게 간직하고 있다.

12. 영혼이 신체의 감관으로 감지하는 것들에서도 삼위일체의 모상을 찾아보아야 한다.

LIBER XI

I.   De imagine trinitatis etiam in eo quod imago dei non est, id est in homine exteriore, quaerenda.

II.   De uisibili et uidente atque uisione.

III.   De memoria qua uisorum imago retinetur et intentione animi qua in utrumque concurritur.

IV.   De imaginibus quas cogitationis acies intuetur in phantasia quam memoria concepit.

V.   De cogitationibus innoxiis et de his quae ab acie recordationis abigendae sunt.

VI.   De fine uoluntatis quo cognoscitur si recta an praua cupiamus.

VII.   De ea trinitate quae iam non ex corpore neque ex corporis sensu sed de memoria nascitur cogitantis.

VIII.   De multiplicationibus trinitatis quae ex recordatione pariuntur.

IX.   Quod in quolibet genere trinitatum uoluntas nec parens inueniatur esse nec proles.

X.   Quam facile sit cogitanti fingere sibi eas species quas non uidit ex earum recordatione quas uidit.

XI.   De *mensura et numero et pondere* quorum similitudo sit in memoria et uisione et uoluntate.

<h1 style="text-align:center">제11권</h1>

1. 하느님의 모상이 아닌 것, 곧 외적 인간에게서도 삼위일체의 모상을 탐색해야
   한다.
2. 보이는 것, 보는 이, 그리고 봄.
3. 본 것의 영상을 간직하는 기억, 그리고 양자가 조우하게 만드는 정신의 지향.

4. 기억이 배태하는 표상에서 사유의 시선이 직관하는 영상들.

5. 해롭지 않은 사유, 그리고 기억의 시야에서 몰아내야 하는 사유.

6. 의지의 목적에 의해서, 우리가 욕구하는 바가 바른 것인지 그른 것인지를 인지
   한다.
7. 삼위일체는 신체나 신체의 감관에서 발생하지 않고 사유자의 기억에서 발생한다.

8. 기억에서 발생하는 삼위일체의 다수화.
9. 여하한 종류의 삼위일체에서도 의지는 부모로나 소생처럼 드러나서는 안 된다.

10. 자기가 본 사물들에 대한 기억을 갖고서 보지 못한 표상들을 스스로 창작해 내
    는 일이 사유자 편에서는 얼마나 쉬운가.
11. 척도와 수와 무게라는 [삼위일체의] 유사상이 기억과 시각과 의지에 있는가.

LIBER XII

I.   Quid sit quod etiam in animo nostro intellegendum sit ad exteriorem hominem pertinere.

II.   Corporales sensus communes nobis esse cum pecore, sed proprium esse hominis de his quae sensu corporis comprehendit secundum aeternas iudicare rationes.

III.   Actiones corporales ita demum esse rectas si eis regendis mentis intellectuale praefuerit.

IV.   Quid intersit inter illud quo mens inclinatur ad temporalia et illud quo contemplatur aeterna.

V.   De opinione eorum qui coniugio masculi et feminae et eorum proli diuinam comparant trinitatem.

VI.   Quod homo non ad unius in trinitate personae sed *ad* totius trinitatis *imaginem* sit creatus.

VII.   De eo quod apostolus dicit uirum esse imaginem dei, mulierem autem gloriam uiri.

VIII.   Quibus progressibus mens corporalium usu et imagine delectata ab aeternorum contemplatione deficiat.

IX.   Quam perniciose relicto communi bono priuata quaerantur.

X.   Quae sit *humana temptatio* et quod *peccatum extra corpus* habeatur.

XI.   Quibus deminutionibus homo ab imagine dei in similitudinem pecoris delabatur.

XII.   Quam comparabilis sit primorum hominum praeuaricationi mens quae ad amorem temporalium sensu est tracta corporeo.

1. 우리 정신에서 인식되어야 할 것이면서도 외적 인간에 속하는 것은 무엇인가.

2. 신체 감관들은 우리에게 짐승들과도 공통된 것이지만, 신체의 감관에 의해서 포착한 것들을 두고 영원한 이념들에 준해서 판단을 내리는 것은 인간의 고유한 일이다.

3. 신체적 행위도 만일 그것들을 통솔하는 데 지성의 정신력이 지배한다면, 역시 올바른 것이다.

4. 지성이 일시적인 것들에 기울어지는 일과, 영원한 것들을 관상하는 일 사이에 무슨 관련이 있는가.

5. 남자와 여자의 혼인 및 그들의 자식에 거룩한 삼위일체를 비교하는 사람들의 견해.

6. 인간은 삼위일체 가운데 어느 한 위격의 모상으로 창조된 것이 아니라 삼위일체 전체의 모상으로 창조되었다.

7. 남자가 하느님의 모상이고 여자는 남자의 영광이라는 말을 사도가 하였다.

8. 어떤 단계에서 지성이 물체들의 사용과 표상을 즐기다 보면 영원한 사물들에 대한 관상을 빠뜨릴 수 있다.

9. 공동선을 저버리고 사사로운 것을 추구함이 얼마나 해로운가.

10. '인간적 유혹'이란 무엇이고 '몸 밖에서 지은 죄'란 무엇인가.

11. 무슨 타락이 있었기에 사람이 하느님의 모상에서 짐승들의 유사상으로 떨어졌는가.

12. 지성이 신체적 감관에 이끌려 일시적 사물들에 대한 사랑으로 기울어지는 일은 최초 인간들의 계명 위반과 얼마나 비슷한가.

LIBER XIII

13. 단일한 인간에서 지성은 남자의 인격에 해당하고 육신의 감각은 여자의 인격
    에 해당한다고 말한 자들의 견해.

14. 어떤 구실로 지식과 지혜가 나뉘는가.
15. 영혼이 신체에 들여보내지기 전에 다른 삶을 살았다고 믿은 플라톤의 의견.

제13권

1. 이성적 지성의 이중 기능. 하나는 현세적 사물에 해당하고, 다른 하나는 영원
   한 사물에 해당한다.
2. 신앙은 육체의 감관을 거쳐서 지성에 의해 배태될 수 있는 것이지만 육체적 요
   소가 전혀 없는 것으로 드러난다.
3. 의지는 각자가 고유한 의지를 지님과 동시에, 모든 이가 딱 지적되지는 않으나
   모종의 공통된 의지를 지니기도 한다.
4. 행복. 모든 사람이 한뜻으로 추구하지만 모두가 같은 정의를 내려서 아는 것도
   아니다.
5. 원대로 사는 사람들 모두가 행복에 이를 것인가.
6. 올바른 의지가 행복에 적격하다. 악한 의지가 욕구하는 바를 성취한 경우보다
   도 올바른 의지가 악한 것을 탐하다가 비록 성취하지 못했을 경우, 차라리 이
   후자가 행복에 적격하다.
7. 참된 행복의 길은 올바른 신앙을 통하며, 올바른 신앙 없이는 용덕勇德이라는
   것이 누구에게도 유익이 되지 않는다.
8. 완전한 행복은 영생에서가 아니면 있을 수 없다.
9. 인간 본성이 영원을 향유할 능력이 있는가.

LIBER XIV

10. 하느님의 아들이 당신에게 인성人性을 결합시킨 일과는 달리 전능한 하느님이 다른 방도로 인간을 영원에 맞게 쇄신해야 했을까.

11. 신앙인들이 그리스도의 피로 의화된다고 하는 말은 어떤 명분에서 하는 말이며, 어떻게 해서 이 비의에 삼위일체 전체의 역사役事하심이 있다고 하는가.

12. 인간은 무슨 죄과로 악마의 권한에 넘겨졌는가.

13. 하느님의 경륜은 악마의 권세가 힘이 아닌 정의로 극복되는 것이 마음에 들었다.

14. 아무런 책무가 없던 그리스도를 통해서 만인의 몸값이 해소되었다.

15. 악마는 어느 면에서 그리스도에게 패했는가.

16. 원죄를 통해서 물든 악이 재생된 신앙인들에게는 어떤 이익으로 바뀌었는가.

17. 그리스도의 육화를 통해서 신앙인들에게 베풀어진 것.

18. '성령으로 인하여 동정 마리아에게서' 태어나신 주님의 탄생.

19. '말씀이 살이 되었다'는 구절은 예수 그리스도가 지혜의 보물도, 지식의 보고도 일신에 갖추었다는 뜻이다.

20. 아무도 신앙 없이는 참된 행복에 도달하지 못한다.

제14권

1. 인간의 참지혜란 어떤 것인가.

2. 영원한 사물로 인도하는 신앙. 그러나 신앙은 일시적인 것이고 영원에 이르러 소멸될 것이다.

3. 정신의 어떤 것에 하느님의 영구한 모상이 있고 삼위일체의 형상이 존재하는가.

4. 기형화하고 가련해진 영혼의 본성일지라도 생명이나 하느님의 모상을 상실할 수 없다.

V.   An etiam paruulorum mentes *nosse se* possint.

VI.   Quod mens hominis sine cogitatione sibimet conspieua esse non possit.

VII.   Quod aliud sit aliquid non nosse, aliud non inde cogitare.

VIII.   De principali mentis in quo intuenda est summae imago trinitatis.

IX.   An uirtutes quibus ad aeternitatem tenditur desiturae sint cum ad aeterna perduxerint.

X.   De cognoscibilibus temporalibus quorum alia cognitionem nostram praeueniunt, alia non praecedunt.

XI.   An semper memoria praeteritarum rerum sit an uero etiam praesentium.

XII.   Qua facultate mens rationalis obtineat ut in ea dei imago resplendeat.

XIII.   De reminiscentia in deum cuius semper capax est mentis natura.

XIV.   Quod etiam praua mens nec memoria sui careat nec cognitione nec amore.

XV.   De mutabilitate mentis humanae qua fit ut sicut misera facta est ex beata, ita beata possit esse ex misera.

XVI.   De reformatione mentis *ad imaginem dei* et quot modis spiritus appellatio diuersis assignetur naturis.

XVII.   Quid intersit inter regenerationem baptismi et renouationem qua proficitur *de die in diem, in agnitionem dei.*

XVIII. Posse hominem etiam corpore *imaginem dei* accipi secundum quod *uerbum caro factum est* cuius immortalitati omnes sancti conformabuntur.

XIX.   Qua sui parte *homo ad imaginem et similitudinem dei factus* sit ad quam proficiendo *renouatur.*

5. 어린아이들의 지성도 자기를 인식할 수 있는가.

6. 사유 없이는 인간 지성이 자기에게 드러나지 못한다.

7. 무엇을 알지 못한다는 것과 무엇을 생각하고 있지 않다는 것은 다르다.

8. 지존하신 삼위일체의 모상을 직관해야 하는, 지성의 주요 부분.

9. 인간들을 영원한 사물에 이르게 만드는 덕목들이 영원에서는 존재하기를 그만 둘 것인가.

10. 인식될 수 있는 시간적 사물들 가운데 어떤 것은 우리 인식에 선행하고 어떤 것은 앞서지 않는다.

11. 기억이란 항상 과거사에 관한 것이어야 하는가, 그렇지 않으면 현재사에 관한 기억도 있는가.

12. 이성적 지성은 무슨 기능을 가지고 자기 안에 있는 하느님의 모상을 빛나게 만드는가.

13. 하느님에 대한 기억. 지성의 자연 본성은 하느님을 파악할 능력이 있다.

14. 사악한 지성에게도 자기 기억이나 사유나 사랑이 결여되어 있지 않다.

15. 인간 지성의 가변성. 그 가변성 때문에 행복한 지성에서 가련한 지성으로 되었듯이, 가련한 지성에서 복된 지성으로 될 수도 있다.

16. 지성이 하느님의 모상으로 혁신됨. 영靈이라는 명칭이 얼마나 많은 방식으로 여러 가지 자연 본성들에 해당하는가.

17. 세례의 재생과 '나날이 하느님께 관한 지식으로' 진보한다는 혁신 사이에는 무슨 관계가 있는가.

18. '말씀이 살이 되셨다'라는 구절에 따르면, 인간이 육신으로도 하느님의 모상을 받을 수 있는가. 살이 되신 말씀의 불사불멸에 모든 성도가 동화하는 터에 말이다.

19. 진보를 거듭하면 하느님의 모상에 따라서 새로워진다고 하는데, 과연 인간은 어떤 부분에서 '하느님의 모상으로, 하느님과 비슷하게' 만들어졌는가.

LIBER XV

I. De excellentia animi *ad imaginem* creatoris sui conditi.

II. De summo bono quod *semper* inueniendum quaeritur et quaeren-
dum inuenitur.

III. Quid disputatum quidue sit comprehensum praecedentium ratio-
cinatione librorum.

IV. In quarum rerum contemplatione summa trinitas inquirenda sit.

V. Omnia quae de deo digne dici uidentur posse in pauciora conferri
ut nihil minus dictum intellegatur.

VI. Quomodo etiam si unum aliquid eligatur ex multis quo digne ap-
pelletur deus, in ipsa una appellatione trinitas deitatis possit in-
tellegi.

VII. Quo differat trinitas quae inuenitur in imagine dei a trinitate quae
deus est.

VIII. De speculo in quo per *imaginem dei* trinitas eius utcumque *intel-
lecta* conspicitur.

IX. De *aenigmate* et tropicis locutionibus.

X. Quomodo per inspectionem uerbi quod est in cogitatione mentis
humanae ad *agnitionem* uerbi quod *deus* est aliquatenus possit
accedi.

XI. Sicut uerbum hominis significatur per uocem uel quodlibet indi-
cium corporale, ita *uerbum dei manitestatum* esse *per carnem.*

XII. Quantum distent a uera et perfecta similitudine dei quae in natura
mentis utcumque deo similia reperiuntur.

XIII. De scientia dei patris cui nihil cuiusquam creaturae indiciis con-
feratur.

제15권

1. 영혼의 위대함은 자기 창조주의 모상대로 만들어진 데에 있다.

2. 최고선은 반드시 발견되어야 할 것으로 찾고 또 찾아야 할 것으로 발견된다.

3. 앞에 나온 각 권에서 우리는 무엇을 토론하였으며 무엇을 파악하였는가.

4. 지존한 삼위일체를 탐구함은 무엇을 관상觀想하기 위함인가.

5. 하느님에 관하여 온당하게 언표될 수 있는 것처럼 보이는 모든 것을 더 작은 수로 줄일 수 있으며 그러면서도 내용이 줄어들지 않게 할 수 있다.

6. 하느님을 온당하게 호칭하는 것들 가운데 어느 하나를 선정한다면, 어떻게 그 하나의 호칭을 갖고 신격神格의 삼위일체를 이해할 수 있을까.

7. 하느님의 모상에서 발견되는 삼위일체와 하느님이신 삼위일체는 얼마나 서로 다를까.

8. 하느님의 모상을 통해서 그분의 삼위일체를 어느 정도 이해하여 바라보게 만드는 거울.

9. 수수께끼와 여러 유비적 어법.

10. 인간 지성의 사유에 존재하는 언어를 관찰하면서 하느님이신 말씀에 대한 인식에 접근하는 일이 어떻게 가능한가.

11. 인간의 언어가 음성이나 다른 신체적 표지를 통해서 의미를 띠듯이 하느님의 말씀이 육신을 통해서 드러났다.

12. 지성의 본성에는 하느님과 어느 모로 비슷한 것들이 발견되기는 하지만, 하느님의 참되고 완전한 유사성과는 얼마나 거리가 먼지 모른다.

13. 성부 하느님의 지식. 어느 피조물의 기호도 그 지식에 미치지 못한다.

14. 하느님 아버지와, 그분과 실체를 함께하고 함께 영원하신 외아드님의 유사성
과 동등성.

15. 우리의 가변적 언어는 하느님의 불변하고 영원한 말씀과 얼마나 다른가.

16. 하느님의 사유에도 변전變轉이 있다고 믿어야 하는가.

17. 성령은 성부와 성자와 동등하게 대접받고, 성부와 성자 양편의 영이라고 일컬
어지며, 삼위일체에서는 어느 위나 사랑이지만 각별히 성령이 사랑이라는 명
칭으로 인정된다.

18. 사랑의 탁월함. 사랑은 그 자체가 하느님이듯이 또한 하느님에게서 온다.

19. 성령이 하느님의 선물이라고 일컬어지는 이유.

20. 하느님의 외아들이 성부의 본성本性의 아들이 아니고 그분 의지意志의 아들이라
고 말하는 사람들을 논박함.

21. 하느님의 모상으로 만들어진 지성의 본성에서 거룩한 삼위일체의 유사성들을
어느 정도 발견할 수 있었다.

22. 하느님의 모상에 있는 삼위 곧 기억, 오성, 사랑은 단일한 위격의 것이다. [하
느님의 모상인 지성에는] 이 삼위가 곧 그 존재는 아니며 단지 이 삼위를 갖고
있을 따름이기 때문이다.

23. 하느님의 삼위에는 얼마나 참된 일체가 존재하고 하느님의 일체에는 얼마나
참된 삼위가 존재하는가.

24. 지성의 본성을 치밀하게 관찰하면서도 그것이 하느님의 모상임을 깨닫지 못하
는 사람들.

25. 바른 신앙은, 비록 비물질적 사물에 관해서 논할 능력이 없는 사람들일지라도,
얼마든지 행복하게 만들어 준다.

26. 거룩한 삼위일체의 본성에는 시간 간격이 없다.

27. 성자의 출생과 성령의 발출의 차이를 사람들 앞에서 어떤 말로 설명할 것인가.

14,36	1030
15,25.33.34	425
34	412
42	425
42-45	444

루카

1,15	487 1315
17	543
34-35	235
35	1310
46-55	487
67-79	487
2,14	1025
25-38	487
3,6	244
22	246 266 1313
23	1315
4,1-3	445
18	176
5,21-22	1212
6,19	1310
9,60	409
10,30-34	1327
38-42	167
11,20	175 289 360
21	179
12,17	1212
20	1128
13,4	420
6-9	421
10-17	419
11	420
21	420
15,11-32	794 937
13	394
21,18	414
22,42	1310

23,53	424
24,39	414-5
44	1263

요한

1,1	127 144 211 238 292 616 913
1-3	128 401 596
1.3.14	1221
1-4	768
1-14	966
3	134 136 253 287 470 472 614
3-4	400
4	401
4-5.9-11	713
5	402 482 1235
9	616
9-10	320
10	231 620
11	231
12	550 1006 1008
13	1008
14	127 244 614 618 1008 1044 1053 1312
29	246 1305
32	121
32-33	241
2,1-11	342
20	423
21	425
3,5	1268
8	1280
14-16	367
16	681
17	1332
4,7-14	1272
13	758

6	485 540
7-8	1052
7-11	540
8	950 961 1056 1069
10	360
11	538 542 1274 1280
13	1271
29	1276
13,1-3	1268
4	706 1293
12	96 153 295 334 338 498 593 676 723 950-1 1140 1198 1200 1277
13	678 1073
14,14	1140
21	1262
15,21	440
24	147 149 151 925
25	150
27	148
28	145 168 196 742 1336
42-44	1150
45	270
49	1148
52	342 1150

2코린

1,22	536
2,10	632
3,17	270
18	1147 1200 1202 1226
4,6	426
13	374
16	408 414 836 900 1145 1151
5,6	295
6-7	156 298 1071
7	150 676

21	1030 1040
6,2-10	715
10,17	1050
11,14	436
12,2-5	292
9	398
12	363
13,4	109 194

갈라

2,20	236 1018
3,11	1062
19	388
21	386
26-27	928
26-28	929
4,4	44 176 250 322 325 472 482
4-5	144 234 238
6	484 1255 1309
9	720
24	1204
5,6	976 1012 1062 1269
13	137
14	704
6,2	704
14	297

에페

1,4	553 1035
14	536 1016
2,1-3	1020
10	792
3	573 585
5	979
7-8	1272
8	448 1012 1277
8-11	1276

티토

1,15	910
2,12	702

히브

1,7	336
13-14	375
2,1-3	376 379
2	386
3-4	376
4	1274
5,14	947
7,10	918
9,26	294
11,1	972
13-16	396
12,7.11	1066

야고

1,15	758
17	108
2,19	1269

1베드

1,3	532
20	1035
2,2	369
5	331
22	1030

2베드

1,19	657

1요한

1,1	560
5	616 667 713
2,10	710

3,2	153 208 296 408 952 1147 1150 1202
2-3	1147 1226 1253
4,7-8	710 1264
8	706 1168
8.16	79 622 704 1256
10	1265
13	1263 1266
16	1266
19	1267
20	712
5,7	484
7-8	774 829
8	484
20	128 189 913

유다

6	345

묵시

1,7	205
3,7-8	1332
5,6	246
14,4	1305
19,13	768
21,8	1035

아우구스티누스Augustinus(354~430)

북아프리카 타가스테에서 태어났다(354년). 어머니 모니카는 독실한 그리스도인이었으나, '지혜에 대한 사랑'(철학)에 매료된(373년) 청년 아우구스티누스는 진리를 찾아 끊임없이 방황하는 삶을 살았다. 한때 마니교와 회의주의에 빠지기도 했던 그는 밀라노의 수사학 교수로 임명되면서 출셋길에 올랐다(384년). 밀라노에서 접한 신플라톤 철학, 암브로시우스 주교의 설교, 수도생활에 관한 증언 등을 통해 그리스도교에 눈을 뜨기 시작했으나, 머리로 이해한 그리스도교 진리를 아직 믿음으로 받아들이지 못한 채 엉거주춤 망설이며 살아가다가, 마침내 바오로 서간을 '집어서 읽으면서'(Tolle! Lege!) 회심하였고(386년), 행복한 눈물 속에 세례를 받았다(387년). 교수직과 재산을 미련 없이 버리고 고향으로 돌아가 소박한 수행의 삶을 엮어가던 그는 뜻하지 않게 히포 교구의 사제(391년)와 주교(395년)로 서품되었고, 40년 가까이 사목자요 수도승으로 하느님과 교회를 섬기다가 석 달 남짓한 투병 끝에 일흔여섯의 나이로 세상을 떠났다(430년). 『고백록』*Confessiones*을 비롯한 수많은 저술(책, 서간, 설교)과 극적이고 치열한 삶은 그리스도교 철학과 신학에 엄청난 영향을 끼쳤다. 교부들 가운데 우뚝 솟은 큰 산인 아우구스티누스는, 그리스 철학 체계 속에 그리스도교 진리를 깔끔하게 정리해 냄으로써 '서양의 스승'이라고도 불린다.

성염

1972년 가톨릭대학교 졸업 후, 1976년 광주 가톨릭대학교에서 신학석사, 1986년 교황청 살레시오 대학에서 라틴문학박사 학위를 취득했다. 1988~2005년 한국외국어대학교와 서강대학교 철학과 교수, 2003~2007년 주교황청 한국대사를 역임했다. 그간 우리신학연구소 소장 및 이사장, 서양고전학회 회장, 한국서양중세철학연구소 이사, 서강대 철학연구소 소장, 우리사상연구소 소장, 한국가톨릭철학회 이사 등 다양한 학회 활동과, 서울대교구 평신도사도직협의회, 한국천주교 정의평화위원회, 천주교정의구현전국연합, 천주교 인권위원회, 한국가톨릭교수회 등 각 분야의 사회 활동을 하면서 많은 저서와 주해서, 번역서, 연구논문을 발표했다. 주요 저서로는 『사랑만이 진리를 깨닫게 한다』『님의 이름을 불러 두고』『라틴어 첫걸음』『고전 라틴어』『하느님을 만난 사람들』『미사 해설』 등이, 아우구스티누스 주해서로는 『신국론』『자유의지론』『그리스도교 교양』 등이, 기타 고전 주해서로는 키케로의 『법률론』, 단테의 『제정론』, 피코 델라 미란돌라의 『인간 존엄성에 관한 연설』 등이, 역서로는 『신은 존재하는가? I』『인간의 죽음』『아시아의 해방신학』『아시아인의 심성과 신학』『해방신학』 외 다수가 있다. 이 밖에도 수십 편의 학술 논문과 사전 항목을 집필했다. 더 자세한 사항은 『사랑만이 진리를 깨닫게 한다』(경세원 2007) 8-15쪽을 참조하라.